Pindyck

Microeconomics

(Ninth Edition)

“十三五”国家重点出版物出版规划项目
经济科学译丛

微观经济学

（第九版）

[美]罗伯特 · S. 平狄克（Robert S. Pindyck）
[美]丹尼尔 · L. 鲁宾费尔德（Daniel L. Rubinfeld） 著

李　彬　译
张　军　校

中国人民大学出版社
· 北京 ·

《经济科学译丛》总序

中国是一个文明古国，有着几千年的辉煌历史。近百年来，中国由盛而衰，一度成为世界上最贫穷、落后的国家之一。1949 年中国共产党领导的革命，把中国从饥饿、贫困、被欺侮、被奴役的境地中解放出来。1978 年以来的改革开放，使中国真正走上了通向繁荣富强的道路。

中国改革开放的目标是建立一个有效的社会主义市场经济体制，加速发展经济，提高人民生活水平。但是，要完成这一历史使命绝非易事，我们不仅需要从自己的实践中总结教训，也要从别人的实践中获取经验，还要用理论来指导我们的改革。市场经济虽然对我们这个共和国来说是全新的，但市场经济的运行在发达国家已有几百年的历史，市场经济的理论亦在不断发展完善，并形成了一个现代经济学理论体系。虽然许多经济学名著出自西方学者之手，研究的是西方国家的经济问题，但他们归纳出来的许多经济学理论反映的是人类社会的普遍行为，这些理论是全人类的共同财富。要想迅速稳定地改革和发展我国的经济，我们必须学习和借鉴世界各国包括西方国家在内的先进经济学的理论与知识。

本着这一目的，我们组织翻译了这套经济学教科书系列。这套译丛的特点是：第一，全面系统。除了经济学、宏观经济学、微观经济学等基本原理之外，这套译丛还包括了产业组织理论、国际经济学、发展经济学、货币金融学、财政学、劳动经济学、计量经济学等重要领域。第二，简明通俗。与经济学的经典名著不同，这套丛书都是国外大学通用的经济学教科书，大部分都已发行了几版或十几版。作者尽可能地用简明通俗的语言来阐述深奥的经济学原理，并附有案例与习题，对于初学者来说，更容易理解与掌握。

经济学是一门社会科学，许多基本原理的应用受各种不同的社会、政治或经济体制的影响，许多经济学理论是建立在一定的假设条件上的，假设条件不同，结论也就不一定成立。因此，正确理解和掌握经济分析的方法而不是生搬硬套某些不同条件下产生的结论，才是我们学习当代经济学的正确方法。

本套译丛于 1995 年春由中国人民大学出版社发起筹备并成立了由许多经济学专家学者组织的编辑委员会。中国留美经济学会的许多学者参与了原著的推荐工作。中国人民大学出版社向所有原著的出版社购买了翻译版权。北京大学、中国人民大学、复旦大学以及中国社会科学院的许多专家教授参与了翻译工作。前任策划编辑梁晶女士为本套译丛的出版做出了重要贡献，在此表示衷心的感谢。在中国经济体制转轨的历史时期，我们把这套译丛献给读者，希望为中国经济的深入改革与发展做出贡献。

《经济科学译丛》编辑委员会

前言

对于那些关心这个世界如何运转的学生，微观经济学或许是他们所学到的最相关、最有趣且最重要的科目。（宏观经济学是第二重要的科目。）对于管理决策、设计和公共政策的理解，或更一般地，对于现代经济运行规律的理解，熟练地掌握微观经济学都是至关重要的。

撰写这本《微观经济学》是因为，我们知道学生需要面对微观经济学的新领域，而在过去的几十年中，这些新领域在微观经济学中逐渐发挥了关键作用——诸如博弈论和竞争性策略，不确定性与信息的作用，以及对有市场势力的厂商定价行为的分析。另外，我们深以为，学生应该弄清楚微观经济学能够如何帮助我们理解这个世界的运行，又是如何被用作辅助决策的实用工具的。微观经济学是一门激动人心且活力无穷的学科，而学生需要领悟其适用性和有效性。学生期望并且确实需要很好地理解，微观经济学究竟是如何被应用于课堂之外的。

为了满足这些需求，《微观经济学》（第九版）在论述微观经济理论时做了适当处理，强调经济理论与管理决策、公共政策决策的关联及应用。对应用的这种强调体现在详细的案例中，这些案例涉及需求、成本和市场效率的分析，定价策略的制定，投资和生产决策，以及公共政策分析。我们认为这些案例相当重要，所以它们被有机地融合在全书之中。

《微观经济学》（第九版）涵盖了近年来微观研究领域的新发展。这些有趣的课题包括：博弈论与厂商间的策略互动（第 12 章和第 13 章），不确定性和不对称信息的作用及应用（第 5 章和第 17 章），有市场势力的厂商定价策略（第 10 章和第 11 章），制定政策以有效地处理诸如环境污染之类的外部性问题（第 18 章），以及行为经济学（第 19 章）。

《微观经济学》较广的范围和迫近前沿的特征并不意味着它是一本高级或者高难度的教材。我们努力写作，以保证本书语言生动，引人入胜，并且条理清晰，易于理解。我们相信，微观经济学的学习将令人愉悦而兴奋；我们期望本书能够做到这一点。除了附录和注释，本书没有使用任何微积分知识。因此，本书对于各种背景的学生都适用。（本书较难的部分都以星号标示，读者可以跳过。）

第九版的变化

本书的每一次更新都是建立在前一版成功的基础上的，我们在新版中及时加入一些新的主题，增加或者更新案例，并且改进对原有案例的解释说明。第九版延续了这一传统。我们对全书做了一些修改，最重要的修改如下：

- 我们增加了关于行为经济学的新的一章（第 19 章）。行为经济学超越了在某约束（如收入、成本、需求与成本）下最大化某东西（如效用、产出、利润等）的简单范式。虽然这一范式对于我们理解市场的运行相当有帮助，但是它并不能准确地描述现实世界中的消费者和厂商的行为。行为经济学这一崭新而蓬勃发展的领域，通过引入心理学的一些发现来解释消费者和厂商的决策。尽管本书之前的版本也包含关于行为经济学的一节（在第 5 章），我们还是决定将这一重要主题独立成章。

我们对许多案例进行了修正和更新（正如我们在每一次再版时一样），同时我们也增加了一些新的案例。

- 我们现在有好几个关于出租车市场的案例，包括像 Uber 和 Lyft 这样的“共享汽车”（rideshare）服务（第 9 章和第 13 章）。
- 我们增加了一个关于特斯拉新电池工厂（超级工厂）的案例，介绍规模经济如何降低电动汽车的电池成本（第 7 章）。
- 我们增加了一个关于并购政策的案例（第 10 章）和一个关于汽车零部件卡特尔的案例（第 12 章）。
- 我们甚至增加了两个关于本书定价的案例（分别在第 1 章和第 12 章）。
- 对于新的第 19 章，我们增加了一些现实中的“行为”案例，包括关于消费者信用卡借款（他们显然愿意支付更高的利息）的案例以及关于加入健身俱乐部的决策的案例。
- 除了新增加的第 19 章，本书第九版保持了之前版本的布局。这使我们可以继续在本书边栏定义关键术语（也可参见本书末的术语表）。

可选的课程设计

本书给授课教师在课程设计上提供了相当大的灵活性。四分之一学期或者一学期的课程可以着重讲解基本的核心内容，我们建议不妨讲授下面的章节：第 1～6 章，第 7.1～7.4 节，第 8～10 章，第 11.1～11.3 节，第 12 章，第 14 章，第 15.1～15.4 节，第 18.1 节、第 18.2 节以及第 18.5 节。更深入的课程可以考虑继续讲授第 5 章、第 16 章、第 19 章，以及第 7 章余下的部分。如果课程的重点希望放在不确定性和市场失灵上，教师应该讲授第 5 章和第 17 章的绝大部分内容。

当然，教师可以根据自己的兴趣以及课程的目标，增加其他章节的内容或者减少以上所建议的授课计划。强调现代定价理论和商业策略的课程应该包括第 11～13 章的全部内容以及第 15 章的剩余部分。管理经济学的课程还应该包括第 4 章、第 7 章和第 11 章的附录，以及本书末关于回归分析的附录。强调福利经济学和公共政策的课程需要包括第 16 章、第 18 章的剩余部分以及第 19 章。

最后，我们想强调一点，那些较难和（或）不属于核心内容的章节都用星号标示，读者可以轻松地跳过，而这不会影响对本书的理解和掌握。

辅助材料*

使用本书，教师和学生可以获得质量极高的辅助材料。北卡罗来纳州州立大学的邓肯·霍尔索森（Duncan M. Holthausen）所提供的《教师手册》（*Instructor's Manual*）给出了每一章末的

* 中国人民大学出版社并未购买该类内容的版权，需要该类内容的读者，请直接向培生教育出版公司申请。——出版者注

复习题和练习题的详细答案。本书第九版包括许多全新的复习题和练习题，并对上一版中的某些练习题进行了修改和更新；而新的《教师手册》也做了相应的调整。同时，《教师手册》对每一章都有一些教学提示，概述该章的关键知识点。

《题库》（Test Item File）有 2 000 多道多项选择题和简答题，并附有答案。所有材料也都针对新版教材进行了彻底的修改和仔细的检查。TestGen 试卷生成软件可以让教师轻易地创建和管理纸质测试题、电子测试题或在线测试，软件的获取只能求助于培生教育出版公司（以下简称“培生”）。教师可以从出版社提供的题库中选择试题，题库中的试题是按照章节组织、与课本内容配套的。教师也可以从零开始，创建自己的试题。借助于其迅捷简单的试卷生成软件和灵活有效的编辑工具，TestGen 现在已成为教师完备的试卷生成系统。

幻灯片（PowerPoint Presentation）也已经由费尔南多·基哈诺（Fernando Quijano）修订完成。教师可以编辑具体的大纲，创建符合自己习惯的专业授课计划，并制作一些符合学生具体要求的学习材料。那些幻灯片中还包括讲义和一整套动画版的图形。

由密歇根大学的瓦拉里·苏斯洛（Valerie Suslow）和佛罗里达大学的乔纳森·汉密尔顿（Jonathan Hamilton）编写的《学习指导》（*Study Guide*）给学生提供了大量复习材料和练习题。该书的每一章都包括重要概念列表、章节重点、概念复习、应用题以及自测题。所有练习题、应用题和自测题都配有确切的答案和解答。

为了方便，所有教师资源都可以在线获得，可以访问我们的中心辅助资源网站——教师资源中心（www. pearsonhighered. com/irc）。想要登录或需要更多信息，请联系当地的培生代表处或通过在线方式得到登录账号。

MyEconLab

MyEconLab 是一个内容丰富的网站，包括与《微观经济学》（第九版）相关的作业、测验、考试、教程选项。MyEconLab 为学生提供一个程序，可以用来训练解题技巧和评估对课本材料的理解程度。教师同样仅用一个程序就可以完成以上全部工作。

具体来说，MyEconLab 包括以下内容：

- 章末练习题或自动分级的作业。这些练习包括证明题、计算题和作图题。
- 额外的作业习题，来源于书本的材料。
- 对学生的问题和绘图答案做出迅速的辅导反馈。
- 互动学习辅助（Interactive Learning Aids），包括分步解题指导和作图动画。
- 自动分级问答题和作图题（Auto Graded Problems and Graphs），针对所有作业。
- 数字互动（Digital Interactives），用来评估对主要经济学原理的思考和运用能力。
- 题库，用以作为家庭作业。
- 自定义练习生成器（A Custom Exercise Builder），允许教师设计自己的习题。
- 评分手册（Gradebook），可用于记录学生成绩，并依学生或章节生成报告。
- 两种形式的实验：“单人（简单、非同步的互动式家庭作业）”和“多人（由教师同步引导的、快速的互动体验）”。
- 培生电子书（Pearson eText），为学生提供了随时随地可以阅读的课本。学生可以自由阅读、注释、标记和加书签。教师可以分享评论或标记，而学生可以为任何类型的学习者班级增加他们自己的评论或标记。

- 交流工具，允许学生和教师通过电子邮件、论坛、聊天室以及在线课堂进行交流。
- 自定义选项，提供分享文件和内容的更多方式。
- 预制的课程，为教师提供创建课程的成套项目，包括预制分章式作业。
- 为等待资助的学生提供的 14 天免费试用账户。

MyEconLab 为《微观经济学》准备的练习题由北卡罗来纳州州立大学的邓肯·霍尔索森提供。若需要更多信息和实例展示，请访问 www. myeconlab. com。

致谢

俗话说，要“举全村之力”* 再版一本教科书。因为《微观经济学》（第九版）是在课堂教学中不断发展而来的，所以我们需要向我们的学生和经常与我们讨论的同事致以衷心的感谢！我们也要感谢研究助理们有效的工作。在本书的前八版中，他们是 Peter Adams、Walter Athier、Smita Brunnerneier、Corola Conces、Phillip Gibbs、Matt Hartman、Salar Jahedi、Jamie Jue、Rashmi Khare、Jay Kim、Maciej Kotowski、Catherine Martin、Tammy McGavock、Masaya Okoshi、Kathy O'Regan、Shira Pindyck、Karen Randig、Subi Rangan、Deborah Senior、Ashesh Shah、Nicola Stafford 以及 Wilson Tai。Kathy Hill 提供了美术辅助，而 Assunta Kent、Mary Knott 以及 Dawn Elliott Linahan 是第一版的文秘助理。我们要特别感谢 Lynn Steele 和 Jay Tharp 对本书第二版的编辑支持。Mark Glickman 和 Steve Wiggins 辅助完成了第三版的案例，Andrew Guest、Jeanette Sayre 以及 Lynn Steele 对第三版、第四版、第五版提供了大量编辑支持，Brandi Henson 和 Jeanette Sayre 对第六版提供了编辑支持，Ida Ng 对第七版提供了编辑支持，Ida Ng 和 Dagmar Trantinova 对第八版和第九版提供了编辑支持。另外，Caterina Castellano 和 Sarah Tang 对本书第九版提供了非常棒的研究辅助。

本书的写作是一个既痛苦又享受的过程。在每一阶段，我们都会毫无例外地得到来自全美国的微观经济学教师的指导。在对本书第一版进行编辑和审校之后，我们在纽约进行了两天的集中讨论。这为我们提供了机会来聆听来自各种不同背景和领域的讲授者的想法。我们要感谢在集中讨论中提出建议和批评的以下人士：密歇根州立大学的 Carl Davidson、南加利福尼亚大学的 Richard Eastin、加利福尼亚州立大学长滩分校的 Judith Roberts 以及北艾奥瓦大学的 Charles Strein。

我们要感谢那些提出批评、建议，对《微观经济学》（第九版）的改进做出显著贡献的学者：

Bahram Adrangi, *University of Portland*
Richard Anderson, *Texas A&M University*
Bryan D. Buckley, *University of Illinois at Urbana-Champaign*
Michael Enz, *Framingham State University*
Darrin Gulla, *University of Kentucky*
John Horn, *Washington University in St. Louis*
Robert Horn, *James Madison University*
Muhammad Husain, *Georgia State University*
Siew Hoon Lim, *North Dakota State University*
Frank Limehouse, *DePaul University*
Edward Scahill, *The University of Scranton*
Kimberly Sims, *University of Tennessee Knoxville*
Ralph Sonenshine, *American University*
Tom Vukina, *North Carolina State University*
Roger E. Wehr, *The University of Texas at Arlington*

我们也要感谢在前八版的出版过程中曾经提出建议的人，他们是：

* 来自非洲谚语“It takes a village to raise a child”，意指举全村之力来抚养一个孩子。——译者注

Nii Adote Abrahams, *Missouri Southern State College*
Jack Adams, *University of Arkansas, Little Rock*
Sheri Aggarwal, *Dartmouth College*
Anca Alecsandru, *Louisiana State University*
Anita Alves Pena, *Colorado State University*
Ted Amato, *University of North Carolina, Charlotte*
John J. Antel, *University of Houston*
Albert Assibey-Mensah, *Kentucky State University*
Kerry Back, *Northwestern University*
Dale Ballou, *University of Massachusetts, Amherst*
Peter Calcagno, *College of Charleston*
Winston Chang, *State University of New York, Buffalo*
Henry Chappel, *University of South Carolina*
Joni Charles, *Texas State University—San Marcos*
Larry A. Chenault, *Miami University*
Harrison Cheng, *University of Southern California*
Eric Chiang, *Florida Atlantic University*
Kwan Choi, *Iowa State University*
Charles Clotfelter, *Duke University*
Ben Collier, *Northwest Missouri State University*
Kathryn Combs, *California State University, Los Angeles*
Tom Cooper, *Georgetown College*
Richard Corwall, *Middlebury College*
John Coupe, *University of Maine at Orono*
Robert Crawford, *Marriott School, Brigham Young University*
Jacques Cremer, *Virginia Polytechnic Institute and State University*
Julie Cullen, *University of California, San Diego*
Carl Davidson, *Michigan State University*
Gilbert Davis, *University of Michigan*
Arthur T. Denzau, *Washington University*
Tran Dung, *Wright State University*
Richard V. Eastin, *University of Southern California*
Lee Endress, *University of Hawaii*
Maxim Engers, *University of Virginia*
Carl E. Enomoto, *New Mexico State University*
Ray Farrow, *Seattle University*
Tammy R. Feldman, *University of Michigan*
Gary Ferrier, *Southern Methodist University*
Todd Matthew Fitch, *University of San Francisco*
John Francis, *Auburn University, Montgomery*
Roger Frantz, *San Diego State University*
Delia Furtado, *University of Connecticut*
Craig Gallet, *California State University, Sacramento*
Patricia Gladden, *University of Missouri*
Michele Glower, *Lehigh University*
Otis Gilley, *Louisiana Tech University*
Tiffani Gottschall, *Washington & Jefferson College*
William H. Greene, *New York University*
Thomas J. Grennes, *North Carolina State University*
William Baxter, *Stanford University*
Charles A. Bennett, *Gannon University*
Gregory Besharov, *Duke University*
Maharukh Bhiladwalla, *Rutgers University*
Victor Brajer, *California State University, Fullerton*
James A. Brander, *University of British Columbia*
David S. Bullock, *University of Illinois*
Jeremy Bulow, *Stanford University*
Donald L. Bumpass, *Sam Houston State University*
Raymonda Burgman, *DePauw University*
H. Stuart Burness, *University of New Mexico*
James Hartigan, *University of Oklahoma*
Daniel Henderson, *Binghamton University*
George Heitman, *Pennsylvania State University*
Wayne Hickenbottom, *University of Texas at Austin*
George E. Hoffer, *Virginia Commonwealth University*
Stella Hofrenning, *Augsburg College*
Donald Holley, *Boise State University*
Duncan M. Holthausen, *North Carolina State University*
Robert Inman, *The Wharton School, University of Pennsylvania*
Brian Jacobsen, *Wisconsin Lutheran College*
Joyce Jacobsen, *Rhodes College*
Jonatan Jelen, *New York University*
Changik Jo, *Anderson University*
B. Patrick Joyce, *Michigan Technological University*
Mahbubul Kabir, *Lyon College*
Folke Kafka, *University of Pittsburgh*
David Kaserman, *Auburn University*
Brian Kench, *University of Tampa*
Michael Kende, *INSEAD, France*
Philip G. King, *San Francisco State University*
Paul Koch, *Olivet Nazarene University*
Tetteh A. Kofi, *University of San Francisco*
Dennis Kovach, *Community College of Allegheny County*
Anthony Krautman, *DePaul University*
Leonard Lardaro, *University of Rhode Island*
Sang Lee, *Southeastern Louisiana University*
Robert Lemke, *Florida International University*
Peter Linneman, *University of Pennsylvania*
Leonard Loyd, *University of Houston*
R. Ashley Lyman, *University of Idaho*
James MacDonald, *Rensselaer Polytechnical Institute*
Wesley A. Magat, *Duke University*
Peter Marks, *Rhode Island College*
Anthony M. Marino, *University of Southern California*
Lawrence Martin, *Michigan State University*
John Makum Mbaku, *Weber State University*
Richard D. McGrath, *College of William and Mary*

Thomas A. Gresik, *Notre Dame University*
John Gross, *University of Wisconsin at Milwaukee*
Adam Grossberg, *Trinity College*
Philip Grossman, *Saint Cloud State University*
Nader Habibi, *Brandeis University*
Jonathan Hamilton, *University of Florida*
Claire Hammond, *Wake Forest University*
Robert G. Hansen, *Dartmouth College*
Bruce Hartman, *California State University, The California Maritime Academy*
Laudo Ogura, *Grand Valley State University*
June Ellenoff O'Neill, *Baruch College*
Daniel Orr, *Virginia Polytechnic Institute and State University*
Ozge Ozay, *University of Utah*
Christos Paphristodoulou, *Mälardalen University*
Lourenço Paz, *Syracuse University*
Sharon J. Pearson, *University of Alberta, Edmonton*
Ivan P'ng, *University of California, Los Angeles*
Michael Podgursky, *University of Massachusetts, Amherst*
Jonathan Powers, *Knox College*
Lucia Quesada, *Universidad Torcuato Di Telia*
Benjamin Rashford, *Oregon State University*
Charles Ratliff, *Davidson College*
Judith Roberts, *California State University, Long Beach*
Fred Rodgers, *Medaille College*
William Rogers, *University of Missouri—Saint Louis*
Geoffrey Rothwell, *Stanford University*
Nestor Ruiz, *University of California, Davis*
Edward L. Sattler, *Bradley University*
Roger Sherman, *University of Virginia*
Nachum Sicherman, *Columbia University*
Sigbjørn Sødal, *Agder University College*
Menahem Spiegel, *Rutgers University*
Douglas J. Miller, *University of Missouri—Columbia*
David Mills, *University of Virginia, Charlottesville*
Richard Mills, *University of New Hampshire*
Jennifer Moll, *Fairfield University*
Michael J. Moore, *Duke University*
W. D. Morgan, *University of California at Santa Barbara*
Julianne Nelson, *Stern School of Business, New York University*
George Norman, *Tufts University*
Houston H. Stokes, *University of Illinois, Chicago*
Richard W. Stratton, *University of Akron*
Houston Stokes, *University of Illinois at Chicago*
Charles T. Strein, *University of Northern Iowa*
Charles Stuart, *University of California, Santa Barbara*
Valerie Suslow, *University of Michigan*
Theofanis Tsoulouhas, *North Carolina State University*
Mira Tsymuk, *Hunter College, CUNY*
Abdul Turay, *Radford University*
Sevin Ugural, *Eastern Mediterranean University*
Nora A. Underwood, *University of California, Davis*
Nikolaos Vettas, *Duke University*
David Vrooman, *St. Lawrence University*
Michael Wasylenko, *Syracuse University*
Thomas Watkins, *Eastern Kentucky University*
Robert Whaples, *Wake Forest University*
David Wharton, *Washington College*
Lawrence J. White, *New York University*
Michael F. Williams, *University of St. Thomas*
Beth Wilson, *Humboldt State University*
Arthur Woolf, *University of Vermont*
Chiou-nan Yeh, *Alabama State University*
Philip Young, *University of Maryland*
Peter Zaleski, *Villanova University*
Joseph Ziegler, *University of Arkansas, Fayetteville*

还要特别感谢那些虽然不是通过正式的评论程序，却给予本书各个版本以有益评论、批评和建议的人，他们是 Jean Andrews、Paul Anglin、J. C. K. Ash、Ernst Berndt、George Bittlingmayer、Severin Borenstein、Paul Carlin、Whewon Cho、Setio Angarro Dewo、Avinash Dixit、Frank Fabozzi、Joseph Farrell、Frank Fisher、Jonathan Hamilton、Robert Inman、Joyce Jacobsen、Paul Joskow、Stacey Kole、Preston McAfee、Jeannette Mortensen、John Mullahy、Krishna Pendakur、Jeffrey Perloff、Ivan P'ng、A. Mitchell Polinsky、Judith Roberts、Geoffrey Rothwell、Garth Saloner、Joel Schrag、Daniel Siegel、Thomas Stoker、David Storey、James Walker 以及 Michael Williams。

本版的第 19 章包括了关于行为经济学的新材料，这些材料在很大程度上源于 George Akerlof 富有思想的建议。我们也感谢 Caterina Castellano，她帮助我们修订了案例，增加了新案例，完成了复习题、练习题，并在本书出版的各个阶段协助编辑和细致地检查本版的样稿。

我们也想表达我们对负责本书各版出版的 Macmillan、Prentice Hall 以及培生的感激之情。在整个第一版的写作过程中，Bonnie Lieberman 提供了无价的指导和鼓励；Ken MacLeod 保证了本书得以稳步推进；Gerald Lombardi 提供了大量编辑支持和建议；John Molyneux 监督了本书的生产过程。

在第二版中，我们有幸得到 David Boelio 的鼓励和支持，两位 Macmillan 的编辑 Caroline Carney 和 Jill Lectka 提供了组织和编辑支持。第二版也得益于 Gerald Lombardi 一流的编辑能力，John Travis 管理了本书的生产过程。

Jill Lectka 和 Denise Abbott 是本书第三版的编辑，为此付出了很多努力。Leah Jewell 担任第四版的编辑，其耐心、细致和坚持令人难忘。Chris Rogers 为本书第五至七版的编辑工作提供了持续而忠诚的指导。对于本书第九版，我们要感谢证券投资经理 Ashley Bryan 在本版修订过程中的勤奋工作。我们也要感谢我们的内容制作人 Mary Kate Murray、英特格拉的项目经理 Gina Linko、营销人 Tricia Murphy、现场营销经理 Ramona Elmer、数字内容项目总监 Noel Lotz，以及数字媒体制作人 Melissa Honig。

我们要特别感谢 Catherine Lynn Steele，其一流的编辑工作伴随本书的 5 个版本。Lynn 于 2002 年 12 月 10 日去世，我们非常怀念她。

罗伯特·S. 平狄克

丹尼尔·L. 鲁宾费尔德

目 录

第 1 篇 导论：市场与价格

第 2 篇 生产者、消费者与竞争性市场

第 3 篇　市场结构与竞争策略

第 4 篇　信息、市场失灵与政府的角色

第1篇

导论：市场与价格

第 1 篇考察了微观经济学的研究范围，并介绍了一些基本的概念和工具。

第 1 章探讨了微观经济学所要解决的问题的范围，以及它所能提供的各种答案。这一章还解释了什么是市场，如何确定市场边界，以及如何测度市场价格。

第 2 章包括微观经济学最重要的工具之一：供给-需求分析。我们解释了竞争性市场是如何运行的，以及供给和需求是如何决定商品和服务的价格与数量的。我们也说明了如何运用供给-需求来确定市场条件变化所带来的影响，其中包括政府干预。

1 绪　论

经济学的两个主要分支是：微观经济学和宏观经济学。**微观经济学**（microeconomics）研究个体经济单位的行为，包括消费者、工人、投资者、土地所有者、企业——事实上包括任何参与经济运行的个人和法人。[①]微观经济学旨在解释这些经济单位怎样做出经济决策，以及为什么这样决策。比如，微观经济学解释了消费者如何做出购买决策，其决策又怎样受到价格和收入变化的影响；厂商如何决定雇用多少工人，工人又是怎样决定工作地点和工作时长的。 3

微观经济学还特别关注经济个体之间怎样通过互动形成更大的经济单位——市场和行业。比如，微观经济学可以帮助我们理解，美国汽车工业为什么会像现在这样发展，生产者和消费者怎样在汽车市场上互动；汽车的价格是如何决定的，有多少汽车制造商会投资建立新的工厂，而每年又会生产多少汽车。通过研究个体厂商和个体消费者间的互动，微观经济学揭示了行业和市场运行及其演变的规律，它们彼此相异的原因，以及它们如何受政府政策和全球经济状况的影响。

而**宏观经济学**（macroeconomics）则研究经济总量，诸如国民产出的水平和增长率、利率、失业以及通货膨胀。不过近些年来，微观经济学和宏观经济学之间的界限越来越模糊，原因在于宏观经济学同样涉及对市场——如商品、服务、劳动以及公司债券的总量市场——的分析。要理解这些总量市场如何运行，我们必须首先理解构成这些总量市场的个体厂商、消费者、工人和投资者的行为。因此，宏观经济学变得越来越关注总量经济现象的微观基础，宏观经济学的很多内容实际上就是微观经济分析的扩展和延伸。

本章要点

案例列表

微观经济学

经济学的分支，主要研究个体经济单位——消费者、厂商、工人和投资者的行为——以及由这些个体组成的市场本身的行为。

宏观经济学

经济学的分支，主要研究经济总量，诸如国民产出的水平和增长率、利率、失业以及通货膨胀。

1.1　微观经济学的主题

滚石（Rolling Stones）乐队曾经这样唱道：“你不可能总是得到所有想 4

① 前缀“micro-”源于希腊语，意为“微小的”；然而我们将要研究的许多个体经济单位，只是在与整个美国经济相比较的情况下才可算微小。例如，通用汽车、IBM 或者微软，其年销售额都大于很多国家的国民生产总值。

要的。”千真万确！大部分人［包括米克·贾克尔（Mick Jagger）］从小就认识到了这样一个简单的生活真相：我们所能拥有的东西和可以做的事情都是有限的。而对经济学家来说，有限性可能是一个令人着迷的东西。

在很大程度上，微观经济学就是关于有限性（limit）的科学——消费者能够用来购买商品和服务的收入是有限的，厂商能够用来生产商品的预算和技术是有限的，工人能够用来分配给劳动和闲暇的时间是有限的。不过，微观经济学也是关于如何应对有限性的科学。更确切地说，微观经济学是关于如何配置稀缺资源（allocation of scarce resource）的科学。比如，微观经济学解释了消费者怎样最合理地配置有限的收入来购买各种商品和服务；工人如何最好地配置工作和闲暇时间，又怎样决定选择一种工作而非另一种；厂商怎样最优地配置有限的资金，雇用更多劳动而不是购买更多新机器，继续生产某种商品而不是生产新商品。

在计划经济中，关于资源配置的决策大部分是由政府做出的。企业被告知应该生产什么、生产多少以及怎样生产；工人在工作的选择、工作时间的选择，甚至他们居住地的选择上，自由度较小；而消费者也只能从有限的商品中进行选择。所以，微观经济学的一些概念和方法在计划经济国家中的重要性相对小一些。

权衡取舍

在现代经济中，消费者、工人和厂商在配置稀缺资源时有更大的自由和更多的选择。微观经济学描述消费者、工人和厂商所面临的权衡取舍（trade-off），并且解释怎样做好权衡取舍。

怎样做出最优的权衡取舍是微观经济学的一个重要主题——它会出现在本书的每一个角落。下面我们来具体表述。

消费者 消费者拥有有限的收入，用来购买各种各样的商品和服务，或者为了未来而储蓄。本书的第3～5章所讨论的消费者理论（consumer theory）描述消费者如何基于偏好，通过对各种数量的商品组合进行权衡取舍来最大化其福利。我们还将讨论消费者怎样决定把多少收入存起来，也就是怎样在现在消费和未来消费之间进行权衡取舍。

工人 工人也要面临约束并做出权衡取舍。首先，他们必须决定是否进入劳动市场以及什么时候进入。因为能够得到的不同工作——对应不同的薪酬水平——部分地依赖于受教育程度和积累的技能，工人需要在立即工作（马上得到工资）与继续深造（预计将来得到更高收入）之间做出权衡取舍。其次，工人面对工作选择的权衡取舍，比如，有些人选择进入大企业，可以得到有保障的工作，但升职机会有限；相反，有些人则更偏向小企业，在得到较大升职空间的同时，也伴随着较低的稳定性和保障。最后，工人有时必须选择每
5 周愿意工作的时间，因此需要对工作和闲暇进行权衡取舍。

厂商 厂商在其所能够生产的商品种类和用以生产商品的资源方面面临着约束。比如，通用汽车公司擅长于生产小汽车和卡车，但是并没有能力生产飞机、计算机或药品。同时，通用汽车公司还面临资金和当前工厂的生产能力的约束。在给定这些约束的情况下，通用汽车公司需要决定每一种类型的汽车的生产数量。如果要在明年或后年生产更多的小汽车和卡车，它就必须决定是要增加工人，新建分厂，还是同时增加工人和增设分厂。第6章和第7章将要讨论厂商理论（theory of the firm），那时会描述厂商是如何做出最优的权衡取舍的。

价格与市场

微观经济学的第二个重要主题是价格（price）的作用。以上所描述的所有权衡取舍都是

在消费者、工人和厂商所面对的价格基础上做出的。比如，消费者对牛肉和鸡肉消费的权衡取舍部分地依赖于他们的偏好，但是也依赖于牛肉和鸡肉的价格。同样地，工人在工作和闲暇间的权衡取舍也部分地取决于他们提供的劳动的“价格”——也就是工资（wage）。而厂商决定是雇用更多的工人还是增加更多的机器设备则部分地取决于工资水平和机器设备的价格。

微观经济学还描述价格的决定机制。在一个中央计划经济中，价格是由政府制定的。在一个市场经济中，价格则是由消费者、工人和厂商间的互动决定的。这些互动发生在市场（market）中——买者和卖者集中在一起，决定产品的价格。比如，在汽车市场中，汽车的价格受到福特汽车公司、通用汽车公司、丰田汽车公司以及其他汽车制造商之间相互竞争的影响，也受市场上消费者需求的影响。微观经济学的第三个重要主题就是市场的核心作用。我们会马上在本书中具体展开讨论市场的属性及其运行规律。

理论与模型

和其他科学一样，经济学专注于解释观察到的现象。比如，为什么当厂商面临原料价格变化时，往往会雇用或解雇工人？如果原料的价格上升10%，一个厂商会增加或减少多少工人呢？

和其他科学一样，经济学中的解释和预测都需要以理论（theory）为基础。理论依靠一系列基本原理和假设来解释观察到的现象。如厂商理论，从一个简单的假设出发——厂商总是最大化其利润。厂商理论用此假设来解释厂商如何选择劳动、资本以及原料的数量，如何决定商品的产量。这一理论还能解释厂商决策是怎样受到投入品（如劳动、资本和原料）价格和产出品价格的影响的。

经济理论还是进行预测的基础。因而，厂商理论告诉我们，工资水平的上升或者原料价格的下降会导致产出水平升高还是下降。运用统计学知识和经济学工具，理论可以用来建立模型，通过模型，我们就可以进行数量的预测。模型（model）用数学来描述厂商、市场或其他主体的行为，从而建立经济理论。例如，我们可以建立一个关于某个特定厂商的 6
模型，并且用它来预测当原料价格下降10%时，产出水平会发生怎样的变化。

统计学和计量经济学也可以用于测度我们所做预测的精确度。比如设想一下，我们预测原料价格下降10%会导致产出增加5%，我们是否可以确切地认为产出必定会增长5%呢？或者增长有没有可能在3%和7%之间呢？因此，对预测精确度的度量与预测本身一样重要。

不管是经济学、物理学还是其他科学，没有任何理论是绝对正确的。一项理论的有用性和合理性取决于这一理论是否成功地解释并预测了一系列需要被解释和预测的现象。因而，理论将持续被观察到的事实所检验，而检验的结果是，理论需要经常地被修改和改进，有时甚至被抛弃。作为一门科学，检验和修正理论的过程是经济学发展的核心。

评价一个理论时需要牢记的一点是，理论是永无完美的，或者说不完美是理论的本质。每一科学分支皆如此。对于物理学，波义耳定律将气体的体积、温度和压强联系在一起。[①] 波义耳定律基于一个假设：单个气体分子的运动方式完全类似于弹性小球。当今的物理

① 罗伯特·波义耳（Robert Boyle，1627—1691）是英国化学家和物理学家，他通过实验发现了压强（P）、体积（V）和温度（T）之间存在着下述关系：$PV=RT$，式中，R是一个常数。后来的物理学家从气体运动理论中推出了这一等式，这一理论用统计学的术语描述了气体分子的运动。

学家知道，事实上气体分子的运动并不类似于弹性小球，而这也就是波义耳定律在某些压强和温度的极端情形下不成立的原因。然而，在大部分情况下，波义耳定律可以成功地预测气体压强和体积变化时温度的变化，所以这一定律仍然是工程师和科学家的基本分析工具。

经济学完全类似。实际上，厂商并不总是在最大化其利润，厂商理论对厂商行为的某些具体的特征只有有限的解释力，比如关于资本投资的时间选择。然而，厂商理论确实可以解释相当宽泛的现象，包括厂商的行为、成长和演进，因此，这一理论成了经理和政策制定者的一个有用工具。

实证分析与规范分析

微观经济学既关注实证（positive）问题，也关注规范（normative）问题。实证问题主要是解释和预测，而规范问题关注的是“应该如何”的问题。假设美国政府对汽车进口实行配额。汽车的价格、产量和销售量会发生怎样的变化？这一政策对美国的消费者又会产生什么影响？对汽车产业的工人有什么影响？这些都属于**实证分析**（positive analysis）（描述因果关系的命题或表述）的范畴。

> **实证分析**
> 描述因果关系的分析。

实证分析是微观经济学的核心。如上所述，理论被用来解释现象、检验所观察到的现象、构造模型并通过模型进行预测。用经济理论进行预测对企业管理者和公共政策制定者都很重要。假设联邦政府正在考虑提高汽油税，税收会影响到汽油的价格、消费者对汽车大小的偏好、用车的频率，等等。为了制订合理的计划，石油公司、汽车公司、汽车零部件的制造商以及旅游公司都想了解该税收所产生的各种影响究竟会有多大。政府部门的政策制定者也需要对这些影响进行定量的估测。他们想要判断：税收带给消费者的成本（可
7 能按收入档次对消费者进行分类），对石油产业、汽车产业、旅游业的利润和就业的影响，以及政府每年可能得到的税收额。

> **规范分析**
> 解释“应该如何”一类问题的分析。

有时我们并不满足于解释和预测，还会提出一些其他问题，比如“什么才是最好的”。这就包含了**规范分析**（normative analysis）。规范分析无论是对企业管理者还是公共政策制定者都十分重要。仍然考虑对汽油开征新税种的情形，一旦该税收出台，汽车公司就要决定大型车和小型车各生产多少才是最优（即利润最大化）的方案，或者应该投入多少资金来制造油耗更低的汽车。而对于政策制定者而言，首要的问题可能在于，这项税收是否符合公众利益。要达到相同的政策目标（例如税收的增加和对进口石油依赖程度的降低），改征另一种税，比如对进口石油征收关税，付出的代价可能更低。

规范分析不仅涉及不同政策的选择，而且包括特定政策的设计。举例来说，假设一项汽油税已经被选定。在综合考虑了成本和收益之后，我们就会问：最优的税收规模是多少？

规范分析经常与价值判断相联系。比如，在比较汽油税和进口石油关税时可能会得出这样的结论：前者虽容易实施，但会对较低收入的消费者产生更大的影响。此时，社会就必须做出价值判断，在公平和经济效率之间进行权衡。当涉及价值判断时，微观经济学就无法告诉我们什么是最优的政策。不过，经济学能够厘清选择中的得失，从而有助于有争议问题的明朗化。

1.2 什么是市场?

商人、新闻记者、政客以及普通消费者总是在谈论着市场——比如石油市场、房地产市场、债券市场、劳动市场以及各种各样商品和服务的市场。不过，他们所说的“市场”一词经常是含糊不清或容易令人误解的。在经济学中，市场是讨论的核心，因此经济学家需要尽可能地明确他们谈论的市场的确切含义。

我们可以将独立的经济单位按功能分为两大类——买者（buyer）和卖者（seller），从而可以容易地明白市场是什么以及它是如何运行的。买者包括购买商品和服务的消费者，以及购买劳动、资本和原料用于商品生产和服务提供的厂商。卖者包括出售商品和服务的厂商、出售劳动的工人，以及向厂商出租土地或出售矿物资源的资源所有者。显然，大部分个人和厂商既是买者，又是卖者。当他们购买商品的时候，我们就把他们仅仅看作买者；而当他们出售商品的时候，我们又把他们仅仅看作卖者。我们会发现，这么做会给我们带来很多便利。

> **市场**
> 买者和卖者的集合，通过他们实际或潜在的互动来决定一种或一系列商品的价格。

买者和卖者的互动形成市场。**市场**（market）是买者和卖者的集合，通过他们实际或潜在的互动来决定一种或一系列商品的价格。例如，在个人计算机市场上，买者就是厂商、家庭和学生，而卖者就是惠普、联想、戴尔、苹果和许多其他生产商。请注意，市场的内 8
涵要宽于行业。行业（industry）是指出售相同或紧密相关产品的所有厂商的集合。事实上，行业仅仅是市场的供给方。

> **市场界定**
> 确定一个特定的市场应包括哪些买者、卖者以及产品范围。

经济学家经常关注**市场界定**（market definition）的问题——市场界定是指确定一个特定的市场应包括哪些买者、卖者以及产品范围。在界定一个市场时，买卖双方之间潜在的互动与实际的互动同样重要。黄金市场就是一例，一个纽约的黄金买者不太可能跑到苏黎世去购买黄金，纽约的绝大多数黄金买者只会与纽约的黄金卖者交易。但如果黄金的运输成本相对于其价格而言很低，且苏黎世的金价远低于纽约的金价，那么纽约的买者就很可能会到苏黎世去购买黄金。

> **套利**
> 在一个地方低价买进，然后在另一个地方高价卖出的行为。

一种商品的明显价差会创造潜在的**套利**（arbitrage）机会——人们在一个地方低价买进，然后在另一个地方高价卖出。正是套利的可能性使得纽约与苏黎世的金价基本一致，从而创建了一个世界性的黄金市场。

市场是经济活动的中心，并且许多有趣的经济学问题和争议都与市场的运行有关。例如，为什么在有些市场上，只有少数几个厂商在彼此竞争，而在其他市场上，却有许多厂商？消费者是否一定会因为市场上竞争厂商众多而受益？如果是，政府是否就应该干预仅有少数厂商的市场？为什么在某些市场上，价格涨跌迅速，而在另一些市场上，价格几乎不变？哪些市场为打算经商的企业家提供了最好的机会？

竞争性市场与非竞争性市场

> **完全竞争市场**
> 有许多买者和卖者的市场，没有任何买者或卖者能够影响价格。

在本书中，我们研究竞争性市场和非竞争性市场的行为。一个**完全竞争市场**（perfectly competitive market）中存在许多买者和卖者，所以任何买者或卖者对价格均没有显著的影响力。大多数农产品市场接近于完全竞争市场。例如，成千上万的农民生产小麦，同时成千上万的买者购入小麦加工成面粉或其他产品，结果是，没有一个农民，也没有一个买者能够影响小麦的价格。

许多有足够竞争性的其他市场也可以被看作完全竞争市场。例如，世界铜材市场包括几十个主要的生产者，这个生产者数目大到可以使任何一个生产者停止生产时对价格所造成的影响都可以被忽略。其他许多自然资源市场，如煤、铁、锡或木材市场，情形也一样。

出于分析的目的，有些市场虽然只有几个生产者，也仍被看成是竞争性市场。例如，美国航空业有数十个厂商，但绝大多数航线仅由几个厂商提供服务。不过，那些厂商间的竞争常常很激烈，所以出于某些目的，这个市场可以被认为是竞争性的。最后，某些市场尽管存在很多生产者，但却是非竞争性的（noncompetitive），也就是说，个别厂商可以联合起来影响产品的价格。世界石油市场就是一个例子，从20世纪70年代初起，这个市场就一直被欧佩克（OPEC）卡特尔控制。[卡特尔（cartel）是指集体行动的生产者群体。]

市场价格

市场价格
竞争性市场中通行的价格。

市场提供了买者和卖者之间进行交易的可能性。不同数量的商品按特定的价格出售，
在完全竞争市场上，一个唯一的价格——**市场价格**（market price）——通常会占主导地
9 位。例如，堪萨斯城的小麦价格和纽约的黄金价格。这些价格通常很容易度量。例如，你
可以在每天报纸的商业版中找到玉米、小麦或黄金的价格。

在不完全竞争市场上，不同的厂商可以对同样的产品制定不同的价格。这种情况发生于一个厂商试图从其竞争对手那里赢得顾客时，或是因为其顾客存在对品牌的忠诚导致厂商能将其产品的价格定得高于其竞争对手时。例如，两种品牌的洗衣液也许在同一家超市按不同的价格出售；又如，同一城镇的两家超市正按不同的价格出售同一品牌的洗衣液。在以上例子中，我们所指的市场价格是指不同品牌或不同超市的平均价格。

绝大部分商品的市场价格会随着时间的推移而上下波动，并且对许多商品来说，价格的变动可能相当迅速；尤其是在竞争市场上所销售的商品。例如，股票市场就具有高度的竞争性，任何一只股票通常都有许多买者和卖者。每个在股票市场中进行过投资的人都知道，任何一只股票的价格每一分钟都在变动，而在一天的时间里，价格也许会大幅上升或下降。同样，商品（如小麦、大豆、咖啡、石油、黄金、白银或者木材）的价格在一天或一周的时间里也会发生显著的波动。

市场界定——市场范围

市场范围
市场的边界，既包括地理的边界，又包括就产品范围而言的边界。

我们知道，所谓市场界定就是确定一个特定的市场该包括哪些买者和卖者。但要决定包括哪些买者和卖者，我们必须先确定**市场范围**（extent of a market）——市场的边界（boundaries），既包括地理的（geographically）边界，又包括就产品范围（range of products）而言的边界。

例如，当我们提到汽油市场的时候，我们就必须清楚它的地理边界。我们指的是洛杉矶的商业区，南加利福尼亚，抑或是整个美国？同时，我们也必须清楚所指的产品范围：普通辛烷汽油和高辛烷值优质汽油是否都应该包括在同一市场内？汽油和柴油呢？

就某些商品而言，只有从非常有限的地理边界来讨论一个市场才是有意义的，住房就是一个典型的例子。绝大部分在芝加哥闹市区工作的人会寻找一处离工作地点较近的住房，他们不会去找远在200英里或300英里之外的住房，即使那些住房可能会便宜很多。要知

道远在200英里之外的住房（包括那些住房所占的土地）是不可能轻易地被搬移到离芝加哥更近的地方的，因此芝加哥的房产市场与诸如克利夫兰、休斯敦、亚特兰大或者是费城的房产市场是相互分离和独立的。类似地，虽然零售汽油市场较少受地理因素的限制，但是由于长途运载汽油需要支付成本，所以它仍然是区域性的，因而南加利福尼亚的汽油市场就有别于北伊利诺伊的汽油市场。另外，正如我们在前面所提及的，黄金是在整个世界市场上交易的，套利的可能性防止了不同地区的金价有过大的差异。

当我们讨论一个市场时，必须十分清楚被包括在内的产品范围。例如，存在一个单反（SLR）数码照相机市场，并且该市场上有很多品牌参与竞争。但是我们怎么看待卡片机呢？是否可以把它们也看作这个市场的一部分？显然这样做并不妥当，因为它们的基本用途不同，所
以卡片机并不会和单反机形成竞争。类似的例子还有汽油，我们通常可以认为普通和优质的辛 10
烷汽油属于同一个市场，因为大部分消费者随意地选择使用这两种汽油中的一种。然而，柴油就不属于这个市场，因为使用普通汽油的汽车是不能使用柴油的，反之亦然。[①]

市场界定之所以重要，原因有二：

- 一个企业必须清楚，其目前所销售的各种产品或将来可能销售的产品存在哪些实际的竞争者和潜在的竞争者。它还必须清楚其所在市场的产品边界和地理边界，从而制定价格，确定广告预算以及做出投资决策。
- 市场界定对公共政策的制定也同样重要。政府对生产相似产品厂商之间的兼并或收购行为持肯定还是反对态度？这就要看这样的兼并或收购对未来的竞争和价格的影响程度；而进行这些判断的前提就是市场的界定。

❖例1.1 甜味剂市场

1990年，ADM收购了柯灵顿玉米加工公司（CCP）。[②] ADM是生产多种农产品的大型公司，它的一种产品是高果糖玉米糖浆（HFCS）；而CCP是美国的一个玉米糖浆生产商。美国司法部（DOJ）宣布反对这一兼并，因为DOJ认为这会导致玉米糖浆市场上的垄断，并有可能引致高于竞争性水平的垄断价格。

ADM则表示不同意DOJ的裁定，于是它上诉至联邦法院。在这一兼并案中，关键的问题在于明确玉米糖浆市场是否为一个独立的市场；如果是，那么就ADM和CCP共占据了40%的市场份额来看，DOJ的反对是合理的。然而，ADM辩解说，市场的正确界定要广得多——甜味剂市场不仅包括玉米糖浆，还包括糖，那么ADM和CCP所共同占据的甜味剂的市场份额就相当小了，所以根本不会存在DOJ所说的垄断性的提价能力。

ADM指出，糖和玉米糖浆应该属于同一个市场，它们在许多食品中作为甜味剂是可以相互替代的，而这些食品是相当多的，比如软饮料、意大利面酱和薄烤饼糖浆等。ADM进一步指出，当玉米糖浆和糖的价格波动时，食品生产者会改变他们在产品中所使用的每一种甜味剂的比例。在1990年10月，联邦法官接受了ADM关于糖和玉米糖浆是甜味剂市场的一部分的辩护，因此它们之间的并购被认为是合法的。

---

① 我们怎样来确定一个市场的范围呢？由于市场是确定某种产品价格的场所，所以经济学中有一种方法是以价格为中心。我们可以调查一下，产品的价格是否在不同地区（或不同类型的产品）间大致相同，或者这些价格的变动趋势是否相同。只要其中一种情况成立，我们就可以把它们放在同一个市场中。更多具体的讨论请见 George J. Stigler and Robert A. Sherwin，"The Extent of the Market，" *Journal of Law and Economics* 27（October 1985）：555－585。

② 本案例取材于 F. M. Scherer，"Archer-Daniels-Midland Corn Processing，" Case C16－92－1126，John F. Kennedy School of Government，Harvard University，1992。

糖和玉米糖浆一直可以相互替代，用于满足美国人对甜食的重口味。在整个 20 世纪 90 年代，美国人对甜味剂的使用量稳步上升，于 1999 年达到人均 150 磅。但从 2000 年开始，美国人对甜味剂的使用量趋于下降，因为出于对健康的考虑，人们开始寻找添加的糖分更少的食品。到 2014 年，美国人均甜味剂消耗量下降到 131 磅。此外，人们对糖的消费（人均 68 磅）超过了玉米糖浆（人均 46 磅）。这一转变是由于人们越来越认为糖比玉米糖浆更天然，因而更有利于健康。

❖例 1.2　自行车就是自行车，不是吗？

你上一次在哪里买的自行车？或许是从你的朋友那里或者在克雷格（Craigslist）网站买的二手货。
11 不过，如果你要买新的，你可能就会从两种类型的商店中购买。

一方面，如果你正在寻找一辆廉价的、只要能骑就行的自行车，你就可以到大型仓储超市购买。在那里，你可以很容易找到一辆价格为 100～200 美元的相当不错的自行车。另一方面，如果你是一个热衷于玩单车的运动员（或者至少自认为是），你就可能会到自行车专卖店购买。这些专卖店专门销售和组装自行车。在那里，你很难找到价格低于 400 美元的自行车，而且你可能花费远超过 400 美元。当然，你肯定愿意花很多钱，因为你是一名自行车发烧友嘛！

一辆价格为 1 000 美元的崔克（Trek）牌自行车与一辆价格为 120 美元的哈菲（Huffy）牌自行车会有什么不同呢？两辆自行车都有 21 速变挡（前 3 后 7），只是崔克的变速器质量更好，变速更平滑、连贯。两辆自行车都有前后手刹，只是崔克的手刹更结实、耐用。崔克有更轻的框架，这对于自行车选手更有意义。

因此，实际上有两个不同的自行车市场，这两个市场可以通过出售商店的不同加以分离。可以用表 1.1 对此加以描述。“仓储超市”自行车，在塔吉特百货和沃尔玛出售，由哈菲、施文（Schwinn）、曼提斯（Mantis）等企业生产，定价低至 90 美元，最高不超过 250 美元。这些企业专注于生产尽可能廉价的功能型自行车，一般将生产线建在中国。“专卖店”自行车，在当地的自行车商店出售，包括崔克、佳能戴尔（Cannondale）、捷安特（Giant）、加里菲舍尔（Gary Fisher）以及雷德利（Ridley）等品牌，定价在 400 美元以上。这些企业强调自行车的性能，包括重量、刹车、齿轮、链条和其他硬件的质量。

表 1.1　自行车市场

单位：美元

类型	生产企业和价格（2011 年）
仓储超市自行车：在塔吉特百货、沃尔玛、凯玛特、西尔斯百货等出售	哈菲：90～140 施文：140～240 曼提斯：129～140 孟古斯（Mongoose）：120～280
专卖店自行车：在只销售自行车和自行车零件的零售专卖店出售	崔克：400～2 500 佳能戴尔：500～2 000 捷安特：500～2 500 加里菲舍尔：600～2 000 孟古斯：700～2 000 雷德利：1 300～2 500 斯考特（Scott）：1 000～3 000 宜必斯（Ibis）：2 000 以上

像哈菲和施文这样的企业永远不会尝试生产价格为1 000美元的自行车，因为那明显不是它们的特长（或者用经济学家的话说是“比较优势”）。类似地，崔克和雷德利已经建立了高质量的声誉，它们也没有生产价格为100美元的自行车的技术和厂房。然而，孟古斯（Mongoose）生产两类自行车。它既在大型超市出售价格低至120美元的自行车，又在专卖店出售价格为700～2 000美元的高质量自行车。

在你买了自行车之后，你就需要把自行车小心地锁起来，不然就要面对另一个自行车市场——二手车及其零件的黑市。我们希望你和你的自行车永远也不要进入这个市场。

1.3 实际价格与名义价格

名义价格 未经通货膨胀调整的绝对价格。

实际价格 一种按照总体价格指标衡量的价格，就是经过通货膨胀调整后的价格。

消费者价格指数 衡量总体价格水平的指标。

生产者价格指数 衡量中间产品和批发品的总体价格水平的指标。

我们经常想要将一种商品现在的价格和它过去的价格或将来的价格进行比较。要 12
使这种比较有意义，我们需要以总体价格水平（overall price level）为标准来度量价格。从绝对水平来看，今天一打鸡蛋的价格肯定要比50年前高出许多倍。不过，相对于总体价格水平，鸡蛋价格实际上是更便宜了。因此，当我们比较不同时期的价格时，就需要扣除通货膨胀因素的影响，即用实际的（real）而不是名义的（nominal）指标来度量价格。

商品的**名义价格**（nominal price，有时也被称为“现值美元价格”）就是它的绝对价格。例如，1970年，一磅黄油的名义价格大约是0.87美元，1980年约为1.88美元，1990年约为1.99美元，而2015年则约为3.48美元。这些就是在那些年份里你会在超级市场中看到的价格。而商品的**实际价格**（real price，有时被称为“不变美元价格”）是一种相对于总体价格水平而言的价格，换句话说，就是经过通货膨胀调整后的价格。

对消费品而言，最常用的总体价格度量指标为**消费者价格指数**（consumer price index，CPI）。CPI由美国劳工统计局通过调查零售价格计算得出，并按月发布。CPI记录一个典型的消费者从市场上购买一篮子商品的支出如何随时间的推移而变化。CPI百分比的变化反映了经济中的通货膨胀率。

有时我们既对厂商购买的原料和其他中间产品的价格感兴趣，又对出售给零售商店的最终产品的批发价格感兴趣。在这种情况下，常用的总体价格指标的度量称为**生产者价格指数**（producer price index，PPI）。PPI也由美国劳工统计局计算并按月发布。PPI指数记录了从平均水平来看，批发价格是如何随着时间的推移而变化的。PPI百分比的变化反映了成本的通货膨胀率，并可以用来预测未来CPI的变化。

那么，我们应当使用哪个价格指数来把名义价格转换为实际价格呢？这取决于我们所研究的产品类型。假如是消费者以名义价格购买的产品或服务，那么使用CPI；反之，如果是厂商以名义价格购买的产品，则使用PPI。

例如，当我们研究超市中黄油的价格时，对应的价格指数是CPI。在扣除了通货膨胀因素的影响之后，2015年的黄油价格是否比1970年的更高呢？要找到答案，就让我们用1970年的美元来计算2015年的黄油价格。CPI指数在1970年为38.8，而在2015年升到了237.0左右（在20世纪70年代及80年代初，美国有相当严重的通货膨胀）。这样，以1970年美元来计算的黄油价格就是：

$$\frac{38.8}{237.0}\times 3.48 = 0.57(\text{美元})$$

因此，从实际值来看，2015 年的黄油价格要比 1970 年的价格低[①]；换言之，虽然黄油的名义价格上涨了约 300%，但由于 CPI 指数上涨了 511%，因此对于总体价格水平而言，黄油的价格反而下降了。

本书中，我们通常只关心实际价格而非名义价格，这是因为消费者的选择涉及价格间的比较分析。如果能有一个共同的比较基础，那么估算这些相对价格就是非常容易的了。而用实际价格来表示所有的价格恰恰可以达到这一目的。因此，尽管价格是以美元为计量单位的，但我们通常考量的是美元的实际购买力。

例 1.3　鸡蛋的价格与大学教育的价格

13 在 1970 年，买一打 A 级大鸡蛋大约要花 61 美分。同一年，一所四年制私立大学的年教育成本（包括食宿）约为 2 112 美元。到 2016 年，鸡蛋的价格涨至每打 2.47 美元，而大学教育的平均成本约为 25 694 美元。按实际量来衡量，2016 年的鸡蛋是否比 1970 年的更贵？大学教育是否变得更为昂贵了？

表 1.2 列出了鸡蛋的名义价格和大学教育的名义成本，以及 1970—2016 年的 CPI（CPI 以 1983 年=100 为基准）。该表还列出了以 1970 年的美元计算的鸡蛋和大学教育的实际价格，具体计算过程如下：

$$1980\text{ 年鸡蛋的实际价格}=\frac{CPI_{1970}}{CPI_{1980}}\times 1980\text{ 年的名义价格}$$

$$1990\text{ 年鸡蛋的实际价格}=\frac{CPI_{1970}}{CPI_{1990}}\times 1990\text{ 年的名义价格}$$

其他年份的数据依此类推。

表 1.2　鸡蛋和大学教育的实际价格[②]

年份	1970	1980	1990	2000	2016
消费者价格指数	38.8	82.4	130.7	172.2	241.7
名义价格（美元）					
A 级大鸡蛋	0.61	0.84	1.01	0.91	2.47
大学教育	2 112	3 502	7 619	12 976	25 694
实际价格（1970 年美元）					
A 级大鸡蛋	0.61	0.40	0.30	0.21	0.40
大学教育	2 112	1 649	2 262	2 924	4 125

① 有关国民经济数据的两个可靠来源是《总统经济报告》（Economic Report of the President）和《美国统计摘要》（Statistical Abstract of the United States），这两份资料每年都会出版，可以通过美国政府出版局（U. S. Government Printing Office）获取。

② 要获取大学教育的成本数据，请访问美国国家教育统计中心（National Center for Education Statistics）的网站 http://nces.ed.gov/，然后下载教育统计资料。关于鸡蛋平均零售价格的当期和历史数据，可以登录美国劳工统计局（BLS）的网站 http://www.bls.gov/，再选择“CPI—Average Price Data”获得。

该表清楚地表明，在这段时间内，大学教育的实际成本上升了（95%），而鸡蛋的实际价格则下降了（34%）。对于消费者要做的选择来说，重要的是鸡蛋和大学教育价格的相对变化，而不是这两者如今都要比1970年多花美元的表面事实。

在表1.2中，我们是根据1970年美元来计算实际价格的，当然我们也可按其他基准年份的美元来 14
计算。比如，假设以1990年的美元来计算鸡蛋的实际价格，则：

$$1970\text{年鸡蛋的实际价格}=\frac{CPI_{1990}}{CPI_{1970}}\times 1970\text{年的名义价格}$$

$$=\frac{130.7}{38.8}\times 0.61=2.05$$

$$2016\text{年鸡蛋的实际价格}=\frac{CPI_{1990}}{CPI_{2016}}\times 2016\text{年的名义价格}$$

$$=\frac{130.7}{241.7}\times 2.47=1.34$$

$$\text{实际价格百分比变化}=\frac{2016\text{年的实际价格}-1970\text{年的实际价格}}{1970\text{年的实际价格}}$$

$$=\frac{1.34-2.05}{2.05}=-0.34$$

注意，不管以1970年还是1990年的美元为基准，实际价格下降的百分比都是相同的。

例1.4 作者们对最低工资的争论

美国的许多工人很不满意，他们觉得自己的工资在过去20多年都没有上涨，甚至已经入不敷出。尤其对于那些赚取最低工资的非技术工人来说更是如此。因此，许多经济学家和政客建议提高最低工资，而其他人认为这样做会导致年轻人和其他初入职场者无法找到工作。那么，到底怎么办？应该提高最低工资吗？

“不要管它，”平狄克说，“联邦最低工资于1938年首次设立的时候为每小时25美分，并在以后各年逐年上涨，现在已经比10年前和20年前高多了。”“等一下，”鲁宾费尔德嚷道，“你忘了通货膨胀，把名义最低工资和实际（经通货膨胀调整后的）最低工资弄混了。请看图1.1描述的名义最低工资和实际最低工资变化，按照实际工资度量，最低工资实际上已经比20世纪70年代要低了。”

“你说的对，”平狄克回应道，“正如我们教给学生的，不应该忘记通货膨胀因素。我实在不想这么说，不过在这一点上你是对的。重要的是实际最低工资，而它确实已经下降了。”“但是，”平狄克补充道，“有两点你不应该忘记。首先，一些州的最低工资水平明显高于联邦最低工资水平。比如，2016年，加利福尼亚的最低工资是10美元，纽约的最低工资是9美元，都高于7.25美元的联邦最低工资水平。其次，更重要的是，最低工资降低了雇主雇用入门级工人的激励，也因此不应该被提高。”

“关于有些州最低工资更高，你说的确实对，”鲁宾费尔德回应道，“但关于最低工资对于就业的影响，现在还很难讲，而且许多经济学家并不同意你的观点。让我们到第14章讨论劳动市场的
时候再回到这一问题吧。与此同时，读者们可以在网站http://www.dol.gov上学到更多最低工资的 15
相关知识。”

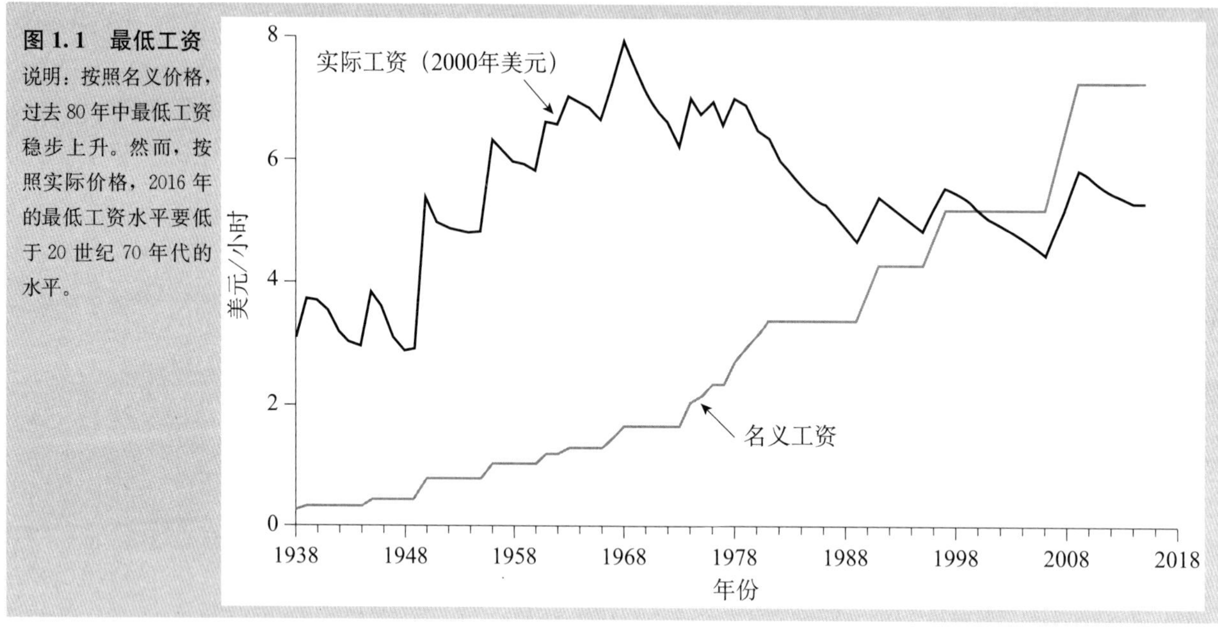

图 1.1　最低工资

说明：按照名义价格，过去 80 年中最低工资稳步上升。然而，按照实际价格，2016 年的最低工资水平要低于 20 世纪 70 年代的水平。

∴例 1.5　医疗与大学教科书

美国的医疗成本不断上升，有人认为医疗成本的上升是医疗系统低效的结果。教科书的价格也被指出在不断上升，那些必须购买教科书的学生经常愤怒地抱怨教科书太贵。首先，医疗和大学教科书的价格确实越来越高吗？别忘了我们考察的是剔除整体通货膨胀后的价格。因此，问题是医疗和大学教科书的价格是否比通货膨胀上升得更快。

图 1.2 给出了结论。图 1.2 分别给出了教科书和医疗的名义价格指数以及 CPI，设定 1980 年为 100。首先，我们考察一下医疗。显然，医疗的实际成本上升了；名义价格的增速是 CPI 增速的 2 倍。在这一时段内，CPI 指数上升到原来的 3 倍：由 1980 年的 100 上升到 2016 年的大约 300。而医疗成本上升到原来的 6 倍：由 100 上升到 600。医疗成本为什么上升那么多？首先，消费者越来越富有，他们从其他商品的消费转移到医疗消费，使得医疗系统更为稀缺。其次，随着预期寿命的提高，我们到达

16 了报酬递减之点——想要延长几个月的预期寿命需要越来越高的成本。听起来令人困惑吗？不要着急——我们会在第 3 章和第 6 章更详细地解释医疗成本的上升。

那么，大学教科书的价格呢？增速惊人，从 1980 年到 2016 年上升了 9 倍，而 CPI 只上升了 3 倍，1995 年之后增速尤快。因此，当学生到书店购买课堂所需的大学教科书时，他们的出离愤怒就不足为奇了。教科书出版企业怎么能逃脱价格越来越高的指责呢？首先，一门课程选用的教科书由教师确定，而不是学生，教师通常不知道价格，而且有时并不关心价格。其次，因为收购和兼并，教科书出版行业已经高度集中。现在大部分教科书都是由三个主要出版商生产，而且它们发现，出于各自的利益考虑，应该避免价格竞争。这听上去奇怪不？到第 12 章，我们将更详细地解释教科书价格到底是怎么回事。

图 1.2 医疗和大学教科书的价格

说明：医疗和大学教科书的价格都比总体通货膨胀上升得要快得多。尤其是教科书的价格，增速是 CPI 增速的 3 倍。

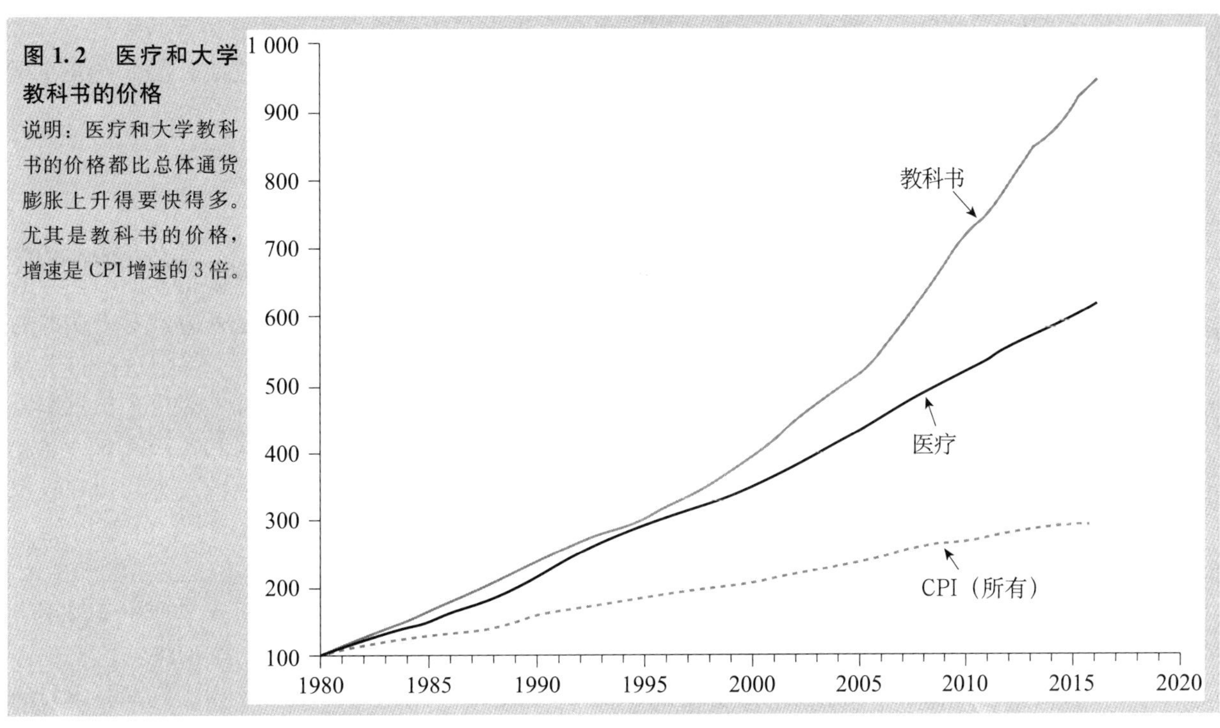

1.4 为什么要学习微观经济学？

我们认为，在读完本书后，你将对微观经济学的重要性及它广泛的应用性毫不怀疑。 17
实际上，我们写作本书的主要目的之一，就是想教会你把微观经济学的原理应用于实际的决策问题。当然，先对大家进行一番预热并无坏处。下面我们用两个例子来证明微观经济学在实际中的运用，同时我们也希望你因此而对本书内容有一个初步的了解。

公司决策：丰田普瑞斯

1997 年，丰田汽车公司在日本开发出普瑞斯，并从 2001 年起在全世界销售。作为在美国出售的第一批混合动力车，普瑞斯既可以由汽油驱动，也可以由电池驱动，而汽车的运动可以给电池充电。混合动力车比只有汽油发动机的汽车有更高的能效；例如，普瑞斯每加仑汽油可以跑 45～55 英里。普瑞斯取得了巨大的成功，随后几年其他汽车制造商开始开发其不同车型的混合动力版。

普瑞斯的设计和高效生产不仅涉及工程学方面某些重大的进展，也涉及经济学方面的许多理论。首先，丰田汽车公司必须仔细考虑：公众会对这种新产品的设计做出什么反应？市场需求最初有多强，并将以多快的速度增长？消费者的需求将在多大程度上取决于丰田汽车公司的定价？了解消费者的偏好和选择，并预测需求及其对价格变动的反应，这对丰田汽车公司或其他汽车厂商都是必不可少的。（我们将在第 3～5 章讨论消费者的偏好和需求。）

其次，丰田汽车公司必须考虑这些车的生产成本：从 2010 年开始，是在日本生产还是在美国生产呢？它的生产成本有多高？随着每年生产数量的变化，成本又将怎样变化？劳动的成本，或钢铁以及其他原料的价格，对成本又有什么影响？随着管理者和生产者在生产过程中不断积累经验，生产成本会下降多少？下降的速度又有多快？丰田汽车公司应该计划每年生产多少辆新型汽车才能使利润达到最大化？（我们将在第 6 章和第 7 章讨论生产和成本，将在第 8 章和第 10 章讨论利润最大化的产量选择。）

丰田汽车公司还必须确定该汽车的定价策略，并考虑竞争对手对这一策略会做出什么反应。尽管普瑞斯是第一款混合动力车，但是丰田汽车公司知道有其他小型节油车辆与其竞争，而且很快其他厂商就会引入它们的混合动力车。丰田汽车公司是否应该对普瑞斯的基本配置版本收取较低价格，而对像真皮座椅等选装配置收取高价呢？如果把这些可选择的部件变成“标准的配备”，然后对整辆汽车制定高价，利润是否会更高？无论丰田汽车公司选择怎样的定价策略，其他竞争者又会做出什么反应？福特汽车公司和日产汽车公司会通过降低其小型车的价格来对抗吗？丰田汽车公司能通过降价来威胁福特汽车公司和日产汽车公司的对抗吗？（我们将在第 10 章和第 11 章讨论定价策略，将在第 12 章和第 13 章讨论竞争策略。）

普瑞斯的生产需要在新的资本设备方面进行大量的投资，所以丰田汽车公司不得不考虑相关的风险和可能出现的种种结果。有些风险来源于未来石油价格，继而汽油价格的不确定性（低油价将降低消费者对小型节油汽车的需求）。某些风险来源于丰田汽车公司付给
18 日本工厂和美国工厂工人工资的不确定性。（石油和其他商品市场将在第 2 章和第 9 章讨论；而劳动市场和工会的影响将在第 14 章讨论；投资决策以及不确定性的后果将在第 5 章和第 15 章讨论。）

丰田汽车公司还得为组织问题伤透脑筋。丰田汽车公司是一个一体化企业，其中各个独立的部门分别生产发动机和零部件，然后组装成成品汽车。如何对不同部门的管理者论功行赏？发动机来自别的部门，那么该支付给该部门多少价钱呢？是所有零部件都应当来自上游的流水线部门，还是其中的一部分应该向外围厂商采购呢？（我们将在第 11 章和第 17 章讨论内部定价行为和一体化厂商中的组织激励机制。）

最后，丰田汽车公司还得考虑它与政府的关系，以及政府的管制政策的影响。例如，在美国出售的所有汽车都必须符合联邦政府的汽车尾气排放标准，美国的生产线的操作必须符合健康和安全方面的规定。这些管制和标准会随着时间的推移发生怎样的变化？它们又会对成本和利润产生怎样的影响？（我们将在第 18 章讨论政府在减少污染和促进健康与安全方面所承担的角色。）

公共政策制定：21 世纪的燃油效率标准

1975 年，美国政府颁布实施了一个规定，用以提高国内销售的小汽车和轻型卡车（包括厢式车和 SUV）的平均燃油经济性。共同平均燃油经济标准（CAFE）这些年来越来越严格。2007 年，乔治・W. 布什总统将《能源独立与安全法案》写入法律，该法案要求汽车制造商促进汽车燃油经济性，到 2020 年达到每加仑汽油可以跑 35 英里。在 2011 年，奥巴马总统将每加仑 35 英里的标准提前到 2016 年完成，而且（有 13 个汽车企业同意）制定了到 2020 年要达到每加仑 55 英里的标准。虽然此法案的最初目的是通过降低美国对进口石油的依赖而增加能源安全，但同时这一法案也带来了巨大的环境利益，比如温室气体排放的降低。

在设计燃油经济法案时，需要进行许多重要的决策，这些决策大部分涉及经济学。首先，政府必须估算一下这项法案将给消费者带来的货币影响。较高的燃油经济标准既会增加购车成本（获得更高燃油经济性的成本部分地需要由消费者来承担），又会降低用车成本（汽油里程数将会增加）。这就要求我们对消费者的偏好和需求做出分析。例如，消费者会不会减少用车而把收入更多地用来购买其他商品？如果是这样，这又会不会提高他们的福利水平呢？（消费者的偏好和需求将在第 3 章和第 4 章讨论。）

在实施 CAFÉ 标准之前，估计这些标准对小汽车和轻型卡车的生产成本的影响是非常重要的。汽车生产者会不会用其他轻质材料去生产汽车，以最小化成本的上升？（生产和成本将在第 6 章和第 7 章讨论。）然后，政府还需要知道生产成本的变化会怎样影响生产水平以及新汽车和轻型卡车的价格。这些额外的成本是由厂商承担了，还是以更高售价的形式 19
转嫁给了消费者？（产出的决定将在第 8 章讨论；定价行为将在第 10～13 章讨论。）

政府还需要问一问：为什么我们的市场经济并没有解决与石油消费相关的问题？一个答案是石油价格部分地被一个卡特尔（OPEC）控制着，它会推动石油价格高于竞争性水平。（具有价格控制能力的厂商定价将在第 10～12 章讨论。）最后，美国对于石油的高需求已经导致大量美元外流到石油生产国，继而引发了政治和安全问题，这已经超出了经济学的范畴。不过，经济学可以做的是帮助我们评价怎样最好地降低我们对外国石油的依赖。那些类似 CAFÉ 的标准是否比征收石油消费税更好？越来越严厉的标准意味着怎样的环境结果？（这些问题将在第 18 章讨论。）

以上仅仅是应用微观经济学来解释个人和公共政策决策问题的两个实例。通过学习本书，你将会学到微观经济学的更多应用。

小　结

1. 微观经济学研究的是个体经济单位（如消费者、工人、投资者、资源所有者和厂商）是如何进行决策的，它还研究消费者和厂商通过互动构成市场与行业的过程。

2. 微观经济学在很大程度上依赖于理论的运用，这些理论（通过简化）有助于解释经济单位的行为，并预测经济单位未来的行为。模型是理论的数学表述，它有助于解释和预测。

3. 微观经济学研究的是与现象的解释和预测有关的实证问题，但微观经济学对规范分析也同样重要。规范分析常常问这样的问题：对单个厂商或整个社会而言，哪种选择是最优的？规范分析常常和个人的价值判断相关，因为其中不但有经济效率的问题，而且涉及公平和公正。

4. 市场是指互动的买者和卖者的集合，以及由此引起的买卖可能性。微观经济学不仅研究个别买者和卖者无法影响价格的完全竞争市场，而且研究经济参与人能够影响价格的非竞争性市场。

5. 市场价格是建立在买者和卖者互动的基础之上的。在完全竞争市场上，单一价格占主导地位；而在那些不完全竞争市场上，不同的卖者可能制定不同的价格，这时的市场价格是指所有价格的平均值。

6. 在讨论市场的时候，我们首先要对该市场的地理边界和产品范围两方面进行清楚的界定。有些市场（如住房市场）是高度本地化的，而另一些市场（如黄金市场）本质上是世界性的。

7. 为了消除由通货膨胀因素所带来的影响，我们测定实际（或不变美元）价格，而不是名义（或现值美元）价格。实际价格通过总体价格指数（如 CPI）来校正通货膨胀的影响。

复习题

1. 人们常说，一个好的理论是可以用实证的、数据导向的研究来加以证伪的。试解释为什么一个不能用经验事实来验证的理论不是一个好理论。

2. 下面两个陈述哪个是实证分析，哪个是规范分析？这两类分析有什么不同？

a. 汽油配给制（为个人每年可购买的汽油量设置一个最大限额）是一个糟糕的社会政策，因为它阻碍了竞争性市场体系的运转。

b. 由于汽油配给制而境况变差的人要多于因此而境况变好的人。

20 3. 假设在新泽西州，无铅的普通辛烷汽油的价格比俄克拉何马州的同类汽油每加仑高出 20 美分，你认为存在套利机会吗（也就是说，厂商可以在俄克拉何马州买进汽油，然后在新泽西州售出，获取一定的利润）？为什么？

4. 在例 1.3 中，用什么经济因素可以解释，当大学教育的实际价格上升时，鸡蛋的实际价格却下降了？这些变化如何影响消费者的选择？

5. 假设日元相对美元升值，也就是说，现在需要花更多的美元去购买一定数量的日元。请解释：为什么对美国消费者而言，日元的升值导致日本汽车的实际价格上升；同时对日本消费者而言，美国汽车的实际价格又下降了。

6. 长途电话费由 1996 年的每分钟 40 美分下降至 1999 年的每分钟 22 美分，在此期间下降了 45%（=18/40）。在 1996—1999 年间，消费者价格指数上升了 10%。请问长途电话费的实际价格是怎样变动的？

练习题

1. 下面的命题正确与否？请解释原因：

a. 诸如麦当劳、汉堡王和温迪之类的快餐连锁店遍布全美，所以快餐市场是一个全国性的市场。

b. 人们一般是在他们所生活的城市购买服装，所以亚特兰大的服装市场有别于洛杉矶的服装市场。

c. 有些消费者强烈偏好百事可乐，而有些消费者则偏好可口可乐，所以不存在可乐饮料的单一市场。

2. 下表显示的是 1980—2010 年黄油的平均零售价格和 CPI，1980 年 CPI=100。

年份	1980	1990	2000	2010
CPI	100	158.56	208.98	218.06
黄油零售价格（咸味，AA 级，美元/磅）	1.88	1.99	2.52	2.88

a. 计算以 1980 年美元衡量的黄油实际价格。1980—2000 年，实际价格是上升了、下降了抑或没有变化？1980—2010 年呢？

b. 1980—2000 年黄油实际价格（1980 年美元）的变化率是多少？1980—2010 年呢？

c. 把 CPI 转换成 1990 年=100 的指数，然后以 1990 年美元来确定黄油的实际价格。

d. 1980—2000 年黄油实际价格（1990 年美元）的变化率是多少？试和你在 b 部分得出的答案进行比较。你注意到什么了吗？请给出解释。

3. 在本书即将付印的时候，最低工资水平是 7.25 美元。要找到当前的 CPI 值，请访问 http://www.bls.gov/cpi/home.htm。点击“CPI-Tables”，就在页面的左侧。然后选择“Table Containing History of CPI-U U.S. All Items Indexes and Annual Percent Changes from 1913 to Present”。你会得到从 1913 年到现在的所有 CPI 值。

a. 根据所有的数据，请以 1990 年美元计算当前的实际最低工资。

b. 以 1990 年美元来衡量，从 1985 年到如今实际最低工资发生了怎样的变化？

2 供给与需求的基本原理

理解经济学与现实世界的联系的最好方法是从供给和需求的基本原理入手。供给和需求分析对于解决各种有趣和重要的问题是一个基本而有力的工具。以下仅列举数例：

- 理解并预测世界经济条件的变化是如何影响市场价格和生产的。
- 评估政府的价格控制、最低工资、价格支持和生产激励的影响。
- 确定税收、补贴、关税和进口配额是如何影响消费者和生产者的。

我们首先观察供给曲线和需求曲线是如何被用来描述市场机制的。在没有政府干预（例如价格控制或其他政策）的情况下，供给和需求将达到均衡，决定商品的市场价格和数量。价格和数量依赖于供给和需求的特定特征。而且，随着供给与需求受到其他经济变量，如总体经济活动和劳动成本等的影响而发生变动，价格和数量会发生变动。

因此，接下来我们将首先讨论供给和需求的特征，以及在不同市场上的差异。然后，我们便可以开始运用供给曲线和需求曲线来理解各种现象——例如：为什么一些基本商品的价格在很长的一段时间内稳步下降，而另一些基本商品的价格却经历了剧烈的波动；为什么在某些市场上会出现短缺；为什么关于未来政府政策的公布或对未来经济状况的预测，能够远在这些政策或状况成为现实之前，就对市场产生影响。

除了需要定性地（qualitatively）理解市场价格和数量如何确定，以及如何随时间推移而变化之外，还需要了解它们怎样被定量地（quantitatively）分析。在本章中，我们将学习怎样运用推测方法分析和预测不断改变的市场状况。同时，也将学到市场是如何对国内、国际的宏观经济波动以及政府干预做出反应的。我们试图通过一些简单的例子，并且敦促你完成本章末尾的那些练习题，来让你进一步加深对这些问题的理解。

本章要点 *21*

2.1 供给与需求
2.2 市场机制
2.3 市场均衡的变动
2.4 供给与需求的弹性
2.5 短期弹性与长期弹性
*2.6 理解并预测市场条件变化的后果
2.7 政府干预的后果：价格控制

案例列表

例 2.1 鸡蛋价格与大学教育价格的再讨论
例 2.2 美国的工资不平等
例 2.3 自然资源价格的长期走势
例 2.4 “9·11”事件对纽约办公楼需求的影响
例 2.5 小麦市场
例 2.6 汽油与汽车的需求
例 2.7 巴西的气候与纽约的咖啡价格 *22*
例 2.8 铜价的走势
例 2.9 世界石油市场的动荡
例 2.10 价格控制与天然气短缺

2.1 供给与需求

供给和需求的基本模型是微观经济学中广为应用的工具。它有助于我们理解价格的变化原因和变化方式，以及政府干预市场可能产生的后果。供给-需求模型包含了两个重要的概念：供给曲线和需求曲线。准确地理解这些曲线的含义非常重要。

供给曲线

> **供给曲线** 描绘生产者愿意出售的商品数量与该商品价格之间关系的曲线。

供给曲线（supply curve）描述了，在其他影响供给的因素不变的情况下，对应于每一给定价格，生产者愿意生产的商品数量。图 2.1 中的 S 曲线就是一条供给曲线。纵轴表示的是商品的价格 P，按美元/单位计量，这一价格是卖者在给定一个供给量时接受的价格。横轴表示的是供给量 Q，按每一时期的商品单位数计量。

因而，供给曲线表示供给量与价格之间的关系，我们可以用方程表达如下：

$$Q_S = Q_S(P)$$

或者我们可以用图形来表示，如图 2.1 所示。

图 2.1　供给曲线

说明：供给曲线 S 显示了商品的供给量如何随着价格的变化而变化。供给曲线向上倾斜：价格越高，就有越多的厂商有能力或有意愿生产并出售商品。如果生产成本下降，厂商可以在某个更低的价格上提供同样的商品量，或者在同样的价格下厂商可以提供更多的商品，这时供给曲线向右移动（从 S 到 S'）。

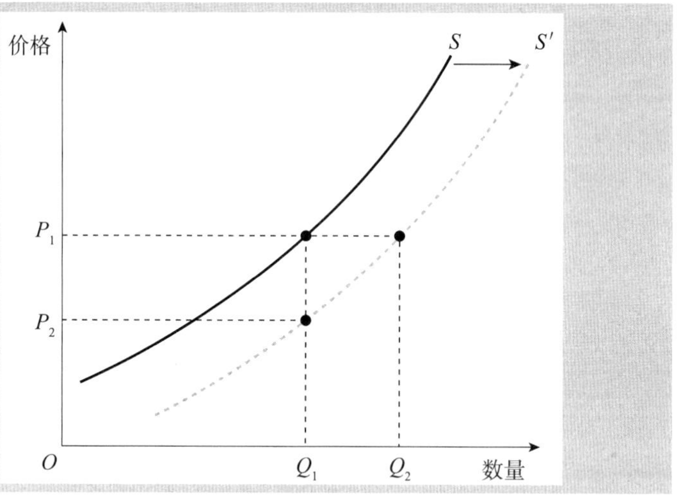

如图 2.1 所示，供给曲线是向上倾斜的，这是因为一种商品的价格越高，有能力或有意愿生产和出售该商品的厂商通常就会越多。例如，较高的价格会使得现有的厂商通过雇用额外的工人或通过让现有的工人加班工作（厂商的成本相应地也提高了），从而在短期内扩大生产；而在长期，厂商则可以通过扩大工厂的规模达到增产的目的。较高的价格也可
23 能吸引新的厂商进入市场。这些新厂商由于没有经验而面临更高的成本，因而它们在价格较低时进入市场是不经济的。

影响供给的其他因素　供给量还依赖于除价格以外的其他因素，比如，厂商所愿意出售的商品量不但取决于所面对的商品价格，而且取决于其生产成本，包括工资、利息和原料的成本。在图 2.1 中的供给曲线 S，是给定所有其他变量时的供给曲线。当一个或几个变量变化时，供给曲线会发生移动。下面我们具体来看供给曲线是如何移动的。

图 2.1 中的供给曲线 S 表明，在价格 P_1 处，生产并出售的商品量是 Q_1。现在假设原料成本下降，这会对供给曲线产生什么影响？

更低的原料成本——当然，也可以是任何其他成本的下降——使得生产带来更多利润，这会鼓励现有厂商扩大产量，同时促使新的厂商进入这个市场。假如与此同时，市场价格稳定在 P_1 水平，我们将观察到市场产出从 Q_1 增加到 Q_2。实际上，当生产成本下降时，无论市场价格处于哪个水平，产出都会增加。因此，整条供给曲线会向右移动，如图 2.1 所示，从 S 向右移动到 S'。

我们还可以用另一种方法来分析原料价格下降所带来的影响。假设产量固定在 Q_1，若

厂商生产 Q_1，其能够接受的市场价格是多少？由于厂商的成本下降了，厂商会接受一个更低的市场价格——P_2。以上分析适用于任何一个产出水平。所以，仍然如图 2.1 所示，供给曲线从 S 向右移动到 S'。

我们可以观察到，供给量随着价格变化而发生变化的过程是沿着供给曲线的移动，而供给对于其他变量变动的反应则是供给曲线的移动。为了区分这两种不同的供给变动，经济学家常常用供给的变动（change in supply）来表示供给曲线的移动，而用供给量的变动（change in the quantity supplied）来表示沿着供给曲线的移动。

需求曲线
消费者愿意购买的商品数量和该商品价格之间的关系。

需求曲线

需求曲线（demand curve）描述了，随着单位价格的变化，消费者所愿意购买的商品数量的变化。需求量和价格之间的关系，我们可以用公式表达如下：

$$Q_D = Q_D(P)$$

或者我们可以用图 2.2 表示。需求曲线 D 向右下方倾斜：如果价格下降，消费者将会购买更多的商品。比如，更低的价格鼓励那些已经购买一定量商品的消费者购买更多；同时，使得以前并没有支付能力的消费者产生购买行为。

当然，消费者意愿购买的商品数量可能还依赖于除价格以外的其他因素。收入（income）是一个特别重要的因素。当收入上升时，消费者可以在每种商品上花更多的钱，事实上，很多消费者确实会在大部分商品上增加支出。

需求曲线的移动　假如收入水平增加了，我们来看看需求曲线到底会怎么变化。在图 24
2.2 中，如果市场价格固定在 P_1，收入增加使得需求量从 Q_1 增加至 Q_2。由于在任何价格水平处，消费者均面临收入水平的上升，所以，结果就是整条需求曲线向右移动。在图 2.2 中，表现为从 D 到 D' 的移动。从另一个角度看，把需求曲线看作为了消费某一个给定商品量，消费者所愿意支付的价格；那么，随着收入水平的上升，消费者愿意支付的价格由 P_1 上升为 P_2。因此，如图 2.2 所示，需求曲线向右移动。类似在供给曲线中的表述，我们用需求的变动（change in demand）来表示需求曲线的移动，而用需求量的变动（change in the quantity demanded）来表示沿着需求曲线的移动。[①]

图 2.2　需求曲线

说明：需求曲线 D 说明消费者对商品的需求量依赖于该商品的价格。需求曲线向右下方倾斜；在保持其他变量不变的情况下，价格越低，消费者购买的商品就越多。需求量还依赖于其他变量，如收入、天气和其他商品的价格。对于大部分商品来说，当收入上升时，对商品的需求会增加；收入水平的提高使得需求曲线向右移动（从 D 到 D'）。

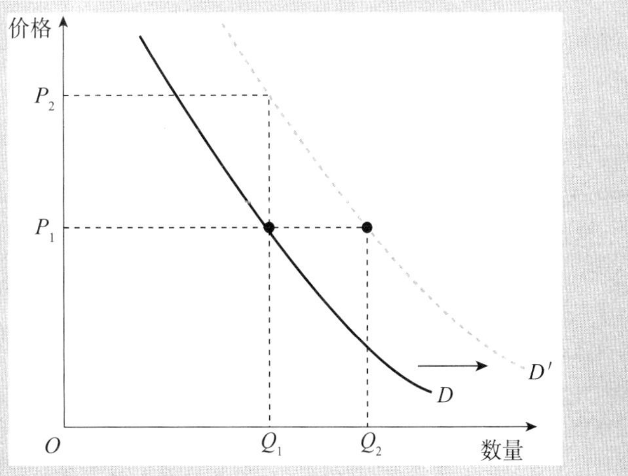

① 我们将需求曲线用数学公式表达为：$Q_D = D(P, I)$。其中，I 代表可支配收入。当我们画出一条需求曲线时，我们实际上已经假定 I 是固定的了。

替代品
一种商品的价格上升会导致另一种商品的需求量增加的两种商品。

替代品和互补品 相关商品价格的变化也会影响需求。当一种商品价格上升导致另一种商品的需求量增加时，我们称两种商品是**替代品**（substitutes）。比如，铜和铝就是替代品。在工业生产中，它们是可以相互替代使用的。如果铝的价格升高，铜的需求量就会增加。同样，牛肉和鸡肉也是替代品，因为当价格变化时，大部分消费者会转变购买，从一种商品转向另一种商品。

互补品
一种商品的价格上升会导致另一种商品的需求量下降的两种商品。

如果一种商品的价格上升会导致另一种商品的需求量下降，这两种商品就称为**互补品**（complements）。比如，汽车和汽油是一对互补品，它们需要同时使用，汽油价格的下降会导致汽车需求的增加。同样，计算机和软件也是一对互补品，计算机的价格在过去的几十年中大幅度下降，这不但导致对计算机的需求增加，同时也导致了软件需求的增加。

我们把图 2.2 中需求曲线向右的移动归因于收入的增加，但实际上替代品价格的上升
25 或者互补品价格的下降都可以导致这样的结果。当然，需求曲线的移动还可以是由天气之类的因素引发的，比如，持续的大雪天气会使雪橇和滑雪板的需求曲线向右移动。

2.2 市场机制

接下来该把供给曲线和需求曲线放在一起了，如图 2.3 所示。纵轴表示商品的价格 P，按美元/单位计量。P 是供给给定数量商品时卖者得到的价格，P 也是买者购买给定数量商品时愿意支付的价格。横轴表示的是总需求量，也是总供给量 Q，按给定时期的单位数来计量。

图 2.3 供给与需求

说明：市场在价格 P_0 和数量 Q_0 处出清。在更高的价格 P_1 处，存在过剩，从而价格会下降；而在更低的价格 P_2 处，存在短缺，价格就会上升。

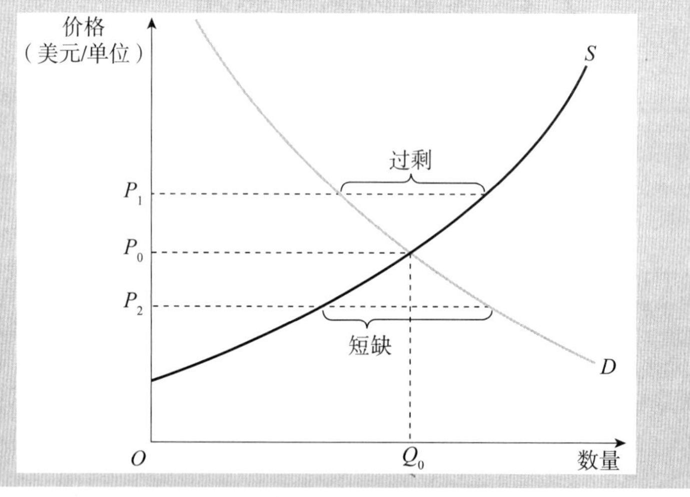

均衡或市场出清价格
供给和需求相等时的价格。

市场机制
自由市场中价格不断变动直到市场出清的趋势。

均衡 供给曲线与需求曲线交点处的价格与数量即**均衡或市场出清价格**（equilibrium or market-clearing price）和数量。在这个价格（图 2.3 中的 P_0）处，供给量与需求量恰好相等（等于 Q_0）。**市场机制**（market mechanism）是指在一个自由市场里，价格会不断变化，直到市场出清为止，即直到供给与需求相等为止。在这一点上，既不存在超额需求，也不存在超额供给，因此也就不存在使价格进一步变化的压力。供给与需求并非总是处于均衡状态，而且，有时或许不能在市场条件突然变化后立即出清。但是，市场的趋势总是出清。

过剩
供给量大于需求量的情形。

下面我们来分析市场为什么会趋于出清。我们假设，最初的价格高于市场出清水平，如图 2.3 中的 P_1。此时，生产者就会试图生产和销售更多的产品，从而超过了消费者愿意购买的数量。**过剩**（surplus）——供给量大于需求量的状态就会出现。为了售出这些过剩的商品，或者至少为了阻止进一步的过剩，生产者不得不开始降低售价。最后，随着价格的下降，需求量上升，供给量下降，直到达到均衡价格 P_0 为止。

短缺
需求量大于供给量的情形。

如果一开始时价格低于 P_0，比如说在 P_2 处，那么相反的情况将会出现。**短缺**（short-
age）——需求量大于供给量的状态将会出现，此时消费者无法以此价格购买到愿意购买的所有
商品。消费者会互相竞价，推动价格向上，生产者的反应是抬高价格和扩大生产。价格最终会 26
达到 P_0。

什么情况下可以运用供给-需求模型？ 当我们绘制和运用供给曲线和需求曲线时，我们假定了在任一给定价格下，给定数量的商品会被生产和出售。这一假设在市场至少大体上是竞争性的情况下才被满足。竞争性的含义在于，卖者和买者都几乎没有什么市场势力（market power）。也就是说，他们几乎没有能力去独自影响市场价格。

相反，如果假定供给被一个生产者——垄断者控制。此时，价格与供给量就不再是简单的一一对应关系了。为什么呢？原因在于，垄断者的行为取决于需求曲线的形状与位置。如果需求曲线以特殊的方式移动，垄断者出于自身利益考虑可能在维持供给量不变的条件下改变价格，或者固定价格，改变产量（第 10 章将解释此中细节）。因此，当我们运用供给曲线和需求曲线时，一个隐含的假设是我们分析的对象是竞争性市场。

2.3 市场均衡的变动

我们已经知道了供给曲线和需求曲线是如何随着诸如工资水平、资本成本、收入等变量的变化而移动的。我们还知道了市场机制如何导致了供给等于需求的均衡点。现在我们要分析一下，均衡如何随着供给曲线和需求曲线的移动而变动。

我们首先看供给曲线的移动。在图 2.4 中，供给曲线从 S 移至 S'（这与图 2.1 一样），
这可能是由原料价格的下降引起的。结果是市场价格下降（从 P_1 到 P_3），总产量上升（从 27
Q_1 到 Q_3）。这正是我们所希望的：更低的成本带来更低的价格和更高的销售量。（实际上，源自技术进步和良好管理的成本持续降低正是经济增长的一个重要的驱动力。）

图 2.4 供给变动后的新均衡

说明：当供给曲线向右移动时，市场在一个更低的价格 P_3 和一个更高的交易量 Q_3 处得以出清。

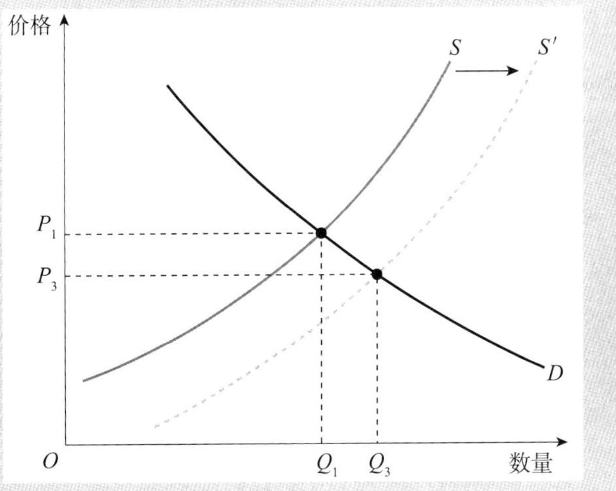

图 2.5 显示了收入增长导致需求曲线向右移动的情形。新的需求曲线和供给曲线相交，形成了新的均衡价格和均衡数量。正如图 2.5 所示，我们看到消费者需支付一个更高的价格 P_3，而厂商则生产了一个更高的产量 Q_3，这些都是消费者收入增加的后果。

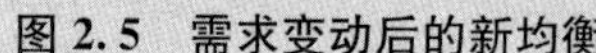

图 2.5　需求变动后的新均衡

说明：当需求曲线向右移动时，市场在更高的价格 P_3 和更高的交易量 Q_3 处出清。

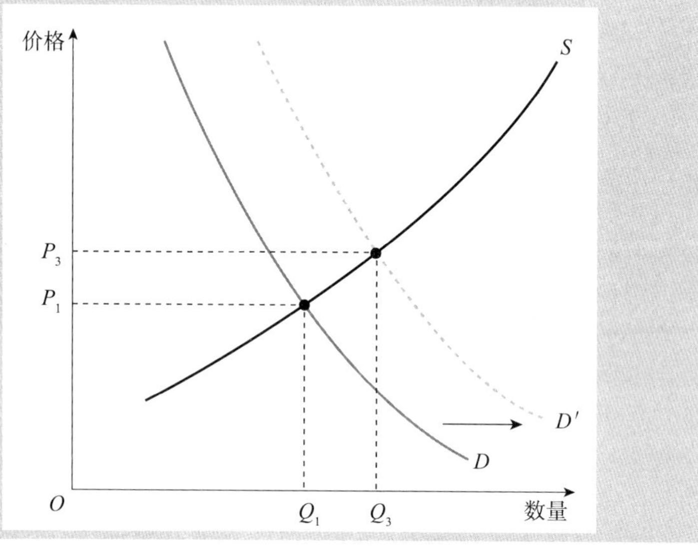

在大部分市场中，供给曲线和需求曲线都会随着时间的推移而移动。消费者的可支配收入会随着经济增长（或者经济萧条）而相应地变化。影响商品需求的因素还包括季节转换（如燃料、浴衣、雨伞等的需求会随季节变动而变动），相关商品的价格变动（如石油价格的上升导致天然气需求的增加），甚至仅仅是消费者口味的变化。同样，工资率、资本成本和原料价格也在时时变化，这些都会导致供给发生变动。

人们可以利用供给曲线和需求曲线来描绘这些变动的后果。例如，在图 2.6 中，供给和需求两者同时向右移动造成了价格的略微上涨（从 P_1 升到 P_2）和数量的大幅上升（从 Q_1 升到 Q_2）。总之，价格和数量的变化取决于供给曲线和需求曲线的移动幅度以及曲线的形状。要预测这类变化的大小和方向，我们必须能够定量地分析供给和需求对价格及其他变量的依赖程度。我们将在下一节讨论这一点。

图 2.6　供给和需求变动后的新均衡

说明：当市场条件变化时，供给曲线和需求曲线随着时间的推移发生变动。在本例中，供给曲线和需求曲线向右移动导致了价格略微上涨而数量大幅上升。一般来说，价格和数量的变化取决于各曲线的移动幅度以及各曲线的形状。

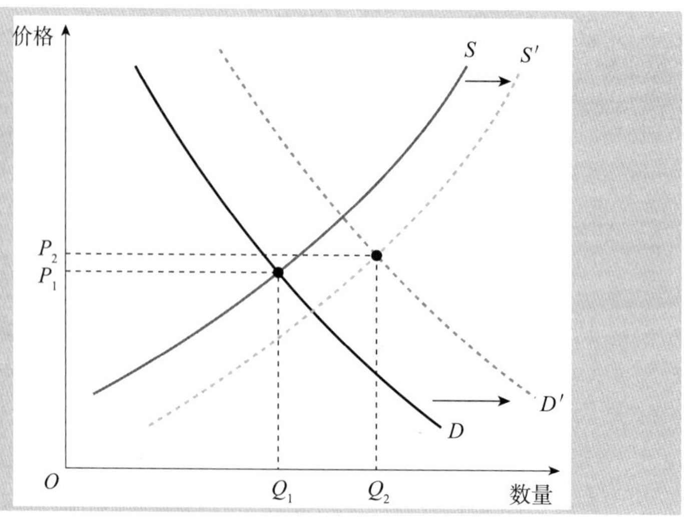

∵例 2.1　鸡蛋价格与大学教育价格的再讨论

在例 1.3 中，我们已经看到，1970—2016 年，鸡蛋的实际（不变美元）价格下降了 34%，而大学 28
教育的实际价格则上升了 95%。是什么原因造成了鸡蛋价格的大幅下跌和大学教育价格的大幅上升呢？

通过研究如图 2.7 所示的两种商品供给和需求的特性，我们就可以理解这些价格的变化了。对于鸡蛋来说，家禽养殖场的机械化使得产蛋成本急剧下降，从而使这一时期的供给曲线向下移动。而与此同时，由于越来越多的人意识到健康的重要性而改变饮食习惯，不再食用鸡蛋，这导致鸡蛋的需求曲线向左移动。因此，鸡蛋的实际价格急剧下降了，而鸡蛋的年消费量则有轻微的上升（从 53 亿打增加到约 64 亿打）。

对于上大学来说，供给和需求的方向变动正好与鸡蛋的例子相反。添置和保养新式教室、实验室和图书馆的成本提高，以及教员薪水增加，这些因素一起将供给曲线往上推。同时，由于在日益增多的高中毕业生中有越来越多的学生认识到大学教育的重要性，因此需求曲线向右移动。这样，尽管大学教育的价格上升了，但与 1970 年的 690 万人相比，2016 年仍有将近 1 250 万名学生被大学录取攻读学士学位。

图 2.7　(a) 鸡蛋市场和 (b) 大学教育市场

说明：(a) 当生产成本下降时，鸡蛋的供给曲线向下移动；而消费者偏好改变后，需求曲线向左移动。结果，鸡蛋的实际价格大幅度下跌，而鸡蛋的消费量则略微上升。

(b) 当设备、保养和人员配备的成本上升时，大学教育的供给曲线就向上移动；而需求曲线由于有更多的高中毕业生想读大学而向右移动。结果，价格和录取人数都大幅度上升了。

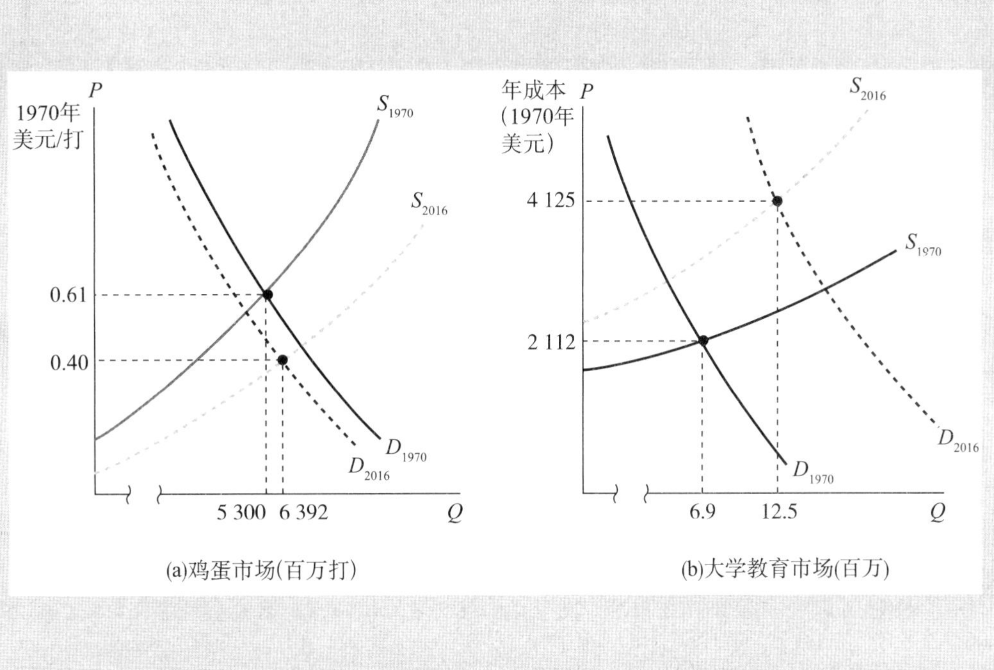

∵例 2.2　美国的工资不平等

尽管美国经济在过去二十多年中增长极为强劲，但社会成员在经济增长中的获益却不相同。那些 29
高收入的熟练工人的工资大幅度地上升了，但与此同时，那些低收入的非熟练工人的实际工资则反而轻微下降了。总的来说，社会中存在着收入分配的不平等。这种不平等的经济增长现象由来已久，从约 1980 年一直持续到现在，并有进一步恶化的趋势。比如，从 1978 年到 2009 年，位于收入水平前 20%的人经历了实际（经通货膨胀调整后）税前平均家庭收入 45%的增长，但是那些位于收入水平后 20%的人的实际税前收入则只增长了 4%。①

在过去的二十多年中，为什么收入分配变得越来越不平等了？答案的关键在于工人的供给和需求：非熟练工人——那些教育程度有限的工人——的供给极大地增加了，而对这些工人的需求则增加得并不多。在这种情况下，供给曲线向右移动，而需求曲线则只稍微向右移动。结果是，非熟练工人的工资下降。另外，那些熟练工人——如工程师、科学家、管理人员和经济学家——的供给上升得并不明显，但是对这类工人的需求却大幅度上升了，这就使得他们的工资水平上升。（我们把对熟练工人的分析作为一个练习，请你画出供给曲线和需求曲线，然后指出它们各自是怎样移动的，就像我们在例 2.1 中所做的那样。）

可以看到的一些证据就是不同就业部门中工资水平的走势。例如，1980—2009 年，熟练工人（比如金融、保险和房地产部门的工人）的周实际（经通货膨胀调整后）收入水平上升了超过 20%；而同期，那些非熟练工人（比如营业员）的实际收入仅上升了 5%。②

大多数预测认为这一不平等增长现象会在未来几十年中继续存在。当美国高技术部门快速增长时，对高技术工人的需求会进一步增加；同时，工厂车间和办公室更多地采用计算机会继续减少对非熟练工人的需求。（这种趋势将会在例 14.7 中进一步讨论。）这些变化只会进一步扩大工资的不平等。

例 2.3　自然资源价格的长期走势

如今公众越来越关心地球的自然资源。他们担心我们的能源和矿物资源是否会在不远的将来消耗殆尽，从而导致这些资源的价格飞涨，并最终使得经济停止增长。供给与需求分析有助于我们对此问题的恰当理解。

地球上确实只有一定量的铜、铁、煤和石油等矿物资源，然而，在过去的一个世纪中，这些矿物资源以及其他绝大多数资源的价格相对于总体价格水平来说却下降了或者基本保持不变。例如，图 2.8 显示了铜（经通货膨胀调整后）的实际价格，以及 1880—2016 年间铜的消费量（两者均以指数表
30 示，1880 年=1）。虽然价格在短期内有一些波动，但从长期来看没有出现明显的上涨，尽管现在的年消费量比 1880 年上升了约 600 倍。类似的情况也出现在其他矿物资源上，如铁、石油和煤。③

---

① 如果用税后收入来衡量，增长的不平等甚至更大：位于收入水平后 20%者的实际税后平均收入在此期间是下降的。要得到美国收入不平等的历史数据，可以访问美国人口普查局（U. S. Census Bureau）网站：htpp：//www. census. gov/，在该网站上可以查找到“Historical Income Inequality Tables”。

② 更详细的收入数据，请访问美国劳工统计局（BLS）网站：http：//www. bls. gov/，查找“Detailed Statistics”部分，然后从“Current Employment Statistics Survey（National）”中选择“Employment，Hours，and Earnings”。

③ 1999 年和 2000 年美国的铜消费指数大约是 102，由于 2001—2006 年需求的下降，铜的消费量从此大幅度下降。在持续下降到 2009 年之后，2010—2016 年铜的需求温和上升，但依然显著低于 1999—2000 年的水平。图 2.8 中的消费数据（1880—1899 年）和价格数据（1880—1969 年）来自 Robert S. Manthy，*Natural Resource Commodities—A Century of Statistics*（Baltimore：Johns Hopkins University Press，1978）。最近的价格数据（1970—2016 年）以及消费数据（1970—2016 年）来源于美国地质调查局（U. S. Geological Survey）的网站——Minerals Information，Copper Statistics and Information（http：//minerals. usgs. gov/minerals/pubs/commodity/copper）。

图 2.8 铜的消费和价格

说明：虽然铜的年消费量上升了约 600 倍，但实际（经通货膨胀调整后）价格并没有太大的变化。

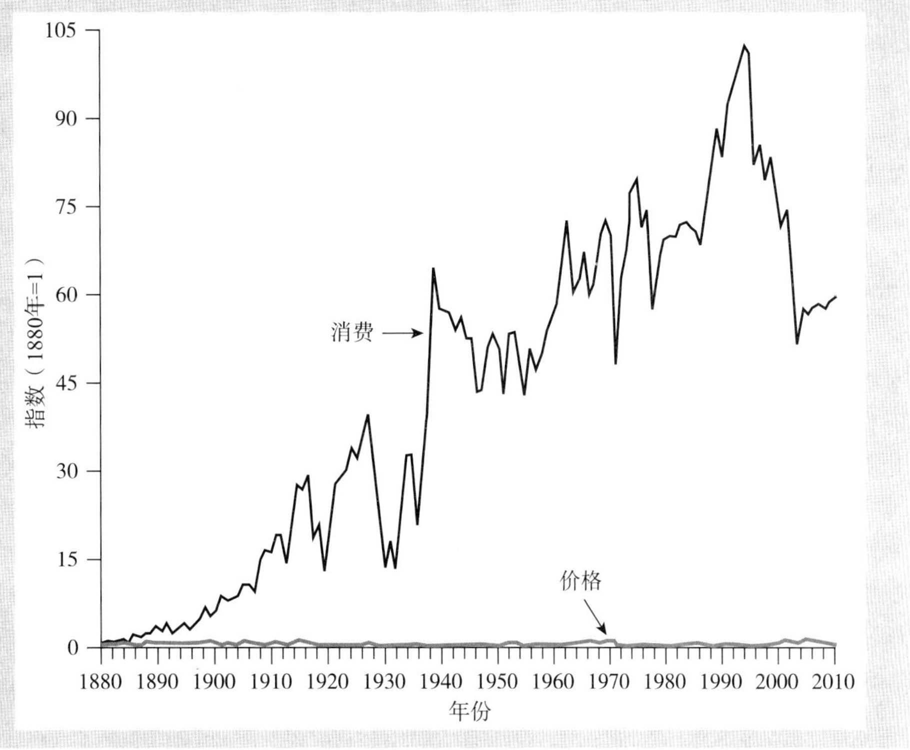

你可以从图 2.9 中看到，对自然资源的需求是随着世界经济的发展而上升的。然而当需求上升时，生产成本却下降了。这首先是由于新的且更大规模的储藏资源的发现，并且这些资源的开采成本更低廉；其次是因为技术进步，以及开采和提炼达到一定规模后所产生的规模经济。因此，随着时间的推移，供给曲线向右移动。从长期看，供给的增长要比需求的增长更大，这就导致了价格的持续下降，如图 2.9 所示。

图 2.9 矿物资源供给和需求的长期变动

说明：虽然在过去的一个世纪中，对绝大多数资源的需求都急剧上升了，但实际（经通货膨胀调整后）价格反而下跌了或只是略微上升了一点，这是因为成本的下降也使供给曲线大幅度地右移。

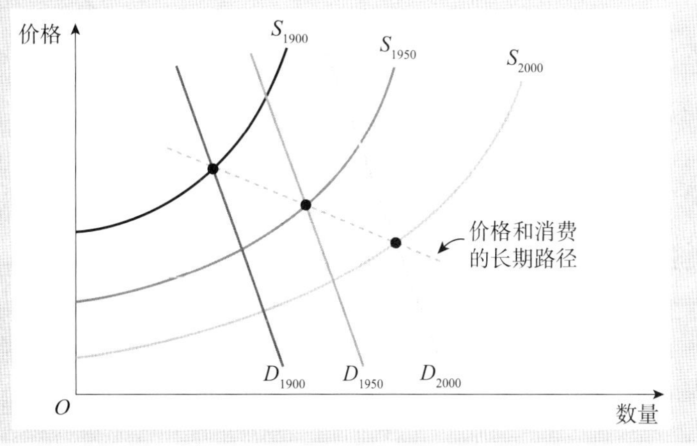

但这并不是说铜、铁和煤的价格将会一直下降或永远保持不变，毕竟这些资源的确是有限的，但当其价格开始上涨时，消费很可能会转移到其他替代品，或者至少是部分转移到替代品。例如，目前铜在很多应用领域已被铝替代，并且近来在电子应用方面迅速被光纤替代（参见例 2.8 关于铜价的更详尽的讨论）。 31

❖例 2.4　"9·11"事件对纽约办公楼需求的影响

2001 年 9 月 11 日，恐怖主义分子袭击了世贸中心（WTC），总共摧毁和破坏了约 21 座大楼，约 31.2 百万平方英尺（msf）——大约占整个曼哈顿地区办公楼的 10%。就在恐怖袭击发生之前，曼哈顿办公楼的空置率大约为 8.0%，而平均租金价格大约是 52.50 美元/平方英尺。由于办公楼的供给量在毫无预料的情况下突然减少，我们可能会认为均衡租金价格会上升，而办公楼的均衡数量会下降。另外，考虑到建造新的办公大楼和修复被破坏的大楼需要花上一段时间，我们也许会认为办公楼的空置率会迅速下降。

但令人吃惊的是，曼哈顿地区的空置率从 2001 年 8 月的约 8%增加到 2001 年 11 月的 9.3%，另外，每平方英尺的平均租金价格从每平方英尺 52.50 美元下降至每平方英尺 50.75 美元。世贸中心所在的曼哈顿闹市区，空置率和平均租金的变化更加剧烈：空置率从 7.5%上升至 10.6%，而平均租金价格则下降了 8%左右，降至 41.81 美元/平方英尺。这是怎么回事？实际上，租金价格的下降是因为对商务空间的需求下降了。

图 2.10 描绘了曼哈顿闹市区的办公楼市场。"9·11"事件之前的供给曲线和需求曲线分别是 S_{Aug} 和 D_{Aug}，此时曼哈顿闹市区的均衡租金价格和均衡数量分别是 45.34 美元/平方英尺和 76.4 百万平方
32 英尺。从 8 月到 11 月供给的减少使图中供给曲线向左移动（从 S_{Aug} 到 S'_{Nov}）；结果就是一个更高的均衡价格 P' 和一个变小的均衡数量 Q'。这也是大多数分析家所预计的 9 月 11 日之后可能会出现的结果。

图 2.10　纽约市商务空间的供给和需求

说明："9·11"事件之后，供给曲线向左移动。但是需求曲线也向左移动，从而平均租金价格下降。

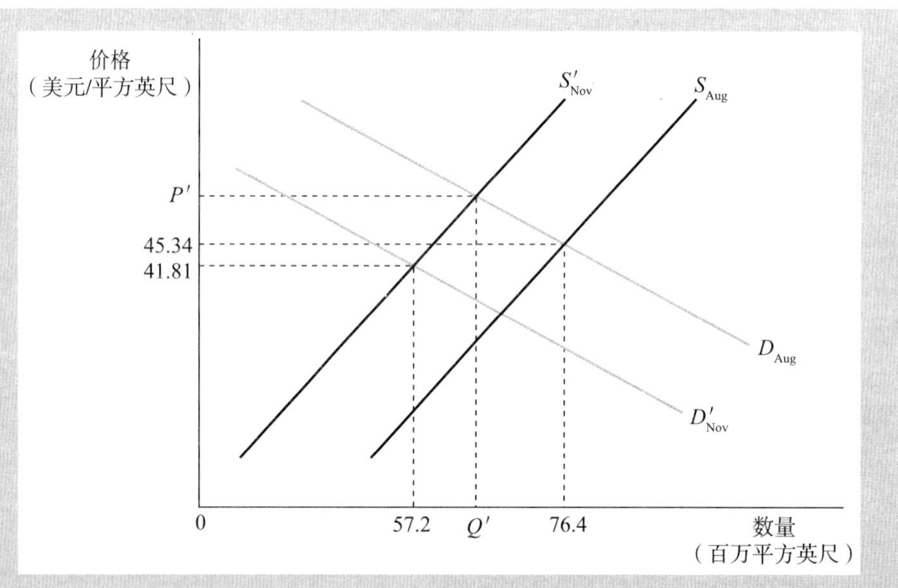

然而，许多预测者都没能成功预测出在办公楼供给量减少的同时，需求量也会急剧下降。首先，许多厂商不管有没有受到损害，出于生存质量的考虑（例如，成为废墟的世贸中心、污染、中断的运输线以及老化的办公楼）都毫无例外地选择离开曼哈顿闹市区。受到袭击破坏的厂商不得不重新考虑它们的办公楼需求，它们最终在曼哈顿只租用原先一半左右的空间；其他厂商虽然仍选择留在纽约市，但却迁离了曼哈顿地区；还有一些干脆迁移到新泽西。[①] 在 2001 年的最后几个月中，美国经济经历了一次减速（由于"9·11"事件的影响），这进一步使得对办公楼的需求减少。因而，累积的需求减少

① Jason Bram, James Orr and Carol Rapaport, "Measuring the Effects of the September 11 Attack on New York City," Federal Reserve Bank of New York, *Economic Policy Review*, November 2002.

（从 D_{Aug} 到 D'_{Nov}）事实上使“9·11”事件之后的曼哈顿闹市区商务空间的租金价格下降了。到 11 月，价格下降至 41.81 美元/平方英尺，市场上的办公楼总面积为 57.2 百万平方英尺。

有证据表明，在“9·11”事件后美国其他主要城市的商务房产市场同样经历了空置率的上升。例如，在芝加哥，不仅闹市区楼房的空置率上升了，由于邻近地标建筑的楼宇更易遭受恐怖主义袭击，空置率的上升更为显著。[①]

曼哈顿商务房产市场在 2001 年后出现了强劲的反弹。在 2007 年，商务楼的空置率为 5.8%，是“9·11”事件以来的最低点，平均租金要价超过 74 美元/平方英尺。到 2009 年 5 月，空置率又上升到 13%以上。金融服务企业占据曼哈顿办公空间的一半以上，伴随金融危机而来的是商业房产市场的下滑。不过，房地产市场已经随着整体经济的回暖而复苏，到 2016 年，空置率下降到不足 9%。

2.4 供给与需求的弹性

我们已经看到，对于商品的需求不仅取决于价格，还取决于消费者的收入和其他商品 33
的价格。同样地，商品的供给也不仅取决于价格，还取决于那些影响生产成本的变量。例如，如果咖啡的价格上升，需求量就会下降，而供给量就会上升。但是，通常我们更想知道，供给量或需求量将会上升或下降多少。咖啡的需求相对其价格变化有多敏感？如果价格上升 10%，需求量会变化多少？而如果收入上升 5%，需求量又会变化多少？我们可以借助弹性的概念来解决诸如此类的问题。

> **弹性**
> 某一变量变动 1%所引起的另一变量的百分比变化。

弹性（elasticity）度量一个变量随另一个变量变化的敏感度。具体来讲，弹性是一个数字，它告诉我们：一个变量发生 1%的变化将会引起另一个变量多大的百分比变化。例如，**需求的价格弹性**（price elasticity of demand）度量了需求量对于价格变化的敏感度。它告诉我们，当某种商品的价格上升 1%时，该商品的需求量将会发生多大的百分比变化。

需求的价格弹性　让我们更仔细地来看一下，把数量和价格分别设为 Q 和 P，需求的价格弹性 E_p 就可以表示为：

$$E_p=(\%\Delta Q)/(\%\Delta P)$$

> **需求的价格弹性**
> 商品价格上升 1%所导致的需求量的百分比变化。

其中，$\%\Delta Q$ 表示 Q 的百分比变化；$\%\Delta P$ 表示 P 的百分比变化。（符号 Δ 代表希腊字母 delta，它表示“……的变化”。因此，ΔX 就是“变量 X 在某一时期的变化”，比如，从某年到下一年。）由于一个变量的百分比变化只是将变量的绝对变化除以变量的初始值（假设在年初，消费者价格指数是 200，到年底升至 204，那么其百分比变化或年通货膨胀率就是 4/200=0.02，或 2%）。因此，需求的价格弹性又可以写成如下形式[②]：

$$E_p=\frac{\Delta Q/Q}{\Delta P/P}=\frac{P\Delta Q}{Q\Delta P} \tag{2.1}$$

在通常情况下，需求的价格弹性是一个负数：当一种商品的价格上涨时，其需求量一般会下降，因此 $\Delta Q/\Delta P$（由价格变化导致的需求量的变化）是负值，于是 E_p 也是负的。有时我们会只讲弹性的数值大小，也就是弹性的绝对值。比如，当 $E_p=-2$ 时，我们就说

① Alberto Abadie and Sofia Dermisi, “Is Terrorism Eroding Agglomeration Economies in Central Business Districts? Lessons from the Office Real Estate Market in Downtown Chicago,” *Journal of Urban Economics*, Volume 64, Issue 2, September 2008: 451-463.

② 在无穷小的变化（假设 ΔP 非常小）的情况下，$E_p=(P/Q)(dQ/dP)$。

弹性的大小为 2。

当价格弹性的大小（绝对值）大于 1 时，我们就说需求是富有价格弹性的（price elastic），因为此时需求量的下跌百分比要大于价格的上涨百分比。如果价格弹性的大小低于 1，我们就说需求是缺乏价格弹性的（price inelastic）。一般来说，一种商品需求的价格弹性取决于该商品找到替代品有多容易。在有近似替代品存在的时候，价格的上涨会使消费者减少对该商品的需求，转而购买更多的替代品。此时，需求的价格弹性较高。如果没有相近的替代品，需求往往就是缺乏价格弹性的。

> **线性需求曲线** 为一条直线的需求曲线。

34 **线性需求曲线** 式（2.1）表明，需求的价格弹性是数量变化与价格变化的比值（$\Delta Q/\Delta P$），乘以价格与数量的比值（P/Q）。我们知道，当沿着需求曲线下移时，$\Delta Q/\Delta P$ 可能会发生变化，而价格与数量通常总是会发生变化。因此，需求的价格弹性度量的一定是需求曲线某一特定的点，随着点在需求曲线上的移动，这一弹性值一般也会变化。

> **完全弹性的需求** 在某个价格水平下，消费者将会购买任何数量的某种商品，但只要价格稍高一点，该商品的需求量马上降为零，只要价格稍低一点，需求量马上趋于无穷大。

这种情况在**线性需求曲线**（linear demand curve）上表现得最为明显。线性需求曲线的形式如下：

$$Q = a - bP$$

举个例子，设想有一条需求曲线为：

$$Q = 8 - 2P$$

对于这条曲线，$\Delta Q/\Delta P$ 是恒定不变的，且等于 -2（P 增加 1 单位导致 Q 减少 2 单位）。可是，这条曲线并没有一个恒定不变的弹性。观察图 2.11，当我们在曲线上向下移动时，比率 P/Q 会连续地减小，因此弹性的绝对值就会减小。而在靠近需求曲线与价格轴的交点处，Q 是很小的，因此 $E_p = -2\ (P/Q)$ 的绝对值非常大。当 $P=2$ 且 $Q=4$ 时，$E_p=-1$。在需求曲线与数量轴的交点处，$P=0$，所以 $E_p=0$。

> **完全无弹性的需求** 不管商品的价格是多少，消费者都将购买固定数量的商品。

在描绘需求（和供给）曲线时，我们是将价格作为纵轴，而将数量作为横轴，所以 $\Delta Q/\Delta P$＝曲线斜率的倒数（即 1/曲线斜率）。因此，对于任何价格与数量的组合，曲线的斜率越陡，需求的弹性就越小。图 2.12 显示了两种特殊的情况：图（a）中的需求曲线反映了**完全弹性的需求**（infinitely elastic demand）需求曲线，只有在唯一的价格水平 P^* 上，消费者才会去购买商品，只要价格稍微上涨一点点，需求量就会马上降为零；同样，只要价格有任何下跌，需求量就会无限地增加。图（b）中的需求曲线反映了**完全无弹性的需求**（completely inelastic demand），无论价格如何变化，消费者只会购买固定的数量 Q^*。

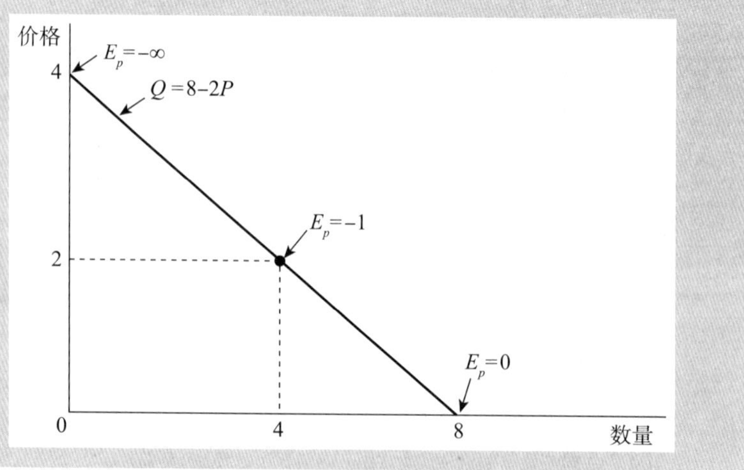

图 2.11 线性需求曲线

说明：需求的价格弹性不仅取决于需求曲线的斜率，还取决于价格和数量。因此，随着价格与数量的变化，需求的价格弹性沿着曲线而变化。对于这种线性需求曲线，其斜率是恒定不变的。靠近顶端处，价格很高，数量很少，因此弹性的绝对值很大；而当我们沿着曲线向下移动时，弹性的绝对值便逐渐减小。

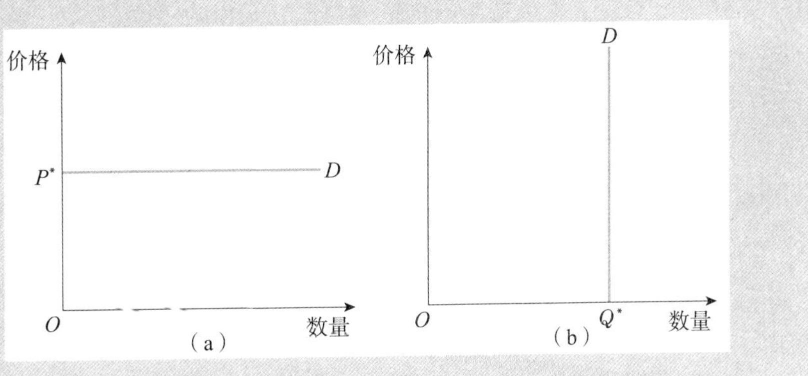

图 2.12 (a) 完全弹性的需求和 (b) 完全无弹性的需求

说明：(a) 对一条水平的需求曲线来说，$\Delta Q/\Delta P$ 为无穷大，价格的一个微小变动都将引起需求的无穷大变动，因此需求的弹性无穷大。(b) 对一条垂直的需求曲线来说，$\Delta Q/\Delta P$ 为零，无论价格是多少，需求量总是不变的，所以需求的弹性为零。

需求的收入弹性 由于收入上升1%而导致的对某一商品需求量的百分比变化。

其他需求弹性 除了需求的价格弹性外，我们还要研究其他变量的需求弹性。例如，当总收入增加时，绝大多数商品的需求通常就会上升。所谓**需求的收入弹性**（income elasticity of demand），就是收入 I 增加 1%所引起的需求量 Q 的百分比变化： 35

$$E_I = \frac{\Delta Q/Q}{\Delta I/I} = \frac{I}{Q}\frac{\Delta Q}{\Delta I} \tag{2.2}$$

需求的交叉价格弹性 某种商品价格提高1%所导致的另一种商品需求量的百分比变化。

对一些商品的需求也会受到其他商品价格的影响。例如，由于黄油与人造黄油可以比较容易地相互替代，对其中一种商品的需求也就取决于另一种商品的价格。**需求的交叉价格弹性**（cross-price elasticity of demand）就是指因一种商品价格增加 1%所引起的另一种商品需求量的百分比变化。所以与人造黄油价格有关的黄油需求弹性可写为：

$$E_{Q_bP_m} = \frac{\Delta Q_b/Q_b}{\Delta P_m/P_m} = \frac{P_m}{Q_b}\frac{\Delta Q_b}{\Delta P_m} \tag{2.3}$$

其中，Q_b是黄油的需求量，而 P_m是人造黄油的价格。

在这个黄油与人造黄油的例子中，交叉价格弹性值是正的，因为这两种商品互为替代品：两者在市场上竞争，因而人造黄油价格的上升，使黄油相对于人造黄油来说便宜了，这会导致对黄油需求的上升（对黄油的需求曲线将向右移动，黄油的价格上升）。但并不是所有的情况都是这样，有一些商品互为互补品，它们往往是搭配使用的。因此，当一种商品的价格上涨时，同时会降低另一种商品的消费量。汽油和机油便是一个例子。如果汽油的价格上升，汽油的需求量便会下降——有车的人就会少开车；由于人们少开车了，对机油的需求同样也 36
下降了（机油的需求曲线向左移动）。于是，与汽油相关的机油的交叉价格弹性值是负的。

供给的价格弹性 商品价格上升1%所导致的供给量的百分比变化。

供给弹性 供给弹性的定义也类似。**供给的价格弹性**（price elasticity of supply）是指当价格上升 1%时，供给量的百分比变化。供给的价格弹性值通常是正的，因为价格上升会刺激生产者增加产量。

我们也可以将供给弹性运用于以下这些变量，如利率、工资率以及所投入的原料和其他中间产品的价格。例如，对于大多数产成品来说，与原料价格相关的供给弹性值是负的，因为原料投入价格的上升意味着厂商将支付更高的成本，所以，在其他要素价格保持不变的情况下，供给量会下降。

需求的点弹性 需求曲线上某个特定点处的需求的价格弹性。

点弹性与弧弹性

到目前为止，我们考察的都是需求曲线或供给曲线上某个特定点的弹性，我们称之为点弹性（point elasticity）。**需求的点弹性**（point elasticity of demand）就是需求曲线上某个特定点处的需求的价格弹性，它是由式（2.1）定义的。当考察图2.11中的线性需求曲线时，我们可以看到，需求的点弹性在需求曲线上的不同点处，其值也是不同的。

有些时候，我们还需要在需求曲线（或供给曲线）的某个区间上而不是某个点上计算价格弹性。假设我们正计划把一种产品的价格由8.00美元提高至10.00美元，并且预计这一价格变动将导致需求从6单位降至4单位，在这种情况下，我们应该怎样来计算需求的价格弹性呢？价格是上升了25%（2美元的增加除以初始价格8美元）还是20%（2美元的增加除以新价格10美元）呢？数量是减少了33.3%（=2/6）还是50%（=2/4）呢？

对于这样的问题并没有正确答案。我们可以用初始价格和初始数量来计算价格弹性，因此我们有$E_p=(-33.3\%/25\%)=-1.33$。当然，我们也可以用新的价格和新的数量，此时$E_p=(-50\%/20\%)=-2.5$。这两种弹性之间的差值很大，而且没有哪一个弹性比另一个更可取。

需求的弧弹性
在某个价格区间上计算的价格弹性。

需求的弧弹性　要解决以上问题，我们可以采用**需求的弧弹性**（arc elasticity of demand），即在某个价格区间的弹性值。现在我们不用为选择初始价格还是新价格而烦恼了，弧弹性使用这两个价格的平均值$\bar{P}$；对于需求量，我们用平均量$\bar{Q}$。于是弧弹性就可以这样来表达：

$$\text{弧弹性：}E_p=(\Delta Q/\Delta P)(\bar{P}/\bar{Q}) \qquad (2.4)$$

在上面的例子中，平均价格为9美元，平均数量是5单位，于是弧弹性为：

$$E_p=(-2/2)(9/5)=-1.8$$

37 弧弹性等于最低价格和最高价格之间某个点处的点弹性（并不一定在最低价和最高价的中间）。

虽然弧弹性这个概念在某些情况下相当有用，但经济学家一般用“弹性”直接来表示点弹性，在本书的其余部分，除非注明，我们所指的弹性均为点弹性。

例2.5　小麦市场

小麦是一种十分重要的农产品，而且农业经济学家已经广泛地研究了小麦市场。近几十年来，小麦市场的变化对于美国的农民和美国的农业政策有着重大的影响。为了能够理解这一点，我们来看一看1981年至今的小麦供给和需求状况。

根据统计研究结果，我们知道1981年小麦的供给曲线大致如下①：

$$\text{供给：}Q_S=1\,800+240P$$

其中，价格的单位是美元/蒲式耳；数量以百万蒲式耳/年为单位。研究结果表明，1981年小麦的需求曲线为：

$$\text{需求：}Q_D=3\,550-266P$$

令需求等于供给，我们可以得出1981年小麦市场的出清价格：

$$Q_S=Q_D$$

$$1\,800+240P=3\,550-266P$$

$$506P=1\,750$$

$$P=3.46\text{（美元/蒲式耳）}$$

---

① 关于小麦市场供需变动统计研究的调查和市场状况演变的分析，参见Larry Salathe and Sudchada Langley, “An Empirical Analysis of Alternative Export Subsidy Programs for U. S. Wheat,” *Agricultural Economics Research* 38：1（Winter 1986）。本例中的供给曲线和需求曲线就是以他们的调查为基础的。

要求出市场的出清数量，需要把这个等于 3.46 美元/蒲式耳的价格代入供给曲线方程或需求曲线方程。我们把它代入供给曲线方程，得

$Q=1\,800+240\times3.46=2\,630$（百万蒲式耳）

在均衡价格和均衡数量处的价格弹性是多少呢？我们用需求曲线来求出需求的价格弹性： 38

$$E_P^D=\frac{P}{Q}\frac{\Delta Q_D}{\Delta P}=\frac{3.46}{2\,630}\times(-266)=-0.35$$

因而，在该点需求是缺乏弹性的。同样我们可以求得供给的价格弹性：

$$E_P^S=\frac{P}{Q}\frac{\Delta Q_S}{\Delta P}=\frac{3.46}{2\,630}\times240=0.32$$

由于供给曲线和需求曲线是线性的，价格弹性会随着直线上点的不同而不同。比如，假设干旱导致了供给曲线向左移动，这个移动把价格抬高为 4.00 美元/蒲式耳。在这个例子中，需求量会降至 $3\,550-266\times4.00=2\,486$ 百万蒲式耳，在该价格和数量处，需求的价格弹性变成：

$$E_P^D=\frac{4.00}{2\,486}\times(-266)=-0.43$$

小麦市场已经发展演变了许多年，其中主要就是小麦需求在不断变化。小麦的需求有两个组成部分：国内需求（即美国国内消费者所需）和出口需求（即国外消费者所需）。在过去的 30 年里，小麦的国内需求只是略微上升了一点（这是因为人口及工资增长比较温和），但出口需求急剧下跌。造成出口需求下降的原因有很多，第一个也是最重要的原因，就是农业绿色革命的成功使得很多发展中国家（比如像印度这样的国家，它们以前曾是很大的小麦进口国）的小麦产量不断增长，越来越多地实现了自给；另一个原因是，欧洲国家采取了贸易保护主义政策，对它们自己的小麦生产进行补贴，对进口小麦设置关税壁垒。

2007 年，小麦的需求曲线和供给曲线如下：

需求：$Q_D=2\,900-125P$

供给：$Q_S=1\,460+115P$

现在我们可以再次令供给等于需求，并确定市场出清（名义）价格和数量：

$1\,460+115P=2\,900-125P$

$P=6$（美元/蒲式耳）

$Q=1\,460+115\times6=2\,150$（百万蒲式耳）

从而，1981 年以来小麦的名义价格显著上升了。实际上，几乎所有的价格上涨都发生在 2005—2007 年（例如，在 2002 年小麦的价格仅为 2.78 美元/蒲式耳）。价格上涨的原因是什么？2005 年气候干旱，2006 年天气甚至比 2005 年更干旱，2007 年的大雨与出口需求的增加，这些因素结合在一起，使 2005—2007 年小麦价格大幅上涨。你可以核对一下在 2007 年的价格和数量下，需求的价格弹性是
−0.35，而供给的价格弹性是 0.32。给定如此低的弹性，小麦价格上升如此之快就并不令人惊讶了。① 39

对于美国小麦的国际需求随着其他小麦主要生产国（如中国、印度和俄罗斯）的天气和政治条件的变化而波动。在 2008—2010 年，美国的小麦出口因很高的国际小麦产量而下降了 30%，因此，

① 这些短期弹性的估计值来自美国农业部（USDA）的经济研究服务局（ERS）。要了解更多的信息，请查阅如下出版物：William Lin，Paul C. Westcott，Robert Skinner，Scott Sanford，and Daniel G. De La Torre Ugarte，Supply Response Under the 1996 Farm Act and Implications for the U. S. Field Crops Sector（Technical Bulletin No. 1888，ERS，USDA，July 2000，http://www.ers.usda.gov/）；以及 James Barnes and Dennis Shields，The Growth in U. S. Wheat Food Demand（Wheat Situation and Outlook Yearbook，WHS-1998，http://www.ers.usda.gov/）。对美国小麦生产更多的背景信息请参考 http://www.ers.usda.gov/topics/crops/wheat/background.aspx。

2010 年小麦价格从两年前的 6.48 美元/蒲式耳下降到 4.87 美元/蒲式耳。不过，2011 年恶劣的天气导致了减产，美国的出口上升了 33%，价格上升到 5.70 美元/蒲式耳。

尽管美国小麦的出口需求步入下降趋势，但是天气对于小麦生产的影响更加不明确，因为气候对不同类型小麦的影响是有差异的。例如，2015 年，一方面，异常寒冷的冬季导致了冬小麦种植条件的恶化和减产。而另一方面，硬粒小麦的产量却因为春季的良好生长条件而产量相比前一年提高了 53%。图 2.13 描述了小麦价格自 1980 年开始的变化。

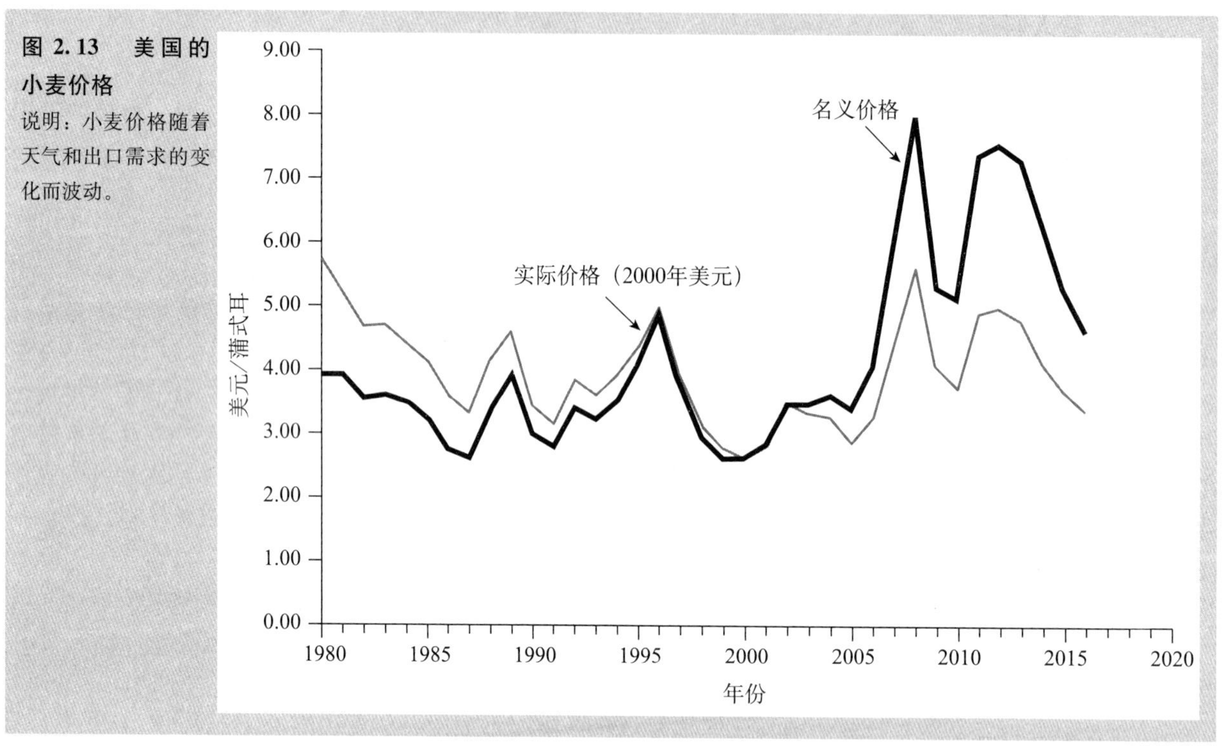

图 2.13 美国的小麦价格

说明：小麦价格随着天气和出口需求的变化而波动。

40 我们发现，小麦的市场出清价格在 1981 年是 3.46 美元/蒲式耳，而实际上销售价格要比这个价格高。为什么呢？因为美国政府通过其价格支持计划购买了小麦。而且，农民还收到了政府给予的种植小麦的直接补贴。此类对于农户的资助（以纳税人的付出为代价）已经呈数量级增长。美国国会在 2002 年通过了一部有关继续（在某些条件下扩大）对农户进行补贴的法案，而 2008 年再次通过一项法案。《2008 年食品、保护和能源法案》(Food, Conservation, and Energy Act of 2008) 批准了从 2012 年开始实施的对农户未来五年的 2 840 亿美元的资助计划。不过，近期美国的预算危机为美国国会中一些反对农业补贴的人提供了依据。

支持农户的农业政策存在于美国、欧洲、日本和其他许多经济体。我们将在第 9 章讨论这些农业政策究竟是如何运作的，并评估这些政策给消费者、农民及联邦预算所带来的成本和收益。

2.5 短期弹性与长期弹性

当我们分析需求和供给时，有一点是非常重要的，那就是必须区分长期和短期。换句话说，如果我们想知道价格变化时需求或供给会发生多大的变化，我们就必须弄清所讨论的需求量或供给量变化的时间跨度。如果时间跨度很短，比如一年或不到一年，我们面对的便是短期。而在长期，消费者和生产者有足够的时间来充分调整以适应价格的变动。一般来说，短期的需求曲线和供给曲线与其相应的长期曲线是非常不同的。

需 求

对于许多商品来说，长期需求远比短期需求富有价格弹性，原因之一就是人们需要较长的时间才能改变他们的消费习惯。例如，即使咖啡的价格剧烈上升，其需求量也只会随着人们慢慢减少咖啡的消费而逐渐下降。另一个原因是，人们对某种商品的需求可能受到另一种只能缓慢减少存量的商品影响。例如，汽油的长期需求远比短期需求更富有弹性，汽油价格的迅速上涨使开车者减少开车，从而在短期内降低了汽油的需求量。但是油价上升的最大影响在于促使消费者购买更小、更省油的汽车。因为汽车的存量只能缓慢地变化，汽油的需求量也只能缓慢地下降。图 2.14（a）描述了这类商品的短期和长期的需求曲线。

需求与耐用性 对于有些商品来说，情况恰恰相反——短期需求的弹性要大于长期需求的弹性。这些商品（汽车、冰箱、电视机，或产业部门购买的资本设备）都是耐用品（durable），消费者拥有这类商品的总量比这些商品的年产量要大很多。结果是，消费者打算拥有的总量的一个微小变化就会引起购买水平的大幅度变化。

例如，假设冰箱的价格上升了 10%，导致消费者打算持有的冰箱总量下降了 5%。最
初，这会引起购买量的下降超过 5%，但最终，随着消费者拥有的冰箱逐渐折旧（并且旧 41
冰箱还得替换），需求量就会再次上升。这样，从长期来看，消费者拥有的冰箱总量相比冰箱价格变动前大概减少了 5%。在这个例子中，冰箱的长期价格弹性是 −0.05/0.10 = −0.5，而短期价格弹性的绝对值要比 0.5 大。

或者考虑汽车。虽然美国的汽车年需求量——新车的购买量在 1 000 万辆和 1 200 万辆之间，但是，人们的汽车拥有量大约是 1.3 亿辆。如果汽车的价格上涨，许多人就不会急于购买新车，需求量便会急剧下降（尽管消费者想要拥有的总量只下降了一点点）。但是，最终旧车会报废，人们不得不买新车来替换旧车，需求量将再次上扬。结果，需求量的长期变化要比短期变化小得多。图 2.14（b）显示了诸如汽车之类的耐用品的需求曲线。

图 2.14 （a）汽油：短期和长期的需求曲线以及（b）汽车：短期和长期的需求曲线

说明：(a) 从短期来看，价格的上升对汽油的需求只有很小的影响。开车者或许会减少使用汽车，但不会在一夜之间改换他们一直使用的汽车类型。然而，从更长的时期来看，他们会改用更小、更省油的汽车，所以价格上升的影响会变大。因此，长期的需求比短期需求更富有弹性。(b) 对汽车的需求，情形则恰恰相反。如果价格上升，消费者最初不会购买新车，因此，对汽车的年需求量会急剧下降。然而从长期来看，人们必须购买新车来替换已报废的旧车，所以，对汽车的年需求量会逐步上扬。因此，长期需求弹性要小于短期需求弹性。

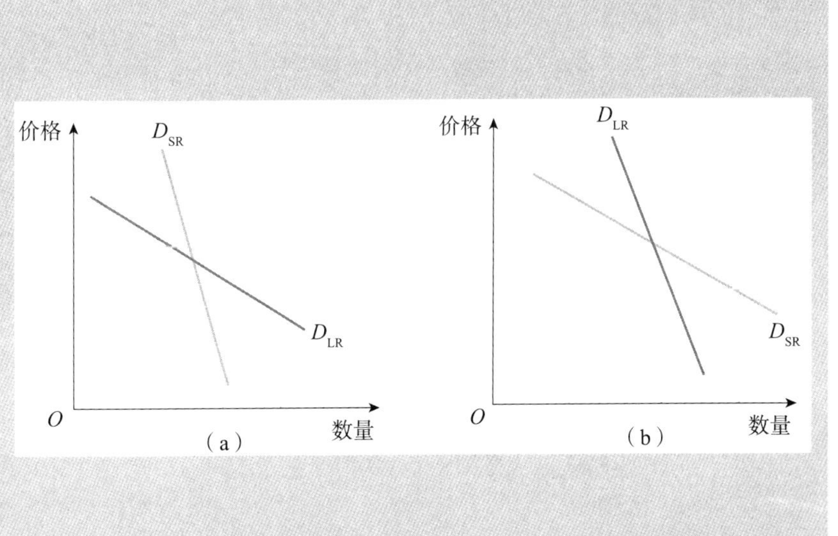

收入弹性 长期和短期的收入弹性也不相同。对绝大多数商品和服务——食品、饮料、燃料、娱乐等来说，需求的收入弹性表现为长期大于短期。就以经济快速增长时期（此时的总收入上升了10%）的汽油消费为例，人们最终将增加他们的汽油消费，因为他们能负担得起更多的外出旅行，或许还能买一辆更大的汽车。但是，这种消费方面
42 的变化是需要时间的，而在一开始，需求只是略有增加。因此，长期的弹性将大于短期的弹性。

对一种耐用品来说，情形正好相反。仍然以汽车为例，如果总收入上升10%，那么消费者打算拥有的汽车数量也会上升，比如说上升5%，这意味着汽车当前的购买量会有更大的增加。（如果存量为1.3亿辆，那么增加5%就是650万辆，这个数字或许相当于单个年份正常需求的60%～70%。）消费者最终可以增加他们所拥有的汽车总量，之后的购买行为主要用于更换旧车。（这些新的购买量要大于以前，由于在用的汽车数量更大了，因此每年也就有更多的汽车需要更换。）显然，短期的需求收入弹性要远远大于长期的需求收入弹性。

> **周期性行业**
> 销售量波动会放大国内生产总值（GDP）与国民收入的周期性变化的行业。

周期性行业 由于对耐用品的需求会随着收入的短期变化而剧烈波动，因此制造这些商品的行业在变化不定的宏观经济状况面前，特别是在经济周期——衰退和繁荣——面前是十分脆弱的。于是，这些行业也往往被称作**周期性行业**（cyclical industry）——它们的销售变化往往会放大国内生产总值（GDP）与国民收入的周期性变化。

图2.15和图2.16表明了这个规律。图2.15按照时间描绘了两个变量：GDP的年实际
43 （经通货膨胀调整后）增长率和生产者耐用设备投资（即厂商购买的机械和其他设备）的年实际增长率。注意，虽然耐用设备的序列变化趋势与GDP的序列变化趋势是一致的，但GDP的变化却被耐用设备投资放大了。例如，在1961—1966年间，GDP每年至少增长4%，而耐用设备采购的增长率却要大得多（1963—1966年超过了10%）。同样，在1993—1998年，资本品的投资增长要远远快于GDP的增长。另外，在1974—1975年、1982年、1991年、2001年和2008年的经济衰退期，耐用设备采购的下降也远远高于GDP的下降。

图2.15 GDP和耐用设备的投资

说明：图中比较了GDP和耐用设备投资的年增长率。因为耐用设备的短期需求弹性高于长期需求弹性，对设备的投资变化放大了GDP的变化，因此资本品行业被认为是周期性行业。

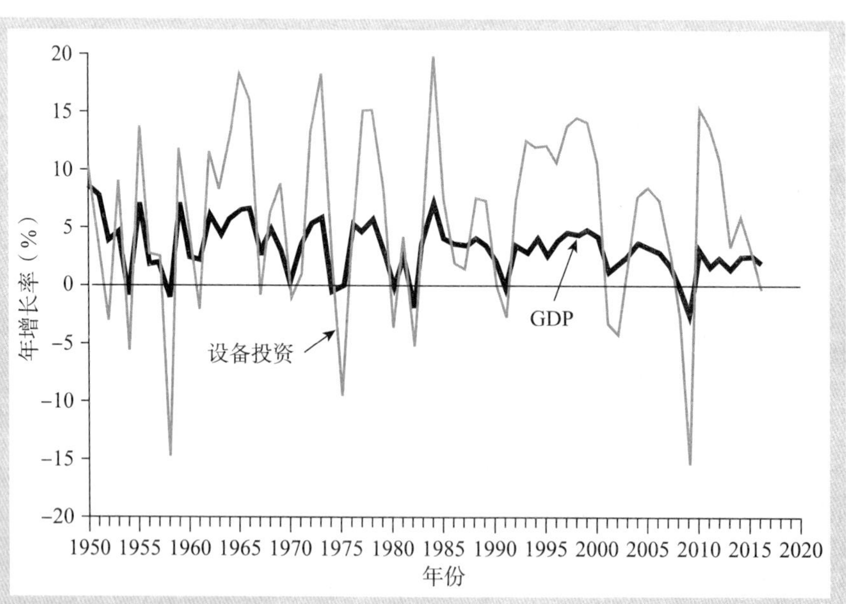

图2.16描述了GDP的实际增长率，以及消费者消费耐用品（汽车、家用电器等）

和非耐用品（食品、燃料、服装等）的年实际增长率。注意，这两种消费序列的变化与GDP的变化一致，但只有耐用品的序列会放大GDP的变化。非耐用品消费的变化与GDP的变化大致相同，但耐用品消费的变化幅度通常数倍于GDP的变化幅度。从这里可以很清楚地知道，为什么像通用汽车和通用电气这样的公司被认为是"周期性"的公司：因为不断变化的宏观经济状况极大地影响了它们的汽车和电器的销售。

图 2.16 耐用品和非耐用品的消费

说明：图中比较了GDP、耐用品（汽车、家用电器、家具等）的消费支出以及非耐用品（食品、衣物、服务等）的消费支出三者的年增长率。与年需求相比，耐用品的存量很大，所以短期的需求弹性大于长期弹性。与资本品设备投资一样，制造耐用品的行业也是周期性的（即GDP的变化被放大了）。而在非耐用品方面，情形则完全不同。

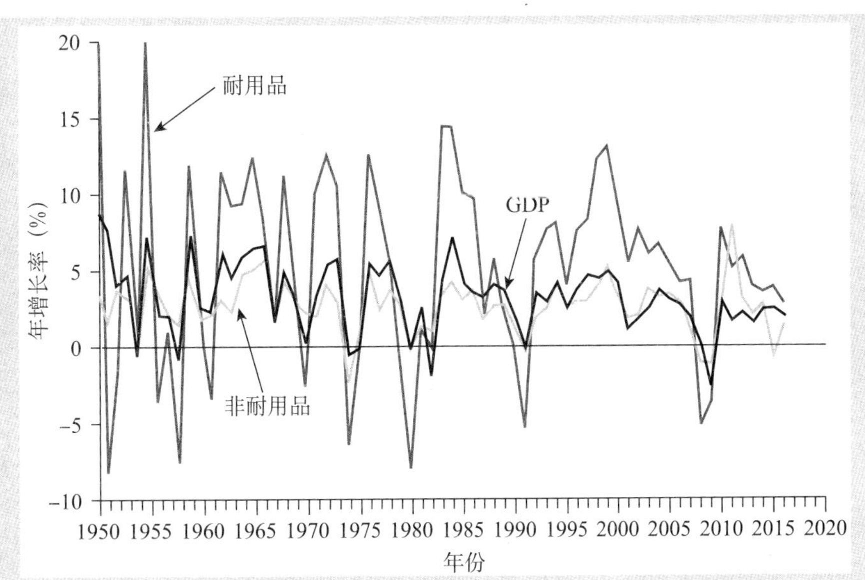

∴例 2.6 汽油与汽车的需求

汽油和汽车可以用来例证以上所讨论的需求的不同特征。汽油与汽车属于互补品——一种商品价格的上升会导致对另一种商品需求的减少。并且，它们各自的动态行为（长期和短期的弹性）正好彼此相反。对汽油而言，长期的价格和收入弹性要大于其短期弹性；对汽车来说，情形正好相反。 44

现在有许多关于汽油和汽车需求的统计研究。这里我们引述两项研究中的价格和收入弹性的估计值，这些研究都突出了对需求的动态反应。① 表2.1列出了美国汽油需求的价格弹性和收入弹性，包括短期、长期和介于短期和长期之间的数值。

表 2.1 对汽油的需求

	价格或收入变化所考虑的年数				
弹性	1	2	3	5	10
价格	−0.2	−0.3	−0.4	−0.5	−0.8
收入	0.2	0.4	0.5	0.6	1.0

① 对汽油需求和汽车需求的研究及弹性估计，参见R. S. Pindyck, *The Structure of World Energy Demand* (Cambridge, MA: MIT Press, 1979)；Carol Dahl and Thomas Sterner, "Analyzing Gasoline Demand Elasticities: A Survey," *Energy Economics* (July 1991)；Molly Espey, "Gasoline Demand Revised: An International Meta-Analysis of Elasticities," *Energy Economics* (July 1998)；David L. Greene, James R. Kahn and Robert C. Gibson, "Fuel Economy Rebound Effects for U. S. Household Vehicles," *The Energy Journal* 20 (1999)；Daniel Graham and Stephen Glaister, "The Demand for Automobile Fuel: A Survey of Elasticities," *Journal of Transport Economics and Policy* 36 (January 2002)；以及Ian Party and Kenneth Small, "Does Britain or the United States Have the Right Gasoline Tax?" *American Economic Review* 95 (2005)。

注意长期弹性与短期弹性之间的巨大差异。1974 年，随着欧佩克卡特尔的兴起以及由此带来的汽油价格的暴涨，许多人（包括汽车和石油产业的经理们）宣称，对于汽油的需求将不会有太大的变化——这种需求并不十分富有弹性。的确，在价格上升的第一年里，他们是对的，需求量并没有发生太大的变化。但是，需求最后的确发生了变化。因为人们需要花费时间来改变他们的驾车习惯，选择更小、更节能的汽车来替换大车。在 1979—1980 年的第二次油价大幅度上涨以后，部分地由于这种反应的存在，欧佩克没能将油价维持在每桶 30 美元以上的水平，价格最终下跌了。2005—2011 年石油和汽油价格的上升同样导致了一个渐进的需求反应过程。2014 年，石油价格开始加速下降，这导致了对轻型卡车需求的上升和对小汽车需求的下降。

表 2.2 显示了汽车需求的价格弹性和收入弹性。注意短期弹性远远大于长期弹性。从收入弹性来看，人们可以很清楚地知道，为什么汽车行业具有很强的周期性。例如，在 1991 年经济衰退期间，经
45 通货膨胀调整后的实际 GDP 下降了 2%，而汽车销售量下跌了 8%。1993 年汽车销售量开始回升，在 1995—1999 年间大幅度上升。在 2008 年的衰退时期，GDP 下降了约 3 个百分点，而汽车销售量下降了 21%。2010 年销售量开始回升，大约上升了 10%。到 2015 年，销量已超过了衰退前的水平。

表 2.2　对汽车的需求

	价格或收入变化所考虑的年份				
弹性	1	2	3	5	10
价格	−1.2	−0.9	−0.8	−0.6	−0.4
收入	3.0	2.3	1.9	1.4	1.0

供　给

长期和短期的供给弹性也是不同的。对大多数商品而言，长期的供给价格弹性远大于短期的供给价格弹性。因为在短期，厂商面临生产能力约束（capacity constraints），通过建造新的生产线并配备更多的工人来扩展生产能力需要时间。但是，这并不是说，在短期内，价格的急剧上涨就不会导致供给的增加。即使在短期，厂商也可以通过更长时间地利用其生产设备、付给工人加班费和立即雇用新的工人来增加产量。但是，如果有时间来扩展它们的生产设施和雇用更多的永久工人，那么厂商将能更大地提高产量。

对有些商品和服务而言，短期的供给是完全无弹性的。在绝大多数城市里，租房就是一例。在很短的时间内，由于可供出租的房屋数量是固定的，因此需求的增加只会提高租金。在更长的时间内，如果没有租金控制，高租金就会刺激人们改造现有的住房和建造新的住房，供给于是上升。

然而对绝大多数商品而言，即使在短期，厂商也能设法增加产量，当然前提是价格激励足够大。但问题在于，因为厂商面临种种约束，迅速增加供给的成本很高，所以只有价格的大幅提升才能引发供给方面小幅度的短期增加。有关供给的这些特点，我们将在本书第 8 章进行更详尽的探讨。

供给与耐用性　对某些商品而言，短期供给比长期供给更富有弹性。这类商品是耐用品，它们在价格上升的时候可以作为供给的一部分而被重复利用，金属的再生供给（secondary supply）就是一个例子。金属的再生供给即废旧金属的供给，废旧金属往往被熔化并重铸，从而形成再生供给。当铜价上升时，会刺激人们将废铜转化为新的供给，起初这

会大大增加再生铜的供给。但是之后，随着质量较好的废铜存量的减少，会造成铜的熔化、提炼和重铸的成本越来越高，从而使得再生供给越来越少。因此，再生供给的长期价格弹性要小于短期弹性。

图 2.17（a）和（b）分别描绘了初级铜（来自开采和冶炼矿石的产出）的短期和长期供给曲线以及再生铜的短期和长期供给曲线。根据各组成部分的弹性值的加权平均，表 2.3 列出了总供给中每个组成部分的弹性值。[①] 由于再生铜的供给仅占总供给的 20%左右，所以总供给的长期价格弹性要大于短期弹性。 46

图 2.17　铜：短期和长期供给曲线

说明：与绝大多数商品一样，（a）中初级铜的长期供给更富有弹性，如果价格上涨，厂商愿意生产更多。但在短期，其生产则受到生产能力的约束。在长期，厂商能够增加生产能力并生产更多的初级铜。（b）中是再生铜的供给曲线。如果价格上涨，这会更大地刺激厂商将废铜转化成新的供给，因此，再生铜的供给（即来自废铜的供给）最初有一个大幅度的上升。但后来，随着废铜存量的下降，再生铜的供给就会减少。这说明，再生铜供给的长期弹性要小于短期弹性。

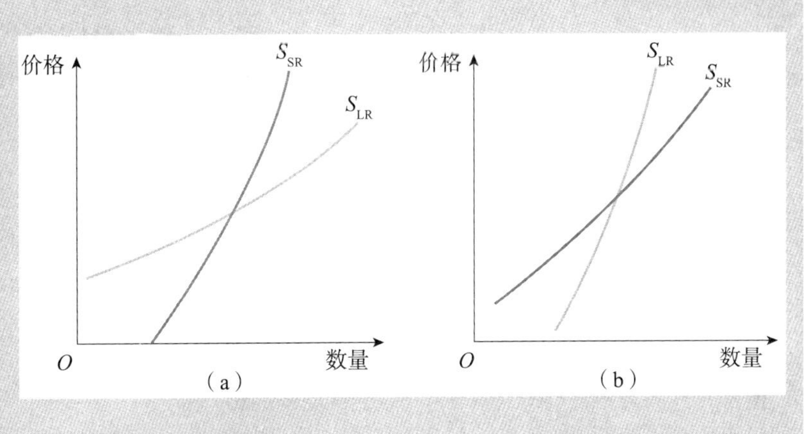

表 2.3　铜的供给

价格弹性	短期	长期
初级铜供给	0.20	1.60
再生铜供给	0.43	0.31
总供给	0.25	1.50

❖例 2.7　巴西的气候与纽约的咖啡价格

干旱或寒冻气候不时地毁坏巴西的咖啡树。由于世界上大部分咖啡产自巴西，随之而来的结果必然是咖啡供给的减少和价格的大幅上涨。 47

一个引人注目的例子发生在 1975 年 7 月，当时一场寒霜毁掉了巴西 1976—1977 年的绝大部分咖啡树。（记住，当巴西是冬天的时候，北半球是夏天。）如图 2.18 所示，在纽约，一磅咖啡的价格从 1975 年的 68 美分涨至 1976 年的 1.23 美元，进一步又涨至 1977 年的 2.70 美元。随后价格下跌，但 1985 年长达 7 个月的干旱又毁掉了巴西大部分的咖啡树，1986 年咖啡价格再次大幅上升。最近的一次大幅减产是从 1994 年 6 月开始的，紧随干旱之后的寒冻毁掉了巴西近一半的咖啡树。结果，1994—1995 年的咖啡价格大约是 1993 年价格的 2 倍。但到 2002 年为止，价格又大幅下降至 30 年来的最低水平。（研究人员预测在接下来的 50 年，全球变暖可能会造成 60%的巴西咖啡树种植区域消失，这将使

① 这些估计值是对地区估计值的加总，地区估计值可参见 Franklin M. Fisher，Paul H. Cootner，and Martin N. Baily，"An Econometric Model of the World Copper Industry，" *Bell Journal of Economics* 3 (Autumn 1972)：568－609。

得咖啡生产大幅下降而价格上升。如果该情形发生，我们将在本书第 20 版中讨论。）

图 2.18　巴西咖啡的价格

说明：当干旱或寒冻毁坏巴西的咖啡树时，咖啡价格就会大幅上涨。通常，经过几年之后，随着供给和需求的调整，咖啡价格又会回落。

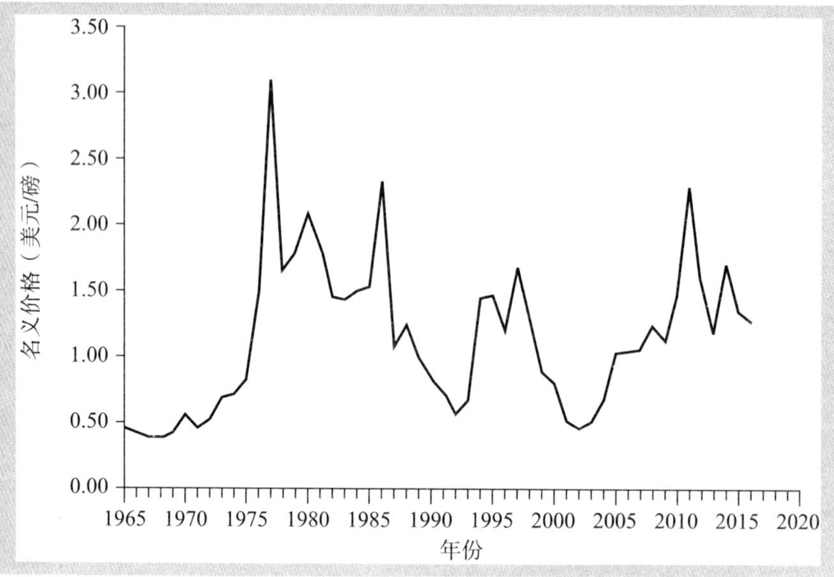

图 2.18 的关键内容是干旱或寒冻之后的价格暴涨往往时间很短。一年后，价格就开始下跌，三到四年过后，又会回到以前的水平。例如，在纽约，1978 年的咖啡价格下跌至每磅 1.48 美元，而到了
48 1983 年，其实际（经通货膨胀调整后）价格与 1975 年寒冻之前的价格相差无几。① 同样，1987 年的咖啡价格跌至 1984 年干旱以前的价格水平之下，随后几年持续下跌，直至 1994 年的寒冻。在 2002 年触底每磅 45 美分之后，咖啡价格以平均每年 17%的速度上涨，在 2010 年达到每磅 1.46 美元，等于 1995 年的峰值。在过去的 10 多年中，巴西咖啡树种植者努力工作以增加产量，但恶劣的气候却导致了持续的减产。

咖啡价格之所以会如此波动，是因为供给和需求（尤其是供给）都是长期比短期更富有弹性，图 2.19 描述了这一事实。注意，在图（a）中，在极短的时期内（寒冻之后的一两个月），供给是完全无弹性的：咖啡豆的数量有限，而且其中的一些已被寒霜冻坏了；需求也相对无弹性。所以寒冻的结果就是使供给曲线左移，而价格由 P_0 飙升至 P_1。

从中期看，比如说冻害后的一年，供给和需求都更富有弹性：前者是因为现存的咖啡树会被采摘得更为彻底（当然质量会有所下降）；而后者是因为消费者有了时间来改变他们的消费习惯。如图（b）所示，虽然中期的供给曲线也向左移动，但价格从 P_1 下降至 P_2，供给量从短期的 Q_1 略微增加至 Q_2。在图（c）的长期情形中，价格恢复到其正常水平；咖啡树种植者已有了时间种植新树以更换那些被寒冻损坏的咖啡树。于是，长期的供给曲线仅仅反映了生产咖啡的成本，包括土地成本、种植和照料树木的成本，以及竞争性的利润率。②

---

① 然而在 1980 年，咖啡价格曾一度上扬到每磅 2.00 美元，这是《国际咖啡协定》（ICA）实施咖啡出口配额所造成的结果。ICA 本质上是由咖啡生产国在 1968 年设定的一种卡特尔协定，但它基本上是无效的，而且在绝大多数年份里，它对价格的影响微乎其微。在第 12 章，我们将详尽地探讨卡特尔定价行为。

② 你可以通过美国农业部的涉外农业服务局获得更多有关世界咖啡市场的知识，它们的网站是：http：//www.fas.usda.gov/htp/coffee.asp/。其他可靠的信息来源是 http：//www.nationalgeographic.com/coffee/。

图 2.19　咖啡的供给和需求

说明：(a) 巴西的寒冻使供给曲线向左移动。在短期，供给完全无弹性；人们只能收获确定数量的咖啡豆。需求也相对无弹性；消费者只能缓慢地改变他们的消费习惯。结果，寒冻的最初后果便是价格的大幅上涨，从 P_0 上升至 P_1。(b) 在中期，供给和需求都更有弹性，所以价格部分地回调至 P_2。(c) 在长期，供给极富弹性，新的咖啡树已长大成材，所以寒冻的影响已然消失，价格又回到 P_0。

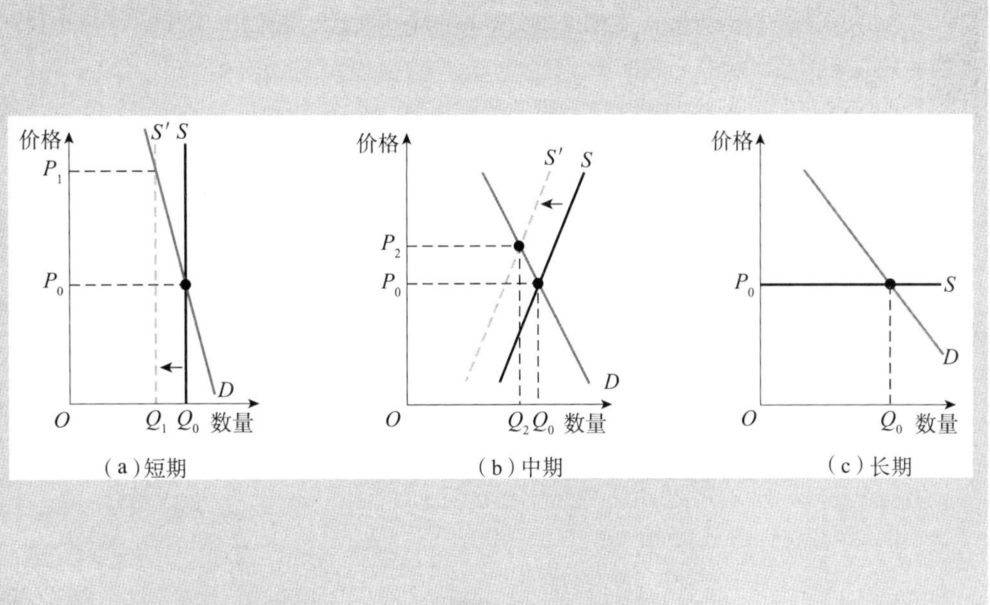

*2.6　理解并预测市场条件变化的后果

到此为止，我们对供给和需求的讨论主要还是集中于定性的分析。而如果要用供给曲线和需求曲线来分析并预测市场条件变化所带来的后果，我们就必须赋予数值。例如，想要了解巴西咖啡的供给减少 50%会对世界咖啡价格造成多大影响，我们就需要确定实际的供给曲线与需求曲线，然后根据这些曲线的移动，算出价格最终变化多少。 49

在这一节，我们将看到，怎样运用线性供给曲线和线性需求曲线进行一些简单的推算。尽管线性曲线通常是对更复杂曲线的近似，但由于它们具有易于处理的特性，我们通常会采用线性这一假设。听起来或许让人吃惊，但确实通过一支铅笔和一个袖珍计算器，人们就可以在一张小纸片的背面进行一些具有价值的经济学分析。

首先，我们必须学会如何使线性需求曲线和线性供给曲线与市场数据“契合”。(这里我们并不是说要进行线性回归或其他统计技术意义上的拟合，这些技术我们会在本书的附录中介绍。) 假设我们有某一市场的两组数值：第一组是特定市场上通行的价格和数量（即当市场处于均衡状态或当市场条件“正常”时的价格和数量，它们都是平均值意义上的数据)。我们称这些数值是均衡价格和均衡数量，我们用 P^* 和 Q^* 来表示。第二组是市场需求和供给（在均衡点或附近）的价格弹性，与前文一样，我们用 E_D 和 E_S 表示。

这些数值可能来自别人的统计研究，也可能仅仅是我们认为合理的数值，又或者可能是我们“假设如此，看结果怎样”的数值。我们所要做的是写出与这些数值契合（即一致）的供给曲线和需求曲线。接着，我们就可以从数值上计算，当一个变量（如 GDP、另一种商品的价格或某个生产成本）发生变化时，它们会引起供给或需求变动多少，进而又导致市场价格和数量变动多少。

让我们先看一下图 2.20 所示的线性曲线，我们可用代数方程将这些曲线表示如下：

需求：$Q = a - bP$ (2.5a)

供给：$Q = c + dP$ (2.5b)

图 2.20　用线性供给曲线和需求曲线拟合数据

说明：线性供给曲线和线性需求曲线为分析提供了一个方便的工具。已知均衡价格 P^* 和均衡数量 Q^* 的数值，以及供给弹性和需求弹性的估计值 E_S 和 E_D，我们便可以求出供给曲线的参数 c 和 d 以及需求曲线的参数 a 和 b。（在本图所示的例子中，$c<0$。）下面我们就可以用这些曲线来定量分析市场行为了。

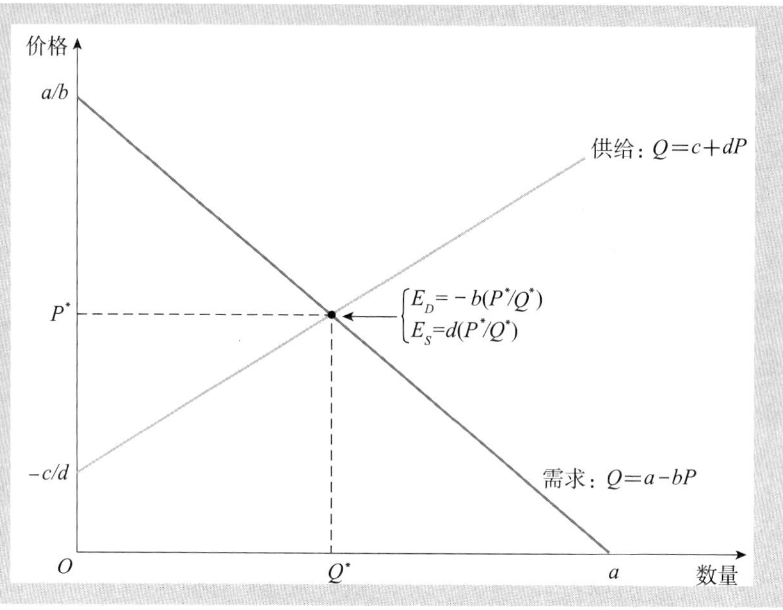

我们的问题是要确定常数 a、b、c 和 d。对于需求和供给，这可以分两个步骤来完成：

- 第 1 步：回忆一下，供给或需求的价格弹性可以表示如下：

$$E = (P/Q)(\Delta Q/\Delta P)$$

50 其中，$\Delta Q/\Delta P$ 是由微小的价格变动引起的需求量或供给量的变动。对线性曲线来说，$\Delta Q/\Delta P$ 是常数。据方程（2.5a）和方程（2.5b），我们可以看到，对于供给，$\Delta Q/\Delta P=d$，对于需求，$\Delta Q/\Delta P=-b$。现在，让我们将这些值代入弹性公式：

需求：$E_D = -b(P^*/Q^*)$ (2.6a)

供给：$E_S = d(P^*/Q^*)$ (2.6b)

其中，P^* 和 Q^* 是均衡价格和均衡数量，代入已有数据，以便拟合现实。因为 E_S、E_D、P^* 和 Q^* 是已知值，我们可将这些数值代入方程（2.6a）和方程（2.6b），从而求出 b 和 d。

- 第 2 步：既然我们已经知道 b 和 d，我们就可以将这些数值连同 P^* 和 Q^* 的值，代入方程（2.5a）和方程（2.5b），求解出另外两个常数 a 和 c。例如，我们可以将方程（2.5a）写成：

$$a = Q^* + bP^*$$

然后将 Q^* 和 P^* 的值代入，同时将在第 1 步求出的 b 代入，可求得 a。

下面，我们用这个两步骤方法来计算一个具体的例子：世界铜市场的长期供给和需求。这一市场的相关数值如下：

数量：$Q^*=18$（百万公吨/年）

价格：$P^* = 3$（美元/磅）

供给弹性：$E_S = 1.5$

需求弹性：$E_D = -0.5$

（铜的价格在过去几十年内在 0.60 美元和 4.00 美元之间波动，但是在 2008—2011 年间，3 美元是一个合理的平均价格。）

我们先通过供给曲线方程（2.5b），用两步骤方法来计算 c 和 d 的值。供给的长期价格弹性是 1.5，$P^* = 3$ 美元，而 $Q^* = 18$。

- 第 1 步：将这些数值代入方程（2.6b），求 d：

$$1.5 = d(3/18) = d/6$$ 51

因而，$d = 1.5 \times 6 = 9$。

- 第 2 步：将求得的 d 值连同 P^* 和 Q^* 的值代入方程（2.5b），求 c：

$$18 = c + 9 \times 3 = c + 27$$

所以，$c = 18 - 27 = -9$。我们现在知道了 c 和 d 的值，因此能够写出供给曲线：

$$\text{供给：} Q = -9 + 9P$$

我们现在可以用同样的步骤来求解需求曲线方程（2.5a）。对于长期需求弹性的一个估计值是 -0.5。① 首先，将这一数值连同 P^* 和 Q^* 的值代入方程（2.6a），求 b：

$$-0.5 = -b(3/18) = -b/6$$

因而，$b = 0.5 \times 6 = 3$。其次，把求得的 b 值以及 P^* 和 Q^* 的值代入方程（2.5a），求 a：

$$18 = a - 3 \times 3 = a - 9$$

所以，$a = 18 + 9 = 27$。这样，我们的需求曲线为：

$$\text{需求：} Q = 27 - 3P$$

再检查一下我们有没有计算错误，令供给等于需求，并由此计算出均衡价格：

$$\text{供给} = -9 + 9P = 27 - 3P = \text{需求}$$

$$9P + 3P = 27 + 9$$

得到 $P = 36/12 = 3$，确实等于开始时的均衡价格。

虽然我们所写出的供给和需求仅由价格决定，但我们也很容易引入其他变量，例如，需求不但取决于价格，还取决于收入。我们便可以把需求写为：

$$Q = a - bP + fI \tag{2.7}$$

其中，I 是总收入或一种 GDP 指数。例如，I 在基年等于 1.0，然后可以上下浮动以反映总收入的百分比增减。

仍以我们所举的铜市场为例，需求的长期收入弹性的合理估计值是 1.3。对于线性需求曲线方程（2.7），我们可以运用需求的收入弹性公式来计算 f 的值：$E = (I/Q)(\Delta Q/\Delta I)$。取基年的 I 值为 1.0，我们可得：

$$1.3 = (1.0/18)(f)$$

所以，$f = 1.3 \times 18/1.0 = 23.4$。最后，将数值 $b = 3$，$f = 23.4$，$P^* = 3$ 以及 $Q^* = 18$ 代入方程（2.7），我们就能算出 $a = 3.6$。

我们现在已经知道了如何使线性供给曲线及线性需求曲线与数据契合，那么如何应用这些曲线来分析市场呢？让我们一起看看有关铜价走势的例 2.8 和有关世界石油市场的例 2.9 吧。

① Claudio Agostini, "Estimating Market Power in the U. S. Copper Industry," *Review of Industrial Organization* 28 (2006): 17-39.

❖例 2.8　铜价的走势

52 铜价在1980年达到每磅约1美元的水平之后，大幅下滑到1986年的每磅约60美分。就实际值（经通货膨胀调整后）而言，这一价格甚至低于50多年前大萧条时期的水平。这一价格在1988—1989年和1995年才略有回升，但这一回升主要是由秘鲁和加拿大矿工的罢工影响了正常的铜供给引起的。因此，1996—2003年铜价又下跌了。然而，在2003—2007年铜价又出现了大幅飙升，在2008—2009年的衰退期间又随着其他商品的价格一路下降。2010年年初价格再次反弹。不过，这次反弹非常短暂。2011年之后，铜价一直下降到2016年。图2.21描述了1965—2016年铜的实际价格和名义价格的走势。

图2.21　1965—2016年的铜价

说明：图中描述了铜的名义价格（未经通货膨胀调整）和实际价格（经通货膨胀调整）。随着需求的下降，铜的实际价格在20世纪70年代初期直至80年代中期急剧下跌。1988—1990年，由于秘鲁和加拿大的罢工影响了正常的铜供给，铜价回升，但是罢工结束后，在1996—2002年铜价又下跌了。然而，从2005年起铜价大幅飙升。价格上升持续到2011年，之后于2012—2016年价格持续下降。

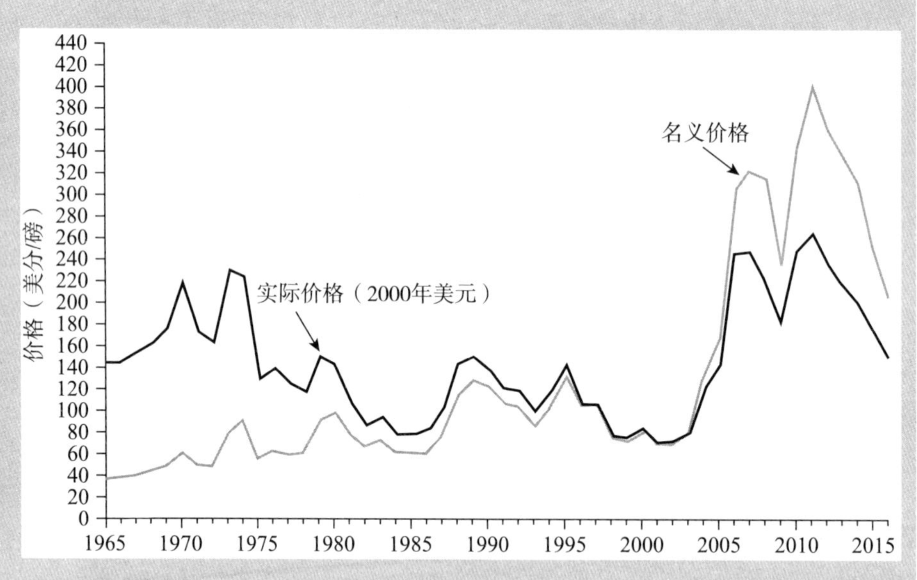

1980年和1982年，世界范围的经济衰退对铜价的下降起了推波助澜的作用。如上所述，铜的需求的收入弹性约为1.3，但是在20世纪80年代中期，当工业国家经济复苏时，铜的需求并没有回升；相反，在80年代铜的需求大幅下降了。

至2003年的铜价下降有两个原因。首先，很大一部分铜的消费是用来建造发电设备和输送电力设备的，但是，到了20世纪70年代后期，绝大多数发达国家发电量的增长率已显著下降。例如，在美
53 国，发电量的年增长率由60年代和70年代早期的6%以上跌至70年代后期和80年代的2%以下。这意味着铜的需求的一个曾经的主要来源大大萎缩了。其次，从80年代开始，铜作为电力传输材料逐渐被诸如铝和光导纤维等其他材料取代。

为什么2003年后铜价上升得如此厉害？首先，来自中国和其他亚洲国家的需求大幅度上升，代替了原先来自欧洲和美国的需求。例如，中国铜的消费量从2001年起增长了将近两倍。其次，因为铜价在1996—2003年下跌了很多，美国、加拿大和智利的生产者关闭了无利润的铜矿，削减了产量。例如，在2000—2003年，美国铜矿产量下降了23%。①

---

① 我们感谢美国金属统计局（American Bureau of Metal Statistics）执行主任 Patricia Foley 提供了中国的数据。其他数据来自美国地质调查局的矿产资源项目的每月报告，参见网址：http://minerals.usgs.gov/minerals/pubs/copper。

可以预料，2005—2007 年铜的高价格会刺激新矿的投资和产量的上升，事实确实如此。亚利桑那州就经历了铜矿热，例如，费尔普斯・道奇公司于 2007 年在该州开发了一个新矿。[①] 至 2007 年，生产者开始担心铜价会下跌，下跌源头要么是这几年的新投资，要么是亚洲需求持平甚至下降。

生产商的担忧确实成真了。到 2011 年，中国已经成为世界最大的铜进口国，占大约 40%的世界 54
需求。但是从那一年开始，中国的经济发展也有所减缓，其对铜和其他金属的需求开始下降。中国对铜的需求的下降在后来的五年一直持续，与此相伴，俄罗斯、巴西、印度和其他国家的铜需求也在持续下降。需求总的下降达到了 50%！毫不奇怪，铜价从 2012 年到 2016 年下降了约 2 美元。

需求的下降会对铜价产生什么影响呢？我们可以通过刚刚推导出的线性供给曲线和线性需求曲线来求解。我们来计算一下需求下降 55%对价格的影响。由于我们在这里并未涉及 GDP 增长的影响，需求中可以不计收入项 fI。

我们要将需求曲线向左移 55%；换句话说，我们要使需求量在每一个确定的价格处是原先需求量的 45%。对于我们的线性需求曲线，只要在右边乘以 0.45 就可以了：

$$Q = 0.45 \times (27 - 3P) = 12.15 - 1.35P$$

供给依旧是 $Q = -9 + 9P$。现在我们可以令供给等于需求，求出价格：

$$-9 + 9P = 12.15 - 1.35P$$

即 $P = 21.15/10.35 = 2.04$ 美元/磅。因此，需求量下降 55%意味着每磅价格从 3 美元下降到 2 美元多一点。图 2.22 显示了需求曲线的移动如何影响铜的均衡价格和均衡产量。[②]

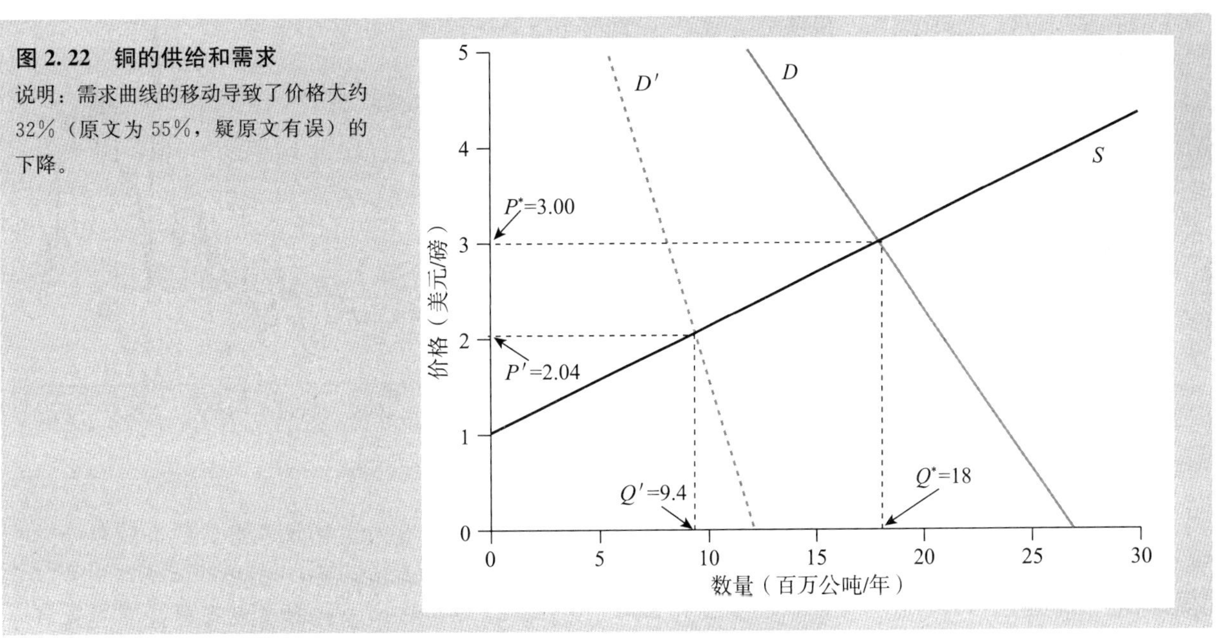

图 2.22 铜的供给和需求

说明：需求曲线的移动导致了价格大约 32%（原文为 55%，疑原文有误）的下降。

① 铜矿热创造了数以百计的新工作，进而导致了住房价格的上升："Copper Boom Creates Housing Crunch," *The Arizona Republic*, July 12, 2007。

② 注意到因为我们用 0.45 乘以需求函数——在每一价格水平下需求数量下降 55%——新的需求曲线与原来的需求曲线不平行。取而代之，该曲线向下转动并与旧的需求曲线在价格轴上相交。

✣例 2.9 世界石油市场的动荡

20 世纪 70 年代初以来，世界石油市场不断受到欧佩克卡特尔和海湾政治风波的冲击。1974 年，通过集体限制石油产量，欧佩克（石油输出国组织）成功地将世界油价提升至远高于竞争市场应有的价格。欧佩克的生产商们之所以能做到这一点，是因为它们占据了世界石油产量的很大一部分。1979—1980 年，由于伊朗革命和两伊战争的爆发，伊朗和伊拉克的石油产量急剧下降，油价再次飞涨。20 世纪 80 年代，油价开始逐步下跌，因为原来的高价使需求减少、竞争性（即非欧佩克）供给增加。1988—2001 年，除了 1990 年伊拉克入侵科威特后经历了一次短暂上涨之外，油价保持了相对平稳。而 2002—2003 年委内瑞拉的罢工事件以及 2003 年春爆发的伊拉克战争也导致了价格的短暂上涨。此后，因为亚洲的需求上升和欧佩克的产量控制，价格持续上涨，一直到 2008 年夏天。2008 年年底，衰退导致了全球范围的需求下降，使得油价骤然跌落，六个月累计下降了 127%*。2009—2012 年，部分因为中国、巴西和印度的持续经济增长，石油价格逐步回升。但是，2012 年之后，石油价格
55 迅速下滑，原因有二：首先是中国、巴西和俄罗斯经济的放缓以及欧洲大部分地区的增长停滞；其次是美国新的石油资源开采导致的供给增加。到 2015 年，石油价格下降到每桶 40 美元。图 2.23 显示了 1970—2015 年世界石油的名义价格和实际价格走势。[①]

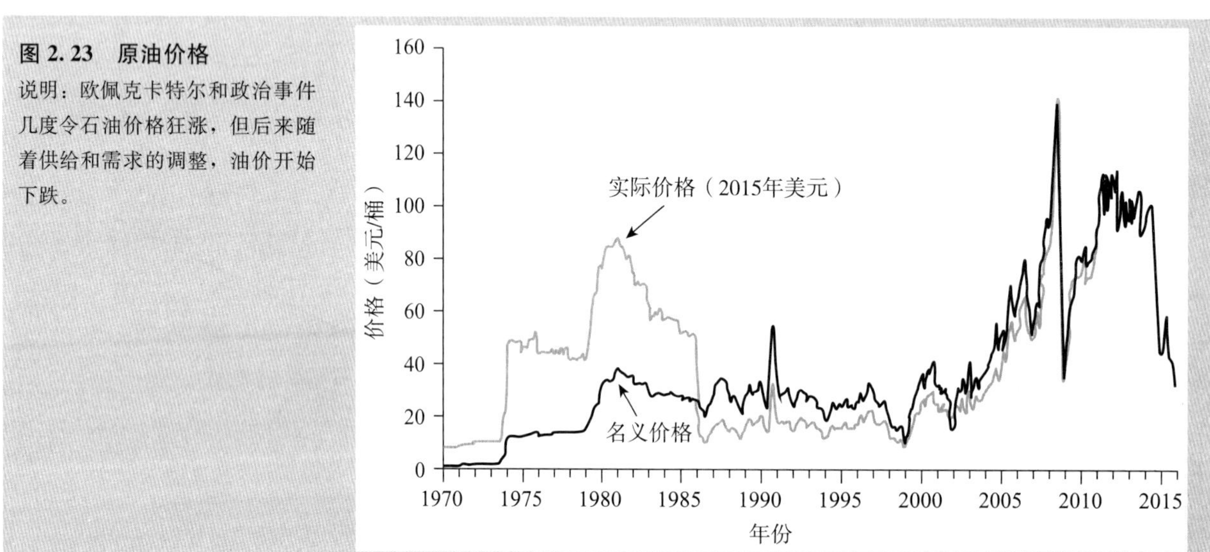

图 2.23 原油价格

说明：欧佩克卡特尔和政治事件几度令石油价格狂涨，但后来随着供给和需求的调整，油价开始下跌。

海湾地区是世界上政治局势较不稳定的几个地区之一，这就需要人们认真考虑新的石油供给危机和油价飙升的可能性。如果海湾地区的一场战争或革命使石油产出锐减，那么从短期和长期来看，这会对世界油价产生什么影响？下面我们来看一下，如何运用简单的供给曲线和需求曲线来预测这样一个事件的影响。

这个例子被设定在 2015—2016 年，所以一切价格均以 2015 年的美元来度量。这里有一些粗略的数据：

- 2015—2016 年的世界价格=50 美元/桶。

---

* 疑原书有误。——译者注

① 一个回顾影响国际石油价格因素的文献，参见 James D. Hamilton, "Understanding Crude Oil Prices," *The Energy Journal*, 2009 (30): 179 - 206。

- 世界需求和总供给＝35 十亿桶/年。
- 欧佩克的供给＝12 十亿桶/年。
- 竞争性（非欧佩克）的供给＝23 十亿桶/年。
- 沙特阿拉伯的产量＝3.6 十亿桶/年（欧佩克的成员国）。 56

下表给出了石油供给和需求的价格弹性。①

	短期	长期
世界需求	−0.05	−0.30
竞争性供给	0.05	0.30

你应该可以从这些数字出发证明短期需求和短期竞争性供给为：

短期需求：$D=36.75-0.035P$

短期竞争性供给：$S_C=21.85+0.023P$

当然，总供给是竞争性供给加上欧佩克的供给，这里我们认为欧佩克的供给是不变的，为 12 十亿桶/年。因此，将 12 十亿桶/年加到竞争性供给曲线上，我们就可以得到下面的短期总供给：

短期总供给：$S_T=33.85+0.023P$

可以证明，需求量和总供给量在每桶 50 美元的均衡价格处相等。

同时亦可证明，就长期而言，相应的需求和供给曲线为：

长期需求：$D=45.5-0.210P$

长期竞争性供给：$S_C=16.1+0.138P$

长期总供给：$S_T=28.1+0.138P$

可以再次验证，供给量和需求量在价格为 50 美元/桶时相等。

沙特阿拉伯是世界上最大的石油生产国之一，产量约为 3.6 十亿桶/年，占世界总产量的近 10%。如果因为战争或政治动乱，沙特阿拉伯停止生产石油，那么世界石油价格会发生什么变化呢？我们可以用供给曲线和需求曲线来找到答案。

就短期而言，只要从总供给中减去 3.6 即可得：

短期需求：$D=36.75-0.035P$

短期总供给：$S_T=30.25+0.023P$

在短期中，要使总供给与需求相等，价格会翻倍，升高到 112.07 美元/桶。图 2.24 描绘了供给的变动及其对价格短期上升的影响。最初的均衡位于 S_T 和 D 的交点处；沙特阿拉伯的产量下降后，均衡出现在 S'_T 和 D 的交点处。

然而在长期，情形将会不一样。因为需求和竞争性供给在长期更富有弹性，所以石油减产 3.6 十亿桶/年将不再能支撑这么高的价格。通过从长期的总供给函数中减去 3.6，并使之等于长期需求，我们可以看到，价格将会下降到 60.34 美元，它比初始价格 50 美元只高出了 10.34 美元。

---

① 关于这些数据的来源以及一个更加详细的欧佩克石油价格的讨论，请参见 Robert S. Pindyck，"Gains to Producers from the Cartelization of Exhaustible Resources，" *Review of Economics and Statistics* 60（May 1978）：238－251；James M. Griffin and David J. Teece，*OPEC Behavior and World Oil Prices*（London：Allen and Unwin，1982）；以及 John C. B. Cooper，"Price Elasticity of Demand for Crude Oil：Estimates for 23 Countries，" *Organization of the Petroleum Exporting Countries Review*（March 2003）。

图 2.24 沙特阿拉伯减产的影响

说明：总供给是竞争性（非欧佩克）供给和欧佩克供给 12 十亿桶/年之和。图（a）58 是短期供给曲线和需求曲线，如果沙特阿拉伯停产，供给曲线就会向左移动 3.6 十亿桶/年，短期内价格就会飙升。图（b）是长期曲线。在长期内，需求和竞争性供给都更富有弹性，所以对价格的冲击就小得多。

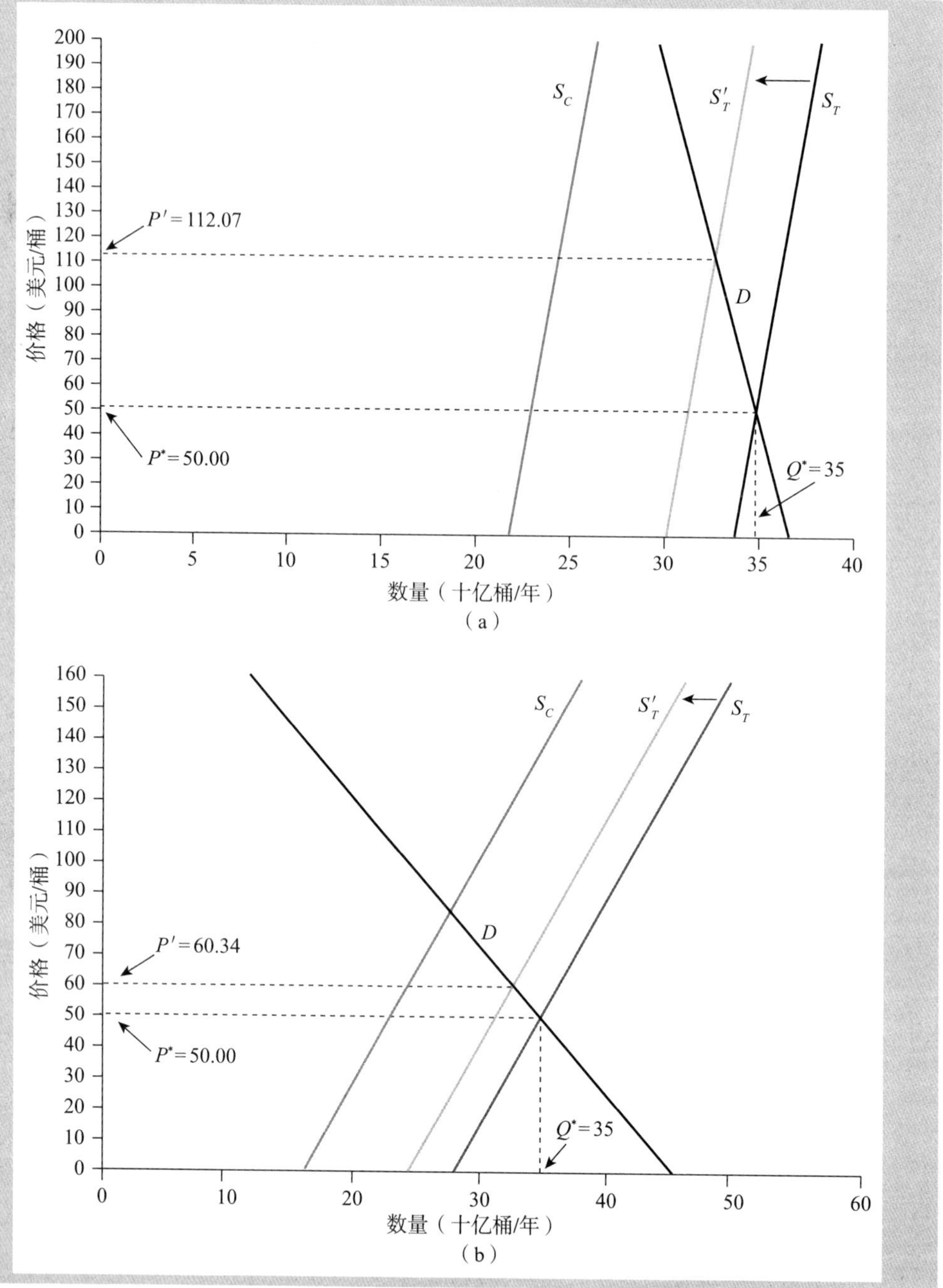

因此，如果沙特阿拉伯突然停产，我们可以预期价格将翻一番。但是，我们也可以预期价格随后将逐步下降，因为需求会下降、竞争性供给会上升。

1979—1980 年伊朗和伊拉克石油产量剧减之后，石油价格确实是这样变动的。历史抑或会重演，抑或不会，但假如真的重演了，我们至少能预测油价的走势。①

① 要获得最新的数据并获知世界石油市场的信息，请访问美国石油协会（American Petroleum Institute）的网站 www.api.org，还可以访问美国能源信息署（EIA）的网站 www.eia.doe.gov。

2.7 政府干预的后果：价格控制

在美国和大多数其他工业化国家，市场很少能免受政府的干预。除了征税和补贴，政府常常用各种不同的方法来管理市场（甚至是竞争性市场）。在这一节，我们将看到，如何运用供给曲线和需求曲线来分析一种常见的政府干预方式即价格控制的效应。稍后，我们将在第 9 章更详尽地研究价格控制和其他形式的政府干预与调控政策的效应。

图 2.25 描述了价格控制的后果。这里的 P_0 和 Q_0 是在没有政府调节的情况下将会达到的均衡价格和均衡数量。不过，如果政府认为 P_0 太高，并规定价格不能高于一个最高限价 59
(ceiling price)，用 P_{max} 表示。这会导致什么结果呢？一方面，在这一较低的价格上，生产者（特别是那些成本较高的生产者）将减少产量，这时供给数量会降至 Q_1；另一方面，消费者在这一低价上将增加需求，他们愿意购买的数量为 Q_2。因此，需求大于供给，短缺出现，也即存在着超额需求（excess demand），其大小为 Q_2-Q_1。

图 2.25 价格控制的效应

说明：如果没有价格控制，市场在均衡价格 P_0 和均衡数量 Q_0 处出清。如果价格被控制在不得高于 P_{max} 的水平，则供给降至 Q_1，需求升至 Q_2，这样就会出现短缺。

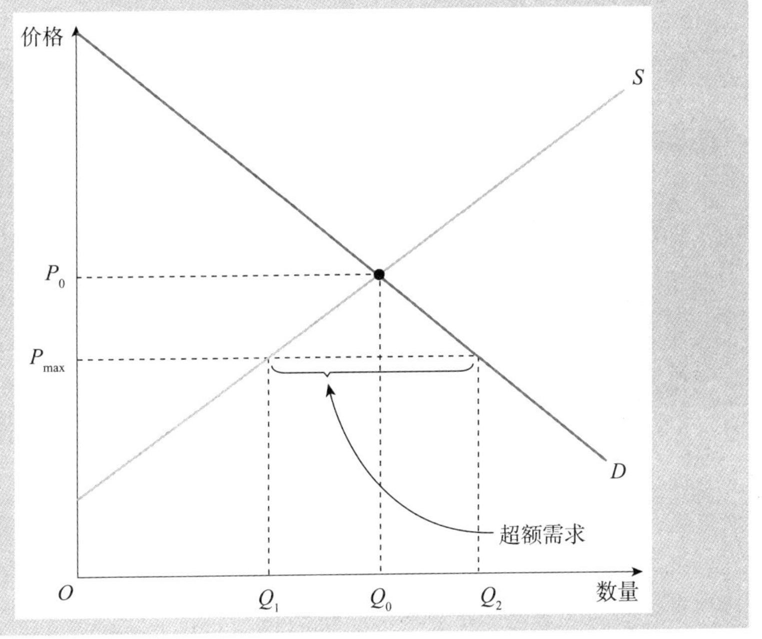

超额需求有时表现为排队，正如 1974 年冬和 1979 年夏，汽车司机排队购买汽油的情形。在这两个事例中，排队都是价格控制的结果；政府阻止了国内石油和汽油价格随世界石油价格的上涨而上涨。有时，超额需求会导致产量削减与供给的配给，例如天然气价格受到控制以及随之而来的 20 世纪 70 年代中期的天然气短缺，那时消费天然气的工业部门因为天然气被中断只好关闭工厂。有时候，超额需求还会外溢到其他市场，导致对其他商品的更高需求。例如，天然气价格的控制使得消费者转而使用石油。

价格控制导致有人受损，有人受益。如图 2.25 所示，生产者受到损失：它们不得不接受较低的价格，一些生产者退出该行业。然而，有一些（并非全部）消费者能够获益，他们能以更低的价格购买商品；而那些“配给外的”或根本无力购买的人，境况变差。对于获益者来说，其收益有多大？对于受损者来说，其损失又有多大？总的收益是否超过总的损失？为了回答这些问题，我们需要一种方法来度量价格控制和其他政府政策所带来的收益和损失。我们将在第 9 章探讨这一方法。

❖例 2.10　价格控制与天然气短缺

1954 年，美国联邦政府开始管制天然气的出厂价格。最初，价格控制并没有发挥作用，因为最高限价高于市场出清价格。但到 1962 年左右，当这些最高限价开始真正发挥作用时，市场对天然气的超额需求就产生了，并且开始缓慢地增大。20 世纪 70 年代在更高的石油价格刺激下，这一超额需求日益严重，并导致了普遍的减产。很快，最高限价便远低于自由市场价格了。[①]

今天，天然气、石油及其他产品的生产者和工业消费者都在担心，如果产品价格飙升，政府可能再次使用价格控制的办法。让我们基于 2007 年的市场状况来计算价格控制对天然气的影响。

图 2.26 显示了 1950—2007 年天然气的批发价格，以名义和实际（2000 年美元）价格计算。下面的数字描述了 2007 年的美国市场：

- 天然气的（自由市场）批发价是 6.40 美元/千立方英尺；
- 产量与消费量为 23 万亿立方英尺；
- 原油的平均价格约为 50 美元/桶，当然，原油价格会影响天然气的供给和需求。

60 对供给的价格弹性的一个合理估计值为 0.2。由于石油和天然气往往是同时被发现和进行开采的，所以较高的石油价格也会导致更多的天然气生产。因此，供给的交叉价格弹性估计值为 0.1。至于需求方面，价格弹性大约为−0.5，而相对于石油价格的交叉价格弹性约为 1.5。你可以验证，线性供给曲线和线性需求曲线具有如下形式：

供给：$Q=15.90+0.72P_G+0.05P_O$

需求：$Q=0.02-1.8P_G+0.69P_O$

其中，Q 为天然气数量（单位：万亿立方英尺）；P_G 为天然气价格（单位：美元/千立方英尺）；P_O 为石油价格（单位：美元/桶）。通过令供给等于需求，并将 50 美元/桶代入 P_O，你同时可以验证供给和需求曲线意味着天然气的自由市场均衡价格为 6.4 美元/千立方英尺。

假设政府认为 6.4 美元/千立方英尺的自由市场价格太高，决定实施价格控制，并设定 3 美元/千立方英尺的最高限价。这将对天然气的供给数量和需求数量产生什么影响？

把 $P_G=3$ 美元/千立方英尺代入供给方程和需求方程中（将石油价格 P_O 固定在 50 美元/桶）。你将发现供给方程给出 20.6 万亿立方英尺的供给数量，需求方程给出 29.1 万亿立方英尺的需求数量。因此，这一价格控制将导致 29.1−20.6=8.5 万亿立方英尺的超额需求（即短缺）。在例 9.1 中我们将显示如何度量生产者和消费者的收益和损失。

---

① 这一控制始于美国最高法院 1954 年的裁决，它要求当时的联邦动力委员会（Federal Power Commission）对售予州际管道公司的天然气进口价格进行控制。在 1978 年《天然气政策条例》的指令下，这些价格控制大部分在 20 世纪 80 年代期间被取消了。有关天然气价格控制及其效应的详细讨论参见 Paul W. MacAvoy and Robert S. Pindyck，*The Economics of the Natural Gas Shortage*（Amsterdam：North-Holland，1975）；R. S. Pindyck，"Higher Energy Prices and the Supply of Natural Gas，" *Energy Systems and Policy* 2（1978）：177 - 209；以及 Arlon R. Tussing and Connie C. Barlow，*The Natural Gas Industry*（Cambridge，MA：Ballinger，1984）。

图 2.26 天然气的价格

说明：自 1976 年放松管制以后，天然气的价格开始上升。天然气的价格和其他燃料一样，在 2000 年前后上升得很快，但随着 2009—2011 年新油田的发现，天然气的价格开始剧降。

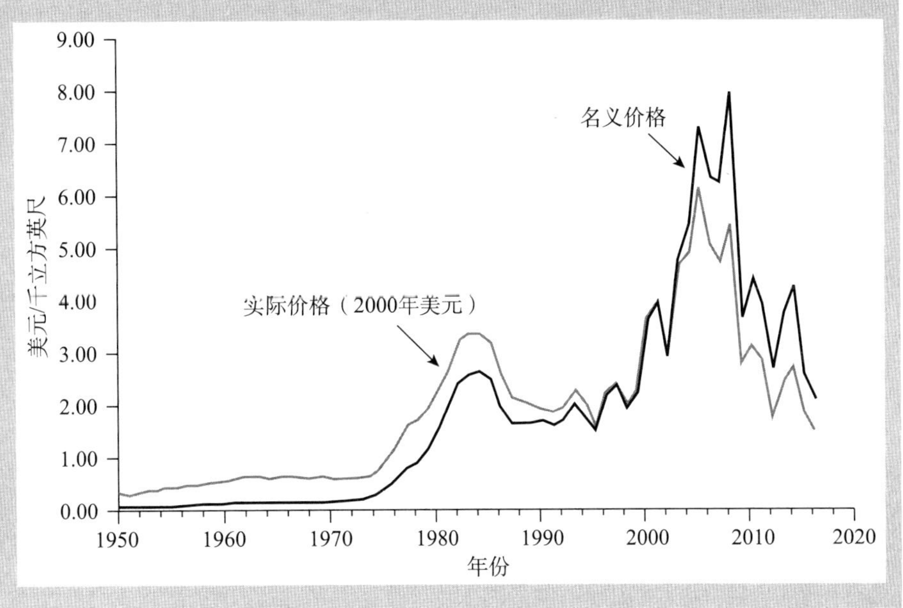

小　结

1. 供给-需求分析是微观经济学的一个基本工具。在竞争性市场中，供给曲线和需求曲线都是价格的函数；这些函数告诉我们，厂商将生产多少产品，而消费者将需要多少产品。 *61*

2. 市场机制是指供给和需求会趋向均衡（即价格趋向市场出清水平），从而既不存在超额需求，也不存在超额供给。

3. 弹性描述了供给和需求对价格、收入或其他变量变化的反应。例如，需求的价格弹性度量的是当价格上升 1%时，需求量的百分比变化。

4. 弹性这一概念与时间紧密联系；对大多数商品而言，长期弹性和短期弹性的区分是相当重要的。

5. 我们可以用供给和需求图形来说明，怎样利用供给曲线和需求曲线的移动解释市场价格和数量的变化。

6. 如果我们能够（至少是粗略地）估计出一个特定市场的供给曲线和需求曲线，我们就可以通过令供给和需求相等来求出市场的出清价格。另外，如果我们知道诸如收入水平或其他商品的价格之类的经济变量是如何决定供给和需求的，我们就可以计算出，当这些变量发生变化时，市场的出清价格和数量将会如何变化；这种方法可以用来解释或预测市场行为。

7. 经过一些简单的数学运算，我们可以求出与价格、数量数据以及弹性的估计值契合的供给曲线与需求曲线。对于许多市场来说，这类数据和估计值是可得的，简单快捷的计算有助于我们了解市场的特征和行为。

8. 当政府施行价格控制政策时，价格被保持在供需均衡的水平之下。短缺会出现，也就是需求会大于供给。

复习题

1. 假定异常炎热的天气会使冰激凌的需求曲线向右移动，解释为什么冰激凌的价格会上升到一个新的市场出清水平。

2. 请运用供给曲线和需求曲线来说明以下各事件会怎样影响黄油的价格以及黄油的销售量、购买量：(a) 人造黄油价格上升；(b) 牛奶价格上升；(c) 平均收入水平下降。

3. 如果玉米片的价格上升 3%致使其需求量下降 6%，那么玉米片的需求价格弹性是多少？

4. 试解释供给曲线的移动和沿着供给曲线的移动之间的区别。

5. 试解释为什么许多商品的长期需求弹性要大于短期需求弹性。

6. 为什么长期需求弹性与短期需求弹性会有不同？考虑两种商品：纸巾和电视机。哪一种是耐用品？你觉
62 得纸巾的短期需求价格弹性大，还是长期需求价格弹性大？为什么？电视机的需求价格弹性又是怎样的？

7. 以下陈述是否正确？请解释。

a. 需求的价格弹性等于需求曲线的斜率。

b. 交叉价格弹性总是为正。

c. 公寓的短期供给弹性要低于其长期供给弹性。

8. 假设政府控制牛肉和鸡肉的价格，把价格设在低于市场出清的水平。试解释为什么这些商品会出现短缺，有哪些因素决定了短缺的大小。猪肉的价格会发生什么变化？请扼要说明一下。

9. 有一所规模不大的大学城，市议会决定控制房租以降低学生的生活成本。设想两床位套间在市场上的平均租金为 700 美元/月（此时该市场出清），并假设租金可能会在一年后增加到 900 美元/月。所以市议会决定将租金控制为现在的 700 美元/月的价格水平。

a. 画出供给曲线和需求曲线来解释在实施价格控制之后两床位套间在市场上的租金价格会怎样变动。

b. 你认为这一价格控制政策是否会对所有学生都有利？为什么？

10. 在一场关于学费水平的讨论中，一位大学官员争辩说，入学需求是完全无弹性的。她所提出的证据是，在过去的 15 年里，大学学费（实际值）已翻了一番，但申请入学的学生数量和学生质量都没有任何下降。你是否接受这一观点？请扼要说明一下。（提示：虽然该官员对入学需求做了断言，但她是否真的遵守需求曲线的变动规律？是否还有发生其他情况的可能？）

11. 假设某种商品的需求曲线为

$$Q=10-2P+P_S$$

其中，P 是该商品的价格，P_S是某种替代品的价格。已知该替代品的价格是 2.00 美元。

a. 如果 $P=1.00$ 美元，需求的价格弹性等于多少？交叉价格弹性又等于多少？

b. 如果该商品的价格 P 上升至 2.00 美元，那么现在需求的价格弹性又是多少？交叉价格弹性呢？

12. 假设在例 2.8 中需求并没有下降，铜生产成本的下降使得供给曲线向右移动了 40%。在这种情况下，铜的价格会如何变化？

13. 假设天然气的需求是完全无弹性的，那么对天然气的价格控制可能会导致什么样的后果？

练习题

1. 假设某种商品的需求曲线是 $Q=300-2P+4I$，其中 I 是以千美元计量的收入。供给曲线是 $Q=3P-50$。

a. 如果 $I=25$，求出这种商品的市场出清价格和数量。

b. 如果 $I=50$，求出这种商品的市场出清价格和数量。

c. 画图来说明你的答案。

2. 考虑一个竞争性市场，在不同的价格下，其需求量和供给量（每年）如下表所示：

价格（美元）	需求（百万）	供给（百万）
60	22	14
80	20	16
100	18	18
120	16	20

a. 当价格为 80 美元和 100 美元时，分别计算需求的价格弹性。

b. 当价格为 80 美元和 100 美元时，分别计算供给的价格弹性。

c. 均衡价格和均衡数量是多少？

d. 假设政府制定了一个 80 美元的最高限价，该市场是否存在短缺？如果存在，短缺有多大？

3. 参见例 2.5 的小麦市场。1998 年，美国对小麦的需求是 $Q=3\,244-283P$，且本国的供给是 $Q_S=1\,944+207P$。假设在 1998 年年底，巴西和印度尼西亚向美国开放了它们的小麦市场。如果这些新开放的市场使得美国小麦的需求增加了 200 百万蒲式耳，小麦市场的完全竞争价格是多少？美国农民生产和出售的小麦数量是多少？

4. 一种植物纤维在竞争性的世界市场上进行贸易，世界市场价格为 9 美元/磅。在该价格下，美国可以得到无限多的进口商品。在不同的价格水平下，美国国内市场的供给和需求如下表所示：

价格	美国的供给（百万磅）	美国的需求（百万磅）
3	2	34
6	4	28
9	6	22
12	8	16
15	10	10
18	12	4

a. 求出需求方程和供给方程。

b. 在价格等于 9 美元处，需求的价格弹性是多少？在价格等于 12 美元处呢？

c. 在价格等于 9 美元处，供给的价格弹性是多少？在价格等于 12 美元处呢？

d. 在自由市场上，植物纤维在美国的价格是多少？此时的进口数量是多少？

*5. 对美国农产品的需求很多是来自其他国家。如在 1998 年，小麦的总需求是 $Q=3\ 244-283P$，其中美国国内的需求为 $Q_D=1\ 700-107P$，国内的供给是 $Q_S=1\ 944+207P$。假设小麦的出口需求下降了 40%。

a. 美国农民注意到出口需求下降了，这对于美国小麦的自由市场价格会产生什么影响？农民有理由担心吗？

b. 现在假设美国政府想要购买足够的小麦使得价格上升至 3.50 美元/蒲式耳，如果没有出口需求，政府需要购买多少小麦？政府的购买行为需要支付多少货币？

6. 纽约市的房租控制机构发现，总需求是 $Q_D=160-8P$，其中数量以万间套房为单位；而价格（即平均月租金水平）则以百美元为单位。该机构还注意到，在 P 较低时，Q 的增加是因为有更多的三口之家从长岛进入该市，因而需要住房。市房地产经纪人委员会承认，房租控制机构得到的总需求方程是较好的需求估计值，并且他们认为住房的供给为 $Q_S=70+7P$。

a. 如果房租控制机构与该委员会在需求和供给上的观点都是正确的，自由市场的价格是多少？如果该机构设定一个 300 美元的最高平均月租金，且所有未找到住房的人都离开纽约市，那么纽约市人口的变动会是怎样的？

b. 假设该机构迎合了该委员会的愿望，且对所有住房都设定一个 900 美元的月租金，以给房东一个公平的回报率。如果套房长期供给增长的 50%来自新建筑，那么需要建造多少住房？

7. 2010 年，美国人总共消费了 3 150 亿支香烟，合 157.5 亿包。香烟的每包零售价（含税）大约平均为 5 美元。统计研究表明，需求的价格弹性是 -0.4，供给的价格弹性是 0.5。

a. 根据这些信息，请推导香烟市场的线性需求曲线和线性供给曲线。

b. 1998 年，美国人共消费了 235 亿包香烟，每包零售价为 2 美元。1998—2010 年，香烟消费下降的部分原因是人们更多地认识到吸烟对健康的危害，部分原因是价格的上升。假设消费下降的所有原因都是价格上升，你可以推断出需求的价格弹性具有什么特征吗？

8. 在例 2.8 中，通过第 2.6 节中推导出来的线性供给曲线和线性需求曲线，我们研究了铜的需求量下降 20%对铜价的影响。假设铜需求的长期价格弹性是 -0.75，而非 -0.5。

a. 如前假定，均衡价格和数量为 $P^*=3$ 美元/磅，$Q^*=18$ 百万公吨/年，试推导出与更小的需求弹性相一致的线性需求曲线。

b. 运用这一需求曲线，重新计算铜的需求下降 55%对铜价的影响。

9. 我们在例 2.8 中讨论了近几年铜的全球需求的下降，部分归因于中国不断下降的消费。不过，如果中国的需求上升了会怎么样呢？

a. 利用初始的需求弹性和供给弹性（即 $E_S=1.5$ 且 $E_D=-0.5$），计算铜的需求增加 20%对铜价的影响。

b. 计算该需求增加对均衡数量 Q^* 的影响。

c. 正如我们在例 2.8 中所讨论的，美国铜产量在 2000—2003 年下降了。计算铜的需求增加 20%（如你在 a 部分所做的）且铜的供给下降 20%对均衡价格和产量的影响。 63

10. 例 2.9 分析了世界石油市场。利用该例所提供的数据：

a. 证明短期需求曲线和竞争性供给曲线的确是如下形式：

$$D=36.75-0.035P$$

$$S_C=21.85+0.023P$$

b. 证明长期需求曲线和竞争性供给曲线的确是如下形式：

$$D=45.5-0.210P$$

$$S_C=16.1+0.138P$$

c. 在例 2.9 中，我们考察了沙特阿拉伯的石油减产对石油价格的影响。假设由于沙特阿拉伯开发了新油田，从而欧佩克的产量每年增加 20 亿桶。计算石油产量增加对短期和长期石油供给的影响。

11. 参见例 2.10，该例分析了价格控制对天然气的影响。

a. 利用该例中的数据，证明下述供给曲线和需求曲线的确描述了 2005—2007 年的市场：

供给：$Q=15.90+0.72P_G+0.05P_O$

需求：$Q=0.02-1.8P_G+0.69P_O$

其中，P_G和P_O分别是天然气和石油的价格。

另外请证实，如果石油价格为 50 美元，这些曲线意味着天然气的自由市场价格为 6.40 美元。

b. 假设天然气的调控价格是 4.50 美元/千立方英尺，而非 3 美元/千立方英尺，那么超额需求会是多少？

c. 假设天然气的市场并没有受到调控，如果石油价
64 格从 50 美元涨至 100 美元，天然气的自由市场价格又将会发生什么变化？

*12. 下表显示的是速溶咖啡和烘焙咖啡两年中的零售价格和销售量。

a. 使用下面的数据，估计烘焙咖啡需求的短期价格弹性，并推导烘焙咖啡的线性需求曲线。

b. 估计速溶咖啡需求的短期价格弹性，并推导速溶咖啡的线性需求曲线。

c. 哪一种咖啡的短期需求价格弹性大一些？你认为这是什么原因？

年份	速溶咖啡零售价格（美元/磅）	速溶咖啡销售量（百万磅）	烘焙咖啡零售价格（美元/磅）	烘焙咖啡销售量（百万磅）
第一年	10.35	75	4.11	820
第二年	10.48	70	3.76	850

第2篇

生产者、消费者与竞争性市场

第 2 篇介绍的是微观经济学的理论核心。

第 3 章和第 4 章阐明消费者需求的原理。我们将会看到，消费者是如何做出消费决策的，他们的偏好和预算约束如何决定了他们对不同商品的需求，以及为什么不同的商品会有不同的需求特性。第 5 章则包含了一些更高级的内容，要说明如何分析不确定性下的消费者选择。我们要解释为什么人们通常不喜欢风险环境，同时说明人们如何降低风险和进行风险条件下的选择。

第 6 章和第 7 章探讨厂商理论。我们会看到，厂商如何以成本最小化为目标，组合各种投入，如资本、劳动和原料，来生产商品和服务。我们也会看到，厂商的成本是如何依赖于产出水平和生产经验的。接下来，第 8 章将说明厂商如何选择其利润最大化的产出水平。我们还会看到，由个体厂商做出的产出决策如何加总决定了竞争性市场的供给曲线以及供给曲线的特点。

第 9 章将运用供给曲线和需求曲线来分析竞争性市场。我们将说明政府的政策，如价格控制、配额、税收、补贴等，如何对消费者和生产者产生广泛的影响，我们也会解释如何运用供给-需求分析来评价这些影响。

3 消费者行为

本章要点

案例列表

多年前，通用磨坊（General Mills）决定推出一种新的谷物类早餐。 67
新品牌，苹果肉桂香麦片（Apple-Cinnamon Cheerios），在通用磨坊的经典产品奇力欧的基础上添加了一种更加可口的含糖成分。但是在苹果肉桂香麦片被广泛进行市场推广之前，公司首先得解决一个重要的问题：它的价格应该定在多高的水平上？不管这个谷物产品的品质有多好，它的利润取决于公司的定价。仅仅知道消费者愿意为这个新产品多付钱还不够。关键是要知道他们愿意多付多少。因此，通用磨坊需要对消费者偏好进行详细分析，以确定对苹果肉桂香麦片的需求。

通用磨坊要确定消费者的偏好，这也是美国国会在评估《联邦食品券法案》的过程中面临的更加复杂的问题的解决方法。该计划的目的是对低收入家庭提供可用来换取食品的票证。但是在这一计划的设计中一直存在一个问题，使得对它的评价变得复杂：与简单地补贴消费者食品购买的方式比较，食品券能带来更多的食品吗？换言之，食品券会不会最后并没有解决穷人的营养问题，反倒大部分转化成补充收入，被用于非食品的购买呢？和上述谷类食品的例子一样，我们需要对消费者行为进行分析。在本例中，联邦政府必须确定与其他商品的支出相比，食品的支出是如何受不断变化的收入水平和价格影响的。

解决这两个问题——一个涉及公司政策，另一个涉及公共政策——需要理解**消费者行为理论**（theory of consumer behavior）：解释消费者如何在不同的商品和服务之间分配其收入的理论。

消费者行为理论
说明消费者如何在不同的商品和服务之间分配收入以最大化其效用水平的理论。

消费者行为

消费者在收入有限的条件下是怎样决定商品和服务的购买的呢？这是微观经济学的一个基本问题——我们将在这一章和接下来的章节里阐述。我们将看到消费者是如何在商品间分配收入的，同时将解释这些分配的决定是如何引致对各种商品和服务的需求的。理解消费者购买决策有助于理
解收入和价格的变化如何影响对商品和服务的需求，以及为什么有些商品 68
相对于其他商品，其需求对价格和收入的变化更为敏感。

下述三个独立的步骤是理解消费者行为的最佳方法：

（1）消费者偏好。第 1 步是找到一种实际可行的方法来描述人们偏好一种商品而不是另一种商品的原因。我们将看到消费者对千差万别的商品的偏好是如何用图解和代数的方法描述的。

（2）预算约束。当然，消费者也必须得考虑价格。在第 2 步，我们考虑到消费者的有限收入限制了他们所能购买的商品数量。在这样的情形下消费者是如何做的呢？我们在第 3 步中将把消费者偏好和预算约束结合起来以寻找答案。

（3）消费者选择。给定偏好和收入，消费者选择购买能使其满足程度最大化的商品组合。这些组合依赖于各种商品的价格。因此，理解消费者选择将帮助我们理解需求，即消费者选择购买商品的数量随该商品价格的变化而变化。

这三个步骤是消费者行为理论的基础，我们将在本章的前三节详细地探讨它们。之后，我们将研究消费者行为中的其他一些有趣的方面。比如，我们将看到如何通过对消费者行为的实际观察来确定消费者偏好的性质。因此，如果某个消费者选择了某件商品而不是另外一件定价相似的可替代商品，我们可以推断他更偏好前者。相似的结论可以从消费者在应对商品价格变化时他们所做出的实际决策中得出。

在这一章的末尾，我们将回到在第 1 章开始时关于实际价格和名义价格的讨论。我们已经知道，消费者价格指数能度量消费者福利如何随着时间的推移而变化。在本章，我们通过描述一些衡量购买力变化的指数来更深入地研究购买力。因为它们对各种社会福利政策的成本和收益都有影响，所以在美国这些指数是政府制定政策的重要工具。

消费者如何做决策？ 在讨论决策之前，我们应该先搞清楚有关消费者行为的假设，以及这些假设是否合乎现实。毋庸置疑，消费者对各种各样可获得的商品存在偏好，并且他们面临限制其购买行为的预算约束。但是，对于命题——消费者选择一定的商品和服务组合以最大化其满足——是否符合现实，存在争议。消费者真的如经济学家们通常所理解的那样理性和富有见识吗？

我们知道，消费者并不总是理性地购买东西。比如有时候，他们仅凭一时冲动，忽视或者没有充分考虑到自己的预算约束（结果陷入欠债境地）。有时候，消费者无法确定自己的偏
69 好，或因朋友和邻居的消费决策而改变偏好，甚至随情绪而变。而且即使消费者真的理性地行事，充分地考虑每天自己所面对的纷繁复杂的价格和选择对他们来说常常也是不可行的。

经济学家近来已经发展了一些消费者行为模型，这些模型中有关理性和决策的假设更符合现实。这个研究领域被称为行为经济学（behavioral economics），吸收了大量心理学及相关领域的发现。我们将在第 19 章讨论行为经济学的一些关键结论。这里我们想说明，我们的消费者行为基本模型必须做一些简单的假设。不过，我们仍然要强调，该基本模型已经极其成功地解释了实际观察到的有关消费者选择和需求特征的大多数方面。因此，这个模型就是经济学的一个基本的“母机模型”（workhorse）。它应用广泛，不仅被应用于经济学领域，而且被应用于其他诸如金融学和市场营销学等相关领域。

3.1 消费者偏好

给定我们的工业经济提供的大量供人们购买的商品和服务，以及个人的不同品味，我

们如何用一致的方式来描述消费者的偏好呢？我们从考虑消费者如何比较不同的商品组合开始。消费者会偏好其中某一商品组合，还是觉得两个组合之间没有区别？

市场篮子

市场篮子/商品束 一种商品或多种商品组成的一系列组合。

我们用**市场篮子**（market basket）这个术语来指代一组商品。确切地讲，一个市场篮子是指一种或者多种商品的一个组合。一个市场篮子可能包括食品杂货店中一辆手推车里的各种食品，它也可能指消费者每月购买的食品、衣服和住房的数量。很多经济学家也用**商品束**（bundle）这个词来指代和市场篮子同样的含义。

消费者是如何选择市场篮子的呢？例如，他们怎样决定每月购买的衣服和食品的数量？虽然选择有时候可能是任意的，但是，正如我们不久将看到的，消费者通常选择使自己的福利尽可能最大化的市场篮子。

表 3.1 罗列了按照月购买量计算的几种食品和衣服的市场篮子。食品项目的衡量有数种方式：体积、每种食品的袋数（比如，牛奶、肉等），或者英磅数或克数。同样地，衣服可以按总数计，按各个款式衣服的数量计，或者按重量或体积计。因为度量方法在很大程度上是任意的，所以我们简单地按照每种商品的单位数来描述一个市场篮子。例如，市场篮子 A 由 20 单位食品和 30 单位衣服组成，市场篮子 B 由 10 单位食品和 50 单位衣服组成，等等。

表 3.1 可选择的市场篮子

注：因为市场篮子的代码有可能与食品（food）和衣服（clothes）的单位数（F 和 C）相混淆，我们将避免使用字母 F 和 C 来代表市场篮子。

市场篮子	食品单位数	衣服单位数
A	20	30
B	10	50
D	40	20
E	30	40
G	10	20
H	10	40

为了说明消费者行为理论，我们将问消费者在两个市场篮子之间是否偏好其中一个。注意这里假设消费者的偏好是一致的和合乎理性的，接下来我们将解释这些假设的意义。

有关偏好的一些基本假设

消费者行为理论从三个有关人们在两个市场篮子之间的偏好关系的基本假设开始。我 70
们相信，这些假设对于大多数人在大多数情况下是成立的。

假设 1：完备性（completeness）。偏好是完备的，换言之，消费者可以对所有的篮子进行比较和排序。所以，对于任何两个市场篮子 A 和 B，消费者要么偏好其中的 A，要么偏好其中的 B，要么觉得两者无差异。这里无差异是指消费者从两个篮子中得到的满足程度相同。注意，这些偏好是忽略成本的。一个消费者可能偏好牛排，而不是汉堡，但他也可能会选择买汉堡，因为它更便宜。

假设 2：传递性（transitivity）。偏好是可传递的。传递性意味着如果消费者在市场篮子 A 和 B 中更偏好 A，在 B 和 C 中更偏好 B，那么消费者在 A 和 C 中就更偏好 A。例如，如果消费者在保时捷和凯迪拉克中更偏好保时捷，在凯迪拉克和雪佛兰中更偏好凯迪拉克，那么消费者在保时捷和雪佛兰中就更偏好保时捷。传递性通常是消费者保持一致性的必要条件。

假设 3：越多越好（More is better than less）。商品被假定是合意的，也就是好的。这样，消费者总是偏好任何一种商品多一点，而不是少一点。另外，消费者是永不满足的，多总是好的，哪怕只多一点点也好。[①] 做这一假设是出于学习的目的，它简化了图解分析。当然，有些物品，如空气污染，也许是令人不快的，消费者希望它们越少越好。在我们当前讨论消费者选择的时候，我们并不考虑这些“坏东西”，因为绝大多数消费者是不会选择去购买它们的。不过，我们将会在本书后面的章节中讨论它们。

这三个假设构成了消费者理论的基础。虽然它们并没有阐明消费者的偏好，但它们的确使得这些偏好具有某种程度的合理性。在这些假设的基础之上，我们现在就可以更深入地探讨消费者行为了。

无差异曲线

71 **无差异曲线** 代表能提供相同满足程度的所有市场篮子的曲线。

我们可以运用无差异曲线来图解消费者的偏好。**无差异曲线**（indifference curve）代表了能带给消费者相同满足程度的所有市场篮子的组合。所以，对曲线上的点所代表的市场篮子，消费者的偏好是无差异的。

考虑到上述有关偏好的三个假设，我们知道，消费者总是可以在两个市场篮子中表明其偏好或无差异的态度。这一信息便可以用来将所有可能消费组合排序。为了用图形说明这一点，我们假设只有两种商品可供消费：食品 F 和衣服 C。这样，市场篮子描述了消费者想要获得的食品和衣服的组合。正如我们已经看到的，表 3.1 给出了这些市场篮子的一部分，食品和衣服数量各不相同。

首先来画消费者的个人偏好，这有助于画出其无差异曲线。图 3.1 显示了与表 3.1 所罗列的相同的市场篮子。横轴度量了每星期所购食品的数量，纵轴度量了每星期所购衣服的数量。

图 3.1 描述个人的偏好

说明：因为对于每种商品，人们都是偏好多的，所以我们能够比较阴影中的市场篮子。市场篮子 A 显然比市场篮子 G 更受到偏好，而 E 比 A 显然更受到偏好。然而，如果缺乏其他信息，A 就不能与 B、D 或 H 进行比较。

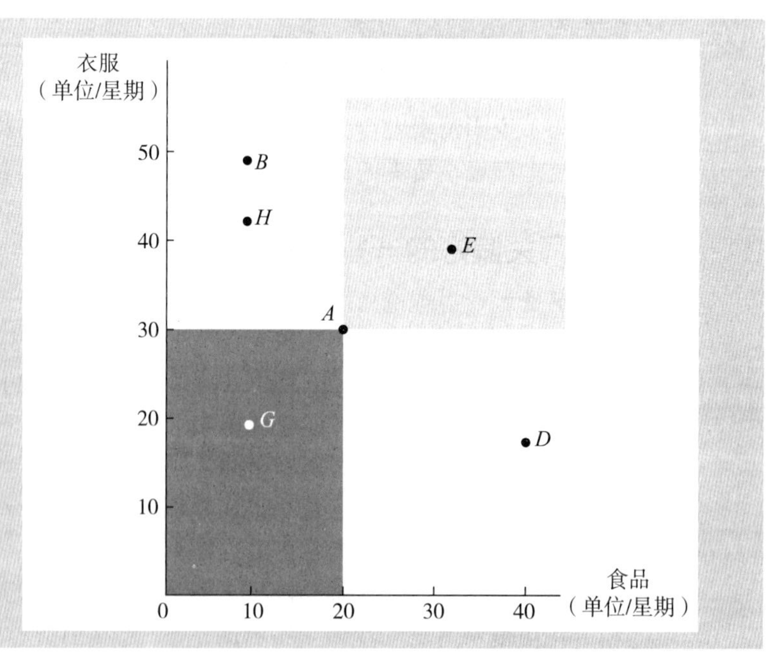

① 所以，有些经济学家用非饱和性（nonsatiation）指代第三个假设。

消费者偏好市场篮子A（有20单位食品和30单位衣服）和市场篮子G中的前者，因为A有更多的食品和更多的衣服（回忆一下我们的假设3：越多越好）。同样地，在市场篮子E和A中，消费者又偏好E，E有更多的食品和更多的衣服。事实上，我们能够很容易地将处于两个阴影中的所有市场篮子（如E和G）与A进行比较，因为它们所包含的食品和衣服数量要么都比A多，要么都比A少。不过，B与A比起来，有更多的衣服，但有更少的食品，类似地，D则有更多的食品，但有更少的衣服。所以，如果没有更多有关消费者排序的信息，A便不能与B、D或H进行比较。

其他的信息出现在图3.2中，该图显示了经过点A、B和D的一条无差异曲线，标作U_1。这一曲线表明，消费者对这三个市场篮子的偏好是无差异的。它告诉我们，从市场篮子A转向B，消费者放弃了10单位食品而多获得了20单位衣服，他既没有感到自己的状况变好，也没有感到自己的状况变坏。同样，消费者在A和D之间的偏好是无差异的：他 72
愿意放弃10单位衣服去多获得20单位食品。另外，在A和H之间，消费者偏好A，因为H在U_1的下面。

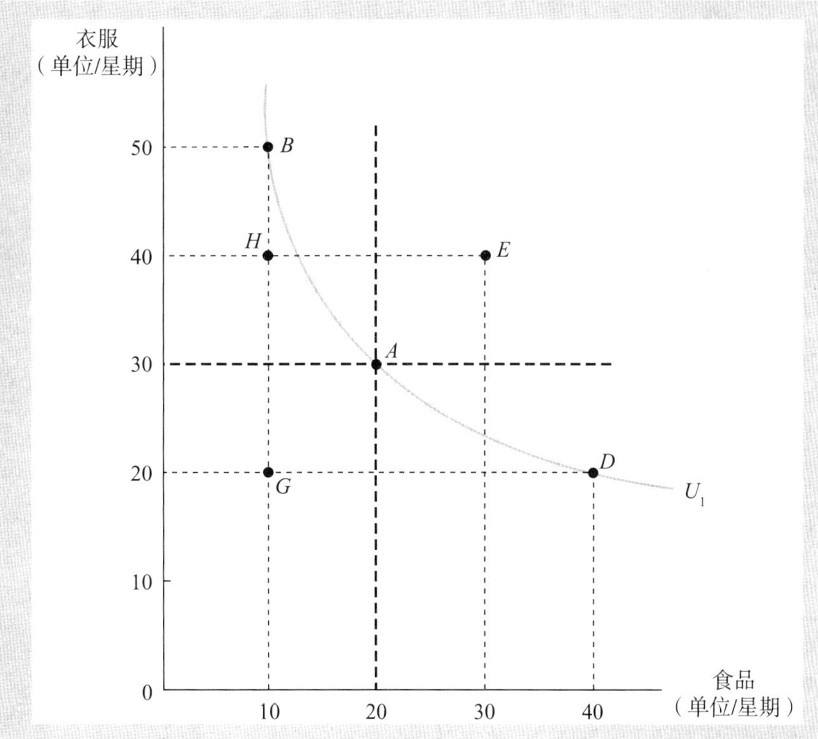

图3.2　一条无差异曲线

说明：经过市场篮子A的无差异曲线U_1显示了如A一样能给消费者带来同等满足程度的所有市场篮子，包括篮子B和D。该消费者在市场篮子E和A之间偏好E，因为E在U_1之上，但他在H或G和A之间偏好A，因为前两者在U_1之下。

注意图3.2中的无差异曲线是从左向右往下倾斜的。要理解为什么这一曲线必定是这样的，可以假设：让这条曲线由A向E往上倾斜。这必然就违背了任何一种商品越多越好的假设。既然市场篮子E在食品和衣服方面都多于市场篮子A，那么它必定比A更受偏好，因而它也就不可能像A一样落在无差异曲线U_1上。事实上，任何一个市场篮子，只要它位于图3.2中无差异曲线U_1的右上方，那么它就比U_1上的任何一个市场篮子都更受偏好。

无差异曲线簇

为了描绘一个人对食品和衣服的所有组合的偏好，我们可以绘制一组无差异曲线，它

无差异曲线簇 一组描述消费者在不同商品组合之间偏好的无差异曲线的集合。

被称作**无差异曲线簇**（indifference map）。曲线簇中的每一条无差异曲线表明了那些对消费者来说无差异的所有市场篮子。图 3.3 显示了三条无差异曲线，它们构成了无差异曲线簇的一部分（整个图中包含了无限条无差异曲线）。无差异曲线 U_3 能带来最高程度的满足，接下来依次为无差异曲线 U_2 和 U_1。

无差异曲线不可能相交。要弄明白这一点，就让我们假设相反的情形，然后看一下，它是如何违背有关消费者行为的那些假设的。图 3.4 显示了在点 A 相交的两条无差异曲线 U_1 和 U_2。既然 A 和 B 都在无差异曲线 U_1 上，那么消费者必定同样偏好这两个市场篮子。因为 A
73 和 D 同处于无差异曲线 U_2 上，所以消费者必定同样偏好这两个市场篮子。结果根据传递性假设，消费者也必定同样偏好 B 和 D。但这不可能成为事实，因为既然 B 比 D 拥有更多的食品和衣服，那么 B 必定比 D 更受偏好。因此，相交的无差异曲线与我们越多越好的假设相悖。

图 3.3　无差异曲线簇

说明：无差异曲线簇是一组描绘个人偏好的无差异曲线。在无差异曲线 U_3 上的任何一个市场篮子（比如市场篮子 A）都比在曲线 U_2 上的任何一个市场篮子（比如市场篮子 B）更受偏好；而后者又比在 U_1 上的任何一个市场篮子（比如市场篮子 D）更受偏好。

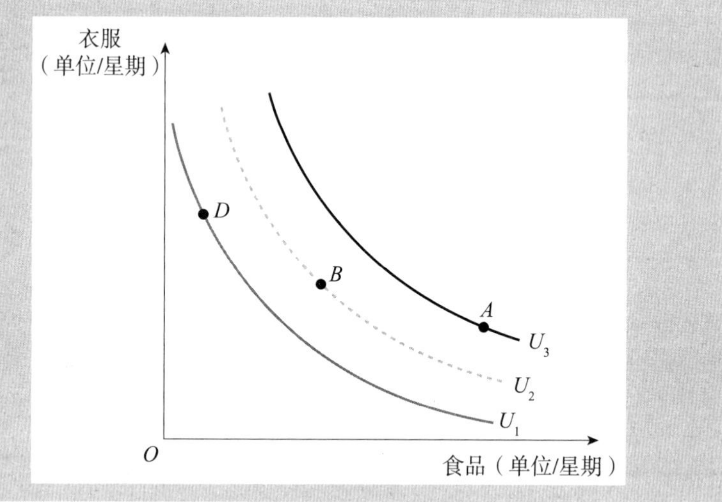

图 3.4　无差异曲线不能相交

说明：如果曲线 U_1 和 U_2 相交了，那么消费者理论中的一个假设便会遭到违背。依据这一图形，消费者应该同样偏好市场篮子 A、B 和 D。然而因为 B 拥有的两种商品更多，所以 B 比 D 更受偏好。

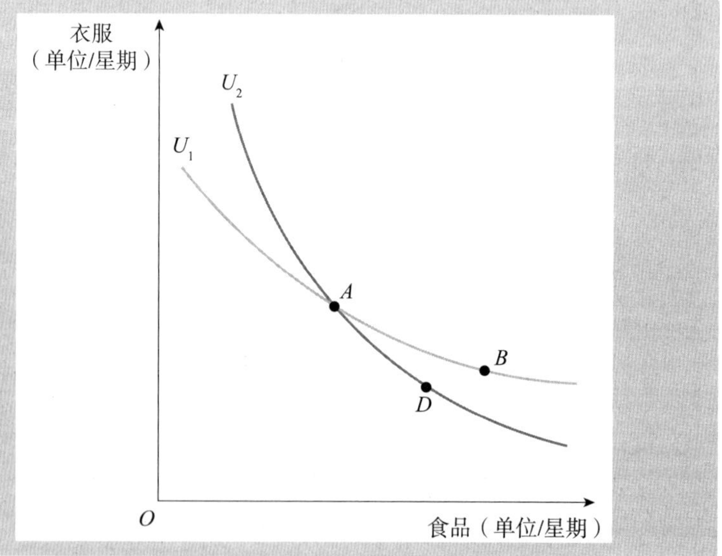

当然，不相交的无差异曲线的数目是无限的，每一条都代表了可能的满足程度。事实上，每一个可能的市场篮子（对应于图上的一个点）都有一条经过它的无差异曲线。

无差异曲线的形状

回忆一下，无差异曲线都是向右下方倾斜的。在我们食品和衣服的例子中，沿着无差异曲线，当食品的数量增加时，衣服的数量便会减少。无差异曲线向下倾斜这一点直接源于商品越多越好的假设。假如无差异曲线向右上方倾斜，那么即使两个市场篮子中一个篮子的食品和衣服都比另一个要多，消费者也会觉得两者无差异。

正如我们在第 1 章中所看到的，人们面临着权衡取舍。无差异曲线的形状描述了消费 74
者在多大程度上愿意以一种商品来替代另一种商品。例如图 3.5 中的无差异曲线。从市场篮子 A 开始移向市场篮子 B，我们看到，消费者愿意放弃 6 单位衣服，以获取额外 1 单位食品。然而，从 B 移向 D，他只愿意放弃 4 单位衣服来得到额外 1 单位食品；再从 D 移向 E，他将只愿意放弃 2 单位衣服来获得额外 1 单位食品。一个人消费的衣服越多和食品越少，他为了获取更多的食品愿意放弃的衣服也越多。同理，一个人拥有的食品越多，为了更多的食品，他愿意放弃的衣服也越少。

边际替代率

边际替代率
消费者为获得额外 1 单位某商品而愿意放弃的另一种商品的最大数量。

为了将消费者为获取更多另一种商品而愿意放弃的一种商品的数量加以量化，我们采用一种被称作**边际替代率**（marginal rate of substitution，MRS）的度量方法。食品 F 对衣服 C 的 MRS 是一个人为了获得额外 1 单位食品而愿意放弃的衣服的最大数量。例如，如果 MRS 是 3，那么消费者就愿意放弃 3 单位衣服来得到额外 1 单位食品；如果 MRS 是 1/2，那么消费者只愿意放弃 1/2 单位衣服来获得额外 1 单位食品，所以，MRS 度量了以另外一种商品度量的一个人赋予某种商品的价值。

再次看图 3.5，注意衣服位于纵轴，食品位于横轴。当我们阐述 MRS 时，我们必须明确

图 3.5　边际替代率

说明：无差异曲线的斜率度量了两种商品对消费者的边际替代率（MRS）。图中，衣服（C）和食品（F）之间的边际替代率，从 6（A 至 B）降到 4（B 至 D）再降到 2（D 至 E），再降到 1（E 至 G）。当边际替代率沿着无差异曲线递减时，该曲线便是凸的。

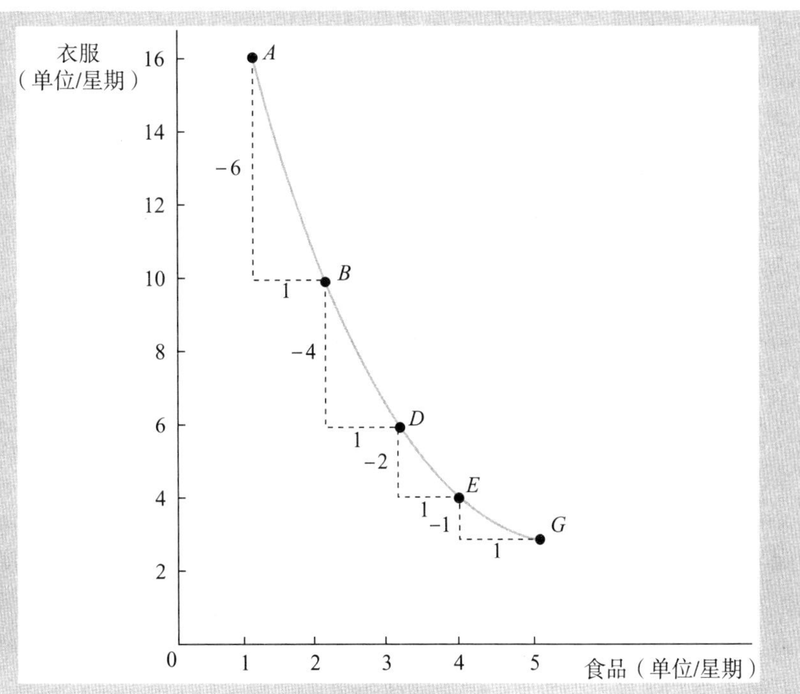

我们在放弃哪种商品，获得哪种商品。为了使本书前后一致，我们将以消费者为了获得横
75 轴上额外1单位商品而愿意放弃的纵轴上商品的数量的形式来定义MRS。于是，在图3.5中，MRS指的是消费者为获得额外1单位食品而愿意放弃的衣服的数量。如果我们用ΔC表示衣服的变化，用ΔF表示食品的变化，那么MRS便可以写成$-\Delta C/\Delta F$；加一个负号是为了使边际替代率成为正数（记住ΔC总是负的，消费者放弃衣服来获取额外的食品）。

因此，任意一点上的边际替代率在绝对值上都等于无差异曲线在该点的斜率。例如，在图3.5中，点A与点B之间的MRS等于6：该消费者愿意放弃6单位衣服，以获取额外1单位食品。而点B与点D之间的MRS等于4：在拥有这些数量的食品和衣服的条件下，该消费者只愿意放弃4单位衣服来得到额外1单位食品。

凸性　继续观察图3.5，当我们沿着无差异曲线往下时，MRS也在下降。这不是巧合。这里MRS的下降反映了消费者偏好的一个重要特征。为了便于理解，我们将在本章前面探讨的三个假设之外，再加一个有关消费者偏好的假设：

假设4：边际替代率递减。无差异曲线通常是凸的（convex），即向内弯曲的。“凸的”一词指的是，当我们沿着曲线往下时，无差异曲线的斜率上升（即负值越来越小）。换言之，如果MRS沿着曲线递减，那么这条无差异曲线便是凸的，图3.5中的无差异曲线就是如此。正如我们前面已经注意到的，从图3.5中的市场篮子A开始，移向市场篮子B，食品F对衣服C的MRS是$-\Delta C/\Delta F=-(-6)/1=6$。然而，如果我们从市场篮子$B$开始，移向$D$，MRS降至4。如果我们从$D$开始，移向$E$，MRS是2；再从$E$开始，移向$G$，MRS则为1。当食品消费增多时，无差异曲线斜率的绝对值也在变小，于是MRS亦下降。[①]

无差异曲线是凸的这一假设是否合理？答案是肯定的。我们可以预料到：随着一种商品消费量的增加，消费者为了获得额外1单位那种商品而愿意放弃的第二种商品的单位数会越来越少。当我们沿着图3.5中的无差异曲线向右下方移动，从而食品的消费增加时，消费者从增加的食品中得到的额外满足将会下降。于是，他为了获得额外的食品而愿意放弃的衣服的数量就会越来越少。

可以用另一种方式来表述这一原则，即消费者通常偏好一个平衡的市场篮子，而不是只有一种商品、没有其他商品的市场篮子。注意，由图3.5可以看出，有3单位食品和6单位衣服这一比较平衡的市场篮子（篮子D）所带来的满足程度，与只有1单位食品却有16单位衣服的市场篮子（篮子A）相同。结果是，一个有（比如）6单位食品和8单位衣服的、平衡的市场篮子会带来更高程度的满足。

完全替代品与完全互补品

76 无差异曲线的形状说明了一个消费者以一种商品替代另一种商品的意愿程度。不同形状的无差异曲线代表替代意愿的不同。为了说明这一点，让我们来看图3.6中的两个有点极端的例子。

---

① 对于非凸性偏好来说，沿着任何一条无差异曲线，当以横轴度量的商品数量增加时，MRS也上升。如果一种或两种商品都是成瘾性的，那么有可能发生这种看来不大可能的情况。例如，随着成瘾性药物使用量的上升，用这种成瘾性药物来代替其他商品的偏好程度也可能增强。

图 3.6　完全替代品与完全互补品

说明：在图（a）中，鲍勃将橙汁和苹果汁视作完全替代品。对他来说，在喝一杯橙汁或喝一杯苹果汁之间是毫无差异的。在图（b）中，简将左鞋和右鞋看成是完全互补品。多一只左鞋并没有给她带来更多的满足，除非她还获得了相匹配的右鞋。

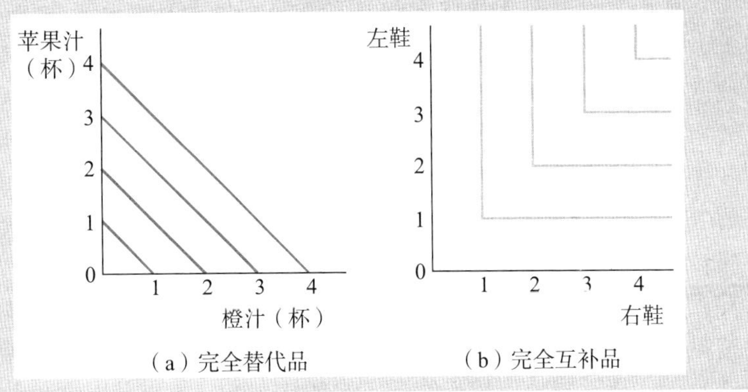

（a）完全替代品　　（b）完全互补品

完全替代品
边际替代率为常数的两种商品。

图 3.6（a）表明了鲍勃对苹果汁和橙汁的偏好。因为对鲍勃来说，喝一杯苹果汁或喝一杯橙汁毫无差异，所以这两种商品对鲍勃来说是完全替代品。在这一例子中，苹果汁对橙汁的边际替代率是 1，鲍勃总是愿意用一杯果汁换另一杯果汁。一般来说，当一种商品对另一种商品的边际替代率是一个常数时，我们就说这两种商品是**完全替代品**（perfect substitutes），即描绘对这两种商品消费的权衡取舍的无差异曲线为直线。对于完全替代品来说，其无差异曲线的斜率不一定等于－1。例如，丹认为一个 16 兆的存储芯片与两个 8 兆的存储芯片一样，因为这两个芯片组合的存储容量相等。如果是那样，丹的无差异曲线的斜率是－2（假如纵轴表示 8 兆存储芯片的数量）。

完全互补品
边际替代率为零或无穷大，并且无差异曲线的形状为直角形的两种商品。

图 3.6（b）显示了简对左鞋和右鞋的偏好。对简来说，这两种商品是完全互补品，因为仅拥有左鞋并不会提高她的满足程度，除非她能获得一只相匹配的右鞋。在本例中，只要右鞋比左鞋多，左鞋对右鞋的 MRS 就是零；简不会放弃任何一只左鞋以换取一只额外的右鞋。相应地，因为只要左鞋比右鞋多，简就将会放弃所有过量的左鞋而只留一只以获得一只额外的右鞋，所以 MRS 就是无穷大。当两种商品的无差异曲线为直角形状时，它们就是**完全互补品**（perfect complements）。

厌恶品
越少越好而不是越多越好的商品。

厌恶品　到目前为止，我们所有例子涉及的产品都是“好东西”，也就是，对消费者来 77
说，产品多一点比少一点好。然而，有些东西是**厌恶品**（bad）：少一点比多一点好。空气污染是厌恶品；房屋绝缘材料中的石棉也是。在分析消费者偏好时我们该如何处理厌恶品呢？

答案很简单：我们从研究的意义上重新定义产品，这样消费者的偏好就表现为偏好较少的厌恶品。这样一个倒置使得厌恶品变成了有益品。因此，（比如，）我们不讨论对空气污染的偏好，而是讨论对清洁空气的偏好，而对此我们可以用污染的减少程度来度量。同样地，我们不管石棉这个厌恶品，而是考虑对应的有益方面，如石棉的清除。

经过这样的简单调整，所有这四个消费者理论的基本假设将继续成立，接下来我们准备过渡到对消费者预算约束的分析。

例 3.1　新车设计（Ⅰ）

假设你在福特汽车公司工作，负责协助设计新的车型。那么新车型是该把重点放在内部空间上还是放在操控性上呢？是放在动力性上还是油耗上？要做出决定，你需要知道人们是如何评价一辆汽车的各项性能的，例如动力、内部空间的大小、操控性、油耗以及内部特性等。人们越看重这些性能，购买一辆汽车时愿意支付的价钱也就越高。但是这些性能越好，制造一辆汽车花费的成本也就越高。例如，一辆发动机更强劲、内部空间更宽敞的汽车花费的成本要比这两方面都相对差一点的汽车花费的成本更高。那么福特该如何在这些不同的性能之间进行权衡取舍以突出重点方面呢？

问题的答案部分地取决于生产成本，但也取决于消费者对汽车性能的偏好。为了得知人们为了各种各样的性能愿意支付多少钱，经济学家和市场营销专家关注人们购买具有不同性能的汽车时实际支付的价格。例如，假如内部空间是两辆汽车唯一的区别，而内部空间多 2 立方英尺的那一辆比内部空间相对较小的那一辆的售价高出 1 000 美元，那么内部空间就可以被认为是每立方英尺 500 美元。通过对大量购车者购买不同款式汽车的消费行为的评估，在考虑到一辆汽车某种性能越充分其价值越高的基础上来估计与各种性能相对应的价值。获得这些信息的一个方法是进行这样一个调查，即询问人们对各种各样不同性能组合的汽车的偏好，另一个方法是用数理统计方法分析过去消费者对具有不同性能的汽车的购买行为。

最近的一项数理统计研究考察了大量分别具有不同性能的福特汽车。① 图 3.7 显示了消费者的两组无差异曲线，得自对一个福特汽车的典型消费者而言两个性能的分析：内部空间的大小（以立方英尺计）以及加速性能（以马力数计）。图 3.7（a）描述的是福特野马的典型拥有者的偏好。因为他们更看重加速性能而不是内部空间的大小，所以对野马的拥有者来说，内部空间的大小对加速性能的边际替代率比较高；换句话说，他们愿意放弃较大的内部空间以获得更好的加速性能。将这些偏好与图（b）所示的福特探索者的拥有者的偏好比较一下，他们的 MRS 较低，所以他们愿意放弃较大程度的加速性能以获得更宽敞的内部空间。

图 3.7　对于汽车特性的偏好

说明：可以用无差异曲线来描绘对于汽车特性的偏好，每一条曲线均表明了能带来同等满足程度的加速性能和内部空间的组合。福特野马的拥有者（a）愿意放弃较大的内部空间以获得额外的加速性能。而福特探索者的拥有者（b）恰恰相反。

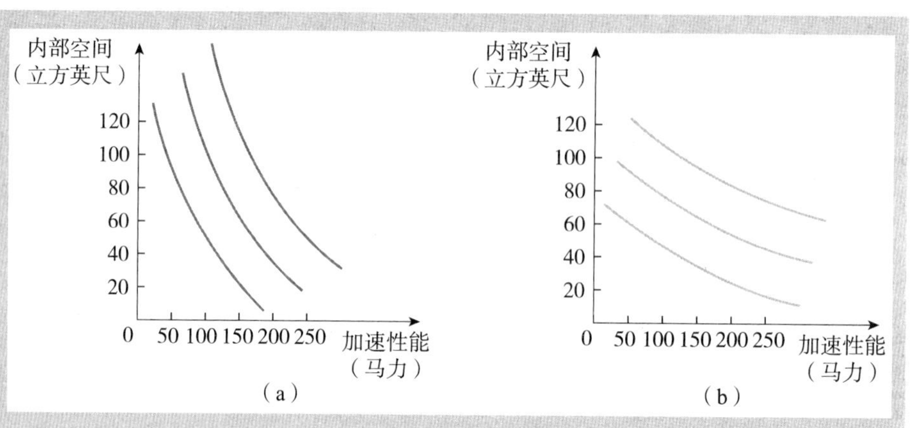

78 **效用**　你也许已经注意到迄今为止我们所阐述的消费者行为理论的一个很有用的特点：不需要将消费的每个市场篮子与一定满足水平的数值形式相联系。例如，就图 3.3 中的三条无差异曲线来说，我们知道市场篮子 A（或者在无差异曲线 U_3 上的其他任意一个市场篮子）与 U_2 上的任何市场篮子（如 B）相比都能给消费者带来更多的满足。同理，U_2 上的市场篮子比 U_1 上的更受偏好。在消费者能够对可供选择的市场篮子排序这一假设的基础上，无差异曲线使得我们仅以图形就能描述消费者偏好。

我们发现，消费者理论可以仅仅依赖于消费者能够对市场篮子进行相对排序这一假设。

① Amil Petrin, "Quantifying the Benefits of New Products: The Case of the Minivan," *Journal of Political Economy*, 110 (2002): 705 - 729. 我们感谢他在本例中提供的一些实证信息。

效用
对消费者从一个给定市场篮子中得到的满足程度的数值表示。

不过，赋予每个市场篮子以具体的数值常常是有益的。利用这一数值方法，我们可以通过赋予与每条无差异曲线相对应的满足水平分值来描述消费者的偏好，这个概念被称为**效用**（utility）。在日常用语中，“效用”一词具有非常广泛的含义，大致是“好处”或者“福利”的意思。实际上，人们是通过获取能使他们快乐的东西，回避给他们带去痛苦的东西来得到效用的。用经济学的语言描述，效用是指消费者从一个市场篮子中得到的满足程度的数值表示。换句话说，效用是用来简化对市场篮子的排序的一个工具。如果购买三本教材比购买一件衬衫能使你更快乐，那么我们就说这三本教材与衬衫相比能给你带来更多的效用。

效用函数
赋予每个市场篮子以一定效用水平的方程。

效用函数　**效用函数**（utility function）为一个赋予每个市场篮子以一定效用水平的方程。例如，假定菲尔对食品（F）与衣服（C）的效用函数为 $u(F, C)=F+2C$。在该例 79
中，一个由 8 单位食品和 3 单位衣服组成的市场篮子产生 $8+2\times3=14$ 的效用，所以对菲尔来说，这个市场篮子与包含 6 单位食品和 4 单位衣服的市场篮子［$6+2\times4=14$］无差异。另外，与第三个包含 4 单位食品和 4 单位衣服的市场篮子相比，上述两个市场篮子中的任何一个都更受偏好，因为最后一个市场篮子的效用水平只有 $4+2\times4=12$。

赋予各个市场篮子以一定的效用水平后，如果市场篮子 A 比市场篮子 B 更受偏好，那么 A 的效用值就会比 B 的大。例如，在三条无差异曲线中最高一条曲线 U_3 上的市场篮子 A 可以有一个效用数值 3，而在次高无差异曲线 U_2 上的市场篮子 B 可以有一个效用数值 2，在最低无差异曲线 U_1 上的市场篮子 C 则可以有一个效用数值 1。所以，效用函数提供了与无差异曲线簇相同的、有关偏好的信息：按满足水平对消费者的选择进行排序。

下面我们进一步详细地考察一个特定的效用函数。效用函数 $u(F, C)=FC$ 告诉我们从消费 F 单位食品和 C 单位衣服中获得的满足程度是 F 和 C 的乘积。图 3.8 显示了与这一函数相对应的无差异曲线。该图画法是先选择一个特定市场篮子，比如点 A，$F=5$ 和 $C=5$，它产生的效用水平 U_1 是 25。然后，通过求出所有 $FC=25$（例如，点 B，$F=10$，$C=2.5$；点 D，$F=2.5$，$C=10$）的市场篮子来画出无差异曲线［又被称作等效用曲线（isoutility curve）］。第二条无差异曲线包含了所有 $FC=50$ 的市场篮子，第三条无差异曲线则包含了所有 $FC=100$ 的市场篮子。

图 3.8　效用函数和无差异曲线

说明：效用函数可以用一组无差异曲线来表示，每条曲线有一个数值指标。本图显示了与效用函数 FC 相对应的三条无差异曲线（效用水平分别为 25、50 和 100）。

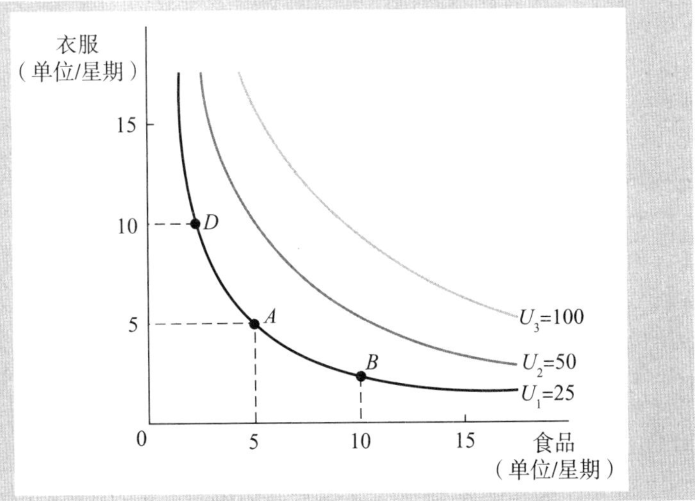

重要的一点在于，赋予无差异曲线种种数值仅仅是出于方便。假设效用函数改为 $u(F, C)=4FC$，想一下原先产生效用数值 25 的任何一个市场篮子，比如 $F=5$ 和 $C=5$，现在效用数值乘以 4 变成了 100。这样，标值 25 的无差异曲线形状不变，但现在应改标为
80 100，而不再是 25 了。事实上，与效用函数 $4FC$ 相关的无差异曲线和与效用函数 FC 相关的无差异曲线之间的唯一区别在于，前者的曲线标上 100、200 和 400 的数值，而后者则标的是 25、50 和 100 的数值。有必要强调的是，效用函数仅仅是对不同市场篮子进行排序的一种方法而已；任何两个市场篮子之间的效用差值不能告诉我们任何东西。U_3 的效用水平为 100 而 U_2 的效用水平为 50，这并不意味着在 U_3 上的市场篮子产生的效用为那些在 U_2 上的市场篮子的两倍。这是因为我们无法客观地度量一个人从消费一个市场篮子中获得的满足或者福利水平。所以不管我们是用无差异曲线还是效用度量，我们只知道 U_3 要比 U_2 好，U_2 要比 U_1 好，但我们确实不知道其中一个市场篮子比另一个市场篮子更受偏好的程度是多少。

序数效用函数 用于描述一系列从最受偏好到最不受偏好的商品束的排序的效用函数。

序数效用与基数效用 图 3.3 中的三条无差异曲线提供了对市场篮子进行的次序上的排列，即序数的排列。因为这个原因，能产生对市场篮子排序的效用函数被称为**序数效用函数**（ordinal utility function）。与序数效用函数相对应的排序将市场篮子按照偏好程度由高到低排列，但它并没有表明一个市场篮子在多大程度上比另一个市场篮子更受偏好。例如，我们知道，比起 U_2 上的任何一个篮子（如 B），人们总是偏好 U_3 上的任何一个篮子（如 A）。然而，无差异曲线簇以及产生无差异曲线簇的序数效用函数并没有告诉我们，A 比 B（以及 B 比 D）更受偏好的程度为多少。

与序数效用函数打交道的时候，我们必须小心陷阱。假设胡安的序数效用函数赋予一本教材以 5 的效用水平，而玛丽亚的序数效用函数赋予 10。假设他们各有一本教材，玛丽亚是否比胡安更快乐呢？我们无从知道。因为这些数值是任意的，人与人之间的效用无法比较。

基数效用函数 描述一个市场篮子在多大程度上比另一个更受偏好的效用函数。

在经济学家起初研究效用以及效用函数的时候，他们希望个人的偏好能够量化或者以某种基本单位加以度量，这样就能提供一个可以在人与人之间进行比较的排序。通过这种方法，我们可以说玛丽亚从一本教材中获得的满足是胡安的两倍。或者，假如我们发现拥有第二本教材能使胡安的效用水平上升为 10，那么我们可以说他的效用翻了一倍。如果赋予市场篮子的数值确实具有这样的意义，那么我们可以说这些数值提供了对可选市场篮子的一个基数排序。能描述一个市场篮子在多大程度上比另一个更受偏好的效用函数被称为**基数效用函数**（cardinal utility function）。不像序数效用函数，基数效用函数赋予市场篮子的数值是不能随意地翻两倍或者三倍的，否则，与不同市场篮子相对应的数值之间的差额也会随之变动。

遗憾的是，我们没有方法判断一个人从某个市场篮子中所获得的满足是否为从另外一个篮子中所获得的满足的两倍。同时，我们也无法断定一个人从消费某个市场篮子中所获得的满足是否为另外一个人从消费这个市场篮子中所获得的满足的两倍。（你能说明你消费某样东西获得的效用是另外一个人的两倍吗？）幸运的是，这种有限性并不重要。因为我们的目的是理解消费者行为，唯一要紧的是了解消费者对不同的市场篮子如何排序。因此，我们未来将只使用序数效用函数。对于理解个体消费者的决定是如何做出的以及这对于消费者需求的特性有何意义，这就已足够了。

❖例 3.2　金钱能够买到快乐吗?

经济学家运用效用这一概念来度量个人从消费商品和服务中获得的满足或者快乐。因为更高的收 81
入意味着可以消费更多的商品和服务,所以我们说效用随着收入的增加而增加。但是更高的收入和消费水平真的能够带来更多的快乐吗?比较各种度量快乐方法的研究显示,答案是肯定的。①

在一项研究中,对快乐的一个序数意义上的度量来自对下述问题的回答:“各方面都考虑,你对自己过去生活的满足程度如何?”② 答案在从 0 分(最不满足)到 10 分(最满足)的范围内选择。研究发现,收入是幸福与否的一项重要指标(另一项重要指标是个人是否有工作)。总的来说,收入上升 1 个百分点,满足程度分值上升 0.5 个百分点。既然效用或满足程度与收入水平存在正相关的关系,我们就可以把效用值赋予与不同收入水平相联系的商品和服务的组合。至于这个关系是基数意义上的还是序数意义上的,至今仍存在争论。

接下来进一步考察这个问题。国家和国家之间的快乐水平也能像国内一样进行比较吗?事实再一次表明上述结论是成立的。在另一项涵盖 67 个国家的个人调查中,研究者问:“各方面都考虑,这些天来你的生活的总满足程度如何?”研究人员要求回答者从 10 个等级里选择一个,1 分表示最不满足,10 分表示最满足。③ 收入水平则用人均国内生产总值(美元)来表示。图 3.9 告诉了我们结果,图中的每一点代表一个不同的国家。可以看到,当我们从人均国内生产总值低于 5 000 美元的低收入国家移向人均国内生产总值接近 10 000 美元的国家时,满足程度明显增加。一旦超过 10 000 美元这一水平,满足程度指数则增加得相对缓慢。

国家之间的比较是困难的,因为除了收入之外,还有其他很多因素与满足程度有关(比如健康、气候、

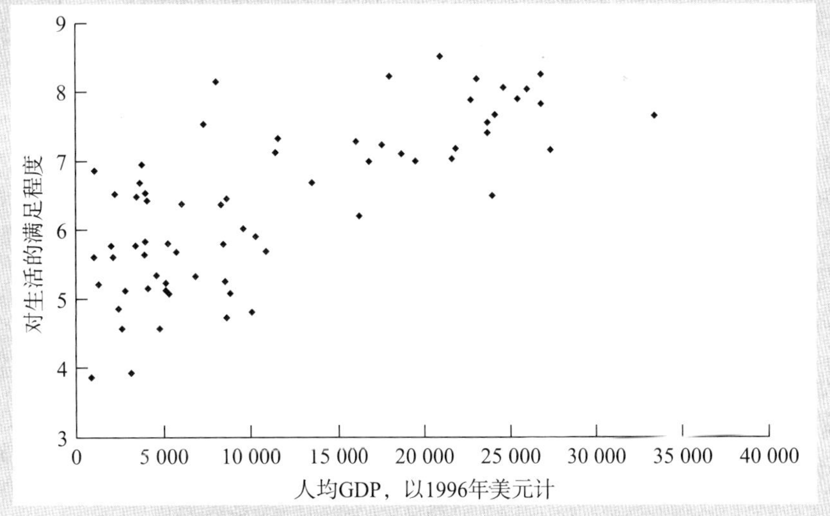

图 3.9　收入与快乐

说明:国家间的比较表明,一般来说,生活在人均国内生产总值相对较高国家的人们比生活在人均国内生产总值相对较低国家的人们更快乐。

① 与本例相关的一个文献综述,参见 Raphael DiTella and Robert MacCulloch, “Some Uses of Happiness Data in Economics,” *Journal of Economic Perspectives* 20 (Winter 2006): 25 - 46。还可参见诺贝尔奖获得者 Angus Deaton 的论文:“Income, Health and Well-Being around the World: Evidence from the Gallup World Poll,” *Journal of Economic Perspectives* 22 (Spring 2008): 53 - 72。

② Paul Frijters, John P. Haisken-Denew, and Michael A. Shields, “Money Does Matter! Evidence from Increasing Real Income and Life Satisfaction in East Germany Following Reunification,” *American Economic Review* 94 (June 2004): 730 - 740.

③ Ronald Inglehart et al., European and World Values Surveys Four-Wave Integrated Data File, 1981 - 2004 (2006). Available online: http://www.worldvaluessurvey.org.

政治环境、人权状况等)。有趣的是，近期一个涵盖 132 个国家 136 000 人的调查显示，美国虽然有最高的人均 GDP，但在幸福排行中仅位列第 16 位。排名第一的是丹麦。总体上，北欧和英语国家总体幸福水平较高，一些拉丁美洲国家也类似。然而，韩国和俄罗斯的幸福水平却与其高收入水平不太匹配。在美国国内所处地理位置是否会影响幸福感呢？答案显然是肯定的，排名最高的州（按顺序）是犹他州、夏威夷州、怀俄明州和科罗拉多州，都处于密西西比河以西。（排名最低的四个州由低到高分别是西弗吉尼亚州、肯塔基州、密西西比州和俄亥俄州，都处于密西西比河以东。）而且，收入水平和满足程度之间的关系可能是双向的：虽然高收入产生更多的满足，但是更高的满足程度又使个人有更强的动力去努力工作从而获得更多的收入。有趣的是，即使是考虑其他因素的研究，收入水平和满足程度之间的正相关关系依然存在。

3.2 预算约束

82 到目前为止，我们仅仅把关注点放在消费者理论的第一个组成部分——消费者偏好上。我们已经看到怎样用无差异曲线（或者，也可以说效用函数）来描述消费者是如何评价各种各样的商品篮子的。现在我们转向消费者理论的第二部分：消费者因为收入有限而面临的**预算约束**（budget constraints）。

预算约束 消费者由于收入有限而面临的购买力约束。

预算线

为了理解预算约束是如何限制消费者的选择的，让我们考虑一下这样的情形：一位女性有一笔固定收入 I，可以用于购买衣服和食品，用 F 表示购买的食品的数量，用 C 表示购买的衣服的数量，我们再用 P_F 和 P_C 分别表示这两种商品的价格，于是 P_FF（即食品价格乘以数量）是花在食品上的货币数量，而 P_CC 则是花在衣服上的货币数量。

预算线 花完个人的全部收入所能购买的所有商品组合。

预算线（budget line）表明了在购买 F 和 C 的总支出等于收入的情况下所有 F 和 C 的组合。因为我们只考虑两种商品（同时忽略储蓄），所以我们假定消费者会将其全部收入用于购买食品和衣服。结果，她所能购买的食品和衣服组合全都落在这条线上：

$$P_FF + P_CC = I \tag{3.1}$$

83 例如，假设该消费者的周收入为 80 美元，食品的价格是每单位 1 美元，衣服的价格是每单位 2 美元。表 3.2 列出了她每周用 80 美元所能购买的食品和衣服的各种组合。如果她将所有的预算都用于购买衣服，那么她最多能买 40 单位（以每单位 2 美元的价格），以市场篮子 A 表示；如果她将所有的预算都花在食品上，她可以购买 80 单位（以每单位 1 美元的价格），如市场篮子 G 所表明的。市场篮子 B、D 和 E 表明了花 80 美元购买食品和衣服的另外三种方式。

表 3.2 市场篮子和预算线

市场篮子	食品（F）	衣服（C）	总支出（美元）
A	0	40	80
B	20	30	80
D	40	20	80
E	60	10	80
G	80	0	80

图 3.10 显示了与表 3.2 中的市场篮子相对应的预算线。因为放弃 1 单位衣服能省下 2 美元，而购买 1 单位食品要花费 1 美元，所以为换取食品而放弃的衣服数量在预算线上必定处处相同。结果，预算线为从点 A 到点 G 的一条直线。在这一特定例子中，预算线由方程 $F+2C=80$ 美元给出。

图 3.10　一条预算线

说明：预算线描述了消费者在既定收入和商品价格的条件下所能购买的商品组合。AG 线（经过点 B、D 和 E）表示的是与 80 美元的收入、食品价格 $P_F=1$ 美元/单位和衣服价格 $P_C=2$ 美元/单位相对应的预算。预算线的斜率（以点 B 和 D 度量）为 $-P_F/P_C=-10/20=-1/2$。

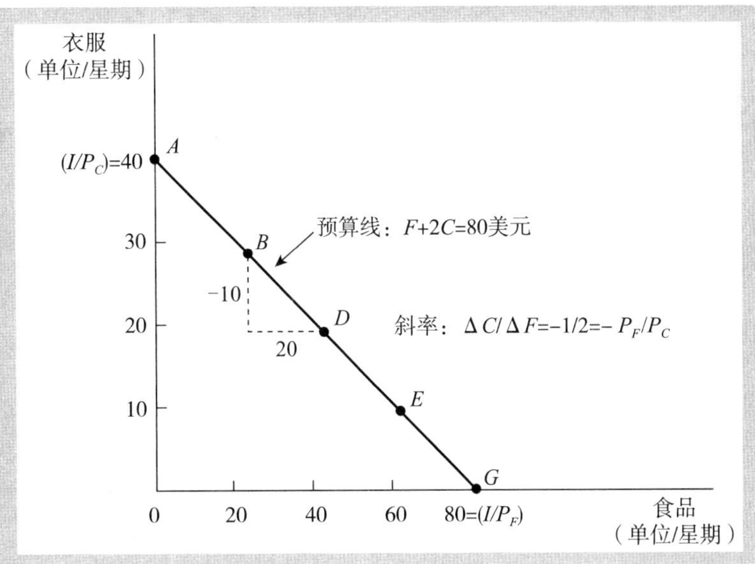

预算线的截距由市场篮子 A 表示。当该消费者沿着这条线从市场篮子 A 移到市场篮子 G 的时候，她花在衣服上的钱越来越少，而花在食品上的钱越来越多。易于明白，为了多消费 1 单位食品而必须放弃的多余衣服，是由食品价格与衣服价格比率决定的（1 美元/2 美元=1/2）。由于衣服每单位要花 2 美元，而食品每单位只需 1 美元，所以要得到 1 单位食品就得放弃 1/2 单位衣服。在图 3.10 中，预算线的斜率，$\Delta C/\Delta F=-1/2$，度量了购买食品和衣服的相对成本。

运用方程（3.1），我们可以知道为了多消费 F 而必须放弃的 C 的数量。我们将方程两边除以 P_C，然后解出 C： 84

$$C=(I/P_C)-(P_F/P_C)F \tag{3.2}$$

方程（3.2）是一条直线方程，其纵轴截距为 I/P_C，而斜率则为 $-(P_F/P_C)$。

预算线的斜率 $-(P_F/P_C)$ 为两种商品价格比率的相反数。斜率的大小告诉我们，在不改变总支出额的前提下，两种商品可以相互替代的比率。纵截距（I/P_C）代表了用收入 I 所能购买的 C 的最大数量。最后，横截距（I/P_F）则告诉我们，如果将收入全部花在 F 上，可以购买多少单位的 F。

收入与价格变化的效应

我们已经看到，预算线取决于收入和商品的价格 P_F 及 P_C。不过，价格和收入经常有变化，让我们来看一下这些变化是如何影响预算线的。

收入变化　当收入变化时，预算线会发生什么变化呢？从直线方程（3.2）可以看到，收入上的变化改变了预算线的纵截距，而并不改变斜率（因为两种商品的价格都不曾有过变化）。图 3.11 显示，假如收入增加 1 倍（从 80 美元增至 160 美元），预算线会外移，从

预算线 L_1 移至预算线 L_2。要注意，L_2 仍与 L_1 平行。如果该消费者愿意，那么她现在可以多购买 1 倍的食品和衣服。同理，如果她的收入减少一半（从 80 美元减至 40 美元），预算线就会内移，从 L_1 移至 L_3。

图 3.11　收入变化对预算线的影响

说明：收入变化（商品价格保持不变）使预算线平行于原线（L_1）移动。当收入从 80 美元（L_1）增至 160 美元时，预算线外移至 L_2；当收入减至 40 美元时，预算线内移至 L_3。

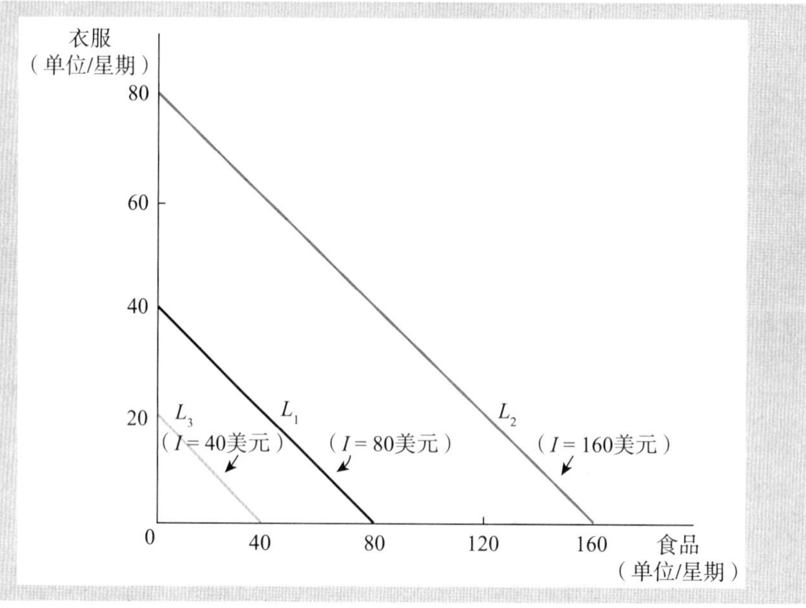

85 **价格变化**　如果一种商品的价格发生变化，而另一种商品的价格保持不变，预算线又会发生什么变化呢？我们可以运用等式 $C=(I/P_C)-(P_F/P_C)F$ 来描述食品价格的变化对预算线的影响。假设食品的价格下降了一半，从 1 美元降至 0.50 美元。在这种情况下，预算线的纵截距保持不变，但斜率从 $-P_F/P_C=-1$ 美元/2 美元 $=-1/2$ 变为 -0.50 美元/2 美元 $=-1/4$。在图 3.12 中，我们通过以截距为轴把原来的预算线 L_1 向外旋转，得到了一条新的预算线 L_2。这一旋转是有道理的，因为一个只消费衣服而不消费食品的人是不受这一价格变化影响的。不过，如果一个人消费大量食品，那么他的购买力就增强了。食品价格下跌带来的结果是，人们所能购买的食品的最大数量翻了一番。

图 3.12　价格变化对预算线的影响

说明：一种商品价格的变化（收入保持不变）使得预算线绕着一个截点旋转。当食品的价格从 1 美元跌至 0.50 美元时，预算线从 L_1 向外旋转至 L_2。然而，当食品的价格从 1 美元涨至 2 美元时，预算线便从 L_1 向内旋转至 L_3。

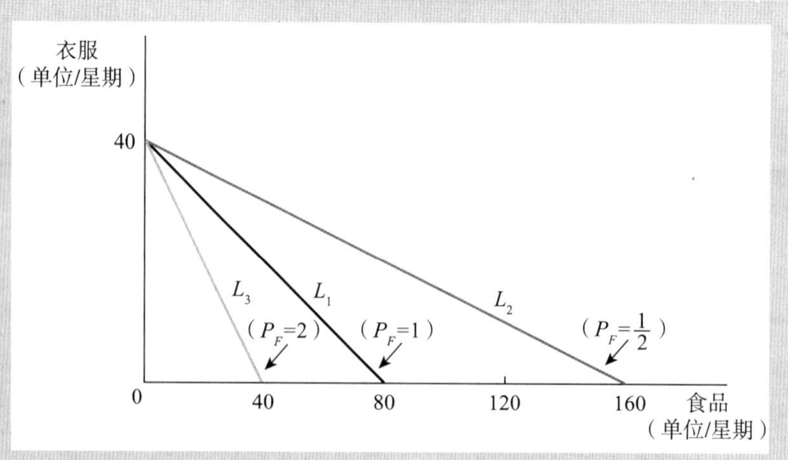

另外，当食品的价格上涨 1 倍，从 1 美元升至 2 美元时，预算线就会向内旋转至 L_3，因为人们的购买力下降了。当然，一个只消费衣服的人是不受食品涨价影响的。

如果食品和衣服的价格都发生了变化，但是两种价格的比率保持不变，预算线又会发生什么变化呢？因为预算线的斜率等于两种价格的比率，所以斜率将保持不变。而预算线的截距发生了改变，新的预算线平行于旧的预算线。例如，如果两种商品的价格都跌至原来一半的水平，那么预算线的斜率将保持不变，截距则都增加一倍，从而预算线外移。

上述练习告诉了我们关于消费者购买力（purchasing power）——通过购买商品和服务获得效用的能力——的一些决定因素。购买力不仅取决于收入，也取决于价格。例如，本例中消费者的购买力翻了一番，既可能是因为其收入增加了一倍，又可能是因为她所购买的所有商品的价格下降了一半。

最后，考虑一下如果一切都翻了一番——食品和衣服的价格以及消费者的收入——又会发生什么呢？（这可以发生在一个通货膨胀的经济中。）因为价格都涨了一倍，价格比率并无变化，所以预算线的斜率也就没有变化。因为衣服的价格和收入一样翻了一番，所以消费者所能购买的衣服的最大数量（由预算线上的纵截距表示）保持不变；食品的情形与 86
此相同。因此，价格和收入水平都成比例上升的通货膨胀将不会影响消费者的预算线或者购买力。

3.3 消费者选择

给定偏好和预算约束，现在我们可以确定消费者是怎样选择每种商品的购买量的。我们假定消费者的选择是理性的，也就是说，他们在给定的有限预算下选择能带来最大满足的商品组合。效用最大化的市场篮子必须满足两个条件：

1. 它必须位于预算线上

要弄明白这一点，注意在预算线左下方的任何一个市场篮子都留下一部分未动用的收入——如果使用这部分收入，消费者的满足程度可以增加。不言而喻，消费者可以——有时也的确——省下一些收入以备未来之需。这意味着选择不只是在食品和衣服之间进行，而是在食品或衣服的现时消费和食品或衣服的未来消费之间进行。但是，这里为简便起见，我们假设所有收入现在都已用尽。也要注意在预算线右上侧的任何一个市场篮子在现有收入下都无力支付。所以，唯一合理可行的选择便是预算线上的市场篮子。

2. 它必须能给予消费者其最偏好的商品和服务组合

这两个条件使得消费者满足最大化的问题简化为在预算线上选择一个合适的点的问题。

同任何两种商品一样，在我们食品和衣服的例子中，我们可以用图形来说明消费者选择问题的答案。图 3.13 说明了这一问题是如何解决的。这里用三条无差异曲线描绘了消费 87
者对食品和衣服的偏好，记住在这三条曲线中，最外面的曲线 U_3 产生最大程度的满足，曲线 U_2 次之，曲线 U_1 最小。

图 3.13　最大化消费者的满足

说明：消费者通过选择市场篮子 A 获得最大满足；此时，预算线与无差异曲线 U_2 相切，消费者无法再获得更高程度的满足了（比如，市场篮子 D）。在最大化的点 A，两种商品的边际替代率等于价格比率。然而在点 B，边际替代率 $[-(-10/10)=1]$ 大于价格比率（1/2），效用没有得到最大化。

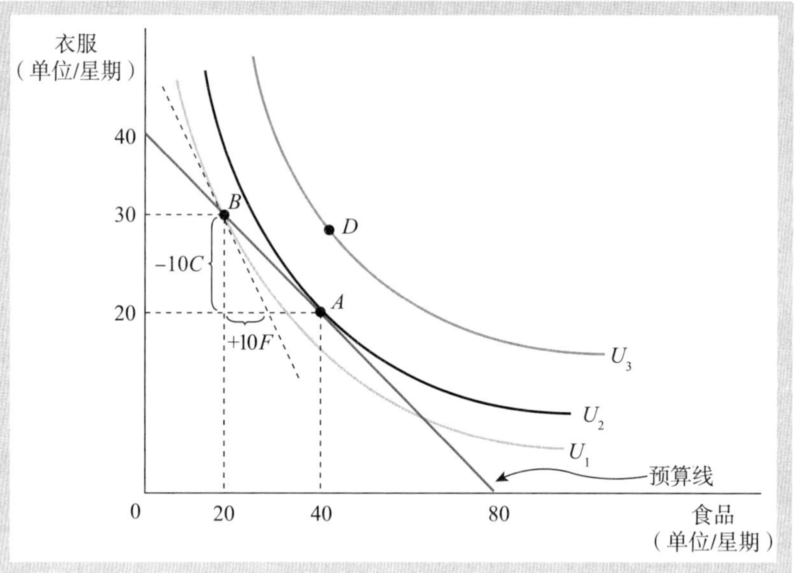

注意在无差异曲线 U_1 上的点 B 不是最偏好的选择，因为收入的再分配，即花在食品上再多一些、花在衣服上再少一些，可以提高消费者的满足程度。尤其是通过移向点 A，消费者花费了同样多的钱，却得到了与无差异曲线 U_2 相对应的、更高程度的满足。另外，注意在无差异曲线 U_2 右边和上面的市场篮子，如无差异曲线 U_3 上用 D 表示的市场篮子。虽然它们能带来更高程度的满足，但以现有的收入却无法支付。所以，A 已最大化消费者的满足程度。

这些分析告诉我们，使满足程度最大化的市场篮子必定位于那条与预算线相切的、最高的无差异曲线上。点 A 是无差异曲线 U_2 和预算线的切点。在点 A 处，预算线的斜率恰好等于无差异曲线的斜率。由于 MRS（即 $-\Delta C/\Delta F$）是无差异曲线斜率的相反数，所以我们可以说满足最大化的（在既定的预算约束下）点符合：

$$\text{MRS} = P_F/P_C \tag{3.3}$$

这是一个重要的结论：当边际替代率（F 对 C）等于价格（F 与 C）之比的时候，满足得以最大化。因此，消费者通过调整其对商品 F 和 C 的消费量以使 MRS 等于价格比率，从而获得最大的满足。

> **边际收益**
> 消费增加一单位时收益的变化。

> **边际成本**
> 生产增加一单位时成本的变化。

式（3.3）所给出的条件是经济学中最优化条件的一个例子。在本例中，当**边际收益**（marginal benefit）——额外 1 单位食品的消费所对应的收益，等于**边际成本**（marginal cost）——额外 1 单位食品的消费所对应的成本时，满足得以最大化。边际收益是以 MRS 来度量的。在点 A，它等于 1/2（无差异曲线斜率的大小），表明消费者愿意放弃 1/2 单位衣服来获得 1 单位食品。同时这一点上的边际成本是以预算线的斜率来度量的，也等于 1/2，因为要获得 1 单位食品的成本是放弃 1/2 单位衣服（在预算线上，$P_F=1$，$P_C=2$）。

如果 MRS 小于或者大于价格比率，那么消费者的满足就没有得到最大化。例如，将图 3.13 中的点 B 与点 A 做一下比较。在点 B，消费者购买 20 单位食品和 30 单位衣服，价格比率（或边际成本）等于 1/2，因为食品要花 1 美元，衣服要花 2 美元。然而，MRS（或边际收益）大于 1/2，约等于 1。所以，消费者愿意用 1 单位食品来替代 1 单位衣服而保持原来的满足程度。因为食品比衣服便宜，所以增加食品购买、减少衣服购买是符合他的利益的。例如，如果消费者少买 1 单位衣服，那么就省出 2 美元来购买 2 单位食品，而事实上只需 1 单位食品就可以维持其满足程度不变了。

以这种方式继续预算的再分配（沿预算线移动），直至我们到达点 A，令价格比率 1/2 恰好等于 MRS。在这一点上，消费者愿意以 1 单位衣服来换取 2 单位食品。只有当条件 $MRS=1/2=P_F/P_C$成立时，其满足才得以最大化。

得出 MRS 与价格比率相等的结论并不能使人一劳永逸。想象一下两个刚购买了不同数 88
量食品和衣服的消费者。假如他们都达到了效用最大化，那么你便可以通过两种商品的价格来得到每个人的 MRS。不过，你无法判断他们各种商品的购买量，因为这取决于他们的个人偏好。假如这两个消费者的品味不一样，那么即使各人的 MRS 相同，他们对食品和衣服的消费量也会不同。

❖例 3.3　新车设计（Ⅱ）

对消费者选择的分析使我们明白了不同汽车消费者组别的不同偏好如何影响其购买决定。接上面的例 3.1，我们考虑两个正打算购买新车的不同消费者组别。假定每个消费者在汽车上的总预算为 20 000 美元，但是已经决定花 10 000 美元在汽车的内部空间以及加速性能上，另外 10 000 美元则花在其他性能上，但每个组别对于内部空间与加速性能有不同的偏好。

图 3.14 显示了每个组别中的消费者所面临的购车预算约束。第一组消费者为福特野马的典型购买者，其偏好类似于图 3.7（a），在加速性能和内部空间之间更偏好前者。通过在一条典型的无差异曲线和预算约束之间求切点，我们可以得出这一组消费者偏好这样一种汽车：加速性能值 7 000 美元，而内部空间值 3 000 美元。而第二组消费者，也就是福特探索者的典型使用者，偏好加速性能值 2 500 89
美元、内部空间值 7 500 美元的汽车。[①]

在本例中，为了简化起见，我们只考虑了两种性能。在现实中，汽车企业将会运用营销学以及数理统计研究来获知不同的消费者组别是如何评价各种各样的性能的。同时考虑制造汽车时这些性能对成本的影响，就可以设计产品、制订销售计划了。

在本例的背景下，一个有盈利潜力的选择是，为同时吸引这两组人，制造注重加速性能的程度略低于图 3.14（a）中偏好程度的一种车型。第二个选择是，生产较多注重内部空间的汽车，生产少量注重加速性能的汽车。

有关每组消费者偏好（也就是实际的无差异曲线）的信息，以及有关每组消费者数量的信息，有助于福特汽车公司做出合理的商业决策。实际上，通用汽车公司已经在对一大批汽车购买者的调查中开展过与我们的上述例子类似的研究。[②] 有些结论正如我们所预测的，例如，有孩子的家庭往往更注重功能而不是款式，所以往往会购买小型客货车而不是轿车和运动跑车。另外，农村地区的家庭往往会选择购买小型货运汽车与四轮驱动汽车。更有趣的是年龄与特征偏好之间的强相关性：年长的消费者往往更偏好大一点、底盘更重的汽车，这种汽车具有更多安全特性以及附加功能（例如，电动车窗和转向助力），而年轻的消费者则往往偏好马力较大、外观时尚的汽车。

---

① 第一组福特野马的无差异曲线为下面的形式：U（效用水平）$=b_0$（常数）$+b_1S$（以立方英尺计的内部空间）$+b_2S^2+b_3H$（马力数）$+b_4H^2+b_5O$（其他各种性能）。每条无差异曲线均代表了能产生相同效用水平的 S 和 H 的组合。福特探索者的相应关系也为相同的形式，不过 b 不同。

② 该调查的设计和结论参见 Steven Berry，James Levinsohn，and Ariel Pakes，“Differentiated Products Demand Systems from a Combination of Micro and Macro Data：The New Car Market，” *Journal of Political Economy* 112（February 2004）：68－105。

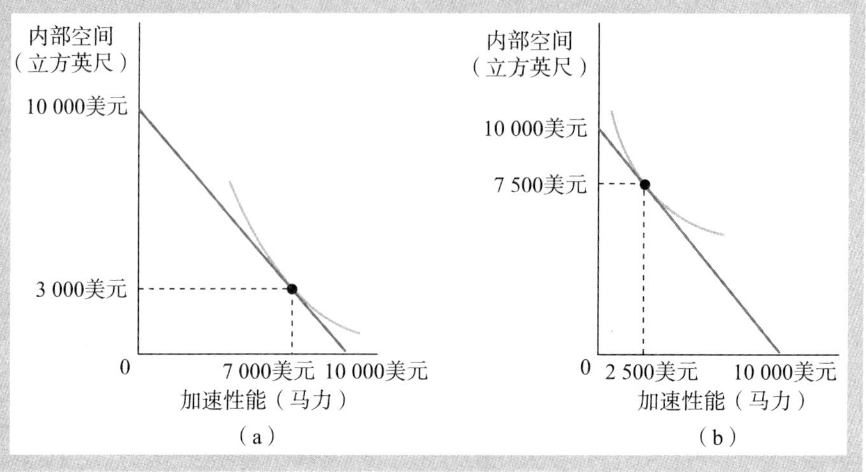

图 3.14 汽车性能的消费者选择

说明：在图（a）中的消费者愿意以较大数量的内部空间来换取一些额外的加速性能。在既定的预算约束下，他们会选择一辆注重加速性能的汽车。图（b）中消费者的选择刚好相反。

角点解

有时，消费者的购买行为会走极端，至少在某些商品上会如此。例如，有些人在旅游和娱乐上不花一分钱。无差异曲线分析可以用来说明消费者选择不消费某种商品的情况。

> **角点解**
> 在被选择的市场篮子中，某件商品的边际替代率并不等于预算线的斜率的情形。

在图 3.15 中，面对预算线 AB，一个人选择只购买冰激凌（IC），不购买冰酸奶（Y）。这种情形被称为**角点解**（corner solution）。当其中一种商品不被消费时，消费束便会出现在图形的角点上。在满足程度最大化的点 B 处，冰激凌对冰酸奶的边际替代率大于预算线的斜率。这表明，如果消费者有更多的冰酸奶可以放弃，他会很乐意用来换取更多的冰激凌。不过，在这一点上，消费者已经全部消费冰激凌而没有消费冰酸奶，而要消费负数量的冰酸奶是不可能的。

当角点解出现时，消费者的 MRS 不等于价格比率。与等式（3.3）所表述的条件不同，在冰激凌和冰酸奶之间选择出现角点解时，满足最大化的必要条件由以下不等式给出[①]：

$$\text{MRS} \geqslant \frac{P_{IC}}{P_Y} \tag{3.4}$$

90 当然，如果角点解出现在点 A 而不是点 B，那么该不等式的方向相反。从这两种情况中我们可以看出，只有当消费的所有商品数量都为正时，我们在前面部分所讨论的边际收益-边际成本条件才得以成立。

此处一个重要的教训是，预测经济条件变化时消费者对一种商品购买量的变化，要依赖于消费者对该商品和相关商品的偏好的性质，以及消费者预算线的斜率。如果冰激凌对冰酸奶的边际替代率 MRS 远大于价格比率，如图 3.15 所示，那么冰酸奶价格的小幅下降并不会改变消费者的选择；他们仍将只选择消费冰激凌。但是，如果冰酸奶的价格下降幅度足够大，那么消费者便会立即选择购买大量的冰酸奶。

① 如果预算约束的斜率刚好等于无差异曲线的斜率，那么等号就成立——但这种情况一般不可能。

图 3.15　一个角点解

说明：当消费者的边际替代率在所有消费水平下都不等于价格比率时，角点解便会出现。消费者通过只消费两种商品中的一种使其满足得以最大化。已知预算线 AB，在无差异曲线 U_1 上，最高程度的满足是在 B 处获得的，该点的 MRS（冰激凌对冰酸奶）大于冰激凌价格与冰酸奶价格比率。

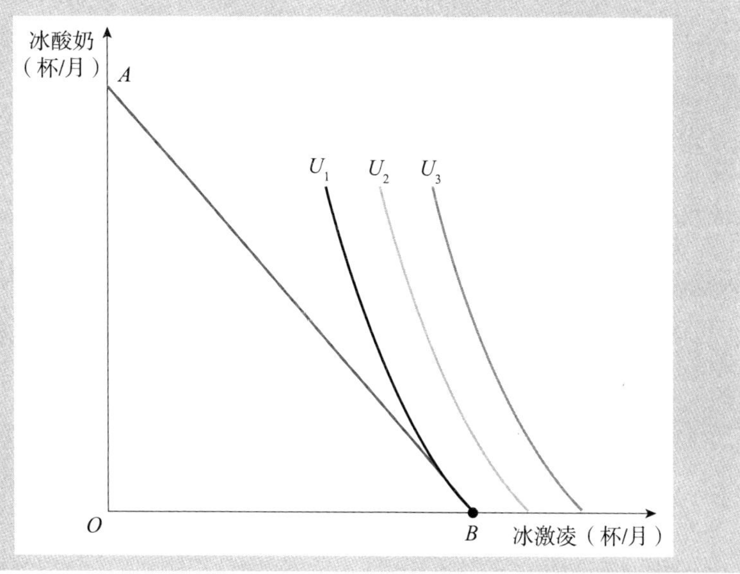

❖例 3.4　作者们关于医疗的争论

在美国，医疗保健支出在过去几十年间急剧增长，甚至使一些人非常担忧，其中就包括作者鲁宾费尔德。许多人和鲁宾费尔德一样，认为医疗支出的过高增加是因为医疗体系的低效。“现实可能确实如此，”平狄克说，“不过，可能存在另一个原因：随着消费者经济条件的提高，他们的偏好从其他商品转移到了医疗保健方面。毕竟，如果你已经拥有了一个温馨的家和两辆车，什么会增加你的满足程度呢——第三辆汽车还是更多的医疗保健服务来延长你一年的寿命？我不清楚你会怎么选，丹，不过我肯定选择更多的医疗保健。”

“我猜我也会这么选，”鲁宾费尔德答道，“不过，为了解决这个问题，我们需要看一下描述消费者对医疗和其他商品偏好的无差异曲线。如果你的说法是对的，那么无差异曲线应该为图 3.16 的样子。 91
这幅图描述了对于医疗保健的偏好，其中画了一系列无差异曲线和预算线，它们刻画了消费者对于医疗保健（H）消费和其他商品（O）消费间的权衡取舍。无差异曲线 U_1 代表低收入的消费者；与预算线的切点是 A，因此效用最大化的医疗保健消费量和其他商品消费量分别是 H_1 和 O_1。无差异曲线 U_2 与更高的收入水平可以带来更高程度的满足。此时，效用最大化出现在点 B。曲线 U_3 对应于一个高收入者，并隐含着其用医疗保健换取其他商品的低意愿。从点 B 到点 C，消费者对医疗保健的购买增加了很多（由 H_2 上升到 H_3），而对其他商品的消费却增加较少（由 O_2 上升到 O_3）。”

“问题是，”鲁宾费尔德继续说，“图 3.16 是否正确地描述了消费者的偏好？毕竟，任何人都可以画出各种曲线。但是有证据能证明图 3.16 描述的是真实的世界吗？”

“你的疑问很好，”平狄克回复道，“至少近期的一个统计研究结果非常支持图 3.16 的现实性。①从常识来看也是如此。如果你的收入足够高，可以得到大部分你想要的东西，你愿意花额外的钱去购买延长生命的医疗保健还是再买一辆车呢？”

① 参见 Robert E. Hall and Charles I. Jones, “The Value of Life and the Rise in Health Spending,” *Quarterly Journal of Economics*, February 2007: 39 - 72。作者认为，总支出的最优组合随着收入的上升而向医疗保健倾斜。他们预测到 2050 年，最优的医疗保健支出可能超过总支出的 30%。

图 3.16　消费者对于医疗保健和其他商品的偏好

说明：这些无差异曲线描述了医疗保健（H）消费和其他商品（O）消费间的权衡取舍。曲线 U_1 对应于低收入消费者；给定消费者的预算约束，效用最大化出现在点 A 处。当收入上升时，预算线向右移动，曲线 U_2 出现。消费者移动到点 B，伴随着更高的医疗保健和其他商品消费量。曲线 U_3 对应于高收入消费者，隐含其用医疗保健换取其他商品的低意愿。从 B 移动到 C，消费者对医疗保健的购买增加了很多（由 H_2 上升到 H_3），而对其他商品的消费却增加较少（由 O_2 上升到 O_3）。

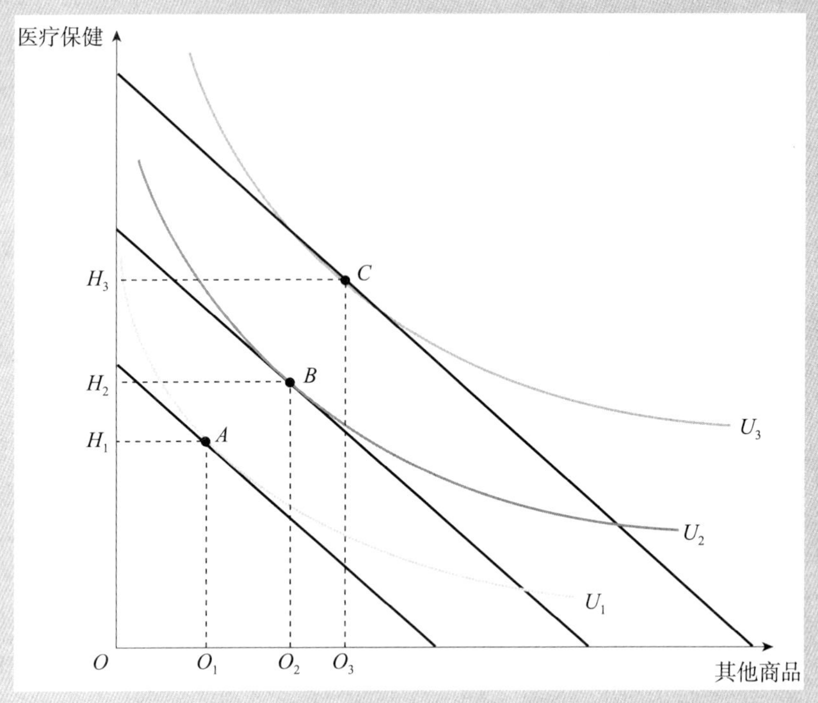

例 3.5　大学信托基金

92 简的父母为她的教育提供了一笔信托基金，现年 18 岁的简可以得到全部信托基金，条件是她只能将它用于教育。简自然喜欢信托基金这份礼物，但如果这是一个无限制的信托基金，她或许会更喜欢。为了说明简为什么这样想，我们可以看图 3.17。简每年花在教育上的美元数以横轴表示，其他的消费则用纵轴表示。

图 3.17　一份大学信托基金

说明：当该学生得到一份必须用于教育的大学信托基金时，她便从 A 移向了 B，为角点解。然而，如果这份信托基金既可以用于教育，也可以用于其他消费，那么该学生在 C 处的境况就会更好。

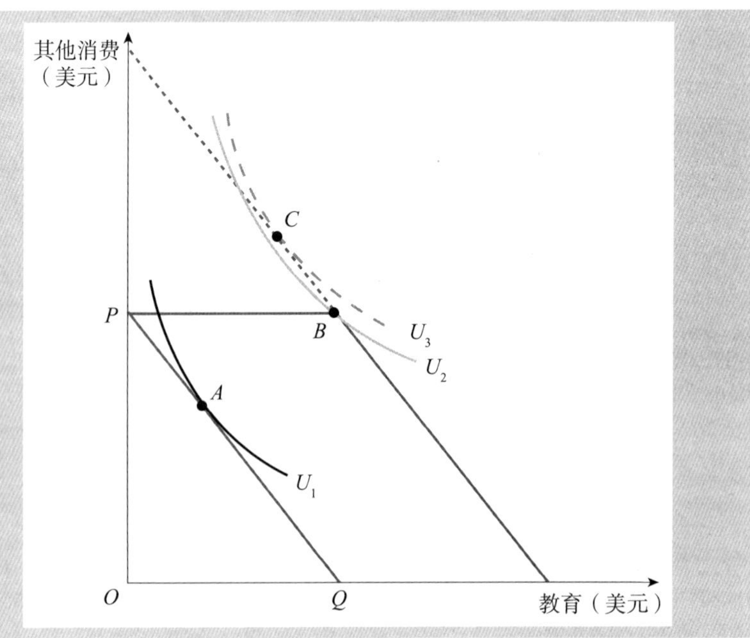

在得到信托基金之前，简所面临的预算线以 PQ 表示。只要全部信托基金（以 PB 的距离表示）用于教育，这份基金就会使预算线向外移动。由于接受信托基金，上了大学，简提高了其满足程度，从无差异曲线 U_1 上的 A 移向无差异曲线 U_2 上的 B。

注意 B 代表的是一个角点解，因为简的其他消费对教育的边际替代率小于其他消费的相对价格。除了在教育上，简还可能喜欢在其他商品上花费信托基金。如果信托基金的使用没有限制，那么她会移向无差异曲线 U_3 上的 C，减少其教育支出（或许上一个两年制的大学，而不是四年制的大学），而增加比教育更让她高兴的项目的开支。

在无限制的和有限制的信托基金之间，接受者通常偏好前者。然而，较为普遍的都是有限制的信托基金，因为它们使得父母能够按照自己认为最符合孩子长远利益的方式来控制其子女的开支。

3.4 显示偏好

在第 3.1 节中我们已经看到，一个人的偏好如何用一系列无差异曲线来表示。而第 3.3 节描述了在既定的预算约束下，偏好是如何决定选择的。这一过程能否反转？如果我们知道消费者已经做出的选择，能不能确定其偏好？

可以，前提是有足够数量的、关于不同价格和收入水平的消费者选择信息。基本思想 93
很简单：如果一位消费者选择购买了两个市场篮子中的一个，并且被选中的市场篮子比另一个更贵，那么他必定偏好那个被选中的市场篮子。

假设有一个人，面对图 3.18 中的预算约束线 l_1，他选择市场篮子 A。让我们将这个篮子与篮子 B 和 D 比较，既然那个人买得起市场篮子 B（以及所有在 l_1 以下的市场篮子）却并没有购买，那么我们就说 A 比 B 更受偏好。

乍一看，我们似乎并不能直接比较市场篮子 A 和 D，因为 D 不在 l_1 上。但假设食品和衣服的相对价格发生了变化，那么新的预算线就是 l_2，而那个人选择了市场篮子 B。既然 D 在预算线 l_2 上而未被选中，那么 B 就比 D（以及所有在 l_2 以下的市场篮子）更受偏好。由于 A 比 B 更受偏好，而 B 比 D 更受偏好，因此我们推断 A 比 D 更受偏好。另外，注意在图 3.18 中，市场篮子 A 比出现在浅色阴影区域内的所有市场篮子都更受偏好。然而，因为食品和衣服是“好东西”而不是“坏东西”，所以在 A 的右上方的深色阴影矩形内的所有市场篮子又比 A 更受偏好。因此，穿过 A 的无差异曲线必定位于无阴影的区域内。

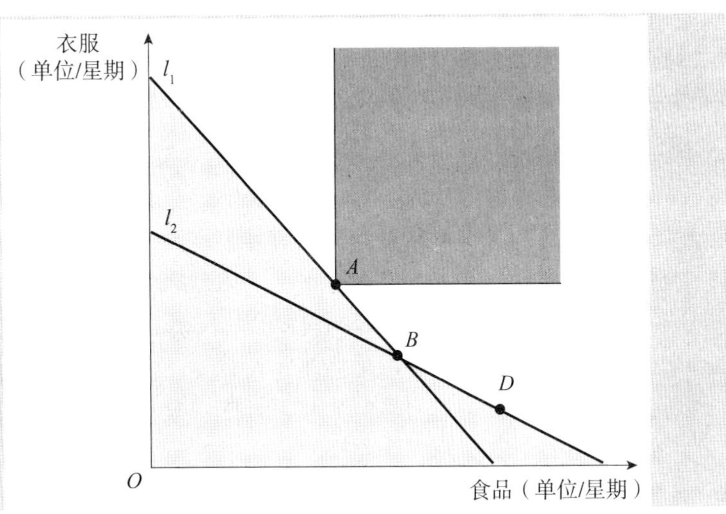

图 3.18 显示偏好——两条预算线

说明：面对预算线 l_1，如果一个人选择了市场篮子 A，而不是市场篮子 B，那么就说 A 比 B 更受偏好。同样，面对预算线 l_2，如果那个人选择了市场篮子 B，那么它被显示为比市场篮子 D 更受偏好。A 比在浅色阴影区域内的所有市场篮子都更受偏好，而在深色阴影区域内的所有市场篮子又比 A 更受偏好。

如果在价格和收入水平发生变化时我们得到更多有关选择的信息，我们便能够更好地确定无差异曲线的形状。看一下图 3.19，假设那个人在面对（经过 A 的）l_3 的情况下选择了市场篮子 E。因为虽然 A 所花的钱相同（它在同一条预算线上），但 E 仍然被选中，所以 E 比 A 更受偏好。而在 E 右上方的所有点也都比 A 更受偏好。现在假设那个人在面对（经过 A 的）预算线 l_4 的情况下选择了市场篮子 G。既然 G 被选中，而 A 没有被选中，那么 G 比 A 更受偏好，而 G 右上方的所有市场篮子也都比 A 更受偏好。

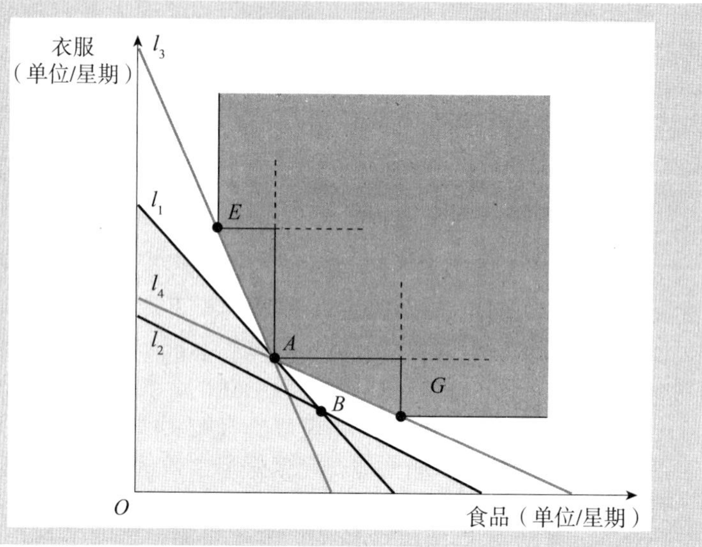

图 3.19　显示偏好——四条预算线

说明：在面对预算线 l_3 时，若一个人选择了 E，它就被显示为比市场篮子 A 更受偏好（因为 A 原本也可以被选中）。同样，在面对预算线 l_4 时，若他选了 G，G 也就被显示为比 A 更受偏好。A 比在浅色阴影区域内的所有市场篮子都更受偏好，而在深色阴影区域内的所有市场篮子又比 A 更受偏好。

运用偏好是凸的这一假设，我们还可以进一步看到，因为 E 比 A 更受偏好，所以在图
94 3.19 中 AE 线右上方的所有市场篮子必定比 A 更受偏好。否则，穿过 A 的无差异曲线就得通过 AE 右上方的一个点，然后会降到 E 点预算线的左下方——这样无差异曲线就不是凸的了。通过同样的论证，在 AG 上或在其上方的所有点也比 A 更受偏好。因此，无差异曲线必定位于无阴影的区域内。

显示偏好是一种重要方法，可以用来检验个人选择是否与消费者理论的假设一致。例 3.6 说明，显示偏好分析也有助于我们理解消费者在特定环境下必须做出的消费选择的含义。

∴例 3.6　对娱乐活动的显示偏好

一家健身俱乐部历来对任何愿意按小时付费的人开放其设施。现在俱乐部决定变更其定价策略，在每小时收取更低的费用的同时，每年收取会员费。他们这一新的财务安排与旧的安排相比是使个人的境况变好了还是变得糟糕了？问题的答案取决于人们的偏好。

假设罗伯塔每周有 100 美元可用于娱乐活动，包括锻炼、看电影、下饭馆等。当那家俱乐部每小时收费 4 美元的时候，罗伯塔每周健身 10 小时。在新的制度下，她每周要花 30 美元作为会费，但每小时只需花 1 美元就可以使用这些健身设施。

这一变化对罗伯塔有利吗？显示偏好分析提供了答案。在图 3.20 中，l_1 线代表了在初始定价安排下罗伯塔所面临的预算约束。在这种情况下，她选择了市场篮子 A（10 小时的健身，其他娱乐活动花 60 美元）来使其满足最大化。在新的制度下，预算线移至 l_2，这时她仍可选择市场篮子 A。但是由于

U_1显然不与l_2相切，所以罗伯塔选择另一个市场篮子会使自己的境况变好，比如B，有25小时的健
身，而其他娱乐活动花45美元。既然她在可以选择A的时候选择了B，那么在A和B之间，她更偏 95
好B。因此，新的定价制度使罗伯塔的境况变好了。

图 3.20　对娱乐活动的显示偏好

说明：面对预算线l_1，一个人选择了点A，即每周去健身俱乐部10小时。在收费变动后，她面对预算线l_2。因为在市场篮子A仍然可以被选择的情况下，市场篮子B也可以被选择，她的境况变好了，因为B位于更高的一条无差异曲线上。

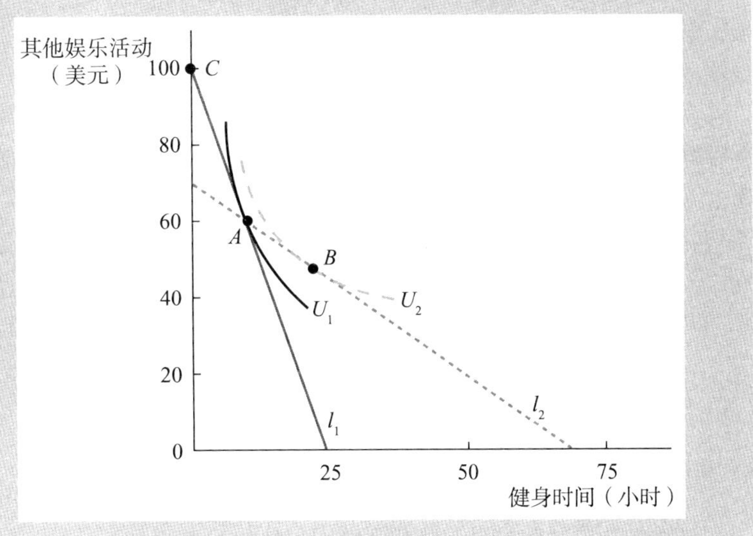

我们也可以问一下这项新的定价制度——称作两部收费制（two-part tariff）——是否会增加健身俱乐部的利润。如果所有成员都像罗伯塔一样，而且更多的使用会产生更多的利润，那么答案便是肯定的。不过，通常问题的答案取决于两个方面：所有成员的偏好以及这些设施运作的成本。在第11章，当我们研究有市场势力的厂商是如何定价的时候，我们会详细地讨论两部收费制。

3.5　边际效用与消费者选择

在第3.3节，我们用图形说明了消费者如何在给定预算约束下使满足最大化。我们在给定预算约束下找到能够达到的最高的无差异曲线。因为与最高的无差异曲线相对应的效用水平也是可实现的最高水平，所以上述消费者的问题自然可以转化为在预算约束的限制下使效用最大化的问题。

边际效用　从消费额外一单位某种商品中获得的额外的满足。

我们可以用效用的概念重述之前的分析，以寻找新的洞见。首先，让我们区分从消费中所获得的总效用和从消费最后一单位商品中所获得的满足。**边际效用**（marginal utility，MU）度量了来自增加的一单位商品的消费中所获得的增加的满足。例如，消费从0单位食品增至1单位食品，此时相对应的边际效用可能是9；从1单位增至2单位，边际效用可能是7；而从2单位增至3单位，边际效用可能是5。

边际效用递减　随着某种商品消费量的增多，多消费一单位商品所带来的效用的增量下降。

这些数字意味着消费者的**边际效用递减**（diminishing marginal utility）：随着一种商品
的消费越来越多，边际效用越来越小。例如，设想一下看电视，在第二或第三小时后，边 96
际效用就可能下降了，在第四或第五小时后，则很可能已经变得很小了。

我们可以按下面的方式将边际效用的概念和消费者的效用最大化问题联系起来。思考一下，在图3.8的无差异曲线上向右下方移动一小段，食品的额外消费ΔF将会产生边际

效用 MU_F，这导致总效用增加 $MU_F \cdot \Delta F$。与此同时，衣服的消费变化 ΔC（下降），减少最后一单位衣服降低效用 MU_C，从而总效用下降 $MU_C \cdot \Delta C$。

因为无差异曲线上所有点的效用相等，所以 F 增加所导致的总效用增量必定与 C 减少所造成的总效用下降相等。即

$$0 = MU_F(\Delta F) + MU_C(\Delta C)$$

现在，我们可以重新整理一下这个等式，有

$$-(\Delta C/\Delta F) = MU_F/MU_C$$

因为 $-(\Delta C/\Delta F)$ 就是 F 对 C 的边际替代率，所以有

$$MRS = MU_F/MU_C \qquad (3.5)$$

等式（3.5）告诉我们，MRS 等于 F 的边际效用与 C 的边际效用比率。当消费者放弃越来越多的 C 来获取更多的 F 时，F 的边际效用便下降，而 C 的边际效用则上升，从而 MRS 下降。

在本章的前面部分我们看到，当消费者使其满足最大化时，F 对 C 的边际替代率等于两种商品的价格比率，即

$$MRS = P_F/P_C \qquad (3.6)$$

因为 MRS 也等于 F 的边际效用和 C 的边际效用的比率［由等式（3.5）可知］，所以有

$$MU_F/MU_C = P_F/P_C$$

或者

$$MU_F/P_F = MU_C/P_C \qquad (3.7)$$

边际相等原则 为了最大化效用，消费者应该使得花在每一种商品上的最后一美元所带来的边际效用相等。

等式（3.7）是一个重要结论。当预算的配置使花在每一种商品上的最后一美元所带来的边际效用相等时，效用最大化便得以实现。要明白为什么这一点肯定成立，我们设想一个人从食品消费的最后一美元中得到了更多的效用（与衣服相比），那么把钱从衣服的购买转移到食品的购买上就会带来更大的总效用。只要在食品上花费的最后一美元所带来的边际效用超过在衣服上花费的最后一美元的边际效用，她就可以通过将预算的支出从衣服转移到食品来增加总效用。在转移过程中，食品的边际效用会下降（因为其消费的边际效用递减），而衣服的边际效用会上升（因为同样的原因）。只有当消费者满足**边际相等原则**（equal marginal principle），也就是使在每种商品上支出的最后一美元所带来的边际效用相等时，她才能使效用最大化。这一边际相等原则是微观经济学中的一个重要思想。它将以不同的形式贯穿于我们的消费者和生产者行为分析中。

例 3.7 边际效用与快乐

97 在例 3.2 中，我们看到金钱（也就是更高的收入）能够买到快乐，至少在一定程度上是如此。但是，对消费者满足的研究到底有没有告诉我们快乐、效用和边际效用之间有什么关系？有趣的是，研究一致发现，在美国及其他国家，收入的边际效用都是递减的。为了分析其中的原因，我们重新来看一下例 3.2 中的图 3.9。图中的数据显示，从一个国家到另一个国家，满足程度、快乐或者说效用（这里使用这三个词的意思相同）都随着人均收入的增加而增加。但是，满足程度的增量却是随着收入的增加而降低的。如果我们认同调查中的满足程度指数是一种基数度量，研究结果就与收入的边际效用递减规律一致。

美国的研究结论在定性意义上与构成图 3.9 数据来源的另外 67 个国家的研究结论非常相似。图

3.21 计算了 9 个独立的收入组别中人们生活满足程度的平均水平；最低收入组的平均收入为 6 250 美元，下一组的平均收入为 16 250 美元，一直到平均收入为 87 500 美元的最高收入组。图中的实线是最拟合这 9 个数据点的曲线。我们再次看到，快乐随着收入的增加而增加，但是增速递减。对于关心未 98
来收入前景的学生而言，心理学家丹尼尔·卡尼曼（Daniel Kahneman）和经济学家安格斯·迪顿（Angus Deaton）近来的一个调查研究发现，相对高收入的人赚更多的钱并不能提高他们享受闲暇和健康的能力——而这些都是构成整体福利水平的要素。[①]

这些结果为本书蕴含的现代经济决策理论提供了强有力的支持，但是这些结果仍需更加细致的考察。例如，它们没有考虑到一个事实：满足程度往往随着年龄的变化而变化，年轻人的满足感通常比年纪大一点的人低。或者从另一个角度来看，当学生长大并变得更有智慧之后，他们常常对前景也变得乐观起来。

当我们对不同时期有关快乐的研究结论进行比较时，另外一个问题出现了。在过去的 20 年里，美国、英国、比利时以及日本的人均收入都有了很大程度的提高，但是平均的快乐水平却相对保持不变（丹麦、德国和意大利确实有一些增加）。一个似乎合理的解释是，快乐是对福利的一个相对的而不是绝对的度量。当一个国家的收入随着时间的推移而增加时，该国居民的预期也随之提高；换句话说，他们渴望拥有更高的收入。这样，如果他们的渴望是否得到满足与满足程度相关，满足也许不会像收入那样随着时间的推移而提高。

图 3.21　边际效用和快乐

说明：对美国各收入组别间生活满足程度的平均水平的比较表明，快乐随着收入的增加而增加，但增速递减。

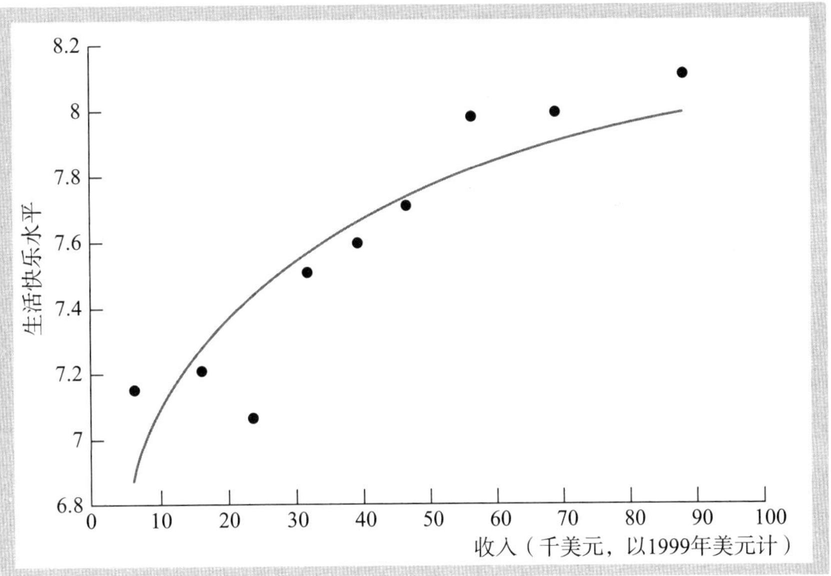

配　给

在战争和其他危机时期，政府有时会对食品、汽油和其他商品实行配给，而不是允许价格上升到竞争性水平。例如在第二次世界大战期间，美国家庭的购物受到限制：每周只能购买 12 盎司糖，每 5 周购买 1 磅咖啡，每周购买 3 加仑汽油。配给也经常出现在干旱时期的水消费中。在美国，加利福尼亚州经常对家庭和农业用水实行配给。在美国之外，卢

① Daniel Kahneman and Angus Deaton, "High Income Improves Evaluation of Life But Not Emotional Well-Being," PNAS, Vol. 107 (September 21, 2010): 16489 - 16493.

旺达、印度、巴基斯坦和埃及都在 2010 年实行过水消费的配给。

非价格的配给制被认为是一种比靠市场力量更公平的应对危机的方法。在市场体系下，高收入的人可以通过出更高的价格得到稀缺的商品。不过，如果商品通过类似配给券机制的配给制出售给家庭和企业消费者，每个人就都有平等的机会购买配给的商品。

为了弄清楚怎样用基本的消费者理论来分析配给制，我们用 1979 年发生在美国的汽油配给为例来说明。紧随着 1979 年伊朗革命，石油价格迅速上升。不过美国实行了价格管制政策，阻止了汽油价格的上升，并导致了汽油的短缺。汽油是通过在加油站前排长队而决定分配的：那些愿意花时间等候的人得到汽油，而其他人则得不到。通过保证每个人都可以得到一个最低量的汽油，配给制使那些原本买不起商品的人能够买得起商品。但是，定量配给伤害了另一部分人，限制了他们原本可以购买的数量。①

99 我们从图 3.22 中可以清楚地看到这一点，该图显示的是一位年收入为 20 000 美元的女士的情况。横轴表示的是她的汽油年消费量，纵轴表示的是她在购买汽油后的剩余收入（支出）。假设受管制的汽油价格是每加仑 1 美元，因为她的收入是 20 000 美元，她受预算线 AB 约束，该线的斜率为 -1。在每加仑 1 美元的情况下，她或许希望每年购买 5 000 加仑汽油，在其他商品上花 15 000 美元，以 C 表示。在这一点上，在给定预算约束为 20 000 美元的条件下，她已将其效用最大化了（位于可能存在的最高的无差异曲线 U_2 上）。

图 3.22 低效率的汽油配给

说明：当一种商品是配给供应的时，其数量少于消费者想要购买的数量，消费者的境况可能变坏。在汽油不是配给的时，消费者最多可消费 20 000 加仑的汽油（点 B）。当消费者选择无差异曲线 U_2 上的点 C 时，可消费 5 000 加仑汽油。然而，在汽油配给量被限制为 2 000 加仑的情况下（点 E），消费者移向较低的无差异曲线 U_1 上的点 D。

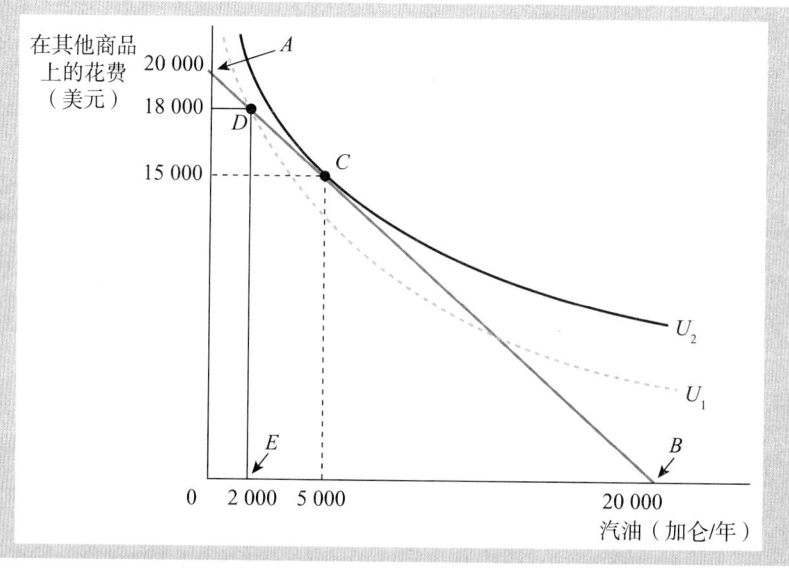

我们假设存在配给制，消费者只能购买不超过 2 000 加仑汽油。因此，她现在面临着预算线 ADE，一条不再是直线的预算线，因为不可能购买超过 2 000 加仑汽油。点 D 代表了每年消费 2 000 加仑汽油的消费组合。在这一点，预算线转而垂直，下降到 E，因为配给要求她最多只能购买 2 000 加仑汽油。图形显示，她选择在 D 处消费，她获得的效用数量 U_1 低于不实行配给时的 U_2，因为她消费的汽油少于她原本偏好的数量，而她消费的其他商品多于她原本偏好的数量。

很明显，如果消费没有限制，那么她的境况会更好。但是，与根本没有配给相比，她

① 对汽油配给的一个更为深入的讨论，参见 H. E. Frech Ⅲ and William C. Lee, "The Welfare Cost of Rationing-by-Queuing Across Markets: Theory and Estimates from the U. S. Gasoline Crises," *Quarterly Journal of Economics* (1987): 97 - 108。

在配给下的境况肯定会变坏吗？毫无疑问，答案依赖于如果不实行配给，竞争性市场的汽油价格会变得多高。图 3.23 显示了这一点。记住由市场决定的汽油价格是 1 美元/加仑，而我们的消费者愿意购买 20 000 加仑/年的上限——就是最初的预算线。在配给情形下，她购买了最高值，从而位于无差异曲线 U_1 上。现在假设没有配给，市场的竞争性价格上升 100
到 2 美元/加仑。现在预算线变成了最多购买 10 000 加仑的那一条。此时消费者将选择 F，这比 U_1 要低。（在点 F，她购买 3 000 加仑汽油，并用 14 000 美元购买其他商品。）

但是，考虑如果市场价格为每加仑 1.33 美元，此时她每年最大的汽油消费量为 15 000（=20 000/1.33）加仑。她将选择一个类似 G 的点，其汽油消费量超过 3 000 加仑，而其他商品的支出超过 14 000 美元。在此例中，她的境况比有配给时更好，因为点 G 在 U_1 右上方。因此，我们总结一下，任何配给都是一种低效的商品和服务配置方式，因为它一定会使某些人的境况变坏，即使能使一些人的境况变好。

图 3.23　汽油配给与自由市场的比较

说明：在配给情形下，一些消费者的境况会变差，但是其他人的境况会变好。在配给和汽油价格为 1 美元的条件下，她购买了允许购买的最大数量 2 000 加仑，使自己位于无差异曲线 U_1 上。如果竞争性市场价格在没有配给的条件下上升到 2 美元，她就要选择点 F，位于 U_1 下方。不过，如果汽油价格只是上升到 1.33 美元，她就可以选择点 G，位于 U_1 的右上方。

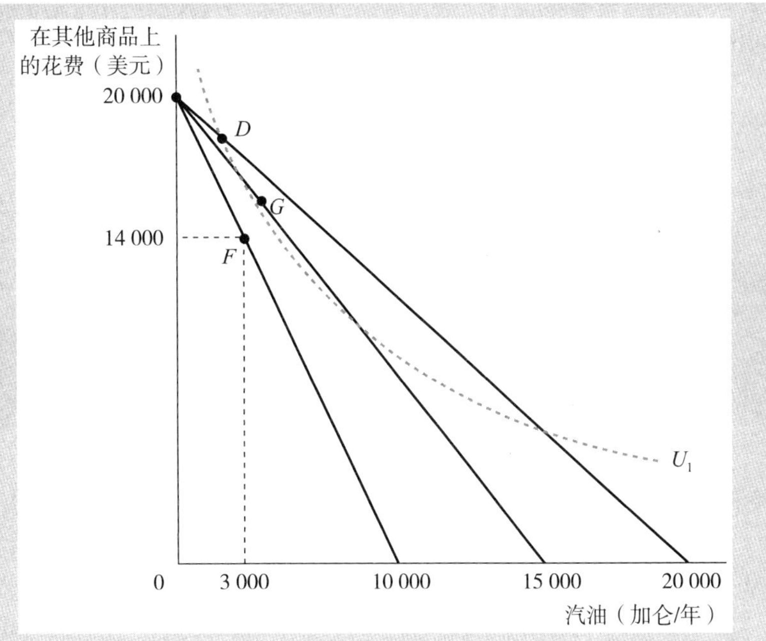

*3.6　生活成本指数

> **生活成本指数**　商品和服务的典型消费组合在当期的成本与基期的成本之比。

最近，社会保障体系一直是人们激烈讨论的话题。在当前的体系下，一位退休者从他退休之日开始，根据他的工龄长度，每年能得到一笔养老金。此后，这笔养老金将随着消费者价格指数（CPI）的上涨而增加。CPI 真的能精确地反映退休者的生活成本吗？我们现在把 CPI 也作为政府其他法案、私人企业养老金以及私人工资协议所依据的**生活成本指数**（cost-of-living index），这种做法是否妥当？类似地，我们也许可以问生产者价格指数（PPI）能否精确地度量生产成本的变化。要回答这些问题，就要用到经济学的消费者行为理论。在这一节，我们通过一个描述学生及其家长所面对的模拟价格变动的例子来说明像 CPI 这样的成本指数的理论基础。

理想生活成本指数

101 让我们看一下这样一对姐妹：雷切尔和莎拉，她们有相同的偏好。当莎拉在 2000 年开始上大学时，父母每季度给她 500 美元的可支配预算，她可将这些预算用在食品和书本的消费上，当时市场上食品为每磅 2 美元，书本为每本 20 美元。莎拉每季度要买 100 磅食品（花 200 美元）和 15 本书（花 300 美元）。10 年后，即 2010 年，雷切尔要上大学了，父母答应给她一笔在购买力上与她姐姐相同的预算。遗憾的是，大学城的物价已经上涨，现在食品每磅要 2.20 美元，书本每本要 100 美元。这笔可支配预算要增加多少才能让雷切尔在 2010 年与她的姐姐莎拉在 2000 年时过得一样好呢？表 3.3 汇总了相关数据，图 3.24 给出了答案。

表 3.3 理想生活成本指数

	2000 年（莎拉）	2010 年（雷切尔）
书本价格（美元/本）	20	100
书本数量	15	6
食品价格（美元/磅）	2.00	2.20
食品数量（磅）	100	300
总支出（美元）	500	1 260

图 3.24 中的直线 l_1 就是莎拉在 2000 年面临的预算约束线，她的效用最大化的食品与书本的组合是无差异曲线 U_1 上的点 A。我们可以根据表中所列数据计算出，要达到这一效用所花的成本是 500 美元：

500 美元＝100 磅食品×2 美元/磅＋15 本书×20 美元/本

102 如图 3.24 所示，雷切尔在新的更高的价格下，要达到与莎拉一样的效用水平，就需要一笔能让她购买直线 l_2 上（且与无差异曲线 U_1 相切的）点 B 所示的食品-书本组合的预算，在这一点，她选择购买 300 磅食品和 6 本书。请注意，雷切尔这样做已经考虑了书价相对于食品价格已上升，所以她选择以食品来替代书本。

图 3.24 生活成本指数

说明：价格指数，即与以基期价格购买 A 组合的成本相对的以当期价格购买 A 组合的成本，大于理想生活成本指数。

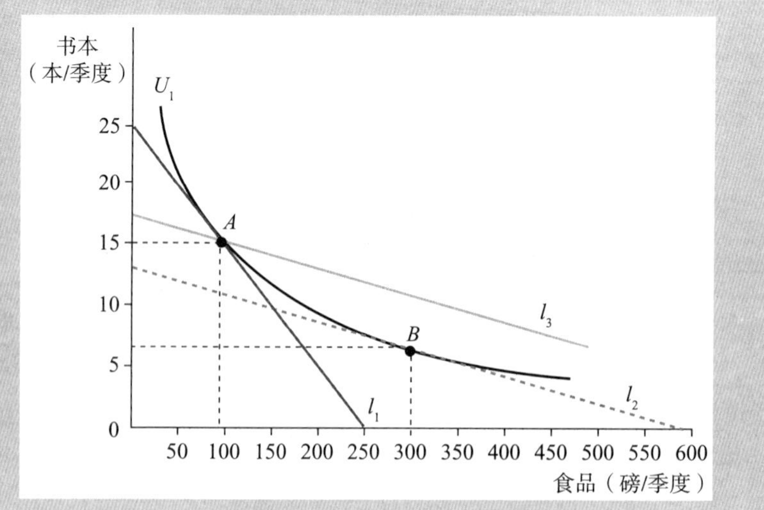

雷切尔要达到与莎拉一样的效用水平所花的成本为：

1 260 美元＝300 磅食品×2.20 美元/磅＋6 本书×100 美元/本

因此雷切尔的理想生活成本调整为 760 美元（1 260 美元减去给莎拉的 500 美元即为调整数）。理想生活成本指数为：

1 260 美元/500 美元＝2.52

理想生活成本指数 以当前价格达到一个给定效用水平所花成本相对于以基期价格达到相同效用水平所花成本的比值。

我们的指数需要一个基年，所以我们把 2000 年定为 100，那么 2010 年的指数值就是 252。252 意味着生活成本上升了 152%。而指数如果是 100，就表示生活成本没有变。这一**理想生活成本指数**（ideal cost-of-living index）就是以当前（2010 年）价格达到一个给定效用水平所花成本相对于以基期（2000 年）价格达到相同效用水平所花成本的比值。

拉氏指数

拉氏价格指数 以当期价格购买一个基期选定的商品与服务组合所需的货币数除以以基期价格购买同一组合所需的货币数之比。

遗憾的是，计算这样一个理想生活成本指数所需的信息非常庞大，我们不仅需要知道价格和支出，还要知道每个人的偏好（而每个人的偏好各不相同）。因此，实际的物价指数是基于消费者的购买，而不是消费者的偏好。以基期的给定消费组合为基础来计算的价格指数被称为**拉氏价格指数**（Laspeyres price index）。拉氏价格指数回答了这样的问题：一个人以当期价格购买一个基期选定的商品与服务组合所需的货币数除以以基期价格购买同一组合所需的货币数，商为多少？

拉氏价格指数如图 3.24 所示。计算雷切尔的拉氏生活成本指数是一个直观的过程。2010 年购买 100 磅食品和 15 本书需要花 1 720 美元（＝100×2.20 美元＋15×100 美元），这笔支出允许雷切尔选择预算线 l_3 上的 A 组合（或该线上的其他任何组合）。注意，l_3 表示的是允许雷切尔以 2010 年当期价格购买与她姐姐 2000 年相同的消费组合的预算约束线（l_3 是通过将 l_2 外推直至与点 A 相交所得）。因此，雷切尔的可支配预算就需要增加 1 220 美元才能弥补增长的生活成本。以 2000 年为 100，拉氏价格指数就是：

100×1 720 美元/500 美元＝344

拉氏价格指数与理想生活成本指数的比较　在我们的例子中，拉氏价格指数明显比理想的价格指数高出很多。但拉氏指数总比真实生活成本指数大吗？是的，从图 3.24 中可以看出这一点。假设雷切尔在 2000 年得到与 l_3 相对应的预算，她可以选择 A 组合，但很明显，如果她多购买食品而少购买书，她就能达到一个更高的效用水平（沿 l_3 向右移）。因为 A 和 B 产生了相同的效用，所以雷切尔得到拉氏生活成本补贴金会比得到一个理想生活成本补贴金生活得更好。由于更高的生活成本，拉氏指数使雷切尔得到超额补贴，因此，拉氏生活成本指数要比理想生活成本指数大。

帕氏指数 以当期价格购买一个当期选定的商品和服务组合的购买成本与以基期价格购买同一组合的购买成本之比。

这一结论普遍成立。为什么呢？原因在于拉氏价格指数假定消费者在价格改变时不改 103
变他们的消费模式。然而，消费者通过改变消费结构——多购买那些变得相对便宜的东西，少购买那些变得相对昂贵的东西，而不必消费与价格改变前相同的商品组合——就能达到相同的效用水平。

帕氏指数

另一种被广泛使用的生活成本指数是**帕氏指数**（Paasche index）。与强调购买基期固定组合的成本的拉氏指数不同，帕氏指数强调的是购买固定的当期组合的成本。帕氏指数专门回答了另一个问题：一个人以当期价格购买当期的一个商品和服务组合所需的货币数除以以基期价格购买同一组合所需的货币数，商为多少？

拉氏指数与帕氏指数的比较 将拉氏和帕氏生活成本指数进行比较很有用：

- **拉氏指数**：一个人以当期价格购买一个基期选定的商品和服务组合所需货币数除以以基期价格购买同一组合所需货币数的商。
- **帕氏指数**：一个人以当期价格购买当期的一个商品和服务组合所需货币数除以以基期价格购买同一组合所需货币数的商。

固定权重指数 商品和服务数量保持不变的生活成本指数。

拉氏指数（LI）和帕氏指数（PI）都是**固定权重指数**（fixed-weight index）：两种指数中各种商品和服务的数量都是不变的。但是，对拉氏指数来说，数量为基期水平；而帕氏指数的数量为当期水平。通常假定有两种商品：食品（F）和衣服（C），令

P_{Ft}和P_{Ct}为当期价格；

P_{Fb}和P_{Cb}为基期价格；

F_t和C_t为当期数量；

F_b和C_b为基期数量。

我们可以把这两个指数写成：

$$\mathrm{LI}=\frac{P_{Ft}F_b+P_{Ct}C_b}{P_{Fb}F_b+P_{Cb}C_b}$$

$$\mathrm{PI}=\frac{P_{Ft}F_t+P_{Ct}C_t}{P_{Fb}F_t+P_{Cb}C_t}$$

正如拉氏指数将放大理想生活成本那样，帕氏指数将缩小它，因为帕氏指数是假设一个人将在基期购买当期的组合。事实上，面对基期价格时，消费者可能已经通过改变她的消费组合而以更低的成本达到了相同的效用水平。既然帕氏指数是购买当期组合成本与购买基期组合成本的比值，那么放大基期组合的成本（即公式中的分母）也就使得指数本身
104 被缩小了。

为了比较拉氏指数与帕氏指数，我们回到前面的例子，关注莎拉对书本和食品的选择。对莎拉来说（她在 2000 年上的大学），以当期价格购买基期书本和食品组合的成本为 1 720 美元（=100 磅×2.20 美元/磅+15 本×100 美元/本）。以基期价格购买相同组合的成本为 500 美元（=100 磅×2 美元/磅+15 本×20 美元/本），于是拉氏指数为 100×1 720 美元/500 美元=344，如前所述。不同的是，以当期价格购买当期组合的成本为 1 260 美元（=300 磅×2.20 美元/磅+6 本×100 美元/本），以基期价格购买相同组合的成本为 720 美元（=300 磅×2 美元/磅+6 本×20 美元/本），所以，帕氏价格指数为 100×1 260 美元/720 美元=175。不出所料，帕氏指数小于拉氏指数，并比理想指数 252 小。

美国的价格指数：连锁权重指数

历史上，消费者价格指数（CPI）和生产者价格指数（PPI）都曾以拉氏价格指数的方法计算。美国劳工统计局把一篮子典型商品和服务组合的成本与基期成本的比率作为每个月总体消费者价格指数。特定类别商品和服务（比如居住）的 CPI 则是利用这一类中的一篮子商品和服务组合。用一篮子中间产品和批发商品计算的 PPI 也采取了类似的方法。

我们已经看到，拉氏价格指数高估了因为价格上涨需给予个体的补偿。就社会保障和其他政府计划而言，这意味着用以基期为权重的消费者价格指数来调整退休金将倾向于过

高补贴养老金领取者，从而需要更多的政府支出。

经济学家们很久以来就意识到了这个问题，但直到 20 世纪 70 年代的能源价格冲击，食品价格频繁波动，以及人们对联邦赤字的关注，对拉氏指数的不满才日益增长。例如，已有估计表明，由于没有考虑因计算机价格大幅下降而引起的消费者计算机购买能力的改变，最近几年的 CPI 值相当程度地高估了每年的生活成本。

连锁权重价格指数 考虑到商品和服务消费数量变化的生活成本指数。

因此，美国政府调整了 CPI 和 PPI 的计算方法，不再是简单地使用拉氏指数，而是采用基期权重每隔几年更新一次的指数。**连锁权重价格指数**（chain-weighted price index）是一篮子商品和服务的数量随时间的推移而调整的生活成本指数。它对于美国来说并不新鲜。早在 1995 年，连锁权重价格指数就被用来改进国内生产总值平减指数（GDP deflator）的计算，GDP 平减指数是一种用帕氏价格指数方法计算出的价格指数，用于平减国内生产总值，以获得实际 GDP 的估计值（即经过通货膨胀调整的 GDP）。① 消费者价格指数、生产者价格指数和 GDP 平减指数的连锁权重计算方法减少了简单采用拉氏或帕氏指数存在的偏差，但这些权重并不经常修正，所以这些偏差并没有被完全消除。②

美国劳工统计局依赖连锁权重方法不断地改进对 CPI 的度量。例如，美国劳工统计局 105
2015 年报告 CPI 统计时，宣称使用了一种更加细微且聚焦的方法来引入那些没有定价信息的商品和服务的价格。

小　结

1. 消费者选择理论是建立在人们的行为是理性的这一假设之上的，即人们通过购买商品和服务的某一组合而使从中获得的满足最大化。

2. 消费者选择有两个相关的部分：消费者偏好研究，对约束消费者选择的预算线的分析。

3. 消费者通过比较不同市场篮子或商品组合做出选择。他们的偏好被假设为完备的（他们可以比较一切可能存在的市场篮子）和传递的（如果在市场篮子 A 和 B 之间，他们偏好 A，在 B 和 C 之间，他们偏好 B，那么在 A 和 C 之间，他们便偏好 A）。另外，经济学家还假定每种商品越多越受到偏好。

4. 无差异曲线代表了能带来相同程度满足的商品和服务的所有组合。无差异曲线向右下方倾斜，并且彼此不相交。

5. 消费者偏好可以用被称为无差异曲线簇的一组无差异曲线来完整地描述。这一无差异曲线簇提供了消费者可能做出的一切选择的序数排列。

6. F 对 C 的边际替代率（MRS）是一个人为获取额外一单位 F 而愿意放弃的最高数量的 C。当我们沿着一条无差异曲线向下移动时，边际替代率递减。当边际替代率递减时，无差异曲线是凸的。

7. 预算线代表了消费者花光其所有收入能购买的所有商品组合。当消费者的收入增加时，预算线外移。但是，当一种商品的价格（在横轴上）变化，而收入和另一种商品的价格保持不变时，预算线会以某个固定的点（在纵轴上）为轴心旋转。

8. 消费者在预算约束下最大化满足。当一个消费者通过两种商品中每一种都消费一部分而使其满足最大化时，边际替代率等于被购买的两种商品的价格比率。

9. 最大化有时是在角点解处实现的，此时一种商品的消费量为零。在这种情况下，边际替代率不

---

① 有关 CPI 和 PPI 的最新调整，参见 http://www.bls.gov/cpi 和 http://www.bls.gov/ppi。有关实际 GDP 计算的更多信息，参见 http://www.bea.gov。

② CPI 和 PPI 另外的一些偏差源于无法充分考虑新产品的出现以及现有产品质量的改进。

一定等于价格比率。

10. 显示偏好理论表明了可以怎样利用消费者在价格和收入变动时做出的选择来确定他们的偏好。当一个人在他也可以买得起篮子 B 的时候选择了篮子 A，我们便知道，A 比 B 更受到偏好。

11. 消费者理论可以用两种方式呈现。无差异曲线的方法运用了效用的序数特性（也就是它允许对各种选择进行排序）。而效用函数的方法则通过赋予每个市场篮子一个数值来得到一个效用函数；如果市场篮子 A 比市场篮子 B 更受到偏好，那么 A 就比 B 产生更多的效用。

12. 在分析有风险的选择或必须在个人之间做比较的时候，效用函数的基数特性是很重要的。在一般情况下，效用函数会显示递减的边际效用：随着消费者消费的一种商品越来越多，他获得的效用的增加就越来越小。

13. 在运用效用函数方法时，如果消费者消费两种商品，那么在两种商品的边际效用比率（也就是边际替代率）等于价格比率时，效用最大化便实现了。

14. 在战争和其他危机期间，政府有时配给食品、汽油和其他商品，而不是令它们的价格上升到竞争性水平。有人认为配给比市场自发配置更加公平。

15. 理想生活成本指数是度量要用多少成本以当前价格购买一个商品组合才能达到在基期以基期价格消费的一个商品组合所达到的相同效用水平。而拉氏价格指数表示以当期价格购买一个基期选定的商品组合的成本相对于以基期价格购买同一组合的成本的比值。即使采用连锁权重方法，CPI 仍然高于理想生活成本指数。相反，帕氏指数是计算以当期价格购买当期选定的一个商品组合的成本除以用基期价格购买同一组合成本的商。因此，帕氏指数低估了理想生活成本指数。

复习题

106 1. 个人偏好的四个基本假设是什么？解释各个假设的含义或者意义。

2. 一组无差异曲线能向上倾斜吗？如果是这样，你怎样看待这两种商品？

3. 解释为什么两条无差异曲线不能相交。

4. 乔恩总是愿意以一听可口可乐换取一听雪碧，或者以一听雪碧换取一听可口可乐。

a. 你如何看待乔恩的边际替代率？

b. 画出乔恩的一组无差异曲线。

c. 画出两条斜率不一样的预算线，并说明效用最大化的选择。从中你能得出什么结论？

5. 当你沿着一条凸的无差异曲线移动时，边际替代率如何变化？如果是一条线性的无差异曲线呢？

6. 说明为什么当消费者实现最大化满足时，两种商品的边际替代率必定等于商品的价格比率。

7. 描述与互为完全替代品的两种商品相对应的无差异曲线。假如为完全互补品又怎么样呢？

8. 序数效用和基数效用的区别是什么？解释对消费者选择进行排序时为什么不需要基数效用的假定。

9. 在德国统一之后，原民主德国消费者在梅赛德斯-奔驰和大众汽车之间更偏好前者。然而，当他们将其储蓄兑换成德国马克后，却蜂拥至大众特约经销商。如何解释这一显见的悖论？

10. 画一条预算线，然后再画一条无差异曲线来说明与两种商品相对应的满足最大化选择。利用图形回答下述问题。

a. 假定其中一种商品实施配给。解释为什么消费者的境况可能变坏。

b. 假定其中一种商品被固定在当前市场价格以下水平，因此消费者不能想买多少就买多少。你能判断消费者的境况是变好了还是变坏了吗？

11. 描述边际相等原则。解释一下，为什么如果一种或两种商品的消费具有递增的边际效用，这一原则可能并不成立。

12. 在过去 20 年中计算机的价格已经大幅下跌。请用这一价格下跌的情况解释为什么消费者价格指数可能在很大程度上高估了那些密集使用计算机的人的生活成本指数。

13. 解释为什么帕氏指数通常会低估理想生活成本指数。

练习题

1. 在本章中，对于不同商品的消费者偏好在分析中没有发生变化。不过在有些情况下，消费时偏好的确会变化。讨论一下，就消费下述这两种商品而言，偏好为什么以及怎样在一段时间后可能会变化。

a. 卷烟；

b. 在一家有特色菜肴的餐厅里初次用餐。

2. 画出下述两种商品个人偏好的无差异曲线：汉堡包和软饮料。指出个人满足（或效用）增加的方向：

a. 乔的无差异曲线为凸的，汉堡包和软饮料都不喜欢。

b. 简喜欢汉堡包，但不喜欢软饮料。如果服务员给她一份软饮料，她会不喝倒掉。

c. 鲍勃喜欢汉堡包，但不喜欢软饮料。但是如果服务员给他一份软饮料，为了礼貌起见他会喝掉。

d. 莫利喜欢汉堡包和软饮料，但坚持精确地按照两个汉堡包搭配一份软饮料来吃。

e. 比尔喜欢汉堡包，但对软饮料无所谓喜欢或不喜欢。

f. 玛丽从额外一份汉堡包中获得的满足是从额外一份软饮料中所获得满足的两倍。

3. 假如简目前愿意以 4 张电影票来换取 1 张篮球赛门票，那么与电影相比，她肯定更喜欢篮球。这一说法是对还是错？请解释。

4. 加内勒和布赖恩每个人计划花费 20 000 美元在汽车的款式和油耗这两个性能上。他们可以选择款式，也可以选择油耗，或者是两者的组合。加内勒对款式无所谓，但是希望油耗尽可能地低。布赖恩对两者的喜欢程度相同，想在每样性能上花费相同数额的钱。利用无差异曲线和预算线，说明两人各将做怎样的选择。

5. 假如布里奇特和艾玲的收入花在两种商品上——食品（F）和衣服（C）。布里奇特的偏好用效用函数 $U(F,C)=10FC$ 表示，而艾玲的偏好用效用函数 $U(F,C)=0.20F^2C^2$ 表示。

a. 以食品为横轴，以衣服为纵轴，在图上找到能给予布里奇特与组合（10，5）相同效用水平的点集。在另一幅图上为艾玲找到相同的点集。

b. 在同样两幅图中，分别找出能给予布里奇特和艾玲与组合（15，8）一样效用水平的点集。

c. 你认为布里奇特和艾玲的偏好相同吗？请解释。

6. 假设琼斯和史密斯已决定每年花 1 000 美元在曲棍球赛或摇滚音乐会这两种形式的娱乐上。他们都喜欢曲棍球赛或摇滚音乐会，将会选择消费正数量的这两种商品。但对这两种形式的娱乐，琼斯和史密斯在他们的偏好方面分歧很大，琼斯更偏好曲棍球赛，而史密斯则更偏好摇滚音乐会。

a. 为琼斯画一组无差异曲线，为史密斯画第二组曲线。

b. 运用边际替代率概念解释为什么这两组曲线彼此不一样。

7. DVD 的价格（D）是 20 美元，CD 的价格（C）是 10 美元。菲利普有一笔 100 美元的预算，可以花在这两种商品上。假设他已购买了 1 张 DVD 和 1 张 CD。另外，他其实还想再购买 3 张 DVD 和 5 张 CD。

a. 在上述价格和收入下，以横轴表示 CD，画出菲利普的预算约束。

b. 考虑菲利普已经购买的和仍然想要购买的这两种商品，找出他可以购买的三个不同的 CD 与 DVD 的组合。假定他只能购买整数单位。

8. 安妮的工作要求她每四个星期中有三个星期要外出，假定她有一个年交通预算，可以乘火车或者坐飞机。她经常去的航空公司实施了一个里程积分项目，根据她的飞行里程对机票价格打折。当她一年内的飞行里程达到 25 000 英里之后，航空公司在该年的剩余时间里对机票减价 25%；达到 50 000 英里之后，减价 50%。以纵轴表示火车里程数，以横轴表示飞行里程数，画出安妮的预算线。

9. 黛布拉去电影院的时候常常会购买软饮料，她有三个选择：8 盎司的饮料要价 1.50 美元，12 盎司的饮料要价 2.00 美元，16 盎司的饮料要价 2.25 美元。画出黛布拉购买饮料时面临的预算约束。（假定黛布拉处理她不需要的软饮料时无须花费成本。）

10. 安东尼奥在读大一时买了 5 本大学新教材，每本花了 80 美元。而二手教材每本只卖 50 美元。当书店宣布新教材涨价 10%、旧教材涨价 5%的时候，安东尼奥的父亲多给了他 40 美元。

a. 安东尼奥的预算线如何变动？以纵轴表示新教材进行说明。

b. 在价格变动之后，安东尼奥的境况是变好了还是 107
变坏了？请解释。

11. 在佐治亚，鳄梨的价格是桃子的两倍。不过，在加利福尼亚，两者的价格是一样的。假如两州的消费者都最大化了其效用，对他们来说，桃子对鳄梨的边际替代率是否相同？如果不同，哪个州的消费者该值更高？

12. 本在两种商品间分配其预算：比萨饼和墨西哥玉米煎饼。

a. 以横轴表示比萨饼，用图说明本的最优组合。

b. 假定现在对比萨饼收税，使得其价格上涨了20%，说明本现在的最优组合。

c. 假定比萨饼现在实行配给制，在本要求的数量以下，说明本此时的最优组合。

13. 布伦达打算购买新汽车，预算为25 000美元。她新近发现了一本杂志，该杂志给每辆汽车就款式和油耗分别赋予一个指数，指数的区间为1～10，10代表最好的款式或者最低的油耗。通过观察汽车清单，她发现款式指数每上升一单位，汽车的价格就上升5 000美元。她还发现，油耗指数每下降一单位，汽车的价格就上升2 500美元。

a. 以横轴表示油耗，说明布伦达在25 000美元的预算下所能选择的款式（S）和油耗（G）的各种组合。

b. 假定布伦达的偏好是这样的，即她从额外一单位款式中获得的满足总是从油耗中获得的三倍。布伦达将选择什么样的汽车？

c. 假定布伦达的边际替代率（油耗对款式）等于$S/(4G)$。她希望她的汽车的各项指数为多少呢？

d. 假定布伦达的边际替代率（油耗对款式）等于$(3S)/G$。她希望她的汽车的各项指数为多少呢？

14. 康妮每月将200美元的收入用于购买两种商品：肉和土豆。

a. 假设肉每磅是4美元，土豆每磅是2美元，画出她的预算约束。

b. 再假设她的效用函数由方程$U(M, P)=2M+P$
108 给出，她应该购买哪种肉和土豆的组合以使其效用最大化？（提示：肉和土豆是完全替代品。）

c. 康妮去的超市有一项特价促销活动，如果她购买20磅土豆（每磅2美元），超市就免费再赠送她10磅土豆，这一赠送只限于她购买的最初20磅土豆。超过最初20磅以上的所有土豆（除了奖励的土豆之外）仍然是每磅2美元。画出她的预算约束。

d. 假设一场使土豆腐烂的病害的爆发将土豆的价格抬至每磅4美元。超市结束了其促销活动。康妮现在的预算约束又会是怎样的呢？哪种肉和土豆的组合使其效用最大化？

15. 简从国内旅游的天数（D）和国外旅游的天数（F）中获得效用，由效用函数$U(D, F)=10DF$给出。另外，在国内旅游每天的价格为100美元，在国外旅游每天的价格为400美元，简旅游的年预算为4 000美元。

a. 分别说明与效用水平800和1 200相对应的无差异曲线。

b. 在同一幅图上画出简的预算线。

c. 简有能力购买能给她800效用的组合吗？1 200呢？

*d. 求简实现效用最大化时国内旅游的天数和国外旅游的天数的选择。

16. 朱利奥从消费食品（F）和衣服（C）中获得效用，由效用函数$U(F, C)=FC$给出。另外，食品的价格为每单位2美元，衣服的价格为每单位10美元，朱利奥每星期的收入为50美元。

a. 当朱利奥实现效用最大化时，食品对衣服的边际替代率是多少？请解释。

b. 假设与效用最大化时的组合相比，朱利奥多购买了食品，少购买了衣服，他的食品对衣服的边际替代率会大于还是小于a部分的答案？请解释。

17. 玛莉蒂斯从消费食品（F）和衣服（C）中得到的效用由$U(F, C)=FC$给出。假设1990年她的收入为1 200美元，食品和衣服的价格均为每单位1美元。但是到了2000年，食品价格上升至2美元，衣服价格上升至3美元。以100表示1990年的生活成本指数。请计算玛莉蒂斯2000年的理想生活成本指数和拉氏指数。（提示：在这样的偏好下，玛莉蒂斯将购买相同数量的食品和衣服。）

4 个人需求与市场需求

第 3 章建立了消费需求理论所需的基础。我们探讨了消费者偏好的性 109
质，并且明白了在给定预算约束条件下，消费者是如何选择一个能使其满足程度最大化的市场篮子的。从这里出发，只需再往前一小步，便可以分析对一种商品的需求是如何取决于这种商品的价格及其他商品的价格和收入的。

我们对需求的分析分六步进行：

（1）我们先导出个别消费者的需求曲线。因为我们知道价格和收入的变化是如何影响一个人的预算线的，所以我们可以确定这些变化是如何影响消费选择的。利用这一信息我们将看到，当我们沿着个人需求曲线移动时，消费者对一种商品的需求数量是如何随着价格的变化而变化的。我们也会看到当个人的收入变动时，需求曲线会怎样移动。

（2）在这一基础上，我们将更详细地考察价格变化的效应。当一种商品的价格上升时，个人对它的需求将会从两个方面发生变化。第一，因为相对于其他商品来说它变得更贵了，所以消费者将会减少对它的购买而增加对其他商品的购买。第二，这一更高的价格削弱了消费者的购买力。这相当于收入的降低，将会导致消费者需求的下降。通过分析这两种不同的效应，我们将会更好地理解需求的特性。

（3）接下来，我们将会看到个人需求曲线是如何可以加总以确定市场需求曲线的。我们也将研究市场需求的特点，同时将会看到为什么有些种类商品的需求明显区别于其他种类商品的需求。

（4）我们将进一步说明市场需求曲线是如何用来度量，当人们消费超过或者低于他们支出水平的商品时，他们所获得的福利。这一信息对于我们研究政府对一个市场进行干预时的效应至关重要。

（5）然后我们说明网络外部性的影响，也就是，当一个人对一种商品
的需求也取决于其他人的需求时会是怎样的情形。网络外部性在许多高科 110
技产品，例如计算机硬件和软件，以及通信系统等的需求中扮演着重要角色。

（6）最后，我们将简要地说明经济学家用以获得有关需求的经验信息的一些方法。

本章要点

案例列表

4.1　个人需求

本节将会说明，个别消费者的需求曲线是如何作为消费选择的结果而产生，以及消费者是怎样面对预算约束而做出这一选择的。为了用图形说明概念，我们将可得的商品局限于食品和衣服，并运用第 3.3 节中的效用最大化方法。

价格变化

我们先来考察，当食品的价格发生变化时，食品和衣服的消费是如何变化的。图 4.1 描述了一个人在两种商品之间分配给定数额的收入时会做出的消费选择。

起初，食品的价格是 1 美元，衣服的价格是 2 美元，消费者的收入是 20 美元，效用最大化的消费选择是在图 4.1（a）中的点 B。在这一点上，消费者购买 12 单位食品、4 单位衣服，这样便获得了与无差异曲线 U_2 相对应的效用水平。

现在看一下图 4.1（b），它描述了食品的价格和需求量之间的关系。横轴度量了食品的消费量，如图 4.1（a）所示，但纵轴现在度量的是食品的价格。图 4.1（b）中的点 G 对应于图 4.1（a）中的点 B。在点 G，食品的价格是 1 美元，消费者购买了 12 单位食品。

假设食品的价格涨至 2 美元，那么正如我们在第 3 章所看到的，图 4.1（a）中的预算线就会以纵向截点为轴心向内旋转，其倾斜程度是以前的两倍，较高的食品价格提高了预算线的斜率。消费者现在在点 A 处获得了最大的效用，这一点位于较低的无差异曲线 U_1 上。因为食品的价格上升了，消费者的购买力——从而可获得的效用——便下降了。在点 A 处，消费者购买 4 单位食品和 6 单位衣服。在图 4.1（b）中，这一调整后的消费选择是在点 E 处，它表明在 2 美元的价格处，消费者的需求为 4 单位食品。

最后，如果食品价格跌至 50 美分，又会发生什么情况呢？因为现在预算线向外旋转，通过选择 D，即 20 单位食品和 5 单位衣服，消费者可以获得与图 4.1（a）中的无差异曲线 U_3 相对应的较高的效用水平。图 4.1（b）中的点 H 表明价格是 50 美分，需求量是 20 单位食品。

价格-消费曲线　当一种商品的价格变动时，两种商品效用最大化组合的变动轨迹。

111

个人需求曲线　将单个消费者将会购买的商品数量和该商品的价格联系起来的曲线。

个人需求曲线

我们可以接着将食品价格所有可能的变化包括进来。在图 4.1（a）中，**价格-消费曲线**（price-consumption curve）勾画了与食品的每一种可能价格相对应的效用最大化的食品和衣服组合。注意随着食品价格的下跌，可获得的效用增加，消费者购买了更多的食品。这一因某种商品价格的下跌而导致该商品消费量上升的模式几乎总是成立的。但是食品价格下跌了，衣服的消费又会如何呢？如图 4.1（a）所示，衣服的消费可能是上升的，也可能是下降的。食品和衣服的消费都可以上升，因为食品价格的下跌增加了消费者购买这两种商品的能力。

个人需求曲线（individual demand curve）把单个消费者将会购买的商品数量和该商品的价格联系起来。在图 4.1（b）中，个人需求曲线描述了消费者将会购买的食品数量与食品的价格的关系。需求曲线有两个重要特征：

图 4.1　价格变化的效应

说明：收入和衣服价格保持不变，而食品价格下降，这使本图中的消费者选择了一个不同的市场篮子。在图（a）中，对应于不同食品价格的效用最大化的市场篮子（点A，2美元；点B，1美元；点D，0.50美元）勾画出了价格-消费曲线。图（b）给出了需求曲线，它将食品的价格和需求量联系起来了（点E、点G和点H分别对应于点A、点B和点D）。

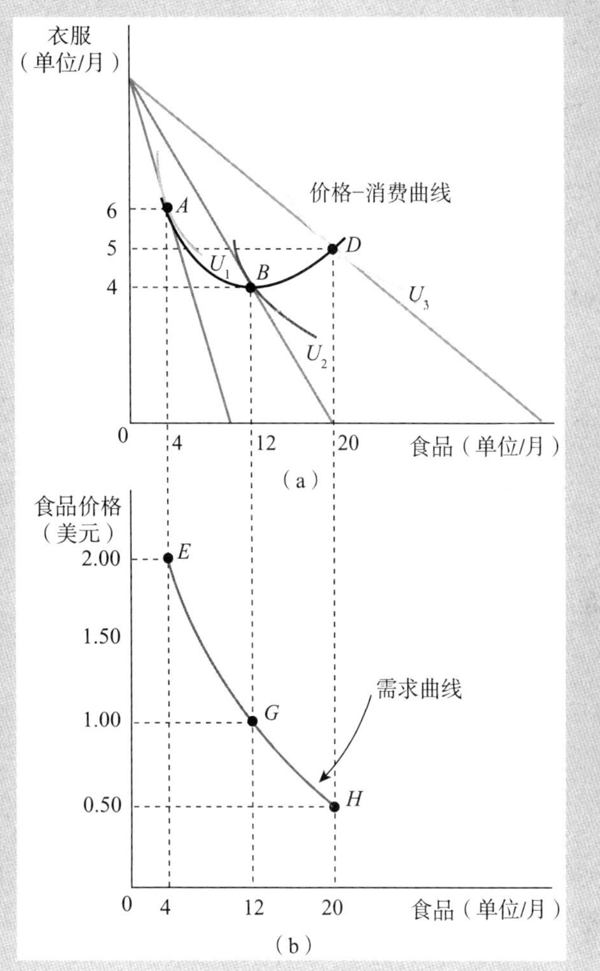

（1）当我们沿着曲线移动时，可获得的效用水平会发生变化。商品价格越低，效用水平越高。从图4.1（a）可以看出，当价格下跌时，消费者可以达到更高的无差异曲线。这一结论明确地表明，当一种商品的价格下跌时，消费者的购买力增加了。

（2）在曲线的每一个点上，消费者通过满足食品对衣服的边际替代率（marginal rate of substitution，MRS）等于食品和衣服的价格比率这一条件来使效用最大化。当食品的价格下跌时，价格比率和MRS也下降。在图4.1（b）中，价格比率从E处（因为曲线U_1与 112
斜率为-1的预算线相切于A处）的1（$=2$美元/2美元）降至G处的1/2（$=1$美元/2美元），再降至H处的0.25（$=0.50$美元/2美元）。因为消费者最大化了效用，所以当我们沿着需求曲线下移时，食品对衣服的MRS便下降。凭直觉，这是有道理的，因为它告诉我们，当消费者购买更多食品时，食品的相对价值下降了。

边际替代率沿着个人需求曲线变化这一事实告诉了我们，消费者是如何评价一种商品或服务的消费的。假设我们问一位消费者，在她目前消费4单位食品的时候，她愿意为消费额外1单位食品支付多少钱。图4.1（b）中需求曲线上的点E提供了答案：2美元。为什么？如同我们在上面所指出的那样，既然食品对衣服的MRS是E处的1，那么额外1单位食品就值额外1单位衣服。但是1单位衣服需花2美元，因而这2美元就是消费额外1单位食品所获得的价值（或边际收益）。因此，当我们沿着图4.1（b）中的需求曲线往下移动时，MRS 下降。同理，消费者赋予额外 1 单位食品的价值也从 2 美元降至 1 美元，再降至 0.50 美元。

收入变化

我们已经看到，当食品的价格发生变化时，食品和衣服的消费会有什么变化。现在让我们来看一下当收入发生变化时会是什么情形。

对收入变化所带来的影响的分析类似于分析价格变化所带来的影响。图 4.2（a）描述了在食品价格为 1 美元、衣服价格为 2 美元时，一位消费者在食品和衣服之间分配固定数量收入时可能会做出的消费选择。正如在图 4.1（a）中，衣服的数量以纵轴衡量，食品的数量以横轴衡量。收入变化在图 4.2（a）中表现为预算线的变化。起初，消费者的收入是 10 美元，效用最大化的消费选择出现在 A 处，在这一点上，她购买 4 单位食品、3 单位衣服。

4 单位食品的选择也在图 4.2（b）中得到了说明，如需求曲线 D_1 上的 E 所示。需求曲线 D_1 就是我们将收入固定在 10 美元而在食品价格变动的情形下所勾画的曲线。因为我们保持食品价格不变，所以我们在这一需求曲线上只观察到一个点 E。

那么一旦消费者的收入增至 20 美元，情形又会如何？她的预算线便会平行于原预算线外移，使她能够获得与无差异曲线 U_2 相对应的效用水平。其最优消费选择现在位于 B 处，在这一点上，她购买 10 单位食品和 5 单位衣服。在图 4.2（b）中，她的食品消费在需求曲线 D_2 上如 G 所示。D_2 就是我们将收入固定在 20 美元而变动食品价格的情形下所画出的曲线。最后，注意，如果她的收入增至 30 美元，她会选择 D，即 16 单位食品和 7 单位衣服的市场篮子，在图 4.2（b）中如 H 所示。

收入-消费曲线 与每一收入水平相关的效用最大化的商品组合曲线。

我们可以接着把所有可能的收入变化包括进来。在图 4.2（a）中，**收入-消费曲线**（in-
113 come-consumption curve）勾画出了与每一收入水平相对应的效用最大化时的食品和衣服组合。这条收入-消费曲线是向上倾斜的，因为随着收入的增加，食品和衣服的消费都会增加。前面我们看到，一种商品的价格变化对应于沿着需求曲线的一次移动。此处，情形大不一样了。因为每一条需求曲线都是为特定的收入水平度量的，所以收入的任何一个变化必定导致需求曲线本身的移动。于是，在图 4.2（a）的收入-消费曲线上的 A 就对应于图 4.2（b）的需求曲线 D_1 上的 E，而 B 则对应于不同的需求曲线 D_2 上的 G。向上倾斜的收入-消费曲线表明，收入的增加导致需求曲线向右移动——在本例中，即从 D_1 移向 D_2，再移向 D_3。

正常品与劣等品

当收入-消费曲线的斜率为正时，需求量随收入而增加，需求的收入弹性为正。需求曲线向右移动的幅度越大，收入弹性也越大。在这种情况下，这些商品被认为是正常的（normal）：当消费者的收入增加时，他们想购买更多的这类商品。

在有些情况下，当收入增加时，需求量反而下降，需求的收入弹性是负的，我们就说这种商品是劣等的（inferior）。劣等这一说法仅仅意味着当收入上升时消费反而下降。例如，汉堡包对有些人来说是劣等的，因为当他们的收入增加时，他们就会少买汉堡包，而多买牛排。

图 4.3 显示了一种劣等品的收入-消费曲线。在收入水平相对较低的时候，汉堡包和牛排都是正常品。然而，当收入上升时，收入-消费曲线向后弯曲（从点 B 至点 C）。这一情形的
114 发生是因为汉堡包已成为一种劣等品——当收入增加之后，它的消费量反而下降了。

图 4.2　收入变化的效应

说明：保持所有商品的价格不变，消费者的收入增加会引起其对市场篮子的选择的改变。在图（a）中，在各种收入情况下（点 A，10 美元；点 B，20 美元；点 D，30 美元）使消费者满足最大化的市场篮子勾画出了收入-消费曲线。需求曲线因收入增加而向右的移动如图（b）所示（点 E、G 和 H 分别对应于点 A、B 和 D）。

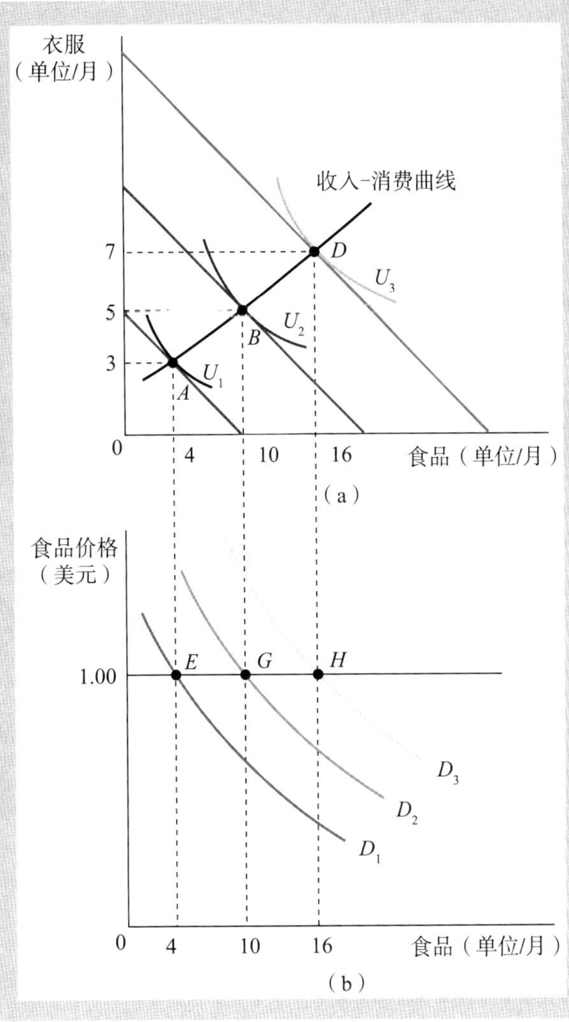

图 4.3　一种劣等品

说明：当一个人的收入增加时，购买的两种商品中一种的消费量反而减少。此处，汉堡包在 A 和 B 之间为正常品，但是在 B 和 C 之间，收入-消费曲线向后弯曲，它就成了劣等品。

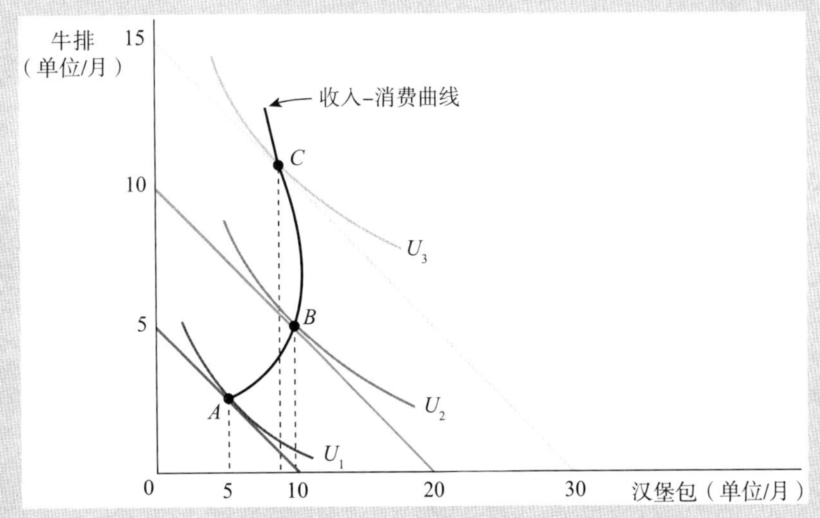

恩格尔曲线

收入-消费曲线可以用来构建**恩格尔曲线**（Engel curves），它将一种商品的消费量与收入联系起来。图 4.4 描述了对于两种不同的商品，这类曲线是如何构建的。图 4.4（a）是一条向上倾斜的恩格尔曲线，这幅图是直接从图 4.2（a）导出的。在这两幅图中，当个人的收入从 10 美元增至 20 美元，再增至 30 美元时，食品的消费从 4 单位增至 10 单位，再增至 16 单位。回忆一下，在图 4.2（a）中，纵轴度量了每月衣服的消费量，横轴度量了每月食品的消费量；收入的变动则体现为预算线的移动。在图 4.4（a）和（b）中，我们以纵轴表示收入，以横轴表示食品和汉堡包，重画了这些数据。

115 **恩格尔曲线** 表示食品消费和收入之间关系的曲线。

图 4.4（a）中向上倾斜的恩格尔曲线——就像图 4.2（a）中的向上倾斜的收入-消费曲线一样——适用于所有的正常品。注意，衣服的恩格尔曲线有类似的形状（当收入增加时，衣服的消费从 3 单位增至 5 单位，再增至 7 单位）。

图 4.4（b）由图 4.3 推导而来，显示了汉堡包的恩格尔曲线。我们看到，当收入从 10 美元增至 20 美元时，汉堡包的消费从 5 单位增至 10 单位。而当收入进一步增加，从 20 美元增至 30 美元时，汉堡包的消费却降至 8 单位。恩格尔曲线上向右下方倾斜的那部分就是汉堡包成为劣等品的收入范围。

图 4.4 恩格尔曲线

说明：恩格尔曲线将一种商品的消费量与收入联系在一起。在图（a）中，食品是一种正常品，恩格尔曲线向上倾斜。然而，在图（b）中，对于收入在 20 美元以下的人来说，汉堡包是一种正常品；而对于收入在 20 美元以上的人来说，它则是一种劣等品。

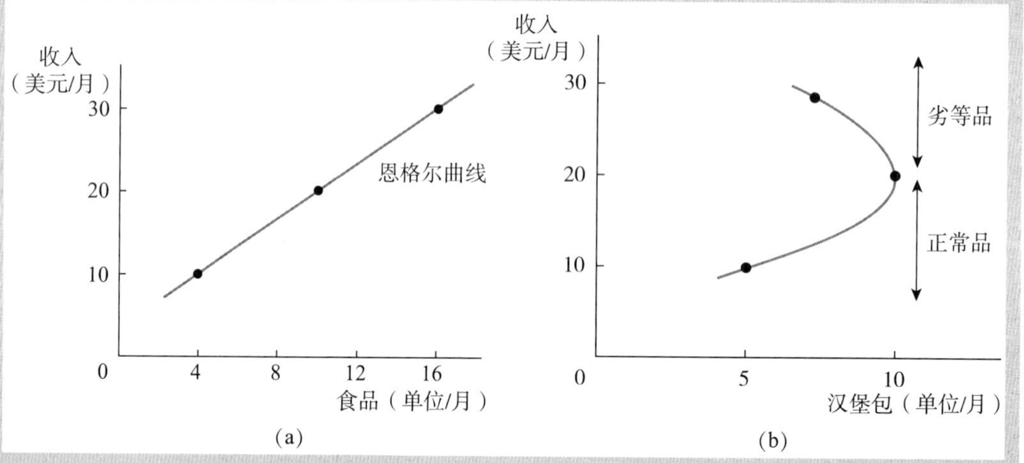

∵例 4.1 美国的消费支出

我们刚刚考察的恩格尔曲线适用于消费者个体。不过，我们也可以推导各个收入群体的恩格尔曲线。当我们试图去获知不同收入组别的消费开支是如何变化的时，这一信息特别有用。表 4.1 说明了从美国劳工统计局的一份调查中选出的几个项目的支出模式。这些数据是许多家庭的平均数，但是它们可以被理解为对一个典型家庭开支的描述。

表 4.1 美国家庭年消费开支

资料来源：U. S. Department of Labor, Bureau of Labor Statistics, "Consumer Expenditure Survey, Annual Report 2015."

开支项目	收入组别（2009 年美元）						
	10 000 以下	10 000～19 999	20 000～29 999	30 000～39 999	40 000～49 999	50 000～69 999	70 000 及以上
娱乐	1 038	1 165	1 407	1 969	2 131	2 548	4 655
自有住房	1 770	2 134	2 795	3 581	4 198	5 556	11 606
租房	3 919	3 657	4 054	3 878	4 273	3 812	3 072
医疗保健	1 434	2 319	3 124	3 539	3 709	4 702	6 417
食品	3 466	3 706	4 432	5 194	5 936	6 486	10 116
衣服	798	766	960	1 321	1 518	1 602	2 928

注意，这些数据是将某个项目的开支（而不是项目的数量）与收入联系起来。对于前两个项目，娱乐和自有住房都是需求的收入弹性很高的消费品。当我们从最低收入组移向最高收入组时，用于娱乐的平均家庭开支增加超过4倍。自有住房也是同样的模式，从最低组别到最高组别，该项目开支的增加超过5倍。

相比之下，租房开支实际上随着收入的上升而下降。这一模式反映了一个事实：绝大多数较高收入的个人是拥有而不是租用住房。因此，租房是一种劣等品，至少对年收入 40 000 美元以上的家庭来说是如此。最后，请注意，医疗保健、食品和衣服是收入弹性为正，但弹性大小没有娱乐和自有住房那么高的消费项目。 116

我们在图 4.5 中画出了表 4.1 中租房、医疗保健和娱乐数据的曲线。观察这三条恩格尔曲线，当收入上升时，用于娱乐的开支急剧上升，而租房开支则在低收入时增加，但在收入超过 40 000 美元之后却下降了。

图 4.5 美国消费者的恩格尔曲线

说明：每个家庭在租房、医疗保健、娱乐上的平均开支被画成年收入的函数。医疗保健和娱乐为正常品，因为它们的开支随着收入的增加而增加。而租房在收入超过 40 000 美元之后是劣等品。

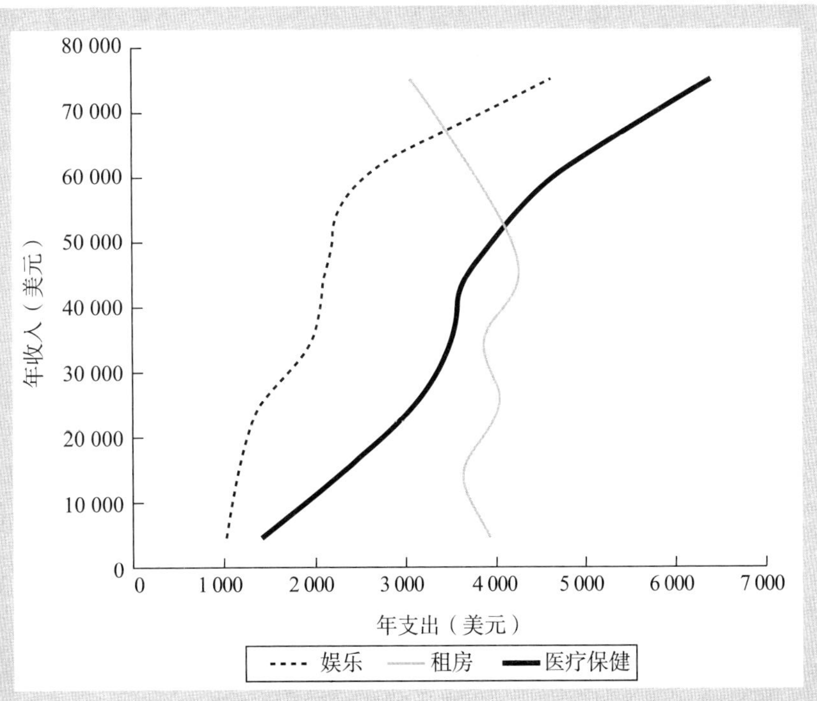

替代品和互补品

我们在第 2 章中所画的需求曲线说明了在偏好、收入和其他商品的价格都保持不变时，一种商品的需求量与其价格间的关系。就许多商品而言，需求是和其他商品的消费及价格相联系的。棒球棒和棒球、热狗和芥末，以及计算机硬件和软件，这些商品都是要合起来使用的。而另外一些商品，比如可乐和低糖可乐、自有住房和租用公寓，以及电影票和录像带出租，都是可以彼此替代的。

回忆一下第 2.1 节，如果一种商品价格的上涨导致另一种商品需求量的上升，那么这
117 两种商品为替代品。如果电影票价格上涨了，我们可以预料人们会去租借更多的录像带，因为电影票和录像带是替代品。类似地，如果一种商品价格的上涨导致另一种商品需求量的下降，那么这两种商品就是互补品。如果汽油价格上涨，造成汽油消费减少，我们可以预期机油的消费也会减少，因为汽油和机油是要合起来使用的。如果一种商品价格的变化对另一种商品的需求量没有影响，那么这两种商品就是独立的。

要分清两种商品是互补品还是替代品，方法之一就是查看价格-消费曲线。重新来看一下图 4.1，注意到在价格-消费曲线向下倾斜的那部分，食品和衣服是替代品：食品价格的下跌导致衣服消费的减少（这也许是因为当食品开支上升时，可用于购买衣服的收入就减少了）。与此类似，在曲线向上倾斜的那部分，食品和衣服是互补品：食品价格的下跌导致衣服消费的增加（这或许是因为消费者更多地在餐馆用餐，必须穿得更体面一些）。

商品可以是互补品或替代品这一事实表明，当我们研究一个市场价格变化的影响时，看一下相关市场的变化，这也许是很重要的。（第 16 章将更详尽地探讨市场之间的交互关系。）确定两种商品到底是互补品、替代品还是独立品，归根结底是一个实证问题。为了回答这个问题，我们需要看当一种商品价格变化时，另一种商品的需求相应地是怎样变动的。这听起来容易，但是实际上要难得多，因为当一种商品的价格变化时，很多其他因素可能也同时变化。实际上，本章第 4.6 节将探讨如何用实证方法甄别那些解释第二种商品的需求变动的原因。不过，先接受基本的理论训练将是大有裨益的。在接下来的一节，我们将深入研究商品的价格变化是怎样影响消费者的需求的。

4.2　收入效应与替代效应

商品价格的下降有两种效应：

（1）消费者往往会更多地购买变得便宜的商品，而减少购买那些变得相对昂贵的商品。对商品相对价格变化的这一反应被称为替代效应（substitution effect）。

（2）因为其中的一种商品变得便宜了，消费者的实际购买力得到了提高。他们的境况变好了，因为他们能够以较少的钱买到相同数量的商品，于是就有余钱可以进行额外的购买。这一实际购买力的变动导致的需求的变化被称为收入效应（income effect）。

在通常情况下，这两种效应会同时出现，但以分析为目的，把它们分开将是很有用的。具体情况将在图 4.6 中说明，图中最初的预算线是 RS，并且有两种商品：食品和衣服。这
118 里，消费者通过选择市场篮子 A 使其效用最大化，因而获得了与无差异曲线 U_1 相对应的效用水平。

现在看一下，如果食品价格下降，使得预算线向外旋转至 RT 线，又会发生怎样的变化。消费者现在选择无差异曲线 U_2 上 B 处的市场篮子。既然消费者在市场篮子 A 也可行的情况下选中了市场篮子 B，我们可知（依据我们在第 3.4 节中讨论的显示偏好）B 比 A 更受偏好。因此，食品价格的下降使得消费者提高了满足程度——她的购买力提高了。因为价格更低而造成的食品消费的总变化为 F_1F_2。最初，消费者购买了 OF_1 单位的食品，但在价格变化之后，食品的消费增至 OF_2。所以，线段 F_1F_2 代表了意愿食品购买的增量。

图 4.6　收入效应和替代效应：正常品

说明：食品价格的下降具有收入效应和替代效应。消费者最初位于预算线 RS 上的点 A，当食品价格下降时，消费者移至点 B，食品消费增加了 F_1F_2。替代效应 F_1E（与从 A 向 D 的移动相对应）改变了食品和衣服的相对价格，但保持实际收入（满足）不变。收入效应 EF_2（与从 D 向 B 的移动相对应）保持相对价格不变，但提高了购买力。食品是一种正常品，因为收入效应 EF_2 是正的。

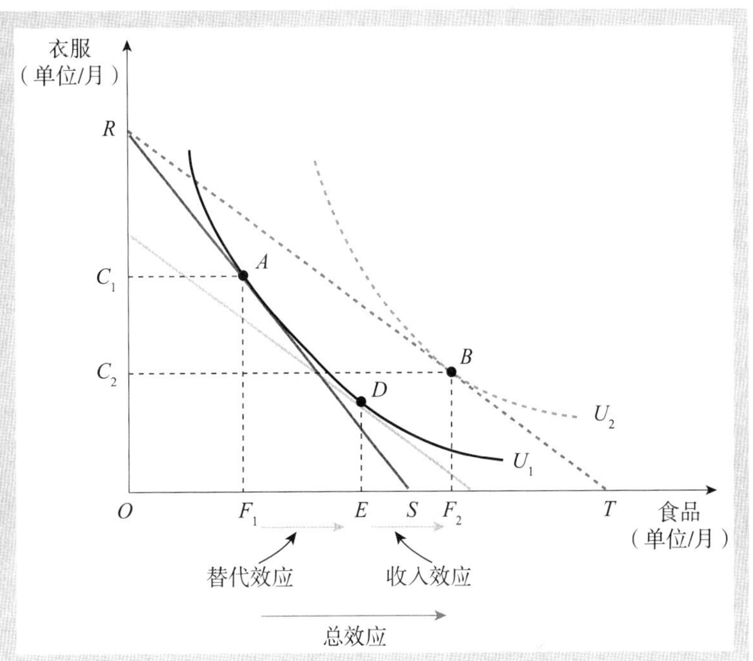

替代效应

> **替代效应**
> 当效用水平保持不变时，由于商品价格变动而导致的对该商品消费数量的变化。

价格的下降同时具有替代效应和收入效应。**替代效应**（substitution effect）是在效用水平保持不变的情况下与食品价格变化相联系的食品消费方面的变化。替代效应表示因食品价格变化（这一变化使得食品比衣服相对便宜）而导致的食品消费方面的变化，这一替代表现为沿着无差异曲线的一次移动。在图 4.6 中，替代效应是通过画一条平行于新预算线 RT（表明食品的相对价格更低了），但恰好与初始无差异曲线 U_1 相切（从而保持满足程度不变）的预算线而得到的。新的、更低的假想预算线表明了这一事实：为了实现分离替代效应这一思想上的目的，名义收入被减少了。在那条预算线的条件下，消费者选择了市场篮子 D，消费了 OE 单位的食品，于是，线段 F_1E 代表了替代效应。

> **收入效应**
> 当商品价格保持不变时，由于购买力的增加而导致的对一种商品消费量的增加。

图 4.6 清楚地表明，当食品价格下跌时，替代效应总是会导致食品需求量的增加，原因在于我们在第 3.1 节中讨论的、有关消费者偏好的第四个假设——无差异曲线是凸的。 119
因此，对于图中的凸的无差异曲线，在平行于 RT 的新假想预算线上的那个使消费者满足最大化的点必定位于原切点的右下方。

收入效应

现在我们考虑**收入效应**（income effect）：在相对价格保持不变的情况下，因购买力的增加而带来的食品消费量的变化。在图 4.6 中，我们可以通过将经过点 D 的假想预算线平行移动至经过点 B 的预算线 RT 来理解收入效应。消费者选择了无差异曲线 U_2 上的市场篮子 B（因为较低的食品价格提高了消费者的效用水平）。食品消费从 OE 到 OF_2 的增量就是收入效应的大小，为正值，因为食品是一种正常品（当消费者的收入增加时，他们会增加对它的购买量）。因为收入效应反映了从一条无差异曲线向另一条无差异曲线的移动，所以它度量了消费者购买力方面的变化。

从图 4.6 中可以看出，价格变化的总效应在理论上为替代效应和收入效应的总和：

$$总效应(F_1F_2) = 替代效应(F_1E) + 收入效应(EF_2)$$

回忆一下，替代效应的方向总是一致的：商品价格的下降会导致其消费量的增加。不过，收入效应可能导致需求上升，也可能导致需求下降，这取决于该商品是正常品还是劣等品。

劣等品
收入效应为负的商品。

当收入效应是负的时，该商品为**劣等品**（inferior good）：随着收入的上升，消费量下
120 降。图 4.7 显示了一种劣等品的收入效应和替代效应，线段 EF_2 度量了负的收入效应。即使是在劣等品的情况下，收入效应也很少能超过替代效应。结果，当一种劣等品的价格下跌时，其消费也几乎总是上升的。

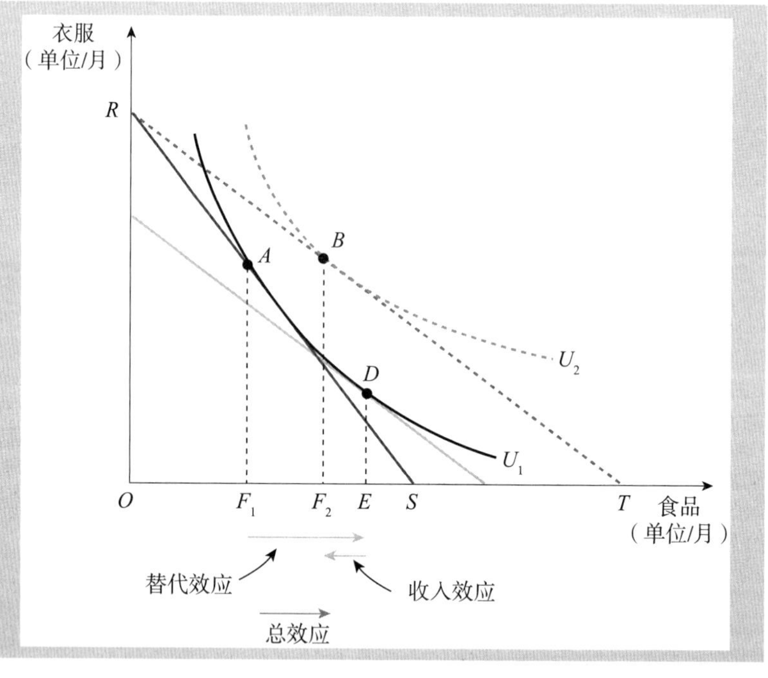

图 4.7　收入效应和替代效应：劣等品

说明：消费者最初选择预算线 RS 上的点 A，随着食品价格的下跌，消费者移向点 B。食品价格下跌的效应可以被分解成替代效应 F_1E（与从 A 向 D 的移动相对应）和收入效应 EF_2（与从 D 向 B 的移动相对应）。在本例中，食品是一种劣等品，因为收入效应是负的。不过，因为替代效应超过了收入效应，所以食品价格的下跌导致食品需求量的上升。

一个特例：吉芬商品

吉芬商品
由于收入效应（负）大于替代效应，需求曲线向上倾斜的商品。

在理论上，收入效应可能足够大，使得某种商品的需求曲线向上倾斜，我们将这种商品称作**吉芬商品**（Giffen good），图 4.8 显示了其收入效应和替代效应。开始时，消费者位于点 A，消费相对少的衣服和较多的食品。现在食品价格下降，释放出了足够多的收入从而使得消费者可以购买更多的衣服，而少买食品，如点 B 所示。根据显示偏好理论，消费者在点 B 处的境况要比在点 A 处好，即使食品消费下降了。

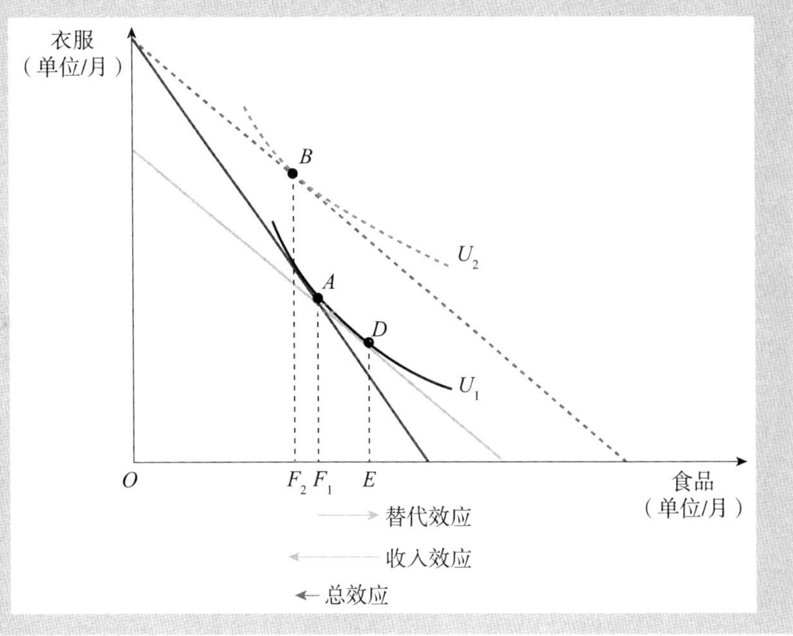

图 4.8 向上倾斜的需求曲线：吉芬商品

说明：当食品是一种劣等品，而收入效应又大到足以抵消替代效应时，需求曲线就会向上倾斜。消费者原先位于点 A，但在食品价格下降后，消费者移至点 B，减少了对食品的消费。因为收入效应 EF_2 大于替代效应 F_1E，所以食品价格的下降反而导致了食品需求量的减少。

尽管吉芬商品引人入胜，但它很少能引起人们的实际关注，因为它要求有一个很大的、负的收入效应。但收入效应一般是很小的：就个人而言，绝大多数商品只占消费者预算的很小一部分。较大的收入效应又往往与正常品（例如，食品、住房的总支出）而不是劣等品相关。

❖例 4.2　汽油税的影响

为了保护能源，也为了增加收入，美国政府常常考虑提高联邦汽油税。例如，在 1993 年，作为更大的一揽子预算改革的一部分，政府制定政策将税收适度提高了 4.3 美分，这一数字远低于使美国汽油价格与欧洲汽油价格持平而要增加的税收。因为提高汽油税的一大目的是减少汽油的消费，所以政府也已考虑了很多种方法，将因此而带来的收入返还给消费者。一个较受欢迎的建议是一种税收返还计划，在该计划中，税收将按照人均的方式返还给家庭。这项计划将会产生什么影响呢？

首先，让我们来关注为期 5 年的该计划的影响。相关的需求价格弹性约为−0.5。[①] 假设一位低收 121
入消费者每年消耗约 1 200 加仑汽油，每加仑 1 美元，消费者的年收入为 9 000 美元。

图 4.9 显示了汽油税的影响（该图有意地没有按比例绘制，这样可以更清楚地看到我们正在探讨的影响）。初始的预算线是 AB，消费者通过选择 C 处的市场篮子，购买 1 200 加仑汽油，并花 7 800 美元在其他商品上，来最大化其效用（在无差异曲线 U_2 上）。如果每加仑汽油的税收是 50 美分，价格就会上涨 50%，从而新的预算线移至 AD（回忆一下，当收入不变而价格变动时，预算线绕着不变轴上的轴心转动）。[②] 在价格弹性为−0.5 时，消费量会下降 25%，从 1 200 加仑降至 900 加仑，如无差异曲线 U_1 上的效用最大化点 E 所示（因为汽油价格每上涨 1%，需求量就下降 0.5%）。

① 从第 2 章中我们看到，汽油的需求价格弹性从短期到长期变化很大。

② 为了简化例子，我们假设所有的汽油税款都是消费者以更高的汽油价格支付的。第 9 章将更全面地分析税负转嫁的问题。

图 4.9　包含税收返还计划的汽油税的影响

说明：消费者原先在点 C 购买 1 200 加仑汽油，现在有了汽油税，税后，预算线从 AB 移至 AD，消费者选择 E 使其偏好最大化，即消费 900 加仑汽油。不过，当税收被返还给消费者后，其消费增加了一点，至 H 处的 913.5 加仑。尽管有返还计划，消费者的汽油消费还是下降了，他的满足程度也下降了。

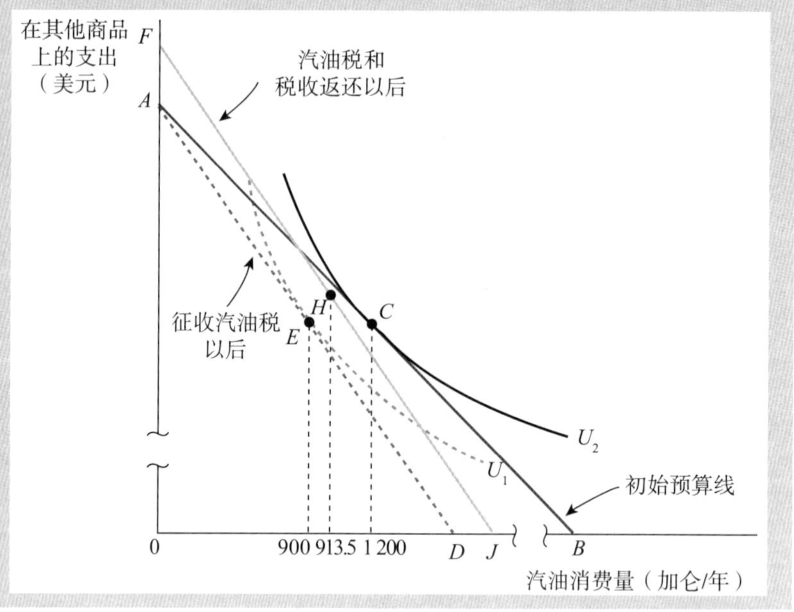

不过，税收返还计划部分地抵消了这一影响。假设每个人的税收约为 450 美元（900 加仑乘以每加仑 50 美分），这样每个人可以得到 450 美元的退税。那么这一增加了的收入会怎样影响汽油的消费

122 呢？通过使预算线上移 450 美元至 FJ 线，与 AD 平行，就可以图解这一影响。现在，我们的消费者购买多少汽油呢？在第 2 章中，我们已经看到汽油需求的收入弹性约为 0.3，由于 450 美元代表的是收入增加了 5%（=450 美元/9 000 美元），所以我们可以预期退税能将 900 加仑的消费提高 1.5%（=0.3×5%），即 13.5 加仑。在 H 处的效用最大化的新消费选择表明了这一点。（为了使图形简洁，我们省略了与点 H 相切的那条无差异曲线。）尽管有返还计划，税收还是将石油消费削减了 286.5 加仑，即从 1 200加仑降至 913.5 加仑。因为汽油需求的收入弹性相对较低，所以返还计划的替代效应超过了收入效应，有退税的征税计划的确能减少消费。

为了实施有效的税收返还计划，美国国会需要解决许多实践上的问题。首先，税收收入和退税支出在各年之间会变化，这使得预算计划的制订变得困难。例如，该汽油税项目第一年 450 美元的税收返还增加了消费者收入。在第二年里，这会导致我们所研究的低收入消费者增加对汽油的消费。不过，消费增加后，人们支付的税收和收到的返还在第二年将会增加。所以，预测该计划预算的规模可能很困难。

图 4.9 表明，汽油税计划使得特定低收入消费者的境况略微变差，因为 H 位于无差异曲线 U_2 之下。当然，有些低收入的消费者也许确实从该计划中获益（例如，如果他们的汽油消费量比那些决定所选退税标准的消费者的平均消费量要小）。无论如何，此税收政策带来的替代效应使消费者的平均境况变糟了。

那么为什么要推出这一计划呢？那些支持对汽油征税的人声称，这些税收可以增强国家的安全（因为减少了对外国石油的依赖）并且鼓励节约，而且有助于减少大气中二氧化碳的累积从而减缓全球变暖的趋势。我们将在第 9 章进一步考察汽油税的影响。

4.3 市场需求

市场需求曲线 将市场中所有消费者所购买的商品数量与该商品的价格联系起来的曲线。

迄今为止，我们已经探讨了个体消费者的需求曲线。现在我们转向市场需求曲线。回忆一下第 2 章，**市场需求曲线**（market demand curve）说明了当商品的价格变化时，个体消费者总共愿意购买的商品数量。在这一节，我们会说明，在一个特定的市场中，作为所有消费者个体需求曲线总和的市场需求曲线是如何得到的。

从个人需求到市场需求

为了使说明简单明了，我们假设在一个咖啡市场上只有三个消费者（A、B 和 C）。表 4.2 列出了各个消费者需求曲线上的几个点。第（5）列的市场需求通过将代表我们这三个消费者的个人需求的第（2）、（3）和（4）列相加得到，以确定在每一价格上的总需求量。例如，当价格为 3 美元时，总需求量是 2+6+10，即 18。

表 4.2　确定市场需求曲线

（1）价格(美元)	（2）个人 A(单位)	（3）个人 B(单位)	（4）个人 C(单位)	（5）市场(单位)
1	6	10	16	32
2	4	8	13	25
3	2	6	10	18
4	0	4	7	11
5	0	2	4	6

图 4.10 显示了这三个消费者对于咖啡的需求曲线（标作 D_A、D_B 和 D_C）。在图中，市场需求曲线为每个消费者需求的水平加总（horizontal summation），我们进行横向加总，从而求出在任一给定价格下这三个消费者的需求总量。例如，当价格为 4 美元时，市场的需求量（11 单位）是 A（0 单位）、B（4 单位）和 C（7 单位）需求量的总和。因为所有的个人需求曲线都是向下倾斜的，所以市场需求曲线也是向下倾斜的。不过，尽管每一条个 123
人需求曲线都是直线，市场需求曲线则未必是。例如，在图 4.10 中，市场需求曲线是折弯的（kinked），因为有一个消费者在其他消费者可以接受的价格上（那些超过 4 美元的价格）没有购买咖啡。

作为上述分析的结论，有两点应该注意： 124

（1）当更多的消费者进入市场时，市场需求曲线将会右移。

（2）影响大多数消费者需求的因素也会影响市场需求。例如，假设在某个特定市场中，绝大多数的消费者在收入上有了提高，于是，他们对咖啡的需求也增加了。由于每个消费者的需求曲线都右移了，市场需求曲线也会右移。

将个人需求加总为市场需求不仅仅是一种理论练习。在实践中，如果市场需求是由不同人口组别或不同地区消费者的需求组成的，这种加总就变得很重要。例如，要得到有关家用计算机需求的信息，我们也许可以将下述组别的已获得的独立需求信息进行加总：

- 有孩子的家庭。
- 无孩子的家庭。

• 单身者。

或者，正如我们将在例 4.3 中看到的，我们也可以通过加总国内需求（也就是美国消费者的需求）和出口需求（也就是外国消费者的需求）来确定美国小麦的需求量。

图 4.10　通过加总获得市场需求曲线

说明：通过加总这三个消费者的需求曲线 D_A、D_B和 D_C就可以得到市场需求曲线。在每一价格上，市场的咖啡需求量是每一个消费者需求量的总和。例如，在价格为 4 美元时，市场的需求量（11 单位）是 A（0 单位）、B（4 单位）和 C（7 单位）需求量的总和。

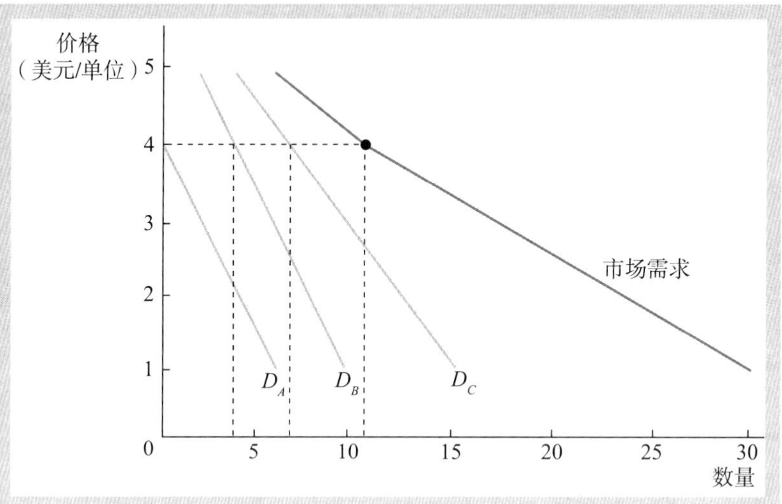

需求的弹性

回忆一下在第 2.4 节，需求的价格弹性度量了价格上涨一个百分点所引起的需求量变化的百分比。将商品的数量记作 Q，价格记作 P，需求的价格弹性为：

$$E_p = \frac{\Delta Q/Q}{\Delta P/P} = \left(\frac{P}{Q}\right)\left(\frac{\Delta Q}{\Delta P}\right) \tag{4.1}$$

式中，Δ 意味着“……的变化”，所以 $\Delta Q/Q$ 为 Q 的变化百分比。

缺乏弹性的需求　当需求缺乏弹性（即 E_p的绝对值小于 1）时，需求量对于价格变化的反应就相对迟缓。结果，当价格上涨时，花在该产品上的总支出也增加了。例如，假设在汽油价格为每加仑 1 美元时，一个家庭现在每年要用 1 000 加仑汽油。再假设该家庭的汽油需求价格弹性是－0.5。那么一旦汽油的价格升至 1.10 美元（增加 10%），汽油的消费将降低至 950 加仑（下降 5%）。不过，汽油的总支出将从 1 000 美元（＝1 000 加仑×1 美元/加仑）增至 1 045 美元（＝950 加仑×1.10 美元/加仑）。

富有弹性的需求　相比之下，当需求富有弹性（E_p的绝对值大于 1）时，若价格上升，花在该产品上的总支出就会下降。假设一个家庭在鸡肉的价格为每磅 2 美元时每年购买 100 磅；鸡肉需求的价格弹性为－1.5。如果鸡肉的价格涨至 2.20 美元（增加 10%），全家
125 的鸡肉消费就会降至每年 85 磅（下降 15%）。鸡肉的总支出也会下降，从 200 美元（＝100 磅×2 美元/磅）降至 187 美元（＝85 磅×2.20 美元/磅）。

> **不变弹性需求曲线**
> 需求价格弹性不变的需求曲线。

不变弹性的需求　如果沿着需求曲线，需求的价格弹性都为常数，那么我们说该曲线为**不变弹性需求曲线**（isoelastic demand curve）。图 4.11 显示了一条不变弹性需求曲线。注意这条曲线是如何向内弯曲的。相比之下，回忆一下第 2.4 节中当我们沿着一条线性需求曲线（linear demand curve）移动时，需求的价格弹性有什么变化。尽管该线性需求曲线的斜率为常数，但是需求价格弹性却不是。当价格为零时，它为零，同时当价格足够高使

得需求量为零时，它在数值上一直增加到无穷大。

图 4.11　单位弹性需求曲线

说明：如果在任一价格下需求的价格弹性都为－1，那么沿着需求曲线 D 的总支出保持不变。

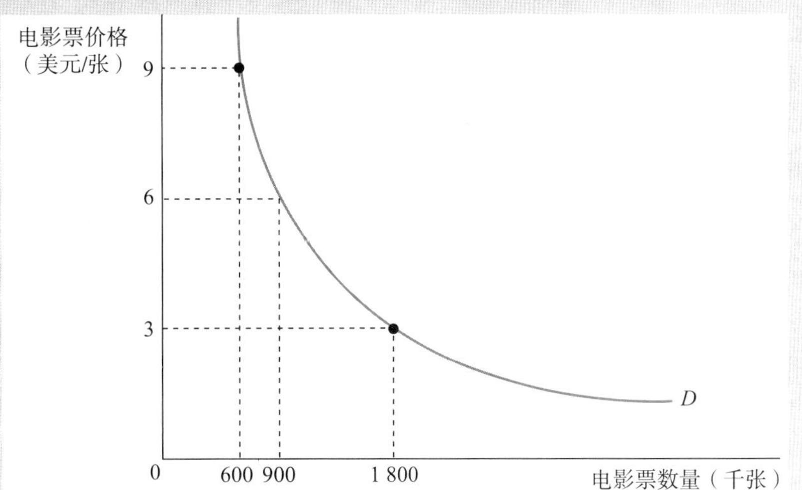

不变弹性曲线的一个特例为单位弹性需求曲线（unit-elastic demand curve）：价格弹性总是等于－1 的需求曲线，如图 4.11 所示。此时，总支出在价格变化之后保持不变。比如，价格上涨导致需求下降，使得在该商品上的总支出不变。设想一例，不管电影票的价格如何变化，加州伯克利首映电影的总支出都为每年 540 万美元，对于需求曲线上的所有点，价格乘以数量将为 540 万美元。如果价格为 6 美元，那么数量将为 90 万张；假如价格增至 9 美元，数量将降为 60 万张，如图 4.11 所示。

表 4.3 概括了弹性和支出之间的关系。看表 4.3 的时候，从卖方而不是买方的角度出发将会更有用（从卖方角度来看的总收益当从消费者角度来看时为总支出）。当需求缺乏弹 126
性时，价格的上涨仅仅导致了需求量的小幅下降，这样卖方的总收入就增加了。但是当需求富有弹性时，价格的上涨导致需求量的大幅下降，总收入也随之下降。

表 4.3　价格弹性和消费者支出

需求	价格上涨时支出的变化	价格下跌时支出的变化
缺乏弹性	增加	减少
单位弹性	不变	不变
富有弹性	减少	增加

例 4.3　对小麦的总需求

在第 2 章（例 2.5）中，我们说明了美国的小麦需求由两个部分组成：国内需求（为美国消费者所需）和出口需求（为国外消费者所需）。下面我们来看一下，小麦的总需求如何由国内需求和国外需求加总得到。

小麦的国内需求由方程

$$Q_{DD} = 1\,430 - 55P$$

给出，其中，Q_{DD} 是国内需求的数量（以百万蒲式耳计）；P 为价格（美元/蒲式耳）。出口需求由

$$Q_{DE} = 1\,470 - 70P$$

给出，其中，Q_{DE}是出口需求的数量（以百万蒲式耳计）。如图 4.12 所示，由 AB 给出的国内需求相对地缺乏价格弹性。（统计研究已表明，国内需求的价格弹性为$-0.3\sim-0.2$。）不过，由 CD 给出的出口需求更具有价格弹性，需求弹性约为-0.4。为什么呢？出口需求比国内需求更富有弹性是因为，如果小麦价格上升，进口美国小麦的相对贫穷的国家会转而购买其他谷物和食品。[①]

为了获得小麦的世界需求，我们使每个需求等式的左边等于小麦的数量（横轴上的变量），然后将等式的右边相加，于是得到：

$$Q_{DD}+Q_{DE}=(1\,430-55P)+(1\,470-70P)=2\,900-125P$$

这就产生了图 4.12 中的线段 EF。

不过，在 C 以上的所有价格中，都不存在出口需求，所以世界需求和国内需求是相同的。结果，对于 C 以上的所有价格，世界需求由线段 AE 给出（假如把价格在 C 以上的 Q_{DE} 也加上去，我们就会错误地把负的出口需求加到正的国内需求上去）。如图 4.12 所示，小麦的总需求，由 AEF 给出，是折
127 弯的。这一折弯出现在点 E，在这个价格水平以上，不存在出口需求。

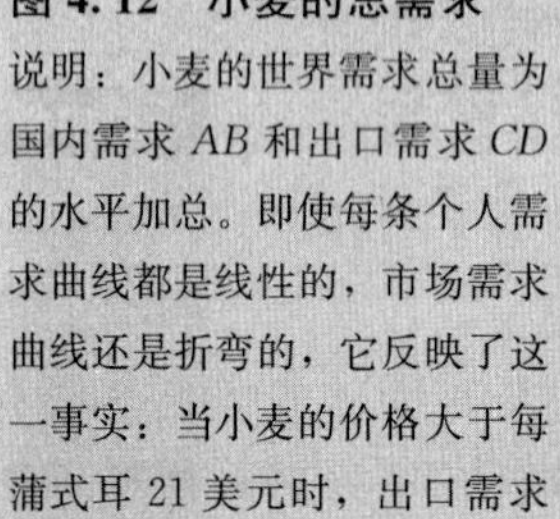

图 4.12　小麦的总需求

说明：小麦的世界需求总量为国内需求 AB 和出口需求 CD 的水平加总。即使每条个人需求曲线都是线性的，市场需求曲线还是折弯的，它反映了这一事实：当小麦的价格大于每蒲式耳 21 美元时，出口需求就不存在了。

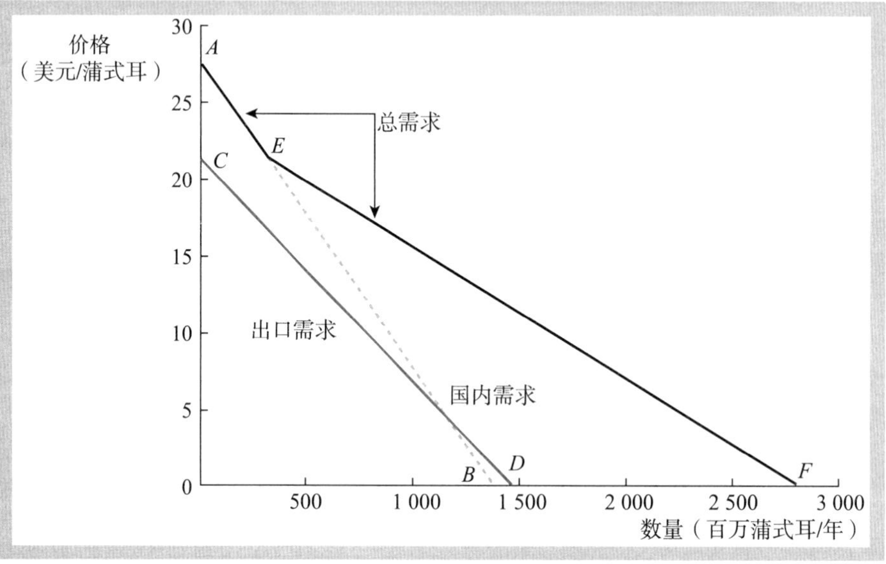

投机性需求

到目前为止，我们对需求的处理都是假设消费者是“理性的”，他们将收入配置到各种商品和服务中以最大化整体的满足水平。但是，有时候消费者对某些商品的需求并非以购买商品而带来的满足为基础，而是以相信此商品的价格会上升为基础。此时，通过买入商品再高价卖出，消费者可以获利。这种投机性需求（speculative demand）被指责是推动过去 10 多年美国、欧洲和中国房价剧烈上升的部分原因。

投机性需求经常是（不过我们在第 5 章中将解释为不完全是）非理性的。人们看到一种商品的价格已经上涨了，他们认为价格因此还会继续上涨。不过，通常并不存在“因此”的合理基础，所以一个人因为相信价格会继续上涨而购买这种商品的行为等同于赌博。

① 有关需求弹性和供给弹性统计研究的调查和美国小麦市场的分析，参见 Larry Salathe and Sudchada Langley, “An Empirical Analysis of Alternative Export Subsidy Programs for U. S. Wheat,” *Agricultural Economics Research* 38, No. 1 (Winter 1986)。

∴例 4.4 对住房的需求

一般说来，住房是一个家庭预算中最重要的单笔支出——平均而言，一般家庭花费其收入的 25%在住房上。一个家庭对于住房的需求取决于做出购买决定的家庭的年龄和社会地位。确定住房需求的方法之一是，将每个家庭每幢房屋的居室数量（需求量）与多买一间居室的预计价格以及家庭收入联系起来（居室的价格是不同的，因为建造成本有差异，包括土地的价格）。表 4.4 列出了不同人口结构组别的价格弹性和收入弹性。 128

不同人口组别间弹性差异明显。比如，年轻户主的已婚家庭的价格弹性为－0.25，远大于那些户主年长的已婚家庭。大概在父母和孩子们年龄都偏小，并且父母计划还要再生孩子的时候，这些家庭在购房时对价格更敏感。在已婚家庭中，对居室需求的收入弹性也随年龄的增加而增大——这一事实告诉我们，年长的家庭相比年轻的家庭愿意购买更大的住房。

表 4.4 居室需求的价格弹性和收入弹性

组别	价格弹性	收入弹性
单身	－0.10	0.21
已婚，户主年龄小于 30 岁，有 1 个小孩	－0.25	0.06
已婚，户主年龄在 30 岁和 39 岁之间，有 2 个或以上的孩子	－0.15	0.12
已婚，户主年龄在 50 岁及以上，有 1 个孩子	－0.08	0.19

对于贫困家庭来说，花在住房上的收入比重较高。例如，那些收入水平处于最低 20%的租房者大约将其收入的 55%花费在住房上；与此对比的是全体家庭共有 2.8%的收入用于住房。①很多政府项目，比如补贴、租金控制和土地使用管制，目的是使住房市场能够缓解贫困人群的住房压力。

收入补贴的有效性如何呢？如果补贴使得住房的需求有了显著增加，那么我们可以推测补贴将改善贫困人群的居住状况。② 另外，如果补贴的钱被花在其他项目而不是住房上，那么，尽管补贴也许仍然有好处，但将无法实现与住房相关的政策目标。

有证据显示，对于贫困家庭（那些收入水平位于最低 10%的家庭）来说，住房的收入弹性仅仅约为 0.09，这说明收入补贴将主要被花在其他项目而不是住房上。相比之下，那些收入水平最高家庭（最高 10%）的住房的收入弹性约为 0.54。

这里的讨论是假设消费者选择住房和其他商品的支出以最大化整体满足，而且住房的收益（继而对住房的需求）来源于居住空间大小、邻里安全性以及学校的质量等。不过，近年来，对住房的需求部分来源于投机性需求：人们购买住房是基于房子可以在未来以更高的价格卖出去的假设。投机性需求——并非来自住房自身的直接收益而是来自未来价格上涨的预期需求——已经导致了美国许多地区住宅价格迅猛上涨，远超出与人口规模对应的正常水平。

投机性需求可能会导致泡沫——价格上升的基础并非需求，而是基于对价格继续上涨的信念。最终，

① 这是“可支付得起”住房辩论的起点。相关概述可参见 John Quigley and Steven Raphael, “Is Housing Unaffordable? Why Isn't It More Affordable,” *Journal of Economic Perspectives* 18 (2004): 191 - 214。

② Julia L. Hansen, John P. Formby, and W. James Smith, “Estimating the Income Elasticity of Demand for Housing: A Comparison of Traditional and Lorenz-Concentration Curve Methodologies,” *Journal of Housing Economics* 7 (1998): 328 - 342.

泡沫破裂——当没有新买者进入市场时，价格开始停止上升，商品的所有者警惕地开始出售商品，价格继续下降，更多的人出售商品，商品价格进一步下跌。正如我们将在第 5 章中看到的，泡沫构成了一个重要问题，因为它们可能会扭曲市场的功能，并在破裂时导致金融混乱。这就是美国住宅市场上发生的事情，泡沫在 2008 年最终破裂，导致抵押资产的违约，并引起 2008 年年末美国和全球的金融危机。

∵例 4.5　对汽油的长期需求

129 在工业化国家中，美国的低汽油价格是比较特殊的。原因很简单：欧洲、日本和其他国家对汽油征收严厉的税赋，所以汽油价格通常是美国汽油价格的 2～3 倍。许多经济学家认为，美国应该大大提高汽油税，因为这样做可以降低汽油消费，从而降低美国对进口石油的依赖并降低导致全球变暖的温室气体排放（还可以增加政府的财政收入）。然而，这一主张遭到了政治家们的反对，因为提高税收有可能激怒选民。

将汽油问题的政治意义放在一边，较高的汽油价格真的能降低汽油消费吗？或者说，车主们如此沉迷于大排量汽车，高油价不会对汽油消费产生影响吗？问题的关键是对于汽油的长期需求，因为我们可以预料到车主不会在油价上升时立即用新车更换旧车。考察长期需求曲线的一种方法是观察不同国家具有很大价格差异的历史（因为它们征收了不同的汽油税）。图 4.13 描述了这些结果。纵轴代表汽油的人均消费量，横轴代表以美元度量的 10 个国家的汽油价格。[①]（每个圆代表对应国家的人口规模。）

注意美国的汽油价格相对来说要低很多，而人均消费量也高很多。澳大利亚在油价和人均消费量上都大体处于中间水平。另外，大多数欧洲国家具有相对较高的价格和相对较低的人均消费水平。汽油需求的长期弹性估计约为－1.4。

现在，我们回到最初的问题：高油价能否降低汽油消费量？图 4.13 给出了明确的答案：相当确定。

图 4.13　10 个国家的汽油价格和人均消费量

说明：本图说明了 2008—2010 年 10 个国家人均汽油消费量与价格（转换为美元）间的关系。每个圆代表对应国家的人口。

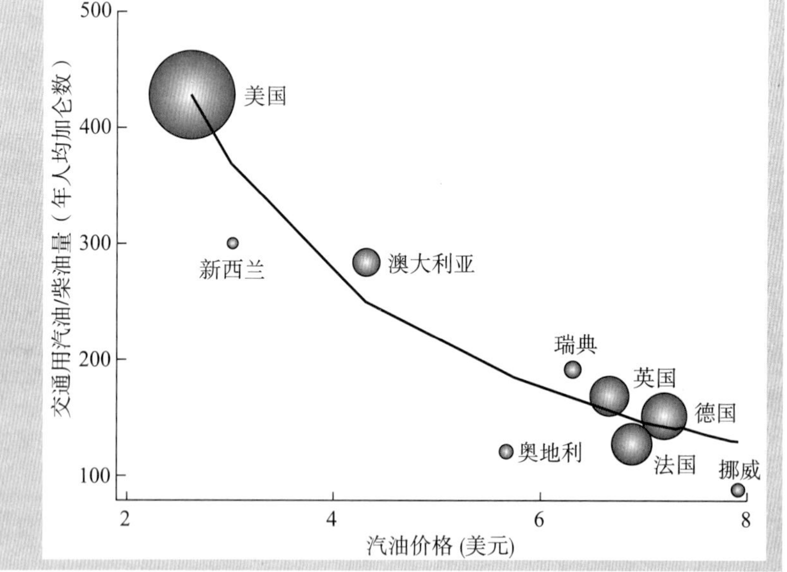

① 感谢 Chris Knittel 为我们提供图形所需的数据。此数据控制了收入差异，并以以下文献的图 1 为基础：Christopher Knittel, "Reducing Petroleum Consumption from Transportation," *Journal of Economic Perspectives*, 2012。所有数据均可以在 www.worldbank.org 上查到。

4.4 消费者剩余

消费者剩余 消费者为某一商品愿意支付的数额与实际支付的数额之间的差额。

消费者购买商品，是因为购买能使其境况变好。**消费者剩余**（consumer surplus）度量 130 了所有消费者在市场上购买商品后境况的总体改善。因为不同的消费者对特定商品的价值评价不同，所以他们愿意为这些商品支付的最高货币量也不同。单个消费者剩余就是消费者为某一商品愿意支付的最大货币量与消费者实际支付的价格之差。例如，假设有一个学生愿意为一张摇滚音乐会门票支付 13 美元（尽管她只需支付 12 美元），那么这 1 美元的差额就是她的消费者剩余。[①] 我们将购买某种商品的所有消费者的消费者剩余相加，就得到了一个总消费者剩余。

消费者剩余与需求

如果知道需求曲线，我们就可以很容易地计算出消费者剩余。要明白需求和消费者剩余之间的关系，让我们来考察一下图 4.14 所示的对音乐会门票的个人需求曲线。（尽管接下来的讨论适用于这一特定的个人需求曲线，类似的讨论也同样适用于市场需求曲线。）将需求曲线画成楼梯形状而不是直线形状，可以使我们明白如何度量该消费者从购买不同数量门票中所获得的价值。

图 4.14 消费者剩余

说明：消费者剩余是消费者从消费一种商品中得到的全部收益减去购买该商品的全部成本后的余额。这里，与 6 张音乐会门票（每张票价 14 美元）相对应的消费者剩余由阴影区域给出。

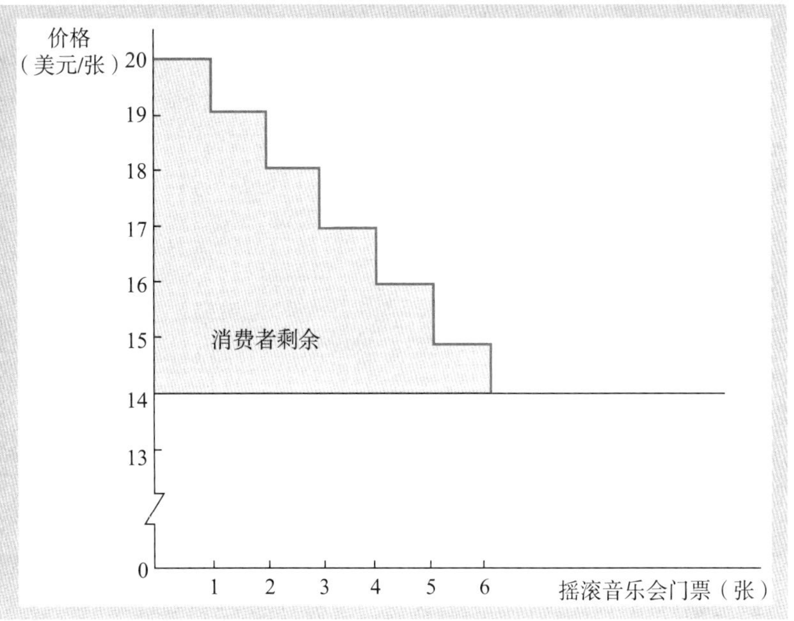

在决定购买多少张门票的时候，该学生可能会想：第一张门票要花 14 美元，但值 20 美元。通过运用需求曲线来确定他为每一张额外的门票愿意支付的最高数额（20 美元是这 131 个学生愿意为第一张门票支付的最高价格），就可以得到这 20 美元的价值。这张门票值得

① 以美元来度量消费者剩余涉及一个有关消费者无差异曲线形状的隐含假设：消费者的收入增加在讨论的收入范围内不改变边际效用。在许多情况下，这是一个合理的假设。不过，当收入变化较大的时候，这一假设可能存在疑问。

购买，因为它在购买的成本之外创造了 6 美元的剩余价值。第二张门票也值得购买，因为它产生了 5 美元（=19 美元−14 美元）的剩余。第三张门票产生了 4 美元的剩余。然而，第四张门票只产生了 3 美元的剩余，第五张门票的剩余为 2 美元，第六张门票的剩余则只有 1 美元。该学生没有兴趣购买第七张门票（因为它的剩余为 0 美元），也不会去买第七张以上的门票，因为每张额外门票的价值都低于其成本。在图 4.14 中，将购买的每一单位的超额价值或剩余加起来就得到了消费者剩余。那么，在本例中，消费者剩余等于

$$6\text{ 美元}+5\text{ 美元}+4\text{ 美元}+3\text{ 美元}+2\text{ 美元}+1\text{ 美元}=21\text{ 美元}$$

为了计算一个市场中的总消费者剩余，我们只需求出需求曲线以下、价格线以上的那部分区域的面积。就我们的摇滚音乐会这个例子而言，这一原理如图 4.15 所示。现在，门票的销售数量以千计，而人们的需求曲线又各不相同，这样市场需求曲线看起来为直线。注意对门票的实际支付为 6 500×14 美元=91 000 美元，消费者剩余，如浅色阴影三角形所示，为

$$1/2\times(20\text{ 美元}-14\text{ 美元})\times 6\ 500=19\ 500\text{ 美元}$$

这一数额等于消费者的总收益减去他们购买门票的总支付。

图 4.15　加总的消费者剩余

说明：就市场整体而言，消费者剩余可以用需求曲线之下、代表该商品购买价格的那条线之上的区域来度量。在本图中，消费者剩余由浅色阴影三角形区域给出，等于 1/2×(20 美元−14 美元)×6 500=19 500美元。

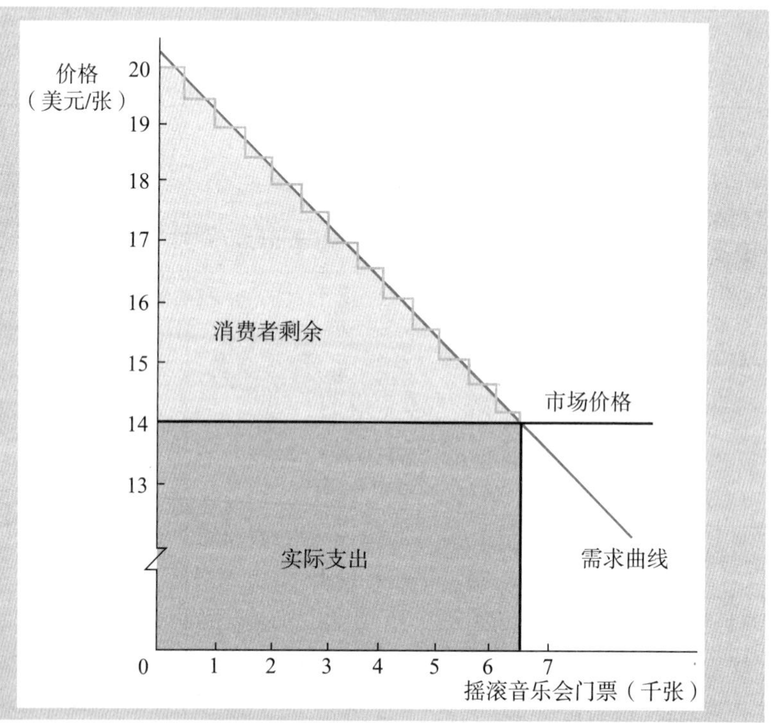

当然，需求曲线并不总是直线。不过，我们仍然可以通过求出需求曲线以下、价格线以上区域的面积来度量消费者剩余。

132 **应用消费者剩余**　消费者剩余在经济学中有很重要的应用。当加总个人消费者剩余之后，消费者剩余度量了消费者在一个市场中购买商品所获得的总收益。当我们将消费者剩余与生产者所获得的总利润结合起来时，我们不仅可以评价各种市场结构的成本和收益，而且可以评价公共政策，而这些政策可以改变消费者和厂商的行为。

❖例 4.6　清洁空气的价值

空气是免费的，就是说人们呼吸空气不需要付费。不过，空气市场的缺失或许有助于解释为什么在有些城市空气质量数十年来不断恶化。为了促进空气的净化，美国国会于 1977 年通过了《清洁空气法案》，之后又数次修订。例如，在 1990 年，美国国会强化了对汽车尾气排放的控制。那么这些控制是否值得？清洁空气所带来的收益是否足以超过给汽车制造商直接带来的和给汽车购买者间接带来的成本？

为了回答这一问题，美国国会请美国国家科学院用一项成本-收益研究来评价这些排放控制。利用从经验上确定的、对清洁空气需求的估计结果，该项研究的收益部分确定了人们对清洁空气的评价。虽然并没有一个真实的清洁空气市场，但是人们购买周围空气清新的房子比购买周围空气糟糕的房子确实要多支付一些。这一信息便被用来估测人们对洁净空气的需求。① 该研究将有关波士顿和洛杉矶街区房价的详尽数据与不同水平的空气污染做比较，同时，也在统计上考虑了其他可能会影响房屋价值的变量。该研究确定了一条清洁空气的需求曲线，它看上去大致如图 4.16 所示。

图 4.16　评价更清洁的空气

说明：阴影部分的三角形是消费者剩余，它是在空气污染下降了 5 个亿分点的氧化氮（每个亿分点的成本为 1 000 美元）时产生的。剩余的产生是因为绝大多数消费者愿意为氧化氮每减少 1 个亿分点支付超过1 000 美元的价钱。

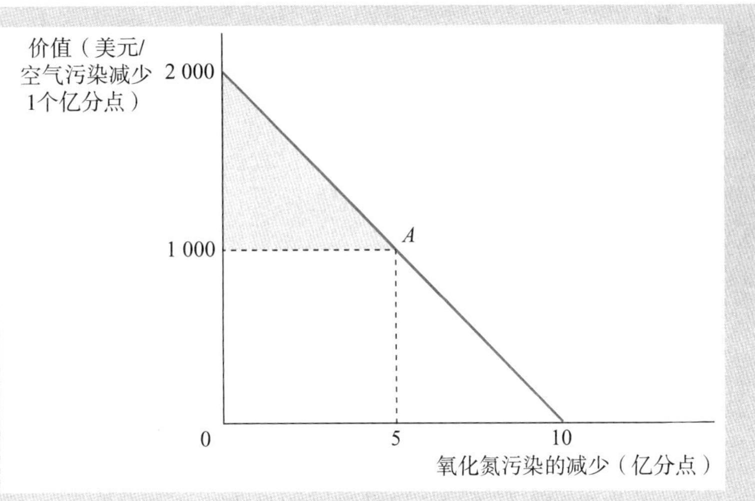

横轴度量了空气污染减少的数量，例如以 10 个亿分点计的氧化氮水平；纵轴度量了与那些空气污 133
染减少相对应的房屋的升值。例如，看一下某房主的清洁空气需求，他住在一个空气相当肮脏的城市里。如果该家庭对于空气污染每减少 1 个亿分点要花 1 000 美元，那么它就会选择需求曲线上的 A，以获得 5 个亿分点的污染减少。

对这一家庭来说，污染下降 50%或 5 个亿分点值多少呢？通过计算与减少污染相对应的消费者剩余便可以度量这一价值。由于污染减少 1 个亿分点要支付 1 000 美元，所以该家庭要支付 5 000 美元。不过，该家庭对污染减少的评价，除了那最后 1 单位，其他都超过 1 000 美元，于是，图 4.16 中的阴影部分给出了这一净化的价值（大于支付的数额）。由于需求曲线是一条直线，剩余可以从三角形区域计算出来：三角形的高为 1 000 美元（＝2 000 美元－1 000 美元），底边长为 5 个亿分点，因此，氧化氮污染的减少对于该家庭的价值为 2 500 美元。

① 这一结果概括在 Daniel L. Rubinfeld, "Market Approaches to the Measurement of the Benefits of Air Pollution Abatement," in Ann Friedlaender, ed., *The Benefits and Costs of Cleaning the Air* (Cambridge: MIT Press, 1976): 240－273。

一项更新的聚焦于悬浮颗粒的研究也发现，人们认为空气污染的减少具有实质价值。[①] 总的悬浮颗粒物（中位数为每立方米 60 毫克）每立方米减少一毫克，对于一户家庭来说，值 2 400 美元。

一项完整的成本-收益分析会将净化总收益的大小（每户收益乘以户数）与净化的总成本做比较，以判断这一项目是否合算。在第 18 章，当我们介绍由 1990 年《清洁空气法案修正案》推出的可交易排放许可证的时候，将会进一步探讨清洁空气这一议题。

4.5 网络外部性

迄今为止，我们都假设人们对于商品的需求是彼此独立的。换句话说，汤姆对于咖啡的需求依赖于汤姆的口味、收入和咖啡的价格，或许还有茶叶的价格，但它并不依赖于狄克或哈里对于咖啡的需求。这一假设使我们能够仅仅把每个人的需求相加就可以得到市场需求曲线。

网络外部性 个人的需求取决于其他人的购买量的情况。

然而，就某些商品而言，一个人的需求也依赖于其他人的需求。特别是，一个人对某种商品的需求受其他人已经购买的该商品数量的影响。在此情况下，存在着**网络外部性**（network externality）。网络外部性既可以是正的，也可以是负的。如果一名典型的消费者对某商品的需求随着其他消费者购买数量的增加而增加，那么就存在着正网络外部性；反之，就存在着负网络外部性。

正网络外部性

正网络外部性的一个例子是文字处理。许多学生使用微软的 Word，部分原因是他们的朋友和很多教授都在用。这使我们在发送和接收稿件时不用转换软件。越多的人使用一种特定商品或参加一项特定活动，这种商品或活动对每个人的内在价值就越高。

社交网站提供了另一个例子。如果我是该网站的唯一成员，那么网站对我就毫无价值。但是越多的人加入网站中，它带来的价值就越大。如果一个社交网站在最初市场份额方面占有小优势，那么这个优势就会变成大优势，因为新成员都愿意选择一个相对较大的网站。因此，个人社交网站 Facebook 和专业网站 LinkedIn 才会取得巨大的成功。类似的故事也发生在现实生活中以及多人在线游戏里。

攀比效应 一种正网络外部性，在这种情况下，消费者愿意购买一种商品部分是因为其他人也购买了该种商品。

正网络外部性的例子还有**攀比效应**（bandwagon effect）——一种赶潮流的欲望，想拥
134 有一件几乎所有人都已拥有的商品，或想跟上潮流。儿童玩具（例如视频游戏）往往可以产生攀比效应。实际上，在玩具销售和玩具广告中，一大目标就是要制造这一效应。这常常也是能否成功推销服装的关键。

正网络外部性如图 4.17 所示，其中横轴度量了某种商品每月以千计的销售量。假设消费者以为只有 20 000 人购买了该商品，因为这一数字与美国的人口比较起来是微乎其微的，所以消费者缺乏动力去购买这种商品。有些消费者仍然可能购买它（取决于该商品的价格），但那只是因为消费者看中了它的内在价值。在这种情况下，需求是由曲线 D_{20} 表示

① Kenneth Y. Chay and Michael Greenstone, "Does Air Quality Matter? Evidence from the Housing Market," *Journal of Political Economy* 113 (2005): 376 - 424.

的。（这一假想的需求曲线假定此时没有网络外部性。）

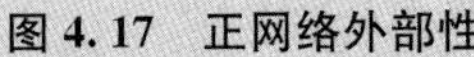

图 4.17 正网络外部性

说明：在正网络外部性下，个人对一种商品的需求量随着其他人对该商品购买量的增加而增加。此处，当价格从 30 美元跌至 20 美元时，正网络外部性使得商品的需求从 D_{40} 右移至 D_{80}。

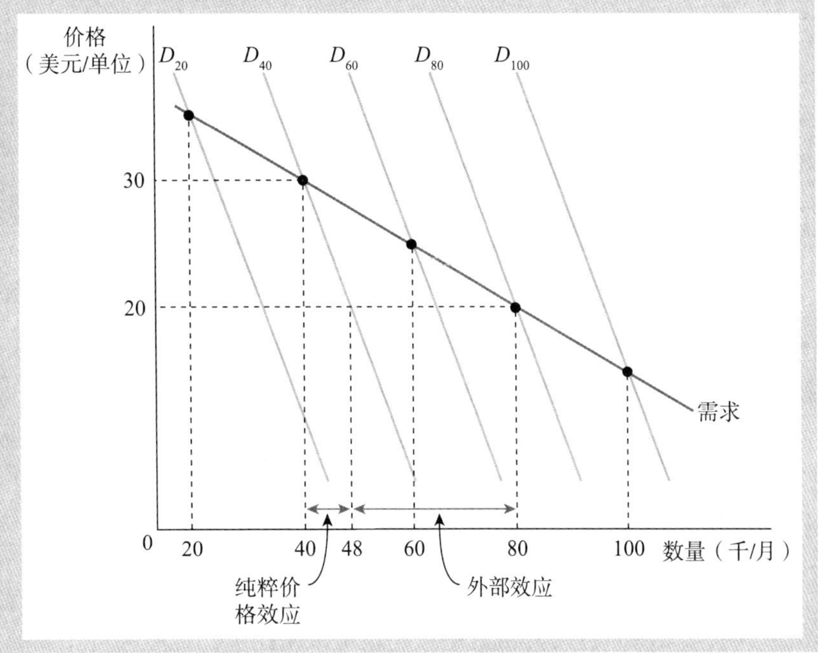

假设消费者现在认为有 40 000 人购买了该商品，他们发现该商品更有吸引力了，想多买一些。需求曲线是 D_{40}，在 D_{20} 的右边。同样地，如果消费者认为有 60 000 人购买了该商品，需求曲线就会是 D_{60}，依此类推。消费者认为已购买该商品的人数越多，需求曲线向右移动的幅度就越大。

最终，消费者会明智地感觉到有多少人已经购买了该商品。当然这一人数取决于价格。
例如，在图 4.17 中，如果价格是 30 美元，将有 40 000 人购买该商品，因此相关的需求曲 135
线是 D_{40}。如果价格是 20 美元，有 80 000 人会购买该商品，相关的需求曲线就是 D_{80}。于是，通过连接对应于数量 20 000 、40 000 、60 000 、80 000 和 100 000 的 D_{20}、D_{40}、D_{60}、D_{80} 和 D_{100} 曲线上的点就可以确定市场需求曲线了。

与 D_{20} 等曲线比较起来，市场需求曲线相对更富有弹性。要明白为什么正网络外部性会导致一条更富有弹性的需求曲线，想一下在需求曲线是 D_{40} 时价格从 30 美元降至 20 美元的影响。如果不存在攀比效应，需求量仅会从 40 000 上升至 48 000；但是因为有更多的人购买了该商品，正网络外部性进一步将需求量提升至 80 000。因此，正网络外部性增加了需求量对价格的反应，即正网络外部性使得需求更富有弹性。我们在后面将会看到，这一结论对于厂商的定价策略具有很重要的意义。

虚荣效应
一种负网络外部性，在这种情况下，消费者希望拥有的商品是独一无二的或者专有的。

负网络外部性

网络外部性有时是负的。拥挤（congestion）就是一例。在滑雪时，我喜欢排队时间短的滑雪缆车和有较少滑雪者的滑道。结果是，滑雪场缆车票的价值随着买票人数的增加而下降。类似的还有游乐园、溜冰场和海滩。

负网络外部性的另一个例子是**虚荣效应**（snob effect），它是指拥有专有的或独一无二的商品的欲望。拥有某种虚荣商品的人越少，该商品的需求就越大。艺术珍品、特别设计的跑车以及定制的服装都是虚荣商品。此处，人们从画作或跑车中获得的价值部分地来源于因几乎没有人拥有与他同样的东西这一事实而产生的特权、地位和专有性。

图 4.18 显示了虚荣效应如何发挥作用。我们假设讨论中的商品是一种虚荣商品，人们重视专有性。在图 4.18 中，如果消费者认为只有 2 000 人拥有该商品，那么需求曲线就为
136 D_2。如果人们认为有 4 000 人拥有该商品，那么它就不再那样专有了，其虚荣价值就下降了，需求量也因此而下降，需求曲线为 D_4。同样地，如果人们认为有 6 000 人拥有该商品，需求量就更小了，需求曲线为 D_6。最后，消费者知道了拥有这一商品的实际人数，因此，通过连接与数量 2 000、4 000、6 000 等实际对应的曲线 D_2、D_4、D_6 等上的点就可以确定市场需求曲线了。

虚荣效应使市场需求变得缺乏弹性。为了弄明白其中的原因，让我们假设价格最初是 30 000美元，有 2 000 人购买了该商品。当价格降至 15 000 美元时会出现什么情况呢？如果不存在虚荣效应，购买数量会升至 14 000（沿着曲线 D_2）。但是作为一种虚荣商品，如果拥有它的人数增多，其身价就会大跌。虚荣效应抑制了需求量的增加，将它减少了 8 000 单位，因此销售量只净增至 6 000 单位。

就许多商品而言，营销和广告就是为了制造一种虚荣效应（例如，劳力士手表），目的是降低需求的弹性——从而使得厂商提高价格成为可能。

负网络外部性的产生也可以是因为其他原因。比如前文提到的排队中的拥挤效应。[①]

图 4.18 负网络外部性：虚荣效应

说明：负网络外部性的例子之一就是虚荣效应，在这一效应下，一个人对一种商品的需求量随着其他人对该商品购买量的增加而减少。此处，当产品的价格从 30 000 美元跌至 15 000 美元时，更多的人购买了这一商品，虚荣效应使得该商品的需求量从 D_2 左移至 D_6。

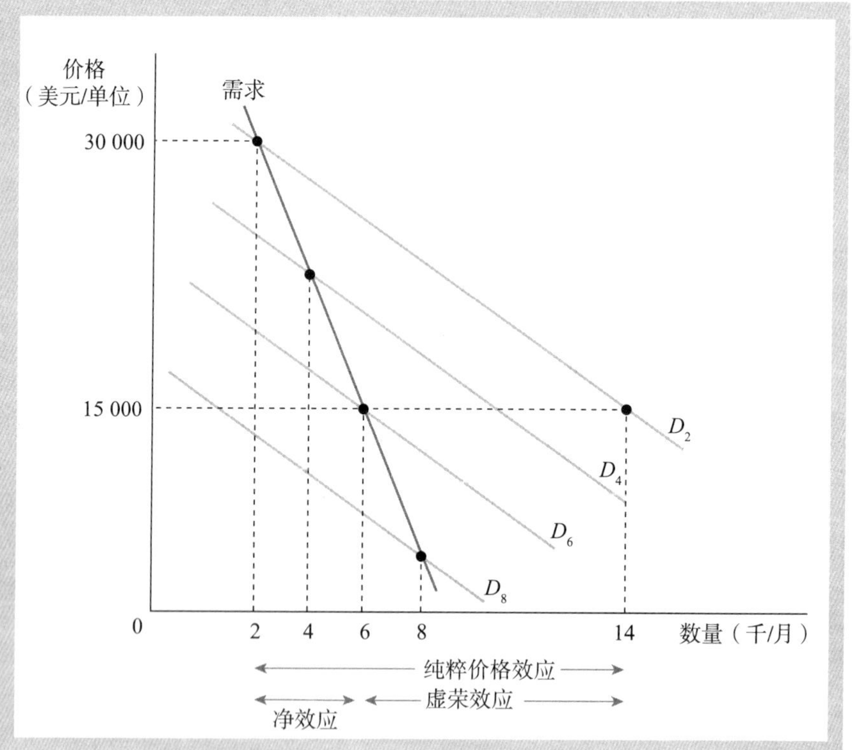

① 当然，各人口味不同。有些人认为滑雪或在海滩边度过一天的网络外部性是正的；他们喜欢人群，如果山上或海滩边没有人群，他们就会觉得孤独难熬。

❖例 4.7 Facebook 与 Google Plus

社交网络 Facebook 从 2004 年开始运营，在那一年年底使用者就达到 100 万。到 2011 年年初，用户超过 6 亿，Facebook 成为世界访问量第二大的网站（排在谷歌之后）。强大的正网络外部性在 Facebook 的成功中扮演了重要的角色。

为了理解这一点，自问一下你为什么加入 Facebook 而不是其他社交网站。你愿意加入是因为很多人已经加入。加入的朋友越多，网站对于你和朋友们分享新闻和其他信息就越有用。相反地，如果你是你所在的社交圈子中唯一的非 Facebook 使用者，你会发现自己远离了新鲜事。随着成员的增加，会有更多的人重逢，你的图片和见解会有更多的受众，更一般来说，你就可以享受更大量的信息。表 4.5 罗列了随着 Facebook 用户的增长，每个用户平均在线时间的增长。

有鉴于 Facebook 的成功，其他公司纷纷开始开发自己的社交网络。最有名的当属 Google，作为软件巨头，它有足够的资源与 Facebook 竞争。2011 年，Google 推出了 Google Plus，一个看上去很像 Facebook 的社交网站。开始看上去非常成功——第一个月就有 2 500 万人加入，之后又有更多人加入。不过，后来使用者的数量急剧下降，到 2015 年 7 月，Google Plus 的使用者人数不足 2 000 万人，与 137
Facebook 的 15 亿用户形成鲜明的对比（见表 4.5）。一年后，Google 放弃了社交网络项目，不再使用 Google Plus 作为社交网站。[①]

为什么会这样？为什么 Google Plus 如此一败涂地？表面上看（抱歉 face 这个词的双关含义），Google Plus 比 Facebook 的界面更友好，也提供了更好的隐私保护选项。而且，它还有 Google 在背后的资金支持。不过，缺陷也很明显：相对于 Facebook，Google Plus 的用户少得多。当 Google Plus 在 2011 年进入市场时，Facebook 已经有接近 8 亿用户，这给 Facebook 带来了巨大的竞争优势。任何潜在的新用户都会自然地受到有最多用户的社交网站的吸引，这个网站就是 Facebook。这种极大的网络外部性创造了赢者通吃的市场，Facebook 就是那个赢者。

表 4.5 Facebook 的使用者

资料来源：Facebook，eMarketer.

年份	Facebook 使用者（百万）	每个使用者每月停留小时数
2004	1	
2005	5.5	
2006	12	<1
2007	50	2
2008	100	3
2009	350	5.5
2010	500	7
2011	766	7.5
2012	980	8.5
2013	1 171	9
2014	1 334	10
2015	1 517	10.5
2016	1 654	11

① 参见 http://fortune.com/2015/07/02/google-plus-facebook-privacy/.

*4.6　需求的经验估计

稍后，我们将在本书中说明有关需求的信息如何进入厂商的经济决策过程。例如，通用汽车公司必须了解汽车需求以决定要不要提供折扣或者低于市场利率的新车贷款。对需求的了解对于公共政策的制定也至关重要。例如，了解石油的需求有助于国会决定是否要通过一项石油进口税。你也许想知道，经济学家是如何确定需求曲线的形状、如何计算出
138 需求的价格弹性和收入弹性的。在这一带有星号的章节里，我们将会简要地讨论一些估计和预测需求的方法。这一节带有星号的原因不仅在于内容更高级，还在于它在本书接下来的大部分分析中并非核心内容。不过，这些内容是有益的，将有助于你领会消费者行为理论的经验基础。本书后面题为“回归的基础知识”的附录描述了估计需求曲线和需求弹性的基本统计工具。

需求估计的统计方法

厂商常常寻求那些基于需求实证研究的市场信息。如果运用得当，需求估计的统计方法可以使人们找出某个变量（如收入和其他产品的价格）对某种商品需求量的影响。在这里，我们简述一些统计方法中的概念性问题。

表 4.6 中的数据描述了每年在一个市场上销售的树莓数量。树莓市场需求的信息对于代表性种植者组织可能很有价值，它使种植者能够依据自己对价格和影响需求的其他变量所做出的估计来对销售量进行预测。为了使我们的注意力集中在需求上，我们假设树莓产量对天气状况敏感，而对价格不敏感（因为农民是在去年价格的基础上做出其种植决定的）。

表 4.6　需求数据

年份	数量（Q）	价格（P）	收入（I）
2004	4	24	10
2005	7	20	10
2006	8	17	10
2007	13	17	17
2008	16	10	27
2009	15	15	27
2010	19	12	20
2011	20	9	20
2012	22	5	20

我们根据表 4.6 中的价格和数量数据画出图 4.19。如果我们认为只有价格这一因素影响需求，那么可以通过画一条直线 $Q=a-bP$（或其他合适的曲线）——如需求曲线 D 所示的那样，它“拟合”了图上的点——来描述需求，这种做法貌似有理（本书的附录讲述了曲线拟合的“最小二乘法”）。

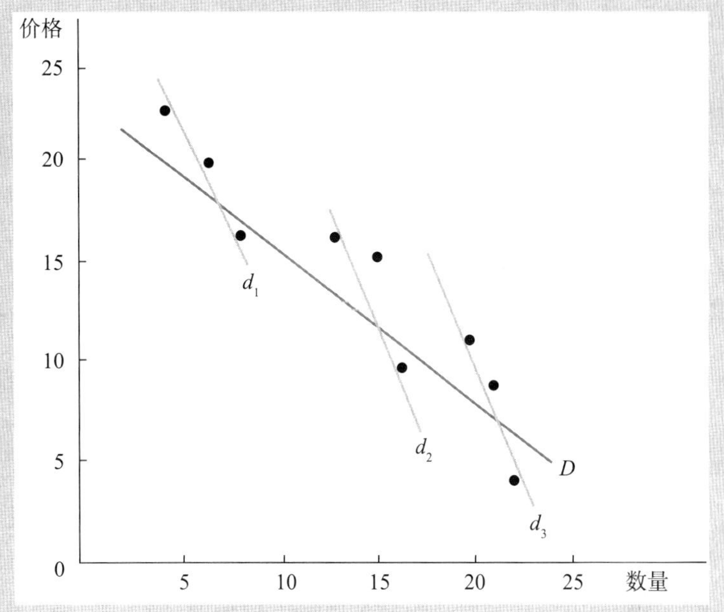

图 4.19 估计需求

说明：价格和数量的数据能被用来确定需求关系的形式。但同样的数据既可以描述单一的需求曲线 D，也可以描述随着时间的推移而变化的三条需求曲线 d_1、d_2 和 d_3。

曲线 D（由等式 $Q=28.2-1.00P$ 给出）真的代表了该商品的需求吗？答案是肯定的，但有一个前提，就是除了商品价格外，没有其他重要因素影响需求。不过，在表 4.6 中，我们把另一个变量的数据包括了进来：该产品购买者的平均收入。注意，在本研究中，收入（I）增长了 2 次，这表明农产品的需求移动了 2 次。因此，图 4.19 中的需求曲线 d_1、d_2 和 d_3 更好地描绘了需求。这一需求关系可以用代数表示为： 139

$$Q=a-bP+cI \tag{4.2}$$

该需求方程中增加了收入这一项，使得需求曲线在收入变化时以平行的方式移动。需求关系式由最小二乘法估计得出，$Q=8.08-0.49P+0.81I$。

需求关系的形式

因为上述需求关系都是线性的，所以价格变化对需求量的影响是不变的。不过，需求的价格弹性是随着价格的变化而变化的。例如，就需求方程 $Q=a-bP$ 而言，价格弹性 E_p 为：

$$E_p=(\Delta Q/\Delta P)(P/Q)=-b(P/Q) \tag{4.3}$$

因此，当价格上升（从而需求量下降）时，弹性在数值上也增大。

例如，考虑树莓的线性需求，估计方程为 $Q=8.08-0.49P+0.81I$。2008 年的需求弹性（此时 $Q=16$，$P=10$）等于 $-0.49\times(10/16)=-0.31$，而 2012 年的需求弹性（此时 $Q=22$，$P=5$）则明显降低了，为 -0.11。

没有理由指望需求弹性保持不变。不过，我们往往发现一条不变弹性需求曲线（其价格弹性和收入弹性都为常数）在分析中很有用。以对数-线性形式（log-linear form）写出时，不变弹性需求曲线如下：

$$\log(Q)=a-b\log(P)+c\log(I) \tag{4.4}$$

式中，log( ) 是对数函数，a、b 和 c 为需求方程中的常数。对数-线性需求关系的特别之处

在于斜率$-b$就是需求的价格弹性，常数c就是收入弹性。[①] 例如，利用表 4.6 中的数据，
140 我们得到回归线：

$$\log(Q) = -0.23 - 0.34\log(P) + 1.33\log(I)$$

这一关系式告诉我们，树莓需求的价格弹性是-0.34（即需求缺乏弹性），而收入弹性是 1.33。

我们已经知道，弹性在区分互补品和替代品的时候很有用。假设P_2代表了另外一种商品的价格——我们认为它与我们正在探讨的商品相关。那么，我们可以将需求函数写成下面的形式：

$$\log(Q) = a - b\log(P) + b_2\log(P_2) + c\log(I)$$

当交叉价格弹性b_2为正时，这两种商品就是替代品；当b_2为负时，这两种商品就是互补品。

识别和估计需求曲线不仅对市场营销重要，对反垄断分析也日益重要。利用估计出来的需求关系去评价并购的后果是一种共识。[②] 那些以前可能要花很高代价而且需要利用大型计算机完成的分析现在可以几秒内在一台个人计算机上就得以实现。所以，政府中竞争市场领域的专家以及私人部门中的经济和营销专家频繁地利用由超市的 POS 机得来的数据来估计需求关系。一旦厂商知道特定商品需求的价格弹性，那么它便可以确定提高或降低价格是否有利可图。当其他条件相同时，弹性越小，价格上升时厂商牟利的可能性就越大。

∵例 4.8　对即食谷物食品的需求

1995 年，卡夫食品（Kraft General Foods）公司的子公司——波斯特谷物食品（Post Cereals）公司收购了纳贝斯克（Nabisco）公司的麦片谷类食品（Shredded Wheat Cereals）公司。该收购引发了这样一个法律和经济问题，即波斯特谷物食品公司会不会提高其畅销品牌——葡萄干果仁麦片（Grape Nuts）或者纳贝斯克最成功的品牌——杯装麦片（Shredded Wheat Spoon Size）——的价格。[③] 纽约州政府提起的诉讼中的一个重要问题是这两个品牌是否为严格的替代品。假如是，那么波斯特谷物食品公司在并购之后（不是之前）提高葡萄干果仁麦片（或杯装麦片）的价格会获利更多。为什么呢？因为在并购之后，由于葡萄干果仁麦片（或杯装麦片）消费者的流失造成的销量降低将会通过转向杯装麦片（或葡萄干果仁麦片）后恢复到原来的水平。

141 价格上涨将在多大程度上导致顾客流失（部分地）由葡萄干果仁麦片需求的价格弹性决定。当其他条件相同时，需求弹性越大，价格上涨所带来的销量损失就越大，价格上升后厂商牟利的可能性也就越小。

葡萄干果仁麦片和杯装麦片之间的替代性可以用葡萄干果仁麦片的需求对杯装麦片的价格的交叉价格弹性来度量。相关的弹性利用逾三年的时间从 10 个城市的超市 POS 机获得的家庭购买行为的周数据计算得出。其中的一个等弹性需求方程的估计结果如下：

---

① 底数为 e 的自然对数函数有这样的特性：对于$\log(Q)$的任何变化，$\Delta[\log(Q)] = \Delta Q/Q$。同样，对于$\log(P)$的任何变化，$\Delta[\log(P)] = \Delta P/P$。于是，$\Delta[\log(Q)] = \Delta Q/Q = -b[\Delta(\log(P))] = -b(\Delta P/P)$。所以，$(\Delta Q/Q)/(\Delta P/P) = -b$，它就是需求的价格弹性。通过类似的论证，需求的收入弹性c由$(\Delta Q/Q)/(\Delta I/I)$给出。

② Jonathan B. Baker and Daniel L. Rubinfeld, "Empirical Methods in Antitrust Litigation: Review and Critique," *American Law and Economics Review* 1 (1999): 386 - 435.

③ State of New York v. Kraft General Foods, Inc., 926 F. Supp. 321, 356 (S. D. N. Y. 1995).

$$\log(Q_{GN}) = 1.998 - 2.085\ \log(P_{GN}) + 0.62\ \log(I) + 0.14\ \log(P_{SW})$$

其中，Q_{GN}为葡萄干果仁麦片每星期的销售量（以磅计），P_{GN}为葡萄干果仁麦片每磅的价格，I为实际个人收入，而P_{SW}为杯装麦片每磅的价格。

葡萄干果仁麦片的需求是富有弹性的（在当前价格下），价格弹性大约为−2。收入弹性为0.62：换句话说，收入的增加会导致对该谷物食品购买量的增加，但是以小于1∶1的比率增加。最后，交叉价格弹性为0.14。这一数值与这样一个事实相一致，即尽管这两种谷物食品为替代品（随着杯装麦片价格的上升，葡萄干果仁麦片的需求量也上升），但它们不是非常严格的替代品。

确定需求的面谈方法和直接推销实验方法

获得有关需求信息的另一种方法是通过面谈（interviews），此时消费者被问及在某个既定的价格下，他们将会乐意购买多少数量的某种商品。不过，当人们缺乏信息或兴趣，或者想误导主持面谈的人时，这种方法也许无法取得成功。因此，市场研究人员已经设计出很多间接的调查技巧。例如，消费者或许会被问及其目前的消费行为如何，如果某种商品打折10%，他们会有什么反应。他们也可能被问及他们认为别人会怎么行动。虽然间接调查法对需求估计很有用处，但是面谈法的困难已迫使经济学家和市场营销专家寻找其他办法。

在直接推销实验（direct marketing experiments）中，实际的购买机会被提供给潜在的消费者。例如，一个航空公司可以在某些航班上提供打折机票，为期6个月，目的之一就是想知道这一价格变化是如何影响其航班需求的，部分地了解其他竞争对手又会做出什么反应。或者，一个谷物食品企业也许会在布法罗、纽约、奥马哈和内布拉斯加做一个市场测试，向一些潜在的消费者提供优惠券，价值从每盒25美分到1美元。消费者对这些优惠券的反应能告诉该企业其潜在需求曲线的形状，这有助于销售人员决定是否将该产品在全国和世界范围内推广，以及以什么价位推广。

直接推销实验是真实的，而不是假设的，但尽管如此，它仍然存在问题。出错的实验代价很高，并且即使利润和销售量都上升了，公司也无法完全确定这些上升是否来自实验中的变化，因为其他因素可能同时发生了变化。而且，对于实验的反应——消费者往往认为这是短期的——可能不同于对永久变动的反应。最后，一个公司只能负担有限次数的实验。

小　结

1. 从有关消费者对所有商品和服务的口味的信息，以及他们的预算约束，可以推导出个别消费者 142
对一种商品的需求曲线。

2. 恩格尔曲线描述一种商品的消费量和收入之间的关系，它有助于说明消费支出如何随着收入的变化而变化。

3. 如果一种商品价格的上涨会导致另一种商品需求量的上升，那么这两种商品就是替代品。相比之下，如果一种商品价格的上涨会导致另一种商品需求量的下降，那么这两种商品就是互补品。

4. 一种商品价格的变化给需求量带来的影响可以分成两个部分：替代效应，效用水平保持不变而价格变化；收入效应，价格保持不变而效用水平变化。由于收入效应可以是正的，也可以是负的，所以价格变化对需求量的影响也可大可小。在那个非同寻常的所谓吉芬商品的例子中，需求量可以朝价格变化的同一方向变动，从而产生一条向上倾斜的个人需求曲线。

5. 市场需求曲线是市场上所有消费者对于某种商品的个人需求曲线的水平加总。市场需求曲线能够被用来计算人们对某种商品和服务消费的评价。

6. 当需求缺乏价格弹性时，因价格上涨 1%而导致的需求量下降小于 1%，于是消费者的支出就增加了。当需求富有价格弹性时，因价格上涨 1%而导致的需求量下降大于 1%，于是消费者的支出就减少了。当需求为不变价格弹性时，价格上涨 1%而导致的需求量下降等于 1%。

7. 消费者剩余的概念有助于确定人们从一种商品的消费中获得的收益。消费者剩余是消费者为获得一定数量的某种商品而愿意支付的最大货币量与他实际支付的数额之间的差额。

8. 有时，需求是投机性的，并非受消费带来的直接利益的驱使，而是受价格上升的预期的驱动。

9. 当一个人的需求直接受到其他消费者购买决策的影响时，网络外部性就会发生。当一个典型的消费者因别人购买某种商品或服务而增加自己的消费时，就存在正网络外部性。相反，当拥有某种商品的人越少，消费者对其的需求反而越大时，就存在负网络外部性。

10. 有好几种方法可以被用来获得有关消费需求的信息，其中包括面谈方法和直接推销实验方法以及更间接的统计方法。统计方法在其应用中非常强大，但在进行统计工作之前，确定合适的影响需求的变量是必需的。

复习题

1. 解释下面各项中每一对之间的区别：

a. 价格-消费曲线与需求曲线；

b. 个人需求曲线与市场需求曲线；

c. 恩格尔曲线与需求曲线；

d. 收入效应与替代效应。

2. 假定某人在食品和衣服这两种商品上花费他全部
143 的预算。两种商品是否可能都为劣等品？请说明原因。

3. 解释下述说法是对还是错：

a. 当人们沿着其需求曲线往下移动时，边际替代率递减；

b. 当人们沿着其需求曲线往下移动时，效用水平上升；

c. 恩格尔曲线总是向上倾斜的。

4. 一场摇滚音乐会的门票售价为 10 美元。但在该价格下，需求远大于可供的门票数量，那么额外一张门票的价值或边际收益是大于、小于还是等于 10 美元？你怎样来确定这一价值呢？

5. 在下面的商品组合中，哪些是互补品？哪些是替代品？在不同的情形下，它们可以两者兼而有之吗？讨论一下。

a. 一堂数学课和一堂经济学课；

b. 网球和网球拍；

c. 牛排和龙虾；

d. 目的地相同的飞机和火车；

e. 培根和鸡蛋。

6. 假定有一个消费者每月花费固定数额的收入在下述成对商品上：

a. 玉米薄饼和辣调味汁；

b. 玉米薄饼和炸土豆片；

c. 电影票和由咖啡豆磨制的咖啡；

d. 乘公共汽车出行和乘地铁出行。

假如上述成对商品的其中一种商品价格上涨，说明这对每种商品需求的影响。在各对商品中，哪些可能是互补品？哪些可能是替代品？

7. 在下面的事件中，哪一件会引起沿美国国产服装需求曲线的一次移动？哪一件又会造成需求曲线的移动？

a. 取消对外国服装进口的配额；

b. 美国公民收入的增加；

c. 全行业生产国内服装成本的降低，这种降低又以服装价格变得更低的形式反映在市场上。

8. 下列商品中哪一种商品的价格上涨可能会导致较大的收入（包括替代）效应？

a. 盐；

b. 住房；

c. 剧院门票；

d. 食品。

9. 假设某个州的一般家庭每年消费 800 加仑汽油。现在开征 20%的汽油税，同时每户每年有 160 美元的退税。在这一新的计划下，他们的境况得到了改善还是恶化？

10. 在下面的三组人中，哪一组人对商业经济学家协会的成员资格需求具有最大的价格弹性，哪一组人又具有最小的价格弹性？

a. 学生；

b. 低级经理；

c. 高级经理。

11. 说明下述各项中每一对需求之间哪个更富有价格弹性：

a. 某一特定品牌牙膏的需求与普通牙膏的需求；

b. 短期内汽油的需求与长期内汽油的需求。

12. 说明正网络外部性与负网络外部性之间的区别，并各给出一个例子。

练习题

1. 某人每月都留出一定的收入花在其两大爱好上——收藏红酒和书籍。在下面给出的信息的条件下，说明与红酒价格变化相对应的价格-消费曲线以及红酒的需求曲线。

红酒价格（美元）	书籍价格（美元）	红酒数量	书籍数量	预算（美元）
10	10	7	8	150
12	10	5	9	150
15	10	4	9	150
20	10	2	11	150

2. 某人消费两种商品——衣服和食品。在下面给出的信息的条件下，说明衣服和食品的收入-消费曲线以及恩格尔曲线。

衣服价格（美元）	食品价格（美元）	衣服数量	食品数量	收入（美元）
10	2	6	20	100
10	2	8	35	150
10	2	11	45	200
10	2	15	50	250

3. 简从额外一张芭蕾舞门票中获得的效用总是从额外一张篮球赛门票中获得的两倍，无论她拥有的每种票的数量为多少。画出简对芭蕾舞门票的收入-消费曲线和恩格尔曲线。

4. a. 橙汁和苹果汁被认为是完全替代品。画出合适的价格-消费曲线（橙汁价格变化时）和收入-消费曲线。

b. 左鞋和右鞋是完全互补品。画出合适的价格-消费曲线和收入-消费曲线。

5. 每个星期，比尔、玛丽和简选择他们要消费的两种商品，x_1和x_2，以最大化他们各自的效用。他们将自己一个星期的所有收入都花在这两种商品上。

a. 假定给予你下面的信息，即三个星期中关于比尔所做选择的信息：

	x_1	x_2	P_1	P_2	I
第一个星期	10	20	2	1	40
第二个星期	7	19	3	1	40
第三个星期	8	31	3	1	55

从第一个星期到第二个星期，比尔的效用是上升了还是下降了？从第二个星期到第三个星期呢？用图形来论证你的答案。

b. 现在来考虑下述有关玛丽所做出的选择的信息： 144

	x_1	x_2	P_1	P_2	I
第一个星期	10	20	2	1	40
第二个星期	6	14	2	2	40
第三个星期	20	10	2	2	60

从第一个星期到第三个星期，玛丽的效用是上升了还是下降了？对玛丽来说，两种商品都为正常品吗？请解释。

*c. 最后，下面的信息是关于简的选择的：

	x_1	x_2	P_1	P_2	I
第一个星期	12	24	2	1	48
第二个星期	16	32	1	1	48
第三个星期	12	24	1	1	36

画出一幅说明简的这三个选择的预算线-无差异曲线图。你怎样看待本例中简的偏好呢？指出商品x_1的价格变动带来的收入效应和替代效应。

6. 有两个人，萨姆和巴布，他们从消费的以小时计的闲暇（L）和消费的商品（G）中获得效用。为了最大化效用，他们需要将一天中的24个小时在闲暇时间和工作时间中进行分配。假定时间除了花在工作上就是花在闲暇上。商品的价格等于1美元，而闲暇的价格等于小时工资。我们观察到下表的有关这两个人所做选择的信息：

G的价格	L的价格	萨姆 L(小时)	巴布 L(小时)	萨姆 G(美元)	巴布 G(美元)
1	8	16	14	64	80

续表

G 的价格	L 的价格	萨姆 L(小时)	巴布 L(小时)	萨姆 G(美元)	巴布 G(美元)
1	9	15	14	81	90
1	10	14	15	100	90
1	11	14	16	110	88

用图形说明萨姆的闲暇需求曲线和巴布的闲暇需求曲线。以纵轴表示价格，以横轴表示闲暇。在他们都已经最大化效用的条件下，你怎样解释他们的闲暇需求曲线中的差别？

7. 位于一个小规模大学城中的一家剧院的经理正在考虑改变门票的定价方式。他已经聘请了一个经济咨询
145 公司来估计门票的需求。这个公司把去该剧院的人分为两个群体，并提出了两个需求函数，普通大众的需求曲线（Q_{gp}）和学生的需求曲线（Q_s），分别由下面两式给出：

$$Q_{gp} = 500 - 5P$$
$$Q_s = 200 - 4P$$

a. 以纵轴表示 P，以横轴表示 Q，在图上画出这两条需求曲线。假如当前的价格为 35 美元，求各个群体的需求数量。

b. 求出各个群体在当前价格和数量下需求的价格弹性。

c. 通过每张票要价 35 美元，该经理是否最大化了从门票销售中获得的收益？请解释。

d. 如果该经理试图最大化从门票销售中获得的收益，他对各个群体应该要价多少？

8. 朱蒂已经决定每年不多不少花 500 美元在大学教材上，尽管她知道价格每年可能要上涨 5%～10%，并且她的祖父母明年将会给她一份可观的礼金。朱蒂对教材需求的价格弹性为多少？收入弹性呢？

9. ACME 公司确定，在目前的价格上，其计算机芯片的短期需求价格弹性为－2，其磁盘驱动器的短期需求价格弹性为－1。

a. 如果公司决定将两种产品的价格都提高 10%，其销售量会有什么变化？销售收入呢？

b. 你能否从已知的信息中判断，哪个产品会给厂商带来最大的收入？如果能，为什么？如果不能，你还需要什么别的信息？

10. 观察在下面概述的情形中一个人的行为，然后确定每一种商品相关的需求收入弹性（即该商品是正常品还是劣等品）。如果你不能确定收入弹性，你还需要别的什么信息？

a. 比尔将其全部收入花在书籍和咖啡上。当他在书店的一只旧纸箱子里翻找东西时发现了 20 美元，他马上去买了一本新的精装诗集。

b. 比尔丢失了他打算用来购买一杯双份蒸馏咖啡的 10 美元，他决定把新书折价卖给他的朋友，再用换来的钱买咖啡。

c. 像波希米亚人那样生活已成了最新时尚，结果，咖啡和书籍的价格上涨了 25%。比尔将这两种商品的消费削减了同样的百分比。

d. 比尔离开了艺术学校，而获得了一个工商管理硕士（MBA）学位。他不喝咖啡且不读书了。现在他读《华尔街日报》，喝瓶装的矿泉水。

11. 假设食品需求的收入弹性是 0.5，价格弹性是 －1.0。假设费利西亚每年在食品上花费 10 000 美元，食品价格为 2 美元，她的收入为 25 000 美元。

a. 如果一项食品销售税使得食品价格上升至 2.5 美元，她的食品消费会有什么变化？（提示：因为涉及一个较大的价格变化，所以你应该假设该价格弹性是弧弹性，而不是点弹性。）

b. 假设费利西亚得到 2 500 美元的退税以缓解该销售税的影响。她现在的食品消费又将如何呢？

c. 当她得到的退税数额等于销售税的支付数额时，她的境况是改善了还是变糟了？请说明原因。

12. 假设你经营着一个小企业，想预测你的产品价格提高之后需求量会发生什么变化。虽然你不知道你的产品的确切需求曲线，但是你知道第一年你要价 45 美元，销售了 1 200 单位，第二年你要价 30 美元，销售了 1 800 单位。

a. 如果你打算把价格提高 10%，那么，以百分比的形式计，对需求量变动的一个合理预测为多少？

b. 如果你把价格提高 10%，收入将会上升还是下降？

13. 假设你在管理一座营运成本基本上为零的收费桥梁。过桥需求 Q 由 $P=15-(1/2)Q$ 给出。

a. 画出过桥服务的需求曲线。

b. 如果不收费，会有多少人通过该桥？

c. 如果过桥费是 5 美元，相对应的消费者剩余的损失是多少？

d. 该收费桥梁的运营方打算把价格提高到 7 美元。在这一相对较高的价格上，会有多少人通过该桥？该收费桥梁的收益是上升还是下降了？从你的答案出发，你对需求弹性有何判断？

e. 求与价格从 5 美元上升到 7 美元相对应的消费者剩余的损失。

14. 维拉正打算升级她那台新的个人计算机上的操作系统。她听说新操作系统 Linux 在技术上优于 Windows 而且价格低很多。然而，在询问了她的朋友之后，她发现他们用的都是装了 Windows 的个人计算机。他们也认为 Linux 是更吸引人的，但是他们又说当地商店里销售的 Linux 的拷贝相对较少。维拉选择了 Windows。你能解释一下她的决定吗？

15. 假设你是一个农业合作组织的顾问，该组织正在决定其成员明年要不要将他们的棉花生产量减半。该组织需要你的建议，即这个决定是否将会提高其成员的收益。了解到棉花（C）与大豆（S）的种植面积在南方是竞争性的，你对棉花需求的估计为 $C=3.5-1.0P_C+0.25P_S+0.50I$，这里 P_C 为棉花的价格，P_W 为大豆的价格，I 为收入。你是该支持还是反对这项计划？是否需要更多的信息以使你能够做出确切的回答？

16. 一个消费者只吃牛排和土豆。其预算为每 10 天 30 美元，而她必须买足够的土豆来吃，至少每天 2 单位。

a. 土豆价格为 0.5 美元，牛排价格为 10 美元。消费者将消费两种商品各多少？

b. 现在假设土豆的价格上升为 1 美元。消费者购买每种商品各多少？

c. 现在假设土豆价格上升为 1.25 美元。消费者购买每种商品各多少？

d. 土豆是哪种商品？

e. 你预测土豆的需求曲线会一直保持这种趋势吗？为什么？

第 4 章附录　需求理论：一种数学的处理方法

本附录将介绍需求理论基本原理的一种数学处理方法，我们的目的是给那些掌握一定 147
微积分知识的学生提供一个对需求理论的简要回顾。为了实现这一目的，我们将解释并且运用有约束最优化的概念。

效用最大化

消费者行为理论的基础是假设消费者在预算约束下最大化其效用。在第 3 章中我们已经看到，对每个消费者，我们可以定义一个效用函数，赋予每个市场篮子一定的效用水平。而一种商品的边际效用则被定义为该商品消费量增加一单位相对应的效用变动。利用微积分，正如我们在本附录里的做法，我们用消费量的一个微小变化导致的效用变动来度量边际效用。

例如，假定鲍勃的效用函数由 $U(X, Y)=\log X+\log Y$ 给出，这里，为了不失一般性，X 表示食品，Y 表示衣服。这样，与 X 的额外消费相对应的边际效用由该效用函数对 X 商品的偏导数给出。这里，MU_X（表示 X 商品的边际效用）由下式给出：

$$\frac{\partial U(X,Y)}{\partial X}=\frac{\partial(\log X+\log Y)}{\partial X}=\frac{1}{X}$$

在下面的分析中，如第 3 章那样，我们将假定效用水平是商品消费量的一个递增函数，但边际效用随消费量的增加而下降。当只有两种商品 X 和 Y 时，消费者的最优化问题就可以写成：

$$\text{Max}\ U(X,Y) \tag{A4.1}$$

约束条件为（所有收入都花在这两种商品上）：

$$P_X X+P_Y Y=I \tag{A4.2}$$

式中，$U(\ )$ 是效用函数，X 和 Y 是消费者对两种商品的购买数量，P_X 和 P_Y 是两种商品的价格，I 是收入。[①]

① 为了简化算法，我们假设效用函数是连续的（有连续导数），并且商品是无限可分的。对数函数 log( ) 用于计算一个数值的自然对数。

为了确定个体消费者对两种商品的需求，我们选择在约束条件（A4.2）下使方程（A4.1）最大化的 X 和 Y 的值。当我们知道效用函数的某一具体形式时，我们就可以直接
148 解出消费者对于 X 和 Y 的需求。不过，即使我们用一般形式来写效用函数，有约束最优化的方法仍可以被用来描述消费者最大化效用时那些必须成立的条件。

拉格朗日乘数法 在一个或者多个约束条件下用来最大化或者最小化目标函数的方法。

拉格朗日乘数法

拉格朗日乘数法（method of Lagrange multiplier）是一种在一个或者多个约束条件下最大化或者最小化目标函数的技巧。因为本书接下来将会应用这一方法来分析生产和成本问题，所以我们将一步一步地运用这一方法求解由方程（A4.1）和方程（A4.2）给出的消费者最优化问题。

拉格朗日函数 需要最大化或者最小化的函数，加上一个与约束条件相乘的变量（拉格朗日乘子）。

（1）写出问题。我们先写该问题的拉格朗日形式。**拉格朗日函数**（Lagrangian）为要最大化或者最小化的函数（这里要最大化效用），加上一个与约束条件（这里为消费者的预算约束）相乘的我们称为 λ 的变量。我们稍后会讨论 λ 的含义。现在，拉格朗日函数为

$$\Phi = U(X,Y) - \lambda(P_X X + P_Y Y - I) \tag{A4.3}$$

注意我们已经把预算约束写成

$$P_X X + P_Y Y - I = 0$$

即令各项之和等于 0，然后我们把等式左侧放到拉格朗日函数中去。

（2）求拉格朗日函数的微分。如果我们选择的 X 值和 Y 值满足预算约束，那么方程（A4.3）中的第二项就是零。因此，拉格朗日函数的最大化就等价于 $U(X, Y)$ 的最大化。通过分别求 Φ 对 X、Y 和 λ 的偏导数，然后令导数等于零，我们就获得了一个最大化问题的必要条件。[①] 相应的方程为

$$\begin{aligned}\frac{\partial \Phi}{\partial X} &= \mathrm{MU}_X(X,Y) - \lambda P_X = 0 \\ \frac{\partial \Phi}{\partial Y} &= \mathrm{MU}_Y(X,Y) - \lambda P_Y = 0 \\ \frac{\partial \Phi}{\partial \lambda} &= I - P_X X - P_Y Y = 0\end{aligned} \tag{A4.4}$$

其中，与前面相同，MU 是边际效用的缩写：换句话说，$\mathrm{MU}_X(X, Y) = \partial U(X, Y)/\partial X$，
149 即商品 X 消费的微量增加所造成的效用的变化。

（3）求解方程。方程（A4.4）中的三个方程可以写为

$$\mathrm{MU}_X = \lambda P_X$$

$$\mathrm{MU}_Y = \lambda P_Y$$

$$P_X X + P_Y Y = I$$

现在我们可以求解这三个方程中的三个未知数。X 和 Y 的值为消费者最优化问题的解：它们为效用最大化时的值。

边际相等法则

上述第三个方程为消费者的预算约束。前面的两个方程告诉我们，消费者将消费每种

① 对于消费者对两种商品的消费量都为正这样一个“内点解”来说，这些条件都是必要的。然而，对于只消费其中一种商品而不消费另一种商品的情形，解就是一个“角点解”。

商品至这样一个数量，此时从消费中获得的边际效用为该商品的价格乘以 λ。为了领会其中的含义，我们把这两个条件放在一起，得出了边际相等法则：

$$\lambda = \frac{MU_X(X,Y)}{P_X} = \frac{MU_Y(X,Y)}{P_Y} \tag{A4.5}$$

换言之，每种商品的边际效用除以其价格是相等的。为了最优化，消费者从消费 X 或 Y 的最后 1 美元中获得的效用必须相等。如果不是这样，那么消费者多消费一种商品而少消费另一种商品就会提高效用。

为了更详尽地描述个人最优的特征，我们可以将方程（A4.5）改写一下，得到：

$$\frac{MU_X(X,Y)}{MU_Y(X,Y)} = \frac{P_X}{P_Y} \tag{A4.6}$$

换句话说，边际效用比率等于价格比率。

边际替代率

我们可以运用方程（A4.6）来理解第 3 章中已经厘清的效用函数和无差异曲线之间的联系。一条无差异曲线代表了能给消费者带来相同效用水平的所有市场篮子。如果 U^* 是一个固定的效用水平，那么与该效用水平相对应的无差异曲线由下式给出：

$$U(X,Y) = U^*$$

当通过稍微增加 X 的数量、稍微减少 Y 的数量改变市场篮子时，效用的总变化必定等于零。于是，

$$MU_X(X,Y)dX + MU_Y(X,Y)dY = dU^* = 0 \tag{A4.7}$$

整理得 150

$$-dY/dX = MU_X(X,Y)/MU_Y(X,Y) = MRS_{XY} \tag{A4.8}$$

式中，MRS_{XY}代表了一个人的 X 对 Y 的边际替代率。因为方程（A4.8）的左边代表了无差异曲线斜率的相反数，所以可以得出，在切点上一个人的边际替代率（交换商品而保持效用不变）等于边际效用比率，而从方程（A4.6）来看，又转而等于两种商品的价格比率。①

当无差异曲线是凸的时，将无差异曲线与预算线相切就解决了消费者的最优化问题。第 3 章中的图 3.13 说明了这一原则。

收入的边际效用

不管效用函数采用什么形式，拉格朗日乘子 λ 都代表了当预算约束放松——在本例中是预算增加 1 美元——时所产生的额外效用。为了说明这一原理，我们现在来求效用函数 $U(X, Y)$关于 I 的全微分：

$$dU/dI = MU_X(X,Y)(dX/dI) + MU_Y(X,Y)(dY/dI) \tag{A4.9}$$

由于收入的任何增加都必须在两种商品间分配，于是

$$dI = P_X dX + P_Y dY \tag{A4.10}$$

---

① 我们隐含地假定二阶条件对于效用最大化是成立的。这样，消费者是最大化效用而不是最小化效用。凸性条件足以使二阶条件得到满足。用数学语言来说，该条件是 $d(MRS)/dX<0$，或是 $dY^2/dX^2>0$，式中，$-dY/dX$ 为无差异曲线的斜率。记住：边际效用递减并不足以保证无差异曲线的凸性。

将方程（A4.5）代入方程（A4.9），我们得到

$$dU/dI = \lambda P_X(dX/dI) + \lambda P_Y(dY/dI) = \lambda(P_X dX + P_Y dY)/dI \qquad (A4.11)$$

再将方程（A4.10）代入方程（A4.11），我们得到

$$dU/dI = \lambda(P_X dX + P_Y dY)/(P_X dX + P_Y dY) = \lambda \qquad (A4.12)$$

因此，拉格朗日乘子就是多1美元收入所带来的额外效用。

回到我们原先对效用最大化条件的分析，从方程（A4.5）中我们可看到，最大化要求从每一种商品的消费中获得的效用，以花在该商品上的每一美元计，等于收入增加1美元的边际效用。如果情况不是这样，消费者可以通过多花一些钱于具有较高的边际效用和价格比率的商品，而少花一些钱于其他商品来提高效用。

一个例子

一般来说，求解方程（A4.4）中的三个方程就可以确定三个未知数 X、Y 和 λ，作为
151 两种商品的价格和收入的一个函数。代入 λ 就使我们能根据收入和两种商品的价格来求解对这两种商品中任何一种的需求。用一个例子最容易说明这一点。

柯布-道格拉斯效用函数 效用函数 $U(X, Y) = X^a Y^{1-a}$，其中 X 和 Y 是两种商品，而 a 是一个常数。

一个经常运用的效用函数是**柯布-道格拉斯效用函数**（Cobb-Douglas utility function），能用两种形式表述这一函数，即

$$U(X,Y) = a\log(X) + (1-a)\log(Y)$$

以及

$$U(X,Y) = X^a Y^{1-a}$$

以需求理论为目的，这两种形式是等价的，因为对于商品 X 和 Y，它们得出的需求函数是相同的。我们将推导出第一种形式的需求函数，第二种形式留给学生们当作练习。

在一般预算约束下，要求 X 和 Y 的需求函数，我们先写出拉格朗日函数：

$$\Phi = a\log(X) + (1-a)\log(Y) - \lambda(P_X X + P_Y Y - I)$$

现在就X、Y和 λ 求微分，使导数等于零，我们有

$$\partial\Phi/\partial X = a/X - \lambda P_X = 0$$

$$\partial\Phi/\partial Y = (1-a)/Y - \lambda P_Y = 0$$

$$\partial\Phi/\partial\lambda = P_X X + P_Y Y - I = 0$$

前两个条件意味着：

$$P_X X = a/\lambda \qquad (A4.13)$$

$$P_Y Y = (1-a)/\lambda \qquad (A4.14)$$

将这些表达式与最后一个条件（预算约束）相结合，得

$$a/\lambda + (1-a)/\lambda - I = 0$$

或 $\lambda = 1/I$。现在我们可以将 λ 的这一表达式代入方程（A4.13）和方程（A4.14）中，得到需求函数

$$X = (a/P_X)I$$

$$Y = [(1-a)/P_Y]I$$

在此例中，每种商品的需求仅仅取决于该商品的价格和收入，并不取决于其他商品的价格。因此，需求的交叉价格弹性为零。

152 我们也可以用这个例子来回顾一下拉格朗日乘子的含义。因此，让我们把特定的值代

入问题中的每一个参数。令 $a=1/2$，$P_X=1$ 美元，$P_Y=2$ 美元，$I=100$ 美元。那么，使效用最大化的选择为 $X=50$，$Y=25$。同时注意到 $\lambda=1/100$。拉格朗日乘子告诉我们，如果消费者可以得到额外的 1 美元收入，那么他所获得的效用水平会增加 1/100。这一结论很容易检验。当收入为 101 美元时，两种商品最大化的选择是 $X=50.5$，$Y=25.25$。再稍稍计算一下，我们就可以知道，初始效用水平是 3.565，新的效用水平是 3.575。正如我们所看到的，收入增加 1 美元的确使效用增加了 0.01 或 1/100。

对偶
看待消费者效用最大化选择的替代方法：消费者不是在给定预算约束的条件下选择最高的无差异曲线，而是在给定无差异曲线的条件下选择与既定的无差异曲线相切的最低的预算约束线。

消费理论中的对偶

可以从两个角度看待消费者的最优选择。X 和 Y 的最优选择不仅可以看作一个选择与预算线相切的最高无差异曲线——$U(\ )$ 的最大值——的问题，也可以看作一个选择与既定的无差异曲线相切的最低预算线——最小预算支出——的问题。我们用**对偶**（duality）这一术语来指代这两个视角。为了弄明白这一点，思考一下下面的消费者最优问题的对偶，即要使获得某个效用水平的成本最小化的问题：

$$\min P_X X + P_Y Y$$

约束条件为

$$U(X,Y) = U^*$$

对应的拉格朗日函数由下式给出：

$$\Phi = P_X X + P_Y Y - \mu[U(X,Y) - U^*] \tag{A4.15}$$

式中，μ 是拉格朗日乘子。求 Φ 关于 X、Y 和 μ 的微分，并令结果等于零，我们得到了下面的支出最小化的必要条件：

$$P_X - \mu \mathrm{MU}_X(X,Y) = 0$$

$$P_Y - \mu \mathrm{MU}_Y(X,Y) = 0$$

以及

$$U(X,Y) = U^*$$

通过求解前两个方程并回忆一下方程（A4.5），我们有

$$\mu = [P_X/\mathrm{MU}_X(X,Y)] = [P_Y/\mathrm{MU}_Y(X,Y)] = 1/\lambda$$

由于下式也成立

$$\mathrm{MU}_X(X,Y)/\mathrm{MU}_Y(X,Y) = \mathrm{MRS}_{XY} = P_X/P_Y$$

所以成本最小化选择的 X 和 Y 必定位于预算线与产生效用 U^* 的无差异曲线的切点上。因 153
为这个点与我们原来问题中使效用最大化的那个点相同，所以，对偶的支出最小化问题产生的需求函数与直接的效用最大化问题所得出的需求函数相同。

为了弄明白这一对偶方法是怎么回事，让我们再来考虑一下柯布-道格拉斯效用函数的例子。如果我们运用柯布-道格拉斯效用函数的指数形式 $U(X,Y)=X^aY^{1-a}$，代数式就会简单一些。这样，拉格朗日函数是：

$$\Phi = P_X X + P_Y Y - \mu[X^aY^{1-a} - U^*] \tag{A4.16}$$

关于 X、Y 和 μ 求微分，并令其等于零，我们有

$$P_X = \mu a U^*/X$$

$$P_Y = \mu(1-a)U^* / Y$$

将第一个方程乘以 X，第二个方程乘以 Y，两者相加，我们得到

$$P_X X + P_Y Y = \mu U^*$$

首先，我们让 I 作为成本最小化的支出（在原问题中，个人必须用尽其收入来获得效用水平 U^*，否则，U^* 就没有使效用最大化），这样，结果自然是 $\mu = I/U^*$。代入上面的方程中，我们得到：

$$X = aI/P_X \quad 和 \quad Y = (1-a)I/P_Y$$

它们与我们之前得出的需求函数相同。

收入效应与替代效应

需求函数告诉我们，任何一个人的效用最大化选择如何随收入和商品价格的变化而变化。不过，重要的是区分任何价格变化中沿着无差异曲线移动的部分和移向另一条无差异曲线（因而购买力也发生变化）的部分。为了做到这一点，我们思考一下，当商品 X 的价格发生变化时，商品 X 的需求会有什么变化？正如我们在第 4.2 节中所说的，需求的变化可以分成替代效应（当效用水平不变时需求量的变化）和收入效应（在效用水平变化而商品 X 的相对价格不变的情况下需求量的变化）。我们将在效用保持不变时，X 价格的 1 单位变化所造成的 X 的变化记作

$$\partial X / \partial P_{X \mid U=U^*}$$

于是，P_X 的 1 单位变化所造成的 X 的总变化为：

$$dX/dP_X = \partial X / \partial P_{X \mid U=U^*} + (\partial X / \partial I)(\partial I / \partial P_X) \qquad (A4.17)$$

154 方程（A4.17）右边的第一项是替代效应（因为效用不变）；第二项是收入效应（因为收入增加）。

从消费者的预算约束 $I = P_X X + P_Y Y$，我们通过微分法得到：

$$\partial I / \partial P_X = X \qquad (A4.18)$$

假设消费者此时拥有商品 X 和 Y，那么方程（A4.18）就会告诉我们，当商品 X 的价格上涨 1 美元时，消费者从该商品的出售中能获得的收入增加 X 美元。不过，在我们的消费理论中，消费者并不拥有该商品，因此，方程（A4.18）告诉我们，在价格变化后，消费者需要多少额外收入以使自己的境况和过去一样好。出于这个原因，人们习惯上将收入效应写成负的（反映购买力的损失），而不是正的。因此，方程（A4.17）就成了下面的式子：

斯卢茨基方程 将价格变动对需求变动的效应分解为替代效应和收入效应的方程。

$$dX/dP_X = \partial X / \partial P_{X \mid U=U^*} - X(\partial X / \partial I) \qquad (A4.19)$$

在这一被称作**斯卢茨基方程**（Slutsky equation）的新形式中，第一项代表了替代效应：效用保持不变时的商品 X 需求的变化；第二项是收入效应：价格变化造成的购买力的变化乘以购买力的变化造成的需求的变化。

将价格变化分解成替代效应和收入效应的另一个方法并不涉及无差异曲线，这一方法通常归功于约翰·希克斯（John Hicks）。在图 A4.1 中，消费者起初选择预算线 RS 上的

155 市场篮子 A。假设在食品价格下跌（从而预算线移至 RT）后，我们从消费者那里取走足够

希克斯替代效应
不借助无差异曲线分解价格变动效应的斯卢茨基方程的替代方法。

多的钱，使他的境况不比从前更好（也不更糟糕）。要这么做，我们就要画一条与 RT 平行的预算线。如果预算线经过 A，那么消费者至少会和价格变化前满足程度相同：如果他愿意，他仍可选择购买市场篮子 A。因此，根据**希克斯替代效应**（Hicksian substitution effect），使他保持原来满足程度的预算线必定是一条类似 $R'T'$ 的线，它与 RT 平行，在点 A 右下方的点 B 处与 RS 相交。

显示偏好理论告诉我们，被选择的新市场篮子必定位于线段 BT' 上。为什么呢？因为当原先的预算线是 RS 时消费者可以选择所有在线段 $R'B$ 上的市场篮子，但都没有选择。（回忆一下，与其他所有可能的市场篮子相比较，消费者偏好市场篮子 A。）现在注意到在线段 BT' 上的所有点都包含了比市场篮子 A 更多的食品。顺理成章的是，只要食品价格一有下跌，而效用保持不变，那么食品的需求量就会上升。这一负的替代效应对于所有的价格变化都是成立的，而且不依赖于我们在第 3.1 节中所做的无差异曲线为凸性的假定。

图 A4.1　希克斯替代效应

说明：这个人起初消费市场篮子 A。食品价格的下跌使预算线从 RS 移至 RT。如果从消费者那里取走足够数量的收入，使他的境况不比在 A 处更好，那么一定满足下述两个条件：被选择的新市场篮子必定位于预算线 $R'T'$（它在 A 的右边与 RS 相交）的线段 BT' 之上，食品的消费量必定大于 A。

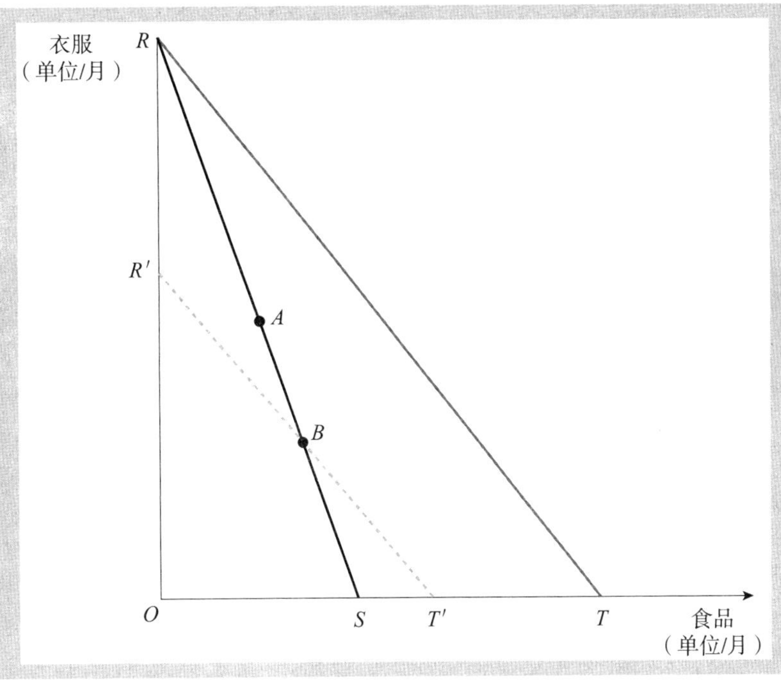

练习题

1. 下面的效用函数中哪些符合凸的无差异曲线？哪些并不符合？

a. $U(X,Y)=2X+5Y$

b. $U(X,Y)=(XY)^{0.5}$

c. $U(X,Y)=\min(X,Y)$，这里 min 为 X 和 Y 两个数值中的最小值。

2. 说明下面两个效用函数所导出的商品 X 和 Y 的需求函数相同。

a. $U(X,Y)=\log(X)+\log(Y)$

b. $U(X,Y)=(XY)^{0.5}$

3. 假设效用函数由 $\min(X, Y)$ 给出，正如练习题 1 中的 c 部分所示。那么将因为 X 价格的变化而引起的其需求的变化进行分解的斯卢茨基方程是什么？什么是收入效应？什么是替代效应？

4. 莎伦的效用函数如下：

$$U(X,Y)=\sqrt{X}+\sqrt{Y}$$

其中，X 为她对单独包装的块状糖的消费量，价格 $P_X=1$ 美元，Y 为浓咖啡的消费量，$P_Y=3$ 美元。

a. 推导莎伦对单独包装的块状糖和浓咖啡的需求函数。

b. 假定她的收入 $I=100$ 美元。莎伦将消费多少数量的单独包装的块状糖和浓咖啡?

c. 收入的边际效用为多少?

5. 莫里斯的效用函数如下:

$$U(X,Y)=20X+80Y-X^2-2Y^2$$

其中,X 为他对 CD 的消费量,价格为 1 美元,Y 为他对录像带的消费量,租金价格为 2 美元。他计划在这两种形式的娱乐上花 41 美元。求最大化莫里斯效用的 CD 数量与录像带租赁数量。

5 不确定性与消费者行为

迄今为止，我们一直假设价格、收入以及其他变量都是确定性的。然而，人们进行的许多选择涉及很大程度的不确定性。例如，大多数人通过借贷来支付大额消费，如购买住房或接受大学教育，同时计划用未来的收入偿还今天的借款。但是，对于我们中的绝大部分人而言，未来收入是不确定的。薪水可能上升，也可能下降；我们可能升职，也可能被降职，甚至失去工作。如果我们暂缓购房或推迟在大学教育上的投资，我们又得承担消费品的实际价格上升、以后更无力支付的风险。在进行消费或投资决策时，我们该怎样把这些不确定性因素考虑进来呢？

有时我们必须选择承担的风险程度。例如，你该如何处理你的储蓄？是采取比较安全的方式，如存入银行，还是选择一种风险较大但潜在收益也较大的方式，如投资于证券市场？再譬如职业的选择，是选择一个工作稳定但晋升机会有限的大型公司好，还是加入（或组建）一个工作稳定性较差但晋升机会较多的新公司好呢？

为了回答诸如此类的问题，我们必须考察那些人们能够用来比较不同风险性选项并进行选择的方法。为此，我们将采取下面几个步骤：

（1）为了比较不同选项间的风险性，我们需要对风险进行量化。因此，本章从讨论风险的测度开始。

（2）我们将考察人们对待风险的态度。大多数人厌恶风险，但是有些人比其他人更厌恶风险。

（3）我们将看到有时候人们是怎样降低或者消除风险的。有时候，通过分散化、购买保险或者进行信息投资，风险可以得到降低。

（4）在有些情形下，人们必须选择他们愿意承担的风险程度。股票或债券投资便是一个好例子。我们将会看到诸如此类的投资涉及对期望得到的收益和收益的风险两者之间的权衡。

在一个不确定性的世界里，个人的行为有时也许看起来无法预测，甚至是非理性的，从而可能违背消费者理论的基本假定。在本书的最后一 158
章，我们将对成果颇丰的行为经济学领域做一个概述。行为经济学通过引入心理学中的重要思想，拓展和丰富了对微观经济学的研究。

本章要点

案例列表

5.1 描述风险

为了量化地描述风险，我们从罗列某一特定行为或事件的所有可能结果和每一结果发生的可能性开始。[①] 例如，假定你正考虑投资于一个从事海上石油开采活动的公司。如果它的开采计划成功，该公司股票将从每股 30 美元上升至每股 40 美元；如果开采失败，其价格将跌至每股 20 美元。这样就有两种可能结果：每股 40 美元或每股 20 美元。

概　率

> **概率**
> 某一给定结果出现的可能性。

概率（probability）是指某一给定结果出现的可能性。在上述例子中，石油开采计划成功的概率是 1/4，那么失败的概率便是 3/4（注意所有可能事件的概率之和必须等于 1）。

我们对概率的解释依赖于不确定事件的本质或人们的主观判断，或者两者兼而有之。概率的一个客观的解释源于特定事件发生的频率。假如我们知道在过去的 100 次海上石油开采活动中，有 25 次获得成功，而有 75 次是失败的，在这种情况下，1/4 这个海上石油开采活动成功的概率是客观的，因为它直接依赖于相似经验出现的频率。

但是，如果没有过去的经验来测度概率，该怎么办呢？此时，概率的客观测度无法实施，我们需要用带有更多主观性的方法。主观概率（subjective probability）是对某个结果将会发生的认识。这一认识也许是基于一个人的判断力或经验，但不必是依据过去曾真实发生过的特定事件的频率。在概率为主观的情况下，不同的人对不同的结果会赋予不同的概率，从而进行不同的选择。例如，如果在一个过去没有探索过的海域寻找石油，我赋予开发成功这一事件的主观概率可能要高于你：可能我对该计划有更多的了解，或者对石油开发业务懂得更多一点，于是我会更好地利用我们的共同信息。获得信息的不同或者对同一信息的处理能力的差异都会导致个人形成的主观概率不同。

无论概率是如何形成的，它都被用来计算两个重要的数量概念，从而比较不同的风险选项。一个概念是数学期望值，另一个概念是可能结果的可变性。

期望值

> **期望值**
> 与所有可能结果相对应的收入概率的加权平均。

不确定环境下的**期望值**（expect value）是所有可能结果带来的支付（payoffs）的加权
159 平均值。权数为每种结果发生的概率。因此，期望值度量的是中心趋势（central tendency）——预期平均价值或平均支付。

在石油开采的例子中，有两种可能结果：开发成功产生每股 40 美元的支付，开发失败则产生每股 20 美元的支付。用 Pr 表示“概率”，我们将此例的期望值表示为

$$期望值=Pr(成功)\times(40美元/股)+Pr(失败)\times(20美元/股)$$
$$=(1/4)\times(40美元/股)+(3/4)\times(20美元/股)=25美元/股$$

更一般地，如果有两种可能结果，其支付分别为 X_1 和 X_2，发生的概率分别为 Pr_1 和 Pr_2，

① 有人引用 60 多年前经济学家弗兰克·奈特的观点来说明不确定性与风险的区别：不确定性指的是对各种可能结果的概率是不可知的；而风险指的是我们不仅知道会发生的各种可能结果，而且知道各种结果产生的概率。在本章中，我们都用风险情形指代，但为了讨论简便起见，我们把这两个概念视为相同。

则其期望值为

$$E(X) = \Pr_1 X_1 + \Pr_2 X_2$$

若有 n 种可能结果，那么期望值变为

$$E(X) = \Pr_1 X_1 + \Pr_2 X_2 + \cdots + \Pr_n X_n$$

可变性

可变性 在不确定情形下各种可能结果彼此差异的程度。

可变性（variability）是指在不确定情形下各种可能结果彼此差异的程度。为了理解可变性的重要性，假设你需要在两份暑期兼职销售工作中做选择，它们的期望收入相同（都为 1 500 美元）。工作 1 基于佣金——你的收入取决于你的销售业绩。它有两种概率相同的支付：业绩突出时月收入为 2 000 美元，业绩平平时则为 1 000 美元。工作 2 则采用固定薪水制，你非常有可能（概率为 0.99）赚得 1 510 美元，但是该公司破产的概率为 0.01，若公司破产，你将只能得到 510 美元解雇费。表 5.1 概述了这些可能的结果、它们的支付以及相应的概率。

表 5.1　销售工作的收入

	结果 1		结果 2		期望收入（美元）
	概率	收入（美元）	概率	收入（美元）	
工作 1：佣金制	0.50	2 000	0.5	1 000	1 500
工作 2：固定薪水制	0.99	1 510	0.01	510	1 500

离差 期望支付与实际支付之间的差额。

注意，这两份工作的期望收入相等。对于工作 1，期望收入为 0.5×2 000 美元+0.5×1 000 美元=1 500 美元；对于工作 2，期望收入为 0.99×1 510 美元+0.01×510 美元=1 500美元。不过，这些可能支付的可变性是不同的。因为实际支付与期望支付之间较大的差额（不管是正是负）意味着较大的风险，所以我们以此来度量风险的程度，我们称这些差额为**离差**（deviations）。表 5.2 显示了每份工作的可能收入与期望收入之间的离差。

表 5.2　与期望收入的离差
单位：美元

	结果 1	离差	结果 2	离差
工作 1	2 000	500	1 000	−500
工作 2	1 510	10	510	−990

标准差 各个结果相对应的支付与它们的期望值的离差的平方和，再加权平均后所得方差的算术平方根。

离差本身并不能提供对可变性的一个度量。为什么呢？因为它们有时为正，有时为负， 160
同时从表 5.2 中可以看出，离差以概率为权数的加权平均值总是 0 美元。[①] 为了解决这一问题，我们取每个离差的平方，得到总为正数的值。于是我们通过计算**标准差**（standard deviation）来度量可变性：各个结果带来的支付与期望值的离差，各自求取平方，再求和，最后通过加权平均，再求平方根。[②]

表 5.3 显示了本例中标准差的计算。注意工作 1 离差的平方的加权平均值由

0.5×250 000 美元+0.5×250 000 美元=250 000 美元

① 对于工作 1，平均离差为 0.5×500 美元+0.5×(−500 美元) =0 美元；对于工作 2，平均离差为 0.99×10 美元+0.01×(−990 美元) =0 美元。

② 衡量可变性的另一个概念为方差，即标准差的平方。

给出，所以标准差等于250 000美元的平方根，也就是500美元。类似地，工作2离差的平方的加权平均值为：

$$0.99\times 100\text{ 美元}+0.01\times 980\,100\text{ 美元}=9\,900\text{ 美元}$$

标准差等于9 900美元的平方根，也就是99.50美元。所以，工作2的风险要比工作1低很多；收入的标准差要小很多。[①]

表 5.3　可变性的计算

单位：美元

	结果1	离差的平方	结果2	离差的平方	离差平方的加权平均	标准差
工作1	2 000	250 000	1 000	250 000	250 000	500
工作2	1 510	100	510	980 100	9 900	99.50

标准差的概念同样适用于可能性结果为很多的情形。例如，假设暑期工作1的可能收入为1 000美元、1 100美元、1 200美元直至1 900美元、2 000美元，同时对应相同的概率；工作2的收入为1 300美元、1 400美元、1 500美元、1 600美元、1 700美元，相应的概率也相等。图5.1形象地说明了上述两份可选工作。（如果只有两种等可能的结果，那么在图上表现为两条垂直线，高度为0.5。）

图 5.1　两份工作对应的结果概率

说明：与工作2相比，工作1相对应的收入分布的离散程度更高、标准差更大。因为所有收入结果均是等可能的，所以分布曲线是水平的。

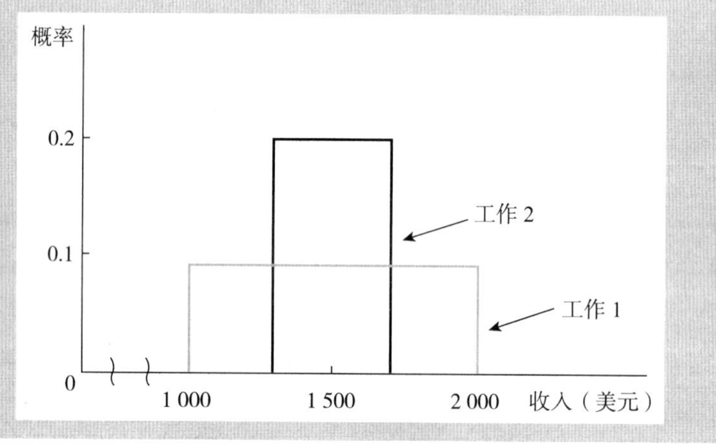

161 从图5.1中我们可以看出，工作1比工作2更具风险性。工作1的可能支付的离散程度明显比工作2要高。所以，工作1相对应的支付的标准差要比工作2大得多。

在这个特例中，各种支付是等可能发生的，所以描述各份工作的概率曲线是水平的，但是在很多情况下，有些支付的可能性比其他的更大。图5.2显示了最极端的支付具有最小的可能性的情形。同样地，工作1收入的标准差更大。接下来，我们将用支付的标准差来衡量风险的水平。

① 一般地，当有两种可能结果时，如果其取值为X_1和X_2，相应的发生概率为Pr_1和Pr_2，$E(X)$是期望值，那么标准差由σ给出，其中$\sigma^2=Pr_1[(X_1-E(X))^2]+Pr_2[(X_2-E(X))^2]$。

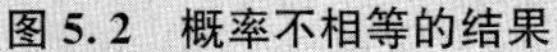

图 5.2　概率不相等的结果

说明：与工作 2 相比，工作 1 相对应的支付离散程度更高、标准差更大。因为极端支付的可能性比那些中间的要小，所以两条分布曲线都呈上凸形状。

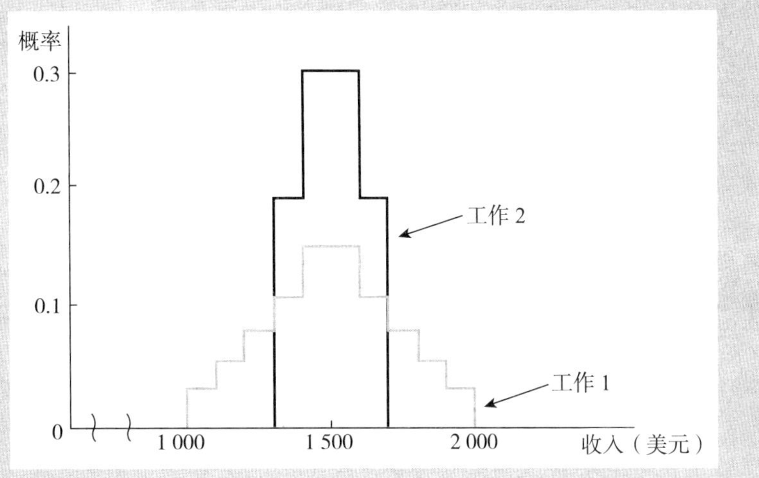

决　策

假设你要在我们原先例子中的两份工作之间进行选择，你会选择哪一份呢？如果你厌恶风险，你将选择工作 2：它与工作 1 的期望收入相同，但风险较小。但假如我们把工作 1 的每种结果下的收入都增加 100 美元，那么其期望收入便由 1 500 美元增至 1 600 美元。表 5.4 给出了新的收入以及标准差。

表 5.4　销售工作的收入——调整后

单位：美元

	结果 1	离差的平方	结果 2	离差的平方	期望收入	标准差
工作 1	2 100	250 000	1 100	250 000	1 600	500
工作 2	1 510	100	510	980 100	1 500	99.50

这两份工作可做如下描述：162

工作 1：期望收入＝1 600 美元；标准差＝500 美元。

工作 2：期望收入＝1 500 美元；标准差＝99.50 美元。

与工作 2 相比，工作 1 的期望收入更高，但风险程度也更大。哪份工作会受偏好取决于个人。一个不怕承担风险、敢作敢为的企业家也许会选择期望收入较高、标准差也较大的工作 1，而较保守的人也许会选择工作 2。

人们对待风险的态度会影响他们的许多决策。在例 5.1 中，我们将看到对待风险的态度怎样影响人们违反法律的意愿，以及这对于设定针对各种各样违法行为的罚款有什么意义。然后在第 5.2 节，我们将更详细地考察人们对风险的偏好以进一步发展消费者选择理论。

❖例 5.1　阻止违法

在减少一些如超速驾驶、违章停车、逃税漏税以及空气污染等违法行为问题上，罚款可能会比拘禁更为有效。[①] 这些违法者掌握着正确的信息，所以其行为可以被推断为是理性的。

在其他条件不变的情形下，罚款越多，潜在的违法行为的发生会越少。例如，如果将违法者绳之以法是不需要成本的，而每个违法者给社会造成可计量的 1 000 美元的损失，那么我们就可以将每个违法者都抓住，并处以 1 000 美元的罚款。这一做法将会阻止那些从违法行为中获得的收益小于 1 000 美元罚款的人。

但在实践中，将违法者绳之以法的代价是高昂的。所以我们通过设定相对较高的罚款额来节省行政成本，同时安排好司法资源，使得只有一小部分违法者被捕。因此，旨在阻止人们违法的罚款的额度取决于潜在违法者的风险偏好。

假设市政当局要制止人们的违章停车行为。通过违章停车，一个典型居民可以节约寻找车位的时间，以从事他们感到更愉悦的活动，假设其收益为 5 美元。如果抓住一个违章停车者是无须成本的，那么每次抓到违章停车时，罚款只需稍高于 5 美元——如 6 美元。这一政策将使得违章停车的净收益
163 （5 美元的收益减去 6 美元的罚款）小于零，市民将会遵守法规。事实上，所有收益小于或等于 5 美元的违章者都将被阻止，但是小部分收益大于 5 美元的人（例如，有些人因为有急事而违章停车）还会继续违章。

在实践中，抓住所有违章者的代价是高昂的。所幸我们并非必须如此。如果我们把罚款金额提高至 50 美元，同时抓到 1/10 的违章者（或 500 美元的罚款额与 1/100 的抓获率），同样能达到阻止违章的效果。在上述两种情形下，每次违章的期望罚款为 5 美元，也就是 50 美元×0.1 或 500 美元×0.01。高罚款金额与低抓获率相结合的政策可以降低法律规章的执行成本。这种方法在开车者不愿意冒险的情况下特别有效。在本例中，罚金为 50 美元，被抓住的可能性为 0.1，这将制止大多数人违反法律。我们将在下一节里考察人们对待风险的态度。

一种严重影响音乐和电影生产商的新型违法行为是数字盗版；这种行为难以抓获，也很少真正被罚款。尽管如此，一旦被抓，罚款就非常之高。2009 年，一位女士因非法下载了 24 首歌曲被罚款 190 万美元。这相当于每首歌曲罚款 8 万美元。

5.2 对风险的偏好

我们借用择业一例说明了人们是怎样评价风险性结果的，这些原理同样适用于其他选择行为。在这一节，我们集中于在一般意义上研究消费者选择以及消费者从风险选项中得到的效用。为简化起见，我们将考察消费者从他或她的收入——或者，更恰当地说，消费者的收入所能购买的市场篮子——中获得的效用。所以，我们现在以效用的形式而不是美元来度量有关支付。

图 5.3（a）说明了我们可以怎样描述一位女士对于风险的偏好。曲线 $0E$ 表示她的效用函数，告诉我们她在不同收入水平（以横轴表示，单位为千美元）下所能得到的效用（以纵轴表示）。当收入由 10 000 美元上升至 20 000 美元再上升至 30 000 美元时，效用水平相应地由 10 上升至 16 再上升至 18。但注意边际效用是递减的，从收入由 0 美元增至

① 这个讨论间接来源于 Gary S. Becker，“Crime and Punishment：An Economic Approach，” *Journal of Political Economy* (March/April 1968)：169－217。也可参见 A. Mitchell Polinsky and Steven Shavell，“The Optimal Tradeoff Between the Probability and the Magnitude of Fines，” *American Economic Review* 69 (December 1979)：880－891。

10 000美元的 10，下降至收入由 10 000 美元增至 20 000 美元的 6，再至收入由 20 000 美元增至 30 000 美元的 2。

现在假定该消费者的收入为 15 000 美元，正在考虑一份新的有风险的工作，该工作可能会使她的收入翻番至 30 000 美元，也有可能下降至 10 000 美元。每一种可能结果发生的概率为 0.5。如图 5.3（a）所示，与 10 000 美元收入对应的效用水平为 10（位于点 A），与 30 000 美元收入对应的效用水平为 18（位于点 E）。这一风险性工作必须与她现在收入为 15 000 美元的工作进行比较，现在工作收入的效用水平为 13.5（位于点 B）。

期望效用
所有可能的效用乘以达到该效用的概率，也就是所有可能效用的加权平均。

她可以通过计算收入的期望值来评价这一新的工作。因为我们是从效用角度加以考察的，所以必须计算她得到的**期望效用**（expected utility）$E(u)$。期望效用是各个可能结果相对应的效用的加权平均，其权数为各个结果发生的概率。在本例中，期望效用为：

$$E(u) = (1/2)u(10\ 000\ 美元) + (1/2)u(30\ 000\ 美元)$$
$$= 0.5 \times 10 + 0.5 \times 18 = 14$$

图 5.3　风险态度：风险厌恶、风险喜好、风险中性

说明：不同的人对风险有着不同的偏好，在图（a）中，消费者的边际效用随收入的上升而递减，该消费者是风险厌恶的。因为她宁可选择一份确定性收入为 20 000 美元（效用为 16）的工作，也不愿冒险去选择另一份收入有 0.5 可能性为 10 000 美元、有 0.5 可能性为 30 000 美元的工作（期望效用为 14）。图（b）中的消费者是风险喜好的：与确定性收入（效用为 8）的工作相比，她偏好这一冒险（期望效用为 10.5）。最后，图（c）中的消费者是风险中性的，期望收入相等的确定性收入工作与不确定收入工作对她来说是无差异的。

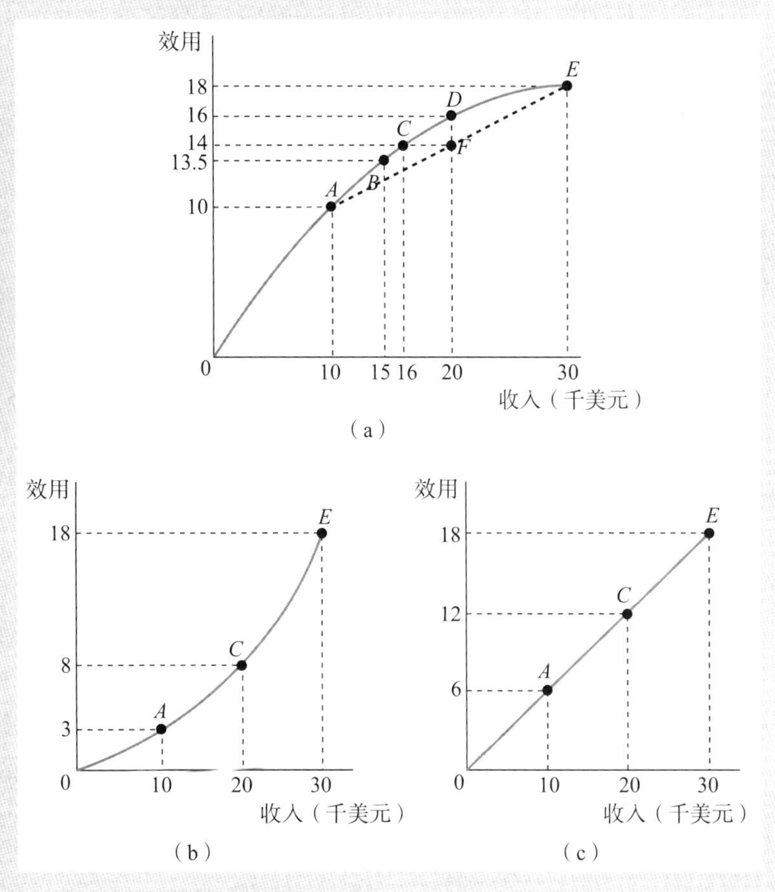

与原先的工作相比，她偏好新工作，因为新工作给她带来的期望效用 14 比原先工作的期望效用 13.5 要高。

原先的工作没有风险——它保证了 15 000 美元的收入和 13.5 的效用水平。新工作具有风险性，但它带来了更高的期望收入（20 000 美元）。此外，也是更重要的，新工作带来了更高的期望效用。如果该女士希望增加其期望效用，她将会选择这一风险性工作。

对风险的不同偏好

风险厌恶
对于期望值相同的确定性收入和风险性收入而言，更偏好确定性收入。

164 人们承担风险的意愿是不同的。有些人是风险厌恶的，有些人是风险喜好的，还有些人则是风险中性的。对于**风险厌恶**（risk averse）者，给定确定性收入和具有同一期望值的风险性收入，他更偏好确定性收入（其收入的边际效用递减）。风险厌恶是多数人对待风险的态度。多数人不仅购买人寿保险、健康保险、汽车保险，而且寻求一份收入相对稳定的工作，由此可见大多数人在多数时候都是风险厌恶的。

图 5.3（a）适用于一位风险厌恶的女士。假设她可以选择一份有 20 000 美元固定收入的工作，也可选择一份收入为 30 000 美元的概率是 0.5、收入为 10 000 美元的概率是 0.5 的工作（从而期望收入同样为 20 000 美元）。如图所示，不确定性收入给她带来的期望效用为 14——点 A 的效用（10）和点 B 的效用（18）的平均值——如点 F 所示。现在我们可以将该风险性工作相对应的期望效用与确定性收入 20 000 美元带来的效用进行比较。后者的效用水平为 16，由图 5.3（a）中的点 D 给出。显然，这要高于上述风险性工作相对应的期望效用。

风险中性
对于具有相同期望值的不确定性收入与确定性收入是无差异的。

对于风险厌恶者，失去的（以效用的变化计）比得到的更重要。同样，这可以从图 5.3（a）中看出来。收入提高 10 000 美元，从 20 000 美元至 30 000 美元，带来 2 单位的效用；而收入减少 10 000 美元，从 20 000 美元至 10 000 美元，却使得效用损失了 6 单位。

对于**风险中性**（risk neutral）的人，具有同一期望值的不确定性收入与确定性收入是无差异的。在图 5.3（c）中，以等概率获得 30 000 美元收入或 10 000 美元收入的不确定性工作带来的效用为 12，这与 20 000 美元的确定性收入带来的效用相等。正如你从图 5.3（c）中可以看出的，风险中性者收入的边际效用为常数。[①]

风险喜好
对于期望值相同的确定性收入和风险性收入而言，更偏好风险性收入。

最后，**风险喜好**（risk loving）的人偏好风险性收入，即使风险性收入的期望值小于确定性收入。图 5.3（b）显示了这第三种可能的类型。在这种情形下，获得 10 000 美元的概率为 0.5、获得 30 000 美元的概率为 0.5 的不确定性收入带来的期望效用要高于 20 000 美元确定性收入相对应的效用。用数学表示如下：

$$E(u) = 0.5u(10\ 000 \text{ 美元}) + 0.5u(30\ 000 \text{ 美元})$$
$$= 0.5 \times 3 + 0.5 \times 18 = 10.5 > u(20\ 000 \text{ 美元}) = 8$$

当然，有些人也许是风险厌恶的，但是就有些事来说，却像风险喜好者那样行事。例如，许多人购买人寿保险，就工作的选择来说也相当保守，但是仍然喜欢赌博。一些犯罪学研究者则可能把罪犯描述成风险喜好型，特别是那些被逮捕和惩罚的可能性很高但是仍然作案的罪犯。尽管如此，风险喜好者毕竟是少数，至少在进行大额消费或支出时是如此。

风险溢价
风险厌恶者为规避风险而愿意付出的最大货币额。

风险溢价　风险溢价（risk premium）是风险厌恶者为规避风险而愿意付出的最大货币额。通常，风险溢价的大小取决于他面对的风险性选项。为了确定风险溢价，我们用图 5.4 重新画出了图 5.3（a）中的效用函数，并把收入轴延长至 40 000 美元。回忆一下，当
165 该女士选择期望收入为 20 000 美元的风险性工作时，期望效用为 14。这一结果在图 5.4 中表示为一条从点 F 出发且平行于横轴的线段，它均分了线段 AE（从而代表 10 000 美元和

① 所以，对风险中性者而言，他的收入可作为福利程度的一个指标。一项能使某人的收入翻番的政策同样能使他获得双倍的效用。同时，改变风险但不改变期望收入的政策不会影响他的福利程度。风险中性者可以不考虑政府政策对结果的风险性的影响这一错综复杂的关系。

30 000美元的平均值）。但是通过从点 C 往下画一条垂直线可以看出，如果该女士有一份 16 000美元的确定性收入，她同样可以获得 14 单位的效用。所以，4 000 美元风险溢价，由线段 CF 给出，等于她为了在风险性工作和能给她 16 000 美元确定性收入的假想工作之间保持无差异而愿意放弃的期望收入额（20 000 美元减去 16 000 美元）。 166

图 5.4　风险溢价

说明：风险溢价 CF 表示一个人为了在风险性选项和确定性选项之间保持无差异而愿意放弃的收入额。这里，风险溢价为 4 000 美元，因为一份 16 000 美元（位于点 C）的确定性收入与一份期望收入为 20 000美元的不确定性收入（0.5 的概率位于点 A，0.5 的概率位于点 E）给她带来的效用相等（都为 14）。

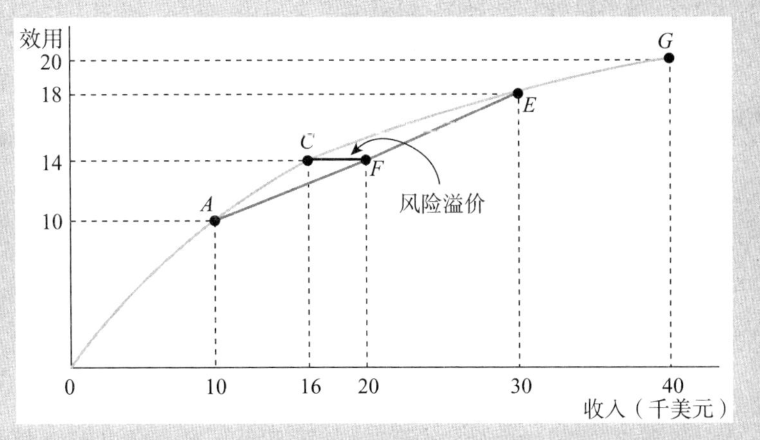

风险厌恶和收入　一个人风险厌恶的程度依赖于风险的特征和他的收入。在其他条件相同时，风险厌恶者偏好那些可变性较小的结果。我们前面看到在两种结果即收入为 10 000 美元与收入为 30 000 美元时，风险溢价为 4 000 美元。现在考察第二份风险性工作，如图 5.4 所示。从事这份工作，获得 40 000 美元收入（效用水平为 20）的可能性为 0.5，而一无所获（效用水平为 0）的可能性为 0.5。期望收入同样为 20 000 美元，但期望效用只有 10：

$$\text{期望效用}=0.5u(0\text{美元})+0.5u(40\ 000\text{美元})=0+0.5\times20=10$$

与假想的确定能拿到 20 000 美元收入的工作相比，从事该风险性工作的期望效用要少 6 单位：等于 10 而不是 16。不过，与此同时，她也可以从一份收入固定为 10 000 美元的工作中获得等于 10 的效用。所以此时的风险溢价为 10 000 美元，因为该女士愿意放弃 20 000 美元期望收入中的 10 000 美元以避免承担不确定性收入中所蕴含的风险。收入的可变性越大，人们为避免风险环境而愿意付出的代价也越大。

风险厌恶与无差异曲线　我们也可以用无差异曲线来描述一个人对风险的厌恶程度， 167
这一无差异曲线描述了收入的期望值与收入的可变性即标准差间的关系。图 5.5 显示了两个人的上述无差异曲线，其中一个人高度厌恶风险，而另一个人则轻微厌恶风险。每一条无差异曲线显示了能给一个人带来相同效用水平的所有期望收入和收入标准差的组合。通过观察可以发现，所有无差异曲线都是向上倾斜的：因为风险令人厌恶，所以风险越大，就需要越高的期望收入来使人们保持相同的效用水平。

图 5.5（a）描述的是一个高度风险厌恶者。通过观察可以发现，收入的标准差增大之后，为了使这个人保持相同的效用水平，期望收入需要大幅增加。图 5.5（b）则适用于一个轻微风险厌恶者。收入的标准差大幅增加之后，期望收入只要稍微增加一些就可以了。

图 5.5　风险厌恶与无差异曲线

说明：图（a）适用于一个高度风险厌恶者：收入的标准差增大之后，为了使她或他的效用水平保持不变，期望收入要增加很多才行。图（b）则适用于一个轻微风险厌恶者：收入的标准差增大之后，为了使她或他的效用水平保持不变，期望收入只要稍微增加一些就可以了。

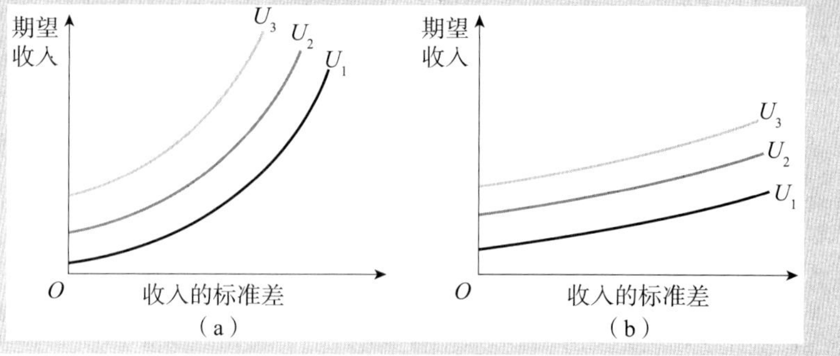

例 5.2　企业管理人员与风险选择

企业管理人员是否比普通人更喜欢风险呢？当他们面临具有不同风险的策略，有些有风险，有些是安全的，他们将如何选择呢？有一项对 464 名管理人员的调查问卷，该调查问卷描述了某假想公司

168 的一位副总裁可能面对的风险环境。① 受访者面对四个风险事件，每个事件都有好结果和坏结果，其概率分布也是给定的。结果对应的支付与概率分布经过设定，使得每个事件的期望值恰好相同。依风险的递增顺序排列（以好、坏结果之间的差异程度来度量），这四个事件分别是：

（1）一桩涉及潜在暴力问题的诉讼；

（2）一位客户扬言要从竞争对手那里购货；

（3）一场与工会的纠纷；

（4）与竞争对手合资。

为了判断他们承担或规避风险的意愿，研究人员问了受访者一系列有关商业策略的问题。有一个情形是他们可以立即执行一个有可能带来高收益的风险性决策，或者推迟决策，等到结果变得明朗一些、风险降低之后再做决策。另外一个情形是受访者可以选择一个能够迅速获得潜在盈利机会的风险性策略，从而可能得到提拔，或推给别人进行决策，以保全自身的工作，不过也失去了升职的机会。

这项研究表明，这些管理人员对于风险的偏好是迥异的。约 20%的受访者显示他们是风险中性者，约 40%的受访者选择了那些风险较高的选项，约 20%的受访者则是明显的风险厌恶者（另外 20%的受访者未做应答）。更重要的是，管理人员（包括选择了那些较高风险策略的）都致力于降低风险，一般是采用推迟决策和收集更多信息的方法。

一些人认为，2008 年金融危机的一个原因是银行家和华尔街高管们的过度冒险行为，因为如果他们的冒险成功了，他们将获得巨额奖金，但如果他们失败了，只需面对少量的收入下降。美国财政部的不良资产救助计划对一些银行提供了担保，但迄今为止，它未能对过度冒险的银行高管施加约束。

我们将在第 5.4 节回到以无差异曲线作为描述风险厌恶的方法这一内容上，并讨论风险资产的需求。不过，我们首先将转向那些人们可以用来降低风险的方法上。

5.3　降低风险

近来国家彩票业的增长表明，人们有时会选择风险性选项，表现出偏好风险而不是规

① 这个例子基于 Kenneth R. MacCrimmon and Donald A. Wehrung，“The Risk In-Basket，” *Journal of Business* 57（1984）：367－387。

避风险。不过，大多数人花在彩票和纸牌赌博上的钱相对较少。在涉及那些比较重要的决定时，他们一般还是风险厌恶的。在本节中，我们讨论消费者和厂商通常采用的三种用来降低风险的措施：分散化、保险以及获取更多有关选择和支付的信息。

分散化

分散化
通过把资源分配在结果不是密切相关的一系列活动上来降低风险。

回忆一下那句老话："不要把所有鸡蛋放在同一个篮子里。"忽视这个忠告就会增加不必要的风险：如果你赌输了篮子，那么就会一无所有。相反，你可以通过**分散化**（diversification）来降低风险：把你的资源分配在结果不是密切相关的各种活动上。

例如，假设你计划从事一项佣金制的兼职工作——销售电器。你可以决定只销售空调或只销售电暖器，或一半的时间销售空调，一半的时间销售电暖器。当然，你无法知道明年的天气情况会如何，为了将相关风险降至最低，你将如何支配时间呢？

你可以通过分散化来降低风险——把你的时间分配在两样或更多的产品销售上（销售 169
收入无密切相关性），而不是只销售一种产品。假定明年有 0.5 的可能性气候会相对较热，有 0.5 的可能性气候会相对较冷。表 5.5 列出了你从销售空调和电暖器中所能赚到的收入。

表 5.5 销售电器的收入
单位：美元

	热天	冷天
空调	30 000	12 000
电暖器	12 000	30 000

如果你只销售空调或电暖器，那么你的实际收入要么等于 30 000 美元，要么等于 12 000美元，但期望收入将为 21 000 美元（=0.5×30 000 美元+0.5×12 000 美元）。但假设你各用一半时间销售空调和电暖器，那么不管天公作美与否，你的收入将肯定是 21 000 美元。如果气候炎热，你的空调销售收入为 15 000 美元，电暖器销售收入为 6 000 美元；如果天气较冷，空调销售将使你获得 6 000 美元，电暖器销售将给你带来 15 000 美元的收入。在本例中，分散化消除了全部的风险。

负相关变量
变动方向相反的变量。

当然，分散化并非总是这样简单。在我们的例子中，空调与电暖器的销售量为**负相关变量**（negatively correlated variables）——它们的变动方向相反；无论何时，其中一种的销售势头较好时，另一种的销售势头则较差。但分散化的原则普遍适用。只要将你的资源分配到那些不密切相关的各种活动上，你就能消除一部分风险。

共同基金
一种汇集了许多个人投资者的资金以购买大量不同的股票或者其他金融资产的组织。

证券市场 分散化对于那些在证券市场上投资的人来说尤其重要。一天之内，一只股票的价格可能上升或者下跌很多，但是在有些股票价格上升时另一些则在下跌。所以，一个人如果把所有钱都投放在一只股票上（也就是把他所有的鸡蛋放在同一个篮子里），他将承担不必要的高风险。通过投资于包括 10 只或者 20 只不同股票的投资组合，人们可以降低——虽然不是消除——风险。同样地，你也可以通过购买**共同基金**（mutual fund）份额来实现分散化：共同基金是一种集合许多个体投资者的资金以购买许多不同股票的组织。现在证券市场上有数以千计的以股票和债券为投资对象的共同基金。这些共同基金很受欢迎，因为它们通过分散化降低了风险，而且它们的费用一般要比自己去选择一个投资组合低很多。

在证券市场这个例子中，并不是所有的风险都可以通过多样化来消除。尽管有些股票

正相关变量 变动方向相同的变量。

价格下降的同时其他的一些股票价格上升，但是股票的价格在一定程度上为**正相关变量**（positively correlated variables）：在经济形势变化时，它们往往会相应地朝相同的方向变动。例如，当一轮严重的萧条（这很可能会导致许多公司利润下降）开始时，整个股票市场的价格可能会随之下跌。因此，即使投资于一个多样化的投资组合，你仍然面临一些风险。

保 险

我们已经知道，风险厌恶者为规避风险愿意支付一定的费用。事实上，如果保险的价格正好等于预期损失（即将避免 1 000 美元的预期损失定价为 1 000 美元费用），风险厌恶者将会购买充足的保险，以使他们从任何可能遭受的损失中都得到全额的补偿。

170 为什么呢？其理由隐含在我们关于风险厌恶的讨论中。保险的购买使得无论有无损失，投保人的收入总是固定的。因为保险的支出等于预期损失，所以这一确定性收入等于风险环境带来的预期收入值。对于一个风险厌恶的消费者而言，确定性收入给他带来的效用要高于无损失时高收入而有损失时低收入的风险环境下的效用。

为了阐明这一点，不妨假设某私人房主家中被盗的可能性为 10%，损失为 10 000 美元，我们假定他有价值 50 000 美元的财富。表 5.6 显示了两种情形下——有一份花费1 000 美元的保险时以及没有保险时——他的财富。

表 5.6 投保的决策
单位：美元

保险	发生盗窃（Pr=0.1）	没有发生盗窃（Pr=0.9）	期望财富	标准差
没有	40 000	50 000	49 000	3 000
有	49 000	49 000	49 000	0

注意两种情形下的期望财富相同。不过，可变性却截然不同。如表 5.6 所示，没有保险时财富的标准差为 3 000 美元；而在有保险时，它为 0 美元。如果没有发生盗窃，没有投保的房主相对于投保的房主，赚 1 000 美元。不过，在发生盗窃时，没有投保的房主相对于投保的房主，损失 9 000 美元。记住：对于一个风险厌恶者，失去的（以效用的变化计）要比获得的更加重要。所以，风险厌恶的房主通过购买保险将获得更高的效用。

大数定律 消费者们通常从专业的保险公司处购买保险。保险公司是那些提供保险的企业，因为它们知道当销售了数目巨大的保险单后，面临着相对较小的风险。通过大规模经营来规避风险的理论基础是大数定律。该定律告诉我们，尽管孤立的事件是随机的，而且大多数是不可预测的，但许多相似事件的平均结果可以预测出来。例如，我无法预测抛出的硬币哪一面朝上，但我知道，多次抛币的结果大约为半数正面朝上、半数反面朝上。类似地，假如我正推销汽车保险，我无法预测某个特定的司机是否会出事故，但我可以从过去的经验中合理地推断出一大群驾驶员中事故发生的比例。

公平保费 通过大规模经营，保险公司可以确信，如果事件发生的次数足够多，公司的总保费收入会与总保费支出持平。我们回到上述关于盗窃的例子中来，此君知道他家被盗的可能性是 10%；如果真的发生了，他将遭受 10 000 美元的损失。在被盗发生前，他可以计算出期望损失为 1 000 美元（=0.10×10 000 美元）。不过，其中包含了较大的风险，因为有 10%的可能性会有大数额的损失。假设现在有 100 个人面临着与此君类似的境地，他们都从保险公司购买了盗窃保险。因为他们遭受 10 000 美元损失的可能性都为 10%，所以保险公司可以向他们每人收取 1 000 美元的保费。这些保费汇集后形成了 10 万美元的保险基金，可以用来补偿损失。依据大数定律，保险公司知道这 100 个人的期望损失非常接近每人 1 000 美元。因此，总的保费支出将接近 10 万美元，公司不必担心损失会超过此数额。 171

精算公平 保费等于期望支出时的情形。

当保费收入等于预期支出时，如上面的例子所示，我们称这样的保险为**精算公平**（actuarially fair）的。不过，保险公司收取的保险费一般会超过预期损失额，因为公司得支付一些管理费用，同时还要赚取利润。如果有足够数量的保险公司使得市场成为竞争性的，那么这些保费将会接近精算公平保险费率的水平。不过在有些州，保费是受到监管机构监管的，以免消费者支付过多的保费。我们将在本书的第 9 章和第 10 章详细考察政府对市场的监管。

近年来，有些保险公司已经意识到那些毁火性的灾难，譬如地震，是如此的少见和不可预测，以至它们不能作为可以多样化的风险。实际上，因为损失是由过去的灾难造成的，所以这些公司觉得无法确定精算公平保险费率。例如，在加利福尼亚，当私人公司拒绝销售地震险时，州政府只得自己进入这一保险业务以填补空缺。这一国有保险基金相对于私人保险提供者来说覆盖范围较窄而费率较高。

❖例 5.3 产权保险在住宅购买中的价值

假如你第一次买房，为了完成交易，你需要一份能够给你明确产权的契约。如果没有清晰的产权契约，那么售房者可能并非真正的所有者。当然，售房者可能纯粹是个骗子，但更有可能的是他自己也不知道其产权的确切性质。例如，所有者可能债台高筑，把住房作为贷款的“抵押”。或者，该产权带有某一法律要求，对住房的用途施加了限制。

假设你准备支付 300 000 美元购买住房，但经过仔细分析后认为有 1/20 的可能现在的销售者并不拥有住房的产权。此时，该产权契约将毫无价值。如果没有相关可购买的保险，对于风险中性的人而言，最多愿付出 285 000 美元（$=0.95\times300\ 000$ 美元$+0.05\times0$ 美元）。不过，如果你希望把你的大部分资金投入房产，而且你很可能是风险厌恶者，那么你的报价要低得多——例如，230 000 美元。

像这种情形，购买者当然希望能有把握地规避缺少完全产权的风险。他可以通过购买“产权保险”来实现。产权保险公司会研究该产权的来历，检查是否附有任何的法律义务，以确保没有产权方面的问题。然后保险公司愿意承担可能存在的其他风险。

因为产权保险公司是这方面保险的专家，很容易收集到一些相关信息，因而保险费往往低于损失的期望值。通常保险费为 1 500 美元，而损失的期望值要大得多。这样的保险服务也迎合了卖房者的 172
利益。因为在有保险的情况下，除了风险极度偏好者之外，所有购买者都愿意支付比没有保险时更高的价格。事实上，美国的大部分州要求销售者在销售完成之前提供产权保险。另外，因为抵押贷款提供者对这样的风险也比较关注，所以他们在发放贷款之前通常会要求购房者提供产权保险。

完全信息的价值 信息完全时做出选择的期望值与信息不完全时做出选择的期望值之差。

信息的价值

人们常常基于有限的信息进行决策。如果能拥有更多的信息，那么便可以做更好的预测和降低风险。因为信息是有价值的商品，所以必须为此付出代价。**完全信息的价值**（value of complete information）是信息完全时做出选择的期望值与信息不完全时做出选择的期望值之差。

为了理解信息如何产生价值，假设你在管理一家服装店，要决定秋季服装的订货量。如果你订购 100 套，成本为每套 180 美元；如果只订购 50 套，成本则上升为每套 200 美元。你标出的售价是每套 300 美元，但你不确定衣服的销量如何。你可以将没有销出的衣服退给厂家，但只能收回进价的一半。在没有足够信息的情况下，你只能凭判断行事，你认为售出 100 套的概率是 0.5，售出 50 套的概率是 0.5。表 5.7 显示了两种情形下你能赚到的利润。

表 5.7 销售服装的利润
单位：美元

	售出 50 套	售出 100 套	期望利润
订购 50 套	5 000	5 000	5 000
订购 100 套	1 500	12 000	6 750

如果没有其他信息，若你为风险中性的，那么你会选择订购 100 套。凭运气，你的收益可能是 12 000 美元，也可能是 1 500 美元。但如果你是风险厌恶的，你或许会决定订购 50 套，此时，你确保你将获得 5 000 美元的利润。

在完全信息的条件下，你可以做出正确的订货选择，而不管未来的销量如何。如果销量为 50 套，那么你订购 50 套，利润将为 5 000 美元；如果销量为 100 套，你则订购 100 套，利润为 12 000 美元。因为这两种结果发生的可能性相同，所以在完全信息时，你的期望利润为 8 500 美元。信息的价值可以这样计算：

减去：	完全信息下的期望值	8 500 美元
	不确定条件下的期望值（订购 100 套）	−6 750 美元
等于：	完全信息的价值	1 750 美元

因此，为取得对销量的准确预测而支付 1 750 美元是值得的。即使无法避免预测并不完美，投资于营销研究以提供对明年销售量的一个合理预测或许依然合算。

例 5.4 一个在线消费电子市场中信息的价值

173 以互联网为基础的价格比较网站给消费者提供了一个很有价值的信息资源，正如一个行业领先的价格比较网站 shopper.com 的某项研究所述。学者们研究了 8 个月期内提供给消费者的最畅销的1 000 种电子产品的价格信息。他们发现那些使用这个网站的消费者比在商店里购买的消费者平均节省了大约 16%，因为该网站明显降低了寻找最低价格的成本。[①]

价格比较信息的价值对于不同人和不同商品都不一样。这里竞争很重要。研究发现，当两个企业在 shopper.com 上列出价格时，消费者可以节省 11%。而当竞争的企业增加时，消费者节省的钱也在上升，当 30 个企业列出价格时，消费者可以节省 20%。

有人可能会认为，互联网产生了大量的价格信息，在长期只有最低价的产品才能卖出去，这会导致这些信息的价值最终将为零。迄今为止，这还没有成真。对于网站访问者，传递和获取信息都存在固定成本，包括维护服务器的费用以及 shopper.com 等网站收取的罗列价格的费用。结果是，随着互联网的持续成长和成熟，价格也持续不断地变化。

① Michael Baye, John Morgan, and Patrick Scholten, "The Value of Information in an Online Electronics Market," *Journal of Public Policy and Marketing* 22 (2003): 17 - 25.

你也许会认为信息多一点总是好的。然而，正如下面的这个例子所表明的，这并不一定。

❖例 5.5　医生、患者与信息的价值

假如你病得很厉害，需要进行大型手术。假定你想尽可能地得到最好的治疗，你将如何挑选主刀医生和医院呢？许多人会寻求朋友或私人医生的建议。尽管这也许是有帮助的，但一个真正合理的决策可能需要更多详细的信息。例如，被推荐的医生和其所在的医院做你需要做的特定手术的成功率如何？有多少他的病人在手术之后死亡了或者出现了严重的并发症，以及这些数字与其他的医生和医院相比如何？对大多数病人来说，想要获得这类信息很可能是困难的或者是不可能的。如果病人可以很容易地获得有关医生和医院的手术记录的详细信息，他们的境况会变好吗？

不一定。多一点信息通常是好的，但不总是。本例中有趣的是，如果病人可以得到上述有关医生表现的信息，可能导致更糟的健康结果。为什么呢？因为上述信息的获得将会产生两种同时影响医生和病人行为的激励。第一，它将允许病人选择那些具有较好手术记录的医生，这会激励医生做得更好。这是好事情。但是第二，它将促使医生只愿意对那些健康状况相对较好的病人做手术。理由是那些年纪很大或者病情很严重的病人因为手术得并发症或者死亡的可能性更高，对这些病人施行手术的医生的手术记录可能会相对糟糕（其他条件不变）。考虑到人们是根据其手术记录判断医生的水平，他们有避免给那些年纪很大或者病情很严重的病人施行手术的激励。结果，这些病人就会发现很难或者不可能获得手术治疗。 174

多一点信息是否更好？这取决于哪种效应起支配作用——是病人做更有见识的选择的能力，还是医生逃避重症病人的激励。在最近的一项研究中，经济学家考察了纽约州和宾夕法尼亚州在 20 世纪 90 年代早期为了评估冠状动脉搭桥手术而推出的强制性“业绩卡”的效应。[①] 他们分析了所有老年心脏病患者以及于 1987—1994 年在美国接受了冠状动脉搭桥手术的患者的医院选择和结果。通过将纽约州和宾夕法尼亚州的趋势与其他州的趋势进行比较，他们可以确定业绩卡的推出可能带来的信息增加所产生的效应。他们发现，虽然业绩卡使得病人与医院和医生匹配得更好，但是也引起了医生的手术从病重一点的病人向病轻一点的病人那里转移。总体来说，这使得结果变糟了，尤其是对病情较重的病人来说。因此，该研究得出结论：业绩卡降低了福利水平。

医疗领域对这一问题也做出了一定回应。例如，2010 年，美国全国心脏手术项目主动报告了冠状动脉搭桥手术的结果。该项目对手术结果用“一星到三星”来评价，而对这次评价结果进行了风险调整，这降低了医生选择低风险病人的激励。

更多的信息通常可以提高福利水平，因为人们可以凭此来降低风险，采取措施减少不利结果的影响。不过，正如本例所表明的，信息能导致人们改变行为，转而不利于他人。我们将在第 17 章进一步讨论这个问题。

*5.4　对风险资产的需求

大多数人是风险厌恶的。如果可以选择，在一份有固定月收入和另一份有相同的平均月收入，但月与月之间收入波动幅度很大的工作之间，他们会偏好前者。但他们中的许多

① David Dranove, Daniel Kessler, Mark McClennan, and Mark Satterthwaite, “Is More Information Better? The Effects of ‘Report Cards’ on Health Care Providers,” *Journal of Political Economy* 3 (June 2003): 555 - 558.

人还是把他们全部或部分的储蓄投放在股票、债券或其他具有一些风险的资产上。为什么这些风险厌恶者会投资于证券市场，冒可能损失部分或者全部投资的风险呢？[①] 人们在进行投资或规划未来时又是如何决定要承担的风险程度的呢？要回答这些问题，我们必须考察人们对风险资产的需求。

资 产

资产

能给所有者带来收入流或服务流的物质。

资产（asset）是能给所有者带来收入流或服务流的物质。一幢房屋、一套公寓、一个储蓄账户，或者通用汽车的股票都是资产。例如，一幢房屋可以给它的拥有者提供居住的服务流，如果拥有者自己不愿意住，那么他可以把它出租，获得现金流。类似地，公寓也可以出租，从而给公寓的所有者带来租金收入流。储蓄账户会给储户带来利息（每天或每月），这些利息通常又被重新投到该账户中。

175 一个人从资产所有权中获得的货币流可以是一种显性的方式，例如从公寓住宅中获得租金收入：房东每月从租户那里获得房租支票。另一种显性的收入方式是普通股的股息：通用汽车公司的股东每个季度都能收到季度股息收入。

但是，资产所有权带来的货币流有时是隐性的：以资产的价值或价格的升值或贬值为形式。资产的升值称为资本收益（capital gain）或资本所得，贬值称为资本损失（capital loss）。例如，随着城市人口的膨胀，公寓的价值可能会上升。于是，除了租金以外，房东还拥有资本收益。虽说这项资本收益只有在将房子出售时才能实现，因为真正地收到现金是在出售之后，但由于房子可随时出售，它还是存在着一个隐性的货币流。拥有通用汽车公司的股票也带来了一种隐性的收入流。股票的价格每日都在变动，每一次波动都能让股东获得收益或遭受损失。

风险资产与无风险资产

风险资产

给所有者带来的货币流或者服务流具有不确定性的资产。

风险资产（risky asset）带来的货币流至少具有部分的随机性。换句话说，你无法事先确切地知道货币流的大小。通用汽车公司的股票便是风险资产的一个极好的例子：你无法知道股票的价格在接下来的时间内是涨还是跌，也无法确切地知道公司是否还会支付相同（或者任何）的每股股息。虽然人们常常将风险与证券市场联系起来，但大多数其他资产也是有风险的。

公寓楼便是一例。人们无法知道土地价格的涨跌如何，公寓楼是否能一直都全部出租，甚至无法知道租户们是否会及时支付租金；再以公司债券为例——发行债券的公司可能会破产，从而无法支付债权人的利息和本金。即使是期限为 10 年或者 20 年的美国政府长期债券也具有风险：尽管联邦政府几乎不可能破产，但通货膨胀可能会出人意料地上升，使得未来的利息收入和最后的本金收入的实际价值下降，从而降低债券的价值。

无风险资产

能产生确定货币流或者服务流的资产。

与风险资产相反，**无风险资产**（riskless asset 或 risk-free asset）是能产生确定货币流的资产。短期的美国政府债券——被称为国库券——是无风险的，或几乎是无风险的，因为它们的期限只有几个月，不大可能发生不可预计的通货膨胀。人们也完全有理由相信美国政府不可能不履行契约（也就是在债券到期时拒绝支付）。其他一些无风险或几乎无风险的资产包括储蓄存折账户和短期存单。

---

① 绝大多数美国人都在股票或其他风险资产上有所投资，尽管常常是一种间接投资。例如，许多有全职工作的人在养老金中持有股份，其中的一部分用他们自己的薪水支付，另一部分由他们的雇主支付。这些养老金通常总有部分投资于股票市场。

资产的回报率

人们购买或持有资产是因为它能提供货币收入流，考察货币收入与资产价值或价格的相对值有助于我们对不同的资产进行比较。所谓资产的**回报率**（return）是资产带来的总货币收入——包括资本收益和损失——与它的价格的比值。比如，一张面值 1 000 美元的债券今年（和每年）的收益为 100 美元，那么它的回报率为 10%。[①] 如果一幢公寓楼去年 176
值1 000万美元，今年升值至 1 100 万美元，同时带来 50 万美元的租金收入（扣除支出），那么它过去一年的回报率为 15%。又如通用汽车公司股票年初为每股 80 美元，年底跌至 72 美元，分配的股息为 4 美元，那么它的回报率为−5%（5%的股息率减去 10%的资本损失）。

> **回报率**
> 资产带来的总货币流与它的价格的比值。

当人们将自己的储蓄投资于股票、债券、土地或其他资产时，总是希望得到高于通货膨胀率的回报，这样他们可以通过推迟消费，以便在未来购买比现在更多的消费品。因此，我们常常以实际——经通货膨胀调整后——的形式表示资产的报酬。一项资产的**实际回报率**（real return）为它的账面（名义）率减去通货膨胀率。譬如，如果年通货膨胀率为 5%，那么我们上述债券、公寓和通用汽车公司股票的实际回报率分别是 5%、10%和−10%。

> **实际回报率**
> 账面（或者名义）回报率减去通货膨胀率之后的回报率。

期望回报率与现实回报率 因为大多数资产都具有风险，所以投资者不可能事先知道在即将到来的这一年中这些资产能带来的报酬。譬如，公寓可能会贬值而不是升值，通用汽车公司股票的价格可能会上涨而不是下降。尽管如此，我们仍然可以通过考察期望回报率来比较不同的资产。所谓资产的**期望回报率**（expected return）即资产回报的期望值，也就是平均意义上的回报。在有些年份，**现实回报率**（actual return）可能会高于期望回报率，而在有些年份则明显低一些。不过从长期来看，现实的平均回报率会接近期望回报率。

> **期望回报率**
> 资产的平均回报率。

> **现实回报率**
> 资产产生的真实回报率。

不同的资产具有不同的期望回报率。例如，表 5.8 表明，美国国库券的期望实际回报率小于 1%，而纽约证券交易所的一组代表性股票的期望实际回报率则大于 9%。[②] 在股票的期望回报率高出这么多的情况下，为什么还有人购买国库券呢？因为资产的需求不仅依赖于其期望回报率，同时还依赖于风险：虽然股票比国库券具有更高的期望回报率，但是相伴的风险也要大得多。实际年回报率的标准差是衡量风险大小的一种方法，对普通股而言，该值为 20%，公司债券为 8.4%，而国库券则只有 3.1%。

表 5.8 投资——风险与回报率（1926—2014 年）

资料来源：© 2015 Morningstar Inc. 版权所有。经授权引用。

	平均回报率(%)	平均实际回报率(%)	风险(标准差,%)
普通股(标准普尔 500)	12.1	8.8	20.1
长期公司债券	6.4	3.3	8.4
美国国库券	3.5	0.5	3.1

表 5.8 中的数字表明，投资的期望回报率越高，其相关的风险也越大。假定投资者充

① 债券的价格在一年当中是经常变动的，如果债券在这一年中升值（或者贬值）了，那么它的回报率将高于（或者低于）10%。另外，不要将上述定义的回报率与有时用来比较一段时间内货币流的“内含收益率”（internal rate of return）相混淆。我们在第 15 章讨论贴现值时，将考察对回报的其他度量方式。

② 对于有些股票而言，期望回报率要更高一些，而对另外有些股票而言，则要低一些。小公司的股票（比如，有些在纳斯达克交易的股票）的期望回报率较高——同时回报率的标准差也较高。

分地分散化了其投资，那么这一点的确是实情。[①] 因此，风险厌恶的投资者需要在期望回报率与风险之间做一权衡。在下一节我们将更详细地讨论这一问题。

风险与回报的权衡

177 假设一位女士想将她的储蓄投资于两种资产——几乎不存在任何风险的国库券与一组有代表性的股票。她必须决定在两种资产间各投资多少。例如，她可以只购买国库券，也可以只投资于股票，或者是两者兼而有之。我们将会看到，这个问题类似于消费者将预算在食品与衣服之间进行分配的问题。

我们以 R_f 表示国库券的无风险回报率。因为该回报是无风险的，所以期望回报率与现实回报率相同。另外，令在股票市场上投资的期望回报率为 R_m，现实回报率为 r_m。现实回报率是风险性的。在进行投资决策时，我们知道所有的可能结果及各个结果发生的概率，但我们不知道最终哪个结果会出现。风险资产的期望回报率比无风险资产要高（$R_m>R_f$），否则，风险厌恶者只会购买国库券而不会购买股票。

投资组合 要确定投资者在每种资产上应该投入多少钱，令 b 等于他的储蓄中投入股票市场的比例，（$1-b$）则为购买国库券的比例。他的整个投资组合的期望回报率 R_p 为这两种资产期望回报率的加权平均[②]：

$$R_P = bR_m + (1-b)R_f \tag{5.1}$$

例如，假设国库券的回报率为 4%（$R_f=0.04$），股票市场的期望回报率为 12%（$R_m=0.12$），$b=1/2$，那么 $R_p=8\%$。该组合的风险如何呢？一个衡量方法是回报率的标准差。我们记风险性股票市场投资的标准差为 σ_m。通过代数运算，我们可以知道这一投资组合回
178 报率的标准差 σ_p（包含一种风险资产和另一种无风险资产）等于在风险资产上的投资比例乘以该资产的标准差[③]：

$$\sigma_p = b\sigma_m \tag{5.2}$$

投资者选择问题

我们仍然未确定投资者是如何选择投资比例 b 的。要做到这一点，我们首先必须证明投资者所面对的风险-回报权衡与消费者的预算约束问题类似。为了说明风险-回报权衡是什么，注意表示投资组合期望回报率的方程（5.1）可以改写为

$$R_p = R_f + b(R_m - R_f)$$

而通过方程（5.2）我们知道 $b=\sigma_p/\sigma_m$，所以

---

① 重要的是不可分散风险。一只股票虽然可能具有很大的风险性，但是其期望回报率可能仍然较低，因为个股的大部分风险可以通过大量持有此类股票来消除。不可分散风险来源于个股的价格与整个证券市场之间的相关性，即使投资者持有多样化的投资组合，这种风险仍然存在。第 15 章的资本资产定价模型将详细地讨论这一点。

② 两个变量和的期望值等于各变量期望值的和，所以

$$R_p = E[br_m] + E[(1-b)R_f] = bE[r_m] + (1-b)R_f = bR_m + (1-b)R_f$$

③ 为了理解其中的原因，注意到投资组合回报率的方差可以写成：

$$\sigma_p^2 = E[br_m + (1-b)R_f - R_p]^2$$

用方程（5.1）替代投资组合的期望回报率 R_p，我们可以得到：

$$\sigma_p^2 = E[br_m + (1-b)R_f - bR_m - (1-b)R_f]^2 = E[b(r_m - R_m)]^2 = b^2\sigma_m^2$$

因为任一变量的标准差为其方差的平方根，所以 $\sigma_p = b\sigma_m$。

$$R_p = R_f + \frac{(R_m - R_f)}{\sigma_m}\sigma_p \tag{5.3}$$

风险价格
投资者为了实现更高的期望回报率必须承担的额外风险。

风险与预算线　方程（5.3）即为预算线，因为它描述了风险（σ_p）与期望回报率（R_p）间的权衡关系。注意这是一条直线方程：因为 R_m、R_f 和 σ_m 均为常数，所以斜率 $(R_m - R_f)/\sigma_m$ 为常数，截距 R_f 也是常数。该方程表明，投资组合的期望回报率 R_p 随着回报率标准差 σ_p 的提高而提高。我们将预算线的斜率 $(R_m - R_f)/\sigma_m$ 称为**风险价格**（price of risk），因为它告诉我们投资者为了实现更高的期望回报率必须承担更多的风险。

预算线如图 5.6 所示。如果该投资者不希望有任何风险，他可以将所有的钱投资在国库券上（$b=0$），实现期望回报率 R_f。为了实现更高的期望回报率，他必须承担一定的风险。例如，他可以将所有的钱投资在股票市场上（$b=1$），实现期望回报率 R_m，但带来了大小为 σ_m 的标准差；或者他可以在两种资产上都投放一些，实现介于 R_f 与 R_m 之间的期望回报率，面临的标准差则介于 0 与 σ_m 之间。

图 5.6　风险与回报间的选择

说明：投资者将他的钱投资于两种资产——无风险国库券和股票。预算线描述了期望回报率与风险（以回报率的标准差来衡量）之间的权衡，预算线的斜率是 $(R_m - R_f)/\sigma_m$，为风险价格。图中画出了三条无差异曲线，每条曲线均描述了能给投资者带来同等满足程度的风险与回报组合。曲线是向上倾斜的，因为一个风险厌恶的投资者在承担多一点风险时会要求实现更高的期望回报率。效用最大化的投资组合位于无差异曲线 U_2 与预算线的切点上。

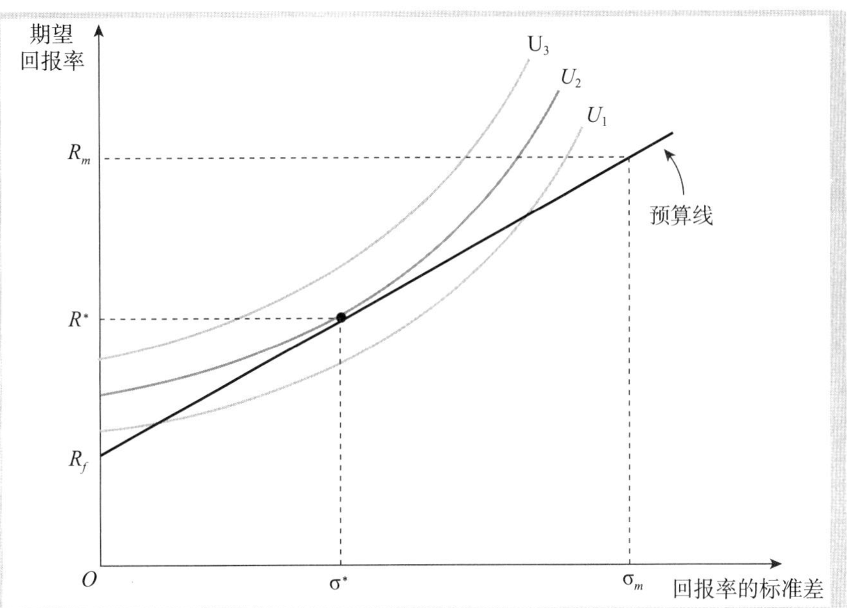

风险与无差异曲线　图 5.6 也给出了投资者问题的解。图中画出了三条无差异曲线，每条曲线均描述了能给投资者带来同等满足程度的风险与回报组合。这些曲线之所以向上倾斜，是因为风险是令人厌恶的。所以，当风险增加一些时，要使投资者保持同样的满足程度，期望回报率要提高得更多。U_3 带来的满足程度最大，而 U_1 最小：在既定的风险下，投资者在 U_3 上实现的期望回报率大于 U_2，在 U_2 上实现的期望回报率大于 U_1。 179

在这三条无差异曲线中，投资者当然希望选择 U_3，但这是不可行的，因为它与预算线没有交点。曲线 U_1 是可行的，但投资者可以有更好的选择。就像消费者在食品与衣服之间的选择一样，投资者也会选择风险与回报的最优组合，即为无差异曲线（本例中为 U_2）与预算线的切点。在这一点上，投资者的期望回报率为 R^*，标准差为 σ^*。

自然，人们对待风险的态度各不相同。这一事实如图 5.7 所示，它说明了两种不同类型的投资者是如何选择他们的投资组合的。投资者 A 是风险厌恶程度较高的，因为其无差异曲线 U_A 与预算线的切点风险较低。他几乎将所有的钱都投在国库券上，获得稍高于无风险回报率（R_f）的期望回报率（R_A）。投资者 B 的风险厌恶程度相对较低，她将大部分钱投在股票市场上，其投资组合的期望回报率较高，为 R_B，但同时标准差也较大，为 σ_B。

图 5.7　两种不同类型投资者的选择

说明：投资者 A 是高度风险厌恶的。因为其投资组合大部分为无风险资产，其期望回报率 R_A 只是稍高于无风险回报率 R_f，但是他的风险程度 σ_A 较小。投资者 B 对风险的厌恶程度相对较低。她将大部分钱投放在股票市场。虽然其投资组合的期望回报率 R_B 将较大，但风险也将更高。

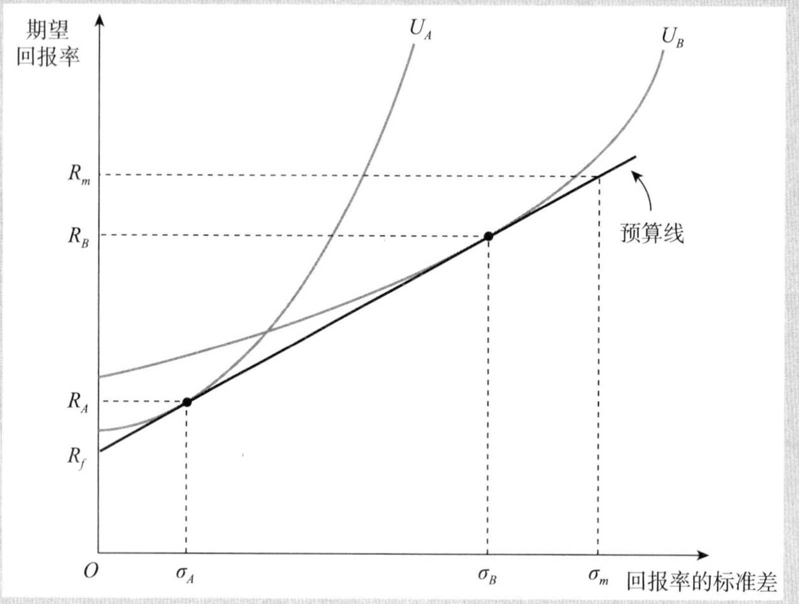

180 如果投资者 B 的风险厌恶程度足够低，那么便会通过支付保证金来购买股票，也就是，她会从经纪公司那里借钱，从而以大于其实际拥有的资金数额投资于股票市场。这样，通过支付保证金来购买股票的投资者持有超过其在股票市场的投资金额的投资组合，图 5.8 显示了这种情形，图中画出了这两个投资者的无差异曲线。投资者 A 是相对风险厌恶的，在股票上投入了大约一半的资金。不过，投资者 B 的无差异曲线相对平坦，使得与预算线相切的那一点的投资组合的期望回报率大于股票市场的期望回报率。为了持有这一投资组合，该投资者必须借钱，因为她要把超过其财富的资金投放到股票市场上。通过支付保证金来购买股票是杠杆的一种形式：该投资者使其期望回报率超过了整个证券市场的期望回报，但代价是其风险也增加了。

图 5.8　支付保证金购买股票

说明：因为投资者 A 是风险厌恶的，所以其投资组合为股票与无风险国库券的组合。不过，投资者 B 对风险的厌恶程度较低。在她的无差异曲线 U_B 与预算线相切的那一点上，其相对应的投资组合的期望回报率和标准差比整个股票市场的都要大，这意味着她将在股票市场上投入超过其财富的资金。她通过支付保证金来购买股票，以实现其目的，也就是，通过从经纪公司那里借钱来为其投资筹措资金。

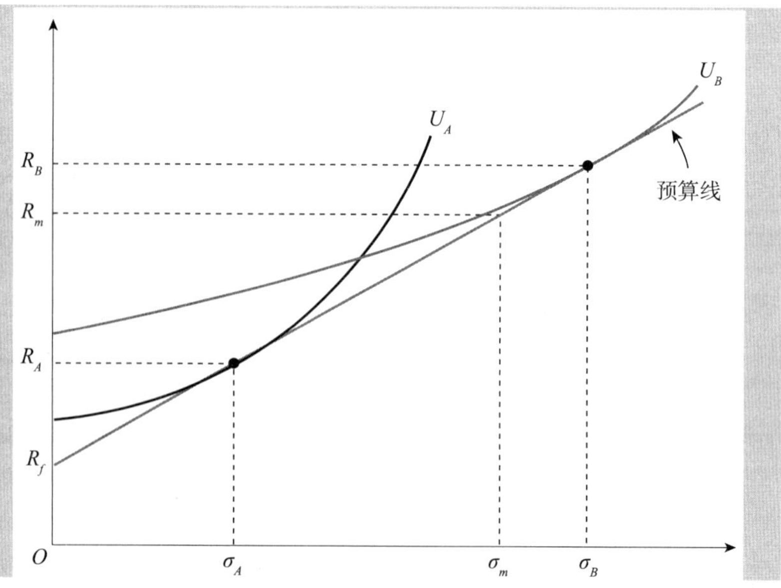

在第3章和第4章中，我们将消费者选择问题进行了简化，假定消费者只在两种商品——食品和衣服——之间选择。在同样的原则下，我们把投资者选择问题简化为仅在国库券与股票之间选择。不过，在我们有很多种资产（例如，公司债券、地产以及不同类型的股票等）时，这个基本原则同样适用。每个投资者都面临风险与回报间的权衡。[1] 为实现更高的期望回报率愿承担多大的额外风险取决于该投资者的风险厌恶程度。风险厌恶程度较低的投资者倾向于在他的投资组合中包含更高比例的风险资产。

∵例5.6　投资股票市场

20世纪90年代见证了美国人投资行为的转变。首先，许多人是第一次开始在股票市场上投资。在1989年，大约32%的美国家庭直接（通过拥有个人股票）或间接（通过那些以股票为投资对象的共同基金或者养老基金）把他们财富中的一部分投资到股票市场上。到了1998年，这一比例已上升至49%。而且，在同一时期内，总财富中投资于股票市场的比例从大约26%上升至大约54%。[2] 这一变动在很大程度上是因为年轻投资者增多。对那些年龄小于35岁的人来说，涉足股票市场的比例从1989年的大约22%上升至1998年的大约41%。在大多数方面，20世纪90年代的投资转变发生后，家庭投资行为已经稳定化。2007年，投资股票市场的家庭比例是51.1%。不过，年龄稍长的美国人变得更加活跃。到2007年，40%的75岁以上老年人口持有股票，而1998年这一比例是29%。

为什么开始在股票市场上进行投资的人会越来越多了呢？一个原因是在线交易系统的出现，使得投资变得容易很多。另一个原因可能是20世纪90年代后期股票价格——在一定程度上是由所谓“网络狂欢”推动——的大幅上升。这些上升也许使得有些投资者相信股价将来只会继续上升。正如一位分析人士所说：“市场行情七年不断的攀升、共同基金的大受欢迎、退休计划由雇主向雇员自主的转变，以及自助（do-it-yourself）投资项目发布的泛滥，共同创造了一个人人都自称对金融无所不知的国家。”[3]

图5.9说明了标准普尔500（500种大公司股票的指数）在1970—2016年的股息收入与市盈率(P/E)。观察发现，股息收入（年股息除以股票价格）从1980年的大约5%跌至2000年的不足2%。不过同时，P/E从1980年的8左右上升至2002年的超过40，在2005—2007年跌至20左右，然后持 182
续上涨到2016年。反思一下，P/E的上升只有在投资者认为公司利润在接下来的年份里将继续快速增长时才会发生。这表明，在20世纪90年代晚期，许多投资者对风险的厌恶程度较低，或者对经济相当乐观，或者两者兼而有之。另外，有些经济学家认为20世纪90年代股票价格的走高是由于“羊群效应”，即投资者在听到其他人的成功经历之后纷纷涌向股票市场。[4]

---

① 正如前面已经提到的，重要的是不可分散风险，因为投资者可以通过持有许多不同的股票（如通过共同基金）来消除可分散风险。在第15章中，我们讨论与不可分散风险相对的可分散风险。

② 数据来源于 Federal Reserve Bulletin，January 2000，以及 Survey of Consumer Finances，2011。

③ “Investors Ignore Brokers，Dishing Out Their Own Tips，” *Wall Street Journal*，September 12，1997.

④ 可以参见 Robert Shiller，*Irrational Exuberance*，Princeton University Press，2000。

图 5.9　标准普尔 500 的股息收入和 P/E

说明：标准普尔 500 的股息收入（年股息除以股票价格）大幅下降，但是 P/E（股票价格除以每股年收益）1980—2002 年上升了，不过随后开始下降。

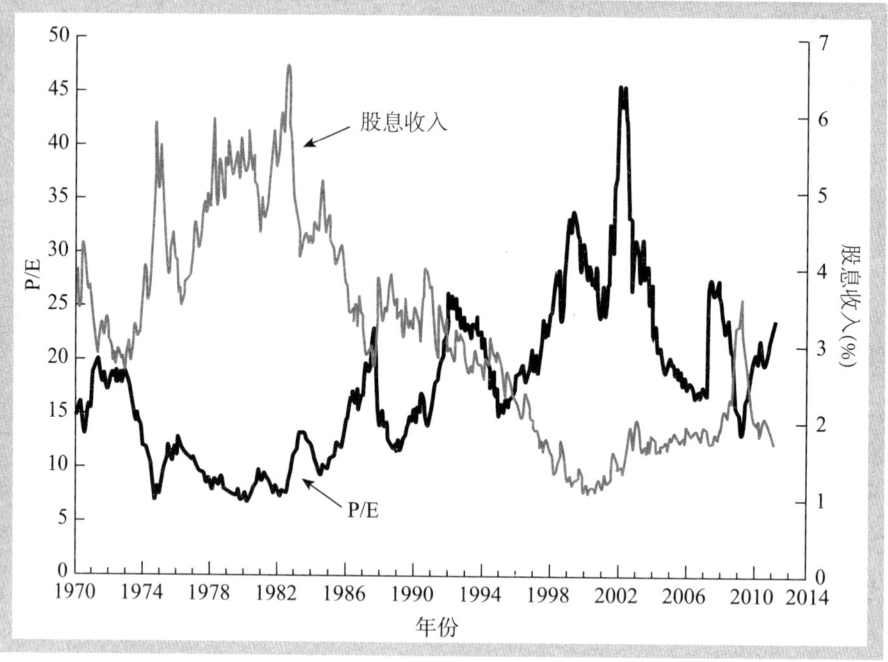

解释羊群效应的心理动机分析有助于理解股票市场泡沫。不过，它们不仅可被应用在股票市场上，同样可被应用于很多情形下消费者与企业经理的行为，这些行为常常无法用我们迄今为止有关消费者选择所做的简化假设来理解。在第 19 章，我们将详细地讨论这些方面的行为，并且我们还将看到如何将第 3 章和第 4 章中的传统模型加以扩展以帮助我们理解这些行为。

小　结

183 1. 消费者和经理人员要经常做未来不确定条件下的决策。在各种可能性结果和发生的概率可知的情况下，这种不确定性常常用风险来描述。

2. 消费者和投资者关心不确定性结果的期望值与可变性。期望值是对各种不确定性结果取值的一种中间趋势的度量。可变性则通常用结果的标准差来度量，也就是各种可能性结果与期望值离差的平方和，再加权平均后所得方差的算术平方根。

3. 在面对不确定性选择时，消费者追求期望效用——它是各种可能结果相对应的效用以概率为权数的加权平均值——的最大化。

4. 在一个数额确定的收入和具有同一期望值的风险性投资之间偏好确定收入的人是风险厌恶者，风险厌恶者为规避风险而愿意付出的最大货币量称为风险溢价。对风险中性的人来说，具有同一期望值的收入不确定的投资与收入确定的投资是无差异的。而风险喜好者在确定数额的收入和具有同一期望值的风险性投资之间，偏好风险性投资。

5. 可以通过下述方式降低风险：（a）分散化；（b）购买保险；（c）获取更多的信息。

6. 大数定律使得保险公司能够提供保费收入等于投保者损失的期望值的保险。我们认为这样的保险是精算公平的。

7. 消费者理论同样可以被应用于对风险资产的投资决策。预算线反映了风险价格，消费者无差异曲线则反映了他们对风险的态度。

复习题

1. 如果一个人是风险厌恶者，这意味着什么？为什么有些人厌恶风险，而有些人又喜好风险？

2. 在对可变性的度量中，为什么方差比取值范围更好？

3. 乔治有 5 000 美元可以投资于共同基金。共同基金 A 的期望回报率为 15%，共同基金 B 的期望回报率为 10%。乔治应该选择共同基金 A 还是 B？

4. 消费者追求期望效用最大化的含义是什么？你能否举出某个人不追求期望效用最大化的例子？

5. 为什么有时即使支付的保险费超过了期望损失，人们通常还是想要得到对风险环境的完全保险？

6. 为什么保险公司表现为风险中性的，即便它的经理人员是风险厌恶的？

7. 在什么时候，为了减少不确定性而花钱获得更多的信息是值得的？

8. 投资者如何通过投资组合的分散化来规避风险？

9. 为什么有些投资者将他们资产中的大部分投资于风险资产，而另一些投资者却将其大部分资产投资于无风险资产？（提示：这两种投资者得到的平均回报率是否相同？如果相同，为什么？）

练习题

1. 考察一种有三种可能结果的彩票：

- 获得 125 美元的概率为 0.2；
- 获得 100 美元的概率为 0.3；
- 获得 50 美元的概率为 0.5。

a. 该彩票的期望值是多少？

b. 结果的方差是多少？

c. 一个风险中性者愿意花多少钱购买这种彩票？

2. 假设你正投资于一个新成立的计算机公司，该公司的盈利取决于两个方面：（1）美国国会是否会通过关税议案，从而提高日本产计算机的价格；（2）美国经济增长的快慢。你要关注的四种相互不同的世界状态是什么？

3. 理查德正在决定要不要购买州发行的彩票，每张彩票的价格为 1 美元，取得回报的概率如下表所示。

概率	回报（美元）
0.5	0.00
0.25	1.00
0.2	2.00
0.05	7.50

a. 如果理查德购买了一张彩票，它的期望值是多少？方差是多少？

b. 理查德的绰号是“风险-不-瑞克”，因为他极度厌恶风险。他会购买彩票吗？

c. 理查德获得了 1 000 张彩票。讨论一下你将怎样确定他愿意卖出这 1 000 张彩票的最低价格。

d. 从长期来看，给定彩票的价格和回报/概率表，你认为该州从该活动中可以得到什么？

4. 假设有一个投资者关心的某个商业项目可能有三个前景，其概率与回报如下表所示。

概率	回报（美元）
0.4	100
0.3	30
0.3	−30

这项不确定性投资的期望值是多少？方差呢？

5. 你是一名保险代理人，必须为一个新顾客山姆制定一份保单。他的公司，SCAM，目前正致力于为三明治佐料行业研制一种低脂、低胆固醇的蛋黄酱替代品。三明治行业愿意为这种蛋黄酱替代品的最先发明者支付高额的专利费。山姆的 SCAM 公司对你而言具有很大的风险性。你已计算出可能回报，如下表所示。

概率	回报（美元）	结果
0.999	−1 000 000	失败
0.001	1 000 000 000	成功并卖出配方

a. 山姆的这个项目的期望回报率是多少？方差呢？

b. 山姆最多愿意付出多少钱来购买保险？假定他是风险中性的。

c. 假设你发现日本正计划于下月推出它自己的蛋黄酱替代品，而对此不知情的山姆刚刚拒绝了你提出的保 184
险费为 1 000 美元的方案。假定山姆告诉你他的公司将在 6 个月内推出新产品，以及你知道日本的上述计划，那么在你与山姆接下来的谈判中，你是提高还是降低保费？山姆在他的已有信息的基础上会接受你的建议吗？

6. 假设娜塔莎的效用函数为 $u(I)=\sqrt{10I}$，其中，I 为以千美元为单位的年收入。

a. 娜塔莎是风险喜好的、风险中性的还是风险厌恶的？请解释。

b. 假设娜塔莎现在的收入为 40 000 美元（$I=40$），同时明年也肯定可以获得这样的收入。她现在有另外一个工作机会，该工作获得 44 000 美元收入的概率为 0.6，获得 33 000 美元收入的概率为 0.4。她会选择这份新工作吗？

c. 在 b 部分中，娜塔莎为了规避新工作相对应的收入的波动，愿意购买保险吗？如果愿意，她愿意支付多少保费？（提示：风险溢价是多少？）

185 7. 假定两个投资项目有相同的三个支付，但是每个支付相对应的概率各不相同，如下表所示。

支付（美元）	概率（投资项目 A）	概率（投资项目 B）
300	0.10	0.30
250	0.80	0.40
200	0.10	0.30

a. 求每个投资项目的期望回报率和标准差。

b. 吉尔的效用函数为 $U=5I$，其中 I 表示支付。她会选择哪个投资项目？

c. 肯恩的效用函数为 $U=5\sqrt{I}$。他会选择哪个投资项目？

d. 劳拉的效用函数为 $U=5I^2$。她会选择哪个投资项目？

8. 作为一位拥有 250 000 美元财富的农场主，你要在将上年的收入（200 000 美元）投入一个回报率为 5%的无风险货币市场基金上等待季节过去与种植夏季玉米之间做选择。种植的成本为 200 000 美元，6 个月之后可以收割。如果雨水充足，那么种植夏季玉米在收割时将获得 500 000 美元的收入；如果遇到干旱，那么收益将为 50 000美元。第三种选择是你可以购买农业公司的抗干旱夏季玉米，成本为 250 000 美元。如果雨水充足，你将会有 500 000 美元的收益；如果遇到干旱，那么收益为 350 000美元。你是风险厌恶的，同时你对家庭财富（W）的偏好由 $U(W)=\sqrt{W}$ 给出。这个夏季发生干旱的概率为 0.30，而雨水充足的概率为 0.70。

你将选择上述三个投资项目中的哪一个？请解释。

9. 画出这样一个人的以收入为变量的效用函数曲线 $U(I)$：他在收入较低时为风险喜好的，但在收入较高时为风险厌恶的。你能说明为什么这样一个效用函数可能合理地描述了一个人的偏好吗？

10. 一个城市正考虑花多少钱去雇人来监控停车计时器。以下信息是城市管理者可得的：

- 雇用一个计时器监控人员每年需花费 1 万美元。
- 雇用一个监控人员时，违章者受到处罚的概率为 0.25。
- 雇用两个监控人员时，违章者受到处罚的概率变为 0.5；雇用三个监控人员时概率为 0.75；雇用四个监控人员时概率为 1。
- 目前有两个监控人员，违章超时停车的罚款为 20 美元。

a. 假设所有司机都是风险中性的，为了在最小成本下维持现在的处罚率，市政当局会对每次违章征收多少罚款？雇用多少个监控人员（1、2、3 还是 4）？

b. 假设所有司机都是高度风险厌恶的，你对 a 部分的回答又如何？

c.（讨论）如果司机为规避违章停车处罚的风险购买了保险，情况又会怎样？从公共政策的角度而言，准许这样的保险合理吗？

11. 有一个投资者对风险的厌恶程度适中，其投资组合 50%投资于股票，另外 50%投资于无风险国库券。分别说明下述各个事件对该投资者的预算线以及股票在投资组合中的比重会有怎样的影响：

a. 股票市场回报率的标准差增大了，但是期望回报率保持不变；

b. 股票市场的期望回报率提高了，但是回报率的标准差保持不变；

c. 无风险国库券的回报率提高了。

6 生 产

187

在此前三章，我们专注于市场的需求方——消费者的偏好及其行为。现在，我们转向供给方，讨论生产者的行为。在本章中，我们将要分析厂商如何有效地组织生产，以及它们的生产成本如何随着投入品价格和产量水平的变化而变化。我们还会看到厂商与消费者的最优化决策之间有着惊人的相似之处——对消费者行为的理解有助于我们考察生产者行为。

在本章和下一章，我们将讨论**厂商理论**（theory of the firm），该理论描述了厂商如何制定成本最小化的生产决策以及厂商的成本如何依赖于其产出水平。对生产和成本的学习有助于我们理解市场供给的特征，也是理解经营中出现的问题的关键所在。现以美国通用汽车公司经常面临的一些问题为例：在新成立的工厂中，应当使用多少台机器，应当雇用多少名工人？如果通用汽车公司想提高产量，是雇用更多的工人，建造新厂房，还是两者都进行？一个工厂生产各种型号的汽车更有意义，还是每种型号的汽车在不同的工厂生产？通用汽车预计明年的成本是多少？这些成本随着时间和产量的变化又会怎么变化？这些问题不仅适用于一般的企业，也适用于其他商品与服务的生产者，例如政府和一些非营利机构。

本章要点

6.1 厂商及其生产决策

6.2 一种可变投入（劳动）下的生产

6.3 两种可变投入下的生产

6.4 规模报酬

案例列表

例 6.1 作者们对医疗生产函数的争论

例 6.2 马尔萨斯与食品危机

例 6.3 劳动生产率与生活水平

例 6.4 小麦的生产函数

例 6.5 地毯业的规模报酬

厂商理论

有关厂商如何做出成本最小化的生产决策，以及成本如何随产出而变化的理论。

厂商的生产决策

在第 3 章和第 4 章，我们分三步研究了消费者行为：首先，我们解释了如何描述消费者偏好；其次，我们指出了消费者面对预算约束的事实；最后，我们指出了，在给定消费者偏好和预算约束下，消费者如何选择商品组合以实现效用最大化。厂商的生产决策与消费者的购买决策类似，可以分三步进行考察：

188

生产技术 我们需要知道一种描述投入（比如劳动、资本和原料）如何转化成产出（比如汽车和电视）的实用方法。正如消费者通过购买不同商品组合可以达到一定的满意度，厂商可以通过使用不同的投入组合达到一定的产出水平。例如，一家电子厂每月生产 10 000 台电视机，这一生产任务既可以通过使用大量的劳动（例如，工人手工装配电视机）和少量的资本来完成，也可以通过建立一个高度自动化、资本密集型的工厂和使用少量的劳动来完成。

成本约束 厂商必须考虑劳动、资本和其他投入的价格。正如一个消费者受有限预算的约束，厂商要考虑其生产成本。比如，厂商每月生产 10 000 台电视机，希望使用成本最小化的方法，而这部分地依赖于其使用的投入品的价格。

投入选择 在给定生产技术、劳动、资本和其他投入价格条件下，厂商在生产时需要选择每种投入的数量。正如消费者在决定购买多少商品时需要考虑各种商品的价格一样，厂商在决定每种投入的数量时也需考虑它们的价格。如果我们的电子厂开在一个低劳动成本的国家，那就可能用大量劳动和很少的资本来生产电视机。

这三步是厂商理论的基石，我们将在本章和下一章详细讨论。我们同样还将分析厂商行为的其他重要方面。例如，假定厂商一直使用成本最小化的投入组合，我们将看到厂商的生产成本如何随着产量的变化而变化，以及它们如何选择使其利润最大化的产量。

在本章中我们首先阐述企业的性质，问一下企业为什么存在。之后，我们再解释生产技术如何以生产函数的形式表达，而生产函数是投入转化为产出的一种简洁描述。然后，我们使用生产函数来描述，当其他投入不变，只有一种投入（劳动）可变时，产出如何随之变化。在此之后，我们转而考虑更一般的情形：当所有投入均可变时，厂商如何选择成本最小化的投入组合。我们还特别关注厂商的经营规模。比如，是否存在某种技术优势，使得厂商随着规模的增大而更具有生产力？

6.1 厂商及其生产决策

就我们所知，企业（又称厂商或公司）是一个新近的发明。在 19 世纪中叶之前，几乎所有的生产都由农夫、手工艺人、织布制衣的个人、买卖各种商品的商人来完成。这是美国、欧洲和世界所有其他地方的情形。那时企业的概念并不存在，企业指由经理人来管理、
189 与企业所有者分离，并雇用和管理大量工人的工厂。现代公司直到 19 世纪下半叶才出现。①

今天，我们把企业的存在看作理所当然的。对我们来说，很难想象汽车生产没有像福特和丰田这样的大公司，石油和天然气生产没有像埃克森美孚和壳牌这样的大公司，早餐麦片的生产没有像凯洛格和通用磨坊这样的大公司。不过停一下，问一下你自己，我们真的需要企业来生产我们每天消费的商品和服务吗？这是罗纳德·科斯在 1937 年著名的论文中提出的问题：如果市场能够很好地配置资源，我们为什么还需要企业？②

企业为什么存在?

我们真的需要企业来生产汽车吗？为什么汽车不能由一群个体自己独立地工作，然后在合适的时候相互交易而完成，非要由通用汽车公司来组织生产呢？为什么不能某些人设计汽车（收费），其他人购买钢铁、租用设备来将钢铁按照设计要求轧成型，然后进行锻压（通过协商收费），再由其他人制作方向盘和水箱，再由某些人装配各个部分，等等，当然

① 现代公司发展的经典历史，请参见 Alfred Chandler, Jr., *The Visible Hand: The Managerial Revolution in American Business*, Cambridge: Harvard University Press, 1977。

② Ronald Coase, "The Nature of the Firm," *Economica* 4 (1937): 386－405. 科斯获得了 1991 年诺贝尔经济学奖。

每个工序都通过协商收费呢？

或者，我们用另外一个例子：我们——本书的作者们——为大学工作，大学是主要提供教育服务和研究的企业。我们每月得到工资，作为回报，要按时（为我们“企业”招来的学生，在我们“企业”提供的教室里）教书，（在我们“企业”提供的办公室里）做研究和写作，并完成一些行政任务。我们就不能越过大学，在租来的教室里，按照小时费用向学生直接提供教育服务，同时按照计件付费的方式进行科研吗？我们真的需要那些增加了日常费用的学院和大学吗？

从理论上说，汽车确实可以由一群独立的工人生产出来，而教育也确实可以由一群独立的教师提供。这些独立的工人通过讨价还价得到提供服务的费用，而这些费用的大小由市场的供给和需求决定。不过，很快你就会意识到这样的生产体系多么低效。想一想由独立的工人决定谁来生产汽车的什么部件是多么困难，而且要通过协商来确定每个工人每项工作的收费。而一旦汽车的设计发生改变，所有的任务和收费就都要重新商定。这样生产的汽车质量有多糟，成本又会有多高啊。

企业提供了独立工人条件下所欠缺的至关重要的协调（coordination）方法。企业消除了每个工人进行每项任务所需的协商过程，以及对于任务费用的讨价还价。企业通过管理人员指导付薪工人的生产从而避免了那些讨价还价，经理告诉工人去做什么和什么时候做，而工人（以及管理人员）简单地得到周工资或月工资。 190

当然，不能保证企业就是有效运行的，有许多企业非常低效运行的例子。管理人员无法总是能监管到工人的工作，而且管理人员有时候也是按照他们自己的利益决策，而不是按照企业的最大利益。结果是，企业理论（更宽泛地说，组织经济学）已经成为微观经济研究的重要领域。该理论包含实证方面（解释管理人员和工人的行为），也涵盖规范方面（解释企业如何能得到最好的组织以尽可能有效运行）。[①] 我们将在本书的后面讨论该理论的某些方面。这里，我们只想强调，企业之所以存在是因为它们可以让商品和服务的生产远比没有企业时高效。

生产技术

企业或厂商做什么呢？我们已经知道，厂商组织和协调大量工人与管理人员的行为。不过目的是什么？在最基本的水平上说，厂商就是把投入转化为产出（或产品）。这个将投入转化为产出的生产过程就是厂商运行的中心。投入也称**生产要素**（factors of production），包含厂商生产过程中必须使用的任何东西。例如，烘烤店使用的投入包括工人的劳动、面粉和糖等原料以及投资在烤炉、搅拌器和其他设备上的资本，这些投入用于生产面包、蛋糕及点心等产品。

> **生产要素**
> 生产过程中的投入品（比如劳动、资本、原料）。

你能看到，我们可以把投入分为劳动、原料和资本三大类，每一类又可以进行更具体的划分，如劳动的投入包括熟练工人（木匠、工程师）和非熟练工人（农业工人），以及企业管理人员的企业家努力；原料包括钢铁、塑料、电力、水及任何其他转换为最终产品的商品；资本包括土地、建筑物、机器和其他设备以及存货等。

---

① 企业理论方面的文献非常丰富。经典之一为 Oliver Williamson，*Markets and Hierarchies：Analysis and Antitrust Implications*，New York：Free Press，1975。（Williamson 因其研究工作而获得了 2009 年诺贝尔经济学奖。）

生产函数

生产函数
表示对于每一特定投入组合，一个厂商能够生产的最大产出的函数。

厂商通过使用劳动、原料和资本的各种组合方式把投入转化为产出。我们可以用生产函数来描述生产过程中的投入与最终产出之间的关系。**生产函数**（production function）描述的是厂商在每一特定的投入要素组合下所能生产的最大产出 q。[1] 虽然在现实中，厂商使用多种投入，为分析简便，这里我们假定只有两种投入：劳动（L）和资本（K）。生产函数可以写为

$$q=F(K, L) \tag{6.1}$$

这个等式显示了产出数量与劳动和资本这两种投入量之间的关系。例如，生产函数可
191 能描述的是一个有 10 000 平方英尺的厂房和一定数量装配工人的厂商每年生产的个人计算机的台数；或者它描述的是一个有特定数目的机器和工人的农场可以收获的小麦的数量。

请记住重要的一点，投入和产出都是流量（flow）。例如，个人计算机生产商每年使用一定量的劳动生产一些计算机。虽然该厂商可能拥有它自己的厂房和机器，我们依然可以认为它为使用这些厂房和机器支付了成本。为简便起见，我们忽略时间项，只考虑劳动、资本和产出的数量。除非另外说明，劳动和资本的数量是每年使用的数量，产出的数量是每年生产的数量。

因为生产函数允许投入以各种比例进行组合，所以产出可以通过各种方法得到。对式（6.1）中的生产函数，这意味着可以使用更多的资本和更少的劳动，或者相反。以生产葡萄酒为例，它可以产自一个采取人工压榨葡萄的劳动密集型企业，也可以产自一个使用机器压榨葡萄的资本密集型企业。

注意式（6.1）适用于一个给定的技术水平，即将投入转化为产出的各种方法的一个给定的知识水平。随着技术的不断进步，生产函数也会发生变化，厂商可以用相同的投入生产更多的产出。例如，一种更新、更快的装配生产线的问世，使得硬件生产商能在一定的时间内生产出更多高性能计算机。

生产函数描述了厂商有效运行时的技术可行性——厂商已尽可能有效地使用了每种投入组合。生产总是技术上富有效率这个前提假设并不总是成立，但我们完全有理由相信，追逐利润最大化的厂商不会浪费资源。

短期
一种或更多种生产要素的数量不可变的时间段。

短期与长期

厂商通过改变劳动和资本的投入数量来调整产量是需要时间的。一个新厂房需要计划、建造，机器和其他资本设备需要订购和安装。完成这些活动需要一年甚至更长时间。结果，如果我们只关注短期生产决策，诸如一两个月，厂商不大可能使用很多资本来替代劳动。

固定投入
不可变的生产要素。

长期
使得所有投入要素均可变所需的时间段。

因为厂商需要考虑投入是否可变，以及变化所需的时长，所以在分析生产时，区分短期和长期就非常重要。**短期**（short run）是指一种或多种生产要素的数量不可变的时间段。换句话说，在短期至少有一种要素不可变，这种要素被称为**固定投入**（fixed input）。**长期**（long run）是指使得所有投入要素均可变所需的时间段。

正如我们的预计，厂商短期和长期的决策是截然不同的。在短期，厂商在给定厂房和

① 在本章和以后各章中，我们使用变量 q 代表厂商产出，使用 Q 代表行业总产出。

设备数量下调整劳动数量。而在长期，厂商也调整厂房和设备的数量。其实所有短期的固定投入都是之前长期决策的结果，这些决策的基础是对于厂商生产和销售盈利性的估计。

长期和短期之间的区分并没有一个明确的时间（诸如一年），而是根据具体情况而定。对于一个儿童柠檬汽水摊而言，一两天就算长期了；而对于石化或者汽车生产商而言，长 192
期意味着 5 年甚至 10 年。

我们将看到，在长期厂商可以调整所有投入以最小化生产成本。但是，在讨论一般情形之前，我们先考虑短期，即生产过程中仅有一种投入可变的情形。我们假定资本不变，劳动可变。

6.2 一种可变投入（劳动）下的生产

当决定某种投入的购买量时，厂商必须比较投入的成本及其带来的收益。有时候，从增量角度来看收益与成本是有用的，此时我们关注增加一单位投入会增加多少产出。在另一些情况下，从平均角度来进行比较也是有必要的，此时我们考虑大量增加某种投入的结果。我们将以这两种方式考察成本和收益。

当资本固定而劳动可变时，厂商可以通过增加劳动的投入来提高产量。假设你管理一家制衣厂，拥有固定数量的设备，但可雇用多一些或少一些劳动来缝制和操作机器。你必须对雇用多少工人、生产多少衣服进行决策。当然，在这之前，你必须知道产出（q）如何随劳动投入（L）的增加而增加。

表 6.1 给出了此信息。前三列显示的是在 10 单位的固定资本下，使用不同数量劳动所能得到的月产出（第一列为劳动的使用量，第二列为固定的资本量，第三列为总产出）。在劳动投入为 0 时，产出亦为 0。在劳动投入由 0 逐渐增至 8 单位时，产出也随之增加，但超过这一点后，总产出反而下降。这可以解释为，起初每单位劳动可使机器和厂房的利用越来越充分，但过了这一点后，劳动的增加不再有用，反而降低了生产率。5 个人操作一条装配生产线可能比 2 个人操作更有效率，但如果 12 个人一同操作，结果就可能适得其反了。

表 6.1 一种可变投入（劳动）下的生产

劳动数量(L)	资本数量(K)	总产出(q)	平均产出(q/L)	边际产出($\Delta q/\Delta L$)
0	10	0	—	—
1	10	15	15	15
2	10	40	20	25
3	10	69	23	29
4	10	96	24	27
5	10	120	24	24
6	10	138	23	18
7	10	147	21	9
8	10	152	19	5
9	10	153	17	1
10	10	150	15	−3
11	10	143	13	−7
12	10	133	11.08	−10

平均产出与边际产出

平均产出 每一单位某特定投入的产出。

可以以平均和边际（即增量）为基础来描述劳动对生产过程的贡献。表 6.1 第四列所列的是劳动的**平均产出**（average product，AP_L），即每单位劳动投入的产出量。平均产出等于总产出 q 除以总劳动投入 L。劳动的平均产出以单位工人平均生产多少产量的形式衡量了厂商的劳动生产率。在我们的例子中，平均产出最初呈上升态势，但在劳动投入超过 4 单位后转而向下。

边际产出 增加一单位投入所带来的产出增加量。

表 6.1 第五列给出的是劳动的**边际产出**（marginal product，MP_L）。这是增加一单位劳动所带来的产出增量。例如，当固定资本为 10 单位时，劳动投入由 2 增加至 3，总产出则由 40 增加至 69，增加了 29（=69－40）单位。劳动的边际产出可以记作 $\Delta q/\Delta L$，即一
193 单位劳动投入（ΔL）带来的产出的变化（Δq）。

必须记住的是，劳动的边际产出依赖于所投入的资本数量。如果资本投入从 10 单位增至 20 单位，则劳动的边际产出也很可能上升。为什么？因为如果有更多的资本可用，那么工人们可能更有生产效率。和平均产出一样，边际产出也存在着先上升后下降的规律，在我们的例子中，转折出现在雇用第三单位劳动以后。

总结一下：

劳动的平均产出＝总产出/劳动投入$=q/L$

劳动的边际产出＝产出的变化量/劳动的变化量$=\Delta q/\Delta L$

生产曲线的斜率

图 6.1 画出了表 6.1 的信息（我们已经用实线将图中各点连接起来）。图 6.1（a）显示，随着劳动的增加，产出先上升至最大值 153，然后下降。总产出曲线下降的部分用虚线来表示，从图中可以看出，当劳动超过 9 单位后，生产在经济上是不合理的。使用额外一单位耗费成本的投入去生产更少的产出永远无利可图。

图 6.1（b）显示了平均产出曲线和边际产出曲线［纵轴坐标单位从图（a）的每月产出变为图（b）的单位劳动的每月产出］。当总产出上升时，边际产出为正；当总产出下降时，边际产出为负。

194 边际产出曲线与横轴相交于总产出的最大值点，这并非偶然。这是因为此时再增加一名工人会减缓生产过程，使总产出下降，这意味着该工人的边际产出为负。

平均产出曲线与边际产出曲线是高度相关的。当边际产出高于平均产出时，平均产出上升。这正如图 6.1（b）中劳动投入为 1～5 单位时的情况。如果增加一名工人带来的总产出增量大于现有工人的平均产出水平（即边际产出大于平均产出），那么增加该名工人后平均产出将提高。在表 6.1 中，两名工人生产 40 单位的总产出，每名工人的平均产出为 20 单位。当第 3 名工人加入时，总产出会增加 29 单位（增至 69 单位），这会把平均产出从 20 提高到 23 单位。

类似地，当边际产出小于平均产出时，平均产出将下降。这正如图 6.1（b）中劳动投入超过 5 单位时的情形。在表 6.1 中，6 名工人生产 138 单位的产出，平均产出是 23 单位。
195 加入第 7 名工人仅贡献了 9 单位的边际产出（小于平均产出），因此把平均产出拉低至 21。

我们看到，在平均产出的上升阶段，边际产出曲线位于平均产出曲线上方；在平均产出的下降阶段，边际产出曲线位于平均产出曲线下方。因此，在平均产出达到最大值时，边际产出一定等于平均产出。在图 6.1（b）中，这一点为 D。

为什么在现实中，我们通常认为边际产出曲线先升后降？考虑一个电视机装配厂。当工人低于 10 人时，装配线无法运行。10～15 个工人则能操作装配线但并非非常有效率；此时如果增加一些工人将使生产效率大大提高，所以这些新增工人的边际产出非常高。然而，一旦工人超过 20 个，效率增量就开始减少。例如，第 22 个工人的边际产出依然很高（高于平均产出），但是已经低于第 19 个或者第 20 个工人的边际产出。第 25 个工人的边际产出会更低，可能等于平均产出。当装配线有 30 个工人时，增加一个工人会得到更多的产出，但是增加量不大（以至边际产出虽然为正却低于平均产出）。当工人多于 40 个时，再增加的工人只会妨碍其他人并且降低总产出（使得边际产出为负）。

劳动的平均产出曲线

图 6.1（a）显示了总产出、平均产出、边际产出三条曲线的几何关系。劳动的平均产出等于总产出除以劳动投入的数量。例如，在点 A，平均产出等于总产出 69 除以投入 3，即每单位劳动投入获得 23 单位产出，该比率正是原点与点 A 连线的斜率。一般而言，劳动的平均产出由原点与总产出曲线上相应点的连线的斜率给出。

图 6.1　一种可变投入下的生产

说明：图（a）的总产出曲线描述了不同劳动投入数量下的产出。图（b）中的边际产出曲线和平均产出曲线直接由总产出曲线导出（使用表 6.1 的数据）。在图（a）中 3 单位劳动投入对应的点 A 处，因为与总产出曲线相切的切线斜率为 29，所以边际产出为 29；而劳动的平均产出是 23，因为它是点 A 与原点连线的斜率。而且，边际产出此时已经达到最大值。在 5 单位劳动投入的点 B 处，边际产出下降为 24，此时与平均产出相等。因此，图（b）中平均产出和边际产出相交于点 D。注意，当边际产出曲线高于平均产出曲线时，平均产出上升；而当劳动投入超过 5 单位，边际产出低于平均产出时，平均产出下降。一旦劳动投入超过 9 单位，边际产出为负，总产出就会随着劳动投入的增加开始下降。

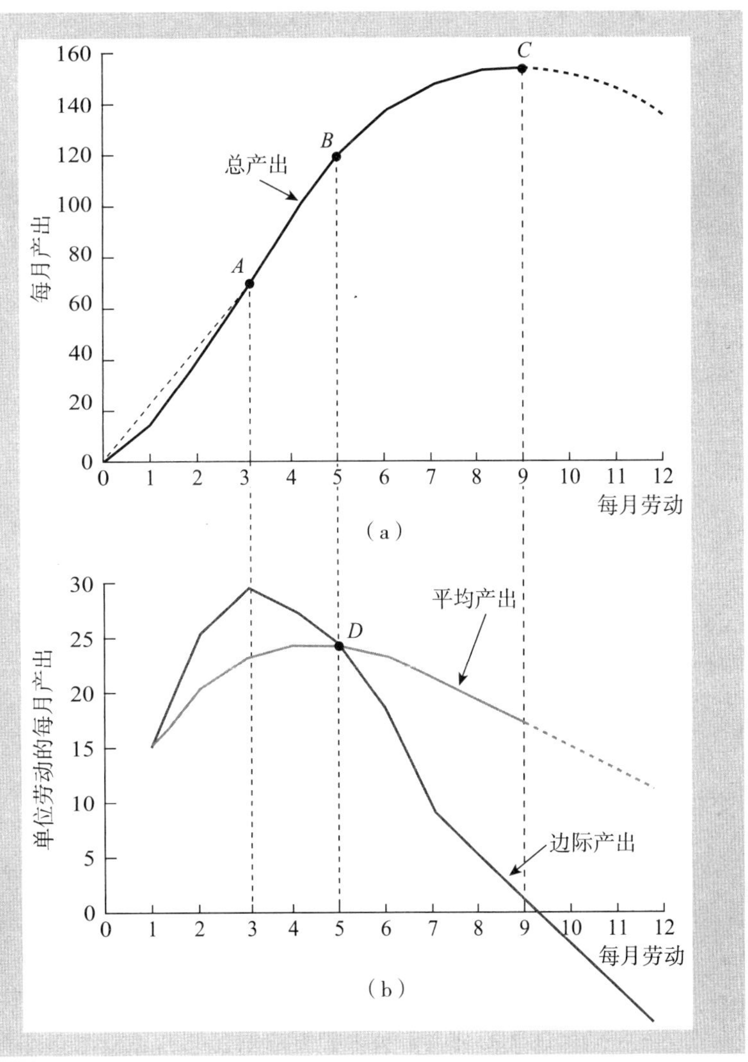

劳动的边际产出曲线

正如我们所见，劳动的边际产出是增加 1 单位劳动投入所引致的总产出的变化。例如，点 B 的边际产出为 24，因为经过点 B 的总产出曲线切线的斜率为 24。一般而言，某一点的劳动边际产出等于总产出曲线在该点的切线的斜率。从图 6.1（b）中我们可以看出，最初劳动的边际产出上升，在投入为 3 时达到顶点，然后随着总产出曲线由点 B 移动到点 C 而下降。在点 C，当总产出达到最大值时，总产出曲线切线的斜率为 0，即边际产出为零，超过这一点以后，边际产出为负。

边际产出和平均产出间的几何关系 边际产出和平均产出间的几何关系如图 6.1（a）所示。在点 A，劳动的边际产出（总产出曲线在点 A 的切线斜率，这里没有直接标出）大于平均产出（虚线 $0A$）。因此，在由 A 向 B 的移动过程中，劳动的平均产出上升。在点 B，劳动的平均产出与边际产出相等——平均产出是 $0B$ 线的斜率，而边际产出是总产出曲线在点 B 的切线的斜率［注意，在图 6.1（b）中的点 D，平均产出与边际产出相等］。最
196 终，在我们由点 B 向点 C 移动的过程中，边际产出曲线下降并位于平均产出曲线的下方。可以检验，在 B 和 C 之间的任何一点，总产出曲线的切线斜率比该点与原点连线的斜率小。

边际报酬递减规律

边际报酬递减规律
增加某一投入的使用而其他投入固定不变，结果，产出增量最终会减少。

在大多数生产过程中，都存在着劳动（和其他投入）的边际产出递减现象。**边际报酬递减规律**（law of diminishing marginal returns）指随着某种投入（其他投入固定）持续增加相同的数量，必然会到达一点，在它之后产出的增加量开始下降。当劳动投入较少（且资本固定）时，投入增加可以带来相当大的产出增加，因为这可以让工人更加专注地从事自己的任务。不过最终，边际报酬递减规律发挥作用：当有太多的工人时，有些工人的工作会变得缺乏效率，劳动的边际产出下降。

边际报酬递减规律通常适用于有至少一种投入要素固定的情形。不过，它也适用于长期。尽管所有的投入在长期都是可变的，但实际上一名经理可能总是在考虑一种或多种投入不变时的生产选择。例如，假设仅有两种工厂规模是可行的，经理必须选择其中一种，此时，他想知道的是在这两种情形下哪一点是出现边际报酬递减的点。

注意，不要把劳动投入增加时的边际报酬递减规律与此时的劳动质量的可能变化（例如，首先被雇用的是素质最高的工人，最后被雇用的工人素质最低）相混淆。在我们对于生产的分析中，假设所有劳动的质量相同。边际报酬递减来源于其他投入（如机器）量固定产生的限制，而并非工人素质的下降。另外，也不要将边际报酬递减与报酬为负混淆。边际报酬递减规律描述的是边际产出的下降，但不一定为负。

边际报酬递减规律适用于给定生产技术的场合。一段时间以后，发明和其他技术的改进可能会使得图 6.1（a）中的总产出曲线整体上移，在同样的投入下生产出更多的产品。图 6.2 阐述了这个原理。起初，总产出曲线为 O_1，但技术改进后，曲线上移，先至 O_2，最后至 O_3。

例如，假设一段时间后农业生产中劳动投入增加，同时技术也有了进步。这些进步包括更优质的种子、更强力有效的化肥和更好的农业机械设备。结果是产出将从 A（位于 O_1

曲线，投入为 6）移到 B（位于 O_2 曲线，投入为 7），最终移至 C（位于 O_3 曲线，投入为 8）。

在 $A \rightarrow B \rightarrow C$ 的移动中，劳动投入增加，产出也增加，似乎不存在边际报酬递减的问题。实际上，总产出曲线的移动意味着边际报酬递减规律可能对经济增长不存在长期负面影响。如下面我们在例 6.2 中所讨论的，正是由于没有考虑到长期的技术进步，英国经济学家马尔萨斯错误地预计了人口持续增加带来的后果。

图 6.2　技术进步的效应

说明：即使任何生产过程都存在着劳动的边际报酬递减，劳动生产率（每单位劳动的产出）也可能随着技术的改进而提高。随着时间的推移，曲线 O_1 上的点 A 会向曲线 O_2 上的点 B 和曲线 O_3 上的点 C 移动，劳动生产率上升。

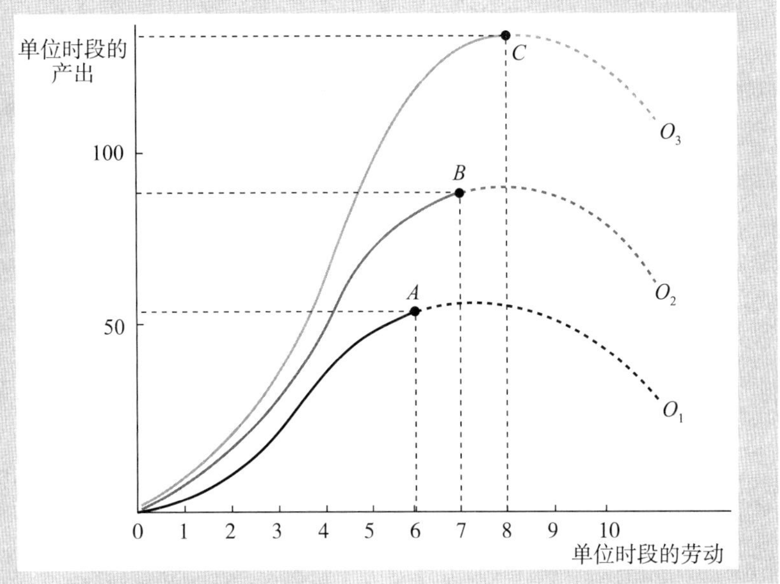

⁘例 6.1　作者们关于医疗生产函数的争论

许多国家在医疗保健上的支出迅速上升。尤其美国，近年来医疗保健支出已经占到 GDP 的 15%。 197 其他国家也将大量的资源投入到医疗保健中（比如，法国和德国占 GDP 的 11%，日本和英国占 GDP 的 8%）。这些支出的上升反映了产出的上升还是生产过程的低效？

图 6.3 描述了美国的医疗保健生产函数。[①] 纵轴代表对医疗保健产出的一种度量——平均预期寿命的增加。（另一种度量可能是心脏病和中风数量的平均下降。）横轴代表花费在医疗保健上的投入，以千美元为单位，包括医生、护士、管理、医疗设备以及药物的费用。生产函数代表了人均医疗保健美元支出为整个人口带来的最大可能的健康产出。生产函数上的点，如 A、B、C，都是在给定投入条件下尽可能有效的生产量。点 D 在生产函数的下方，是一个无效率的生产点，因为对应的医疗保健投入没有产生最大可能的产出。

“医疗费用上升的首要原因是医疗的生产函数进入了报酬递减阶段，”鲍勃指出，“图 6.3 给出了简化但清晰的图形。注意，图 6.3 中点 B 的健康产出比点 A 高得多。从点 A 出发，增加 20 000 美元的 198 医疗支出（从 10 000 美元提高到 30 000 美元），预期寿命提高 3 年。不过，从点 B 到点 C，虽然健康投入很大，但产出差异却很小。从点 B 向点 C 出发，医疗支出提高 20 000 美元只能带来预期寿命提高 1 年。这是为什么呢？答案是，给定现有医药技术，在医疗过程和新药品上的支出增加对于预期寿命只有很小的影响。因此，医疗支出的边际生产率已经很低，而且会随着支出水平的提高进一步下降。”

---

① 此例基于 Alan M. Garber and Jonathan Skinner，“Is American Health Care Uniquely Inefficient?” *Journal of Economic Perspectives*，Vol. 22，No. 4（Fall 2008）：27－50。

图 6.3　医疗保健的生产函数

说明：医疗保健的额外支出（投入）沿着生产函数边界提高预期寿命（产出）。点 A、B、C 代表了投入被有效使用的点，尽管存在着从 A 到 B 再到 C 的报酬递减。点 D 是一个投入无效率的点。

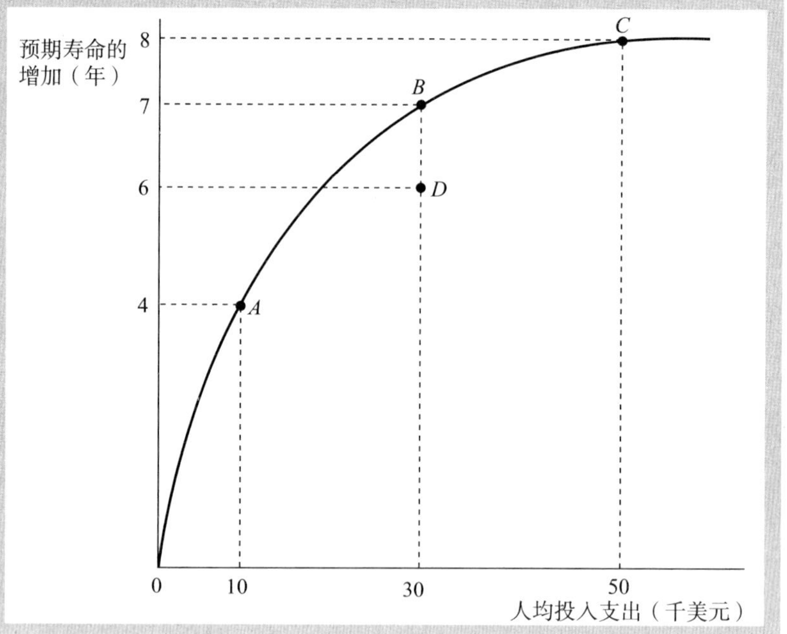

“我的观点和你不一样，”丹回应道，“现实是美国的医疗生产是低效的，也就是说，如果那些支出被更高效地利用，相同的投入应该能带来更大的产出。在图 6.3 中，这一过程体现为从点 D 到点 B 的移动。因此，图 6.3 意味着如果医疗系统运行更加有效率，那么不提高支出依然能带来更高的预期寿命。”

“当然，过去几十年技术已经进步了很多，”鲍勃反驳道，“不仅发明了很多新的药品，而且新的医疗设备不断出现，诊断过程也得到了改进。”

“你说的可能正确，”丹回答，“但是美国医疗系统低效的事实是明显和无法否认的。比如，美国的账单、保险和认证系统比许多其他国家都要复杂和费钱，因此医疗系统所需的人均行政人员更多。为了弄清美国医疗系统低效的内涵，我们可以关注 2015 年美国的人均预期寿命（79.3 岁）排名世界第 31 位，远远落后于瑞士（83.2 岁）；在人均医疗支出上，美国是 8 713 美元，而瑞士只有 6 466 美元。”

199 “我认为我们必会达成一致的是两种原因都存在，”鲍勃评论道，“确实，似乎美国的医疗生产正在遭遇低效。也可能随着收入的增长，美国人对健康的需求相对于其他商品越来越高，从而带来了报酬递减，健康收益的增加已经很有限。”

例 6.2　马尔萨斯与食品危机

政治经济学家托马斯·马尔萨斯（Thomas Malthus，1766—1834 年）思想的核心是边际报酬递减规律。[①] 他认为，随着人口的膨胀，地球上有限的土地将无法提供足够的食品。他预测最终劳动的边际生产率和平均生产率都会下降，但又有更多的人需要食品，因而会产生大的饥荒。幸运的是，人类的历史并没有按马尔萨斯的预言发展（尽管他正确地指出了劳动的边际报酬递减）。

在 20 世纪，技术的进步改变了许多国家（包括发展中国家，如印度）的食品生产，劳动的平均产出和食品总产出因而上升。这些进步包括高产抗病的优良品种、更高效的化肥及更先进的收割机械。

① Thomas Malthus, *Essay on the Principle of Population*, 1798.

正如表6.2所示，1960年后，世界上食品总产出的增加率总是高于同期人口的增长率。[①] 世界农业生产率的这种增长也可用图6.4来表示。图6.4描述了1970—2013年谷物平均产出和全球食品价格指数。[②] 值得注意的是，这段时间以来谷物产量稳定增长。贯穿20世纪后半叶，农业生产率的提高导致了食品供给的增加，甚至超过需求的增长，（平均的）食品价格下降了。不过，21世纪，气候条件变化和食品出口的下降导致食品需求超过了供给，食品价格开始上升。

表6.2 世界人均食品产量指数

年份	指数
1961—1964	100
1965	101
1970	105
1975	106
1980	109
1985	115
1990	117
1995	119
2000	127
2005	135
2010	146
2013	151

在一些地区，如非洲的撒哈拉，饥荒仍是个严重的问题。劳动生产率低下是原因之一。虽然其他一些地区存在着农业剩余，但由于食品从生产率高的地区向生产率低的地区的再分配的困难和生产率低的地区收入也低的缘故，大规模的饥荒仍时有发生。

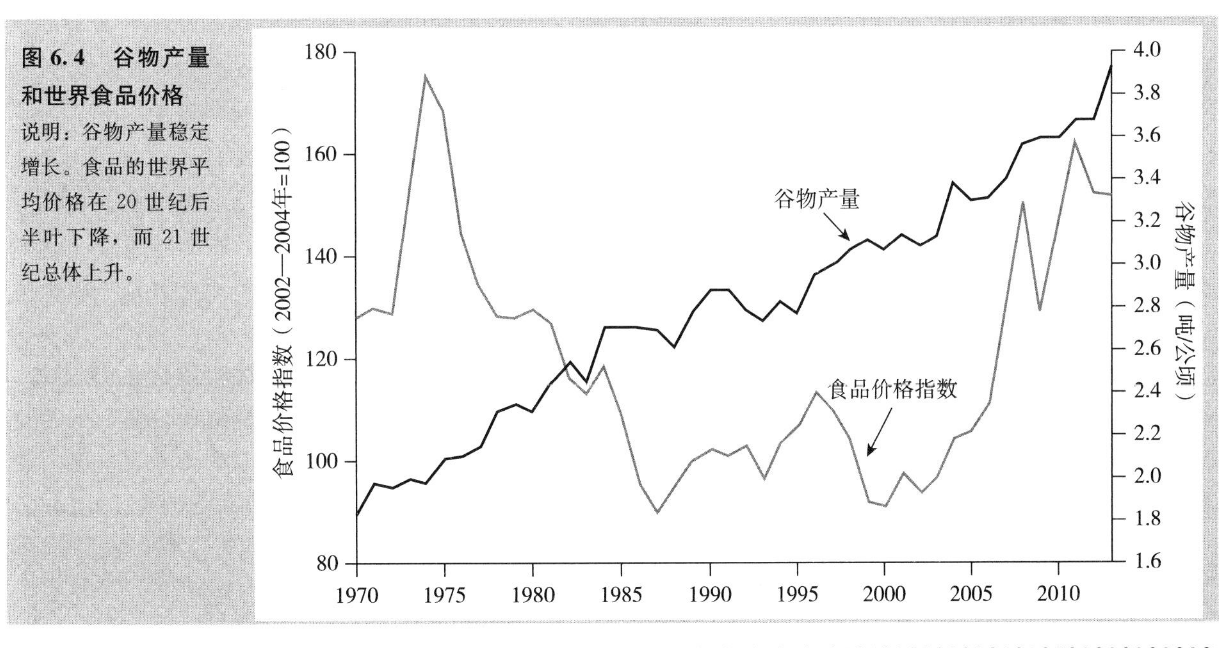

图6.4 谷物产量和世界食品价格

说明：谷物产量稳定增长。食品的世界平均价格在20世纪后半叶下降，而21世纪总体上升。

① 世界人均食品产量的数据来自联合国粮农组织（FAO），也可见 http：//faostat. fao. org。

② 数据来自联合国粮农组织和世界银行。

劳动生产率

200 虽然这只是一本微观经济学教材，但这里所发展的很多概念却为宏观经济分析提供了基础。宏观经济学家尤其关注**劳动生产率**（labor productivity）——整个行业或整个经济的劳动的平均产出。在本小节中，我们将讨论美国和一些其他国家的劳动生产率。这个话题本身已非常有趣，还有助于我们理解微观经济学和宏观经济学之间的联系。

> **劳动生产率**
> 某个行业或整个经济的劳动的平均产出。

因为平均产出计算的是每单位劳动投入的产出，相对而言它是比较容易测度的（你需要知道的只是投入的劳动量和最后的总产出水平）。可以在不同的行业间进行劳动生产率的横向比较，也可以与历史数据进行纵向比较。劳动生产率的重要意义在于它往往决定了一个国家居民的真实生活水平。

劳动生产率与生活水平 劳动生产率与生活水平之间有着直接的联系。在某年，一个
201 经济生产出的商品与服务的总价值等于对各种生产要素的支付，包括工资、资本租金和企业利润。最终消费者以工资、薪酬、红利或利息支付等形式得到这些要素的回报。因此，消费者在长期可以通过增加总产出来增加消费。

> **资本存量**
> 可用于生产的资本总量。

> **技术进步**
> 新技术的开发使生产要素的使用效率更高。

理解劳动生产率提高的原因是经济学研究的一个重要领域。我们知道，劳动生产率提高的一个重要源泉是**资本存量**（stock of capital），即用于生产的资本总量。因为资本的增长意味着更多、更好的机器，每个工人每小时可以生产更多的产品。劳动生产率提高的另一个源泉是**技术进步**（technological change）——比如，新技术的开发使得劳动（和其他生产要素）的使用效率更高，能够生产更多高质量的新产品。

如例 6.3 所示，不同国家之间的劳动生产率水平相差很大，劳动生产率的增长率也是如此。如果说劳动生产率是影响生活水平的主要因素，理解这些差异就非常重要。

∵例 6.3 劳动生产率与生活水平

美国、欧洲和日本在未来几十年会继续提高生活水平还是维持现状？因为这些经济体中的消费者的实际收入与劳动生产率的增长速度相同，所以答案取决于劳动生产率。

如表 6.3 所示，2010 年美国的雇员人均产出水平比其他工业化国家高。不过，第二次世界大战之后生产率出现的两种模式令人困扰。第一，一直到 20 世纪 90 年代，美国的生产率增速都低于其他发达国家；第二，所有发达国家在 1980—2014 年的生产率增长都比之前低得多。①

在 1970—1999 年，日本的生产率增长大部分时间居各国之首，德、法两国紧随其后，美国最低，甚至在某种程度上低于英国。各国投资率和资本存量增长率的差异有助于我们解释这种现象。战后资本增长最迅速的国家是日本、法国和德国这些从第二次世界大战的废墟上重建起来的国家。从某种程度上可以说，与日、法、德相比，战后美国生产率的低速增长，是因为战后这些国家赶上来了。

生产率增长与一国的自然资源也密切相关。当石油和其他资源开采殆尽时，每个工人的产出也会出现某种程度的下降。今天的公众越来越意识到新鲜空气和洁净水的重要性，对环境监管（例如，在对煤的过度开采后，产生了恢复土地原始面貌的需求）的日益重视将会放大这种效应（资源耗尽后导致生产率下降）。

可以从表 6.3 中看出，在 20 世纪 90 年代和 21 世纪第一个 10 年，美国的劳动生产率增长率提高

① 近年来有关 GDP、就业和每工时 GDP 的数据来自 OECD，想了解更多信息，请登录 http：//www.oecd.org。

了。一些经济学家相信，信息和通信技术（ICT）成为此次增长的关键驱动器。然而，近几年的缓慢增长表明，ICT 对增长的贡献可能已经过了顶峰。

表 6.3 发达国家的劳动生产率 202

	美国	日本	法国	德国	英国
	每工时 GDP（按 2010 年美元计算）				
	62.41	39.39	60.28	58.92	47.39
期间	劳动生产率年增长率（%）				
1970—1979 年	1.7	4.5	4.3	4.1	3.2
1980—1989 年	1.4	3.8	2.9	2.1	2.2
1990—1999 年	1.7	2.4	2.0	2.3	2.3
2000—2009 年	2.1	1.3	1.2	1.1	1.5
2010—2014 年	0.7	1.2	0.9	1.2	0.5

6.3 两种可变投入下的生产

在上一节，我们分析了一种投入（劳动）可变而另外一种投入（资本）固定情况下的短期生产函数。现在，我们从长期的角度来考察厂商的生产，其中资本投入与劳动投入都是可变的。此时，厂商可以通过对不同数量的劳动和资本进行组合以生产某产出。在本节，我们将考察一个厂商如何选择带来相同产出的各种不同资本和劳动组合。首先，我们分析生产规模，考察在投入增加一倍、两倍等情形下，产出如何变化。

等产量线

我们首先研究使用两种投入的厂商的生产技术，这两种投入都可变。假设这两种投入为劳动和资本，并用来生产食品。表 6.4 给出了不同投入组合下生产的产出量。

表 6.4 两种可变投入下的生产

资本投入	劳动投入				
	1	2	3	4	5
1	20	40	55	65	75
2	40	60	75	85	90
3	55	75	90	100	105
4	65	85	100	110	115
5	75	90	105	115	120

等产量线
由生产出同一产量的所有可能的投入要素组合形成的曲线。

表 6.4 中最上面一行为劳动投入，最左端一列为资本投入。表中每一项表示相应的劳动与资本的组合每年能生产的最大（技术上有效率的）产出量（例如，4 单位劳动与 2 单位资本组合生产出 85 单位的食品）。从每行看，在资本投入量一定的前提下，产量随劳动投入的增加而增加；从每列看，在劳动投入一定的前提下，产量随资本投入的增加而增加。 203

表 6.4 中的信息能用等产量线来表示。**等产量线**（isoquant）是由生产出同一产量的所

有可能的投入要素组合形成的曲线。图 6.5 中有三条等产量线（图中每一坐标轴对应着投入的数量）。这些等产量线是基于表 6.4 的数据画出的，但把它画为平滑的曲线以涵盖投入数量可以细分的情形。

例如，等产量线 q_1 代表了劳动与资本年投入量的所有组合，它们都得到 55 单位的年产出，其中的 A、D 两点与表 6.4 中的数据相对应。在点 A，1 单位劳动与 3 单位资本结合得到 55 单位产出，而在点 D，3 单位劳动与 1 单位资本结合也得到了同样的产出。等产量线 q_2 代表的是产出为 75 单位时投入的所有组合，与表 6.4 中圆圈标注的四个组合相对应（如在点 B 为 2 单位劳动与 3 单位资本的组合）。等产量线 q_2 在等产量线 q_1 右上方，因为要获得更高的产出水平需要更多的劳动和资本。最后，等产量线 q_3 表示的是产量为 90 单位时劳动与资本的组合。例如，点 C 对应着 3 单位劳动和 3 单位资本的投入，而点 E 则对应着 2 单位劳动和 5 单位资本的投入。

图 6.5　两种可变投入下的生产

说明：生产的等产量线描述的是厂商生产特定产量所用的不同的投入组合。一套等产量线，或称等产量线簇，描述了厂商的生产函数。从等产量线 q_1（年产量为 55 单位，如点 A 和点 D 所示）到 q_2（年产量为 75 单位，如点 B 所示）再到 q_3（年产量为 90 单位，如点 C 和点 E 所示），产出不断增加。

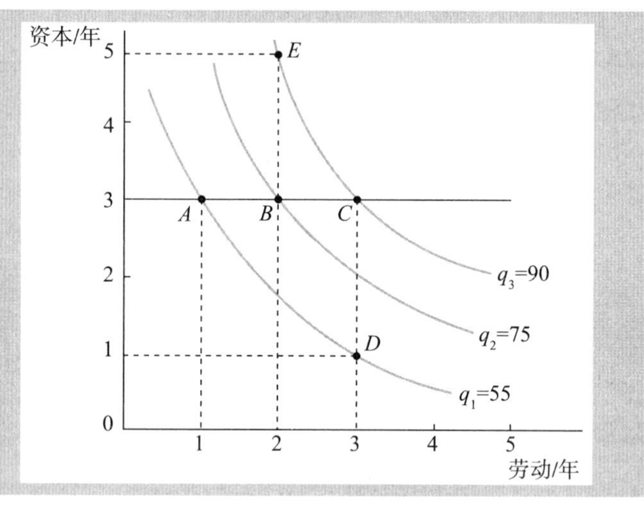

等产量线簇
等产量线的集合，用来描述生产函数。

204

等产量线簇　当一些等产量线一起放在一幅图中时，我们称之为**等产量线簇**（isoquant map）。图 6.5 描述了构成等产量线簇的三条等产量线。正如无差异曲线簇描绘了效用函数一样，等产量线簇也是生产函数的另一种描述方式，每一条等产量线对应于不同的产出水平。等产量线在图中向右上方移动时，产出水平也上升。

投入的灵活性

等产量线显示了厂商生产决策的灵活性：它能通过一种投入对另一种投入的替代来获得特定的产出。对于企业管理者来说，理解这一点很重要。例如，一家快餐厅最近面临年轻、低工资工人的短缺，该餐厅既可通过实现自动化，如增加沙拉自助台或引进更高级的烹调设备来进行弥补，也可招聘一些年长的员工来替代。正如我们在第 7 章和第 8 章将会看到的，考虑到这种生产过程的灵活性，管理者可以选择成本最小化、利润最大化的投入组合。

边际报酬递减

即使劳动和资本在长期都是可变的，对于一个选择最优投入组合的厂商来说，弄清当一种投入增加而其他投入保持不变时，产出将发生什么变化也是有用的。该情形的结果描绘在图 6.5 中，劳动与资本都呈现了边际报酬递减。我们可以在特定的资本投入水平（例如 3 单位）上画一条横线来观察为什么劳动的边际报酬递减。随着劳动投入的增加，我们来看每条等产量线代表的产出水平，我们可以看出，每一单位新增劳动带来的产出增量越来越少。例如，劳动投入从 1 单位增至 2 单位（从 A 到 B），产出增加 20 单位（从 55 单位增加到 75 单位），但再增加 1 单位劳动（从 B 至 C），产出的增加只有 15 单位（从 75 单位增至 90 单位）。因此，无论是长期还是短期，都存在着劳动的边际报酬递减规律。因为当其他要素不变、一种要素投入增加时，产出的增量越来越小。当用更多的资本去替代劳动时，等产量线会变得越来越陡峭；当用更多的劳动去替代资本时，等产量线会变得越来越平坦。

资本的边际报酬也存在着递减的趋势。当劳动投入固定不变时，随着资本投入的增加，其边际产出下降。例如，劳动固定为 3 单位，当资本从 1 单位增至 2 单位时，其边际产出为 20 单位（＝75 单位－55 单位），但当资本由 2 单位增至 3 单位时，其边际产出则降至 15 单位（＝90 单位－75 单位）。

边际技术替代率
在保持产出不变的前提下，一种投入要素增加一单位，另一种要素需要减少的量。

投入间的替代

当两种投入可变时，一个管理者往往会考虑用一种投入替代另一种投入。等产量线的斜率表明，在保持产出不变的前提下一种投入如何替代另一种投入。在去掉了负号之后，我们称此斜率为**边际技术替代率**（marginal rate of technical substitution，MRTS）。劳动对资本的边际技术替代率指的是在保持产出不变的前提下，多投入一单位劳动，资本的投入可以减少的量。这与消费者理论中的边际替代率（MRS）十分相似。回忆第 3.1 节，MRS 描述消费者在保持满足水平不变的情况下，两种商品间的替代情况。像 MRS 一样，MRTS 205
也一直为正数：

$$\begin{aligned} \text{MRTS} &= -\text{资本投入的变化量}/\text{劳动投入的变化量} \\ &= -\Delta K/\Delta L \ (q\ \text{保持不变}) \end{aligned}$$

式中，ΔK、ΔL 是资本和劳动沿着等产量线的微小变化。

在图 6.6 中，当产出固定在 75 单位时，若劳动由 1 单位增至 2 单位，MRTS 等于 2。但是，若劳动由 2 单位增至 3 单位，MRTS 的值降至 1，然后逐渐降至 2/3、1/3。很明显，当用越来越多的劳动替代资本时，劳动的生产率降低，而资本的生产率会相对上升。所以，单位劳动可以替换的资本数量越来越少，等产量线也因此变得越来越平坦。

边际技术替代率递减　我们假设存在边际技术替代率递减。换句话说，沿着等产量线向下移动，MRTS 下降。数学意义是，等产量线和无差异曲线一样，是凸的，或是向内弯曲的。这确实是大多数生产技术的特征。MRTS 递减告诉我们，任何一种投入要素的生产率都是有限的。当生产过程中使用大量的劳动来替代资本时，劳动的生产率会下降。生产过程要求平衡使用投入。

如我们刚才的讨论中所表明的，MRTS 与劳动的边际产出 MP_L 和资本的边际产出 MP_K 密切相关。要说明这一点，假设在产出保持不变的前提下，增加劳动投入，减少资本投入。劳动投入的增加会带来总产出的增加，其值等于新增劳动的产量（劳动的边际产出）与新增劳动数量的乘积，即：

$$\text{劳动投入增加带来的产量增加} = MP_L \cdot \Delta L$$

同样，资本投入的减少带来的总产出的下降等于新增资本的产量（资本的边际产出） 206
与资本投入的减少量的乘积，即：

图 6.6　边际技术替代率

说明：和无差异曲线一样，等产量线也向下倾斜且是凸的。等产量线上任意一点处的斜率度量了边际技术替代率，表示在产出水平不变时，厂商用劳动替代资本的能力。在等产量线 q_2 上，边际技术替代率从 2 逐渐降至 1、2/3 和 1/3。

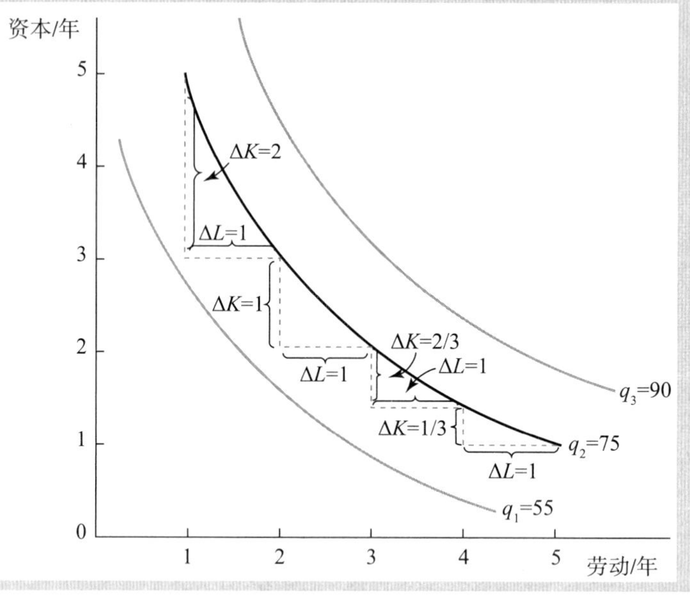

$$资本投入减少带来的产量下降 = MP_K \cdot \Delta K$$

因为我们沿着等产量线移动，产出保持不变，所以产出的总变化为 0，于是

$$MP_L \cdot \Delta L + MP_K \cdot \Delta K = 0$$

重新整理后，我们得到

$$MP_L / MP_K = -(\Delta K / \Delta L) = MRTS \tag{6.2}$$

式（6.2）告诉我们，两种投入间的边际技术替代率等于两种投入的边际产出之比。该公式在我们学习第 7 章厂商成本最小化选择时很有用。

生产函数——两个特例

生产函数的两个极端例子显示了生产过程中投入间相互替代的可能范围。在第一种情形下，如图 6.7 所示，两种投入之间是完全替代的。这里 MRTS 在等产量线上所有点处均

图 6.7　投入完全替代时的等产量线

说明：当等产量线为一直线时，MRTS 为一常数。因此，不管投入的水平如何，资本与劳动的相互替代率总是一样的。点 A、点 B 和点 C 表示生产出相同产出 q_3 的不同资本-劳动组合。

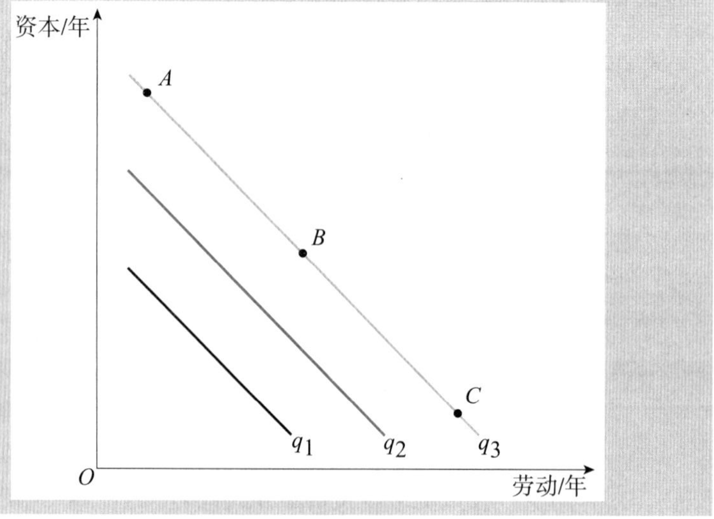

为常数。因此，可以用大量的资本（如点 A）、大量的劳动（如点 C）或者两者的均衡组合（如点 B）生产出同样的产量。例如，乐器的制造，可以完全由机器制作，也可以由技艺高超的工匠借助少量工具完成。

固定比例生产函数
具有 L 形等产量线的生产函数，每一个产出水平对应唯一的劳动和资本的组合。

图 6.8 显示了另一种极端情形——**固定比例生产函数**（fixed-proportions production function），有时我们称之为里昂惕夫型生产函数。此时，投入之间不能进行任何替代。每一特定的产量水平需要特定的劳动与资本组合：只有按相同的比例增加劳动和资本的投入，才可能增加产量。因此，等产量线呈 L 形，正如两种商品为完全互补品的 L 形无差异曲线一样。一个例子是用风镐对混凝土人行道进行翻建，一个工人用一台风镐，一台风镐也只能由一人操作——两个人一台风镐或一个人两台风镐都不能增加产量。另一个例子：假设一个谷物食品公司提供新的早餐食品——坚果燕麦片，毫不奇怪，它的两种投入品是燕麦和坚果。该谷物食品的秘密配方是一盎司的坚果配四盎司的燕麦。如果该公司要购买更多的坚果而不增加燕麦，该食品的产出仍然不变，因为坚果必须和燕麦按固定比例进行配比。同样，购买更多的燕麦而不多购买坚果也是无生产效率的。 207

图 6.8　固定比例生产函数

说明：当等产量线为 L 形时，仅有一种劳动与资本组合能生产出某一给定的产量（如等产量线 q_1 上的点 A、等产量线 q_2 上的点 B 和等产量线 q_3 上的点 C）。劳动或资本的单独增加都不会带来产出的增加。

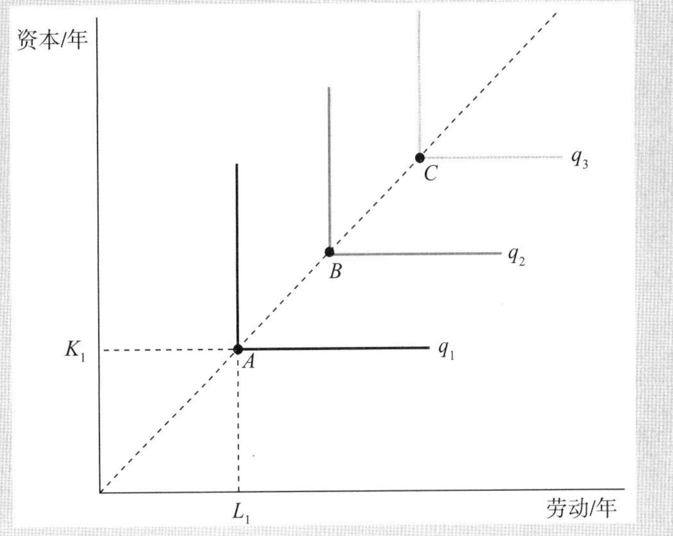

在图 6.8 中，A、B、C 三点代表了投入在技术上的有效组合。例如，为了生产出 q_1，可以使用 L_1 劳动和 K_1 资本，如点 A 所示。如果资本固定在 K_1 上，劳动的增加不会改变产出，当然，当劳动固定在 L_1 上时，增加资本投入也不会带来产出的任何变化。因此，在 L 形等产量线的垂直和水平部分，资本的边际产出或劳动的边际产出均为零，只有劳动与资本同时增加，如从组合 A 到组合 B，才会带来产出的增加。

固定比例生产函数描绘了生产方法受限制的情形。例如，电视剧的制作可能需要资本（摄像机、音响设备等）和劳动（制片人、导演、演员等）的组合。要制作更多的电视剧，所有的生产投入必须等比例增加。尤其是，很难用增加资本投入的方式来取代劳动，因为演员是制作电视剧必不可少的要素（除非是动画片）。同样，也很难用人工替代资本，因为现在的影片制作需要先进的影片制作设备。

❖例 6.4　　小麦的生产函数

208 粮食可以用不同的方法生产。在美国的大型农场中，粮食的生产一般是资本密集型的，其中包含了大量的资本投资，如建筑物、设备等以及少量的劳动投入；但是，粮食的生产也可以用较少的资本（一把锄头）、较多的劳动来完成。描述农业生产过程的方式之一是用一条（或多条）等产量线，描绘生产出特定产出（或许多产出水平）的投入组合。下面描述的是小麦的生产函数，它是统计估计的结果。①

图 6.9 中的等产量线对应 13 800 蒲式耳的小麦年产量，它与生产函数相关，利用这条等产量线，农场主可以决定在雇用劳动和使用机器之间何者更合算。假设农场的经营状况目前处于点 A，劳动投入 L 为 500 小时，资本投入 K 为 100 机器小时。农场主决定将机器的使用减少为 90 机器小时，为了得到相同的年产量，他必须多投入 260 小时的劳动以代替这些减少的机器小时。

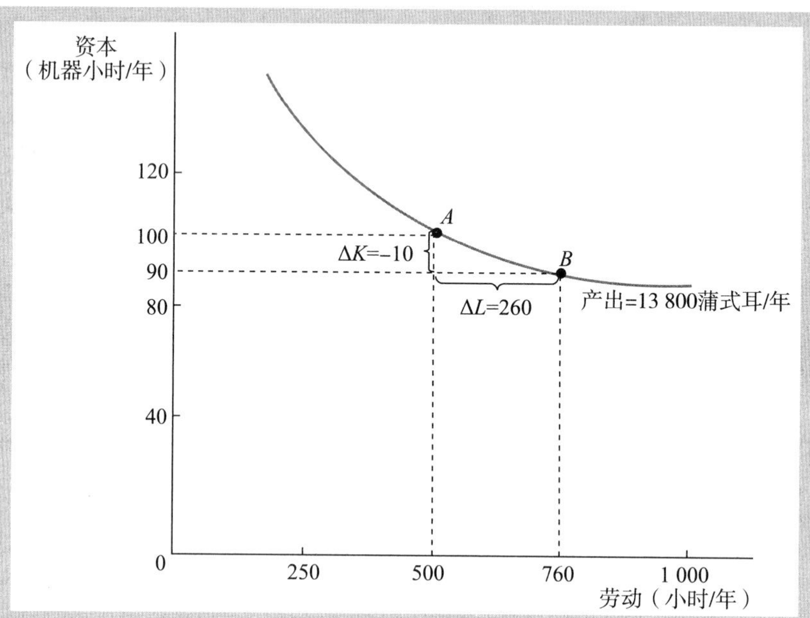

图 6.9　小麦生产函数的等产量线

209 说明：可以通过不同的劳动和资本组合得到 13 800 蒲式耳的小麦年产量。点 A 代表资本密集型的生产，而点 B 更倾向于劳动密集型，A 和 B 之间的边际技术替代率为 10/260=0.04。

农场主的替代实验使他逐步了解了小麦生产的等产量线的形状。比较图 6.9 中的点 A（$L=500$，$K=100$）与点 B（$L=760$，$K=90$），它们都位于等产量线上，农场主发现边际技术替代率等于 0.04［即 $-(\Delta K/\Delta L)=-(-10)/260=0.04$］。

MRTS 反映了在增加劳动投入与减少机器使用之间的权衡。因为 MRTS 远小于 1，农场主明白当工人的工资等于机器运行的成本时，他将使用更多的资本（在目前的产出水平上，他必须以 260 单位劳动去替代 10 单位资本）。事实上，农场主知道，除非劳动的价格比机器单位时间的使用成本低廉得多，否则，他的生产方式应更趋向于资本密集型。

关于雇用多少劳动和使用多少机器的决策这里不能完全解决，在下一章我们将会讨论生产成本。尽管如此，这个例子已经表明，了解等产量线和边际技术替代率对一个企业管理者是十分有益的。它同时说明了为什么劳动相对昂贵的加拿大和美国，生产处于 MRTS 较高的阶段（较高的资本-劳动

① 这里采用的食品生产函数为 $q=100\ (K^{0.8}L^{0.2})$。式中，q 是小麦的年产量，单位为蒲式耳；K 是每年投入的机器小时数；L 是每年投入的劳动小时数。

比），而一些劳动成本较低廉的发展中国家，则处于MRTS较低的阶段（较低的资本-劳动比）。[①] 劳动与资本的具体组合取决于投入的价格，我们将在第7章中对此展开详细讨论。

6.4 规模报酬

我们对生产过程中投入替代的分析显示，当厂商用一种投入替代另一种投入而产出保持不变时会发生什么。然而在长期，当所有投入都可变时，厂商也必须考虑增加产出的最佳方式。一种方法是通过等比例增加所有投入，改变运营的规模。如果一个农民在一英亩土地上开一台收割机生产100蒲式耳小麦，那么我们安排两个农民在两英亩土地上开两台收割机进行生产，会发生什么呢？产出几乎肯定会增加，但会是正好两倍、超过两倍还是少于两倍？**规模报酬**（returns to scale）指当投入同比例增加时，产出增加的比率。我们会考察三种不同的情形：规模报酬递增、规模报酬不变及规模报酬递减。

规模报酬
当投入同比例增加时，产出增加的比率。

规模报酬递增 当投入增加一倍时，如果产出的增加高于一倍，则存在**规模报酬递增**（increasing returns to scale）。这种情形的出现或许是因为更大的经营规模使管理者和工人能够更专业化于自己的任务，从而能更充分地利用更复杂、规模更大的工厂和设备。汽车装配线就是规模报酬递增的著名例子。

规模报酬递增
当投入增加一倍时，产出的增加高于一倍。

规模报酬递增是公共政策中的一个重要议题。如果某个行业存在规模报酬递增，那么一个大企业（以相对低的成本）生产比许许多多小企业（以相对高的成本）生产就更经济。但因为大企业可能会控制价格，因而需要采取管制。例如，供电就存在着规模报酬递增， 210
这也是我们有大型的、受管制的电力公司的原因之一。

规模报酬不变 规模报酬的第二种可能是，投入增加一倍，产出也增加一倍。在这种情况下，我们称之为**规模报酬不变**（constant returns to scale）。此时，厂商的经营规模不影响要素的生产率：因为使用特定生产过程的工厂很容易被“复制”，两个相同的工厂的产量是原来的两倍。例如，一家大的旅行社为每个旅客提供的服务与使用的资本（办公场所）和劳动（旅行代理人）的比率都与一家小旅行社相同。

规模报酬不变
当投入增加一倍时，产出也增加一倍。

规模报酬递减 最后，还有可能两倍的投入所得到的产出少于两倍，这种**规模报酬递减**（decreasing returns to scale）的情况适用于一些大型企业。组织的复杂性和运营规模过于庞大带来了管理上的困难，这就降低了劳动和资本的生产率。工人与管理者之间的交流变得困难，工作场所也会变得更加混乱无序。因此，规模报酬递减往往与任务协调的困难和维持管理层与工人之间的有效交流的困难相关。

规模报酬递减
当投入增加一倍时，产出的增加低于一倍。

描述规模报酬

在所有可能的产出水平下，规模报酬不必完全一致。比如，在产出水平很低时，厂商面临规模报酬递增，而当产出水平较高时，厂商会面临规模报酬不变和递减。

---

① 利用前面注释给出的生产函数和微积分知识可以很容易表示出边际技术替代率$MRTS=MP_L/MP_K=(1/4)(K/L)$。因此，在资本-劳动比下降时，MRTS也下降。关于以色列农业生产的一次有趣的研究，参见Richard E. Just，David Zilberman and Eithan Hochman，“Estimation of Multicrop Production Functions，” *American Journal of Agricultural Economics* 65 (1983)：770-780。

在图 6.10 中，我们用图形的方式说明了规模报酬。从原点出发的 0A 线代表了一种生
211 产过程，在该生产过程中劳动和资本这两种投入是以 5 个劳动小时比 2 个机器小时这一固定比率投入生产的。在图 6.10（a）中，厂商的生产函数显示出规模报酬不变。当 5 个劳动小时和 2 个机器小时相配时，产出是 10 单位。当两种投入都变为原来的两倍时，产出也变为原来的两倍，从 10 增加到 20。当投入变为三倍时，产出也变为三倍，从 10 增加到 30。换句话说，生产 20 单位产出需要两倍的投入，生产 30 单位产出则需要三倍的投入。

图 6.10　规模报酬

说明：如图（a）所示，沿着 0A 线移动，该厂商的生产过程显示了规模报酬不变，当产出同比例增加时，等产量线有相同的间距。但图（b）显示了规模报酬递增，当投入沿着 0A 线增加时，等产量线之间的距离会变得更近。

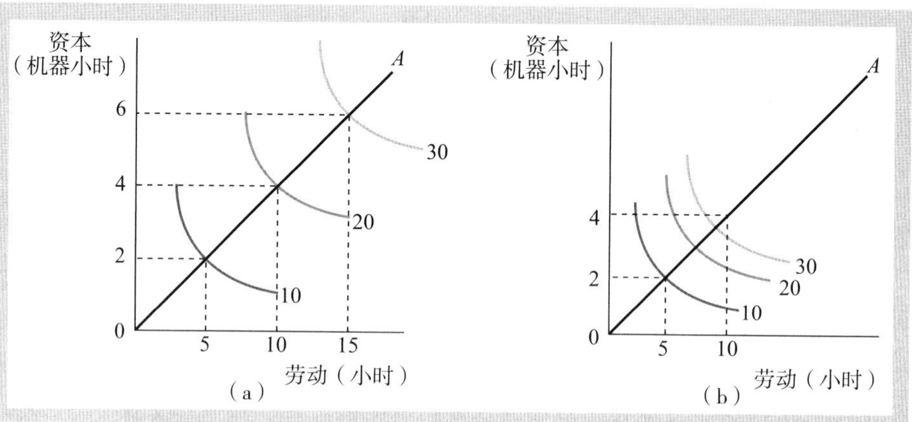

在图 6.10（b）中，厂商的生产函数则表现为规模报酬递增。当我们沿着 0A 线向外移动时，等产量线变得越来越靠近。结果是，产出从 10 单位增加到 20 单位只需要少于两倍的投入，产出增加到 30 单位所需要增加的投入更是少于三倍。反之，如果生产函数是规模报酬递减的，相反的结论同样成立（此处没有画出来）。当报酬递减时，产出水平同比例增加时，等产量线之间的间距越来越大。

规模报酬在不同的厂商和行业间有很大差异。在其他条件相同的情况下，规模报酬越大，该行业中厂商的规模一般也越大。与服务业相比，制造业规模报酬递增的可能性更大，因为生产过程需要资本设备的大规模投资。服务业由于更偏向劳动密集型，因而小规模和大规模提供服务的效率都差不多。

例 6.5　地毯业的规模报酬

美国的地毯业集中在佐治亚州北部的多尔顿（Dalton）。地毯业从 20 世纪前半叶由很多小企业组成的小规模产业，迅速发展成由各种规模的企业组成的支柱产业。

目前，该产业有三个大制造商——Shaw、Mohawk 和 Beaulieu，有很多小生产商，还有很多零售商、批发商、采购集团和全国连锁零售企业。地毯业能够迅速发展有许多原因，消费者对商用及家用羊毛、尼龙和聚丙烯地毯的需求飞速增长。另外，诸如更大、更快和效率更高的地毯生产设备的引入之类的创新，降低了生产成本并大幅提高了产量。产量增加的同时，创新和竞争的共同作用使得地毯的实际价格也降低了。

地毯业的增长在多大程度上可用规模报酬来解释？关键生产投入（比如防污纱）的加工水平和地毯的分销渠道已经有了大幅改进。但地毯生产呢？地毯生产是资本密集型的，生产工厂要求对高速裁绒机进行大量投资，该机器把各种纱线变成地毯，还需要购买把衬背织在地毯上、裁剪地毯、包装、

贴标签和分装的各种机器。

总的来说，物质资本（包括厂房和设备）大约占典型的地毯制造商总成本的77%，劳动只占剩余的23%。随着时间的推移，主要地毯制造商通过把更大和更有效率的裁绒机投入更大的工厂中来扩大 212
它们的运行规模。同时，在这些工厂中对劳动的使用也大量增加。结果，对这些更大的工厂，投入同比例的增长带来了产出超比例的上升。例如，资本和劳动投入增加一倍，产出可能增加110%，但并不是整个产业都是如此。大部分小的地毯制造商发现，规模少许变化对产出仅有微弱的影响或者完全没有影响。例如，投入较小比例的增加仅按同比例增加产出。

因此，我们认为，在地毯业，小企业面临规模报酬不变，而大企业则面临规模报酬递增。但是，我们可以预期，规模报酬递增是有限的，随着厂房规模的继续扩大，厂商终将面临规模报酬递减。

小　结

1. 生产函数描述的是每种特定投入组合下一个厂商所能生产的最大产出。

2. 在短期内，一种或多种投入固定不变，而在长期，所有投入都可变。

3. 一种投入，如劳动，可变下的生产，可用劳动的平均产出（它度量每单位劳动投入的产出）和劳动的边际产出（它度量劳动增加1单位的产出增量）来描述。

4. 根据边际报酬递减规律，当一种或多种投入固定不变时，可变投入（通常是劳动）的边际产出最终会随着投入的增加而下降。

5. 等产量线描述的是产量水平给定时投入的各种组合，与不同产出水平相关的一系列等产量线可以表示生产函数。

6. 等产量线一般是向下倾斜的，因为所有投入的边际产出为正。每条等产量线的形状可用等产量线上每一点的边际技术替代率来描述。劳动对资本的边际技术替代率等于在产出保持不变的情况下，多增加一单位劳动投入可减少的资本投入量。

7. 一个国家居民所能达到的生活水平与劳动生产率水平密切相关，最近一些发达国家劳动生产率下降的部分原因是资本投资的增加不够。

8. 生产过程中投入之间的替代可能性处于两种极端情形之间。一种极端情形是，投入要素之间是完全替代的；另一种极端情形是，投入之间的比例是固定的（固定比例生产函数）。

9. 在长期分析中，我们主要讨论厂商运营规模或大小的选择。规模报酬不变意味着所有投入增加一倍导致产出也增加一倍的情形；规模报酬递增指投入增加一倍，产出增加一倍以上的情形；而规模报酬递减指投入增加一倍，而产出增加不到一倍的情形。

复习题

1. 什么是生产函数？短期生产函数与长期生产函数有何区别？

2. 为什么在短期生产中，随着可变投入的增加，劳动的边际产出会上升？

3. 在短期，为什么生产中最终会经历劳动的边际产出递减？

4. 假设你是一个雇主，要招聘工厂的装配线员工，对雇用的最后一个员工，在劳动平均产出与劳动边际产出中，你更关心什么？如果你发现平均产出开始下降，你会雇用更多的工人吗？这种情况的出现意味着你刚雇用的工人的边际产出如何？

5. 生产函数和等产量线有什么区别？ 213

6. 面对不断变化的环境，为什么厂商会保持某种生产要素固定不变？要素是固定的还是可变的？衡量标准是什么？

7. 等产量线可能是凸的、线性的或者L形的。各种类型的等产量线代表了什么性质的生产函数？这些类型的等产量线又意味着什么样的边际技术替代率？

8. 等产量线能否向上倾斜？请解释。

9. 解释“边际技术替代率”。边际技术替代率等于 4 是什么意思？

10. 解释为什么随着越来越多的劳动代替资本，边际技术替代率递减？

11. 单个要素的生产报酬递减与规模报酬不变同时存在是可能的吗？请讨论。

12. 一个厂商的生产函数随着产出的增加是否可能出现规模报酬递增、不变、递减三种情况？请讨论。

13. 假设产出 q 是单一要素劳动（L）的生产函数。描述以下生产函数条件下的规模报酬情况：

（a）$q=L/2$；

（b）$q=L^2+L$；

（c）$q=\log(L)$。

练习题

1. 乔伊的咖啡店供应各种咖啡饮料、糕点和三明治。增加一个工人的边际产出可以定义为在一个给定期间该工人所能服务的客人的数量。乔伊已经雇用了一个工人，正考虑再雇用两个。解释为什么第二和第三个工人的边际产出可能比第一个工人更高。为什么增加工人最终会导致边际产出下降？

2. 假设一个椅子制造商在短期内的厂房和设备是不变的，该制造商观察到劳动投入和产出之间的关系如下表所示。

214

工人数量	椅子数量
1	10
2	18
3	24
4	28
5	30
6	28
7	25

a. 计算该生产函数下劳动的平均产出和边际产出。

b. 该生产函数是否显示了劳动的边际报酬递减？请解释。

c. 请直观地解释劳动的边际产出为负的原因。

3. 填写下表中的空白部分。

可变投入要素的数量	总产出	可变投入要素的边际产出	可变投入要素的平均产出
0	0	—	—
1	225		
2			300
3		300	
4	1 140		
5		225	
6			225

4. 为了赢得选举，候选人要决定是加大电视宣传还是写信给潜在的投票人。请写出选举的生产函数，该生产函数的有关信息（如等产量线的形状）如何帮助他进行决策？

5. 就下列情形，画出代表性的等产量线。每种情形的边际技术替代率怎样？

a. 一个厂商可以全部采用全日制工人生产，也可以采用全日制员工加兼职员工的组合方式。每当一个全日制员工离职，就必须雇用更多的兼职员工，以保持同样的产出水平。

b. 一个厂商发现，总能够用两单位劳动代替一单位资本而保持产出不变。

c. 一个厂商要求每两名全职工人操作工厂里的一台机器。

6. 在长期生产过程中，一个厂商的投入间是完全可替代的，你能否告诉我边际技术替代率是高还是低？是否还需要其他信息？请讨论。

7. 在计算机芯片的生产过程中，劳动小时的边际产出为 50 块，此时劳动小时和机器小时的边际技术替代率为 1/4。资本的边际产出为多少？

8. 下面的这些生产函数的规模报酬是递增、不变还是递减？当某个要素增加而其他要素保持不变时，每个要素的边际产出会发生什么变化？

a. $q=3L+2K$；

b. $q=(2L+2K)^{1/2}$；

c. $q=3LK^2$；

d. $q=L^{1/2}K^{1/2}$；

e. $q=4L^{1/2}+4K$。

9. DISK 个人计算机公司的生产函数为 $q=10K^{0.5}L^{0.5}$。式中，q 是每天生产的计算机数量；K 是使用的机器小时；L 是投入的劳动时间。DISK 公司的竞争者 FLOPPY 公司的生产函数为 $q=10K^{0.6}L^{0.4}$。

a. 如果两个公司使用同样多的资本和劳动，哪一个会有更多的产出？

b. 假设资本限于 9 个机器小时，劳动的供给是无限的，哪一个公司的劳动的边际产出大？请解释。

10. 在例 6.4 中，小麦的生产函数为 $q=100K^{0.8}L^{0.2}$。

a. 开始时资本投入为 4 单位，劳动投入为 49 单位，请证明劳动的边际产出和资本的边际产出都下降。

b. 该生产函数显示的规模报酬是递增、递减还是不变？

11. 假设预期寿命（L，按年计算）是两种投入的函数，分别是每年的医疗支出（H，百美元）和营养支出（N，百美元）。生产函数为 $L=cH^{0.8}N^{0.2}$。

a. 开始时医疗投入为每年 400 美元（$H=4$），营养投入为每年 4 900 美元（$N=49$），证明医疗投入和营养投入的边际产出都是递减的。

b. 这一生产函数的规模报酬如何？是递增、不变还是递减？

c. 假设一个国家遭遇了饥荒，N 被固定为 2，而 $c=20$。把预期寿命写为医疗支出的生产函数，以纵轴表示 L，以横轴表示 H，画出新的生产函数。

d. 现在假设另一个国家提供食品援助给那个遭遇饥荒的国家，使得后者的 N 上升到 4，画出新的生产函数。

e. 现在假设 $N=4$，$H=2$。你作为一个慈善家既可以向这个遭遇饥荒的国家提供食品援助，也可以提供医疗援助。你愿意提供哪一个多 1 单位呢？

7 生产成本

在上一章，我们考察了厂商的生产技术，揭示了投入如何转化为产
215 出。现在我们将考察生产技术与要素投入的价格是如何决定厂商的生产成本的。

给定厂商的生产技术，管理者必须决定如何生产。正如我们所知，投入可以以各种方式组合从而生产出等量的产出。例如，一个人可以用大量的劳动和少量的资本，也可以用少量的劳动和大量的资本，或者其他劳动和资本的组合方式来生产特定的产出。在本章我们要考察如何选择投入的最优（成本最小化的）组合。我们还将讨论厂商的成本是如何依赖于产出的，以及这些成本如何随着时间的变化而发生变化。

首先，我们将解释成本的界定和度量，区分关注厂商未来表现的经济学家所用的成本概念与关注企业财务报告的会计人员所用的成本概念。之后，我们将考察厂商的生产技术特征如何影响成本，包括短期和长期。在短期内厂商难以改变资本存量，而在长期内厂商可以改变所有投入的数量。

在此之后我们将揭示，规模报酬的概念如何被扩展为包含投入组合（比例）多样化和产品多样化的情形。我们也会说明，当管理者和工人不断积累经验并促进生产过程的效率提高时，成本如何不断下降。最后，我们将讨论，如何用实证信息估计成本函数和预测未来成本。

7.1 成本的测度：哪些成本重要？

在我们分析厂商如何最小化其成本之前，需要弄明白成本的含义和如何测度它。例如，哪些项目应该包含在成本中？很明显，成本包括厂商支付给工人的工资和支付的办公场所的租金。但是，如果厂商自身已拥有办
216 公楼，则无须支付房租，将如何核算？此外，我们如何看待两三年前购买（无法回收）的设备或研发支出？我们对这些问题的回答将以经营者进行的经济决策为背景。

本章要点

案例列表

经济成本与会计成本

> **会计成本**
> 实际支出加上资本设备的折旧。

经济学家对于成本的看法与会计人员不同，会计人员通常专注于追踪企业的资产和负债情况，并为外部使用者提供以往财务状况的报告，如企业年报。因此，会计人员所度量的**会计成本**（accounting cost）可能包含一些经济学家不考虑的成本，也可能未包含一些经济学家考虑的成本。例如，会计成本包括实际发生的费用加上固定资产的折旧费用，这是根据美国国税局（IRS）所颁布的税务处理方法确定的。

> **经济成本**
> 企业在生产中所使用的各种经济资源的成本。

经济学家（我们希望管理者也同样）面向未来，他们关心的是稀缺资源的配置。因此，他们关注将要发生的成本预计是多少，以及企业如何通过重新安排资源来降低生产成本并提高盈利能力。正如我们将要看到的，经济学家关心的是**经济成本**（economic cost），即厂商在生产中所使用的资源的成本。经济这个词就是要让我们区分可以控制的成本和不能控制的成本。这里，机会成本的概念扮演着重要的角色。

机会成本

> **机会成本**
> 与厂商未将资源用于其他可供选择的最佳用途而放弃的机会相联系的一种成本。

机会成本（opportunity cost）是与厂商未将资源用于其他可供选择的最佳用途而放弃的机会相联系的成本。用一个例子可以容易地说明。考虑一个拥有自己的大楼，因而无须交付办公场地房租的企业。这是否意味着办公场地的成本为零呢？企业的管理者和会计可能会给出肯定的回答，但经济学家并不认同。经济学家注意到，如果将办公室租给其他企业，会带来租金。这项放弃了的租金就是使用办公楼的机会成本，它也是做生意的一种经济成本。

那些支付给企业员工的工资和薪酬呢？这显然是企业经营的一项经济成本，不过，如果你仔细想想，这些其实也是一种机会成本。原因是支付给工人的工资一样可以用于其他替代用途。或许企业可以将那些钱的部分或全部用于购买更多的节省劳动的机器，或干脆用于生产不同的产品。因此，我们实际上把经济成本和机会成本混同了。只要正确地解释和度量企业的所有资源，我们就会发现

经济成本＝机会成本

虽然经济成本与机会成本描述的是同一个东西，但是机会成本的概念在被放弃的用途 217
并没有反映在货币花费的条件下尤其有用。让我们更详细地探究一下机会成本，看看它到底怎样令工资、继而生产投入成本中的经济成本与机会成本不同。考虑一个管理自有的玩具零售商店的女店主，她并不付给自己工资。（我们暂不考虑她支付的办公场地费用，让讨论尽量简单。）如果我们的玩具店老板选择在其他地方工作，她可以找到一份每年 60 000 美元的工作，并付出相同的工作努力。在此例中，她花费在玩具店经营中的时间的机会成本就是 60 000 美元。

现在，假设她去年为玩具店积累的存货花费了 100 万美元。她希望在节日季节卖出这些商品，在进价基础上加上一大笔赚头。不过，在早秋季节，她收到另一个零售商对其存货的报价 150 万美元。她是否应该卖掉存货呢？答案部分地依赖于她的经营前景，不过也部分地依赖于获得玩具存货的成本。假设购买所有这些玩具的新存货将花费 150 万美元，那么保存这批存货的机会成本就是 150 万美元，而不是她最初支付的 100 万美元。

你可能会问，为什么机会成本不是 500 000 美元呢？这才是存货的市场价值和其获取

成本间的差额啊！问题的关键是，所有者正在决定怎样处理这批存货，她正在决定如何做未来对她的企业最好。为此，她需要考虑，如果她保留存货自用，她会损失 150 万美元，这是她可以出售存货给另一个企业而马上得到的。[①]

注意，一名会计可能不会这样看待这件事。会计可能告诉玩具店老板，使用存货的成本是 100 万美元，那是她付出的成本。不过，我们希望你明白，为什么这是一种误导。保留和使用这些存货的现实经济成本就是 150 万美元，是店主可以通过出售给另一家商店得到的钱数。

会计和经济学家在处理折旧上有时也会不同。在估计一个企业的未来盈利能力时，经济学家和经营者关心厂房和设备的资本成本。这一成本不仅包括购买和使用的货币支出，而且包括与资本损耗相关的成本。成本会计在评价过去的经营表现时，依据税法准则来确定成本中允许计提的折旧并计算利润。然而，这些折旧计提并不反映设备的实际损耗，而各设备的实际损耗各不相同。

沉没成本

沉没成本 已经发生且无法收回的支出。

尽管机会成本常常是隐性的，但在经济决策中必须予以考虑。与之相反的是**沉没成本**（sunk cost）：一种已经发生且无法收回的支出。沉没成本通常是可见的，不过发生以后，就应该在未来的经济决策中忽略它。

因为沉没成本是无法收回的，所以不应该影响厂商的决策。例如，考虑一个厂房的专用设备的支出。假定此设备仅能用于初始设计的用途，而不能转作他用。这项设备支出就
218 是沉没成本。因为该设备没有其他用途，所以其机会成本为零。不应把这项支出包括在厂商的经济成本之中。不管购置该设备的决策是否正确，这项支出都已付诸东流，不应该影响当前的决策。

相反，如果某种设备能够用于其他用途，能够出售或者出租给其他企业，情况将会如何呢？在这种情况下，这种用途就带来了一种经济成本，也就是使用它而不是出售或者出租给其他企业的机会成本。

现在考虑潜在的（perspective）沉没成本。打个比方，假设一个企业尚未购买那个专用设备，而是正在考虑要不要购买。一项潜在的沉没成本就是一项投资。这里该企业必须确定该专用设备的投资在经济上是否合算，即它能否带来足以抵补其成本的收益流。在第 15 章我们将更加详细地解释这类投资决策。

例如，假设某企业考虑将其总部移至新的城市。在上一年度，该企业支付了 50 万美元购买了该城市的一座建筑的期权；这项期权给了该企业按 500 万美元的价格购入该建筑物的权利，从而如果该企业最终购买了这座建筑，支付的价格就是 550 万美元。现在该企业又发现了另一座售价为 525 万美元的类似建筑。那么，它该购买哪一座建筑呢？答案是购买原先的那座。因为 50 万美元是一项沉没成本，不应影响该企业当前的决策。现在问题的关键是，要再多花 500 万美元还是 525 万美元。因为经济分析将期权的沉没成本弃掉，所以开始时那项资产的经济成本为 500 万美元，而那项新资产的经济成本为 525 万美元。当然，如果新建筑的价格为 490 万美元，那么该企业就应该购买它，而放弃期权。

---

① 当然，机会成本会随着环境和时间的变化而变化。如果我们所讨论的零售商店的存货的价值突然上升到 170 万美元，因为存货中有一些节日商品处于巨大的需求中，那么保留和使用这些存货的机会成本就上升到 170 万美元。

❖例 7.1 为法学院大楼选址

西北大学法学院一直坐落于芝加哥的密歇根湖畔。然而，西北大学本部位于埃文斯顿市的郊区。20世纪70年代中期，法学院开始计划建造新的大楼，从而需要选择合适的位置。是应该建造在城市的原处以便与商业区的法律中介机构保持联系，还是应该移至埃文斯顿市郊区以便与学校的其他部分融合？

很多名人支持建于市区。他们认为新大楼的位置选择在市区至少拥有成本优势，因为学院已经在此拥有土地。相反，若将新大楼建在埃文斯顿市郊区，则要在那里购置土地。这个论断符合经济学原理吗？

不。这犯了未能区分会计成本与经济成本的一般错误。从经济学角度来看，选择市区作为建筑地址是代价高昂的，因为沿湖位置的机会成本很高，将这项资产出售以后足以购买埃文斯顿市郊区的土地，还会有大量现金剩余。

最后，西北大学还是决定将法学院留在芝加哥。这是一个代价多么昂贵的决定呀！如果选址在芝加哥对于法学院来说是极其重要的，那么这个决策是正确的。但如果该决策的做出是基于市区的土地没有成本的假设，这将是一个不合适的决策。

总成本 包括固定成本和可变成本在内的生产总经济成本。

固定成本 不随产量水平变化的成本，只有厂商退出市场才会消除。

可变成本 随产量变化而变化的成本。

固定成本与可变成本

219

有些成本随产量变化而变化，而其他成本则不管厂商产量为多少都不变。在下一章我们考察厂商在进行利润最大化的产量选择时，这种区分将非常重要。因此，我们将**总成本**（total cost，TC 或者 C）——生产的总经济成本——分为两部分。

- **固定成本**（fixed cost，FC）：不随产量水平变化的成本，只有厂商退出市场才会消除。
- **可变成本**（variable cost，VC）：随产量变化而变化的成本。

根据环境的不同，固定成本可能包括维持厂房的费用、保险金、取暖费、电费和最少数量雇员的工资。无论产出水平如何，这部分成本都不变。可变成本包括工资、奖金和原料支出，这部分成本随着产出的增加而增加。

固定成本不随产量水平变化而发生变化——即使产量为零，厂商也必须支付。只有关闭工厂，厂商才不用支付这部分成本。

关闭 关闭并不一定意味着退出市场。假设一个制衣公司有许多工厂，正面临需求下降，它想在其中一个工厂尽可能降低产出和成本。通过将工厂的产出减少至零，公司能减少原料的成本和许多劳动成本，但仍然会发生固定成本，包括支付给工厂经理、保安的工资和不间断的维护费用。消除该工厂固定成本的唯一方法是关门、断电甚至是变卖或报废机器。公司仍然经营并运转剩余的工厂。甚至在工厂关门后也可以重新开张，如果这涉及购买新机器和更新旧机器，那么这么做成本很高。

固定成本还是可变成本？ 我们如何判断什么成本固定、什么成本可变？这取决于我们所考虑的时间长短。一方面，在短期内——比如说几个月——大多数成本都是固定的。原因是在这么短的时间内，一个典型的厂商无论产量多少，都必须支付合同中所规定的原料的购买费用，并且不大容易裁减工人。

另一方面，在长期——比如说两三年——则大多数成本都是可变的。在长期，如果厂商想要降低产出，它完全可以做到削减工人，购买较少的原料，甚至卖掉一些设备。在一个相当长的时期——比如说十年——几乎所有成本都是可变的，厂商能够解雇工人和经理人员

（或者，自然减员也能减少雇员），随着大部分机器陈旧和报废，它们都能被变卖或被替代。

知道哪些成本是固定的、哪些成本是可变的，对管理层而言很重要。当厂商计划提高或降低产量时，它想知道这种改变将如何影响成本。举个例子，达美航空公司最近面临一系列问题。该公司想知道如果将定期航班削减 10%，成本将会如何变化。该问题的答案取决于我们是在考虑短期还是长期。在短期（假设为 6 个月），航班表是确定的，很难解雇其
220 雇员，所以其大部分短期成本也是固定的，不会随着航班的减少而明显降低。而在长期（两年或者更长时间），情况就完全不同了。达美航空公司有足够的时间把不需要的飞机出售或者出租，解雇冗员。在这种情况下，达美航空公司的大多数成本是可变的，因此削减 10%的航班将使成本明显降低。

固定成本与沉没成本

人们经常会混淆固定成本和沉没成本。固定成本是企业经营活动中必须支付的成本，与产出水平无关。这种成本可能包括核心管理层的工资、办公室的租金、必需的行政人员的工资、保险金和厂房维护成本。若关闭厂房或退出市场，则固定成本可以避免——比如，不再需要管理人员和行政人员。

另外，沉没成本是已经发生且无法收回的成本。一个例子是制药公司为了开发和测试新药而产生的研发成本。如果药物被证明是安全有效的，那么接着就会发生营销成本。但不管药物是成功还是失败，研发成本都不能收回，因此是沉没成本。另一个例子是生产计算机用微处理器的芯片加工厂。因为工厂设备非常专业化以致它们不能用于其他行业，大部分（如果不是全部）支出都是沉没成本，不能收回（如果将这些设备当废品处理，很小一部分成本能收回）。

假设一个厂商同意加入员工退休金计划，无论其产量和利润如何，只要持续经营，就要支付年金。只有厂商倒闭，才不用支付这部分费用。那么在这种情况下，年金支付就可以看作固定成本。

为什么要区分固定成本和沉没成本呢？因为固定成本影响厂商的未来决策，而沉没成本并不影响。固定成本与收益高度相关且不能变小，它可能会导致企业关闭——减少那些固定成本，即便产生零利润也比出现持续的损失好。出现一个很高的沉没成本在事后可能会被证明是错误的决策（例如，一项新产品开发不成功），但支出已经发生了并且不能通过关闭而收回。当然，和我们前面所说的一样，潜在沉没成本是不同的（与实际的沉没成本相比），它肯定会影响到厂商未来的决策。（例如应当开发新产品吗？）

摊销
把一次性支出在几年内分摊的成本处理方法。

摊销沉没成本 在现实中，许多厂商不总是区分沉没成本和固定成本。例如，一个将 6 亿美元（显然是沉没成本）投资到芯片制造生产线上的半导体公司，可能会把该项支出在六年内**摊销**（amortize），处理为每年 1 亿美元的固定成本。只要厂商的经营者们知道关闭企业将不会让 1 亿美元的年成本消失，这笔支出的摊销处理就没问题。实际上，这种摊销资本支出的方式——把资本支出分散在多年并把它们看成固定成本——是评估企业长期盈利能力的一种有价值的方法。

221 摊销大的资本支出并把它们看成是持续的固定成本也能简化对企业经营的经济学分析。正如我们所看到的，这样处理资本支出更易于理解厂商使用劳动和资本时面临的权衡取舍。为了简化，我们通常把沉没成本按摊销方式处理，与我们在考察厂商生产决策时一样。如果确实需要区分沉没成本与固定成本，我们将会特别指出。

∵例 7.2　沉没成本、固定成本与可变成本：计算机、软件、比萨

如果进一步阅读本书，你就会发现，厂商的定价和生产决策（即盈利能力）强烈依赖于其成本结构。因此，对于经营者，识别哪些成本是固定成本、哪些成本是可变成本、哪些成本是沉没成本就非常重要。在不同行业，这几种成本的相对比例有很大不同。一个很好的例子就是个人计算机行业（大多数成本是可变成本）、计算机软件行业（大多数成本是沉没成本）和比萨行业（大多数成本是固定成本）的比较。下面我们依次进行考察。

计算机：像戴尔、联想和惠普这样的公司每年生产数百万台个人计算机，因为计算机之间非常相似，所以竞争很激烈。盈利能力取决于企业降低成本的能力。计算机生产中的大部分成本是可变的，其成本随每年生产的计算机数量的增加成比例上升。配件的成本非常重要：用于处理大部分计算的微处理器、内存条、硬盘、其他存储设备、显卡和声卡等。一般来说，绝大多数配件都是从外部供应商手中购买的，其数量取决于生产的计算机的数量。

另一种重要的可变成本是劳动，需要工人将计算机组装起来、包装并负责运输。沉没成本很少，因为厂房的支出相对于每年的销售额来说是一个很小的数额。同样，固定成本也很少，可能仅仅为高层管理人员的工资、一些安保人员的工资和电费。因此，当戴尔或者惠普想要降低成本时，它们将集中于采购价格更低的配件或者减少雇用的劳动人数，这两种方式都降低了可变成本。

软件：那么开发在这些机器上运行的计算机程序的情况又如何呢？微软开发了 Windows 操作系统和很多应用软件，如 Word、Excel 和 Powerpoint 等。但很多其他公司（或大或小）也开发运行于个人计算机的软件。对于这类公司来说，开发成本与硬件生产商是完全不同的。在软件开发中，大多数成本是沉没成本。一般来说，开发应用程序需要在前期花很多钱，这些支出是无法收回的。

一旦程序被开发出来，厂商将会想尽办法出售尽可能多的程序软件，以补偿其投资（和获取利润）。复制程序的可变成本很低——大部分成本是把程序拷入 CD 中及产品包装和运输发生的费用。同样，生产的固定成本也非常小。因为大多数成本是沉没成本，所以进入软件行业的风险很高。直到研发成本已经支付，产品也已发布出售，商家仍无法知道能够卖出多少软件，也无法知道能不能盈利。

比萨：让我们看一下身边的比萨店。对于比萨店来说，成本中最大的一部分是固定成本，而沉没成本非常低，因为如果退出，比萨烤炉、椅子、桌子和碟子都可以转手。可变成本也非常低，主要是制作比萨的各种原料（制作一个大比萨的面粉、番茄酱、奶酪和香肠等的总成本大概为 1 美元或 2 美元）和制作、运送比萨的工人的工资。大多数成本是固定成本——包括店主的时间机会成本（他一般 222
一周工作 60～70 小时）、租金等。因为这些固定成本很高，所以大多数比萨店（一般一个要价 12 美元的比萨的可变成本大概只有 3 美元）的利润也不是太高。

本教科书：最后，让我们考虑你正沉醉其中的这本出色的教科书。你认为生产本书的可变成本，也就是多生产一本的成本是什么？忽略对于作者们的忠诚（这是批发价格的一部分），并假设你购买的是本书的精装本，成本也只有 5～10 美元。成本中的大部分是沉没成本：作者们花费在写作（和修改）本书上的机会成本和出版商支出的编辑、排版和校对的成本。和计算机软件类似，教科书出版的成本与你支付的买价间也没什么关系。在第 12 章尤其是例 12.5 中你会学到更多内容。

边际成本与平均成本

为了完成我们对成本的讨论，现在我们讨论边际成本和平均成本的区别。在解释它们的区别时，我们使用成本函数（成本和产出的关系）的一个特别例子，这个例子代表了很

多厂商的成本状况，如表 7.1 所示。在解释了边际成本和平均成本的概念之后，我们将考虑对于成本的分析在短期和长期有何不同。

> **边际成本** 生产增加一单位时成本的变化。

边际成本 **边际成本**（marginal cost，MC）有时被称为增量成本，是由生产额外一单位产出而引起的成本增量。因为固定成本不随厂商产出水平的变化而发生变化，所以边际成本就是每增加额外一单位产出所引起的可变成本的增量。因此，我们可以将边际成本

223 写作

$$\mathrm{MC}=\Delta \mathrm{VC}/\Delta q=\Delta \mathrm{TC}/\Delta q$$

边际成本告诉我们，厂商需要增加多少成本才能增加一单位产出。在表 7.1 中，边际成本是由可变成本［第（2）列］或者由总成本［第（3）列］计算而得。例如，产出由 2 增至 3 的边际成本是 20 美元，因为厂商的可变成本由 78 美元增至 98 美元。（总成本也由 128 美元增至 148 美元，增加了 20 美元。总成本与可变成本的差额仅在于固定成本。根据定义，固定成本是不随产出变化而发生变化的。）

表 7.1 厂商的成本

产出率（单位/年）	固定成本（美元/年）	可变成本（美元/年）	总成本（美元/年）	边际成本（美元/单位）	平均固定成本（美元/单位）	平均可变成本（美元/单位）	平均总成本（美元/单位）
	(FC)(1)	(VC)(2)	(TC)(3)	(MC)(4)	(AFC)(5)	(AVC)(6)	(ATC)(7)
0	50	0	50	—	—	—	—
1	50	50	100	50	50	50	100
2	50	78	128	28	25	39	64
3	50	98	148	20	16.7	32.7	49.3
4	50	112	162	14	12.5	28	40.5
5	50	130	180	18	10	26	36
6	50	150	200	20	8.3	25	33.3
7	50	175	225	25	7.1	25	32.1
8	50	204	254	29	6.3	25.5	31.8
9	50	242	292	38	5.6	26.9	32.4
10	50	300	350	58	5	30	35
11	50	385	435	85	4.5	35	39.5

> **平均总成本** 厂商的总成本除以产出水平。

平均总成本 **平均总成本**（average total cost，ATC）也可写作 AC 和平均经济成本，由厂商的总成本除以其产出水平，即 TC/q 得出。因此，生产 5 单位的平均总成本是 36 美元（=180 美元/5）。从根本上说，平均总成本告诉了我们每单位产品的生产成本。

> **平均固定成本** 固定成本除以产出水平。

> **平均可变成本** 可变成本除以产出水平。

平均总成本由两部分组成。**平均固定成本**（average fixed cost，AFC）是固定成本［表 7.1 中的第（1）列］除以产出水平的结果，即 FC/q。例如，生产 4 单位产出的固定成本是 12.50 美元（=50 美元/4）。因为固定成本不变，平均固定成本随产出的增加而递减。**平均可变成本**（average variable cost，AVC）是可变成本除以产出水平的结果，即 VC/q。生产 5 单位产出的平均可变成本是 26 美元（=130 美元/5）。

到目前为止，我们已经讨论了所有不同种类的成本，这些成本与竞争性市场和非竞争性市场的产量决策密切相关。下面我们将转而讨论成本在短期和长期有何不同，这对于固定成本来讲尤其重要。在短期内固定的成本——例如，固定期限合同下的雇员工资——在长期来说可能就不是固定的了。同样，如果时间足够长，长到可以允许厂商购买新的设备

或者建造新的厂房，在短期为固定成本的厂房和机器设备支出也就成为可变成本了。然而，在长期，固定成本并不一定会消失。例如，如果厂商已经加入了一项退休金计划，它的义务即使在长期也不会消失，除非它宣告破产。

7.2 短期成本

在本节，我们将集中讨论短期成本，在第 7.3 节，我们将转入长期成本的讨论。

短期成本的决定因素

表 7.1 中的数据显示，可变成本和总成本随产出的增加而增加。上述成本的增长率依赖于生产过程的性质，尤其依赖于生产在何时出现可变投入边际报酬递减。回顾第 6 章，一旦劳动的边际产出递减，劳动的边际报酬递减就发生了。如果劳动是唯一的投入，我们提高厂商的产出将会如何呢？要生产更多的产出，厂商就必须雇用更多的劳动。如果当所雇用的劳动增加时，劳动的边际产出（因报酬递减而）下降，那么当厂商产出快速增加时， 224
生产费用将会大大增加。相反，如果当劳动数量增加时，劳动的边际产出下降缓慢，那么成本将不随产出的增长而上升得太快。[1]

让我们来考察一下生产和成本的关系，厂商成本是以固定工资率 w 雇到的所有劳动的成本。边际成本（MC）是产出变动一单位所引起的可变成本的变化（也就是 $\Delta VC/\Delta q$）。但是，可变成本是额外一单位劳动成本和生产额外一单位产出所需的额外劳动数量的乘积。因为 $\Delta VC = w\Delta L$，可以得到下面的式子：

$$MC = \Delta VC/\Delta q = w\Delta L/\Delta q$$

回顾一下第 6 章，劳动的边际产出（MP_L）是由劳动投入变化一单位所引起的产出的变化量，或者是 $\Delta q/\Delta L$。因此，获得额外一单位产出所需要的额外的劳动数量为 $\Delta L/\Delta q = 1/MP_L$。因此有

$$MC = w/MP_L \tag{7.1}$$

式（7.1）表明，当只有一种可变投入时，边际成本等于可变投入的价格除以其边际产出。例如，假定劳动的边际产出是 3，而劳动工资率为每小时 30 美元，那么，1 小时劳动会引起产出增加 3 单位，因而 1 单位的产出需要 1/3 小时的劳动，其成本为 10 美元。生产该单位产出的边际成本是 10 美元，它等于工资（30 美元）除以劳动的边际产出（3）。较低的劳动边际产出意味着生产更多的产出需要追加更多的劳动，实际上它会导致较高的边际成本。相反，较高的边际产出意味着劳动需求较低，边际成本也较低。总之，每当劳动的边际产出降低时，边际成本就相应上升；反之亦然。[2]

边际报酬递减和边际成本 边际报酬递减是指随着雇用的劳动数量的增加，其边际产出会下降。因此，当边际报酬递减时，边际成本将会随产出的增加而上升。可以从表 7.1 的边际成本数据中看出这一点。当产出水平在 0 与 4 之间时，边际成本递减；然而当产出

① 我们已经隐含地假定劳动是从完全竞争市场上雇用的，因而对单位劳动所支付的价格无论企业产出如何变化都不会变化。

② 如果有两种或两种以上投入，其中的关系就会更复杂，但是，在厂商生产既定产出的条件不变时，要素的生产率越高，可变成本就越少。

水平在 4 与 11 之间时，边际成本递增，这就是边际报酬递减存在的一种反映。

成本曲线的形状

图 7.1 显示了可变成本如何随产出变化而发生变化。图（a）显示了总成本和它的两个组成部分——固定成本和可变成本；图（b）则给出了边际成本和平均成本。这些成本曲线是建立在表 7.1 提供的各种信息基础上的。

图 7.1　企业成本曲线

说明：在图（a）中，总成本（TC）是固定成本（FC）和可变成本（VC）的垂直相加之和。在图（b）中，平均总成本（ATC）是平均可变成本（AVC）和平均固定成本（AFC）之和。边际成本（MC）穿过平均可变成本和平均总成本曲线的最低点。

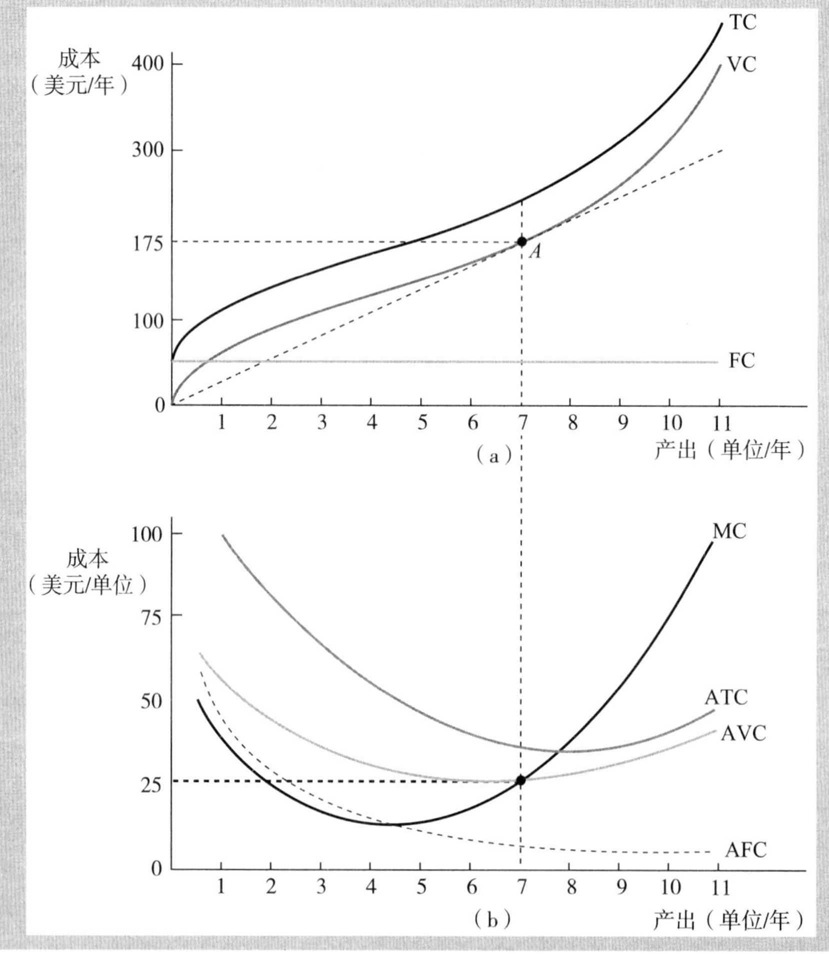

225 观察图 7.1（a），固定成本（FC）不随产出变化而发生变化，因而在图中显示为位于 50 美元处的一条水平直线。可变成本（VC）在产出为零时也为零，然后随产出的增加而逐渐增加。总成本（TC）由固定成本曲线和可变成本曲线垂直相加得到。因为固定成本是不变的，所以总成本曲线与可变成本曲线这两条曲线间的垂直距离永远是 50 美元。

图 7.1（b）显示了边际成本曲线和平均可变成本曲线。[①] 由于总固定成本是 50 美元，平均固定成本（AFC）曲线逐渐由 50 美元降低至零。其余的短期成本曲线的形状由边际成

① 曲线并不与表 7.1 完全一致。因为边际成本表示产量变化 1 单位时成本的变化，我们在画 MC 曲线时将第一单位产出的产量标在 1/2 单位产量处，而将第二单位产量标在 3/2 处，依此类推。

本曲线和平均成本曲线的关系确定。当边际成本低于平均成本时，平均成本曲线下降。当边际成本高于平均成本时，平均成本曲线上升。并且，当平均成本最小时，边际成本与平均成本相等。

边际-平均关系 边际成本和平均成本是第 6 章中所描述的边际-平均关系的另一个例
子（与边际产出和平均产出的关系对比）。例如，在表 7.1 中当产出水平为 5 时，边际成本 226
为 18 美元，低于平均可变成本（26 美元），所以当产量上升时平均成本下降。但是当边际成本是 29 美元时，边际成本高于平均可变成本（25.5 美元），此时随着产出的增加，平均成本上升。最后，当边际成本（25 美元）与平均可变成本（25 美元）几乎相等时，平均成本仅有微小的上升。

ATC 曲线表示平均总生产成本。因为平均总成本是平均可变成本与平均固定成本之和，而 AFC 曲线始终呈下降趋势，所以当产出增加时，ATC 曲线与 AVC 曲线之间的垂直距离就不断减小。与 ATC 曲线相比，AVC 曲线在较低的产出水平上达到了其最低点。这是因为在这一点 MC＝AVC（在 AVC 的最低点）和 MC＝ATC（在 ATC 的最低点）。由于 ATC 通常是大于 AVC 的，而且边际成本曲线（MC）呈上升趋势，ATC 曲线的最低点必然位于 AVC 曲线最低点的右上方。

考察总成本曲线与平均成本曲线、边际成本曲线的关系的另一种方法是考虑图 7.1（a）中由原点到点 A 的射线。在该图中，射线的斜率就是平均可变成本（总成本 175 美元除以产出 7 单位，或者每单位成本 25 美元）。由于 VC 曲线的斜率是边际成本（它度量每单位产出增加所引起的可变成本的变化量），在点 A 处 VC 曲线的斜率就是产出为 7 时的边际成本。由于在此产出情况下平均可变成本最小，所以在点 A 处边际成本为 25 美元，与平均可变成本 25 美元相等。

作为流量的总成本 请注意厂商的产出是作为一种流量来度量的，厂商每年生产一定数量的产出，因此，其总成本也是一种流量，比如，每年多少美元（平均成本和可变成本是以每单位多少美元来度量的）。为了简化起见，我们将略去时间参数，并将成本用美元计算、产出用单位计算。但是大家要记住厂商的产出和成本支出是发生在一定期间的。同样为了简化起见，我们会经常用成本（C）代表总成本，用平均成本（AC）代表平均总成本，除非另有说明。

边际成本和平均成本是两个重要的概念。在第 8 章中我们将发现，它们会成为厂商选择产出水平的重要因素。对于在需求波动较大情况下经营的厂商，关于短期成本的知识极其重要。如果厂商当前处于边际成本迅速上升的产出水平，并且将来市场需求也会增长，经营者可能会扩大生产能力以避免较高的成本。

∴例 7.3 铝精炼中的短期成本

铝是一种很轻的金属，在许多领域有广泛的应用，如飞机、手机、集装箱、建筑材料等。要生产铝，第 1 步是在澳大利亚、巴西、几内亚、牙买加、苏里南等开采铝矾土。铝矾土中富含氧化铝，可以通过
一定的冶炼过程将氧化铝从其中分离出来，然后通过一种电解铝的精炼方法，将氧原子和铝原子分离开 227
来，就可以得到铝了。我们这里就讨论铝的精炼过程，它是生产铝的过程中成本最高的一道工序。

所有的主要铝生产商，包括俄罗斯铝业联合（UC RUSAL）公司、美国铝业（Alcoa）公司、加拿大铝业（Alcan）公司、中国铝业公司以及 Hydro 铝业公司都有铝精炼车间。一般一个铝精炼车间都有两条生产线，每条生产线每天生产 300～400 吨铝。我们将考察短期生产成本，因此我们考虑的将是

一个已经存在的车间的运营成本，因为在短期内没有足够的时间去建造新的生产车间。（从计划、建造到完全装备完成一个铝精炼车间大概需要四年时间。）

虽然一个铝精炼车间实际上价格不菲（超过10亿美元），但我们假定车间是无法转卖的，因此这笔支出是沉没成本，可以忽略。进一步，因为固定成本（绝大部分是管理费用）相对较小，我们也忽略这部分成本。表7.2显示了一个铝精炼车间的平均运营成本。[1] 该表描述的是当企业实行两班轮班、日产量为600吨时的成本。如果价格足够高，企业也可以选择每天轮班三次，要求员工加班来增加产量。然而，如果三班轮换，因为需要付给工人更高的加班工资，工资和保养费用将会增加大约50%。我们已经在表7.2中将成本分为两组，第一组中的成本不随产量变化而发生变化；第二组中的成本在产量超过600吨/天时将会增加。

表7.2　铝精炼中的运营成本（日产量为600吨）

单位：美元/吨

所有产出水平下都固定的单位成本	产出≤600吨/天	产出>600吨/天
电	316	316
氧化铝	369	369
其他原料	125	125
车间燃料	10	10
小计	820	820
当产量超过600吨/天时的每吨成本		
劳动	150	225
保养费用	120	180
运输费用	50	75
小计	320	480
总生产成本（每吨）	1 140	1 300

228 我们注意到，对于一个铝精炼厂商来说，最大的一部分成本是电费和氧化铝矿石成本，它们加起来大概占到总运营成本的60%。因为电、氧化铝和其他原料的使用量与生产铝的数量成正比，它们代表的是与产量之比为常数的那部分可变成本。而劳动成本、保养费用和运输费用只有当日产量不超过600吨时才与产出水平成一定比例，如果要将产量提高到日产量600吨以上，必须实行三班轮换，导致每吨产品的劳动成本、保养费用和运输费用提高50%。

图7.2给出了一个精炼车间的短期边际成本曲线和平均可变成本曲线。在产量q达到600吨/天以前，总可变成本为1 140q，边际成本和平均成本都是一条水平线（成本=1 140美元/吨）。如果我们实行三班轮换，使得产量增加，劳动、保养和运输的边际成本将会从320美元/吨上升到480美元/吨，引起总边际成本从1 140美元/吨上升到1 300美元/吨。

当产量高于600吨/天时，平均可变成本将发生怎样的变化？当$q>600$时，总成本为：

$$\mathrm{TVC} = 1\,140 \times 600 + 1\,300(q - 600) = 1\,300q - 96\,000$$

因此，平均可变成本为：

$$\mathrm{AVC} = 1\,300 - 96\,000/q$$

如图7.2所示，边际成本的提高也引起了平均成本的上升。最后，当产量达到900吨/天时，生产能力达到极限，该点的边际成本和平均成本变成无穷大。

① 此例可参见Kenneth S. Corts, "The Aluminum Industry in 1994," Harvard Business School Case N9-799-129, April 1999。

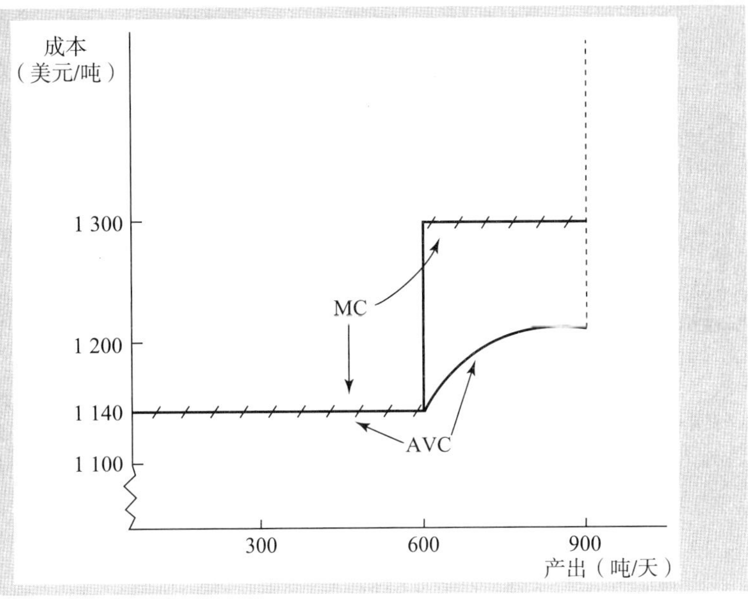

图 7.2 铝精炼的短期可变成本
说明：在使用两班轮换时，精炼铝的可变成本是常数。但如果采用三班轮换，边际成本和平均可变成本将会增加，一直到企业的产能最大化。

7.3 长期成本

在长期，厂商有大得多的灵活性。通过扩建现在的工厂或建造新的工厂都能增加产能，劳动也能扩充或削减，某些时候还能改变产品的设计或推出新产品。在这一节，我们将揭示厂商如何选择投入组合来最小化其生产成本。同时，我们还将考察长期成本与产量之间的关系。我们先从考察资本设备的使用成本开始，然后说明这种成本将如何同劳动成本一起影响生产决策。 229

资本的使用者成本

厂商经常会出租或者租入机器设备、建筑物或其他用于生产过程的资产。在另一些情况下，厂商也可能自己购买这些资本。然而，在分析中，即使资本是购买的，我们也将其看作是租入的，这将对分析十分有帮助。我们用一个例子来说明为什么要这样做。假设达美航空公司正在考虑以 1.5 亿美元的价格购入一架新的波音 777 飞机，虽然达美航空公司现在需要一笔很大的支出，但是为了经济目的，购买费用可以分摊到飞机的整个使用年限中，这将使得达美航空公司可以比较飞机每年所带来的收入和成本。我们假设飞机可以使用 30 年，每年分摊的费用就是 500 万美元。这 500 万美元也可以看作是飞机每年的经济折旧。

资本的使用者成本 拥有并使用一项资本的年成本等于资本的经济折旧加上放弃的利息。

到目前为止，我们忽视了这样一个事实：假如厂商不购入这架飞机，它能从 1.5 亿美元中获得利息。这笔放弃了的利息就是一种机会成本，在做决策时必须考虑在内。因此，**资本的使用者成本**（user cost of capital）——每年拥有并使用这架飞机而不是出售它或者干脆一开始就不购买它的成本——等于每年的经济折旧与若将钱投资到其他地方而获得的利息（即财务回报）之和。[①] 正式地，

① 精确来说，这种回报应该反映风险相似时的投资，因此利率还应该包括风险溢价。我们将在第 15 章讨论这一点。还要注意资本的使用者成本没有经过税收调整。如果考虑税收，则收益和成本都应该在税后度量。

资本的使用者成本＝经济折旧＋利率×资本价值

在我们的例子中，飞机的经济折旧是500万美元/年，加上达美航空公司将这笔钱投到其他方面可以获得10%的回报率，则资本的使用者成本为500万美元＋0.10×(15 000万美元－折旧)。随着飞机的折旧，其价值也在下降，投资到它上面的金融资产的机会成本也在降低。例如，在购买后第一年，使用者成本为500万美元＋0.10×15 000万美元＝2 000万美元，而在第十年，飞机将会折旧5 000万美元，此时价值为1亿美元。这一时间点的资本的使用者成本为500万美元＋0.10×10 000万美元＝1 500万美元/年。

也可以用每一美元资本比率的形式表示资本的使用者成本，即

r＝折旧率＋利率

230 在上面的飞机例子中，每年折旧率＝1/30＝3.33%，如果达美航空公司每年可以获得10%的利息，则其资本每年的使用者成本为r＝3.33%＋10%＝13.33%。

正如我们已经指出的，在长期，厂商可以改变其所有投入的数量。我们下面考虑在给定工资和资本的使用者成本的情况下，为了生产一定产量，厂商将如何选择其要素组合。然后我们将研究长期成本和产量的关系。

成本最小化的投入选择

让我们先考虑所有厂商均面临的一个基本问题：如何选择投入来以最小的成本生产一定量的产出。为了简化起见，我们只涉及两个可变投入：劳动（以每年多少小时劳动度量）和资本（以每年使用机器多少小时度量）。

当然，厂商使用的资本和劳动的数量取决于这些投入的价格。我们假定，由于劳动和资本都能从竞争性市场上雇到（或租借到），其价格都不会受到厂商行为的影响。（在第14章，我们将考察非竞争性的劳动市场。）这里劳动的价格为工资率w，但是资本的价格是多少呢？

资本的价格　在长期，厂商可以调整资本的使用数量。即使资本包含不能转作其他用途的专用设备，在这些设备上的支出也还没有沉没下去，因此必须加以考虑。厂商必须决定将来要购买多少资本品。然而，不同于劳动支出，在资本品上的大笔前期投入是必需的。为了比较厂商在资本上的支出和在这之后发生的劳动成本，我们想将资本支出表达成一个流量的形式，例如每年的支出。为了做到这一点，我们必须将资本支出分摊到资本的整个生命周期中，同时也必须考虑放弃的利息。正如我们刚刚看到的，这恰好就是资本的使用者成本。如上所述，资本价格就是它的使用者成本，即r＝折旧率＋利率。

租金率
为了租借一单位资本而每年付出的成本。

资本的租金率　我们注意到，资本经常是租用的，而不是购买的，大型写字楼中的办公场地就是一个例子。在这个例子中，资本价格就是其**租金率**（rental rate），即为了租借一单位资本而每年付出的成本。

这是否意味着我们在确定资本价格时要将买来的资本和租来的资本区分开来呢？不。如果资本市场是竞争性的（正如我们在上面所假设的），租金率和资本使用者成本就是相同的，为r。为什么呢？因为在竞争性市场上，拥有资本的企业（例如，大型写字楼的拥有者）在出租其资本时，希望获得竞争性回报，也就是它们将钱投入其他用途所能得到的回报加上对资本折旧的补偿。这个竞争性回报就是资本的使用者成本。

很多教材简单假设所有的资本都以租金率r出租。正如我们刚才所看到的，这一假设是合理的。不过，现在你必须理解为什么它是合理的：可以认为买来的资本是以等于资本的使用者成本的租金率租入的。

因此在本章后面的内容中，我们均假设厂商所有的资本都是以租金率（或者价格）r租入的，正如以工资率（或者价格）w雇用劳动一样。我们也假定，厂商认为任何沉没成 231
本都是随时间的推移而分摊的固定成本。因此，我们现在不必关心沉没成本。但是，我们要关注厂商在决定使用多少资本和劳动时将如何考虑它们的价格。[①]

等成本线

等成本线
给定总成本条件下购买的资本和劳动的所有可能组合。

我们先来看雇用要素的成本，这可以用等成本线来表示。**等成本线**（isocost line）描述了带来给定总成本的所有资本、劳动组合。要想知道等成本线的形状，我们需要回顾一下：生产既定产出的总成本（C）是由劳动成本（wL）和资本成本（rK）构成的，即

$$C = wL + rK \tag{7.2}$$

在不同的总成本水平下，式（7.2）表示不同的等成本线。例如，在图 7.3 中，等成本线 C_0 表示在总成本为 C_0 的条件下所能购买的所有可能投入组合。

如果我们将总成本式（7.2）改写成直线方程，就会得到：

$$K = C/r - (w/r)L$$

从而可以推断出等成本线的斜率为 $\Delta K/\Delta L = -(w/r)$，也就是工资率与租金率的比率。这个斜率与消费者所面对的预算线的斜率有点相似（因为它仅由问题中的商品价格确定，只是投入和普通商品有区别）。等成本线告诉我们，如果厂商放弃 1 单位劳动的购买（节省 w 单位成本），增加 w/r 单位的价格为 r 美元的资本，那么总成本将保持不变。例如，如果工资率为 10 美元，资本的租金率为 5 美元，厂商可以用 2 单位资本来代替 1 单位劳动，而总成本保持不变。

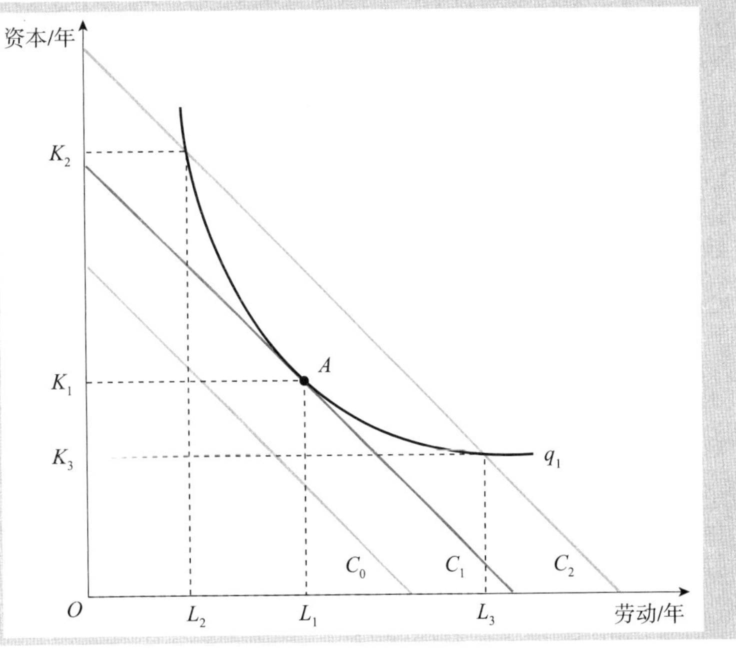

图 7.3　生产给定产出的最低成本

说明：等成本线描绘了花费相同成本的投入组合。等成本线 C_1 与等产量线相切于点 A，这表明可以以劳动投入 L_1 和资本投入 K_1 的最低成本来生产 q_1 的产出。而其他要素组合——（L_2，K_2）和（L_3，K_3）——则在成本较高的情况下生产相同的产出。

① 当然，可能投入价格会随着需求的增加而上升，这种情况可能发生是因为加班加点或资本设备的相对短缺。我们将在第 14 章讨论投入价格与厂商产品需求之间的关系。

选择投入

假设我们想使产出水平为 q_1。我们怎样做才能实现成本最小化呢？请看图 7.3 中标有 q_1 的等产量线。问题就在于如何选择总成本最小时的等产量线上的点。

图 7.3 给出了问题的答案。假设厂商准备在投入上支出 C_0。不巧的是，C_0 的支出所能购买的投入组合都不能使产出达到 q_1。不过，产出 q_1 可以在支出为 C_2 的情况下达到，但无论使用 K_2 单位的资本和 L_2 单位的劳动，还是使用 K_3 单位的资本和 L_3 单位的劳动，C_2 都不是最低成本。q_1 的产出可以在比该成本更低的条件下生产出来，那就是成本为 C_1，使用 K_1 单位的资本和 L_1 单位的劳动。实际上，等成本线 C_1 是能产出 q_1 的最低的等成本线。等产量线 q_1 与等成本线 C_1 相切的点 A 指出了成本最小时的投入选择，即 L_1 和 K_1，如图 7.3 所示。在这一点处，等产量线的斜率与等成本线的斜率刚好相等。

232 当花费在所有投入上的支出都增加时，等成本线的斜率不会发生变化（因为投入的价格并未发生变化），但是，等成本线的截距将会增加。然而，如果某种投入比如劳动的价格上涨了，那么，等成本线的斜率 $-(w/r)$ 的绝对值就会增加，从而等成本线会变得更加陡峭。图 7.4 表明了这种变化。起初，等成本线为 C_1；在点 A 厂商以 L_1 单位的劳动和 K_1 单位的资本生产 q_1 的产出，成本最低。当劳动的价格上涨时，等成本线变得更加陡峭。等成本线 C_2 反映了较高的劳动价格。面对较高的劳动价格，厂商在点 B 生产 q_1 的产出而使成本
233 最小，使用了 L_2 单位的劳动和 K_2 单位的资本。在生产过程中，厂商已经通过用资本替代劳动来应对劳动价格的上涨。

图 7.4　一种投入价格变化时的投入替代

说明：面对等成本线 C_1，厂商以 L_1 单位的劳动和 K_1 单位的资本生产 q_1 的产出。当劳动价格上涨时，等成本线变得陡峭。厂商以 L_2 单位的劳动和 K_2 单位的资本在等成本线 C_2 上的点 B 处生产 q_1 的产出。

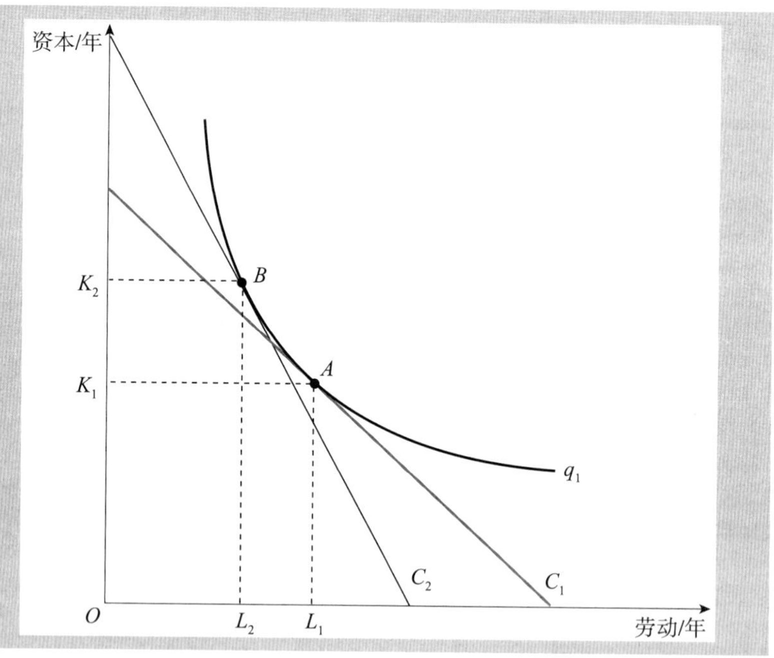

等成本线怎样与厂商的生产过程相联系呢？回忆一下，我们在分析生产技术时，已经揭示了边际技术替代率（MRTS）是等产量线的斜率的相反数，并且它等于劳动和资本的边际产出之比：

$$\text{MRTS}=-\Delta K/\Delta L=\text{MP}_L/\text{MP}_K \tag{7.3}$$

从上面我们可以得出等成本线的斜率为 $\Delta K/\Delta L=-w/r$。于是，当厂商在生产一定量的产出时，要使其成本最小化，下面的条件必然成立：

$$MP_L/MP_K=w/r$$

将此条件稍做改动，我们写为

$$MP_L/w=MP_K/r \tag{7.4}$$

MP_L/w 是劳动支出增加 1 美元所增加的产量。例如，假定工资率为 10 美元，生产中增加一单位劳动增加的产量为 20 单位，则在增加的一单位劳动身上所增加的 1 美元支出所导致的产出增加为 20/10＝2 单位。同样，MP_K/r 是资本支出增加 1 美元所增加的产量。因此，式（7.4）告诉我们：一个实现了成本最小化的厂商，其投入数量的选择要使得花费在每一种投入上的最后 1 美元所带来的产出增量相同。

为什么必须满足这一条件才能达到成本最小化呢？假定工资率为 10 美元，资本的租金率为 2 美元。假设增加 1 单位资本将使产出增加 20 单位，那么每一美元的资本投入的产出增量是 20 单位/2 美元＝10 单位/美元。因为 1 美元用于资本是 1 美元用于劳动的生产效率的五倍，厂商将用资本来替代劳动。如果厂商减少劳动而增加资本，劳动的边际产出将上升，资本的边际产出将下降。最终，无论用增加哪种投入的方式提高产量，厂商的决策结果都是新增产出的成本相同。在该点，厂商实现了成本最小化。

∵例 7.4　排污费对投入选择的影响

钢铁厂经常建在河流上或河流旁。河流不仅使企业生产所用的铁矿石的运输成本降低，而且使其钢铁产品的运输也十分便宜。同样，河流也给企业处理生产过程中的副产品，所谓的排放，提供了便利。例如，钢铁厂通过将铁燧岩沉积物研磨成精度一致的细小碎粒来处理风炉所使用的铁矿石。在此过程中，铁矿石就像水流一样被磁场吸引出来，从而使纯矿石进入工厂。这个过程的副产品——铁燧岩颗粒——可以被倒入河中，从而使企业成本相对较低。相反，其他的排放方式或自己处理的企业的成本就相对较高。 234

由于铁燧岩颗粒是一种不可降解的废物，对植物和鱼类有害，因而美国环境保护署对排放征收费用——一种以向河流排放的数量来计算的钢铁企业必须支付的费用。企业经营者应该如何对征收排污费做出反应，从而使生产成本最小化呢？

假定在没有管制的条件下，企业每月生产 2 000 吨钢铁，其中使用资本 2 000 机器小时和产生10 000 加仑的废水（包括排放到河中的铁燧岩颗粒）。企业经营者估计每机器小时的成本为 40 美元，每向河中排放 1 加仑废水的成本为 10 美元。因此，总成本为 18 万美元：资本成本 8 万美元加废水排放费 10 万美元。经营者将对美国环境保护署征收的每加仑废水 10 美元的排污费做出怎样的反应呢？经营者知道生产过程存在一些灵活性。如果企业购置更贵的排放处理设备，它能得到同样的产出且产生更少的废水。

图 7.5 显示了成本最小化的反应。纵轴表示企业每月投入的资本的机器小时数，横轴表示每月排放的以加仑表示的废水的数量。首先，请考虑一下在没有征收排污费时企业是如何生产的。点 A 表示允许企业以最低成本生产一定产量的资本投入和废水数量。由于企业追求成本最小化，点 A 位于和等产量线相切的等成本线 FC 上。因为每单位资本的成本是每单位废水的 4 倍，所以等成本线的斜率为：－10 美元/40 美元＝－0.25。

当被征收排污费时，废水的成本由每加仑 10 美元上升至每加仑 20 美元，因为企业对每加仑废水 235
（成本为 10 美元）要向政府缴纳额外的 10 美元。排污费增加了与资本相关的废水的成本。要以尽可能低的成本生产相同的产出，经营者必须选择与等产量线相切的、斜率为－0.5（＝－20 美元/40 美元）

的等成本线。在图 7.5 中，DE 是合适的等成本线，点 B 则给出了合理的资本和废水排放量选择。由点 A 移至点 B 表明了，由于排污费的存在，选择强调多用资本（3 500 机器小时）而少产生废水（5 000加仑）的替代性生产技术，要比原先不重视循环利用的生产过程便宜。（总成本已增至 24 万美元，其中资本 14 万美元、废水排放成本 5 万美元和排污费 5 万美元。）

图 7.5 对排污费的成本最小化反应

说明：在企业排放污水而未被征费时，它选择排放 10 000 加仑的废水和使用 2 000 机器小时的资本成本在点 A 生产一定数量的产出。然而，排污费增加了废水排放成本，使得等成本线由 FC 移至 DE，并且导致企业以较少的排放在点 B 生产。

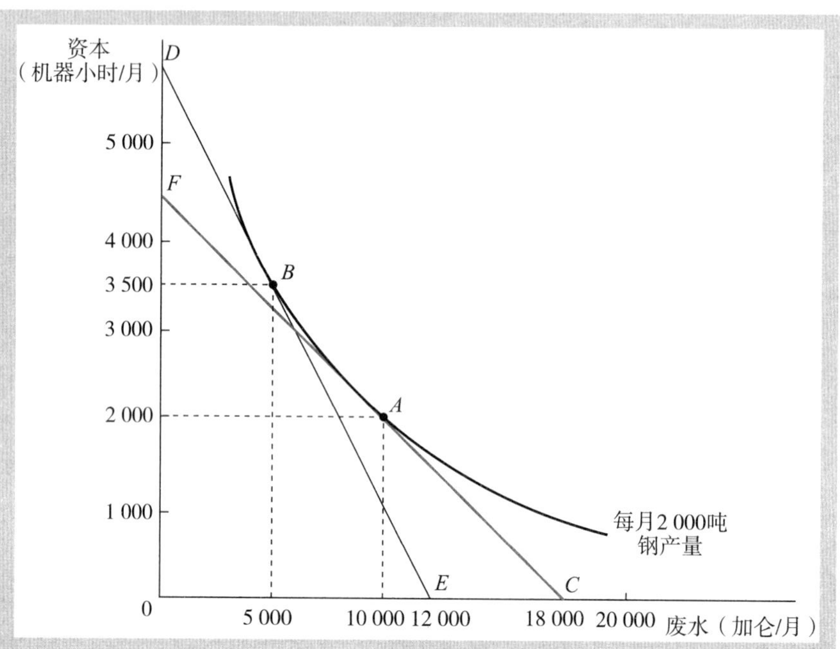

我们可以从该决策中学到两点。第一，生产过程中要素越容易替代，也就是说，企业越容易避免用河流来处理铁燧岩颗粒，为减少排放而征收排污费就越有效。第二，替代的程度越高，企业所支付的排污费就越少。在我们所举的例子中，如果企业不改变其投入，那么其应支付排污费 10 万美元。然而，钢铁厂通过将生产点由 A 移至 B，仅支付了 5 万美元的排污费。

不同产出水平下的成本最小化

在前面几节，我们了解了成本最小化的厂商如何在给定产出条件下选择投入组合。现在，我们要将这个分析拓展到考察成本是如何随着产出水平的变化而变化的。为此，我们先确定每一产出水平上成本最小化的投入数量，然后计算相应的成本。

成本最小化行为产生了如图 7.6 所示的结果。我们假定劳动工资率为 $w=10$ 美元/小时，资本租金为 $r=20$ 美元/小时。给定这些成本信息，我们画出了三条等成本线，每条等成本线都由以下方程给出：

$$C = 10L + 20K$$

在图 7.6（a）中，最低的一条等成本线表示总成本为 1 000 美元（未标注），中间一条表示总成本为 2 000 美元，最高的一条表示总成本为 3 000 美元。

我们可以看到，图中 A、B、C 各点均为等产量线和等成本线的切点。例如，点 B 告诉我们，当生产 200 单位产品时，使用 100 单位劳动和 50 单位资本是总成本最低的方式，这一组合位于总成本为 2 000 美元的等成本线上。同样，产量为 100 单位（最低的、没有标记的等产量线）时的最低成本为 1 000 美元（点 A，$L=50$，$K=25$）；生产 300 单位的最低成本为 3 000 美元（点 C，$L=150$，$K=75$）。

扩张路径
经过所有的等产量线和等成本线切点的曲线。

经过所有的等产量线和等成本线切点的曲线叫作**扩张路径**（expansion path），它描述了厂商在每一产出水平下所选择的成本最小化的劳动、资本组合。只要劳动和资本的使用量随着产量增加而增加，扩张路径就是向上倾斜的。产量从 100 单位增加到 200 单位，则资本从 25 单位增加到 50 单位，劳动从 50 单位增加到 100 单位。厂商使用的资本数量在每一产出水平下都是劳动数量的一半。因此，扩张路径为一条直线，其斜率为：

$$\Delta K/\Delta L = \frac{50-25}{100-50} = \frac{1}{2}$$

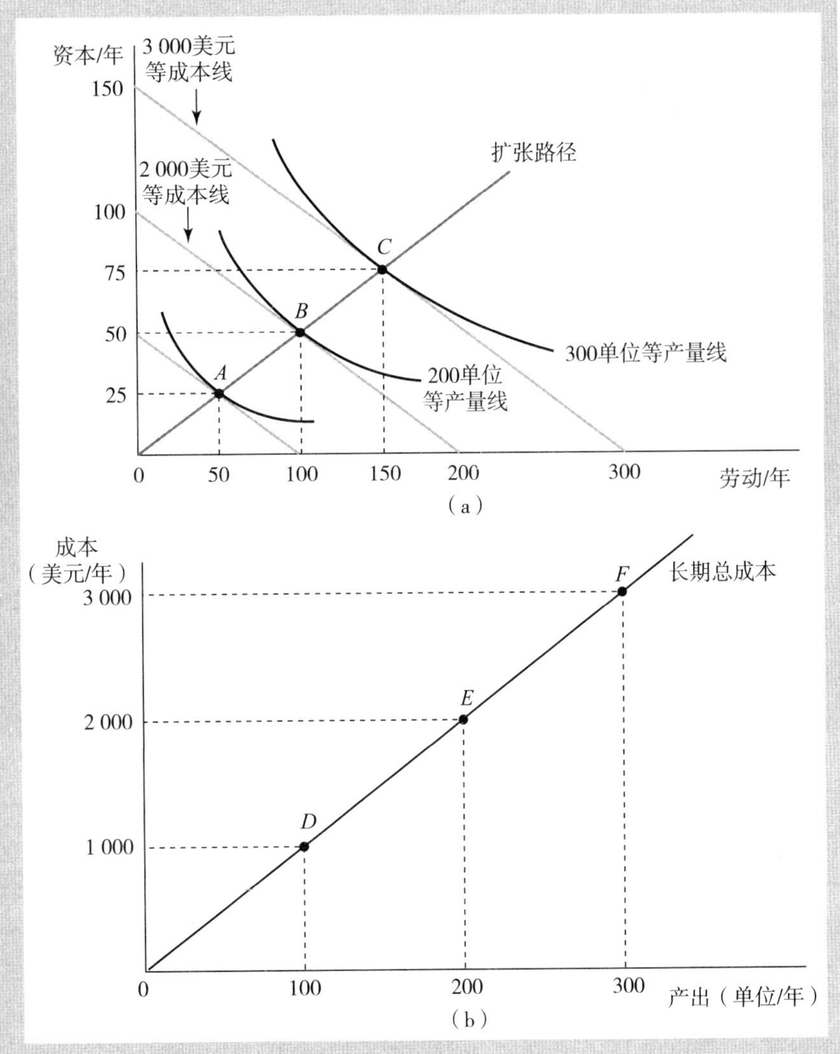

图 7.6 扩张路径与长期总成本曲线

说明：在图（a）中，扩张路径（从原点出发经过 A、B、C 的曲线）描述了在长期生产每一给定产量时能够使得成本最低的劳动与资本组合（在长期所有投入都是可变的），图（b）中的长期总成本曲线（从原点出发经过 D、E、F 的曲线）则给出了生产每一给定产量所对应的最低成本。

扩张路径与长期成本

从图 7.6（b）中我们可以看出，厂商的扩张路径与长期总成本曲线 $C(q)$ 包含的信息相同。我们可以通过以下三个步骤从扩张路径推导出成本曲线： 236

237 （1）在图 7.6（a）中选出代表某一产出水平的等产量线，然后找出与等产量线相切的等成本线。

（2）从找到的等成本线上找出每一产量所对应的最小成本。

（3）在图 7.6（b）中画出对应的产出-成本组合。

假设我们从 100 单位产出开始。100 单位的等产量线和等成本线的切点为图 7.6（a）中的点 A，因为点 A 位于成本为 1 000 美元的等成本线上。因此我们可以知道，在长期生产 100 单位产品的最小成本为 1 000 美元。我们在图 7.6（b）中画出该点 D（产量为 100 单位，成本为 1 000 美元），点 D 就表示生产 100 单位产品的最低成本为 1 000 美元。同样，点 E 代表生产 200 单位的成本为 2 000 美元，与扩张路径上的点 B 相对应，点 F 表示生产 300 单位的成本为 3 000 美元，与扩张路径上的点 C 相对应。对每一产量水平都重复这一过程，就会得到图 7.6（b）中的长期总成本曲线，也就是说，曲线上的每一点均表示生产该产量的长期最低成本。

这个例子比较特殊，长期总成本曲线为一条直线。为什么会这样呢？因为在生产中规模报酬不变：产量随投入等比例增长。在下一节我们将会看到，扩张路径的形状给我们提供了有关成本如何随厂商经营规模的变化而变化的信息。

∵例 7.5　减少能源使用

全世界的政策制定者都在想方设法减少能源的使用。这部分反映了对于环境的担忧——许多能源消费使用化石燃料，这促进了温室气体排放和全球变暖。但是，能源价格也很高，无论石油、天然气、煤炭还是核能，因此，如果有企业发现了降低能源消费的方法，它们就可以大大地降低成本。

企业可以运用的减少能源使用的主要方法有两种。一种是用其他生产要素替代能源。例如，一些机器可能成本更高，但是可以减少能源使用量，因此如果能源价格上升，企业可能会通过购买和使用能效高的机器来替代能源。这正是近年来能源价格上升后的现实状况：企业购买和安装价格昂贵但能效更高的加热和冷却系统、工业处理设备、卡车、小汽车和其他机动车。

减少能源使用的第二种方法是通过技术改进。随着时间的推移，技术研发也带来了提高投入产出水平的创新，包括使用更少的劳动、更少的资本和更少的能源。因此，即使能源与其他资本的相对价格保持不变，企业也会使用更少的能源（以及更低的资本）来生产相同的产出。过去 20 多年里自动化技术的进步就是一个例子；小汽车和卡车当今的生产需要很少的资本和能源（以及很少的劳动）。

图 7.7（a）和图 7.7（b）描述了这两种减少能源使用的方法：能源和资本如何组合来生产产品。[①] 每幅图中的等产量线代表可以生产出相同产量的不同能源和资本投入的各种组合。图形描述了能源使用减少的两种方法。第一，企业可以用更多的资本来替代能源，或许是对政府能源节约设备的投资补
239 贴的反应，或许是对电力成本上升的反应。这可以用图 7.7（a）中沿着等产量线 q_1 从点 A 到点 B 的移动来描述，由于等成本线从 C_0 移动到 C_1，资本从 K_1 上升为 K_2，能源从 E_2 下降为 E_1。第二，技术进步可以将等产量线 q_1 向内移动，代表特定产出水平的内移，如图 7.7（b）所示。认真地阅读这幅图。两条等产量线生产相同的产出，但是技术变化导致了更低的资本（从 K_2 变为 K_1）和能源（从 E_2 变为

---

① 此例想法来自 Kenneth Gillingham，Richard G. Newell，and Karen Palmer，“Energy Efficiency Economics and Policy，” *Annual Review of Resource Economics*，2009（1）：597－619。

E_1)。结果是等产量线 q_1 向内移动，从与等成本线相切于点 C 移动到相切于点 D，因为我们现在可以用更少的资本和更少的能源获得相同的产出（q_1）。

图 7.7 (a) 通过资本替代劳动实现能源效率

说明：更高的能源效率可以通过资本替代劳动而获得。这表现为沿着等产量线 q_1 从点 A 到点 B 的移动，资本从 K_1 增长为 K_2，能源从 E_2 下降为 E_1，这是对等成本线从 C_0 到 C_1 的移动的反应。

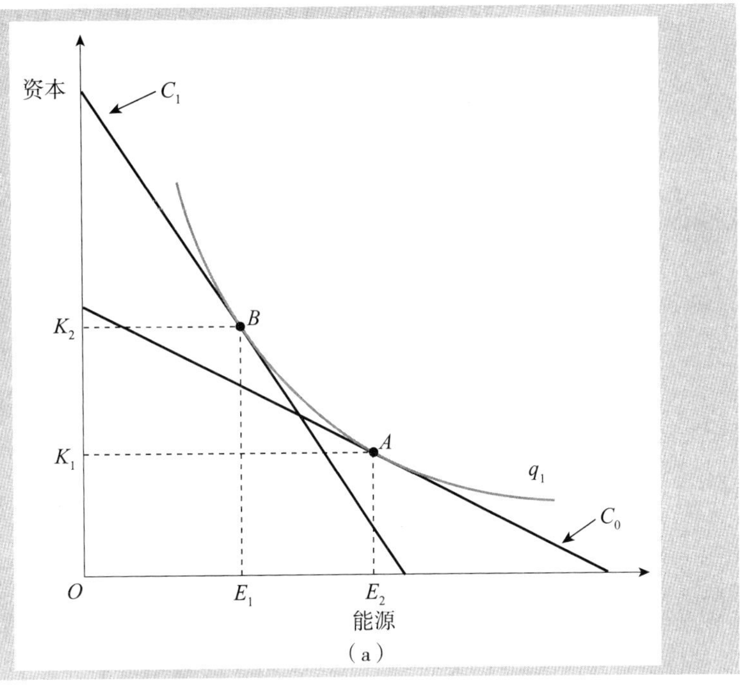

图 7.7 (b) 通过技术进步实现能源效率

说明：技术进步意味着相同的产出可以用更少的资本和能源组合获得，等产量线 q_1 向内移动，从与等成本线相切于点 C（E_2 和 K_2 组合）移动到相切于点 D（E_1 和 K_1 组合）。

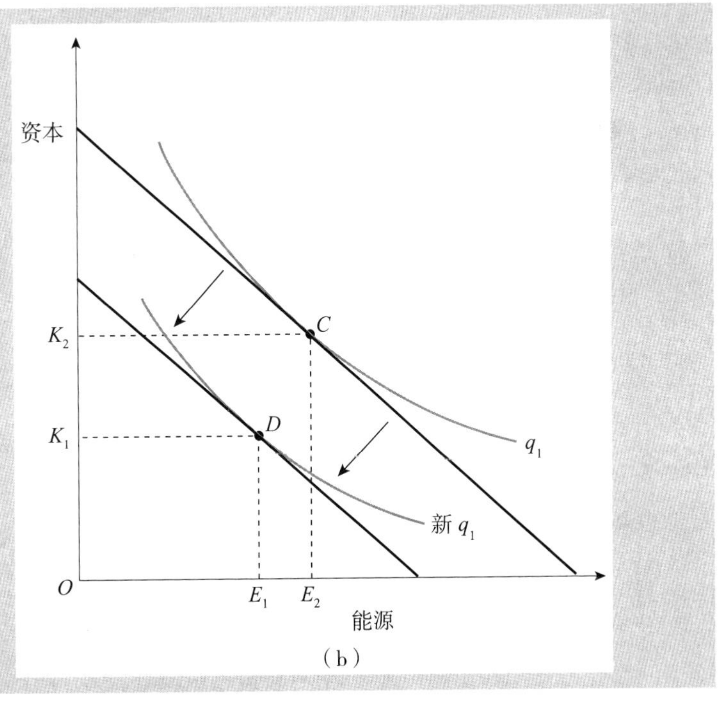

7.4 长期成本曲线与短期成本曲线

前面我们发现，短期平均成本曲线的形状为U形（参见图7.1）。我们亦将看到，长期平均成本曲线也是U形的，但是，形成类似结果的经济原因并不相同。我们将在本节讨论长期平均成本曲线和长期边际成本曲线，并阐明这些成本曲线与相应的短期成本曲线的差别。

短期生产的固定性

请大家回忆一下，我们定义长期为所有投入均可变的情形。在长期，厂商的计划长度足以满足工厂规模变化的要求。更多的灵活性使得厂商能以比短期生产更低的平均成本进行生产。要想弄明白这一点，我们可以把长期经营中资本和劳动均是可变的情形与短期中资本固定不变的情形进行比较。

图7.8描述了厂商的等产量线。厂商的长期扩张路径是从原点出发的直线，它对应于图7.6的扩张路径。现在，假定短期中资本固定在K_1水平。要生产q_1的产出，厂商就要通过
240 选择与等成本线AB的切点相对应的劳动量L_1来使成本最小化。这种固定性体现在厂商决定将产出增至q_2时。如果资本不是固定的，厂商将会以K_2的资本和L_2的劳动来生产上述产出。厂商的成本将由等成本线CD反映出来。

图7.8 短期生产的固定性

说明：厂商在短期经营中，由于资本投入使用的固定性，生产成本不能达到最小化。起初，产出水平是q_1。在短期中，由于资本固定在K_1，因而厂商仅能通过将劳动由L_1增至L_3来生产q_2的产出。在长期中，厂商可以通过将劳动由L_1增至L_2，将资本由K_1增至K_2，从而以更低的成本生产出相同的产出。

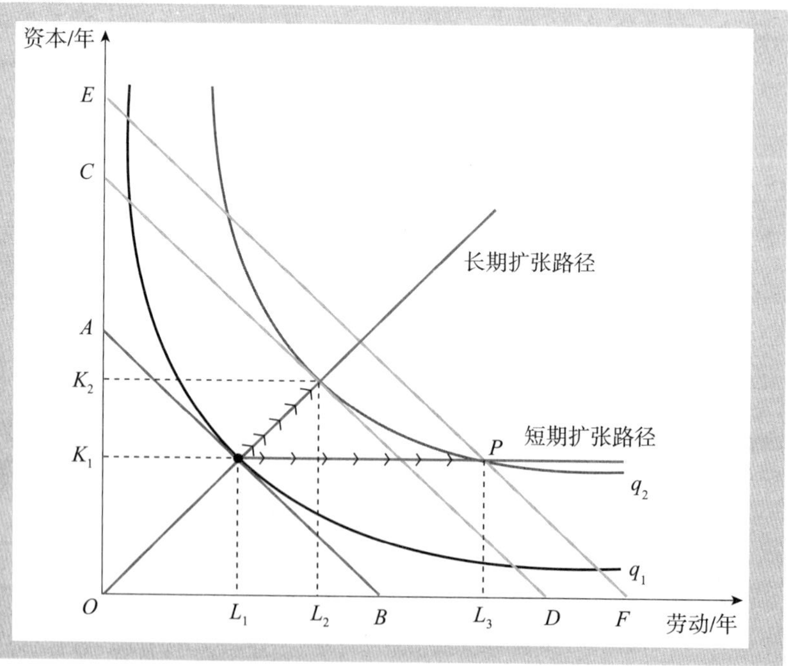

然而，资本的固定不变迫使厂商以K_1的资本和L_3的劳动在点P进行生产。点P落在表示成本高于等成本线CD的等成本线EF上。因为当厂商扩大生产时，无法以成本较低的资本来替代成本较高的劳动，所以当厂商的资本固定不变时，生产成本就较高。短期扩

张路径就反映了这种固定性，它最初是一条从原点出发的曲线，在资本投入量达到 K_1 后，就变成了一条水平直线。

长期平均成本

长期平均成本曲线　当所有投入包括资本都可变时，表示生产的平均成本和产出之间关系的曲线。

短期平均成本曲线　当资本投入水平固定时，表示生产的平均成本和产出之间关系的曲线。

在长期，厂商能够改变资本的数量从而降低成本。要想弄明白，在长期，当厂商的生产沿着扩张路径移动时，成本是怎样发生变化的，我们可以看一下长期平均成本曲线和长期边际成本曲线。[1] 决定长期平均成本曲线和长期边际成本曲线形状的最重要的因素是厂商经营规模与实现成本最小化所要求的投入之间的关系。例如，假定厂商生产过程显示出在各个产出水平上规模报酬不变，那么，双倍的投入就会带来双倍的产出。因为当产出变化时，投入的价格不变，所以，在所有产出水平上平均生产成本必然相同。

设想将上述情况换成厂商的生产过程属于规模报酬递增的情形。双倍的投入引起两倍以上的产出。那么，由于双倍的成本带来了两倍多的产出增加，因而平均生产成本随产出的增加而递减。同理，如果是规模报酬递减，平均生产成本就会随产出增加而增加。

我们可以看到，与图 7.6（a）中扩张路径相联系的长期总成本曲线就是一条从原点出发的直线。在这个规模报酬不变的例子中，长期平均成本为常数，它不随产量变化而发生变化。当产量为 100 单位时，长期平均成本为 1 000 美元/100 单位＝10 美元/单位；当产量为 200 单位时，长期平均成本也为 2 000 美元/200 单位＝10 美元/单位；当产量为 300 时也是如此。因为平均成本为常数也意味着边际成本为常数，长期平均成本和长期边际成本都是一条水平线，为 10 美元/单位。

在上一章，我们了解到，在长期中，多数厂商的生产技术显示出规模报酬首先是递增的，而后是不变的，最后则是递减的。图 7.9 显示了与这种生产过程相一致的一条典型的**长期平均成本曲线**（long-run average cost curve，LAC）。与**短期平均成本曲线**（short-run average cost curve，SAC）一样，长期平均成本曲线也是 U 形的，但其原因是递增的和递减的规模报酬的存在，而不是生产的某一要素的报酬递减。

图 7.9　长期平均成本与长期边际成本

说明：当厂商在长期平均成本（LAC）处于下降阶段生产一定产出时，长期边际成本（LMC）低于长期平均成本。相反，当长期平均成本处于上升阶段时，长期边际成本高于长期平均成本。两条曲线相交于点 A，在点 A 长期平均成本曲线达到最低点。

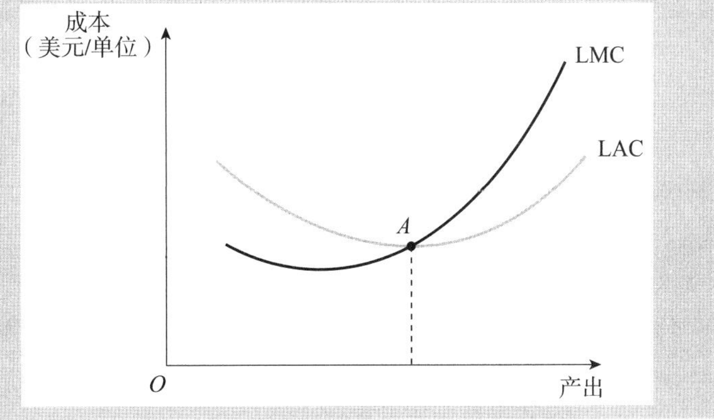

[1] 我们知道短期平均成本曲线和短期边际成本曲线的形状主要是由报酬递减决定的。如我们在第 6 章所示，每个要素报酬递减是和规模报酬不变（乃至规模报酬递增）相一致的。

241 **长期边际成本曲线** 产出增加一单位所导致的长期总成本的变化。

长期边际成本曲线（long-run marginal cost curve，LMC）是由长期平均成本曲线决定的；它表示当产出不断增加时长期总成本的变化。当 LAC 下降时，LMC 位于 LAC 之下，而当 LAC 上升时，LMC 位于 LAC 之上。[①] 在 LAC 达到最低点时，两条曲线相交于点 A。在特定情况下，即 LAC 为常数，LAC 与 LMC 相等。

规模经济与规模不经济

厂商的平均生产成本可能随着产量增加而下降。至少在产量水平达到一定规模之前，这种情况是可能发生的，因为：

（1）如果厂商扩大生产规模，则工人可以实现专业化生产，从事某项其生产效率最高的任务。

（2）规模可以带来灵活性。通过改变厂商生产中使用的投入组合，经营者可以更高效地组织生产过程。

（3）厂商可能以较低成本购买一些生产要素，因为它们的购买数量巨大，所以讨价还价能力增强。如果经营者能够有效利用低价的投入，投入的组合方式也可能随着经营规模的变化而发生变化。

不过，厂商的平均生产成本也可能在某一点以后随着产量的增加而上升，这种转变主要有以下三个原因：

（1）至少在短期，厂房空间及设备等限制了工人更有效率地生产。

（2）对一个大型企业的管理会随着任务的增加而变得更加复杂和更无效率。

（3）当产量达到一定数目后，批量采购的优势可能会消失。在该点，一些关键要素的供给可能是有限的，从而推动成本上升。

242 **规模经济** 厂商可以以低于双倍的成本获得双倍的产出时的情形。

为了分析厂商的经营规模与成本间的关系，我们必须认识到当投入要素之间的比例确实会随产量变化而发生变化时，企业的扩张路径就不再是一条直线，规模报酬的概念也就不再适用。如果厂商可以以低于双倍的成本获得双倍的产出，我们就说存在着**规模经济**（economies of scale）。相应地，当双倍的产出需要双倍以上的投入时，就存在着**规模不经济**（diseconomies of scale）。规模经济这个术语包括规模报酬递增的特殊情形，只是它更为一般化，因为它允许厂商在其改变生产水平时改变投入之间的比例。在这种更普遍的意义上，U 形的长期平均成本曲线表示厂商在产出较低时表现为规模经济，在产出较高时表现为规模不经济。

规模不经济 双倍的产出需要双倍以上的投入时的情形。

为了更清楚地描述规模报酬（当产量增加时，投入要素以固定的比例使用）和规模经济（投入要素之间的比例是可变的）的区别，我们以一家乳牛养殖场为例。其牛奶产量是草地面积、机器设备、奶牛数量和饲料的函数。一家有 50 头奶牛的养殖场使用的投入将会是劳动而不是机器设备（即用手来挤牛奶）。如果投入翻倍，有 100 头奶牛的养殖场的产量也会翻倍；如果奶牛变为 200 头，其他投入也等比例变化，产出也会等比例变化。在这个例子中存在的是规模报酬不变。

然而，大型养殖场也可以选择使用挤奶机器。如果大型养殖场一直坚持用手挤奶，无

① 回忆 $AC=TC/q$，即 $\Delta AC/\Delta q=[q(\Delta TC/\Delta q)-TC]/q^2=(MC-AC)/q$。显然，当 AC 上升时，$\Delta AC/\Delta q$ 是正的且 $MC>AC$。同样，当 AC 下降时，$\Delta AC/\Delta q$ 是负的且 $MC<AC$。

论养殖场规模多大，规模报酬都将保持不变。但是，如果在奶牛数量从 50 头增加到 100 头的同时，改变挤奶技术，用机器挤奶，这一过程能够降低牛奶的平均生产成本（从 20 美分/加仑降到 15 美分/加仑），在这个例子中存在的就是规模经济。

这个例子说明了厂商的生产过程可能存在规模报酬不变，同时也可能存在规模经济。当然，规模报酬递增和规模经济也可能同时存在。比较这两个概念是非常有用的：

规模报酬递增： 当所有投入的数量都翻倍时，产量大于原来的两倍。

规模经济： 当产量变为原来的两倍时，所需要的成本小于原来的两倍。

规模经济通常是用成本-产出弹性（E_C）来计量的。E_C表示产出的百分比变化所引起的平均生产成本的百分比变化：

$$E_C = (\Delta C/C)/(\Delta q/q) \tag{7.5}$$

要了解 E_C是如何与我们传统的成本度量方法相联系的，将式（7.5）改写成

$$E_C = (\Delta C/\Delta q)/(C/q) = \mathrm{MC}/\mathrm{AC} \tag{7.6}$$

很明显，在边际成本与平均成本相等时，E_C等于 1；当成本与产出按比例增加时，规模经济和规模不经济也就不复存在（如果投入要素之间的比例是固定的，规模报酬不变就会有效）。如果规模经济存在（成本增加低于产出增加的比例），边际成本就会低于平均成本（虽然两者均处于下降阶段），因而 E_C小于 1。最后，当规模不经济存在时，边际成本大于平均成本，因而 E_C大于 1。

∴例 7.6 特斯拉的电池成本

特斯拉自 2003 年成立以来就以其电动车代表未来汽车潮流而闻名。但是 Model S 轿车的起步价为约 8.5 万美元，已经超出了大部分人的支付能力。不过，特斯拉将生产“大众市场”汽车，Model 3 于 2017 年上市。Model 3 将起步价定为 3.5 万美元，这对于普通消费者来说便宜了很多。 243

你可能会问为什么特斯拉 Model S 那么贵，而即将生产的 Model 3 降价那么多企业还能盈利？答案就在于构成电动汽车成本中的最大部分——电池成本。2016 年，这些电池每储备千瓦时（kwh）的制造成本达到 400 美元。Model 3 的电池组需要 50 千瓦时的储能，这意味着特斯拉汽车的电池成本大约为 2 万美元——已经超过了该车 3.5 万美元售价的一半以上。解决方法是：特斯拉通过在内华达建立 50 亿美元的“超级工厂”实现电池生产的规模经济。

该工厂预计在 2017 年运行，到 2020 年实现全部产能，每年生产 50 万个电池组，而 2016 年特斯拉的电池产量只有 3.5 万个电池组。预计在工厂运行的第一年，特斯拉就能把每千瓦时储能电池的制造成本降低到 250 美元，而且这一成本还会随着产量的提高而继续降低。这意味着 2017 年 50 千瓦时电池组只需要 1.25 万美元的成本，而 2020 年产量峰值时该成本会降低为 1 万美元。这样低成本的电池可以保证 Model 3 的盈利能力。在产量峰值时，超级工厂每年将生产 500 亿瓦时的电池——超过 2016 年世界总产量。这些电池中的部分也会被销售出去而做他用，比如用于家庭能源储备。

图 7.10 描述了电池生产的平均成本曲线。如你所见，规模经济对于降低电池生产成本非常重要。在本例中，电池成本下降一半之后，特斯拉就可以以许多消费者支付得起的价格出售 Model 3 并依然盈利了。

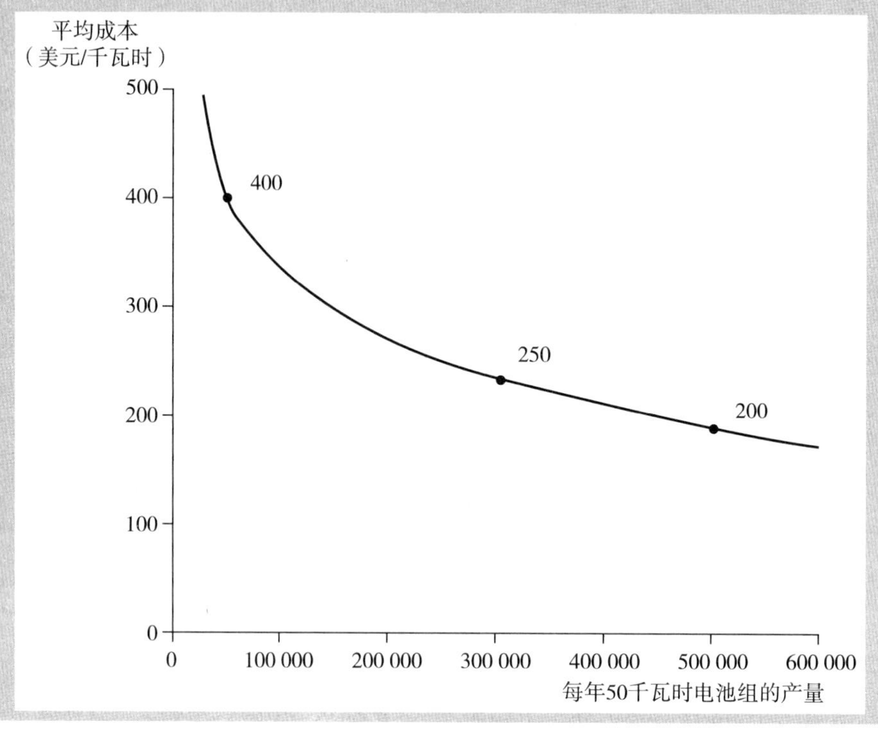

图 7.10　特斯拉电池生产的平均成本

说明：2016 年电池生产成本为 400 美元/千瓦时。特斯拉 Model 3 的电池需要 50 千瓦时的储能能力，因此意味着 2 万美元的总电池成本。不过，电池的大规模生产可以带来成本的急剧下降。大规模生产就是特斯拉超级工厂的目标。

短期成本与长期成本的关系

244 图 7.11 显示了短期成本和长期成本的关系。假定厂商在对其产品的未来市场需求不确定的情况下考虑三个不同的规模。三条短期平均成本曲线由 SAC_1、SAC_2 和 SAC_3 给出。这项决策是重要的，因为一旦厂商建成之后，在一段时间内是无法改变其规模的。

图 7.11 表明了三种可能的工厂规模。如果厂商打算生产 q_0 产量的产品，它就应该建造最小规模的工厂。厂商的平均生产成本就是 8 美元（如果它决定生产 q_1 单位产量，其短期平均成本依然为 8 美元）。然而，如果厂商打算生产 q_2 的产出，中等规模的工厂就是最优选择。同样，如果厂商打算生产 q_3 的产出，第三种规模就是最好的选择。

什么是厂商的长期平均成本曲线呢？在长期，厂商可以改变工厂的规模，因此总可以选择平均成本最小的工厂规模。

长期平均成本曲线由短期平均成本曲线的交叉线部分给出，因为这些短期平均成本曲线表示各种产出水平下的最低成本。长期平均成本曲线是短期平均成本曲线的包络线——它将短期平均成本曲线包围在里面。

现在我们假定工厂有多种规模可以选择，每个规模下的短期平均成本曲线均不同。再一次强调，长期平均成本曲线是短期平均成本曲线的包络线。在图 7.11 中，它就是曲线 LAC。不管厂商生产多少，它都可以选择平均成本最低的工厂规模（以及资本与劳动的组合）。长期平均成本曲线在一开始时表现为规模经济，但是在较高的产量水平，又表现出规模不经济。

图 7.11　规模经济和规模不经济情况下的长期成本曲线

说明：长期平均成本曲线（LAC）是短期平均成本曲线（SAC_1、SAC_2和 SAC_3）的包络线。在规模经济和规模不经济情况下，短期平均成本曲线的最低点并不在长期平均成本曲线上。

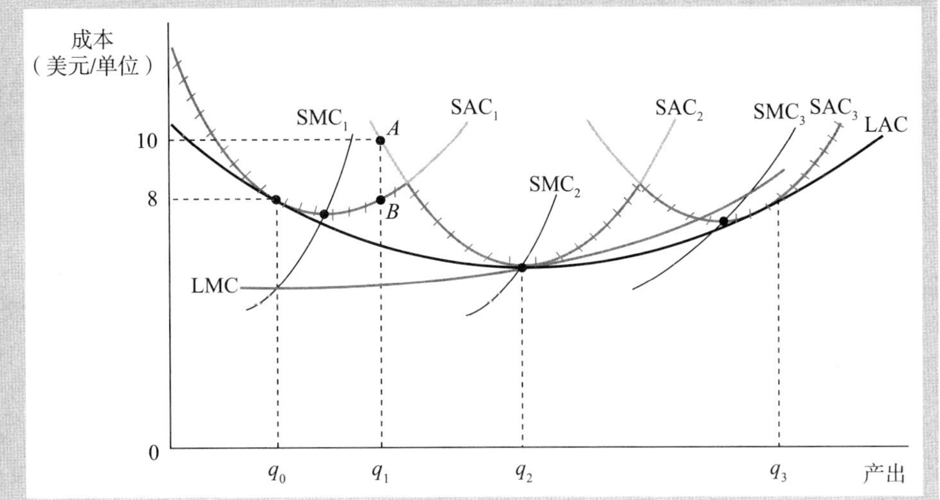

为了阐述短期成本曲线与长期成本曲线的关系，考虑一个打算生产 q_1 单位产品的厂商。如果厂商要建造一个小规模工厂，短期平均成本曲线为 SAC_1，短期平均成本为 8 美元（即 SAC_1 曲线上的点 B）。小规模工厂要好于中等规模工厂，因为中等规模工厂的平均成本为 10 美元（即 SAC_2 曲线上的点 A）。因此，当只有三种工厂规模可以选择时，点 B 就成为长 245
期成本曲线上的一点；但是如果另外存在至少一个生产 q_1 产量的平均成本低于 8 美元的点，则点 B 就不在长期成本曲线上了。

在图 7.11 中，如果厂商可以选择任何工厂规模，则包络线就是 U 形的。再次提请注意，LAC 曲线绝不会位于任何短期平均成本曲线之上。还要注意，图中最小规模工厂和最大规模工厂的平均成本曲线的最低点并不在长期平均成本曲线上，这是因为在长期中存在着规模经济和规模不经济。例如，一个小规模工厂以最低平均成本经营是低效率的，因为规模较大的工厂可以利用规模报酬递增的优势以更低的平均成本生产相同产量。

最后，请大家注意，长期边际成本曲线（LMC）并非短期边际成本曲线的包络线。短期边际成本曲线适用于特定的工厂；长期边际成本曲线则适用于各种规模的所有工厂。长期边际成本曲线上的每个点均代表了成本效率最高的工厂的短期边际成本。与这一关系相对应，在图 7.11 中，在 SMC_1 与 LMC 的交点 q_0 水平下，SAC_1 和 LAC 相切。

7.5　两种产品的生产：范围经济

许多厂商生产不止一种产品。有时厂商生产的产品之间紧密相关——养鸡场生产鸡和鸡蛋，汽车公司生产小汽车和卡车，大学进行教学和科研。还有些时候，厂商生产完全不相关的产品。然而，在上述两种情况下，厂商很可能在生产两种以上产品时拥有生产和成本的优势。这些优势可能是源于投入或生产设备的联合运用、联合市场计划或共同管理产生的成本节省。在有些情况下，某种产品的生产会产生自动的和不可避免的副产品，而这些副产品对厂商来说是有价值的。例如，金属板生产商生产出废金属和金属刨花，它们可以将这些副产品卖掉。

产品转换曲线 在给定投入集合的情况下，描述所有可能的两种不同的产出（产品）组合的曲线。

产品转换曲线

要想研究联合生产的经济优势，让我们来考察一个生产两种产品——小汽车和拖拉机——的汽车公司。两种产品均以资本（厂房和机器）以及劳动作为投入要素。同一工厂生产小汽车和拖拉机的情况并不算典型，但两种产品共享了管理资源，而且均依赖于相似的机器设备和熟练的劳动。公司的经营者必须选择各种产品的生产数量。图 7.12 描述了两条**产品转换曲线**（product transformation curves）。每条曲线都描述了给定的劳动和机器的投入所能生产的小汽车和拖拉机的组合。曲线 O_1 描绘了能以相对较低的投入水平生产的两种产出的不同组合；而曲线 O_2 则描绘了与两倍的投入相联系的产出的组合。

246 为什么产品转换曲线的斜率为负呢？因为厂商要获得更多的某种产品，必须放弃生产一些另外的产品。例如，厂商若重视小汽车生产，就会将较少的资源分配用于生产拖拉机。在图 7.12 中，O_2 曲线到原点的距离是 O_1 曲线的两倍，这表明厂商的生产过程显示出两种产品生产的规模报酬不变。

图 7.12 产品转换曲线

说明：产品转换曲线描绘了能以固定数量的投入生产的两种产出的不同组合。产品转换曲线 O_1 和 O_2 向外弯曲（或呈凹形）是因为存在着生产的范围经济。

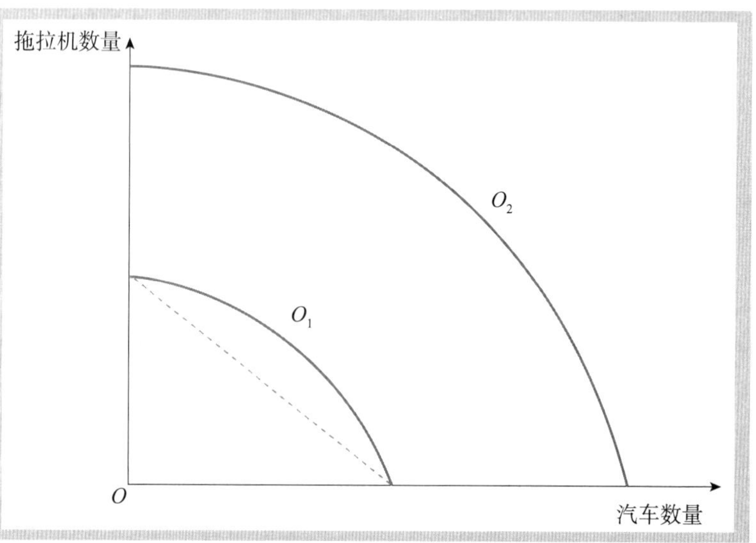

范围经济 一个厂商生产两种产品的产出超过两个厂商各生产一种产品的总产出时的情形。

如果 O_1 曲线是一条直线，那么联合生产不会增加任何收益（或损失）。一个专业生产小汽车的小公司和另一个专业生产拖拉机的小公司可以生产出与一个同时生产两种产品的公司相同的产出。不过，因为联合生产通常具有使单个厂商以相同的资源生产出比两个单独厂商生产时更多的小汽车和拖拉机的优势，所以产品转换曲线向外弯曲（或呈凹形）。这些生产优势包括投入的共同分享，以及统一管理可以在安排日程、组织生产和处理财务会计方面比各自单独管理更高效。

范围不经济 当一个厂商生产两种产品的产出低于两个独立的专业化厂商所能生产的总产量时的情形。

范围经济与范围不经济

通常，当单个厂商的联合产出超过各生产一种产品的两个厂商所能达到的总产量时（两个厂商共得到与单个厂商一样的投入），存在**范围经济**（economies of scope）。如果厂商的联合产出低于两个独立厂商所能达到的总产量，那么其生产过程就是**范围不经济**（diseconomies of scope）的。这种情况在一种产品的生产与另一种产品的生产有冲突时可能会发生。

规模经济与范围经济之间并无直接联系。一个生产两种产品的厂商可以在其生产过程涉及规模不经济时获得范围经济。例如，联合生产长笛和短笛要比各自生产相对便宜。然而，该生产过程涉及高度熟练的劳动，并且以小规模生产是最富有效率的。同样地，一个联合生产企业也可能在各个单独生产方面具有规模经济，但不拥有范围经济。例如，可以想象一个拥有多个厂商的大型企业集团可以大规模有效地生产，但它并不拥有范围经济的优势，因为这些厂商是各自单独管理的。 247

范围经济的程度

范围经济的程度
当两种（或更多）产品被联合生产而不是各自独立生产时所导致的成本节约的百分比。

范围经济的程度可以通过研究厂商的成本来确定。如果单个厂商使用一定的投入组合生产出比两个各自独立生产的厂商更多的产出，那么单个厂商的成本就低于独自生产的两个厂商的成本。要度量范围经济的程度，我们应该问一下：当两种（或更多）产品被联合生产出来而不是各自独立生产时，节约生产成本的百分比是多少？式（7.7）给出了度量这种成本节约的**范围经济的程度**（degree of economies of scope，SC）：

$$SC = \frac{C(q_1) + C(q_2) - C(q_1, q_2)}{C(q_1, q_2)} \tag{7.7}$$

其中，$C(q_1)$ 表示生产 q_1的产出所耗费的成本；$C(q_2)$ 表示生产 q_2的产出所耗费的成本；$C(q_1,\ q_2)$ 是生产两种产出所耗费的联合生产成本。当产出的物质单位可加时，如同小汽车和拖拉机的例子那样，就可以表示为 $C(q_1+q_2)$。在范围经济的情况下，联合生产成本低于各自单独生产的成本之和，因此，SC>0。当存在范围不经济时，SC 是负数。总之，SC 的值越大，范围经济的程度就越高。

例 7.7　货运业的范围经济

假如你经营一个运输企业，你的企业在城市之间运输各种规模的货物。[①] 在运输业务中，企业是根据运载量的大小和运途的长短来确定提供几种相关但又有所区别的产品的。首先，任何运载量，无论大小，均可以直接地由一个地方运至另一个地方而中间不做停留。其次，一定运载量的货物可以与其他不往同一地点运输的货物合并在一起，最后被间接地由其原来所在地运至适当的目的地。各种货物，部分或者全部，均涉及不同的运途。

这提出了有关规模经济和范围经济的问题。规模方面的问题是，是否大规模的直接运输比小型运输企业各自单独运输更便宜和有利可图？范围方面的问题是，是否大型运输企业享有直接快速运输和间接慢速运输（但比较便宜）方面的成本优势？集中计划和路线的组织可以提供范围经济。规模经济存在的关键是，当众多的货物进入运输范围时，路线的组织和货物的分类可以被更有效地完成。那么，很可能货物运输计划做得很好，从而使得每辆运输车都装满，而不是仅装一半。

运输业的研究表明范围经济是存在的。例如，从对 105 个运输企业所做的分析可以看到有以下四 248
个明显的运输结果：(1) 短途的半车货物；(2) 中途的半车货物；(3) 长途的半车货物；(4) 各种运途的满车货物。结果表明对于相当大的企业来说，范围经济的程度为 1.576。然而，当企业规模变得十分大时，范围经济的程度就降至 0.104。大企业在运输大宗货物方面十分有效，因此，在中途停留

① 此例可参见 Judy S. Wang Chiang and Ann F. Friedlaender, "Truck Technology and Efficient Market Structure," *Review of Economics and Statistics* 67 (1985): 250 - 258。

装载部分货物方面通常没有优势。直接由始发地到目的地的运输是很有效的。但是，很明显，其他不利因素与大型企业的管理水平相关，因此当企业逐渐变大时范围经济程度下降了。不管怎样，在中途将部分货物合并运输的能力降低了企业的成本，提高了利润率。

因此，上述研究表明，一个运输企业要想在运输业中与其他企业竞争，它必须大到能够在中途将货物合并运输的程度。

*7.6 成本的动态变化：学习曲线

我们的讨论已表明，大企业的长期平均成本低于小企业的长期平均成本的原因在于生产的规模报酬递增。由此可以得出一个结论，即长期平均成本逐渐下降的企业属于规模报酬递增的成长型企业，但这并不一定正确。在有些企业中，长期平均成本可能也会逐渐下降，因为工人和经营者在熟悉了他们的工作后，吸收了新的技术知识。

由于经营者和工人在生产过程中掌握了经验，厂商生产既定产出的边际成本和平均成本会因为以下四个原因而下降：（1）工人们在起初几次完成一定的任务时，需要较多的时间。当他们变得越来越熟练时，他们的速度加快了。（2）经营者在从材料的流进流出到生产本身的组织方面学会了如何更有效率地安排生产过程。（3）原先对产品设计十分谨慎的工程师们也掌握了能够估计设计中不增加缺陷而节省成本的经验。更好的和更专业化的工具以及工厂组织也能降低成本。（4）材料供给者可能学会了如何对原料进行加工处理，降低成本，并把该优势以较低的材料价格的方式传递给厂商。

> **学习曲线**
> 描绘生产一单位产出所需的投入品数量与厂商的累积产出之间关系的图形。

结果，厂商随产出的累积增加而不断“学习”。经营者以这种学习过程来计划生产和预测未来成本。图 7.13 显示了以**学习曲线**（learning curve）的形式表示的过程。学习曲线描绘了厂商的累积产出与生产单位产出所需投入数量之间的关系。

描画学习曲线

图 7.13 显示了某个制造企业生产机床的学习曲线。横轴表示生产的机器的累积批量（一
249 批为 40 台左右的一组机器），纵轴表示生产每批机器所需的劳动时间。每单位产出的劳动投入直接影响着生产成本，因为所需的劳动时间越少，生产的边际成本和平均成本就越低。

图 7.13 中的学习曲线基于以下关系：

$$L = A + BN^{-\beta} \tag{7.8}$$

式中，N 为产出的累积单位；L 为单位产出的劳动投入单位；A、B 和 β 均为常数，A 和 B 为正数，β 介于 0 和 1 之间。当 $N=1$ 时，$L=A+B$，从而 $A+B$ 表示生产第一单位产出所需的劳动投入。当 $\beta=0$ 时，随着累积产出水平的上升，单位产出的劳动投入保持不变，因而学习就不存在。当 β 为正数而 N 不断变大时，L 大体趋近于 A，从而 A 代表所有的学习发生后单位产出的最低劳动投入。

β 的值越大，学习的作用就越重要。当 β 等于 0.5 时，单位产出的劳动投入相应降至与累积产出的平方根相等的水平。这一学习程度可以在厂商变得更有经验时真正地降低生产成本。

在该机床例子中，β 的值为 0.31。对于这条特定的学习曲线，累积产出每增加 1 倍，

就引起投入需求与可达到的最低投入需求的差额下降约 20%。[①] 如图 7.13 所示，当累积生产的机器批数从 0 增加到 20 时，学习曲线下降得非常快，超过 20 批的产量后，成本的节约就很小了。

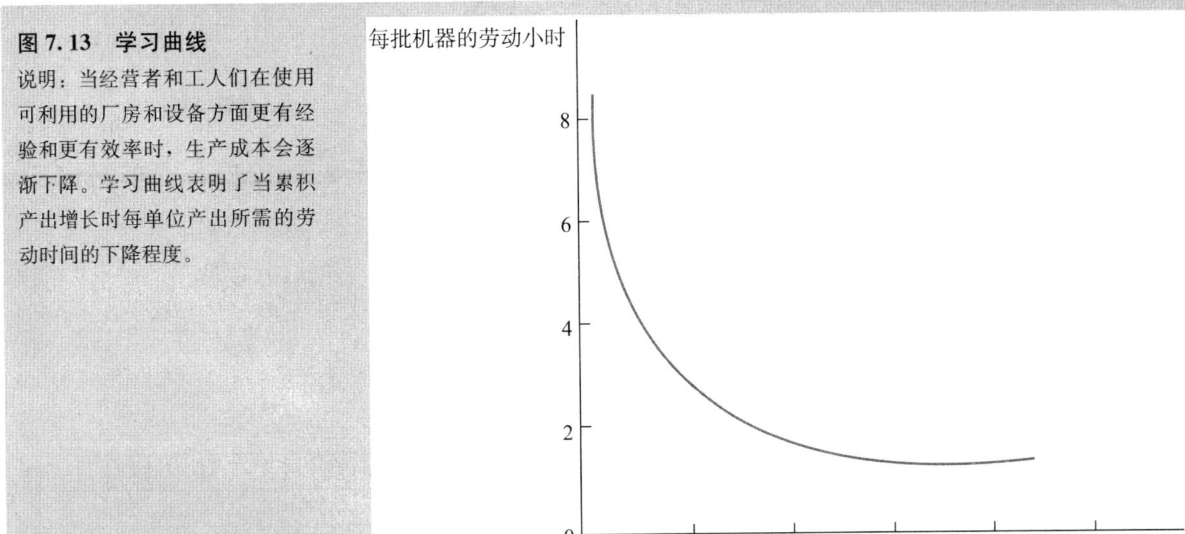

图 7.13 学习曲线

说明：当经营者和工人们在使用可利用的厂房和设备方面更有经验和更有效率时，生产成本会逐渐下降。学习曲线表明了当累积产出增长时每单位产出所需的劳动时间的下降程度。

学习效应与规模经济

当厂商生产了 20 批或更多的机器时，学习曲线的整体效应就体现十足了，并且可以使用通常的成本分析。然而，如果生产过程相对较新，那么在产出较低时的较高成本 250 （和产出较高时的较低成本）表明了学习曲线的作用，而并非规模经济。通过学习，一个成熟厂商不管它的经营规模为多大，其生产成本都相对较低。如果成批生产机床的厂商知道自己拥有规模经济的优势，它就应该利用与其规模相关的低成本优势，大批量地生产机器。如果存在学习曲线，厂商能通过制订多批的生产计划而不管每批的生产台数来降低成本。

图 7.14 显示了这一现象。AC_1 表示生产中具有规模经济优势的厂商的长期平均生产成本。从而，沿 AC_1 上由点 A 到点 B 的生产变动导致了规模经济带来的成本降低。然而，由 AC_1 上的点 A 移至 AC_2 上的点 C 导致了学习所带来的成本降低，这使得平均成本曲线向下移动。

学习曲线对于那些打算预测新产品生产成本的厂商来说极其重要。例如，假定机床生产商知道起初 10 台机床中每台机床的劳动需求为 1.0，最低劳动需求 A 等于 0，β 约等于 0.32。表 7.3 计算出了生产 80 台机床的总劳动需求。

---

① 因为 $(L-A)=BN^{-0.31}$，可以检验得 $0.8(L-A)$ 近似等于 $B(2N)^{-0.31}$。

图 7.14　规模经济与学习效应

说明：当存在递增的规模报酬时（AC_1 上由点 A 到点 B 的移动），平均生产成本因销售量的增加而逐渐下降，或者平均生产成本由于学习曲线的存在而下降（由 AC_1 上的点 A 移至 AC_2 上的点 C）。

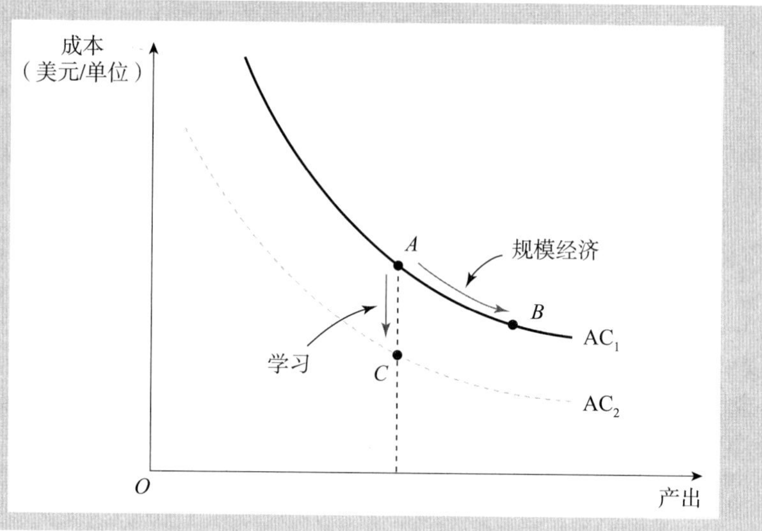

表 7.3　预测生产既定产出的劳动需求

* 该组数字是由等式 $\log(L) = -0.322\log(N/10)$ 计算得出的，式中，L 是单位劳动投入，N 是累积产出。

累积产出（N）	每 10 单位产出的单位劳动需求（L）*	总劳动需求
10	1.00	10.0
20	0.80	18.0=(10.0+8.0)
30	0.70	25.0=(18.0+7.0)
40	0.64	31.4=(25.0+6.4)
50	0.60	37.4=(31.4+6.0)
60	0.56	43.0=(37.4+5.6)
70	0.53	48.3=(43.0+5.3)
80	0.51	53.4=(48.3+5.1)

由于学习曲线的存在，单位产出的劳动需求随生产的增加而降低。因而，生产越来越多产出的总劳动需求的增幅变得越来越小。因此，初期劳动需求看来较高的厂商会对经营活动产生一种悲观的想法。假定厂商打算长期经营，并且每年的总劳动需求为 10。在第一年的生产中，劳动需求是 10，那么在其学习经营期间的成本较高。但是，一旦产生了学习效应，生产成本就会下降。8 年以后，生产 10 单位产出的劳动需求仅为 5.1，并且单位产出的成本大体仅为第一年生产的一半。因此，学习曲线效应对于厂商决定进入某个行业是否有利可图来说是很重要的。

❖例 7.8　实践中的学习曲线

251 假定你是一个刚刚进入化工行业的企业的经营者，你会面临下列问题：你是应该生产相对较少数量的产出，并以高价出售，还是应该将产品价格定得较低，从而扩大销售量？如果该产业中存在学习曲线，那么第二种选择是特别吸引人的。不断增加的产量会使平均生产成本降低，从而增强企业的盈利能力。

在开始之前，你应该决定是否真的存在学习曲线。如果存在学习曲线，随着时间的推移，生产并销售更大的产量会降低你的平均生产成本并提高盈利能力。你还要将学习与规模经济区分开来。在规模经济情形下，在任何时点，当产出更大时，平均成本都更低；而在存在学习曲线的情形下，当厂商的累积产出增加时，平均成本下降。通过重复地进行小批量生产，你沿着学习曲线往下移动，但是这并不妨碍你实现规模经济。如果你在一个时点大批量生产，但你并没有机会随着时间的推移而重复你的经验，则相反的情形会出现。

为了做出决定，你可以考察一下能将学习曲线因素（通过劳动和工程技术改进来学习新的工序）与规模报酬递增区分开来的可得的统计资料。一项关于37种化工产品的调查表明，化工行业成本的下降直接与累积的行业产出、对改良了的资本设备的投资相关，而与规模经济的相关程度较低。[1] 实际卜，对所有化工产品来说，平均生产成木以每年5.5%的速度下降。这项研究表明企业规模每增长1倍，平均生产成本下降11%。然而，累积产出增长1倍，平均生产成本则下降27%。这项证据还清楚 252
地表明在化工行业中，学习曲线效应比规模经济更加重要。[2]

在半导体行业中，学习曲线也显得非常重要。对1974—1992年共七代随机存取存储器（DRAM）的研究发现，学习速度约为每年20%。也就是说，累积的生产每增长10%，成本就下降2%。[3] 研究也对日本企业与美国企业的学习曲线进行了比较，并且发现两国企业的学习曲线并没有太大的差别。

另一个例子是飞机制造业，研究发现，该产业的学习速度高达40%。图7.15显示了这一情况，它给出了空中客车公司生产的飞机所需劳动投入的变动趋势。从图7.15中可以看到，前10架或20架飞机所需的劳动投入远远高于第100架或第200架飞机所需的投入。从图中可以看出，在某一点以后，学习曲线变得平坦。这表明，在200架飞机被生产出来后，学习已几乎完成。

图7.15　空中客车公司的学习曲线

说明：学习曲线反映的是随着飞机生产数量的增加而引起的劳动投入的变化。随着生产过程变得井井有条，工人越发熟悉自己的工作，劳动的投入就会急剧下降。

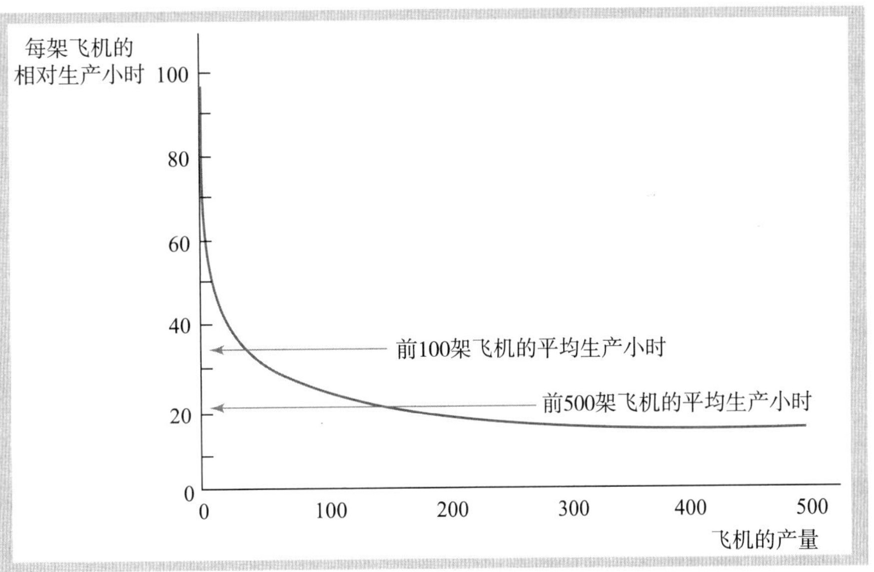

---

① 此项研究由Marvin Lieberman主持完成，参见Marvin Lieberman，"The Learning Curve and Pricing in the Chemical Processing Industries," *RAND Journal of Economics* 15 (1984)：213－228。

② 这里使用了化工产品的平均成本（AC）、累积的行业产出（X）以及平均企业规模（Z）和估计的关系式 $\log(AC)=-0.387\log(X)-0.173\log(Z)$。累积产出的系数－0.387告诉我们累积产出每增加1%，平均成本下降0.387%。企业规模的系数－0.173告诉我们企业规模每增加1%，成本下降0.173%。

通过以产出水平和企业规模变量来解释这两个系数，我们可以将15%的成本下降归于企业平均规模的扩大，将85%的成本下降归于累积的行业产出。假定企业规模变成两倍，而累积产出在此研究中增加了5倍，那么，成本由于规模的增大而下降11%，由于累积产出的增加而降低62%。

③ 此项研究由D. A. Irwin和P. J. Klenow主持完成，参见D. A. Irwin and P. J. Klenow, "Learning-by-Doing Spillovers in the Semiconductor Industry," *Journal of Political Economy* 102 (December 1994)：1200－1227。

学习曲线效应对于确定长期成本曲线的形状具有重要意义，因此有助于指导经营者。经营者可以用学习曲线知识来确定生产经营是否有利可图，如果有利可图，在导致现金流入之前计划好企业经营规模该是多大以及累积产量应该为多少。

*7.7 成本的估计与预测

253

成本函数 将生产成本和产出水平及其他厂商可控制的变量联系在一起的函数。

打算扩大或缩小经营规模的厂商需要预测成本如何随产出变动而变动。对未来成本的估计可以从成本函数获得，**成本函数**（cost function）将生产成本和产出水平及其他厂商可控制的变量联系在一起。假设我们想刻画汽车行业的短期生产成本特征。我们能够获得每个汽车公司汽车产量 Q 的数据，并将此信息与可变成本（VC）关联。使用可变成本而不用总成本，避免将多产品厂商生产过程中的固定成本错误地分配到所研究的特定产品上。①

图 7.16 显示了典型的成本和产出数据模型。图中的每一点均是汽车公司的产出与可变成本的联系。要想准确地预测成本，我们需要确定可变成本与产出的隐含关系。这样，如果厂商扩大生产，我们就能够计算出相关的成本变化了。图中曲线是对于产出和成本数据的合理拟合。（通常用最小二乘回归分析来拟合曲线与数据。）但是，什么形状最合适？我们该如何用代数形式表述它？

图 7.16 汽车行业的可变成本曲线

说明：可以用汽车行业所有个体厂商的数据对行业可变成本曲线进行经验估计。可以用统计方法估计出与厂商产出、可变成本点最拟合的曲线，从而得到可变成本曲线。

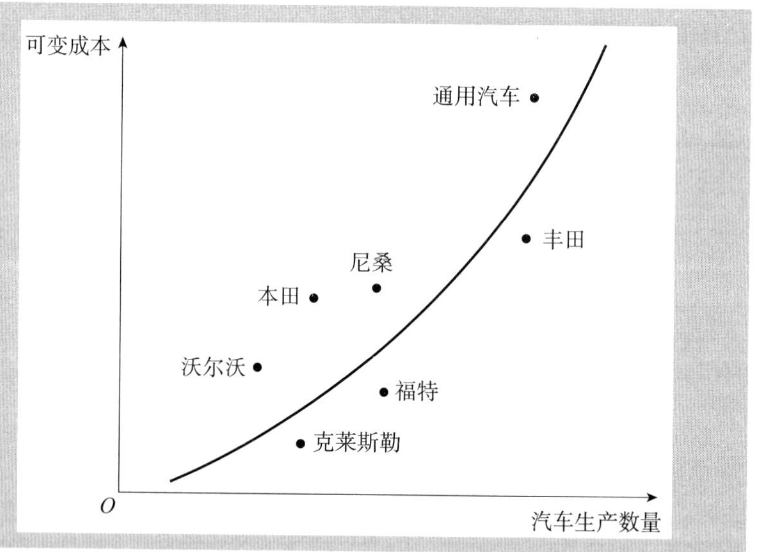

我们可以选择下面的成本函数：

$$\mathrm{VC} = \beta q \tag{7.9}$$

这种成本与产出之间的线性关系使用起来很方便，但它仅适用于边际成本为常数的情

① 如果产出增加而需要添置额外的设备，那么设备的年租赁成本就要算作可变成本。但是，如果在不同产出水平上可以使用同样的机器，那么该成本就是固定成本，而不应计入。

形。[①] 产出每增加一单位，可变成本增加 β，从而边际成本为常数，等于 β。

如果我们希望长期平均成本曲线是U形的，并且边际成本不是常数，我们就必须使用 254
更复杂的成本函数。一种可能形式是二次成本函数，它将可变成本与产出及产出的平方联系在一起。

$$VC = \beta q + \gamma q^2 \tag{7.10}$$

这意味着边际成本曲线是一条直线，$MC=\beta+2\gamma q$。[②] 如果 γ 是正数，边际成本随产出的增加而增加；如果 γ 是负数，边际成本随产出的增加而减少。

如果边际成本曲线是非线性的，我们就要用三次成本函数，即

$$VC = \beta q + \gamma q^2 + \delta q^3 \tag{7.11}$$

图7.17显示了这样的三次成本函数。它意味着边际成本曲线与平均成本曲线一样，是U形的。

由于多种原因，成本函数可能难以度量。首先，产出的数据通常代表各种不同类型产品的加总。例如，通用汽车公司生产的汽车包括了各种型号的汽车。其次，成本数据通常直接来源于会计信息，而难以反映机会成本。最后，当厂商是一个生产多种产品系列的企业集团时，将维修成本和其他费用归集到特定产品中去非常困难。

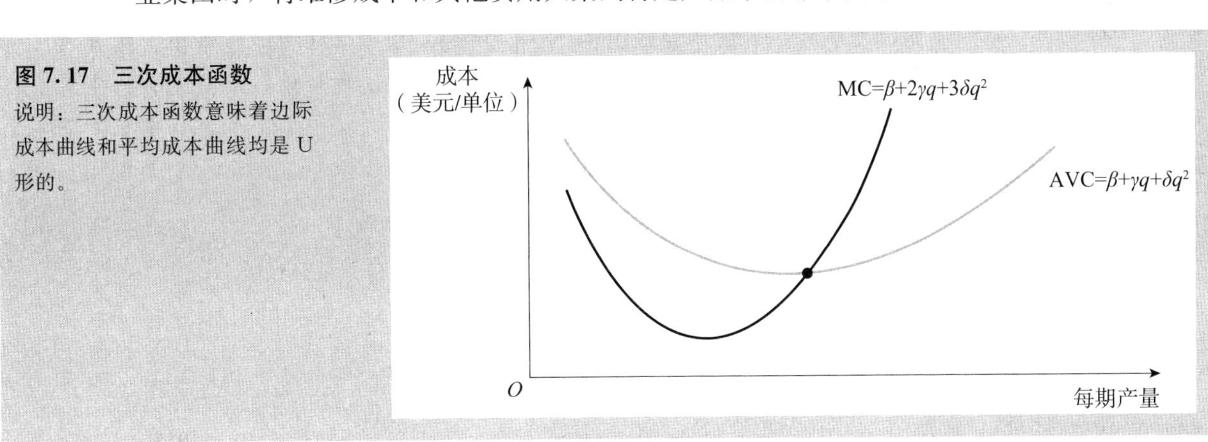

图7.17 三次成本函数

说明：三次成本函数意味着边际成本曲线和平均成本曲线均是U形的。

成本函数与规模经济的测度

请大家回忆一下，当存在规模经济时，成本-产出弹性 E_C 小于1；当存在规模不经济时，成本-产出弹性就大于1。规模经济指数（scale economies index，SCI）被用来衡量是否存在规模经济，其定义如下：

$$SCI=1-E_C \tag{7.12}$$

当 $E_C=1$ 时，SCI=0，这时不存在规模经济和规模不经济。当 E_C 大于1时，SCI是负数，这时存在规模不经济。最后，当 E_C 小于1时，SCI是正数，这时存在规模经济。

① 在统计成本分析中，如果其他变量被加入成本函数中，通常是为了解释厂商之间在投入成本、生产过程和生产组合等方面的差异。

② 短期边际成本由 $\Delta VC/\Delta q=\beta+\gamma\Delta(q^2)/\Delta q$ 给出，但 $\Delta(q^2)/\Delta q=2q$（可以用微分方法或数值举例来验证），因此，$MC=\beta+2\gamma q$。

❖例 7.9　电力的成本函数

255 1955 年，消费者购买了 3 690 亿千瓦时（kwh）电力；1970 年，他们购买了 10 830 亿千瓦时电力。1970 年由于电力公司数量甚少，从而每个企业的产出增加很多。这是由于规模经济的原因，还是由于其他原因呢？如果是由于规模经济的原因，那么从经济学意义上讲，管理当局打破电力公司的垄断是无效率的。

基于 1955 年和 1970 年的投资者中所有的年收益在 100 万美元以上的公司，有人做了一项关于规模经济的有趣的研究。[①] 电力的成本是根据成本函数估计出来的，该函数要比我们以前讨论的二次函数或三次函数稍微复杂一些。[②] 表 7.4 显示了规模经济指数的结果估计。这些结果基于将所有公司划分为五种规模大小不同的类别，以所列的每个类别的中等产出水平为准。

表 7.4　电力工业的规模经济

产出（百万千瓦时）	43	338	1 109	2 226	5 819
SCI 值（1955 年）	0.41	0.26	0.16	0.10	0.04

SCI 为正值表明 1955 年各种规模的企业均存在规模经济，但规模经济的大小随着企业规模的扩大而减小。对 1955 年的研究，相应的平均成本曲线由图 7.18 中标有 1955 字样的曲线给出。在点 A，平均成本最低，产出为大约 200 亿千瓦时。因为在 1955 年没有企业具有这种规模，从而没有企业愿意放弃规模报酬的机会。但是，请大家注意，当产出在 90 亿千瓦时以上时，其中 124 个企业中有 7 个在此规模生产，平均成本曲线显得相对平坦。

图 7.18　电力工业的平均生产成本

说明：1955 年的电力平均成本在大约 200 亿千瓦时处达到最低。到 1970 年，平均生产成本大幅下降，并在大约 330 亿千瓦时处达到最低。

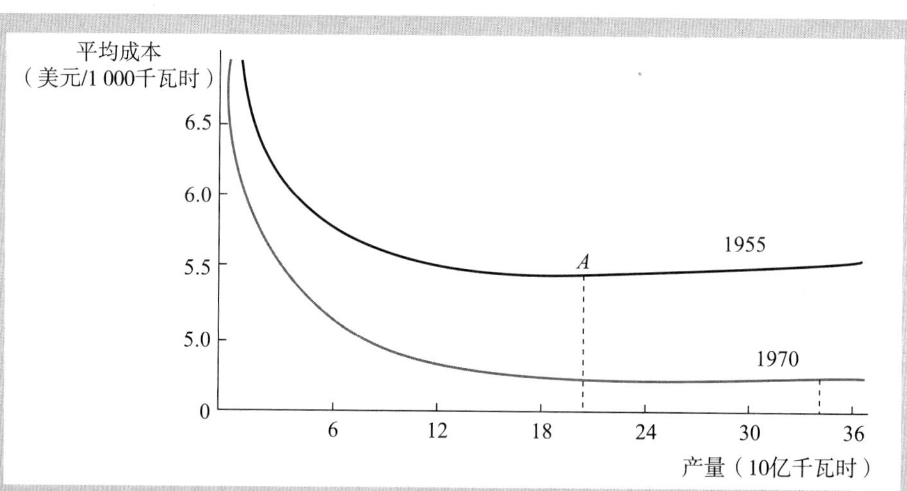

当以 1970 年的数据来估计同样的成本函数时，图 7.18 中标有 1970 字样的成本曲线就是其结果。该图清楚地显示了从 1955 年至 1970 年，生产的平均成本下降了。（数据以 1970 年实际美元价格表示。）但是，现在曲线的平坦部分从 150 亿千瓦时开始。1970 年，80 个企业中有 24 个在这个规模范围内进行生产，因而，许多企业在规模经济已不再重要的平均成本曲线较为平坦的部分进行生产。更为

① 该例基于以下研究成果：Laurits Christensen and William H. Greene，"Economies of Scale in U. S. Electric Power Generation，" *Journal of Political Economy* 84 (1976)：655－676。

② 我们所用的超对数函数给出了比我们所讨论过的任何函数都更具有普遍性的函数关系。

重要的是，绝大多数企业在比 1955 年更为平坦的 1970 年的成本曲线上的平坦部分进行生产（有 5 个企业处于规模不经济部分：联合爱迪生公司 SCI＝－0.003，底特律爱迪生公司 SCI＝－0.004，杜克电 256
力公司 SCI＝－0.012，联邦爱迪生公司 SCI＝－0.014 以及南方电力公司 SCI＝－0.028）。因此，1970 年尚未利用的规模经济要远比 1955 年小得多。

上述成本函数分析使我们明白了，电力企业生产成本的下降不能以大规模企业利用规模经济优势来解释。确切地说，与企业的经营规模无关的技术进步，以及能源投入品（例如煤炭和石油）的实际成本下降才是成本更低的重要原因。向更低平均成本的变化趋势反映为沿着平均成本曲线向右的移动，这与技术进步的效应相比其实很小。

小　结

1. 经营者、投资者和经济学家必须考虑使用厂商资源的机会成本，即厂商放弃的将其资源用于次优选择机会时引起的成本。

2. 经济成本是厂商在生产过程中使用经济资源的成本。经济成本和机会成本是等价的概念，但机会成本特别适用于放弃的替代用途并未反映为货币时。

3. 沉没成本是指已经付出且无法收回的成本。在做经济决策时，如果沉没成本已经发生，则不应该再考虑。

4. 在短期，厂商的一种或多种投入是固定的。总成本可以分为固定成本和可变成本。厂商的边际成本是单位产出增加所引起的可变成本的增加。平均可变成本是总可变成本除以产出。

5. 在短期，不是所有投入都是可变的，报酬递减决定了成本曲线的形状。特别是，单一可变投入的边际产出和边际成本具有反向的关系。平均可变成本曲线和平均总成本曲线是 U 形的。短期边际成 257
本曲线从某点开始向上延伸，并从两条平均成本曲线的下方穿过它们的最低点。

6. 在长期，生产的所有投入均是可变的，从而对投入的选择不仅依赖于生产要素间的相对成本，而且依赖于厂商能够在生产过程中对投入进行替代的程度。通过寻找代表既定产出水平的等产量线和等成本线的切点，可以做出成本最小化的选择。

7. 厂商的扩张路径描绘了厂商如何随着规模或产出的增加而做出成本最小化的投入选择，因而，扩张路径提供了对长期计划决策有用的知识。

8. 长期平均成本曲线是厂商短期平均成本曲线的包络线，它反映了规模报酬的存在或不存在。如果规模报酬不变，且有许多种规模可供选择，则长期成本曲线是一条水平线，它由若干个短期平均成本曲线的最低点构成。然而，如果规模报酬递增或规模报酬递减，那么长期平均成本曲线是 U 形的，这条包络线并不包括所有短期平均成本曲线的最低点。

9. 当厂商能以低于两倍的成本生产出两倍的产出时，就存在规模经济。相应地，当厂商生产两倍的产出需要两倍以上的成本时，就存在规模不经济。即使投入之间的比例可变，规模经济和规模不经济依然存在；规模报酬仅存在于投入之间的比例是固定的情况下。

10. 当厂商以任意组合方式生产两种产品的成本能够低于两个独立厂商各自生产一种产品的成本时，就产生了范围经济。范围经济的程度是根据成本节约的百分比来计量的，这种节约是厂商生产两种产品相对于各自独立生产的成本节约。

11. 如果厂商“学会”了如何更有效地生产，其平均成本就会逐渐下降。学习曲线描绘了当厂商的累积产出增加时，厂商生产既定产出所需投入的减少数量。

12. 成本函数使生产成本和产出水平联系起来了。通过利用某一时期某行业中厂商（或一定时期某行业）的数据，成本函数既可以度量短期的成本，也可以度量长期的成本。有许多函数关系可以用来表示成本函数，其中包括线性的、二次的和三次的等。

复习题

1. 某公司支付给会计人员 10 000 美元的年费，这笔费用是一项经济成本吗？

2. 某小零售店女店主自己做账，你将如何计算她工作的机会成本？

3. 请解释为什么以下说法正确或不正确：

a. 如果一个企业的所有者不给自己支付工资，则会计成本为零，而经济成本为正。

b. 会计利润为正的厂商不一定经济利润也为正。

c. 厂商雇用了一些目前处于失业状态的工人，则其使用这些工人服务的机会成本为零。

4. 假设某种生产中只有劳动为可变成本，如果边际成本随产量增加而下降，你认为劳动的边际产出将如何变化？

5. 假定某椅子制造商发现其生产过程中资本对劳动的边际替代率实际上大于机器租金与工人工资率的比值。他会如何改变资本和劳动的使用来使成本最小化？

6. 为什么等成本线是直线？

7. 假设产品的边际成本递增，这是否意味着平均可变成本递增或递减？请解释。

8. 假设产品的边际成本大于平均可变成本，这是否意味着平均可变成本递增或递减？请解释。

9. 如果厂商的平均成本曲线为 U 形的，为什么其平均可变成本曲线比平均总成本曲线在较低的产出水平上达到其最低点？

10. 如果某厂商在达到一定产出水平前存在规模经济，随后成本随产量增加等比例变化，那么你能说出长期平均成本曲线的形状吗？

11. 一种要素价格的变化是如何引起厂商长期扩张路径的变化的？

12. 区分规模经济与范围经济。为什么其中一个能在另一个不存在的情况下存在？

13. 厂商的扩张路径是否总是一条直线？

14. 规模经济和规模报酬有何不同？

练习题

1. 乔辞去了他在一个计算机软件公司的工作来开办自己的软件公司。辞职前他的工资为 50 000 美元/年，他的新公司开在他自己的一座房子中，这座房子以前出租的租金为 24 000 美元/年。新公司第一年的支出如下：支付给他自己工资 40 000 美元，租金 0 美元，其他支出25 000美元。计算乔的新软件公司的会计成本和经济成本。

2. a. 填充下表中的空格。

b. 作图，在图上表示出边际成本、平均可变成本和平均总成本。（横轴表示产量，纵轴表示成本。）

产量	固定成本	可变成本	总成本	边际成本	平均固定成本	平均可变成本	平均总成本
0			100				
1			125				
2			145				
3			157				
4			177				
5			202				
6			236				
7			270				
8			326				
9			398				
10			490				

258

3. 一个厂商的固定成本为 5 000 美元，边际成本为常数，为 500 美元。

a. 总成本函数是什么？平均成本呢？

b. 如果想使平均总成本最低，它应该选择非常大的产量还是比较小的产量？解释你的结论。

4. 假设某公司必须支付一笔固定数目的年金税，这笔费用与该公司的产量无关。

a. 这项税收将会如何影响公司的固定成本、边际成本和平均成本？

b. 现假定该公司需支付一笔与其产量成比例的税收，那么，该税收又是如何影响公司的固定成本、边际成本以及平均成本的？

5. 最近一期《商业周刊》报道说："在最近的汽车销售不景气时期，通用、福特和克莱斯勒认为，将汽车卖给出租公司的损失要比让工人暂时休息的成本小，这是因为关闭或重开工厂是代价高昂的，这部分是由于汽车制造商现有的工会契约规定，即使工人无事可做也要拿工资。"这篇文章讨论的出售汽车的"损失"，是指会计利润还是指经济利润？这两种利润不同吗？简要说说为什么。

6. 假定经济处于衰退期，且劳动的成本下降了 50%，人们预期劳动成本将在目前水平上保持较长的时间。试用图形表示劳动和资本的相对价格变动对扩张路径的影响。

7. 从 A 地到 B 地的飞行成本为 50 000 美元，每天有四趟航班，分别在早上 7 点和 10 点、下午 1 点和 4 点。飞机容量为 240 个座位，每天第一班和最后一班都是满载的，而第二班和第三班只有一半座位坐满。计算每趟航班的平均成本。如果你是航空公司的咨询顾问，航空公司想知道它应该吸引哪一种顾客，是非高峰期顾客（乘坐中间两趟航班）还是高峰期顾客（乘坐第一趟和最后一趟航班）。你的建议是什么？

8. 你管理一个通过在装配线上的团队工作大规模生产发动机的工厂。生产技术由下列生产函数给出：

$$q = 5KL$$

259 其中，q 是每周生产出的发动机数，K 是装配线的数量，L 是劳动团队的数量。租用一套装配线的每周租金 r=10 000 美元，每个劳动团队的成本为 w=5 000 美元/周。发动机的成本为劳动和装配线成本之和，外加每台发动机的原料成本 2 000 美元。你的工厂安装了固定的 5 套装配线。

a. 你的工厂的成本函数是什么？即生产 q 台发动机需要多少成本？生产 q 台发动机的平均成本和边际成本为多少？平均成本如何随 q 变动而变化？

b. 生产 250 台发动机需投入多少个劳动团队？每台发动机的平均成本为多少？

c. 假设要你为一个新的生产能力提出建议。如果你想最小化每一产出下的总成本，那么新工厂的资本/劳动比（K/L）应为多少？

9. 某公司的短期成本函数由等式 TC=200+55q 给出，其中 TC 是总成本，q 是总产出数量，两者均以千计。

a. 该公司的固定成本是多少？

b. 如果该公司生产了 100 000 单位产品，它的平均可变成本是多少？

c. 生产的边际成本是多少？

d. 平均固定成本是多少？

e. 假定该公司通过贷款扩大生产规模，其固定成本增至 50 000 美元，但其可变成本降至每 1 000 单位产品 45 000 美元，利率 i 也进入成本函数。利率每增加 1%，成本增加 3 000 美元。写出新的成本函数。

*10. 某椅子生产商以 30 美元/小时的价格为其生产线雇用劳动，并假定其机器设备的租金为 15 美元/小时。假定以任何劳动和机器设备的组合生产一把椅子都需 4 小时的劳动和资本组合。如果该公司现在使用 3 小时劳动搭配 1 小时机器设备，它最小化了生产成本吗？如果是，请解释原因。如果不是，怎样才能改善当前的境况？在图上画出等产量线和两条等成本线，其中一条为该厂商当前劳动和资本组合对应的等成本线，另一条为该厂商最优劳动和资本组合对应的等成本线。

*11. 假定厂商的生产函数为 $q=10L^{1/2}K^{1/2}$，每单位劳动的成本为 20 美元，每单位资本的成本为 80 美元。

a. 厂商目前产量为 100 单位，成本最小化的劳动和资本分别为 20 和 5。在图上用等产量线和等成本线表示出来。

b. 厂商想将产量扩大为 140 单位，如果资本在短期是固定的，那么需要多少劳动？在图形上表示出来，并计算新的总成本。

c. 在图形上表示出厂商在长期生产 140 单位产品的成本最小化劳动和资本投入。

d. 如果边际技术替代率为 K/L，计算生产 140 单位产品的最优劳动和资本投入水平。

*12. 某计算机公司的成本函数将其生产的平均成本（AC）与累积的计算机产量（Q，以千计）和以每年所制造的计算机千台数表示的工厂规模（q，范围为 10 000～50 000 台）联系在一起，其关系式如下：

$$AC = 10 - 0.1Q + 0.3q$$

a. 是否存在学习曲线效应？

b. 是否存在规模经济或规模不经济？

c. 公司自创立以来共制造了 40 000 台计算机，且今年生产了 10 000 台。下一年度，公司打算将其生产扩大到 12 000 台。公司的平均生产成本会上升还是下降？请解释。

*13. 假定某行业的长期总成本函数为三次函数：TC=$a+bq+cq^2+dq^3$。证明（用微积分）总成本函数至少在 a、b、c、d 四个参数取某些值时体现为 U 形的平均成本曲线。

*14. 某计算机公司以同样的厂房和劳动生产硬件和软件。生产计算机处理器 H 和软件 S 的总成本由下式给出：

$$\text{TC} = aH + bS - cHS$$

其中，a、b 和 c 均为正数。该总成本函数是否存在规模经济或规模不经济？是否存在范围经济或范围不经济？

*15. 在一篇著名文章［J. Viner, "Cost Curves and Supply Curves," *Zeitschrift fur Nationalokonomie* 3 (Sept. 1931)：23 - 46］中，Jacob Viner 批评给他画图的人无法画出一系列短期 ATC 曲线，让这些曲线的最低点都与 U 形的 LAC 曲线相切。画图员辩护说根本就不能这么画。你支持谁的观点？为什么？在你的答案中也画出图形。

*16. 假设一个铺路厂商用给定的土地数量（T）、可变的水泥数量（C）以及劳动数量（L）铺设停车位（q）。厂商当前正在铺设 1 000 个停车位。厂商的水泥成本为每英亩 4 000 美元，劳动成本为每小时 12 美元。对于厂商选择的 C 和 L 的数量，MP_C=50，MP_L=4。

a. 厂商最小化成本了吗？你是怎么知道的？

b. 如果厂商没有实现成本最小化，它必须怎样调整 C 和 L 的数量以降低成本？

第 7 章附录　生产与成本理论：一种数学的处理方法

本附录提供了对生产和成本的基本理论的数学处理。就像第 4 章附录一样，我们在这
261 里也用拉格朗日乘数法来解决厂商的成本最小化问题。

成本最小化

厂商理论基于以下假设：厂商选择生产过程中的投入，以使生产成本最小化。假如有两种投入：资本（K）和劳动（L），生产函数 $F(K, L)$ 表示每一可能的要素组合条件下所能生产的最大产出。我们假定生产过程中的每种要素均有大于 0 且递减的边际产出。将资本的边际产出 $\mathrm{MP}_K(K, L)$ 和劳动的边际产出 $\mathrm{MP}_L(K, L)$ 分别表示如下：

$$\mathrm{MP}_K(K,L)=\frac{\partial F(K,L)}{\partial K}>0,\ \frac{\partial^2 F(K,L)}{\partial K^2}<0$$

$$\mathrm{MP}_L(K,L)=\frac{\partial F(K,L)}{\partial L}>0,\ \frac{\partial^2 F(K,L)}{\partial L^2}<0$$

一个竞争性厂商接受既定的劳动价格 w 和资本价格 r。那么，成本最小化问题可以写成

$$\min C = wL + rK \tag{A7.1}$$

约束条件为生产 q_0 的产出，

$$F(K,\ L)=q_0 \tag{A7.2}$$

其中，C 表示生产给定产出水平 q_0 的成本。

要确定厂商对资本和劳动投入的需求，我们选择在式（A7.2）的约束下使得式（A7.1）最小化的 K 和 L 的值。我们用第 4 章讨论过的方法来求解这个有约束的最优化问题。

第 1 步：构造拉格朗日函数，为两部分之和：（要最小化的）生产成本，以及拉格朗日乘子与厂商面对的产量约束的乘积：

$$\Phi = wL + rK - \lambda[F(K,L)-q_0] \tag{A7.3}$$

第 2 步：分别对 K、L 和 λ 求偏导，并令其等于 0，我们就可得到最小化的必要条件[①]：

$$\begin{aligned}\partial\Phi/\partial K &= r-\lambda \mathrm{MP}_K(K,L)=0\\ \partial\Phi/\partial L &= w-\lambda \mathrm{MP}_L(K,L)=0\\ \partial\Phi/\partial \lambda &= q_0-F(K,L)=0\end{aligned} \tag{A7.4}$$

262 第 3 步：一般来说，由这些方程就可以得到最优的 K、L 和 λ。特别地，联立前两个条件，我们得到：

$$\frac{\mathrm{MP}_K(K,L)}{r}=\frac{\mathrm{MP}_L(K,L)}{w} \tag{A7.5}$$

式（A7.5）告诉我们，如果要使成本最小化，厂商必须选择使每种要素的边际产出与要素价格之比相等时的要素投入数量。这同我们在式（7.4）中所使用的条件刚好相同。

① 这些条件对于两种投入为正数的问题来说是必要条件。

最终，我们可以将式（A7.4）中的前两个条件以另一种方式联立，算出拉格朗日乘子：

$$r-\lambda \mathrm{MP}_K(K,L)=0 \Rightarrow \lambda=\frac{r}{\mathrm{MP}_K(K,L)}$$

$$w-\lambda \mathrm{MP}_L(K,L)=0 \Rightarrow \lambda=\frac{w}{\mathrm{MP}_L(K,L)} \tag{A7.6}$$

假设产出增加 1 单位。因为资本的边际产出表示资本投入增加 1 单位所引起的产出增加量，所以 $1/\mathrm{MP}_K(K, L)$ 表示生产最后 1 单位产出所需的资本。因此，$r/\mathrm{MP}_K(K, L)$ 表示通过增加资本投入的方法每增加 1 单位额外产出所需的资本投入的成本增加额。同理，$w/\mathrm{MP}_L(K, L)$ 表示通过增加劳动投入的方法每增加 1 单位产出的劳动投入的成本增加额。在上述两种情况下，拉格朗日乘子都等于生产的边际成本，因为它告诉我们，如果产出增加 1 单位会使成本增加多少。

边际技术替代率

请大家回忆一下，等产量线表示能给厂商带来相同产出水平（比如 q_0）的所有投入组合的集合的曲线。因此，条件 $F(K, L)=q_0$ 表示一条等产量线。当投入组合沿等产量线变动时，$F(K, L)$ 的全导数可以给出产出变化，当然结果为 0（也就是说 $\mathrm{d}q=0$）。因此有

$$\mathrm{MP}_K(K,L)\mathrm{d}K+\mathrm{MP}_L(K,L)\mathrm{d}L=\mathrm{d}q=0 \tag{A7.7}$$

整理一下可以得到

$$-\mathrm{d}K/\mathrm{d}L=\mathrm{MRTS}_{LK}=\mathrm{MP}_L(K,L)/\mathrm{MP}_K(K,L) \tag{A7.8}$$

其中，MRTS_{LK} 是劳动与资本之间的边际技术替代率。

现在将式（A7.5）所给出的条件改写，得到

$$\mathrm{MP}_L(K,L)/\mathrm{MP}_K(K,L)=w/r \tag{A7.9}$$

因为式（A7.8）左侧表示等产量线斜率的相反数，所以在等产量线与等成本线的切点，厂商的边际技术替代率（保持产量不变的投入变换）与投入要素的价格比率（表示等成本线的斜率）相等。

我们可以将式（A7.9）再改写一下，从而得到以下结果：

$$\mathrm{MP}_L/w=\mathrm{MP}_K/r \tag{A7.10}$$

式（A7.10）和式（A7.5）等价，它告诉我们，当边际产出经过其要素的单价调整后，所有投入的边际产出相等。 263

生产与成本理论的对偶性

与消费者理论一样，厂商的投入决策也具有对偶性。对 K 和 L 的最优选择，不仅是给定等产量线，选择最低的、与之相切的等成本线的问题，而且是给定等成本线，选择与之相切的、最高的等产量线的问题。假设我们希望花费 C_0 来进行生产。对偶问题要回答的是以成本 C_0 为约束，哪个 K 和 L 的组合能够生产出最多的产出。我们可以看到，求解下列问题的方法体现了对偶的等价性。

$$\max F(K,L) \quad \text{s.t.} \quad wL+rK=C_0 \tag{A7.11}$$

我们可以用拉格朗日方法求解这个问题：

第 1 步：建立拉格朗日函数：

$$\Phi = F(K,\ L) - \mu(wL + rK - C_0) \qquad (\text{A7.12})$$

其中，μ 是拉格朗日乘子。

第 2 步：对拉格朗日函数关于 K，L 和 μ 求微分，令结果等式等于 0，可得产出最大化的必要条件为：

$$\begin{aligned} \frac{\partial \Phi}{\partial K} &= \mathrm{MP}_K(K,L) - \mu r = 0 \\ \frac{\partial \Phi}{\partial L} &= \mathrm{MP}_L(K,L) - \mu w = 0 \\ \frac{\partial \Phi}{\partial \lambda} &= wL - rK + C_0 = 0 \end{aligned} \qquad (\text{A7.13})$$

第 3 步：用式（A7.13）来解出 K 和 L，再结合前两个方程，得到

$$\mu = \frac{\mathrm{MP}_K(K,L)}{r}$$

$$\mu = \frac{\mathrm{MP}_L(K,L)}{w}$$

$$\Rightarrow \frac{\mathrm{MP}_K(K,L)}{r} = \frac{\mathrm{MP}_L(K,L)}{w} \qquad (\text{A7.14})$$

这与式（A7.5）的结果相同，也就是说，等同于成本最小化的必要条件。

柯布-道格拉斯生产函数

柯布-道格拉斯生产函数的形式为 $q = AK^{\alpha}L^{\beta}$，其中，q 是产出水平，K 是资本投入量，L 是劳动投入量，A、α 和 β 都是正的常数。

柯布-道格拉斯成本函数与生产函数

给定具体的生产函数 $F(K,\ L)$，条件式（A7.13）和式（A7.14）可以用来推导出成本函数 $C(q)$。为了弄清这一原理，我们举一个**柯布-道格拉斯生产函数**（Cobb-Douglas production function）的例子。该生产函数为

$$F(K,L) = AK^{\alpha}L^{\beta}$$

式中，A、α、β 是正的常数。

我们假设 $\alpha<1$，$\beta<1$，因而厂商的劳动和资本的边际产出递减。[①] 若 $\alpha+\beta=1$，则规模
264 报酬不变，因为双倍的 K 和 L 生产双倍的 F。若 $\alpha+\beta>1$，则规模报酬递增。若 $\alpha+\beta<1$，则规模报酬递减。

作为应用，考虑例 6.4 所描述的地毯业的例子。小企业和大企业的产量都能用柯布-道格拉斯生产函数来描述。对于小企业，$\alpha=0.77$ 和 $\beta=0.23$。因为 $\alpha+\beta=1$，存在规模报酬不变。然而，对于大企业，$\alpha=0.83$ 和 $\beta=0.22$，从而 $\alpha+\beta=1.05$，存在规模报酬递增。在经济学中我们常常会遇到柯布-道格拉斯生产函数，该函数能用于模型化多种生产形式。我们已经看到它如何涵盖了不同形式的规模报酬。通过 A 的数值变化，它也可以解释技术或生产率的变迁：A 的值越大，在给定水平的 K 和 L 下能生产的产品就越多。

要想找出厂商应该用来使生产 q_0 产出的成本最小化的资本和劳动数量，我们首先写出拉格朗日函数：

$$\Phi = wL + rK - \lambda(AK^{\alpha}L^{\beta} - q_0) \qquad (\text{A7.15})$$

对 L、K 和 λ 分别求偏导，并令这些导数为 0，我们得到

$$\partial \Phi / \partial L = w - \lambda(\beta A K^{\alpha} L^{\beta-1}) = 0 \qquad (\text{A7.16})$$

① 例如，劳动的边际产出由 $\mathrm{MP}_L = \partial[F(K,\ L)]/\partial L = \beta AK^{\alpha}L^{\beta-1}$ 给出，那么，MP_L 随 L 增加而减少。

$$\partial \Phi / \partial K = r - \lambda(\alpha A K^{\alpha-1} L^{\beta}) = 0 \tag{A7.17}$$

$$\partial \Phi / \partial \lambda = A K^{\alpha} L^{\beta} - q_0 = 0 \tag{A7.18}$$

由式（A7.16）我们得到

$$\lambda = w / A\beta K^{\alpha} L^{\beta-1} \tag{A7.19}$$

将此式代入式（A7.17），我们得到

$$r\beta A K^{\alpha} L^{\beta-1} = w\alpha A K^{\alpha-1} L^{\beta} \tag{A7.20}$$

或者

$$L = \frac{\beta r}{\alpha w} K \tag{A7.21}$$

式（7.21）为扩张路径。现在用式（A7.21）消去式（A7.18）中的 L，得

$$A K^{\alpha} \left(\frac{\beta r}{\alpha w} K \right)^{\beta} - q_0 = 0 \tag{A7.22}$$

将此式改写为

$$K^{\alpha+\beta} = \left(\frac{\alpha w}{\beta r} \right)^{\beta} \frac{q_0}{A} \tag{A7.23}$$

或者

$$K = \left(\frac{\alpha w}{\beta r} \right)^{\frac{\beta}{\alpha+\beta}} \left(\frac{q_0}{A} \right)^{\frac{1}{\alpha+\beta}} \tag{A7.24}$$

式（A7.24）是资本的要素需求。我们现在已经确定了成本最小化的资本的数量。因此，如果我们想以最小成本生产 q_0 单位产出，式（A7.24）告诉我们应该在生产计划中包括多少资本。要确定成本最小化的劳动的数量，只要将式（A7.24）代入式（A7.21）即可，因此有

$$L = \frac{\beta r}{\alpha \omega} K = \frac{\beta r}{\alpha w} \left[\left(\frac{\alpha w}{\beta r} \right)^{\frac{\beta}{\alpha+\beta}} \left(\frac{q_0}{A} \right)^{\frac{1}{\alpha+\beta}} \right] \tag{A7.25}$$

$$L = \left(\frac{\beta r}{\alpha w} \right)^{\frac{\alpha}{\alpha+\beta}} \left(\frac{q_0}{A} \right)^{\frac{1}{\alpha+\beta}}$$

式（A7.25）给出了有约束下的劳动需求。请注意，如果工资率 w 相对于资本价格 r 上升了，那么厂商会使用较多的资本，而使用较少的劳动。假如 A 增加了（厂商能以相同的投入生产更多的产出），比如由于技术进步，那么，K 和 L 均会下降。

我们已揭示了给定产出约束条件下的成本最小化可以用来确定厂商的资本与劳动的最优组合。现在我们来确定厂商的成本函数。生产任意产出 q 的总成本可以通过用式（A7.24）代替 K，用式（A7.25）代替 L，并代入等式 $C = wL + rK$ 求得。经过代数运算，我们得到：

$$C = w^{\beta/(\alpha+\beta)} r^{\alpha/(\alpha+\beta)} \left[\left(\frac{\alpha}{\beta} \right)^{\beta/(\alpha+\beta)} + \left(\frac{\alpha}{\beta} \right)^{-\alpha/(\alpha+\beta)} \right] \left(\frac{q}{A} \right)^{1/(\alpha+\beta)} \tag{A7.26}$$

该成本函数告诉我们：(1) 总生产成本如何随产出水平上升而上升；(2) 成本如何随投入的价格变化而变化。当 $\alpha+\beta=1$ 时，式（A7.26）简化为：

$$C = \omega^{\beta} r^{\alpha} \left[\left(\frac{\alpha}{\beta} \right)^{\beta} + \left(\frac{\alpha}{\beta} \right)^{-\alpha} \right] \left(\frac{1}{A} \right) q \tag{A7.27}$$

此时，成本按比例随产出增加，这意味着该生产过程的规模报酬不变。同理，如果 $\alpha+\beta>1$，规模报酬递增；如果 $\alpha+\beta<1$，规模报酬递减。

厂商的这一成本函数包含许多我们想要的特征。为了说明这一点，考虑特殊的规模报酬不变成本函数（A7.27）。假设我们想生产的产出为 q_0 但面临工资翻倍的现实。我们预期成本会怎样变化？新的成本由以下式子给出：

$$C_1=(2w)^{\beta}r^{\alpha}\left[\left(\frac{\alpha}{\beta}\right)^{\beta}+\left(\frac{\alpha}{\beta}\right)^{-\alpha}\right]\left(\frac{1}{A}\right)q_0$$

$$=\underbrace{2^{\beta}w^{\beta}r^{\alpha}\left[\left(\frac{\alpha}{\beta}\right)^{\beta}+\left(\frac{\alpha}{\beta}\right)^{-\alpha}\right]\left(\frac{1}{A}\right)q_0}_{C_0}=2^{\beta}C_0$$

回忆在本节的开头，我们假设 $\alpha<1$ 且 $\beta<1$，因此，$C_1<2C_0$。即使工资翻倍，生产 q_0 的成本也不到两倍，这是预料中的结果。如果厂商对劳动的支出突然增多，它将对劳动进行替代，雇用更多相对便宜的资本来控制总成本上升。

现在我们来考察一下以 C_0 美元成本生产的产出最大化的对偶问题。我们将这个柯布-道格拉斯生产函数问题留给大家作为作业，并请证明式（A7.24）和式（A7.25）描绘了成本最小化的投入选择。在开始之前，请记住这个对偶问题的拉格朗日函数是 $\Phi=AK^{\alpha}L^{\beta}-\mu(\omega L+rK-C_0)$。

练习题

1. 在下列生产函数中，哪些显示出规模报酬递增、
266 不变或递减？

a. $F(K,L)=K^2L$；

b. $F(K,L)=10K+5L$；

c. $F(K,L)=(KL)^{0.5}$。

2. 某产品的生产函数由 $q=100KL$ 给出。若资本价格为 120 美元/天，劳动价格为 30 美元/天，生产 1 000 单位产出的最小成本是多少？

3. 假定某生产函数由 $F(K,L)=KL^2$ 给出，资本的价格为 10 美元，劳动的价格为 15 美元，什么是生产既定产出的成本最小化的资本和劳动的组合？

4. 假定波莉制衣公司生产的轻型大衣的生产过程由下列生产函数给出

$$q=10K^{0.8}(L-40)^{0.2}$$

其中，q 是大衣的生产数量，K 是计算机自动化缝纫机器工作的小时数，L 是劳动小时的数量。除了资本和劳动之外，生产每件大衣还需 10 美元的原料。

a. 将成本最小化，推导出对 K 和 L 的成本最小化需求（作为产出 q、工资率 w 和租金率 r 的函数）。再运用这些来推导出总成本函数（成本作为 q、r、w 的函数，并且常量为 10 美元的原料成本）。

b. 这个生产过程需要技术熟练工人，他们每小时的工资为 32 美元。机器的租金为每小时 64 美元。在这些要素价格之下，作为 q 的函数的总成本为多少？这个技术呈现出了规模报酬递减、不变还是递增？

c. 波莉公司打算每周生产 2 000 件大衣。在以上要素价格下，要雇用多少劳动（以每周 40 小时计算）和多少机器（以每周 40 机器小时计算）？这一产出水平的边际和平均成本各为多少？

5. 斯蒂文的农场用资本和劳动生产苹果，生产函数为 $q_{\text{apple}}=KL^2-L^3$。假设农场有 600 单位资本。

a. 给出斯蒂文劳动的总产出函数。

b. 给出斯蒂文劳动的平均产出函数。

c. 给出斯蒂文劳动的边际产出函数。

d. 劳动投入超出多少后劳动的边际报酬递减？

8 利润最大化与竞争性供给

成本曲线描述的是，厂商生产各种产量下的最低成本。一旦了解了厂商的成本函数，我们就可以转向每个厂商都面对的一个基本问题：应该生产多少？在本章，我们将看到，厂商如何选择产量水平以最大化利润。我们还将看到，如何用单个厂商对产量的选择导出整个行业的供给曲线。

因为我们在第 6 章和第 7 章对生产和成本的讨论适用于各类市场上的厂商，所以我们将开始一种一般意义上的利润最大化决策的讨论。不过，我们也会转向本章的核心——完全竞争市场，在这样的市场上，所有厂商生产相同的产品，每个厂商相对于行业而言微不足道，所以它的生产决策对市场价格不产生影响。如果新的厂商发现了盈利的潜在机会，它们能容易地进入这个行业；如果现有厂商开始亏损，它们则能轻易地退出这个行业。

我们将先解释什么是竞争性市场，接着说明为什么假设（在所有类型的市场中）厂商追求利润最大化目标是有意义的。我们为厂商在所有类型市场上——竞争的和非竞争的——选择利润最大化的产量提供一条准则。然后我们分析竞争性厂商在短期和长期如何选择它的产量。

接着我们将讨论当生产成本或投入价格变化时，厂商的产量选择如何变化。由此，我们将分析如何推导出厂商的供给曲线，然后我们将各个单个厂商的供给曲线加总起来，得到行业的供给曲线。在短期，某一行业的厂商选择生产一定水平的产量，实现利润最大化。在长期，厂商不仅选择产量，还要决定是否留在市场上。我们将看到，高利润的前景鼓励着厂商进入一个行业，而亏损则促使它们退出。

本章要点

8.1　完全竞争市场 267
8.2　利润最大化
8.3　边际收益、边际成本与利润最大化
8.4　选择短期产量
8.5　竞争性厂商的短期供给曲线
8.6　短期市场供给曲线
8.7　长期的产量选择
8.8　行业的长期供给曲线

案例列表

例 8.1　纽约市的共管公寓与合作公寓
例 8.2　精炼铝工厂的短期产出决策
例 8.3　经理的一些成本考虑
例 8.4　石油产品的短期生产
例 8.5　铜的短期全球供给
例 8.6　成本不变、成本递增与成本递减行业：咖啡、石油与汽车行业
例 8.7　纽约市出租车的供给
例 8.8　房屋的长期供给

8.1　完全竞争市场

在第 2 章，我们用供给-需求分析解释了诸如小麦或石油之类的产品的市场价格如何随市场条件的变化而变化，我们看到每一种产品的均衡价格
和产量都是由供给曲线和需求曲线的交点决定的。这一分析的隐含条件是 268
完全竞争市场模型，完全竞争市场模型对很多市场的研究都非常重要，如

农产品、燃料、日用品、住房、服务业、金融市场等等。因为这一模型是如此重要，所以我们需要先花一点时间来研究它的基本假设。

完全竞争理论依赖于三个基本假设：(1) 价格接受者；(2) 产品同质；(3) 自由进入与退出。在本书前面的章节你们已经遇到过这些假设；这里我们总结并详细阐述它们。

价格接受者 对市场价格没有影响，因而只能接受给定价格的厂商。

价格接受者 市场上存在很多个厂商，每一个厂商都要与很多直接竞争者进行竞争。因为每个厂商出售的产量占全部行业产量的比重足够小，以至其决策对市场价格不产生影响，所以每个厂商视价格为给定的。简言之，完全竞争市场上的厂商为**价格接受者**（price takers）。

例如，假设你是一个电灯泡分销商，你从生产商那里进货，然后批发给小商人和零售店。不幸的是，你仅仅是很多分销商中的一个，所以你会发现同顾客讨价还价的余地很小。如果你不以竞争性价格（由市场决定的价格）出售，顾客会去其他地方购买。另外，你也知道自己所销售的灯泡数量对于市场价格几乎没有影响，你是一名价格接受者。

价格接受者的假定对于顾客和厂商一样适用。在完全竞争市场上，每一个顾客购买的数量很少，以至对市场价格完全没有影响，因此他们也将价格视为给定。

价格接受者假设也可以描述成市场上有大量独立厂商和消费者。厂商和消费者认为他们的决策对市场价格没有影响。

产品同质 价格接受行为一般发生在厂商都生产完全相同或者几乎相同产品的市场上。在这种情况下，所有厂商的产品互相之间是完全替代的，也就是说，它们是完全同质的，任何一个厂商如果想将其产品的价格提高到市场价格之上，都必然会失去顾客。很多农产品都是同质的：以谷物为例，因为同一区域内所有农场生产的产品质量比较类似，购买者也就不会过问究竟是哪个农场生产的了。石油、汽油和诸如铜、铁、木材、棉花及钢板之类的原料也基本上是同质的。经济学家通常认为这些同质产品为农（矿）产品。

相反，如果产品是异质的，则每一个厂商都有机会提高其价格，而不会导致顾客流失。例如，哈根达斯之类的高档冰激凌可以以更高的价格出售，因为哈根达斯的成分与其他冰激凌有所不同，很多追求高档产品的顾客喜欢它。

产品同质性的假设非常重要，因为它保证了单一市场价格的存在，这使市场供求的分析变得有意义。

自由进入与自由退出 第三个假设——**自由进入/自由退出**（free entry/free exit）的
269 意思是，厂商进入一个新行业，或者行业中现有厂商由于无法盈利而退出时，不会有特别的成本发生。因此，在完全竞争市场中，购买者可以很容易地从一个厂商转向另一个厂商，厂商也可以很容易地进入或者退出市场。

自由进入/自由退出 不存在任何特别的成本使厂商难以进入（退出）某个行业的情形。

这种特别的成本是指新进入的厂商必须承担而现有厂商却不再需要支付的成本。例如，制药行业就不是一个完全竞争市场。因为像默克（Merck）和辉瑞（Pfizer）这些厂商都已经拥有很多专利，这些专利赋予它们生产某些药物的专有权。新进入的厂商或者需要投入高额研发费用研制新药物，或者必须向现有厂商支付高额的专利许可费用以取得生产资格。研发费用和专利许可费用都会限制厂商的进入能力。同样，飞机制造业也不是完全竞争的，因为进入者必须在生产车间和设备上进行巨额投资，但是这些设备却几乎无法转卖。

自由进入和自由退出的假设对于竞争的有效性非常重要。对于顾客来讲，如果现有销售商提高价格，它可以很容易地转向其他销售商。而对于厂商来讲，这意味着如果一个厂商看到盈利机会，它可以自由地进入该行业；而如果有厂商亏损，它也可以自由退出。因此一个厂商总可以雇用到所需要的劳动，购买到所需要的资本和原料。同样，如果厂商需要关闭或重新安排生产，它总可以处置这些生产要素。

如果关于完全竞争的这三个条件都成立，供求曲线就可用于分析市场价格行为。当然，在大多数市场上，这些假设条件不可能完全成立。然而，这并不意味着这一模型没有用处。有一些市场——如农产品市场——几乎可以满足完全竞争理论的这些条件。不过，即使这三个假设条件的一个或多个并不成立，并且市场不是完全竞争的，通过与完全竞争的理想模型进行比较，我们仍然能得到很大的启迪。

市场何时是高度竞争的？

除了农业，世界上几乎没有哪个市场是完全竞争的——每个厂商的产品都是完全同质的，面临着一条完全水平的需求曲线，厂商可以自由进入和自由退出行业。然而，由于一些市场是高度竞争的，在这些市场里，厂商面对的是高弹性需求曲线，进入与退出都相对容易。

一个简便的用于描述市场是否接近完全竞争的经验准则会很受欢迎。遗憾的是，我们没有这样的准则，理解其原因是很重要的。考虑最明显的情形：一个有许多厂商（如至少10个或者20个）的行业。由于厂商可以在价格制定上进行或明或暗的合谋，对于判断一个行业是否大体上是完全竞争的，存在许多厂商这个条件并不充分。相反，市场上仅有几个厂商也不能排除竞争行为。假设市场上仅有三个厂商，但是产品的市场需求是非常富有弹性的，那么每个厂商面临的需求曲线可能接近水平的，厂商的行为就像在完全竞争市场上一样。或者，即使市场的需求弹性不是很大，这三个厂商也可能会进行激烈的竞争（正如在第13章我们要讨论的）。重要的是要记住，即使厂商在很多情况下会表现出竞争性行为，也没有简单的指标显示出市场何时基本上是完全竞争的。正如在第12章和第13章我们要做的，我们通常有必要分析厂商本身和它们之间的策略互动行为。

8.2 利润最大化

现在，我们来分析厂商的利润最大化。在这一节，我们要问厂商是否真的追求利润最 270
大化；接着在第8.3节，我们将阐述一条准则，任何厂商，不管在竞争性市场还是其他市场，都能用它来发现其利润最大化的产量水平；最后，我们考虑厂商在竞争性市场上的特殊情形。我们将竞争性厂商面对的需求曲线与市场需求曲线区别开来，并用它来阐述竞争性厂商利润最大化的准则。

厂商最大化利润了吗？

微观经济学经常用到利润最大化的假设，因为它合理而准确地预测了商业行为并可避免不必要的分析上的混乱。但厂商是否真的以利润最大化为目标，一直存在争议。

对由所有者自己管理的小企业来说，利润似乎决定着差不多全部的企业决策。然而在大企业里，做日常决策的经理通常很少与所有者（即股东）接触，结果导致企业的所有者不能常规化地监督经理的行为。这么一来，经理在经营上便有回旋的余地，并能在某种程度上偏离利润最大化的目标。

经理可能会更关心其他目标，例如收入最大化、收入增长或者为迎合股东而支付红利。经理也可能过于关注企业的短期利润（也许是为获得晋升或巨额奖金）而牺牲长期利润，即使长期利润最大化更符合股东的利益。[1] 因为技术信息和市场信息要花很多金钱和精力才能获得，经理有时可能会用简单法则来做决策，这种决策需要的信息少于理想状态下需要的信息。在某些情况下，他们可能会采用比股东所希望的风险水平大得多的兼并和（或）发展战略。

近年来企业破产案件（特别是在网络、电信和能源行业）的上升以及 CEO 工资的快速增长，都引起了人们对大型企业经理激励问题的关注。这些重要问题我们将在第 17 章更详细地讨论。这里我们必须认识到，经理追求长期利润最大化以外的其他目标的自由度还是有限的。如果他们一味追求这些目标，股东或董事会就可以撤换他们，或者由新的管理层来接管企业。无论如何，不追求利润最大化的企业不大可能幸存。企业要在竞争性行业中生存下去，就得将长期利润最大化作为它们最优先考虑的目标之一。

因此，我们运用利润最大化假设是合理的。长期持续经营的厂商似乎更关心利润，不管它们的经理看起来在干什么。例如，一个补贴公共电视台的厂商似乎看起来是有公益精神和利他主义的，但这一慈善行为可能正是该厂商的长期经济利益之所在，因为它给厂商及其产品创造了商誉。

其他组织形式

271 我们已经强调了，利润最大化是针对厂商行为的大部分经济分析中所使用的基本假设。让我们暂停一下，考虑该假设的一项重要限定：一些组织形式的目标与利润最大化目标相比有较大不同。这类组织的一种重要形式是**合作社**（cooperative）——一些厂商或个人共同拥有的社团，由成员为了共同利益运营。例如，许多农庄可能决定加入一项合作协议，通过资源共享以便把牛奶分配和推销给消费者。因为奶业合作社的每一个成员都是一个自主的经济实体，每个农庄在给定共同的市场销售和分配协议基础上，都力图实现自身的利润最大化（而不是合作社整体利润最大化）。这类合作协议在农业市场中很普遍。

> **合作社**
> 一些厂商或个人共同拥有的社团，由成员为了共同利益运营。

在许多城镇或城市，人们可以参加一个食品合作社，该社团的目标是以最低成本向成员提供食品和其他日常用品。通常，一个食品合作社看起来像一家商店或小超市。购物要么限于成员，要么不限成员但成员能享受折扣。价格被制定在一个合理的水平以便合作社能避免亏损，且利润是偶尔出现的，并（以购买金额按比例的形式）返还给所有成员。

住房合作社（也可以简称为 cp-ops）是这种组织形式的另一个例子。一栋合作住房是一栋名义上由一个公司拥有土地和建筑产权的公寓，但合作公寓的住户拥有该公司的股份，且同时拥有公寓内住房单元的居住权——与长期租赁协议很类似。合作公寓的成员能以各种形式参与公寓的管理：组织社会活动，打理财务甚至决定邻居是谁。和其他类型的合作社一样，合作公寓的目标不是利润最大化，而是以最低的成本向成员提供高质量的住房。

> **共管制**
> 个人拥有住宅单位，而公共设施为共有，并要共同付钱来维护和管理那些公共设施。

一种相关的组织类型是**共管制**（condominium），特别是在住房领域。共管制下的住宅单位（公寓、联排别墅或其他形式的房地产）由个人所有，而公共设施，例如门厅通道、取

① 更确切地说，企业市场价值最大化是比利润最大化更为合适的目标，因为市场价值包括了厂商跨时的全部利润流。现在和未来利润的整体是股东的直接利益。

暖系统、电梯和围墙等为共管制的所有成员所共同控制。这些成员也要共同付钱来维护和管理那些公共设施。与合作制相比，共管制的重要优势是简化了管理，正如例 8.1 所讨论的。

例 8.1　纽约市的共管住房与合作住房

虽然共管住房的业主必须加入业主委员会来管理公共空间（如门廊），但他们仍能就如何管理各自的地方以尽可能实现价值最大化做出决策。相反，合作住房的成员共同负担有关住房的所有未付抵押贷款，并且要服从更复杂的管理规章制度。虽然大部分管理通常由代表所有合作住房成员的委员会来承担，但各成员仍需花较多时间经常参与管理。另外，共管住房的成员能够任意选择时间和对象出售住房，而合作住房成员在出售住房前必须得到合作住房委员会的批准。

从全美国来看，共管住房的形式比合作住房的形式更普遍，几乎是 10∶1。在这一点上，纽约市与美国其他城市相比非常不同——其合作住房更普遍，它与共管住房之比是 4∶1。什么原因使得纽约市住房合作制更受欢迎呢？部分解释是历史原因。住房合作制是美国的一种很古老的组织形式，可以追溯到 19 世纪中叶。而住房共管制的发展从 20 世纪 60 年代才开始，这时纽约的大部分住房都是合作住房了。另外，虽然共管住房在美国其他地区更受欢迎，但纽约的住房监管制度使住房合作制成为更符合要求的管理结构。 272

但这些只是历史。纽约的住房限制条款早就被取消了，但合作住房向共管住房的转变比较慢。这是为什么？最近的一项研究提供了一些有意思的答案。[①] 作者发现，一座典型的共管住房比相同条件下的合作住房贵 15.5%。显然，合作住房形式并不是住房价值最大化的一种最佳方式。另外，合作住房的拥有者在原先的邻居出售房屋时享有对未来邻居的选择权——这是纽约人更在乎的。因此，在纽约，许多人愿意放弃一些货币收益而实现一些非货币收益。

8.3　边际收益、边际成本与利润最大化

利润　总收益减去总成本的差额。

边际收益　产出增加一单位时收益的变化。

我们现在转向利润最大化假设，讨论一个厂商以此为目的进行运营的含义。首先让我们看看一个厂商的利润最大化产量决策，不管该厂商是在完全竞争市场上运营的厂商还是属于那种能影响价格的厂商。因为**利润**（profit）是总收益与总成本的差额，所以，为了确定厂商利润最大化的产量水平，我们必须分析它的收益。假定厂商的产量为 q；获得的收益为 R，这个收益等于产品价格 P 乘以销售数量，即 $R=Pq$；生产成本 C 也依赖于产出水平。厂商的利润等于收益减去成本，即：

$$\pi(q) = R(q) - C(q)$$

（在这里我们清楚地看到，π、R 和 C 均依赖于产量，通常我们省略这一提示。）

为实现利润最大化，厂商选择产量以使总收益与总成本之间的差最大，如图 8.1 所示。收益 $R(q)$ 是一条曲线，如果厂商想增加销售额，必须降低其价格。这条线的斜率就是**边际收益**（marginal revenue），即产出增加一单位时收益的变化。

① Michael H. Schill，Ioan Voicu，and Jonathan Miller，"The Condominium v. Cooperative Puzzle：An Empirical Analysis of Housing in New York City，" *Journal of Legal Studies*，Vol. 36（2007）：275－324.

边际成本
生产增加一单位时成本的变化。

同样，总成本曲线 $C(q)$ 的斜率度量了**边际成本**（marginal cost），即产出增加一单位时成本的增加量。因为在短期存在固定成本，所以当产量为零时，$C(q)$ 为正。

对于图 8.1 所描述的厂商，当产量较低时，利润为负，因为收益不足以抵消固定成本
273 和可变成本。随着产量的增加，收益上升的速度大于成本上升的速度，利润最终变为正值。随后利润会一直增加，直到产量达到 q^* 时为止。这时，边际收益与边际成本相等，收益曲线与成本曲线之间的距离 AB 达到最大，q^* 是利润最大化的产出水平。注意，当产量大于 q^* 时，成本的上升快于收益的上升，即边际收益小于边际成本，因此，从这一产量开始，利润随产量的增加而下降。

图 8.1　短期利润最大化

说明：厂商选择产量 q^*，以使利润（即收益 R 和成本 C 之差）AB 最大。在该产出水平上，边际收益（收益曲线的斜率）等于边际成本（成本曲线的斜率）。

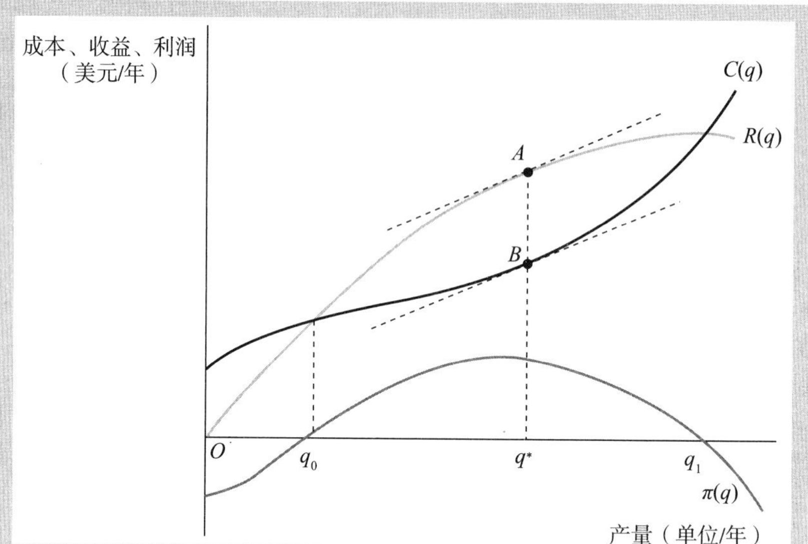

边际收益等于边际成本时利润最大化，这一法则适用于所有厂商，无论竞争性厂商还是非竞争性厂商。这一重要法则同样可以从数学上推导出来。利润即 $\pi=R-C$，在额外增加一单位产量正好使利润不变的点上达到最大（即 $\Delta\pi/\Delta q=0$）：

$$\Delta\pi/\Delta q = \Delta R/\Delta q - \Delta C/\Delta q = 0$$

$\Delta R/\Delta q$ 即边际收益 MR，$\Delta C/\Delta q$ 即边际成本 MC。因此，我们得出结论，当 $\mathrm{MR}-\mathrm{MC}=0$ 时，利润最大。所以有

$$\mathrm{MR}(q) = \mathrm{MC}(q)$$

竞争性厂商的需求与边际收益

因为在竞争性行业中的每一个厂商的销售仅仅占整个行业销售量的很小一部分，所以厂商决定出售多少产品对该产品的市场价格没有影响。市场价格由行业需求曲线与供给曲
274 线决定。因此，竞争性厂商是价格接受者。回忆一下，价格接受者是完全竞争市场的一个基本假设。厂商也知道自己的产量决策将不会对产品价格产生影响。例如，当农场主考虑某年该种植多少英亩小麦时，他可以将小麦的市场价格（4 美元/蒲式耳）看成给定的，这一价格将不受他种植面积决策的影响。

一般来说，我们想把市场需求曲线和单个厂商面对的需求曲线区别开来。在本章，我们用大写字母来表示市场产量（Q）和需求（D）；用小写字母来表示厂商的产量（q）和

需求（d）。

因为厂商是价格接受者，单个竞争性厂商面对的需求曲线由一条水平线给出。在图 8.2（a）中，农场主的需求曲线对应于每蒲式耳小麦 4 美元的价格，横轴代表农场主能售出的小麦数量，纵轴代表价格。

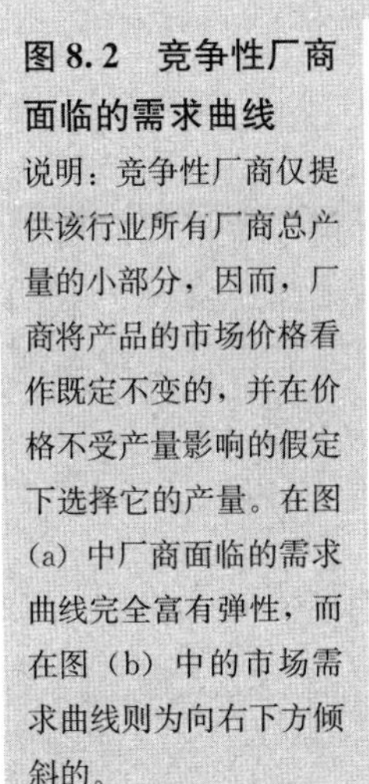

图 8.2　竞争性厂商面临的需求曲线

说明：竞争性厂商仅提供该行业所有厂商总产量的小部分，因而，厂商将产品的市场价格看作既定不变的，并在价格不受产量影响的假定下选择它的产量。在图（a）中厂商面临的需求曲线完全富有弹性，而在图（b）中的市场需求曲线则为向右下方倾斜的。

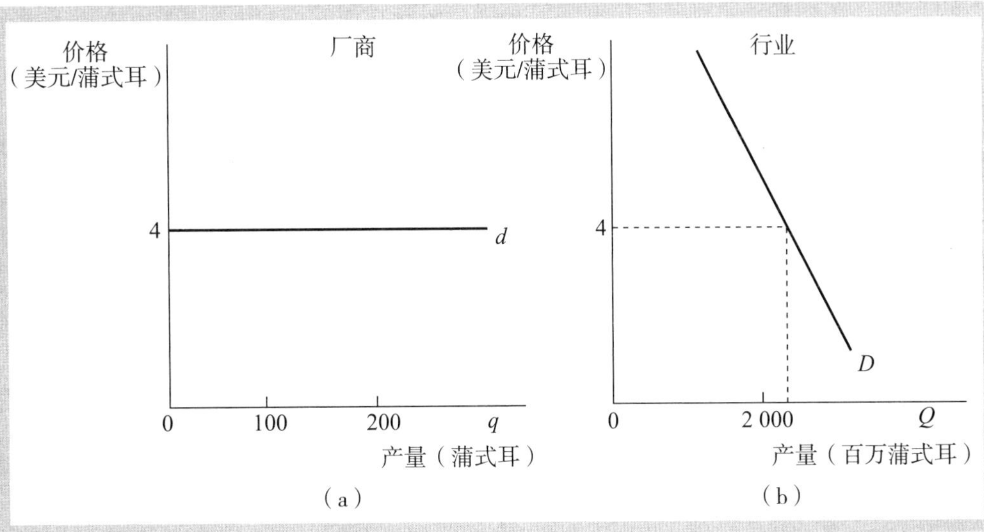

让我们来比较图 8.2（b）中的市场需求曲线和图 8.2（a）中厂商面临的需求曲线。市场需求曲线表示在每一可能价格下所有消费者将购买的小麦数量。市场需求曲线向下倾斜，因为在较低的价格下，消费者购买更多的小麦。但是，厂商面临的需求曲线是水平的，因为厂商的销售量对价格没有影响。假设厂商将小麦的销量从 100 蒲式耳增加到 200 蒲式耳，这对市场几乎不产生影响，因为在每蒲式耳 4 美元的价格下整个行业的小麦产量为 20 亿蒲式耳。价格取决于市场上所有厂商与消费者的互动，而非由单个厂商的产量决定。

同理，当单个厂商面对水平的需求曲线时，它不降低价格就能售出一单位额外的产量，
由此销售额外一单位产品增加的总收益等于价格（每蒲式耳售价 4 美元便产生 4 美元的额 275
外收入）。与此同时，厂商收到的平均收益也为 4 美元，因为生产的每蒲式耳小麦都将按 4 美元出售。因此：

> 在竞争性市场上，单个厂商面对的需求曲线 d 既是它的平均收益曲线，又是它的边际收益曲线。在这条曲线上，边际收益与价格相等。

竞争性厂商的利润最大化

因为竞争性厂商面对的是一条水平的需求曲线，所以 $\mathrm{MR}=P$，适用于所有厂商的利润最大化的一般法则可以简化。完全竞争性厂商应该选择的产量是使边际成本等于价格：

$$\mathrm{MC}(q) = MR = P$$

注意，这一法则是用来确定产量而非价格的，因为竞争性厂商把价格视为给定的。

因为竞争性厂商选择利润最大化产量是如此重要，所以我们将用本章余下的大部分篇幅来加以分析。我们先从短期决策开始，然后转入长期决策。

8.4 选择短期产量

在短期，当厂商生产规模固定不变时，经理应如何选择产量水平以实现利润最大化？在本节我们将分析厂商如何利用有关收入和成本的资料来做产量决策以实现利润最大化。

竞争性厂商的短期利润最大化

在短期，厂商资本数量固定，必须选择它的可变投入（劳动和原材料）水平，以使利润最大化。图 8.3 显示了厂商的短期决策。平均收益曲线和边际收益曲线都画成水平线，价格等于每单位 40 美元。在图中，我们画出了平均总成本曲线（ATC）、平均可变成本曲线（AVC）以及边际成本曲线（MC），这样我们更容易看出厂商的利润。

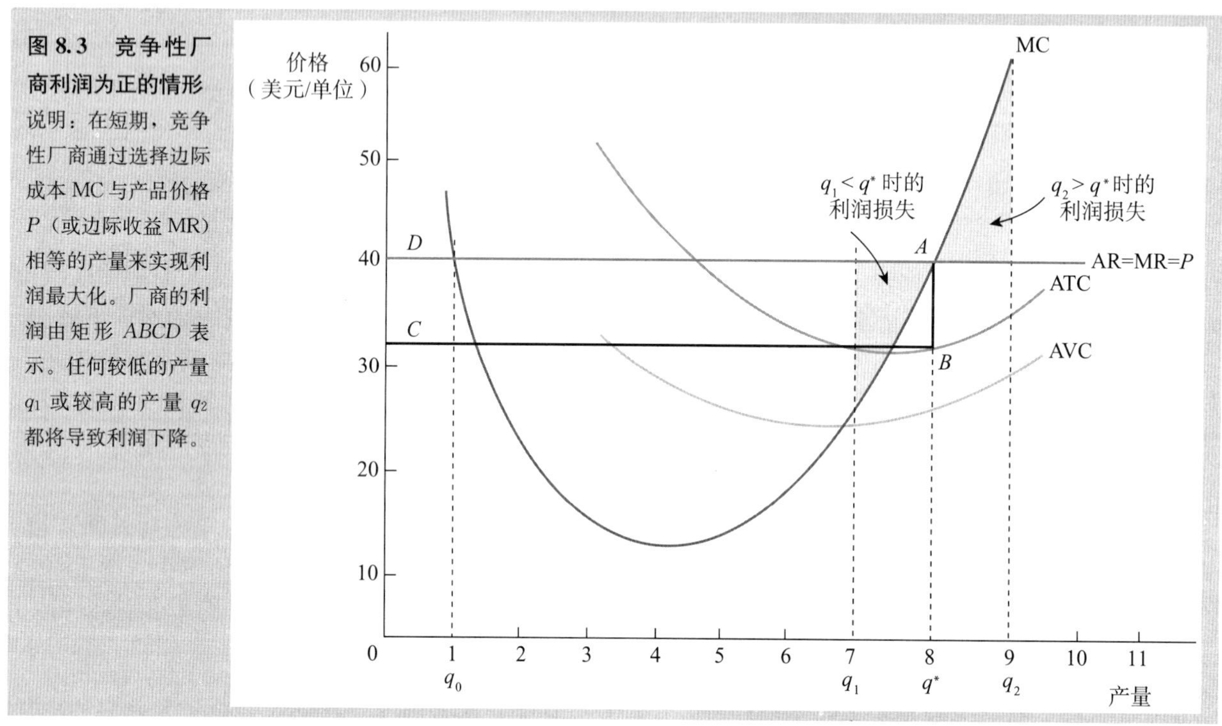

图 8.3 竞争性厂商利润为正的情形

说明：在短期，竞争性厂商通过选择边际成本 MC 与产品价格 P（或边际收益 MR）相等的产量来实现利润最大化。厂商的利润由矩形 $ABCD$ 表示。任何较低的产量 q_1 或较高的产量 q_2 都将导致利润下降。

利润在点 A 达到最大，此时 $q^*=8$，价格为每单位 40 美元，因为在该点边际收益等于边际成本。为了证明 $q^*=8$ 事实上是利润最大化的产出，我们在一个较低的产量水平下，假设$q_1=7$，边际收益大于边际成本，所以增加产量能增加利润。在 $q_1=7$ 和 q^* 之间的阴影部分表示生产 q_1 产量所损失的利润。在一个较高的产量水平下，例如 $q_2=9$，边际成本大于边际收益，因而，降低产量能节约的成本超过收入减少额。q^* 与 $q_2=9$ 之间的阴影部分表示生产 q_2 所损失的利润。当 $q^*=8$ 时，利润为矩形 $ABCD$ 的面积。

MR 曲线和 MC 曲线在产量为 q_0 和 q^* 处相交，但在 q_0 产量下利润显然没有最大化。超
276 过 q_0 的产量增加，导致利润增加，因为边际成本小于边际收益；所以，利润最大化的条件是：当边际成本曲线处于上升阶段时，边际收益等于边际成本。该结论非常重要，因为它适用于完全竞争市场或非完全竞争市场中的厂商决策。我们把该结论重述如下：

产出法则 如果一个厂商可以在任何产出水平上生产，那么它应当在边际收益等于边际成本的产出水平上生产。

图 8.3 也显示了竞争性厂商的短期利润。线段 AB 是产量为 q^* 时价格和平均成本的差额，它代表每单位产出的平均利润。线段 BC 代表生产的产品总量，因而矩形 $ABCD$ 即为厂商的总利润。

厂商在短期未必总能获利，正如图 8.4 所示。该图与图 8.3 最大的区别是生产的固定成本较高，因而提高了平均总成本，但没有改变平均可变成本曲线和边际成本曲线。在利润最大化产量 q^* 处，价格 P 低于平均成本，所以线段 AB 表示生产的平均亏损。类似地，矩形 $ABCD$ 现在表示厂商的总亏损。 277

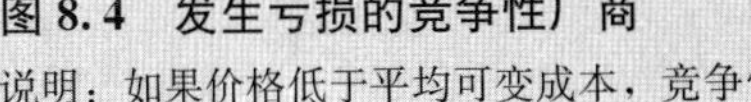

图 8.4 发生亏损的竞争性厂商

说明：如果价格低于平均可变成本，竞争性厂商就应该关闭。但如果在短期，价格高于平均可变成本，竞争性厂商就可能生产。

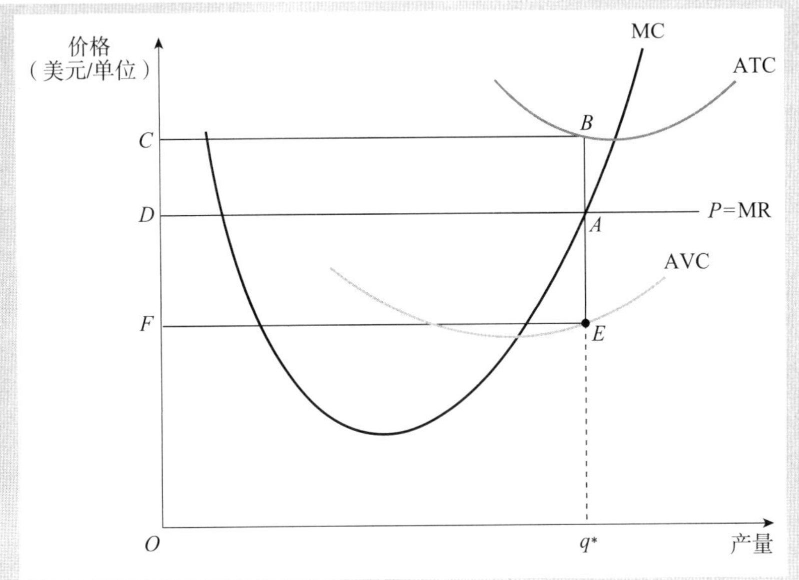

厂商应该在何时关闭?

假设一个厂商处于亏损之中。它应该关闭并退出此行业吗?答案部分取决于厂商对其未来经营状况的预期。如果厂商预期未来的经营环境会得到改善并继而获利，那么在短期的亏损状态下它可能继续经营。不过，让我们暂时假设厂商预期产品的价格在可预见的未来保持不变。现在它该怎么做呢?

注意，在利润最大化的点 q^*，价格低于平均总成本时厂商处于亏损之中。此时，如果境况改善的机会很小，厂商就应该关闭工厂并退出此行业。即使像图 8.4 那样价格高于平均可变成本，这样做依然合适。如果厂商按照损失最小的产量 q^* 继续生产，它就会遭受损失，因为价格低于平均总成本。也要注意，在图 8.4 中，因为存在固定成本，平均可变成本低于平均总成本，厂商实际上处于亏损状态。回顾一下，固定成本是不随产出水平变化而变化的成本，但如果厂商关闭，这部分成本就会被消除。（固定成本的例子包括工厂经理、保安人员的薪水以及保证灯、取暖等设施正常运行的电力。） 278

关闭工厂总是明智之举吗?不一定。如果厂商预期未来产品价格上升或生产成本下降，从而带来盈利，那么它就会在短期亏损下继续经营。在亏损下经营可能相当痛苦，不过这为厂商保留了美好未来的希望。而且，通过保持运营，厂商保留了改变资本数量的灵活性，从而可以降低平均总成本。在产品价格高于平均可变成本的条件下，继续经营的选择尤其具有吸引力，因为在 q^* 下生产使得厂商仍然可以收回部分固定成本。

我们在第 7 章比萨店的例子（例 7.2）中做了一个有用的陈述。回忆一下，比萨店有较高的固定成本（必须支付的租金、比萨烤箱等）和较低的可变成本（原材料和一些雇员的工资）。假设比萨的价格低于总生产成本，那么，如果比萨店继续经营是亏损的并且预测未来的经营环境不会发生变化，它就应该关门大吉。不过，店主应该把店铺出售并退出这个行业吗？不一定；决策要依赖于他对比萨行业未来的看法。或许加入墨西哥胡椒、提高价格并对这种香辣味比萨进行广告宣传能达到想要的结果。

∵例 8.2　精炼铝工厂的短期产出决策

精炼铝工厂的经理应该如何决定其利润最大化产量呢？回忆一下例 7.3，我们知道精炼铝工厂的短期边际成本取决于它是实行每天两班轮换还是三班轮换。如图 8.5 所示，如果日产量低于 600 吨，其边际成本为 1 140 美元/吨；而如果产量在 600 吨和 900 吨之间，则其边际成本变为 1 300 美元/吨。

假设一开始时铝的价格为 P_1＝1 250 美元/吨，则其利润最大化产量为 600 吨，厂商可以通过两班轮换取得高于平均可变成本的 110 美元/吨的利润。如果实行三班轮换，则要求加班，铝的价格不足以使得增加的产量获得利润。然而，假设价格增加到 P_2＝1 360 美元/吨，这一价格高于三班轮换的边际成本（1 300 美元/吨），厂商将日产量增加到 900 吨是有利可图的。

图 8.5　精炼铝工厂的短期产量

说明：在短期，如果价格高于 1 140 美元/吨而低于 1 300 美元/吨，则工厂就应该每天生产 600 吨铝。如果价格高于 1 300 美元/吨，则厂商就应该要求加班，每天生产 900 吨铝。而如果价格低于 1 140 美元/吨，它就应该停止生产。但是如果它预期价格未来会上升，它也可能继续生产。

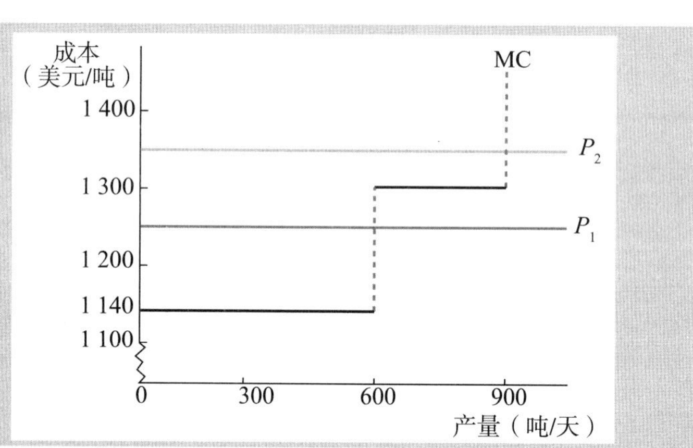

最后，如果将价格降到 1 100 美元/吨，在这种情况下厂商似乎应该停止生产，但它也可能继续生产。如果继续生产，则说明它预期将来价格会上涨。

∵例 8.3　经理的一些成本考虑

279 对边际收益等于边际成本这一准则的运用，取决于经理对边际成本的估算能力。[①] 为获得有用的

① 本例源于 Thomas Nagle and Reed Holden，*The Strategy and Tactics of Pricing*，5th ed.（Upper Saddle River，NJ：Prentice Hall，2010）一书的第 2 章对成本和管理决策的讨论。

成本估算，经理应在心里牢记以下三条指导原则：

第一，除非条件有限，平均可变成本不应用来替代边际成本。当边际成本和平均可变成本几乎是常数时，它们之间几乎没有差别。但当边际成本和平均成本都迅速增加时，要决定生产多少数量，用平均可变成本则会产生误导。举例来说，假设一个公司有以下成本资料：

- 当前产量：每天 100 单位，其中 80 单位属于正常生产，20 单位属于加班生产。
- 原料成本：每单位产出 8 美元。
- 人工成本：正常工作时间 30 美元/单位；加班时间 50 美元/单位。

我们先计算前 80 单位产量的平均可变成本和边际成本，然后看如果再加班多生产 20 单位，这两种 280
成本会如何变化。对前 80 单位，平均可变成本很容易计算，为劳动成本（2 400 美元＝30 美元/单位×80 单位）与原料成本（640 美元＝8 美元/单位×80 单位）之和除以产量（80 单位），即（2 400 美元＋640 美元）/80＝38 美元/单位。因为每单位产品的平均可变成本是相同的，所以边际成本也等于 38 美元/单位。

如果产量增加到 100 单位/天，则平均可变成本和边际成本都会发生变化。可变成本现在增加了，包括增加的原料成本 160 美元（＝20 单位×8 美元/单位）和增加的劳动成本 1 000 美元（＝20 单位×50 美元/单位），因此平均可变成本为劳动成本加原料成本（＝2 400 美元＋1 000 美元＋640 美元＋160 美元）除以 100 单位产量，即 42 美元/单位。

边际成本如何变化呢？边际原料成本不发生变化（＝8 美元/单位），而边际劳动成本现在增加到 50 美元/单位，所以加班时间生产的产品的单位边际成本为 58 美元/单位。因为边际成本高于平均可变成本，依靠平均可变成本决策的经理可能会生产过多的产品。

第二，厂商的会计分类账（accounting ledger）的单独科目可能有两个组成部分，但只有其中一个部分涉及边际成本。例如，假设经理想削减生产，他减少一些雇员的工作时间，并裁减其他雇员。但被裁减的雇员的工资可能无法准确衡量此时的生产的边际成本，因为工会合同通常要求厂商支付被裁减员工的部分工资。在这种情况下，因增加产量而增加的边际成本将不同于产量下降相同数量所节约的边际成本，后者等于节省的劳动成本减去需支付给被裁员工的工资的差额。

第三，决定边际成本时应包括所有的机会成本。假设一家百货商店想出售儿童家具。经理决定利用商店三楼本来摆放电器的一部分空间现在来摆放家具，而不是建一个新的销售点。这部分空间的边际成本为假如商店继续销售电器而赚得的利润，这样测算出来的机会成本可能要比商店实际为这部分建筑所支付的成本大得多。

这三条原则可以帮助经理人员正确地衡量边际成本。如果做不到这一点，将会导致产量过高或过低从而减少利润。

8.5　竞争性厂商的短期供给曲线

厂商的供给曲线告诉我们在每一可能的价格下它将生产的产量。我们已经知道，竞争性厂商将增加产量，直到价格等于边际成本，但如果价格低于平均可变成本的最低点，它则会停止生产。因此，厂商供给曲线就是位于平均可变成本曲线以上的边际成本曲线部分。

图 8.6 描述了短期供给曲线。对任何大于最低平均可变成本（AVC）的价格 P，利润最大化产量可以从图上直接得出。例如，当价格为 P_1 时，供给量为 q_1；当价格为 P_2 时，供给量为 q_2；对小于或等于最低 AVC 的 P，利润最大化产量为 0。在图 8.6 中，整条短期供给曲线为纵轴

（价格低于最低平均成本时）和边际成本曲线（价格高于平均可变成本时）上加小横线的部分。

竞争性厂商的短期供给曲线向右上方倾斜，这和一种或几种生产要素报酬递减导致边际成本增加的原因一样。由此，市场价格上升，将促使市场上的那些厂商增加产量。提高价格不
281 仅使扩大生产有利可图，而且增加了厂商的总利润，因为这一价格适用于厂商生产的全部产量。

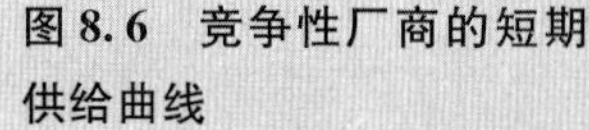

图 8.6 竞争性厂商的短期供给曲线

说明：在短期，厂商选择产量以使 MC=P，只要它能弥补生产的平均可变成本。短期供给曲线由纵轴和边际成本曲线上加小横线的部分给出。

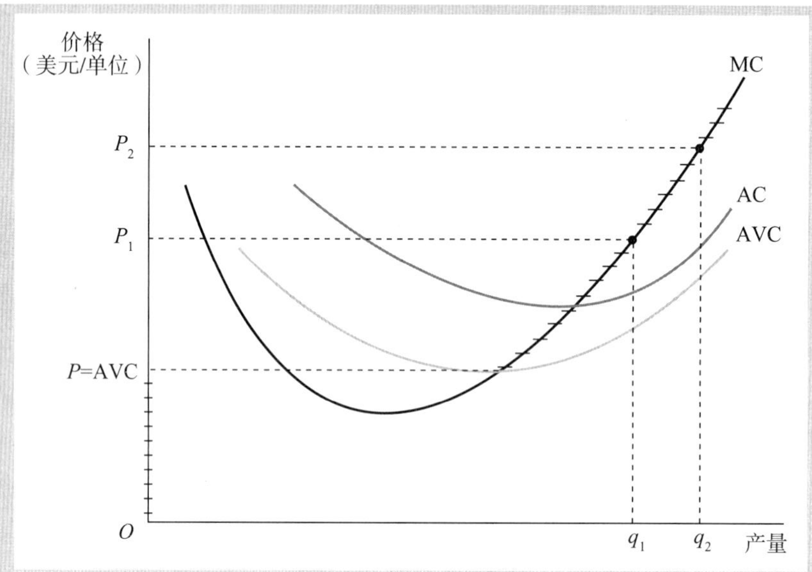

厂商对投入价格变动的反应

当产品价格发生变动时，厂商会改变产量水平，以确保生产的边际成本与价格保持相等。然而，产品价格变动常常同时伴随着投入价格变动。在本部分我们将分析厂商如何改变产量决策以应对一种投入的价格变动。

如图 8.7 所示，当厂商面对的产品价格为每单位 5 美元时，它的边际成本曲线最初由 MC_1 给出。当厂商的产量为 q_1 时，利润最大。现在假定厂商的某种投入价格上升，由于现
282 在生产每单位产出需花费更多成本，导致边际成本曲线由 MC_1 向左上方移至 MC_2。新的利润最大化产量为 q_2，此时 $P=MC_2$。因而，更高的投入价格导致厂商减少了产量。

图 8.7 厂商对投入价格变动的反应

说明：当厂商生产的边际成本增加时（由 MC_1 到 MC_2），利润最大化的产量水平下降（由 q_1 到 q_2）。

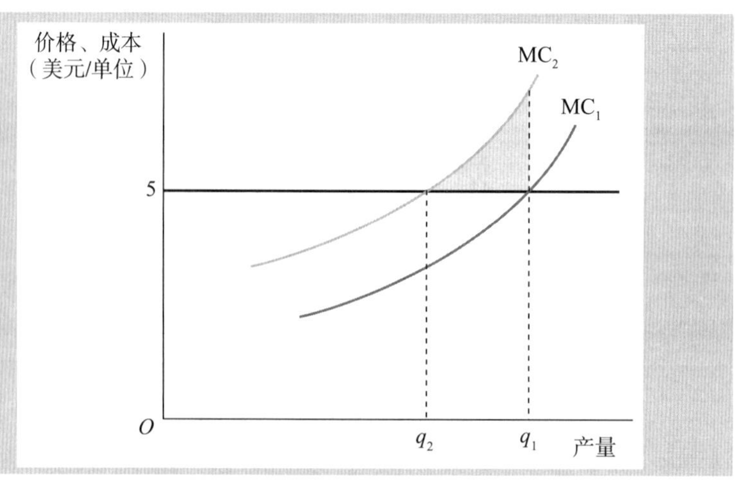

如果厂商继续生产 q_1 的产量，则它生产最后一单位产量将导致亏损。事实上，所有超过 q_2 的产量都将减少利润。图 8.7 中的阴影部分给出了产量由 q_1 减少到 q_2 时厂商总的节约额（或等价于少损失的利润额）。

∵例 8.4　石油产品的短期生产

假设你正在经营一个炼油厂并且你决定生产包括汽油、润滑油以及家庭供热用的民用燃料油在内的多种炼油产品。你可以得到大量原油，但你提炼的原油数量取决于炼油能力和生产成本，那么你每天应生产多少呢？①

有关炼油厂生产的边际成本的资料对这一决策十分重要。图 8.8 显示了短期边际成本曲线(SMC)。

边际成本随产量上升而上升，但表现为一系列不平坦的折线而非平滑的曲线，其中原因就在于炼 283
油厂采用不同的加工车间将原油提炼为成品。当某一特定加工车间达到其加工能力时，就只有通过换用一套更昂贵的加工工序来增加产量。例如，汽油可以在一个叫“热爆竹”（thermal cracker）的相当低廉的加工车间中由轻原油提炼而成。但当该加工车间达到加工能力时，汽油仍能被生产出来（从重油和轻原油中提炼），但成本大大提高了。在图 8.8 中，当产量达到 9 700 桶/天时，第一次出现加工能力的限制；当产量超过 10 700 桶/天时，第二次出现加工能力的限制。

图 8.8　石油产品的短期生产

说明：当炼油厂由一个加工车间转到另一个加工车间时，从原油中生产多种石油产品的边际成本在几个产量水平上显著上升。结果，产出水平将对价格的某些变动不敏感，而对价格的另一些变动十分敏感。

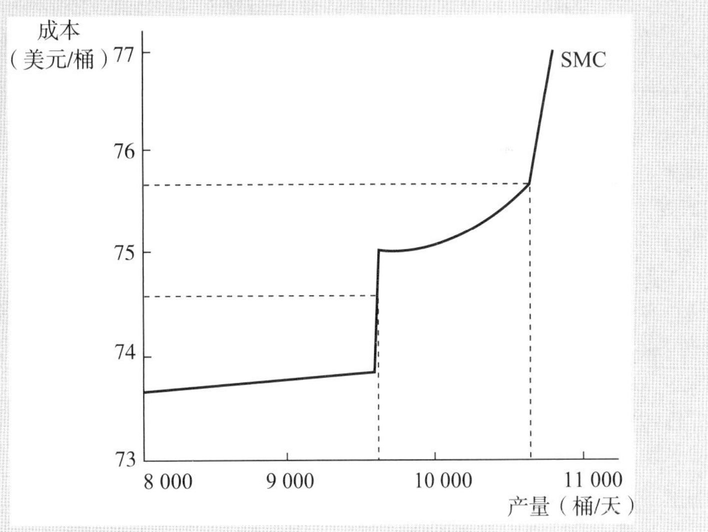

现在要决定生产多少产量就变成相对容易的一件事了。假设提炼出的产品卖到 73 美元/桶。由于生产第一单位产出的边际成本接近于 74 美元，所以在 73 美元的价格下，炼油厂不会生产。但如果提炼出的产品组合的价格在 74 美元/桶和 75 美元/桶之间，炼油厂将生产 9 700 桶/天（用足“热爆竹”的产能）。最后，如果价格在 75 美元/桶以上，炼油厂应该动用更昂贵的炼油设备并将产量扩大到 10 700桶/天。

① 该例见 James M. Griffin，“The Process Analysis Alternative to Statistical Cost Functions：An Application to Petroleum Refining,” *American Economic Review* 62 (1972)：46－56。数据已依某特定炼油厂进行了更新和应用。

因为边际成本函数阶梯式上升，这样你的生产决策就不必随产品价格的小幅变动而频繁调整，你只管用足够的原油去满足相应的加工车间，直到价格有大幅度上升（或下降）。然后，你需要简单地计算一下，是否增加的价格足以保证动用一个额外的、成本更昂贵的加工车间。

8.6 短期市场供给曲线

短期市场供给曲线表示在每一可能的价格下行业在短期内生产的产量。行业的产量等于所有个体厂商供给数量的总和，因而，市场供给曲线可以通过加总单个厂商的供给曲线来获得。图 8.9 显示了短期生产成本各不相同的三个厂商是如何被加总形成市场供给曲线的。每个厂商的边际成本曲线都只画出位于其平均可变成本曲线以上的那一部分。（只分析三个厂商是为了作图方便，但这一分析同样适用于有很多厂商的情形。）

在低于 P_1 的价格上，行业将不生产，因为 P_1 是成本最低的厂商的最小平均可变成本。在 P_1 和 P_2 间的价格上，只有厂商 3 生产，所以行业供给曲线等于厂商 3 在这一价格段中的边际成本曲线 MC_3。在价格 P_2 上，行业供给曲线将等于所有三个厂商供给量的总和，此时厂商 1 供应 2 单位，厂商 2 供应 5 单位，厂商 3 供应 8 单位。因此，行业供给等于 15 单位。在价格 P_3 上，厂商 1 供应 4 单位，厂商 2 供应 7 单位，厂商 3 供应 10 单位，整个行业总共供应 21 单位。注意市场供给曲线向右上方倾斜，但在价格 P_2 处有一个折点。在市场上有很多厂商时，折点将变得不重要，所以，我们常将市场供给曲线画成一条光滑的向右上方倾斜的曲线。

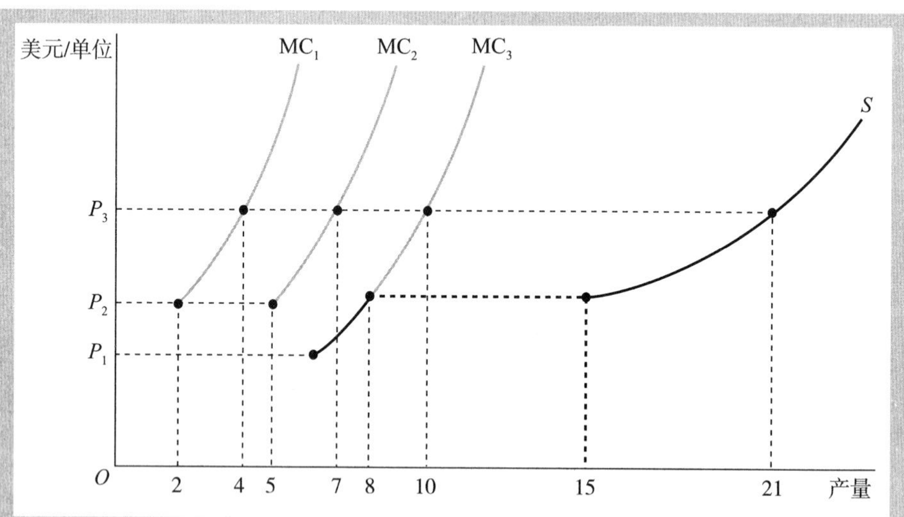

图 8.9 短期的行业供给曲线

说明：短期行业供给曲线是单个厂商的供给曲线的加总。因为厂商 3 比厂商 1 和 2 的平均可变成本低，所以市场供给曲线 S 从价格 P_1 开始，并沿着厂商 3 的边际成本曲线 MC_3 向上，直至价格等于 P_2，在此处形成一个折点，对所有超过 P_2 的价格，行业供给量是三个厂商各自供给量的加总。

市场供给弹性

284 遗憾的是，确定市场供给曲线并不总是像加总一系列厂商供给曲线这么简单。当价格上升时，行业的所有厂商都提高产量。产量的提高增加了对投入的需求，并可能导致更高的投入价格。正如我们在图 8.7 中所看到的，提高投入价格使边际成本曲线向上移动。例如，对牛肉需求的增加，也会同时增加对谷类和大豆（用来喂牛）的需求，并因此引起这些粮食价格的上升。反过来，投入价格上升将引起生产牛肉的厂商的边际成本曲线向上移动。这降低了每一厂商选择的产量（对任一给定的市场价格），并导致行业供给曲线对产出价格变动的反应不如对投入价格不变时的反应那样灵敏。

市场供给的价格弹性度量了行业产量对市场价格变动的敏感程度，供给弹性 E_S 等于价格变动 1%引起的产量的百分比变化，即：

$$E_S = (\Delta Q/Q)/(\Delta P/P)$$

因为边际成本曲线向右上方倾斜，所以供给的短期弹性一直为正。当边际成本因产量增加而迅速上升时，供给弹性较小。此时厂商受生产能力限制且增加产量代价高昂。但当边际成本因产量增加而缓慢上升时，供给相对有弹性，价格的小幅上涨促使厂商生产更多。

一个极端是供给完全无弹性的情况。这是当行业的厂房、设备全部被利用，以至必须 285
建造新厂房（这就需要一个较长的时间）来提高产量时的情形。另一个极端是供给完全有弹性的情形，这在边际成本不变时发生。

例 8.5　铜的短期全球供给

在短期，某一矿物诸如铜的市场供给曲线的形状取决于开采成本在世界上几个主要生产者之间如何变动。由于在劳动成本、运输成本以及矿石含铜量之间存在差异，各主要生产者铜的开采、熔冶和提炼成本也不相同。表 8.1 汇总了几个最大产铜国的成本和产量的一些相关资料。①注意在短期，因为开采、熔冶和提炼设备的建造成本被看作沉没成本，表 8.1 中的边际成本项反映的是这些设备的运行成本而不是建造成本。

表 8.1　世界铜工业（2014 年）

资料来源：U.S. Geological Survey, Mineral Commodity Summaries, January 2015（http：//minerals.usgs.gov/minerals/pubs/commodity/copper/mcs-2015-coppe.pdf）.

国家	年产量（千公吨）	边际成本（美元/磅）
澳大利亚	1 000	2.30
加拿大	680	2.60
智利	5 800	1.60
印度尼西亚	400	1.80
秘鲁	1 400	1.70
波兰	425	2.40
俄罗斯	850	1.30
美国	1 370	1.70
赞比亚	730	1.50

这些数据可用来描述铜的短期全球供给曲线。供给曲线为短期供给曲线，因为它将现有开采和冶炼设施视为固定不变。图 8.10 显示了表 8.1 中所列的九个国家是如何构建这一曲线的（该曲线是不完

① Charles River Associates，Inc. 的 James Burrows 提供了边际生产成本数据，我们对他表示感谢。更新过的数据和相关信息参见http：//minerals.usgs.gov/minerals。

整的，因为有一些产量更小和成本更高的生产国没有被包括进来）。注意图 8.10 中的曲线是近似处理。每个国家的边际成本是该国所有铜生产者的平均成本，我们假设边际成本和平均成本大致相等。例如，在美国，一些生产者的边际成本高于 1.70 美元，而另一些则低于 1.70 美元。

286 俄罗斯的炼铜成本最低，边际成本约为每磅 1.3 美元。线段 MC_R 表示俄罗斯的边际成本曲线。该线段为水平的，直至达到俄罗斯的完全开采能力为止。（这一点大约为每年 75 万公吨。）线段 MC_Z 表示赞比亚的边际成本曲线，线段 MC_{Ch} 表示智利的边际成本曲线，依此类推。

图 8.10 铜的短期全球供给

说明：铜的短期全球供给曲线通过将每个主要产铜国的边际成本曲线加总得。供给曲线向上倾斜是因为生产的边际成本从最低的俄罗斯（1.30 美元/磅）排到最高的加拿大（2.60 美元/磅）。

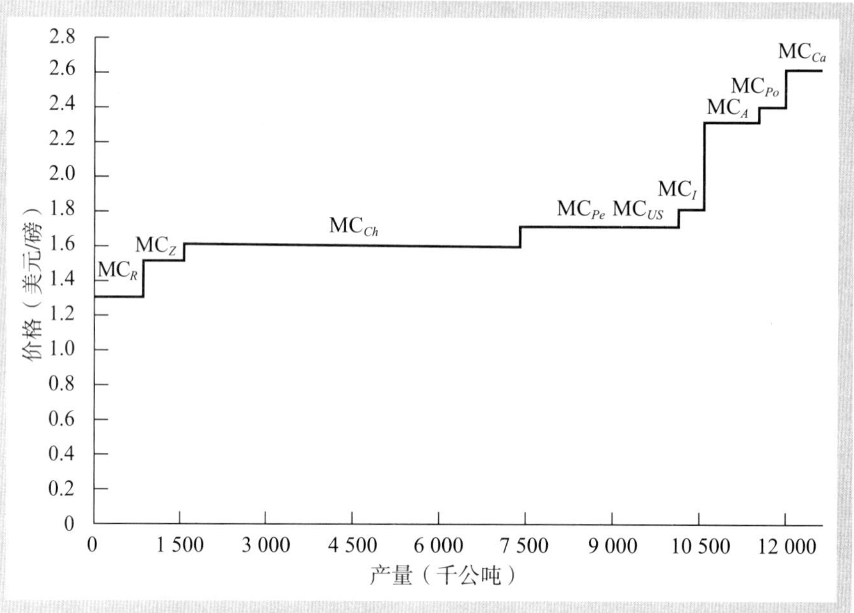

全球供给曲线通过将每个主要产铜国的边际成本曲线加总而得。从图 8.10 中可以看出，供给曲线的斜率和弹性取决于铜价。在相对较低的价格下，譬如 1.30 美元/磅～1.80 美元/磅，价格的小幅提高引起冶炼铜的产量大量增加，供给曲线相当有弹性。但对较高的价格来说，例如超过 2.40 美元/磅，供给曲线就变得相当缺乏弹性，因为在该价格下所有生产者都将充分利用产能。

短期的生产者剩余

在第 4 章，我们将消费者剩余定义为人们愿意为某一产品支付的最高价格与它的市场价格之间的差额。类似的概念同样适用于厂商。如果边际成本上升，对不包括最后一单位的每一生产单位而言，产品价格大于边际成本，结果是除最后一单位产量外的所有产量，厂商都能获得剩余。厂商的**生产者剩余**（producer surplus）是所有生产单位的边际生产成本和商品市场价格之间差额的总和。正如消费者剩余表示个人需求曲线以下、产品市场价格以上的那部分面积，生产者剩余表示某一生产者供给曲线以上、市场价格以下的那部分面积。

生产者剩余 所有产品的边际生产成本和产品市场价格之间差额的总和。

图 8.11 描述了短期厂商的生产者剩余。利润最大化产量为 q^*，此处 $P=MC$。生产者
287 从出售每单位产品中获得的剩余为市场价格与该单位产品的边际成本之差。生产者剩余就是所有的“单位剩余”之和。生产者剩余由产量 0 到利润最大化产量 q^* 之间位于厂商的水平需求曲线以下及边际成本曲线以上的那部分阴影面积给出。

图 8.11　厂商的生产者剩余
说明：厂商的生产者剩余由产量 0 到利润最大化产量 q^* 之间位于市场价格以下及边际成本曲线以上的阴影面积来表示。或者也可以说，生产者剩余等于矩形 $ABCD$，因为产量从 0 到 q^* 的所有边际成本的总和等于生产 q^* 的可变成本。

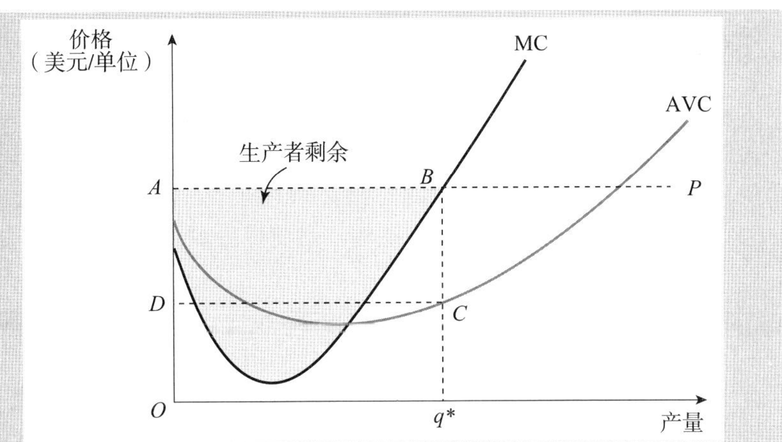

当我们将生产从 0 到 q^* 的产量水平下的边际成本加总起来时，我们发现加总额等于生产 q^* 的总可变成本。边际成本表示增加产量引起的成本增加额，因为固定成本不随产量变化而变化，所以所有边际成本的总和必然等于可变成本的加总。[①] 因而，生产者剩余也可由厂商的收益与其总可变成本的差额来定义。在图 8.11 中，生产者剩余由矩形 $ABCD$ 给出，它等于收入（$OABq^*$）减去可变成本（$ODCq^*$）。

生产者剩余与利润　生产者剩余与利润密切相关，但两者不相等。在短期，生产者剩余等于总收益减去可变成本，而利润等于总收益减去总成本，包括可变成本与固定成本，即：

$$生产者剩余 = \mathrm{PS} = R - \mathrm{VC}$$

$$利润 = \pi = R - \mathrm{VC} - \mathrm{FC}$$

这意味着在短期，当固定成本为正时，生产者剩余大于利润。

厂商享有生产者剩余的范围取决于其生产成本。成本较高的厂商享有的生产者剩余较少，而成本较低的厂商享有的生产者剩余较多。将所有个体厂商的生产者剩余加总起来，我们就能确定市场的生产者剩余。这从图 8.12 可以看出。在图中，市场供给曲线始于纵轴上代表市场成本最低厂商的平均可变成本的那一点，生产者剩余也就是在产量 0 和 Q^* 之间
位于产品市场价格以下、市场供给曲线以上的那部分面积。 288

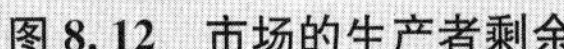

图 8.12　市场的生产者剩余
说明：市场的生产者剩余等于在 0 和 Q^* 之间位于市场价格以下、市场供给曲线以上的那部分面积。

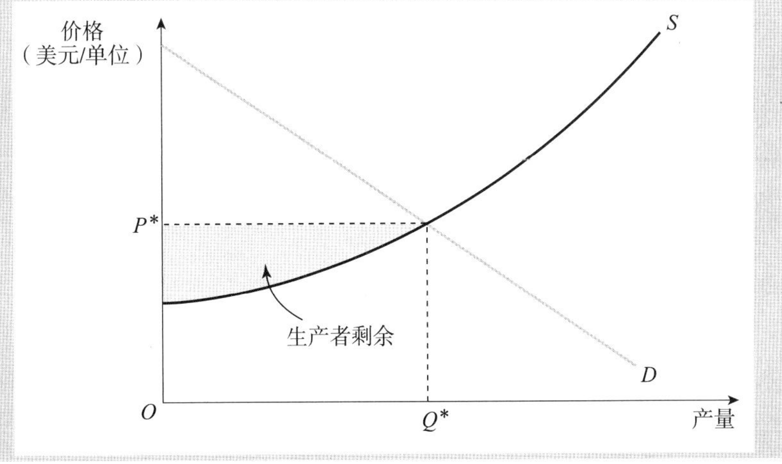

① 从 0 到 q^* 的位于边际成本曲线下方的面积，即 $\mathrm{TC}(q^*) - \mathrm{TC}(0) = \mathrm{TC} - \mathrm{FC} = \mathrm{VC}$。

8.7　长期的产量选择

在短期，厂商的一种或者多种投入数量是固定的。因为时间太短，固定的投入限制了厂商采用新技术的可能性，也使得厂商无法增大或者缩小其生产规模以适应经济状况的变化。相反，在长期，厂商可以改变其投入，包括工厂规模。它可以决定是停止生产（即退出其所在行业）还是开始生产其他产品（即进入其他行业）。这里我们只考虑竞争性市场——允许厂商自由进入和自由退出。也就是说，我们假设厂商可以不受法律的约束或进入成本的限制，选择进入或退出某个行业。（回顾第 8.1 节，这是完全竞争市场的一个关键假设。）在分析竞争性市场中厂商的长期利润最大化产量选择之后，我们将讨论长期竞争性均衡的性质。我们还将讨论进入、退出与经济利润、会计利润间的关系。

长期利润最大化

图 8.13 说明了一个竞争性厂商为使长期利润最大化如何做出产量决策。正如在短期，厂商面对一条水平的需求曲线（在图 8.13 中，厂商面对的市场价格为每单位 40 美元）。它的短期平均成本曲线（SAC）和短期边际成本曲线（SMC）很低，厂商可得到正的利润，其大小由矩形 $ABCD$ 表示，此时产量为 q_1，在该点 SMC$=P=$MR。长期平均成本曲线（LAC）反映了在产量达到 q_2 时的规模经济和高于该产量时的规模不经济。长期边际成本曲线（LMC）在产量 q_2 处从下面穿过长期平均成本曲线（LAC），产量为 q_2 时的长期平均成本最小。

289 如果厂商认为市场价格仍维持在每单位 40 美元，它会扩大工厂规模，生产的产量为 q_3，此时的长期边际成本等于每单位 40 美元。当扩张完毕后，厂商的边际利润从 AB 增加到 EF，总利润从 $ABCD$ 增加到 $EFGD$。当产量为 q_3 时，厂商的利润最大，因为低于该产量，如 q_2，产量增加带来的边际收入大于边际成本，所以扩大产量是应该的。但是，如果产量高于 q_3，边际成本就会大于边际收入，增加产量就会减少利润。总之，追求利润最大化的竞争性厂商的长期产量应使长期边际成本等于价格。

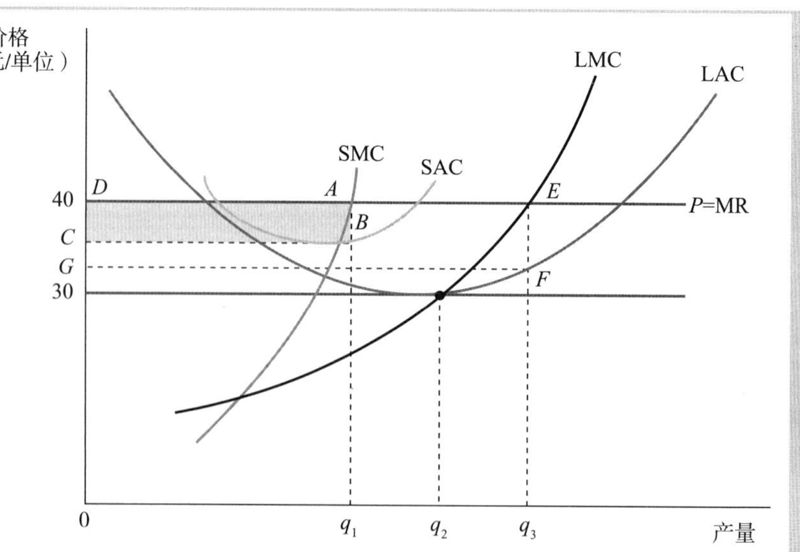

图 8.13　长期的产量选择

说明：通过在价格等于长期边际成本 LMC 处选择产量，厂商使其利润最大化。在图中，厂商通过在长期内扩大产量使利润从 $ABCD$ 增加到 $EFGD$。

要注意的是，市场价格越高，厂商的利润也越大。相应地，产品价格从每单位 40 美元降为 30 美元，厂商的利润也随之降低。在价格为每单位 30 美元时，厂商利润最大化的产量为 q_2，该点为长期平均成本最低点。在这种情况下，由于 $P=\text{ATC}$，厂商的利润为零。

长期竞争性均衡

在长期达到均衡时，特定经济条件必须得到满足，市场中的厂商必须没有退出的愿望，同时不在市场中的厂商也不希望进入。盈利可能性、进入与长期竞争性均衡之间的关系如何？通过考察经济利润与进入或退出市场的关系，我们可以得到答案。

会计利润与经济利润　正如我们在第 7 章所看到的，区分会计利润与经济利润是很重要的。会计利润可通过收入和成本（包括劳动、原料、利息支出以及折旧）间的差别计算
出来。经济利润要考虑机会成本。机会成本是指工厂的所有者把它拥有的资本投入其他地 290
方可能带来的收益。例如，假设厂商的投入包括劳动和资本；它的设备是已有的，厂商的会计利润等于收入 R 减去劳动成本 wL，是正数。但是，它的经济利润等于收入 R 减去劳动成本 wL，再减去资本成本 rK，因此

$$\pi=R-wL-rK$$

正如我们在第 7 章所看到的，资本成本可以用资本的使用者成本来正确度量，它等于厂商将资本用于其他用途每年所能得到的最高收益加上每年的资本折旧。

零经济利润
厂商通过投资获得正常回报，也就是说，厂商将其资金用于购买资本和投到其他用途是一样好的。

零经济利润　当厂商进入某一市场时，它希望其投资可以获得回报。**零经济利润**（zero economic profit）表明厂商的投资获得了正常（即竞争性）回报。正常回报作为资本使用者成本的一部分，是指厂商使用这些钱去购买资本而没有投资于其他用途的机会成本。因此，获得零经济利润的厂商将其资金用于购买资本和投到其他用途是一样好的，它的资金获得了竞争性回报。因此，这样一个厂商已经表现得足够好，应该继续经营。（然而，如果不能预期到将来其财务状况可能会改善，一个经济利润为负的厂商应该考虑退出市场。）

我们将看到，在长期，竞争性市场中的经济利润应该等于零。零经济利润并不说明厂 291
商的经营不好，相反，它只表明厂商所在行业是竞争性的。

进入与退出　图 8.13 说明当价格为每单位 40 美元时，厂商如何增加产量并获得正的利润。因为利润是投资的机会成本的净值，正的利润就意味着投资的不寻常的高收益。高收益会诱使投资者从其他行业退出而把资源投入该行业——进入该市场。最后，由于新投资者的加入而增加的产量使市场供给曲线右移，导致市场产出增加和产品价格下降。[①] 图 8.14 对这种情形进行了说明。在图（b）中，供给曲线从 S_1 移向 S_2，使价格从 P_1（40 美元）降至 P_2（30 美元）。图（a）适用于单一厂商，长期平均成本曲线（LAC）与水平价格线在 q_2 产量下相切。

另一个相似的例子则说明了退出的情况。假如每个厂商的长期最小平均成本仍然为每单位 30 美元，但是市场价格降至每单位 20 美元。厂商将会亏损，有些厂商将会退出市场。而市场产出的下降将会使得市场供给曲线向左平移，产量减少，价格上升。这一情况将会持续到价格为每单位 30 美元，此时市场重新恢复均衡。总结如下：

在可以自由进入和自由退出的市场中，如果能够获得正的长期利润，将有厂商进入市

① 在下一节，我们将讨论为什么长期供给曲线可能是向上倾斜的。

场；而如果长期利润为负，则会有厂商退出市场。

图 8.14　长期竞争性均衡

说明：最初，产品的长期均衡价格为每单位 40 美元，如图（b）中的供给曲线 S_1 与需求曲线 D 的交点 P_1。在图（a）中，因为长期平均成本达到了最小 30 美元（在点 q_2），厂商获得正的利润。正利润激励新厂商不断进入，导致供给曲线右移至 S_2。在价格为 30 美元时实现长期均衡，在该点厂商获得零利润，不会激发任何厂商进入或退出该行业。

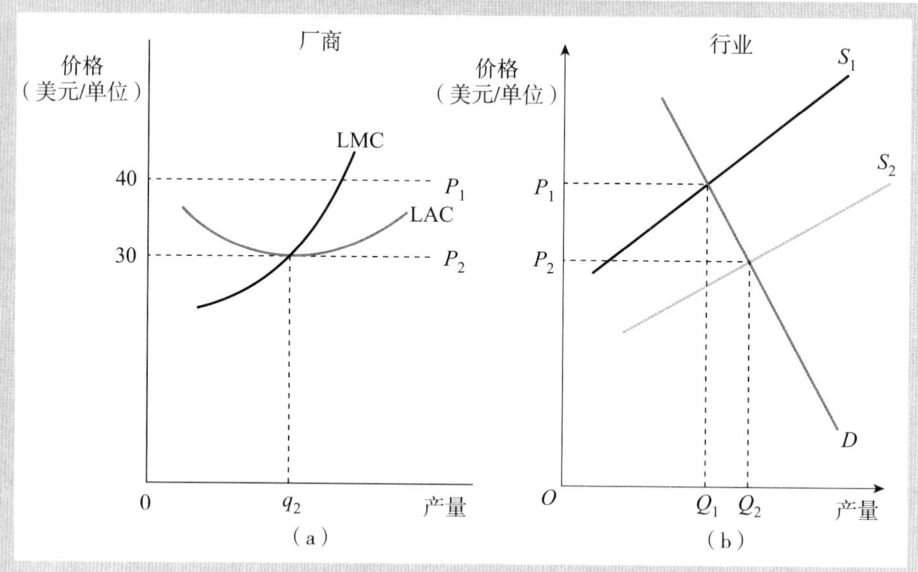

当厂商的经济利润为零时，它没有激励退出该行业，其他厂商也没有激励进入。当满足以下三个条件时，**长期竞争性均衡**（long-run competitive equilibrium）得以实现：

长期竞争性均衡　当一个行业中所有厂商都实现了利润最大化时，没有任何厂商希望进入或退出该行业，此时的价格使得市场上的需求等于供给。

（1）行业中所有厂商都实现了利润最大化。

（2）因为所有厂商的经济利润均为零，没有哪个厂商有激励进入或退出该行业。

（3）产品的价格是市场供给与市场消费者需求相等时的价格。

实现长期均衡的动态过程可能看起来令人费解。厂商因为有得到正的利润的机会而进入某行业，并因受到损失而退出。然而，在长期均衡时，厂商得到的经济利润为零。既然它们知道它们做好做坏的最后结果都与什么也不做一样，它们为何还要进入或退出某行业呢？答案在于零经济利润代表厂商的金融资本投资能赚取竞争性报酬。在零经济利润下，厂商没有进入其他行业的激励，因为这样做并不能改善经济收益。在短期内，先进入某一有利润的行业的厂商比后进入的厂商可以赚取更多的利润。类似地，先退出某一无利润可
292 赚的行业的厂商可以节省很多资金。因此，长期均衡的概念告诉我们厂商可能要采取的行动。最终利润为零的观点，即长期均衡的观点不会使经理人员泄气，而应把该观点看成是正面的，它反映了赚取竞争性报酬的机会。

厂商成本相同　下面分析为什么必须满足长期均衡的所有条件。假设所有厂商的成本相同，我们考虑当有太多厂商因获利机会的存在而进入某行业时会发生什么情况。此时，图 8.14（b）中的供给曲线会进一步右移，价格将低于每单位 30 美元，例如每单位 25 美元。但是，在该价格下，厂商将遭受损失，结果一些厂商会退出该行业。厂商陆续退出，直到市场的供给曲线移回 S_2。只有进入或退出某行业的激励不存在时，才可能实现长期均衡。

厂商成本不同　现在假设行业中的厂商不具有相同的成本曲线。某一厂商因有一项专利或新方法而使自己的平均成本低于其他厂商，那么，在长期均衡中，它始终可获得比其他厂商更大的会计利润和更高的生产者剩余。只要其他投资者不能获得降低成本的专利或

方法，他们就没有激励进入该行业。而且，只要对于这种产品和这个行业来讲，这种生产过程是独有的，这个幸运的厂商就不会退出该行业。

在这里，区别会计利润与经济利润很重要。如果这个新方法或者发明是有利可图的，其他厂商就会付款来使用它（或者它们可能买下该厂商而获得此专利）。这样，由专利增加的价值就表示该厂商的机会成本——它可以把专利权卖出而不自己使用它。否则，如果所有厂商都有同样的效率，考虑到机会成本，厂商的经济利润就降为零。然而，如果拥有专利的厂商比其他厂商效率高，它将会获得正的利润。但如果拥有专利的厂商比其他厂商效率低，它就应该出售专利，退出该行业。

土地的机会成本 还有厂商得到正的会计利润而经济利润为零的其他例子。例如，假设一个服装店正巧位于一家大型购物中心的旁边。因为土地成本是基于历史成本计算的，（因购物中心）增加的顾客流量可能会相应地增加服装店的会计利润。但是，考虑到经济利润，土地成本应反映机会成本，这时土地成本是当时的市场价值。当把土地的机会成本包括在内时，服装店的利润就不会高于竞争对手了。

因此，经济利润为零这一条件对于市场处于长期均衡是非常重要的。通过定义，正的经济利润代表了投资者的机会和进入某行业的激励。但是，正的会计利润可能表明已经处于该行业中的厂商拥有有价值的资产、技术或方法，但这些并不能激励其他厂商进入该行业。

经济租

我们已看到一些厂商能得到更高的会计利润，因为它们能得到供给有限的生产要素，包括土地、自然资源、企业家才能，或者其他创造性才能。在这些情形下，导致长期经济利润为零的是其他厂商也愿意使用这些短缺的要素的欲望。因此，正的会计利润转化为由稀缺要素带来的经济租。**经济租**（economic rent）可定义为厂商对某生产要素的意愿支付
与为购买该生产要素必须支付的最低金额之差。在竞争性市场上，无论短期还是长期，尽 293
管利润为零，但经济租通常是正的。

经济租
对某生产要素的意愿支付与为购买该生产要素必须支付的最低金额之差。

例如，假设某行业的两个厂商都完全拥有各自土地的所有权，那么它们得到土地的最低支出为零。其中一个厂商位于河边，每年装运产品的支出比另一个位于内陆的厂商低10 000美元。此时，河边厂商多赚的10 000美元利润就是与河边位置相关的经济租。因为位于河边的土地是有价值的，其他厂商愿意购买它，所以才有经济租。最终，对这种专有要素的竞争将导致其价值上升到10 000美元。地租（land rent）——10 000美元与得到该土地的零成本之差——也等于10 000美元。注意，既然经济租已经上升，位于河边的厂商的经济利润变为零。经济租反映了一个事实，就是拥有供给有限的一块土地，更一般来说，拥有任何供给有限的生产要素，都会带来机会成本。

经济租的存在解释了为什么即使有些行业具有盈利机会，也无法进入。在这些行业中，有一种或者更多的投入是固定的，有一个或者更多的厂商获得了经济租，但是所有厂商的经济利润仍然为零。零经济利润告诉位于河边的厂商只有在它的生产效率至少与其他厂商一样时，才不用退出行业。同时也告诉其他厂商，只有当它们的生产效率高于已经在该行业中进行生产的厂商时，它们进入才有利可图。

长期的生产者剩余

假设一个厂商获得了正的会计利润，而其他厂商不存在进入或退出该行业的激励。这个会计利润一定反映了经济租。那么，怎样把经济租同生产者剩余联系起来呢？首先，注意经济租适用于要素投入，而生产者剩余事关产出。同时要注意，生产者剩余度量了生产者接受的市场价格与生产的边际成本之差。因此，在长期的竞争性市场上，一个厂商的生产者剩余由它所有的稀缺投入带来的经济租构成。[①]

例如，假设某一棒球队有一个特许权使它成为某一特定城市的唯一球队，同时假设该球队可以选择的其他落脚点只有另外一个城市，但在该城市收入将明显减少。因此该球队获得了与其当前位置有关的经济租，这一租金反映了厂商对其目前位置的支付意愿和在另一个城市落脚的支付意愿的差异。厂商也可以获得在其目前位置与其球票销售及其他特许权相联系的生产者剩余。这一剩余将反映所有的经济租，包括那些与厂商的其他投入相联系的租金（运动场和运动员）。

图 8.15 表明获得经济租的厂商与没有得到经济租的厂商所得到的经济利润是相同的。图 8.15（a）显示了在一个中等规模城市的棒球队的经济利润，门票的平均价格为每张 7 美元，成本使球队的经济利润为零。图 8.15（b）显示了在一个更大规模城市的球队的经济利润，假设成本曲线不变。因为有更多的人看棒球比赛，它的门票可卖到每张 10 美元，每
294 张票可得到 2.80 美元的会计利润（每张票的平均成本为 7.20 美元）。但是，由位置优势带来的经济租反映出厂商的成本——机会成本，因为它可以把特许权卖给其他球队。结果，在更大的城市，球队的经济利润也为零。

图 8.15　长期均衡时厂商利润为零

说明：在长期均衡时，所有厂商的经济利润都为零。在图（a）中，与其他竞争球队位于同一城市的一个棒球队的票价（7 美元）等于边际成本和平均成本。在图（b）中，由于不存在互相竞争的球队，可将票价定为 10 美元。球队增加门票销售量，直到生产的平均成本加上平均的经济租等于票价。当考虑到拥有特许权的机会成本时，球队的经济利润为零。

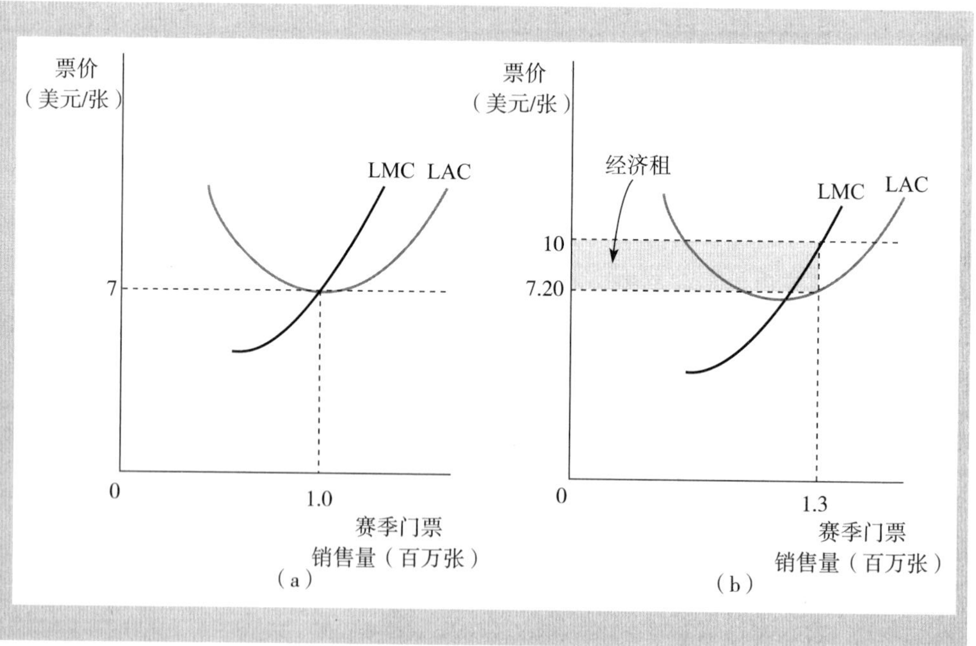

① 在一个非竞争性市场上，生产者剩余反映出经济利润及经济租。

8.8 行业的长期供给曲线

在分析短期供给时，我们先推导出厂商的供给曲线，然后说明每个厂商的供给曲线是怎样形成市场供给曲线的。但是我们不能用同样的方法分析长期供给曲线，因为在长期，厂商随着价格的变化而进入或退出市场。这导致无法加总个体供给曲线——我们无法知道要把哪些厂商的供给加总起来。

长期供给曲线的形状取决于行业的产量增加与降低对投入价格的影响程度，投入价格是厂商必须为生产过程进行的支付。当存在规模经济或者由于购买大量的投入使得成本可以节约时，投入价格将随着行业产量增大而降低。而当存在规模不经济时，投入价格可能随着产量增大而上升。第三种可能性是投入成本不随产量变化而变化。在所有情况下，为确定长期供给，我们假设所有厂商都可利用现有的生产技术。产出的增长是由于 295
更多的投入而不是因为发明创新。同时我们也假设当行业扩张或收缩时，投入要素市场的条件不发生变化。例如，对劳动需求的增加不会增加工会为要求增加工人工资而进行谈判的能力。

在我们对长期供给的分析中，区分三种类型的行业非常有必要，即成本不变、成本递增和成本递减。

成本不变行业

成本不变行业 具有水平的长期供给曲线的行业。

图 8.16 表明了在**成本不变行业**（constant-cost industry）中长期供给曲线的推导。图（a）给出了厂商的产量选择，图（b）给出了行业产量。假设在初始时，行业处于由市场需求曲线 D_1 和短期市场供给曲线 S_1 的交点决定的均衡，如图（b）所示。供给曲线和需求曲线的交点 A 位于长期供给曲线 S_L 上，因为它告诉我们，当长期均衡价格为 P_1 时，行业的产量为 Q_1 单位。

为得到长期供给曲线上的其他点，假设产品的市场需求意外增加，例如由于削减税收。一个典型厂商起初生产的产量为 q_1，此时的价格 P_1 等于长期边际成本和长期平均成本。但因为厂商也处于短期均衡，所以价格也等于短期边际成本。假设税收削减使需求曲线由 D_1 296
移向 D_2，需求曲线 D_2 与供给曲线 S_1 相交于 C，结果价格由 P_1 增加到 P_2。

图 8.16（a）表明价格增加是怎样影响行业中的厂商的。当价格上涨到 P_2 时，厂商追随短期边际成本曲线，把产量增加到 q_2。因为它满足价格等于短期边际成本的条件，这时的产量使利润最大化。如果每个厂商都这样反应，每个厂商在短期均衡时都可得到正的利润。这个利润对投资者很有吸引力，会使行业中的厂商扩大它们的生产，并吸引新厂商进入该行业。

结果，在图 8.16（b）中，短期供给曲线从 S_1 右移至 S_2，从而使市场在 D_2 与 S_2 的交点达到新的长期均衡。因为该点是长期均衡点，产量必须增加到足以使厂商的利润为零，而且使厂商进入或退出该行业的激励消失。

图 8.16　成本不变行业的长期供给

说明：在图（b）中，成本不变行业的长期供给曲线是水平直线 S_L。当需求增加时，初始时导致价格上升（由 A 移动到 C），在图（a）中，厂商的产量由 q_1 增加到 q_2。但是新厂商的进入导致供给曲线右移。因为产量的增加不影响投入的价格，直到达到初始的价格时，才会有厂商进入［图（b）的点 B］。

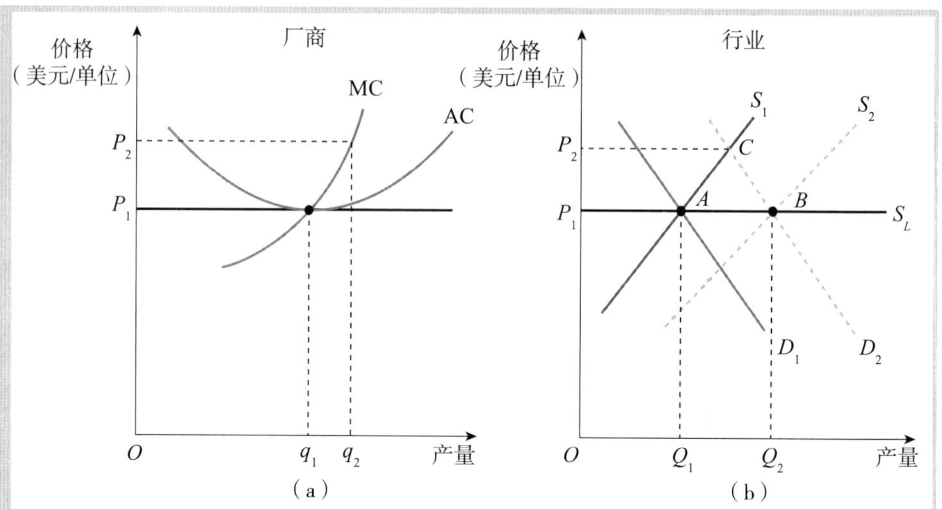

在成本不变的行业中，为增加产量而必要的额外投入可以不用付出高价就能买到。例如，如果非熟练劳动是主要投入，非熟练劳动的工资不会因对劳动的需求增加而提高。既然投入价格不变，厂商的成本曲线也不会变动；新的均衡必然是图 8.16（b）中的点 B，在该点，价格等于 P_1，这是初始的价格，当意外的需求增加时，价格没有发生变动。

因此，成本不变行业的长期供给曲线是一条水平直线，该线的价格等于产出的长期最低平均成本。在高于此价格时，存在正的利润，就有更多厂商进入，从而短期供给增加，对价格形成下降的压力。记住在成本不变的行业中，当产出市场的条件发生变化时，投入价格不发生变化，成本不变的行业就有一条水平的长期平均成本曲线。

成本递增行业

成本递增行业　长期供给曲线向上倾斜的行业。

在**成本递增行业**（increasing-cost industry），一部分或全部投入的价格随行业扩张和投入需求的增加而提高。例如，如果行业使用的熟练劳动因短期需求增加而出现供给短缺，就会出现成本增加的情况；或者厂商需要的矿物资源只能在特定的土地上得到，那么随着产出的增加，作为投入的土地成本也增加。图 8.17 表明长期供给的推导，类似于前面成本不变时的推导。在初始时，行业处于图（b）中的长期均衡点 A，当需求意外地从 D_1 移向 D_2 时，产品的短期价格上升到 P_2，行业的产量从 Q_1 增加到 Q_2。在图（a）中，一个典型厂商对价格上涨的反应是沿着短期边际成本曲线把产量从 q_1 提高到 q_2。已有厂商的高额利润吸引了新的厂商进入。

当新厂商进入和产量扩大后，对投入的需求增加导致部分或所有投入的价格上升。正如前面一样，短期市场供给曲线右移，但移动幅度不如前面大，在点 B 的新的长期均衡致使价格为 P_3，高于初始价格 P_1。因为较高的投入价格提高了厂商的短期和长期成本曲线，
297 所以需要较高的市场价格才能保证厂商在长期均衡时获得的利润为零。图 8.17（a）说明了这种情况。平均成本曲线从 AC_1 上移至 AC_2，而边际成本曲线从 MC_1 左移至 MC_2，新的长期均衡价格 P_3 等于新的最小平均成本。正如成本不变时的情况，由初始需求增加带来的高额短期利润随厂商的产出增加和投入成本的上升而在长期内消失。

因此，新的长期均衡为图 8.17（b）中长期供给曲线上的点 B。在成本递增的行业，行

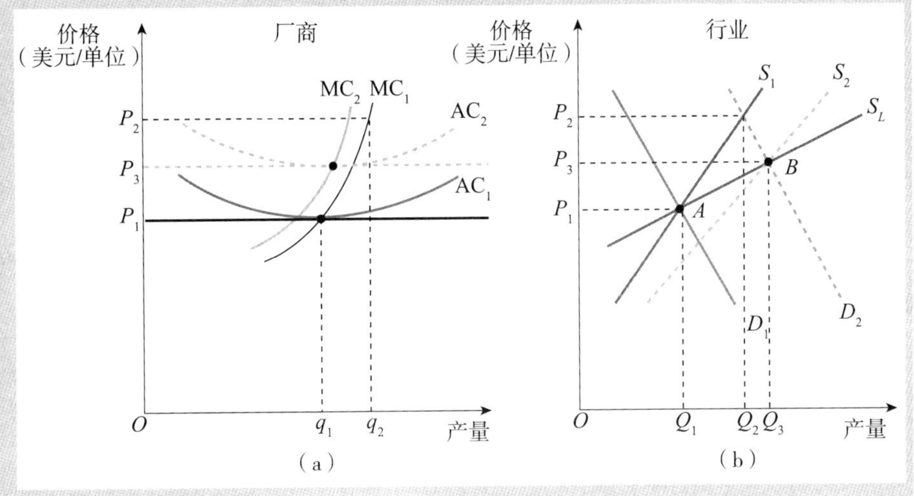

图 8.17 成本递增行业的长期供给

说明：在图（b）中，成本递增行业的长期供给曲线是一条向上倾斜的曲线 S_L。当需求增加时，初始时使价格上升。在图（a）中，厂商的产出由 q_1 增加到 q_2。然后，新厂商的进入导致供给曲线从 S_1 右移至 S_2。结果，因为投入价格上升，新的长期均衡在高于初始均衡的价格上实现。

业的长期供给曲线是向上倾斜的。但是只有价格高到可以弥补增加的投入成本时，该行业才能生产更多的产出。“成本递增”的意思是指长期平均成本曲线向上移动，而不是指成本曲线的斜率是正的。

成本递减行业

行业的供给曲线也可以向下倾斜。在这种情况下，意外的需求增加使行业的产出像前面一样增加。但是随着行业变得越来越大，它可以利用自己的规模很便宜地得到一些投入。例如，一个较大的行业可以使用改进的物流系统或者更好但并不昂贵的财务网络。在这种情况下，厂商的平均成本曲线向下移动（尽管厂商不享有规模经济），产品的市场价格下降。更低的市场价格和平均成本导致了新的长期均衡，此时有更多的厂商进入、更多的产出和更低的价格。因此，在**成本递减行业**（decreasing-cost industry），行业的长期供给曲线是向下倾斜的。 298

成本递减行业 长期供给曲线向下倾斜的行业。

例 8.6 成本不变、成本递增与成本递减行业：咖啡、石油与汽车行业

在前面的学习中，我们已经遇到了一些成本不变、成本递增和成本递减的行业，现在我们回忆一下。首先从成本不变行业开始。在例 2.7 中，我们看到咖啡的供给在长期极有弹性［参见图 2.18（c）］，其原因就在于可以种植咖啡树的土地比较容易取得，而且种植和照料咖啡树的成本在产量变化时为常数，因此咖啡是一个成本不变行业。

现在我们转而考虑一种成本递增行业。我们在例 2.9 中学习到的石油行业是一个成本递增行业，其长期供给曲线为向上倾斜的［参见图 2.24（b）］。为什么成本是递增的呢？因为大储量油田是很难获得的，因此，当石油公司增加其产量时，它们被迫开采成本更高的油田。

最后是成本递减行业。我们在例 3.1 和例 3.3 中讨论了汽车的需求，但是其供给曲线如何呢？在汽车行业中存在一些成本优势，因为当产量增加时，其投入的价格会更低。确实，那些主要汽车生产商（如通用、丰田、福特和本田等）可以从专业厂商那里获得电池、发动机、刹车系统和其他关键投入，因此，汽车生产的平均成本随产量增加而下降。

税收的影响

在第 7 章，我们看到政府对厂商的投入征税（以排污费的形式）以刺激厂商改变生产过程中使用投入的方式。现在我们来看厂商是如何对销项税做出反应的。为分析简便，假设厂商使用固定比例的生产技术。如果厂商是一个环境污染者，销项税可以促使它减少产出，否则征收排污费或税收可能只是为了提高国家财政收入。

首先，假设仅对一个厂商征收销项税，销项税不会影响产品的市场价格。我们看到销项税会促使该厂商减少产出。图 8.18 说明了一个厂商的产量为 q_1、按市场价格 P_1 卖出它的产品且享有正的经济利润时的短期成本曲线。因为税收关乎每一单位产出，因此它把边际成本曲线从 MC_1 提高到 MC_2，$MC_2 = MC_1 + t$，t 是单位销项税。税收也提高了平均可变成本曲线，提高的总量为 t。

图 8.18　销项税对竞争性厂商产出的影响

说明：销项税提高了厂商的边际成本曲线，提高幅度为税收总量。厂商将减少产出，直到边际成本加上税收等于产品价格那一点。

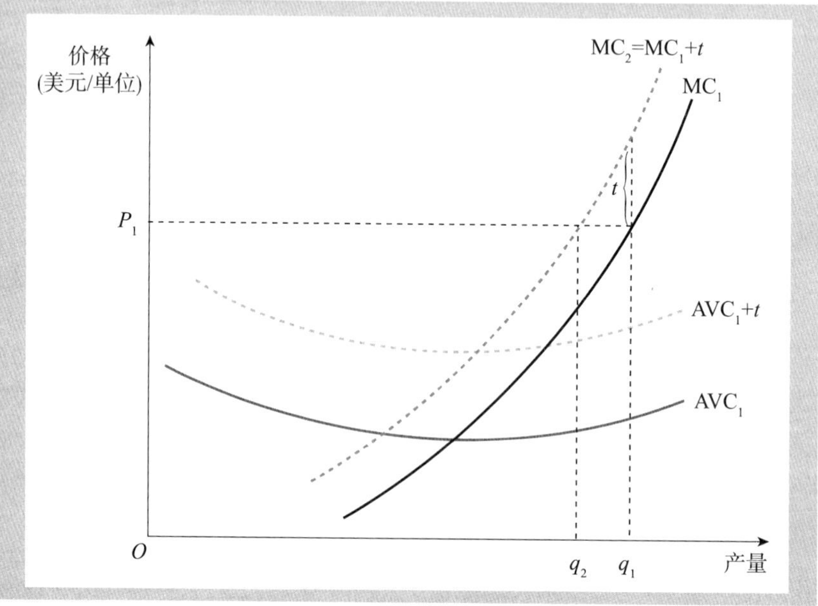

销项税有两个可能的效应。第一，如果征税后厂商仍可赚取正的经济利润，厂商可通过选择使边际成本加上税收等于产品价格的产出来使自己的利润最大化。厂商的产出从 q_1 降为 q_2，税收的隐含影响是向上移动短期供给曲线（移动幅度为税收总量）。第二，如果征税后厂商不再有经济利润可赚，它将选择退出市场。

现在假设行业中所有厂商都被征税，它们的边际成本都上升。既然每个厂商都会在当时的市场价格下减少产出，整个行业的产品供给量将会下降，从而促使产品价格上涨。图 8.19 用图形说明了这一情况。供给曲线从 S_1 上移至 S_2（$=S_1+t$），使产品价格从 P_1 上升到 P_2（幅度低于税收总量）。产品价格的上升减少了我们前面描述的一些影响。厂商减少的产出将低于价格不上涨时的产出。

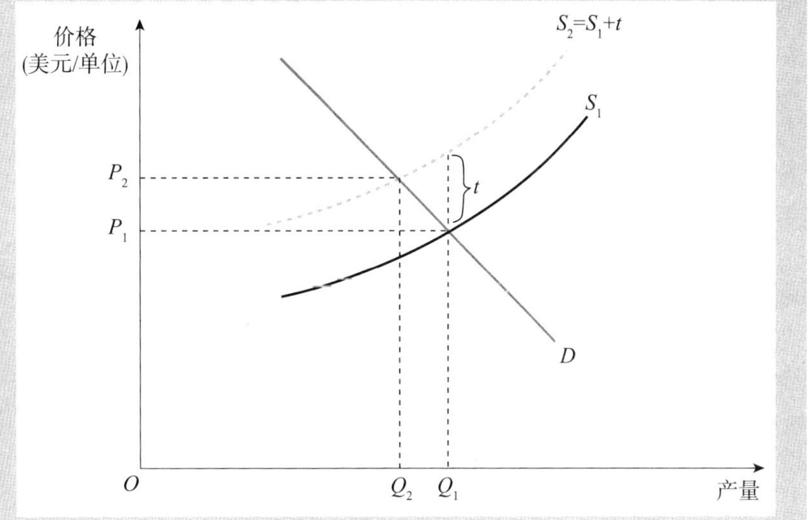

图 8.19　销项税对行业产出的影响
说明：对竞争市场上所有厂商征收销项税使短期供给曲线向上移动，移动幅度为税收总量。这提高了产品的市场价格，降低了行业的总产出。

最后，销项税也可能促使一些厂商（它们的成本高于其他厂商）退出行业。在这个过 299
程中，税收提高了每个厂商的长期平均成本。

长期供给弹性

行业的长期供给弹性可以用与短期供给弹性同样的方法定义，它表示价格的百分比变化（$\Delta P/P$）引起的产出的百分比变化（$\Delta Q/Q$）。在成本不变的行业中，长期供给曲线是水平的，长期供给弹性无穷大（价格的微小增加引起产出的巨大增长）。但是，在成本递增的行业中，长期供给弹性大于零，因为在长期行业可进行调整和扩张。我们通常
预测长期供给弹性大于短期供给弹性。[①] 弹性的大小依赖于投入成本随市场扩大而 300
增加的程度。例如，一个行业的投入随处都可以得到，它的长期供给弹性就大于它的短期供给弹性。

∵例 8.7　纽约市出租车的供给

当然，乘坐出租车的价格取决于路程长短。大多数城市对出租车费用进行了管制，通常要求一个起步价，然后每英里收取一个单价。2016 年，纽约市共有出租车 13 150 辆。有人可能会预测，如果出租车费用下降，就会有更少的司机愿意运营出租车，供给的数量就会下降。类似地，如果出租车的费用上升，就会有更多的司机愿意开出租车，供给的数量就会上升。我们看看这种论断是否正确。

开出租车真不是个轻松的工作。许多司机要工作 6 天，每天 12 个小时。那一年赚多少钱呢？假设司机每年工作 50 周，总时间就是 12×6×50＝3 600 小时。不过，部分时间要花费在等待客人或寻找客人上；只有约 2/3 的时间实际载客，也就是每年 2 400 小时。每小时大约开 10 英里（记住，这是在纽约市），每年大约有 24 000“付费”英里。有些开的比其他人多，但是纽约的平均打车距离是 5 英里，而（2016 年）平均的成本是 12.6 美元，或者说每次 15 美元。以平均 5 英里一个活为基础，司机

① 在一些情况下，反过来也是正确的。考虑耐用品如铜的废料的供给弹性。回忆第 2 章，由于存在废金属交易，长期供给弹性将小于短期供给弹性。

每年得到 24 000/5=4 800 次打车机会，毛收入是 15×4 800=72 000 美元/年。

在此基础上，司机必须支付汽油、保险、出租车的维修和折旧费用，总计每年 10 000 美元。不过，成本并非只有这些。像在大多数城市一样，纽约的出租车也需要一个特许执照（medallion）。特许执照由市政府颁发给出租车公司，公司再授权给司机，费用由市政府规定：每 12 小时 1 班，每班 110 美元。按照每周 6 班、每年 50 周算，出租车司机必须每年为特许执照付费 6×50×110=33 000 美元。最后，出租车司机的净收入为 72 000−10 000−33 000=29 000 美元/年。

假设纽约市降低出租车打车费，一个 5 英里的活的费用为 10 美元而不是 15 美元，那么司机的年毛收入从 72 000 美元降为 48 000 美元。在抵消所有成本后，出租车司机的年收入就下降为只有 5 000 美元了。在那样的情形下，任何人几乎都不愿意去开出租车了。而现在，假设纽约市将乘坐出租车的价格提高，令 5 英里的费用上升到 20 美元。司机的毛收入变为 96 000 美元，而净收入为 53 000 美元。这对于一项低学历和无特殊技能要求的工作来说相当不错，就会有更多的人愿意干出租了。因此，我们会预测出租车的供给曲线非常富有弹性——价格的很小下降将导致数量的巨大下降，而价格的很小上升会导致数量的巨大上升。这可以体现在图 8.20 中的供给曲线 S 上。

不过，有些事被忽略了。降低费用确实会导致供给量下降，但提高价格却不会带来供给量增加。
301 为什么呢？因为特许执照的数量是固定的，为 13 150 个，大约和 1937 年的数量一样。通过拒绝签发更多的特许执照，纽约市有效地限制了出租车服务的供给量。因此，供给曲线从数量 13 150 开始变为垂直线（如图 8.20 中的 S' 所示）。

许多城市要求出租车有特许执照并严格地限制数量。你会在第 9 章，特别是例 9.5 中发现其中的原因。

图 8.20 纽约市出租车的供给曲线

说明：如果对特许执照的数量没有限制，供给曲线将高度富有弹性。出租车司机努力工作，但赚得不多，因此价格的下降会导致他们去找其他工作。类似地，价格的上升会吸引很多出租车司机进入市场。不过，特许执照的数量——继而出租车的数量——被限制在 13 150，因此供给曲线在这一产出上变为垂直线。

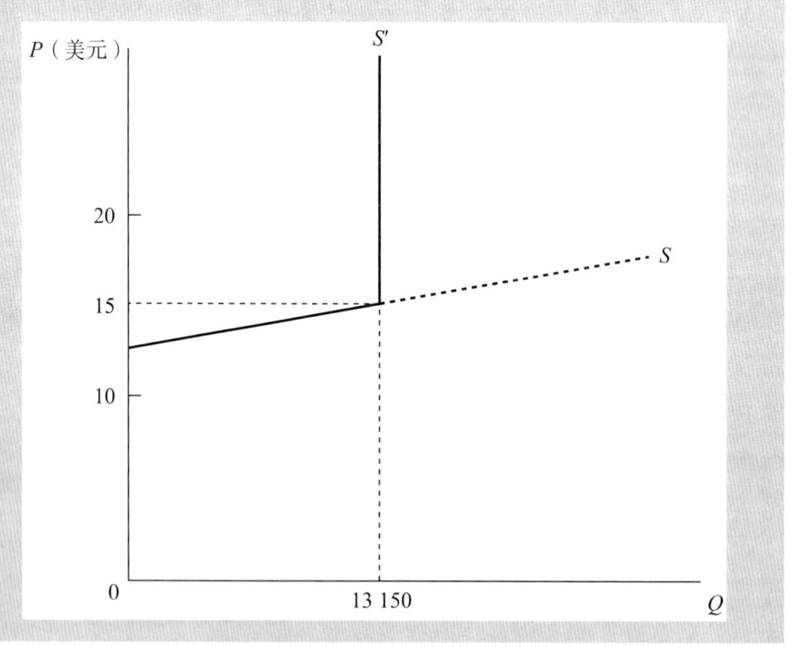

❖例 8.8 房屋的长期供给

对于供给弹性的可能范围，自住房（owner-occupied housing）和出租房（rental housing）提供了很有意义的例子。人们通过购房或租房得到房屋提供的服务——吃、住的场所、舒适等等。如果某一地区的房屋服务价格上涨，那么提供的服务数量就会大量增加。

我们先考虑土地充足的郊区或农村的自住房的供给情况。当住房的供给增加时，土地不会相应涨价。同样，建筑成本也不会增加，因为木料和其他建筑材料可以从国内市场得到。因此，住房的长期供给弹性可能非常大，大体上是一个成本不变的行业。事实上，许多研究发现，自住房的长期供给曲线接近于水平。①

但是，对于租房市场情况就不同了。出租房的建设常受当地法律的制约。许多社区完全禁止出租房的建设，而有的社区仅批准在一定地域内建设，原因是出租房占用了城市有限且有价值的土地，因 302
而出租房的长期供给弹性低于自住房的供给弹性。当出租房的价格上升时，新的出租房增多，旧的出租房被改造，从而增加了出租房的供给量。随着住房密度的增大，城市土地升值；随着建筑高度的增加，建筑成本上升，需求的增加使出租房的投入成本上涨。在成本增加的情况下，供给弹性远远小于1；在一项研究中作者发现，供给弹性为0.36。②

小 结

1. 经理们可以按照一套复杂的目标，在不同的约束条件下进行经营，但是，我们可以假设所有厂商都在使其长期利润最大化。

2. 许多市场可能是近似完全竞争的，在这些市场上一个或更多厂商像面对一条几乎水平的需求曲线那样行动。但是，一个行业中的厂商数量并不是表明行业竞争程度的一个好的指标。

3. 因为竞争性市场中的一个厂商在整个行业产出中占有的份额很小，这使得它的产出选择是基于其生产决策对产品价格没有影响的假设。在这种情况下，需求曲线和边际收入曲线是相同的。

4. 在短期，一个竞争性厂商通过选择价格等于短期边际成本时的产出来使自己的利润最大化，然而，此时价格必须高于或等于厂商的最低平均可变成本。

5. 短期市场供给曲线是一个行业中所有厂商的供给曲线的水平加总。它的特征由供给弹性来表示。供给弹性是价格的百分比变化引起的产出的百分比变化。

6. 厂商的生产者剩余是利润最大化产出下，总收益与必须支付的最小成本之差。在短期和长期， 303
生产者剩余都是水平价格线以下和边际成本线之上的一块面积。

7. 经济租是租借该要素的最低市场费用与得到稀缺生产要素的支出之差。在竞争性市场上，长期内生产者剩余等于所有稀缺生产要素产生的经济租。

8. 在长期，追求利润最大化的竞争性厂商选择价格等于长期边际成本时的产出。

9. 长期竞争性均衡在满足以下条件时产生：（1）厂商利润最大化；（2）所有厂商的经济利润为零，以至没有激励进入或退出行业；（3）产品的市场需求等于供给。

10. 当行业成本不变时，即投入需求的增加（伴随产品需求增加）对投入价格没有影响时，厂商的长期供给曲线是水平的。而在成本递增的行业，厂商的长期供给曲线是向上倾斜的，因为投入需求的增加使部分或所有投入的市场价格上升。

---

① 相关综述性文献可参见 Dixie M. Blackley，“The Long-Run Elasticity of New Housing Supply in the United States：Empirical Evidence for 1950 to 1994，” *Journal of Real Estate Finance and Economics* 18（1999）：25-42。

② John M. Quigley and Stephen S. Raphael，“Regulation and the High Cost of Housing in California，” *American Economic Review*，95（2），2005：323-328.

复习题

1. 为什么一个发生亏损的厂商选择继续进行生产而不是关闭？

2. 解释为什么行业长期供给曲线不是行业长期边际成本曲线。

3. 在长期均衡时，行业中所有厂商的经济利润为零。为什么？

4. 经济利润和生产者剩余间有什么不同？

5. 当厂商知道在长期它们的经济利润将为零时，它们为什么还进入这个行业？

6. 在 20 世纪初，美国有许多小的汽车生产厂家，在 20 世纪末则仅有三个大的厂家。假设这种情况不是反垄断法实施不力的结果，你怎样解释汽车生产厂家的数量减少？（提示：汽车行业的内在成本结构是怎样的？）

7. 因为 X 行业是完全竞争的，该行业的每个厂商的经济利润为零。如果产品价格下降，没有厂商可以生存。你同意还是不同意这种认识？讨论一下。

8. 对电影的需求增加也可以增加演员的薪水。解释一下电影的长期供给曲线是水平的还是向上倾斜的。

9. 判断正误：一个厂商总是在长期平均成本最小化的地方生产。解释一下。

10. 在具有向上倾斜的供给曲线的行业，能存在规模报酬不变吗？

11. 市场是完全竞争的必要假设有哪些？根据本章所学，解释为什么这些假设都是重要的。

12. 假设一个竞争性行业面临着需求的增长（即需求曲线向上移动）。一个竞争性市场保证产出增加的步骤是什么？如果政府限制了最高价，你的答案会不会改变？

13. 政府通过了一项法令，允许对每英亩用于种植烟草的土地给予大量补贴。这一措施会怎样影响烟草的长期供给曲线？

14. 一个地区有若干家本地商店以及其他直销点或网站销售某种品牌的真空吸尘器。

a. 假如所有销售商要价相同，它们的长期经济利润是否都等于零？

b. 假如所有销售商要价相同，但是一家当地商店的经营场所为店主自己拥有的房子，不用支付租金，这个销售商的经济利润为正吗？

c. 不用支付租金的这家销售商是否有激励去降低其销售价格？

练习题

1. 下表给出了一个厂商的单位产品销售价格（单位：美元）和总成本的信息。

a. 填充表中空格。

b. 如果价格从 60 美元下降到 50 美元，厂商的产量选择和利润将如何变化？

		R		π	MC	MR	R	MR	π
q	P	$P=60$	C	$P=60$	$P=60$	$P=60$	$P=50$	$P=50$	$P=50$
0	60		100						
1	60		150						
2	60		178						
3	60		198						
4	60		212						
5	60		230						
6	60		250						
7	60		272						
8	60		310						
9	60		355						
10	60		410						
11	60		475						

2. 从练习 1 表中的数据分析，如果固定成本从 100 美元增加到 150 美元，再增加到 200 美元，给定价格每单位 60 美元保持不变，厂商的产量选择和利润会发生什么变化？你从固定成本对厂商的产量选择的影响中能得出什么一般结论？

3. 使用与练习 1 相同的信息。

a. 推导厂商的短期供给曲线。（提示：你可以画出适当的成本曲线。）

b. 假如市场中有 100 个相同的厂商，行业供给曲线是怎样的？

4. 假设你是竞争性市场上的一个钟表制造厂的经理，你的生产成本为：$C=200+2q^2$，q 是产出水平，C 是总成本。（生产的边际成本为 $4q$，固定成本为 200 美元。）

a. 如果价格是 100 美元，为追求利润最大化，你应该生产多少钟表？

b. 利润是多少？

c. 厂商保持正产出的最低价格是多少？

5. 假设竞争性厂商产量为 q 时的边际成本由下式给出：$\mathrm{MC}(q)=3+2q$。假设该产品面对的市场价格为 9 美元。回答下列问题：

a. 厂商的产出水平是多少？

b. 厂商的生产者剩余是多少？

c. 假设厂商的平均成本曲线为 $AVC(q)=3+q$，已知厂商的固定成本为 3 美元，在短期内厂商利润为正、为负还是为零？

6. 竞争性市场中某厂商的生产成本函数为 $C=50+4q+2q^2$，边际成本函数为 $MC=4+4q$。当市场价格给定为 20 美元时，厂商产量为 5，厂商利润达到最大化了吗？在长期，厂商产量应该定为多少？

7. 假设厂商成本为 $C(q)=4q^2+16$。

a. 求出平均成本、固定成本、可变成本、平均可变成本和平均固定成本。（提示：边际成本为 $MC=8q$。）

b. 在图上画出平均成本曲线、边际成本曲线和平均可变成本曲线。

c. 找到使平均成本最小的产出水平。

d. 当价格在哪一区间时厂商产量为正？

e. 当价格在哪一区间时厂商利润为负？

f. 当价格在哪一区间时厂商利润为正？

8. 一个竞争性厂商的短期成本函数如下：$C(q)=q^3-8q^2+30q+5$。

a. 求出 MC、AC 和 AVC，并在图形上标示出来。

b. 当价格在哪一区间时厂商产量为零？

c. 在图上标出厂商的供给曲线。

d. 当价格为多少时厂商产量为 6？

9. a. 假设某厂商的生产函数为 $q=9x^{1/2}$，在短期，固定成本为 1 000 美元，x 为可变投入，其成本为 4 000 美元/单位。生产 q 单位产品的总成本为多少？[即求出总成本函数 $C(q)$。]

b. 写出供给曲线方程。

c. 如果价格为 1 000 美元/单位，厂商的产量为多少？利润水平为多少？在成本曲线图上标出你的结论。

10. 假设某一特殊行业的信息如下：

$Q^D=6\,500-100P$	市场需求
$Q^S=1\,200P$	市场供给
$C(q)=722+\dfrac{q^2}{200}$	厂商总成本函数
$MC(q)=\dfrac{2q}{200}$	厂商边际成本函数

假定所有厂商完全相同，而且市场是完全竞争的。

a. 计算均衡价格、均衡产量、厂商供给量和每个厂商的利润。

b. 在长期将有厂商进入还是退出市场？解释你的结论。进入或退出将会对市场均衡产生何种影响？

c. 在长期，每个厂商销售其产品的最低价格为多少？利润是正的、负的还是为零？解释你的结论。

d. 在短期，每个厂商销售其产品的最低价格为多少？利润是正的、负的还是为零？解释你的结论。

*11. 竞争性厂商的总成本函数为 $C(q)=450+15q+2q^2$，边际成本函数为 $MC(q)=15+4q$。如果市场价格为 $P=115$ 美元/单位，求出厂商生产的产量，并计算利 304
润和生产者剩余。

*12. 很多商店都提供相片冲洗服务。如果每家商店冲洗胶卷的成本函数均为 $C(q)=50+0.5q+0.08q^2$，边际成本为 $MC=0.5+0.16q$，则：

a. 如果冲洗一卷胶卷的收费为 8.50 美元，该行业处于长期均衡状态吗？如果不是，找出与长期均衡对应的价格。

b. 假设现在有一种新的冲洗技术出现，该技术可以使得冲洗相片的成本降低 25%。如果行业目前正处于长期均衡状态，则厂商愿意支付多高的价格来购买这项新技术？

*13. 假设某城市市中心有很多个热狗销售亭，每个销售亭的边际成本均为 1.50 美元/个，没有固定成本，每个销售亭每天最多能销售 100 个热狗。

a. 如果热狗的价格为 2 美元/个，每个销售亭每天想销售多少个热狗？

b. 如果该行业是完全竞争的，2 美元/个的价格会不会一直持续下去？如果不会，则价格为多少时会达到均衡？

c. 如果每个销售亭每天均销售 100 个热狗，市场需求函数为 $Q=4\,400-1\,200P$，市场中有多少个销售亭？

d. 市政府决定通过无偿发放许可证的方式来对热狗销售亭进行管理。如果一共发放 20 个许可证，每个销售亭的日最高销售量仍然为 100 个，热狗的销售价格将为多少？

e. 如果市政府决定出售许可证，每个销售亭愿意支付的最高价格为多少？

*14. 对竞争性行业中的一个厂商的售价为 5 美元的产品征收的销售税为 1 美元。

a. 税收是如何影响该厂商的成本曲线的？

b. 该厂商的价格、产出、利润会发生哪些变化？

c. 会有厂商进入还是退出该行业？

*15. 在某一竞争性行业，有一半的厂商（环境污

染者）被征收10%的销售税，这些税收收入被用于对其他厂商（没造成污染者）的销售额补贴10%。请回答：

a. 在销售税补贴政策之前，假设所有厂商有相同的不变的长期平均成本，你认为在短期和长期，产品价格、每个厂商的产出和整个行业的产出各会发生什么变化？（提示：价格与行业投入间的关系是怎样的？）

b. 这种税收收入等于补贴支出的预算平衡政策是否总能达成？解释原因。

9 竞争性市场分析

在第 2 章，我们了解了供求曲线怎样帮助我们描述和理解竞争性市场的行为。在第 3～8 章，我们看到供求曲线的推导过程以及决定其形状的因素。在此基础上，我们回到供给和需求分析，阐述如何运用它来分析大量经济问题——消费者可能面临的购买决策问题、厂商面临的长期计划问题，或者政府当局必须进行的政策设计和后果评估等问题。

让我们从说明怎样利用消费者剩余和生产者剩余来考察政府政策的福利效应开始——换句话说，考察一下谁是政策的受益者，谁是政策的受损者，损益程度有多大。我们也会利用消费者剩余和生产者剩余证明竞争性市场的有效性——为什么竞争性市场上的均衡价格和数量能使生产者和消费者的总体经济福利最大化。

之后，我们会运用供求分析各种问题。因为在美国，很少有市场不受到政府这样或那样的干预，所以我们将要研究的问题大多与这些干预的后果有关。我们的目标并不只是要解决这些问题，而是要告诉你怎样利用经济分析工具考察你身边类似的其他问题。我们希望通过实例剖析，你能够看到如何计算市场对变动着的经济条件或政府政策做出的反应，以及评价由此导致的消费者和生产者损益。

本章要点

案例列表

9.1 政府政策的损益评价：消费者剩余与生产者剩余 305

我们在第 2 章结尾看到，由于政府制定价格上限导致商品需求量上升（当价格较低时，消费者想要购买更多的商品），供给量下降（当价格较低时，生产者不愿供给更多的商品），因此出现了商品短缺，即超额需求。当然，现在支付价格更低，那些仍能买到商品的消费者境况变好（可能这是政府原先的目标）。但是，如果再考虑那些没有买到商品的消费者，那么消费者作为一个整体，福利会改善多少呢？消费者的境况可能会恶化吗？如果把消费者和生产者加在一起，他们的总福利是增进还是降低？增进或降低了多少？要回答诸如此类的问题，我们需要寻求某种方法，测度政府干预带来的损益以及这些干预导致的市场价格和数量变化。 306

我们的方法是计算政府干预导致的消费者剩余和生产者剩余的变化。在第 4 章，我们看到消费者剩余怎样测度消费者从竞争性市场获得的总净收益。在第 8 章，我们看到生产者剩余怎样测度生产者获得的总净收益。这里，我们将说明怎样运用消费者剩余和生产者剩余考察各种问题。

消费者剩余与生产者剩余回顾

在无管制的竞争性市场上，消费者和生产者按现行市价买卖商品。但是记住，对于某些消费者来说，商品价值超过市场价格，如若必需，他们愿意支付更高的价格。消费者剩余是消费者获得的刨去购买商品支出的总收益或总价值。

例如，假设市场价格为每单位 5 美元，如图 9.1 所示。某些消费者可能对该商品评价很高，愿意支付更高的价格。例如消费者 A 愿意为该商品支付 10 美元。但是，由于市场价格仅为 5 美元，他享受到 5 美元的净收益（=10 美元−5 美元）；消费者 B 愿意支付 7 美元，因而享有 2 美元的净收益。最后，消费者 C 对该商品的评价恰好等于市场价格 5 美元。他买不买这件商品无所谓，哪怕市场价格只提高 1 美分，他也将放弃购买。因此，消费者
307 C 的净收益为 0 美元。[①]

图 9.1　消费者剩余和生产者剩余

说明：消费者 A 愿意支付 10 美元购买市场价格为 5 美元的商品，因此，他获得 5 美元的净收益。消费者 B 获得 2 美元的净收益，消费者 C 对商品的评价正好等于市场价格，净收益为 0 美元。消费者剩余测度全体消费者的总收益，等于需求曲线与市场价格之间的阴影面积。生产者剩余测度生产者的总利润加上投入的租金，等于供给曲线与市场价格之间的面积。总的来看，消费者剩余和生产者剩余测度竞争性市场的福利。

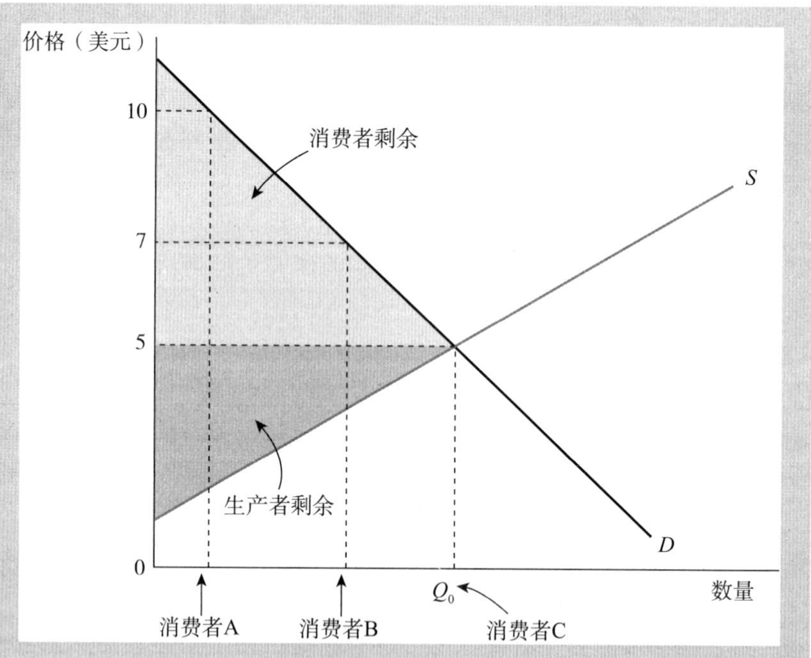

就消费者总体来看，消费者剩余等于需求曲线与市场价格之间的面积（即图 9.1 中的浅灰色阴影区域）。由于消费者剩余测度消费者总的净收益，通过计算消费者剩余的变化可以测度政府干预给消费者带来的损益。

生产者剩余是对生产者的类似测度。某些生产者以正好等于市场价格的成本生产若干单位产品。但是，另一些生产者的成本可能低于市场价格，即使市场价格下跌，它们仍愿

① 当然，有些消费者对该商品的评价小于 5 美元。这些消费者构成了需求曲线上均衡数量 Q_0 的右边部分，并且不会购买该商品。

意继续生产和销售。因此，生产者从销售这些产品中获利——一种剩余。就单位产品来看，这个剩余是生产者接受的市场价格与边际成本之间的差额。

从市场整体来看，生产者剩余是位于供给曲线上方直至市场价格的区域，这是低成本生产者按市价出售产品获得的收益。在图 9.1 中，它是一个深灰色阴影三角形。由于生产者剩余测度生产者总的净收益，我们通过计算生产者剩余的变化，可以测度政府干预给生产者带来的损益。

消费者剩余与生产者剩余的运用

运用消费者剩余和生产者剩余，我们可以评价政府对市场干预政策的**福利效应**（welfare effects）。我们能决定谁从政府干预中获益，谁从政府干预中受损，以及损益程度。为了说明如何做到这一点，让我们回到第 2 章结尾初次遇到的价格控制的例子。政府认为生产者收取超过政府设定的价格（该值低于市场出清水平下的价格）是不合法的。回顾一下，通过降低产量，增加需求，这个最高价格导致了产品短缺。

福利效应
消费者和生产者的得益和损失。

图 9.2 再现了图 2.24，此外，它还表明了政府价格控制导致的消费者剩余和生产者剩余的变化。现在我们一步步分析这些变化。

（1）消费者剩余的变化。政策会使得一部分消费者利益受损，而另一部分消费者则可能得到好处。由于存在价格控制，生产和销售量从 Q_0 降为 Q_1，那些在配给制下买不到商品的消费者利益受到损害。然而，那些仍然能买到商品的消费者（可能因为他们在正确的时间出现在正确的地方，或者他们愿意排队等待）却由于价格下降（由 P_0 降至 P_{max}）而得到好处。

每种消费者的剩余增加或者减少了多少呢？那些仍能买到商品的消费者现在享受到了剩余增加，如图中的阴影矩形区域 A。该矩形表示价格下降的幅度与在较低价格下消费者可以购得的商品数量的乘积。然而，有些消费者不再能买到商品，他们的消费者剩余损失为阴影三角形区域 B。该三角形度量了由于价格下降而导致的 Q_0 降为 Q_1 所带来的交易量下 308
降，消费者价值减去其应该支付之差的损失。因此，净消费者剩余为 $A-B$，在图 9.2 中，因为矩形 A 大于三角形 B，净消费者剩余的变化为正。

这里需要强调的是，我们在计算中已经假设能够购买到商品的消费者也就是对商品的

图 9.2　价格控制带来的消费者剩余和生产者剩余变化

说明：商品价格规定不超过 P_{max}，低于市场出清价格 P_0。消费者的收益为 $A-B$，生产者的损失为 $A+C$。$B+C$ 测度价格控制造成的无谓损失。

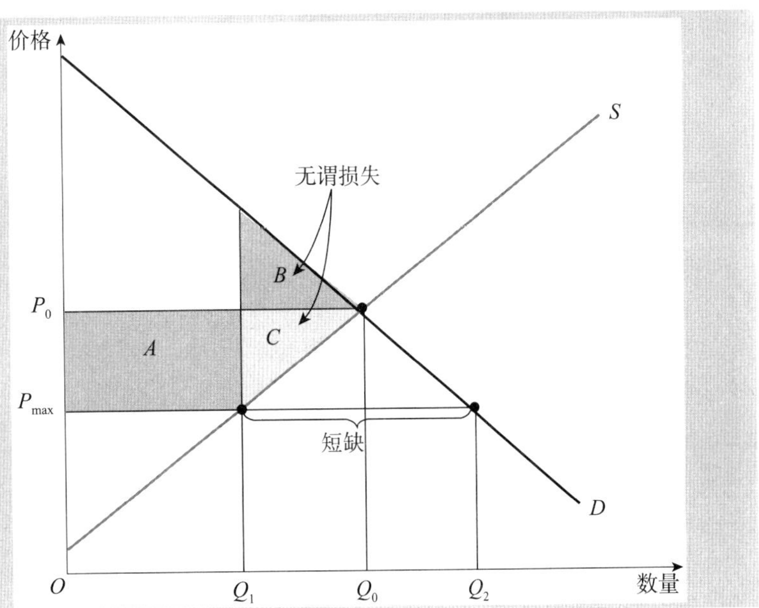

评价最高的那部分消费者。如果不是这样（例如产量 Q_1 随机分配），消费者剩余的损失要大于三角形 B。在许多情形下，没有理由可以期待对商品评价最高的消费者刚好购买了商品。结果，消费者剩余的损失可能大大超过 B，使得价格控制高度缺乏效率。[①]

此外，我们也忽略了配给供应的机会成本。例如，那些想购买商品的消费者可能要排队等待，在这种情况下，他们的时间的机会成本也应该包括在损失的消费者剩余中。

（2）生产者剩余的变化。在价格控制下，一些厂商（那些成本相对较低的厂商）仍然留在市场上，但是现在它们只得接受较低的价格。而其他厂商将退出市场。这两类厂商都会有福利损失。那些仍留在市场上生产 Q_1 数量商品的厂商，现在只得接受较低的价格，它们失去了矩形 A 代表的生产者剩余。但是，总产量也下降了，三角形 C 表示那些离开市场
309 的厂商的福利损失与那些留在市场上的厂商由于产量下降导致的福利损失之和。因此，生产者剩余的总变化为 $-A-C$。显然，价格控制使生产者遭受了损失。

无谓损失
总（消费者和生产者）剩余的净损失。

（3）无谓损失。那么，价格控制给生产者带来的损失是否可以被消费者的得益抵消呢？回答是不能。如图 9.2 所示，价格控制导致总剩余的净损失，我们称之为**无谓损失**（deadweight loss）。回忆一下，消费者剩余的变化为 $A-B$，生产者剩余的变化为 $-A-C$，所以，剩余的总变化为 $(A-B)+(-A-C)=-B-C$，从而我们有了无谓损失部分，如图 9.2 中两个三角形区域 B 和 C。无谓损失是价格控制造成的低效率；生产者剩余的损失超过了消费者剩余的增加。

如果政治家们对消费者剩余的评价高于生产者剩余，这一无谓损失就不会有大的政治影响。然而，如果需求曲线非常缺乏弹性，如图 9.3 所示，价格控制就会导致消费者剩余出现净损失。在图 9.3 中，三角形 B 测度被配给挤出市场的消费者的损失，它大于那些仍能买到商品的消费者的得益，即矩形 A。这里，消费者对这种产品的评价很高，所以，那些被配给挤出市场的消费者会遭受严重损失。

图 9.3　需求缺乏弹性时价格控制的影响

说明：如果需求极其缺乏弹性，可能会出现 $B>A$ 的情形。在这种情形下，价格控制使消费者遭受净损失。

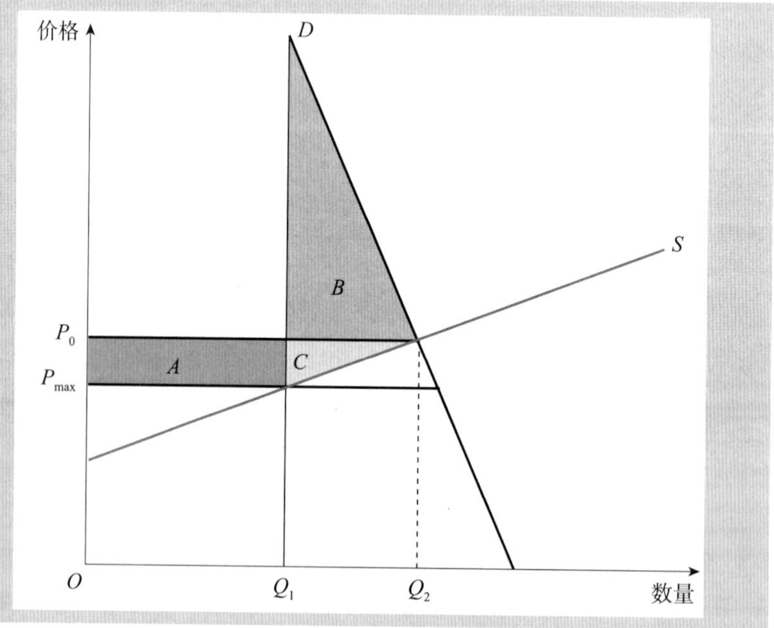

① 关于价格控制的优秀分析，参见 David Colander，Sieuwerd Gaastra，and Casey Rothschild，"The Welfare Costs of Market Restriction，" *Southern Economic Journal*，77 (1)，2011：213-223。

在短期，汽油需求相当缺乏弹性（但长期弹性则大得多)。1979 年夏季，美国控制油价，以防国内价格上涨到不断攀升的国际价格水平，结果导致汽油短缺，消费者得花费数小时排队来购买汽油。这是价格控制导致消费者——政策原先打算保护的对象——福利恶化的一个典型例子。

❖例 9.1　价格控制与天然气短缺

在第 2 章的例 2.10 中，我们讨论了 20 世纪 70 年代针对天然气市场的价格控制，我们分析如果政 310
府再一次对天然气的批发价格实施管制会发生什么情况。特别地，我们看到，2007 年天然气自由市场的批发价格为大约 6.4 美元/千立方英尺（mcf)，我们计算如果价格被限制在不高于 3 美元/千立方英尺，供给数量和需求数量将为多少。现在，引入消费者剩余、生产者剩余和无谓损失的概念，我们能计算这个价格上限对福利的影响。

回忆例 2.10，我们发现天然气的供求曲线可大致表示如下：

供给：$Q_S=15.90+0.72P_G+0.05P_O$

需求：$Q_D=0.02-1.8P_G+0.69P_O$

式中，Q_S和Q_D为供给量和需求量，单位为万亿立方英尺（Tcf)；P_G为天然气价格，单位为美元/千立方英尺；P_O是石油价格，单位为美元/桶。令$Q_S=Q_D$，$P_O=50$ 美元/桶，那么，自由市场均衡价格及数量分别为 6.4 美元/千立方英尺和 23 万亿立方英尺。然而，在管制之下，最高允许价格为 3 美元/千立方英尺，此时供给为 20.6 万亿立方英尺，而需求为 29.1 万亿立方英尺。

图 9.4 表明了这些供求曲线、自由市场价格及管制价格。矩形 A 和三角形 B、C 测度价格控制导致的消费者剩余和生产者剩余的变化。通过计算矩形和三角形的面积，我们可以确定价格控制带来的损益。

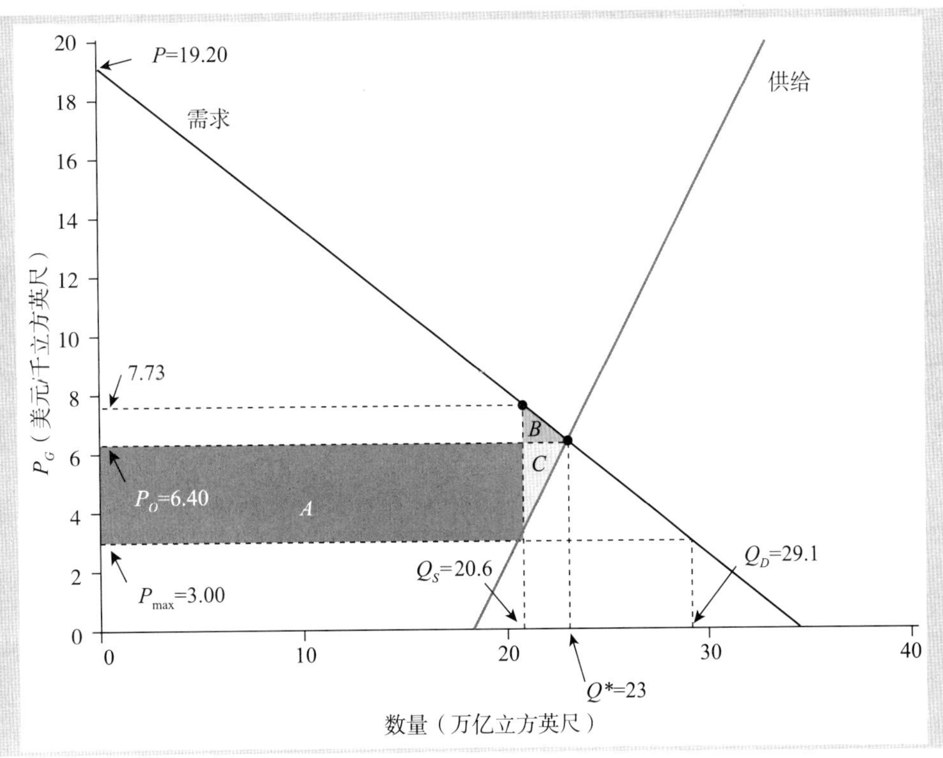

图 9.4　天然气价格控制的影响

说明：天然气市场出清价格为 6.4 美元/千立方英尺，但最高允许价格仅为 3 美元/千立方英尺，结果导致 29.1－20.6＝8.5 万亿立方英尺短缺。消费者收益为 $A-B$，生产者损失为 $A+C$，无谓损失为 $B+C$。

为了进行计算，首先我们统一计量单位，1Tcf＝10 亿 mcf（我们必须把数量和价格整理为同样的单位）。把 Q_D＝20.6 Tcf 代入需求曲线方程，则 P_G＝7.73 美元/千立方英尺。那么，我们可以计算面积：

A＝(206 亿千立方英尺)×(3.40美元/千立方英尺)＝700.4亿美元

B＝(1/2)×(24亿千立方英尺)×(1.33美元/千立方英尺)＝16亿美元

C＝(1/2)×(24亿千立方英尺)×(3.40美元/千立方英尺)＝40.8亿美元

（三角形的面积是它的底和高的乘积的一半。）

因此，价格控制导致的消费者剩余变化为 $A-B$＝700.4－16＝684.4 亿美元，生产者剩余变化为 $-A-C$＝－700.4－40.8＝－741.2 亿美元。最后，该年的无谓损失为 $-B-C$＝－16－40.8＝－56.8亿
311 美元。注意到大部分无谓损失来自 C，它是由于价格控制而不能提供天然气的生产者的损失。

9.2　竞争性市场的效率

经济效率　消费者剩余和生产者剩余之和的最大化。

为了评价市场结果，我们经常会问市场是否达到了**经济效率**（economic efficiency），即消费者剩余和生产者剩余之和的最大化。我们刚才考察了价格控制怎样产生无谓损失。因此，该政策导致了经济的效率损失：总体上，生产者剩余和消费者剩余共减少了等于无谓损失的量。（当然，这并不意味着该政策不好，它可能达到了政策制定者及公众心目中的其他重要目标。）

市场失灵　在某些情况下，不受管制的竞争性市场是无效率的，因为价格无法向消费者和生产者传递正确的信号。

市场失灵　有人可能认为，如果达到经济效率是唯一目标，那么最好让竞争市场自由
312 运行，但有时候情况并不总是这样。在某些情况下，会发生**市场失灵**（market failure）：因价格无法向消费者和生产者传递正确的信号，自由放任的市场没有效率，也就是说，无法使生产者和消费者的总剩余最大化。在两种情况下，市场失灵可能发生：

（1）外部性。在某些情况下，给消费者或生产者带来成本或收益的行为在市场价格中得不到反映。我们称这些成本或收益为**外部性**（externalities），因为对于市场来说，它们是“外部”的。例如，化工污染造成的社会成本。如果没有政府干预，生产者没有激励去考虑污染的社会成本。我们将在第 18 章考察外部性及政府的相应对策。

外部性　对其他生产者或消费者造成影响的某一生产者或消费者的行为，但是这个行为并没有反映在市场价格中。

（2）信息不完备。当消费者由于缺乏产品质量或特性的信息，不能做出效用最大化的购买决策时，市场失灵也可能会出现，从而政府干预（例如要求“标志的真实”）就是适当的。信息的作用将在第 17 章详细讨论。

在不存在外部性或信息完备的情况下，无管制的竞争性市场确实会导致经济上有效的产出水平。为了说明这一点，让我们思考一下，如果价格并非均衡的市场出清价格时会出现什么情况。

我们已经考察了价格上限的影响（即价格被控制在市场出清价格之下），如图 9.2 所示，生产下降（从 Q_0降到 Q_1），相应的总剩余损失为图中的无谓损失 $B+C$。由于生产得太少，消费者和生产者的总体境况恶化。

现在，假设情况相反，政府所要求的价格高于市场出清价格，比如说，是 P_2而不是 P_0。如图 9.5 所示，在较高的价格水平下，生产者将生产更多的产品 Q_2，但消费者愿意购买的数量下降为 Q_3。如果我们假设生产者以销定产，市场产出水平将为 Q_3，这里再次出现

总剩余的净损失。在图9.5中，矩形A现在表示消费者转移给生产者的剩余（他们现在接受了更高的价格），但三角形B和C还是无谓损失。由于价格更高，一些消费者不再购买商品（消费者剩余损失为三角形B），一些生产者也不再生产这部分产品（生产者剩余损失为三角形C）。

图9.5 当价格高于市场出清价格时的福利损失

说明：当价格规定不得低于P_2时，需求量仅为Q_3。如果只生产Q_3，无谓损失为三角形$B+C$。在价格P_2下，产量高于Q_3，无谓损失更大。

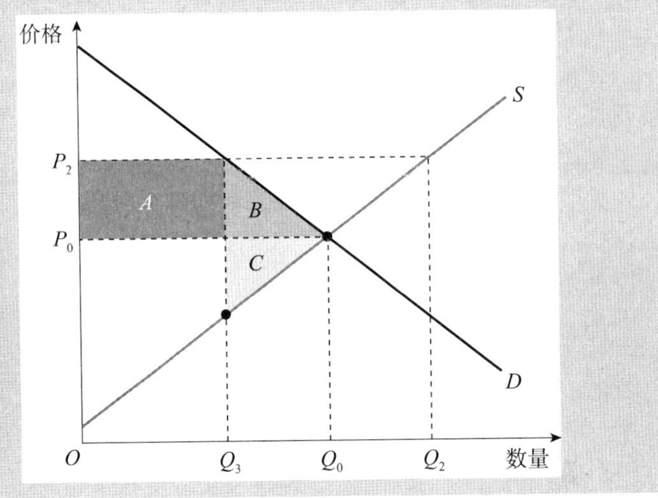

事实上，图9.5中的无谓损失（$B+C$）还只是对迫使价格高于市场出清水平的政策效率成本的乐观评价。有些生产者受高价P_2诱惑，可能提高生产能力和产出水平，导致产品滞销（这种情况曾在民航业发生过，在1980年之前民航委员会规定票价高于市场出清价格）。或者，政府出面买下全部滞销商品，以维持产量Q_2（这便是美国农业的情形）。在这两种情况下，总的无谓损失将远远超过三角形B和三角形C。

在下面几节中，我们将详细考察最低限价、价格支持及其他相关政策。除了说明怎样运用供给和需求方法去理解和评价这些政策外，我们还将看到偏离市场均衡怎样导致了效率损失。

❖例9.2 人类肾脏市场

人们有权出卖自己的身体器官吗？美国国会认为没有。1984年，美国国会通过《国家器官移植法》，规定器官只能捐献，严禁出售器官用于移植。

尽管法律上禁止出售器官，器官并没有因此失去价值。相反，法律阻止了器官供给者（生者本人或死者的家属）从中谋利，同时也造成了器官短缺。在美国，每年约有16 000只肾脏、44 000个眼角膜和2 300只心脏被移植，但相对于大量的需求来说，器官供给太少，许多病人得不到所需器官，有些人因此而失去生命。例如，2016年7月，在器官采集与移植网（Organ Procurement and Transplantation Network，OPTN）上有121 000个病人排队等待。然而，在2015年只有30 969个病人进行了器官移植手术。虽然自1990年以来移植手术几乎增加了一倍，但是同时期等待器官移植的病人却增加了约5倍。[①]

为了更好地理解这项法律的影响，让我们考虑肾脏的供给与需求。首先，确定供给曲线。虽然在价格为0美元的情况下，每年捐献者供给了约16 000只肾脏，但是还有很多其他的需要进行肾移植的人由于找不到捐赠人而无法得到移植。据估算，如果价格为20 000美元，肾脏供给量可再增加8 000

① Organ Procurement and Transplantation Network，http：//www. optn. transplant. hrsa. gov.

314 只。通过这些数据我们可以计算出一条线性供给曲线——供给曲线的表达式是 $Q=a+bP$。当 $P=0$ 美元时，$Q=16\ 000$，所以 $a=16\ 000$。当 $P=20\ 000$ 美元时，$Q=24\ 000$，所以 $b=(24\ 000-16\ 000)/20\ 000=0.4$。这意味着如下的线性供给曲线：

供给：$Q_S=16\ 000+0.4P$

注意在 $P=20\ 000$ 美元这一点上，供给弹性等于 0.33。

据预测，当价格为 20 000 美元时，肾脏的年需求量为 24 000 只。与供给一样，需求也相对缺乏价格弹性；根据合理的估计，此时需求弹性为 −0.33。这意味着如下的线性需求曲线：

需求：$Q_D=32\ 000-0.4P$

我们已在图 9.6 中绘出此供给曲线和需求曲线，市场出清价格和数量分别为 20 000 美元和 24 000 只。

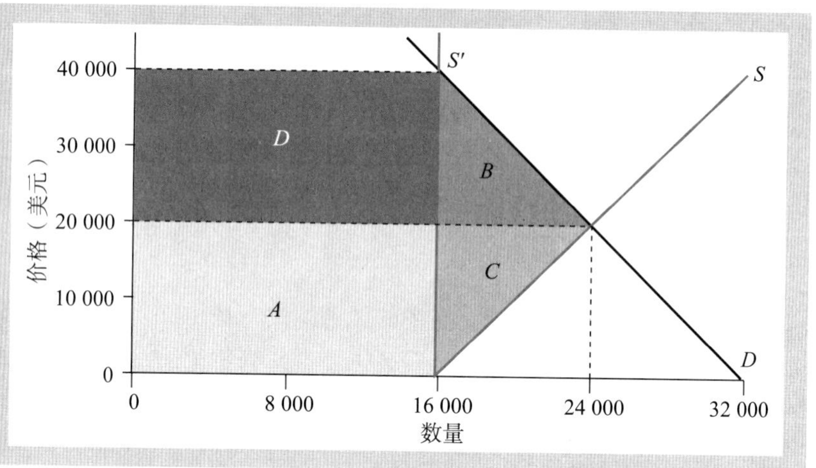

图 9.6 人的肾脏市场：《国家器官移植法》的影响

说明：市场出清价格为 20 000 美元，在这个价格水平上，年供给量为 24 000 只。1984 年的法案实际上使价格降为零。在价格为零时，每年仍有 16 000 只肾脏被捐献出来，这个有限供给用 S' 表示。供给方的损失为 $A+C$。如果消费者无偿获得肾脏，得益为 $A-B$。事实上，肾脏常按支付意愿进行分配，当供给有限时，接受方必须支付 40 000 美元的大部分至全部价格。$A+D$ 测度了供给受限时肾脏的总价值。

因为 1984 年法案禁止出售肾脏，供给量限于 16 000 只（人们捐献的肾脏量），这一被限制的供给表示为垂直线 S'。这会给肾脏供给方和接受方的福利带来什么影响呢？

315 先看供给方。提供肾脏的人得不到肾脏的价值 20 000 美元，剩余损失为矩形 $A=16\ 000\times 20\ 000$美元$=3.2$ 亿美元。而那些愿意有偿提供肾脏而不愿无偿提供的人的剩余损失为三角形 $C=1/2\times 8\ 000\times 20\ 000$ 美元$=0.8$ 亿美元。所以，供给方的总计损失为 4 亿美元。

再看接受方。1984 年法案可能打算把肾脏作为礼物送予接受方，此时，由于不用支付 20 000 美元，那些得到肾脏的人的获益为矩形 A（3.2 亿美元）。那些没有得到肾脏的人损失三角形 B（0.8 亿美元）。这样，接受方的剩余净增 $3.2-0.8=2.4$ 亿美元，无谓损失为 $B+C$（即 1.6 亿美元）。

由于以下两个原因，对该政策福利效应的估计可能需要调整。首先，肾脏不一定被分配给了对它们赋值最高的人。如果有限供给的肾脏部分地给了对肾脏价值的评价低于 40 000 美元的人，实际的无谓损失将高于我们的估计。其次，由于存在过度需求，无法确保像 1984 年法案所规定的接受方无偿获得肾脏。事实上，肾脏常按出价高低分配，当供给限于 16 000 只时，接受方常支付全部或大部分出清市场价格（40 000 美元）。其中，肾脏价值的很大部分（A 和 D）被医院和中间人拿走。结果，法律不仅减少了接受方的剩余，而且减少了供给方的剩余。[①]

---

① 实际上，有证据显示，有时一些富有的外国人来到美国，付出远超过 4 万美元的价格插队。“这种事可以成行的部分原因是利润丰厚——这些富人很多能够为医院带来质的飞跃，而他们确实这么做了。”纽约大学 Tisch 医学院的伦理学家 Arthur Caplan 博士说。“他们通常支付现金，而且总是预付款项，他们经常说的话都是我们不只想要单间，我们要整层，我们会付钱的…… [这些病人] 真的可以发挥他们的影响力，而这些事即使美国的富人也很难做到。”资料来源：https://www.vice.com/read/why-is-it-legal-for-rich-foreigners-to-buy-organs-in-america-1211.

当然，也有观点赞成禁止出售人体器官。[①] 观点之一源于信息不完备问题：如果人们有偿出售器官，他们很可能隐瞒了有关自身健康状况的逆向信息。这种观点也最适用于卖血，它可能会传播肝炎、艾滋病及其他病毒。但是，进行甄别（成本计入市场价格）要比禁止出售更有效。这个问题已成为美国血液政策争论的核心。

观点之二是，根据支付能力分配基本的生命必需品是不公平的。这种观点超越了经济学的研究范
围。然而，有两点必须牢牢记住：第一，强制令某种具有极高机会成本的商品价格为零，必定导致供
给减少和过度需求。第二，为什么人体器官与相似的替代物被区别对待，例如可以出售假肢、人工关 316
节和人工心脏瓣膜，而真的肾脏却不能出售？这一点目前并不清楚。

出售人体器官涉及众多复杂的伦理和经济问题。这些问题关系重大，本例不能悉数尽解。经济学这门沉闷的科学，只表明人体器官的经济价值不可忽视，禁止出售会产生社会成本，我们必须把它与收益进行权衡比较。

9.3 最低限价

正如我们已经了解的，政府政策有时力求把价格提高到市场出清水平之上而非其下。有关的例子包括民航委员会制定的航空管制条款、最低工资法及各种农业政策（大部分进口配额和关税也有这种倾向，参见第 9.5 节）。令价格高于市场出清水平的方法之一是直接规定低于某一最低水平的价格为非法的。

让我们再回到图 9.5。如果生产者能正确预测他们只能卖掉 Q_3，那么，福利净损失为 $B+C$。但是，正如我们所解释的，生产者可能并不把他们的产出限制在 Q_3。如果生产者认为他们能够在更高的价格上出售想要出售的数量，并且真的那么做了，会出现什么情况呢？图 9.7 描绘了这种情况。其中，P_{min} 表示政府设定的最低价格。这时，供给量为 Q_2，需求量为 Q_3，二者的差额代表没有出售的供给过剩。现在，我们来确定由此引起的消费者剩余和生产者剩余的变动。

图 9.7 最低限价

说明：规定价格不得低于 P_{min}，生产者愿意供给 Q_2，但消费者只愿购买 Q_3。如果产量为 Q_2，则 Q_2-Q_3 为滞销的量，生产者剩余的变化为 $A-C-D$，生产者整体的境况恶化。

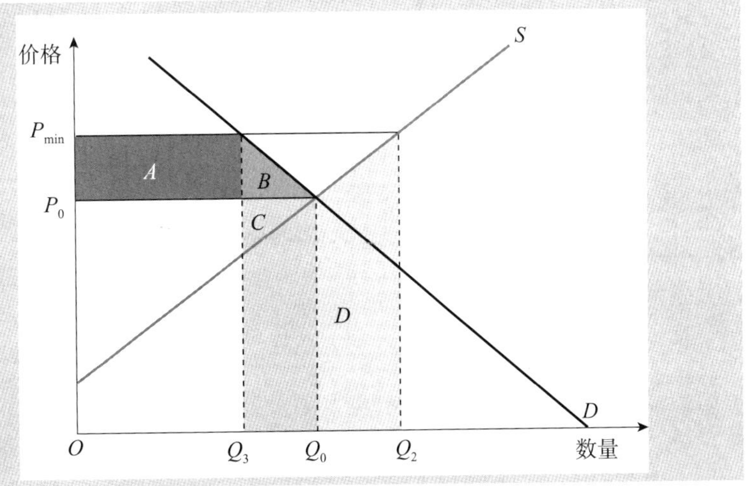

① 关于这些讨论的优点和缺陷，参见 Susan Rose-Ackerman, "Inalienability and the Theory of Property Rights," *Columbia Law Review* 85 (June 1985): 931 - 969；又见 Roger D. Blair and David L. Kaserman, "The Economics and Ethics of Alternative Cadaveric Organ Procurement Policies," *Yale Journal on Regulation* 8 (Summer 1991): 403 - 452。

317 那些仍然购买商品的消费者现在必须支付更高的价格，所以遭受图 9.7 中给出的剩余损失矩形 A。一些消费者由于价格较高，退出市场，相应的损失为三角形 B。因此，消费者剩余的总变化为：

$$\Delta CS = -A - B$$

显然，最低限价政策使消费者的境况恶化。

生产者的情况如何？由于销售价格提高，他们的剩余增加矩形 A（代表由消费者转移给生产者的货币），但是，销量从 Q_0 下降到 Q_3，导致剩余损失三角形 C。最后，考虑生产者扩大生产（$Q_0 \rightarrow Q_2$）的成本。因为他们只出售了 Q_3 数量，没有其他收益能弥补生产（$Q_0 \rightarrow Q_2$）的成本。我们怎么来度量该成本呢？记住供给曲线是该行业的总边际成本曲线。因此供给曲线告诉了我们每增加一单位产出所增加的成本，故 Q_3 到 Q_2 之间的供给曲线之下的面积，即是生产产量 Q_2-Q_3 的成本。因为 Q_2-Q_3 为滞销量，生产成本无法得到补偿，为阴影梯形 D。所以，除非生产者削减产量，否则生产者剩余的总变化为：

$$\Delta PS = A - C - D$$

假设梯形 D 足够大，最低限价政策甚至会导致生产者剩余净损失！结果，由于存在过剩生产的成本，这种形式的政府干预可能会减少生产者的利润。

政府施加最低限价的另一个例子是最低工资法。图 9.8 表明了劳动的供求，工资为 w_{min}，其水平高于市场出清工资 w_0。结果，那些能找到工作的工人获得了较高的工资，但有些愿意工作的人却无法得到工作。政策导致的失业，在图中是 L_2-L_1。我们会在第 14 章更详细地讨论最低工资问题。

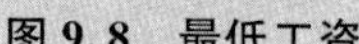
图 9.8　最低工资

说明：市场出清工资水平为 w_0，但厂商支付的工资不得低于 w_{min}，这导致 L_2-L_1 的失业和无谓损失 $B+C$。

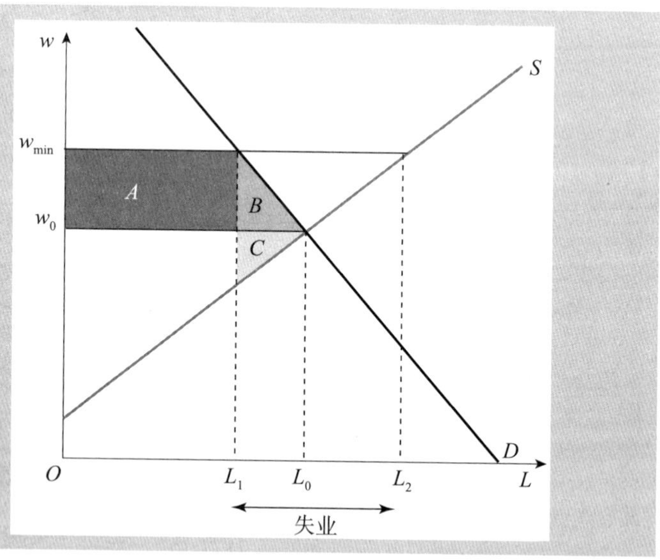

∵例 9.3　航空管制

318 1980 年以前，美国的航空业与现在完全不同。以往，机票价格和飞行路线都由民航委员会（CAB）严格规定。CAB 所定票价大多数高于自由市场通行价格。同时，进入也受到严格限制，许多航线仅供一两个航空公司专用。到 1981 年，航空业管制完全取消，CAB 也于 1982 年宣告解散。从那以后，许多新的航空公司进入市场，也有一些航空公司退出市场，价格竞争变得愈发激烈。

由于竞争压力造成航空公司利润锐减和破产，许多公司经理担心放松管制会带来行业混乱。毕竟，CAB 的初衷是保证“稳定”，这对于美国经济至关重要。有人也许以为将价格保持在市场出清水平以上会使航空公司的利润比在自由市场上丰厚。

放松管制确实给航空业带来了重大变化。在新航空公司不断涌入的同时，原有的一些航空公司互相兼并或退出该行业。尽管票价大幅度降低（对消费者有利），但由于 CAB 规定的最低价格带来的低效率及人为制造的高成本，总体利润没有大幅度下降。最低价格的影响可见图 9.9，其中 P_0 和 Q_0 分别是市场出清价格和数量，P_{min} 是 CAB 规定的最低价格，Q_1 是在该价格上的需求量。这里，问题在于航空公司在 P_{min} 上愿意供给 Q_2，远远大于 Q_1。尽管可能受各种因素限制，供给量没能扩大到 Q_2，但它们确实扩大到 Q_3，希望以减少竞争者为代价售出 Q_3。结果，航空公司的上座率和利润都很低（梯形 D 测度空座的成本）。

表 9.1 给出了航空业发展的一些主要数据。[1] 放松管制后，航空公司数目及载客率激增，但 319
1980—1990 年实际乘客-里程比率（剔除通货膨胀因素后每乘客-英里的收入）急剧下降，并持续降到 2015 年。这主要是因为竞争的上升和机票价格的下降，使得更多的乘客能够支付得起。

图 9.9 CAB 航空管制的影响

说明：当价格为 P_{min} 时，航空公司愿意供给 Q_2（这里实际供给 Q_3），大大超过需求量 Q_1。梯形 D 为过剩产出的成本。由于 $C+D>A$，解除管制后航空公司的利润可能下降。此外，消费者损失为 $A+B$。

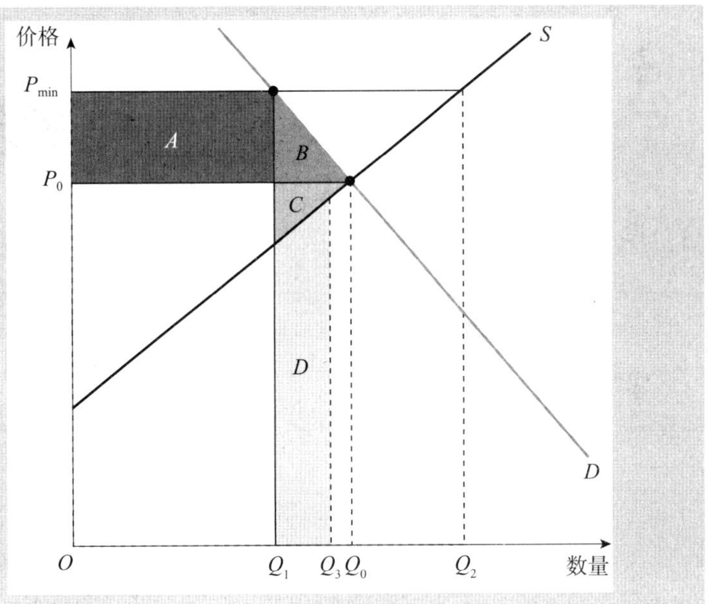

成本情况如何呢？实际成本指数表明，甚至在剔除通货膨胀因素后，1975—1980 年成本也上升了约 45%，而在接下来的 20 年逐步下降。然而，成本的变化在很大程度上是由燃料成本变化驱动的。（对大多数航空公司而言，燃料成本超过总运营成本的 30%。）如表 9.1 所示，燃料实际成本剧烈波动，但这与放松管制无关。因为航空公司无法控制油价，考察“修正后”的剔除燃料成本变化效应的实际成本指数更有信息价值。实际燃料成本在 1975—1980 年上升了很多，它是实际成本指数上升的主要原因。实际燃料成本从 2000 年到 2010 年上升了近两倍（因为石油价格的急剧上升）；假使燃料成本保持不变，实际成本指数会降低（从 85 到 76），而不是上升（从 89 到 148）。

那么，放松航空管制给消费者和生产者带来了什么影响呢？显然，由于新公司进入行业和票价下跌，消费者受益匪浅，消费者剩余增加了 $A+B$，见图 9.9。（实际的消费者剩余可能稍小，因为随着

① Department of Commerce，Air Transport Association.

飞机变得更加拥挤、飞机误点或者被取消，服务质量会下降。）航空公司被迫学会在竞争更趋激烈且更为动荡的环境中生存，一些公司的经营无以为继。实际上，正如图 9.10 所示，1980—2000 年，利润边际特别低。但是总的来看，航空公司变得更有效率，从而生产者剩余可能已经上升。放松管制带来的总福利增进为正，并且相当大。①

然而从大约 2005 年开始，美国航空公司的利润边际平均上升了（尽管还很脆弱而且随着石油价格和经济衰退而波动）。发生了什么？一系列并购使得美国最大的航空公司由 9 个变为 5 个，在降低美国航空价格竞争度的同时提高了航线的报价。我们将在第 10、11、13 章进一步讨论航线定价问题。

表 9.1　航空业数据

年份	1975	1980	1990	2000	2010	2015
航空公司数目	36	63	70	94	63	98
载客率（%）	54.0	58.0	62.4	72.1	82.1	84.4
乘客-里程比率（按 1995 年不变价格计算）	0.218	0.210	0.149	0.118	0.094	0.090
实际成本指数（1995 年＝100）	101	145	119	89	148	93
实际燃料成本指数（1995 年＝100）	249	300	163	125	342	196
剔除燃料成本变化后的实际成本指数（1995 年＝100）	71	87	104	85	76	82

图 9.10　航空利润边际

说明：自 1980 年放松管制后，价格竞争变得更加激烈，利润非常低。2000 年后，随着航空公司的合并及座位数的减少，利润边际上升。

资料来源：Airlines for America，Bureau of Transportation Statistics.

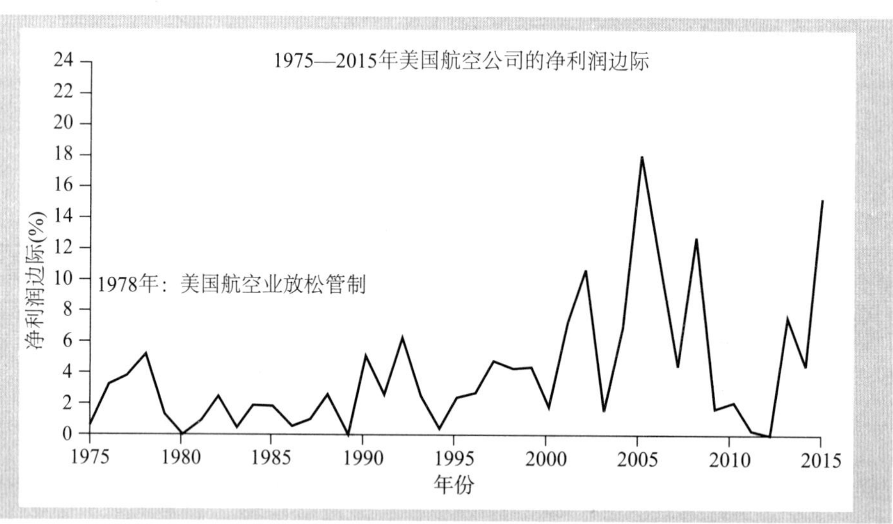

① 对放松管制所带来影响的研究，可见 John M. Trapani and C. Vincent Olson，"An Analysis of the Impact of Open Entry on Price and the Quality of Service in the Airline Industry，" *Review of Economics and Statistics* 64（Feb. 1982）：118 - 138；David R. Graham，Daniel P. Kaplan，and David S. Sibley，"Efficiency and Competition in the Airline Industry，" *Bell Journal of Economics*（Spring 1983）：118 -138；S. Morrison and Clifford Whinston，*The Economic Effects of Airline Deregulation*（Washington：Brookings Institution，1986）；Nancy L. Rose，"Profitability and Product Quality：Economic Determinants of Airline Safety Performance，" *Journal of Political Economy* 98（Oct. 1990）：944 - 964。

9.4 价格支持与生产配额

> **价格支持**
> 政府制定的高于自由市场价格水平的价格，同时政府通过购买过量供给来维持这一价格。

除了规定最低价格外，政府还能通过其他途径提高商品的价格。美国的农业政策大多 320
建立在**价格支持**（price support）制度上，政府将价格设定在自由市场价格之上，为了维持高价格而购买过量的供给。政府也会通过限制产量来提高价格，其方式或者是直接限制，或者是给予生产者一定的激励措施。在这一节，我们将考察这些政策怎样发挥作用及其对消费者、生产者和联邦预算的影响。

价格支持

在美国，价格支持制度旨在提高奶制品、烟草、玉米、花生等农产品的价格，以使这些产品生产者的收入增加。方法之一是，政府制定一个支持价格 P_S，然后买进维持价格 P_S 所需的全部产出。图 9.11 说明了这种情况。下面，我们来考察价格支持给消费者、生产者和政府带来的损益。

消费者 在支持价格 P_S 下，消费者需求下降为 Q_1，但供给上升到 Q_2。为了维持 P_S，
避免存货积压，政府必须购买 $Q_g=Q_2-Q_1$。事实上，政府把它的需求 Q_g 加到了消费者需 321
求上，生产者能按 P_S 卖掉他们想卖掉的全部产品。

那些购买商品的消费者必须支付更高的价格 P_S 而不是 P_0，由此他们遭受的消费者剩余损失为矩形 A。对于其他不再购买或削减购买的消费者，剩余损失为三角形 B。因此，和我们上面考察的最低价格一样，在这一情形中消费者损失为：$\Delta CS=-A-B$。

图 9.11 价格支持

说明：为了维持高于市场出清价格 P_0 的支持价格 P_S，政府必须购买 Q_g。生产者获益 $A+B+D$，消费者损失 $A+B$，政府成本为斜线矩形，面积为 $P_S(Q_2-Q_1)$。

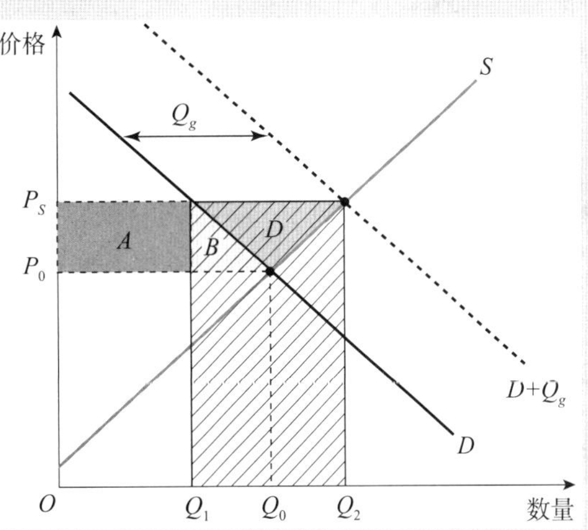

生产者 另一方面，生产者获益（这正是政策的实施目标）。现在，生产者的销售量是 Q_2 而不是 Q_0，并且价格更高，为 P_S。由图 9.11 可见，生产者剩余增加：$\Delta PS=A+B+D$。

政府 这里，还存在一项政府成本（这部分由税收支付，所以最终转嫁给消费者），该成本为 $(Q_2-Q_1)P_S$，即政府购买产出必须支付的费用。在图 9.11 中，这部分是一个较大的矩形。如果政府将其部分购买品低价“倾销”到国外，无疑可降低政府成本。但是，这

将损害国内生产者在国外市场的销售能力，而国内生产者正是政府首先要取悦的对象。

这一政策的总福利成本是多少？我们将消费者剩余的变化与生产者剩余的变化相加，再减去政府成本，从而得到总的福利变化为：

$$\Delta CS+\Delta PS-\text{政府成本}=D-(Q_2-Q_1)P_S$$

根据图 9.11，社会整体的境况恶化，福利损失量为大的斜线矩形减去三角形 D。

322 我们将从例 9.4 看到，这一福利损失可能非常大。但是，该政策的最不幸之处在于，存在更有效的改善农场主处境的办法。如果目标是给予农场主额外补贴 $A+B+D$，那么直接发钱给农场主而不是诉诸价格支持，对社会来说代价要低得多。由于无论是价格支持还是直接支付，消费者都要损失 $A+B$，而社会则可节省大的斜线矩形减去三角形 D，为什么政府不直接发钱给农场主来改善他们的境况呢？这也许是因为价格支持是一种隐形馈赠，故而在政治上更具吸引力吧。[①]

生产配额

政府除了进入市场买断产出，从而增加总需求之外，还能通过削减供给来使产品价格上升。政府可以制定法令，直接规定每一个厂商所能生产的配额（quota）。通过设定适当配额，政府可迫使价格上升到任一水平。

正如我们在例 9.5 中将看到的，这正是政府在许多城市维持高额出租车费的方法。政府规定，出租车需持有特许执照方可投入运营，然后通过限制发放的执照总数来限制总供给。配额政策的另一个例子是州政府控制售酒许可证。法律规定每家经营酒类的酒吧或餐馆必须持有售酒许可证，然后限制许可证数，使新餐厅的进入受阻，而那些已经取得许可证的商人则索取高价，赚得高额利润。

图 9.12 显示了生产配额的福利效应。在政府限制下供给数量为 Q_1，而不是市场出清水平 Q_0。因此，在 Q_1 下供给曲线变为垂直线 S'，消费者剩余的减少为矩形 A（那些购买
323 商品的消费者需要支付更高的价格）与三角形 B（当价格更高时，一些消费者无法得到商品）之和。生产者的获益为矩形 A（以更高的价格出售），但同时损失为三角形 C（因为他们现在生产和销售 Q_1 而不是 Q_0），因此存在无谓损失，即三角形 B 和 C 之和。

图 9.12　供给限制

说明：为了使价格维持在高于市场出清价格（P_0）的水平 P_S 上，政府或者通过强加的生产限额（如出租车特许执照发放限制那样），或者通过给予生产者一定的资金激励使他们减少产量（如农业中的限耕方案），将产量限制在 Q_1 水平上。为了使激励有效，资金激励不能低于 $B+C+D$（即在更高的价格 P_S 下种植能赚取的额外利润），因此，政府的成本至少为 $B+C+D$。

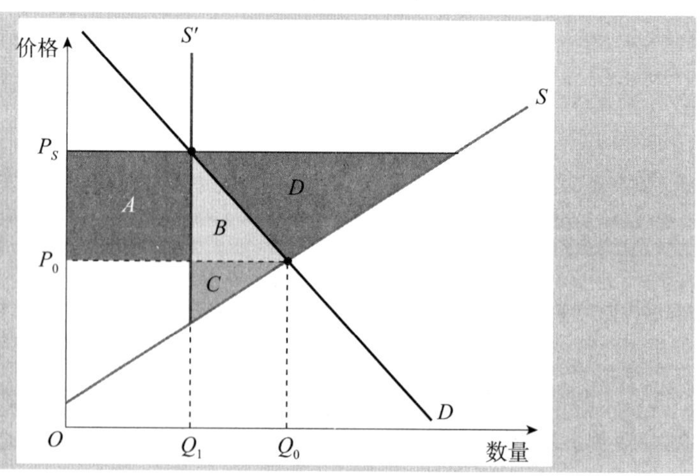

① 在实际操作中，许多农产品的支持价格是通过贷款来实现的。贷款利率实际上是最低限价。如果在贷款期间，市场价格不够高，农场主可以用谷物来向政府（特别是商品信贷公司）支付全部贷款。当然，除非市场价格低于支持价格，农场主才会这么做。

激励计划 美国的农业政策采取激励机制而不是无保留的配额来削减产量。限耕方案（以直接的收入转移支付方式）给予农场主资金激励，鼓励他们将部分耕地闲置。图 9.12 表明了怎样通过削减供应提高价格。注意，由于限制耕种数量，供给曲线在 Q_1 处变得完全缺乏弹性，市场价格从 P_0 上升到 P_S。

在生产配额下，消费者剩余的变化为：

$$\Delta CS = -A - B$$

现在农场主的产出 Q_1 得到了更高的价格，对应的剩余获益为矩形 A。但是，因为产量从 Q_0 削减为 Q_1，生产者剩余的损失为三角形 C。最后，农场主还从政府那里获得削减生产的奖励，因此，生产者剩余的总变化为：

$$\Delta PS = A - C + \text{非生产性支付}$$

政府的成本是足以激励农场主将产出减至 Q_1 的支付。政府激励必须至少为 $B+C+D$，因为这部分面积代表在给定的较高价格 P_S 下耕种赚得的额外利润（记住，高价 P_S 激励农场主增产，但政府想方设法使农场主减产），所以，政府成本至少为 $B+C+D$。生产者剩余的总变化为：

$$\Delta PS = A - C + B + C + D = A + B + D$$

生产者剩余与政府靠购买产出维持的价格支持正好相同（见图 9.11）。对于农场主来说，这两种政策是无差异的，因为他们各自最终获得了等量的货币。同样，消费者的货币损失也相同。

对于政府来说，哪种政策的代价更大呢？答案视 $B+C+D$（见图 9.12）与 $(Q_2-Q_1)P_S$（见图 9.11）孰大孰小而定。通常，前者小于后者。因此，就政府来看，限耕方案较政府靠购买维持的价格支持花费要小。

即使如此，对于社会来说，限耕方案的代价也大于直接给予农场主资金补贴。限耕方案的福利总变化（$\Delta CS + \Delta PS$ －政府成本）为：

$$\Delta\text{福利} = -A - B + A + B + D - B - C - D = -B - C$$

如果政府直接发给农场主 $A+B+D$ 的资金，社会效率将明显更高，不管价格和产出是多少。农场主获得 $A+B+D$，政府损失 $A+B+D$，总的福利变化为 0，而不是损失 $B+C$。然而，经济效率并不总是政府政策的目标。

❖例 9.4　　对小麦价格的支持

在例 2.5 和例 4.3 中，我们开始考察美国的小麦市场。运用线性供求曲线，我们发现 1981 年小麦 324
的市场出清价格约为 3.46 美元，但由于出口需求大幅度下降，2002 年前这一价格降为约 2.78 美元。实际上，政府的价格支持计划使小麦的实际价格一直维持在较高水平。价格支持计划是怎样发挥作用的？计划最终给消费者带来了多大的成本？计划增加了多少联邦赤字？

首先，让我们考察 1981 年的市场。那一年，尽管对小麦生产没有做出有效限制，但小麦价格由于政府购买而上升。为了使价格从 3.46 美元上升到 3.70 美元，政府必须买进多少呢？为了回答这一问
题，我们首先写出供给函数和总需求（国内＋出口）函数： 325

1981 年供给：$Q_S = 18.00 + 2.40P$

1981 年需求：$Q_D=35.50-2.66P$

令 $Q_S=Q_D$，你能够得出市场出清价格为 3.46 美元，产量为 26.3 亿蒲式耳（见图 9.13）。

为了使价格达到 3.70 美元，政府必须购买的小麦量为 Q_g，那么，总需求（私人+政府）为：

1981 年总需求：$Q_{DT}=35.50-2.66P+Q_g$

令供给=总需求，则

$$18.00+2.40P=35.50-2.66P+Q_g$$

$$Q_g=5.06P-17.50$$

图 9.13　1981 年小麦市场

说明：政府购买 1.22 亿蒲式耳的小麦，将市场出清价格从 3.46 美元提高到 3.70 美元。

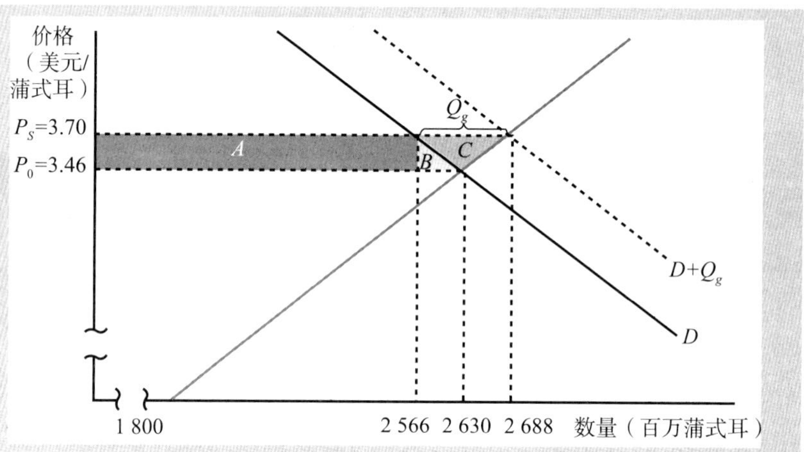

这个方程可以用来将政府需要购买的小麦数量 Q_g 写作想要的支持价格水平 P 的函数，因此，为了达到 3.70 美元的价格，政府必须购买：

$$Q_g=5.06\times3.70-17.50=1.22\text{（亿蒲式耳）}$$

注意，在图 9.13 中，Q_g 正是 $P=3.70$ 美元下供给（26.88 亿蒲式耳）与私人需求（25.66 亿蒲式耳）的差额。同时，该图也表明了消费者和生产者的损失。回想一下，消费者损失为矩形 A 和三角形 B 之和。你可以证明 $A=(3.70-3.46)\times25.66=6.16$ 亿美元；而 $B=(1/2)\times(3.70-3.46)\times(26.30-25.66)=0.08$ 亿美元。因此，消费者的总成本为 6.24 亿美元。

政府的成本为 3.70 美元/蒲式耳乘以购入的小麦 1.22 亿蒲式耳，等于 4.514 亿美元。此计划的总成本为 6.24 亿美元+4.514 亿美元=10.75 亿美元。将此计划的总成本与生产者获益（$A+B+C$）比较，你可以证明生产者的获益为 6.38 亿美元。

1981 年的小麦价格支持计划显然代价高昂。为了使农场主的剩余增加 6.38 亿美元，消费者和纳税人总共必须支付 10.75 亿美元。但是，纳税人事实上支付得更多，由于小麦生产者还获得补贴约 30 美分/蒲式耳，纳税人的负担又增加了 8.06 亿美元。

1996 年美国国会通过了一项新的农业法案，一般被称为《农场自由法》。该法案计划减少政府的作用，并使农业更加市场化。新的法案取消了生产配额（小麦、玉米、大米和其他一些农产品），并计划在 1996—2003 年逐渐削减政府补贴。然而，该法案并未完全取消对美国农业的管制。比如，对花生和糖的价格支持计划仍然存在，而且除非该法案在 2003 年的国会再次被通过，否则 1996 年以前的补贴和生产配额将会重新生效。即使有了 1996 年的法案，农业补贴实际上还是继续存在。

在例 2.5 中，我们看到 2007 年小麦的市场出清价格已经上升到 6 美元/蒲式耳，2007 年的市场供给曲线和需求曲线为：

需求：$Q_D = 29.00 - 1.25P$

供给：$Q_S = 14.60 + 1.15P$

可以检验一下，市场出清产量为21.50亿蒲式耳。

2002年，国会没有再次通过1996年的《农场自由法》。相反，国会和布什政府通过《农业保障与农村投资法》在实际上推翻了1996年法案的成果，该法案重新恢复了农业补贴，特别是对小麦和玉米的补贴。虽然法案没有明确提出价格支持，但它要求政府给予生产者“固定直接支付”，给一 326
些农作物支付固定比例的补贴。使用美国2001年的小麦产量数据，我们可以计算出新法案每年仅在小麦上就将花费纳税人大约11亿美元的支出。[①] 2002年新的农场法案计划在10年内花费大概1 900亿美元税收。

国会在2007年重返农业补贴。对大多数谷物产品，先前的补贴率要么保持不变，要么提高了，从而使美国纳税人的负担变得更重了。事实上，2008年《食品、节能和能源法》已将大多数谷物的补贴率提高，一直到2012年，计划付出5年2 840亿美元的成本。不过近来，削减补贴的呼声再起。2014年，农业法案取消了每年提供给目录商品生产者和土地主的“直接支付”(如小麦、玉米、大豆、大米和花生)，在1996—2013年这类支付以历史产量和法规设定的固定比率作为标准。不过，农业法案提供“价格损失保障（PLC)”支付，当目录农产品的国内平均价格低于法定“参照价格”时生效；同时提供“农业风险保障（ARC)”支付，当农业收入低于以过去几年平均收入为基础的保障水平时生效。因此，即使直接支付被取消，农民仍然被保障了足够的补贴水平，由美国纳税人支付。

例9.5　为什么我打不到车?

有在纽约市坐出租车的经验吗？恭喜你！如果是下雨天或高峰期，你可能得等1个小时才能成功地打到车。为什么？为什么纽约市就不能再多点出租车呢？

原因很简单。纽约市要求出租车具有特许执照，又通过限制执照发放数量而限制了出租车的数量。2016年，纽约市共有13 150个出租特许执照——大约和1937年相同，不过那时打个车可是容易多了。不过，自1937年起，城市不断扩张，对于乘坐出租车的需求已经大大上升，因此13 150个特许执照的限制已经导致了纽约客们的生活陷入麻烦。而这又引入了另一个问题：为什么一个城市不做点儿什么来让市民生活得更轻松呢？为什么就不能多签发点儿特许执照？

原因又很简单。那样做会激怒那些已经持有特许执照的人——大多是大型出租车公司，它们将特许执照和出租车租给司机，并握有相当大的政治和游说能力。特许执照可以在拥有它们的公司间买卖。1937年，特许执照的流通数量相对充足，所以价值很低。到1947年，一个特许执照的价值上升到25 000美元，到1980年上升到55 000美元，而到2011年上升到880 000美元。这就对了——因为纽约市不会再签发新的执照，每个执照的价值正在趋近100万美元！当然，如果纽约市签发更多的执照，执照的价值将迅速降落。因此，手握13 150个执照的纽约出租车公司会竭尽所能阻止市政府增发特许执照——而且看来它们已经成功了。

这一情形可以用图9.14来描述。需求曲线D_{2011}和供给曲线S是基于纽约和其他城市出租车市场 327

① 估计2001年对小麦的直接支付＝支付率×支付产量×基量×0.85＝0.52×40.2×0.596 17×0.85＝10.6亿美元。

统计研究的弹性估计结果而画出的。① 如果纽约再签发7 000个特许执照，令总数大约为20 000个，则每个特许执照达到市场均衡价格约350 000美元——仍然很高，但其实只能够保证一个出租车公司经营出租业务和仍然有一点利润。不过，供给被约束在13 150个上，这一点在图形中使得供给曲线变为垂直线（S'），与需求曲线相交于价格为880 000美元的地方。

图9.14 纽约市的出租车特许执照

说明：作为特许执照价格的函数的需求曲线D_{2011}描述了出租车公司对于特许执照的需求。供给曲线S描述了特许执照的当前所有者的供给行为。纽约市将出租车特许执照数量限制为13 150个，因此供给曲线变为垂直线，与需求曲线相交于价格为880 000美元之点，这一价格就是2011年出租车特许执照的市场价格。到2016年，因为Uber和Lyft提供了传统出租车的替代产品，需求曲线向左移动了，所以出租车特许执照的价格下降到500 000美元，与供给曲线相交于新的交点。

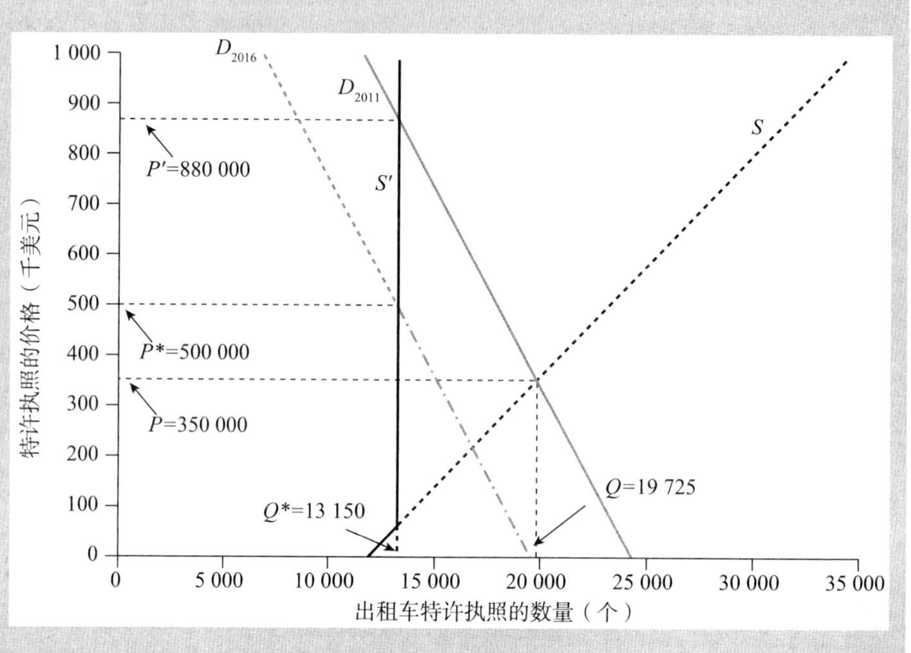

记住，纽约市的特许执照制度既伤害了市民，也伤害了出租车司机。许多特许执照被大型出租车公司拥有——而并非司机所有，司机必须从公司手里租用（只有很少一些在个体运营者手中）。为了成为一名出租车司机，你必须经过道路考试并得到合格证。2011年，纽约市有44 000名考核合格的司
328 机，但是他们之中只有13 150人可以随时开上出租车，而其他人都处于失业状态。

纽约市的出租行业的做法是唯一的吗？不尽然。2010年，波士顿总共有1 825个特许执照，每个特许执照的交易价格达到410 000美元。而且，去米兰、罗马或几乎所有意大利城市打车试试吧！意大利政府严厉地控制出租车特许执照的数量，这些特许执照并非掌握在大型出租车公司手中，而是掌握在一些家族手中，这些家族有政治影响力来保持它们手中的特许执照不贬值。

不过，剧烈改变出租车市场的事情发生了，引起了出租车特许执照价格的骤然下降。Uber、Lyft和其他“共享汽车”服务商使得人们可以通过智能手机上的APP实现约车到达目的地。这些服务提供了传统出租车以外大量的乘车需求，导致对出租车特许执照需求的下降。正如图9.15所示，相同的事情也发生在其他城市。例如Uber进入波士顿和芝加哥之后，也导致了这些城市出租车特许执照价格的骤降。

① 弹性来源于Bruce Schaller, “Elasticities for Taxicab Fares and Service Availability,” *Transportation* 26 (1999): 283-297。纽约出租管制和许可证价格可以在纽约市出租和豪华轿车委员会的网站找到，网址是 http: //www.nyc.gov/tlc，以及 http: //www.schallerconsult.com/taxi/。

图 9.15　纽约、芝加哥和波士顿的出租车特许执照价格

说明：2006—2012 年特许执照价格的上升是由供给被限制而需求上升导致的。但是随着如 Uber 和 Lyft 等共享汽车服务商进入市场，需求曲线向左移动。结果是特许执照价格剧烈下降。

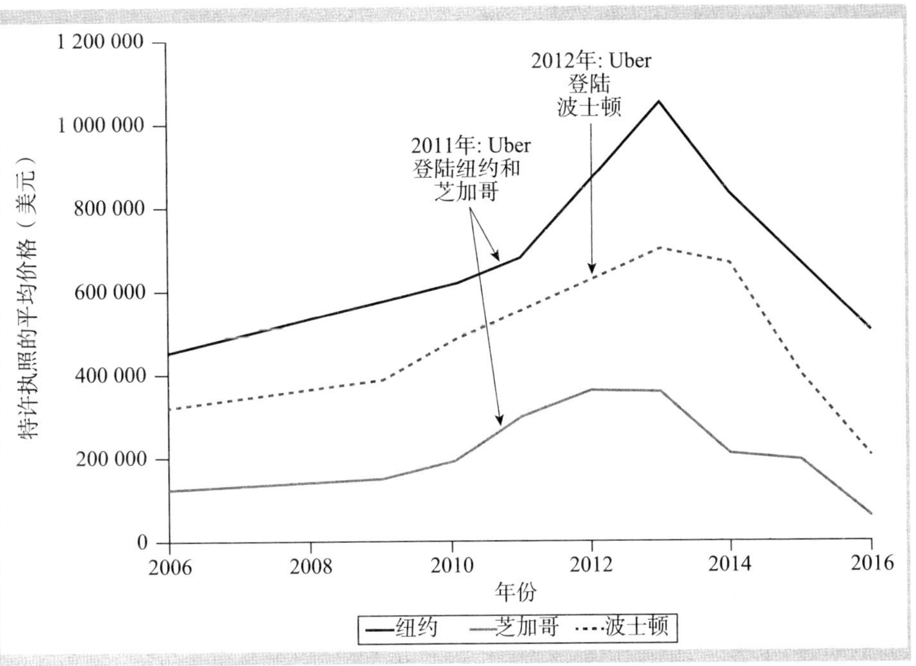

9.5　进口配额与关税

许多国家利用**进口配额**（import quota）和**关税**（tariff）来维持高于世界水平的国内产品价格，从而使国内产业享受比自由贸易条件下更高的利润。我们将看到，这种保护的 329
社会成本会很高，消费者蒙受的损失超过国内生产者的得益。

> **进口配额**　对某种进口商品的数量限制。

> **关税**　对进口商品征收的税。

如果没有配额或关税，当一种商品的国际价格（P_w）低于没有进口情形下国内的价格（P_0）时，一国将进口商品。在图 9.16 中，S 和 D 分别为国内供给和需求曲线。如果没有进口，国内均衡价格和数量将为 P_0 和 Q_0。但是，$P_w<P_0$，国内消费者在进口不受限制时将愿意向国外购买商品。进口多少呢？国内价格将降到国际价格 P_w，国内产量将降到 Q_s，国内消费量将上升到 Q_d，进口量为本国消费与本国生产的差额，即 Q_d-Q_s。

现在，假设政府迫于国内相关产业的压力，通过强行规定配额为零来取消进口。这样一种政策会引起怎样的损益呢？

由于禁止进口，国内价格将上涨到 P_0。那些仍然购买商品（购买量为 Q_0）的消费者将支付更多的货币，损失剩余为梯形 A 和三角形 B 。同时，在此高价下，一些消费者放弃购买，使消费者剩余又损失三角形 C。因此，消费者剩余的总变化为：

$$\Delta \text{CS}=-A-B-C$$

对于生产者来说，产量更高（Q_0 而非 Q_s），售价更高（P_0 而非 P_w），生产者剩余 330
增加：

$$\Delta \text{PS}=A$$

因此，总的剩余变化为 $\Delta \text{CS}+\Delta \text{PS}=-B-C$。因为消费者损失大于生产者获益，这里又产生了无谓损失。

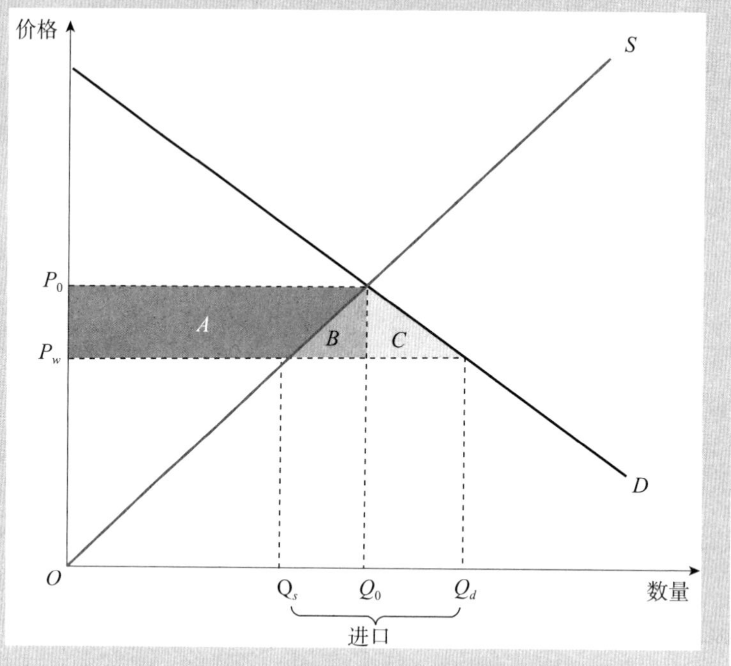

图 9.16 使进口消失的进口关税或配额

说明：在自由市场上，国内价格等于 P_w。总消费量为 Q_d，其中 Q_s 由国内供给，其余进口。如果取消进口，价格将上升到 P_0。生产者获益为梯形 A，消费者损失为 $A+B+C$，所以，无谓损失为 $B+C$。

如果关税足够高，进口也同样会变为零。在此情况下，关税必须等于或大于 P_0-P_w。在该关税下，进口为零，因而政府无关税收入，对消费者和生产者的影响也与零配额下相同。

然而，在现实中更常见的是，政府政策旨在削减而非取消进口。如图 9.17 所示，该目标可通过关税或配额实现。在自由贸易条件下，国内价格为 P_w，进口为 Q_d-Q_s。假设征收进口关税 T 美元，则国内价格将上升到 P^* （$=P_w+T$)，国内产量增加而消费下降。

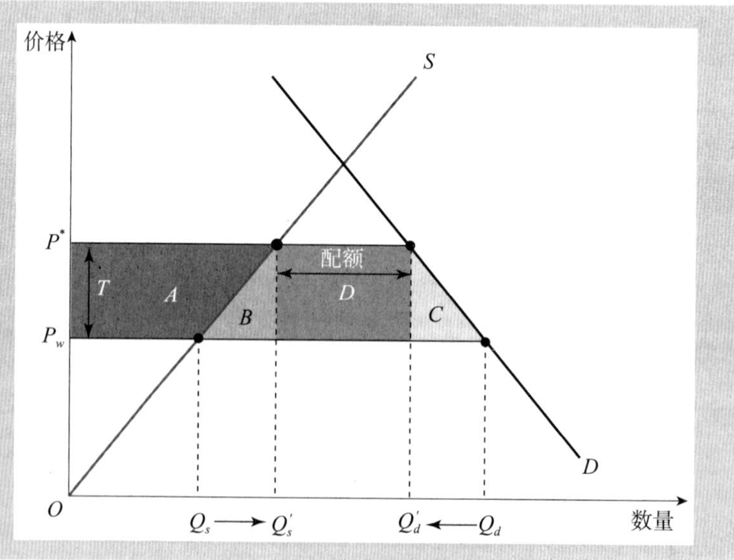

图 9.17 进口关税或配额（一般情形）

说明：进口削减后，国内价格从 P_w 上升到 P^*，这可通过规定配额或征收关税 $T=P^*-P_w$ 来实现。梯形 A 仍为国内生产者的得益，消费者损失为 $A+B+C+D$。如果征收关税，政府收入为 D。所以，国内净损失为 $B+C$。相反，如果规定配额，矩形 D 则成为国外生产者的利润，国内净损失为 $B+C+D$。

在图 9.17 中，关税导致的消费者剩余变化为：

$$\Delta CS=-A-B-C-D$$

生产者剩余变化仍为：

$$\Delta PS = A$$

最后，政府收入为矩形 D（=关税×进口量）。总的福利变化=ΔCS+ΔPS+政府收入=$-A-B-C-D+A+D=-B-C$。$B+C$ 仍表示限制进口造成的无谓损失（B 代表国内生产过剩的损失，C 代表消费减少带来的损失）。

假设政府运用配额而非关税来限制进口：外国生产者只能把一定量的商品（见图 9.17 331
中的 $Q'_d-Q'_s$）运到美国，要价为 P^*。美国消费者和生产者剩余的变化与关税政策下相同，但政府失去了矩形 D（关税收入），这部分货币被外国生产者以更高的利润形式拿走。与关税政策相比，美国整体的境况恶化，失去 D 及无谓损失 $B+C$。[①]

20 世纪 80 年代美国进口日本汽车就是如此。在里根执政期间，在国内生产者的强大压力下，美日签署了自愿限制进口协议，日本同意限制汽车出口。因此，日本得以以高于世界水平的价格出售汽车给美国，并且在每一辆汽车上都获得了更高的利润率。如果当初征收进口关税，美国的境况肯定会有所改善。

例 9.6　食糖配额

近年来，国际食糖价格为每磅 10～28 美分，而美国国内价格却高达每磅 30～40 美分。为什么呢？因为美国政府限制食糖进口，有效地保护了 40 亿美元的国内制糖业，让其免受国外低成本生产者的冲击。这对于国内生产者来说不啻是一个福音。但是，这对于那些经过成功游说而获得大量配额的国外生产者则更加有利。与大多数类似政策一样，这给消费者带来了痛苦。

为了说明配额政策对消费者的不利影响，让我们分析 2016 年的食糖市场。下面是当年食糖的相关资料[②]：

- 美国产量：179 亿磅。
- 美国消费量：240 亿磅。
- 美国价格：27 美分/磅。
- 国际价格：17 美分/磅。 332

在以上价格和数量下，美国的供给价格弹性为 1.5，需求价格弹性为 −0.3。[③]

根据这些资料，我们可以写出相应的线性供求曲线来计算配额的影响。读者可以验证下面的与 179 亿磅的产出、每磅 27 美分的价格及 1.5 的供给弹性相一致的美国市场的供给曲线：

---

① 另一种选择是，通过指定进口商或贸易公司来保持进口配额。这些中间商将有权每年进口一个固定数量的商品。这些权利是非常有价值的，因为中间商能在国际市场上以价格 P_w 买进商品，而在国内市场以价格 P^* 卖出。因而这些权利的总价值可以用矩形 D 来表示。如果政府按这一价值出售这一权利，它将能得到和通过关税手段所得到的一样多的收入。但如果这些权利是无条件地赋予这些企业的，就像有些时候发生的那样，这些收益就成了中间人的一笔意外横财。

② 数据来源：USDA，Sugar：World Markets and Trade，May 2016，http：//apps. fas. usda. gov/psdonline/circulars/Sugar. pdf。也可以参见 Sugar and Sweeteners Yearbook Tables：Tables 3b and 4，http：//www. ers. usda. gov/data-products/sugar-and-sweeteners-yearbook-tables. aspx。

③ 价格和数量来自 USDA 经济研究服务局。更多的信息可以参见 http：//www. ers. usda. gov/Briefing/Sugar/Data. htm。这些弹性值估计，源自 Morris E. Morkre and David G. Tarr，Effects of Restrictions on United States Imports：Five Case Studies and Theory，U. S. Federal Trade Commission Staff Report，June 1981；F. M. Scherer，"The United States Sugar Program，" Kennedy School of Government Case Study，Harvard University，1992。关于美国农业政策在食糖配额和其他方面的讨论，参见 D. Gale Johnson，*Agricultural Policy and Trade*（New York：New York University Press，1985）；and Gail L. Cramer and Clarence W. Jensen，*Agricultural Economics and Agribusiness*（New York：Wiley，1985）。

美国供给：$Q_S=-8.95+0.99P$

其中，数量以 10 亿磅计算；价格以美分/磅计算。同样，－0.3 的需求弹性与美国的消费量和价格一起给出了下面的线性需求曲线：

美国需求：$Q_D=31.20-0.27P$

供给曲线和需求曲线标示于图 9.18 中。使用这些曲线，你可以计算出在国际价格为 17 美分/磅的条件下，美国的产出将只有 80 亿磅，而消费量将是大约 267 亿磅，其中大部分是进口，为 267－80＝187 亿磅。但这对美国的生产者来说是幸运的，进口量被限制在仅 61 亿磅。

美国食糖的价格怎样了？为了计算出价格，我们应用美国的供给和需求函数，并设定一个需求减去供给为 61 亿磅的方程：

$$Q_S-Q_D=(31.20-0.27P)-(-8.95+0.99P)=6.1$$

你可以算出，方程的解为 $P=27.02$ 美分/磅。因此，进口配额将美国食糖的价格推高到大约 27 美分/磅，如图 9.18 所示。

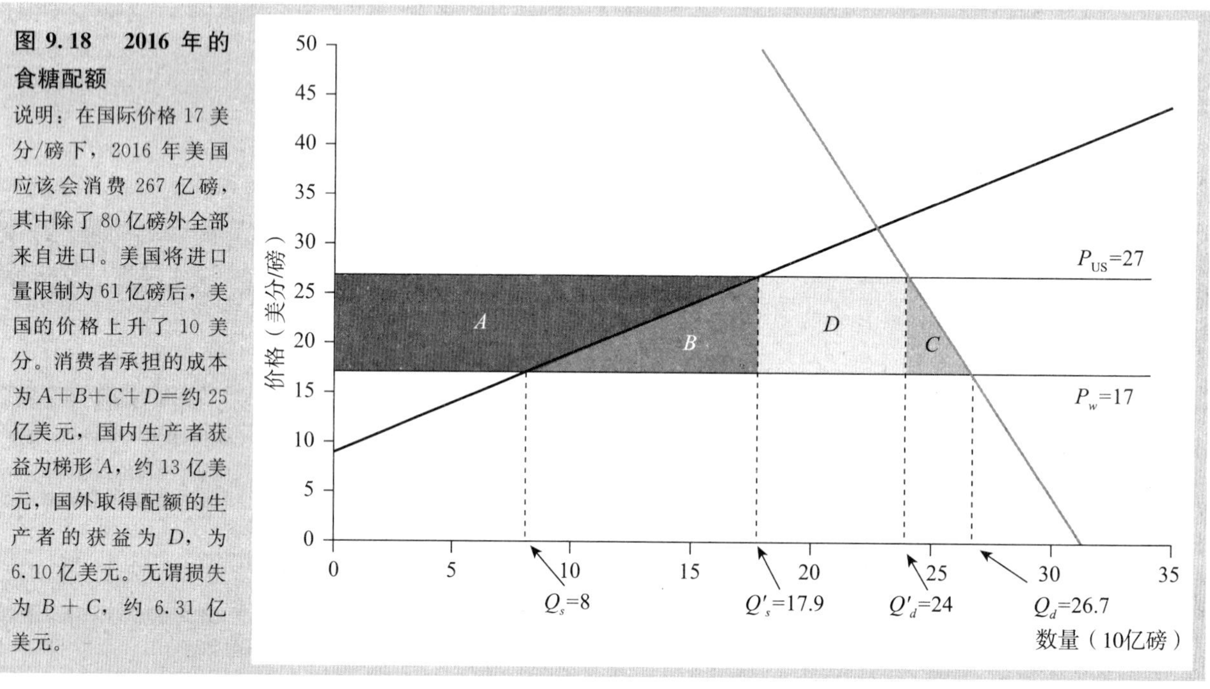

图 9.18　2016 年的食糖配额

说明：在国际价格 17 美分/磅下，2016 年美国应该会消费 267 亿磅，其中除了 80 亿磅外全部来自进口。美国将进口量限制为 61 亿磅后，美国的价格上升了 10 美分。消费者承担的成本为 $A+B+C+D$＝约 25 亿美元，国内生产者获益为梯形 A，约 13 亿美元，国外取得配额的生产者的获益为 D，为 6.10 亿美元。无谓损失为 $B+C$，约 6.31 亿美元。

美国的消费者为此付出了多少代价呢？消费者剩余损失为 $A+B+C+D$。读者可进行计算以验证 A＝12.93 亿美元，B＝4.97 亿美元，C＝1.33 亿美元，D＝6.10 亿美元，所以，2016 年消费者承担的总成本约为 25 亿美元。

生产者从这一政策中获取了多少好处？生产者剩余增加了 A（大约 13 亿美元）。D 部分（6.10 亿美元）被那些获得大量配额的国外生产者拿走，因为它们的食糖收取了更高的价格。$B+C$（6.31 亿美元）代表无谓损失。

食糖的国际价格在过去的 10 多年不断波动。在 2005 年左右，欧盟取消了对欧洲食糖的保护，使得这个区域从一个食糖净出口地区变成了一个净进口地区。而且像印度、巴基斯坦等发展中国家的需
333 求不断攀升。这类国家的食糖产量经常无法预料：虽然它们通常是净出口国，但是多变的政府政策和易变的气候经常导致减产，迫使它们通过进口来满足国内的需求。而且，许多国家，例如巴西，也使

用食糖来制作酒精，从而进一步减少了可供食品使用的部分。

9.6 征税或补贴的影响

如果政府对一种未定名的小商品每件征税 1 美元，这种商品的价格会发生什么变化？很多人可能会回答说，价格将上涨 1 美元，因为消费者现在对商品的每一单位比无税收时多付了 1 美元。但这个回答是错误的。

或者，假设政府要征收汽油税 50 美分/加仑，可供选择的方法有两种。第一种方法是，各加油站将税款（50 美分乘以出售的汽油加仑数）投入专设的钱箱中，由政府机构开箱收 334
取。第二种方法是，消费者直接向政府交税（50 美分乘以出售的汽油加仑数）。对于消费者来说，哪一种方法代价更大？许多人或许会选择后者，但他们又错了。

税收负担（或补贴收益）由消费者和生产者分摊。更进一步，谁向收款箱投钱（或寄支票给政府）无关紧要——就消费者来说，两种方法的成本相同。我们将看到，消费者承担的税收份额取决于供给曲线和需求曲线的形状，尤其是供给和需求的相对弹性。关于第一个问题，税收确实会提高商品的价格，但价格上涨幅度通常小于 1 美元，有时候比 1 美元低得多。下面，我们将利用供给曲线和需求曲线来分析税收对消费者和生产者的影响，以及价格与数量的变动。

从量税
按每销售一单位计征的一定货币金额的税收。

从量税的效应　为简化起见，我们考察**从量税**（specific tax）——按每交易一单位收取一定货币。这与从价（即比例）税恰好相反，例如州的销售税（从价税的分析大致相同，且导致了相同性质的结果）。从量税的例子包括联邦政府、州政府征收的汽油税、香烟税。

假设政府对每单位某商品征税 t 美分。假定每个人都服从法律，政府因而必定能对售出的每件商品收取 t 美分税收，这意味着买方支付的价格高出卖方获得的净价 t 美分。图 9.19 简要描绘了这种关系。这里，P_0 和 Q_0 代表征税前的市场价格和数量。P_b 是买方支付的价格，P_s 是卖方获得的税后净价。注意，$P_b-P_s=t$，所以政府很满意。

怎样确定征税后的市场数量？买方和卖方各承担多少税收？首先必须记住，买方关注 335
他们必须支付的价格 P_b，买方将要购买的数量则由需求曲线给出。同样，卖方关心他们接受的净价格 P_s。给定 P_s，卖方将生产和销售的数量可由供给曲线给出。最后，我们知道销售的数量必须等于购买的数量，那么，答案在于找出需求曲线上对应于价格 P_b 的数量和供给曲线上对应于价格 P_s 的数量，使得 $P_b-P_s=t$，如图 9.19 中的 Q_1 所示。

谁承担了税收的负担？在图 9.19 中，税负大体由买方和卖方均等分摊：市场价格（买方支付的价格）上升 $0.5t$，卖方接受的价格约下降 $0.5t$。

如图 9.19 所示，征税后市场出清必须满足四个条件：

（1）销售量和购买价格 P_b 位于需求曲线上（因为买方只关心他们支付的价格）。

（2）销售量和销售价格 P_s 位于供给曲线上（因为卖方只关心他们在税后所获得的收入）。

（3）需求量＝供给量（图 9.19 中的 Q_1）。

（4）买方支付的价格与卖方接受的价格间的差额为 t。

这些条件可总结为如下四个方程：

$$Q_D=Q_D(P_b) \tag{9.1a}$$

$$Q_S = Q_S(P_s) \qquad (9.1b)$$

$$Q_D = Q_S \qquad (9.1c)$$

$$P_b - P_s = t \qquad (9.1d)$$

图 9.19　税收负担

说明：P_b是买方支付的价格（含税）；P_s是卖方接受的价格（除税）。这里，税收负担大致由买卖双方均等分摊。买方损失 $A+B$，卖方损失 $D+C$。政府收入 $A+D$，无谓损失为 $B+C$。

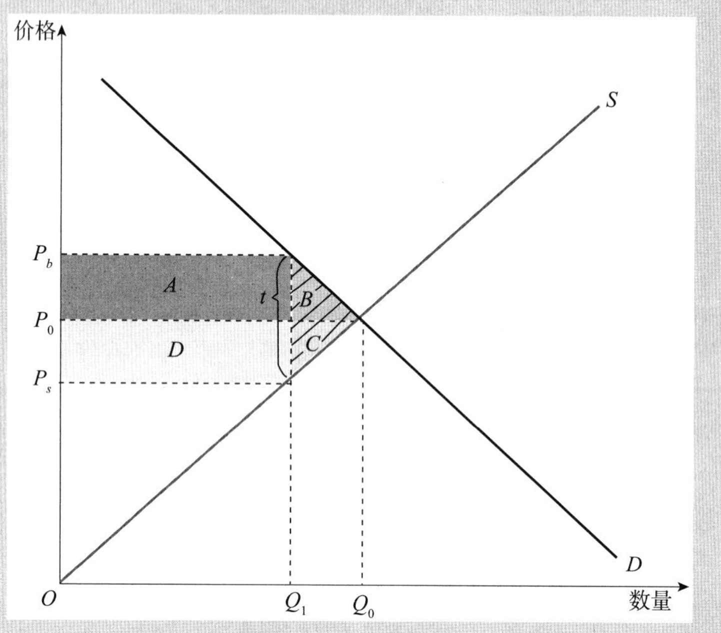

如果已知 $Q_D(P_b)$、$Q_S(P_s)$ 和 t，我们可以很方便地求出 P_b、P_s及总供求量。这个任务并不像看起来那么困难，正如在例 9.7 中那样。

图 9.19 还表明税收导致了无谓损失。由于买方支付更高的价格，消费者剩余发生了变化：

$$\Delta \mathrm{CS} = -A - B$$

并且，卖方获得较低的价格，生产者剩余发生的变化为：

$$\Delta \mathrm{PS} = -C - D$$

政府的税收收入为 tQ_1，即矩形 A 和 D 之和。总的福利变化$=\Delta\mathrm{CS}+\Delta\mathrm{PS}+$政府收入$=-A-B-C-D+A+D=-B-C$。三角形 B 与 C 代表税收造成的无谓损失。

336 在图 9.19 中，税负是由买方和卖方均等分摊的，但事情并非总是这样。如果需求相对缺乏弹性，供给相对富有弹性，税收负担将主要归于买方。图 9.20（a）说明了这种情况：即便要稍微减少需求量也需要价格相对较大幅度的增长，而要减少供给量，只需要价格稍微下降就行。例如，由于吸烟会成瘾，需求弹性很小（约为-0.4），所以香烟税基本上由买方承担。[①] 图 9.20（b）的情形正好相反，需求相对富有弹性，供给相对缺乏弹性，税收负担则主要归于卖方。

所以，即使只估计了某一点或某区间的供求弹性，我们也能大致确定税负的分摊状况（无论是实际存在的税收还是作为政策选择正在讨论中的税收）。一般来说，如果 E_d/E_s较

① Daniel A. Summer and Michael K. Wohlgenant, "Effects of an Increase in the Federal Excise Tax on Cigarettes," *American Journal of Agricultural Economics* 67 (May 1985): 235 - 242.

小，税负主要由买方承担，反之则由卖方承担。

事实上，利用下面的“转嫁”公式，可以计算买方负担的税收。

$$\text{转嫁因子}=E_s/(E_s-E_d)$$

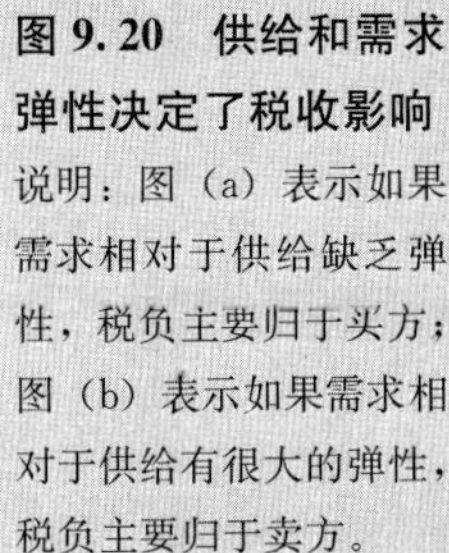

图 9.20 供给和需求弹性决定了税收影响

说明：图（a）表示如果需求相对于供给缺乏弹性，税负主要归于买方；图（b）表示如果需求相对于供给有很大的弹性，税负主要归于卖方。

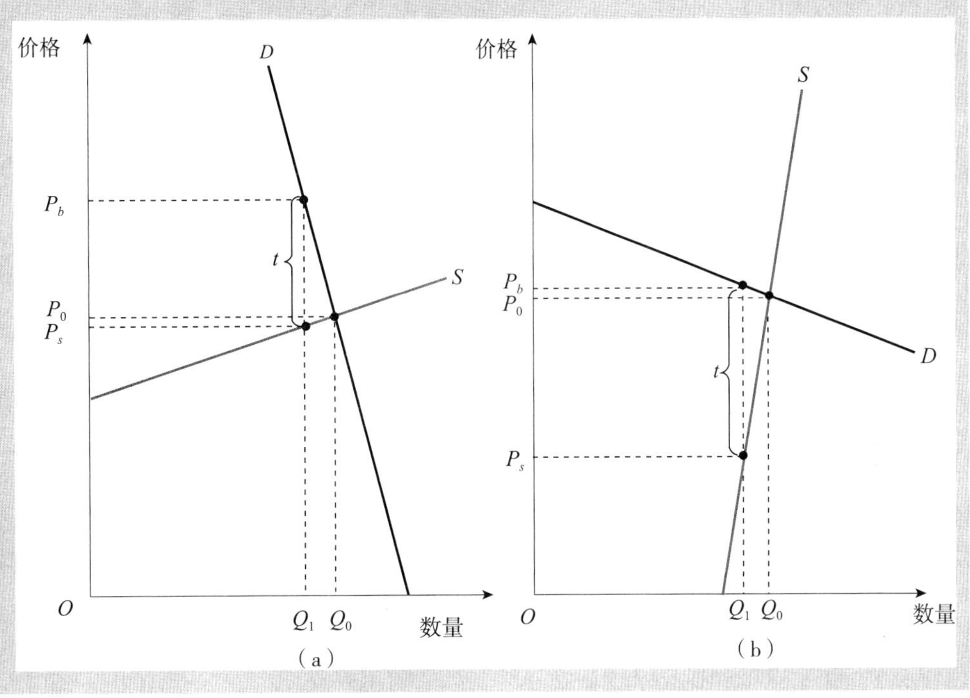

该式表明了以高价形式转嫁给消费者的税收份额。比如，当 $E_d=0$ 时，转嫁因子＝1，所有税负由消费者承担；当 $E_d=-\infty$时，转嫁因子＝0，生产者承担全部税负［生产者承担的部分由$-E_d/(E_s-E_d)$ 给出］。 337

补贴的效应

补贴（subsidy）的分析适用于与税收大体相同的方法——事实上，你可以把补贴视为一种负税收。在补贴政策下，卖方价格超过买方价格，二者的差额等于补贴。补贴对产量和消费量的影响正好与税收相反——数量将增加。

> **补贴**
> 使得买者付出的价格低于卖者得到的价格的一笔支付，即负的税收。

图 9.21 描绘了这种情况。在补贴前市场价格为 P_0时，供给弹性和需求弹性大致相等，结果补贴由买方和卖方大体平均分享。一般来说，如果 E_d/E_s较小，补贴的好处主要归于买方；如果 E_d/E_s较大，补贴的好处则归于卖方。

和税收情形一样，给定供给曲线、需求曲线和补贴数额，我们能够求出价格和数量。如税收情形一样，在补贴情形下，同样需要四个条件来使市场出清，但卖方价格和买方价格之差等于补贴。同理，适用于补贴的四个条件可表达为：

$$Q_D=Q_D(P_b) \tag{9.2a}$$

$$Q_S=Q_S(P_s) \tag{9.2b}$$

$$Q_D=Q_S \tag{9.2c}$$

$$P_s-P_b=s \tag{9.2d}$$

图 9.21　补贴

说明：补贴可看作负的税收。像税收一样，补贴收益由买方和卖方分享，分享份额取决于供给和需求的相对弹性。

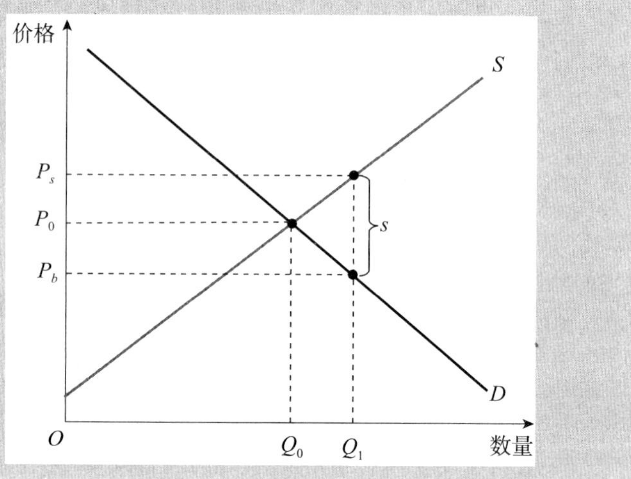

为了确保你已经明白了如何分析税收或补贴的影响，可能做一道或两道例题是有用的，诸如本章末的练习题 2 和 14。

∵例 9.7　汽油税

338 对汽油征收大额税收，既能提高政府收入、减少汽油消费，又能降低美国对石油的进口依赖，这个想法已讨论许多年了。我们来看看每加仑征收 1 美元的汽油税对汽油的价格和消费会产生什么样的影响。

我们以 2015—2016 年的市场状况为分析背景。此时，汽油售价约为 3 美元/加仑，总消费量为约 1 400亿加仑/年。[①] 我们将使用中期弹性，也就是价格变动后 3～4 年的弹性。

汽油需求的中期弹性系数为−0.5 较为合理（参见第 2 章的例 2.6）。我们可以用这一弹性和价格及数量的数值（3 美元和 1 400 亿加仑/年）来计算对汽油的线性需求曲线。你可以验证下面的需求曲线能拟合这些数据：

汽油需求：$Q_D=2\ 090-230P$

汽油从原油提炼加工而来，石油部分自给、部分进口（有时也直接进口汽油）。因此，汽油的供给曲线取决于石油的国际价格、国内石油供给和提炼成本。本节不详细讨论细节的问题，但是合理的供给弹性为 0.4。你可以证明该弹性与 3 美元的价格和 1 400 亿加仑/年的数量一起，给出了下面的汽油线性供给曲线：

汽油供给：$Q_S=830+190P$

你应该也能验证这些需求曲线和供给曲线意味着均衡价格为 3 美元，数量为每年 1 400 亿加仑。

运用以上线性供求曲线，我们可以计算汽油税 1 美元/加仑的影响。首先，列出必须满足的四个条件［参见式（9.1a）～式（9.1d)］，即：

$Q_D=2\ 090-230\ P_b$（需求）

$Q_S=830+190\ P_s$（供给）

---

① 资料来源：美国能源信息局，http：//www.eia.gov/petroleum/gasdiesel/。当然，不同地区和等级的石油产品的价格有所不同，但我们暂时忽略这一点。石油和石油产品的数量经常用桶来表示：一桶为 42 加仑，因此这一数量可以写作 33 亿桶/年。

$Q_D = Q_S$（需求＝供给）

$P_b - P_s = 1$（政府必须收取1美元/加仑）

把前三个方程联立以使供给等于需求： 339

$2\,090 - 230\,P_b = 830 + 190\,P_s$

最后一个方程可改写成 $P_b = P_s + 1$，代入上式，可得：

$2\,090 - 230(P_s + 1) = 830 + 190\,P_s$

现在，我们稍做整理以求解 P_s：

$190P_s + 230\,P_s = 2\,090 - 230 - 830$

$450P_s = 1030$，或 $P_s = 2.45$

记住，$P_b = P_s + 1$，所以，$P_b = 3.45$。最后，根据需求曲线或供给曲线，可以确定总数量 $Q = 2\,090 - 230 \times 3.45 = 1\,296.5$ 亿加仑/年，约1 300亿加仑/年。这意味着汽油消费下降了7%。图9.22就描绘了这些计算及税收影响。

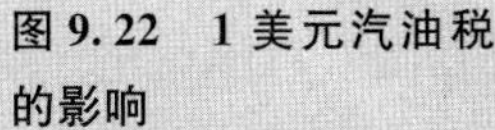

图9.22　1美元汽油税的影响

说明：汽油价格从3.00美元上升到3.45美元，年销售量从1 400亿加仑下降到1 300亿加仑。政府的年税收收入为1×1 300＝1 300亿美元。两个阴影三角形表示每年的无谓损失50亿美元。

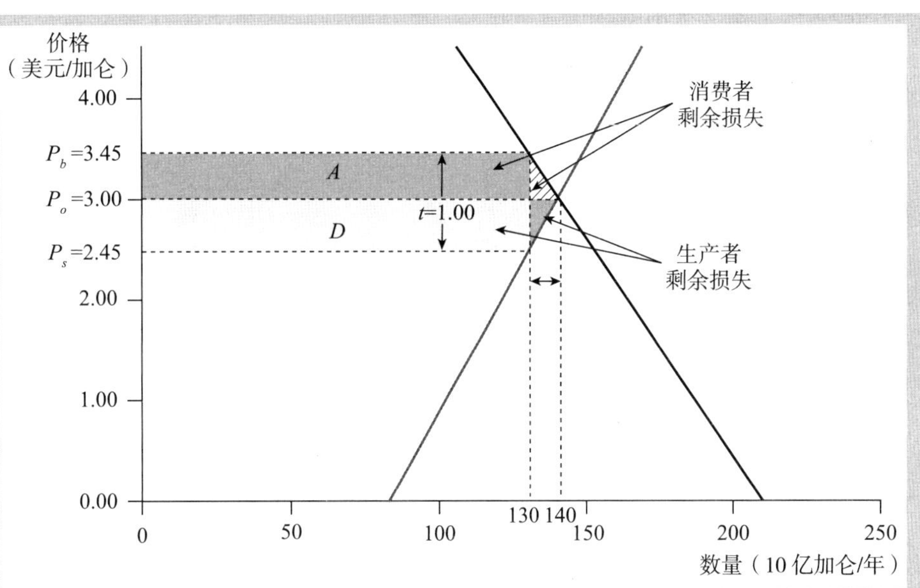

你可以看到，因为 $P_b = 3.45$，而 $P_s = 2.45$，所以税收负担大致由消费者与生产者平摊，消费者多付45美分/加仑，生产者少收55美分/加仑。因此，很自然，双方都竭力反对这项税收，而代表这两 340 个集团的政客每次在提案被提出时都要反对一番。但是，税收将大大提高政府的收入，年税收收入将是 $tQ = 1 \times 1\,300 = 1\,300$ 亿美元。

然而，由于消费者和生产者的成本超过1 300亿美元的税收收入，税收造成的无谓损失为两个阴影三角形（见图9.22）。A 和 D 表示政府收缴的总税收，但消费者和生产者的总损失更大。

在决定是否征收汽油税以前，必须了解由此带来的无谓损失可能有多大。根据图9.22，我们可以很容易地计算出无谓损失为：

(1/2)×(1美元/加仑)×(100亿加仑/年)＝50亿美元/年

税收带来的这一无谓损失约占政府税收收入的4%，它必须被税收可能带来的额外收益所抵消。

小　结

1. 简单的供给模型和需求模型可用于分析大量政府政策。我们已考察的具体政策包括价格控制、最低限价、价格支持计划、生产配额或激励计划、进口关税和配额以及税收和补贴。

2. 在各种情形中，消费者剩余和生产者剩余被用来评价消费者和生产者的损益。将此方法用于分析天然气价格控制、航空管制、小麦价格支持计划和食糖配额时，我们发现损益可能相当大。

3. 当政府征税或给予补贴时，价格通常不与税收和补贴同幅度上升或下降。税收或补贴的影响常由生产者和消费者分担，各方最终支付或获得的份额取决于供给和需求的相对弹性。

4. 政府干预一般会导致无谓损失；即使消费者的福利与生产者的福利同等重要，由于政府政策将福利从一方转移给另一方，也会发生净损失。在某些情形下，无谓损失较小，但在其他情形下，比如在采取价格支持和进口配额时，无谓损失较大。这个无谓损失是一种经济低效率的形式，在政策设计和实施时必须加以考虑。

5. 政府干预竞争市场并不总是坏事。政府及政府所代表的社会可能有经济效率以外的其他目标。在有些情况下，政府干预能提高经济效率，比如，外部性和市场失灵。这些情况及政府可能做出反应的方式将在第 17 章和第 18 章讨论。

复习题

1. 无谓损失的含义是什么？为什么价格上限通常导致无谓损失？

2. 假设某商品的供给曲线完全无弹性。如果政府规定的最高价格低于市场出清价格，这会导致无谓损失吗？请解释。

3. 价格上限怎样改善消费者的境况？在什么条件下它可能使消费者处境变糟？

4. 假设政府规定商品的最低价格，这会使生产者整体的处境恶化吗？请解释。

5. 在现实生活中怎样利用限产来提高下列商品或服
341 务的价格？(a) 出租车服务；(b) 餐馆或酒吧出售的酒类；(c) 小麦或玉米。

6. 假设政府要提高农场主的收入。为什么对社会来说，价格支持或限耕方案比直接发钱给农场主的成本大？

7. 假设政府要限制对某商品的进口。进口配额与关税，哪种政策更好？为什么？

8. 税收负担由生产者和消费者分担。在什么情况下，消费者支付大部分税款？生产者呢？消费者从补贴中的受益份额的决定因素是什么？

9. 为什么征税会产生无谓损失？损失的大小由什么决定？

练习题

1. 美国国会不时提高最低工资。有人认为，政府补贴可以帮助雇主筹款支付高工资。本练习讨论最低工资和工资补贴的经济学。假设低技术劳动的供给如下

$$L_S = 10w$$

其中，L_S是低技术劳动的数量（每年雇用的人数，单位是百万），w是工资率（美元/小时）。劳动的需求是

$$L_D = 80 - 10w$$

a. 自由市场工资率和雇佣水平为多少？假设政府规定最低工资为 5 美元/小时，雇用人数为多少？

b. 假定政府不规定最低工资，而是向每位雇员支付补贴 1 美元。雇佣水平为多少？均衡工资率为多少？

2. 假设一种未命名的小商品的市场供求曲线为：

需求：$P = 10 - Q$

供给：$P = Q - 4$

其中，P、Q的单位分别为美元/件和千件。请问：

a. 均衡价格与数量是多少？

b. 假设政府征税 1 美元/件，新的均衡数量是多少？买方支付的价格和卖方接受的价格是多少？

c. 假设政府心态发生转变，意识到了此商品对美国公众的幸福程度的重要性，从而取消税收，给予生产者

补贴1美元/件。均衡数量是多少？买方支付的价格和卖方接受的价格（包括补贴），以及政府的总成本各是多少？

3. 日本大米的生产成本极高，这主要归因于土地的高额机会成本及不能取得规模经济效益。试分析两种维持日本大米生产的政策：(1) 发放补贴；(2) 征收进口关税。运用供求图表描绘均衡价格和数量、国内大米产量、政府收入或赤字、政策带来的无谓损失。日本政府偏爱哪种政策？日本农场主呢？

4.1983年里根执政时，推行“实物支付计划”(PIK)。我们以小麦市场为例，考察该计划如何奏效。

a. 假设需求函数为 $Q^D=28-2P$，供给函数为 $Q^S=4+4P$。P 是小麦的价格，单位为美元/蒲式耳，Q 是产量，单位为10亿蒲式耳，试求出自由市场均衡价格和产量。

b. 假设政府向农场主支付小麦，鼓励农场主将部分土地退耕，使供给减少了自由市场均衡产量的25%。用于支付的小麦来源于政府储备，数量等于退耕土地的收获量。农场主可在市场上自由出售这些小麦。问农场主的产量为多少？政府间接供应市场多少小麦？新的市场价格是多少？农场主获益多少？消费者得益还是受损？

c. 如果政府不把小麦返还给农场主，小麦将积压或变质。纳税人从该计划中受益了吗？该计划存在什么潜在问题？

5. 美国的果冻软糖的年消费量约为1亿磅，价格为50美分/磅。然而，软糖生产商认为自己的收入太低，并使政府确信必须实施价格支持方案，政府因而买断维持1美元/磅所必需的全部软糖。但是，政府的经济学家们对这一方案的影响表示担忧，因为政府没有估计过软糖需求或供给的弹性。

a. 该方案会使政府的年花费超过0.5亿美元吗？在何种情况下？该方案会使政府的年花费低于0.5亿美元吗？在何种情况下？试用图表加以描绘。

b. 该方案会使消费者的年花费（以消费者剩余损失衡量）超过0.5亿美元吗？在何种情况下？该方案会使消费者的年花费低于0.5亿美元吗？试用图表加以描绘。

6. 在第2章的练习题4，我们已经知道在竞争性国际市场上，一种植物纤维的世界价格为9美元/磅。在此价格下，可供进口到美国的纤维数量无限。美国国内不同价格水平上的供给和需求如下表所示。

价格	美国供给（百万磅）	美国需求（百万磅）
3	2	34
6	4	28
9	6	22
12	8	16
15	10	10
18	12	4

试回答关于美国市场的问题：

a. 验证需求曲线为 $Q_D=40-2P$，供给曲线为 $Q_S=2/3P$。

b. 验证如果没有贸易限制，美国将进口1 600万磅。

c. 如果美国征收3美元/磅的关税，美国国内价格和进口水平为多少？美国政府将从关税中获得多少收入？无谓损失为多少？

d. 如果美国没有关税，但规定进口配额为800万磅，美国国内价格是多少？对于美国的纤维消费者，这一配额的成本是什么？美国生产者的获益是什么？

7. 美国目前对所有的进口咖啡征收关税。美国每年的咖啡需求曲线为 $Q=250-10P$，其中 Q 为需求量（单位为百万磅），P 为每磅咖啡的市场价格。世界生产者可以以不变的边际成本（也为平均成本）8美元/磅给美国的批发商供货。美国批发商可以转手以每磅加价2美元出售。美国咖啡市场是竞争性的。国会正在考虑对每磅进口咖啡征收2美元的关税。

a. 如果没有关税，消费者为每磅咖啡支付多少？需求量为多少？ 342

b. 如果征收关税，消费者将为每磅咖啡支付多少？需求量为多少？

c. 计算消费者剩余损失。

d. 计算政府的税收收入。

e. 税收对整个社会带来的是净福利还是净损失？

8. 在高度竞争的国际市场上，某种特殊金属的世界价格为9美元/盎司。在此价格水平上，可供出口到美国的该金属数量无限。美国国内供给方程为 $Q_S=2/3P$，其中 Q_S 是美国产出，单位是百万盎司；P 是国内价格。美国对该金属的需求为 $Q_D=40-2P$，其中 Q_D 是国内需求，单位是百万盎司。

近年来，美国该行业受9美元/盎司关税保护。迫于外国政府的压力，美国打算取消关税。受这一变化威胁，该行业正在寻求“自愿限制进口协议”，将年进口量限制为800万盎司。

a. 当关税为9美元/盎司时，美国国内价格是多少？

b. 如果美国取消关税，通过“自愿限制进口协议”，美国国内该金属价格是多少？

9. 国会经常讨论征收白酒税，这项税收不适用于啤酒。白酒的供给价格弹性为 4.0，需求价格弹性为－0.2，啤酒与白酒的交叉需求价格弹性为 0.1。

a. 如果征税，谁将承担主要税负，白酒生产者还是消费者？为什么？

b. 假定啤酒供给具有无限弹性，该税收将怎样影响啤酒市场？

10. 在例 9.1 中，我们计算了天然气价格控制带来的损益，发现无谓损失为 56.8 亿美元。这个结果建立在 P＝50 美元/桶的基础上。

a. 如果 P＝60 美元/桶，天然气的自由市场价格是多少？如果价格上限为 3 美元/千立方英尺，无谓损失有多大？

b. 石油价格应为多少，才会得到 3 美元/千立方英尺的天然气自由市场价格？

11. 例 9.6 描述了食糖配额的影响。在 2016 年，进口限额为 61 亿磅，拉动国内价格上升到 27 美分/磅。假设进口限额扩大为 100 亿磅。

a. 新的国内价格将是多少？

b. 国内生产者和消费者的损益各为多少？

343 c. 对无谓损失和国外生产者会产生什么影响？

12. hula 豆的国内供给曲线和需求曲线如下：

供给：$P=50+Q$

需求：$P=200-2Q$

其中，P 是以美分/磅计的价格；Q 是以百万磅计的数量。在世界 hula 豆市场上，美国只是一个小国，无力影响现行价格。已知时价为 60 美分/磅。国会正考虑征收关税 40 美分/磅，试找出征收关税后 hula 豆的美国国内价格，同时计算关税给美国国内消费者、美国国内生产者和美国政府带来的收益或损失。

13. 当前，美国的社会保障人头税是在雇主与雇员之间分摊的。雇主向政府支付雇员工资的 6.2%，而雇员也支付其工资的 6.2%。假定这一税种有了变化，雇主支付 12.4%，而雇员无须纳税，雇员的福利会改善吗？

14. 我们知道，税收负担常由生产者和消费者分摊。并且，汽车需求要经历缓慢的存量调整过程。假设政府突然对进口汽车征收 20%的销售税，在长期内消费者支付的税收份额是上升、下降还是不变？试简要加以解释。如果征收 50 美分/加仑的汽油税，情况又将如何？

15. 2011 年，美国人消费了 160 亿包香烟。他们支付的平均零售价格为 5 美元/包。

a. 给定供给弹性为 0.5，需求弹性为－0.4，推导香烟的线性需求曲线与线性供给曲线。

b. 香烟税是联邦税种，2011 年大约为每包 1 美元，该税收对市场出清价格和产量产生了什么影响？

c. 消费者将支付多少联邦香烟税？生产者呢？

第3篇

市场结构与竞争策略

第3篇探讨多种类型的市场并解释厂商的定价、投资和产量决策如何依赖于市场结构和竞争者行为。

第10章和第11章探讨市场势力：卖方或买方影响价格的能力。我们将看到市场势力是如何形成的，不同厂商的市场势力有何不同，市场势力如何影响消费者和生产者的福利以及政府如何对其施加限制。我们也将看到厂商如何制定价格和广告策略以最大化地利用其市场势力。

第12章和第13章将讨论厂商数目有限的市场。我们将讨论这些市场的多种类型，从垄断竞争（众多厂商销售有差别的产品）到卡特尔（一组厂商在决策中合作并像垄断者一样行动）。我们特别关注仅有少数厂商的市场。在这种市场中，各厂商在制定价格、产出和投资策略时必须同时考虑到竞争者可能会做出的反应。我们将在分析这些策略时发展和运用博弈论的原理。

第14章将说明，劳动和原料等的要素投入市场是如何运行的。我们将探讨厂商的投入决策以及这些决策是如何取决于要素市场的结构的。第15章将专注于讨论厂商的资本投资决策。我们会看到厂商对一项投资将产生的未来利润是怎样估值的，以及怎样通过将该估值与投资成本的比较来决定投资是否值得。我们也会把这一思想应用到个人购买汽车、家电或投资于教育的决策中。

10 市场势力：垄断与买方垄断

347

在一个完全竞争市场中，一种商品的卖方和买方都足够多，以至没有单独一个卖方或买方能影响该商品的价格。供给和需求的市场力量决定价格。单个厂商在决定产量和销售量时都将价格看作是给定的。消费者在决定产品的购买量时也将价格当作给定的。

本章的主题，垄断与买方垄断，是与完全竞争完全相反的概念。**垄断**（monopoly）就是市场中只有一个卖方，但有许多买方。**买方垄断**（monopsony）则正好相反，市场中有许多卖方，但只有唯一的买方。垄断与买方垄断是密切相关的，这就是我们将它们放在同一章讨论的原因。

我们先讨论垄断者的行为。由于一个垄断者就是一种产品的唯一生产者，它所面对的需求曲线就是市场需求曲线。这一需求曲线反映了该垄断者所能得到的价格与它想要销售的数量间的关系。我们将看到一个垄断者会怎样利用其控制价格的优势，也将看到利润最大化的价格和产量与完全竞争市场所确定的价格和产量间的差异。

一般地，与完全竞争的产量和价格相比，垄断市场的产量较低而价格较高。这就意味着垄断造成了一种社会成本，因为它使得只有较少的消费者能买到这种产品，且购买价格更高。这就是为什么反托拉斯法禁止厂商垄断大多数市场。当规模经济使得垄断变得合意时（如地方电力公司的例子），我们将看到政府可以怎样通过价格管制来提高效率。

纯粹的垄断是很少见的，但在许多市场中，确实仅有少数几个相互竞争的厂商。这些市场中的厂商之间的互动相当复杂，并且常常带有策略性博弈的特征，我们将在第12章和第13章对其加以讨论。但无论如何，这些厂商都有能力影响价格，也都可以发现定价于边际成本之上更有利可图，所以这些厂商具有垄断势力。我们将讨论垄断势力的决定因素、它的度量指标及它对定价的隐含意义。

之后，我们会转向买方垄断。与竞争性的买方不同，买方垄断者所支付的价格取决于其所购买的数量。买方垄断者所面对的问题是选择购买

本章要点

案例列表

垄断

只有一个卖方的市场。

买方垄断

只有一个买方的市场。

348 量，从而获得最大净利益——所购货物的价值与购买支出之差。通过对该决策过程的阐述，我们可以看出买方垄断和垄断是非常相似的。

纯粹的买方垄断同样也不常见，但在许多市场中只有很少几个买方，它们能够以比在一个竞争性市场中便宜的价格购买货物。这些买方具有买方垄断势力。这种情形典型地出现在生产要素市场。例如，美国最大的汽车生产商——通用汽车公司在轮胎、汽车电池和其他零部件市场上就具有买方垄断势力。我们将会讨论买方垄断势力的决定、度量及其对定价的意义。

> **市场势力**
> 买方或卖方影响商品价格的能力。

垄断势力和买方垄断势力是**市场势力**（market power）的两种形式。市场势力即由某个卖方或某个买方掌握的能影响商品价格的能力。[①] 因为（在大多数现实世界的市场中）卖方和买方都有某种程度的市场势力，所以我们必须弄清市场势力是如何发挥作用的，以及它对厂商和消费者的影响。

10.1 垄 断

作为一种产品的唯一生产者，一个垄断者处在一个特殊的位置。如果垄断者决定提高产品的价格，它不必担心会有其他竞争者通过较低的价格来抢夺市场份额并损害它的利益。垄断者就是市场，它完全地控制了市场上的产品出售数量。

但这并不意味着垄断者能想要多高的价格就可以定多高的价格，至少在它的目标是利润最大化时它无法在价格上随心所欲。本教材就是一个相关的例子。培生拥有本书的版权，因此它就是本书的垄断生产者，那么为什么它不卖500美元一本呢？这是因为很少有人愿意花这么多钱来买，从而培生只能赚到少得多的利润。

为了实现利润最大化，垄断者必须先确定其成本以及市场需求的特征。关于需求和成本的知识对一个厂商的经营决策是至关重要的。有了这种知识以后，垄断者就可以决定生产和销售的数量。垄断者销售每单位产品所能得到的价格直接由市场需求曲线决定。同样，垄断者也可以先决定价格，而在此价格上所能售出的数量由市场需求曲线决定。

平均收益与边际收益

垄断者的平均收益——卖出每单位产出所得到的价格——就是市场需求曲线。为了选择利润最大的产出水平，垄断者也需要知道它的边际收益，即产出增加一单位引起的总收益变化。为了弄清总收益、平均收益和边际收益之间的关系，考虑一个面对如下需求曲线的厂商：

$$P = 6 - Q$$

表10.1列出了该需求曲线对应的总收益、平均收益和边际收益。注意，当价格为6美
349 元/单位时收益为0，因为在该价格下任何东西都卖不出去。可是，在价格为5美元/单位时能卖出1单位，因而总收益及边际收益为5美元。当卖出的数量从1单位增加到2单位时，收益从5美元增加到8美元，因此边际收益为3美元。当卖出的数量从2单位增加至3单位时，边际收益下降到1美元；当卖出的数量从3单位增至4单位时，边际收益变为负值。边际收益为正时收益随销量增加，但当边际收益为负时收益递减。

① 法庭常用“垄断势力”这个术语来表述达到相当程度，特别是足以保证在反托拉斯法之下展开调查的市场势力。但在本书中我们用“垄断势力”来表示卖方这一方的市场势力，无论它是否达到一定程度。

表 10.1 总收益、边际收益和平均收益				
价格（P）（美元）	数量（Q）	总收益（R）（美元）	边际收益（MR）（美元）	平均收益（AR）（美元）
6	0	0	—	—
5	1	5	5	5
4	2	8	3	4
3	3	9	1	3
2	4	8	−1	2
1	5	5	−3	1

当需求曲线向下倾斜时，价格（平均收益）大于边际收益，这是因为所有单位都以同样的价格出售，为了多销售 1 单位，价格必须降低，因此是全部售出的单位而不仅是增加的这一单位，都取得更少的收益。请注意当产量从 1 单位增加到 2 单位、价格降至 4 美元/单位时表 10.1 中发生的情况。边际收益为 3 美元：4 美元（增加的这一单位产出的销售收益）减去 1 美元（第一单位以 4 美元而不是 5 美元销售造成的损失）。因而，边际收益（3 美元）小于价格（4 美元）。

图 10.1 根据表 10.1 的数据画出了平均收益曲线和边际收益曲线。我们的需求曲线是一条直线，在该情形下，边际收益曲线的斜率为需求曲线的两倍（纵轴截距相同）。[①]

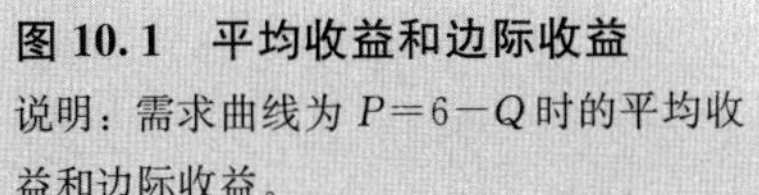

图 10.1 平均收益和边际收益

说明：需求曲线为 $P=6-Q$ 时的平均收益和边际收益。

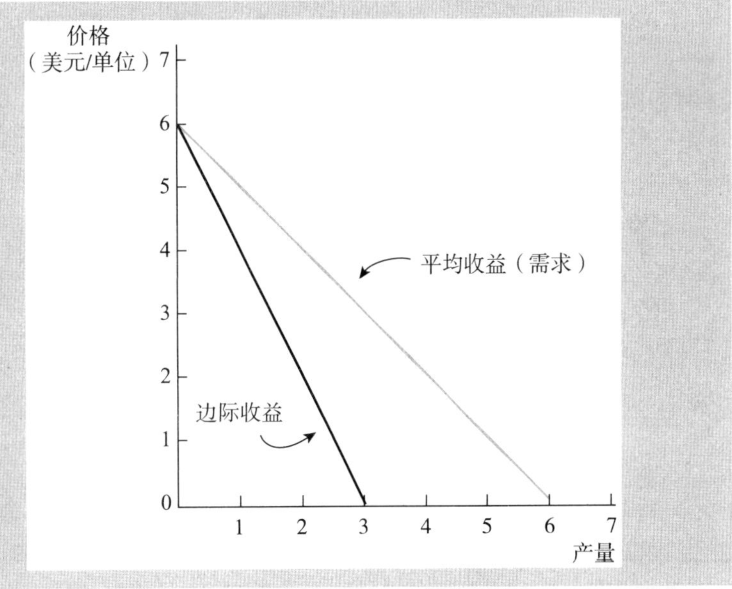

垄断者的产量决策

垄断者应该生产多少产量？在第 8 章我们看到，为了实现利润最大化，一个厂商必须将产量定在边际收益等于边际成本之处。这就是对垄断者问题的解答。在图 10.2 中，市场需求

① 如果需求曲线写成价格是产出的函数，即 $P=a-bQ$，总收益就由 $PQ=aQ-bQ^2$ 给出，边际收益（用微积分计算）为 $d(PQ)/dQ=a-2bQ$。在本例中，需求为 $P=6-Q$，边际收益为 $MR=6-2Q$。（这只有在 Q 变化很小时才成立，因而不会与表 10.1 中的数据完全符合。）

曲线 D 就是垄断者的平均收益曲线。它将垄断者得到的单位产出的价格设定为产量的一个函数。图中同时给出了对应的边际收益曲线以及平均成本曲线和边际成本曲线。边际收益和边际成本在产量为 Q^* 时相等。然后根据需求曲线，我们可以找出对应于产量 Q^* 的价格 P^* 。

我们怎样能肯定 Q^* 是利润最大化的产量呢？假设垄断者生产某一较小的产量 Q_1 并得
350 到相应的较高的价格 P_1，如图 10.2 所示，边际收益将超出边际成本。如果该垄断者生产比 Q_1 多一点，它会得到额外的利润（MR－MC），因此总利润增加。事实上，该垄断者能继续增加产量，从而继续增加总利润，直到产量 Q^* 为止。在该产量处，多生产一单位所增加的利润为零。因此较小的产量 Q_1 不是利润最大化的，即使它能使垄断者得到一个较高的价格。生产 Q_1 而不是 Q^* ，垄断者的总利润会减少，减少额等于 MR 曲线之下、MC 曲线之上、Q_1 和 Q^* 之间的阴影面积。

在图 10.2 中，较大的产量 Q_2 也不是利润最大化的。在该产量处边际成本超过边际收益，因此，如果该垄断者生产比 Q_2 少一点，它将能增加其总利润（幅度为 MC－MR）。如果该垄断者将其产量一直减至 Q^* ，则它的利润会增加得更多。通过生产 Q^* 而不是 Q_2 而增加的利润由 MC 曲线之下、MR 曲线之上、Q^* 和 Q_2 之间的面积给出。

我们也可以通过代数的方法证明 Q^* 能实现利润最大化。利润 π 为总收益与总成本之差，而总收益与总成本都取决于 Q，也就是说，

$$\pi(Q)=R(Q)-C(Q)$$

图 10.2　当边际收益等于边际成本时利润最大

说明：Q^* 是满足 MR＝MC 的产量水平。如果厂商生产一个较小的产量，如 Q_1，它会减少一定的利润，因为生产和销售在 Q_1 和 Q^* 之间的单位所能赚取的收益大于生产它们的成本。同样，将产量从 Q^* 扩大到 Q_2 也将减少利润，因为增加的成本将超过增加的收益。

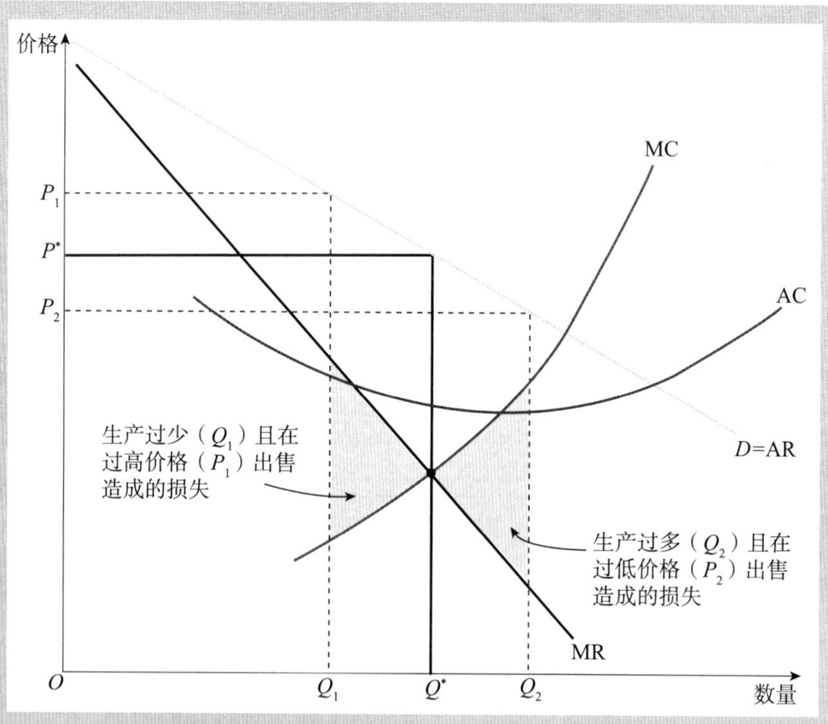

当 Q 从 0 开始增加时，利润也随之增加，直至达到一个最大值，然后就开始减少。因而，使利润最大化的 Q，就是使得 Q 的一个微小增加带来的利润增加正好为 0（即 $\Delta\pi/\Delta Q=0$）的产量。此时，

$$\Delta\pi/\Delta Q = \Delta R/\Delta Q - \Delta C/\Delta Q = 0$$

但 $\Delta R/\Delta Q$ 就是边际收益，而 $\Delta C/\Delta Q$ 就是边际成本，因此利润最大化的条件为 MR－MC＝0，或 MR＝MC。

一个例子

为了更好地理解上述结论，让我们来看一个例子。设生产成本为： 351

$$C(Q)=50+Q^2$$

即固定成本为 50 美元，可变成本为 Q^2。再假设需求由下列方程给出：

$$P(Q)=40-Q$$

通过令边际收益与边际成本相等，你可以证明当 $Q=10$ 时利润最大，相应的价格为 30 美元。①

图 10.3（a）绘出了成本、收益和利润。由于存在固定成本，当该厂商生产很少或不生产时，利润为负值。当 Q 增加时利润随之增加，直至在 $Q^*=10$ 处达到最大值 150 美元，然后随着 Q 的进一步增加而减小。在最大利润点，收益曲线和成本曲线的斜率相同（注意切线 rr' 和 cc' 是平行的）。收益曲线的斜率为 $\Delta R/\Delta Q$，即边际收益；成本曲线的斜率为 $\Delta C/\Delta Q$，即边际成本。当边际收益等于边际成本时利润最大，因此两个斜率必然相等。 352

图 10.3（b）给出了对应的平均收益曲线和边际收益曲线，以及平均成本曲线和边际成本曲线。边际收益和边际成本相交于 $Q^*=10$。在这个产量处，平均成本为每单位 15 美元，而价格是每单位 30 美元，因此平均利润是每单位 30－15＝15 美元。由于共卖出 10 单位，利润为 10×15＝150 美元，即矩形阴影部分面积。

图 10.3　利润最大化的例子

说明：图（a）给出了总收益 R、总成本 C 和两者之差即利润。图（b）给出了平均收益、边际收益和平均成本、边际成本。边际收益是总收益曲线的斜率，边际成本是总成本曲线的斜率。利润最大的产量为 $Q^*=10$，即边际收益等于边际成本之点。在该产量水平，利润曲线的斜率为 0，总收益曲线与总成本曲线的斜率相等。每单位的利润为 15 美元，即平均收益与平均成本之差。由于总产量是 10 单位，因此总利润为 150 美元。

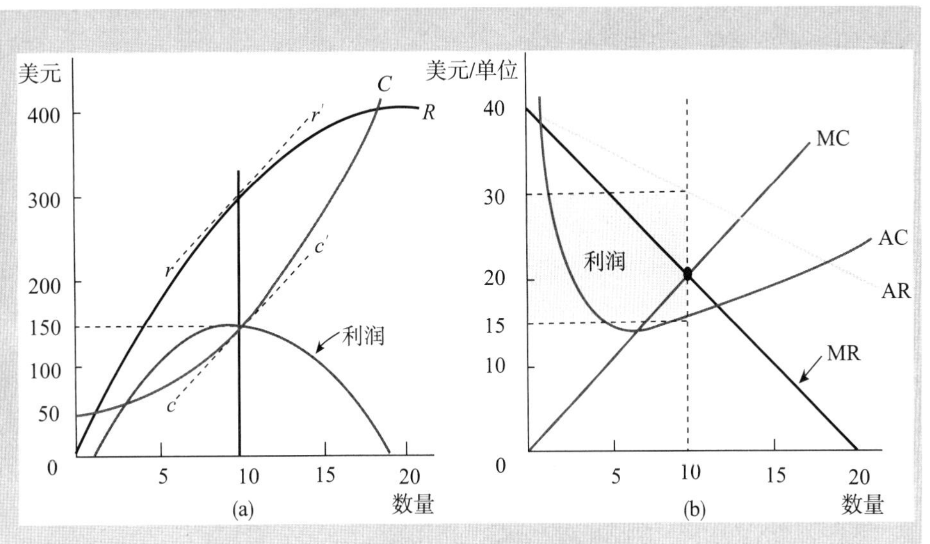

定价的一个经验法则

在理论上我们知道应该根据边际收益等于边际成本来选择价格和产量，但在实践中， 353

① 注意平均成本为 $C(Q)/Q=50/Q+Q$，而边际成本为 $\Delta C/\Delta Q=2Q$。收益为 $R(Q)=P(Q)\cdot Q=40Q-Q^2$，因此边际收益为 $\mathrm{MR}=\Delta R/\Delta Q=40-2Q$。令边际收益等于边际成本，得 $40-2Q=2Q$，或 $Q=10$。

一个企业的经营者又如何找出正确的价格和产量水平呢？大多数经营者对企业所面对的平均收益曲线和边际收益曲线只有很有限的知识。同样，他们可能只知道企业在一个十分有限的产出范围内的边际成本。因此我们想将边际收益必须等于边际成本这个条件转换成在实践中很容易运用的经验法则。为了做到这一点，我们先把边际收益的表达式重新写成：

$$\mathrm{MR}=\frac{\Delta R}{\Delta Q}=\frac{\Delta(PQ)}{\Delta Q}$$

注意，来自增加一单位产量的额外收益 $\Delta(PQ)/\Delta Q$ 由两部分组成：

(1) 生产额外一单位并以价格 P 售出带来收益 $1\times P=P$。

(2) 但该企业面对一条向下倾斜的需求曲线，因此生产和销售该额外单位也会引起价格的小幅下跌 $\Delta P/\Delta Q$，这会降低卖出的所有单位的收益，即引起 $Q(\Delta P/\Delta Q)$ 的收益改变。

因此，

$$\mathrm{MR}=P+Q\frac{\Delta P}{\Delta Q}=P+P\left(\frac{Q}{P}\right)\left(\frac{\Delta P}{\Delta Q}\right)$$

我们是通过对 Q（$\Delta P/\Delta Q$）乘一个、除一个 P 而得到上式右边的表达式的。我们应该还记得需求弹性的定义为 $E_d=(P/Q)(\Delta Q/\Delta P)$，因此，（$Q/P$）（$\Delta P/\Delta Q$）恰好是利润最大化产量下的需求弹性的倒数，即 $1/E_d$，因而有：

$$\mathrm{MR}=P+P(1/E_d)$$

由于厂商的目标是实现利润最大化，我们现在令边际收益等于边际成本，即：

$$P+P(1/E_d)=\mathrm{MC}$$

它可表达成：

$$\frac{P-\mathrm{MC}}{P}=-\frac{1}{E_d} \tag{10.1}$$

这个关系为定价提供了一个经验法则。等式左边的$(P-\mathrm{MC})/P$ 为在边际成本上的加
354 成占价格的百分比，该关系式说明它应等于需求弹性倒数的相反数[①]（由于需求弹性本身为负，因此该数会是正的）。同样地，我们也可以重新安排该方程以将价格直接表达为在边际成本上的一个加成，即

$$P=\frac{\mathrm{MC}}{1+(1/E_d)} \tag{10.2}$$

例如，需求弹性为-4，且边际成本为每单位 9 美元，则价格就应该是每单位 $9/(1-1/4)=9/0.75=12$ 美元。

垄断者所定价格与竞争价格相比如何呢？在第 8 章我们看到在一个完全竞争市场中价格是等于边际成本的。垄断者索取的价格超过边际成本，但超过的幅度反向取决于需求弹性。正如式（10.1）所示，如果需求特别有弹性，E_d 会是个很大的负数，则价格将非常接近边际成本，从而一个垄断市场看起来会非常类似于一个完全竞争市场。事实上，当需求非常有弹性时，做一个垄断者并没有多大的好处。

我们也注意到，垄断者将不能生产在需求曲线非弹性部分的产出数量——例如，当需求曲线的弹性绝对值小于 1 时。为了找出原因，假设垄断者在需求曲线上弹性为-0.5 的

---

① 请记住该定价方程是应用于利润最大化之处的。如果需求弹性和边际成本两者在所考察的产量范围内变动很大，你可能必须在决定最佳产量水平之前知道整条需求曲线和边际成本曲线。另外，该方程也能被用于验证一特定的产量水平和价格是否为最佳的。

那一点进行生产。那样的话，垄断者就能够通过生产更少且在更高的价格出售而赚取更多的利润。（例如，一个 10%产出的减少将允许 20%价格的增加，从而有 10%的收入增加。如果边际成本大于零，利润的增加将超过 10%，因为降低产出将减少厂商的成本。）由于垄断者减少产出和提高价格，它将向上移动需求曲线到弹性绝对值大于 1 的点，式（10.2）的加成法则将被满足。

然而，假设边际成本为零。那样的话，我们不能直接用式（10.2）去决定利润最大化价格。然而，我们能从式（10.1）中看到，为了实现利润最大化，厂商将在需求弹性正好等于－1 处的点进行生产。如果边际成本为零，最大化利润等于最大化收益，且收益在 $E_d=-1$ 时被最大化。

❖例 10.1　阿斯特拉-默克公司定价奥美拉唑

1995 年，阿斯特拉-默克公司开发的一种新药对于长期溃疡的治疗有效。这种药——奥美拉唑是新一代的抗溃疡药物。其他治疗溃疡的药物已经存在于市场中：西咪替丁于 1977 年、雷尼替丁于
1983 年、法莫替丁于 1986 年、爱希于 1988 年分别进入市场。这四种药物大都以同样的方式减少胃酸 355
分泌。然而，奥美拉唑的疗效是基于一种非常不同的生化机理，因而比先前的药物有效得多。至 1996 年它已成为世界上最畅销的药，并且没有主要竞争者。①

1995 年，阿斯特拉-默克对奥美拉唑的定价大约是每日剂量 3.5 美元。（相反，西咪替丁和雷尼替丁的日剂量为 1.5～2.25 美元。）这种定价与加成定价公式（10.1）一致吗？生产和包装奥美拉唑的边际成本仅为每日剂量 30～40 美分。这么低的边际成本意味着需求弹性 E_D 应当在－1.2～－1.0 范围内。基于医药需求的统计研究表明，这实际上是合理的需求弹性估计。因此，把奥美拉唑的价格定在超过边际成本 400%的做法与定价的经验法则是一致的。

需求的移动

在一个竞争性市场中，价格和供给数量之间有很明显的关系。那种关系就是我们在第 8 章所见的，反映了行业总体边际成本的供给曲线。供给曲线告诉我们在每种价格水平上将会生产的数量。

垄断市场没有供给曲线。换句话说，不存在价格和产量之间的一一对应关系，原因在于垄断者的产量决定不仅取决于边际成本，而且取决于需求曲线的形状。因此，需求的移动不会导致沿着竞争性供给曲线而变化的一系列价格-产量。相反，需求的移动可能会导致价格改变、产量不变，或者产量改变而价格不变，又或者两者都变。

我们通过图 10.4 对此加以说明。在该图的图（a）和图（b）中，初始的需求曲线都为 D_1，相应的边际收益曲线都为 MR_1，而垄断者的初始价格和产量都为 P_1 和 Q_1。在

① 奥美拉唑，由瑞典公司阿斯特拉和美国公司默克合资开发，于 1989 年被引入市场，但仅用于治疗食道回流症，1991 年被证明可用于短期胃溃疡的治疗。1995 年被证明可用于长期胃溃疡的治疗，于是为这种药物创造了一个非常大的市场。1998 年阿斯特拉向默克购买了奥美拉唑专利的股份。1999 年，阿斯特拉收购了捷利康公司，于是现在称作阿斯特拉-捷利康公司。2001 年阿斯特拉-捷利康公司销售奥美拉唑所获盈利超过 49 亿美元，奥美拉唑仍然是世界上最畅销的药品。随着阿斯特拉-捷利康对奥美拉唑的专利临近到期，公司引入了奥美拉唑的 S－异构体埃索美拉唑（Nexium），一种新的（对于公司来说）更好的抗溃疡药。2006 年，埃索美拉唑的销量位居世界第三，销售额达到 57 亿美元。

图 10.4（a）中需求曲线下移并旋转一个角度，新的需求曲线和边际收益曲线分别为 D_2 和 MR_2。注意 MR_2 与边际成本曲线恰好相交于 MR_1 与边际成本曲线的交点，因此，产量保持不变，但价格却下降至 P_2。

在图 10.4（b）中，需求曲线向上移动并旋转。新的边际收益曲线 MR_2 与边际成本曲线相交于一个较大的产量 Q_2，而不再是 Q_1，但需求曲线的变动却恰好使价格保持不变。

图 10.4　需求的移动

说明：需求曲线的移动显示出垄断市场没有供给曲线，即价格与产量没有一一对应关系。图（a）中需求曲线 D_1 变为新的需求曲线 D_2，但新的边际收益曲线 MR_2 与边际成本相交于原来边际收益曲线 MR_1 与边际成本相交的同一点。虽然价格从 P_1 降至 P_2，利润最大化的产量却保持不变，说明需求移动导致价格改变，但产量不变。图（b）中新的边际收益曲线与边际成本相交于一个较高的产量水平 Q_2，但因为现在需求更有弹性，故价格保持不变，说明需求移动导致产量改变，但价格不变。

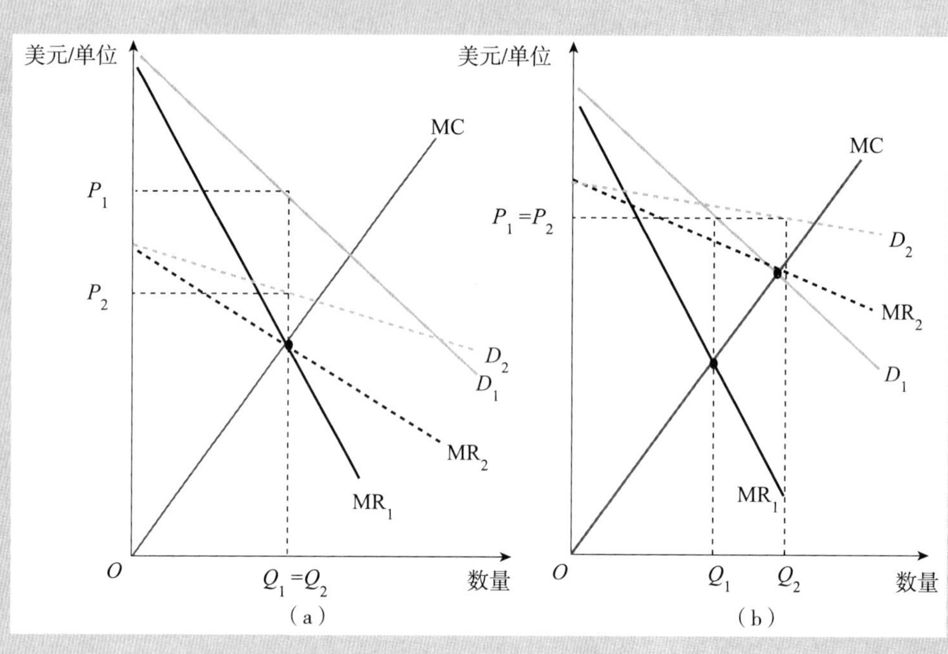

需求的移动通常既改变价格，也改变产量，但图 10.4 中所示的特例却表明了垄断和竞争之间的一个重要区别。一个完全竞争的行业在每个特定的价格上供给一个特定的数量。这样的关系并不适用于垄断市场，对垄断者来说，根据需求变化，在同样的价格上可能有几种不同的供给量，或在不同的价格上供给相同的数量。

税收的影响

356 与完全竞争的行业相比，税收对一个垄断市场也可能产生不同的结果。在第 9 章我们看到，当对一个完全竞争的行业征收从量税（即对每单位征税）时，市场价格的涨幅小于税收，因而税收的负担是由生产者和消费者共同分担的。不过，在垄断的情况下，有时候价格的上升可能会超过税收。

分析税收对垄断市场的影响是很直观的。假设对每单位征收 t 美元的从量税，因此该垄断者每销售一单位必须向政府上缴 t 美元，因而该厂商的边际（以及平均）成本增加税率 t。如果 MC 是该企业原来的边际成本，它现在的最优产出决策由下式给出：

$$MR = MC + t$$

在图 10.5 中，我们将边际成本曲线向上移动 t 单位，并找出它与边际收益曲线的新的交点。此处 Q_0 和 P_0 是征税之前的产量和价格，Q_1 和 P_1 则是征税之后的产量和价格。

边际成本曲线上移的结果是较小的产量和较高的价格。有时价格的提高小于税收，但并不总是这样，在图 10.5 中，价格的提高就大于税收。这在竞争性市场中是不可能的，但在垄断市场中却可能发生，因为这时价格和边际成本之间的关系取决于需求弹性。例如，设垄断者面对一条弹性为不变常数的需求曲线，其弹性为－2，那么式（10.2）告诉我们， 357
价格将等于边际成本的两倍。当有税收 t 时，边际成本增加到 $MC+t$，从而价格增加至 $2(MC+t)=2MC+2t$，那就是说，价格的上升是税率的两倍。（但垄断者的利润仍然还是由于征税而下降了。）

图 10.5　对垄断者课税的后果

说明：每单位征税 t，厂商的有效边际成本增加 t，达到 $MC+t$，在本例中，价格的提高 ΔP 大于税收 t。

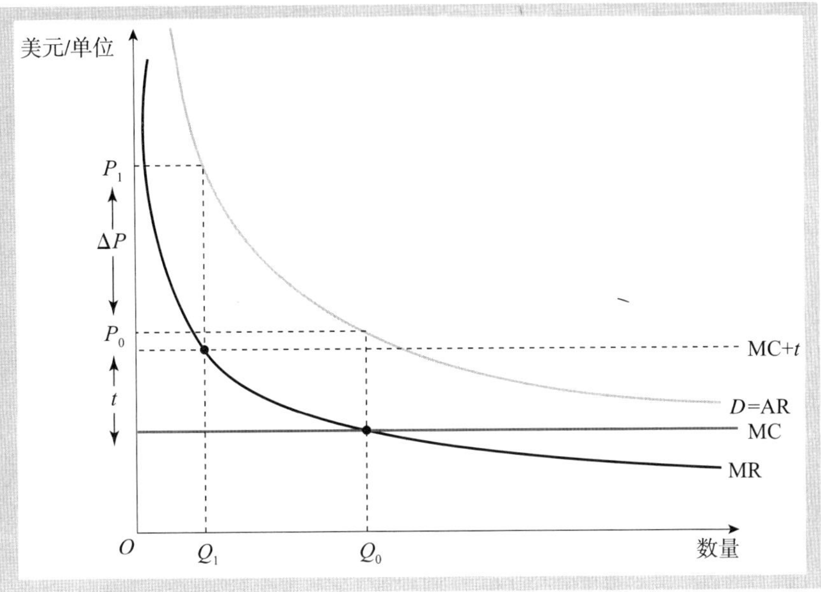

*多工厂厂商

我们已经看到，厂商是通过将产量定在边际收益等于边际成本的水平而实现利润最大化的。对许多有两个或多个生产工厂的厂商来说，运营成本会有所不同，但这种厂商用以选择产量的逻辑却与单个工厂的厂商所用的非常相似。

假设一个厂商有两个工厂，它的总产量应是多少？两个工厂各自生产多少？我们可用两步找出答案。

第 1 步：不管总产量为多少，都将被分到这两个工厂，因此各厂的边际成本应该相同，否则该厂商可通过重新分配产量而降低成本，增加利润。例如，如果工厂 1 的边际成本高于工厂 2，则厂商可以通过让工厂 1 少生产和工厂 2 多生产，从而以较低的总成本生产同样的产量。

第 2 步：我们知道总产量必须使边际收益等于边际成本，否则厂商就可以通过提高或降低总产量增加利润。例如，假设两个工厂的边际成本相同，但边际收益大于边际成本，那么厂商可以通过让两个工厂都多生产而获得更多的利润，因为从生产额外单位的产量中 358
所获得的收益大于成本。由于各厂的边际成本必须相同，并且边际收益一定要等于边际成本，我们看到当边际收益等于各厂的边际成本时利润最大。

我们也可以用代数方法导出该结论。用 Q_1 和 C_1 表示工厂 1 的产量和生产成本，用 Q_2

和 C_2 表示工厂 2 的产量和生产成本，总产量 $Q_T=Q_1+Q_2$，那么利润为：

$$\pi=PQ_T-C_1Q_1-C_2Q_2$$

厂商应该增加每个工厂的产量，直至生产的最后一单位产出所能增加的利润为 0。令工厂 1 增产所增加的利润为 0，即：

$$\Delta\pi/\Delta Q_1=\Delta(PQ_T)/\Delta Q_1-\Delta C_1/\Delta Q_1=0$$

其中，$\Delta(PQ_T)/\Delta Q_1$ 是来自多生产和销售一单位产品的收益，即对厂商全部产出的边际收益 MR；$\Delta C_1/\Delta Q_1$ 即工厂 1 的边际成本 MC_1。因此我们有 $MR-MC_1=0$，或

$$MR=MC_1$$

同样，令来自工厂 2 增加产量所增加的利润为 0，有

$$MR=MC_2$$

将这两个关系式放在一起，我们看到厂商的生产应满足

$$MR=MC_1=MC_2 \tag{10.3}$$

图 10.6 对有两个工厂的厂商做了演示。MC_1 和 MC_2 分别是两个工厂的边际成本曲线。（注意工厂 1 的边际成本高于工厂 2。）图中给出的还有一条标为 MC_T 的曲线，这是厂商的总边际成本，是由 MC_1 和 MC_2 水平相加得到的。现在我们可以找出利润最大化的产量水平 Q_1、Q_2 和 Q_T 了。首先，找到 MC_T 与 MR 的交点，它决定了总产量 Q_T，然后从边际收益曲线上的该点画一条到纵轴的水平线，MR^* 确定了厂商的边际收益，而边际收益与 MC_1 及 MC_2 的交点分别给出了两个工厂的产量 Q_1 和 Q_2，如式（10.3）所示。

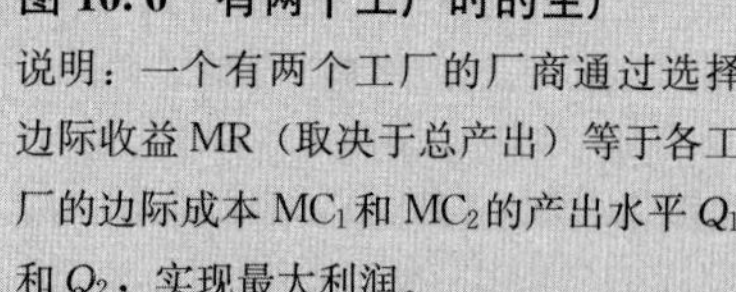

图 10.6　有两个工厂时的生产

说明：一个有两个工厂的厂商通过选择边际收益 MR（取决于总产出）等于各工厂的边际成本 MC_1 和 MC_2 的产出水平 Q_1 和 Q_2，实现最大利润。

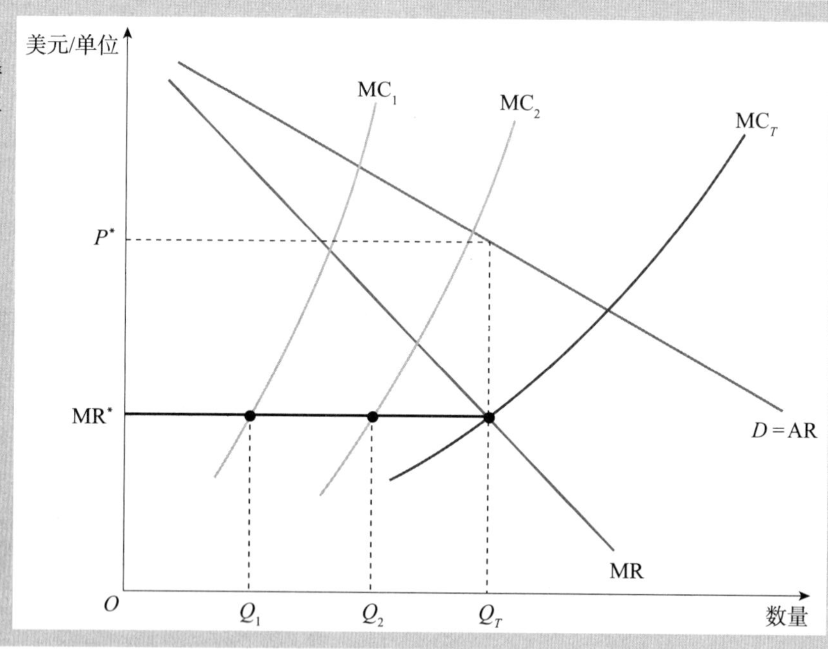

注意，总产量 Q_T 决定了厂商的边际收益（因此也决定了价格 P^*），但 Q_1 和 Q_2 则决定了两个工厂各自的边际成本。由于 MC_T 是由 MC_1 和 MC_2 水平相加得到，我们知道 $Q_1+Q_2=Q_T$，因此，这些产量水平满足条件 $MR=MC_1=MC_2$。

10.2 垄断势力

纯粹的垄断很少见，更常见的是存在几个相互竞争厂商的市场。在第 12 章和第 13 章我们会进一步阐述这种竞争所采取的形式。在此我们先解释为什么在有几个厂商的市场中，359
每个厂商好像是面对一条向下倾斜的需求曲线，并因此在价格大于边际成本处生产。

例如，假设有四个生产牙刷的厂商，市场需求曲线 $Q=50\ 000-20\ 000P$，如图 10.7（a）所示。再设四个厂商每天总共生产 20 000 把牙刷（每个厂商每天 5 000 把），并且以每把 1.50 美元销售。注意市场需求相对缺乏弹性，你可以证明在 1.50 美元这个价格处需求弹性为－1.5。

图 10.7　牙刷的市场需求

说明：图（a）显示了牙刷的市场需求。图（b）显示了厂商 A 观察到的牙刷需求。在市场价格为 1.50 美元时，市场的需求弹性为－1.5。但是，由于其他厂商的竞争，厂商 A 看到的需求曲线 D_A 的弹性要大得多。当价格为 1.50 美元时，厂商 A 的需求弹性为－6。不过，厂商 A 仍然具有一些垄断势力，它的利润最大化价格 1.50 美元还是超过边际成本的。

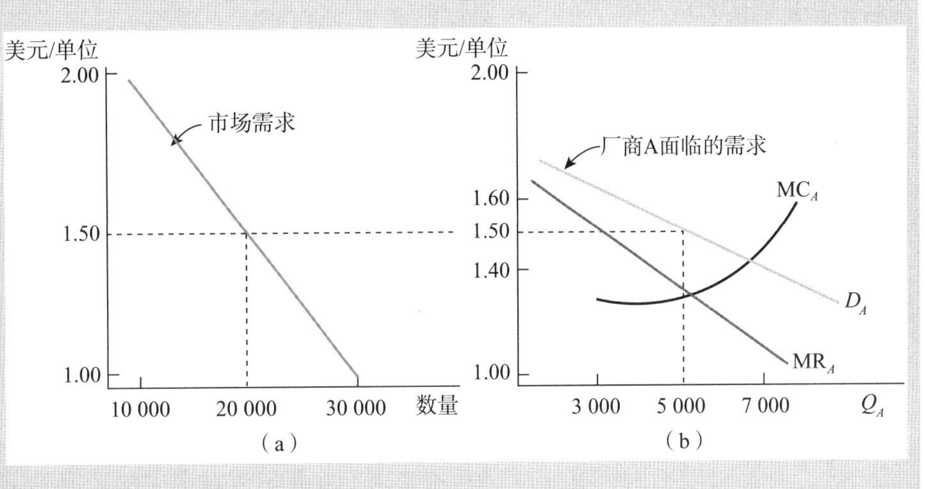

现在假设厂商 A 正要决定是否降低价格以扩大销售。为了做出决定，它需要弄清它的销售情况对价格变动的反应。换句话说，需要对它所面对的需求曲线有所了解，这是不同于市场需求曲线的。图 10.7（b）所示的是一种合理的可能情况，图中该厂商的需求曲线 D_A 比市场需求曲线的弹性要大得多（在价格为 1.50 美元处，弹性为－6）。该厂商可以预计，通过将价格从 1.50 美元提高到 1.60 美元，它的销量将会下降，例如，从 5 000 把下降至 3 000 把，这是因为消费者会更多地从其他厂商那里购买牙刷（如果所有厂商都将价格提高到 1.60 美元，厂商 A 的销售将只会降到 4 500 把）。销售不会像在完全竞争市场中一样降到零，是由于以下几个原因：首先，厂商 A 的牙刷可能与它的竞争者的牙刷有所不同，因此有些消费者会愿意多花一点钱购买；其次，其他厂商也可能会提高价格。同理，厂商 A 可以预计到，如果它将价格从 1.50 美元降至 1.40 美元，它会售出更多，也许能售出 7 000 把牙刷而不是原来的 5 000 把，但它同样也不能占领整个市场，因为其他厂商的牙刷即使价格稍高，有些消费者也可能仍然偏爱那些厂商的牙刷，并且其他厂商也可能会降价。

从而，厂商 A 面临的需求曲线的形状取决于它的产品与其他竞争者的产品的差异度以及四个厂商相互之间竞争的激烈程度。我们将在第 12 章和第 13 章讨论产品差别和厂商间竞争。我们现在应清楚的非常重要的一点是，厂商 A 可能面对的是一条比市场需求曲线弹性更大的需求曲线，但也不是完全竞争的厂商所面对的那种价格弹性无穷大的需求曲线。

✣例 10.2　软饮料的需求弹性

360 软饮料是说明市场需求弹性和厂商需求弹性的一个很好的例子，而且软饮料是一个重要的问题，因为它与儿童过度肥胖相关，如果对其征税可能会对人类健康有益。

近来的一些统计研究发现，软饮料的市场需求弹性在－1.0 和－0.8 之间。[①] 这意味着如果所有品牌的软饮料都提价 1%，则软饮料的需求量就会下降 0.8～1.0 个百分点。

不过，每种软饮料的需求都更加富有弹性，因为人们随时准备用一种软饮料替代另一种。尽管不同品牌的需求弹性不同，研究仍然显示弹性都相当高，比如可口可乐的需求弹性为－5。[②] 换句话说，如果可口可乐的价格增长 1%，而其他所有厂商都保持价格不变，那么可口可乐的需求量就会下降 5%。

学生以及商人有时会混淆市场需求弹性和厂商（或品牌）的需求弹性。请确认你已经理解了两者的区别。

生产、价格与垄断势力

361 正如我们将在第 12 章和第 13 章看到的，确定厂商的需求弹性通常比确定市场的需求弹性难很多。尽管如此，厂商还是经常通过对市场的统计研究来估计对其产品的需求弹性，因为这些关于弹性的信息对于其追求利润最大化的生产和定价决策至关重要。

让我们回到图 10.7 的牙刷需求上。我们假设图中的厂商 A 已经获知了其需求曲线的全部信息。此时，厂商 A 应该生产多少呢？同样的原则仍然适用：利润最大的产量应使边际收益等于边际成本。在图 10.7（b）中，产量是 5 000 单位，相应的价格为 1.50 美元，价格超过边际成本。因此，虽然厂商 A 不是一个纯粹的垄断者，但它确实具有垄断势力——它可以通过索取高于边际成本的价格获利。当然，它的垄断势力比它一旦挤走竞争者并完全垄断市场时要小，但是仍然很大。

这就产生了两个问题：

（1）我们如何度量垄断势力，从而可以将一个厂商与另一个厂商进行比较？（到目前为止，我们一直只是用定性的术语来谈论垄断势力。）

（2）垄断势力的来源是什么，以及为什么某些厂商的垄断势力比其他厂商大？

下面我们就讨论这两个问题，不过，关于第二个问题的更完备的回答将在第 12 章和第 13 章给出。

---

① T. Andreyeva, M. W. Long, and K. D. Brownell, "The Impact of Food Prices on Consumption: A Systematic Review of Research on the Price Elasticity of Demand for Food," *American Journal of Public Health* 100, 2010: 216 - 222.

② 参见例 12.1。

垄断势力的测量

请记住完全竞争厂商和有垄断势力的厂商之间的重要区别：对完全竞争厂商，价格等于边际成本；而对有垄断势力的厂商，价格高于边际成本。因此，度量垄断势力的一个自然的方式是计算利润最大化价格超过边际成本的程度。特别是，我们可以用之前在定价的经验法则部分讲过的加成定价率（利润最大化价格减去边际成本再除以价格）来度量垄断势力。这种度量垄断势力的方法是由经济学家阿巴·勒纳（Abba Lerner）1934 年首先提出的，所以被称为**垄断势力的勒纳指数**（Lerner index of monopoly power）。它等于价格和边际成本之差除以价格，数学公式为

垄断势力的勒纳指数 垄断势力的一种度量，由价格超出边际成本的部分与价格之比计算而得。

$$L=(P-\mathrm{MC})/P$$

勒纳指数的值总是在 0 和 1 之间。对一个完全竞争厂商来讲，$P=\mathrm{MC}$，从而 $L=0$。L 越大，垄断势力越大。该垄断势力指数也可以用厂商面对的需求曲线的弹性来表示。根据式（10.1），我们有

$$L=(P-\mathrm{MC})/P=-1/E_d \qquad (10.4)$$

不过，我们必须注意 E_d 现在是厂商需求曲线的弹性而不是市场需求曲线的弹性。在我们前面讨论的牙刷的例子中，厂商 A 的需求弹性为 -6，其垄断势力就是 $1/6=0.167$。[①] 362

值得注意的是，有一定的垄断势力并不一定意味着高利润。利润取决于相对于价格的平均成本水平。厂商 A 可以比厂商 B 有更大的垄断势力，但由于它的平均成本要高得多，它的利润可能反而会较低。

定价的经验法则

在前一节中，我们用式（10.2），即在边际成本上的一个简单的加成来计算价格，即：

$$P=\frac{\mathrm{MC}}{1+(1/E_d)}$$

这个关系式给所有拥有垄断势力的厂商提供了一个经验法则。然而，我们必须记住 E_d 是厂商的需求弹性而不是市场的需求弹性。

由于厂商必须考虑它的竞争者对价格变化的反应，因此确定厂商的需求曲线比确定市场的需求曲线要更困难。最重要的是，经营者必须估计出 1%的价格变化会引起的销售量的百分比变化。这个估计可以基于一个正式的模型做出，也可以根据经营者的直觉或经验做出。

有了对厂商需求弹性的估计，经营者就可以算出正确的加成。如果厂商的需求弹性很大，这时加成就会较小（此时我们知道该厂商只有很小的垄断势力）。如果厂商的需求弹性很小，该加成就会很大（此时该厂商有相当大的垄断势力）。图 10.8（a）和（b）分别描绘出了这两种极端情况。

---

① 在将勒纳指数应用于分析针对企业的公共政策时存在三个问题。第一，由于很难度量边际成本，因此常用平均可变成本代替来计算勒纳指数。第二，如果厂商的价格低于最优价格（很可能是为了避免法律监督），则它的垄断势力无法通过该指数显示。第三，该指数忽略了诸如学习曲线效果、需求的移动等定价的动态方面。参见 Robert S. Pindyck, "The Measurement of Monopoly Power in Dynamic Markets," *Journal of Law and Economics* 28 (April 1985): 193 - 222。

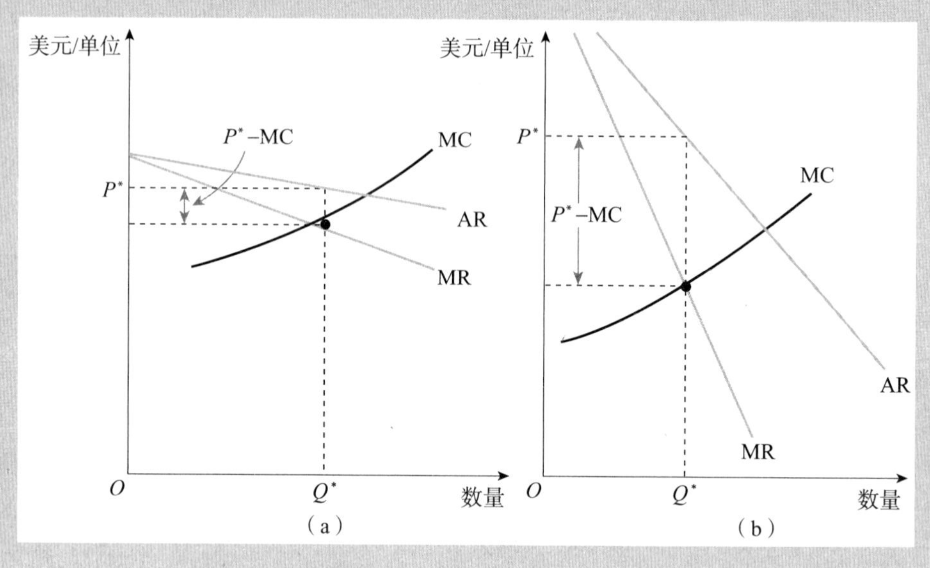

图 10.8　需求弹性和价格加成

说明：加成（$P-MC$）/P 等于需求弹性倒数的相反数。如果需求像图（a）一样有弹性，则加成很小，且厂商只有很小的垄断势力。如果需求如图（b）一样缺乏弹性，就得到相反的结论。

∵例 10.3　加成定价：从超市到品牌牛仔裤

下面三个例子将有助于你弄清加成定价方法的应用。先考虑一家连锁零售超市。虽然食品的市场需求弹性很小（大约为−1），但由于大部分地区常常被几家超市控制，因此没有哪家超市能单独提价很多而又不被其他超市拉走大量顾客。结果是任何一家超市的需求弹性常常有−10 那么大。将该数值代入式（10.2）中的 E_d，我们得到 $P=\text{MC}/(1-0.1)=\text{MC}/0.9=1.11\text{MC}$。换句话说，一个典型的超
363 市的经营者应将价格定在高于边际成本 11%之点。对于一个合理的产出范围（在该范围内商店的规模和雇员数将保持固定），边际成本包括以批发价格购入食品的成本，加上储存它们的成本、将它们摆上货架的成本等等。大多数超市的加价幅度确实是在 10%或 11%左右。

那些在星期天也开门甚至每天 24 小时营业的小型便利店的定价常常比超市高。为什么会这样？原因在于一家便利店面对的需求曲线弹性较小，它的顾客一般来说对价格较不敏感。他们可能在深夜需要一夸脱牛奶或一个面包，或者发现开车去一家超市不方便。一家便利店的需求弹性大约是−5，因此加价公式意味着它的价格应该是比边际成本高 25%左右，这正是很典型的实际情况。

勒纳指数（$P-\text{MC}$）/P 告诉我们，便利店具有更大的垄断势力，但是否它们的利润也更大呢？当然不。由于它们的销售额小得多，以及平均固定成本要大得多，所以它们所赚的利润通常要比一家大型超市少得多，尽管它们的加价较大。

最后，我们考虑一个品牌牛仔裤的生产者。许多公司都生产牛仔裤，但有些顾客愿意支付较高的价格购买带有设计师品牌标志的牛仔裤。但这些顾客愿意多付多少？或者更准确地说，较高的价格会导致销售量下降多少？这是生产者必须仔细考虑的，因为这对决定销售价格（批发给零售店的价格，零售店还要再加价后销售给顾客）是至关重要的。对品牌牛仔裤，一些主要品牌的需求弹性一般在−3和−2之间，这意味着价格会比边际成本高出 50%～100%。每条裤子的边际成本通常为 20～25 美元并取决于品牌，而批发价为 30～50 美元。相反，“大众市场”牛仔裤的批发价为每条 18～25 美元，为什么？因为没有品牌标签，它们就有更高的价格弹性。

❖例 10.4　影像制品的定价

在20世纪80年代中期，拥有录像机（VCR）的家庭数增长迅速，录像带的租赁业务和销售量也 364
迅速增长。虽然通过小的零售网点租出去的录像带比卖出去的要多得多，但销售市场仍然很大并且不断增长。可是，生产商发现给录像带定价非常困难，结果是1985年的流行影片录像带的售价差异极大，如表10.2所示。

注意《帝国反击战》的售价将近80美元，与此同时，另一部对观众有相当吸引力和同样流行的影片——《星际旅行》的卖价却只有25美元左右。这种价格差别反映了生产者们在定价方面的不确定性和对定价的严重分歧。问题在于较低的价格是否会诱使消费者去购买而不是租赁。由于生产者不能分享到零售商出租带来的收益，因此他们只有在能诱使足够多的消费者购买时才会给他们的录像带制定一个低价。由于该市场还相当年轻，生产者对需求弹性缺乏准确的估计，因此他们只能在感觉和摸索的基础上定价。①

表 10.2　1985 年和 2016 年视频载体零售价格

单位：美元

资料来源（2016）：Amazon.

1985年		2016年	
VHS录像带		DVD	
名称	零售价	名称	零售价
《紫雨》	29.98	《分歧者3：忠诚世界》	29.95
《夺宝奇兵》	24.95	《荒野猎人》	17.99
《简·方达健身运动》	59.95	《头脑特工队》	19.96
《帝国反击战》	79.98	《星球大战7：原力觉醒》	29.99
《官员与绅士》	24.95	《小黄人大眼萌》	12.96
《星际旅行（动画版)》	24.95	《饥饿游戏3：嘲笑鸟（下)》	14.99
《星球大战》	39.98	《危机13小时：班加西的秘密士兵》	29.99

不过，当该市场成熟以后，销售数据和市场研究就使得定价建立在较坚实的基础上了。这些研究强烈地支持需求有弹性的结论，利润最大化的价格在15美元和30美元之间。到20世纪90年代，大多数生产商都降低了价格。随着DVD于1997年进入市场，畅销DVD的价格更加统一。自那时起，畅销DVD的价格保持相当的统一且价格不断下降。结果是碟片的销售稳步增长到2004年，如图10.9所示。在2006年推出高清DVD后，传统DVD的销量被逐渐替代。

注意在图10.9中，传统DVD和HD的销量在2007年达到顶峰，之后开始迅速下滑。怎么回事？完整的电影越来越多地通过有线电视和卫星电视提供商的“视频点播”传播。许多电影是免费观看的，有些观看的费用只需要4～6美元。“点播”的影片，加上互联网的流媒体传播成为越来越流行的方式，正在替代DVD的销售市场。

---

① “Video Producers Debate the Value of Price Cuts,” *New York Times*, February 19, 1985. 关于录像带价格的细节研究，参见Carl E. Enomoto and Soumendra N. Ghosh, “Pricing in the Home-Video Market” (working paper, New Mexico State University, 1992)。

图 10.9 影像制品的销售

说明：在 1990—2004 年，低价促使消费者购买更多的录像带。至 2001 年，DVD 碟片的销售收入超过了 VHS 录像带。2006 年推出了高清 DVD，并预期高清 DVD 会最终取代传统 DVD 的销售。不过到 2008 年，所有种类的 DVD，包括传统的和高清的，都正在被流媒体取代，销量开始迅速下滑。

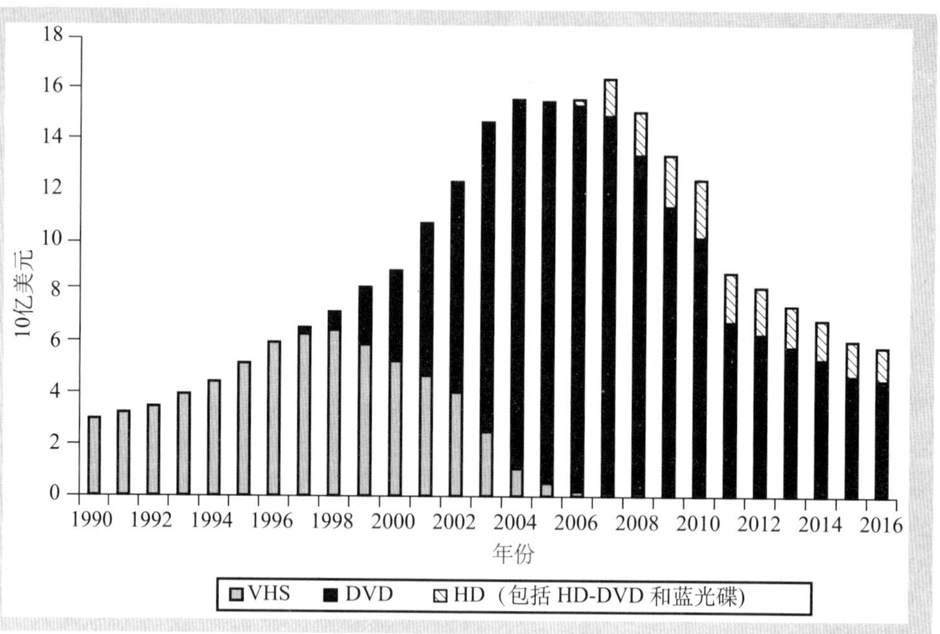

10.3 垄断势力的来源

365 为什么有些厂商有相当大的垄断势力，而其他厂商却很少有或者没有垄断势力？请记住垄断势力就是将价格定得高于边际成本的能力，且价格超过边际成本的幅度取决于厂商需求弹性的倒数。正如式（10.4）所表明的，厂商的需求曲线弹性越小，它的垄断势力就越大，因此最终决定垄断势力的是厂商的需求弹性。问题是：为什么有些厂商（如一家连锁超市）面对一条有较大弹性的需求曲线，而其他厂商（如品牌服装生产商）却面对一条有较小弹性的需求曲线？

决定厂商需求弹性的因素有三个：

（1）市场需求弹性。厂商的需求至少与市场需求有同样的弹性，因此市场需求弹性限制了垄断势力的潜力。

（2）市场中厂商的数目。如果市场中有许多厂商，则任意一个厂商都不大可能对价格有显著的影响。

（3）厂商间的互动。即使市场中只有两个或三个厂商，只要它们之间竞争激烈，即各厂商都试图取得尽可能大的市场份额，则各个厂商都无法通过大幅度提价获利。

366 下面让我们逐个分析垄断势力的这三个决定因素。

市场需求弹性

如果只有一个厂商，即它是一个纯粹的垄断者，则它的需求曲线就是市场需求曲线，因而该厂商的垄断势力完全取决于市场需求弹性。不过，通常的情况是有几个相互竞争的厂商，这时市场需求弹性就对厂商的需求弹性设置了一个下限。回顾我们在图 10.7 中推导的牙刷生产商的例子。牙刷的市场需求弹性可能并不大，但各个厂商的需求将会比较富有弹性，弹性究竟大多少则取决于厂商之间的竞争如何（在图 10.7 中，市场需求弹性为－1.5，而各个厂商的需求弹性为－6），但无论厂商之间如何竞争，各厂商的需求弹性绝不可能低于－1.5。

对石油的需求是相当缺乏弹性的（至少在短期中），这就是欧佩克（OPEC）能在 20 世纪 70 年代至 80 年代早期将油价提高到远高于边际成本的原因。对诸如咖啡、可可、锡和铜等商品的需求要富有弹性得多，这就是大部分卡特尔化市场和提价的企图都失败了的原因。在上述各例子中，市场需求的弹性都限制了单个生产商的潜在垄断势力。

厂商的数目

厂商的需求曲线（从而也是它的垄断势力）的第二个决定因素是市场上厂商的数目。如果其他情况都相同，当厂商的数目增加时，各个厂商的垄断势力都会下降。当越来越多的厂商参与竞争时，各厂商都会发现既要提价又不想被其他厂商夺去销售份额越来越难。

当然，重要的并不是厂商的总数，而是“主要参与人”（即具有一定市场份额的厂商）的数目。例如，如果仅两个大厂商就占了市场销售额的 90%，余下的 20 个厂商占其余的 10%，则这两个大厂商就有相当大的垄断势力。当仅仅少数厂商就占了一个市场销售的大部分时，该市场就是高度集中的。[①]

有时听到这样的说法（并不总是玩笑）：美国企业最害怕的就是竞争。这可能是对的，也可能不对。但当一个市场中只有少数几个厂商时，我们肯定可以看出，经营者是不喜欢新厂商加入市场的。厂商数目的增加只会降低各个现有厂商的垄断势力。竞争策略的一个重要方面（在第 13 章会详细讨论）就是寻找制造**进入壁垒**（barrier to entry）的方法——阻止新竞争者进入的条件。

进入壁垒 阻止新竞争者进入某一市场的条件。

有时存在进入市场的自然壁垒。例如，一个厂商可能拥有生产某一产品所需要的特定 367
技术的专利，这就使得其他厂商进入该产品市场成为不可能，至少在专利到期之前是这样。其他法律上形成的权利也会起同样的作用，如版权可以使一本书、一首乐曲、一个计算机软件程序的销售权限于某一公司，而政府的执照能够防止新厂商进入电话服务、电视广播或者州际货运市场。最后，规模经济可能使得由几个厂商来供给整个市场的成本太高，在某些例子中，规模经济可以达到这样的程度，即最有效率的就是只有一个厂商（一个自然垄断者）供给整个市场。很快我们就会详细讨论规模经济和自然垄断。

厂商间的互动

相互竞争的厂商间如何互动也是一个重要的、有时甚至是最重要的垄断势力决定因素。假设在一个市场中有四个厂商，这些厂商可能竞争激烈，会轮流削价以争夺更大的市场份额，而这就可能会将价格压低至接近完全竞争的水平。各厂商都会因为害怕失去市场份额而不敢提价，因此它们都只有很小的或者没有垄断势力。

另外，厂商之间也可能并不过分竞争，甚至可能会共谋（这违反了反托拉斯法），共同限制产量和提高价格。共同提价而不是单独提价更可能有利可图，因此共谋能产生实实在在的垄断势力。

① 一个称为集中率（concentration ratio）的统计量，通过譬如说四个最大厂商的销售所占的份额来计算，常被用来反映市场的集中程度。集中是市场势力的决定因素，但不是唯一因素。

我们将在第 12 章和第 13 章详细讨论厂商间的互动。现在我们只是简单指出，当其他条件相同时，若厂商之间竞争激烈，则垄断势力较小，而厂商之间相互合作时垄断势力就较大。

请记住，当一个厂商的经营条件（市场需求和成本）、行为和竞争者的行为改变时，它的垄断势力常常会发生变化，因此垄断势力必须作为一个动态范畴来考察。例如，市场需求曲线在短期中可能是非常缺乏弹性的，但在长期中则弹性要大得多。（石油市场就是这样一个例子，这就是欧佩克在短期中拥有相当大的垄断势力，而在长期中拥有的垄断势力则要小得多的原因。）更进一步，短期中实际的或潜在的垄断势力还会使得一个行业在长期中的竞争更激烈，因为大量短期利润会诱使新厂商加入该行业，从而在长期中减少该行业的垄断势力。

10.4 垄断势力的社会成本

在一个完全竞争市场，价格等于边际成本，而垄断势力则意味着价格超过边际成本。由于垄断势力的结果是较高的价格和较低的产量，我们很容易看出它会使消费者受损而使厂商受益。但是若我们将消费者的福利和生产者的利益看成是同等重要的，那么垄断势力使得消费者和生产者作为一个总体究竟是受益还是受损呢？

我们可以通过一个竞争性行业生产一种产品时的消费者剩余和生产者剩余，与由一个垄断
368 者供应整个市场时的消费者剩余和生产者剩余之间的比较来回答这个问题。[①]（我们假设竞争性市场和垄断者拥有相同的成本曲线。）图 10.10 给出了垄断者的平均收益曲线和边际收益曲线以及边际成本曲线。为了使利润最大化，厂商在边际收益等于边际成本之处生产，因此价格和产量分别是 P_m 和 Q_m。在一个竞争性市场中，价格必然等于边际成本，因而竞争性价格（P_c）和产量（Q_c）由平均收益（即需求）曲线与边际成本曲线的交点决定。现在让我们看一下当竞争价格（P_c）和产量（Q_c）移动到垄断价格（P_m）和产量（Q_m）时，两个剩余是如何变化的。

图 10.10 垄断势力造成的无谓损失

说明：阴影矩形和三角形显示了当价格和产量从竞争价格 P_c 和产量 Q_c 移动到垄断价格 P_m 和产量 Q_m 时消费者剩余和生产者剩余的变化。由于较高的价格，消费者损失 $A+B$，生产者获益 $A-C$，无谓损失为 $B+C$。

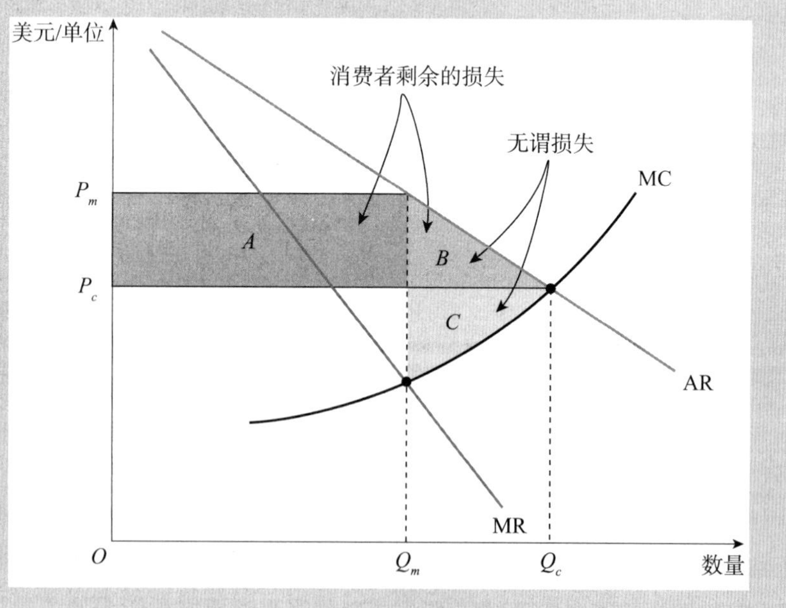

① 如果有两个或更多个厂商，它们各有一些垄断势力，则分析会更复杂，但基本的结论还是相同的。

在垄断下，价格较高且消费者购买量也较少。因为价格较高，所以购买的消费者丧失了由矩形 A 给出的消费者剩余，并且那些在价格 P_m 下没购买而在价格 P_c 下将会购买的消费者也损失了消费者剩余，数量由三角形 B 给出，因而消费者剩余的总损失为 $A+B$。不过，生产者通过较高的价格获得了矩形 A，但却损失了三角形 C，即它以价格 P_c 销售 Q_c-Q_m 能赚到的额外利润，因而生产者剩余的总得益为 $A-C$。从生产者剩余的得益中减去消费者剩余的损失，我们就可以看到剩余的净损失为 $B+C$，这是垄断势力造成的无谓损失。即使垄断者的利润通过税收被再分配给其产品的消费者，仍然会有一定的效率下降，因为产量比竞争时要低。而上述无谓损失就是这种低效率的社会成本。

寻 租

在实践中，垄断势力的社会成本可能超过图 10.10 的三角形 B 和 C 的无谓损失。原因是厂商能参与**寻租**（rent seeking）：花费大量金钱在社会非生产性努力上以获取、维持或运用其垄断势力。寻租包括游说行为（也许是战争捐款），以得到令潜在竞争者进入市场更困难的政府管制。寻租行为也包括广告和避免反托拉斯法律调查的行为。它也可能意味着配备多余生产能力（但不使用），以让潜在竞争者确信无法通过进入市场而获得有价值的市场份额。我们预计，厂商付出这些成本的激励与拥有垄断势力的得益（即矩形 A 减去三角形 C）直接相关。因此，从消费者转移到厂商的利益（矩形 A）越大，垄断造成的社会成本也就越大。[①] 369

寻租
花费大量金钱在社会非生产性努力上以获取、维持或运用其垄断势力。

这里有一个例子。在 1996 年，ADM 公司成功地游说克林顿政府，要求用于机动车燃料的乙醇（乙基酒精）由谷物生产（政府已经计划增加乙醇汽油，以减少政府对进口石油的依赖）。不管乙醇以谷物、土豆还是任何其他物质进行生产，生产出的乙醇在化学成分上都是一样的。那么为什么要求它仅能从谷物中生产呢？因为 ADM 公司在谷物乙醇生产中接近垄断，所以管制会增加它从垄断势力中获取的收益。

价格管制

因为垄断导致了社会成本，所以反托拉斯法要防止厂商形成过度的垄断势力。在本章末尾我们将更多地讨论反垄断法，此处我们先讨论社会限制垄断势力的另一种方法——价格管制（price regulation）。

在第 9 章我们看到对竞争市场的价格管制总会导致无谓损失。可是，当厂商具有垄断势力时，情况就不同了，价格管制反而能消除由于垄断势力而造成的无谓损失。

图 10.11 显示了价格管制的效果。P_m 和 Q_m 是没有价格管制时的价格和产量，在图中对应的点边际收益等于边际成本。现在假设价格管制规定价格不能高于 P_1，为了找到厂商利润最大化的产量，我们必须确定平均收益曲线和边际收益曲线如何受到管制的影响。

① 寻租的概念首先由戈登·塔洛克（Gordon Tullock）提出和发展。更复杂的讨论参见 Gordon Tullock, *Rent Seeking* (Brookfield, VT: Edward Elgar, 1993); Robert D. Tollison and Roger D. Congleton, *The Economic Analysis of Rent Seeking* (Brookfield, VT: Edward Elgar, 1995)。

图 10.11 价格管制

说明：在没有管制时垄断者会生产 Q_m 和定价 P_m。当政府设了最高限价 P_1 时，对 Q_1 以下的产量，厂商的平均收益和边际收益都是常数且等于 P_1，对更大的产量则仍然是原来的平均收益曲线和边际收益曲线，因而新的边际收益曲线为与边际成本曲线交于 Q_1 的浅灰色线。当价格低至 P_c 时，此处边际成本与平均收益相交，产量则增加至 Q_c，这也是完全竞争行业的产量。进一步降价至 P_3，产量将下降至 Q_3 且会造成短缺 $Q_3'-Q_3$。

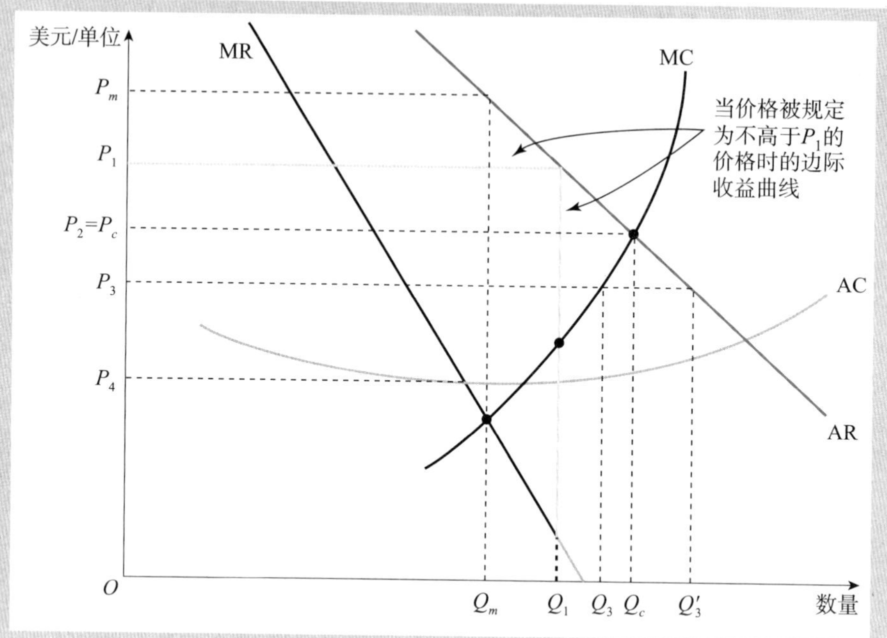

由于厂商对小于 Q_1 的产量都不能定高于 P_1 的价格，它的新平均收益曲线就是一条从 P_1 引出的水平线。对大于 Q_1 的产量，新的平均收益曲线与旧的平均收益曲线相同，因为在这些产量水平上厂商原来的要价就是低于 P_1 的，故不会受到管制的影响。

厂商新的边际收益曲线对应于新的平均收益曲线，在图 10.11 中以浅灰色直线表示。对小于 Q_1 的产量，边际收益等于平均收益。（回忆一个竞争性厂商，如果边际收益为常量，平均收益与边际收益相等。）对大于 Q_1 的产量，新的边际收益曲线与原来的相同，从而完整的边际收益曲线现在有三部分：（1）对 Q_1 以下的产量，为等于 P_1 的水平线；（2）在产量 Q_1，为一条连接原来平均收益曲线和边际收益曲线的垂直线；（3）对大于 Q_1 的产量，为原来的边际收益曲线。

370 为了实现利润最大化，该厂商将生产 Q_1，因为这是它的边际收益曲线与边际成本相交之处。你自己就能证明在价格 P_1 和产量 Q_1 处垄断势力引起的无谓损失减少了。

当价格进一步下降时，产量持续增加而无谓损失不断下降。在价格 P_c 处平均收益和边际成本相交。生产的产量已提高到完全竞争的水平，而垄断势力引起的无谓损失已被消除。再进一步降价，如降至 P_3 处，结果是产量也下降了，这相当于在完全竞争行业加一个最高限价，会造成短缺 $Q_3'-Q_3$，以及由管制造成的无谓损失。当价格进一步下降时，产量持续下降，短缺不断扩大。最终，如果价格低于 P_4，即最低平均成本，厂商就会因赔本而退出经营。

自然垄断
一个厂商能以低于存在许多厂商时的生产成本生产整个市场全部产量的情形。

自然垄断

价格管制常常用于自然垄断行业，例如地方公用事业公司。**自然垄断**（natural monopoly）是指一个厂商能以低于存在许多厂商时的生产成本生产整个市场全部产量的情形。如
371 果厂商是自然垄断者，让它为整个市场服务将比许多厂商间竞争更有效率。

自然垄断通常在高度规模经济时产生，如图 10.12 所示。如果图中表示的厂商分为两

个竞争性厂商，每个厂商供应一半市场，每个厂商的平均成本会比垄断时产生的成本更高。

图 10.12　管制自然垄断的价格

说明：厂商因为在任何产量范围内都有规模经济（下降的平均成本和边际成本），因而是一个自然垄断者。如果价格被规定为 P_c，厂商将赔本并退出市场，令价格为 P_r 则能实现最大的可能产量，厂商会继续经营，但超额利润为 0。

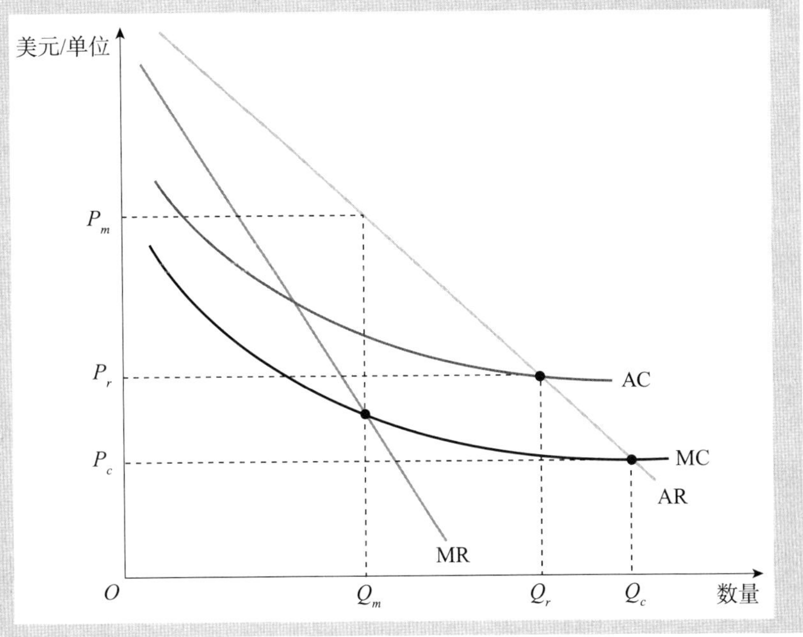

图 10.12 描述了自然垄断。注意平均成本曲线一直是下降的，从而边际成本总是在平均成本之下。不加管制，厂商将在价格 P_m 处生产 Q_m。管制机构倾向于将厂商的价格压低至完全竞争的价格 P_c，但此时厂商的收益无法弥补平均成本，肯定会退出经营。因此可行的最优方案是将价格定在 P_r，此时平均成本与平均收益相交，厂商没有垄断利润，且产出已尽可能大，又不至于令厂商退出市场。

管制的实践

我们回想一下，竞争性价格（图 10.11 中的 P_c）是通过厂商的边际成本曲线和平均收益（需求）曲线的交点得到的。同样，对自然垄断，最低可能价格（图 10.12 中的 P_r）是通过平均成本曲线和需求曲线的交点得到的。遗憾的是，由于当市场条件变动时厂商的需求曲线和成本曲线也会变动，因此在实践中确定这些价格常常很困难。

回报率管制　管理机构基于厂商将获得的（期望）回报率而允许该厂商制定的最高价格。

所以，对一个垄断的管制常常基于它的资本回报率，管制机构确定一个价格，使得垄断者的资本回报率接近于“竞争的”或“公平的”回报率。这被称为**回报率管制**（rate-of-return regulation）。它说明了允许的最高限价是基于该厂商将获得的（期望）回报率。①

不幸的是，使用回报率管制也会带来麻烦。第一，作为确定厂商回报率的决定因素 372
的厂商未折旧资本存量难以估价。第二，一个“公平”回报率必须基于厂商的实际资本成本，但该成本反过来又依赖于管制机构的决定（以及投资者对将来允许的回报率的猜测）。

对于用于计算回报率的数字达成一致很困难，这常常导致管制对成本和其他市场条件

① 管制机构典型地会使用类似下列公式来决定价格：$P=\text{AVC}+(D+T+sK)/Q$。式中，AVC 是平均可变成本；Q 是产量；s 是允许的“公平”回报率；D 是折旧；T 是税收；K 是厂商当前的资本存量。

变化的反应很迟缓，以及漫长且耗费较大的管制听证。主要的得益者通常是律师、会计师，偶尔也有经济顾问。其结果是管制滞后（regulatory lag）——需要的管制价格的改变会推迟一至两年。

管制的另一种方式是设定基于厂商可变成本、过去价格、可能通货膨胀率和生产率增长的价格上限。价格上限比收益率管制更灵活。例如，在价格上限管制下，一般厂商被允许（而不需要得到管制机构的批准）每年提高的价格幅度等于实际通货膨胀率减去预期生产率增长率之差。这种类型的价格上限管制用于控制长途和本地电话服务的价格。

至 20 世纪 90 年代，美国的管制环境发生了剧烈的变化。与许多州的电力公用事业一样，电信行业的大部分都已解除管制。因为规模经济大都被耗尽了，没有理由再把这些公司看作自然垄断者。另外，技术变革使得新厂商进入变得相对容易。

10.5 买方垄断

到目前为止，我们对市场势力的讨论集中在市场中的卖方一方。现在开始转向买方。我们将会看到，如果买方不是太多，他们同样也能拥有市场势力，并用于影响市场价格，以利于自身。

首先交代几个术语。

- 买方垄断（monopsony）指在一个市场中只有单一的买方。
- **买方寡占**（oligopsony）指一个市场中只有少数几个买方。
- 只有一个或几个买方时，一些买方可能具有**买方垄断势力**（monopsony power）——一个买方影响一种货物价格的能力。买方垄断势力使买方能够以低于完全竞争市场价格的价格买到商品。

买方寡占 只有几个买方的市场。

买方垄断势力 买方影响商品价格的能力。

假设你正在决定购买某种商品的数量，你可以应用基本的边际原则——不断购买该商品直至你所购买的最后一单位给你带来的价值或效用等于购买该最后一单位的成本。换句话说，在边际处，增加的收益正好被增加的成本抵消。

边际价值 购买额外一单位商品带来的额外收益。

让我们更仔细地观察增加的收益与增加的成本。我们用**边际价值**（marginal value）这
373 个术语来指代购买额外一单位商品带来的额外收益。回顾第 4 章，一个人的需求曲线作为购买量的函数，反映的是边际价值或边际效用，因而你的边际价值序列就是你对该商品的需求曲线。一个人的需求曲线向下倾斜，因为购买额外一单位商品得到的边际价值下降了，而购买的总数量增加了。

边际支出 购买额外一单位商品带来的成本增加。

平均支出 买者所付的单位价格。

购买额外一单位商品带来的成本增加被称作**边际支出**（marginal expenditure）。你购买额外一单位该商品的边际支出取决于你是一个完全竞争的买者还是一个有买方垄断势力的买者。假设你是一个竞争性买者，这意味着你影响不了商品的价格，那么不管你购买多少单位，你购买的每单位的成本都是相同的，它等于该商品的市场价格。图 10.13（a）反映了这种情况。在图中，你为每单位商品所付的价格就是你对每单位商品的**平均支出**（average expenditure），并且对所有单位商品都是相同的。但是你对每单位商品的边际支出又是什么呢？作为一个竞争性买者，你的边际支出就等于平均支出，也等于商品的市场价格。

图 10.13（a）同样也给出了你的边际价值表（即你的需求曲线）。你应该购买多少数量该商品呢？你应该一直买到最后购买的一单位商品的边际价值恰好等于边际支出，因此

你应该购买边际支出和需求曲线交点处的数量 Q^*。

我们引入边际支出和平均支出的概念是因为它们能使我们更容易理解买方具有买方垄断势力时所发生的情况。在考虑那种情况之前，我们先看一下竞争性买者的条件与竞争性卖者的条件之间的相似性。图 10.13（b）表明了一个完全竞争性卖者是如何决定生产和销 374
售的数量的。由于卖者将市场价格当作给定的，因此平均收益和边际收益都等于价格。最大利润产量由边际收益曲线与边际成本曲线的交点决定。

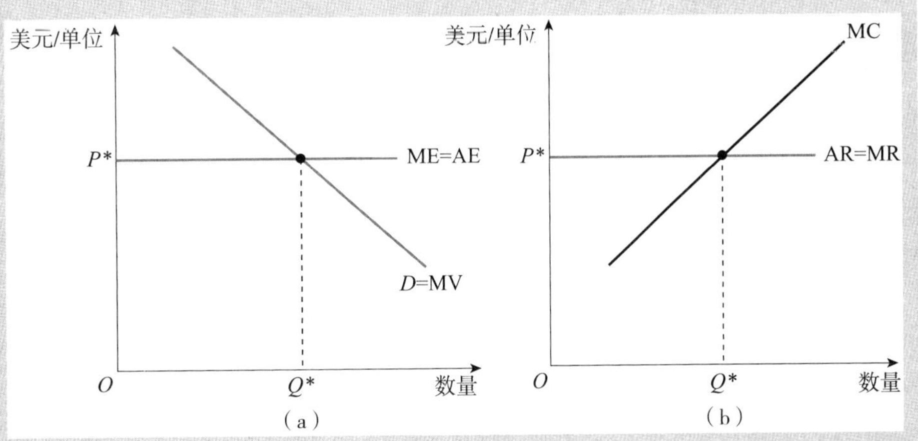

图 10.13　竞争性买者与竞争性卖者

说明：图（a）中的竞争性买者将价格 P^* 视为给定的，因而，边际支出和平均支出都是常数并且相等，购买量通过令价格与边际价值（需求）等点而得到。图（b）中的竞争性卖者也将价格视作给定的，边际收益与平均收益都是常数并且相等，销售量由令价格与边际成本相等给出。

现在假设你是该产品唯一的买方，则你重新面对一条会告诉你生产者愿意出售的产量——作为你所付价格的一个函数——的市场供给曲线。那么是否你所购买的数量应在你的边际价值曲线与市场供给曲线的交点处呢？不是的。如果想使你从购买该商品中得到的利益最大化，则你应该购买一个较小的数量，因为这样你可得到一个较低的价格。

为了决定购买的数量，令购买的最后一单位商品的边际价值等于边际支出。[①] 但请注意，市场供给曲线并不是边际支出曲线，市场供给曲线表示的是，作为你购买的商品总量的一个函数，每单位你必须支付多少。换句话说，供给曲线是平均支出曲线。由于平均支出曲线是向上倾斜的，因此边际支出曲线必然位于其上方，这是因为购买额外一单位商品的决定会抬高你必须为所有单位商品支付的价格，而不仅仅是该额外单位商品的价格。[②]

图 10.14 显示了这一点。买方垄断者的最优购买量 Q_m^* 通过需求曲线和边际支出曲线 375
的交点得到，而买方垄断者支付的价格则通过供给曲线得到，P_m^* 是使供给能达到 Q_m^* 的价格。最后，注意 Q_m^* 和 P_m^* 分别低于竞争市场中的数量 Q_c 和价格 P_c。

买方垄断与垄断的比较

与垄断对比一下，买方垄断就更容易理解了。图 10.15（a）和图 10.15（b）进行了这

① 用数学的方法，我们可将购买的净收益 NB 写成 $NB=V-E$，式中，V 是购买时买方的价值，E 是支出。净收益在 $\Delta NB/\Delta Q=0$ 时达到最大，即：$\Delta NB/\Delta Q=\Delta V/\Delta Q-\Delta E/\Delta Q=MV-ME=0$，因此，$MV=ME$。

② 为了通过代数的方法得到边际支出曲线，将供给曲线写成价格在等式左边的形式：$P=P(Q)$。此时总支出等于价格乘以数量，即 $E=P(Q)\cdot Q$，而边际支出为：$ME=\Delta E/\Delta Q=P(Q)+Q(\Delta P/\Delta Q)$，因为供给曲线向上倾斜，故 $\Delta P/\Delta Q$ 是正的，且边际支出大于平均支出。

种比较。回顾一下，一个垄断者能够索取高于边际成本的价格是由于它面对着一条向下倾斜的需求曲线，或者说平均收益曲线，因而边际收益小于平均收益。令边际成本与边际收益相等导出了一个小于完全竞争市场中产量的产量 Q^*，以及一个高于完全竞争价格 P_c 的价格 P^*。

图 10.14　买方垄断的买方

说明：市场供给曲线就是买方垄断者的平均支出曲线 AE。平均支出曲线是向上倾斜的，所以边际支出曲线位于其上方。买方垄断者购买边际支出和边际价值（需求）交点处的数量 Q_m^*。每单位所付价格 P_m^* 通过平均支出（供给）曲线得到。在竞争性市场中，价格 P_c 和数量 Q_c 都高，它们是通过平均支出（供给）和边际价值（需求）的交点得到的。

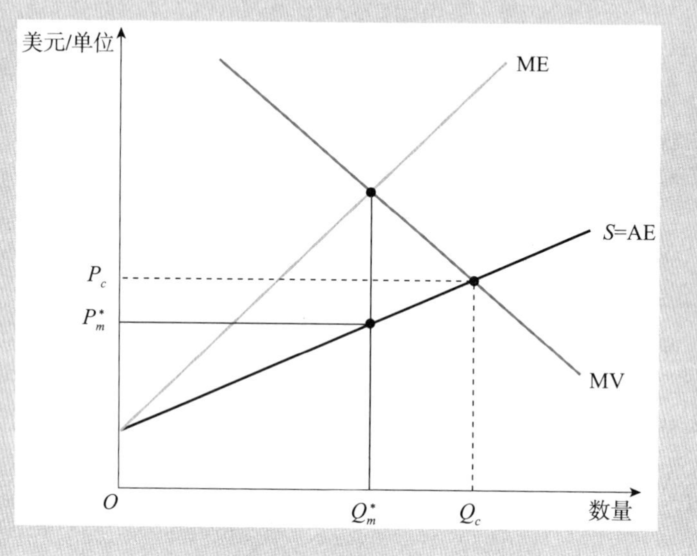

买方垄断的情况完全类似。正如图 10.15（b）所示，买方垄断者能以低于它的边际价值的价格购买一种商品，是因为它所面临的供给（或者称平均支出）曲线是向上倾斜的，从而边际支出大于平均支出。令边际价值与边际支出相等得到的数量 Q^*，小于在一个完全竞争市场中会购买的数量，价格 P^* 也低于完全竞争价格 P_c。

10.6　买方垄断势力

376 与纯粹的买方垄断相比，更常见的是有少数几个相互竞争的买方，从而它们各有一定的买方垄断势力的市场。例如，美国主要的汽车制造商作为轮胎的买方相互竞争。由于它们各自都占有轮胎买方市场的很大份额，它们在轮胎市场上就各有一定的垄断势力。最大的通用汽车公司可能在签订轮胎（和其他汽车零件）的供货合同时能够利用相当大的买方垄断势力。

在一个竞争性市场中，价格和边际价值相等。而一个具有买方垄断势力的买方能以低于边际价值的价格购买商品，价格低于边际价值的程度取决于买方面对的供给弹性。[①] 如果供给非常富有弹性（E_s很大），则价格降低的幅度将较小，而买方只有较小的买方垄断势力。如果供给弹性非常小，价格会降低很多，而买方就有相当大的买方垄断势力。图 10.16（a）和图 10.16（b）反映了这些结论。

① 类似于式（10.1）的精确关系由 $(MV-P)/P=1/E_s$ 给出。这来自 MV=ME 以及 $\Delta(PQ)/\Delta Q=P+Q(\Delta P/\Delta Q)$。

图 10.15　垄断与买方垄断

说明：两幅图显示出垄断与买方垄断之间的相似性。图（a）表示垄断者在边际收益与边际成本的交点处生产，平均收益超过边际收益，因此价格超过边际成本。图（b）表示买方垄断者会一直购买到边际支出与边际价值的交点为止，边际支出超过平均支出，因此边际价值超过价格。

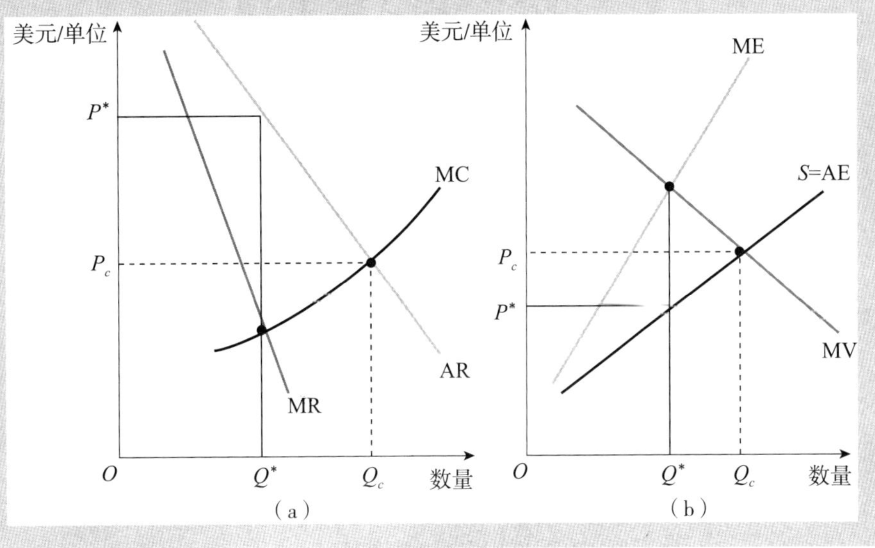

图 10.16　高弹性或低弹性供给与买方垄断势力

说明：买方垄断势力取决于供给弹性。如果供给是富有弹性的，如图（a）所示，则边际支出和平均支出相差不大，因此价格接近竞争性市场水平。当供给弹性小时，相反的结论成立，如图（b）所示。

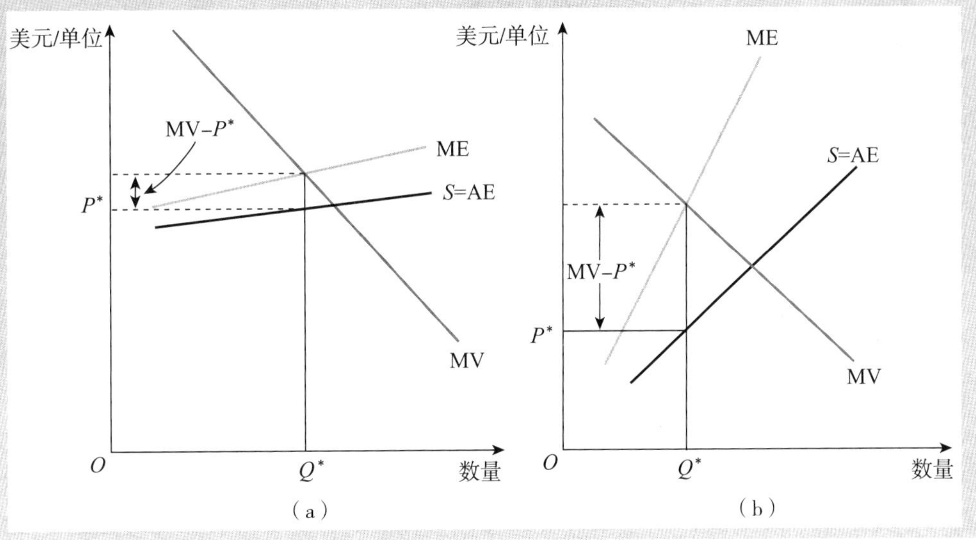

买方垄断势力的来源

是什么因素决定了一个市场中的买方垄断势力的程度？我们可以用类似于垄断和垄断势力的方法来描述。我们已看到垄断势力取决于三个因素：市场需求弹性、市场中卖方的数目以及卖方间的互动。买方垄断势力取决于相似的三个因素：市场供给弹性、市场中买方的数目以及买方间的互动。 377

市场供给弹性　买方垄断者之所以能获利是因为它面对着一条向上倾斜的供给曲线，使得其边际支出超过平均支出。供给曲线的弹性越小，边际支出与平均支出之间的差别就越大，从而买方就有越大的买方垄断势力。如果市场中只有一个买方——一个纯粹的垄断者——那么它的垄断势力完全由市场供给的弹性决定。如果供给是高度弹性的，买方垄断势力就很小，作为唯一的买方也只有很小的好处。

市场中买方的数目 绝大多数市场都有一个以上买方，而买方的数目也是买方垄断势力的一个重要决定因素。当买方的数目很大时，没有哪个买方能单独对价格产生很大影响，因而都面临特别富有弹性的供给曲线，而市场则几乎是完全竞争的。潜在的买方垄断势力只有当买方的数目很有限时才会产生。

买方间的互动 最后，买方垄断势力取决于买方之间的互动。设市场中有三四个买方，如果这些买方之间竞争很激烈，他们会将价格抬到接近于产品的边际价值，从而他们只有很小的买方垄断势力。另外，如果这些买方之间竞争不那么激烈，甚至共谋，则价格就不会抬高很多，而这些买方的买方垄断势力就可能差不多像只有一个买方时那么大。

因此，与垄断势力一样，不存在预测一个市场中的买方有多大买方垄断势力的简单方法。我们可数一下买方的数目，以及常常可以估计一下供给弹性，但那样做并不够，因为买方垄断势力还取决于买方之间的互动，而这更加难以确定。

买方垄断势力的社会成本

由于买方垄断势力的结果是较低的价格和较小的购买量，我们可以预计它会使买方受益而使卖方受损。但若假设我们认为买方的福利和卖方的福利具有同等的价值，那么买方垄断势力对总福利的影响如何呢?

我们可以通过把完全竞争市场的消费者剩余和生产者剩余与只有唯一的买方垄断者的市场进行比较而得到结论。图 10.17 给出了买方垄断者的平均支出曲线和边际支出曲线，以及边际价值曲线。买方垄断者的利益通过以价格 P_m 购买使得边际价值等于边际支出的数量 Q_m 而实现最大化。在一个竞争性市场中，价格等于边际价值，因此竞争性价格 P_c 和数量 Q_c 是通过平均支出曲线与边际价值曲线的交点得到的。现在让我们来看一下如果我们从竞争价格 P_c 和数量 Q_c 移动到买方垄断价格 P_m 和数量 Q_m，两个剩余会如何变化。

378 在有买方垄断时，价格较低且销售量较小。由于价格低，卖方损失了由矩形 A 所示的剩余。另外，由于销售量下降，卖方还损失了三角形 C 所示的剩余。因此生产者（卖方）的总损失为 $A+C$。买方由于以较低的价格购买得到了矩形 A 给出的额外剩余的好处。可是，由于买方购买 Q_m 而不是 Q_c，购买量下降了，这导致损失了三角形 B 中的剩余。因此买方剩余的总得益为 $A-B$，加总的结果是 $B+C$ 的净剩余损失，这就是买方垄断势力的无谓损失。即使买方垄断者的得益被税收征走并被再分配给生产者，由于产量低于竞争性产量，仍然会有一种非效率存在，而上述无谓损失就是这种非效率的社会成本。

双边垄断

双边垄断 只有一个买方和一个卖方的市场。

当一个卖方垄断者和一个买方垄断者相遇时，情况会怎样呢? 结果非常难以确定。我们将只有一个卖方且只有一个买方的市场称为**双边垄断**（bilateral monopoly）。如果你考察这种市场，你就会明白为什么预测这种市场的价格和销量非常困难。买方和卖方都处于讨价还价的地位。遗憾的是，没有一个简单法则能决定究竟哪边在讨价还价中更有利。某一方可能时间较多和耐心较好，或者能够使另一方相信如果价格太低或太高，则它将不与对方交易。

图 10.17 买方垄断势力的无谓损失

说明：阴影的矩形和三角形显示了从竞争价格 P_c 和数量 Q_c 移动到买方垄断价格 P_m 和数量 Q_m 时消费者剩余和生产者剩余的变化。由于价格和数量都较低，买方（消费者）剩余增加了 $A-B$，生产者剩余却下降了 $A+C$，因此存在由三角形 B 和 C 给出的无谓损失。

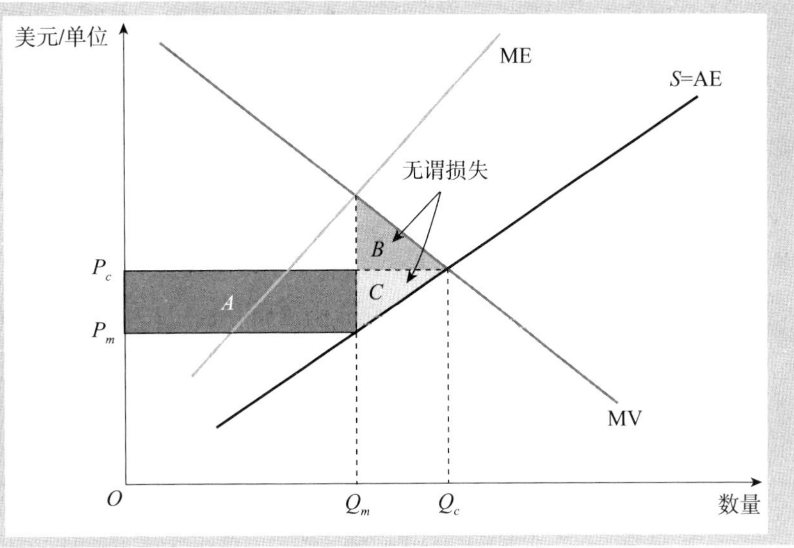

双边垄断是很少见的，更加常见的市场是几个具有一定垄断势力的生产者，它们出售产品给几个具有一定买方垄断势力的买方。虽然仍可能有讨价还价，但在此我们可应用一个大致的原则：买方垄断势力和卖方垄断势力倾向于相互抵消。换句话说，买方垄断势力将减少卖方垄断势力的效果，反之亦然。这并不意味着最终市场会看起来像完全竞争市场一样，例如，卖方垄断势力可能较大，而买方垄断势力较小，这样，残余的卖方垄断势力仍然会相当大。但一般来说，买方垄断势力将把价格压低至接近边际成本，而卖方垄断势力将把价格抬高到接近边际价值。

例 10.5 美国制造业的买方垄断势力

以价格对成本的加成（$P-\mathrm{MC})/P$ 作为度量的垄断势力，在美国不同的制造业中差异很大。有些行业的价格对成本的加成接近零，而另一些行业的价格对成本的加成却有 0.4 或 0.5 那么高。这些差异部分是由垄断势力决定因素方面的不同造成的——某些行业市场需求比其他行业更有弹性；某些行业卖方数目多于其他行业；或者某些行业中卖方之间的竞争比其他行业更为激烈。不过，一些其他东西也可能有助于解释垄断势力的这些差异——各厂商的客户之间的买方垄断势力的不同。 379

一个关于 327 个美国制造业的统计研究调查了买方垄断势力的作用。[①] 该研究试图确定各行业中买方垄断势力的差异对价格-成本加成差异的影响程度。虽然不能直接测定买方垄断势力的大小，但可以得到有助于确定买方垄断势力的变量数据，例如，买方集中度（销往三四个大厂商的数量在总销量中的比例）和买方订单的年平均大小。

该研究发现买方垄断势力对卖方的价格-成本加成有重要的影响，并能显著地降低卖方原本的垄断势力。例如，将买方集中度作为买方垄断势力的一个决定因素，在四五个买方几乎包下全部购买量的行业中，卖方的价格-成本加成会比一个有成百上千个买方的对应行业平均低 10%。

制造业中买方垄断势力的一个好例子是汽车零部件市场，例如制动器市场和冷却器市场。典型地，

① 此项研究参见 Steven H. Lustgarten, "The Impact of Buyer Concentration in Manufacturing Industries," *Review of Economics and Statistics* 57 (May 1975): 125-132。

每个汽车生产商至少会从三个并常常是多至一打的供应商那里购买某个零部件。另外，对一种标准化产品，例如制动器，各汽车公司通常会自己生产一部分，因此它并不完全依赖外部厂商。这就使得通用、福特相对于它们的供应商处于优越的讨价还价地位。各供应商在销售中必须与 5 个或 10 个其他供应商进行竞争，但每个最多只能卖给少数几个买方（对一个特殊的零件来说，某个汽车公司可能是唯一的买方），结果是汽车公司具有相当大的买方垄断势力。

从供应商经营必须具备的条件就能很明显地看出买方垄断势力的存在。为了得到一个销售合同，供应商必须有一个可靠的跟踪记录，可靠是指产品的质量和保证在很短的交货期内交货的能力。供应商还常常被要求随着汽车销售和生产水平的波动相应地调整供应数量。最后，价格谈判之难众所周知，一个供应商有时会仅仅因为所报单价比它的竞争者高一分钱而失去一个合同。毫不奇怪，零部件生产商通常只有很少或者根本没有垄断势力。

10.7 限制市场势力：反托拉斯法

我们已经看到市场势力——不管是卖方的还是买方的——都会对本来能以竞争价格购买的潜在购买者造成损害。另外，市场势力减少了产出，并且导致了一个无谓损失。过度的市场势力也会引起公平和公正方面的问题。如果一个厂商有很大的垄断势力，它
380 就会以消费者的利益为代价得利。从理论上说，该厂商的超额利润能够通过税收再分配给其产品的购买者，但这种再分配常常是不现实的。确定厂商利润的多大部分应归因于垄断势力已是很困难，而找到所有的买者并根据他们的购买量按比例把厂商利润返还给他们则更加困难。

那么，社会如何才能限制市场势力，并阻止其对竞争的破坏呢？对一个自然垄断厂商（例如一个电力设施公司）而言，答案就是直接的价格管制。但更一般来说，答案是阻止厂商通过兼并和收购取得过度的市场势力，以及阻止已经具有垄断势力的厂商运用垄断势力来破坏竞争。在美国和其他大多数国家，这项工作是通过**反托拉斯法**（antitrust laws）来实现的。反托拉斯法是一套促进竞争经济的规章制度和监管条款，通过禁止那些限制（或看起来限制）竞争的行为来实现。

反托拉斯法 禁止那些限制竞争或者可能会限制竞争的行为的法律或规则。

不同国家之间的反托拉斯法并不相同，我们将集中讨论美国的情况。不过，提前说明一点是很重要的，那就是在美国和其他地方，虽然有很多的法律限制（比如对企业间的共谋），但一般来说，作为一个垄断者或具有垄断势力并不违法。相反，我们已经看到，专利和版权法保护那些开发出唯一创新的企业的垄断地位。因此，微软在个人计算机操作系统上有近乎垄断的地位，因为其他厂商无权复制 Windows。即使微软在操作系统上具有完全的垄断地位（实际上并非如此——市场上还有苹果和 Linux 的操作系统），那也是合法的。但是，如果微软运用垄断势力阻止其他企业进入个人计算机的操作系统市场，或者运用垄断势力降低其他市场的竞争，那就可能是违法的。正如我们将在例 10.8 中看到的，这正是美国司法部和欧盟委员会对微软提起诉讼的基础。

约束厂商的行为

创新推动经济增长并促进消费者的福利，因此当苹果通过发明 iPhone 和 iPad 获得市

场力量或者当一个制药企业通过发明一种可用于拯救生命的新药而获得垄断势力时，我们都很高兴。但是存在一些获得市场力量的不为人们所赞赏的其他方式，此时反垄断法会发挥作用。总体上来说，这些反垄断法按照下述过程操作。

《谢尔曼法案》(Sherman Act)（1890年通过）第1条禁止限制交易的合同、联合或共谋。一个明显的非法联合的例子是在生产者之间限制产量和/(或）将价格“固定”在竞争水平之上的公开协议，有无数这种非法联合的实例，如例10.7所示。

平行行动
一种隐性共谋的形式，其中一个厂商会跟随其他厂商行动而达成一致。

以**平行行动**（parallel conduct）形式出现的隐性共谋也被看成是违法行为。例如，如果厂商B一直跟随厂商A定价（平行定价），而且如果这些厂商的行为与没有共谋情况下 381
预计的不一致（例如它们在需求下降和供给过剩的情况下提高价格），那么就有足够的理由将这类行为定性为一个隐性共谋。[①]

《谢尔曼法案》第2条规定垄断或试图垄断一个市场的行为为非法行为，并禁止可能导致垄断的共谋。《克莱顿法案》(Clayton Act，1914）对很可能引起反竞争的多种行为做了大量界定。例如，《克莱顿法案》认定，对一个市场份额很大的厂商来说，它如果要求某个商品的买方或出租方不能从竞争对手那里购买该商品，则这一要求是非法的。此外，它规定参与**掠夺性定价**（predatory pricing）为非法行为。掠夺性定价是旨在将现有竞争者赶走和吓退新进入者（从而掠夺性厂商将能享受更高的价格）的定价。

掠夺性定价
迫使当前竞争者退出经营并制止潜在竞争者进入市场以获取未来高额利润的定价行为。

垄断势力也能通过几个厂商合并成一个更大的或更具市场主导力的厂商而获得，或者通过一个厂商购买另一个厂商的股票从而控制另一个厂商而获得。《克莱顿法案》还规定，如果兼并和收购“实质上减少了竞争”或“趋于形成垄断”，则禁止这种兼并和收购。

反托拉斯法也限制厂商以其他方式进行可能反竞争的行为。例如，由《罗宾逊-帕特曼法案》(Robinson-Patman Act，1936）修正后的《克莱顿法案》认为对基本相同的商品向买方索取不同的价格的歧视行为为非法的（如果这些价格会损害竞争）。（正如我们将在下一章看到的，价格歧视是非常普遍的。当买方遭受经济损失和竞争减弱时，它就成了反托拉斯行动的目标。）

反托拉斯法的另一个重要组成部分是《联邦贸易委员会法案》(Federal Trade Commission Act）（1914年通过，1938年、1973年、1975年修订)，它创立了联邦贸易委员会(FTC)。该法案出台了一系列针对不公正和反竞争行为（诸如欺骗性的广告和标志，同零售商之间关于排斥竞争品牌的协定，等等）的禁令以促进竞争，它对《谢尔曼法案》和《克莱顿法案》进行了补充。由于这些禁令由FTC解释并由FTC的行政程序实施，因此与其他反托拉斯法案相比，该法案提供了更宽的权限。

对什么是允许的和什么是不允许的，反托拉斯法实际上措辞很模糊。反托拉斯法的目的是提供一个总体的法令框架，这就给予司法部、FTC和法庭在解释和运用它们方面的宽泛的自由裁量权。它之所以重要，是因为事先很难知道什么会是对竞争的一种阻碍，这种模糊就造成了对通法（即法庭解释法令的依据）、补充法规和裁决（如由FTC和司法部所做的）的需求。

① 《谢尔曼法案》适用于在美国经营的所有厂商（在一个限制交易的共谋会影响美国市场的情况下）。可是，外国政府（或在其控制下的厂商）不适用该法案，因此欧佩克不需要害怕司法部的愤怒。此外，在出口业务中厂商可以共谋。《韦布-波默尔尼法案》(Webb-Pomerene Act，1918）允许出口市场存在价格固定和相关的共谋，只要国内市场没有受到这些共谋的影响。以这种方式运作的厂商必须组成一个“韦布-波默尔尼联盟”并向政府登记。

反托拉斯法的实施

反托拉斯法通过三种途径实施：

382 （1）通过司法部的反托拉斯局。作为行政部门的一部分，它执行的政策密切反映了执政机构的观点。作为对来自外部申诉或内部研究结果的回应，司法部可决定开展刑事诉讼还是民事诉讼，或两者同时进行。刑事诉讼的结果可能会对公司处以罚款并对个人处以罚款或判刑。例如，图谋操纵价格或操纵投标的个人会被指控犯有重罪，一旦被判决有罪就可能被判入狱——这是你想要成功地将你的微观经济学知识运用到成功的经营活动中时必须记住的一件事情！在民事诉讼中败诉则迫使一个公司停止其反竞争的行为并通常要赔偿受害者损失。

（2）通过联邦贸易委员会（FTC）的行政程序。同样地，其行动既可能是外部申诉的结果，也可能是 FTC 自身发起的。当 FTC 认为需要采取行动时，它既可以要求该执行对象自愿遵守该法律，也可以用一个正式的委员会命令强制该执行对象遵守。

（3）通过非公程序进行。个人或公司可以因他们的经营或财产受到三重（三倍）损害而提起诉讼。必须付出三重损害赔偿的可能性是对可能的违法者的一种强有力的制约。个人和公司也可以要求法庭颁发迫使犯错者停止反竞争行为的禁令。

美国的反托拉斯法比其他大多数国家更严格和广泛。有人论证说，这使得美国工业在国际市场上缺乏竞争力。反托拉斯法确实制约了美国企业，它有时也确实使美国厂商在世界市场上处于劣势，但这种批评必须与其带来的好处对比来看。该法对保护竞争至关重要，而竞争又是经济效率、创新和增长的根基。

欧洲的反托拉斯行动

随着欧盟的发展，反托拉斯实施的措施也在演变。反托拉斯实施的责任涉及两个或更多的成员国家，设置在总部位于布鲁塞尔的竞争理事会（Competition Directorate）这个单一实体机构内。各成员国内不同的反托拉斯机构负责影响范围大部分或全部在特定国家内的案件。

乍一看，欧盟的反托拉斯法与美国的相似。《欧共体条约》第 101 条涉及贸易限制，和《谢尔曼法案》第 1 条很类似。关注主导厂商滥用市场势力的《欧共体条约》第 102 条与《谢尔曼法案》第 2 条类似。最后，关于并购，《欧洲并购控制法案》在指导精神上与《克莱顿法案》第 7 条类似。

即使这样，欧洲和美国的反托拉斯法仍然有一些程序上和术语上的区别。在欧洲，典
383 型的兼并评估通常很快就被执行，且在实践上，证明欧洲公司是否处于主导地位，比证明美国厂商是否具有垄断市场势力要容易。欧盟和美国都积极地实施反价格操纵的法律，但欧洲仅采取民事惩罚，而美国可以运用刑事惩罚和经济惩罚。

反垄断的实施在过去 10 多年在全世界范围内增长很快。今天，在超过 100 个国家有反垄断实施机构。虽然还没有全球范围的正式反垄断机构，但所有的机构在国际竞争网络的支持下至少每年召开一次会议。

例 10.6　关于价格的一次通话

在 1981 年和 1982 年年初，美国航空公司和布兰尼夫航空公司（Braniff Airways）的客源竞争异

常激烈。当两个公司竞相削价以争夺市场份额时爆发了一场价格战。1982年2月21日，美国航空公司的总裁兼首席执行官罗伯特·克伦代尔与布兰尼夫航空公司的总裁兼首席执行官霍华德·帕特南通了一次电话。克伦代尔先生没料到的是，这次通话被录了音。内容大致如下[①]：

克伦代尔先生：以基督的名义，我认为这真是蠢到家了，好吧，我们坐在这里相互打击，而谁也别想赚到一毛钱。

帕特南先生：可是……

克伦代尔先生：我是说，你知道……你究竟想要什么？

帕特南先生：但如果你想让美国航空的每条航线都压倒布兰尼夫的航线，我当然不能坐在这里听任你把我们干掉。

克伦代尔先生：我当然知道，但东部航空和达美航空在亚特兰大这样做已经好几年了。

帕特南先生：那你有什么建议给我？

克伦代尔先生：我是有一个建议要给你，将你的价格提高20%，明天我也会同样提价。

帕特南先生：罗伯特，我们……

克伦代尔先生：你会赚到更多的钞票，我也可以。

帕特南先生：我们可不能讨论定价问题！

克伦代尔先生：哦，霍华德，我们可以讨论我们想要讨论的任何事情。

克伦代尔先生错了，公司高层并不能讨论他们想讨论的任何事情。讨论定价和协议操纵价格是明显违反《谢尔曼法案》第1条的。帕特南先生肯定早已知道这一点，因为他当即拒绝了克伦代尔先生的建议。在了解到这次通话内容以后，司法部立即指控克伦代尔先生提议价格操纵违反了反托拉斯法。

提议价格操纵并不足以构成违反《谢尔曼法案》第1条，违反该法必须双方同意共谋，因而，由于帕特南先生拒绝了克伦代尔先生的提议，第1条并没有被违反。可是，法庭后来裁决一个价格操纵的提议可以反映垄断航空业的企图，这样就违反了《谢尔曼法案》第2条。美国航空公司向司法部保证绝不再进行类似的活动。

例10.7 直接进监狱。停下！

公司高管们有时忘记了，价格协定在美国是一种犯罪行为，不仅会被罚款，还要坐牢。坐牢可不是闹着玩的。互联网和手机服务很差，没有有线电视，食物难以下咽。因此，如果你是一个成功的企 384
业家，在拿起电话前一定要三思。而如果你的公司碰巧将工厂建在了欧洲或亚洲，别以为你就与美国监狱无关了。案例如下：

- 1996年，ADM公司和其他两个赖氨酸（一种动物食品添加剂）主要生产商承认犯有操纵价格的罪名。1999年，ADM公司的三个经理因市场操纵行为被判入狱2~3年。[②]
- 1999年，世界四大制药和化学公司——瑞士的罗氏、德国的巴斯夫、法国的罗纳普朗克和日本的武田化工——被控在全球范围内阴谋协定维生素在美国的售价。这些公司支付给美国司法部15亿美元的罚金，支付给欧盟委员会10亿美元的罚金，并花费超过40亿美元支付民事诉讼。以上每个公司的高管都进了美国的监狱。

---

① 来自《纽约时报》(*New York Times*)，1983年2月24日。

② 当然，被改编成电影总是可能的。在2009年的电影《告密者》中，马特·达蒙扮演了ADM高管马克·惠塔克，他揭发了价格协定的共谋，并最终因贪污公款而坐牢。

- 2002—2009 年，地平线航空公司和海星航空公司（Sea Star Lines，波多黎各货运公司）达成定价协议。5 个高管分别获刑 1～4 年。
- 1998—2002 年，8 个公司，大多位于韩国和日本，共同操控 DRAM（内存条）的价格。在 2007 年，这些公司的 18 个高管在美国被判入狱。
- 2009 年，5 个公司被控在 2001—2006 年操控 LCD 的价格。22 个高管在美国被判入狱。（另有高达 10 亿美元的罚款。）
- 2011 年，两个公司被控操控艾奥瓦州混凝土的定价和拍卖。一个高管被判入狱 1 年，另一个被判入狱 4 年。
- 2013 年，一个陆军工程的承包商因为串通投标被判入狱 4 年。那个主导了串通投标共谋的兵团主管之前被判入狱 19 年。
- 2014—2015 年，总共 29 个高管在美国认罪，被判平均入狱近 15 个月，因为在全球范围内共谋操纵汽车部件价格。

明白了吧？别犯这些商人犯过的错误。别进监狱！

例 10.8 美国与欧盟 VS. 微软

过去 30 多年，微软主导着个人计算机（台式机和笔记本电脑）的软件市场，占有操作系统和办公软件市场 90%以上的份额。实际上，微软 Office 365 套装（包括 Word、Excel 和 Powerpoint）在面对来自 Google Apps 和其他软件的激烈竞争时仍然保持着优势。

微软令人刮目相看的成功大部分源于公司的创新技术、市场决策及它现已卸任的首席执行官比尔·盖茨。伴随着如此的成功和领先优势，微软在经济或法律方面存在问题吗？答案是依情况而定。
385 依据美国和欧盟的反托拉斯法，微软限制贸易或不恰当地维持垄断地位的行为是非法的。微软参与了破坏竞争、违法的行动吗？

1998 年，美国政府说是，而微软不同意政府的说法。美国司法部反托拉斯局把微软推上了被告席：控告它将互联网浏览软件 IE 与其操作系统绑定，用以维持其操作系统的垄断地位。美国司法部声称，微软将视窗公司的网络浏览器（Netscape Navigator）看作对其 PC 操作系统垄断地位的一种威胁。由于视窗公司的浏览器内含 Sun 公司的 Java 软件，该软件能适用于任何与 Windows 竞争的操作系统，所以对微软构成了威胁。法庭发现微软确实在 PC 操作系统市场上具有垄断势力，其对垄断势力的维护违反了《谢尔曼法案》第 2 条的内容。

不过，微软的问题并没有随着美国的结案而完结。2004 年，欧盟控诉微软通过在操作系统中绑定 Windows Media Player 而垄断媒体播放市场。欧盟命令微软除标准版 Windows 之外，还要生产不绑定 Windows Media Player 的 Windows 版本。微软同意消费者在第一次启动 Windows 操作时，可以选择是否使用 Windows Media Player 视频浏览器，欧洲案件 2012 年随之结案。

到 2016 年，竞争的地点转移到了智能手机领域，在这里微软遭受到来自 Google 的 Android 和苹果的 iOS 的致命挑战。

例 10.9 作者们对并购政策的讨论

美国和其他国家的政府对于兼并和收购有多大的容忍度？大多数并购最终导致了竞争的降低和更

高的商品价格吗？美国司法部、联邦贸易委员会以及欧盟委员会对于并购会导致节约成本、提高效率的主张应该持怀疑态度吗？他们应该更多地强调并购对消费者可能带来的伤害吗？

“对、对、对，”平狄克说，“监管机构对于拟议并购应该态度更强硬。并购已经导致很多行业过度集中，消费者利益受损。那些兼并而成的巨大企业有能力控制供应和分销网络，将小企业驱逐出市场，剥夺消费者选择商品的权利，抬高价格。那些希望发生并购的企业通常会声称并购能够降低成本、提高效率，从而有利于消费者。不过这些说法总是令人质疑，并购后果也经常并非如此。”

“不、不、不，等一下，”鲁宾费尔德说，“你这么说对执法机构并不公平，而且你没有提到许多并购已经给消费者带来的好处。我承认 2 变 1 的垄断型兼并是一个问题。但是，大量并购（超过 95%）并没有增加收购企业的市场势力，从而不需要重大公共调查。它们可能是 5 变 4 或 6 变 5。最受关注的往往是 4 变 3 或 3 变 2 的并购，此时才是影响效率和潜在竞争的主要情形。最后，一些兼并确实降低了成本从而提高了效率。它们不仅降低了生产和管理成本（成本的下降有时可以传导到消费者一端，使得商品的价格下降），有时它们还提高了商品质量和服务水平。而且在大多数时候，兼并没有带来明显的提价。”

“我承认这些，”平狄克说，“不过你也应该注意到，巨型并购（价值超过 5 亿美元）的数量近些年稳步上升，而且许多并购发生在经济中的消费类商品或服务部门。实际上，看一下图 10.18，一些行 386
业在 1992—2007 年的 15 年间已经变得越来越集中了。比如有线和卫星电视行业。即使不考虑推高价格，消费者的可行选择也变得更少了，而且一些商品和服务的质量也下降了。”

图 10.18　一些行业集中度的变化

说明：本图显示了美国每个行业中前四企业占行业总收入的比例。

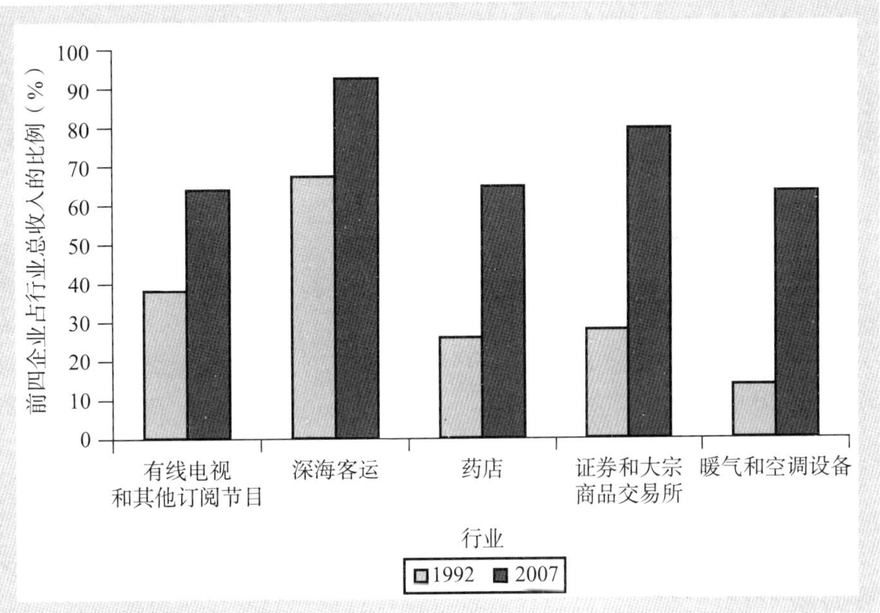

鲁宾费尔德回答道，“问题是，这些并购是否已经因为更低的成本而带来了更多的消费者利益和效率，因此长期更低的价格？显然，虽然不是全部，但一些并购结果确实如此。”并购政策因此非常复杂，两位作者总结道。

小　结

1. 市场势力是卖方或买方影响商品价格的一种能力。
2. 市场势力有两种形式。当卖方索取高于边际成本的价格时，我们说他们有垄断势力，并且我们通过价格超出边际成本的幅度来衡量垄断势力的大小。当买方能以低于他们的边际价值的价格买到商品时，我们说他们有买方垄断势力，并且我们用边际价值超过价格的幅度来衡量买方垄断势力。

3. 垄断势力部分由市场中相互竞争的厂商的数目决定。如果只有一个厂商，一个纯粹的垄断者，则垄断势力完全取决于市场需求弹性。需求弹性越小，厂商的垄断势力越大。当存在数个厂商时，垄断势力也取决于它们间的互动特征，它们的竞争越激烈，各厂商的垄断势力就越小。

4. 买方垄断势力部分取决于市场中的买方数目。如果只有唯一的买方，一个纯粹的买方垄断者，则买方垄断势力取决于市场供给弹性。供给弹性越小，买方的垄断势力就越大。当存在几个买方时，
387 买方垄断势力也取决于买方之间竞争的激烈程度。

5. 市场势力会造成社会成本，卖方垄断势力和买方垄断势力都会使生产低于完全竞争水平，从而存在消费者剩余和生产者剩余的一个无谓损失。

6. 有时，规模经济使得纯粹的垄断成为合意的，但政府仍要管制其价格以实现最大的社会福利。

7. 更一般来说，我们依靠反托拉斯法来防止厂商获得过度的市场势力。

复习题

1. 假设某个垄断者在边际成本大于边际收益处生产，它将如何调整产量水平以增加其利润？

2. 我们将在边际成本上的加价百分比写成 $(P-MC)/P$。对一个追求利润最大化的垄断者来说，这个加价是如何取决于需求弹性的？为什么这个加价可被看作对垄断势力的一种度量？

3. 为什么在垄断下没有市场供给曲线？

4. 为什么即使一个厂商不是市场中唯一的生产商还可以有垄断势力？

5. 有哪些不同类型的进入壁垒会引起垄断势力？各给出一个例子。

6. 哪些因素决定了一个厂商大约会有多少垄断势力？简要解释每种因素。

7. 垄断势力为什么有社会成本？如果生产商从垄断势力中所得好处能够被再分配给消费者，垄断势力的社会成本能够被消除吗？请做简短解释。

8. 如果政府迫使垄断者降低价格，为什么垄断者的产量会增加？如果政府要设置一个促使垄断者生产最大产量的最高限价，该限价如何设定？

9. 一个买方垄断者是如何决定购买数量的？它会比一个竞争性的买方买得多还是少？请做简短解释。

10. 术语“买方垄断势力”的意思是什么？为什么即使不是市场中唯一的买方，厂商也可以有买方垄断势力？

11. 买方垄断势力有哪些来源？单个厂商大概有多大的买方垄断势力？买方垄断势力由什么决定？

12. 为什么买方垄断势力有社会成本？如果买方从买方垄断势力中所获收益能被再分配给卖方，买方垄断势力的社会成本能够被消除吗？请做简短解释。

13. 在美国，反托拉斯法是如何限制市场势力的？给出该法主要条款的例子。

14. 简要解释美国反托拉斯法是如何实施的。

练习题

1. 对垄断者产品的需求增加是否总会导致更高的价格？给出理由。买方垄断者面对的供给增加是否总会导致更低的价格？给出理由。

2. 卡特彼勒拖拉机公司，世界上最大的农用拖拉机生产商之一，雇用你为该公司的定价策略咨询师。该公司想要知道的事情之一是价格提高 5%会减少多少销售。为了帮助该公司解决问题，你需要知道些什么？解释为何这些事实很重要。

3. 某垄断厂商面对一条弹性为常数 −2.0 的需求曲线，该厂商的边际成本为每单位 20 美元，确定利润最大化价格。如果边际成本增加 25%，价格是否也应该提高 25%？

4. 一个厂商面对如下平均收益（需求）曲线：

$$P=120-0.02Q$$

其中，Q 是每周产量；P 是价格，以美分/单位计。厂商的成本函数由 $C=60Q+25\,000$ 给出。假设该厂商要使利润最大化，请问：

a. 产量、价格和每周总利润的水平为多少？

b. 政府决定对该产品征收每单位 14 美分的税，新的产量、价格和利润水平为多少？

5. 下表显示了一个以常数边际成本 10 美元生产的垄断者所面对的需求曲线。

价格	数量
18	0
16	4
14	8
12	12
10	16
8	20
6	24
4	28
2	32
0	36

a. 计算该厂商的边际收益曲线。

b. 该厂商的利润最大化产量和价格是多少？该厂商的利润为多少？

c. 在竞争性行业中均衡价格和数量各为多少？

d. 如果该垄断者被迫以完全竞争的均衡价格生产，社会得益是什么？结果是谁获益、谁受损？

6. 假设一个行业特征如下：

$C=100+2q^2$	每个厂商的总成本函数
$MC=4q$	厂商的边际成本函数
$P=90-2Q$	行业需求曲线
$MR=90-4Q$	行业边际收益曲线

a. 如果行业中仅有一个厂商，求垄断价格、产量和利润水平。

b. 如果行业是竞争性的，求价格、产量和利润水平。

c. 用图形描述需求曲线、边际收益曲线、边际成本曲线和平均成本曲线。以两种不同的方法指出垄断的利润水平和竞争行业中的利润水平之差。证明这两种方法在数值上相等。

7. 假设一个利润最大化的垄断者生产的产出为 800 单位，并索取每单位 40 美元的价格。

a. 如果产品的需求弹性为 −2，求生产最后一单位产品的边际成本。

b. 厂商边际成本上的百分比价格加成为多少？

c. 假设生产最后一单位产品时的平均成本为 15 美元，且厂商的固定成本为 2 000 美元。求厂商的利润。

8. 某厂商有两个工厂，各自的成本由下列两式给出：

工厂 1：$C_1(Q_1)=10Q_1^2$

工厂 2：$C_2(Q_2)=20Q_2^2$ 388

厂商面对如下需求曲线：

$P=700-5Q$

其中 Q 为总产量，即 $Q=Q_1+Q_2$。

a. 在一幅图中，画出两工厂的边际成本曲线、平均收益曲线和边际收益曲线，以及总边际成本曲线（即生产 $Q=Q_1+Q_2$ 的边际成本）。标出各工厂的利润最大化产量、总产量，以及价格。

b. 计算利润最大化的 Q_1、Q_2、Q 和 P。

c. 假设工厂 1 的劳动成本增加而工厂 2 没有增加，厂商该如何调整（即提高、降低或保持不变）工厂 1 和工厂 2 的产量？如何调整总产量和价格？

9. 某制药公司在一种专利药品上占有垄断地位。两个工厂都能生产该产品。两个工厂的生产成本分别为 $MC_1=20+2Q_1$ 和 $MC_2=10+5Q_2$。厂商估计该产品的需求为 $P=20-3(Q_1+Q_2)$。该厂商应计划在各个工厂生产多少，以及以什么价格销售？

10. 20 世纪较重要的反托拉斯案例之一涉及 1945 年的美国铝业公司。当时，美国铝业公司控制着大约 90% 的美国原铝生产，该公司被指控垄断铝市场。美国铝业公司争辩说虽然它确实控制了原铝生产的很大份额，但再生铝也占了铝总供给的 30%左右，而且有许多竞争厂商从事再生铝的生产，因而它没有多大的垄断势力。

a. 提供一个有利于美国铝业公司的明确的论证。

b. 提供一个反对美国铝业公司的明确的论证。

c. 汉德法官 1945 年的判决被称为“当代最值得称颂的司法见解之一”。你知道汉德法官的裁决是什么吗？

11. 某垄断者面对的需求曲线为 $P=11-Q$，其中 P 以美元/单位衡量；Q 以千为单位计算。该垄断者有一个每单位 6 美元的不变平均成本。

a. 画出平均收益曲线和边际收益曲线，以及平均成本曲线和边际成本曲线。该垄断者的利润最大化价格和 389
产量是多少？相应的利润是多少？用勒纳指数计算该厂商的垄断势力。

b. 设某政府管制机构设置了一个每单位 7 美元的价格上限，该厂商生产的产量将是多少？厂商的利润将是多少？垄断势力会发生什么变化？

c. 什么样的价格上限会产生最大产出水平？最大产出水平是多少？在此价格下厂商的垄断势力为多少？

12. 米歇尔公司（MMMT）对忍者神龟的垄断使它拥有在美国销售忍者神龟 T 恤衫的专有权。对这种 T 恤衫的需求为 $Q=10\,000/P^2$。厂商的短期成本为 $SRTC=2\,000+5Q$，而它的长期成本为 $LRTC=6Q$。

a. 为了实现短期利润最大化，MMMT 应要价多少？

销售量为多少？能赚多少利润？在短期中停业是否合算？

b. 在长期中 MMMT 应定价多少？它销售多大数量和赚得多少利润？在长期中停业是否合算？

c. 我们能期望 MMMT 在短期中有比在长期中更低的边际成本吗？为什么？

13. 你生产在完全竞争市场上以每件 10 美元价格销售的某小商品。这些商品是在两个工厂制造的，一个工厂位于马萨诸塞州，另一个位于康涅狄格州。由于在康涅狄格州有劳动纠纷，你被迫提高了那个工厂的工资，因此那个工厂的边际成本上升了。对于这种情况，你应该转移生产，在马萨诸塞州的工厂多生产一些吗？

14. 各主要大学在雇用助教方面可以看作处于买方垄断地位。假设对助教的需求为 $W=30\ 000-125n$，其中 W 是工资（以年薪计），n 是雇用的助教人数。助教的供给由 $W=1\ 000+75n$ 给出。

a. 如果大学利用买方垄断地位的优势，它会雇用多少助教？支付多少工资？

b. 换一种情况，如果大学面对年工资 10 000 美元水平上的无限大的助教供给，它会雇用多少助教？

*15. 戴娜门挡公司（DD）是门挡行业的一个垄断者。它的成本为 $C=100-5Q+Q^2$，需求为 $P=55-2Q$。

390 a. 为了使利润最大化，DD 应将价格定在多少？该厂商会生产多少产量？DD 会得到多少利润和导致多少消费者剩余？

b. 如果 DD 像一个完全竞争者那样行动，并令其 $MC=P$，它的产量是多少？产生的利润和消费者剩余是多少？

c. 在 a 部分中的垄断势力导致的无谓损失是多少？

d. 假设政府关注到了门挡的高价格，因此规定了一个 27 美元的最高限价，这会如何影响价格、产量、消费者剩余和 DD 的利润？相应的无谓损失为多少？

e. 现在再假设政府规定的最高限价为 23 美元，这又会如何影响价格、产量、消费者剩余、DD 的利润以及无谓损失？

f. 最后，考虑一个 12 美元的最高限价，这又会对产量、消费者剩余、利润和无谓损失造成什么影响？

*16. 在明尼苏达的沃伯根湖有 10 户人家，对电力的需求各为 $Q=50-P$。沃伯根湖电业（LWE）生产电力的成本为 $TC=500+Q$。

a. 如果 LWE 的管制者想要确保该市场没有无谓损失，他们会迫使 LWE 定价多少？在这种情况下产出为多少？计算这种价格下的消费者剩余和 LWE 的利润。

b. 如果管制者想要确保 LWE 不会亏损，他们最低可规定什么价格？计算该种情况下的产量、消费者剩余和利润。此时是否有无谓损失？

c. 克莉斯蒂娜知道，无谓损失是该小镇可以避免的，她提议每个家庭不管使用多少电力都先付一个固定数，然后根据每单位付费，这样 LWE 在按照你在 a 部分中计算出的价格收费时就能实现收支平衡。要使克莉斯蒂娜的计划成功，各家庭必须支付的固定数额是多少？为什么你能肯定没有家庭会选择宁愿不用电也不愿支付这笔固定费用？

17. 中西部的一个小镇靠一个叫北星电力的公司提供电力。虽然该公司是垄断者，但它由镇里的居民拥有，所有人在年末平分利润。该公司的 CEO 声称，由于所有利润都返还给居民，所以电力索取垄断价格有经济意义。这种说法对吗？请解释。

18. 某垄断者面临下列需求曲线：

$$Q=144/P^2$$

其中 Q 是需求数量；P 是价格。它的平均可变成本为：

$$AVC=Q^{1/2}$$

且它的固定成本为 5。

a. 它的利润最大化价格和产量是多少？相应的利润为多少？

b. 假设政府将价格管制设定在不超过每单位 4 美元。该垄断者会生产多少？它的利润为多少？

c. 假设政府想要规定一个能促使该垄断者生产最大可能产量的最高限价，哪个价格能达到这个目的？

19. 在一些城市，Uber 在共享乘车市场具有垄断势力。在某个城市，平日的需求曲线如下：$P=50-Q$。不过，在周末晚间或节假日，需求曲线变为：$P=100-Q$。假设边际成本为 0。

a. 确定平日和节假日利润最大化的价格。

b. 如果边际成本为 10，请确定平日和节假日利润最大化的价格。

c. 画出图形，描述 b 部分中节假日时的需求曲线、边际收益曲线、边际成本曲线，标出利润最大化价格和数量。计算此时 Uber 的利润和无谓损失，并在图中标出。

11 有市场势力的定价

正如我们在第 10 章中所述，市场势力很普遍。许多行业都只有少数几个生产者，以至各生产者都有一些垄断势力。并且，许多厂商作为原料、劳动力或特定资本货物的买方，在这些要素的市场上具有一定的买方垄断势力。这些厂商的经营者面对的问题是如何最有效地运用厂商的市场势力。他们必须决定在短期和长期中如何定价、选择投入的数量和决定产量，以实现厂商的利润最大化。

对具有市场势力的厂商而言，其经营者的任务比经营完全竞争厂商的任务要艰巨。在产品市场上完全竞争的厂商对市场价格没有影响，因此，它的经营者只需要考虑企业的运营成本，选择价格与边际成本相等的产量即可。但一个具有垄断势力的厂商的经营者必须同时关心需求的特征，即使他们给产品设定单一的价格，也必须先得出需求弹性的粗略估计以确定价格（及相应的产量水平）。此外，厂商常常能通过更复杂的定价策略，例如对不同顾客制定不同价格，而赚取更多的利润。为了设计这样的定价策略，经营者必须别出心裁并获取更多的需求信息。

本章将讨论有市场势力的厂商如何制定价格。我们先从每种定价策略的基本目标——攫取消费者剩余并将它转化为厂商的额外利润开始。接着我们讨论如何利用**价格歧视**（price discrimination）做到这一点。价格歧视就是对不同的顾客索取不同的价格，有时是对完全相同的产品，有时是对有微小差异的产品。由于价格歧视以各种形式广泛存在，因此了解其运行机制非常重要。

之后，我们将讨论两部收费制（two-part tariff）。两部收费制要求顾客必须预付款项以获得之后（用额外成本）购买该商品的权利。两部收费制的典型例子是游乐场，在那里顾客先得支付入场费，然后还要为游玩的每个项目额外付费。虽然游乐场似乎是一个很特殊的市场，但也有许多其他两部收费制的例子：吉列剃须刀的支出给剃须刀拥有者提供了购买吉列刀片的机会；会员参加一家网球俱乐部先得支付年费，之后还得为每局网球支付小时费；长途电话服务的月租费提供给用户拨打长途电话的权利， 392
当他们打长途电话时还得按分钟计价支付通话费。

本章要点

案例列表

价格歧视

对相似商品向不同的消费者索取不同价格的行为。

我们还要讨论捆绑销售（bundling）。这种定价策略就是把不同产品放在一起并一揽子出售。例如，个人计算机与数个软件包一起出售；为期一周的度假中的机票、租车、旅馆也是捆绑在一起，以一揽子价格销售；或者在一辆豪华汽车中，天窗、电动车窗和真皮座椅作为“标配”出售。

最后，我们将考察有市场势力的厂商对广告的使用。正如我们将会看到的，决定在广告方面花多少钱需要有关需求的信息，并且是与厂商的定价策略密切相关的。我们会推导出一个决定利润最大化时广告对销售的比率的经验法则。

11.1 攫取消费者剩余

我们将考察的所有定价策略有一个共同点，那就是它们都是攫取消费者剩余并把它转移给生产者的手段。在图 11.1 中你能将这一点看得更清楚。假设厂商以单一价格销售它的全部产出。为了使利润最大化，它会在边际成本曲线和边际收益曲线的交点选择价格 P^* 和相应的产量 Q^*。此时该厂商是盈利的，但它的经营者仍然想知道他们是否能盈利更多。

图 11.1 攫取消费者剩余

说明：如果厂商只能对它所有的顾客索取唯一的价格，则价格为 P^*，产量为 Q^*。理想的情况是，厂商喜欢对愿意支付高于 P^* 的顾客索取较高的价格，从而攫取一些需求曲线上区域 A 之下的消费者剩余。厂商也愿意向只愿意支付低于 P^* 价格的消费者销售，只要这么做不会降低卖给其他消费者的价格。厂商用这种方法也能攫取位于需求曲线上区域 B 之下的一些剩余。

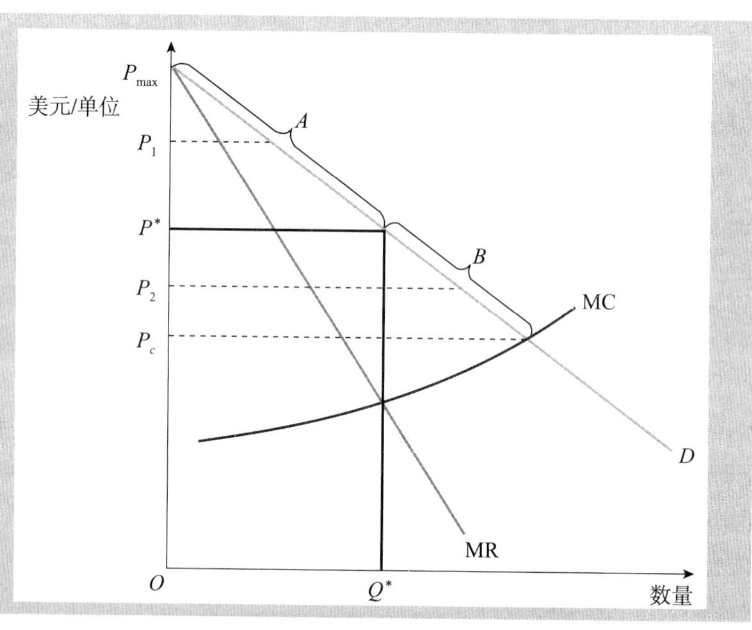

他们知道（位于需求曲线的区域 A 的）一些顾客愿意支付比 P^* 更高的价格，但提高价格意味着要失去部分顾客，卖出更少的商品，只能赚到更低的利润。同样，另一些潜在的消费者由于不愿意支付 P^* 这么高的价格而没有购买商品，不过他们中的许多人是愿意支付比厂商的边际成本高的价格的（这些顾客位于需求曲线的区域 B）。通过降低价格，该厂商可以将产品卖给这些顾客中的一些人，但这样做它从原有的顾客那里赚的钱就变少了，这将使得利润下降。

393

厂商怎样才能从区域 A 中的顾客那里攫取消费者剩余（或者至少部分消费者剩余），或许也通过向区域 B 中的某些潜在顾客销售而获利？索取单一价格显然无法做到这一点。

但是，厂商可以根据顾客在需求曲线上的位置，对不同的顾客索取不同的价格。例如，对区域 A 上端的一些顾客索取较高的价格 P_1，对区域 B 中的一些顾客则索取价格 P_2，在中间的一部分顾客则索取价格 P^*。这就是价格歧视（price discrimination）的基础——向不同的顾客索取不同的价格。当然，问题是要甄别不同的顾客，并使得他们支付不同的价格。下一节我们会看到怎样做到这一点。

在本章中我们将讨论的其他定价技术——两部收费制和捆绑销售——也会将厂商的市场范围扩展到包括更多的顾客并攫取到更多的消费者剩余。在每种情况下我们都会计算一下厂商的利润能够增加的数量，以及对消费者福利的影响（正如我们将看到的，当存在高度的垄断势力时，这些定价技术有时能使消费者和生产者双方都得到好处）。我们首先转向价格歧视。

11.2 价格歧视

价格歧视有三种广义的形式，我们称它们为一级价格歧视、二级价格歧视和三级价格歧视。下面依次进行考察。

一级价格歧视

保留价格 消费者为商品愿意支付的最高价格。

一级价格歧视 向每个顾客都索取其保留价格的行为。

可变利润 厂商生产的每一新增单位的利润之和，即忽略固定成本的利润。

最理想的情况是，厂商希望向每个顾客都索取不同的价格。如果它能做到这一点，它会向每个顾客索取每单位商品的最高意愿支付价格，我们称这种最高意愿价格为顾客的**保留价格**（reservation price）。向各个顾客索取其保留价格的做法被称为完全的**一级价格歧视**（first-degree price discrimination）。[①] 让我们来看一下它会怎样影响厂商的利润。

首先，我们需要知道厂商只索取图 11.2 中的单一价格 P^* 时赚取的利润。为了求得它，我们可以将每增加一单位生产和销售的利润相加，一直加到 Q^*，这个增加的利润即每单位商品的边际收益减边际成本。在图 11.2 中，第一单位的边际收益是最高的，而边际成本是最低的。对每个增加的单位，边际收益下降而边际成本上升，因此厂商生产边际收益与边际成本相等处的产量 Q^*。

如果我们把增加的每单位产出的利润相加，我们就可以得到厂商的**可变利润**（variable profit），即忽略固定成本的厂商利润，因而可变利润由图 11.2 中边际收益曲线和边际成本曲线之间的深色阴影面积给出。[②] 消费者剩余，即平均收益曲线和消费者所付价格 P^* 之间的面积，为图中粗黑线三角形部分。

完全价格歧视 如果厂商能施行完全的价格歧视，会发生什么呢？由于各消费者被索 394
要的价格刚好等于他的意愿支付价格，边际收益曲线不再与厂商的产量决策相关。相反，从销售每个额外单位中所增加的收益就简单地等于顾客为这一单位所支付的价格，因而它由需求曲线给出。

① 我们现在是假设每个顾客购买一单位，如果一个顾客购买一个以上单位，厂商必须对每单位索取不同的价格。

② 回忆一下总利润 π 就是总收益（R）和总成本（C）之间的差，因此额外利润就为 $\Delta\pi=\Delta R-\Delta C=\mathrm{MR}-\mathrm{MC}$。总可变利润由所有的 $\Delta\pi$ 相加得到，因而它就是 MR 曲线和 MC 曲线之间的面积。这里忽略了固定成本，因为它是独立于厂商的产量和定价决策的。

图 11.2　来自完全一级价格歧视的利润

说明：厂商向它的每个顾客索取他的保留价格，从而将产量扩大到 Q^{**} 是有利可图的。当只有单一的价格 P^* 时，厂商的可变利润是边际收益曲线与边际成本曲线之间的面积。利用完全价格歧视，可变利润就扩大为需求曲线和边际成本曲线之间的阴影面积。

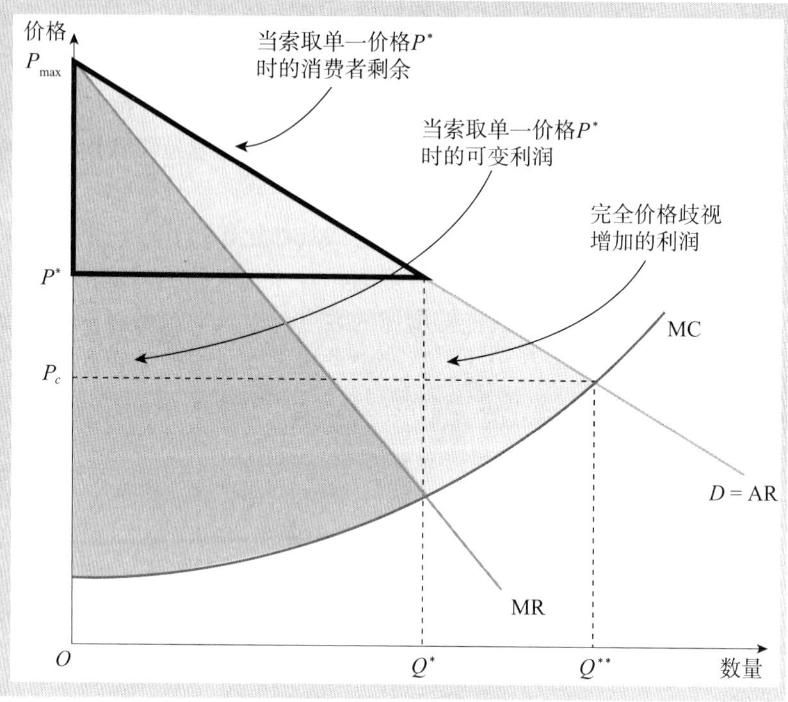

因为价格歧视并不影响厂商的成本结构，各额外单位的成本仍然由厂商的边际成本曲线给出，因而，从生产和销售每个增加的单位所得到的利润现在等于需求和边际成本之差。只要需求大于边际成本，厂商就能通过扩大生产而增加利润，并且它一直能这样做，直到总产量为 Q^{**}。在 Q^{**} 处，需求等于边际成本，再多生产就会减少利润。

可变利润现在由需求曲线和边际成本曲线之间的面积给出。① 从图 11.2 中我们可以观察到厂商的利润是如何增加的（来自价格歧视的额外利润如浅灰色阴影面积所示）。我们也注意到，由于每个顾客都被索取他愿意支付的最大金额，因此所有的消费者剩余都被厂商攫取了。

不完全价格歧视　在实践中，完全一级价格歧视几乎是不可能的。第一，向每个顾客都索取不同的价格通常是不现实的（除非只有很少几个顾客）。第二，厂商通常不知道每个
395 顾客的保留价格。即使厂商能够询问顾客他们愿意支付多少，它大概也不会得到诚实的回答。毕竟，声称只愿支付很低的价格是符合消费者的利益的。

不过，有时厂商可以实施不完全价格歧视，这可基于对顾客保留价格的估计以索取几个不同价格来实现。诸如医生、律师、会计师或建筑设计师这类专业人员，由于对顾客相当了解，他们常常实施不完全价格歧视。此时，顾客愿意支付的价格是可以估计到的，费率就可以有针对性地确定。例如，医生可以给一个意愿支付价格较低或保险金额较低的低收入病人减免费用，但对高收入或有较高保险的病人则要价较高。而一个会计师在刚为某客户处理完退税事务时，则更是处在能估计出客户愿意为该服务支付多少费用的有利地位。

另一个例子是汽车推销员，其典型地有 15%的利润空间。推销员可以为达成一笔交易

① 额外利润由 $\Delta\pi=\Delta R-\Delta C$ 给出，但 ΔR 是由针对各个顾客的价格（即平均收益曲线）给出的，因此 $\Delta\pi=\text{AR}-\text{MC}$。可变利润为这些 $\Delta\pi$ 之和并由 AR 曲线和 MC 曲线之间的面积给出。

而将其一部分利润让给消费者，也可以坚持让消费者支付汽车的标价。一个好的推销员知道怎样揣度消费者：要去其他地方看看的顾客能得到较大的折扣（根据推销员的观点，很少的利润比卖不掉和没利润要好），而匆忙的顾客就只能得到很小的折扣或得不到折扣。换句话说，一个成功的汽车推销员知道怎样使用价格歧视！

还有一个例子是大学的学费。大学并不对同等学位项目的不同学生收取不同的学费。相反，它们通过奖学金和补贴贷款提供资助，从而降低学生必须支付的净学费。通过要求寻求资助的学生透露关于家庭收入和财富的信息，大学可以将资助的数额同学生的支付能力（继而支付意愿）联系起来，因而，经济状况较好的学生为他们的教育付费较多，经济状况较差的学生付费较少。

图 11.3 描述了不完全一级价格歧视。如果只索取单一的价格，那么它就是P_4^*。但现在是索取六种不同的价格，其中最低价格 P_6刚好在边际成本曲线与需求曲线的交点上。注意在这种情况下，那些不愿意支付P_4^*或更高价格的顾客确实是得益者——他们现在可以购买并能享受至少一定的消费者剩余。事实上，如果价格歧视能给市场带来足够的新顾客，那么消费者的福利就能够增加，从而生产者和消费者双方都能得益。 396

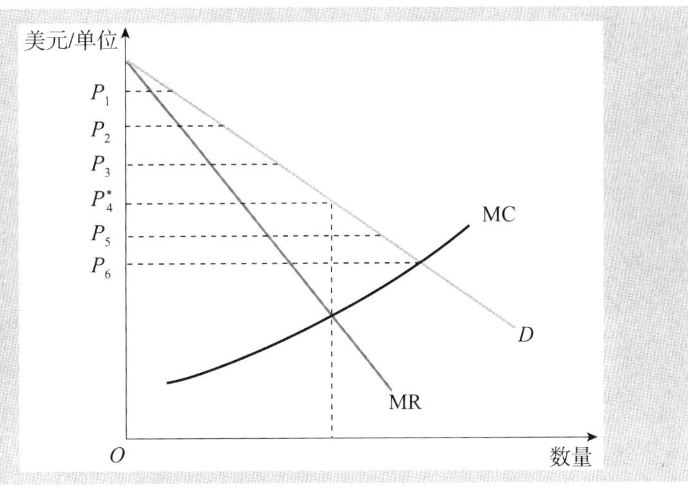

图 11.3　现实中的一级价格歧视

说明：厂商通常并不知道每个消费者的保留价格，但有时能大致甄别保留价格。此处，总共有六种不同的价格。厂商赚到更高的利润，但有些消费者也获得了好处。只有单一价格P_4^*时，有较少的消费者。现在支付价格P_5或P_6的消费者享受了消费者剩余。

二级价格歧视

二级价格歧视　对同一商品或服务的不同购买量索取不同价格的行为。

在一些市场中，当消费者在任何给定的时期中都购买许多单位商品时，其保留价格随着购买数量的增加而下降。例如水、取暖燃料以及电力等。消费者可能每月都要购买几百度电，但随着消费量的增加，他们的意愿支付水平是下降的。第一个 100 度可能对消费者价值很高——用以开动一个冰箱和提供最低限度的照明。对于再增加消费量，消费者就要琢磨一下了，而且当商品价格较高时，这种琢磨是明智的。在这种情况下，厂商可以根据消费数量实施歧视，这被称为**二级价格歧视**（second-degree price discrimination），它通过对相同商品或服务的不同消费量索取不同价格来实施。

二级价格歧视的一个例子是数量折扣。单个电灯泡可能标价 5 美元，而一包四联装的电灯泡可能定价 14 美元，此时单价为 3.5 美元。类似地，24 盎司一盒的谷类早餐每盎司的单价很可能低于 16 盎司一盒的谷类早餐。

分段定价 对商品的不同数量或不同区段索取不同价格的行为。

二级价格歧视的另一个例子是电力公司、天然气公共事业公司和城市自来水公司的**分段定价**（block pricing）。在分段定价时，消费者在某商品不同数量或不同区段被索取不同的价格。如果存在规模经济从而平均成本和边际成本下降，那么控制费率的政府可能会鼓励分段定价。通过扩大产量和实现较大的规模经济，消费者的福利将会增加，同时公司会取得更大的利润：虽然价格普遍下降，但是更低的单位成本使得公司的利润上升。

图 11.4 描述了平均成本和边际成本持续降低的厂商的二级价格歧视。若索取一个单一价格，则它将是 P_0，而产量则为 Q_0。但现在，厂商根据购买量制定了三个价格，销量的第一区段定价 P_1，第二区段定价 P_2，第三区段定价 P_3。

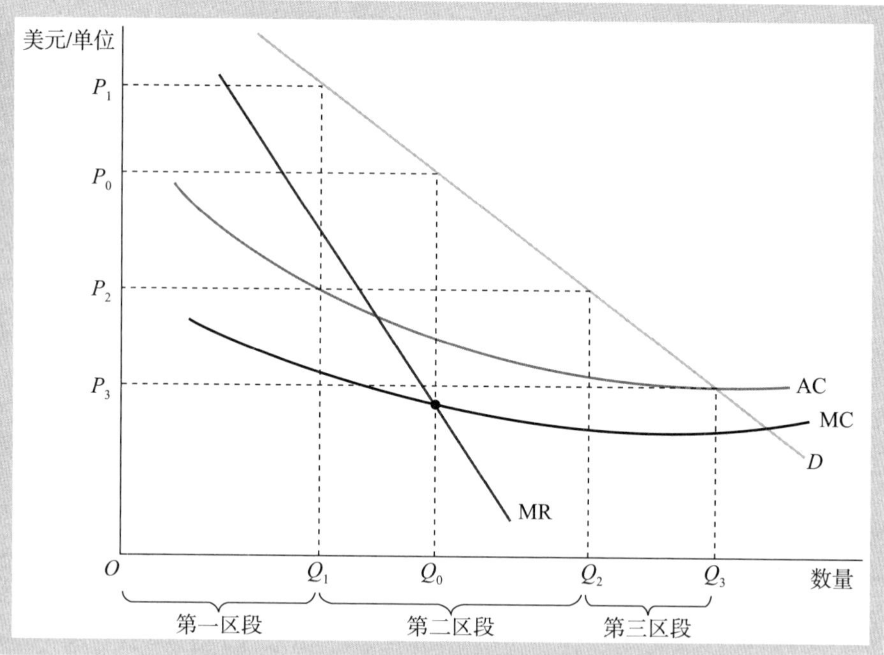

图 11.4 二级价格歧视
说明：对同一商品的不同数量或不同区段索取不同的价格。这里有三个区段，对应的价格分别为 P_1、P_2 和 P_3。这里也存在规模经济，平均成本和边际成本都是下降的。此时二级价格歧视通过扩大产量和降低成本使消费者得益。

三级价格歧视

某著名的酿酒企业有一种看起来似乎很奇怪的定价方法。该企业生产了一种广告声称最柔和、口感最好的伏特加。这种伏特加被冠名为“三星金皇冠”，大约卖 16 美元一瓶。[①] 可是，该公司还拿出一部分同样的伏特加，命名为“老桶”，大约卖 8 美元一瓶。它为什么这样做？是不是该公司的总裁在酒桶旁边待的时间太长了？

三级价格歧视 根据不同的需求曲线将消费者分成两个或更多个群体并对每个群体索取不同价格的行为。

或许这个酿酒企业是在实施**三级价格歧视**（third-degree price discrimination），且它这样做是因为有利可图。这种形式的价格歧视将消费者分为两个或更多个群体，每个群体有不同的需求曲线。这是最盛行的价格歧视形式，例子随处可见：常规机票和特价机票；名牌酒和非名牌酒；罐头食品或冷冻蔬菜；对学生和老年居民的折扣；等等。

397 **建立消费群** 在每个例子中，总有某些特征被用来将消费者分成不同的群体。例如，对许多商品，学生和老年居民的平均意愿支付水平通常低于其他人（因为他们的收入较

① 为了保护无辜者，我们改变了名称。

低)，且识别特征已经建立了（通过学生证或驾照）。同样地，为了将度假者同商务旅客区别开来（商务人员所在的公司通常愿意支付高得多的票价），航空公司可以对购买特价机票施加一些限制，例如要求预先订购或要求周六晚停留。对酿酒公司，或者名牌和非名牌（例如超市自有品牌）的食品，商标本身就能将消费者分组。许多消费者愿意为名牌商品支付更多的钱，即使非名牌商品是相同的或接近相同的（事实上有时就是由生产名牌的同一个公司生产的）。

如果三级价格歧视是可行的，厂商怎样对各组消费者定价呢？我们分两步来考虑。

(1) 我们知道不管厂商生产多少，总产量总是要在各组消费者之间分配，因而各组的边际收益是相等的，否则，厂商不可能实现利润最大化。例如，如果有两组消费者，且对第一组的边际收益 MR_1 大于对第二组的边际收益 MR_2，很明显厂商可以通过将商品从第二组转移到第一组而获益。它会通过降低对第一组的价格和提高对第二组的价格来做到这一点。因此，不管两组的价格各是多少，它们必须使得不同组的边际收益相等。

(2) 我们知道，总产量必须满足使得对各组消费者的边际收益等于生产的边际成本。同样地，如果不是这样，厂商可以通过提高或降低其总产量（以及降低或提高它对各组的价格）来增加利润。例如，假设各组消费者的边际收益还是相同的，但边际收益高于生产的边际成本，此时厂商可以通过提高总产量而赚取更多的利润。它同时还会降低它对两组 398
消费者的定价，从而各组的边际收益下降（但两者仍然相等）并趋近于边际成本。

让我们用代数方法来考察。设 P_1 是厂商对第一组消费者索要的价格，P_2 是厂商对第二组消费者索要的价格，而 $C(Q_T)$ 是生产产量 $Q_T=Q_1+Q_2$ 的总成本，那么总利润由下式给出：

$$\pi=P_1Q_1+P_2Q_2-C(Q_T)$$

厂商应该增加它对各组消费者的销售量 Q_1 和 Q_2，直到从最后一单位销售中所增加的利润为零。首先，我们使销售给第一组消费者的利润增量等于零，即：

$$\frac{\Delta\pi}{\Delta Q_1}=\frac{\Delta(P_1Q_1)}{\Delta Q_1}-\frac{\Delta C}{\Delta Q_1}=0$$

其中，$\Delta(P_1Q_1)/\Delta Q_1$ 是对第一组消费者销售额外一单位所得到的收益增量（即 MR_1）；$\Delta C/\Delta Q_1$ 是生产这额外一单位所增加的成本，即边际成本 MC。因此有

$$MR_1=MC$$

同样地，对第二组消费者，我们必须有

$$MR_2=MC$$

把这些关系式放在一起，我们看到价格和产量必须设定在使

$$MR_1=MR_2=MC \tag{11.1}$$

再强调一下，不同组的边际收益必须相等，并且必须等于边际成本。

确定相对价格 经营者可能会发现，考虑各组消费者的相对价格并将其与不同组的需求弹性相联系，这是相对容易的选择。回顾一下在第 10.1 节，我们能够用需求弹性将边际收益写成：

$$MR=P(1+1/E_d)$$

因此，$MR_1=P_1(1+1/E_1)$，而 $MR_2=P_2(1+1/E_2)$，其中 E_1 和 E_2 是第一个和第二个市场中分别对厂商产品的需求弹性。现在按照式 (11.1)，令 MR_1 与 MR_2 相等，从而可以得到相对价格的关系式如下：

$$\frac{P_1}{P_2}=\frac{(1+1/E_2)}{(1+1/E_1)} \tag{11.2}$$

正如你所预料的，具有较低需求弹性的消费者将被索取较高的价格。例如，如果第一组
399 消费者的需求弹性为-2，而第二组消费者的需求弹性为-4，则我们有 $P_1/P_2=(1-1/4)/(1-1/2)=(3/4)/(1/2)=1.5$。换句话说，对第一组消费者的要价是对第二组要价的 1.5 倍。

图 11.5 描述了三级价格歧视。注意第一组消费者的需求曲线 D_1 比第二组的需求曲线的弹性要小，因而第一组面对的价格也较高。总产量 $Q_T=Q_1+Q_2$ 由边际收益曲线 MR_1 和 MR_2 水平相加所生成的虚线 MR_T 与边际成本曲线的交点得到。由于 MC 必须等于 MR_1 和 MR_2，我们可以从这个交点向左边画一条水平线以找到数量 Q_1 和 Q_2。

图 11.5　三级价格歧视

说明：消费者被分成具有不同需求曲线的两组。最优的价格和产量使得从各组得到的边际收益相等，且等于边际成本。这里具有需求曲线 D_1 的第一组的价格是 P_1，而具有更高弹性的需求曲线 D_2 的第二组的价格是较低的 P_2。边际成本取决于总产量 Q_T。注意 Q_1 和 Q_2 的选择要使得 $MR_1=MR_2=MC$ 成立。

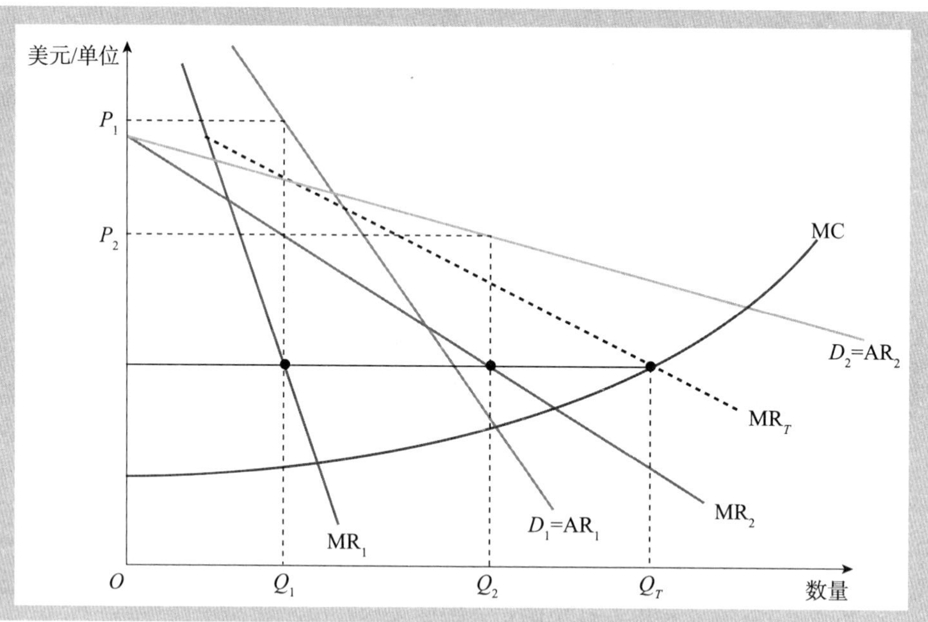

厂商试图向超过一个消费者群体销售产品并不总是明智的。特别是，如果其他消费者群体的需求很小，而边际成本上升很快，那么生产并向该消费者群体销售增加的成本可能会超过增加的收益。因而，在图 11.6 中，由于为较小的市场服务的额外成本超过来自较小市场的额外收益，厂商索取单一价格 P^* 并只向较大的消费群销售是合理的。

图 11.6　不向较小的市场销售

说明：即使三级价格歧视是可行的，如果边际成本上升，则向两组消费者都销售也并非总是值得的。图中需求曲线为 D_1 的第一组消费者并不愿意为商品支付太多，由于卖给他们的价格必须很低，以至不能补偿为此增加的边际成本，因此向他们销售是无利可图的。

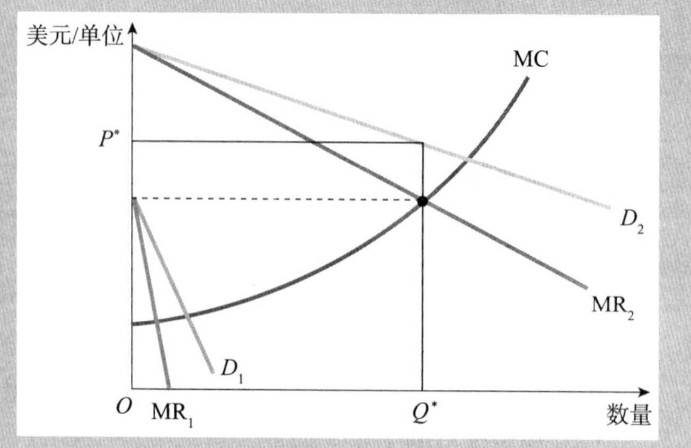

❖例 11.1　优惠券与回扣的经济学

加工食品和相关消费品的生产者常常派发一些让人们以折扣价购买产品的优惠券。这些优惠券通 400
常是作为该产品广告的一部分派发的。它们可能出现在报纸或杂志上，或者作为促销邮件的一部分。例如，一种特定的早餐谷物食品的优惠券在购买一盒该种谷物食品时值 50 美分。厂商为何要派发这些优惠券？为什么它不只是降低产品的价格，并因而省下印制和回收这些优惠券的成本？

优惠券提供了一种价格歧视的方法。研究表明只有 20%～30%的消费者有心去剪下、保存并在购物时使用优惠券。这些消费者比那些忽略优惠券的消费者对价格更敏感。通常他们需求的价格弹性更高而保留价格更低。因此，通过派发优惠券，一个谷物食品公司能够将它的顾客分成两组，并且实际上对那些对价格更敏感的顾客索取比对其他顾客更低的价格。

回扣方案以同样的方法起作用。例如，惠普公司有一个回扣方案是，只要消费者寄回一张表格并附上购买其喷墨打印机的证明，就能收到 10 美元的回扣。为什么不直接将打印机的价格降低 10 美元呢？这是因为只有那些具有相对价格敏感的需求的消费者才会不嫌麻烦地寄回表格并要求回扣。该方案同样也是价格歧视的一种方法。

真的能用这种方法将消费者分成不同的组吗？表 11.1 表明了对几种产品的一个统计研究的结果，它估计了优惠券使用者和非使用者的需求的价格弹性。[①] 该研究证实了优惠券的使用者倾向于有更加价格敏感的需求。它也表明两组消费者弹性差异的程度，以及该差异从一种产品到另一种产品是如何变化的。

表 11.1　优惠券使用者和非使用者的价格弹性

产品	价格弹性	
	非使用者	使用者
卫生纸	−0.60	−0.66
辅料/调味品	−0.71	−0.96
洗发剂	−0.84	−1.04
烹调油/色拉油	−1.22	−1.32
干什锦餐	−0.88	−1.09
什锦饼	−0.21	−0.43
猫粮	−0.49	−1.13
冻菜	−0.60	−0.95
果冻	−0.97	−1.25
实心细面条调料	−1.65	−1.81
洗洁精/柔顺剂	−0.82	−1.12
汤料	−1.05	−1.22
热狗	−0.59	−0.77

这些弹性估计本身并不能告诉厂商该定什么价以及通过优惠券提供多大折扣，因为它们只是市场 401
需求的弹性而不是对厂商特定品牌的需求的弹性。例如，表 11.1 指出，对什锦饼的需求弹性是，非优惠券使用者为−0.21，而使用者为−0.43，但对市场中 5～6 种主要品牌什锦饼中任意一种的需求弹性

① 此项研究参见 Chakravarthi Narasimhan, "A Price Discrimination Theory of Coupons," *Marketing Science* (Spring 1984)。最近关于谷物早餐优惠券的研究发现，与价格歧视模型的预测相反，当优惠券更容易获得时，谷物价格倾向于降低。由于优惠券刺激了谷物生产商更多的价格竞争，这也许会发生。参见 Aviv Nevo and Catherine Wolfram, "Prices and Coupons for Breakfast Cereals," *RAND Journal of Economics* 33 (2002): 319 - 339。

都要比这两个数字大得多（由经验法则可知有5～6倍那么大）。[①] 因此对任一品牌的什锦饼，例如，Pillsbury品牌，优惠券使用者的需求弹性大约为−2.4，而非使用者约为−1.2。从式（11.2）我们能确定对非优惠券使用者的价格应该是对使用者价格的1.5倍左右。换句话说，如果一盒什锦饼卖3美元，那么公司应该发放折扣为1美元的优惠券。

❖例11.2　机票价格

旅客常常会对从纽约到洛杉矶的往返机票价格种类之多感到惊讶。例如，最近这段时期，头等舱票价大约为2 000美元；常规（无限制的）经济舱票价大约为1 000美元；而特价票（常常要求两星期前预订和/或星期六晚上逗留）低至200美元就能买到。虽然头等舱的服务与经济舱的服务是不一样的，但其差距似乎不会这么大。那么航空公司为什么要制定这样的票价呢？

402 理由是这些不同的票价给航空公司提供了一种有利可图的价格歧视形式。这种歧视的得益是巨大的，因为不同类型的消费者需求弹性差别很大，会购买不同类型的机票。表11.2显示了在美国境内三类服务的需求价格（和收入）弹性：头等舱票、无限制二等舱票和特价票（折扣票常常有限制且退票时可能是不全额退款的）。

注意对特价票的需求的价格弹性是头等舱和无限制二等舱的2～3倍。理由是特价票通常是家庭或其他有休假的旅行者购买的，而头等舱和无限制二等舱票则常常是商务旅客购买的。商务旅客往往很少能选择何时乘坐飞机，而且他们的公司负担机票费用。当然，这些弹性也只属于市场需求，当有几个航空公司争夺旅客时，各航空公司的需求弹性将要大得多，但是三类服务之间弹性的相对大小应该大约是相同的。当需求弹性差距如此巨大时，就难怪航空公司对不同的服务制定如此不同的价格了。

表11.2　空中旅行的需求弹性

	票价类别		
弹性	头等舱	无限制二等舱	特价票
价格	−0.3	−0.4	−0.9
收入	1.2	1.2	1.8

机票价格歧视已变得越来越复杂。有多种票价可供选择，它们取决于提前多久买票、旅程改变或取消时退款的百分比，以及旅行中是否包含一个周末的逗留。[②] 航空公司的目标是更好地在具有不同保留价格的旅客中实行歧视。正如一个业内管理人士所指出的："当某人愿付400美元时你不会想以69美元卖给他。"[③] 与此同时，航空公司宁愿以69美元卖出一个座位也不愿让它空着。

11.3　跨期价格歧视与高峰负荷定价

另外两种紧密相关的价格歧视也很重要且被广泛运用。第一种是**跨期价格歧视**（inter-

① 如果厂商间竞争可由古诺模型描述，经验法则仍然成立。我们会在第12章中讨论。

② 航空公司也会对各个航班分配各类票价所能买到的座位的数量。分配是以总需求和预期各航班旅客的组成为基础的，分配可以随航班起飞时间的临近、对需求的估计与旅客组成的变化而改变。

③ "The Art of Devising Air Fares," *New York Times*, March 4, 1987.

跨期价格歧视 利用不同的需求函数把消费者分为不同组别，在不同时点对消费者索取不同价格的行为。

高峰负荷定价 当负荷能力限制造成边际成本很高时，在高峰时期索取更高的价格的行为。

temporal price discrimination)：把具有不同需求函数的消费者分为不同组别并在不同时点索取不同的价格。第二种是**高峰负荷定价**（peak-load pricing)：当负荷能力限制造成边际成本很高时，在高峰时期索取更高的价格。这两种策略都包括在不同的时点索取不同的价格，但是运用这些策略的原因各有不同。我们将依次介绍。

跨期价格歧视

跨期价格歧视的目标是把消费者分为高需求和低需求的组，开始时索取高价格，之后 403
索取的价格降低。为了弄清跨期价格歧视是如何运作的，我们可以考虑电器公司是怎样给新型的、技术先进的器材（例如高性能数码相机或液晶电视监控器）定价的。在图 11.7 中，D_1是一个小消费者群体（例如，想要最新相机的摄影爱好者）的（缺乏弹性的）需求曲线，他们对产品很珍视且已迫不及待要买它；D_2是大量的当价格太高时更愿意放弃该产品的消费者群体的需求曲线。因而，策略就是开始时先给该产品定一个高价 P_1，主要卖给需求曲线 D_1中的消费者，之后，当第一组消费者已经购买了该产品以后，就将价格降到 P_2，向需求曲线 D_2上的大量消费者销售。①

跨期价格歧视还有其他例子。例子之一是对首轮放映的影片定一个高价，然后在出品一年以后再降低价格。另一个被出版商广泛运用的例子是给一本书的精装本定一个高价，然后在大约一年以后再以低得多的价格发行平装本。许多人认为平装本价格较低是因为生产成本要低得多，但这是不正确的。一旦一本书已经完成编辑和排版，不管是精装本还是平装本，多印一本书的边际成本是相当低的，或许就是 1 美元左右。平装本之所以便宜得多，不是因为印刷便宜，而是因为需求弹性较小的消费者已经买了精装本，而剩下来的消 404
费者通常具有较大的需求弹性。

图 11.7 跨期价格歧视
说明：这里，通过根据时间定价将消费者分成不同的组。开始时价格很高，厂商从对产品有很高需求且亟须购买的消费者那里获得剩余，以后价格被降下来以吸引大众市场。

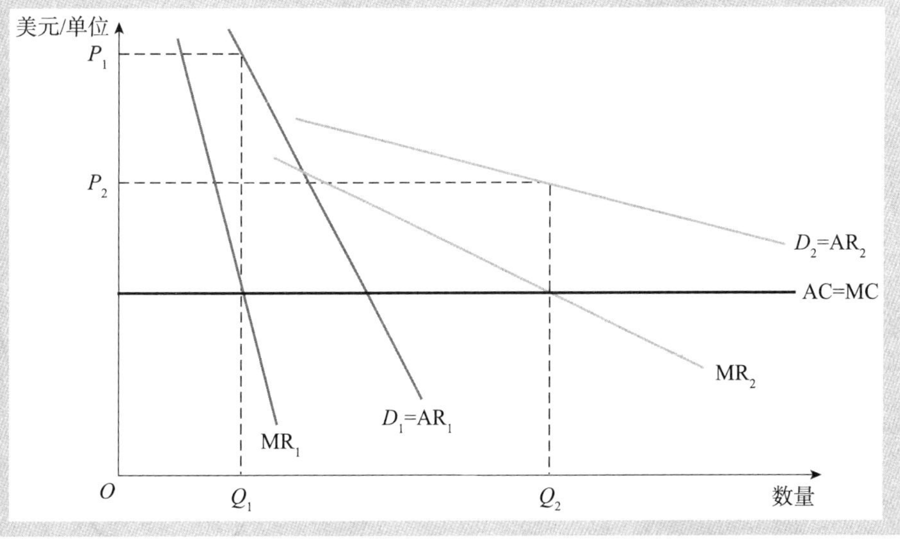

① 由于生产商在实现规模经济和学习曲线下降时成本会下降，因此新电子产品的价格本来就会不断下降。但即使成本不下降，生产商也能通过先定高价然后不断降价，从而实行价格歧视和攫取消费者剩余而赚到更多的钱。

高峰负荷定价

高峰负荷定价也涉及在不同时点索取不同的价格，不过，它的目标不是攫取消费者剩余，而是通过向消费者索取接近于边际成本的价格来提高经济效率。

对某些商品和服务，在特定时间会出现需求高峰，例如交通高峰时间的道路和隧道、夏天傍晚时分的电力，以及周末的滑雪场和游乐场。由于负荷能力的限制，在这些高峰时间边际成本也是较高的，因而价格也应该高一些。

我们用图 11.8 来加以说明。其中 D_1 是高峰时间的需求曲线，D_2 是非高峰时间的需求曲线。厂商令各个时期的边际收益等于边际成本，从而得到高峰时间较高的价格 P_1 和非高峰时间较低的价格 P_2 以及相应的数量 Q_1 和 Q_2。这将厂商的利润增加到高于所有时间都索取同样价格所能实现的水平。同时高峰负荷定价方法也更有效率——因为价格更接近边际成本，因此生产者剩余和消费者剩余的总和更大。

高峰负荷定价实现的效率收益很重要。如果厂商是一个被管制的垄断者（例如，一个电力公用事业公司），管制机构应当在需求曲线 D_1 和 D_2 与边际成本曲线相交的点设定价格 P_1 和 P_2，而不是边际收益曲线与边际成本曲线相交的点，那样，消费者就获取了全部效率收益。

405 注意高峰负荷定价与三级价格歧视是不同的。对于三级价格歧视，厂商对应各组消费者的边际收益必须相等且等于边际成本，理由是向不同组提供服务的成本并不是独立的。例如，对于无限制二等舱票和特价票，增加以特价票卖出的座位的数量会影响卖出无限制二等舱机票的成本——当飞机满员时边际成本上升很快。但对高峰负荷定价却不是这么回事（而且不适用于大多数不同时期价格歧视的例子），在工作日卖出更多的滑雪场或游乐场门票不会明显影响周末卖票的成本。同样地，在非高峰时间销售更多的电力也不会明显增加在高峰时间销售电力的成本。结果就是，各个时期的价格和销售可以通过令各自的边际成本和边际收益相等而独立决定。

夜场比日场票价高的电影院是另一个例子。对大多数电影院来说，为日场顾客服务的边际成本是独立于夜场的边际成本的。电影院的拥有者可以利用他对各个时间需求的估计和边际成本的估计分别决定夜场和日场的最优价格。

图 11.8 高峰负荷定价

说明：在一天或一年的特定时间里，对某些商品或服务的需求会大量增加。在高峰时间索取较高的价格 P_1 对厂商来说比在所有时间都索取单一的价格要有利可图。因为高峰时间的边际成本较高，因此高峰负荷定价方法也更有效率。

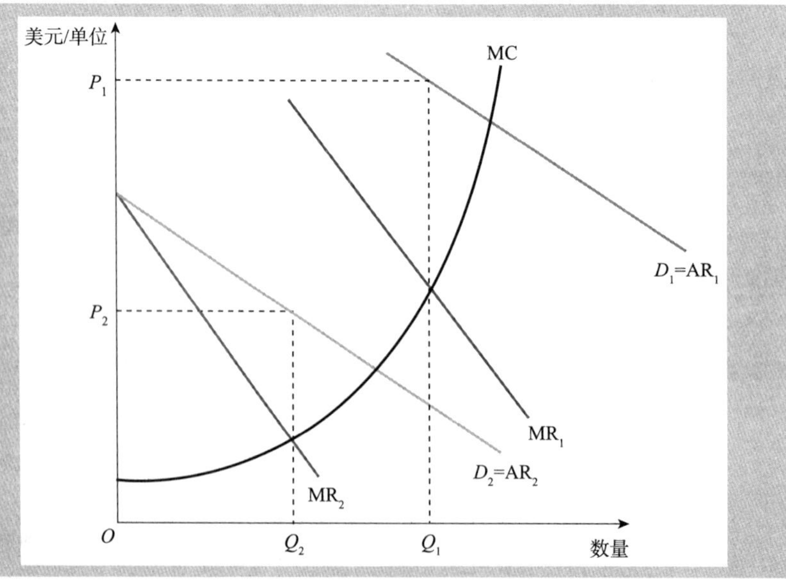

❖例 11.3　如何给畅销小说定价？

一本书既出版精装本也出版平装本，使得出版商可以进行价格歧视。像对大多数商品一样，消费者对书的意愿支付差异也相当大。例如，有些消费者想要一出版就买到一本最新的畅销书，即使价格要 25 美元。可是，其他消费者会等一年，直到可以以 10 美元买到一本平装本。但出版公司怎样能确定 25 美元是新的精装本的适当价格，而 10 美元是平装本的适当价格呢？在它推出平装本之前应该等待多久呢？

关键是要将消费者分成两个群体，从而那些愿意出高价的人会以高价来买，而只有那些不愿意付高价的人才会等待购买平装本。这意味着推出平装本必须在相当长一段时间之后。如果消费者知道几个月之内就能买到平装本，他们就很少会有购买精装本的冲动。[①] 另外，出版商在推出平装本之前又不能等得太久，否则人们对这本书的兴趣就会下降，而市场就会萎缩。结果是出版商典型的做法是在精装本出版后 12～18 个月再出版平装本。

价格又怎样呢？给精装本定价是很困难的，因为除了少数几个作者的书总是畅销之外，除了把过去同类书的销售情况作为参考外，出版商没有多少可以用来估计将要出版的一本书的需求的数据，而且通常只可以得到各类书籍的总数据。因此，大多数新小说都是以差不多的价格推出的。无论如何，有一点还是清楚的，那就是愿意等待平装本的消费者具有远高于藏书家的需求弹性。因此，平装本比精装本便宜那么多也就没有什么值得奇怪的了。[②]

11.4　两部收费制

两部收费制
消费者需要同时支付入门费和使用费的一种定价形式。

两部收费制（two-part tariff）与价格歧视相关，提供了剥夺消费者剩余的另一种方法。它要求消费者为购买一种产品的权利预先支付一定费用，然后消费者再为他们希望 406
消费的每单位产品支付一个额外的费用。经典的例子是游乐园[③]，进入时你要支付入场费，并且你要为你所玩的每个项目再付一定费用。游乐园的所有者必须决定是索取较高入场费而每个项目索取低价，还是采取相反的做法——免费让人们进场但每个项目都索取高价。

两部收费制被用于多种定价实例，如网球和高尔夫俱乐部（你要支付年度会员费，加上各项使用场地或各局高尔夫的费用），租用大型计算机（你要支付固定月租费加上每单位处理运算时间的费用），电话服务（你要支付月租费加上通信费用）。该策略也应用在像剃须刀（先买剃须刀，之后再让你购买这种牌子剃须刀专用的刀片）这样的产品销售中。

厂商的问题是如何确定入门费（我们记为 T）和使用费（我们记为 P）。设厂商有一定的市场势力，它应该定一个高入门费和低使用费，还是相反？为了弄清楚厂商该怎样解决

① 即使平装本能买到时有些消费者也要买精装本，因为它更耐用并且放在书架上更好看。在定价时这一点也要考虑到，但与不同时期的价格歧视相比它是次要的。

② 精装本和平装本常由不同的公司出版。作者的代理人分别拍卖两种版本的版权，但平装本的合同会规定一个时差以保护精装本的销售，但原理仍然是一样的。两种版本时差的长度和它们的价格要根据不同时期的价格歧视来选择。

③ Walter Oi, "A Disneyland Dilemma: Two-Part Tariffs for a Mickey Mouse Monopoly," *Quarterly Journal of Economics* (Feb. 1971): 77-96.

此问题，我们需要弄清其中包含的基本原理。

单个消费者　让我们从图 11.9 阐述的一个虚构的简单例子开始。假设市场中只有一个消费者（或者有具有相同需求曲线的许多消费者），再假设厂商知道这个消费者的需求曲线。现在请记住厂商想要尽可能多地攫取消费者剩余。在这个例子中，解是很简单的：令使用费 P 等于边际成本，而入门费 T 则等于各消费者的总消费者剩余。这样，消费者使用该产品需要支付 T^*（或略少一点），而要消费每单位还要支付价格 $P^*=\mathrm{MC}$。用这种方法定价，厂商能将全部消费者剩余占为己有。

图 11.9　只有一个消费者的两部收费

说明：消费者有需求 D。厂商通过将使用费 P^* 定为等于边际成本、将入门费 T^* 定为等于全部消费者剩余，使利润最大化。

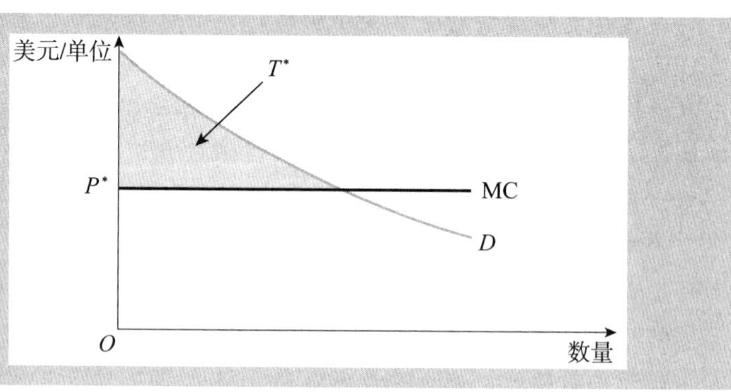

407 **两个消费者**　现在设有两个不同的消费者（或者两个消费者群体，各自内部的消费者相同）。不过厂商只能定一个入门费和一个使用费，因而厂商就不再愿意把使用费定为等于边际成本了。如果它这么做，它只能让入门费小于或等于有较小需求弹性的消费者的消费者剩余（否则它会失去那个消费者），但这样做并不能实现最大利润。相反，厂商应该将使用费定得高于边际成本，并将入门费定在等于有较小需求弹性的消费者仍然有消费者剩余的那一点。

图 11.10 说明了这种情况。在设置了大于 MC 的最优使用费 P^* 后，厂商的利润为 $2T^*+(P^*-\mathrm{MC})\times(Q_1+Q_2)$。（有两个消费者，各支付 T^*。）你可以证明该利润比三角形 ABC 面积（即 $P=\mathrm{MC}$ 时需求弹性较小的消费者的消费者剩余）的 2 倍还要大。为了确定 P^* 和 T^* 的确切数值，厂商需要知道（除了它的边际成本之外）需求曲线 D_1 和 D_2。这样它就能将它的利润写成 P 和 T 的函数，并选择使这个函数最大的两个价格。（例子可参见本章练习题 10。）

图 11.10　两个消费者的两部收费

说明：利润最大化的使用费 P^* 大于边际成本，入门费 T^* 等于需求弹性较小的消费者的消费者剩余，结果利润为 $2T^*+(P^*-\mathrm{MC})\times(Q_1+Q_2)$。注意这个利润大于三角形 ABC 面积的 2 倍。

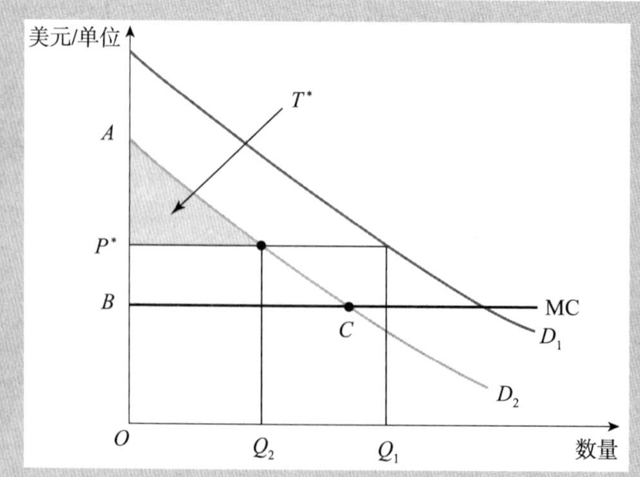

许多消费者 可是，大多数厂商面对具有不同需求的许多消费者。遗憾的是，不存在计算这种情况下两部收费的简单公式，也许可以用某种试错法，但总是会存在一种权衡：较低的入门费意味着更多的加入者和更多的项目销售利润。另外，在入门费降低、加入者增加时，来自入门费的利润会下降。因而，问题就是要选择一个导致最优进入者人数的入门费，即实现最大利润的入门费。原则上，我们可以先从项目的某一售价 P 出发，然后找出最优入门费 T，再估计相应的利润。之后，改变价格 P，再算出相应的入门费以及新的 408
利润水平。反复使用这种方法，我们就可以逼近最优的两部收费。

图 11.11 描述了这一原理。假设一个固定的售价 P，厂商的利润 π 被分为两个组成部分，各自被画成入门费 T 的一个函数。第一个组成部分 π_a 是来自入门费的利润，且等于收益 $n(T)\cdot T$，其中 $n(T)$ 是加入者的数量（注意较高的 T 意味着较小的 n）。最初，当 T 从 0 开始增加时，收益 $n(T)\cdot T$ 是上升的，可是，T 的进一步增加最终将使 n 小到导致 $n(T)\cdot T$ 下降。第二个组成部分 π_s 是来自项目本身以价格 P 销售的利润，且等于 $(P-MC)Q$，此处 Q 是加入者购买该项目的流量。加入者数量 n 越大，则 Q 越大，因而由于较高的 T 会降低 n，因此当 T 增加时 π_s 下降。

图 11.11 有许多不同消费者的两部收费

说明：总利润 π 是来自入门费的利润 π_a 和来自销售的利润 π_s 之和。π_a 和 π_s 都取决于入门费 T。$\pi=\pi_a+\pi_s=n(T)\cdot T+(P-MC)\ Q\ (n)$，其中 n 是加入者的数量，它取决于入门费 T，而 Q 为销售给加入者的人数，它在 n 较大时较大。这里的 T^* 是给定 P 时利润最大化的入门费。为了计算 P 和 T 的最优数值，我们可以从一个 P 值出发，找出最优的 T，然后估计相应的利润，最后再改变 P，并算出对应的 T 以及新的利润水平。

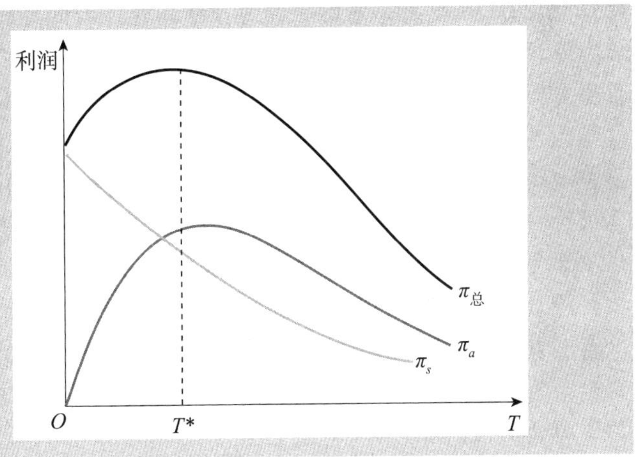

从 P 的一个值出发，我们确定最优的（利润最大化的）T^*。然后我们改变 P，再找出一个新的 T^*，并判断利润是更高了还是更低了。这样重复，直到利润达到最大化。

显然，设计一个两部收费比选择一个单一价格需要更多的数据，仅知道边际成本和总需求曲线是不够的。确定每个消费者的需求曲线（在大多数情形中）是不可能的，但人们至少想要知道个人的需求之间可能相差多少。如果消费者对你的产品的需求相当接近，你会将价格 P 定在接近边际成本处，并使入门费 T 很大。从厂商的立场来看，这是最理想的情况，因为它能得到大部分消费者剩余。另外，如果消费者对你的产品需求不同，你大概想要将 P 定在比边际成本高出一截处，并制定较低的入门费 T。此时两部收费不是一个非常有效的攫取消费者剩余的方法，制定一个单一价格几乎也能做得一样好。

在加利福尼亚的迪士尼乐园和佛罗里达的迪士尼世界，它们的策略是索取高的入门费和不对骑乘项目索取费用。这个策略有意义，因为消费者对迪士尼度假有相当类似的需求。大多数参观迪士尼乐园的人对每日的预算（包括食品和饮料支出）都有计划。对大多数消费者来说，预算差别不大。

409 厂商永远在寻找创新性的定价策略，有些厂商设计和引进了一种带“迂回”的两部收费——入门费 T 给顾客一定数量免费使用的权利。例如，如果你购买一把吉列剃须刀，包装里通常有几片刀片。一台大型计算机的月租费通常包括一定的免费使用量，之后才收费。这种迂回使得厂商在不会失去许多小客户的情况下制定了较高的入门费 T。在这种方案之下，这些小客户可能只付很少的或者不付使用费，所以较高的入门费就攫取了他们的消费者剩余而又不至于把他们赶出市场，与此同时也更多地占有了大客户的消费者剩余。

❖例 11.4 给移动电话服务定价

传统上，移动电话服务采用两部收费制定价：一个月租费，涵盖一些免费通话时长，加上费用按每分钟来计算的额外通话时间。直到现在，移动运营商通常都提供一些不同的套餐计划。例如，2011年，Verizon 无线公司（以下简称 Verizon）提供的一个套餐的月租费为 39.99 美元，包括 450 分钟免费“任意”时长（该计划包含夜间和周末通话时长），使用超过 450 分钟“任意”时长的人再通话则收取每分钟 0.45 美元。它还提供的一种套餐计划的月租费为 59.99 美元，包括 900 分钟“任意”通话时长且超过部分收取每分钟 0.4 美元。而且，它还提供一种包括无限“任意”时长的套餐计划，每月月租费为 69.99 美元。

为什么 Verizon 和大多数其他移动运营商会提供一系列不同种类的两部收费计划？为什么它们不简单地提供包括每月月租费和每分钟使用费的单一两部收费计划呢？提供不同计划和选项使它们能把三级价格歧视和两部收费制结合起来。这些计划的构造使得消费者自我细分为基于计划选择的群体，然后选择不同的计划。这种价格歧视方式运行良好，而且为企业带来了巨大的利润。

不过，后来事情发生了变化。消费者开始把移动运营服务看作一种产品，当他们能够得到更好的价格时，他们就会转换运营商。对于移动运营商来说，其边际成本接近于 0，因此价格竞争变得激烈起来。到 2015 年，移动运营商们最终放弃了两部收费制，简单地采取某个给定月租费下的无限“任意”通话时间。

不过，两部收费制并没有消失，依赖于不同套餐计划的价格歧视也没有消失。许多消费者不仅用移动电话接听电话，还用它上网、接收邮件等。事实上，对于一些消费者而言，这些网络用途比接打电话更重要。而网络服务要求大量的数据传输。这意味着消费者需要一些数据流量套餐计划。因此，移动运营商提供了不同数据套餐计划，非常类似于原来的通话套餐：一个月度费用，包括一定数量的免费流量，套餐外流量按照每单位收取费用，还有一个与流量无关的固定月租费。

表 11.3 展示了 2016 年美国和其他三个国家（英国、澳大利亚和中国）的一些数据流量套餐计划。先看 Verizon 提供的套餐计划。最便宜的计划是每月 30 美元（加上一个每月 20 美元的月租费），包括每月 1 GB 的流量；下载数据超过 1 GB 的部分，每 GB 收取 15 美元费用。那些上网需求多，尤其是观看视频的人需要更昂贵的套餐计划，因为他们每个月需要更多的流量。又一次地，通过提供多种计划，Verizon 组合了三级价格歧视和两部收费制；消费者通过不同的数据流量使用而将自己归入不同的消费群体，每个群体选择不同的套餐计划。

注意，Sprint 和 AT&T 也提供类似的套餐计划菜单，英国（沃达丰）、澳大利亚（沃达丰）以及中国的移动运营商（中国联通）也是如此。移动运营商们学到的最能带来利润的定价方式就是价格歧视和两部收费制组合在一起。

表 11.3　移动数据流量套餐计划（2016）

可用流量	月费用	月租费	超出费用
A. VERIZON			
1GB	$ 30	$ 20	$ 15/GB
3GB	$ 45	$ 20	$ 15/GB
6GB	$ 60	$ 20	$ 15/GB
12GB	$ 80	$ 20	$ 15/GB
18GB	$ 100	$ 20	$ 15/GB
B. SPRINT			
1GB	$ 20	$ 45	—*
3GB	$ 30	$ 45	—
6GB	$ 45	$ 45	—
12GB	$ 60	$ 45	—
24GB	$ 80	$ 45	—
C. AT&T			
2GB	$ 30	$ 25	$ 15/GB
5GB	$ 50	$ 25	$ 15/GB
15GB	$ 100	$ 15	$ 15/GB
20GB	$ 140	$ 15	$ 15/GB
25GB	$ 175	$ 15	$ 15/GB
30GB	$ 225	$ 15	$ 15/GB
D. 沃达丰（英国）**			
3GB	£37	—	£6.50/250MB
6GB	£42	—	£6.50/250MB
12GB	£47	—	£6.50/250MB
24GB	£52	—	£6.50/250MB
30GB	£58	—	£6.50/250MB
E. 沃达丰（澳大利亚）			
4GB	$ 60	—	$ 10/GB
7GB	$ 70	—	$ 10/GB
8GB	$ 80	—	$ 10/GB
11GB	$ 100	—	$ 10/GB
16GB	$ 130	—	$ 10/GB
F. 中国联通			
1GB	$ 25	—	$ 0.03/MB
2GB	$ 35	—	$ 0.03/MB
3GB	$ 45	—	$ 0.03/MB
6GB	$ 80	—	$ 0.03/MB

* 所有套餐计划都包括 2GB 无限制流量。

** 1 英镑=1.29 美元（2016 年 7 月汇率）。

说明：数据来源于各运营商。1GB=1 000MB。

*11.5 捆绑销售

411 你可能已经看过1939年的电影《飘》(*Gone with the Wind*)。它是一部现在几乎仍像当年那样流行的经典之作。[①] 我们还可以猜到你没有看过《吉蒂的奖赏》(*Getting Gertie's Garter*)，这是同一个电影公司（MGM，它是洛斯影线的分公司）在1939年出品的一部失败之作。并且我们也能猜到你不知道这两部影片是以当时很不平常的、创新的方法定价的。[②]

租赁《飘》的电影院也必须租赁《吉蒂的奖赏》。（电影院为它们租赁的影片向电影公司或发行人支付每天的费用或每周的费用。）换句话说，这两部影片是**捆绑销售**（bundling）的，即作为一套产品销售的。[③] 电影公司为什么要这么做呢？

捆绑销售
把两件或更多件商品捆绑在一起销售的行为。

你可能会认为答案是很显然的：《飘》是一部伟大的影片而《吉蒂的奖赏》是一部烂片，两者捆绑销售是为了迫使电影院租赁《吉蒂的奖赏》，但这种回答在经济学上是无意义的。假设电影院对《飘》的保留价格（它会付的最高价格）是每周12 000美元，而它对《吉蒂的奖赏》的保留价格是每周3 000美元，那么它为两部影片支付的总数最多为15 000美元，而不管是单独租赁还是成套租赁。

当消费者具有不同的需求且厂商不能实行价格歧视时，捆绑销售就有意义了。对影片来说，不同的电影院是为不同的顾客群体服务的，因而对影片有相当不同的需求。例如，不同的电影院可能吸引不同的年龄群体，而不同的年龄群体对影片有不同的偏好。

为了弄明白电影公司如何利用消费者的差异性，我们假设有两个电影院，而它们对两部影片的保留价格如下表所示：

单位：美元

	《飘》	《吉蒂的奖赏》
影院A	12 000	3 000
影院B	10 000	4 000

如果两部影片分开租赁，对《飘》可以索取的最高价格为10 000美元，因为若索取的价格超过它，会将影院B排除。同样地，对《吉蒂的奖赏》能索取的最高价格为3 000美元。索取这两个价格会从各影院收入13 000美元，总收益为26 000美元。但若两部影片是捆绑销售的，则影院A对这套影片的估价是15 000美元（=12 000美元+3 000美元），而影院B对这套影片的估价为14 000美元（=10 000美元+4 000美元）。所以电影公司可以对这套影片定价14 000美元，赚到总收益28 000美元。显然，通过影片的捆绑销售，电影公司可以赚到更多的收益（多2 000美元）。

---

① 根据通货膨胀进行调整后，《飘》依然是票房最高的电影。1997年发行的《泰坦尼克号》赚取了6.01亿美元的票房。以1939年美元计算，《飘》的票房为8 150万美元，这相当于以1997年美元计的9.41亿美元。

② 对那些声称对这些全都了解的读者，我们的最后一个小问题是：谁扮演了《吉蒂的奖赏》中吉蒂这个角色？

③ 1948年，联邦最高法院判定，制片商强迫电影院以“要么全买要么就别买”的方式购买电影的行为违反了反托拉斯法，从此主要的好莱坞制片商被迫停止捆绑销售电影。而且，制片商还被要求出售其院线，从而结束了带给它们经济实力的垄断性纵向联合的时代。

相对评价

为什么捆绑销售比分别销售影片有利可图呢？这是因为（在本例中）对两部影片的相 412
对评价刚好相反。换句话说，虽然两家影院对《飘》比对《吉蒂的奖赏》都会支付多得多的钱，但影院A比影院B愿意为《飘》支付得更多（12 000美元对10 000美元），而影院B比影院A愿意为《吉蒂的奖赏》支付更多（4 000美元对3 000美元）。用专业术语，我们可以说需求是负相关的——愿意为《飘》付得最多的客户愿意为《吉蒂的奖赏》付得最少。为了说明这一点的重要性，让我们假设需求是正相关的，即影院A为两部影片都愿意支付较多，如下表所示：

单位：美元

	《飘》	《吉蒂的奖赏》
影院A	12 000	4 000
影院B	10 000	3 000

现在影院A最多愿意为这套影片支付16 000美元，但影院B为这套影片只愿支付13 000美元。因此，如果影片是捆绑销售的，能给这套影片定的最高价格是13 000美元，产生26 000美元的总收入，与分开销售影片相同。

现在，假设某厂商向许多消费者销售两种不同的产品。为了分析捆绑销售可能具有的好处，我们将使用一幅简单的图来以消费者的保留价格反映他们的偏好以及他们在给定价格下的消费决策。在图11.12中，横轴是r_1，即消费者对产品1的保留价格，而纵轴是r_2，即消费者对产品2的保留价格。图中显示了三个消费者的保留价格。消费者A最多愿为产品1支付3.25美元，为产品2支付6美元；消费者B最多愿为产品1支付8.25美元，为产品2支付3.25美元；消费者C最多愿为各种产品都支付10美元。一般来说，不管有多少个消费者，保留价格都可以用这种方法给出。

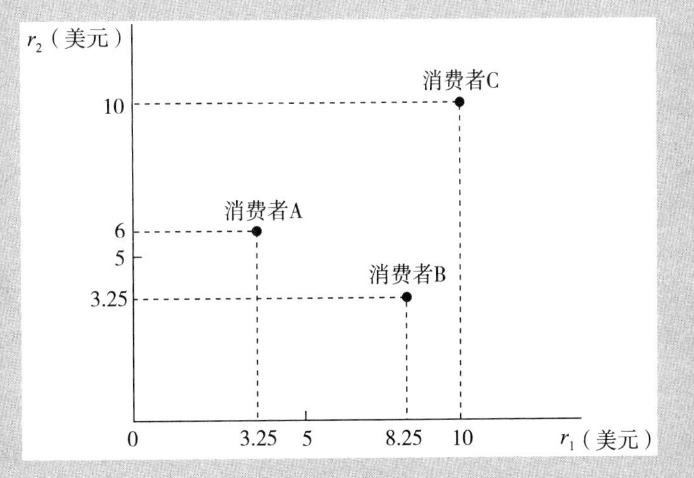

图11.12　保留价格

说明：图中显示了标为A、B和C的三个消费者对两种产品的保留价格r_1和r_2。消费者A最多愿意为产品1支付3.25美元和为产品2支付6美元。

假设有许多消费者，且产品分别以价格P_1和P_2分开销售。图11.13表明了可以怎样将消费者分组。位于图中区域Ⅰ的消费者具有高于对各产品所定价格的保留价格，因而会两

种产品都购买。位于区域Ⅱ的消费者对产品2的保留价格高于P_2，但对产品1的保留价格
413 低于P_1，他们只会购买产品2。同样地，位于区域Ⅳ的消费者将只购买产品1。位于区域Ⅲ的消费者具有低于各产品定价的保留价格，因此两种产品都不会购买。

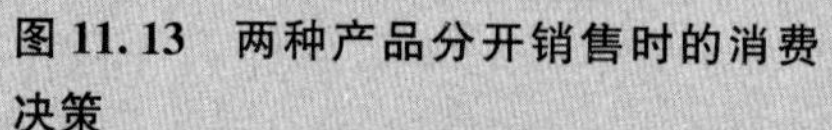

图 11.13　两种产品分开销售时的消费决策

说明：区域Ⅰ中消费者的保留价格超过两种产品的价格P_1和P_2，因此这些消费者会两种产品都购买。位于区域Ⅱ和Ⅳ的消费者只买一种产品，而位于区域Ⅲ的消费者一种也不购买。

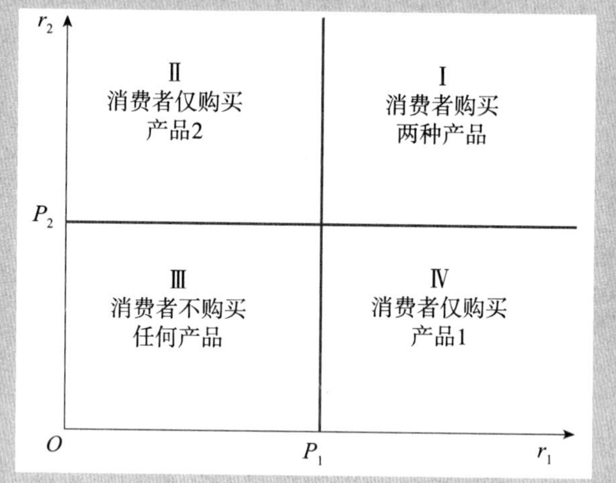

现在假设产品是以总价格P_B捆绑出售，那么我们可以像图11.14中一样，将图形分成两个区域。任何消费者都是仅当捆绑销售价格小于或等于他们对两种产品的保留价格之和时才会购买，因为分界线就是等式$P_B=r_1+r_2$或等式$r_2=P_B-r_1$。位于区域Ⅰ的消费者具有相加大于P_B的保留价格，因此他们会购买捆绑销售的产品。位于区域Ⅱ的消费者具有相加小于P_B的保留价格，因此他们不会购买捆绑销售的产品。

如果两种产品分开出售，位于图11.14区域Ⅱ的某些消费者可能会购买两种产品中的一种。可是，当捆绑出售时，厂商就失去了这些消费者。因而，厂商必须确定捆绑销售是否能给它带来好处。

图 11.14　产品捆绑销售时的消费决策

说明：消费者将他们的保留价格之和r_1+r_2与捆绑销售价格P_B相比较，只有当r_1+r_2至少与P_B一样大时才购买。

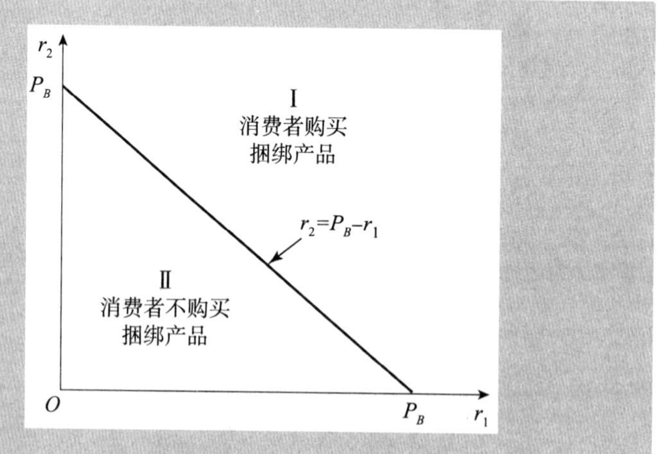

414 通常，捆绑销售的效果取决于需求负相关的程度。换句话说，当对一种产品具有较高的保留价格的消费者对另一种产品具有较低的保留价格时它最有效。图11.15（a）和（b）显示了两种极端。在图（a）中，每个点代表一个消费者的两个保留价格。注意对两种产品

的需求是完全正相关的——对产品 1 有高保留价格的消费者对产品 2 也有高保留价格。如果厂商捆绑销售且定价 $P_B = P_1 + P_2$，它将赚到与如果它以价格 P_1 和 P_2 分别出售产品相同的利润。在图（b）中，需求是完全负相关的——对产品 2 较高的保留价格意味着对产品 1 较低的保留价格。在这种情况下，捆绑销售是理想的策略。通过索取在图中所示的价格 P_B，厂商可以攫取所有的消费者剩余。

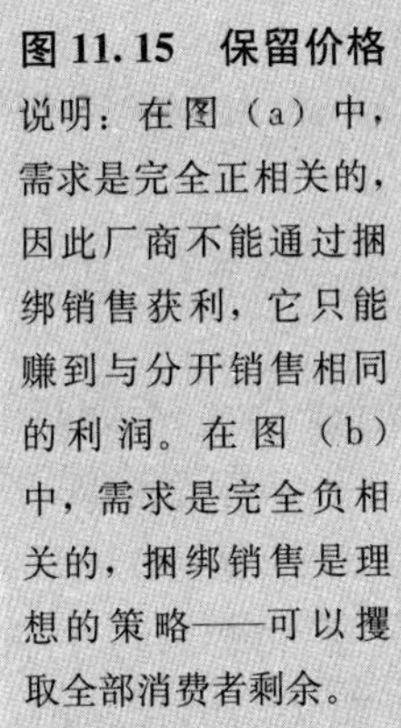

图 11.15 保留价格

说明：在图（a）中，需求是完全正相关的，因此厂商不能通过捆绑销售获利，它只能赚到与分开销售相同的利润。在图（b）中，需求是完全负相关的，捆绑销售是理想的策略——可以攫取全部消费者剩余。

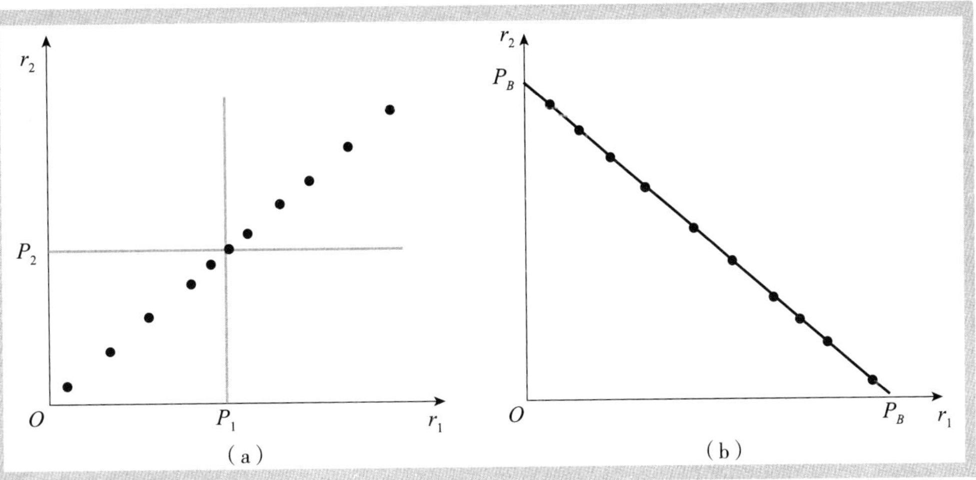

图 11.16 表示的是我们在本节开头介绍的电影的例子，它显示了两个电影院的需求是如何负相关的。（影院 A 相对愿意对《飘》支付更多钱，但影院 B 相对愿意对《吉蒂的奖赏》支付更多钱。）这使得以价格 14 000 美元捆绑出租这两部影片更有利可图。

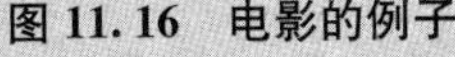

图 11.16 电影的例子

说明：消费者 A 和 B 是两个影院。本图表示出了它们对影片《飘》和《吉蒂的奖赏》的保留价格。由于需求是负相关的，捆绑销售有利可图。

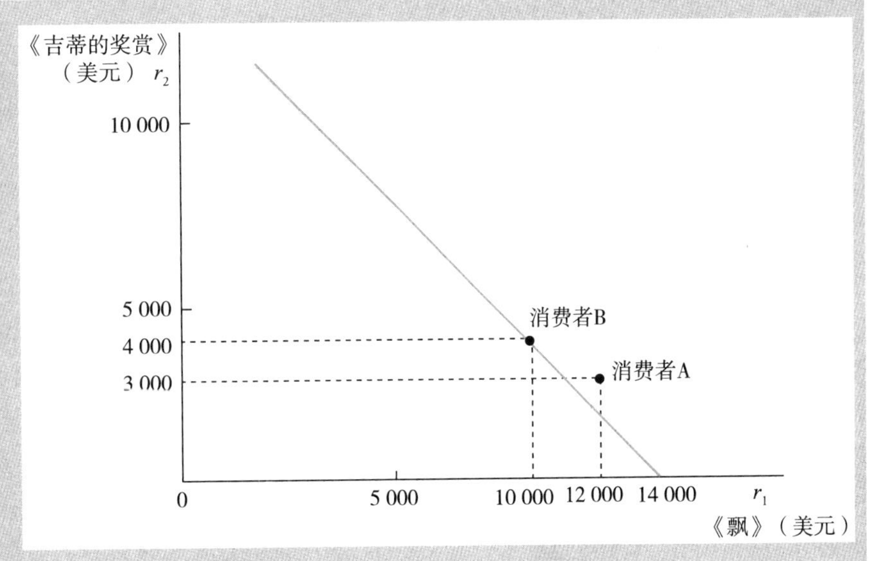

混合捆绑销售

到目前为止，我们一直设厂商有两种选择——要么分开出售产品，要么捆绑销售产品，但是还有第三种选择，称为**混合捆绑销售**（mixed bundling）。正如这个名称所表明的，厂

415 **混合捆绑销售** 既把两件或更多件产品成套销售，又对每件产品单独销售。

纯捆绑销售 仅以成套搭配的方式销售产品。

商既分开出售它的产品，也以低于分开出售的价格之和的成套价格捆绑销售。[我们使用**纯捆绑销售**（pure bundling）这个术语来形容产品只以捆绑形式出售的策略。] 当需求只是有一些负相关和（或）边际成本比较显著时，混合捆绑销售常常是理想的策略。（到目前为止，我们一直假设边际成本为零。）

在图 11.17 中，混合策略是最有利可图的策略。虽然这里需求是完全负相关的，但存在显著的边际成本。（生产产品 1 的边际成本为 20 美元，生产产品 2 的边际成本为 30 美元。）四个消费者分别记为 A 到 D。现在让我们来比较三种策略：

（1）以价格 $P_1=50$ 美元和 $P_2=90$ 美元分别销售产品。

（2）只以 100 美元的价格捆绑销售。

（3）混合捆绑销售，两种产品以 $P_1=P_2=89.95$ 美元的价格分开出售，或者以 100 美元的价格捆绑销售。

表 11.4 列出了这三种策略及相应的利润。（你可以试验其他的 P_1、P_2 和 P_B 价格以证明表中给出的价格对各个策略来说都是利润最大化的。）当产品分开销售时，只有消费者 B、C 和 D 购买产品 1，而只有消费者 A 购买产品 2，因而总利润为 3×(50 美元－20 美元)＋1×(90 美元－30 美元)＝150 美元。用纯捆绑销售，所有四个消费者都以 100 美元购买这个捆绑产品，因而总利润为 4×(100 美元－20 美元－30 美元)＝200 美元。正如我们所预料的，因为消费者的需求是负相关的，因此纯捆绑销售要好于分开销售产品。但混合捆绑销售如何呢？现在消费者 D 只是以 89.95 美元购买产品 1，消费者 A 只是以 89.95 美元购买产品 2，而消费者 B 和 C 都以 100 美元购买捆绑产品，总利润就为（89.95 美元－20 美元）＋(89.95 美元－30 美元)＋2×(100 美元－20 美元－30 美元)＝229.90 美元。[①]

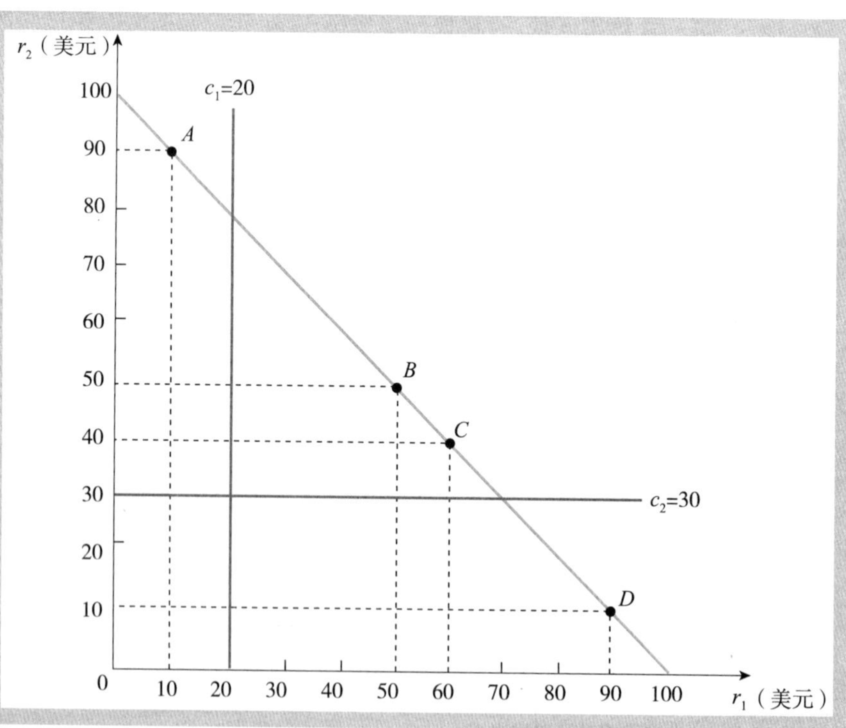

图 11.17　混合捆绑销售与纯捆绑销售

说明：当有正边际成本时，混合捆绑销售可能比纯捆绑销售更有利可图。消费者 A 具有低于边际成本 c_1 的对产品 1 的保留价格，消费者 D 具有低于边际成本 c_2 的对产品 2 的保留价格。利用混合捆绑销售策略，消费者 A 会只购买产品 2，消费者 D 会只购买产品 1，减少了厂商的成本。

① 注意，在混合捆绑销售策略下，产品 1 和产品 2 定价为 89.95 美元而不是 90 美元。如果它们定价在 90 美元，消费者 A 和 D 将对购买单一产品和捆绑产品无所谓，如果它们购买捆绑产品，总利润将更低。

表 11.4 捆绑销售案例
单位：美元

	P_1	P_2	P_B	利润
分开销售	50	90	—	150
纯捆绑销售	—	—	100	200
混合捆绑销售	89.95	89.95	100	229.90

在此例中，即使需求是完全负相关的（即所有四个消费者的保留价格都在直线 $r_2=100-r_1$上），混合捆绑销售也是最有利可图的策略。理由是对每种产品，边际生产成本都超过一个
消费者的保留价格。例如，消费者 A 具有对产品 2 的 90 美元的保留价格，但对产品 1 却只有 416
10 美元的保留价格。由于生产一单位产品 1 的成本是 20 美元，厂商宁愿消费者 A 只购买产品 2，而不是捆绑产品，它可以通过以一个略低于消费者 A 的保留价格的价格向他单独出售产品 2，而同时以消费者 B 和 C 能够接受的价格向他们出售捆绑产品来做到这一点。

如果边际成本为零，本例中的混合捆绑销售并不是受欢迎的策略，因为此时不让消费者 A 购买产品 1 和不让消费者 D 购买产品 2 并没有好处。我们将它留给读者去证明（参见本章练习题 12）。①

如果边际成本为零，并且消费者的需求不是完全负相关的，混合捆绑销售仍比纯捆绑 417
销售更有利可图。（回忆一下，在图 11.17 中，四个消费者的保留价格完全负相关。）图 11.18 对图 11.17 中的例子做了修改，以阐明这一点。在图 11.18 中，边际成本为零，但是消费者 B 和 C 的保留价格更高了。让我们再一次比较一下分开销售两种产品、纯捆绑销售和混合捆绑销售这三种策略。

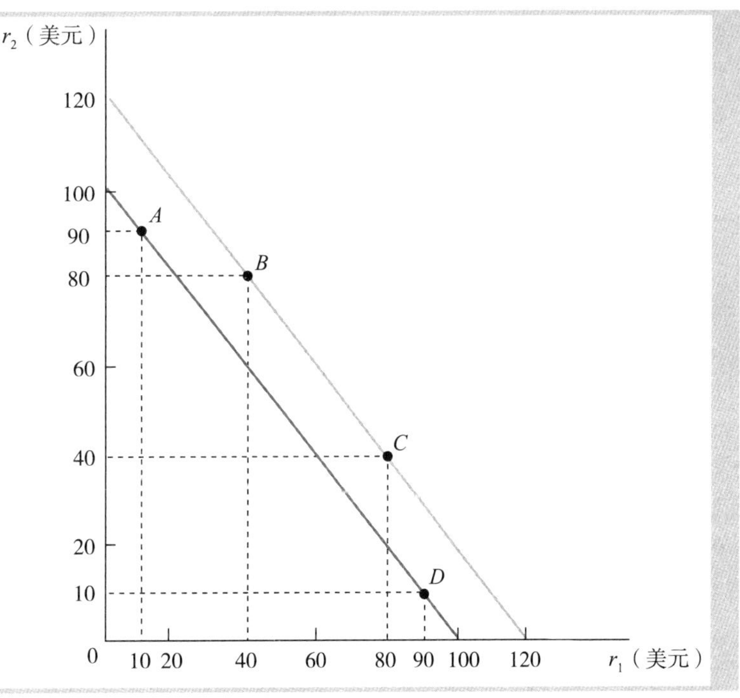

图 11.18 零边际成本的混合捆绑销售

说明：若边际成本为零，并且消费者的需求不是完全负相关的，混合捆绑销售仍比纯捆绑销售更有利可图。在此例中，消费者 B 和 C 愿意比消费者 A 和 D 多付 20 美元购买捆绑销售产品。在纯捆绑销售时，捆绑销售的价格为 100 美元。在混合捆绑销售时，捆绑销售价格上涨到 120 美元，消费者 A 和 D 仍能以 90 美元的价格购买单件产品。

① 有时具有垄断势力的厂商会发现，将它的产品与其他厂商的产品一起捆绑销售是有利可图的，参见 Richard L. Schmalensee, "Commodity Bundling by Single-Product Monopolies," *Journal of Law and Economics* 25 (April 1982): 67 - 71。当产品是替代品或互补品时，捆绑销售也是有利可图的。参见 Arthur Lewbel, "Bundling of Substitutes or Complements," *International Journal of Industrial Organization* 3 (1985): 101 - 107。

表 11.5 给出了各种策略的最优价格和相应的利润。（你再次可以试验其他的 P_1、P_2 和 P_B 价格，以证实表中给出的价格对各种策略来说都是利润最大化的。）当产品分开销售时，只有消费者 C 和 D 购买产品 1，而只有消费者 A 和 B 购买产品 2，因此总利润为 320 美元。在纯捆绑销售时，四个消费者都以 100 美元购买这种捆绑产品，因此总利润为 400 美元。正如我们所料，因为消费者需求负相关，所以纯捆绑销售要好于分开销售产品，但混合捆绑销售更好。在混合捆绑销售时，消费者 A 只购买产品 2，消费者 D 只购买产品 1，消费者 B 和 C 以 120 美元的价格购买捆绑销售产品，总利润为 420 美元。

表 11.5 零边际成本的混合捆绑销售
单位：美元

	P_1	P_2	P_B	利润
分开销售	80	80	—	320
纯捆绑销售	—	—	100	400
混合捆绑销售	90	90	120	420

418 为什么即使边际成本为零时，混合捆绑销售仍然比纯捆绑销售利润要高呢？原因在于需求不是完全负相关的：对两种产品的需求都较高的消费者（B 和 C）愿意比消费者 A 和 D 支付更多来购买这种捆绑产品。因此，混合捆绑销售时我们可以提高捆绑销售的价格（从 100 美元升至 120 美元），把这一捆绑产品卖给两个消费者，而对其余的消费者索取每件产品 90 美元的价格。

实践中的捆绑销售

捆绑销售在定价策略中有广泛的应用。例如，当你买一辆新车时，可以购买选装配置如自动车窗、电动座椅或天窗等，也可以购买把这些配置捆绑在一起的“豪华套装”。豪华车的制造商（如雷克萨斯、宝马、英菲尼迪）一般把这些可选的配置包括在标准配置中；这一行为就是纯捆绑销售。而对于价格更低廉的汽车，这些配置都是可选的，但也经常作为捆绑销售的一部分。汽车制造商必须决定捆绑销售中包括哪些配件以及如何定价。

假日旅游也是一例。你可以自己预订旅馆、购买机票、租用汽车，或者你也可以购买一揽子旅游的捆绑项目，机票、行程安排、旅馆，甚至一日三餐都可包括在内。

另一个例子是有线电视。有线电视的经营者通常提供每月收费便宜的基本服务，同时还提供“额外”频道，如 Cinemax 频道、家庭影院和迪士尼频道等，每月分别收取附加费用。不过，他们也提供套装节目，将两个或两个以上的额外频道捆绑销售。捆绑销售电视频道有利可图的原因是需求有负相关性。这一点我们是如何知道的？因为一天只有 24 小时，一个消费者收看家庭影院就不能同时收看迪士尼频道。因此对某些频道有高保留价格的消费者对于其他频道的保留价格肯定要相对低一些。

那么公司如何决定是否捆绑销售产品？如何定价才能使利润最大化呢？大多数公司并不知道消费者的保留价格。不过，通过市场调研，它们可以估计出保留价格的分布状况，然后根据这些信息设计定价策略。

这一过程描述见图 11.19。图中的黑点表示对消费者的一个代表性样本的保留价格估计值（来源于某市场调查）。公司可能先选择了一个捆绑销售价格 P_B，使得形成的对角线大致从这些黑点的中间穿过。之后，公司分别定价 P_1 和 P_2。根据 P_1、P_2 和 P_B，我们可以把消费者划分成四个区域。如图中所示，位于区域Ⅰ的消费者什么都不会买（因为 $r_1 < P_1$，$r_2 < P_2$，并且 $r_1 + r_2 < P_B$）。位于区域Ⅱ的消费者会购买捆绑销售产品（因为 $r_1 + r_2 > P_B$）。位于区域Ⅲ的消费者只购买产品 2（因为 $r_2 > P_2$，而 $r_1 < P_B - P_2$）。同样地，位于区域Ⅳ的消费者只购买产品 1。根据这一分布情况，我们可以计算出相应的利润。我们可以提高或降低 P_1、P_2 和 P_B，看能否增加利润，并且可以（在计算机上）不断重复，直到找到能使利润最大化的价格。

图 11.19 实践中的混合捆绑销售

说明：图中黑点表示对消费者的一个代表性样本的保留价格估计结果。公司可以先选择一个捆绑销售价格 P_B，连接这些价格的对角线大致从黑点中间穿过。再分别定价 P_1 和 P_2。根据 P_1、P_2 和 P_B，可以计算出这组消费者样本的利润。然后可以提高或降低 P_1、P_2 和 P_B，看能否得到更高的利润。如此反复，直到总利润最大。

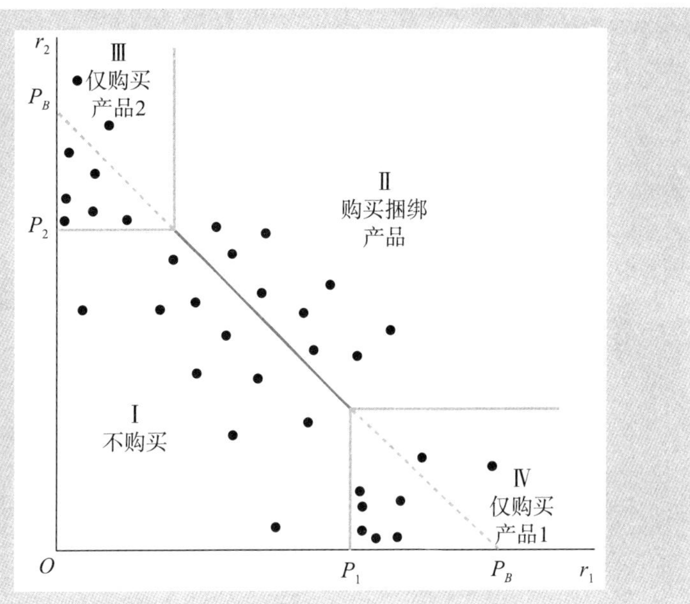

❖例 11.5 套餐与单点：餐厅的定价问题

许多餐馆既出售套餐，又可以单点。为什么？大多数去餐馆吃饭的顾客大约都知道他们自己愿意为一顿饭支付多少钱（并据此选择餐馆）。可是，进餐馆的顾客有不同的偏好。例如，有些顾客对头盘很看重，但很不在乎餐后甜点。有些顾客又恰恰相反——他们不重视开胃小菜，但甜点却是必需的。还有些顾客对头盘和甜点都有适度的评价。什么样的定价策略可让餐馆尽可能多地从这些有差异的消费者那里攫取消费者剩余呢？答案当然是混合捆绑销售。 419

对一个餐馆来说，混合捆绑销售意味着既供应套餐（开胃菜、主菜、甜点一整套），也可以单点（顾客分开购买开胃菜、主菜和甜点）。这一策略使得单点的菜单定价可以攫取那些非常偏爱某些菜品的顾客的消费者剩余（这样的顾客对应于图 11.17 中的消费者 A 和 D）。与此同时，套餐则留住了对不同菜品的保留价格差异不大的顾客（例如对开胃菜和甜点都有适度评价的顾客）。

例如，若餐厅希望吸引一顿餐愿意花 20 美元左右的顾客，它可给开胃菜定价 5 美元左右，给典型的主菜定价 14 美元左右，而甜点是 4 美元左右。它也可以提供一种套餐，包括开胃菜、主菜和甜点，定价 20 美元。那么，喜欢甜点而不在意开胃菜的顾客将会花 18 美元点主菜和甜点（而餐馆可以省下提供开胃菜的成本）。与此同时，另一个对开胃菜和甜点都有适度评价（例如 3 美元或 3.5 美元）的顾客就会购买套餐。

你不需要去昂贵的法国餐厅体验一次混合捆绑销售。表 11.6 显示了麦当劳餐厅单点项目的价格，以及包括肉或鱼、一份薯条和大杯汽水的“超级大餐”的价格。请注意你分开购买一个巨无霸汉堡、
420 大份薯条或大杯汽水总共需要 9.00 美元，或者你用 7.31 美元购买捆绑销售的套餐。你说你不在乎有没有薯条？那只能分开购买巨无霸汉堡和大杯汽水，共需要 6.69 美元，比捆绑销售价格少 0.62 美元。

如果你碰巧在中国，想要吃汉堡和薯条呢？在 2016 年，麦当劳在中国有 2 200 家餐厅，菜单和美国并不一样，但混合捆绑销售策略一样。正如你在表 11.6 中所见，你可以分开购买一个巨无霸、一份薯条和一杯汽水，总共需要 33 元人民币，或者购买捆绑套餐，需要 20 元人民币。不想吃巨无霸？那你可以试试鸭肉汉堡。你可以单点，23 元人民币，或者买薯条、汽水套餐，31 元人民币。（按照 1 元＝0.15 美元的汇率，不到 5 美元，我们会觉得太便宜了！）

对消费者而言不幸的是，也许创造性的定价而不是创造性的烹调技术对餐馆经营的成功更重要。成功的餐馆了解它们顾客的需求特征，并利用这种知识来设计定价策略，以尽可能多地攫取消费者剩余。

表 11.6　麦当劳的混合捆绑销售套餐：美国和中国（2016）

美国（马萨诸塞）					
单项	价格（美元）	套餐（包括汽水和薯条）	未捆绑销售价格（美元）	捆绑销售价格（美元）	节省额（美元）
鸡肉培根卷饼	5.36	鸡肉培根卷饼	9.49	7.80	1.69
麦香鱼	4.62	麦香鱼	8.75	7.06	1.69
巨无霸汉堡	4.87	巨无霸汉堡	9.00	7.31	1.69
至尊汉堡	4.62	至尊汉堡	8.75	7.06	1.69
双层至尊汉堡	5.84	双层至尊汉堡	9.97	8.16	1.81
十块麦乐鸡	5.48	十块麦乐鸡	9.61	7.92	1.69
大份薯条	2.31				
大杯汽水饮料	1.82				

中国（北京）					
单项	价格（元）*	套餐（包括汽水和薯条）	未捆绑销售价格（元）	捆绑销售价格（元）	节省额（元）
巨无霸汉堡	17	巨无霸汉堡	33	20	13
德国香肠双层汉堡	20	德国香肠双层汉堡	36	32	4
鸭肉汉堡	23	鸭肉汉堡	39	31	8
薯条	7				
饮料	9				

*1 元＝0.15 美元。

资料来源：美国数据来自 http：//www.fastfoodmenuprices.com/mcdonalds-prices/。中国数据来自 http：//www.chinahighlights.com/travelguide/chinese-food/eating-drinking-cost.htm；http：//english.visitbeijing.com.cn/yc/perspective/n214967547.shtml；http：//www.nbcnews.com/news/china/peking-duck-burgers-take-mcdonalds-its-big-macs-china-n448276。

搭 售

搭售
要求某一产品的购买者同时购买同一企业的另一种产品的行为。

搭售（tying）是一个一般性的概念，指要求以某种组合买卖产品。纯粹的捆绑销售是 421
搭售的常见形式，但搭售也有其他的形式。例如某厂商销售一种产品（如一种复印机），它的使用需要消费第二种产品（如复印纸）。购买第一种产品的消费者也被要求从同一个公司购买该第二种产品。这种要求通常是用合同保证的。注意这与我们早先讨论的捆绑销售的例子不同。在那些例子中，消费者只购买一种产品也完全可以，但在这个例子中，得不到第二种产品时第一种产品是完全无用的。

为什么厂商会用这种定价方法？搭售的主要好处之一是它常使得厂商可以计算需求，从而更有效地进行价格歧视。例如在 20 世纪 50 年代，当施乐对复印机垄断但没有对复印纸垄断时，租用施乐复印机的顾客必须购买施乐复印纸。这使得施乐可以算出消费量（频繁使用机器的顾客购买较多的纸），从而在对它的机器定价时应用两部收费制。同样也是在 20 世纪 50 年代，IBM 要求租用它的大型计算机的顾客使用由 IBM 制造的计算机纸卡。通过将这些纸卡的价格定得比边际成本高许多，IBM 成功地向需求较大的客户收取了较高的计算机使用费。[①]

搭售也能用于拓展厂商的垄断势力。正如我们在例 10.8 中所讨论的，1998 年美国司法部提起了针对微软的诉讼，控告微软把它的 IE 网络浏览器嵌入 Windows 98 操作系统中，目的是维持它在个人计算机操作系统中的垄断势力。

搭售也可以有其他用途。很重要的一个用途是保护消费者对一种品牌的信赖。这就是为什么特许经营者常常被要求从特许方处购买投入品。例如，美孚石油公司要求它的服务站只能销售美孚汽油和美孚电池等等。同样地，直到最近，麦当劳的特许经营者必须从麦当劳那里购买全部材料和用具——从包装纸到纸杯，从而确保产品的统一性和保护品牌。[②]

*11.6 广 告

我们已经看到了在做定价决策时厂商可以怎样使用它们的市场势力。定价对厂商是重要的，但大多数有市场势力的厂商还有另一个重要决策要做：花多少钱做广告。在本节中我们将看到有市场势力的厂商怎样能做出利润最大化的广告决策，以及这些决策是如何取决于对厂商产品的需求特征的。[③]

为了简单起见，我们假设厂商为它的产品只定一个价格。我们也假设在做了充分的市 422
场研究以后，它了解到需求量是怎样取决于它的价格 P 和它的广告支出 A 的，即它知道 $Q(P, A)$。图 11.20 给出了有和没有广告时厂商的需求曲线和成本曲线。AR 和 MR 是厂商不做广告时的平均收益曲线和边际收益曲线，而 AC 和 MC 是它的平均成本曲线和边际成本曲线。它生产产量 Q_0，此处 MR＝MC，得到价格 P_0，它的每单位利润是 P_0 和平均成

① 最终，反托拉斯行动迫使 IBM 改变了这种定价方法。

② 在某些案例中，法庭判决搭售不是保护消费者信赖必需的，并且是反竞争的，所以现在麦当劳的特许经营者可以从任何麦当劳批准的货源购买用具。参见 Benjamin Klein and Lester F. Saft, "The Law and Economics of Franchise Tying Contracts," *Journal of Law and Economics* 28 (May 1985)：345 - 361。

③ 完全竞争的厂商没有多少理由要去做广告，因为根据定义，它能以给定的市场价格卖掉它生产的所有产品。这就是为什么不常看到玉米或大豆的生产商做广告。

本之差，所以它的总利润 π_0 由深色阴影小矩形给出。

现在假设厂商要做广告。这引起它的需求曲线向外向右移动；新的平均收益曲线和边际收益曲线由 AR′和 MR′给出。广告是一种固定成本，所以厂商的平均成本曲线上升（到 AC′），但边际成本不变。在做广告时，厂商生产 Q_1（此处 MR′=MC），得到价格 P_1。它的总利润 π_1 由大的矩形给出，比 π_0 要大得多。

虽然做广告显然给图 11.20 中的厂商带来了利益，但该图却没有帮助我们确定应花多少钱做广告。我们的厂商必须选择价格 P 和广告支出 A 以使利润最大化，利润现在由下式给出：

$$\pi=PQ(P, A)-C(Q)-A$$

423 在给定价格时，更多的广告会带来更多的销量，从而带来更多的收益。但是厂商的利润最大化时的广告支出是多少？你可能会忍不住要说厂商应不断增加它的广告支出直到最后 1 美元广告费正好带回 1 美元额外的收益，即直到来自广告的边际收益 $\Delta(PQ)/\Delta A$ 正好等于 1。但正如图 11.20 所示，这种推理忽略了一个重要的因素。请记住广告导致产量增大（在图中，产量从 Q_0 增大到 Q_1），但产量增大反过来又意味着增加生产成本，而这一点在比较额外的 1 美元广告的成本-收益时必须考虑进去。

正确的决策是不断增加广告支出直至从 1 美元增加的广告中获得的边际收益 $\mathrm{MR_{Ads}}$ 恰好等于广告增加带来的全部边际成本。这个全部边际成本是直接花在广告上的这 1 美元与广告带来的销量增加所引起的边际成本之和，因此厂商应该做广告直到满足下式：

$$\mathrm{MR_{Ads}}=P\frac{\Delta Q}{\Delta A}=1+\mathrm{MC}\frac{\Delta Q}{\Delta A}=\text{广告的全部边际成本} \tag{11.3}$$

这个原则常常被经营者忽略，他们常常只是通过将期望收入（即加总的销售收入）与广告成本进行比较来判断广告预算，但增加的销量意味着边际生产成本的上升，这也是应该考虑进去的。[①]

图 11.20　广告的效应

说明：AR 和 MR 是厂商不做广告时的平均收益和边际收益，而 AC 和 MC 是平均成本和边际成本。厂商生产 Q_0，得到价格 P_0。它的总利润 π_0 由深色阴影小矩形给出。若厂商做广告，它的平均收益曲线和边际收益曲线向右移动，平均成本上升（到 AC′），但边际成本不变。厂商现在生产 Q_1（此处 MR′=MC），得到价格 P_1。它的总利润 π_1 现在更大了。

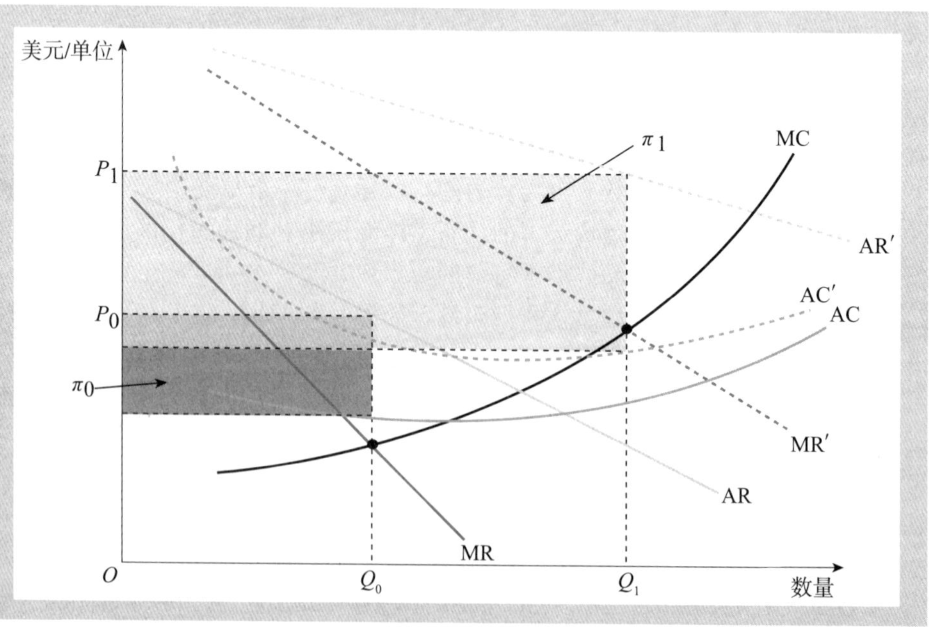

① 为了导出该式，要使用微积分，将 $\pi(Q, A)$ 对 A 求偏导，并令导数等于 0，即：$\partial\pi/\partial A=P(\partial Q/\partial A)-\mathrm{MC}(\partial Q/\partial A)-1=0$，整理可得式（11.3）。

广告的经验法则

类似 MR=MC 的法则，式（11.3）在实践中的应用有时是很困难的。在第 10 章我们看到，MR=MC 意味着下述定价的经验法则：$(P-\text{MC})/P=-1/E_D$，其中 E_D 是厂商需求的价格弹性。我们可以将定价的经验法则与式（11.3）结合起来，以得到一个广告的经验法则。

第一，将式（11.3）重写为

$$(P-\text{MC})\ \frac{\Delta Q}{\Delta A}=1$$

广告销售比 企业的广告支出与其销售额之比。

现在，将该式两边同时乘以 A/PQ，即**广告销售比**（advertising-to-sales ratio），得：

$$\frac{P-\text{MC}}{P}\left[\frac{A}{Q}\ \frac{\Delta Q}{\Delta A}\right]=\frac{A}{PQ}$$

括号中的项 $(A/Q)\cdot(\Delta Q/\Delta A)$ 为**需求的广告弹性**（advertising elasticity of demand），即广告支出增加 1%所引起的需求量的百分比变化，我们记作 E_A。由于 $(P-\text{MC})/P$ 必须等于 $-1/E_D$*，因此我们可将该式重写为： 424

需求的广告弹性 广告支出增加 1%所引起的需求量的百分比变化。

$$A/(PQ)=-(E_A/E_D) \qquad (11.4)$$

式（11.4）就是广告的经验法则。它说明为了使利润最大化，厂商的广告销售比应该等于负的需求广告弹性和需求价格弹性的比率。有了关于这两个弹性的信息（例如，通过市场研究），厂商可以用这个法则检查它的广告预算是太小还是太大。

为了更容易理解该法则，假设某厂商每年的收益为 100 万美元，只用 10 000 美元（收益的 1%）做广告。厂商知道它需求的广告弹性为 0.2，因而将它的广告预算从 10 000 美元增加到 20 000 美元会增加 20%的销售量。厂商也知道对它的产品的需求价格弹性为−4。在知道有一个−4 的需求价格弹性并且价格对边际成本的加成较大的前提下，厂商应该增加广告预算吗？答案是肯定的；式（11.4）告诉我们该厂商的广告销售比应该是−[0.2/(−4)]=5%，因此该厂商应该将它的广告预算从 10 000 美元增加到 50 000 美元。

这个简单法则具有很直观的意义。它说明当需求对广告非常敏感（E_A 很大）时，或当需求缺乏价格弹性（E_D 很小）时，厂商应该大做广告。虽然这是很显然的，但为什么当需求价格弹性小时厂商要做更多的广告？理由是小的需求价格弹性意味着在边际成本上的加成很高，因此多销售一单位产品带来的边际利润很高。在这种情况下，如果广告能帮助多销出几单位，这笔支出是值得的。①

❖例 11.6 实践中的广告

在例 10.2 中，我们考察了超市、便利店和品牌牛仔裤制造商对加成定价的运用，看到了在各个例子中在边际成本上的加成是如何取决于厂商的需求的价格弹性的。现在让我们看一下为什么这些厂商以及其他商品的生产商做尽可能多（或少）的广告。

---

* 原书为 E_P，应当是印刷有误，以下都把 E_P 改为 E_D。——译者注

① 广告常会影响需求的价格弹性，厂商应该考虑到这一点。对某些产品，广告能通过吸引很大范围的顾客而拓展市场，或创造出一种潮流效应。这大概会使得需求比本来更富有价格弹性。（但 E_A 应该会更大，所以广告仍然是值得的。）有时广告被用来将一种产品区别于其他产品（通过创造一种形象、诱惑或品牌标志），从而它的需求会比本来价格弹性要低。

首先是超市。我们说过一个典型超市的需求的价格弹性大约是−10。为了确定广告销售比，我们也需要知道需求的广告弹性。依据该超市位于国内哪个地方，以及它是在城区、郊区还是农村地区，该数值差异很大。但 0.1～0.3 是合理的范围。将这些数值代入式（11.4），我们发现一个典型的超市的经理应该有一个占销售额 1%～3%的广告预算——那也确实是许多超市在广告上所投入的数额。

425 便利店具有较低的需求价格弹性（在−5 左右），但它们的广告销售比通常低于超市（并且常常为零）。为什么？这是因为便利店大多是为住在附近的、可能在深夜需要购买少量东西或者不愿开车到超市的顾客服务的。这些顾客早就知道这个便利店，即使该店做广告也不大会改变他们的购买习惯。因此 E_A 很小，做广告是不值得的。

广告对品牌牛仔裤的制造商是很重要的，它们的广告销售比会高达 10%或 20%。我们已经说过，对核心品牌的需求的价格弹性典型地在−4 和−3 之间，而需求的广告弹性在 0.3 和 1 之间（广告在使得消费者了解该品牌和给它增加魅力与吸引力方面非常重要）。所以，这些广告投入的水平都是有意义的。

洗涤剂属于有最高的广告销售比的产品，有时会超过 30%，即使对任何一个品牌的洗涤剂的需求都至少像对品牌牛仔裤那么有弹性。怎样解释这些广告呢？答案是一个非常大的广告弹性。对任何一个品牌的洗涤剂的需求都决定性地取决于广告；没有广告，消费者几乎很少有选择任何一个品牌的依据。[①]

最后，表 11.7 列出了销售额、广告费用和几个主要品牌的非处方药的广告销售比。总体看来，该比率相当高。同洗涤剂一样，品牌药品的广告弹性非常高。Alka-Seltzer、Mylanta 和 Tums 都是具有相同疗效的抗酸药剂。销售额依赖于消费者对某一特定品牌的认同，这就需要做广告。

表 11.7 几个主要品牌非处方药的销售额和广告费用

	销售额（百万美元）	广告费用（百万美元）	广告销售比（%）
		止痛药	
Tylenol	855	143.8	17
Advil	360	91.7	26
Bayer	170	43.8	26
Excedrin	130	26.7	21
		抗酸药剂	
Alka-Seltzer	160	52.2	33
Mylanta	135	32.8	24
Tums	135	27.6	20
		感冒药（减轻充血）	
Benadryl	130	30.9	24
Sudafed	115	28.6	25
		咳嗽药	
Vicks	350	26.6	8
Robitussin	205	37.7	19
Halls	130	17.4	13

资料来源：Milt Freudenheim，“Rearranging Drugstore Shelves”，New York Times，September 27，1994.

① 关于对需求的广告弹性的统计测算方法，参见 Ernst R. Berndt，*The Practice of Econometrics*（Reading，MA：Addison-Wesley，1991），ch. 8。

小 结

1. 具有市场势力的厂商处于令人羡慕的地位，因为它们有赚取巨大利润的潜力，但要实现那种潜 426
力可能关键取决于厂商的定价策略。即使厂商只是设定单一价格，它也需要对产品的需求弹性做出估计。更加复杂的策略，其中可能要制定几个不同的价格，就需要关于需求的更多的信息。

2. 定价策略的目标是扩大厂商销售的顾客群，并尽可能多地攫取消费者剩余。有好几种方法可以做到这一点，而它们通常都涉及设定不止一种价格。

3. 在理想状态下，厂商会实行完全价格歧视，即对各消费者都索取他的保留价格。在实践中这几乎总是不可能的。另外，多种形式的不完全价格歧视常被用来增加利润。

4. 两部收费制是攫取消费者剩余的另一种方法。消费者必须支付一种入门费，然后他们才可以用每单位的价格购买产品。当顾客的需求相对一致时，两部收费制是最有效的。

5. 当需求有差异且负相关时，捆绑销售可以增加利润。在纯捆绑销售中，两种或更多种不同的产品只以成套的形式出售。在混合捆绑销售中，顾客既可以分别购买也可以成套购买。如果边际成本很高或者需求并不完全负相关，混合捆绑销售比纯捆绑销售更有利可图。

6. 捆绑销售是搭售的特例，搭售就是要求产品以某种组合买卖。搭售可用来计算需求或保护顾客对一种品牌的信赖。

7. 广告可进一步增加利润。利润最大化的广告销售比在数值上等于需求广告弹性和需求价格弹性的比率。

复习题

1. 假设某厂商能实行完全的一级价格歧视。它会定的最低价格是什么？它的总产量是多少？

2. 汽车推销员是怎样实行价格歧视的？正确利用歧视的能力是怎样影响他的收入的？

3. 电力事业公司常常实行二级价格歧视。为什么这可能会改善消费者的福利？

4. 给出一些三级价格歧视的例子。如果不同的消费群体有不同的需求水平但有相同的价格弹性，三级价格歧视会是有效的吗？

5. 说明为什么最优的三级价格歧视要求对各消费群体的边际收益等于边际成本。用这个条件解释当一消费群体的需求曲线外移，从而对该组的边际收益增加时，厂商应怎样变动它的价格和总产量。

6. 在对批发给经销商的汽车定价时，美国的汽车公司典型地对豪华配置（例如真皮座椅等）的成本上的百分比加成比对汽车本身或对较基本配置（如助力方向盘和自动变速箱）的加成要高得多。给出原因。

7. 为什么高峰负荷定价是价格歧视的一种形式？它能使消费者受益吗？举一个例子。

8. 如果某厂商有两个具有不同需求曲线的顾客，它怎样确定一种最优的两部收费？（假设它了解顾客的需求曲线。）

9. 为什么吉列安全剃须刀的定价是一种两部收费？吉列一定要是它的刀片以及它的剃须刀的垄断生产者吗？假设你正在为吉列咨询如何决定两部收费，你会建议它怎样做？

10. 在加利福尼亚州的伍德兰小镇，有许多牙医但只有一个眼科医生。对于牙齿检查或眼睛检查，哪个项目更可能向有钱人提供折扣价格？为什么？

11. 为什么 MGM 要将《飘》和《吉蒂的奖赏》捆绑销售？若捆绑销售能增加利润，需求必须具备什么特征？

12. 混合捆绑销售与纯捆绑销售有何不同？在什么条件下混合捆绑销售优于纯捆绑销售？为什么许多餐厅实行混合捆绑销售（通过供应套餐和点菜）而不是纯捆绑销售？

13. 搭售与捆绑销售有何不同？为什么厂商想要实行搭售？

14. 为什么广告投入增加到最后 1 美元广告支出正好产生 1 美元额外销售之点是不正确的？什么是边际广告支出的正确法则？

15. 厂商如何检查广告销售比是否合理？它需要什么信息？

练习题

1. 价格歧视需要有将顾客分类的能力和防止套利的能力。解释下列项目是怎样起到价格歧视的作用的，并讨论其分类和套利。

427 a. 至少一个周六晚上不能在家过夜的旅客才可以购买低价机票。

b. 坚持将水泥送货上门，并以购买者的住址作为定价基础。

c. 销售食品加工机时附送 10 美元的回扣。

d. 对卫生纸提供临时促销价。

e. 给高收入病人做整形外科手术的要价高于低收入病人。

2. 如果夫妻对汽车影院的需求比单身者更有弹性，则影院向开车者收门票费并向乘车者收额外的费用是最优的。这种做法是对还是错？请加以解释。

3. 在例 11.1 中，我们看到加工食品及相关消费品的制造商使用优惠券作为价格歧视的一种方式。尽管优惠券在美国很盛行，在其他一些国家情况却不同。例如在德国，使用优惠券是非法行为。

a. 禁止在德国使用优惠券是改善了还是恶化了德国消费者的境况？

b. 禁止在德国使用优惠券是改善了还是恶化了德国生产者的境况？

4. 假设宝马能够以常数边际成本 20 000 美元和 100 亿美元的固定成本生产任意数量的汽车。要求你就宝马应该给在欧洲市场的销售和在美国的销售定什么价格和数量向 CEO 提供咨询意见。各市场对宝马的需求由下列式子给出：

$$Q_E = 4\ 000\ 000 - 100P_E$$

$$Q_U = 1\ 000\ 000 - 20P_U$$

其中，下标 E 代表欧洲；下标 U 代表美国。假设宝马能够将美国的销售限制于只能由宝马授权的经销商来进行。

a. 厂商在各市场应该销售多少宝马汽车以及各个市场的价格为多少？总利润是多少？

b. 如果宝马被迫在各个市场制定相同的价格，在各个市场销售的数量是多少？均衡价格是多少？公司利润是多少？

5. 某垄断者正在决定如何在两个市场之间分配产量。两个市场在地理上是分开的（东海岸和中西部）。两个市场的需求和边际收益为：

$$P_1 = 15 - Q_1 \quad \mathrm{MR}_1 = 15 - 2Q_1$$

$$P_2 = 25 - 2Q_2 \quad \mathrm{MR}_2 = 25 - 4Q_2$$

垄断者的总成本为 $C=5+3\times(Q_1+Q_2)$。请问在以下两种情况下价格、产量、利润、边际收益和无谓损失各为多少：（1）如果垄断者可以采取价格歧视；（2）如果法律禁止在两个地区索要不同的价格？

*6. 伊丽莎白航空公司（EA）只飞一条航线：芝加哥—檀香山。对这条航线上各航班的需求是 $Q=500-P$。伊丽莎白运行各个航班的成本是 30 000 美元，增加一个乘客成本增加 100 美元。

a. EA 的利润最大化价格是多少？每个航班会有多少乘客？EA 每个航班的利润是多少？

b. EA 了解到每个航班的固定成本是 41 000 美元而不是 30 000 美元，它会长期经营下去吗？画一张由 EA 面临的需求曲线、当固定成本为 30 000 美元时 EA 的平均成本曲线，以及当固定成本为 41 000 美元时 EA 的平均成本曲线构成的图来演示你的答案。

c. 等一下！EA 发现有两种不同类型的人飞到檀香山。类型 A 是需求为 $Q_A=260-0.4P$ 的商务人员。类型 B 是总需求为 $Q_B=240-0.6P$ 的学生。学生是很容易识别的，所以 EA 决定对他们制定不同的价格。画出各条需求曲线及各曲线之和。EA 给学生定什么价？它对其他乘客定什么价？各航班上各类型乘客各有多少？

d. 各个航班 EA 的利润将是多少？它还会继续经营下去吗？计算各消费群体的消费者剩余。总的消费者剩余是多少？

e. 在 EA 开始实行价格歧视之前，需要到檀香山旅行的类型 A 乘客的消费者剩余是多少？类型 B 呢？为什么总剩余会随着价格歧视而下降，虽然销售总量没有变化？

7. 许多录像带零售店提供两种可选的租片方式：

a. 两部收费。支付一笔年度会员费（例如 40 美元），然后在日常租赁影片时支付较低的费用（例如每部影片每天 2 美元）。

b. 直接支付租赁费。不支付会员费，但支付较高的日租费（例如每部影片每天 4 美元）。

在本例中两部收费背后的理由是什么？为什么要给顾客两种选择方案，而不是只有两部收费一种方案？

8. Sal 卫星公司向纽约和洛杉矶的订户发送电视节目。两地订户群体的需求曲线分别为：

$$Q_{NY} = 60 - 0.25P_{NY}$$

$$Q_{LA} = 100 - 0.5P_{LA}$$

其中，Q以每年千户计；P为年定价。提供Q单位服务的成本为：

$$C = 1\,000 + 40Q$$

其中，$Q = Q_{NY} + Q_{LA}$。

a. 纽约市场和洛杉矶市场的利润最大化价格和数量各是多少？

b. 作为五角大楼部署的一颗新卫星的结果，洛杉矶人可以接收到Sal在纽约发送的节目，而纽约人也可接收到Sal在洛杉矶发送的节目。这样纽约或洛杉矶的任何人只要在任一城市付费就可收到Sal的节目。因此，Sal只能制定单一的价格。它会制定什么价格，以及它在纽约和洛杉矶能销售多大数量呢？

c. 在上面的a部分和b部分中，在哪种情况下，Sal的境况更好？从消费者剩余的角度看，纽约人偏爱哪种情况？洛杉矶人偏爱哪种情况？为什么？

*9. 你是出租超级计算机的超级计算机公司（SC）的执行官。SC出租计算机每次可以得到一个固定的租费（与使用时间无关），并从每秒钟的使用时间中收费P美分。SC有相同数目的两类潜在客户——10个企业和10个学术机构。各个企业客户有需求函数$Q = 10 - P$，其中Q以每月百万秒计；各学术机构有需求函数$Q = 8 - P$。SC增加的计算时间的边际成本为每秒2美分，不管总量是多少。

a. 假设你能将企业和学术机构分开，你对各组索要的租费和使用费各是多少？你的利润是多少？

b. 假设你无法把两类客户分开，且你不要租费，使你利润最大的使用费是多少？你的利润又是多少？

c. 假设你制定一种两部收费，即制定一种企业客户和学术机构客户共同的租费和使用费。你所制定的使用费和租费各为多少？你的利润是多少？解释为什么价格不等于边际成本。

10. 作为一个孤立的富裕新区唯一的网球俱乐部的拥有者，你必须决定会员费和场地时间费。有两种类型的网球手。"网球发烧友"的需求为：

$$Q_1 = 10 - P$$

其中，Q_1是每周场地小时；P为每人每小时的费用。

"散客"球手的需求为：

$$Q_2 = 4 - 0.25P$$

设各种类型都有1 000人。你有足够的场地，因而场地时间的边际成本为零。你有每周10 000美元的固定成本。"网球发烧友"和"散客"球手看上去类似，所以你必须对他们制定同样的价格。

a. 假设为了保持一种"职业"气氛，你想将会员限 428
制于"网球发烧友"。你将如何制定年会员费和场地费（假设每年为52周）以使利润最大化（记住只有"网球发烧友"会选择入会）？

b. 有个朋友告诉你，鼓励两类网球手都入会你能赚取更多利润。这个朋友所讲的有道理吗？多少年会员费和场地费会使周利润最大化？利润是多少？

c. 假设过了几年，年轻的、进取的专业人员搬到你的社区，他们都是"网球发烧友"。你相信现在有3 000个"网球发烧友"和1 000个"散客"球手。对"散客"球手开放还有利可图吗？利润最大化的年会员费和场地费是多少？每周利润是多少？

11. 图11.12反映了三个消费者对两种产品的保留价格。假设两种产品的边际生产成本都是零，生产商通过分开出售、纯捆绑销售还是混合捆绑销售（即既分开销售，也捆绑销售）能赚到最多的钱？价格应怎样定？

12. 回到图11.17。设边际成本c_1和c_2为0，证明在这种情况下纯捆绑销售而不是混合捆绑销售是最有利可图的定价策略。这个捆绑销售该定价多少？而厂商的利润是多少？

13. 许多年前，《纽约时报》上出现了一篇关于IBM的定价政策的文章。此前一天IBM宣布对它的大多数中小型计算机削价。文章说：

> IBM要使得它的顾客更多购买而较少租赁计算机，除了定期降价外，大概别无选择。如果它成功了，这就会使得IBM的主要竞争者的日子更难过。摩根士丹利的奥列克·韦尔（Ulric Weil）在他的新书《80年代的信息系统》中这样说道："计算机的买断是不断扩大的IBM的收益和利润所必需的。"韦尔宣称，IBM不会再回到强调租赁的时代。

a. 提出一个简短但清楚的支持IBM应该试图"使顾客更多购买而较少租赁"的声明的论证。

b. 提出一个简短但清楚的反对该声明的论证。

c. 什么因素决定，究竟是租赁还是销售，对像IBM
这样的公司更有利？试做简短解释。 429

14. 你在一个由三个消费者组成的市场上销售产品1和产品2。三个消费者的保留价格如下：

	保留价格（美元）	
消费者	产品1	产品2
A	20	100
B	60	60
C	100	20

各产品的单位成本为 30 美元。

a. 对分开销售两种产品、纯捆绑销售和混合捆绑销售，分别计算价格和利润。

b. 哪种策略是最有利可图的？为什么？

15. 你的企业生产两种产品，对它们的需求是相互独立的。两种产品生产的边际成本都是零。你面临有下列保留价格的四个消费者（或四个消费群体）：

消费者	产品 1（美元）	产品 2（美元）
A	25	100
B	40	80
C	80	40
D	100	25

a. 考虑三种可选定价策略：（1）分开销售；（2）纯捆绑销售；（3）混合捆绑销售。对各种策略，确定最优定价和相应的利润。哪种策略是最好的？

b. 现在假设每种产品的生产都有 30 美元的边际成本。你对 a 部分中问题的答案会怎样变化？为什么最优策略现在不同了？

16. 一个有线电视公司，除基本服务外，还提供两种产品：体育频道（产品 1）和电影频道（产品 2）。基本服务的用户可以分别订购这两种附加服务，每月各自收取的价格为 P_1 和 P_2，或者可以按价格 P_B 购买两种产品的捆绑服务，且 $P_B<P_1+P_2$（用户也可以不购买附加服务，只购买基本服务）。附加服务的边际成本为零，通过市场调查，公司估计出了它所服务地区的一群具有代表性的顾客对这两项服务的保留价格。保留价格（以×表示）与 P_1、P_2 和 P_B 都标在图 11.21 中，该图被划分为Ⅰ、Ⅱ、Ⅲ和Ⅳ四个区域。

a. Ⅰ区的消费者会购买何种产品？Ⅱ区、Ⅲ区、Ⅳ区呢？请简短解释。

b. 如图所示，体育频道和电影频道的保留价格负相关，为什么你认为或者不认为消费者对有线电视频道的保留价格是负相关的呢？

c. 公司副总裁曾说过："因为提供附加频道的边际成本为零，混合捆绑销售不比纯捆绑销售更有优势。如果我们把体育频道和电影频道一起捆绑销售而且仅提供捆绑销售，那么我们同样可获得高额利润。"你是否同意这一观点？为什么？

d. 假设有线电视公司继续以混合捆绑销售的形式出售这两项服务。根据图 11.21 保留价格的分布，有线电视公司是否应该改变它目前的定价？如果应该，该如何改变？

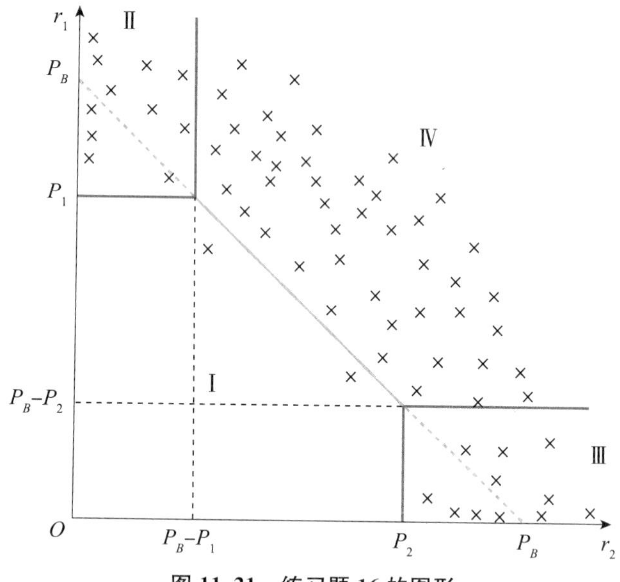

图 11.21　练习题 16 的图形

*17. 一个有垄断势力的厂商面对的需求曲线为：

$$P=100-3Q+4A^{1/2}$$

而总成本函数为：

$$C=4Q^2+10Q+A$$

其中，A 是广告支出水平；P 和 Q 分别是价格和产量。

a. 找出实现厂商利润最大化的 A、Q 和 P 的值。

b. 计算该厂商在利润最大化时的 A、Q 和 P 水平下，垄断势力的勒纳指数 $L=(P-MC)/P$ 的值。

第 11 章附录　纵向联合厂商

横向联合
几个分部为公司生产相同或类似产品的一种组织形式。

431 许多厂商是联合一体化的——由多个分部组成，每一分部都有各自的管理者。一些厂商是**横向联合**（horizontally integrated）的：企业的多个分部生产相同或密切相关的商品。我们在第 10.1 节曾经讨论过的多工厂厂商就是一例。一些厂商是**纵向联合**（vertically integrated）的：它们由多个分部组成，其中一些分部生产的东西构成另一些分部用来生产

纵向联合 一个公司有几个分部，这些分部提供零部件给公司来生产产成品的一种组织形式。

最终产品的原料。例如，汽车企业有上游分部，分别生产发动机、制动器、水箱和其他部件，而下游分部会用这些部件完成汽车的生产。（一些厂商既是横向联合的，也是纵向联合的。）

本附录将解释纵向联合厂商的相关议题。正如我们将要看到的，纵向联合有重要的好处，不过也导致了复杂的定价决策：厂商怎样估价从上游分部传递到下游分部的中间产品呢？厂商必须确定**转移价格**（transfer prices），也就是上游分部的零部件"卖"给下游分部的内部价格。转移价格必须选择正确，因为它们是分部经理们用来决定产量的信号。

转移价格 厂商内上游部门的零部件在"卖"给下游部门时的内部价格。

我们将首先解释纵向联合的好处——包括对企业的好处，也包括对购买最终产品的消费者的好处。不过，有些企业并不是纵向联合的；它们只是从其他独立的企业购买零部件。为了理解其中的原因，我们将解释转移定价，并证明一个纵向联合的厂商如何制定转移价格从而最大化总体的利润水平。

为什么要实行纵向联合？

纵向联合有很多优势。如果上游分部和下游分部同属于一个企业，就可以更好地保证零部件的及时生产和传递，也可以更好地保证零部件的制造能更加准确地满足下游分部的需求。（当然，上游企业和下游企业间细致而严密的合同也可以达到相同的目的。）不过，纵向联合的最大优势在于避免了"双重边际化"（double marginalization）问题，即避免了双向的加成。

市场势力与双重边际化

通常，在供应链条上的一个或多个企业间相互的销售存在市场势力。例如，联合科技和通用电气在生产喷气发动机上都有垄断势力，它们会把喷气发动机出售给波音和空中客车，而这两个企业在商用机市场上具有垄断势力。在此供应链上的厂商如何运用它们的垄断势力呢？价格和产出将受到什么影响？如果将一个上游企业和一个下游企业整合为纵向联合的新厂商，结果会更加有利吗？消费者的境况会如何变化呢？ 432

为了回答这些问题，请考虑下面的例子。假设一个发动机制造企业在发动机市场上具有垄断势力，而一个购买这一发动机的汽车制造商在汽车市场上具有垄断势力。如果它们联合为一体，市场势力是否会引起两个企业的利润上升？最终产品的消费者——买车人——的境况是变好还是变坏了呢？（还没有读过本书的）许多人对第一个问题的回答是"很可能上升"，对第二个问题的回答是"变坏"。不过，事实是在这种类型的市场势力条件下，纵向联合会对两个企业都有好处，同时也会给消费者带来好处。

独立的厂商 为了说明这一点，考虑下面的简单例子。假设一个垄断性的特定发动机生产商以一个不变边际成本 c_E 生产那种发动机，并且以价格 P_E 出售。一个垄断性的运动汽车生产商购买这种发动机，并以价格 P 出售其汽车。对汽车的需求为

$$Q=A-P \qquad \text{(A11.1)}$$

其中，常数 $A>c_E$。为了让这个例子尽可能简单，我们要假设汽车生产商只有发动机成本。(作为习题，你可以通过假设还存在一个组装汽车的不变边际成本 c_A 来重新计算一下本例。)

如果两个企业彼此独立，那么汽车生产商将把发动机价格看作给定的，选择一个汽车

价格来实现最大化利润：

$$\pi_A=(P-P_E)\ (A-P) \tag{A11.2}$$

你可以验证，在给定 P_E时，利润最大化的汽车价格为[①]：

$$P^*=\frac{1}{2}(A+P_E) \tag{A11.3}$$

则汽车生产商出售的汽车数量和企业的利润为[②]：

$$Q=\frac{1}{2}(A-P_E) \tag{A11.4}$$

$$\pi_A=\frac{1}{4}(A-P_E)^2 \tag{A11.5}$$

发动机生产商又如何呢？它选择发动机的价格 P_E以最大化其利润：

$$\begin{aligned}\pi_E&=(P_E-c_E)Q(P_E)\\&=(P_E-c_E)\ \frac{1}{2}(A-P_E)\end{aligned} \tag{A11.6}$$

433 你可以证明，发动机的利润最大化价格为[③]：

$$P_E^*=\frac{1}{2}(A+c_E) \tag{A11.7}$$

那么，发动机生产商的利润等于：

$$\pi_E^*=\frac{1}{8}(A-c_E)^2 \tag{A11.8}$$

现在，回到式（A11.5）的汽车生产商的利润上，代入式（A11.7）的发动机价格。你将看到汽车生产商的利润变为：

$$\pi_A^*=\frac{1}{16}(A-c_E)^2 \tag{A11.9}$$

因此，两个厂商的总利润为：

$$\pi_{\text{TOT}}^*=\pi_A^*+\pi_E^*=\frac{3}{16}(A-c_E)^2 \tag{A11.10}$$

而消费者支付的汽车价格为：

$$P^*=\frac{1}{4}(3A+c_E) \tag{A11.11}$$

纵向联合 现在假设发动机生产商和汽车制造商合并组成了一个纵向联合的厂商。该厂商的管理者将选择一个汽车价格来最大化厂商的利润：

$$\pi=(P-c_E)(A-P) \tag{A11.12}$$

利润最大化的汽车价格现在变为：

$$P^*=(A+c_E)/2 \tag{A11.13}$$

从而会得到一个利润：

$$\pi^*=\frac{1}{4}(A-c_E)^2 \tag{A11.14}$$

通过观察可以发现，实行纵向联合后的厂商利润高于独立经营条件下两个厂商的利润

---

① 令 π_A对 P 求导，并令导数等于 0。

② 将式（A11.3）的 P^*代入式（A11.1）中，可以求出 Q，代入式（A11.2）中可以求出 π_A。

③ 现在令 π_E对 P_E求导，并令导数等于 0。

之和。而且，实行纵向联合后消费者支付的汽车价格也下降了。[这一事实可以通过比较式（A11.11）和式（A11.13）而看出，注意 $A>c_E$。] 因此，纵向联合不仅有利于合并的厂商，也有利于消费者。

> **双重边际化** 当垂直链条中的每个厂商都进行边际成本的加成定价时，最终产品的价格会提高。

双重边际化 为什么纵向联合会对合并后的厂商和消费者都带来好处呢？答案在于纵向联合可以避免**双重边际化**（double marginalization）问题。当两个厂商独立经营时，每个厂商都通过自己的垄断势力进行边际成本之上的价格加成。不过，为了做到这一点，每个 434
厂商都要压缩产量。发动机生产商压缩产量以令价格可以加成从而超过边际成本，而汽车生产商也进行类似的决策。这种双重边际化将价格推高到高于一体化厂商的单次边际化或单次加成定价。

这个双重边际化的例子可以用图 A11.1 来描述。该图描述了汽车的需求曲线（平均收益曲线）和对应的边际收益曲线。对汽车生产商来说，汽车的边际收益曲线就是对发动机的需求曲线（实际上，就是对发动机的净边际收益）。它描述了汽车制造商购买发动机的数量是价格的函数。从发动机生产商的视角来看，这条曲线是发动机的平均收益曲线（也就是发动机生产商面对的发动机需求曲线）。与此需求曲线对应的发动机厂商的边际收益曲线在图中被标为 MR_E。如果这个发动机厂商和这个汽车厂商是彼此独立的实体，则发动机厂商将生产的发动机数量是使得其边际收益曲线与边际成本曲线相交的点。在图形中，这一点被标记为 Q'_E。汽车厂商将购买这些发动机并生产等量的汽车，因此，汽车的价格为 P'_A。

图 A11.1 双重边际化的例子

说明：对于汽车厂商来说，汽车的边际收益曲线就是对发动机的需求曲线（对发动机的边际收益曲线）。发动机厂商的这一需求曲线对应的边际收益曲线为 MR_E。如果发动机厂商和汽车厂商是独立的实体，发动机厂商将生产 Q_E，从而令其边际收益曲线与边际成本曲线相交。汽车生产商将购买这一数量的发动机并生产出等量的汽车，因此，汽车的价格会是 P'_A。不过，如果两个厂商合二为一，则联合厂商将面对需求曲线 AR_{CARS} 和边际收益曲线 MR_{CARS}。它生产的数量会使得汽车的边际收益 MR_{CARS} 与汽车的生产成本 MC_E 相等，因此，会有更多的发动机及汽车产量和更低的汽车价格。

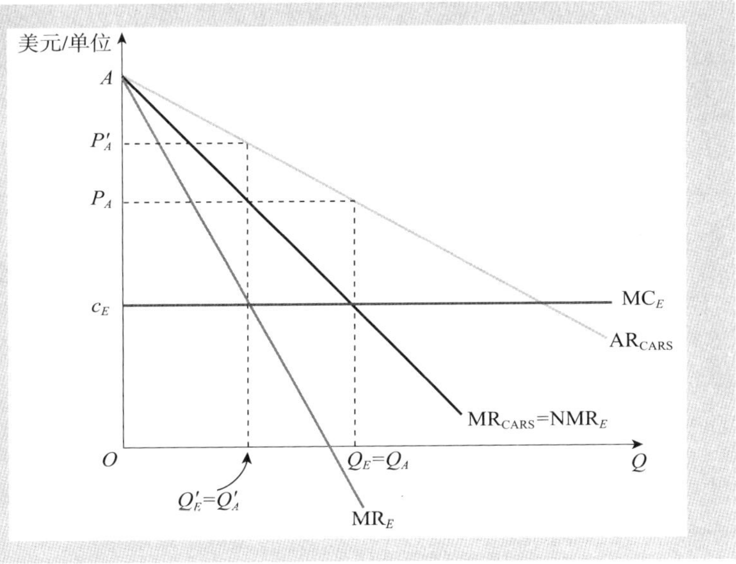

如果两个厂商合二为一会怎么样呢？合并后的厂商将具有需求曲线 AR_{CARS} 和对应的边际收益曲线 MR_{CARS}。它将生产等量的发动机和汽车，这一数量位于汽车的边际收益曲线与汽车的边际成本曲线相交的点，在本例中汽车的边际成本简单地等于发动机的边际成本。如图所示，这会带来相对更多的发动机和汽车产量以及更低的汽车价格。

纵向联合的替代选择 如果纵向联合并不可行，还有什么方法可以降低双重边际化的
影响呢？第一种解决方法是上游企业尽可能地努力使得下游的市场具有竞争性，从而降低 435
双重边际化。因此，作为处理器的垄断者，英特尔公司会想方设法保证个人计算机市场保

持高度竞争性，甚至会帮助那些处于破产边缘的企业渡过危机。

数量强制 用销售配额或其他激励措施来令下游企业尽可能多生产。

第二种应对双重边际化的方法被称作**数量强制**（quantity forcing）。此思想是通过对下游企业施加销售配额或其他限制，令这些下游企业无法降低产量从而实施边际化。例如，汽车厂商会对销售商（具有某种程度的垄断势力）提供资金激励，让它们尽可能多地销售汽车。

联合一体化厂商的内部转移定价

我们现在转向纵向联合厂商的利润最大化决策，讨论它如何选择转移价格和不同分部的产出数量。我们从一个最简单的情形开始：不存在上游分部产品的外部市场的情形，即上游分部生产的产品既没有任何其他厂商生产，也没有任何其他厂商使用。之后，我们会考察存在上游分部产品的外部市场的情形。

不存在外部市场时的转移定价

再看一下图 A11.1。我们可以看到，如果厂商是联合一体化的，则生产的利润最大化发动机和汽车产量为 $Q_E=Q_A$，这一点使得 MR_{CARS} 等于生产汽车的边际成本 MC_E。现在，假设下游的汽车分部必须向上游的发动机分部支付一个发动机的转移价格。这一转移价格应该为多少呢？它应该等于生产发动机的边际成本 MC_E。为什么？因为这样汽车分部就可以有一个等于 MC_E 的汽车生产边际成本了，从而即使它只是为了汽车分部而进行利润最大化决策，也会生产出正确的汽车数量。

考虑这一问题的另一个方式是通过机会成本的概念。这个纵向联合厂商为了多生产一辆汽车而多使用一个发动机的边际成本是什么？就是发动机的边际生产成本。因此，我们有一个简单法则：任何上游分部生产的部件的转移价格都要等于这种部件的边际生产成本。

你可能会指出，图 A11.1 给出的例子过于简化，因为它假设汽车的唯一生产成本只有发动机的成本。因此，现在我们考虑一个有三个分部的厂商：两个上游分部给一个下游组装分部提供投入品。两个上游分部的生产数量分别为 Q_1 和 Q_2，总成本分别为 $C_1(Q_1)$ 和 $C_2(Q_2)$。下游分部的产量 Q 由下述生产函数决定：

$$Q=f(K, L, Q_1, Q_2)$$

其中，K 和 L 分别是资本和劳动投入，而 Q_1 和 Q_2 是来自上游分部的中间产品投入。除了投入品 Q_1 和 Q_2 的成本外，下游分部还有一个总成本 $C_d(Q)$。销售最终产品的总收益为 $R(Q)$。

436 我们假设不存在中间投入品 Q_1 和 Q_2 的外部市场，它们只能被下游分部使用。这样该厂商有两个问题：

（1）实现其最大利润的产量 Q_1、Q_2 和 Q 是多少？

（2）是否存在可以分散化厂商管理的激励计划？特别是，是否存在一组转移价格 P_1 和 P_2，使得如果各分部使它自己的利润最大化，则整个厂商的利润也会最大化？

为了解决这些问题，我们注意到厂商的总利润为

$$\pi(Q)=R(Q)-C_d(Q)-C_1(Q_1)-C_2(Q_2) \qquad \text{(A11.15)}$$

现在，使这个利润最大化的 Q_1 的水平是多少？它就是最后一单位 Q_1 的成本恰好等于它给厂商带来的额外收益的水平。生产额外一单位 Q_1 的成本就是边际成本 $\Delta C_1/\Delta Q_1=\mathrm{MC}_1$。这一单位带来的额外收益是多少呢？额外一单位 Q_1 使得厂商可以多生产的 Q 的数量为 $\Delta Q/\Delta Q_1=\mathrm{MP}_1$，即 Q_1 的边际产出。额外一单位最终产品会带来额外收益 $\Delta R/\Delta Q=\mathrm{MR}$，但它也给下游分部带来数量为 $\Delta C_d/\Delta Q=\mathrm{MC}_d$ 的额外成本。因而，厂商从生产额外一单位 Q_1 所赚到的净边际收益（net marginal revenue）NMR_1 为 $(\mathrm{MR}-\mathrm{MC}_d)\mathrm{MP}_1$。令它等于该单位的边际成本，我们可得到利润最大化的下列法则①：

$$\mathrm{NMR}_1=(\mathrm{MR}-\mathrm{MC}_d)\mathrm{MP}_1=\mathrm{MC}_1 \qquad \text{(A11.16)}$$

对第二种中间投入品用相同的步骤推导得到

$$\mathrm{NMR}_2=(\mathrm{MR}-\mathrm{MC}_d)\mathrm{MP}_2=\mathrm{MC}_2 \qquad \text{(A11.17)}$$

注意根据式（A11.16）和式（A11.17），通过令边际收益等于下游分部的边际成本，即通过令 $\mathrm{MR}=\mathrm{MC}_d$ 确定厂商的最终产出水平 Q 是不正确的。这样做忽略了生产中间投入品的成本（MR 大于 MC_d 是因为这个成本是正的）。同样也请注意式（A11.16）和式（A11.17）是边际分析的标准条件——各上游分部的产量应满足它的边际成本等于它对整个厂商利润的边际贡献。

现在，对下游分部使用的中间投入品应该制定什么样的转移价格 P_1 和 P_2 呢？记住，如果三个分部各自用这些转移价格最大化分部自身的利润，整个厂商的利润也应该最大化。两个上游分部要最大化它们的利润 π_1 和 π_2，由下式给出：

$$\pi_1=P_1Q_1-C_1(Q_1)$$

$$\pi_2=P_2Q_2-C_2(Q_2)$$

因为上游分部将 P_1 和 P_2 当作给定的，它们会选择 Q_1 和 Q_2 使得 $P_1=MC_1$ 和 $P_2=MC_2$。同样地，下游分部要最大化利润 437

$$\pi(Q)=R(Q)-C_d(Q)-P_1Q_1-P_2Q_2$$

因为下游分部也将 P_1 和 P_2 当作给定的，所以它会选择 Q_1 和 Q_2，使得

$$(\mathrm{MR}-\mathrm{MC}_d)\mathrm{MP}_1=\mathrm{NMR}_1=P_1 \qquad \text{(A11.18)}$$

$$(\mathrm{MR}-\mathrm{MC}_d)\mathrm{MP}_2=\mathrm{NMR}_2=P_2 \qquad \text{(A11.19)}$$

注意，通过令转移价格等于各自的边际成本（$P_1=\mathrm{MC}_1$ 和 $P_2=\mathrm{MC}_2$），由式（A11.16）和式（A11.17）给出的利润最大化条件将得到满足。因此，转移定价问题有一个简单解：令各转移价格等于相应的上游分部的边际成本。这样当让各分部利润最大化时，上游分部想要生产的数量 Q_1 及 Q_2 和下游分部想要“购买”的数量是相同的，且它们会最大化厂商的整体利润。

为了用图形来对此加以描述，我们引入一个赛车公司的例子。假设莱斯卡摩托赛车公司（Race Car Motors，Inc.）有两个分部，上游的发动机分部生产发动机，而下游的装配分部用一台发动机（和一些其他零件）装配汽车。在图 A11.2 中，平均收益曲线 AR 是对莱斯卡摩托赛车公司的汽车的需求曲线（注意该厂商在汽车市场上有垄断势力）。MC_A 是装

① 使用微积分，我们可以通过将式（A11.15）对 Q_1 求导得：

$$d\pi/dQ_1=(dR/dQ)(\partial Q/\partial Q_1)-(dC_d/dQ)(\partial Q/\partial Q_1)-dC_1/dQ_1$$

$$=(\mathrm{MR}-\mathrm{MC}_d)\mathrm{MP}_1-\mathrm{MC}_1$$

令 $d\pi/dQ_1=0$ 以最大化利润，就得出式（A11.4）。

配汽车的边际成本，给定发动机（即不包括发动机的成本）。因为每辆汽车需要一台发动机，所以发动机的边际产出为 1。因此，标有 $MR-MC_A$ 的曲线也是发动机的净边际收益曲线：

$$NMR_E=(MR-MC_A)MP_E=MR-MC_A$$

438 利润最大化的发动机数量（及汽车数量）由净边际收益曲线 NMR_E 与发动机的边际成本曲线 MC_E 的交点给出。确定了它要生产的汽车的数量并知道它的各分部的成本函数之后，莱斯卡摩托赛车公司的经营者现在可以制定出正确反映发动机价值的转移价格了。这个转移价格会被用于计算分部利润（及分部经理的年终奖金）。

图 A11.2　莱斯卡摩托赛车公司

说明：厂商的上游分部应该生产使生产发动机的边际成本 MC_E 与下游分部发动机的净边际收益 NMR_E 相等的发动机数量 Q_E。由于厂商在每辆汽车中使用一台发动机，NMR_E 就是销售汽车的边际收益与装配的边际成本之差，即 $MR-MC_A$。发动机的最优转移价格 P_E 等于生产它的边际成本。成品车以价格 P_A 销售。

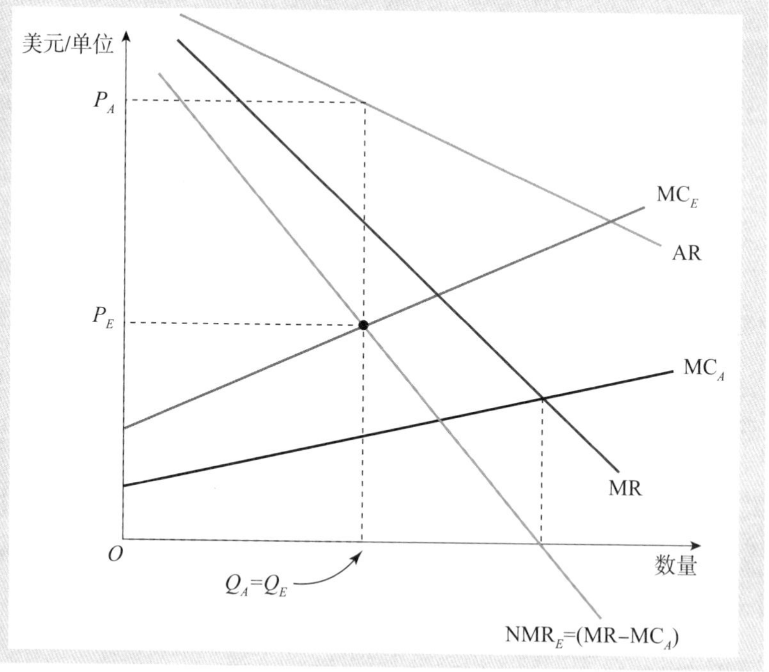

存在竞争性外部市场时的转移定价

现在假设存在一个上游分部生产的中间产品的竞争性外部市场。因为外部市场是竞争性的，所以买卖该产品只有单一的市场价格。因此，该中间产品的边际成本简单地就是市场价格。因为最优转移价格必须等于边际成本，所以它也必须等于此竞争性市场价格。

为了弄清这一点，假设存在一个莱斯卡摩托赛车公司生产的发动机的竞争性市场。如果市场价格低，莱斯卡摩托赛车公司可能想要在该市场购买部分或全部发动机；如果市场价格高，它可能想在该市场卖出发动机。图 A11.3 描述了第一种情况。对低于 $Q_{E,1}$ 的产量，上游分部生产发动机的边际成本 MC_E 是低于市场价格 $P_{E,M}$ 的，而对于 $Q_{E,1}$ 以上的产量，上述边际成本高于市场价格。厂商应以最低的价格获得发动机，因而发动机的边际成本 MC_E^* 对小于等于 $Q_{E,1}$ 的数量来说就是上游分部的边际生产成本，对大于 $Q_{E,1}$ 的数量来说就是市场价格。注意，莱斯卡摩托赛车公司比不存在外部发动机市场时使用更多发动机和生产更多汽车。下游分部现在总共购买 $Q_{E,2}$ 台发动机和生产等量的汽车。不过，它从上游分部只“购买”这些发动机中的 $Q_{E,1}$ 台，其余的在公开市场上购买。

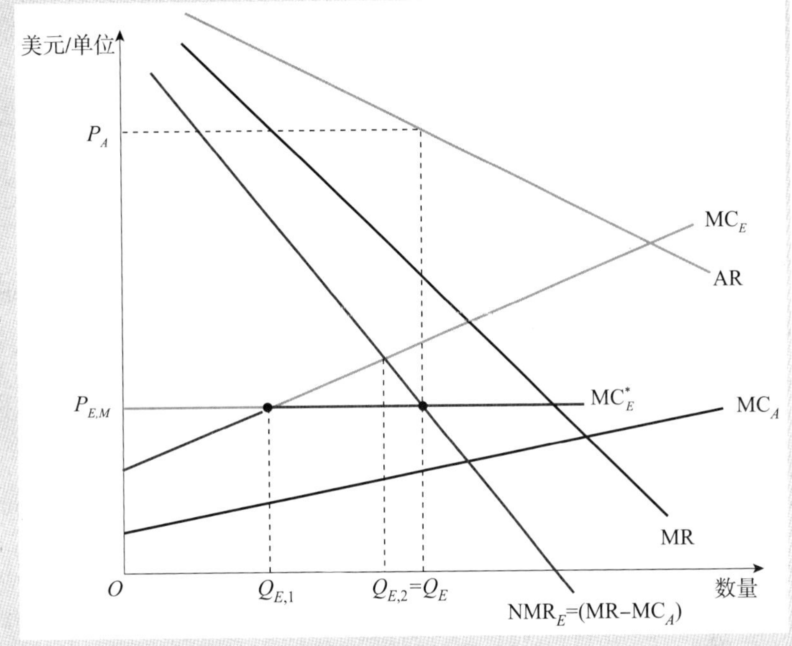

图 A11.3　在竞争性外部市场购买发动机

说明：对小于 $Q_{E,1}$ 的数量，厂商发动机的边际成本 MC_E^* 就是上游分部的边际成本，对 $Q_{E,1}$ 以上的数量，则是市场价格 $P_{E,M}$。下游分部应该使用总数为 $Q_{E,2}$ 的发动机生产等量的汽车；此时发动机的边际成本就等于净边际收益。这些发动机中的 $Q_{E,2}-Q_{E,1}$ 从外部市场购买。下游分部对余下的 $Q_{E,1}$ 台发动机"支付"给上游分部转移价格 $P_{E,M}$。

看起来似乎很奇怪，当它可以自己制造那些发动机时，莱斯卡摩托赛车公司为什么还必须到公开市场去购买发动机？不过，如果它自己制造所有的发动机，它生产发动机的边 439
际成本就会超过竞争性市场价格，虽然上游分部的利润会更高，但厂商的总利润会更低。

图 A11.4 反映了莱斯卡摩托赛车公司在外部市场卖出发动机的情形。现在竞争性市场价格 $P_{E,M}$ 高于没有外部市场时厂商会制定的转移价格。在这种情况下，上游发动机分部会生产 $Q_{E,1}$ 台发动机，但只有 $Q_{E,2}$ 台被下游分部用于生产汽车。其余的以价格 $P_{E,M}$ 销往外部市场。

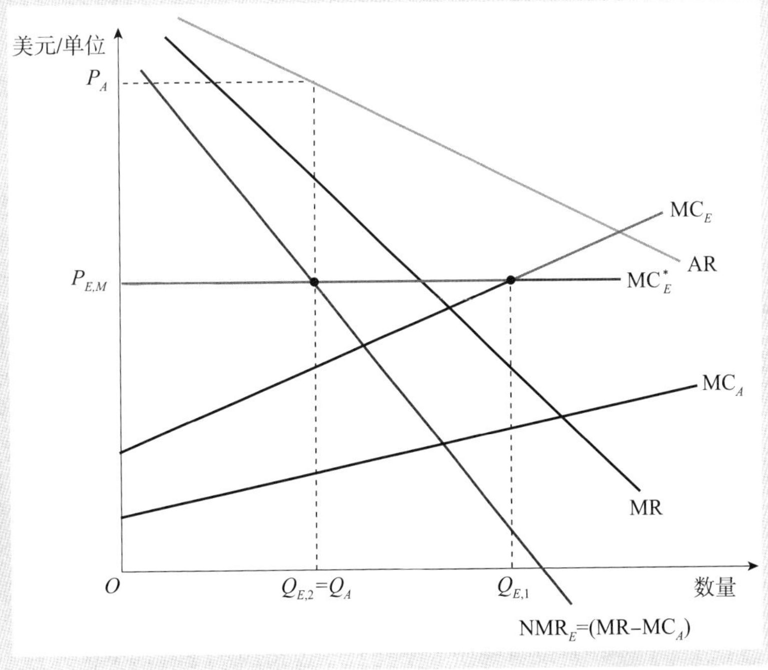

图 A11.4　莱斯卡摩托赛车公司在竞争性外部市场卖出发动机

说明：最优转移价格现在仍是市场价格 $P_{E,M}$。该价格高于 MC_E 与 NMR_E 的交点，所以上游分部在外部市场卖出部分发动机。上游分部生产 MC_E 等于 $P_{E,M}$ 处的数量 $Q_{E,1}$ 台发动机。下游分部只使用其中的 $Q_{E,2}$ 台，NMR_E 等于 $P_{E,M}$ 处的数量。与没有外部市场的图 A11.2 相比较，该公司生产了更多的发动机但更少的汽车。

注意与不存在外部市场的情况相比，莱斯卡摩托赛车公司现在生产更多的发动机但更少的汽车。为什么生产了这个较大数量的发动机以后，不全部用来生产更多的汽车呢？这是因为发动机太值钱了。在边际处，向外部市场出售它们所能赚到的净收益高于用它们制造额外汽车的净收益。

存在非竞争性外部市场的转移定价

现在假设存在一个上游分部产品的外部市场，但那个市场不是竞争性的。假设上游分部生产的发动机是只有莱斯卡摩托赛车公司能生产的特殊类型，这使得莱斯卡摩托赛车公司成为这种发动机的外部市场中的垄断供给者，同时这种发动机也用于它自己的汽车生产。我们现在详细地讨论这种情形，不过你应该明白，此时支付给发动机分部的转移价格会低于发动机在外部市场中的售价。为什么转移价格会低于外部市场售价呢？原因在于厂商内部使用该发动机的机会成本就是生产该发动机的边际成本，而外部市场上出售发动机的机
440 会成本更高，因为售价还包含一个成本之上的加成。

有时，纵向联合厂商可能在外部市场购买零件，它甚至在该市场拥有买方垄断势力。例如，我们假设莱斯卡摩托赛车公司是上游分部生产的发动机的唯一使用者，而且有其他企业也生产这种发动机，因此莱斯卡赛车公司既可以从上游发动机分部购买发动机，也可以以买方垄断者的身份在外部市场购买。你应该能够看出，付给发动机分部的价格应该高于在外部市场购买发动机的价格。为什么支付给上游分部的价格会高于市场价格呢？原因在于一旦拥有买方垄断势力，则在外部市场多购买一台发动机将导致的边际支出大于一台发动机的市场价格（这是因为多购买一单位会提高从外部市场购买的所有单位的平均价格）。该边际支出是从外部购买一台发动机的机会成本，因此应该等于支付给发动机分部的转移价格，这样转移价格就会高于外部市场的购买价格。

税收与转移定价

迄今为止，我们在转移定价的讨论中忽略了税收。不过实际上，当目标是最大化联合厂商的税后利润时，税收在决定转移价格中发挥了重要的作用。当上游分部和下游分部处于不同国家时这尤其正确。

为了说明这一点，我们假设莱斯卡摩托赛车公司的发动机分部碰巧位于亚洲国家，公司利润税较低，而下游的组装分部位于美国，公司利润税较高。假设在没有税收的情形下发动机的边际成本和最优转移价格是 5 000 美元。这一转移价格会如何被税收影响呢？

在我们的例子中，税率的差异会导致下游分部使用发动机的边际成本高于 5 000 美元。为什么呢？因为使用发动机而导致的下游分部利润会以相对较高的税率计征。因此，把税收考虑在内，厂商会制定一个较高的转移价格，或许是 7 000 美元。这将降低在美国的下游分部的利润（从而少交税），并增加上游分部的利润，因为它面对较低的利润税率。

一个数字例子

假设对莱斯卡摩托赛车公司的汽车有如下需求：

$P=20\ 000-Q$

故它的边际收益为

$\mathrm{MR}=20\ 000-2Q$

下游分部的汽车组装成本为：

$C_A(Q)=8\ 000Q$

因而该分部的边际成本为 $\mathrm{MC}_A=8\ 000$。上游分部生产发动机的成本为 441

$C_E(Q_E)=2\ Q_E^2$

从而该分部的边际成本为 $\mathrm{MC}_E(Q_E)=4Q_E$。

首先，假设不存在发动机的外部市场。厂商会生产多少发动机和汽车？发动机的转移价格是多少？为了求解这个问题，我们令发动机的净边际收益等于生产发动机的边际成本。因为每辆汽车有一台发动机，因此 $Q_E=Q$，而发动机的净边际收益为

$\mathrm{NMR}_E=\mathrm{MR}-\mathrm{MC}_A=12\ 000-2Q_E$

现在令 $\mathrm{NMR}_E=\mathrm{MC}_E$，则

$12\ 000-2Q_E=4Q_E$

因此，$6Q_E=12\ 000$，而 $Q_E=2\ 000$。厂商应该生产 2 000 台发动机和 2 000 辆汽车。最优转移价格是这 2 000 台发动机的边际成本：

$P_E=4Q_E=8\ 000$ 美元

其次，假设发动机可以以 6 000 美元的价格在一个竞争性外部市场买卖。这个价格低于没有外部市场时的最优转移价格 8 000 美元，因此厂商会从外部购买一些发动机。发动机的边际成本以及最优转移价格现在是 6 000 美元。令这个 6 000 美元的边际成本等于发动机的净边际收益：

$6\ 000=\mathrm{NMR}_E=12\ 000-2Q_E$

因此，发动机和汽车的总产量现在为 3 000。公司现在生产更多的汽车（并以较低的价格销售），因为它的发动机成本更低了。而且，由于发动机的转移价格现在只有 6 000 美元，上游发动机分部只供应 1 500 台发动机［因为 $\mathrm{MC}_E(1\ 500)=6\ 000$ 美元］。其余1 500 台发动机是从外部市场购买的。

练习题

1. 假设波音公司 787 飞机的每月销量面对以下需求函数

$Q=120-0.5P$

其中，Q 是每月出售的飞机数量，P 是价格，单位是百万美元。每架飞机使用通用电气公司生产的一套发动机，波音为每套发动机支付 P_E 的价钱。通用电气公司生产一套发动机的边际成本是 20 百万美元。除了支付发动机的费用外，波音公司还有一个每架飞机 100 百万美元的边际成本。

a. 在给定发动机价格 P_E 的条件下，波音公司的利润最大化价格为多少？通用电气公司在利润最大化情形下为发动机定价多少？给定发动机的价格，波音公司会给飞机定价多高？

b. 假设波音公司收购了通用电气公司的发动机生产部门，这样发动机和飞机就由一个企业来生产了。现在该企业设定的飞机价格为多少？

2. 回顾莱斯卡摩托赛车公司的数字例子。计算在如下三种情况下上游分部、下游分部和厂商总体所赚到的利润：(a) 没有发动机的外部市场；(b) 有一个市场价格为 6 000 美元的发动机的竞争性外部市场；(c) 该厂商是发动机外部市场的垄断供应商。在哪种情况下莱斯卡摩托赛车公司赚到最多的利润？在哪种情况下上游分部赚到最多的利润？下游分部呢？ 442

3. 阿贾克斯计算机（Ajax Computer）公司制造一种

用于办公楼气温控制的计算机。该公司使用它的上游分部生产的一种微处理器，其他零件是从竞争性外部市场购买的。微处理器是以常数边际成本500美元生产的，下游分部装配计算机的边际成本（包括其他零件的成本）为常数700美元。公司以2 000美元的价格销售计算机，且直到目前为止没有微处理器的外部市场。

a. 假设微处理器外部市场发展起来了，而阿贾克斯在那个市场有垄断势力，每个微处理器卖1 000美元。设对微处理器的需求与对阿贾克斯的计算机的需求没有关联，阿贾克斯对下游分部使用微处理器应定多高的转移价格？它的计算机生产应该增加、减少还是不变？试进行简要解释。

b. 如果对计算机的需求和对微处理器的需求是竞争性的，即有些人购买微处理器是用它们来制造他们自己的气温控制系统，你对a部分中问题的回答会如何变化？

4. 锐步（Reebok）生产和销售跑鞋。它面对的市场需求函数为$P=11-1.5Q_S$，其中Q_S为销售跑鞋的双数；P是每双鞋以美元计的价格。生产一双鞋需要一平方码的皮革。皮革由锐步的成形分部成形和切割。皮革的成本函数是：

$$TC_L = 1 + Q_L + 0.5Q_L^2$$

其中，Q_L是生产皮革的数量（以平方码计）。跑鞋的成本函数（不包括皮革）是：

$$TC_S = 2Q_S$$

a. 最优转移价格是多少？

b. 皮革可以以价格$P_F=1.5$在一竞争性市场上买卖，在这种情况下，成形分部应该内部供应多少皮革？它应该向外部市场供应多少皮革？锐步会在外部市场购买皮革吗？找出最优转移价格。

c. 现在假设该皮革是独特的和质量特别高的，因而成形分部可能会作为外部市场的垄断供应商来供给外部市场，就像下游分部在最终产品市场一样。假设对皮革的外部需求由$P=32-Q_L$给出。对下游分部使用皮革的最优转移价格是多少？如果有，皮革卖到外部市场的价格应是多少？如果有，向外部市场销售的数量是多少？

12 垄断竞争与寡头垄断

在前面两章中，我们看到了具有垄断势力的厂商可以怎样选择价格和产出水平以实现利润最大化。我们也看到了垄断势力并不要求厂商是一个纯粹的垄断者。在许多行业，即使有几个厂商在相互竞争，每个厂商也都至少拥有一些垄断势力：它能操控价格，索取超过边际成本的价格从而获利。

在本章中我们研究纯粹垄断之外的、能提高垄断势力的市场结构。我们从**垄断竞争**（monopolistic competition）这个听起来有些矛盾的市场结构开始。垄断竞争市场与完全竞争市场有两个类似的核心特征：存在许多厂商，且新厂商的进入不受限制。但它与完全竞争市场的不同在于产品的差异性：垄断竞争市场中的每个厂商销售在质量、外观或声誉方面有差异的品牌或版本，且各厂商是它自己品牌的唯一生产者。厂商掌握的垄断势力大小取决于它使其产品差异化于其他厂商产品的成功程度。垄断竞争行业的例子有很多，牙膏、洗涤剂和袋装咖啡只是其中的几个。

我们将研究的第二种市场结构形式是**寡头垄断**（oligopoly）：只有少数几个厂商相互竞争，且新厂商的进入受到阻碍的市场。各厂商生产的产品既可以是有差别的，如汽车，也可以是没有差别的，如钢铁。寡头垄断行业中的垄断势力和盈利能力部分取决于厂商之间如何互动。例如，如果厂商间的互动更多地体现为合作而不是竞争，则各厂商就能索取远高于边际成本的价格，并赚取大量的利润。

在某些寡头垄断行业，厂商间确实会合作，但在其他行业，厂商之间竞争却很激烈，即使这意味着较低的利润。为了弄清楚为什么会这样，我们需要考虑寡头厂商是如何决定产量和价格的。因为各厂商必须策略性地运营，所以这些决策是相当复杂的——在做一个决策时，它必须权衡它的竞争者可能的各种反应。为了弄懂寡头市场，我们必须介绍一些博弈和策略的基本概念。在第 13 章，我们会较充分地展开这些概念的讨论。

我们研究的第三种市场结构形式是**卡特尔**（cartel）。在一个卡特尔化的市场中，某些或所有厂商公开共谋，它们在价格和产出水平方面合作以使共同利润最大化。卡特尔可能会在竞争性市场中产生，如欧佩克（OPEC），也可能会在寡头市场中产生，如国际铝矾土卡特尔。

本章要点

案例列表

垄断竞争

在一个自由进出的市场中，厂商销售既有差异性又有高度替代性的产品。

寡头垄断

只有少数几个厂商相互竞争，且新厂商的进入受到阻碍的市场。

444 **卡特尔** 在这个市场中，某些或所有厂商公开共谋，它们在价格和产出水平方面合作以使共同利润最大化。

粗略地说，卡特尔类似于纯粹的垄断。毕竟，卡特尔中的厂商看起来确实好像它们是一个大公司的一部分那样运作。但卡特尔在两个重要的方面与垄断者不同：第一，由于卡特尔很少能控制整个市场，因此它们必须考虑它们的定价决策会如何影响非卡特尔厂商的生产水平。第二，卡特尔的成员并不是一个大公司的一部分，且它们可能在利润的诱惑下通过削价来欺骗合作者以掠夺更大的市场份额。结果是，许多卡特尔趋于不稳定和短命。

12.1 垄断竞争

在许多行业，产品是有差异的。由于这样或那样的理由，消费者会将各厂商的品牌看作与其他厂商的品牌是不同的。例如，佳洁士（Crest）牙膏与高露洁（Colgate）、艾姆（Aim）和其他牙膏是不同的，差别部分在于气味，部分在于稠度，部分在于知名度，如消费者对佳洁士的相对防蛀功效（正确或不正确）的印象。结果是有些消费者（并不是全部）愿意花较多的钱购买佳洁士牙膏。

因为宝洁公司（Procter & Gamble）是佳洁士的唯一生产者，因此它有垄断势力。但它的垄断势力是很有限的，因为如果佳洁士的价格提高，消费者可以很容易地用其他品牌来替代它。虽然偏爱佳洁士的消费者会为它支付较高的价格，但大多数消费者不愿意多付很多。典型的佳洁士使用者可能愿意每支多付 25 美分甚至 50 美分，但可能不愿意多付 1 美元或 2 美元。对大多数消费者来说，牙膏就是牙膏，不同品牌之间的区别不大。因而，对佳洁士牙膏的需求曲线虽然是向下倾斜的，但是相当有弹性。（对佳洁士的需求弹性的合理估计为－5。）由于仅具有有限的垄断势力，宝洁公司会将价格定得高于（但不是高很多）它的边际成本。汰渍（Tide）洗涤剂或适高（Scott）纸巾的情况与此类似。

垄断竞争的条件

垄断竞争市场具有两个关键特征：

（1）厂商之间通过销售有差别的产品进行竞争，这些产品相互之间是高度可替代的，但不是完全可替代的。换句话说，需求的交叉价格弹性很大但并非无穷大。

（2）可以自由进入和退出。新厂商带着新品牌产品进入市场以及已有厂商在产品已无利可图时退出市场都相对容易。

为了弄明白为什么自由进入是一个很重要的条件，让我们来比较一下牙膏市场和汽车市场。牙膏市场是垄断竞争的，但汽车市场则称为寡头市场更合适。其他厂商要推出牙膏新品牌相对容易，而这会限制佳洁士和高露洁的盈利能力。如果利润很大，其他厂商就会花费必要的资金（用于开发、生产、广告和促销）推出自己的新品牌，这就会降低佳洁士和高露洁的市场份额和盈利能力。

汽车市场也有产品差异的特征。但是，生产中的规模经济使新厂商的进入非常困难。
445 因此，直到 20 世纪 70 年代中期日本生产商成为重要的竞争者之前，美国三大汽车制造商一直占据大部分市场份额。

除了牙膏以外，还有许多其他的垄断竞争的例子。肥皂、洗发水、除臭剂、剃须膏、感冒药以及药店中能找到的其他药品都是在垄断竞争市场销售的。自行车和其他运动器材似乎也是垄断竞争的。还有大多数零售业，因为商品都是由许多不同的零售店销售的，这些零售店通过地段、营业时间以及营业员的专业能力、提供的信用项目等把它们的服务与对手相区别，相互竞争。这一行业的进入相当容易，如果一个街区因只有很少几家商店而利润很高，新的商店就会进入。

短期均衡与长期均衡

正如垄断一样，在垄断竞争中厂商也面临向下倾斜的需求曲线，因而也有垄断势力，但这并不意味着垄断竞争厂商就能赚取高额利润。垄断竞争与完全竞争也是相似的：因为允许自由进入，所以赚取利润的潜在机会将吸引竞争品牌的新厂商，从而推动利润至零。

为了使这一点更清楚，让我们来考察一个垄断竞争厂商在短期和长期的均衡价格和产量水平。图 12.1（a）反映了短期均衡。由于该厂商的产品与竞争者的产品有差别，因此它的需求曲线 D_{SR} 是向下倾斜的。（这是该厂商的需求曲线，而不是市场的需求曲线，市场需求曲线更陡峭。）利润最大化的产量 Q_{SR} 出现在边际收益曲线和边际成本曲线的交点处。 446
由于相应的价格 P_{SR} 大于平均成本，厂商赚取到利润，如图中矩形阴影所示。

在长期，此利润将诱使其他厂商进入。当其他厂商推出竞争性品牌时，该厂商将损失市场份额，它的需求曲线将向下移动，如图 12.1（b）所示。（在长期中，平均成本曲线和边际成本曲线可能也会移动。为了简化，我们假定成本是不变的。）长期需求曲线 D_{LR} 将会恰好与厂商的平均成本曲线相切。这时利润最大化意味着产量为 Q_{LR}，价格为 P_{LR}。因为价格与平均成本相等，所以利润为零。该厂商仍然有垄断势力，因为它的特殊品牌仍然是唯一的，它的长期需求曲线向下倾斜。但其他厂商的进入和竞争已经使得它的利润为零。

更一般来说，厂商的成本可能会不同，且有些品牌可能与其他品牌的区别更大。在这种情况下，各厂商可能会索取略微不同的价格，有些厂商将会赚到一点利润。

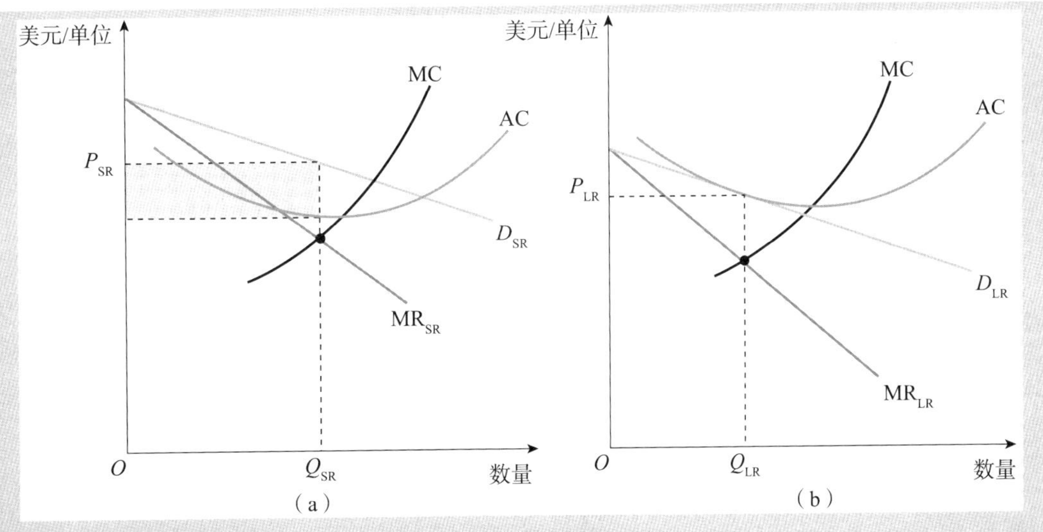

图 12.1　短期和长期中的垄断竞争厂商

说明：因为厂商是其品牌的唯一生产者，故它面临一条向下倾斜的需求曲线，价格大于边际成本，且厂商具有垄断势力。在短期均衡如图（a）中，价格也大于平均成本，厂商赚到阴影矩形表示的利润。在长期，这些利润会吸引竞争品牌的新厂商进入该行业。该厂商的市场份额会下降，它的需求曲线向下移动。在长期均衡如图（b）中，价格等于平均成本，所以即便厂商有垄断势力，它赚取的利润也为零。

垄断竞争与经济效率

完全竞争市场之所以吸引人，是因为它们具有经济效率：只要没有外部性和阻碍市场运行的东西，消费者和生产者的总剩余就会尽可能地大。垄断竞争在某些方面与完全竞争相似，但它是一种有效率的市场结构吗？为了回答这个问题，让我们将一个垄断竞争行业的长期均衡与一个完全竞争行业的长期均衡加以比较。

图 12.2 显示了在垄断竞争行业中存在的两种会造成低效率的原因。

（1）不像完全竞争，垄断竞争下的均衡价格高于边际成本。这意味着增加的产出对于消费者的价值大于生产的成本。如果产量扩大到需求曲线与边际成本曲线的交点处，则总剩余可以增加等于图 12.2（b）中阴影面积的数量。这没有什么可奇怪的，我们在第 10 章中已经看到垄断势力会造成一定的无谓损失，而垄断势力也存在于垄断竞争市场。

（2）注意图 12.2（b）中的垄断竞争厂商，它的产量是低于使平均成本最低时的水平的。在完全竞争市场和垄断竞争市场，新厂商的进入都促使利润降为零。在完全竞争市场，每个厂商都面临一条水平的需求曲线，所以正如图 12.2（a）所示，零利润点出现在平均成本的最低点。在垄断竞争市场，需求曲线则是向下倾斜的，所以零利润点是在平均成本最低点的左侧。这种过剩生产能力是无效率的，因为厂商越少，平均成本越高。

这些低效率使消费者受损。那么，是否垄断竞争是一种对社会来说不好的市场结构？它应该受管制吗？基于两方面的理由，答案可能是否定的。

（1）在大多数垄断竞争市场，垄断势力并不大。通常，有足够多的厂商相互竞争，它们的品牌相互之间替代性相当强，所以没有哪一单个厂商会有相当大的垄断势力。因此，
447 垄断势力引起的无谓损失也不会很大。此外，由于厂商的需求曲线相当富有弹性，生产的平均成本将接近平均成本曲线的最低点。

（2）无论垄断竞争产生了多大的效率损失，它都必须与垄断竞争所产生的一大收益——产品多样化——相平衡。大多数消费者非常重视能够在一大堆各方面差异化的竞争性

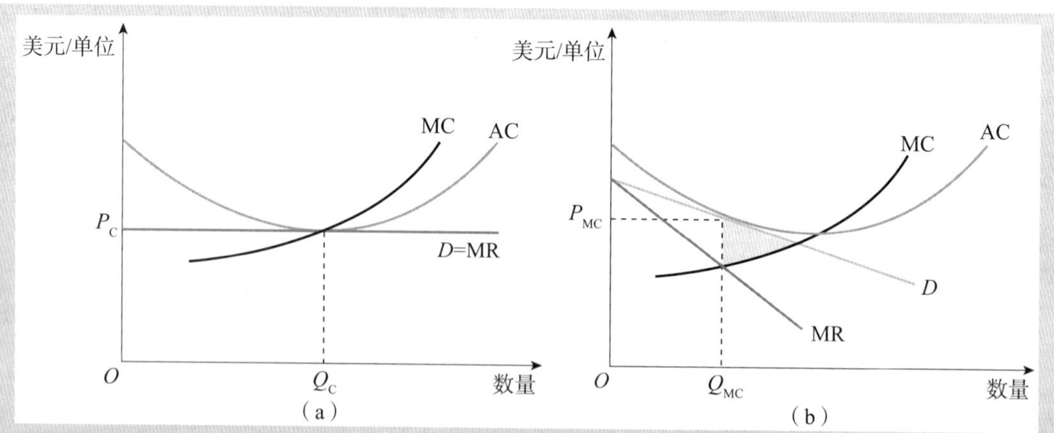

图 12.2 垄断竞争均衡和完全竞争均衡的比较

说明：在完全竞争下，如在图（a）中，价格等于边际成本，但在垄断竞争之下，价格大于边际成本，因而存在图（b）中阴影面积所示的无谓损失。在两类市场中，直到利润降为零之前都会有新厂商加入。在完全竞争下厂商面临的需求曲线是水平的，所以零利润点出现在平均成本的最低点。在垄断竞争下需求曲线是向下倾斜的，所以零利润点出现在平均成本最低点的左侧。在评价垄断竞争时，这些低效率必须与产品多样化给消费者带来的收益相平衡。

产品和品牌中挑选商品。从产品多样化中得到的收益可能很大，甚至可以轻易地超过由向下倾斜的需求曲线所引起的效率损失。

❖例 12.1 可乐与咖啡市场中的垄断竞争

软饮料和咖啡的市场展示了垄断竞争的特征。每个市场都有不少略有差异、相互替代性很强的品牌。例如，每种品牌的可乐，口味与另一种只是略有一点差异。(你能说出可口可乐和百事可乐之间的差异吗？或者你能说出可口可乐和皇冠可乐之间的差异吗？）各种品牌的咖啡在风味、香味和咖啡因含量方面也有很小的差异。大多数消费者形成了他们自己的偏好。与其他咖啡品牌相比，你可能更偏好 448
麦斯威尔咖啡并定期购买。不过，这种对品牌的忠诚通常是很有限的。如果麦斯威尔咖啡的价格上升到比其他牌子高出一大截，你和大多数一直购买麦斯威尔的消费者大概会转向其他品牌。

究竟通用食品（General Foods）公司，即麦斯威尔咖啡生产商，有多大的垄断势力？换句话说，麦斯威尔咖啡的需求弹性有多大？作为市场研究的一部分，大多数大公司都仔细研究市场对其产品的需求。公司的估计通常是专门针对自己的，但有两份已出版的报告研究了对各种品牌的可乐和研磨咖啡的需求，它们使用一种模拟采购实验来确定每个品牌的市场份额是怎样随着特定的价格变化而变化的。表 12.1 通过给出不同品牌的需求弹性概述了此研究结果。[①]

表 12.1 不同品牌可乐和咖啡的需求弹性

	品牌	需求弹性
可乐	皇冠	−2.4
	可口可乐	−5.7～−5.2
研磨咖啡	福格斯	−6.4
	麦斯威尔	−8.2
	乔克福	−3.6

第一，注意在可乐之间，皇冠的需求要比可口可乐缺乏弹性。虽然它只有很小的市场份额，但它的口味比可口可乐、百事可乐和其他品牌更特别，所以购买它的消费者具有更强的品牌忠诚度。但皇冠有较大的市场势力并不意味着它的盈利性更好。利润取决于固定成本、数量以及价格，虽然平均利润较低，但可口可乐却能产生更多的利润，因为它有一个大得多的市场份额。

第二，注意咖啡作为一组商品而言，比可乐的价格弹性要大。对咖啡的品牌忠诚度比可乐的要小，因为咖啡之间的差异比可乐之间的差异要更难辨别。注意对乔克福的需求比它的竞争者更缺乏价格弹性。为什么呢？因为乔克福咖啡，像皇冠可乐一样，比福格斯或麦斯威尔咖啡更别有风味的口感，所以购买它的消费者倾向于保持忠诚度。注意或在意福格斯和麦斯威尔咖啡的口感区别的消费者较少。

除了皇冠和乔克福咖啡以外，所有可乐和咖啡的价格弹性都很大。具有从−8 到−4 的弹性，各品牌却只有很有限的垄断势力。这是典型的垄断竞争。

① 表 12.1 的弹性估计来自 John R. Nevin, "Laboratory Experiments for Estimating Consumer Demand: A Validation Study," *Journal of Marketing Research* 11 (Aug. 1974): 261-268; Lakshman Krishnamurthi and S. P. Raj, "A Model of Brand Choice and Purchase Quantity Price Sensitivities," *Marketing Science* (1991)。在模拟采购过程中，消费者必须从许多定好价的品牌中选择他们偏爱的品牌。这种过程要重复好几次，且每次的价格都不同。

12.2 寡头垄断

在一个寡头垄断的市场中，可以有也可以没有产品差别。关键是要有几个厂商占据大部分或全部总产出。在有些寡头垄断市场中，部分或全部厂商都在长期中赚到可观的利润，
449 因为进入壁垒（barriers to entry）使得新厂商进入该市场很困难，或者完全不可能。寡头垄断是一种普遍的市场结构形式。寡头垄断行业的例子包括汽车、钢铁、铝业、石油化工、电子设备和计算机。

进入壁垒为什么会产生？我们在第 10 章已经讨论过一些原因。规模经济可能会使得许多厂商共存于市场无利可图；专利或特定技术也可以排除潜在的竞争者；而需要花大价钱让消费者认同和获得商誉也会使新厂商不敢进入。这些都是进入的“自然”壁垒，它们是寡头市场结构的基础。另外，现有厂商也可能采取策略性行动以阻止进入。例如，它们可能会威胁，如果新厂商进入就向市场倾销并将价格压低，而为了使这种威胁可信，它们还会建立过剩的生产能力。

经营一个寡头垄断企业很复杂，这是因为价格、产出、广告和投资的决策都包含重要的策略性考虑。因为只有少数厂商在竞争，所以各厂商必须考虑其行为对竞争对手的影响，以及对手可能的反应。

假设由于汽车销售困难，福特正在考虑削价 10%以刺激需求。它必须仔细考虑竞争者会如何回应。竞争者可能完全没有反应，又可能只是少许降价。在这种情况下，福特的销量增加会很可观，这主要是以竞争者的销量下降为代价来实现的。或许竞争者也会像福特一样削价，此时所有汽车制造商都能卖出更多的汽车，但由于价格较低，它们将都只能赚到较低的利润。另一种可能是一些公司会比福特削价更多以惩罚福特这个“搞事者”，而这反过来又可能导致一场价格战和整个行业利润的急剧下降。福特必须仔细权衡所有这些可能。事实上，对一个厂商来说，几乎在做出所有重大经济决策如定价、产量确定、重大促销行动或投资新工厂之前，都必须尽量确定竞争者最可能的反应。

这些策略性考虑可能很复杂。在做出决策时，各厂商必须权衡竞争者的反应，并且知道这些竞争者也会权衡该厂商的进一步回应。继而，决策、反应、对反应的反应，如此反复，这是一个随着时间的推移而动态演进的过程。当一个厂商的经营者估计其决策的潜在后果时，必须假设竞争对手如其一样理性和聪明。然后，他们必须将自己放在竞争对手的位置上，考虑这些竞争者会如何反应。

寡头垄断市场的均衡

当我们研究一个市场时，我们通常想要确定均衡时的价格和产量。例如，我们已经看到在一个完全竞争市场中均衡价格应使供给量和需求量相等。我们又看到过对一个垄断者，均衡出现在边际收益等于边际成本之处。最后，当我们研究垄断竞争时，看到了长期均衡是怎样通过新厂商的进入将利润压低到零而实现的。

在这些市场中，每个厂商都能将价格或者市场需求当作给定的，而在很大程度上不用考虑其竞争者。但是，在一个寡头垄断市场中，厂商的价格和产量决策部分地要基于对竞
450 争者行为的策略性考虑。与此同时，竞争者的决策也取决于该厂商的决策。我们怎么得出均衡时的市场价格和产量是多少呢？或者究竟是否存在一个均衡？为了回答这些问题，我

们需要一个描述厂商在明确考虑了相互之间的行为之后做决策时达到均衡的基本准则。

记住我们在竞争和垄断市场中是如何描述均衡的：当一个市场处于均衡时，厂商所做的就是它们所能做的最好的，并且它们没有理由改变它们的价格和产量。因此，一个竞争性的市场在供给和需求相等时达到均衡，因为此时各厂商所做的是它能做的最好的——它能卖掉它的全部产品且使利润最大化。同样地，一个垄断者在边际收益等于边际成本时达到均衡，也因为此时它所做的是它能做的最好的且实现了利润最大化。

纳什均衡 在做了一些修改以后，我们可把同样的法则应用于寡头垄断市场。不过，现在各个厂商是在给定竞争者的行为下做出它所能做的最好的。但厂商应该假定其竞争者的行为是什么呢？由于寡头厂商会在给定其竞争者的行为下采取最好的行为，很自然它可以假设这些竞争对手也会在给定该厂商的行为之下采取它们能采取的最好的行为。因而，各厂商考虑其竞争者的行为，并假设它的竞争者也会这样做。

纳什均衡
给定竞争者的行动，各厂商的行动都是最优的策略或行动组合。

这乍看起来可能有点抽象，但它是合乎逻辑的，且正如我们将看到的，它给了我们一个在寡头市场中确定均衡的基础。这个概念是 1951 年由数学家约翰·纳什（John Nash）首先解释清楚的，因此我们将该均衡称为**纳什均衡**（Nash equilibrium），它是一个我们将反复使用的重要概念：

我们将在第 13 章更详细地讨论这个均衡概念，探讨它怎样应用于范围很广的策略问题。在本章中，我们将把这个概念应用于寡头垄断市场的分析中。

双寡头垄断
有两个厂商互相竞争的市场。

为了使得内容尽量避免繁杂，本章将主要讨论只有两个厂商互相竞争的市场。我们称这样的市场是**双寡头垄断**（duopoly）市场。这样，每个厂商在做决策时就只考虑一个竞争者。虽然我们集中讨论双寡头垄断情形，但我们的基本结论也可应用于两个厂商的市场中。

古诺模型

我们将从法国经济学家奥古斯丁·古诺（Augustin Cournot）1838 年引入的一个简单的双寡头模型开始。假设两个厂商生产同样的产品并都了解市场的需求。每个厂商必须决定生产多少，并且两个厂商同时做出决策。在做出产量决策时，各厂商必须考虑到它的竞争者。它知道它的竞争者也正在决定生产多少，而它能得到的价格将取决于两个厂商的总产量。

古诺模型
一种寡头垄断模型，其中厂商生产同质商品，各厂商将其竞争者的产出当作给定的，所有厂商同时决定各自的产量。

古诺模型（Cournot model）的本质是各厂商将其竞争者的产出水平看作固定不变的，然后决定自己生产多少。为了弄清这是如何运行的，让我们来考虑厂商 1 的产量决策。假设厂商 1 认为厂商 2 什么都不会生产，则厂商 1 的需求曲线就是市场需求曲线。在图 12.3 中表示为 $D_1(0)$，它表示假定厂商 2 的产量为 0 时厂商 1 的需求曲线。图 12.3 也给出了对 451
应的边际收益曲线 $MR_1(0)$。我们已经假设厂商 1 的边际成本为常数。正如图 12.3 所示，厂商 1 的利润最大化产量位于 $MR_1(0)$ 和 MC_1 的交点处，即 50 单位。所以，如果厂商 2 的产量为 0 单位，则厂商 1 应该生产 50 单位产品。

反过来，假设厂商 1 认为厂商 2 将生产 50 单位，那么厂商 1 的需求曲线就是市场需求曲线左移 50 单位，在图 12.3 中标为 $D_1(50)$，而相应的边际收益曲线则标为 $MR_1(50)$。厂商 1 的利润最大化产量现在是 $MR_1(50)=MC_1$ 处的 25 单位。现在，假设厂商 1 认为厂商 2 将生产 75 单位，此时厂商 1 的需求曲线就是市场需求曲线向左移动 75 单位，在图 12.3 中标为 $D_1(75)$，而相应的边际收益曲线标为 $MR_1(75)$。厂商 1 的利润最大化产量现在是 $MR_1(75)=MC_1$ 处的 12.5 单位。最后，假设厂商 1 认为厂商 2 将生产 100 单位，则厂商 1 的需求曲线和边际收益曲线（图中没有给出）将与边际成本曲线在纵轴上相交，即如果厂

> **反应曲线**
> 厂商的利润最大化产出与它认为竞争对手将生产的数量之间的关系。

商 1 认为厂商 2 将生产 100 单位或者更多，则它什么都不生产。

反应曲线 总结一下：如果厂商 1 认为厂商 2 什么都不会生产，它将生产 50；如果它认为厂商 2 会生产 50，它将生产 25；如果它认为厂商 2 会生产 75，它将生产 12.5；如果它认为厂商 2 会生产 100，则它什么都不会生产。因而厂商 1 的利润最大化产量是它认为厂商 2 将生产的产量的减函数。我们称这个函数为厂商 1 的**反应曲线**（reaction curve），并记为$Q_1^*(Q_2)$。这条曲线我们画在图 12.4 中，其中我们前面求得的四个产量组合用×标出。

图 12.3 厂商 1 的产量决策

说明：厂商 1 的利润最大化产量取决于它认为厂商 2 将生产多少。如果它认为厂商 2 什么都不会生产，那么它的需求曲线为$D_1(0)$，就是市场需求曲线。相应的边际收益曲线为$MR_1(0)$，与厂商 1 的边际成本曲线MC_1相交于产量 50 单位。如果厂商 1 认为厂商 2 将生产 50 单位，它的需求曲线就会向左移动 50 单位，即$D_1(50)$。现在利润最大化意味着产量为 25 单位。最后，如果厂商 1 认为厂商 2 将生产 75 单位，厂商 1 将只会生产 12.5 单位。

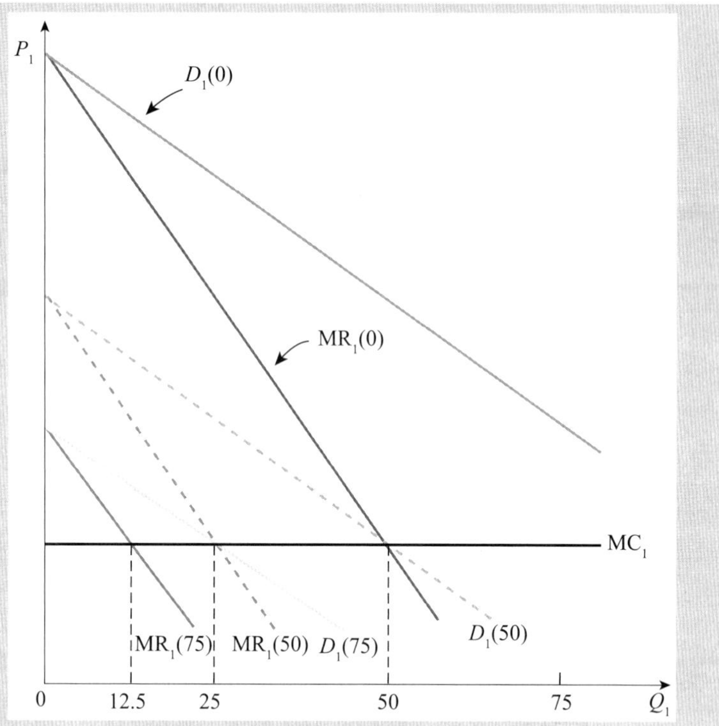

图 12.4 反应曲线和古诺均衡

说明：厂商 1 的反应曲线显示了，其产量作为它认为厂商 2 将生产产量的一个函数。（在$Q_2=0$、50 和 75 时的×对应于图 12.3 所示的例子。）厂商 2 的反应曲线也显示了其产量作为它认为厂商 1 将生产的产量的函数。在古诺均衡处，各厂商正确地假设了其竞争者将生产的产量，并最大化了自己的利润，因而没有哪个厂商会偏离这个均衡。

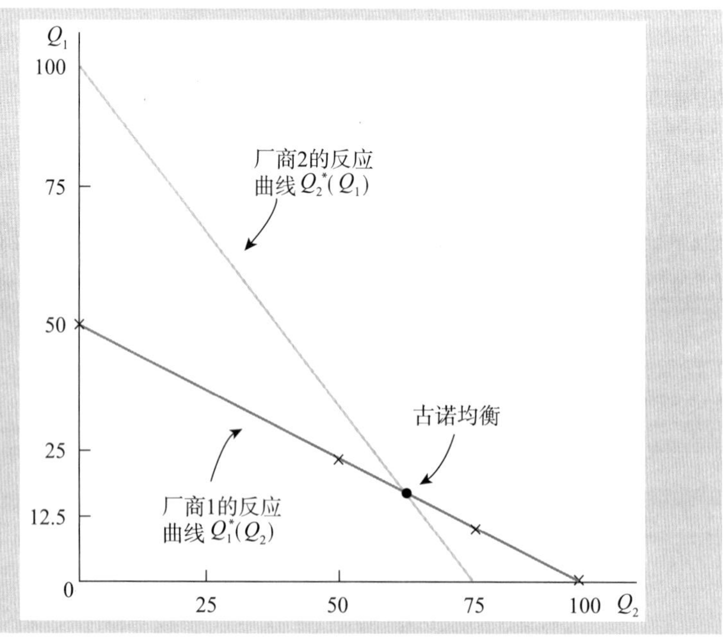

我们可以对厂商 2 进行同样的分析（即在给定厂商 1 将生产的产量的各种假定下，确定厂商 2 的利润最大化产量）。结果得到厂商 2 的反应曲线，即将它的产量与它认为厂商 1 将生产的产量联系起来的函数 $Q_2^*(Q_1)$。如果厂商 2 的边际成本曲线与厂商 1 的不同，那么它的反应曲线也会在形式上与厂商 1 不同。例如，厂商 2 的反应曲线可能看起来就像图 12.4 中所画的那样。 452

古诺均衡
古诺模型中的均衡，其中每个厂商准确地预计到它的对手会生产多少并为自己设定相应的产量水平。

古诺均衡 各厂商将生产多少呢？各厂商的反应曲线告诉我们，给定竞争者的产量时它会生产的数量。在均衡时，各厂商根据它自己的反应曲线制定产量，所以均衡产量水平在两条反应曲线的交点处得到。我们称得到的这组产量水平为**古诺均衡**（Cournot equilibrium）。在该均衡中，各厂商准确地假定了它的竞争者将生产的产量，并相应地最大化了自己的利润。

注意这个古诺均衡是纳什均衡的一个例子（从而有时也被称作古诺-纳什均衡）。记住在一个纳什均衡中，每个厂商的行为是给定它的竞争者行为时它能做的最好的行为，所以没有哪个厂商会有改变行为的冲动。在古诺均衡中，每个厂商生产的产量是给定它的竞争者的产量时实现自身最大利润的产量，所以，任何厂商都不会有改变产量的冲动。

假设两个厂商的初始产量水平不同于古诺均衡产量。它们会调整它们的产量直至达到古诺均衡吗？遗憾的是，古诺模型并没有涉及调整的动态过程。事实上，在任何调整过程中，该模型的各厂商都假定其竞争者的产量是固定的，这样一个中心假设是不成立的。没有一个厂商的产量会是固定的，因为两个厂商都会调整它们的产量。我们需要不同的模型来理解动态调整，这将在第 13 章加以讨论。

对每个厂商而言，何时假设其竞争者的产量固定才是合理的？只有在两个厂商只能选择一次产量时才合理，因为此时产量将无法改变。当它们处于古诺均衡时也是合理的，因 453
为此时没有哪个厂商有任何改变产量的冲动。因此，当我们使用古诺模型时，必须将自己的讨论限制于厂商在均衡时的行为。

线性需求曲线：一个例子

让我们来讨论一个例子——两个相同的厂商面对一条线性需求曲线。这个例子将帮助我们弄清古诺均衡的意义，并使我们可以将它与竞争性均衡以及厂商间共谋并相互合作决定产量水平形成的均衡分别进行比较。假设双寡头面临下述市场需求曲线：

$$P=30-Q$$

其中，Q 是两个厂商的总产量（即 $Q=Q_1+Q_2$）。我们还设两个厂商都有零边际成本，即

$$MC_1=MC_2=0$$

那么我们可以用下列步骤确定厂商 1 的反应曲线。为了使利润最大化，该厂商令边际收益等于边际成本。厂商 1 的总收益 R_1 由下式给出：

$$\begin{aligned} R_1 &= PQ_1 = (30-Q)Q_1 \\ &= 30Q_1-(Q_1+Q_2)Q_1 \\ &= 30Q_1-Q_1^2-Q_2Q_1 \end{aligned}$$

该厂商的边际收益 MR_1 就是产量的增量 ΔQ_1 引起的收益增量 ΔR_1：

$$MR_1=\Delta R_1/\Delta Q_1=30-2Q_1-Q_2$$

现在，令 $MR_1=0$（该厂商的边际成本）并解出 Q_1，我们得到：

厂商 1 的反应曲线：$Q_1 = 15 - \frac{1}{2}Q_2$ (12.1)

同样的推导也适用于厂商 2：

厂商 2 的反应曲线：$Q_2 = 15 - \frac{1}{2}Q_1$ (12.2)

均衡产量水平就是两条反应曲线交点处的 Q_1 和 Q_2 的值，即方程组（12.1）和（12.2）的解。通过用式（12.2）右边的表达式代替式（12.1）中的 Q_2，你能证明均衡产量水平为：

古诺均衡：$Q_1 = Q_2 = 10$

因而生产的总产量是 $Q = Q_1 + Q_2 = 20$，所以均衡市场价格为 $P = 30 - Q = 10$，每个厂商赚取的利润为 100。

图 12.5 给出了古诺反应曲线和古诺均衡。注意厂商 1 的反应曲线描述了厂商 1 应对厂商 2 的产量 Q_2 而制定的产量 Q_1。同样地，厂商 2 的反应曲线描述了对应于厂商 1 的产量
454 Q_1 的产量 Q_2。(由于两个厂商是相同的，因此反应曲线有相同的形式。它们看起来之所以不同是因为一条是 Q_1 对应 Q_2，另一条是 Q_2 对应 Q_1。) 古诺均衡就出现在两条曲线的交点处，在此处各厂商在给定其竞争者的产量时最大化了自己的利润。

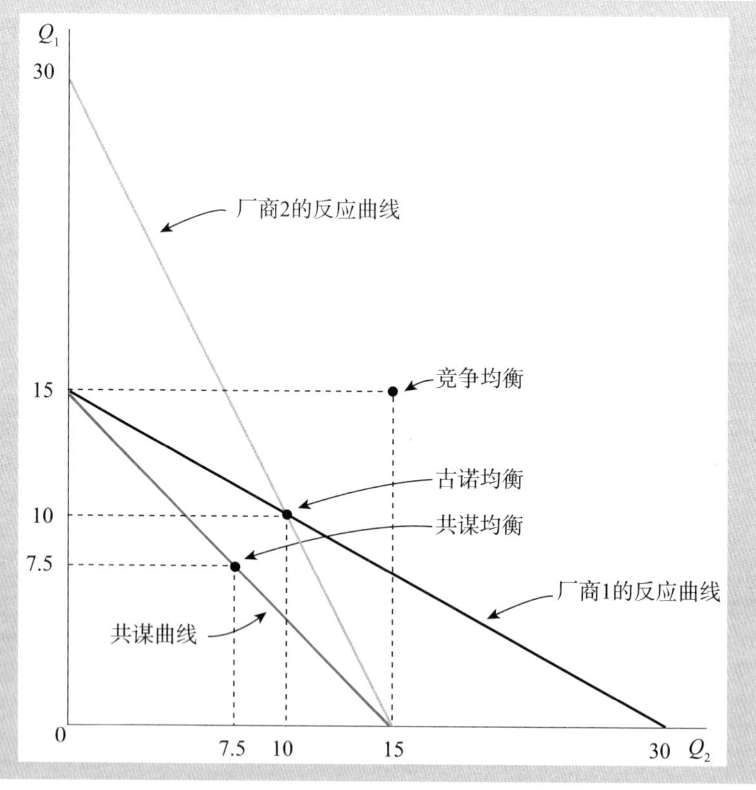

图 12.5 双寡头例子

说明：需求曲线为 $P = 30 - Q$，且两个厂商都有零边际成本。在古诺均衡时，厂商各生产 10。共谋曲线给出了最大化总利润的 Q_1 和 Q_2 的组合。如果两个厂商共谋并平分利润，它们将各生产 7.5。图中还给出了完全竞争的均衡，其价格等于边际成本，且利润为零。

我们以前假设两个厂商是相互竞争的。现在我们假设反托拉斯法放松了，两个厂商可以共谋。它们要确定它们的产量以使总利润最大化，并假定它们会平分总利润。总利润是通过选择使边际收益等于本例中为零的边际成本的总产量 Q 实现最大化的。两个厂商的总收益为：

$$R=PQ=(30-Q)Q=30Q-Q^2$$

所以边际收益为：

$$\mathrm{MR}=\Delta R/\Delta Q=30-2Q$$

令 MR=0，我们看到当 $Q=15$ 时利润最大化。

任何相加为 15 的产量 Q_1 和 Q_2 的组合都能使总利润最大化，因而被称为共谋曲线的 $Q_1+Q_2=15$ 就是由所有能最大化总利润的产量组合 Q_1 和 Q_2 构成的。这条曲线也在图 12.5 中给出了。如果两个厂商同意平分利润，它们将各生产总产量的一半，即：

$$Q_1=Q_2=7.5$$

正如我们所预料的，与古诺均衡相比，两个厂商现在生产更少但赚取更高的利润。图 455
12.5 给出了这种共谋均衡以及通过令价格等于边际成本求出的完全竞争产出水平。（你可以证明它们是 $Q_1=Q_2=15$，意味着各厂商的利润为零。）注意古诺模型中的解比完全竞争情形下要好得多（对厂商来说），但不如共谋时的结果好。

先发优势：斯塔克伯格模型

前面假设我们的两个双寡头厂商是同时做出它们的产量决策的。现在我们来看一下如果两个厂商中的其中一个能先做出产量决策，将会发生什么。我们感兴趣的问题有两个：第一，先决策是不是有利的？第二，现在各厂商将生产多少？

仍然使用前面的例子，我们假设两个厂商都有零边际成本，而且市场需求曲线由 $P=30-Q$ 给出，此处 Q 为总产量。假设厂商 1 先决定产量，然后是厂商 2 在看到厂商 1 的产量以后做出产量决策，因而，在设定自己的产量时，厂商 1 必须考虑厂商 2 会如何反应。这个双寡头的**斯塔克伯格模型**（Stackelberg model）与古诺模型不同，古诺模型中没有哪个厂商有机会做出反应。

斯塔克伯格模型
一种寡头垄断模型，其中一个厂商比另一个厂商先决定产出。

让我们从厂商 2 开始。因为它是在厂商 1 的决策之后做出产量决策的，所以它可以将厂商 1 的产量看作给定的。因而，厂商 2 的利润最大化产量由其古诺反应曲线给出，我们可求得：

厂商 2 的反应曲线：$Q_2=15-\frac{1}{2}Q_1$

厂商 1 又会怎样呢？为了使利润最大化，它选择的 Q_1 要使得它的边际收益等于它的零边际成本。回顾厂商 1 的收益为：

$$R_1=PQ_1=30Q_1-Q_1^2-Q_2Q_1 \tag{12.3}$$

因为 R_1 取决于 Q_2，所以厂商 1 必须预测厂商 2 会生产多少。不过，厂商 1 知道厂商 2 将根据反应曲线（12.2）选择产量 Q_2。把式（12.2）的 Q_2 代入式（12.3）中，我们可求得厂商 1 的收益为：

$$R_1=30Q_1-Q_1^2-Q_1\left(15-\frac{1}{2}Q_1\right)$$

$$=15Q_1-\frac{1}{2}Q_1^2$$

因此，其边际收益为：

$$\mathrm{MR}_1=\Delta R_1/\Delta Q_1=15-Q_1 \tag{12.4}$$

令 $\mathrm{MR}_1=0$，得 $Q_1=15$。而根据厂商 2 的反应曲线（12.2），我们求得 $Q_2=7.5$。厂商 1 的产量为厂商 2 的两倍并且赚得两倍的利润。首先行动给了厂商 1 一个优势。这可能看起来违反直觉：先宣布你的产量似乎是不利的。那么，为什么先行动是一种占优策略呢？

理由是先宣布产量造成了一种既成事实——不管你的竞争者怎么做，你的产量都是大的。为了使利润最大化，你的竞争者必须将你的高产量水平作为给定的，并为它自己制定一个低产量水平。（如果你的竞争者生产一个大的产量水平，这就会压低价格，你们双方都会亏损。所以除非你的竞争者把“争取平等”看得比赚钱还重要，否则它生产一个大的数量是不合乎理性的。）如同我们将在第 13 章看到的，这种“先发优势”（first mover advan-
456 tage）在许多策略问题中都会出现。

古诺模型和斯塔克伯格模型是寡头垄断行为的不同代表。哪种模型更适宜，取决于不同产业的性质。对于一个由大致相似的厂商构成、没有哪个厂商具有较强的经营优势或领导地位的行业，古诺模型大概要更适用一些。另外，有些行业是由一个在推出新产品或定价方面领头的大厂商主导的，大型计算机市场就是一个例子，其中 IBM 就是领导者，此时斯塔克伯格模型可能更符合实际。

12.3 价格竞争

前面我们假定寡头垄断厂商是通过制定产量进行竞争的。可是，在许多寡头垄断行业，竞争出现在价格方面。例如，汽车公司把价格看作一个关键的策略变量，各厂商在考虑到它的竞争对手的前提下选择它的价格。在本节中我们利用纳什均衡的概念研究价格竞争，先讨论生产相同产品的行业，然后讨论有一定程度产品差别的行业。

伯特兰模型
一种寡头垄断模型，每个厂商生产同质产品，各厂商都把其余竞争者的价格视为给定的，并且所有厂商同时决定价格。

相同产品的价格竞争：伯特兰模型

伯特兰模型（Bertrand model）是由另一个法国经济学家约瑟夫·伯特兰（Joseph Bertrand）于 1883 年创立的。如古诺模型一样，各厂商生产一种相同的产品。不过，现在它们所选择的是价格而不是产量。正如我们将要看到的，这会对结果产生极大的影响。

让我们回到上一节的双寡头垄断的例子，其中市场需求曲线为：

$$P=30-Q$$

其中，$Q=Q_1+Q_2$，仍然表示一种相同产品的总产量。这一次，我们将假设两个厂商有 3 美元的边际成本：

$$MC_1=MC_2=3\text{（美元）}$$

我们可以证明这个双寡头模型，在两个厂商同时选择产量时，能得出的古诺均衡是 $Q_1=Q_2=9$。也能验证在该均衡中的市场价格是 12 美元，所以各厂商赚到 81 美元的利润。

现在假设这两个寡头是通过同时选择价格而不是产量来相互竞争的。各厂商将选择什么价格？各自将赚到多少利润？要回答这个问题，必须注意：因为产品是相同的，所以消费者将只会从价格最低的卖方那里购买。因此，如果两个厂商定价不同，价格较低的厂商将占领整个市场，而价格较高的厂商将什么都卖不出去。如果两个厂商定价相同，则消费者对于从哪个厂商那里购买是无差异的，所以我们可假定此时两个厂商各占市场一半的份额。

这种情况下的纳什均衡是什么？如果你对此稍做考虑，就会看出由于有削价的冲动，纳什均衡就是完全竞争的均衡，即两个厂商都将价格定在等于边际成本处：$P_1=P_2=3$ 美
457 元。因而行业产量为 27 单位，其中各厂商都生产 13.5 单位。并且由于价格等于边际成本，

两个厂商都赚到零利润。为了验证这是一个纳什均衡，可以问一下是否有哪个厂商有改变价格的冲动。假设厂商1提高价格，那么它就会把它的销售全部让给厂商2，因而不可能有什么得益。如果反过来它降价，它会夺得整个市场，但会在它生产的每单位上都亏损，所以会有损失。因此，厂商1（厂商2也是同样的）没有偏离的冲动——它所做的已经是给定它的竞争者的行动时所能做的最好的了。

为什么不存在一个纳什均衡，其中两个厂商索取相同但较高的价格（比如说5美元），从而各自赚到一些利润呢？因为在这种情况下，如果任一厂商降价一点点，它就能夺取整个市场并几乎可以使它的利润加倍，因而，各厂商都会想要削价从而与它的竞争者抢生意。这种削价竞争将持续下去，直到价格降至3美元。

通过将策略选择变量从产量改为价格，我们得到了完全不同的结果。在古诺模型中，各厂商只生产9单位，所以市场价格是12美元。现在的市场价格为3美元。在古诺模型中，各厂商都有利润；在伯特兰模型中，厂商以边际成本定价，利润为零。

伯特兰模型在以下几个方面受到了批评。第一，当各厂商生产相同的产品时，通过产量竞争而不是价格竞争是更自然的。第二，即使各厂商进行的是价格竞争且选择了相同的价格（如该模型所预测的），各厂商会得到多少份额呢？我们假设销售量会在厂商之间平分，但却不存在必然是这样的理由。尽管有这些缺点，伯特兰模型还是有用的，因为它表明了在一个寡头垄断中的均衡结果是如何决定性地取决于各厂商的策略变量选择的。[①]

差别化产品的价格竞争

寡头垄断市场常常至少有某种程度的产品差别。[②] 市场份额并不只是由价格决定，同样也由各厂商产品的设计、性能和耐用性决定，因而厂商通过选择价格而不是选择产量竞争是很自然的。

为了弄明白差别化产品的价格竞争是怎样运作的，让我们讨论下面的简单例子。设双寡头各有固定成本20美元但可变成本为零，并且它们面临相同的需求曲线：

$$\text{厂商 1 的需求：} Q_1 = 12 - 2P_1 + P_2 \tag{12.5a}$$

$$\text{厂商 2 的需求：} Q_2 = 12 - 2P_2 + P_1 \tag{12.5b}$$

其中，P_1和P_2是厂商1和2各自索要的价格；Q_1和Q_2是它们相应的销售量。注意，当各厂商提高自己的价格时，该厂商能销售的数量减少，但当它的竞争者提高价格时，它的销售量会增加。

选择价格 假设两个厂商同时决定它们的价格，且各厂商把竞争者的价格当作固定的， 458
那么我们可以用纳什均衡的概念来确定最后的价格。我们从厂商1开始。它的利润π_1就是它的收益P_1Q_1减去它的固定成本20美元。将需求曲线方程（12.5a）代入Q_1，我们有：

$$\pi_1 = P_1Q_1 - 20 = 12P_1 - 2P_1^2 + P_1P_2 - 20$$

那么，价格P_1在哪个水平利润会最大化呢？答案取决于被厂商1假设为固定的P_2。不

① 此外，已经证明了如果各厂商生产同样的产品，并通过先定产出能力，然后进行价格竞争，仍然会得到产量的古诺均衡。参见 David Kreps and Jose Scheinkman, "Quantity Precommitment and Bertrand Competition Yield Cournot Outcomes," *Bell Journal of Economics* 14 (1983): 326-338。

② 产品差别在看起来似乎相同的产品中也会存在。例如汽油，虽然汽油本身是同质的产品，但加油站却因为位置和提供的服务而不同，结果是一个加油站的汽油价格可能不同于另一个加油站的汽油价格。

过，不管厂商 2 定价多少，厂商 1 的利润都是在它自己的价格的很小增量所带来的利润增量恰好为零时最大化。把 P_2 当作固定的，从而厂商 1 的利润最大化价格由下式给出：

$$\Delta\pi_1/\Delta P_1=12-4P_1+P_2=0$$

将这个式子整理一下，以给出厂商 1 的定价法则，或称反应曲线：

$$厂商\ 1\ 的反应曲线：P_1=3+\frac{1}{4}P_2$$

这一公式告诉厂商 1 在给定厂商 2 所定价格 P_2 时该制定什么价格。我们同样可找出厂商 2 的如下定价法则：

$$厂商\ 2\ 的反应曲线：P_2=3+\frac{1}{4}P_1$$

这些反应曲线画在图 12.6 中。纳什均衡出现在两条曲线相交的点，你可以证明此时各厂商都要价 4 美元，并赚到 12 美元利润。在这一点，因为各厂商所做的是在给定它的竞争者所定价格的情况下所能做的最好选择，因此没有哪个厂商有改变价格的冲动。

现在假设两个厂商共谋。它们现在不是独立选择价格，而是决定索取共同的价格，也是最大化双方共同利润的价格。你可以证明，此时两个厂商会要价 6 美元，并且共谋使它们都得到利益，因为现在各自都赚到 16 美元的利润。[①] 图 12.6 给出了这个共谋均衡。

最后，假设厂商 1 首先定价，在得知厂商 1 的价格后，厂商 2 决定自己的价格策略。与斯塔克伯格模型中厂商确定产量不同，在该例中厂商 1 首先行动将使它处于明显的不利地位。（为了证实这一点，请计算厂商 1 利润最大化时的价格，同时厂商 2 的反应曲线也应考虑在内。）为什么现在先行者会处于不利地位呢？这是因为后行动的厂商有机会削减价格，从而可获得更大的市场份额（请见本章练习题 11）。

图 12.6　价格上的纳什均衡

说明：这里两个厂商销售有差别的产品，而各厂商的需求取决于它自己的价格和它的竞争者的价格。两个厂商同时选择价格，且都将竞争者的价格当作给定的。厂商 1 的反应曲线以厂商 2 所定价格的函数的形式给出了它的利润最大化价格，而厂商 2 也类似。纳什均衡出现在两条反应曲线的交点，此时各厂商定价 4 美元，这个价格是给定竞争者价格时所能定的最好的价格，因此不存在改变价格的冲动。图中也给出了共谋均衡。如果两个厂商合作定价，它们会选择 6 美元的价格。

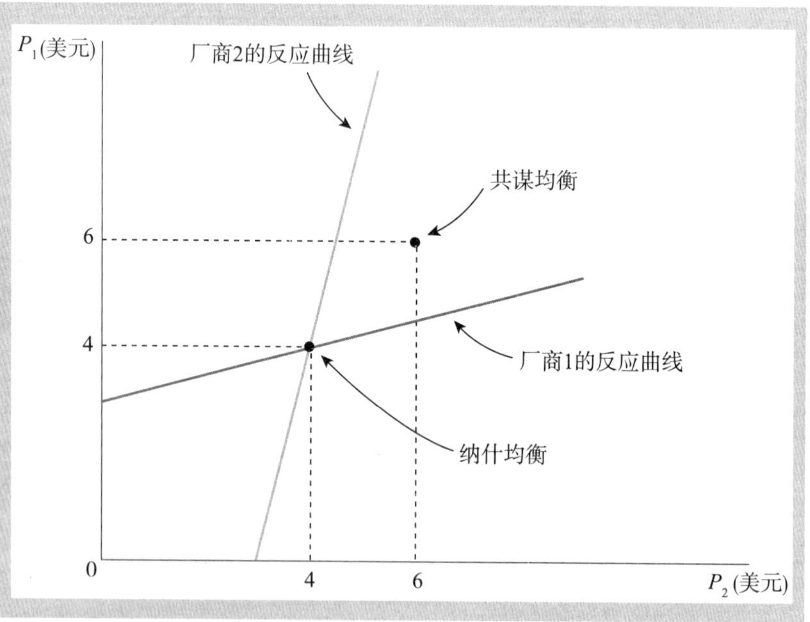

① 两个厂商有相同的成本，所以它们会索要相同的价格 P。总利润由下式给出：

$$\pi_T=\pi_1+\pi_2=24P-4P^2+2P^2-40=24P-2P^2-40$$

当 $\Delta\pi_T/\Delta P=0$ 时利润最大化。因为 $\Delta\pi_T/\Delta P=24-4P$，因此共同利润最大化价格为 $P=6$ 美元。因而各厂商的利润为：

$$\pi_1=\pi_2=12P-P^2-20=72-36-20=16\ （美元）$$

❖例 12.2　宝洁公司的定价问题

当宝洁公司（P&G）计划进入日本杀虫胶带市场时，它了解自己的生产成本和市场需求曲线，但 459
仍然发现难以确定合适的价格，因为其他两个厂商——花王公司（Kao，Ltd.）和联合利华公司（Unilever，Ltd.）也正计划进入该市场。所有三个厂商大约在相同时间选择它们的价格，而宝洁在制定自己的价格时必须考虑到这一点。[①]

因为所有三个厂商都使用相同的技术生产杀虫胶带，它们具有相同的生产成本。各厂商有每月 480 000 美元的固定成本和每单位商品 1 美元的可变成本。根据市场研究，宝洁断定它每月销售的需求曲线为：

$$Q=3\ 375P^{-3.5}(P_U)^{0.25}(P_K)^{0.25}$$

其中，Q 是以千单位计的月销售量；P、P_U 和 P_K 分别是宝洁、联合利华和花王的价格。现在，将你放在宝洁的立场上，假设联合利华和花王面临同样的需求情况，你会以什么价格进入市场，且你期望能赚到多少利润？

你或许会在关于联合利华和花王定价的不同假设基础上计算你的每个定价带来的利润。用上面给出的需求曲线和成本数字，我们已经做了这样的计算并将结果列在表 12.2 中。表中各数字表示的是宝
洁对应于特定价格组合（但在各种情况下都假定联合利华和花王制定相同的价格）的以每月千美元计 460
的利润。例如，如果你索取 1.30 美元的价格，而联合利华和花王都索取 1.5 美元的价格，你将每月获得 15 000 美元的利润。

表 12.2　宝洁的利润
单位：千美元/月

宝洁的价格（美元）	两竞争者的（相等的）价格（美元）							
	1.10	1.20	1.30	1.40	1.50	1.60	1.70	1.80
1.10	−226	−215	−204	−194	−183	−174	−165	−155
1.20	−106	−89	−73	−58	−43	−28	−15	−2
1.30	−56	−37	−19	2	15	31	47	62
1.40	−44	−25	−6	12	29	46	62	78
1.50	−52	−32	−15	3	20	36	52	68
1.60	−70	−51	−34	−18	−1	14	30	44
1.70	−93	−76	−59	−44	−28	−13	1	15
1.80	−118	−102	−87	−72	−57	−44	−30	−17

记住联合利华和花王也非常可能正在做与你同样的计算，并有它们自己版本的表 12.2。现在假设你的竞争者定价为 1.50 美元或更高，如表 12.2 所示，你就会定价 1.40 美元，因为那样你将得到最高的利润。（例如，若竞争者定价 1.50 美元，则你定价 1.40 美元每月可赚 29 000 美元利润，定价 1.50 美元可赚 20 000 美元利润，定价 1.30 美元则只可赚 15 000 美元利润。）所以你不会想要

---

① 这个例子是以麻省理工学院的约翰·豪泽（John Hauser）教授所用的课堂讲授材料为基础的。为了保护宝洁的权益，关于生产和市场的某些实际数据被换掉了。不过，宝洁的问题的基本特征是准确的。

定价 1.50 美元（或更高）。假设你的竞争者也做了同样的推理，那么你也别指望它们会定价 1.50 美元（或更高）。

如果你的竞争者要价 1.30 美元又怎样呢？此时你会亏损，但你定价 1.40 美元将亏损最小（每月 6 000美元）。因而你的竞争者不会预测你定价 1.30 美元，并且基于相同的推理，你也不会预测它们会定这样低的价格。什么价格使在给定你的竞争者的价格以后，你能做到你所能做的最好的？它就是 1.40 美元。这也是你的竞争者们能实现最好结果的价格，所以它是一个纳什均衡。[①] 如表 12.2 所示，在这个均衡中，你和你的竞争者们每月各可以赚到 12 000 美元的利润。

如果你能与你的竞争者们共谋，你就能赚到更多的利润。你们会都同意定价 1.50 美元，则你们各自都会赚到 20 000 美元。但这种共谋协定可能是很难实施的——你可以通过将你的价格降到低于你的竞争者的价格，以他们的损失为代价进一步增加你的利润，而你的竞争者们可能也会想对你做同样的事情。

12.4　竞争 VS. 共谋：囚徒困境

461 纳什均衡是一种非合作均衡——各厂商在给定其竞争者的行为时做出给自己带来最大可能利润的决策。正如我们已经看到的，各厂商最终能赚到的利润高于完全竞争情况下的利润，但低于厂商间共谋时的利润。

可是，共谋是非法的，而且大多数经营者也不愿进监狱。但如果合作能够带来较高的利润，为什么厂商们不进行非公开的共谋合作呢？特别地，如果你和你的竞争者都能算出你们共谋且双方共同索取可使利润最大化的价格，你为什么不定那个价格并希望你的竞争者也这样做呢？如果你的竞争者确实也这样做了，你们就都能赚到更多的钱。

问题是你的竞争者大概不会选择将价格定在共谋时的水平。为什么？因为你的竞争者能通过选择较低的价格得到更多的好处，即使他知道你打算将价格定在共谋水平。

为了理解这一点，让我们回到上一节价格竞争的例子。在该例中的厂商们各有固定成本 20 美元，可变成本为零，并面临下列需求曲线：

厂商 1 的需求曲线：$Q_1=12-2P_1+P_2$

厂商 2 的需求曲线：$Q_2=12-2P_2+P_1$

我们知道在纳什均衡中，各厂商将定价 4 美元并赚到 12 美元的利润，而如果两个厂商共谋，它们就会定价 6 美元并各赚到 16 美元的利润。现在假设两个厂商并不共谋，但厂商 1 定的是 6 美元的共谋价格，希望厂商 2 也会这样做。如果厂商 2 确实这样做了，它将赚到 16 美元的利润。但如果它定价 4 美元会怎样呢？这时，厂商 2 会赚到的利润为：

$$\pi_2=P_2Q_2-20=4\times(12-2\times4+6)-20=20\text{（美元）}$$

厂商 1 则将赚到利润：

$$\pi_1=P_1Q_1-20=6\times(12-2\times6+4)-20=4\text{（美元）}$$

① 这个纳什均衡也能根据上面的需求函数和成本数据用代数方法导出。我们将此留给读者作为练习。

非合作博弈 博弈方之间不能相互协商且不能达成具有约束力的合约的博弈。

所以，如果厂商 1 定价 6 美元而厂商 2 定价 4 美元，厂商 2 的利润将增加到 20 美元，并且它是以牺牲厂商 1 的利润为代价的，厂商 1 的利润将下降到 4 美元。很显然，厂商 2 通过定价 4 美元实现了最好的结果。同样，厂商 1 也通过定价 4 美元实现了其最好的结果。如果厂商 2 定价 6 美元而厂商 1 定价 4 美元，厂商 1 将赚到 20 美元利润，而厂商 2 将只能赚到 4 美元利润。

支付矩阵 列出给定各厂商和其竞争者的决策下，各厂商的利润（或得益）的表格。

支付矩阵 表 12.3 归纳了这些不同的可能定价带来的结果。在决定制定什么价格时， 462
这两个厂商是在进行一种**非合作博弈**（noncooperative game）——在考虑到它的竞争者的情况下，各厂商独立地做出它所能做的最好的决策。表 12.3 被称为这个博弈的**支付矩阵**（payoff matrix），因为它给出了给定各厂商及其竞争者的决策时各厂商的利润（或得益）。例如，支付矩阵的左上角告诉我们，如果两个厂商都定价 4 美元，各厂商都将赚到 12 美元利润。右上角告诉我们，如果厂商 1 定价 4 美元而厂商 2 定价 6 美元，则厂商 1 将赚到 20 美元，厂商 2 将赚到 4 美元。

表 12.3 定价博弈的支付矩阵

单位：美元

		厂商 2	
		定价 4 美元	定价 6 美元
厂商 1	定价 4 美元	12，12	20，4
	定价 6 美元	4，20	16，16

这个支付矩阵可以给出对我们初始问题的答案：为什么厂商不通过相互合作赚取更高的利润，即使它们不被允许共谋？在这个例子中，合作意味着两个厂商都定价 6 美元而不是 4 美元，并因而赚到 16 美元而不是 12 美元。问题是各厂商通过定价 4 美元总是能赚到更多钱，不管它的竞争者定价多少。正如支付矩阵所示，如果厂商 2 定价 4 美元，厂商 1 定价 4 美元是最优选择，而如果厂商 2 定价 6 美元，厂商 1 定价 4 美元仍然是最优选择。同样，定价 4 美元也总是厂商 2 的最优选择，不管厂商 1 定价多少。结果是除非这两个厂商能签订一个定价 6 美元的保证能实施的协议，否则哪一个厂商都不敢期望它的竞争者会定价 6 美元，并都将定价 4 美元。

囚徒困境 博弈论中两个囚徒必须各自决定是否坦白的博弈。如果其中一个囚徒坦白，他会受到较轻的惩罚，而他的同伴会受到较重的惩罚；假如两人都不坦白，他们受到的惩罚要小于两人都坦白情况下的惩罚。

囚徒困境 博弈论中的一个被称为**囚徒困境**（prisoners' dilemma）的例子阐明了寡头垄断厂商所面对的问题。举例如下：两个囚徒被指控为一宗罪案的同案犯。他们被分开关在不同的牢房且无法互通信息。每个囚徒都被要求坦白罪行。如果两个囚徒都坦白，各将被判入狱 5 年；如果两人都不坦白，则相关机关很难对他们提起刑事诉讼，因而两个囚徒可以预期被从轻发落为入狱 2 年；如果一个囚徒坦白而另一个囚徒不坦白，坦白的这个囚徒就只需入狱 1 年，而另一个将被判入狱 10 年。如果你是这两个囚徒之一，你会怎么做：坦白还是不坦白？

表 12.4 中的支付矩阵归纳了各种可能的结果。（注意“支付”是负的；支付矩阵的右下角意味着两个囚徒各判 2 年徒刑。）正如该表所反映的，这两个囚徒面对着一种困境。如果他们（以有约束力的方式）协议都不坦白，那么每人都只需入狱 2 年。但他们不能相互共谋，并且即使能够共谋，他们能够相互信任吗？如果囚徒 A 不坦白，他就要冒着被他先前的同谋犯利用的危险。无论怎么说，不管囚徒 A 怎么选择，囚徒 B 坦白总是更优的选择。同样，囚徒 A 坦白也总是最优选择，囚徒 B 一定会担心如果不坦白就会被利用。因此，两个囚徒很可能都会坦白，并各入狱 5 年。

表 12.4 囚徒困境的支付矩阵
单位：年

		囚徒 B	
		坦白	不坦白
囚徒 A	坦白	−5，−5	−1，−10
	不坦白	−10，−1	−2，−2

寡头垄断厂商常常发现它们自己处于囚徒困境之中。它们必须决定是进行有攻击性的
463 竞争，试图以竞争者的损失为代价夺取更大的市场份额，还是进行合作和较温和的竞争——与竞争者共存并安于当前各自拥有的市场份额的现状，甚至公开共谋。如果厂商之间竞争不激烈，定高价并限制产量，它们将比竞争激烈时赚到更高的利润。

可是，就像我们的囚徒一样，各厂商都有一种背叛和削价，与它的竞争者竞争的冲动。虽然合作很吸引人，但各厂商都有充分的理由担心：如果它采取温和的竞争方式，它的竞争者可能会采取激烈的竞争方式，从而夺去大半市场份额。在表 12.3 所展示的定价问题中，两个厂商可以通过合作并定一个高价而得到较高的利润，但两个厂商是处于囚徒困境中，其中任何一个厂商都不会相信和指望它的竞争者会定高价。

❖例 12.3 囚徒困境中的宝洁公司

在例 12.2 中，我们讨论了当宝洁、联合利华和花王同时计划进入日本杀虫胶带市场时所引起的问题。它们都面临同样的成本和需求条件，而各厂商必须在考虑其竞争者的情况下决定一个价格。在表 12.2 中，我们列出了宝洁在它的竞争者可能制定的不同价格下的利润。我们论证了宝洁应该预测到它的竞争者会定价 1.40 美元，并且自己也定这个价格。①

如果宝洁和它的竞争者都将价格定在 1.50 美元，它能得到更多的利润。这从表 12.5 的支付矩阵中看得很清楚（这个支付矩阵是表 12.2 中对应于价格 1.40 美元和 1.50 美元时的一部分，也列出了宝洁的竞争者的收益）。② 如果所有厂商都定价 1.50 美元，它们每月各可赚到 20 000 美元利润，而不是定价 1.40 美元时可以赚到的 12 000 美元。那么为什么它们不定价 1.50 美元呢？

表 12.5 定价问题的支付矩阵
单位：千美元

		联合利华和花王	
		定价 1.40 美元	定价 1.50 美元
宝洁	定价 1.40 美元	12，12	29，11
	定价 1.50 美元	3，21	20，20

因为这些厂商处于囚徒困境中，不管联合利华和花王定价多少，宝洁定价 1.40 美元都能赚取更多的钱。例如，如果联合利华和花王定价 1.50 美元，宝洁定价 1.40 美元每月可赚 29 000 美元，而定价 1.50 美元只能赚 20 000 美元。对联合利华和花王也是这样。例如，若宝洁定价 1.50 美元而联合利华

① 与例 12.2 一样，关于产品和市场的某些事实数据已经被换掉，以保护宝洁的权益。

② 联合利华和花王的支付矩阵索取同样的价格。矩阵中的数据是以千美元计的利润。

和花王都定价 1.40 美元，它们将各赚到 21 000 美元而不是 20 000 美元。① 结果，宝洁知道，如果它定价 1.50 美元，它的竞争者会有强烈的冲动进行低价竞争，定价 1.40 美元，这将导致宝洁只占有一个很小的市场份额，并只能赚到每月 3 000 美元利润。宝洁应该冒险信任竞争者并定价 1.50 美元吗？如果你面对这样的困境，你会怎么做呢？

12.5 囚徒困境对寡头定价的意义

是否处于囚徒困境中的寡头垄断厂商就必然面临激烈竞争和低利润呢？不一定。虽然 464
我们假设囚徒只有一次坦白的机会，但大多数厂商要在不断观察竞争者的行动和做出相应调整的基础上一次又一次定价。这使得厂商可以建立起声誉，据此产生信任。结果是寡头垄断的协调与合作有时是可以实现的。

以一个由三四个已经共存很长时间的厂商组成的行业作为例子。几年来，这些厂商的经营者可能越来越厌倦亏本的价格战，并且会产生一种默契：所有厂商都保持高价，没有哪个厂商试图从它的竞争者那里夺取市场份额。虽然各厂商都会受到削价同竞争者进行竞争的诱惑，但经营者知道这样做的好处是不会长久的。它们知道，竞争者将会报复，且结果是重开价格战和从长期来看更低的利润。

价格刚性
寡头垄断市场的特征，即使厂商面临的成本或需求改变了，厂商仍然不愿改变价格。

囚徒困境的这种解决办法可能在某些行业出现，但不可能在所有行业都出现。有时经营者们不满足于这种隐性共谋带来的稍高的利润，而是宁愿进行有攻击性的竞争，试图夺取大部分市场。有时很难形成默契。例如，对成本和市场需求判断不同的厂商可能无法对“正确”的共谋价格达成共识。厂商 A 可能认为“正确”的价格为 10 美元，但厂商 B 可能认为是 9 美元。当厂商 B 定价 9 美元时，厂商 A 可能会将它看成是一种削价竞争的企图，并可能将自己的价格降到 8 美元加以报复，因此爆发价格战。

结果是，在许多行业中隐性共谋是短命的。总是存在一种不信任的基础，因此只要一个厂商被它的竞争者看作正在通过改变价格或增加广告而破坏稳定，商战就会爆发。

折弯的需求曲线
各厂商面对一条在当前价格下折弯的需求曲线的寡头垄断模型：在高的价格，需求价格非常有弹性；而在低的价格，需求无弹性。

价格刚性

由于隐性共谋是很脆弱的，寡头垄断厂商常常有稳定价格的强烈愿望。这就是为什么**价格刚性**（price rigidity）会是寡头垄断行业的特征之一。即使成本或者需求改变了，厂商也不大愿意改变价格。当成本下降或者市场需求下降时，厂商因为担心降价会给竞争者以错误信息并引发一轮价格战，所以不愿降低价格。而如果成本或需求上升了，厂商不愿意提价，因为它们担心竞争者可能不会跟着提价。

价格刚性是著名的寡头垄断的**“折弯的需求曲线模型”**（kinked demand curve model）的基础。根据这个模型，各厂商面对一条在当前通行价格 P^* 处折弯的需求曲线（见图 12.7）。在 P^* 以上的价格，需求曲线非常有弹性。理由是该厂商相信，如果它将价格提高到 P^* 之上，

① 如果宝洁和花王都定价 1.50 美元而只有联合利华削价竞争，定价 1.40 美元，联合利华会赚到每月 29 000 美元。作为唯一定低价的厂商是特别有利可图的。

而其他厂商不跟着提价，则它就会损失大部分销量和市场份额。另外，该厂商也相信，如果它将价格降到低于 P^*，则其他厂商就会跟着降价，因为它们不想丧失各自的市场份额。在这种情况下，销量将只会增加到由较低的市场价格所引起的总市场需求增加的幅度。

由于该厂商的需求曲线是折弯的，因此它的边际收益曲线是非连续的（边际收益曲线
465 的底部对应于需求曲线的弹性较小的部分，如各条曲线的实线部分所示）。结果是该厂商的成本变化可能并不会引起价格的变化。如图 12.7 所示，边际成本可能会增加，但它仍然在同样的产量水平下与边际收益相等，所以价格保持不变。

尽管折弯的需求曲线模型的简单令人着迷，但它并不能真正解释寡头的定价。它至少没有告诉我们价格 P^* 是怎样得来的，以及为什么不选择其他不同的价格。它的用处主要在于描述价格刚性，而不在于解释它。对价格刚性的解释来自囚徒困境和厂商避免相互展开毁灭性的价格竞争的愿望。

图 12.7　折弯的需求曲线

说明：各厂商相信，如果它将价格提高到当前价格 P^* 之上，没有一个竞争者会跟着提价，因此它会损失大部分市场份额。各厂商也相信，如果它降价，则其他厂商都会跟着降价，因而它的销量将只能增加由低价导致的市场需求增加的幅度。结果是，该厂商的需求曲线在价格 P^* 处是折弯的，而它的边际收益曲线 MR 在该点不连续。如果边际成本从 MC 增加到 MC′，该厂商将仍然生产相同的产量 Q^* 和制定同样的价格 P^*。

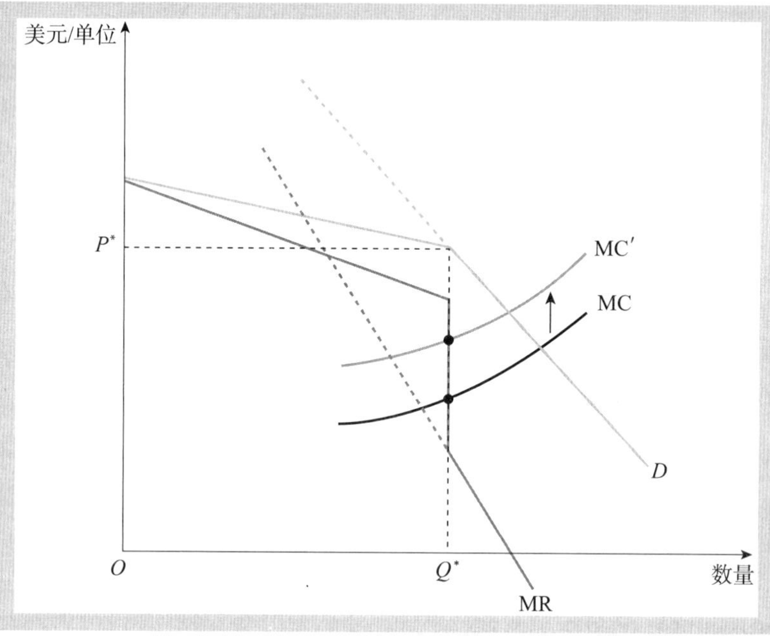

价格信号
隐性共谋的一种形式，其中一个厂商宣布提高价格并同时希望其他厂商也会随之提高价格。

价格领导
市场上的一个厂商定期宣布价格变化，其他厂商跟随这一价格的一种定价类型。

价格信号与价格领导

隐性共谋定价的主要障碍之一是，各厂商很难（不相互交谈就）对应该制定什么价格达成一致。当成本和需求发生变化，从而“正确”的价格也将改变时，达成一致就更为困难了。**价格信号**（price signaling）有时是能绕开这个问题的一种隐性共谋形式。例如，厂商可以宣布它已经提价了（也许是通过一次新闻发布会），并希望它的竞争者将此当作它们也应该提价的信号。如果竞争者们这样做了，所有厂商将赚取更高的利润。

有时模式的建立是通过一个厂商常规地调价，而其他厂商跟进来完成的。这种模式被称为**价格领导**（price leadership）：一个厂商被隐含地看成是“领导者”，而其他厂商被看成“价格追随者”。这就解决了价格一致性的问题——只要跟着领导厂商定价就可以了。

例如，假设三个寡头垄断厂商目前对它们的产品定价 10 美元。(如果它们都了解市场需求曲线，这可能就是纳什均衡价格。）假设通过共谋，它们都能定一个 20 美元的价格并大大增加它们的利润。会谈并商定定价 20 美元是非法的。但假设厂商 A 不是那样做，而是将它的价格提高到 15 美元，并向商业报纸宣布它这样做是因为较高的价格是恢复该行业的经济活力所需要的。厂商 B 和厂商 C 可能会将此看作一种明确的信号——厂商 A 在寻求它们在提价方面的合作。它们因而可以也将自己的价格提高到 15 美元。之后，厂商 A 可以再进一步提价，比如说提到 18 美元，而厂商 B 和厂商 C 也可以再跟着提价。不管是否达 466
到（或超过）利润最大化价格 20 美元，一种协调的模式现在已经形成。从厂商的角度来看，这可能与会谈和制定正式的价格协定几乎同样有效。[①]

这个信号和价格领导的例子很极端，并且可能会遭到反托拉斯诉讼。但在有些行业中，一个大型厂商可能会自然地成为一个领导，而其他厂商的决策则是它们最好与领导厂商的价格保持一致，而不是试图与领导厂商削价竞争或相互之间削价竞争。美国汽车行业就是一个例子，其中通用汽车公司传统上就是价格领导者。

价格领导也可以被用作寡头垄断厂商解决不愿改变价格问题的方法，这种犹豫是由害怕遭受削价竞争或“局面不稳定”而产生的。当成本和需求变化时，厂商可能会越来越发觉必须改变已经相当长时间保持不变的价格。此时这些厂商就会指望一个价格领导者发出何时改变以及应改变多少价格的信号。有时一个大型厂商会自然地像价格领导者一样行动，而有些时候不同的厂商会轮流成为价格领导者。下述商业银行的行为就是一例。

∵例 12.4　商业银行中的价格领导与价格刚性

商业银行从将资金存入支票账户、储蓄账户和存单中的个人和企业那里借款，然后将这些钱贷给需要资金的家庭和企业。商业银行通过以高于存款利率的利率贷款赚取利润。

美国最大的商业银行在对大企业客户贷款方面相互竞争。竞争的主要形式是价格，在本例中就是它们对公司客户发放贷款的利率。如果竞争变得很激烈，它们的利率会下降，从而它们的利润也会下降。避免激烈竞争的激励导致了价格刚性，并产生了一种价格领导的模式。

银行对大企业客户索取的利率称为优惠利率（prime rate)。这个利率广为人知，因此是价格领导的一个方便的焦点。大多数大银行索取相同或接近相同的优惠利率，并且它们避免经常改变利率，以免引起不稳定或导致激烈的价格战。优惠利率只有当货币市场条件已经有了足够大的变化，以至其他利率已经上升或下降了相当大的幅度时才会改变。当那种情况发生时，主要银行之一宣布改变它的优惠利率，而其他银行则迅速跟进。每次由不同的银行担当领导者的角色，当一个银行宣布变动时，其他银行会在两三天内跟进。

图 12.8 通过将同一时期的优惠利率与高等级（AAA）的公司债券利率比较说明了这一点。我们观察一下公司债券利率持续波动，而优惠利率却较长时间没有发生变化的情形。这就是一个价格刚性的例子——银行不愿意改变它们的贷款利率，因为害怕削价竞争，失去客户。

---

① 关于这种价格领导能够促进共谋的正式模型，参见 Julio J. Rotemberg and Garth Saloner, “Collusive Price Leadership,” *Journal of Industrial Economics*, 1990: 93-111。

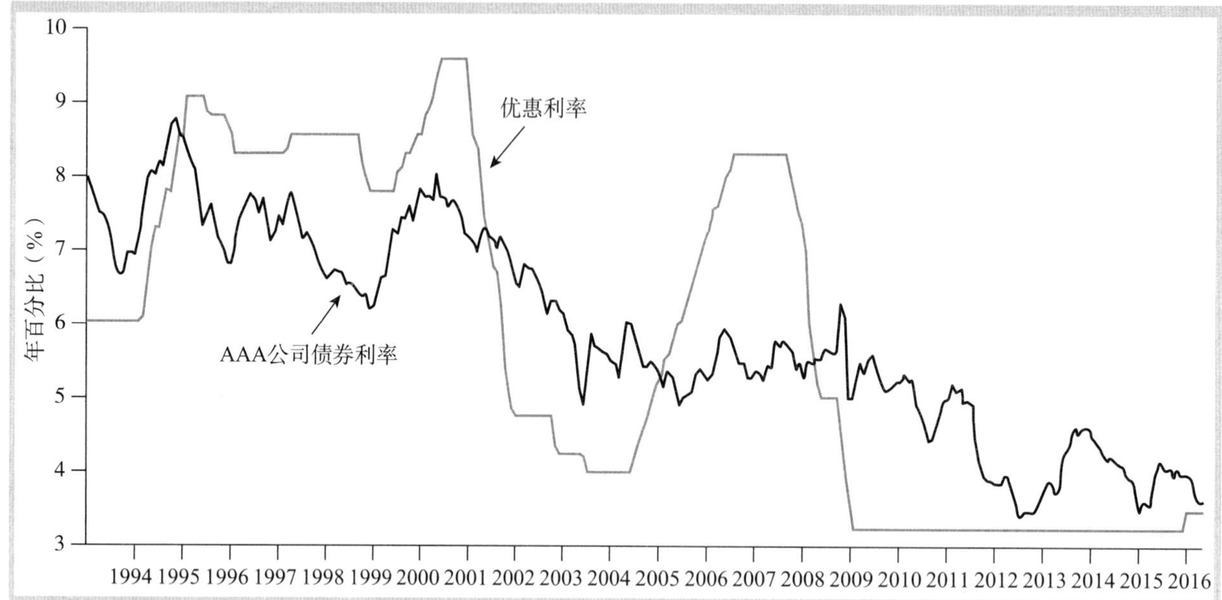

图 12.8　优惠利率与公司债券利率

说明：优惠利率是大银行对大公司客户短期贷款的利率。它的变动不频繁，因为各银行不愿相互削价竞争。当确实出现变动时，它是从一个银行开始，而其他银行则迅速跟进。公司债券利率是长期公司债券的回报率。由于这些债券的交易很活跃，所以这个利率就会随着市场条件不断波动。

例 12.5　大学教科书的价格

467 如果你在美国的一个大学书店里购买这本新教科书，你可能花了 200 多美元，甚至接近 300 美元。现在，无疑这是一本很棒的书！但是 300 美元？为什么这么贵？①

在书店里转一下，你就会发现本书的价格并不算太离谱。美国销售的许多教科书的零售价都在 200 美元和 300 美元之间。实际上，一些明显不如本书的微观经济学教科书也大约卖近 300 美元。教科书的价格是由出版商制定的，我们应该希望出版商间的竞争可以拉低价格吗？

部分归因于过去 10 多年间的并购，大学教科书的出版成了寡头的市场结构。（本书的出版商培生是大学教科书的最大出版商，紧随其后的是圣智和麦格劳-希尔。）这些出版商有避免价格战而降低价
468 格的激励。避免价格战的最好方法就是避免折扣和按照常规的方式步伐一致地提价，而这正是它们的所为。结果是，大学教科书价格逐年上涨，比通货膨胀的上涨速度还快。（回忆一下，例 1.5 中给出的教科书价格从 1980 年到 2016 年已经上升了 9 倍。）你是否因为你教科书的花费而出离愤怒？至少现在你知道是怎么回事了吧。

零售书店行业也是高度集中的，教科书的零售加成大约为 30%。因此一本零售价为 300 美元的教科书意味着出版商制定了一个约 200 美元的净（批发）价格。弹性很低，因为选定教科书的人是教师，而他们通常不会考虑价格。另外，如果价格过高，一些学生就会购买一本二手书或决定不买书。事实

① 你可能已经通过网络买书而节约了一些钱。如果你买一本二手书，或者你租用一个电子版，你可能只需花费美国零售价格的一半。而且，如果你购买的是本书的国际版本，通常是平装本而且只在美国以外销售，你可能花费更低。对于国际版微观经济学教科书的最新价格，请参见 http：//theory. economics. utoronto. ca/poet/。

上，可能出版商降低教科书价格会带来更高的利润。那么它们为什么不这样做呢？首先，这可能会导致激烈的价格战。其次，出版商可能没读过本书。

主导厂商模型

主导厂商
拥有很大市场份额的厂商，考虑到小厂商的供给反应，主导厂商设定一个价格以最大化其利润。

在某些寡头垄断市场，一个大厂商占有总销量的主要份额，而一组较小的厂商则占有其余的市场份额。此时这个大厂商可能会像一个**主导厂商**（dominant firm）那样行动，确定一个实现自身最大利润的价格。其他的那些单独行动、对价格只有很小影响的厂商则会像完全竞争者那样行动，它们将主导厂商所定的价格当作给定的，并据此安排生产。但是主导厂商该制定什么价格呢？为了使利润最大化，它必须考虑到其他厂商的产量是怎样取决于它所制定的价格的。

图 12.9 描述了一个主导厂商是如何制定价格的。图中 D 是市场需求曲线；S_F 是较小的次要厂商的供给曲线（即总边际成本曲线）。主导厂商必须确定它的需求曲线 D_D，如该 469
图所示，这正好是市场需求和次要厂商的供给之间的差距。例如，在价格 P_1 处，次要厂商的供给正好等于市场需求，所以主导厂商在这个价格处什么也卖不掉。在 P_2 或更低的价格处，次要厂商将不供给任何产品，所以主导厂商所面临的就是市场需求曲线。在 P_1 和 P_2 之间的价格处，主导厂商面对需求曲线 D_D。

对应于 D_D 的是主导厂商的边际收益曲线 MR_D。MC_D 是主导厂商的边际成本曲线。为了使其利润最大化，主导厂商的产量 Q_D 在 MR_D 和 MC_D 的交点处。根据需求曲线 D_D，我们找出价格 P^*。在此价格下，较小的次要厂商出售数量 Q_F，所以销售的总量为 $Q_T = Q_D + Q_F$。

图 12.9　主导厂商的定价过程

说明：主导厂商确定价格，而其他厂商则在此价格销售它们想要销售的数量。主导厂商的需求曲线 D_D 是市场需求 D 和次要厂商的供给 S_F 之差。主导厂商的产量 Q_D 在边际收益 MR_D 等于它的边际成本 MC_D 处，相应的价格为 P^*。在此价格下，较小的次要厂商的销量为 Q_F，所以总销量为 Q_T。

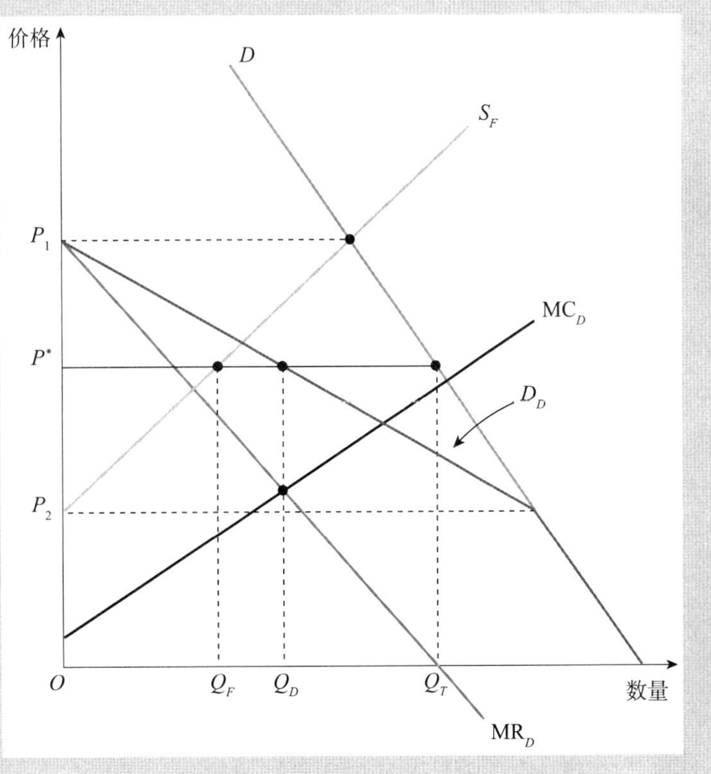

12.6 卡特尔

在一个卡特尔中，生产商公开同意在定价和确定产量上合作。不是一个行业中的所有生产商都需要加入卡特尔，大多数卡特尔只包括一部分生产商。但如果有足够多的生产商遵守卡特尔的协定，并且市场需求相当缺乏弹性，则卡特尔可以将价格提高到大大高于竞争的水平。

卡特尔常常是国际性的。美国的反托拉斯法禁止美国公司共谋，但其他国家的反托拉斯法则要温和得多，且有时并没有严格地实施。进一步地，没有办法能防止其他国家或政府拥有或控制的公司形成卡特尔。例如，欧佩克卡特尔就是产油国政府间的一个国际协定，它在十多年间成功地将世界石油价格提高到远远高于本来应有的水平。

其他国际卡特尔也成功地提高了价格。例如，在 20 世纪 70 年代中期，国际铝矾土联合会（IBA）将铝矾土价格提高到应有价格的 4 倍；一个秘密的国际铀卡特尔组织也提高了铀的价格。有些卡特尔取得了较长期的成功，如从 1928 年到 20 世纪 70 年代早期，一个被称为水银欧洲（Mercurio Europeo）的卡特尔将水银价格保持在接近于垄断的水平；而另一个国际卡特尔在 1878—1939 年一直垄断着碘市场。但是，大多数卡特尔都没能提高价格。一个国际铜卡特尔一直运作到今天，但它从未对铜价有过显著的影响。还有试图抬高锡、咖啡、茶和可可的价格的卡特尔也都失败了。[1]

卡特尔成功的条件　为什么有些卡特尔成功了而有一些却失败了呢？卡特尔取得成功需要两个条件。第一，一个稳定的卡特尔组织必须在其成员对价格和产量达成一致协定并遵守该协定的基础上形成。不像囚徒困境中的囚徒，卡特尔成员在达成协定之前可以相互通气。不过，这并不意味着达成协定很容易。不同的成员可能有不同的成本、不同的市场需求，甚至有不同的目标，因而它们可能想要制定不同的价格。进一步地，卡特尔的各成
470 员将试图通过略微降价以夺取比分配给它的市场份额更大的市场份额来“欺骗”其他厂商。最常见的是，只有长期回到竞争价格的威胁才能阻止这种欺骗。如果卡特尔的利润足够大，这种威胁可能是很有效的。

卡特尔成功的第二个条件是垄断势力的潜在可能。即使一个卡特尔能解决它的组织上的问题，如果它面对的是一条高弹性的需求曲线，它也只有很小的提价余地。潜在的垄断势力可能是成功的最重要的条件，如果合作的潜在利益很大，卡特尔成员将有更大的冲动去解决它们的组织问题。

卡特尔定价分析

只有在极少数情况下一种产品的所有生产商都结合成一个卡特尔。一个卡特尔通常只占总产量的一部分，并且在定价时必须考虑到竞争性的（非卡特尔）生产商的供给反应。因而卡特尔定价可以应用前面讨论的主导厂商模型。我们将对两个卡特尔——欧佩克石油

① Jeffrey K. MacKie-Mason and Robert S. Pindyck, “Cartel Theory and Cartel Experience in International Minerals Markets,” in *Energy: Markets and Regulation* (Cambridge, MA: MIT Press, 1986).

卡特尔和西佩克（CIPEC）铜卡特尔[1]应用这个模型。这将帮助我们理解为什么欧佩克在提价方面这么成功，而西佩克却不成功。

欧佩克分析 图 12.10 显示了欧佩克的例子。TD 是对原油的世界总需求曲线，而 S_C 是竞争性的（非欧佩克）供给曲线。对欧佩克石油的需求 D_{OPEC} 是总需求和竞争供给之差，而 MR_{OPEC} 是相应的边际收益曲线。MC_{OPEC} 是欧佩克的边际成本曲线，欧佩克比非欧佩克生产商的生产成本要低得多。欧佩克的边际收益和边际成本在产量 Q_{OPEC} 处相等，这就是欧佩克将生产的产量。我们从欧佩克的需求曲线可看出价格将是 P^*，在此价格下竞争性的供给为 Q_C。

图 12.10 欧佩克石油卡特尔

说明：TD 是石油的世界总需求曲线，而 S_C 是竞争性的（非欧佩克）供给曲线。欧佩克的需求 D_{OPEC} 是两者之差。因为总需求和竞争性供给两者都缺乏弹性，欧佩克的需求也缺乏弹性。欧佩克的利润最大化产量 Q_{OPEC} 在其边际收益曲线和边际成本曲线的交点得到，在此产量下，欧佩克定价 P^*。如果欧佩克生产商没有卡特尔化，价格会是 P_C'，在此处欧佩克的需求曲线和边际成本曲线相交。

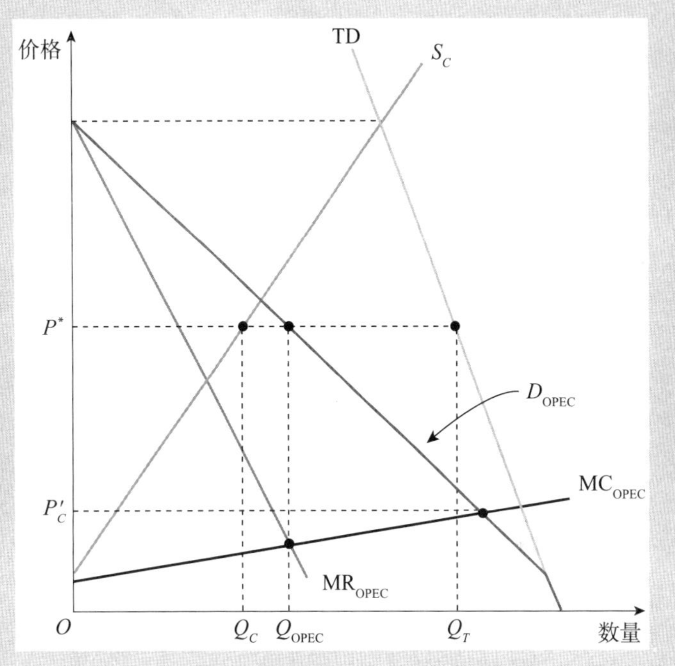

假设石油输出国没有形成一个卡特尔，而是竞争性地生产，此时价格会等于边际成本。因而我们可以根据欧佩克的需求曲线与其边际成本曲线的交点确定竞争性价格，记为价格 P'_C，该价格比卡特尔价格 P^* 要低得多。因为总需求和非欧佩克的供给都是缺乏弹性的，故对欧佩克石油的需求也相当缺乏弹性，因而此卡特尔具有相当大的垄断势力，它利用这种势力将价格抬到比竞争性水平高出许多。

在第 2 章中我们强调了区别短期和长期供给与需求的重要性，这种区别在这里也很重要。图 12.10 中的总需求曲线和非欧佩克供给曲线适用于短期或中期分析。在长期中，需求和供给都将会有较大弹性，这意味着欧佩克的需求曲线的弹性也要大得多。结果是，我们可以期望在长期中欧佩克无法保持比竞争水平高出这么多的价格。事实上，在 1982—1989 年期间，实际油价下跌，主要是因为需求和非欧佩克供给的长期调整。 471

西佩克分析 图 12.11 给出了对西佩克的类似分析。西佩克由四个铜生产国——智利、秘鲁、赞比亚和刚果（前扎伊尔）组成，它们共占有世界铜产量的约 1/2。在这些国家，

① CIPEC 是国际铜出口国理事会（International Council of Copper Exporting Countries）的法语首字母缩略词。

生产成本比那些非西佩克国家要低，但除了智利以外，其他国家并没有低太多。因而在图12.11中西佩克的边际成本曲线画得只比非西佩克国家的供给曲线低一点儿。西佩克的需求曲线 D_{CIPEC} 是总需求TD和非西佩克供给 S_C 之差。西佩克的边际成本曲线和边际收益曲线在产量 Q_{CIPEC} 处相交，对应的价格为 P^*。竞争性价格 P_C 还是在西佩克的需求曲线与其边际成本曲线的交点得到。注意这个价格与卡特尔价格 P^* 非常接近。

为什么西佩克不能将铜价抬高很多？如图12.11所示，对铜的总需求比对石油的总需求更富有弹性。(其他的材料，如铝，可以很容易地代替铜。）另外，竞争性供给也更有弹性。甚至在短期中，如果价格上升，非西佩克生产商也能很容易地扩大供给（部分是因为能得到来自废金属的供给）。因此，西佩克的潜在垄断势力很小。

图12.11　西佩克铜卡特尔

说明：TD是铜的总需求曲线，而 S_C 是竞争性的（非西佩克）供给，西佩克的需求 D_{CIPEC} 是两者之差。总需求和竞争性供给都是相对有弹性的，所以西佩克的需求曲线也较有弹性，从而西佩克只有很小的垄断势力。注意：西佩克的最优价格 P^* 接近于竞争性价格 P_C。

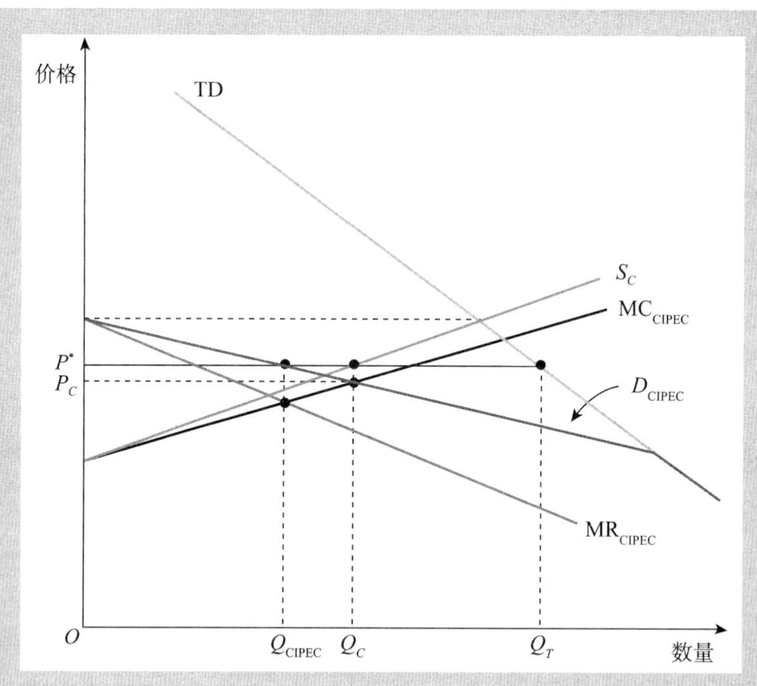

正如欧佩克和西佩克两个例子所反映的，成功的卡特尔化需要两个条件。第一，对产品的总需求一定不能是价格弹性很大的。第二，要么该卡特尔必须几乎控制所有世界供给，要么非卡特尔生产商的供给绝不能是价格弹性很大的。大多数国际商品卡特尔之所以失败，就是因为只有少数世界市场同时满足上述两个条件。

∴例12.6　校际体育运动的卡特尔化

472 许多人认为大学体育运动是大学生的一种课外活动或体育运动爱好者的娱乐消遣活动，他们认为各大学积极支持体育运动不仅是因为它要提供给业余运动员发展技能和在观众面前踢足球或打篮球的机会，还因为它提供了娱乐活动，倡导学校精神并能争取到校友的支持。虽然它确实有这些作用，但大学体育运动也是一个很大的和非常有利可图的产业。

像任何行业一样，大学体育运动也有企业和消费者。“企业”就是给运动队支持和提供资金的大学。对生产的投入就是教练、学生运动员，以及运动场馆形式的资本。在消费者中，许多是学校当前和以前的学生，这些消费者是买票看比赛的体育运动爱好者、运动迷，另外还包括付钱播放比赛的电视和广播网。企业和消费者都很多，这让我们感觉该行业是竞争性的，但该行业持久的高利润却与竞争不相符——一个大型州立大学仅从橄榄球比赛中就能赚到每年600万美元以上的利润。这种盈利能力是通过卡特尔化而形成的垄断势力的结果。

这种卡特尔组织就是全国大学体育运动联合会（NCAA）。NCAA在许多重要活动中限制竞争。为了削弱学生运动员的讨价还价能力，NCAA制定并执行关于补贴资格和补贴标准的规则。为了减少企业间的竞争，它限制各个赛季举办比赛的次数和各分区允许参赛的队数。并且为了限制价格竞争，直到1984年为止，NCAA一直是所有橄榄球转播合同的唯一谈判人，从而垄断着行业收益的主要来源之一。

在本例中，NCAA为学生运动员和喜欢观看比赛的球迷创造了利益，因而它是一个“好的”卡特 473
尔吗？或者NCAA导致的是净的损害，如果是这样，那么是否应该削弱它对大学体育的控制？我们的两位作者对此进行了讨论。

“确实对于橄榄球、篮球，NCAA为最大的一级赛事提供了可观的回报，”鲁宾费尔德说，“但是这些回报的相当大部分被用于补贴女子项目和其他类型的男子运动项目，而且有些钱被用于大学的其他活动。确实NCAA有对其成员的限制性规定——不能付给学生运动员工资。不过，这种规定是为了保证业余运动的持续性，区分业余运动和专业运动。实际上，消费者（粉丝们）显然很看重业余运动——现场或电视观看疯狂三月篮球赛事的庞大观众群就是一个例证。这一赛事构成了NCAA最大的收入来源。”

“我同意是粉丝大大地提高了大学体育的价值，”平狄克反驳道，“而且我理解你为什么称它为‘好的卡特尔’，因为你是一个十足的篮球迷。不过，NCAA就是一个卡特尔，它一直利用其卡特尔的市场势力创造超额利润。想想NCAA谈判确定的电视体育转播费吧；2010年，它与哥伦比亚广播公司（CBS）和特纳广播公司签署了一项包括男子一级篮球锦标赛14年的转播权的价值108亿美元的转播合同。”

“是的，”鲁宾费尔德回应道，“而且这些转播费构成了一级赛事体育项目的重要收入，而这进而不仅为体育迷创造了利益，也为学生运动员创造了利益。没有这些项目，学生运动员不可能得到教练指导、奖学金支持和提高技术的训练时间。”

“我最大的不满是NCAA不能支付所谓的学生运动员工资的规定，”平狄克说，“实际上，学生这个词具有误导性。在一级赛事队伍中，很多运动员必须花费大量时间用于训练，导致了注水的课程学习，结果是接受到的大学教育很有限。他们实际上就是雇员，但因为不受劳动法保护，没有资格得到劳工保障，无法为更高的工资而谈判，所以处于劣势一方。”

“我同意，”鲁宾费尔德回答，“这种限制性规定是NCAA的核心。不过，问题是这种限制带来的好处是否超过了可能的危害。此问题是法院正在讨论的焦点，现在这种限制还是合法的。或许我们将通过最高法院判决来最终解决我们的争论。如果有这样的判决，那么我们会在本书第10版把这些也加进来。”

❖例12.7 汽车零部件卡特尔

2011年9月，美国司法部（DOJ）宣布了其对一个国际汽车零部件卡特尔的调查结果，这个卡特尔对包括轮毂、安全带、雨刮器等的大范围汽车零部件行业进行投标串谋和操纵价格。许多生产商通过政府达成协议，以逐个型号为基础来分配汽车零部件的供给。司法部认为，这些生产商在很多地方会过面，相互发送过私人代码邮件，皆为了达成卡特尔协议。在美国，这些协议指向汽车制造商丰田、本田、日产以及通用和福特。结果是，这些汽车制造商为最终卖给美国消费者的汽车零部件支付了更高的非竞争价格，这些高价被转移到了消费者身上。

美国对汽车零部件卡特尔的这次调查已经导致 58 个个人和 38 个企业遭到刑事控告，并且导致超
474 过 26 亿美元的罚款。这些调查继而促成了一个大的合并私人反托拉斯法案（《关于汽车零部件的反托拉斯法》），该法案于 2016 年颁布实施。汽车零部件卡特尔最令人吃惊的地方是其国际性。导致巨额罚款的这些成功调查由欧盟委员会以及日本、新加坡、韩国、中国、加拿大和澳大利亚的竞争主管机构完成。在每个案例中，调查都适用宽大处理程序，保证那些自愿汇报其在卡特尔中的角色并协助调查其同谋的企业免于处罚（在美国是免于坐牢）。

还需要弄清楚的是，那些被破获的各类汽车零部件协议是应该称为单一卡特尔，还是一系列从一个零部件到另一个零部件的相关卡特尔。清楚的是，此卡特尔通过常规交流（会议或电话）就可以成功运行，其协议不仅包括价格，还包括控制卡特尔成员行动的方法和惩罚那些违反协议的成员的方法。汽车零部件卡特尔对于汽车消费者的负面影响有多大还不清楚，需要对汽车零部件市场进行更深入的经济分析。

小　结

1. 在一个垄断竞争市场中，各厂商通过销售有高度替代性的差别化产品进行竞争，新厂商很容易进入或退出。各厂商只有少量垄断势力。在长期，不断有新厂商进入，直至利润为零。此时各厂商有过剩产能（即产量水平低于平均成本最小化时的产量）。

2. 在一个寡头市场中，仅少数几个厂商就占有大部分或全部产量。进入壁垒使某些厂商即使在长期也能赚到可观的利润。经济决策包含策略性考虑——各厂商必须考虑到它的行为对它的对手有什么影响，以及它们可能会如何反应。

3. 在寡头垄断的古诺模型中，各厂商同时做出产量决策，都将其他厂商的产量看作是固定的。在均衡时，给定竞争者的产量，各厂商已使自己的利润最大化，所以没有哪个厂商有改变产量的冲动，因而各厂商就处在纳什均衡中。各厂商的利润比完全竞争时要高，但比共谋时能赚到的低。

4. 在斯塔克伯格模型中，有一个厂商先制定产量。该厂商具有一种策略优势，并能赚取较高的利润。它知道可以选择一个较大的产量，而其竞争者如果想要最大化利润，就只能选择较低的产量。

5. 纳什均衡概念也可以用于各厂商生产可替代产品并通过价格进行竞争的市场。在均衡时，给定竞争者的价格，各厂商已最大化自己的利润，所以它们没有改变价格的冲动。

6. 通过共谋提价协定，各厂商都能赚取较高的利润，但反托拉斯法通常禁止这样的做法。它们可以不通过公开的共谋就制定一个高价，并希望竞争者也这样做，但它们处于囚徒困境，这使得这种想法不大容易实现。各厂商都有通过降低价格夺取竞争者的市场份额从而欺骗竞争者的冲动。

7. 囚徒困境造成了寡头垄断市场的价格刚性。厂商们因为害怕引发价格战而不大愿意改变价格。

8. 价格领导是一种有时能避免囚徒困境的隐性共谋形式。一个厂商制定价格以后，其他厂商跟着制定同样的价格。

9. 在卡特尔中，生产商们在定价和产量方面公开共谋。成功的卡特尔化需要具备的条件是：总需求的价格弹性不是很大；并且要么卡特尔控制了大部分供给，要么非卡特尔生产商的供给是缺乏价格弹性的。

复习题

1. 垄断竞争市场的特征是什么？在这样一个市场中，如果某厂商推出一种新型的、改进的产品，对均衡价格和产量会产生什么影响？

2. 为什么在垄断竞争中厂商的需求曲线比总的市场需求曲线要平坦？假设一个垄断竞争厂商在短期中赚取利润，在长期中它的需求曲线会发生什么变化？

3. 有些专家论证说市场上早餐谷物食品的品牌太多了。分别给出一个支持该观点和反对该观点的论据。

4. 为什么古诺均衡是稳定的（即为什么一旦达到均衡，各厂商就不会有改变产量水平的冲动）？即使它们被允许公开共谋，它们为什么不将它们的产量定在共同利润最大化的水平（即如果它们能共谋时会选择的水平）？

5. 在斯塔克伯格模型中，先决定产量的厂商有一种优势。给出原因。

6. 古诺模型和伯特兰模型的相同之处是什么？两个模型有何区别？ 475

7. 解释当厂商进行价格竞争时纳什均衡的意义。为什么这种均衡是稳定的？为什么厂商们不将价格提高到最大化它们的共同利润的水平？

8. 折弯的需求曲线描述了价格刚性。解释该模型是如何说明问题的。它的局限性是什么？为什么价格刚性出现在寡头垄断市场？

9. 为什么价格领导有时能在寡头垄断市场产生？解释价格领导者是如何确定利润最大化的价格的。

10. 为什么欧佩克石油卡特尔成功地将价格抬高了许多，而西佩克铜卡特尔却做不到？卡特尔化成功的必要条件是什么？一个卡特尔必须克服什么组织上的问题？

练习题

1. 假设在一个垄断竞争行业中的所有厂商都被并入一个大企业。这个新企业会仍然生产那么多品牌吗？或者它会只生产一种单一品牌吗？请解释。

2. 考虑下面的两个厂商。它们面临的需求曲线是 $P=50-5Q$，其中 $Q=Q_1+Q_2$。厂商的成本函数分别为 $C_1(Q_1)=20+10Q_1$ 和 $C_2(Q_2)=10+12Q_2$。

a. 假设两个厂商都已进入了该行业。共同利润最大化的产量水平是多少？各厂商将生产多少？如果两个厂商都还没有进入该行业，你的回答将如何改变？

b. 如果两个厂商的行为非常不合作，各厂商的均衡产量和利润是多少？利用古诺模型，画出两个厂商的反应曲线，并标示出均衡。

c. 如果共谋是非法的但接管却并不违法，厂商 1 会愿意出多少钱收购厂商 2？

3. 某垄断者能够以常数平均（和边际）成本 AC＝MC＝5 美元生产。该厂商面对的市场需求曲线是 $Q=53-P$。

a. 计算这个垄断者的利润最大化价格和产量，并计算出它的利润。

b. 假设第二个厂商加入该市场。Q_1 为厂商 1 的产量，Q_2 是厂商 2 的产量。市场需求现在由 $Q_1+Q_2=53-P$ 给出。设厂商 2 与厂商 1 有相同的成本，将各厂商的利润写成 Q_1 和 Q_2 的函数。

c. 假设（如在古诺模型中一样）各厂商在假定它的竞争者的产量固定时选择其利润最大化的产量水平。求出各厂商的反应曲线（即根据它的竞争者的产量求出它所需要的产量的规则）。

d. 计算古诺均衡（即给定竞争者的产量，两个厂商都选了自己所能选的最好的 Q_1 和 Q_2 的值）。求出的市场价格和各厂商的利润是多少？

*e. 设该行业中有 N 个厂商，各厂商都有相同的常数边际成本 MC＝5 美元。求出古诺均衡。各厂商将生产多少？市场价格为多少？各厂商将赚到多少利润？此外，证明当 N 变大时，市场价格接近于完全竞争下的价格。

4. 继续练习题 3。我们回到两个具有相同常数平均成本和边际成本 AC＝MC＝5 美元的厂商，面对的市场需求曲线还是 $Q_1+Q_2=53-P$。现在我们要利用斯塔克伯格模型来分析如果两个厂商之一在另一厂商之前先做产量决策将会发生什么情况。

a. 设厂商 1 是斯塔克伯格领导者（即在厂商 2 之前进行产量决策）。找出反应曲线，使得各厂商能够根据它的竞争者的产量求出它自己应该生产多少。 476

b. 各厂商将生产多少？利润为多少？

5. 两个厂商生产一种相同的商品。它们同时选择的产出水平为 Q_1 和 Q_2，面对的需求曲线为 $P=30-Q$，其中 $Q=Q_1+Q_2$。直到最近，两个厂商的边际成本都为零。新颁布的环境法规使得厂商 2 的边际成本上升到 15 美元。厂商 1 的边际成本保持不变，为零。判断正误：市场价格将因此上升到垄断水平。

6. 设有两个生产某种商品的相同厂商，并且它们是市场上仅有的两个厂商。它们的成本由 $C_1=60Q_1$ 和 $C_2=60Q_2$ 给出，其中，Q_1 是厂商 1 的产量，Q_2 是厂商 2 的产量。价格由下列需求函数给出：$P=300-Q$，其中 $Q=Q_1+Q_2$。

a. 求出古诺-纳什均衡。算出各厂商在该均衡中的利润。

b. 假设这两个厂商为了使共同利润最大化组成了一个卡特尔。它们将生产多少？算出各厂商的利润。

c. 设厂商 1 是该行业中唯一的厂商。市场产量和厂商 1 的利润与 b 部分中求出的有何不同？

d. 回到 b 部分中的双寡头，设厂商 1 遵守协定，但
477 厂商 2 通过增产欺诈。厂商 2 将生产多少？各厂商的利润是多少？

7. 假设两个竞争厂商 A 和 B 生产同质商品。两个厂商都有 MC＝50 美元的边际成本。描述厂商若处于如下情形下，产量和价格会发生什么变化：（1）古诺均衡，（2）共谋均衡，（3）伯特兰均衡。

a. 因为厂商 A 必须增加工资，它的 MC 上升到 80 美元。

b. 两个厂商的边际成本增加。

c. 需求曲线向右移动。

8. 假设航空行业仅由两个厂商组成：美国航空公司和得克萨斯航空公司。让两个厂商具有相同的成本函数 $C(q)=40q$。设该行业的需求曲线为 $P=100-Q$，且各厂商都期望对方像古诺竞争者一样行动。

a. 计算各厂商的古诺-纳什均衡，假设各厂商是在将对手的产量当作给定时选择最大化自己利润的产量水平。各厂商的利润是多少？

b. 如果得克萨斯航空公司具有常数边际成本和平均成本 25 美元，而美国航空公司具有常数边际成本和平均成本 40 美元，均衡产量为多少？

c. 假设两个厂商原有的成本函数为 $C(q)=40q$，如果美国航空公司不会跟进，得克萨斯航空公司愿意投资多少资金以将它的边际成本从 40 美元降至 25 美元？如果不管美国航空怎么做，得克萨斯航空公司都要将边际成本降低为 25 美元，美国航空公司会愿意花费多少将它的边际成本降至 25 美元？

*9. 对灯泡的需求为 $Q=100-P$，其中 Q 以百万盒灯泡的销售计；P 是每盒的价格。有两个灯泡生产商：永光和迪姆力。它们有相同的成本函数：

$$C_i=10Q_i+1/2\,Q_i^2\quad(i=E,\ D)$$

$$Q=Q_E+Q_D$$

a. 由于认识不到共谋的潜在可能，这两个厂商像短期完全竞争者一样行动。均衡的 Q_E、Q_D 和 P 的值各为多少？各厂商的利润是多少？

b. 两个厂商的最高层经营者都被换掉了。双方的新经理各自独立地认识到了灯泡行业的寡头垄断性质并采取古诺竞争策略。Q_E、Q_D 和 P 的均衡值又是多少？各厂商的利润是多少？

c. 假设永光的经理准确猜到迪姆力是采用古诺策略，所以永光采用斯塔克伯格策略。Q_E、Q_D 和 P 的均衡值是多少？各厂商的利润是多少？

d. 如果两个厂商的经理共谋，Q_E、Q_D 和 P 的均衡值是多少？各厂商的利润是多少？

10. 两个厂商生产豪华型羊皮自动椅套：Western Where（WW）和 B. B. B. Sheep（BBBS）。每个厂商的成本函数为：$C(q)=30q+1.5q^2$。市场需求由反需求方程 $P=300-3Q$ 给出，式中，总产出 $Q=q_1+q_2$。

a. 如果每个厂商在给定对手产出下追求利润最大化（即每个厂商都是古诺寡头），每个厂商将选择的均衡产量为多少？总产出为多少？市场价格为多少？每个厂商各自的利润又为多少？

b. 对于 WW 和 BBBS 的管理者来说，共谋能使效率提高。如果两个厂商共谋，利润最大化时的产出为多少？该行业的价格为多少？在该情况下每个厂商各自的产出和利润为多少？

c. 厂商的经营者们认识到公开共谋是非法的。每个厂商必须独自决定是生产古诺数量还是生产卡特尔数量。为了帮助决策，WW 的管理者绘制了如下一个支付矩阵。在每一空格中填入 WW 和 BBBS 的利润。根据这一支付矩阵，每个厂商会采取怎样的产出策略？

利润支付矩阵

		BBBS 利润	
		生产古诺产量 q	生产卡特尔产量 q
WW	生产古诺产量 q		
利润	生产卡特尔产量 q		

d. 假设 WW 能在 BBBS 之前确定产出水平。在此情况下，WW 将会选择怎样的产量？BBBS 呢？市场价格为多少？每个厂商的利润又为多少？WW 首先选择产出水平对它更有利吗？请解释原因。

*11. 两个厂商通过选择价格竞争，它们的需求曲线是：

$$Q_1=20-P_1+P_2$$

$$Q_2=20+P_1-P_2$$

其中，P_1 和 P_2 分别是两个厂商所定的价格；Q_1 和 Q_2 则是相应的需求。注意对各产品的需求只取决于它们的价格差，如果两个厂商共谋并制定相同的价格，它们可以把

价格定在任意的高度，并赚到无限的利润。边际成本为零。

a. 设两个厂商同时决定它们的价格。求出相应的纳什均衡。各厂商会定什么价格？它们将售出多少？利润为多少？（提示：对价格最大化各厂商的利润。）

b. 设厂商 1 先定价格，然后厂商 2 定价。各厂商将定价多少？能售出多少？利润为多少？

c. 假设你是两个厂商之一，且你们有三种博弈的方法：(1) 两个厂商同时定价；(2) 你先定价；(3) 你的竞争者先定价。如果能从中选择，你喜欢哪种？给出原因。

*12. 主导厂商模型可以帮助我们理解某些卡特尔的行为。让我们将这种模型应用于欧佩克石油卡特尔。我们将利用等弹性曲线来描述世界需求 W 和非卡特尔（竞争性）供给 S。世界需求和非卡特尔供给的价格弹性的合理数值分别为 $-1/2$ 和 $1/2$。然后，用每天百万桶（mb/d）表示 W 和 S，我们能写成：

$$W=160P^{-1/2}$$

$$S=\left(3\frac{1}{3}\right)P^{1/2}$$

注意欧佩克的净需求为 $D=W-S$。

a. 画出世界需求曲线 W、非欧佩克供给曲线 S、欧佩克的净需求曲线 D 以及欧佩克的边际收益曲线。为了简化，设欧佩克的生产成本为零。在图中标出欧佩克的最优价格、欧佩克的最优产量以及非欧佩克的产量。现在，在图中表示出如果因为石油储量开始枯竭，非欧佩克的供给成本增大，各条曲线会如何移动，以及欧佩克的最优价格会如何变化。

b. 计算欧佩克的最优（利润最大化）价格。（提示：因为欧佩克的成本为零，只需写出欧佩克的收益表达式并求出使其利润最大化的价格。）

c. 假设石油消费国想要联合起来并形成一个买方卡特尔以得到买方垄断势力。关于这会对价格造成的冲击，我们可以判断出什么，无法判断出什么？

13. 假设网球鞋市场有 1 个主导厂商和 5 个次要厂商。市场需求为 $Q=400-2P$。主导厂商有 20 的不变边际成本。每个次要厂商有 $\mathrm{MC}=20+5q$ 的边际成本。

a. 证明 5 个次要厂商的总供给曲线为 $Q_f=P-20$。

b. 求主导厂商的需求曲线。

c. 求利润最大化时的生产数量和主导厂商索取的价 478
格，并求此时每个次要厂商的生产数量和价格。

d. 假设有 10 个次要厂商而不是 5 个，你的结果会有什么变化？

e. 假设仍为 5 个次要厂商，但每个厂商都设法将边际成本减少为 $\mathrm{MC}=20+2q$。你的结果会有什么变化？

*14. 一个生产柠檬的卡特尔由 4 个果园组成。它们的总成本曲线分别为：

$$\mathrm{TC}_1=20+5Q_1^2$$

$$\mathrm{TC}_2=25+3Q_2^2$$

$$\mathrm{TC}_3=15+4Q_3^2$$

$$\mathrm{TC}_4=20+6Q_4^2$$

（TC 以百美元计，Q 以每月采运的箱数计。）

a. 用表列出产量水平为每月 1～5 箱（即 1、2、3、4 和 5 箱）时各果园的总成本、平均成本和边际成本。

b. 如果该卡特尔决定每月采运 10 箱并将价格定在每箱 25 美元，产量在果园之间应怎样分配？

c. 在这个采运量水平下，哪个果园进行价格欺诈的冲动最大？是否哪个果园都没有进行价格欺诈的冲动？

13 博弈论与竞争策略

在第 12 章，我们探讨了厂商必须经常进行的一些策略性产出和价格
479 决策。我们已经看到，一个厂商在做这些决策时，怎样把其竞争者的可能反应考虑在内。然而，关于市场结构和厂商行为，我们仍有许多并未讨论的问题。例如，为什么有些市场的厂商倾向于共谋而另一些市场的厂商倾向于激烈竞争？一些厂商是怎样阻止潜在的竞争者的进入的？在需求和成本条件发生变化或者有新的竞争者进入市场时，各厂商如何进行定价决策？

为了回答这些问题，我们将用博弈论（game theory）来扩展我们对厂商策略性决策的分析。博弈论的应用是微观经济学的一个重要发展。本章将解释博弈论的一些核心概念，并说明它们如何被运用于对市场发展和运行的理解，以及说明经营者是如何考虑他们不断面对的决策问题的。例如，我们会看到，当寡头垄断厂商必须策略性地定价并随着时间的推移调整价格时，我们在第 12 章中讨论过的囚徒困境如何重复发生。我们将讨论厂商怎样采取策略行动以获得对竞争者的优势或在谈判地位上的优势，并且我们还将看到，厂商可以怎样利用威胁、承诺或更具体的行动来阻止潜在竞争者的进入。最后，我们将目光转移到拍卖，来看博弈论如何被应用到拍卖设计和投标策略中。

本章要点

13.1 博弈与策略性决策
13.2 占优策略
13.3 纳什均衡回顾
13.4 重复博弈
13.5 序贯博弈
13.6 威胁、承诺与可信性
13.7 阻止进入
*13.8 拍卖

案例列表

例 13.1 兼并一个公司
例 13.2 水表行业中的寡头合作
例 13.3 航空业中的竞争与共谋
例 13.4 沃尔玛连锁店的先发制人投资策略
例 13.5 产业转变：Uber 与 Lyft
例 13.6 纸尿裤之战
例 13.7 拍卖的法律服务
例 13.8 现实中的拍卖

13.1 博弈与策略性决策

首先，我们应该弄清博弈和策略性决策是用来干什么的。**博弈**（game）就是参与人（参加者）进行策略性决策的环境，而策略性决策（strategic decision）是指考虑到参与人各自的行动和相互反应后做出的决策。博弈的例子包括通过制定价格而相互竞争的厂商，或者是艺术品拍卖时相互投标竞争的一群消费者。策略性决策最终带给每个参与人一个**支付**（payoff）：以回报或获利为形式的结果。对于制定价格的厂商，支付就是利润；而对
480 于拍卖中的投标者，赢家的支付就是其消费者剩余，即她对艺术品的估价减去她支付的投标价格。

博弈
参与人（参加者）考虑到了每个其他参与人的行动和反应后做出策略性决策的情形。

支付
与某一可能结果对应的价值。

策略
博弈者在博弈中遵循的行动规则或者计划。

博弈论的核心任务是确定每个参与人的最优策略。**策略**（strategy）是博弈者在博弈中遵循的行动规则或者计划。比如对于制定价格的厂商，一个策略可能是："如果我的竞争者们保持高价，我也将保持高价；但是只要有一个竞争者选择降价，我也将降价并且降得更多。"对于拍卖中的投标者，一个策略可能是："我的第一次报价将是 2 000 美元，以此向其他投标者表明我对赢得这次拍卖的态度是严肃认真的；但如果其他投标者报价超过 5 000 美元，我将选择退出。"参与人的**最优策略**（optimal strategy）是能够最大化参与人的期望支付的策略。

最优策略
能够最大化参与人的期望支付的策略。

我们将聚焦于参与人是理性的博弈，也就是他们深思熟虑了自己行动的结果。简而言之，我们关心的是如下问题：如果我相信我的竞争者是理性的和追求自身支付最大的，那么在做决策时我应该如何考虑到他们的行为？当然，在现实生活中你可能会遇到非理性的竞争者，或者他们在对待自己的行动时不如你思考得那么周密。虽然如此，讨论一开始就把你的竞争者假设为和你一样理性和聪明的是一个不错的开端。[①] 正如我们将要看到的，把竞争者的行为考虑在内，并不像看起来那么简单。确定最优策略可能很困难，即使是在信息完备和完全对称条件下（即我的竞争者和我有相同的成本结构并完全知道关于对方的成本、需求等信息）。而且，我们还将讨论更复杂的情形，其中各厂商面对不同的成本、不同类型的信息，以及各种程度和形式的竞争优势和竞争劣势。

非合作博弈与合作博弈

合作博弈
博弈双方能够谈判并且制定具有约束力的共同策略行为的合约的博弈。

厂商之间进行的经济博弈既可以是合作的，也可以是非合作的。在**合作博弈**（cooperative game）中，参与人可以商定有约束力的合约，从而让他们设计共同的策略。在**非合作博弈**（noncooperative game）中，协商和订立有约束力的合同是不可能的。

合作博弈的一个例子是一个买方和一个卖方就一块地毯的价格进行讨价还价。如果该地毯的生产成本为 100 美元，而买方对其评价是 200 美元，该博弈可能有合作解：因为双方同意以 101～199 美元间的任一价格成交都将最大化买方的消费者剩余与卖方的利润之和，并使双方都得到好处。另一个合作博弈是关于一个行业中的两个厂商谈判一项开发新技术的共同投资（假设任何一个厂商都没有能独自开发成功的足够知识）。如果两个厂商能够签订一份分配共同投资利润的有约束力的合约，则使双方都获益的合作结果就是可能的。[②]

非合作博弈
博弈方之间不能相互协商且不能达成具有约束力的合约的博弈。

非合作博弈的一个例子就是两个竞争厂商相互考虑到对方可能采取的行动，并独立确定价格。每个厂商都知道如果它的定价比竞争者低，它就能攫取更大的市场份额。但它同 481
样知道如果这么做，引发价格战的风险就上升了。非合作博弈的另一个例子就是上面提及的拍卖：每一个投标者在做出自己的最优投标策略时都必须考虑其他投标者的可能行动。

注意合作博弈和非合作博弈之间的基本差别在于签订合同的可能性。在合作博弈中有约束力的合同是可能存在的，而在非合作博弈中它们是不可能的。

我们主要关心的是非合作博弈。不过，在任何博弈中都要记住关于策略性决策的以下关键点：

---

① 在调查中，有 80%的学生告诉我们他们认为自己要比其同学更聪明和更有能力。所以让你把别人想象成跟你一样聪明和有能力，希望不会有太大的困难。

② 因为不管成交价格是多少，消费者剩余和利润之和都是相同的，所以关于一块地毯的讨价还价被称为常和博弈（constant sum game）。合资谈判是一个非常和博弈（nonconstant sum game）：合资的总利润取决于谈判的结果，例如各厂商投入合资项目的资源。

理解你的对手的观点，并推断他对你的行为大概会如何做出反应是很重要的。

这看起来很显然——人们当然必须弄清对手的观点，但事实上甚至在最简单的博弈问题中，人们也常常忽视或者错误判断他们的对手的立场及这些立场所意味着的理性反应。

如何购买 1 美元纸币 考虑下面由马丁·苏毕克（Martin Shubik）设计的博弈。[①] 1 美元纸币用一种特殊的方法拍卖。出价最高的竞拍者用他所报的数目换得这 1 美元，可是，出价次高的竞拍者也要交出他所报的数目，并且什么也得不到。如果你参加了这个博弈，你会为这 1 美元纸币出价多少呢？

课堂实验表明，学生们最终常常会为这 1 美元出价超过 1 美元。在典型的情况下，一方出价 20 美分，而另一方则出 30 美分。出价低者眼看着要损失 20 美分，他想到提高出价能赚到那 1 美元，因此出价 40 美分。这样逐步升级直到双方的出价是 1 美元对 90 美分。现在出价 90 美分的竞拍者必须在出价 1.1 美元还是付 90 美分什么也得不到之间做出选择。最常见的是，他会提高他的出价，而出价进一步升级。在有些实验中，“获胜”学生最终为该 1 美元付出超过 3 美元！

聪明的学生怎么让他们自己陷入了这样的处境呢？正是因为没能想清楚其他人会有的反应，以及它会导致的事情的结果。

在本章的其余部分，我们将研究包含定价、广告和投资决策的简单博弈。这些博弈之所以简单，在于给定某些行为假设时，我们可以确定每个厂商的最优策略。不过，即使是对这些简单的博弈，我们也会发现正确的行为假设并不总是容易做出的。它们经常依赖于博弈的运行（例如厂商从事该行业的时间、它们的声誉等）。因而，在阅读本章时，你应该试着理解策略决策包含的基本问题。你也应该牢记，弄清你的对手的观点及对你的行为的理性反应是很重要的，正如例 13.1 所述。

例 13.1 兼并一个公司

482 你代表公司 A（兼并者），该公司正在考虑兼并公司 T（目标公司）。[②] 你计划用现金收购公司 T 的全部股份，但你不能确定出价多少。复杂之处在于：公司 T 的价值，事实上也就是它的生存能力，取决于它当前正在开发的一个石油项目的结果。如果这个项目失败了，在当前管理下公司 T 一文不值，但如果它成功了，在当前管理下公司 T 的价值高达每股 100 美元。0 美元和 100 美元之间的任一股票价值出现的概率都相同。

但是，大家都知道公司 T 在公司 A 先进的管理下比在当前管理下会值钱得多。事实上，不管在当前管理下的最终价值是多少，公司 T 在公司 A 的管理下价值会提高 50%。如果该项目失败，公司 T 在两种管理下都是每股值 0 美元。如果该开发项目在当前管理下能产生每股 50 美元的价值，则在公司 A 管理下的价值将是每股 75 美元。同样，在公司 T 管理下每股 100 美元的价值，意味着在公司 A 管理下每股 150 美元的价值，依此类推。

你必须决定公司 A 应该对公司 T 的股票出价多少。这个出价必须现在做出，即在知道开发项目的结果之前。从各方面迹象看，公司 T 很愿意被公司 A 以合适的价格兼并。你预计公司 T 会将对你的出价的决定拖延到开发项目的结果出来，并会在媒体知道钻探结果之前接受或者拒绝你的出价。

① Martin Shubik, *Game Theory in the Social Sciences* (Cambridge, MA: MIT Press, 1982).

② 这是马克斯·巴泽曼（Max Bazerman）为麻省理工学院的课程设计的一个例子的修改版本。

因而，你（公司 A）在提交你的出价时还不知道开发项目的结果，但公司 T 在决定是否接受你的出价时却知道该结果。此外，公司 T 会接受公司 A 的任何大于该公司在当前管理下的（每股）价值的出价。作为公司 A 的代表，你正在考虑在每股 0 美元（即不出价）至每股 150 美元范围内出价。你对公司 T 的股票应该出价多少呢？

注意：典型的反应——出价每股 50～75 美元是错误的。对这个问题的正确答案在本章末，但我们希望你试着自己解答。

13.2 占优策略

我们如何确定参与博弈的最优策略呢？我们又如何确定一个博弈的可能结果？我们需要一些工具来帮助我们确定各参与人的理性行为如何导致均衡解。某些策略，如果竞争对手们做出特定的选择，就会成功，而如果竞争对手们做出另外的选择，这些策略就会失败。然而，还有一些策略，无论竞争对手做什么样的选择，都会成功。我们就从这样一个概念开始，这个概念被称为**占优策略**（dominant strategy）——不管对手做什么，这一策略对参与人来说都是最优的。

占优策略
无论竞争者如何行动，该策略都是最优的策略。

下列双寡头决策的例子阐明了这种策略。设厂商 A 和 B 销售相互竞争的产品，并正在决定是否采取广告计划。各厂商会受到竞争者的决定的影响。该博弈可能的结果由表 13.1 中的支付矩阵给出（回顾支付矩阵，它归纳了博弈的各种可能结果，各单元格中的第一个数字是厂商 A 的支付，第二个是厂商 B 的支付）。从这个支付矩阵可以看出，如果两个厂商都决定做广告，厂商 A 将赚到利润 10，而厂商 B 将赚到利润 5。如果厂商 A 做广告而厂商 B 不做，厂商 A 将赚到 15，而厂商 B 只能赚到 0。对其他两种可能性也有相应的结果。

各厂商应选择什么策略？首先考虑厂商 A。因为不管厂商 B 怎样决定，厂商 A 做广告 483
都是最好的选择，所以很明显它应该选做广告。如果厂商 B 做广告，厂商 A 做广告赚到利润 10，不做广告只能赚到利润 6；而如果厂商 B 不做广告，厂商 A 做广告赚到利润 15，而不做广告只能赚到利润 10。因而，广告对厂商 A 是占优策略。对厂商 B 也是这样，不管厂商 A 的决定是什么，厂商 B 做广告都能得到最好的结果。因此，如果设两个厂商都是理性的，我们知道这个博弈的结果是两个厂商都做广告。因为两个厂商都有占优策略，所以这个结果很容易确定。

表 13.1　广告博弈的支付矩阵

		厂商 B	
		做广告	不做广告
厂商 A	做广告	10，5	15，0
	不做广告	6，8	10，2

当每个参与人都有占优策略时，我们把博弈的结果叫作**占优策略均衡**（equilibrium in dominant strategies）。这样的博弈直观而易于分析，因为参与人可以在不担心其他对手的可能行动下，做出自己的最优决策。

不幸的是，不是所有博弈对于每个参与人都有占优策略。为了弄清这一点，让我们将广告的例子稍做改变。表 13.2 中支付矩阵除了右下角单元以外与表 13.1 都是相同的。右下角现在为：如果两个厂商都不做广告，厂商 B 仍然赚到利润 2，但厂商 A 将赚到利润 20。也许是因为厂商 A 的广告很昂贵，主要用来反驳厂商 B 有关产品的宣传，因而如果不做广告，厂商 A 可以大大降低开支。

表 13.2　修改过的广告博弈

		厂商 B	
		做广告	不做广告
厂商 A	做广告	10，5	15，0
	不做广告	6，8	20，2

占优策略均衡 不管竞争对手的策略如何，每个厂商的行为总是最优的，这样一个博弈的结果称为占优策略均衡。

现在厂商 A 没有占优策略。它的最优决策取决于厂商 B 的选择。如果厂商 B 做广告，则厂商 A 最好也做广告；但如果厂商 B 不做广告，厂商 A 不做广告又是最好的选择。现在假设两个厂商必须同时做出它们的决定。厂商 A 应该怎么做？

为了回答这个问题，厂商 A 必须将自己放在厂商 B 的位置。从厂商 B 的角度看哪种决策是最好的。厂商 B 会怎么做？答案很清楚：厂商 B 有一个占优策略——不管厂商 A 怎么做都做广告（如果厂商 A 做广告，厂商 B 做广告赚到利润 5 而不做广告赚到利润 0；如果厂商 A 不做广告，厂商 B 做广告赚到利润 8 而不做广告赚到利润 2）。因而，厂商 A 可以下结论：厂商 B 将做广告。这就意味着厂商 A 自己也应该做广告（从而赚到利润 10 而不是 6）。该博弈合乎逻辑的结果就是两个厂商都做广告。因为给定厂商 B 的决策，厂商 A 所做的是它能做的最好的；而给定厂商 A 的决策，厂商 B 所做的也是它能做的最好的。

13.3　纳什均衡回顾

484 为了确定一个博弈的可能结果，我们必须找出“自我强化”或“稳定”的策略。占优策略是稳定的，但在许多博弈中，一个或多个参与人并没有占优策略，因此，我们需要一种更一般的均衡概念。在第 12 章我们引进了一个纳什均衡的概念，并看到了它可被广泛应用并在直觉上很吸引人。①

回顾一下，纳什均衡就是一组满足给定对手的行为时各参与者所能做出的最优策略（或行为）。由于各参与人没有偏离它的纳什策略的冲动，因此这种策略是稳定的。在表 13.2 给出的例子中，纳什均衡就是两个厂商都做广告。它之所以是纳什均衡，是因为给定竞争者的决策，各厂商都对它选择了可能选择的最优策略感到满意，并且没有改变策略的冲动。

在第 12 章，我们利用纳什均衡研究了寡头垄断厂商的产量和定价。例如，在古诺模型中，各厂商在将其竞争者的产量当作给定的时选定自己的产量。我们看到在古诺均衡中，没有哪个厂商有单独改变其产量的冲动，因为各厂商所做的已经是给定其竞争者的决策下

① 总体上，我们对纳什均衡以及博弈论的讨论是属于入门水平的。更深层次的讨论，参见 James W. Friedman，*Game Theory with Applications to Economics*（New York：Oxford University Press，1990）；Drew Fudenberg and Jean Tirole，*Game Theory*（Cambridge，MA：MIT Press，1991）；Avinash Dixit，David Reiley，Jr.，and Susan Skeath，*Games of Strategy*，3rd ed.（New York：Norton，2009）。

所能做的最优选择，因此古诺均衡就是一个纳什均衡。[①] 我们也引入过一个模型，讨论厂商们在将竞争者的价格当作给定的时如何选择自己的价格。在该纳什均衡中，各厂商也赚到了在给定竞争者价格下可能赚到的最大利润，因而没有改变价格的冲动。

比较一下纳什均衡和占优策略均衡概念很有意义：

> 占优策略均衡：我所做的是不管你做什么我所能做的最好的。你所做的是不管我做什么你所能做的最好的。
>
> 纳什均衡：我所做的是给定你所做的时我所能做的最好的。你所做的是给定我所做的时你所能做的最好的。

注意占优策略均衡是纳什均衡的特例。

在表 13.2 的广告博弈中，有单一的纳什均衡——两个厂商都做广告。通常一个博弈并不一定有一个纳什均衡。有时会不存在纳什均衡，而有时则又有好几个（即几组稳定且自我强化的策略）。下列几个例子有助于说明这一点。

产品选择问题 考虑如下产品选择问题。两个早餐麦片厂商面对一个可以成功地推荐两种麦片新产品的市场——假设每个厂商推出一个品种。有一个针对新的脆麦片和一个针 485
对新的甜麦片的市场，但各厂商只有推出一种新产品的资源。此时两个厂商的支付矩阵可能看起来就与表 13.3 中一样。

表 13.3 产品选择问题

		厂商 2	
		脆麦片	甜麦片
厂商 1	脆麦片	−5，−5	10，10
	甜麦片	10，10	−5，−5

在这个博弈中，每个厂商都不关心到底生产哪种产品——只要不与竞争者生产相同的产品就行了。如果可能合作，两个厂商大概会同意划分市场。但如果两个厂商必须非合作地行动又会发生什么呢？假设以某种方式——也许通过一个新闻发布会——厂商 1 声明它将要推出甜麦片，而厂商 2（在听到该消息后）声明它将推出脆麦片。现在，给定各厂商相信它的对手会采取的行动，没有哪个厂商有偏离它所提出的行动的冲动。如果它采取提出的行动，它的支付是 10，但如果它偏离——假设它的竞争者的行动保持不变——它的支付将是−5。因而，由支付矩阵左下角给出的策略组合是稳定的并构成一个纳什均衡：给定对手的策略，各厂商所做的是它能做的最好的并且没有偏离的冲动。

注意，该支付矩阵的右上角也是一个纳什均衡，这在厂商 1 声明它将生产脆麦片时会出现。因为一旦策略选定以后，没有哪个参与人会单独偏离它们，所以两个纳什均衡都是稳定的。可是，如果没有更多的信息，我们无法知道哪个均衡（脆麦片/甜麦片还是甜麦片/脆麦片）将会出现——或者是否两者都会出现。当然，两个厂商都有实现两个均衡之一的强烈意愿——如果它们推出相同的麦片，它们都会亏损。两个厂商不被允许共谋的事实并不意味着它们无法实现纳什均衡。当一个行业发展时，各厂商在相互发出行业发展路径的“信号”方面常常会产生默契。

---

① 斯塔克伯格均衡也是纳什均衡。在斯塔克伯格模型中，博弈的规则是不同的：一厂商在它的竞争者决策之前做出它的产量决策。在这样的规则下，各厂商所做的是给定它的竞争者的决策时最好的决策。

海滩选址博弈 假设你（Y）和一个竞争者（C）计划今年夏天在海滩上出售软饮料。海滩有 200 码长，日光浴者均匀分布在这 200 码长的海滩上。你和竞争者以相同的价格销售相同的软饮料，因此顾客将选择到距离最近的销售点购买。你将选择在海滩的什么地点销售呢？你认为你的竞争者会怎样选择？

思考一分钟后，你会发现唯一的纳什均衡是你和你的竞争者都选择在海滩的中点（见图 13.1）销售。为什么呢？假设你的竞争者选择另一点 A，在图中接近海滩终点且占全长 3/4 的地方，在这种情况下，你将不会再选择中点，而是靠近你的竞争者，就在她的左边。这样你可以获得大约 3/4 的销售额，你的竞争者将仅得到剩余的 1/4。但这不是一种均衡，因为你的竞争者将移至海滩的中点，你也会同样这样做。

图 13.1 海滩选址博弈

说明：你（Y）和你的竞争者（C）计划在海滩上销售软饮料。如果日光浴者均匀分布在海滩上并且总是到距离最近的销售点购买，你们两人将并排将销售点设在海滩中央。这是唯一的纳什均衡。如果你的竞争者设在点 A，你将会变动位置，移至她的左边，这样便可获得 3/4 的销售额。但是你的竞争者将会返回中点，你也会同样这样做。

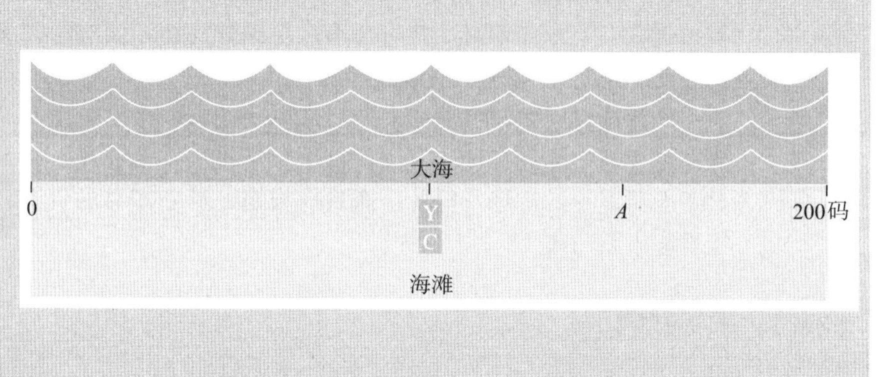

486 这个海滩选址博弈能帮助我们理解生活中的一些现象。你是否曾注意过，在一条马路上两到三英里的路段上有两三家加油站或是几家汽车交易行，它们彼此相隔很近？同理，在总统大选来临时，民主党和共和党的候选人表明的政治立场常常都很中立。

极大化极小策略

纳什均衡的概念极其依赖于个体理性假设。各参与人的策略选择不仅依赖于自己的理性，而且依赖于对手的理性。正如表 13.4 中的例子所示，这可能会成为一种限制。

表 13.4 极大化极小策略

单位：百万美元

		厂商 2	
		不投资	投资
厂商 1	不投资	0，0	−10，10
	投资	−100，0	20，10

在该博弈中，两个厂商竞争销售文档加密软件。由于厂商之间的加密标准相同，经某厂商软件加密过的文件能够被另一厂商的软件阅读——消费者的优势。厂商 1 具有更大的市场份额（由于它的先入优势和更友好的用户界面）。现在两个厂商都在考虑是否投资引入新的加密标准。

注意到无论厂商 1 如何决策，投资都是厂商 2 的占优策略（获利 1 000 万美元而不是 0 美元），因而厂商 1 预期厂商 2 将会投资。此时厂商 1 也将会投资（获利 2 000 万美元）而不是不投资（亏损 1 000 万美元）。显然，结果（投资，投资）是该博弈的纳什均衡，并且能够证实是唯一的纳什均衡。但是厂商 1 的经理必须能够确定厂商 2 的经理能够理解这个博弈并且是理性的。如果厂商 2 的决策出现偏差而没有选择投资，厂商 1 将付出高昂代价。(消费者为不相容的加密标准所困惑，而占据市场主要份额的厂商 1 将亏损 1 亿美元。) 487

如果你是厂商 1，你将如何选择？如果你是小心谨慎的——并且你认为厂商 2 的经理可能并非完全具有信息和完全理性——你可能会选择“不投资”。如此，最坏的情形你也只是亏损 1 000 万美元，而不是亏损 1 亿美元。这样的策略被称为**极大化极小策略**（maximin strategy），因为它最大化了能得到的最小收益。如果两个厂商都选择极大化极小策略，结果将是厂商 1 不投资而厂商 2 投资。极大化极小策略是保守的，而不是利润最大化的（比如厂商 1 亏损 1 000 万美元而不是获利 2 000 万美元）。要注意的是，如果厂商 1 确定厂商 2 将采用极大化极小策略，它将偏向投资（获利 2 000 万美元），而不是遵循它自己的不投资的极大化极小策略。

极大化极小策略
一种选择所有最小收益中的最大值的策略。

最大化期望支付 如果厂商 1 不确定厂商 2 的具体行动，但是知道厂商 2 可能行动的概率分布，它就能采取策略来最大化自己的期望支付。比如，假设厂商 1 认为厂商 2 不投资的可能性是 10%，则厂商 1 投资的期望支付为 0.1×(−100)+0.9×20=8 百万美元；而它不投资的期望支付为 0.1×0+0.9×(−10)=−9 百万美元。两相权衡，厂商 1 应选择投资。

另外，如果厂商 1 认为厂商 2 不投资的可能性是 30%，那么它的投资的期望支付为 0.3×(−100)+0.7×20=−16 百万美元，不投资的期望支付为 0.3×0+0.7×(−10)=−7 百万美元。厂商 1 应放弃投资。

如你所见，厂商 1 的策略严格依赖于它对厂商 2 不同行动的概率分布的判断。这种判断看上去是一种苛求，然而，厂商经常面对不确定性（市场条件、未来成本、竞争者行为等），必须在概率分布判断和期望收益的基础上做出最优决策。

囚徒困境 在第 12 章讨论的囚徒困境中，纳什均衡是什么？表 13.5 给出了囚徒困境的支付矩阵。对这两个囚徒来说，理想的结果是双方都不坦白，从而各判 2 年入狱的情况。可是，坦白对各囚徒来说都是占优策略——不管另一个囚徒选什么策略，这都给选择这一策略的囚徒带来了较好的支付。占优策略也是极大化极小策略。因而，两个囚徒都坦白的结果既是一个纳什均衡，也是一个极大化极小解。所以，在很大的程度上，坦白对各囚徒 488
是理性的。

表 13.5 囚徒困境
单位：年

		囚徒 B	
		坦白	不坦白
囚徒 A	坦白	−5，−5	−1，−10
	不坦白	−10，−1	−2，−2

*混合策略

到目前为止，在我们所研究的所有博弈中，考虑的都是参与人做一确定的选择或采取某一确定的行动的策略：做广告还是不做广告，定价 4 美元还是定价 6 美元，等等。这种类型的策略称为纯策略（pure strategies）。可是在有些博弈中纯策略并非参与博弈的最优策略。

赌硬币 例子之一是“赌硬币”（matching pennies）博弈。在这个博弈中，各参与人选择正面或反面，且两个参与人同时亮出他们的硬币。如果两枚硬币配对上（即都是正面或都是反面），则参与人 A 获胜并从参与人 B 处赢得 1 美元。如果两枚硬币没配对上，则参与人 B 获胜并从参与人 A 处赢得 1 美元。支付矩阵如表 13.6 所示。

表 13.6 赌硬币

单位：美元

		参与人 B	
		正面	反面
参与人 A	正面	1，−1	−1，1
	反面	−1，1	1，−1

注意这个博弈没有纯策略纳什均衡。例如，设参与人 A 选择亮出正面的策略，此时参与人 B 会想要亮出反面。但如果参与人 B 亮出反面，参与人 A 就也想亮出反面。没有哪个正面与反面的组合能使两个参与人都满意，两个参与人都想要改变策略。

混合策略
参与人根据一组选定的概率，在两种或两种以上可能的行动中随机选择的策略。

虽然不存在纯策略纳什均衡，但却有一个**混合策略**（mixed strategy）纳什均衡。混合策略就是参与人根据一组选定的概率，在两种或两种以上可能的行动中随机选择的策略。例如，在这个博弈中，参与人 A 可以简单地抛一下这枚硬币，因而以 1/2 的概率采用正面和 1/2 的概率采用反面。事实上，如果参与人 A 按这种策略选择且参与人 B 也这样做，我们就得到了一个纳什均衡，两个参与人都做到了给定对手的做法时所能做的最好的。注意该博弈的结果是随机的，但各参与人的期望支付（expected payoff）都是零。

用随机选择行动的方法进行博弈看起来好像很奇怪，但你不妨将自己放在参与人 A 的位置，并想一想如果你采用抛硬币以外的策略会发生什么。例如，假设你决定选择正面，如果参与人 B 知道你的选择，她就会选反面，而你就会输。即使参与人 B 不知道你的策略，只要该博弈不断重复进行，她最终总能够看出你的选择模式并选择对应的策略。当然，此时你会想要改变你的策略——这就是为什么这不是一个纳什均衡。只有当你和你的对手都是以 1/2 的概率随机选择正面或反面时，你们双方才都不会有改变策略的意愿。（你可以试试，用不同的概率分布，比如 3/4 选正面和 1/4 选反面，都不能得到一个纳什均衡。）

489 考虑混合策略的一个理由是有些博弈（例如“赌硬币”）没有任何纯策略纳什均衡。可是，只要我们允许使用混合策略，就可以证明每一个博弈都至少有一个纳什均衡。[①] 因此，当纯策略失败时，混合策略提供了博弈解。当然，包含混合策略的解是否合理取决于特定的博弈和参与人。混合策略对“赌硬币”、扑克以及其他类似博弈而言似乎是很合理的。另外，厂商可能发现，相信竞争者随机定价并不合理。

性别大战 有些博弈既有纯策略纳什均衡，也有混合策略纳什均衡。一个例子是“性别大战”，这是一个你可能会觉得相当熟悉的博弈。它是这样的：吉姆和琼很想周六晚上在一起，但他们对娱乐有不同的偏好：琼想去看歌剧，但吉姆想去看摔跤。正如表 13.7 中的支付矩阵所示，琼最希望的是与吉姆一起去看歌剧，但相对于单独去看歌剧来说还是愿意

① 更精确地说，每个有有限个参与人和有限种行动的博弈都至少有一个纳什均衡。请参见 David M. Kreps, *A Course in Microeconomic Theory* (Princeton, NJ: Princeton University Press, 1990): 409。

与吉姆一起去看摔跤。而对吉姆来说情况是相似的。

表 13.7　性别大战

		琼	
		看摔跤	看歌剧
吉姆	看摔跤	2，1	0，0
	看歌剧	0，0	1，2

首先，注意在这个博弈中有两个纯策略纳什均衡——一个是吉姆和琼一起去看摔跤，另一个是他们一起去看歌剧。吉姆当然偏爱这两种结果中的第一种而琼偏爱第二种，但这两种结果都是均衡——给定了另一方的决策后，吉姆或琼都不会改变他或她的决策。

这个博弈也有一个混合策略均衡：吉姆以 2/3 的概率选择看摔跤和以 1/3 的概率选择看歌剧，而琼则以 1/3 的概率选择看摔跤和以 2/3 的概率选择看歌剧。你可以验证如果琼采用了这个策略，吉姆不可能从任何其他策略得到更多的好处。反过来对琼也一样。[①] 结果将是随机的，而吉姆和琼各自的期望支付都是 2/3。

我们预计吉姆和琼会使用这些混合策略吗？除非他们非常喜欢冒险或者是举止怪异，否则大概不会这样做。只要同意一起参与任意一种娱乐，各人至少能得到 1 的支付，这就超过了随机选择的期望支付。像在许多其他博弈中一样，在本博弈中混合策略给出了另一种解，但并不是一种很现实的解。因此在本章的其余部分我们将集中讨论纯策略。 490

13.4　重复博弈

我们在第 12 章已经看到，在寡头垄断市场中，厂商在做产量或定价决策时常常会发现它们处于囚徒困境中。这些厂商能找到一种方法来摆脱这种困境，从而使寡头之间达成协调和合作（不管是公开的还是不公开的）成功吗？

为了回答这个问题，我们必须认识到，我们迄今为止所描述的囚徒困境都是有限制条件的：那些囚徒在一生中只有一次选择坦白或不坦白的机会，不过大多数厂商的产量和价格决策却是不断重复的。在现实生活中，厂商进行的是**重复博弈**（repeated games）：一次次地做出行动，一次次地得到相应的支付。在重复博弈中，策略可能会变得更为复杂。比如随着囚徒困境的每次重复，各厂商会形成声誉，并需要研究其竞争者的行为。

重复博弈
不断做出行动，同时不断得到相应支付的博弈。

重复是怎样改变博弈的可能结果的？假设你是表 13.8 中支付矩阵所表示的囚徒困境中的厂商 1。如果你与竞争对手都定一个高价，你们会赚到比都定低价时更高的利润。可是，你却不敢定高价，因为如果竞争对手定低价，你就会亏损，而更让你受不了的是你的竞争对手会因此致富。但假设该博弈重复进行，例如，你和你的竞争者在每个月的第一天同时宣布你们的价格，此时你应该以不同的方式进行这个博弈，或者根据你的竞争对手的行为不断改变你的价格吗？

---

① 假设吉姆还是随机选择，p 是选看摔跤的概率，$(1-p)$ 是选看歌剧的概率。由于琼选看摔跤的概率是 1/3 而选看歌剧的概率是 2/3，因此双方都选看摔跤的概率是 $(1/3)p$，而双方都选看歌剧的概率为 $(2/3)(1-p)$。因而吉姆的期望支付为 $2\times(1/3)p+1\times(2/3)(1-p)=(2/3)p+2/3-(2/3)p=2/3$。该结果独立于 p，因而不管吉姆选择什么，从期望支付的角度看，他都不可能做得更好了。

表 13.8 定价问题

		厂商 2	
		低价	高价
厂商 1	低价	10，10	100，−50
	高价	−50，100	50，50

在一个很有趣的研究中，罗伯特·阿克塞尔罗德（Robert Axelrod）要求博弈理论家们提出参加这一重复博弈的最优策略。[1]（一种可能的策略是，我将从一个高价开始，然后降低我的价格，但此时如果我的竞争对手降价，我会在再次降价之前提高价格一段时间，等等。）然后，用计算机模拟的方法，阿克塞尔罗德用这些策略相互进行博弈，看看究竟哪种方法的结果最好。

> **以牙还牙策略** 在一个重复博弈中，博弈一方以前一轮对手所选行动进行回应的一种策略。他将与合作的对手保持合作，而报复不合作者。

以牙还牙策略 正如你所预料的，任何给定的策略都是对一些策略要比对其他一些策
491 略的结果好。可是，我们的目标是找出最强的策略，即平均来说对所有或几乎所有其他策略的结果都是最优的策略。结果是令人吃惊的，运作最好的策略特别简单——它就是**以牙还牙策略**（tit-for-tat strategy）：我从一个高价开始，只要你继续“合作”，也定高价，我就会一直保持下去；一旦你降低价格，我马上也会降低我的价格；如果你以后决定合作并再提高价格，我马上也会提高我的价格。

为什么这种以牙还牙策略的结果最好呢？特别是，我能期望用了以牙还牙策略就能促使我的竞争对手采取合作行为（并定高价）吗？

无限重复博弈 假设该博弈是无限重复的。换句话说，我的竞争对手和我的每月定价要永远重复进行下去。此时合作行为（即定高价）是对以牙还牙策略的理性反应。（假设我的竞争对手知道，或者能够估计到我在使用以牙还牙策略。）为了弄懂为什么这样，假设在某个月中我的竞争对手定了一个低价，削价与我竞争，并在该月中赚到较大的利润，但该竞争对手也知道下个月我就会定低价，从而他的利润就会下降，并且只要我们俩一直都定低价，就一直将是低价格。由于该博弈是无限重复的，所导致的累计损失必然会超过削价的第一个月得到的任何短期利益，因而削价竞争不是理性的。

事实上，对一个无限重复博弈来说，我的竞争对手甚至无须确信我在采用以牙还牙策略就会采用合作这种理性的策略。其实只要竞争对手相信，我有可能采用以牙还牙策略，他就会开始时定高价，并且只要我定高价，他就会保持理性的高价策略。理由是在该博弈的无限重复中，合作的期望支付是超过削价竞争的。即使我采用以牙还牙策略（并将持续合作）的概率不大，这样做也是正确的。

有限重复博弈 现在设该博弈重复有限次——比如说 N 个月（N 可以很大，只要是有限的就行）。如果我的竞争对手（厂商 2）是理性的，并且他相信我也是理性的，他就可以这样推理：“因为厂商 1 采用以牙还牙策略，我（厂商 2）在最后一个月之前不能削价竞争，我应该在最后一个月削价竞争，因为这样在那个月我就能赚到较大的利润，并且接着博弈就结束了，故厂商 1 无法报复。”因而，厂商 2 盘算，“我在最后一个月之前一直定高价，而在最后一个月定低价。”

可是，由于我（厂商 1）也会这样盘算，我也打算在最后一个月定低价。当然，厂商 2 也能估计到这一点，并知道我在最后一个月定低价。但此时倒数第二个月怎么样呢？厂商

---

① Robert Axelrod, *The Evolution of Cooperation* (New York: Basic Books, 1984).

2盘算，他应该在倒数第二个月就定低价，因为最后一个月反正是不会有合作了。当然，我也已经估计到这一点，因而我也打算在倒数第二个月就定低价。因为同样的推理方法适用于所有的再前一个月，唯一理性的结果就是我们双方每个月都定低价。

实际运用中的以牙还牙策略 因为我们大多数人都不会指望这样能永远生存下去，所以以牙还牙策略似乎没有多大价值，因此我们就再次被困在囚徒困境中无法摆脱。然而，实际上，有时能运用以牙还牙策略，并且合作能奏效，这有两个原因。 492

首先，许多经理不知道他们将与对手竞争多久，这会使合作成为好策略。如果重复博弈最后的时点未知，预期最后一个月削价的论点将不再适用。与在无限重复博弈中一样，以牙还牙将是理性的。

其次，我的竞争对手可能对我的理性程度有所怀疑。假设竞争对手认为（他并不需要很确定），我在采用以牙还牙策略。他还想到，我可能是盲目地或者是有限理性地采用这种以牙还牙策略，也就是说，我并没有弄清之前讨论的有限时间范围的逻辑。例如，竞争对手可能会认为，也许我并没有估计到他会在最后一个月削价因而我不会在那时定低价，等等。“也许，”我的竞争对手会这么想：“厂商1会盲目地采用以牙还牙策略，只要我定高价，它也会定高价。”此时（如果时间范围足够长），我的竞争对手会保持高价直到最后一个月（那时它再削价与我竞争）是理性的。

注意我们强调了“也许”。我的竞争对手并不需要十分肯定我会盲目地采用以牙还牙策略，甚至他都不需要很肯定我是否会采用以牙还牙策略。只要时间范围足够长，仅仅是采用这种策略的可能性就使得合作成了一种好策略（直到接近结束时）。虽然我的竞争对手对我会怎样进行博弈的猜测可能是错的，但用期望值来衡量，合作也是有利可图的。在一个长时间范围中，用猜测正确的概率加权的当前和将来利润之和，会超过实行价格战时的利润之和，即使该竞争对手抢先削价。最后，如果我错了，我的竞争对手定的是低价，我还可以改变策略，只不过会损失一期的利润，相对于我们双方都定高价获取的可观利润，这是一个很小的代价。

因而，在重复博弈中，囚徒困境可以有合作的结果。事实上，在多数市场中该博弈都是在一个很长但长度并不确定的时间中重复，而且经营者对他们和他们的竞争对手的经营有多“理性”是很让人怀疑的。结果是在有些行业，特别是那些只有少数厂商长期在稳定的需求和成本条件下相互竞争的行业，合作会成功，即使并没有什么契约安排（下面要讨论的水表行业就是这样一个例子）。但是，在许多其他行业中，却只有很少或者没有合作行为。

有时合作会破裂或不会出现，原因是厂商太多。更经常地，合作的失败是需求或成本条件迅速变动的结果。关于需求和成本的不确定性使得行业中的各厂商达成不公开谅解（关于合作需要的内容）很困难。（请记住，通过会谈和讨论达成公开谅解会引起反托拉斯诉讼。）例如，假设由于成本差别或对需求的不同判断使得一个厂商认为，合作意味着定价50美元，而另一个则认为是40美元。如果后一个厂商定价40美元，前一个厂商就可能将此看作抢夺市场份额的行动，并用以牙还牙的方式做出回应，定价35美元，继而引发一场价格战。

例13.2 水表行业中的寡头合作

40年来，几乎所有在美国销售的水表都是由美国的四个厂商生产的：洛克韦尔国际（Rockwell 493
International）公司、班琪表业（Badger Meter）公司、尼普顿水表公司（Neptune Water Meter Com-

pany）和好时产品（Hersey Products）公司。[①] 水表的大多数买方都是市政供水公用事业机构，它们将这些水表装在住宅和商业设施中，从而它们可以计量客户的水消费量并据此给他们开账单。由于水表的成本只是供水总成本中的很小一部分，故这些公用事业机构主要关心的是这些水表的准确性和可靠性。水表的价格不是一个主要问题，需求的价格弹性很小。需求也是很稳定的，因为每户住宅和每个商业设施必须装有一只水表，需求随着人口增长而缓慢增长。

另外，公用事业机构倾向于与供应商保持长期关系，不大愿意从一个供给方转向另一个。这就造成了一种进入壁垒，因为新进厂商会发现很难将客户从原有厂商那里吸引过来。相当大程度的规模经济造成了进入的第二个壁垒：为了夺取市场的一个可观份额，新进厂商必须投资一个很大的工厂。这些实质上就排除了新厂商的进入。

由于具有小的需求价格弹性和稳定的需求以及很少有新厂商进入的威胁，已有的四个厂商如果很合作地定价，就能赚到相当可观的垄断利润。另外，如果它们激烈竞争，各厂商都试图通过削价增加自己的市场份额，利润就会降到接近完全竞争水平，从而使这些厂商处于囚徒困境。合作能成功吗？

合作能成功而且相当奏效。请记住，这相同的四个厂商已经重复博弈了几十年。需求一直是稳定的和可预测的，并且几年以后，各厂商都已经能够算出它们自己的和其他厂商的成本。在这种情况下，以牙还牙策略很管用，只要竞争者合作，合作对各厂商就都是有好处的。

所以，各厂商的经营就好像它们都是一个乡村俱乐部的成员，很少有削价竞争的企图，且各厂商看起来对其市场份额很满意。尽管经济看起来很不景气，它仍然还是盈利的。所有四个厂商都已经赚到了远远超过在那些竞争更激烈的行业的投资回报。

不过，大约从 2012 年开始，一种新技术——智能水表破坏了乡村俱乐部的生活。类似于智能电表，这些新型水表每隔几分钟或几小时收集一次数据，将信息传输给各个供水机构，供水机构可以使用这些信息确定消费模式、精确定位漏水点，并在线邮寄数据给消费者，通知他们用水情况。最重要的是，智能水表使得入户查水表的工作消失了——为市政供水机构节约了大量成本。有超过 6 个厂商生产和销售这种智能水表，而领导厂商是艾创公司（Itron，大约占据近 50%市场份额）和通用数字能源公司（GE Digital Energy，占 20%市场份额）。随着供水机构将旧水表更换为智能水表，传统水表的销量迅速下滑，而原来日子安逸的寡头们的利润也迅速下降了。

例 13.3　航空业中的竞争与共谋

494 1983 年 3 月，美国航空公司提议所有航空公司都采用统一的里程标准票价表。每英里的费率取决于旅行的长度，对超过 2 500 英里的旅客采用每英里 15 美分的最低费率，旅行距离越短，费率越高，最高的费率是对 250 英里以下旅程的费率为每英里 53 美分。例如，从波士顿到芝加哥，932 英里距离的单程二等票将花 233 美元（根据对 751 英里和 1 000 英里之间旅行距离的每英里 25 美分的费率算出）。

这个计划将取消当时可能会采取的许多不同的价格（某些是折扣很大的）。从一个城市到另一个城市的票价将只取决于这些城市之间的英里数。正如美国航空公司的一位高级副总裁所说："这种新的简明的票价结构将有助于减少票价的混乱。"多数其他主要航空公司的反应都是支持该计划并开始采用

① 这个例子部分基于 Nancy Taubenslag, "Rockwell International," Harvard Business School Case No. 9-383-019, July 1983。20 世纪 80 年代末，洛克韦尔拆分，将其水表部门出售给英国 Tyre & Rubber 公司，这个公司后来成为 Invensys 公司，一个跨国公司的一部分，在美国水表市场上出售 Foxboro 牌水表。好时在 1999 年成为 Mueller 产品公司的子公司，仍然出售以好时为品牌的水表。班琪表业公司和尼普顿水表公司仍然在独立经营。

它。环球航空公司（TWA）的一位副总裁说："这是一个很好的行动，是非常商业化的。"联合航空公司很快宣布它将在与美国航空公司竞争的航线上采用该计划，这些航线包括它的飞行航程中的大部分，而环球航空公司和大陆航空公司则说它们将在它们的所有航线上采用该计划。①

为什么美国航空公司会提出这种票价结构，以及什么使它对其他航空公司都有如此大的吸引力？它是真的有助于减少票价混乱吗？不。它的目的是减少价格竞争并实现一种共谋的定价安排。在各航空公司竞争市场份额时，票价已经被竞争性的削价给压低了。而正如罗伯特·克伦代尔在约一年之前所获悉的，通过电话操纵价格是非法的。相反，这些企业转而通过一致同意使用相同的价格公式来隐含地操纵价格。

这个计划后来失败了，成了囚徒困境的受害者。仅仅在该计划被公布并被大多数航空公司采用两周以后，泛美航空（Pan Am）公司由于不满意其在美国市场的较低份额，降低了价格。美国航空公司、联合航空公司和环球航空公司由于害怕失去市场份额，很快也跟随泛美航空公司开始降价。削价在持续，但对消费者来说，幸运的是该计划很快寿终正寝。

美国航空公司在1992年4月又引入了另一种简化的四级票价结构，它也很快被大多数公司采用。但它同样也由于竞争性的折扣而失败了。1992年5月，西北航空公司宣布了一个儿童免费飞行项目，而美国航空公司则以夏季半价销售回击，其他航空公司马上跟进。结果是航空业在1992年亏损了数十亿美元。

为何航空定价竞争如此激烈？特定航线能维持数年，但其定价决策却往往是短期的——每月不同，甚至每周亦有变化。在短期，增加一个乘客的边际成本是如此之低——相当于一杯软饮料和一包花生的支出，因此，每个航空公司都有降低票价去吸引竞争对手的顾客的意愿。另外，航空需求又经常难以预料地发生变化。这些因素阻碍了非公开的价格合作的形成。

因此，激烈的市场竞争继续成为美国航空业的主要法则。事实上，近年来定价已经变得更加富有竞争性。首先，折扣航空公司——西南航空公司以及捷蓝（JetBlue）航空公司——吸引了大量对票价敏感的消费者，并且迫使主要的航空公司也加入降价。其次，在萧条的航空需求时期，航空公司被迫降低价格以吸引消费者。最后，网络服务公司如Expedia、Orbitz推出了网上购票服务，并促进了票价的进一步竞争。然而，例9.3曾表明，航空业在约2005年开始发生变化：并购使美国主要航空公司的数量减少为5个（美国航空公司、联合航空公司、捷蓝航空公司、达美航空公司、西南航空公司），航空公司增加了座位，从而削弱了价格竞争。

13.5 序贯博弈

序贯博弈 参与人根据对手的行动和反应依次行动的博弈。

到目前为止我们所讨论的大多数博弈中，两个参与人都是同时行动的。例如，在双寡 495
头古诺模型中，两个厂商同时决定产量。而在**序贯博弈**（sequential games）中，各参与人则依次行动。第12章中讨论的斯塔克伯格模型就是序贯博弈的一个例子：一个厂商在另一个厂商之前决定产量。还有许多其他的例子：一个厂商先做一个广告决策，然后其竞争对手再做出反应；一个已进入某行业的厂商先进行阻止其他厂商进入的投资，然后一个潜在的竞争者决定是否进入市场；或者先出台一种新的政府管制政策，然后被管制的厂商再做

① "American to Base Fares on Mileage," *New York Times*, March 15, 1983; "Most Big Airlines Back Americans Fare Plan," *New York Times*, March 17, 1983.

出投资或产量方面的反应。

在本章的余下部分我们将考察序贯博弈。正如我们将会看到的，它们常常比各参与人同时行动的博弈容易分析。在序贯博弈中，关键是要认真考虑各参与人可能的行动和理性的反应。

作为一个简单的例子，让我们回到第 13.3 节首先讨论过的产品选择问题。在这个博弈中有两个厂商，它们面临一个只要两个厂商各推出一个品种，就可以成功地推出两个早餐麦片新品种的市场。这一次让我们将支付矩阵稍做改变。正如表 13.9 所示，甜麦片毫无疑问比脆麦片好销得多，能赚到利润 20 而不是 10（也许是因为相对于脆的食品，消费者更喜欢甜食）。但是，只要各种麦片都只有一个厂商推出，两种麦片就都是有利可图的。（比较表 13.9 和表 13.3。）

表 13.9　修改过的产品选择问题

		厂商 2	
		脆麦片	甜麦片
厂商 1	脆麦片	−5，−5	10，20
	甜麦片	20，10	−5，−5

假设有两个厂商，不管它们各自怎么打算，都必须独立和同时宣布它们的决定。此时大概两者都会推出甜麦片——因而双方都会亏损。

现在假设厂商 1 可以先推出它的新麦片（或者它能够较快投产）。我们现在就有了一个序贯博弈：厂商 1 推出一种新麦片，然后厂商 2 再推出一种。这个博弈的结果会是什么呢？在做出决策时，厂商 1 必须考虑到它的竞争者的理性反应，它知道不管它推出的是哪一种麦片，厂商 2 都会推出另一种。因而它会推出甜麦片，因为它知道厂商 2 的反应肯定是推出脆麦片。

博弈的扩展形

博弈的扩展形 在一个博弈中以决策树的形式来表示参与人的可能行动。

这个结果可以通过表 13.9 的支付矩阵导出，但如果我们用决策树的形式表示可能的行
496 动，有时更容易分析序贯博弈。这称为**博弈的扩展形**（extensive form of a game），如图 13.2 所示。该图表明了厂商 1 可能的选择（推出脆麦片或甜麦片），然后是厂商 2 对那些选择分别可能的反应。相应的支付在各枝的结束处给出。例如，若厂商 1 生产脆麦片而厂商 2 也用生产脆麦片来做出反应，各厂商将都有支付−5。

图 13.2　产品选择的博弈的扩展形

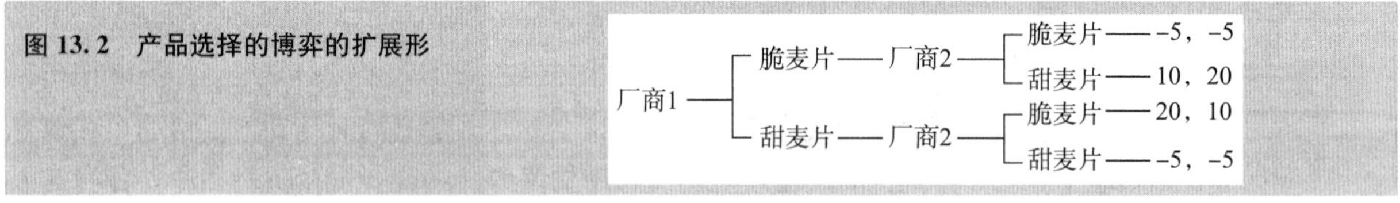

为了找出该扩展形博弈的解，我们从最后逆向推导。对厂商 1 来说，最好的结果是它赚到 20 而厂商 2 赚到 10 的双方行动。因而，可以推导出它应该生产甜麦片，因为此时厂商 2 的最优反应就是生产脆麦片。

先发优势

在这个产品选择博弈中，先行动者有明显的优势，通过推出甜麦片，厂商 1 造成了一

种既成事实，使得厂商 2 除了推出脆麦片以外，没有多少选择余地。这非常像我们在第 12 章的斯塔克伯格模型中看到的先发优势。在那个模型中，先行动的厂商可以选择一个很大的产量水平，从而使其竞争对手除了选择小的产量水平以外没有多少选择余地。

为了弄清这种先发优势的性质，重新看一下斯塔克伯格模型，并将它与两个厂商同时选择产量的古诺模型加以比较是很有用的。如同在第 12 章，我们将使用双寡头面临下述需求曲线的例子：

$$P=30-Q$$

其中，Q 是总产量，即 $Q=Q_1+Q_2$。我们仍像以前一样，假设两个厂商都有零边际成本。回忆古诺均衡为 $Q_1=Q_2=10$，因而价格 $P=10$ 美元，各厂商赚到利润 100 美元。再回忆一下，如果两个厂商共谋，它们会设定 $Q_1=Q_2=7.5$，从而 $P=15$ 美元，各厂商赚到利润 112.50 美元。最后，再回忆在第 12 章的斯塔克伯格模型中，厂商 1 先行动，结果是 $Q_1=15$，$Q_2=7.5$，$P=7.50$ 美元，两个厂商的利润分别为 112.50 美元和 56.25 美元。

这些以及一些其他可能的结果被归纳在表 13.10 的支付矩阵中。如果两个厂商同时行动，该博弈的唯一解是两个厂商都生产 10 和赚到 100 美元。在这个古诺均衡中，各厂商所做的是给定它的竞争者的选择时所能做的最好的。可是，如果厂商 1 先行动，它知道它的决策将会限制厂商 2 的选择。从支付矩阵可以看出，如果厂商 1 设定 $Q_1=7.5$，厂商 2 的最优反应将是设定 $Q_2=10$，这将使厂商 1 赚到 93.75 美元，厂商 2 赚到 125 美元。如果厂商 1 设定 $Q_1=10$，厂商 2 将设定 $Q_2=10$，两个厂商都赚到 100 美元。但如果厂商 1 设定 $Q_1=15$，厂商 2 将设定 $Q_2=7.5$，从而厂商 1 赚到 112.50 美元，而厂商 2 赚到 56.25 美元。因而，厂商 1 最多能赚到 112.50 美元，它要通过设定 $Q_1=15$ 做到这一点。与古诺结果相比 497
较，当厂商 1 先行动时，它的结果会好一些，而厂商 2 的结果就差多了。

表 13.10 选择产量

单位：美元

		厂商 2		
		产量为 7.5	产量为 10	产量为 15
厂商 1	产量为 7.5	112.50，112.50	93.75，125	56.25，112.50
	产量为 10	125，93.75	100，100	50，75
	产量为 15	112.50，56.25	75，50	0，0

13.6 威胁、承诺与可信性

产品选择问题和斯塔克伯格模型是两个例子，其中先行动的厂商可以造成一种能给它带来竞争优势的既成事实。在本节中，我们将更广泛地考察一个厂商通过先行动能获得的优势，并且要看一看是什么决定了哪个厂商先行动。我们将集中关注这样的问题：厂商可通过哪些做法在市场上获得优势？例如，厂商怎样能阻止潜在竞争者的进入，或者促使已有竞争者提高价格、减少产量，或者干脆离开市场？

回顾在斯塔克伯格模型中，先行动的厂商通过承诺较大的产量获得了优势。做出约束未来行为的承诺是很关键的。为了弄懂为什么这样，假设先行动者（厂商 1）可能会在厂商 2 行动后改变它的想法，这会发生什么呢？显然，厂商 2 将生产较大的产量，因为它知道厂商 1 将以减少最先宣布的产量来回应厂商 2 的行动。厂商 1 能获得先发优势的唯一方式是自身做出承诺。实际上，厂商 1 通过限制自己的行为而限制了厂商 2 的行为。

通过限制你自身的行为来获得优势的想法可能看起来自相矛盾，但我们很快就会看到并不是那样。让我们先看一些例子。

首先，让我们再次回到表 13.9 中给出的产品选择问题。先推出新型早餐麦片的厂商的结果最好。但哪一个厂商先推出新麦片呢？即使两个厂商需要相同长的时间来投产，各厂商也都会有先承诺自己生产甜麦片的冲动。关键词是“承诺”。如果厂商 1 只是简单地宣布它将生产甜麦片，厂商 2 没有多少理由要相信它。而且，厂商 2 也理解这种冲动，它可以更响亮、更大张声势地做出同样的声明。厂商 1 必须在行动上使厂商 2 确信厂商 1 除了生产甜麦片以外已经没有其他选择。厂商 1 可以在推出新型甜麦片很早以前就开始策划一个昂贵的广告计划来介绍这种产品，从而为厂商 1 在这方面的声誉制造舆论。厂商 1 也可以签订很大数量的糖供货合同（并使得它众所周知，或至少送一份合同复印件给厂商 2）。意
498 思就是厂商 1 已承诺自己生产甜麦片。承诺是促使厂商 2 做出厂商 1 想要它做的决策——生产脆麦片的策略性行动。

为什么厂商 1 不能简单地威胁厂商 2，发誓即使厂商 2 生产甜麦片自己也要生产甜麦片？因为厂商 2 没有多少理由要相信这种威胁，并且它自己也能做同样的威胁。一个威胁只有当它是可信的时才会有用。下面的例子有助于弄清这一点。

空头威胁

假设厂商 1 生产既能用作文字处理器也能完成其他任务的个人计算机。厂商 2 专门生产文字处理器。正如表 13.11 中的支付矩阵所示，只要厂商 1 对它的计算机定一个高价，两个厂商都能赚不少钱。即使厂商 2 对它的文字处理器定低价，许多人仍然会购买厂商 1 的计算机（因为它们可以做许多其他事情），虽然也会有些人受价格差异吸引而改买专门的文字处理器。可是，如果厂商 1 对它的计算机定低价，厂商 2 将被迫定低价（否则只能赚取零利润），而两个厂商的利润将显著减少。

表 13.11　计算机和文字处理器的定价

		厂商 2	
		高价	低价
厂商 1	高价	100，80	80，100
	低价	20，0	10，20

厂商 1 最喜欢矩阵左上角的结果。可是，对厂商 2 来说，定低价很显然是一个占优策略。因而，右上角的结果将会实现（不管哪个厂商先定价）。

厂商 1 大概会被看作该行业中的主导厂商，因为它的定价行为对整个行业的利润有最大的影响。那么，厂商 1 能够通过威胁厂商 2，若其定低价自己也要定低价，来促使厂商 2 定高价吗？不能。正如表 13.11 中的支付矩阵所表明的，不管厂商 2 做什么，如果厂商 1 定低价，它自己也要吃很大的亏，结果是它的威胁是不可信的。

承诺与可信性

有时厂商可使得威胁可信。为了弄清如何做到这一点，考虑如下例子。莱斯卡摩托公

司（以下简称“莱斯卡摩托”）生产汽车，而法奥发动机公司（Far Out Engines，Ltd.，以下简称“法奥”）生产专用车发动机。法奥的大多数发动机都卖给莱斯卡摩托，而只有少量卖到一个有限的外部市场。无论如何，它严重依赖莱斯卡摩托，其生产决策要根据莱斯卡摩托的生产计划做出。

因此我们就有了一个莱斯卡摩托是“领导者”的序贯博弈。莱斯卡摩托先决定制造什么种类的汽车，然后法奥将决定生产什么种类的发动机。表 13.12（a）的支付矩阵给出了该博弈的各种可能的结果。看到莱斯卡摩托生产小型车较有利可图，法奥知道根据这种情况，它应该生产小发动机，其中的大多数将由莱斯卡摩托购买，用于其新车。结果是法奥 499
赚到 300 万美元，而莱斯卡摩托赚到 600 万美元。

表 13.12(a)　生产选择问题
单位：百万美元

		莱斯卡摩托	
		小型车	大型车
法奥	小发动机	3，6	3，0
	大发动机	1，1	8，3

不过，法奥却更偏爱支付矩阵右下角的结果。如果它能够生产大发动机，而莱斯卡摩托生产大型车并因而购买其生产的大发动机，它就能赚到 800 万美元利润（而莱斯卡摩托将只能赚 300 万美元）。法奥能促使莱斯卡摩托生产大型车而不是小型车吗？

假设法奥威胁说不管莱斯卡摩托生产什么它都要生产大发动机，且没有其他的发动机生产商能很容易地满足莱斯卡摩托的需要。如果莱斯卡摩托相信了这种威胁，它就会生产大型车，因为它不容易为它的小型车找到发动机，因而会只赚 100 万美元而不是 300 万美元。但这种威胁是不可信的，一旦莱斯卡摩托宣布它打算生产小型车，法奥不会有实践其威胁的冲动。

法奥可以通过看得见和不可逆转的方式降低矩阵中自己的某些支付，从而使自身的选择受到限制，这样就能使威胁可信。特别是，法奥必须降低生产小发动机的利润（矩阵上面一行中的支付）。它可以通过关掉或毁掉部分小发动机生产能力做到这一点。最后的结果如表 13.12（b）所示。现在莱斯卡摩托知道不管它生产的是哪种汽车，法奥都会生产大发动机。如果莱斯卡摩托生产小型车，法奥将把它的大发动机以能得到的最好的价格卖给其他汽车生产商，将只能赚到 100 万美元。但这总比生产小发动机完全没有利润要好。莱斯卡摩托也将必须到其他地方去寻找发动机，所以它的利润也较低，为 100 万美元。现在很明显，生产大型车是符合莱斯卡摩托的利益的。通过似乎是将自己放在一个不利地位的策略性行动，法奥改善了其博弈结果。

表 13.12(b)　修改过的生产选择问题
单位：百万美元

		莱斯卡摩托	
		小型车	大型车
法奥	小发动机	0，6	0，0
	大发动机	1，1	8，3

尽管这种策略性行动可能很有效，但也要冒很大的风险，并在很大程度上有赖于采取这种行动的厂商对支付矩阵和该行业有精确的了解。例如，设法奥将它自己逼到只生产大发动机的境地，但却惊讶地发现另一厂商能以很低的成本生产小发动机。这种行动此时可

能导致法奥破产而不是持续的高利润。

500 **声誉的作用** 形成适当的声誉也能带给你一定的策略优势。我们还是来考虑法奥为莱斯卡摩托生产大发动机的欲望。假设法奥的经营者已经有了声誉，他根本没有理性——或许完全是个疯子。他威胁，不管莱斯卡摩托生产什么，法奥都会生产大发动机［参见表13.12 (a)］。现在即使没有进一步的行动，该威胁也可能是可信的。不管怎么说，你无法肯定一个非理性的经营者总会做出利润最大化的决策。在该博弈情境中，大家知道（或认为）有点疯狂的一方会具有明显的优势。

形成一种声誉在重复博弈中会是一种特别重要的策略。一个厂商可能会发现在该博弈的几次重复中表现得非理性是很有利的，这可能会带来一种增加其长期利润的声誉。

讨价还价策略

我们对承诺和可信性的讨论同样适用于讨价还价问题。讨价还价的结果依赖于每一方策略性地改变其相对谈判地位的能力。

例如，考虑两个各自计划推出两种产品之一的厂商，这两种产品碰巧是互补品。正如表13.13中的支付矩阵所示，厂商1在生产A方面有优势，所以如果两个厂商都生产A，厂商1将能够保持较低的价格并赚到高得多的利润。同样地，厂商2在生产产品B方面有优势。从支付矩阵能够看得很清楚，如果这两个厂商能在谁生产什么方面达成协议，唯一合理的结果就是右上角，厂商1生产A，厂商2生产B，而两个厂商都赚到利润50。事实上，即使没有合作，这个结果也会出现，不管厂商1和厂商2谁先行动还是两个厂商同时行动。理由是生产B是厂商2的占优策略，因此（A，B）是唯一的纳什均衡。

表 13.13 生产决策

		厂商2	
		生产A	生产B
厂商1	生产A	40，5	50，50
	生产B	60，40	5，45

厂商1当然喜欢支付矩阵左下角的结果，但在这个有限的决策组合的范围之内，它无法实现这个结果。可是，我们可进一步假设厂商1和厂商2还在就第二个问题进行谈判——是否加入一个研究合作体，这一合作体由第三个厂商组织。表13.14给出了这个决策问题的支付矩阵。很明显，占优策略是两个厂商都加入该合作体，从而使利润增加到40。

表 13.14 加入合作体的决策

		厂商2	
		单干	加入合作体
厂商1	单干	10，10	10，20
	加入合作体	20，10	40，40

现在假设厂商1通过宣布只有厂商2同意生产A它才会加入该合作体而将两个讨价还价问题联系起来了。在这种情况下，同意生产A以换取厂商1加入合作体事实上是符合厂商2的利益的（此时厂商1生产B）。这个例子解释了策略性行动可以怎样被用于讨价还价，以及为什么在讨价还价过程中，把不同的问题联系在一起有时能以他人的损失为代价

给某些人带来好处。

两人就住宅价格的讨价还价是另一个例子。假设我作为一个潜在的买方，不愿为一套 501
对我来说实际价值 25 万美元的住宅支付超过 20 万美元的价格。卖方愿意以 18 万美元以上的任何价格卖出该住宅，但他想尽可能卖到他能获得的最高价格。如果我是该住宅的唯一出价人，我怎样才能使卖方相信我决不会付 20 万美元以上的价格呢？

我可以声明我决不会为那套住宅支付超过 20 万美元的价格。但这样的声明可信吗？如果卖方知道我有一个强硬又固执、在这种事情上从来说一不二的名声，我的声明就是可信的。但如果我没有这样的名声，那么卖方知道，所有人都会做出这样的声明（做出这种声明不用任何本钱），但实际上不大会说到做到（因为这大概是我们之间会做的唯一的交易）。结果是这种声明本身大概不会改善我的讨价还价地位。

但是，如果与具有可信性的策略性行动结合起来，这样的声明还是会起作用的。这样的策略性行动必须减少我的灵活性——限制我的选择——从而使我除了坚持我的声明以外没有其他选择。一种可能的行动是与一个第三者打一个有约束力的赌。例如："如果我为那幢住宅付出超过 20 万美元，我就输给你 60 万美元。"此外，如果是为我的公司购买该住宅，公司规定价格超过 20 万美元就必须经董事会批准，那么我就可以声称董事会在几个月之内不会再开会。在两种情况下，我的声明都变成可信的，因为如果改变价格，则超出了我的能力。结果是灵活性越小，讨价还价能力越强。

例 13.4　沃尔玛连锁店的先发制人投资策略

沃尔玛连锁店（Wal-Mart Stores，Inc.）是山姆·沃尔顿于 1969 年创立的一家很庞大且很成功的折扣零售连锁店。[①] 它的成功在该行业中是很不寻常的。在 20 世纪 60 年代和 70 年代期间，已有企业的扩张和新企业的进入及扩张使得折扣零售业的竞争越来越激烈。70 年代和 80 年代期间，全行业利润下降，而大型折扣连锁企业——包括像金斯（King's）、柯凡脱斯（Korvette's）、猛犸连锁店（Mammoth Mart）、W. T. 格兰特（W. T. Grant）和沃柯（Woolco）都纷纷倒闭。可是，沃尔玛却持续扩张且更具盈利能力。到 1985 年年末，山姆·沃尔顿已是美国最富有者之一。

沃尔玛是怎样在别人失败的地方成功的呢？关键在于沃尔玛的扩张策略。定价低于普通的百货商 502
店和小型零售店，折扣店依靠规模，不提供附加服务，保持高存货周转率。在整个 20 世纪 60 年代，人们通常认为折扣店只有在 10 万或以上人口的城市中才能取得成功。山姆·沃尔顿不同意这种看法，决定在西南部的小镇上开店。到 1970 年，已经有 30 家沃尔玛连锁店开在阿肯色、密苏里和俄克拉何马的小镇上。这些店成功了，因为沃尔玛已经成为 30 个"地方的垄断者"。开在大城镇的折扣店要同其他折扣店竞争，这压低了价格和利润。可是在这些小镇，只能开一家折扣店。沃尔玛可以与非折扣零售店削价竞争，但却不必担心会有另一家折扣店开张与其竞争。

到 20 世纪 70 年代中期，其他折扣连锁店意识到了沃尔玛有一个强盈利性的策略：在只能支持一家折扣店的小镇开一家分店并享受地方性垄断。美国有许多小镇，所以问题就变成了谁能先进入这些小镇。现在沃尔玛发现它处于一种表 13.15 中的支付矩阵所给出的先发制人博弈中。如该矩阵所示，如果沃尔玛进入一个小镇，但 X 公司没有，沃尔玛能赚 20，而 X 公司只能赚 0。同样地，如果沃尔玛没有进入，但 X 公司进入了，则沃尔玛赚 0，而 X 公司赚 20。但如果沃尔玛和 X 公司都进入，它们将都损失 10。

---

① 该例资料源于 Pankaj Ghemawat，"Wal-Mart Stores' Discount Operations，" Harvard Business School，1986。

表 13.15 折扣店的先发制人博弈

		X公司	
		进入	不进入
沃尔玛	进入	−10，−10	20，0
	不进入	0，20	0，0

这个博弈有两个纳什均衡——左下角和右上角。哪个均衡会出现取决于谁先行动。如果沃尔玛先行动，X公司的理性反应是不进入，从而沃尔玛将肯定能赚到20。因而计谋就是先发制人——抢在X公司（或者Y公司或Z公司）之前，很快在其他的小镇建立分店。沃尔玛确实就是这么做的。到1986年它已经拥有了1 009家分店，每年赚到4.5亿美元利润。并且当其他折扣连锁店走下坡路时，沃尔玛继续发展。到1999年，沃尔玛成为世界上最大的零售商，在美国拥有2 454家分店，且在世界其他国家和地区拥有729家分店，年销售额达1 380亿美元。

最近几年，沃尔玛通过在全世界不断开设新的折扣分店、仓储分店（如山姆会员店）以及联合折扣食品杂货分店（沃尔玛超级中心）等继续领先于同行。在其他国家，沃尔玛运用其先发制人策略也特别积极。至2016年，沃尔玛在美国大约有4 574家分店，在欧洲、拉美和亚洲大约有6 299家分店。沃尔玛也成为世界上最大的私人雇主，在世界上雇用了超过230万名员工，在美国就有150万名员工。沃尔玛2016年的收入达到4 800亿美元，超过阿根廷和委内瑞拉等国家的年GDP。

13.7 阻止进入

进入壁垒，作为垄断势力和利润的重要根源，有时是自然形成的。例如，规模经济、专利、许可证或者关键投入品的可得性都能造成进入壁垒。不过，厂商自己有时也能阻止潜在竞争者的进入。

503 为了阻止进入，已有厂商必须使任何潜在的竞争者确信，进入是无利可图的。为了弄明白怎样可以做到这一点，试将你自己放在一个垄断者的地位，并面对一个即将进入的厂商X。假设为了进入该行业，厂商X必须付出8 000万美元的（沉没）成本来修建一个工厂。你当然希望阻止厂商X进入该行业。如果厂商X不进入，你就能继续定高价，享受垄断利润。如表13.16（a）中支付矩阵右上角所示，此时你能赚到2亿美元的利润。

表 13.16(a) 进入可能性

单位：百万美元

		潜在进入者	
		进入	不进入
在位垄断者	高价（接纳）	100，20	200，0
	低价（商战）	70，−10	130，0

如果厂商X进入该市场，你必须做出决策。你可以“接纳”，维持高价，希望厂商X也会这样做，此时你将只能赚到1亿美元的利润，因为你必须与厂商X分享市场。新进者厂商X将赚到2 000万美元的净利润：1亿美元减去8 000万美元建厂成本（这个结果在支付矩阵的左上角给出）。相反，你也可以增加你的生产能力，生产更多，并将价格压低。低价能够使你分享更大的市场份额以及获取2 000万美元的收入增加，但是增加产

能会给你带来5 000万美元的成本，将你的利润减至 7 000 万美元。竞争同样会使进入者的收入减少3 000万美元，使得它的净收入为－1 000 万美元（这个结果如支付矩阵左下角所示）。最后，如果厂商 X 不进入，但是你扩张你的生产能力并且降低价格，你的净利润会减少 7 000 万美元（从 2 亿美元降至 1 300 万美元）：额外生产能力的成本 5 000 万美元以及低价导致的收入减少 2 000 万美元（市场份额不变）。很明显，这样的决策，如右下角所示，是没有意义的。

如果厂商 X 认为在它进入后你会接纳并保持高价，它将会发觉进入有利可图，并付诸行动。假设你威胁要扩大产量和用价格战将厂商 X 赶出去，如果厂商 X 相信这种威胁，它就不会进入该市场，因为它预期会损失 1 000 万美元。可是，该威胁是不可信的。如表 13.16（a）所示（也如潜在的竞争者所知），一旦进入已经发生，接纳并保持高价是符合你的利益的。厂商 X 的理性行动是进入该市场，结果会是矩阵的左上角。

但如果你能做出一种一旦厂商 X 进入你就会改变你的选择的不可更改的行动——一种使得你在进入发生时，除了定低价以外别无选择的行动，结果又如何呢？特别是，假设你现在投资 5 000 万美元而不是以后投资于万一进入发生时增加产量和进行价格战所需要的额外的生产能力。当然，如果今后你保持高价（不管厂商 X 是否进入），这个额外成本将减少你的支付。

我们现在有了一个新的支付矩阵，如表 13.16（b）所示。现在你要进行竞争性商战的威胁是完全可信的，它是你投资额外生产能力决策的结果。因为你有了这种额外生产能力， 504
所以如果进入发生，竞争性商战的结果对你来说比保持高价要好。潜在的竞争者现在知道，进入的结果就是商战，因此不进入该市场是理性的选择。既然已经阻止了进入，因而你就可以保持高价，并赚到 1.5 亿美元利润。

表 13.16(b)　阻止进入

单位：百万美元

		潜在进入者	
		进入	不进入
在位垄断者	高价（接纳）	50，20	150，0
	低价（商战）	70，－10	130，0

一个在位垄断者能否不必花很大的代价增加额外生产能力就能够阻止其他厂商进入？早些时候我们已经看到非理性的声誉能被用作一种策略优势。假设原有厂商有这样的声誉，再假设该厂商过去已经用恶性削价方式赶走了每个进入者，即使这样做造成了（理智不会允许的）损失，那么它的威胁可能是真实可信的。在这种情况下，在位厂商的非理性提醒潜在的竞争者，离得远远的也许会更好。

当然，如果上述博弈要无限次重复进行，那么无论进入在何时发生，在位厂商都可能有实施商战威胁的理性的激励。理由是阻止进入的长期收益可能超过商战的短期损失。更进一步，潜在的竞争者通过同样的计算，可能也会发现在位厂商的威胁是可信的，并决定不进入该市场。现在在位厂商依靠它的理性声誉——特别是有远见的声誉——提供了阻止进入所需要的可信性。但这能否起作用取决于时间范围，以及接纳或商战所带来的相对得失。

我们已经看到，进入的吸引力在很大程度上取决于对在位厂商的反应的预期。通常不能期望，一旦进入发生，在位厂商仍会保持原来的产量水平，但最后，在位厂商也可能会退一步并减少产量，并将价格提高到一个新的联合利润最大化的水平。因为潜在的进入者知道这一点，故在位厂商必须形成能阻止进入的可信的商战威胁。非理性的声誉能够帮助你做到这一点。事实上，在现实市场中许多阻止进入的做法都是以此为基础的。潜在的进入者必须考虑到，在出现进入时理性的行规会被打破。通过造成非理性和好战的印象，一个在位厂商可以使潜在的进入者确信，商战的风险是非常高的。①

策略性贸易政策与国际竞争

505 我们已经看到，一种先发制人的投资可以怎样通过对潜在竞争者造成可信威胁而给已有厂商带来优势。在某些情况下，先发制人的投资——补贴或政府的鼓励——也能给一国带来在国际市场上的优势，因而也是重要的贸易政策工具。

这与你以前学到的自由贸易的利益冲突吗？例如在第 9 章，我们已经看到了如关税和配额之类的贸易限制是如何导致无谓损失的。在第 16 章，我们将进一步用一般的方法说明个人之间（或国家之间）的自由贸易是互惠的。既然自由贸易有这些优点，政府为什么还要对正常的国际市场加以干预呢？在特定情形下，一国能通过采用那些为国内产业提供竞争优势的政策而获益。

为了弄明白这是如何发生的，我们看一个有相当大的规模经济的行业，在该行业中少数大厂商能够以比许多小厂商高得多的效率进行生产。假设通过给予补贴或减税，政府能够鼓励国内厂商比没有这些措施时扩张得更快，这就可能阻止其他国家的厂商进入世界市场，从而国内产业可以享有较高的价格和较大的销量。这样的政策会通过造成对潜在进入者的可信威胁而起作用。利用规模经济的大型国内厂商会有能力以低价满足世界需要，因而如果其他国家厂商进入，价格会压低到它们无法盈利的水平。

商用飞机市场　例如考虑一下商用飞机国际市场。一种新飞机的研发和生产必须有很大的规模经济，除非一个厂商预期能卖出许多，否则研发一种新飞机是没有好处的。假设波音和空中客车（一个由法国、德国、英国和西班牙组建的欧洲联合公司）各自正在考虑研发一种新飞机。各厂商最终的支付，部分取决于对方怎么做。假设只有一个厂商生产新飞机才是经济的，那么支付可能看起来就像表 13.17（a）中一样。②

表 13.17(a)　一种新飞机的研发

		空中客车	
		生产	不生产
波音	生产	−10，−10	100，0
	不生产	0，100	0，0

如果波音在该研发过程中率先启动生产进程，该博弈的结果将是支付矩阵的右上角，波音将生产一种新飞机，而空中客车认识到如果它也生产将会亏损，就不会生产。此时波音将赚到 100 的利润。

① 有一个类似的问题就是核威慑。考察一下冷战期间为了阻止苏联入侵，西欧所用的核威胁。如果苏联入侵，美国在知道苏联此时也会动用核武器的前提下，真的会以核武器来应对吗？美国以这种方式做出反应是非理性的，所以核威胁可能是不可信的。但这是假定每一方都是理性的情形，需担心的是美国的非理性反应。即使非理性反应被认为可能性很小，但考虑到错误所意味的沉重代价，它仍然是一种威慑。因而，美国能够通过加强它可能会采取非理性行动，或者一旦发生入侵，事态可能会失控的主张而得到好处。这就是“非理性的理性”。参见 Thomas Schelling, *The Strategy of Conflict* (Harvard Univ. Press, 1980)。

② 此例参见 Paul R. Krugman, “Is Free Trade Passé?” *Journal of Economic Perspectives* 1 (Fall 1987): 131 - 144。

当然，欧洲几国政府是希望空中客车生产这种新飞机的。它们能够改变这个博弈的结果吗？假设它们对空中客车实行补贴，并且是在波音着手生产之前就这么做。如果欧洲几国政 506
府只要空中客车生产这种飞机就支付 20 的补贴，那么支付矩阵就变为如表 13.17（b）所示。

表 13.17(b)　欧洲政府实行补贴后飞机的研发

		空中客车	
		生产	不生产
波音	生产	－10，10	100，0
	不生产	0，120	0，0

现在空中客车不管波音是否生产都能从新飞机上赚钱，因而，波音知道如果它着手生产，空中客车也会生产，而波音就将亏损。因而，波音会决定不生产，结果就如表 13.17（b）左下角所示。因而一个 20 的补贴，就将结果从空中客车不生产和利润为 0 改变为生产和利润为 120，其中 100 是从美国到欧洲的利润转移。因此，从欧洲人的角度来看，补贴空中客车产生了高回报。

欧洲几国政府确实对空中客车实行了补贴，而在 20 世纪 80 年代期间，空中客车成功地推出了几种新飞机。不过，结果并未与我们的典型化例子中完全一样，波音也推出了盈利丰厚的新飞机（757 型和 767 型）。随着商业性空运的增长，很明显两个公司都能有利可图地开发和销售新一代飞机。但不管怎么说，若没有欧洲几国政府对空中客车的补贴，波音的市场份额还会大得多。一项研究估计，该补贴在 20 世纪 80 年代总数为 259 亿美元，同时发现，如果没有政府补贴，空中客车就不会进入该市场。①

这个例子说明了策略性的贸易政策可以怎样将利润从一国转移到另一国。不过，使用这样的政策的国家可能会引起其贸易伙伴的报复。如果导致了一场贸易战，所有国家最终都会吃很大的亏。在采用一种策略性贸易政策时，必须考虑到这种结果的可能性。

∵例 13.5　产业转变：Uber 与 Lyft

正如你在例 9.5 中所看到的，出租车行业正受到 Uber 和稍低程度地受到 Lyft 的共享乘车服务的挑战。（回想一下，共享乘车服务就是你用智能手机上的一个 APP 提出一个目的地的乘车选择，然后订单就会传递给附近的司机，他就可以载你到目的地。）在一些城市，出租公司通过游说市政府尝试阻止 Uber 和 Lyft 的进入，但是这些努力大多以失败告终，共享乘车企业迅速成长。一个结果是许多城 507
市出租特许经营执照的价格迅速下跌，而另一个结果是消费者打车出行变得更便宜和容易。

不过，共享乘车服务有很强的网络外部性。为什么？因为如果你想搭乘一辆车去某个地方，你就会想让车越快到达越好。那么，你就更可能会选择司机最多的服务平台。类似地，如果你是一名司机，你可能想要尽可能多的乘客，这意味着你会加入有更多客户的服务平台。哪个服务平台司机和乘客最多？城市和国家不同，答案不同，但是就 2016 年的情况来看，通常是 Uber。

Uber 于 2009 年在美国成立，2012 年开始扩展到国际。现在它是全世界最广泛应用的共享乘车服务 APP，覆盖 68 个国家和地区的约 400 个城市。另外，Lyft 于 2012 年开展业务，迅速成长，但与 Uber 相比，仍然只在较少城市拥有较少司机。（在美国还有 2～3 个其他共享乘车服务平台，但规模都非常小。）在 2016 年，Uber 的市值超过了 620 亿美元，而 Lyft 的市值大约为 55 亿美元。比如，在纽约，2016 年 Uber 每周接单数接近 20 万次，而 Lyft 大约为该数目的一半。这种差距带来了一个问题：该市场能

① "Aid to Airbus Called Unfair in U. S. Study," *New York Times*, September 8, 1990.

容纳得下这两个企业吗？或者说，那么强的网络外部性是否会导致最终只有一个“胜利者”？

答案是市场空间足够，甚至可能容纳更多服务者。为什么呢？因为网络外部性适用于一个城市，而不是整个国家。如果我需要打车去费城机场，我只关心在费城司机能多快出现在我面前；芝加哥或洛杉矶的司机数量与此无关。因此，当 Uber 占领一些城市时，Lyft 可以努力占领另一些城市。而且实际上，2016 年 Lyft 已经在洛杉矶、旧金山和得州奥斯丁占有了接近 50%的市场份额。按照 Lyft 的总裁约翰·齐默（John Zimmer）所说，“这就是我们一直在说的，一旦你达到特定的规模水平，市场就会变成自然双寡头。”我们最终会知道他说得对不对。

例 13.6 纸尿裤之战

在二十多年的时间里，美国的一次性纸尿裤市场一直由两个厂商主导：宝洁（P&G）拥有约 50%的市场份额；金佰利-克拉克拥有 30%～40%的市场份额。[①] 这些厂商是怎样竞争的？为什么没有其他厂商能够进入并得到这个每年 50 亿美元市场的一些份额？

虽然只有两个主要厂商，竞争依然很激烈。竞争主要以降低成本的创新形式出现。成功的关键是完善生产过程，从而一个工厂能够以低成本生产大量产品。这并不像看起来那么简单。包好吸湿所需的蓬松的纤维材料，加上弹力松紧带、捆扎、折叠，以及包装纸尿裤——以每分钟约 3 000 条纸尿裤的速度和每条纸尿裤约 10 美分的成本生产，这需要创新、精心设计以及良好的协调过程。进一步，生产过程中很小的技术改进都能导致明显的竞争优势。即使厂商只能将成本降低很少，它也能降低价格
508 并夺取市场份额。结果是两个厂商都被迫在降低成本的竞赛中花费大量资金用于研究与开发（R&D）。

表 13.18 中的支付矩阵反映了这个博弈。如果两个厂商都大量投资于 R&D，它们都可以指望保住当前的市场份额，此时宝洁赚到利润 40，而金佰利-克拉克（拥有较小的市场份额）将赚到利润 20。如果两个厂商都不在 R&D 上花钱，它们的成本和价格将保持不变，而省下来的钱会变为利润的一部分，宝洁的利润会增加到 60，而金佰利-克拉克的利润会增加到 40。可是，如果一厂商继续进行 R&D 而另一厂商没有进行，该创新的厂商最终将夺取竞争对手的大部分市场份额。（例如，若金佰利-克拉克进行 R&D 而宝洁没有进行，宝洁预计要亏损 20，而金佰利-克拉克的利润却增加到 60。）因而这两个厂商处于一种囚徒困境，花钱进行 R&D 对两个厂商都是占优策略。

为什么没有产生合作行为？无论如何，这两个厂商已经在这个市场中竞争多年了，而对纸尿裤的需求是相当稳定的。由于几方面的原因，包含 R&D 的囚徒困境是特别难以解决的。第一，厂商很难用监视价格的办法监视其竞争对手的 R&D 活动。第二，完成一个能导致重大产品改进的 R&D 项目要花费好几年时间，因而两个厂商合作直到其中之一“欺诈”为止的以牙还牙策略不大可能起作用。厂商可能直到其竞争对手宣布一种新的改进产品问世之前，都不会发觉竞争对手一直在秘密进行 R&D，而此时该厂商再投入 R&D 项目可能已经太晚了。

表 13.18 通过 R&D 竞争

		金佰利-克拉克	
		R&D	无 R&D
宝洁	R&D	40，20	80，−20
	无 R&D	−20，60	60，40

① 宝洁生产帮宝适（Pampers）、超级帮宝适（Ultra Pampers）和乐芙适（Luvs）。金佰利-克拉克只生产一种牌子——好奇（Huggies）。

宝洁和金佰利-克拉克的 R&D 支出也起到了阻止进入的作用。除了品牌的认同以外，这两个厂商已经积累了如此多的技术诀窍和生产经验，以至对任何刚进入该市场的厂商都有可观的成本优势。除了建造新工厂以外，为了夺取甚至只是很小的市场份额，一个进入者将必须花费可观的资金用于 R&D。在开始生产以后，新厂商还必须不断花费大量资金于 R&D 以不断降低成本。而且只有在宝洁和金佰利-克拉克停止进行 R&D 的情况下，进入才是有利可图的，此时进入者能够赶上并最终获得一定的成本优势。但正如我们已经看到的，没有哪个理性的厂商会指望这种事情发生。[①]

*13.8 拍　卖

拍卖市场 通过正式竞标过程实现商品买卖的市场。

在这一节，我们来看看**拍卖市场**（auction markets）——通过正式的竞标过程实现商品买卖的市场。[②] 拍卖可以采取任何规模和形式。它们经常适用于有差异的物品，尤其是诸如艺术品、古董、土地的石油开采权等。比如，最近几年，美国财政部通过拍卖来销售债券，联邦通信委员会通过拍卖来销售无线通信服务的电磁频段。国际奥林匹克委员会同 509
样拍卖电视转播权，而美国国防部则通过拍卖来获得军事装备。拍卖有如下显而易见的优势：比一对一的讨价还价更节省时间，并且可以通过鼓励买方之间的竞争增加卖方的收入。

拍卖为何如此流行和成功？低交易成本只是答案的一部分。与零售商店的销售不同，拍卖是内在互动的，很多买方为了得到拍品而相互竞争。这种互动在销售诸如独有的从而没有确定的市场价值的艺术品、体育赛事纪念品等物品时显得极有价值。它同样有助于销售那些虽然并非独一无二但价值随时间波动的物品。

英国式（或口头式）拍卖 卖方让潜在的买方竞相报高价的一种拍卖形式。

日常拍卖的一个例子是东京鱼市的新鲜金枪鱼的销售。[③] 每条金枪鱼在大小、形状、质量以及相应的价值上都是独一无二的。如果每次交易都要与潜在的买方进行讨价还价和谈判，那么所费时间将极为惊人。相反，销售以拍卖的方式在每天早上实现：每条金枪鱼卖给出价最高的人。这种形式大大降低了交易成本，从而提高了市场效率。

拍卖的设计，包括选择什么样的运作规则，在很大程度上会影响结果。卖方会希望拍卖的形式能够最大化他在销售物品时的收入。另外，从一群潜在卖方接过标价的买方会希望拍卖的形式能最小化其成本支出。

荷兰式拍卖 卖方提出一个相对较高的物品价格，然后逐步降低，直到物品售出为止的一种拍卖形式。

拍卖形式

我们将看到不同的拍卖形式的选择会影响卖方的拍卖收入。几种不同的拍卖形式被广为采用：

（1）**英国式（或口头式）拍卖**［English（oral）auction］。卖方主动地向潜在的买方群体询问不断累进的报价。在每一个时点，所有参与人都知道当时的最高报价。当没有投标者愿意给出超过当前最高报价的报价时，拍卖结束。物品以最高报价出售给这个最高报价的投标者。

---

① 第 15 章中的例 15.4 将更详细地考察纸尿裤市场上一个新进厂商资本投资的盈利能力。

② 现在有大量的有关拍卖的文献。例如，Paul Milgrom，"Auctions and Bidding：A Primer，" *Journal of Economic Perspectives* (Summer 1989)：3－22；Avinash Dixit and Susan Skeath，*Games of Strategy*，2nd ed.（New York：Norton，2004）；Preston McAfee，*Competitive Solutions*：*The Strategist's Toolkit*，Princeton University Press (2002)：Chapter 12。

③ John McMillan，*Reinventing the Bazaar*：*A Natural History of Markets*（New York：Norton，2002）.

密封投标拍卖 将所有报价同时封存于信封中，报价最高的人将赢得拍卖的一种拍卖形式。

一级密封价格拍卖 销售价格等于最高报价的一种拍卖形式。

二级密封价格拍卖 销售价格等于第二高报价的一种拍卖形式。

（2）**荷兰式拍卖**（Dutch auction）。卖方从提出一个相对较高的价格开始。如果没有潜在的买方同意这个价格，则卖方将价格降低一定的数额。第一个接受卖方报价的买方能以这个价格购买到此商品。

（3）**密封投标拍卖**（sealed-bid auction）。所有的报价同时封存于信封中，报价最高的人将赢得拍卖，但赢得拍卖的投标者支付的价格略有不同，依赖于不同的拍卖规则。在**一级密封价格拍卖**（first-price auction）中，物品的销售价格等于最高报价。在**二级密封价格拍卖**（second-price auction）中，销售价格等同于第二高报价。

估价与信息

510 假设你想卖一件与众不同且有价值的物品，比如一幅画或者一枚稀有硬币。何种类型的拍卖最适合你？答案依赖于投标者的偏好和他们所能获得的信息。试举两例：

（1）**私人价值拍卖**（private-value auction）。每个投标者都知道自己对物品的估价或者保留价格，并且不同的投标者的估价是不同的。另外，每个投标者都不确定其他人对物品的估价。比如，我可能对贝瑞·邦兹的签名棒球估价很高，但却不知道你对它估价很低。

（2）**共同价值拍卖**（common-value auction）。被拍卖的物品对不同的投标者有相似的价值。但是投标者们并不能精确地确定价值是多少——他们只能估计，并且估计值会有差异。比如，在一个近海的石油储备开采权的拍卖中，石油储备的价值是石油价格减去开采成本。因此，这些石油的价值应该对所有投标者而言是相同的，但是，投标者并不能确切地知道石油储量是多少或者开采成本是多少——他们只能估计这些数字。因为他们的估计不尽相同，所以为得到石油储备的报价也会有差异。

私人价值拍卖 每个投标者都知道自己对物品的估价或者保留价格，并且不同的投标者的估价不同的一种拍卖形式。

在现实中，拍卖可能会同时包括私人价值和共同价值这两个因素。比如在石油储备开采权拍卖中，也许就会有关于不同石油储备导致不同开采成本的私人价值因素。然而，为简化起见，我们将两者分开。我们将先讨论私人价值拍卖，然后转到共同价值拍卖。

私人价值拍卖

共同价值拍卖 竞标物对于所有拍卖者来说有相同的价值，但是拍卖者无法准确地知道这个价值是多少，因此在拍卖过程中，各个拍卖者对此的估计各不相同。

在私人价值拍卖中，投标者对标的物有不同的保留价格。比如，我们假设在贝瑞·邦兹的签名棒球拍卖中，不同投标者的保留价格从1美元（一个不喜欢棒球而只想来投标玩玩的人）到600美元（旧金山巨人队的球迷）不等。当然，如果你在为这个棒球投标，你不知道你有多少竞争对手，你也不知道他们的保留价格会是多少。

无论拍卖形式如何，每个投标者都得选择投标策略。在公开的英国式拍卖中，策略就是选择一个能停止竞标的价格；在荷兰式拍卖中，策略就是寻求一个投标者所期望的唯一的价格。在密封投标拍卖中，策略就是选择一个装于密封信封的报价。

投标博弈的支付是什么？赢者的支付就是他的保留价格和投标支出价格的差额；输者的支付为零。给定这样的支付，让我们来看看不同的拍卖形式会有怎样不同的投标策略和结果。

我们首先将证明，英国式拍卖和二级密封价格拍卖将产生几乎相同的结果。先考虑后者。在二级密封价格拍卖中，真实地出价将是占优策略——报价低于你的保留价格并不会带给你任何好处。为何？因为你支出的价格依赖于投标者的第二高估价，而不是你自己的估价。假设你的保留价格是 100 美元。如果你的报价低于你的保留价格——比如 80 美元——你就有可能输给报价第二高的投标者，后者的报价是 85 美元。而如果你赢的话（比如报一个 87 美元的价格），你就可以拿到正的支付。如果你的报价高于你的保留价格——比如 105 美元——你有可能赢得竞争，却得到负的收益。

相似地，在英国式拍卖中占优策略是持续投标直到对手不再愿意出价。赢者的报价将 511
会非常接近于报价第二高的投标者的保留价格。在任何情况下，当报价接近你的保留价格时，你就该停止投标了。为什么？如果你在低于你的保留价格的某一点停止投标，你就有可能失去正的收益；如果你在你的保留价格之上继续投标，你就有可能得到负的收益。竞标应达到何种程度？如上所述，它将持续到赢者的报价接近于报价第二高的投标者的保留价格时结束。同样，在二级密封价格拍卖中，赢者的报价等于报价第二高的投标者的保留价格。因此，这两种拍卖形式有相似的结果。（理论上的差别将只是 1 美元或者 2 美元。）为描述清楚，假设现在有三个投标者，他们分别具有 50 美元、40 美元、30 美元的估价；进一步假设，卖方和投标者对这些估计都具有完全信息。在英国式拍卖中，如果你的估价为 50 美元，你会选择报价 40.01 美元来胜过保留价格为 40 美元的投标者的报价。你会在二级密封价格拍卖中最终报出相似的价格。

甚至在不完全信息世界中，我们仍然会期望相似的结果。事实上，作为卖方，英国式拍卖和二级密封价格拍卖对你是无差异的，因为投标者在每种情形下都具有私人价值。假设你计划用密封价格拍卖方式出售一件物品，你将会如何选择：一级密封价格拍卖还是二级密封价格拍卖？你可能会认为一级密封价格拍卖将更好，因为你收到的是最高的报价而不是第二高的报价。然而，投标者知道这一原理，并且会策略性地改变他们的投标：如果他们投标成功，他们会期望自己支出的价格比最后投标的价格要少。

二级密封价格拍卖产生的收入等于报价第二高的投标者的保留价格。然而，对于卖方而言，一级密封价格拍卖带来的收入因为投标者的策略更为复杂而相应地变得难以估算。最优策略是选择一个你认为等于或者稍高于报价第二高的投标者的保留价格的报价。① 为什么？因为赢者需要支付他自己的报价，并且支付一个比报价第二高的投标者的保留价格更高的报价并无价值。因此，我们将看到一级密封价格拍卖和二级密封价格拍卖将会带来相同的期望收入。

共同价值拍卖

假设你与四个其他参与人在一个英国式拍卖中为一大罐便士竞争；这些便士将由出价最高的人得到。每个投标者都可以检查这个大罐，但不能打开来看并且计算有多少便士。当你必须估计大罐中便士的数量时，你的最优投标策略是什么？这是一个经典的共同价值拍卖，因为这罐便士对投标者而言具有相同的价值。你与其他投标者所面对的问题是你们不知道这个价值究竟是多少。

在此情形下，你可能像很多新手一样试图以自己对这罐便士数量的估计报价，并且不
会出得更高。然而，这并不是报价的最好策略。记住你跟其他投标者都不能确切地知道这 512
些便士的数量。你们都是独立地对这些数量做出估计，并且这些估计是会发生偏差的——

① 更精确地说，最优的策略是如果你的估价是最高的，那么你该选择一个你认为等于或者略高于报价第二高的投标者的报价的报价。

有些会太高，有些会太低。谁将会成为最后的赢者？如果每个投标者的报价都是自己的估计，这个赢者就应该是具有最大的正向偏差的人——对这些便士数量估计最高的人。

赢者的诅咒
一种共同价值拍卖的赢者往往比那些失败者境况更差的情形，这是由于竞标者过高估计物品价值从而出价过高超过真实价值的结果。

赢者的诅咒　为了考虑这种可能性，假设现在罐里实际上有 620 个便士。投标者的估计值分别是 540、590、615、650 和 690。最后，假设你是那个估计值为 690 的人，并且你报价 6.8 美元而赢了这次拍卖。你应该为胜利而高兴吗？不——你必须为价值为 6.2 美元的便士支付 6.8 美元。你将成为**赢者的诅咒**（winner's curse）的牺牲品：共同价值拍卖的赢者往往比那些失败者境况更差，因为赢者过分乐观。结果，报价远远高于商品的真实价值。

赢者的诅咒可以在任何共同价值拍卖中出现，而且投标者往往疏于考虑。比如，假设你的房子需要油漆。你问了五个油漆工对这项工作的成本估计，告诉他们你将接受成本估计值最低的油漆工。谁将赢得这项工作？很有可能是最严重地低估了这项工作的成本的油漆工。起先，这个油漆工可能会因为赢得这项工作而高兴，直到认识到比预期需要更多的努力才能完成。同样的问题可能出现在为不知道储备规模和开采成本（因此储备的价值是不确定的）的海岸石油储备开采权竞标的石油公司之间。除非这些公司考虑了赢者的诅咒问题，否则胜利的投标者很有可能是因为高估了储备的价值而赢得开采权，并且不得不支付远高于储备价值的竞标价格。

当你在共同价值拍卖中为物品投标时，你该如何将赢者的诅咒考虑在内？你不仅要估计正在投标的物品的价值，同时要考虑到一个事实：你的估计——以及其他投标者的估计——会出现偏差。为了避免赢者的诅咒，你应该使你的最高报价低于你的估计值，两者的差额等于对赢者估计偏差的预期。你的估计越精确，你的报价需要减少的就越少。如果你不能直接判断你的估计是否精确，你可以估计一下其他投标者的估计值的差别有多大。如果其他投标者的意见差别很大，你的估计也很有可能不那么精确。为了测量不同报价的偏差，你可以用统计的方法计算一下各个估计值的标准差。

多年来石油公司一直在为石油储备开采权竞标，并且已经能够有效地处理这个标准差了。因此它们能够通过将自己的报价调整到某一水平，让预期的赢者的估计偏差低于估计值，以避免赢者的诅咒。结果，石油公司很少会在赢得一场拍卖后觉得自己犯了错误。相比较而言，油漆工往往会因为在竞标中缺少经验而饱受赢者的诅咒之苦。

相比传统的英国式拍卖，赢者的诅咒更有可能在密封价格拍卖中成为问题。在传统的拍卖中，如果你是唯一的过度乐观估计的人，你仍然可以以只比报价第二高的投标者的报价略高少许的报价而赢得竞标。因此，对于赢者的诅咒，至少要有两人过度乐观才会成为问题。相反，在密封价格拍卖中，你的过度乐观会驱使你的报价比其他任何人的报价都明显高出一截。

最大化拍卖收入

513 现在让我们从卖方的角度回到拍卖设计问题。这里有一些有用的选择最优拍卖机制的技巧。

（1）在私人价值拍卖中，你应该鼓励尽可能多的投标者来参与竞争：额外的投标者会同时抬升赢者的预期报价和报价第二高投标者的预期报价。

（2）在共同价值拍卖中，你应该：第一，采用公开的而不是密封投标的拍卖，因为按照常规，英国式（公开的）共同价值拍卖将比密封投标拍卖产生更大的期望收入；第二，显示更多的有关被拍卖物品的信息，从而降低投标者对赢者的诅咒的疑虑，并且更重要地，鼓励更多的人参与竞标。

（3）在私人价值拍卖中，给你的物品设定一个最低的标价，该标价应等于或者略高于你继续持有它以待将来出售的卖价。这将使你免于因为相对较少的投标者和相对较低的报价而导致的可能损失。而且，它能向买方传递一个信号，即这件物品很有价值。这样可以提高报价的水平。不过，如果第一次拍卖流拍，那么这就会成为不利的信号，告诉未来的投标者这件物品价值不高。

为什么我们使用公开拍卖？回顾一下，为了避免赢者的诅咒，在共同价值拍卖中的每个投标者都会报出低于自己的估价的价格。有关物品真实价值的不确定性越大，过度投标的可能性也就越大，投标者就越有激励去降低报价。（如果投标者是风险规避的，这一效应会被放大。）不过，投标者在英国式拍卖中比在密封投标拍卖中面对着更少的不确定性，因为投标者可以观察其他投标者放弃竞争时的价格——这些价格提供了那些竞标者的估价信息。总之，当你向投标者们披露更多信息时，风险规避的投标者们就更有激励去提高报价，因为他们对处理赢者的诅咒的信心更强了。

竞标与共谋

我们已经看到，卖方可以通过鼓励买方之间的竞争而获得巨大收益。随之而来的是，买方可以通过减少买方的人数和出价的频率来增加自己讨价还价的力量。在某些情形中，这可以通过形成购买集团来合法地实现；有时又能通过违背反托拉斯法的共谋协定来非法实现。在多个买方之间形成共谋并不容易，因为即使达成了"协议"，单个的买方仍然有激励在最后一分钟通过略高于协议规定的报价来实施欺骗，从而自己得到全部拍卖的物品。然而，重复的拍卖允许参与人一次次地惩罚那些违背协议报价的欺骗者。相比于密封投标拍卖，买方共谋在公开投标拍卖中更会成为问题，因为公开的拍卖可以为共谋的投标者们提供最好的机会去发现并惩罚那些欺骗行为。

一个广为人知的买方共谋是 20 世纪 80 年代中期美国棒球队的老板们达成的旨在限制他们在购买自由球员时的竞争的协议。这些竞标购买是重复的并且公开的这个事实，使得老板们能够报复那些在市场上动作过于频繁和富有攻击性的对手。与此同时，共谋并不仅限于买方。2001 年，两个世界上最负盛名的拍卖行——纽约的苏富比（Sotheby）和伦敦的佳士得（Christie）——被发现协议操纵被拍卖物品的价格佣金而被判有罪。苏富比的前任主席艾尔弗雷德·陶布曼（Alfred Taubman）因为卷入此事而被判入狱一年。

❖例 13.7　拍卖的法律服务

在美国，原告律师经常代理的案子是，原告作为集体受被告影响人类健康或福利的违法行为所伤 514
害。原告律师的费用通常视结果而定，这意味着如果输掉官司，他们就什么也得不到，不过，如果他们赢得官司，他们就可以得到判决金额的一个百分比，通常约为 30%。

许多集体诉讼案件发生在政府当局成功的调查和检举之后。例如，在美国政府成功地起诉微软，证明了微软垄断 PC 操作系统市场之后，律师代表购买 PC 的消费者上诉要求为过度支付讨回公道。因为有政府的诉讼在先，集体诉讼原告的代理律师可抢得先机，大大简化工作。很多重要的文件已经被披露，而且他们不用再去证明微软在PC操作系统市场的垄断。

类似这种案子的结果是，律师费被认为高得不合理，特别是和律师的努力相比。对此能做些什么呢？许多联邦法官的建议是，让那些代理律师为代理权竞拍。这类拍卖所采用的典型机制是密封投标拍卖程序。在苏富比拍卖行和佳士得拍卖行被认为操纵佣金价格有罪后，在一个不寻常的拍卖中，纽约南区的法官卡普兰（Kaplan）令各律师事务所对费用范围进行竞标。投标的胜者是博伊斯、席勒和福勒克斯纳律师事务所（Boies，Schiller，& Flexner），报价为以超过诉讼金额4.25亿美元之上金额的25%作为佣金。几个月后，案件结果是补偿消费者共计5.12亿美元，该律师事务所从被告那里得到了2 675万美元的费用（超过4.25亿美元之上的1.07亿美元的25%），并且为原告成员争取到了超过4.75亿美元的补偿。

例13.8 现实中的拍卖

拍卖已经成为大量物品流行的交易方式。在著名的拍卖行中，苏富比和佳士得建立了拍卖流程的标杆。这些拍卖行拍卖的物品包括汽车、艺术品、珠宝和名酒等。以下是名贵艺术品拍卖的典型流程。在一件艺术品由拍卖行公告后，竞买人开始通过在拍卖行设立账户登记竞买资格。无论是通过现场、电话还是网络的方式，大多数拍卖都是以增价的方式由最高出价人获得拍品，并支付一笔费用给拍卖行。这笔费用会随着拍品价值的增加而增加，但在每个地方也不相同。艺术品拍卖可能特别有趣，因为近些年一些值钱的艺术品拍出的价格已经达到几千万美元，甚至上亿美元。

拍卖的迅速盛行得益于互联网成为买卖的交易场所。不过，过去10年来网上拍卖开始走下坡路，因为消费者已经倾向于购买固定价格的交易商品。对于那些享受交易过程、对高定价艺术品不感兴趣的人，最常使用的拍卖网站仍然是www.ebay.com。eBay每天为从古董、汽车到珍稀钱币等物品举行
515 拍卖。对于单品，eBay采取递增价格拍卖方式，通常遵循下述过程：报价必须以最小增幅上升。在拍卖截止时的最高报价者将成为胜者，并且支付报价第二高的投标者的报价加上一个最低增幅（比如25美分）。eBay的递增价格拍卖不同于我们前面介绍的各种拍卖形式，因为它设置了一个固定的、众所周知的截止时间，这会导致投标者在拍卖结束前的策略性报价。[①]

eBay之所以能继续成功地击败其竞争者雅虎和亚马逊，是因为网上拍卖有很强的网络外部性。我们在第4章对网络外部性的分析在此也适用。如果你想拍卖一些珍稀的钱币和邮票，你会选择哪家拍卖网站？选择的应是一家有最多潜在竞拍者的网站。或者，如果你想竞拍购买一些珍贵的钱币和邮票，你也会选择有最多卖方的网站。因此，卖方和竞拍者会同时看重有最大市场份额的网站。因为eBay是第一家专职的拍卖网站，它的市场份额在很大程度上归功于网络外部性。为了理解网络外部性的重要作用，我们来看一下eBay的国际扩张过程。在中国，它必须和淘宝竞争，而淘宝的经理们知道获得早期市场份额优势的重要性。因此，淘宝决定不对卖者收取任何费用，而其大部分收入都来自广告。虽然盈利受到了该策略的限制，但淘宝很快成为中国互联网拍卖网站的主导者，在2010年占有超过80%的市场份额。

拍卖也得到了美国政府的广泛使用。最重要的美国政府拍卖是“频谱”出售，指政府授予赢者在特定区域提供无线服务的权利。频谱拍卖在很多国家实施，包括美国、加拿大、德国、印度、瑞典和

① 当消费者在互联网上购买一种物品时，无论是拍卖还是购买固定价格的商品，都需要注意一些重要警告。第一，对质量的监控有限。eBay有一个买者保护程序，不过投诉过程可能很长。第二，卖主总是可能会伪造虚假报价以操纵投标过程。因此，谨记“购者自慎”原则，这是网上购物的处世哲学。

英国等国。在美国，频谱拍卖开始于 1994 年，联邦通信委员会迄今共进行了 87 次频谱拍卖。

频谱拍卖的竞买过程如下。参与人可以同时竞拍多个许可证（每个许可证代表一个大都市区）。竞买者的名字会被公布，每个竞买者被告知不要透露策略信息给其他竞买者以避免共谋。在竞拍过程中每天更新信息。拍卖一直持续到没有参与人再对任何地区的频谱许可证进行出价时。与 eBay 的拍卖形式不同，频谱拍卖中的获胜者支付全额报价给政府。

频谱拍卖为美国财政部提供了大量资金。在 2015 年无线频谱拍卖中，AT&T 和 Verizon 赢得了最大份额，价值 450 亿美元。① 当一个拍卖开始后，地区竞拍信息被每天公布。结果也公开可知，不过，加入拍卖过程需要大量费用。频谱拍卖不仅产生了大量收入，而且通过鼓励竞争、促进无线服务发展而带来了更高的配置效率。不过，频谱拍卖存在一个明显的风险。拍卖的组织及其弹性为竞拍者的隐性共谋预留了可能的空间。当一个竞买者刚好对某特定区域的拍卖具有显著优势时，其他竞争者就会选择不出较高价格，因此会降低出售收入。

美国政府也已经开始进行石油和木材拍卖。对于石油，海洋能源管理局已经不时运用密封投标拍卖方法拍卖墨西哥湾的原油开采和开发权。② 在 2016 年 3 月 23 日的一次石油拍卖中，26 个企业提交了对墨西哥湾 128 块地皮的 148 个投标。不过，标价相对较低，因为拍卖之前能源市场羸弱、油价下滑。对联邦土地上的木材的出售，密封投标拍卖和口头式投标拍卖的方法都已得到采用。③ 木材拍卖已经引起争议，因为依据美国政府所颁布的《西北森林计划》，人们担心它会引起环境问题。

小　结

1. 如果参与人之间能够交谈并达成有约束力的合约，博弈就是合作的，否则就是非合作的。在任 516
何一类博弈中，策略设计的最重要方面就是理解你的对手的处境，并（如果你的对手是理性的）正确推导出其对你的行为会做何反应。错判对手的处境是一种常见的错误，正如例 13.1 所反映的。④

2. 一个纳什均衡就是这样一组策略：在给定其他参与人的策略时，各参与人所采取的行动都是最优的。占优策略的均衡是纳什均衡的一个特例，不管其他参与人如何做，占优策略总是最优的。纳什均衡依赖于各参与人的理性。极大化极小策略是较保守的，因为它只是使最小的可能结果最大化。

3. 有些博弈没有纯策略纳什均衡，但却有一个或更多个混合策略纳什均衡。一个混合策略就是参与人根据一组选定的概率在两种或更多种可能的行动中随机选择的策略。

4. 在一次性博弈中不是最优的策略，可能在一个重复博弈中是最优的。在取决于重复次数的以牙还牙策略中，一个参与人只要其竞争对手合作就保持合作。以牙还牙策略可能是应对重复的囚徒困境博弈的最优策略。

5. 在一个序贯博弈中，各参与人依次行动。在有些情形中，先行动的参与人有一种优势。因而各参与人可能会有在其竞争对手行动之前抢先采取特定行动的冲动。

---

① http://www.cnet.com/news/fcc-rakes-in-45-billion-from-wireless-spectrum-auction/.

② http://www.boem/glv/FAQ/.

③ http://www.blm.gov/or/resources/forests/timbersales.php.

④ 对公司 A 的问题，这有一个解：它应该不对公司 T 的股份出价。记住公司 T 只有在出价大于其当前管理下的每股价值时才会接受出价。假设你出价 50 美元，公司 T 只有在开发项目的结果在当前管理下的每股价值为 50 美元或更少时才会接受该出价。在 0 美元和 100 美元之间的任何价值出现的机会都相等，因而公司 T 的股票的期望值——在给定它接受出价，即开发项目的结果的价值低于 50 美元的前提下——为 25 美元，从而在公司 A 的管理下价值将是 $1.5\times25=37.5$ 美元，低于 50 美元。实际上，对任何价格 P，如果出价被接受，公司 A 能期望得到的价值只有 $(3/4)P$。

6. 空头威胁就是做出威胁者没有实施该威胁的意愿的威胁。如果威胁者的竞争对手是理性的，空
517 头威胁没有任何价值。为了使一个威胁可信，有时必须采取一种特定的行动，从而创造一种实施该威胁的策略性行动。

7. 讨价还价问题是合作博弈的例子。正如在非合作博弈中一样，在讨价还价中人们有时可以通过限制自己的灵活性获得一种策略性的优势。

8. 为了阻止进入，在位厂商必须让任何潜在的竞争对手确信进入将是无利可图的。这可以通过投资，从而给进入就会引起价格战的威胁以可信性而实现。政府的策略性贸易政策有时也有这种目的。

9. 拍卖可以以多种形式实行，包括英国式（递增的口头报价）、荷兰式（递减的口头报价）和密封投标。拍卖方增加收入的可能性和竞拍者以合理的价格赢得拍卖的可能性都依赖于拍卖形式，以及被拍卖物品是对所有竞拍者有相同的价值（共同价值拍卖）还是对不同的竞拍者有不同的价值（私人价值拍卖）。

复习题

1. 合作博弈和非合作博弈的区别是什么？各举出一个例子。

2. 什么是占优策略？为什么一个占优策略的均衡是稳定的？

3. 解释纳什均衡的意义。它与占优策略均衡有何不同？

4. 一个纳什均衡与一个博弈的极大化极小解有什么区别？在什么样的情况下，一个极大化极小解是比纳什均衡更可能的结果？

5. 什么是以牙还牙策略？为什么它是无限重复囚徒困境的理性策略？

6. 考虑一个重复10次且两个参与人都是理性的和有充分信息的囚徒困境博弈。在这个例子中，以牙还牙策略是最优的吗？在什么条件下这种策略是最优的？

7. 假设你和竞争对手在进行表13.8中给出的定价博弈。你们双方必须同时宣布你们的价格。你能通过向竞争对手许诺你会宣布高价而改善你的结果吗？

8. “先发优势”的意思是什么？给出一个具有先发优势的博弈情境。

9. 什么是“策略性行动”？造成一定类型的声誉为什么会是一种策略性行动？

10. 价格战的威胁能阻止潜在的竞争对手进入吗？为了使这种威胁可信，厂商可以采取什么行动？

11. 一个策略性行动既限制了你的灵活性又给了你一种优势，为什么？策略性行动可以怎样给人带来讨价还价优势？

12. 为什么赢者的诅咒会在共同价值拍卖而不是在私人价值拍卖中成为一个潜在的问题？

练习题

1. 在许多寡头行业，同样的一些厂商在很长时期内相互竞争、反复定价和观察彼此的行为。假如重复次数很多，为什么共谋的结果并不是典型的结果？

2. 许多行业常常被生产能力过剩困扰——各厂商同时进行重大投资以扩张生产能力，从而使生产能力远远超过需求。这会发生在需求高度不稳定和不可预测的行业，但也会发生在需求相当稳定的行业。什么因素导致生产能力过剩？简短解释各种情况。

3. 两个计算机厂商A和B正计划推出用于办公室信息管理的网络系统。各厂商都既可以开发一种高速、高质量的系统（H），也可以开发一种低速、低质量的系统（L）。市场研究表明各厂商在不同策略下相应的利润由如下支付矩阵给出：

		厂商B	
		H	L
厂商A	H	50，40	60，45
	L	55，55	15，20

a. 如果两个厂商同时做决策且采用极大化极小（低风险）策略，结果将是什么？

b. 假设两个厂商都试图最大化利润，但厂商A先开始计划并且能先实施。现在结果将是怎什么样的？如果

厂商B先开始计划并可先实施，结果又将如何？

c. 抢先行动是成本很高的（你必须组织一支庞大的工程师团队）。现在考虑两阶段博弈，其中第一阶段各厂商决定花费多少钱来加速它的计划过程，第二阶段宣布将生产哪种产品（H还是L）。哪个厂商将花费更多的钱以加速它的计划过程？它会花费多少？另一厂商应该花钱来加速它的计划过程吗？请给出解释。

4. 在巧克力市场上有两个厂商，各自都可以选择市场的高端（高质量）或市场的低端（低质量）。相应的利润由下表所示支付矩阵给出。

		厂商2	
		低	高
厂商1	低	−20，−30	900，600
	高	100，800	50，50

a. 如果有，哪些结果是纳什均衡？

b. 如果各厂商的经营者都是保守的，并都采用极大化极小策略，结果是什么？

c. 合作的结果是什么？

d. 哪个厂商从合作的结果中得到的好处更多？一个厂商要说服另一个厂商共谋需要给另一厂商多少好处？

5. 两大电视网正在竞争一个给定的周末晚上8：00～9：00和9：00～10：00时段的收视率。各自都有两档节目可以安排在这两个时段并正在安排它们的顺序。各电视网都可以选择将它的“较好”节目放在前面时段还是放在后面时段。它们的决策的各种组合导致了如下表所示的“收视点”结果。

		电视网2	
		前面时段	后面时段
电视网1	前面时段	20，30	18，18
	后面时段	15，15	30，10

518 a. 找出该博弈的纳什均衡，假设两家电视网是同时决策的。

b. 如果各电视网都是风险规避的并使用极大化极小策略，均衡的结果是什么？

c. 如果电视网1先选择，均衡是什么？如果电视网2先选择呢？

d. 假设两大电视网的经营者会谈节目表的合作，且电视网1许诺它会将好节目放在前面。这个许诺可信吗？可能的结果是什么？

6. 两个竞争厂商各自计划推出一种新产品。每个厂商将决定是生产产品A、产品B还是产品C。它们将同时做出选择。支付矩阵如下表所示：

		厂商2		
		A	B	C
厂商1	A	−10，−10	0，10	10，20
	B	10，0	−20，−20	−5，15
	C	20，10	15，−5	−30，−30

a. 是否存在纯策略纳什均衡？如果存在，请指出。

b. 如果两个厂商都采用极大化极小策略，结果会怎样？

c. 如果厂商1采用极大化极小策略，厂商2得知后，它会怎样做？

7. 我们可以把美国和日本的贸易政策看作一个囚徒困境。这两个国家正在研究开放还是封闭它们的重要市场的政策。设支付矩阵如下表所示：

		日本	
		开放	封闭
美国	开放	10，10	5，5
	封闭	−100，5	1，1

a. 设各国都了解该支付矩阵，并相信另一国会根据它自己的利益行事。两个国家都有占优策略吗？如果各国都为了最大化其福利而采取理性的行动，均衡政策将是什么？

b. 现在假设日本不能肯定美国一定会表现得很理性。特别是，日本担心美国政治家即使不能最大化美国的福利也要惩罚日本。这将如何影响日本的策略选择？这将如何改变均衡？

8. 你是一种相同商品的双寡头生产商之一。你和你的竞争对手都有零边际成本。市场需求曲线为：

$$P=30-Q$$

其中，$Q=Q_1+Q_2$；Q_1 是你的产量；Q_2 是竞争对手的产量。

a. 假设你们只进行一次博弈。如果你和你的竞争对手必须同时宣布你们的产量，你会选择生产多少？你的预期利润为多少？请解释。

b. 假设你被告知，你必须在你的竞争对手之前宣布产量。在这种情况下你会生产多少？你认为竞争对手会生产多少？你预计你的利润是多少？先宣布是一种优势还是一种劣势？请做简短解释。为了得到先宣布或后宣布的选择权，你愿意付出多少？

c. 现在假设你在进行一个十次博弈系列（与同一个竞争对手）中的第一次。每一次你和你的竞争对手都是同时宣布产量。你想要使你十次利润的总和最大化。在第一次你将生产多少？你期望第十次会生产多少？第九次呢？请做出简短解释。

d. 假设你要再一次进行一个十次博弈系列。不过这一次，你的竞争对手在每次博弈中都将在你之前宣布产量。做了这种改变以后，你对 c 部分中问题的回答又是什么？

9. 以下是一个讨价还价博弈。A 首先行动，提供给 B 一个关于 100 美元的分配方案。（譬如，A 可以建议他得 60 美元而 B 得 40 美元。）对此，B 可以接受也可以拒绝。如果 B 拒绝 A 的方案，钱的总额将降至 90 美元，再由 B 提供这笔钱的分配方案。如果 A 拒绝此方案，钱的总额将降至 80 美元，再由 A 提供一个分配方案。如果 B 再次拒绝，钱的总额将降至 0 美元。A 和 B 都是理性的，拥有完全信息，并且追求支付最大化。在此博弈中，哪一方将做得更好？

*10. 迪芬多已经决定推出一种革命性的电视游戏，而作为该市场的第一个生产商，至少在一段时间内它会占有垄断地位。在决定建造什么类型的制造厂时，它有两种技术可选。技术 A 是可以公开得到的，对应的年成本为：

$$C^A(q)=10+8q$$

技术 B 是在迪芬多的实验室里开发出来的专有技术。它需要较高的固定成本，但边际成本较低：

$$C^B(q)=60+2q$$

迪芬多的 CEO 必须决定采用哪种技术。对该新产品的市场需求为 $P=20-Q$，其中 Q 是行业总产量。

a. 假设迪芬多确信，在整个产品生命周期（大约五年）中它都会保持在该市场的垄断地位而不会遇到进入的威胁，你会建议 CEO 采用哪种技术？在这个选择下，迪芬多的利润是多少？

b. 假设迪芬多预计它的主要对手奥芬多会在迪芬多推出该新产品后不久考虑进入该市场。奥芬多将只能得到技术 A。如果奥芬多真的进入该市场，这两个厂商将进行古诺博弈（在产量方面）并达到一个古诺-纳什均衡。

（ⅰ）如果迪芬多采用技术 A 而奥芬多进入该市场，两个厂商的利润将是多少？给定这样的利润，奥芬多会选择进入市场吗？

（ⅱ）如果迪芬多采用技术 B 而奥芬多进入该市场，两个厂商的利润各是多少？给定这样的利润，奥芬多会选择进入市场吗？

（ⅲ）给定这种可能的进入威胁，你会建议迪芬多的 CEO 采用哪种技术？在这种选择下迪芬多的利润是多少？给定这种选择，消费者剩余将是多少？

c. 进入该市场的威胁对社会福利（消费者剩余和生产者利润之和）有什么影响？对均衡价格有什么影响？你认为这意味着潜在的竞争在限制市场势力方面扮演了什么角色？

11. 三个参加比赛者 A、B 和 C 各有一个气球和一支手枪。从固定的位置，他们相互射击对方的气球。当一气球被击中时，它的主人就出局了。当只剩一个气球时，它的主人就是胜者，并得到 1 000 美元的奖金。开始时，各方通过抽签决定他们射击的顺序，而各人可以选择任一尚存的气球作为目标。每个人都知道 A 是最好的射手，并总能击中目标，B 击中目标的概率为 0.9，而 C 击中目标的概率为 0.8。哪个参赛者赢得 1 000 美元的概率最大？为什么？

12. 一个古董商经常在家乡小镇的拍卖会上购买物品，这些拍卖的竞标者仅限于其他少数几个古董商。大多数她竞标成功的拍品到最后都被证明是值得的，因为她能在出售这些古董时获得利润。偶尔她会去邻近小镇参加一个公开的拍卖会。她发现她偶尔竞标成功的那几次，结果都是令人失望的——这些古董不能给她带来利润。你能解释她在两种环境下竞标成功的差异吗？

13. 你在市场上寻找新房并且决定参加某所房子的竞 519
拍。你相信这所房子的价值在 12.5 万美元和 15 万美元之间，但你不确定房子的真正价值落于这个范围的何处。然而你知道，如果最高报价不能令拍卖者满意，他保留从市场中撤销拍卖的权利。

a. 你应该参加竞拍吗？为什么？

b. 假设你是一个建筑承包商。你计划将房子改进然后出售并获利。这种情形会如何影响你在 a 部分中的决策？它是否依赖于你在改进这所特定房子时所拥有的特殊技能的程度？

14 投入要素市场

迄今为止，我们一直集中在产品市场上，即厂商销售和消费者购买的
商品和服务的市场。在这一章，我们讨论要素市场——劳动、原料及其他 521
生产投入的市场。我们的许多资料都将是熟悉的，因为影响产品市场供给和需求的力量也同样影响着要素市场。

我们已经看到，有些产品市场是完全竞争或接近完全竞争的，而在另一些市场上，生产者具有市场势力。这些分析对要素市场同样适用，我们将考察三种不同的要素市场结构：

(1) 完全竞争的要素市场；

(2) 要素买方具有垄断势力的市场；

(3) 要素卖方具有垄断势力的市场。

我们还将举出一些例子，在这些例子中，要素市场的均衡依赖于产品市场的市场势力大小。

本章要点

案例列表

14.1 竞争性要素市场

竞争性要素市场是有大量生产要素卖者和买者的市场，如劳动或原料市场。因为没有单个卖者或买者能够影响要素的价格，所以每个人都是价格接受者。例如，要购买木材建造住房的单个厂商，如果只购买木材总量中的很小一部分，它们的购买决策不会对木材价格产生影响。同样，如果每个木材供应商只控制了很小的市场份额，单个供应商的供给决定也不会对木材价格产生影响。相反，木材的价格（及总产量）将决定于木材的总供给和总需求。

我们先分析单个厂商对要素的需求，将这些需求加总便得到市场需求。之后，我们转向市场的供给方，并揭示市场价格和投入水平的决定过程。

只有一种投入可变时对投入要素的需求

与生产过程产生的对最终产品的需求曲线一样，对生产要素的需求曲
线也是向右下方倾斜的。然而，与对商品和服务的消费需求不同，要素需 522

引致需求 投入品的需求依赖于或者说派生于厂商的产出水平和投入成本。

求是一种**引致需求**（derived demand）——它依赖于厂商的产出水平和投入成本，并且由产出水平和投入成本导出。例如，微软公司对计算机程序员的需求就是一种引致需求，它不仅依赖于当前程序员的工资，还依赖于微软预期的软件销售量。

为了分析要素需求，我们将利用第 7 章的资料说明厂商选择生产要素的过程。我们将假设该厂商使用两种投入要素——资本（K）和劳动（L）——来进行生产，这两种投入分别以价格 r（资本的租用成本）和 w（工资率）购得。[①] 我们还将假设（就如在短期分析中那样）厂商已经建造好工厂和设备，因此只需决定要雇用多少劳动。

假设厂商已雇用了一定数量的工人，并想知道增加一名工人是不是有利可图。如果该工人的劳动产出带来的额外收益大于其成本，那就是有利可图的。增加一单位劳动的额外收益，即劳动的**边际生产收益**（marginal revenue product），由 MRP_L 表示，而增加一单位劳动的成本就是劳动的工资率 w。由此，如果 MRP_L 至少与工资率 w 一样大，厂商就应当雇用更多的劳动。

边际生产收益 增加一单位某种投入所增加的产出带来的收益。

我们如何度量 MRP_L？它是一单位额外劳动带来的额外产出，乘以一单位额外产出带来的额外收益。额外产出由劳动的边际产出 MP_L 给出，而额外收益由边际收益 MR 给出。

正式地，劳动的边际生产收益为 $\Delta R/\Delta L$，其中 L 是劳动投入量，R 是总收益。每一单位劳动的边际产出（MP_L）由 $\Delta Q/\Delta L$ 给出，而边际收益 MR 等于 $\Delta R/\Delta Q$。因为 $\Delta R/\Delta L=(\Delta R)/(\Delta Q)(\Delta Q/\Delta L)$，由此得：

$$MRP_L = MR \times MP_L \tag{14.1}$$

这一重要结论对任何竞争性要素市场都成立，而不管产品市场是不是竞争性的。不过，为了考察 MRP_L 的特点，我们先来看完全竞争的产出（和投入品）市场的情况。在一个竞争性产品市场中，厂商会以市场价格 P 出售所有的产出。这样，出售一单位额外产出的边际收益就等于 P。在这种情况下，劳动的边际生产收益就等于劳动的边际产出乘以产品的价格，即

$$MRP_L = MP_L \times P \tag{14.2}$$

图 14.1 两条曲线中较高的一条代表竞争性产品市场中厂商的 MRP_L 曲线。注意，由于劳动的报酬递减，随着劳动小时数的增加，劳动的边际产出下降。因而，即使产品的价格不变，边际生产收益曲线依然向右下方倾斜。

523 图 14.1 中较低的那条曲线是厂商在产品市场具有垄断势力时的 MRP_L 曲线。当厂商具有垄断势力时，它们要出售更多的产品就必须降低所有单位产品的价格。结果，边际收益总是低于价格（$MR<P$），这解释了为什么垄断性产品市场曲线在竞争性产品市场曲线之下，以及为什么随着产出的增加，边际收益下降。在这种情况下，边际生产收益曲线向右下方倾斜，因为边际收益曲线和边际产出曲线都向右下方倾斜。

注意，边际生产收益告诉我们，厂商将支付多少工资来雇用一单位额外劳动。只要 MRP_L 大于工资率，厂商就应当雇用额外单位的劳动。如果边际生产收益小于工资率，厂商就应当解雇工人。只有在边际生产收益等于工资率时，雇用的劳动量才是利润最大化的数量。因此利润最大化的条件是：

$$MRP_L = w \tag{14.3}$$

① 我们隐含地假设所有生产要素在质量上相同。工人技术和能力的差别将在第 17 章讨论。

图 14.1　边际生产收益

说明：在一个竞争性要素市场中，产品的生产者是价格接受者。这时，对一种投入品的购买者的需求由边际生产收益曲线给出。MRP 曲线向右下方倾斜，是因为随着工作小时的增加，劳动的边际产出下降。当产品的生产者具有垄断势力时，对投入品的需求也由 MRP 曲线给出，但此时 MRP 曲线向右下方倾斜是因为劳动的边际产出和边际收益两者都下降。

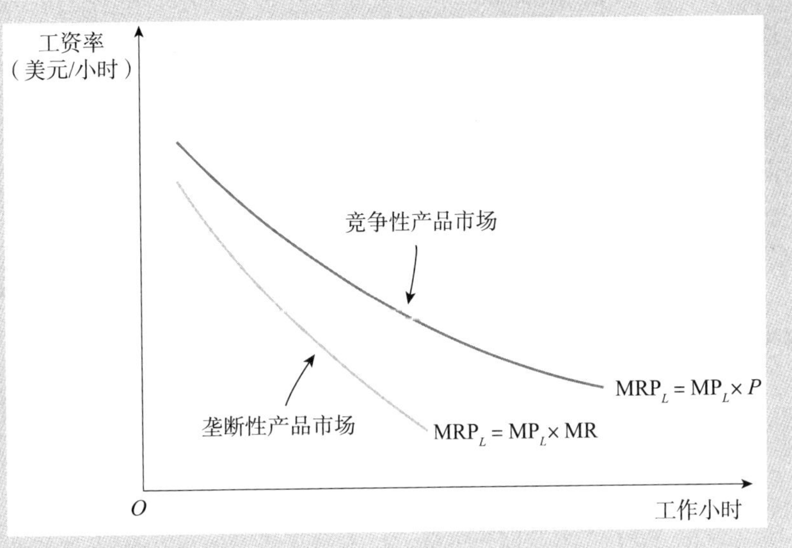

图 14.2 说明了这一条件。对劳动的需求曲线 D_L 就是 MRP_L。注意，随着工资率的下降，对劳动的需求数量增加。因为劳动市场是完全竞争的，厂商能够以市场工资率 w^* 雇用任意多的工人；所以厂商面对的劳动供给曲线 S_L 是一条水平线。厂商雇用的利润最大化 524
劳动量 L^* 处于供给曲线和需求曲线的交点。

图 14.3 显示，当市场工资率从 w_1 降到 w_2 时，劳动需求的数量如何发生变化以对此做出反应。如果更多的人第一次加入劳动大军寻找工作（例如，就像在出生率高峰时出生的人成年后所发生的），工资率可能下降。该厂商需求的劳动数量一开始时为 L_1，位于 MRP_L 和 S_1 的交点处。然而，当劳动供给曲线从 S_1 移向 S_2 时，工资率就从 w_1 降为 w_2，
而对劳动的需求数量从 L_1 增加到 L_2。 525

图 14.2　厂商的劳动雇用量（资本固定时）

说明：在竞争性劳动市场上，厂商面对完全弹性的劳动供给 S_L，因此能够以工资率 w^* 雇用任何数量的工人。厂商对劳动的需求 D_L 由其劳动的边际生产收益 MRP_L 给出。利润最大化的厂商将在劳动的边际生产收益与工资率相等的那一点上雇用 L^* 单位的劳动。

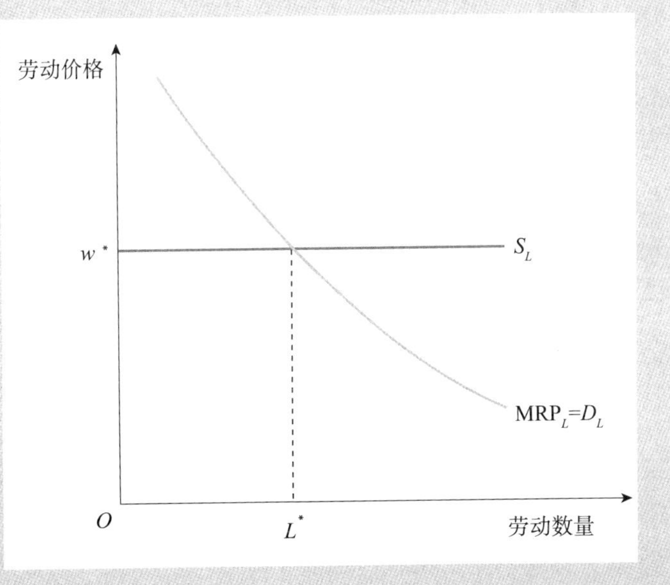

图 14.3　劳动供给的移动

说明：当厂商面对的劳动供给为 S_1 时，厂商以 w_1 的工资雇用 L_1 单位的劳动。而当市场工资率下降、劳动的供给移到 S_2 后，厂商通过在劳动需求曲线上移动，直到新的工资率 w_2 等于劳动的边际生产收益并且 L_2 单位的劳动被雇用后，达到利润最大化。

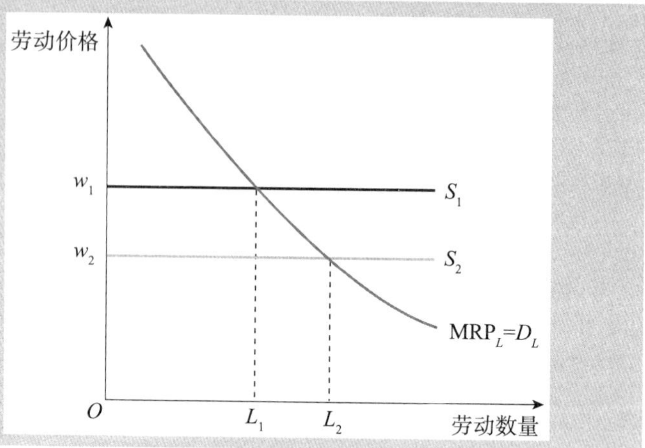

要素市场在许多方面与产品市场相似。例如，要素市场利润最大化的条件是劳动的边际生产收益等于工资，这与边际收益等于边际成本的产品市场条件相似。要明白为什么如此，回想一下 $MRP_L=MP_L\times MR$，并在式（14.3）的两边同时除以劳动的边际产出。则

$$MR=w/MP_L \tag{14.4}$$

因为 MP_L 衡量每单位投入的额外产出，所以式（14.4）的右端度量了增加一单位产出带来的成本（工资率乘以生产一单位产出所需要的劳动），即生产的边际成本。式（14.4）显示，厂商的雇佣和产出选择都遵循同样的规则，即投入品或产出品的选择都是边际收益（来自产出品的销售）与边际成本（来自投入品的购买）相等。这一结论对竞争性市场和非竞争性市场同样成立。

几种投入要素可变时对一种投入要素的需求

当厂商同时选择两种或多种可变投入的数量时，雇佣问题变得更为复杂了，因为一种投入价格的变化会影响对其他投入的需求。例如，假定劳动和装配机器是生产农场设备的两种可变投入。比方说我们希望确定厂商对劳动的需求曲线。随着工资率的下降，厂商对劳动的需求会增加，即使厂商对机器的投资没有发生变化。不过，随着劳动变得更便宜，生产农场设备的边际成本开始下降，这使得厂商增加产出有利可图。结果，厂商就会投资于额外的机器以扩大生产能力。扩大对机器的使用导致劳动的边际生产收益曲线向右移动，这反过来又导致对劳动需求的数量增加。

图 14.4 说明了这一点。假设如 MRP_{L1} 曲线上的点 A 所示，当工资率为每小时 20 美元时，厂商雇用 100 人・时的劳动。现在考虑当工资率下降到每小时 15 美元时会发生什么。因为现在劳动的边际生产收益大于工资率，厂商将需要更多的劳动。但是 MRP_{L1} 描述的是在对机器的使用固定时对劳动的需求。较低的工资不仅会鼓励厂商购买更多的劳动，而且会鼓励厂商购买更多的机器。由于有了更多的机器，劳动的边际产出会增加（有了更多的机器，工人的生产率更高），因此边际生产收益曲线会向右移动（移到 MRP_{L2}）。因而，在工资率下降后，厂商将使用的劳动就如点 C 所示，为 140 人・时，而不是如点 B 所示的 120 人・时。点 A 和点 C 是位于（机器为可变投入时）厂商的劳动需求曲线 D_L 上的两点，但点 B 不是。

图 14.4　厂商对劳动的需求曲线(资本可变时)

说明：当两种或多种投入是可变投入时，厂商对一种投入的需求依赖于两种投入的边际生产收益。当工资率为 20 美元时，A 代表厂商的劳动需求曲线上的一点。当工资率下降到 15 美元时，MRP 曲线从 MRP_{L1} 移到 MRP_{L2}，在厂商的劳动需求曲线上产生了一个新的点 C。因而，A 和 C 位于劳动需求曲线上，而 B 不在该曲线上。

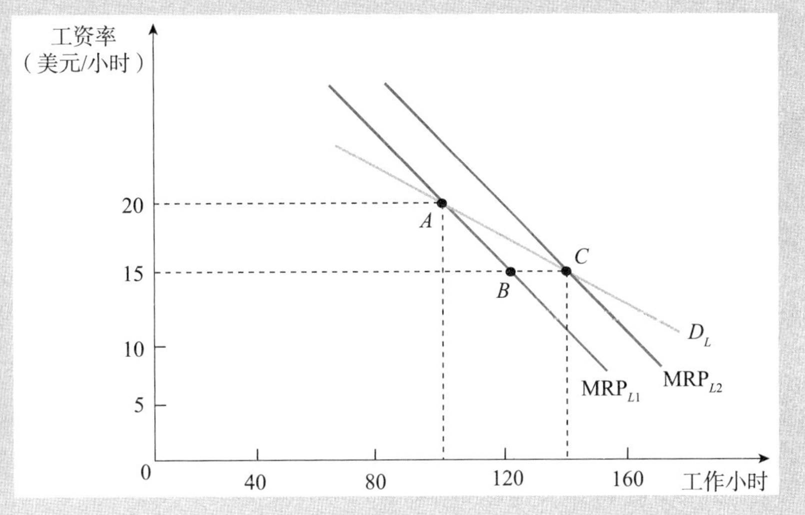

注意，正如图中所构造的，劳动需求曲线比两条劳动边际生产收益曲线（它们假设了机器的数量不变）中的任何一条都更有弹性。因此，从长期来看，在资本投入可变时，需求的弹性变大，因为厂商可以在生产过程中用资本替代劳动。

市场需求曲线

当我们把单个消费者的需求曲线加总来得到对一种产品的市场需求时，我们关心的是 526
单个行业。然而，像技术工人这样的投入要素，许多行业的厂商都需要。并且，仔细观察各行业，我们会发现企业对劳动的需求（部分地源自对企业产品的需求）变化很大。因此，为了得到总的劳动市场需求曲线，第 1 步，我们必须首先确定每个行业对劳动的需求，然后把行业的需求曲线水平加总。第 2 步很简单。把行业的劳动需求曲线加总得到劳动的市场需求曲线，就如同把单个产品需求曲线加总得到该产品的市场需求曲线一样。因此，让我们把注意力集中到较难的第 1 步上。

决定行业需求　第 1 步——决定行业需求曲线——要考虑到随着生产投入要素价格的变动，厂商生产的产出水平及其产品价格两者的变动。当产品只有一个生产者时，决定市场需求最容易。这时，边际生产收益曲线就是行业对投入的需求曲线。然而，在有许多厂商时，分析就比较复杂了，因为厂商之间可能会相互作用。为了说明这一点，让我们考虑产品市场完全竞争时对劳动的需求。这时，就如图 14.5（a）中 MRP_{L1} 曲线所显示的，劳动的边际生产收益是商品的价格与劳动的边际产出之积［见式（14.2）］。

假设一开始时劳动的工资率是每小时 15 美元，厂商的需求是 100 人・时的劳动。现在这一厂商的工资率下降到每小时 10 美元。如果没有其他厂商能以更低的工资雇用工人，那么我们的厂商就会雇用 150 人・时的劳动（通过找出 MRP_{L1} 曲线上对应于每小时 10 美元工资率的点得到）。但是如果一个行业内所有厂商的工资率都下降，该行业作为一个整体将会 527
雇用更多的劳动。这将导致该行业产出增加，行业的供给曲线向右移动，以及产品的市场价格下降。

图 14.5 行业的劳动需求

说明：在图（a）中，一个竞争性厂商的劳动需求曲线，MRP_{L1}，假设产品的价格是给定的。但随着工资率从每小时 15 美元下降到每小时 10 美元，产品的价格也下降了，因而厂商的需求曲线下移到 MRP_{L2}。结果，在图（b）中显示的行业的需求曲线要比产品价格假设为不变时的需求曲线弹性小。

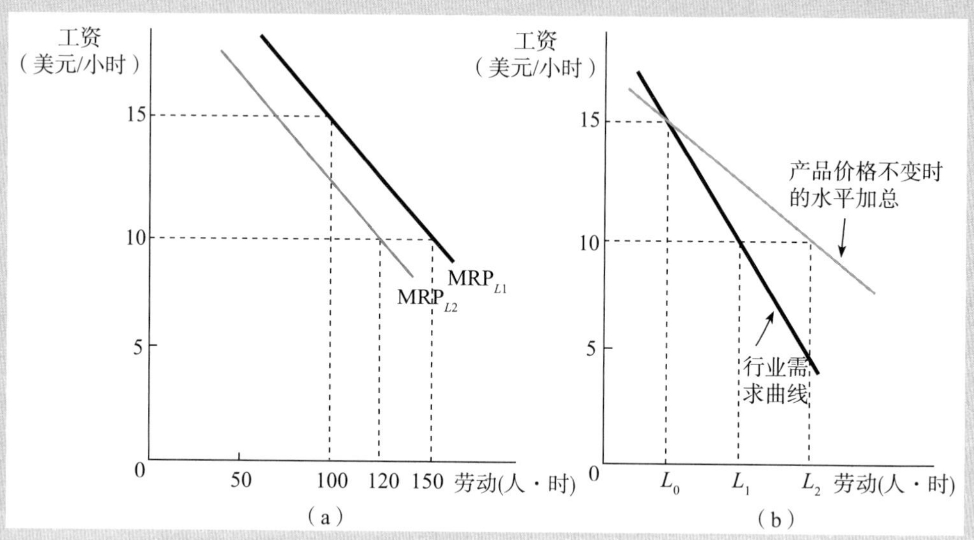

在图 14.5（a）中，当产品价格下降时，原来的边际生产收益曲线向下移动，从 MRP_{L1} 移到 MRP_{L2}。这使得厂商对劳动的需求比我们原来预计的要少——是 120 人・时而不是 150 人・时。结果，行业的劳动需求变化也将比只有一个厂商能以较低工资雇用工人时要少。图 14.5（b）说明了这一点。灰线显示的是，如果产品价格不随工资下降而降低，各个厂商对劳动需求的水平加总。黑粗线显示行业的劳动需求曲线，它已考虑到，当所有厂商都对工资下降做出反应并扩大产出时，产品价格将会出现下降。当工资率为每小时 15 美元时，行业对劳动的需求为 L_0。当工资率下降到每小时 10 美元时，行业的需求增加到 L_1。注意到它比产品价格固定时的 L_2 增加得少。将行业的需求曲线加总成市场的劳动需求曲线是最后一步——要完成它，我们只需把所有行业的劳动需求加总。

当产品市场是非竞争性的时，对劳动（或其他任何投入）的市场需求曲线的推导基本上相同。唯一的区别是，这时产品价格的变化对工资率下降的反应很难预测，因为市场上每个厂商都可能进行战略性定价，而不是把产品价格作为给定的值。

❖例 14.1　对航空燃料的需求

528 在过去几十年中，航空燃料的成本随着石油价格的上升和下降而高度波动。当燃料价格很高时，燃料在运营成本中占有 30%的比例，而当燃料价格较低时，它只占企业运营成本的 10%～15%。总体上，航空燃料在运营成本中是位居第二的支出（继劳动成本之后）。

了解航空燃料的需求对炼油厂经理是很重要的，因为他们必须决定生产多少航空燃料。它对航空公司经理也是很重要的，因为他们必须计划在燃料价格上升时购买多少燃料以及成本将会如何变化，并决定是否投资于更多的燃油经济型飞机。①

燃料成本上升对航空行业的影响取决于航空公司两方面的能力：它们或者是通过减少重量（携带较少的备用油）和降低飞行速度（减少制动和提高发动机效率）来削减燃料的使用，或者是将较高的

① 该例源自 Joseph M. Cigliano, "The Demand for Jet Fuel by the U.S. Domestic Trunk Airlines," *Business Economics* (Sept. 1982)：32－36。

成本通过价格转移给乘客。因而，对航空燃料需求的价格弹性取决于节约燃料的能力以及对旅行的供给和需求弹性。

为了衡量航空燃料的短期需求弹性，我们用航空公司在其国内航线网络内所有市场所使用的燃料加仑数作为燃料的需求量。航空燃料的价格以每加仑美元数衡量。对需求的统计分析必须考虑价格以外的其他因素，这些因素可以解释为什么某些厂商会比另一些厂商需求更多的燃料。一个因素是某些航空公司使用燃料利用效率高的喷气式飞机，而另一些公司没有使用。第二个因素是航程的长度。航程越短，每英里航行所消耗的燃料就越多。这两个因素都包括在统计分析中，该统计分析说明了燃料的需求数量与价格间的关系。表 14.1 显示了某些短期价格弹性。（它们并没有考虑引入新型飞机的因素。）

表 14.1　航空燃料需求的短期价格弹性

航空公司	弹性
美国航空	−0.06
达美航空	−0.15
联合航空	−0.10

航空公司关于航空燃料价格弹性的值在−0.15（达美航空）～−0.06（美国航空）范围内。总的来看，结果显示，航空燃料作为航空飞行生产的投入，对它的需求弹性是非常低的。这并不令人意外，在短期内，对航空燃料没有好的替代品。然而，需求的长期弹性要高一些，因为航空公司最终能够引入能源效率更高的飞机。 529

图 14.6 描述了对航空燃料的短期需求和长期需求。短期需求曲线 MRP_{SR} 比长期需求曲线的弹性要低得多，因为在燃料价格上升时用新的、燃料利用效率更高的飞机取代其他飞机需要时间。

图 14.6　对航空燃料的短期需求和长期需求

说明：对航空燃料的短期需求 MRP_{SR} 比长期需求 MRP_{LR} 弹性小得多。在短期内，当燃料价格上涨时，航空公司不能大幅减少燃料消费。然而，从长期来看，航空公司可以开辟更长、更有效利用燃料的航线，并且把更多的、能更有效使用燃料的飞机投入运营。

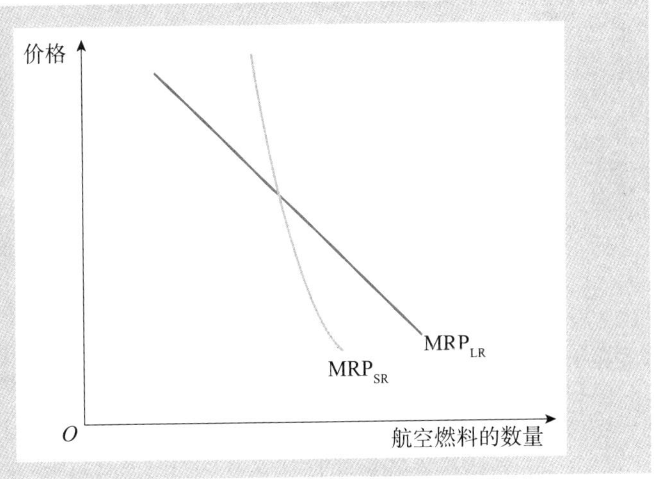

对厂商的投入要素的供给

当一种投入要素的市场是完全竞争的时，厂商能够以固定的价格购买任何数量的该要素，其中价格是由市场需求曲线和市场供给曲线的交点决定的，如图 14.7（a）所示。厂商面对的要素的供给曲线就是完全弹性的。在图 14.7（b）中，厂商购买每码 10 美元的织物来缝制服装。由于该厂商购买的织物只占织物市场的很小一部分，它能购买所有它想买的织物而不影响价格。

图 14.7　在竞争性要素市场上一个厂商面对的投入要素供给

说明：在一个竞争性要素市场上，厂商可以购买它所需要的任何数量的投入而不影响价格，因此，厂商面对一条该投入的完全弹性供给曲线。结果，产品生产者购买的要素数量由该要素的需求曲线和供给曲线的交点决定。在图（a）中，行业对织物的需求和织物的供给在每码 10 美元处相等。在图（b）中，厂商面对一条织物价格为每码 10 美元的水平的边际支出曲线，因而选择购买 50 码。

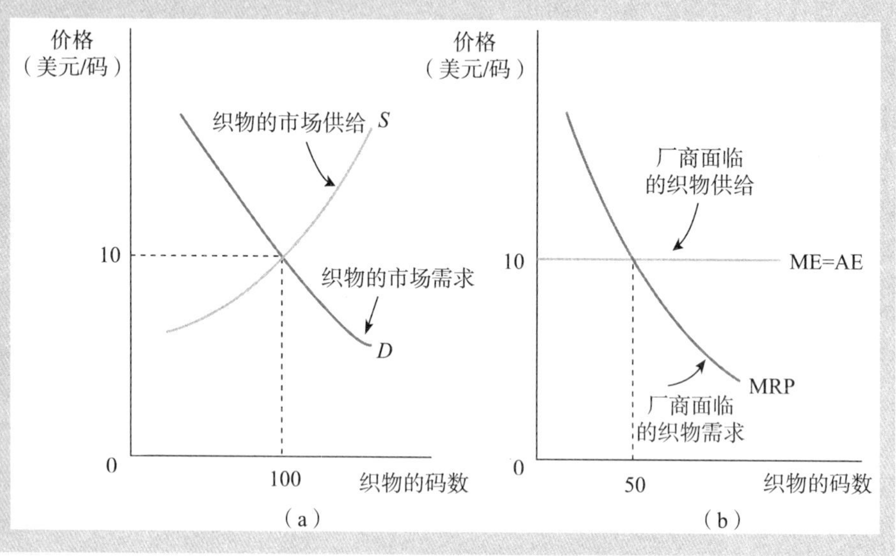

> **平均支出曲线** 表示厂商为每单位产品支付的价格的供给曲线。

> **边际支出曲线** 用于描述为购买额外一单位产品（投入品）所带来的成本增加的曲线。

在第 10.5 节我们解释过，图 14.7（b）中厂商面对的供给曲线 AE 是一条**平均支出曲线**（average expenditure curve）（就像厂商面对的需求曲线是一条平均收益曲线一样），因为它代表厂商为每单位产品支付的价格。另外，**边际支出曲线**（marginal expenditure curve）代表厂商为购买额外一单位产品付出的支出。边际支出依赖于你是一个竞争性的购买者还是具有垄断势力的购买者。如果你是竞争性的购买者，无论你购买多少，每单位的成本都相同；也就是该产品的市场价格。价格是以每一单位的平均费用衡量的，也即边际费用等于平均费用。因此，当要素市场是竞争性的时，平均支出曲线与边际支出曲线是同一条水平线，就像竞争性产品市场上厂商的边际收益曲线和平均收益曲线一样，是相同的（和水平的）。

面对竞争性要素市场的厂商应购买多少投入？只要边际生产收益曲线位于边际支出曲线之上，购买更多的投入就可增加利润，因为额外单位收益（MRP）超过其成本（ME）。然而，当边际生产收益曲线位于边际支出曲线之下时，某些单位产生的收益就小于支出。因此，利润最大化要求边际生产收益等于边际支出：

$$\mathrm{ME}=\mathrm{MRP} \tag{14.5}$$

当我们考虑竞争性产品市场的特殊情形时，我们看到，厂商购买劳动之类的要素，直到边际生产收益等于要素的价格 w 为止，就如式（14.3）那样。因而，在竞争性情形下，利润最大化的条件是要素的价格等于边际支出：

$$\mathrm{ME}=w \tag{14.6}$$

在我们的例子中，织物的价格（每码 10 美元）由图 14.7（a）中竞争性织物市场的供
531 给曲线和需求曲线的交点决定。图 14.7（b）描述了厂商在边际支出曲线和边际生产收益曲线的交点处购买的织物数量。当购买的织物为 50 码时，10 美元的支出等于从销售服装中得到的边际收益。如果购买的织物少于 50 码，厂商就放弃了从服装销售中获得额外利润的机会。如果购买的织物多于 50 码，织物的成本就会大于厂商从销售额外服装中得到的额

外收益。

要素的市场供给

投入要素的市场供给曲线通常是向上倾斜的。我们在第 8 章看到，竞争性市场中商品的供给曲线随着生产的边际成本递增而向上倾斜。同样的论点也适用于像织物这样的要素，这些要素通常也以递增的边际成本生产。

不过，当投入是劳动时，是劳动者而不是厂商做出供给决策。此时，是工人的效用最大化而不是厂商的利润最大化决定供给。在下面的讨论中，我们将利用第 4 章中关于收入效应和替代效应的分析来证明，劳动的市场供给曲线可能是向右上方倾斜的，但也可能像图 14.8 中那样，是向后弯曲的，换句话说，较高的工资率可能导致较少的劳动供给。

图 14.8　向后弯曲的劳动供给曲线

说明：当工资率提高时，工作时间的供给一开始时增加，但最终会由于个人选择享受更多的闲暇、更少的工作而下降。当与较高工资相关的收入效应（它鼓励更多的闲暇）大于替代效应（它鼓励更多的工作）时，劳动供给曲线中向后弯曲的部分出现。

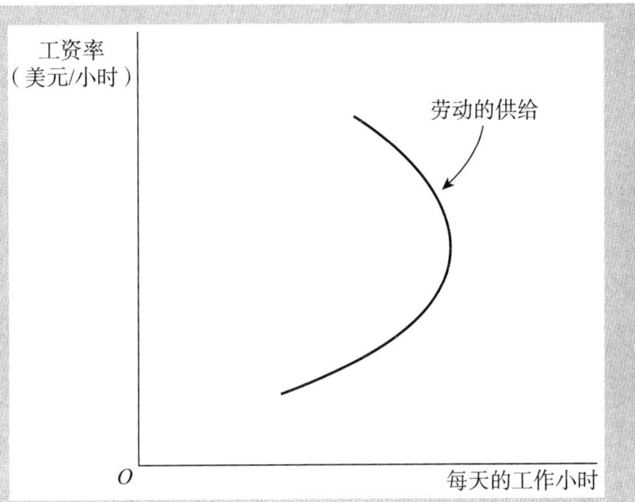

要弄明白为什么劳动供给曲线可能是向后弯曲的，我们就得把一天分成工作时间和闲暇时间。闲暇是一个描述享受性的非工作活动的术语，包括睡觉、吃饭和家务劳动。工作只通过获得收入给工人带来收益。我们还假设工人对每天工作几个小时的选择是灵活的。

工资率度量了闲暇时间的价格，因为工资度量了工人放弃享受闲暇而得到的货币量。随着工资率的提高，闲暇的价格也提高。这一价格变化带来了一种替代效应（效用不变时的相对价格变化）和一种收入效应（相对价格不变时的效用变化）。之所以存在替代效应，是因为较高的闲暇价格鼓励工人用工作替代闲暇。而收入效应之所以会发生，是因为较高 532
的工资率提高了工人的购买力。在这一较高的收入下，工人对许多商品都可以购买更多了，其中之一就是闲暇。如果购买了更多的闲暇，则收入效应就鼓励劳动者减少工作时间。收入效应可以很大，因为工资是大多数人收入的主要来源。当收入效应大于替代效应时，结果就是向后弯曲的供给曲线。

图 14.9 描述了在典型的工作日，向后弯曲的劳动供给曲线如何由工作-闲暇决策决定。横轴为每天的闲暇时间，纵轴为工作产生的收入（我们假设没有其他收入来源）。一开始时工资率是每小时 10 美元，预算线由 PQ 给定。例如，点 P 显示，一个人每天工作 24 小时，得到 240 美元的收入。

工人选择点 A，即每天享受 16 小时的闲暇（工作 8 小时）并赚取 80 美元，使效用最大化。当工资率为每小时 30 美元时，预算线围绕与横轴的交点向外旋转到 RQ（只可能有 24 小时的闲暇）。现在工人在点 B 选择每天 19 小时的闲暇（工作 5 小时），同时赚取 150 美元，使效用最大化。若只有替代效应起作用，较高的工资率会鼓励工人工作 12 小时（在点 C）而不是 8 小时。然而，收入效应从相反的方向起作用。它超过了替代效应，并使工作时间从 8 小时降低到 5 小时。

图 14.9　工资上升的替代效应和收入效应

说明：当工资率从每小时 10 美元提高到 30 美元时，工人的预算线从 PQ 移向 RQ。对此的反应是，工人从 A 移到 B，使工作小时数从 8 减少到 5。工作小时数之所以会减少，是因为收入效应超过了替代效应。此时，劳动供给曲线向后弯曲。

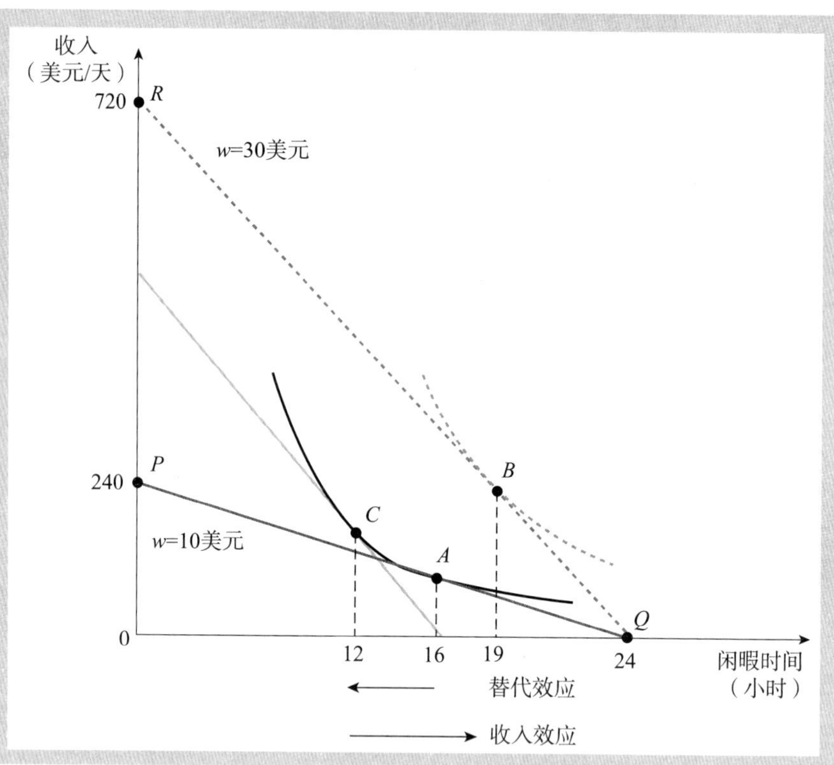

533 在现实生活中，向后弯曲的劳动供给曲线可能适用于大学生在暑假打工以赚取学年生活费的情况。只要目标收入水平达到，学生就停止工作，并将更多的时间用于闲暇活动。这样，工资的增加会导致较少的工作时间，因为它使学生能更快地达到目标收入水平。

∵例 14.2　单收入家庭与双收入家庭的劳动供给

20 世纪劳动市场最大的变化之一是女性不断加入劳动大军。在 1950 年，只有 34%的女性进入劳动大军，而到 2010 年，这一比例已接近 60%。在这一增长中，已婚妇女占了很大的比重。女性在劳动市场上增长的作用还对住宅市场产生了重大影响：在哪里生活和工作越来越成为丈夫和妻子的共同决定。

一项研究分析了工作选择的复杂性质，它比较了 94 个未婚女子的工作决定和 397 个家庭户主及其配偶的工作决定。[①] 描述各种不同家庭组别的工作决定的一个方法是计算劳动供给弹性。每种弹性都把工作小时数与家庭户主得到的工资联系起来，也与双收入家庭中另一个成员的工资相联系。表 14.2

① 参见 Janet E. Kohlhase, "Labor Supply and Housing Demand for One-and Two-Earner Households," *Review of Economics and Statistics* 68 (1986)：48－56；Ray C. Fair and Diane J. Macunovich, "Explaining the Labor Force Participation of Women 20－24"（未出版，1997 年 2 月）。

概括了其结果。

表 14.2　劳动供给（工作小时）的弹性

组别	户主的工作小时与户主工资的相关度	配偶的工作小时与配偶工资的相关度	户主的工作小时与配偶工资的相关度
未婚男子（没有孩子）	0.026		
未婚女子（有孩子）	0.106		
未婚女子（没有孩子）	0.011		
单收入家庭（有孩子）	−0.078		
单收入家庭（没有孩子）	0.007		
双收入家庭（有孩子）	−0.002	−0.086	−0.004
双收入家庭（没有孩子）	−0.107	−0.028	−0.059

当较高的工资率导致较少的工作时间时，劳动供给曲线是向后弯曲的，因为鼓励更多闲暇的收入效应大于鼓励更多工作的替代效应。这时的劳动供给弹性是负的。表 14.2 显示，有孩子的单收入家庭的户主和双收入家庭（有孩子或没有孩子）的户主都有向后弯曲的劳动供给曲线，其弹性在−0.107 和−0.002 之间。大多数单收入家庭的户主处在劳动供给曲线的向上倾斜部分，其中有孩子的未婚女子的弹性最大，为 0.106。已婚妇女（列为家庭户主的配偶）也处在劳动供给曲线的向后弯曲部分，其弹性在−0.086 和−0.028 之间。

14.2　竞争性要素市场的均衡

当投入要素的价格使需求的数量等于供给的数量时，竞争性要素市场达到均衡。图 534
14.10（a）显示了劳动市场上的这种均衡。在点 A，均衡工资率为 w_C，均衡供给数量为 L_C。由于信息充分，所有的工人，无论他们在哪里就业，都得到相同的工资，产生相同的劳动边际生产收益。如果任何工人得到的工资都低于其边际生产收益，厂商会发现给那个工人较高的工资是有利可图的。

如果产品市场也是完全竞争的，那么要素的需求曲线就度量了生产过程中使用额外一单位要素带给该产品的消费者的收益。工资率反映了厂商以及社会使用额外一单位要素的成本。因而，在图 14.10（a）中的点 A，一小时劳动的边际收益（其边际生产收益 MRP_L）等于其边际成本（工资率 w）。

当产品市场和要素市场都是完全竞争的时，资源得到有效利用，因为总收益与总成本之间的差额最大化了。效率要求厂商雇用额外一单位劳动得到的额外收益（劳动的边际生产收益 MRP_L）等于增加的产出带给消费者的好处，它等于产品的价格（P）乘以劳动的边际产出（MP_L），即 $P\times\mathrm{MP}_L$。

当产品市场不是完全竞争的时，条件 $\mathrm{MRP}_L=P\times\mathrm{MP}_L$ 不再成立。注意在图 14.10（b）中，代表产品价格乘以劳动边际产出（$P\times\mathrm{MP}_L$）的曲线位于边际生产收益曲线（$\mathrm{MR}\times\mathrm{MP}_L$）的上面。点 B 是代表均衡工资 w_M 和均衡劳动供给 L_M 的点。但是，因为产品价格是消费者对购买的每一单位产品的价值评价，所以 $P\times MP_L$ 就是消费者对增加额外一单位劳动的价值评价。因此，当 L_M 的劳动被雇用时，厂商的边际成本 w_M 小于消费者的边际价值 v_M。尽管厂商已实现了利润最大化，但是由于其产出低于效率水平，厂商使用的要素量也低于有效率水平。如果有更多的劳动被雇用，经济效率将上升，结果会导致更多的产出。（消费者所得将超过厂商的利润所失。）

图 14.10　劳动市场均衡

说明：当产品市场是竞争性的时，在一个竞争性的劳动市场上，均衡工资 w_C 由劳动的需求（边际生产收益）曲线和劳动的供给曲线的交点给出，即图（a）中的点 A。图（b）显示，当产品生产者具有垄断势力时，工人的边际价值 v_M 大于工资 w_M。因此，较少的工人被雇用。（点 B 决定了厂商雇用的劳动数量和支付的工资率。）

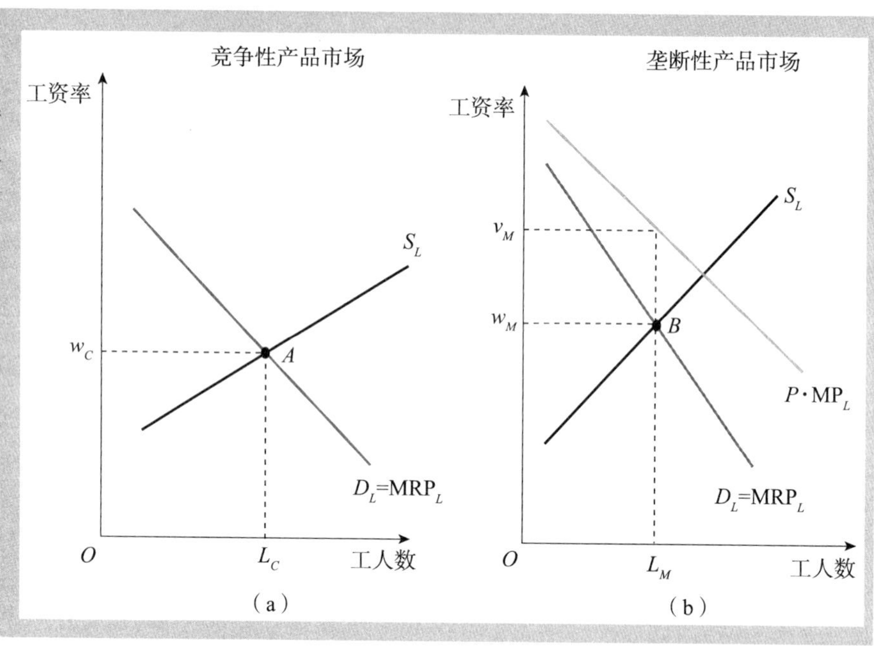

经济租

经济租的概念有助于解释要素市场是如何运行的。在第 8 章讨论产品市场时，我们把经济租定义为：厂商得到的超过它生产产出的最低成本的收入。对于要素市场，经济租是为生产要素所支付的金额与为得到该要素所必须支付的最小金额之间的差额。图 14.11 说明了应用于竞争性劳动市场的经济租概念。劳动的均衡价格是 w^*，劳动的供给数量是 L^*。劳动供给曲线是向上倾斜的平均支出曲线，而对劳动的需求是向下倾斜的边际生产收益曲线。由于供给曲线告诉我们在每个工资率下将有多少劳动供给，雇用 L^* 单位劳动所需的最低支出是 AL^*OB 部分，即供给曲线以下、均衡劳动供给 L^* 左边的区域。

在完全竞争的市场上，所有的工人都得到工资 w^*。这一工资是用来使最后一个“边
535 际”工人供给其劳动的，但是所有其他“边际内”工人均获得了租金，因为他们的工资大于促使他们工作所需要的最低工资。由于工资总额等于长方形 Ow^*AL^*，劳动得到的经济租由区域 ABw^* 给出。

注意，如果供给曲线是完全弹性的，经济租将是零。只有在供给缺乏弹性时，经济租才会出现。在供给完全无弹性时，所有向生产要素支付的金额都是经济租，因为无论支付什么样的价格，该要素都会被提供。

图 14.11　经济租

说明：与劳动就业相关的经济租是超过雇用工人所需最低支出的工资数量。均衡工资由劳动供给曲线和劳动需求曲线的交点 A 给出。由于供给曲线是向上倾斜的，因此有些工人会愿意以低于 w^* 的工资接受工作。浅色阴影区域 ABw^* 是所有工人得到的经济租。

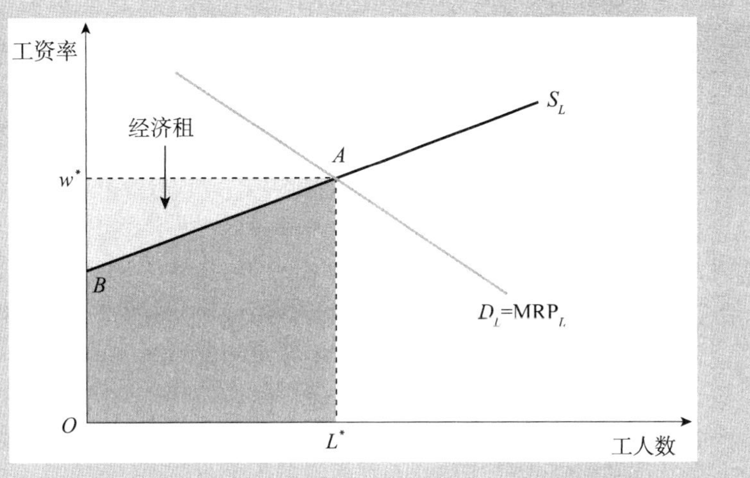

如图 14.12 所示，无供给弹性要素的一个常见例子就是土地。由于用于生产住宅（或用于农业）的土地至少在短期内是固定的，供给曲线是完全无弹性的。在土地无供给弹性时，土地的价格完全由需求决定。对土地的需求由 D_1 给出，而其每单位的价格是 s_1。总的地租由深色阴影矩形给出。但是当对土地的需求增加到 D_2 时，每单位地租的价值增加到 s_2，而总的地租还包括浅色阴影部分。因此，土地需求的增加（需求曲线向右移动）导致每英亩土地价格的上升和经济租的增加。 536

图 14.12　地租

说明：当土地的供给完全无弹性时，土地的市场价格就由它与需求曲线的交点决定，这时土地的全部价值都是经济租。当需求为 D_1 时，每英亩土地的经济租由 s_1 给出，而当需求增加到 D_2 时，经济租也增加到 s_2。

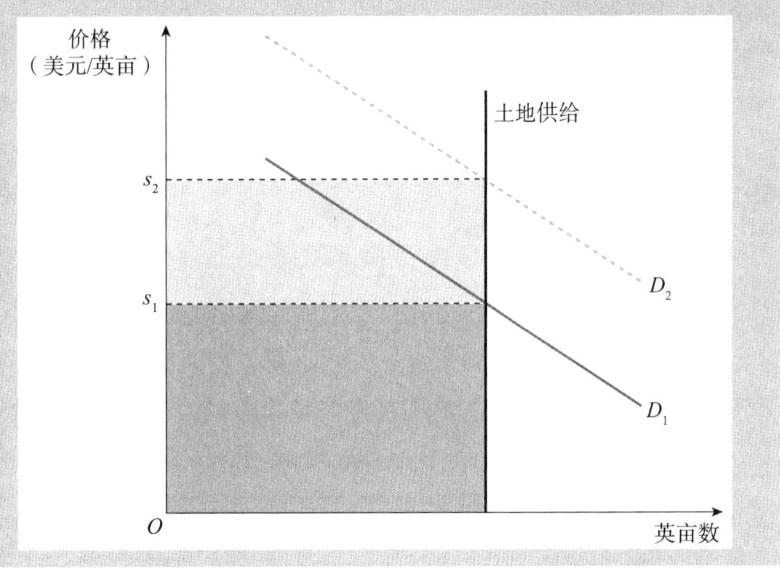

∵例 14.3　　军队的工资

许多年来，美国军队一直存在人事问题。在美国内战期间，大约 90%的军人是进行地面战斗的不熟练工人。但是自那以来，战争的性质发生了变化，地面战斗部队人数现在只占整个军队人数的不到 20%。同时，20 世纪下半叶，技术的变化导致技师、训练有素的飞行员、计算机分析员、机械师及其他操纵复杂军事设备所需要的人员严重短缺。军队是如何应对这一短缺的呢？经济学提供了一些回答。

在军队中，军官的工资主要由服役年数决定。其结果是，具有不同技术水平和能力的军官常常得到相同的工资。而且，相对于他们在私人部门可能得到的工资来说，军队中某些技术工人的工资明显偏低。图 14.13 显示了军队的工资政策会导致的无效率。均衡工资率 w^* 是使劳动的需求与供给相等的工资。在缺乏灵活性的工资结构下，军队支付的工资为 w_0，它低于均衡工资。在 w_0 处，劳动需求大于供给，出现了技术工人的短缺。

在过去的十年中，军队改变了其工资结构，以保持其有效的战斗力。首先，在 2007 年，军队工资上升了 2.7%；在 2009 年，工资上升了 3.9%；在 2010 年，工资上升了 3.4%。即使是这样，军队的
537 工资还是很低：按 2011 年来说，一等兵一年为 20 470 美元，中士一年为 24 736 美元，上尉一年为 43 927美元，少校一年为 49 964 美元。[①]而且，军队还进一步改革，增加再服役奖金的数目和规模。选择性再服役奖金的目标是短缺的技术岗位。军队还利用了美国 2008—2011 年的高失业率，强调提供深入的技术培训、免费或有补贴的住房、食品、医疗和教育。这些政策的结果是使得军队的技术劳动市场回到了图 14.13 所描述的均衡市场出清工资 w^*。

图 14.13　技术性军事人员的短缺

说明：当向军队人员支付的工资为 w^* 时，劳动市场达到均衡。当工资被维持在低于 w^* 的 w_0 时，就出现人员短缺，因为劳动的需求数量大于供给数量。

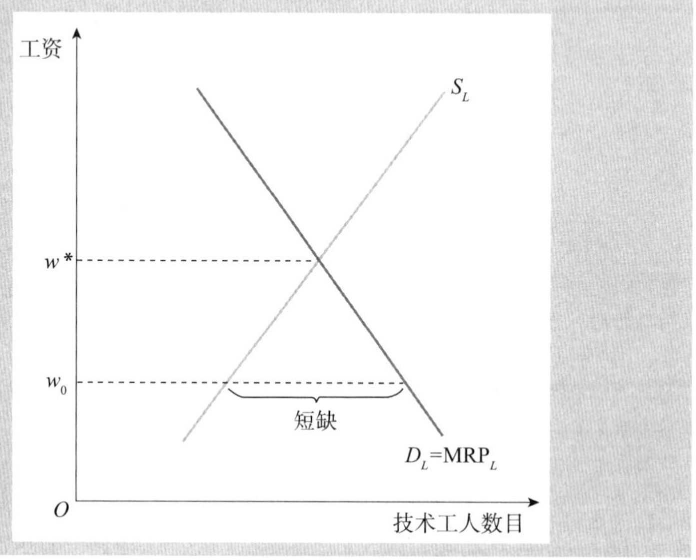

军队的支出近年来持续上升，表 14.3 呈现了不同军衔通常的晋升年份和工资支付。虽然工资本身低于在私人部门的所得，但工资只占总福利的大约 50%。其余的福利采取各种形式发放，包括医保、高退休金、儿童照料、免费或有较高补贴的食品、住房和教育等。而且，士兵们还可获得“特殊工资”，用于补偿特殊职责或技能，例如懂一门外语、计算机技术等等。

表 14.3　军队的工资支出

资料来源：January 2015 Active Duty Pay（http：//militarypay. defense. gov/Pay/BasicPay/ActiveDutyPay. aspx）；http：//www. army-portal. com/pay-promotions/officer-promotions. html.

军衔	年薪（美元）	晋级所需服役年份	晋级百分比（%）
一等兵	23 256	2	接近 100
中士	30 972	4	70
上尉	62 628	4	接近 100
少校	79 908	10	80
上校	119 724	22	50

① http：//militarypay. defense. gov/pay.

14.3　有买方垄断势力的要素市场

在某些要素市场，个体买方可能具有买方势力，使得他们能够影响购买价格。这种情 538
形通常发生在一个厂商是买方垄断者或仅存在几个购买者时，此时每个厂商都有一些买方垄断势力。例如，我们在第 10 章看到，美国汽车企业作为零部件的购买者具有相当大的垄断势力。以通用和丰田为例，它们购买大量制动器、水箱和其他部件，能够通过谈判得到比其他规模较小的买方更低的价格。在其他情况下，可能只有两个或三个要素出售者和十多个买方，尽管如此，每个买方仍有讨价还价能力——它能通过谈判得到低价格，因为它进行大量频繁的购买，在讨价还价时让卖方之间鹬蚌相争而渔翁得利。

在这一节，我们将假设产品市场是完全竞争的。而且，由于单个买方的情况比几个买方都有垄断势力的情况更易观察，我们将把注意力限制在纯粹买方垄断上。

买方垄断势力：边际支出与平均支出

在决定购买多少商品时，你会持续增加数量，直到购买最后一单位的额外价值——边际价值——等于那一单位的成本——边际成本。在完全竞争市场，你对商品支付的价格——平均支出——等于边际支出。然而，当你具有垄断势力时，边际支出将大于平均支出，如图 14.14 所示。

图 14.14　边际支出和平均支出

说明：当一种投入要素的购买者具有买方垄断势力时，边际支出曲线位于平均支出曲线之上，因为购买额外一单位的决策导致你购买的所有商品价格上升，而不仅仅是最后一单位。所购买的要素的单位数目由 L^* 给出，它是边际生产收益曲线与边际支出曲线的交点。相应的工资率 w^* 低于竞争性工资 w_C。

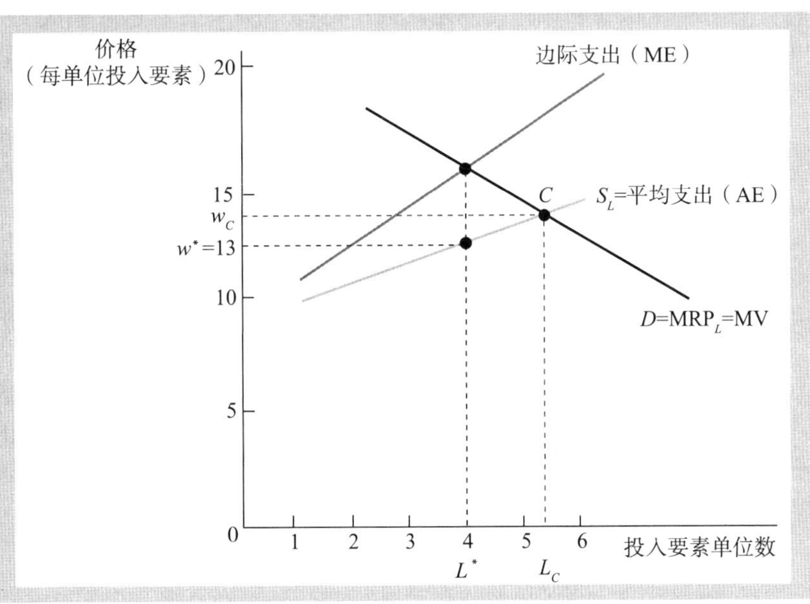

买方垄断购买者面对的要素供给曲线是市场供给曲线，描述了随着要素价格的上升，要素的市场供给者愿意出售多少要素。由于买方垄断购买者每单位支付相同的价格，供给 539
曲线即是它的平均支出曲线。平均支出曲线是向上倾斜的，因为如果买方垄断购买者想购买更多的要素，它必须为所有购买的数量支付更高的价格而不仅仅是最后一单位。然而，对于一个利润最大化的厂商来说，购买多少要素的决策是与边际支出曲线相关的。边际支

出曲线位于平均支出曲线之上：当厂商提高要素的价格以雇用更多单位劳动时，该厂商必须以这个较高的价格购买所有的单位，而不是最后雇用的单位。

有买方垄断势力时的购买决策

厂商应当购买多少投入呢？它应当购买直到边际支出等于边际生产收益的那一点。这里，最后购买的一单位的收益（MRP）正好等于支出（ME）。图 14.14 以劳动市场为例说明了这一点。注意买方垄断购买者在点 ME＝MRP_L 处雇用 L^* 单位的劳动。工人得到的工资率是 w^*，它由平均支出或供给曲线上与 L^* 单位劳动相关的点给出。

正如我们在第 10 章所证明的，具有买方垄断势力的购买者在每一次购买中，一直购买到边际价值（MV）等于边际支出那一点，以使净收益（效用减去支出）最大化：

$$MV=ME$$

对于一个购买一种要素的厂商，MV 就是要素的边际生产收益 MRP。因此，就像在竞争性要素市场上一样，我们有：

$$ME=MRP \tag{14.7}$$

注意，从图 14.14 中我们看到，买方垄断购买者雇用的劳动量比没有垄断势力的一个或一组厂商雇用的少。在一个竞争性劳动市场上，将有 L_C 的劳动被雇用，因为在这一水平上，劳动的需求（由边际生产收益曲线给出）等于劳动的供给（由平均支出曲线给出）。还要注意，买方垄断购买者支付给工人的工资是 w^*，低于竞争性市场上支付给工人的工资 w_C。

买方垄断势力会以不同的方式出现。一个来源可能是一个厂商经营的专业化性质。如果厂商购买的元件是其他厂商都不购买的，它可能成为市场上该元件的买方垄断购买者。劳动市场上买方垄断势力的另一个来源可能是经营的地点——该厂商可能是这个地区的唯一大雇主。买方垄断势力还有一个来源是：要素的所有购买者达成协议，形成卡特尔来限制对该要素的购买，这样他们就能以低于竞争性价格的价格购买该要素。（但是正如我们在第 10 章所述，这是违背反垄断法的。）

在我们的经济中，很少有厂商是纯粹的买方垄断者。但是厂商或个人常常有某种程度的垄断势力，这或者是因为他们的购买占了市场相当大的份额，或者是因为他们与其他购买者相比具有某种优势。当政府雇用志愿兵或者为军队购买导弹、飞机和其他专用设备时，它是一个买方垄断购买者。在一个社区扮演唯一大雇主的矿业公司或其他公司，在当地劳动市场也有垄断势力。然而，即使在这些情况下，垄断势力也可能是有限的，因为政府在某种程度上与其他提供相似工作的厂商竞争，矿业公司也在某种程度上与附近社区的公司竞争。

讨价还价能力

540 在一些要素市场，存在少量的卖方和少量的买方。在这种情况下，单个买方和单个卖方将互相谈判来决定价格。最终价格可能较高也可能较低，取决于哪一方拥有更多的讨价还价能力。

一个买方（卖方）拥有的讨价还价能力的大小部分由相互竞争的买方（卖方）的数量决定，也由购买本身的特征决定。如果每个买方都进行大规模频繁的购买，它在谈判时有时能让卖方鹬蚌相争而渔翁得利，因此积累了较大的讨价还价能力。

这种讨价还价能力的例子发生在商用飞机市场上。飞机是航空公司的关键投入，航空公司想以尽可能低的价格购买飞机。然而，存在许多航空公司，而仅有两个主要的商用飞机制造商——波音和空中客车。有人可能认为，结果是波音和空中客车在谈判价格时有很大的优势。而事实上情况恰恰相反（航空公司有讨价还价能力），理解这种情况存在的原因很重要。

航空公司不是每天购买飞机，它们通常也不是一次购买一架飞机。一个航空公司，像美国航空，典型地，每过三四年订购一次新飞机，每个订单可能是 20 架或 30 架飞机，价值数十亿美元。像波音和空中客车这样的大公司没有小的订单，每个公司都尽一切能力去获取订单。美国航空知道这些，它能利用这些优势。例如，如果美国航空在 20 架新波音 787 或 20 架新空中客车 A380 中选择（它们是相似的飞机），那么在价格谈判时它就能让这两个公司互相竞争。从而，如果波音给出了每架 1.5 亿美元的价格，美国航空可能会告诉空中客车，并要求它提供更优惠的价格。不管空中客车提供什么价格，美国航空接着将回到波音那里去要求更大的折扣，然后再回到空中客车、回到波音，如此反复，直到它成功地从这两个公司中的一个获取较大的折扣。

❖例 14.4　棒球球员市场的买方垄断势力

在美国，职业棒球大联盟不受反托拉斯法的制约，这是不把反托拉斯法应用于劳动市场的最高法院决定和国会政策的结果。[①] 这一反托拉斯法豁免使棒球队所有者（在 1975 年前）能操纵一个买方垄断购买者卡特尔。像其他所有卡特尔一样，这个卡特尔也依靠所有者之间的协议，包括球员的年度挑选以及一个保留条款，该条款有效地将球员一生限制在一个球队，从而消除了大多数球队间对球员的竞争。在这一保留条款下，一旦一个球员被一个球队挑中，他就不能为另一个球队打球，除非将权利转卖给那个球队。结果，棒球队的所有者在与他们的球员谈判新合同时具有垄断势力——球员不签订协议的唯一选择就是退役，或者到美国之外去打球。

在 20 世纪 60 年代和 70 年代初期，棒球球员的工资大大低于他们边际产出的市场价值（这一价值部分地是由较好的安打或投手可能获得的关注的增加决定）。例如，在 1969 年，球员的工资大约是 541
4.2 万美元，但是如果市场是完全竞争的，他们会得到 30 万美元的工资。（换算成 2007 年的美元价格，这将是 170 万美元。）

对球员来说幸运而对棒球队所有者来说不幸的是，1972 年，在一位球员（圣路易斯红雀队的柯特·弗勒德）提起诉讼之后，棒球球员开始了罢工，并出现了一项仲裁的劳动管理协议。最终在 1975 年达成一项协议，它使棒球球员在为一个球队打满六年之后能够成为自由球员。保留条款不再有效，一个高度买方垄断的劳动市场变得更有竞争性了。

这一结果是劳动市场经济学的有趣试验。在 1975—1980 年间，棒球球员市场调整到了一个新的后保留条款均衡。在 1975 年以前，球员合同的支出占了所有球队支出的大约 25%，而到了 1980 年，这些支出增加到 40%。而且，球员的平均实际工资增加了一倍。到 1992 年，棒球球员的平均收入为 1 014 942美元，与 20 世纪 60 年代后期买方垄断情形下的工资相比，是令人难以置信的增长。例如，在 1969 年，棒球球员的平均工资大约是 4.2 万美元。经通货膨胀调整后，这一工资以 2015 年美元计算的水平大约是 27 万美元。

---

① 这个例子建立在罗杰·诺尔（Roger Noll）最近一份关于棒球球员工资结构的分析上，他热心地为我们提供了有关资料。

棒球球员的工资持续增长。到 1990 年时平均工资还低于 60 万美元，到 2000 年时已经上升到 199.8 万美元，到 2016 年时更是上升到超过 500 万美元。2016 年纽约扬基队（Yankees）球员的平均工资是 820 万美元，许多球员收入更高（最高的薪水是 2 500 万美元）。

❖例 14.5　青少年劳动市场与最低工资

最近全美国最低工资的提高（从 1996 年年初的 4.50 美元提高到 2011 年的 7.20 美元）引起了争论，它提出了这样一个问题：提高最低工资造成的失业成本是否会超过工资提高带来的收益增加?[①] 一项关于新泽西州快餐店就业最低工资影响的研究引起了关于这项政策的更大争论。[②]

某些州的最低工资高于联邦水平。在 1992 年 4 月，新泽西州的最低工资从每小时 4.25 美元提高到 5.05 美元。戴维·卡德和阿兰·克鲁格通过对 410 家快餐店的调查发现，在最低工资提高之后，就业实际上增加了 13%。这一令人意外的结果却相当合理，而且得到其他研究的支持。[③] 一个合理的解
542 释是快餐连锁企业对提高最低工资做出了减少额外福利的反应，这些额外福利通常是给雇员的免费或低价餐饮。我们也可能会猜想，雇主的反应可能是减少在职培训，并降低那些有经验且过去的工资高于最低工资的工人的工资水平。

更重要的是，如果青少年非熟练工人的劳动市场不是高度竞争性的，我们就不能运用第 9 章的供给-需求分析框架了。如果非熟练的快餐劳动市场是买方垄断的，我们就可预期，提高最低工资会有不同的效应。假设最低工资的上升将劳动市场工资由买方垄断水平（在卡德和克鲁格的研究中或许为 4.25 美元）推高到竞争性工资水平（在同一个研究中为 5.10 美元）。如图 14.4 所示，最低工资的提高不仅会提高工资，而且会提高就业水平。

不过，在美国的大部分地方，快餐市场具有高度的竞争性。在本例中，我们可能预期最低工资的提高应该对就业有负向的影响。或许对低工资劳动市场更好的描述需要更为复杂的理论，比如，第 17 章的效率工资理论。那时我们会知道，提高最低工资可能激励工人更加努力工作，工作时间更长。不过，如果是这样的话，我们可能不需要最低工资——雇主将有足够的利润动机去提高工资。

14.4　有卖方垄断势力的要素市场

就像要素的购买者可以有买方垄断势力一样，要素的卖方也可以有垄断势力。极端地

① 见例 1.4 对最低工资的最初讨论，以及第 9 章第 9.3 节关于它对就业的影响的分析。

② David Card and Alan Krueger, "Minimum Wages and Employment: A Case Study of the Fast-Food Industry in New Jersey and Pennsylvania," *American Economic Review* 84 (September 1994); David Card and Alan Krueger, "A Reanalysis of the Effect of the New Jersey Minimum Wage on the Fast-Food Industry with Representative Payroll Data," Working Paper, No. 6386, Cambridge, MA: National Bureau of Economic Research, 1998; Madeline Zavodny, "Why Minimum Wage Hikes May Not Reduce Employment," Federal Reserve Bank of Atlanta, *Economic Review*, Second Quarter, 1998.

③ 卡德和克鲁格运用不同的数据集更新了他们的研究，得出相似的结论："Minimum Wages and Employment: A Case Study of the Fast-Food Industry in New Jersey and Pennsylvania: Reply," *American Economic Review* 90 (2000): 1397-1420。其他人用不同地区的劳动市场数据也发现，没有证据支持较少的最低工资变化具有负的就业效应。例如，可以参见 Arindrajit Dube, T. William Lester, and Michael Reich, "Minimum Wage Effects Across State Borders: Estimates Using Contiguous Counties," *The Review of Economics and Statistics* 92 (2010): 945-964。

说，卖方可以是一个垄断者，就如一个厂商拥有生产计算机集成电路块的专利，而其他厂商无法复制时那样。由于要素市场垄断势力最重要的例子涉及工会，我们将把注意力集中在这方面。在下面的小节里，我们将概要地描述，工会作为出售劳动的垄断者，是如何提高其成员的福利并大大影响未加入工会的工人的。

对工资率的垄断势力

图 14.15 描述了一个没有买方垄断势力的市场上的劳动需求曲线——它是各厂商的边际生产收益的加总，这些厂商是通过竞争购买劳动的。劳动供给曲线描述了，如果工会没有施加垄断势力，工会成员会怎样供给劳动。此时，劳动市场将是竞争性的，L^* 的工人将在 w^* 的工资下被雇用，并且需求 D_L 等于供给 S_L。

然而，由于有了垄断势力，工会能够选择任何工资率以及相应的劳动供给数量，就如一个产品的垄断卖主选择价格和相应的产品销售数量一样。如果工会想使雇用的工人数量最大化，它将选择点 A 的竞争性结果。然而，如果工会想得到高于竞争性工资的工资，它可以将其成员限制为 L_1 个工人。结果，厂商将支付 w_1 的工资。那些有工作的工会成员境况变好，而那些没有工作的工会成员境况变糟。

限制工会成员的政策值得吗？值得，如果工会想要使其工人得到的经济租最大化。通 543
过限制成员，工会就像限制产量使利润最大化的垄断者一样行事。对厂商而言，利润是它的收入减去机会成本。工会的经济租代表其成员获得的工资超过机会成本的部分。为了使经济租最大化，工会必须选择被雇用的工人数，以使工会的边际收益（得到的额外工资）等于吸引工人工作的额外成本。这个成本是边际上的机会成本，因为它度量了雇主想增加一个额外的工人为厂商工作时的支出。鼓励额外的工人参加工作的工资是由劳动供给曲线 S_L 给定的。

租金最大化的工资率与工人数量组合是由曲线 MR 和曲线 S_L 的交点决定的。知道了这一点，我们就选择 w_1 和 L_1 的工资-就业组合。在劳动需求曲线以下、劳动供给曲线以上和 L_1 左边的阴影区域，代表工人得到的经济租。

图 14.15 劳动出售者的垄断势力

说明：当工会是垄断者时，它在购买者的劳动需求曲线 D_L 上选择一个点。通过同意工人在工资率 w^* 上工作，卖方在点 L^* 使雇用的工人数量达到最大。劳动数量 L_1 是使雇员获得的经济租达到最大时的劳动数量，它由边际收益曲线和劳动供给曲线的交点决定，此时工会成员将得到 w_1 的工资率。最后，如果工会想使向工人支付的总工资最大化，它应当允许被雇用的工会成员为 L_2，工资率为 w_2，因为此时工会的边际收益为零。

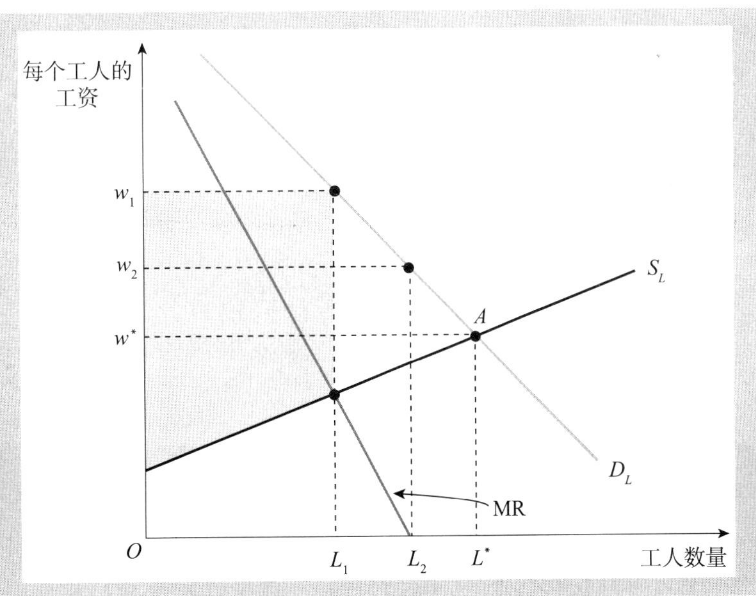

544 如果非工会工人能够找到非工会工作，一项经济租最大化的政策可能使他们得益。然而，如果找不到非工会工作，经济租最大化可能在赢者和输者之间产生非常明显的区别。另一个目标是使所有工人得到的工资总额最大化。为了实现这一目标，在图 14.15 的例子中，雇用的工人数量从 L_1 开始增加，直到工会的边际收益等于零。由于任何就业的进一步增加都会使工资额下降，工资总额在工资等于 w_2 且工人数量等于 L_2 时达到最大。

工会工人与非工会工人

当工会利用其垄断势力提高其成员的工资时，被雇用的工会工人减少。因为这些未被雇用的工人要么转移到非工会化部门去，要么选择在一开始时就不加入工会，所以理解经济中非工会化部门所发生的事情是重要的。

假设加入工会和不加入工会的工人的总供给是固定的。在图 14.16 中，两部门劳动的市场供给由 S_L 给出。工会化部门厂商的劳动需求由 D_U 给出，非工会化部门的需求由 D_{NU} 给出。总的市场需求是两部门需求的水平加总，并由 D_L 给出。

假定工会选择使其工人的工资超过 w^*，达到 w_U。在这一工资率下，工会化部门雇用的工人数如横轴所示，下降了 ΔL_U。当这些工人在非工会化部门找到工作以后，非工会化部门的工资就进行调整，直到劳动市场达到均衡。非工会化部门的新工资率 w_{NU} 所处的点是非工会化部门雇用的新增工人数量 ΔL_{NU} 等于离开工会化部门的工人数量之点。

图 14.16 描述了工会旨在提高工会工资的战略带来的不利后果：非工会化工资下降了。工会化可以改善工作条件，并为工人提供有用的信息和管理，但当劳动需求不是完全有弹性的时，工会工人是以非工会工人为代价得到帮助的。

图 14.16　工会化部门和非工会化部门工资的决定

说明：当一个垄断性工会把经济中工会化部门的工资从 w^* 提高到 w_U 时，该部门的就业下降，正如沿需求曲线 D_U 的移动所显示的。要使由 S_L 表示的总劳动供给保持不变，非工会化部门的工资必须从 w^* 下降到 w_{NU}，正如沿需求曲线 D_{NU} 的移动所显示的。

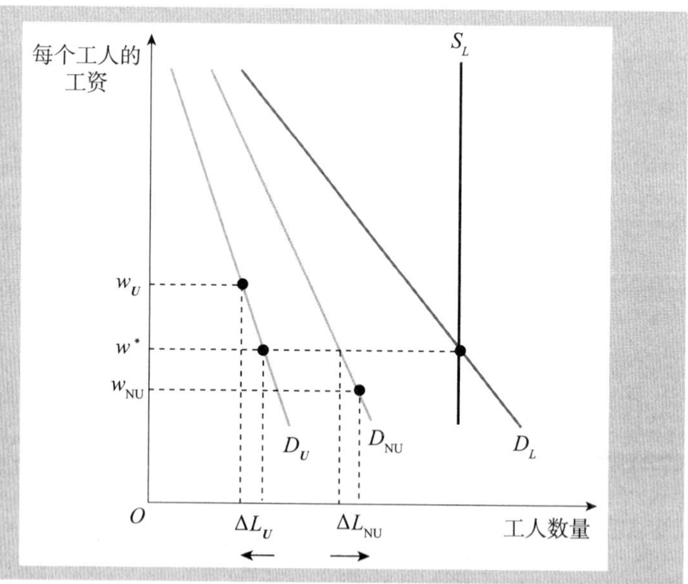

❖例 14.6　私人部门工会主义的衰落

545 几十年来，工会的成员一直在减少。图 14.17 描述了工会成员在过去 30 年人数的下降。这种下降相对平稳，但是在我们进入 21 世纪后，下降率开始变小，并且工会工人百分比稳定在 12%左右。有趣的是，这个12%的比率其实掩盖了2010年公共部门36.2%和私人部门6.9%的工会化现状差距。

工会是怎样应对这种重要的动态变化的呢？我们可能会猜想工会垄断势力的减弱会导致工会谈判者做出不同的反应，事实确实如此。从历史上看，工会工资一直高于非工会工资。在20世纪70年代，当工会专注于就业而不是工资时，工会工资和非工会工资的差距显著缩小。在80年代，作为对工会需求的回应，模式转变为双重（two-tier）工资条款，熟练工人的工资保持在高位，而新工会成员则得到一个低工资。

在过去的20多年里，一些经济力量导致了工会-非工会工资差距的进一步缩小，而在过去的10年间这一差距保持稳定不变。[①] 为什么这一差距缩小了？一方面，随着企业发现在生产过程中用资本替代熟练工人越来越容易，对非工会工人的需求也就越来越富有弹性。另一方面，全球化意味着许多企业可以通过在美国国内或国外雇用非工会工人来组织生产。面对更富有弹性的需求，工会已经没有什么选择余地，它不得不在工资上做出让步以保持就业水平。在巨大的竞争压力下，工会已经同意保持双重工资和福利条款。

图14.17　工会工人占总工人数的百分比

说明：在过去的30多年里，加入工会的工人的百分比一直在稳步下降。

资料来源：U.S. Bureau of Labor Statistics.

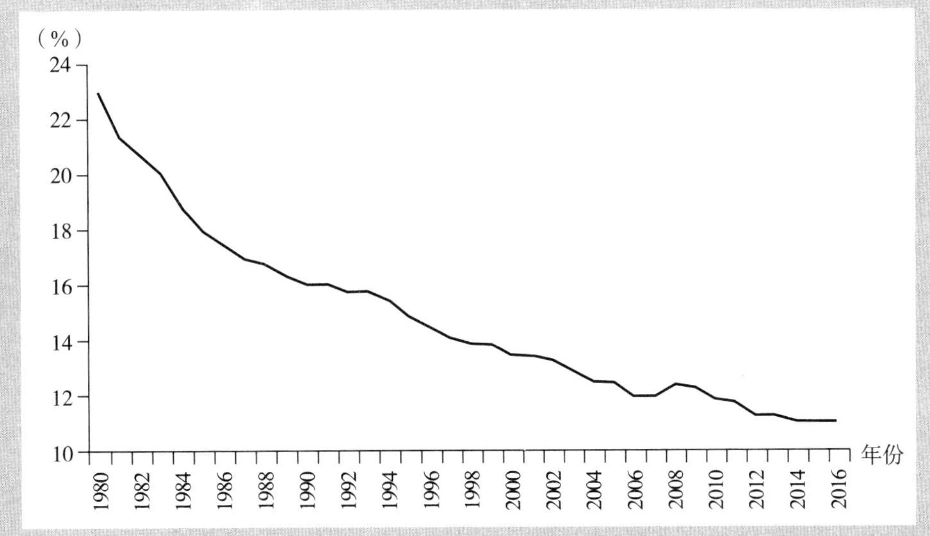

∵例14.7　再议工资不平等

在例2.2中，我们解释了相对于非熟练工人，熟练工人需求的急速增加部分地导致了美国收入分 546
布的不平等。正如我们所解释的，对熟练工人的需求持续上升，而熟练劳动的供给却没有同步变化。相反，倒是非熟练工人的供给上升了。相对需求和供给变化的原因是什么呢？私人部门工会化程度的下降与最低工资的涨幅跟不上通货膨胀的涨幅是不是重要的原因？还是教育的重要性的不断上升，以及计算机现在在劳动市场中作用的增加呢？一项近期的研究提供了某些答案。[②]

从1980年至今，大学毕业生的（相对）工资上升了很多。这种变化模式与人们期望的工会主义的

① 据美国劳动统计局，在2010年，私人部门工会工人小时工资平均为23.19美元，而非工会工人小时工资平均为19.28美元。

② David Autor, "The Polarization of Job Opportunities in the U. S. Labor Market," Center for American Progress: The Hamilton Project, April 2010. 也可参见 David H. Autor, Lawrence Katz, and Alan B. Krueger, "Computing Inequality: Have Computers Changed the Labor Market?" *Quarterly Journal of Economics* 113 (November 1998): 1169－1213。

衰弱和/或最低工资的变化导致不平等的增加的观点不一致。1963 年，一个典型大学毕业生的小时工资是高中毕业生的 1.5 倍。到 2009 年，这一比率上升到 1.95。到 2010 年，有大学学位（但不具备更高学位的）工人的周工资中值为 1 038 美元，而高中学位工人的周工资中值只有 626 美元。具有大学以上学位的工人的周工资中值为 1 610 美元。[①] 图 14.18 总结了教育的重要性，描述了（2010 年）不同
547 教育水平的周工资中值以及失业率。教育明显回报丰厚。受到更多教育的工人不仅得到了更高的工资，而且更不容易在经济衰退时失业。例如，在 2010 年，具有本科学位的工人的平均失业率为 5.4%，而那些没有完成高中学业的人的失业率为 14.9%。

有关变化的理解线索可由工人使用计算机的迅速增加给出。1984 年，25%的工人使用计算机，这个数字现在变为近 60%，而且对于经理和专业人员，这个数字超过 80%。[②] 教育和计算机使用跟熟练工人需求的增加是相伴而行的。一个统计分析发现，总体上计算机技术的普及解释了近一半相对工资的变化。而且，对熟练工人需求的增加主要发生在计算机变得更为有用的行业。

这些数据，以及图 14.18 中的数字，应该可以激励你完成大学和研究生阶段的学习吧——特别是要完成微观经济学的学习！

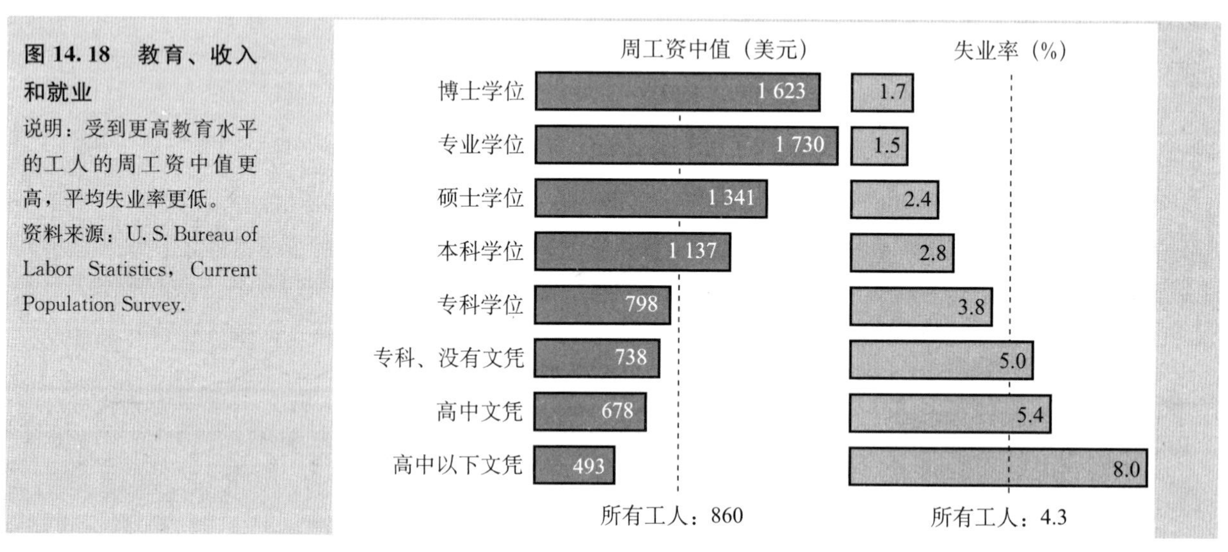

图 14.18 教育、收入和就业

说明：受到更高教育水平的工人的周工资中值更高，平均失业率更低。

资料来源：U. S. Bureau of Labor Statistics，Current Population Survey.

小 结

1. 在一个竞争性投入市场上，对一种投入的需求是由边际生产收益、厂商产品的边际收益以及该投入的边际产出给出的。

2. 在竞争性劳动市场上，厂商会雇用工人直到劳动的边际生产收益等于工资率那一点。这类似于利润最大化的生产条件，即产出要增加到边际收益等于边际成本那一点。

3. 对某要素的市场需求是对该要素的行业需求的水平加总。不过，行业需求不是该行业所有厂商需求的水平加总。对行业需求的正确确定必须考虑到产品的市场价格将随要素价格的变化而变化。

4. 当要素市场是竞争性的时，要素的购买者会假设其购买行为不会对要素的价格产生影响。其结果是，厂商面对的边际支出曲线和平均支出曲线都是完全弹性的。

---

① Bureau of Labor Statistics，Current Population Survey 2010.

② National Center for Educational Statistics，Digest of Educational Statistics，Table 432.

5. 劳动之类的要素的市场供给并不一定是向右上方倾斜的。如果与较高工资相关的收入效应（由于闲暇是一种正常品，需求上升）大于替代效应（由闲暇的价格上升导致的需求下降），向后弯曲的劳动供给曲线就会出现。

6. 经济租是向生产要素支付的金额与雇用这些要素所需支付的最低金额之间的差额。在劳动市场上，经济租由工资水平以下、边际支出曲线以上的区域衡量。

7. 当一种要素的购买者具有买方垄断势力时，边际支出曲线位于平均支出曲线上方，它意味着，买方垄断购买者必须支付较高的价格以吸引更多的要素。

8. 当一种要素的出售者是像工会那样的垄断者时，出售者在边际生产收益曲线上选择最适合其目标的那一点。就业、经济租和工资的最大化是工会的三个合理的目标。

复习题

1. 为什么当厂商在产品市场具有垄断势力时，它对劳动的需求曲线比厂商从事的是竞争性生产时的弹性小？

2. 为什么劳动供给曲线可能是向后弯曲的？

3. 为什么一个计算机公司对计算机程序员的需求是引致需求？

4. 比较垄断性雇主和竞争性雇主对工人的雇用选择。哪个会雇用较多的工人？哪个会支付较高的工资？请解释。

5. 摇滚乐手有时每年能挣到好几百万美元的收入。你能用经济租来解释这一大笔收入吗？

6. 当使用的一种投入的互补品增加时，对此投入的需求会出现什么变化？

7. 对一个买方垄断购买者来说，一种要素的供给与该要素的边际支出之间是什么关系？

8. 目前，国家橄榄球大联盟有一项挑选大学球员的制度，它要求一个球员只能由一个球队选中，并必须与该球队签约，否则就不能在联盟中踢球。如果这一挑选制度被废除，让所有的球队都能竞争球员，新挑中的球员的工资与资格较老的球员的工资会出现什么变化？

9. 政府希望鼓励那些靠社会福利救济的人去争取工作。考虑的两种激励计划如下：

a. 雇用靠社会福利救济的人，政府给厂商每小时每人2美元的补贴。

b. 对于每个雇用了一个或多个靠社会救济的人的厂商，政府每年补贴1 000美元，而不管雇用的人数是多少。

请问，各项计划在多大程度上有助于扩大靠社会救济的人的就业机会？

10. 一个小型的专门生产甜饼的企业唯一的投入变量是劳动，它发现每个工人每天能制作50个曲奇饼，而成 548
本是每人每天64美元。曲奇饼的价格是1美元。企业实现了利润最大化吗？试解释。

11. 一个企业使用劳动和机器进行生产。试解释为何平均工资率的提高导致了沿着劳动需求曲线的变动，同时也导致了劳动需求曲线本身的移动。

练习题

1. 假设工资率是每小时16美元，产品价格是2美元。每小时产出和劳动投入之间的关系如下：

q	L
0	0
20	1
35	2
47	3
57	4
65	5
70	6

a. 找到利润最大化的劳动数量。

b. 假设产品价格保持2美元不变，但工资率上升到21美元。找到新的利润最大化的劳动数量。

c. 假设产品价格增加到3美元而工资率保持在16美元。找到新的利润最大化的劳动数量。

d. 假设产品价格2美元和工资率16美元保持不变，但是技术进步导致任何劳动投入水平下的产出增加25%。找到新的利润最大化的劳动数量。

2. 假设那些收入低于10 000美元的工人目前不必缴纳联邦所得税。假设一项新的政府计划保证给每个工人5 000美元，无论他有没有收入。所有收入达到10 000美元的工人都必须向政府缴纳50%的税。画出在这项新计划下工人面对的预算线。这一计划会如何影响工人的劳动供给？

3. 利用你关于边际生产收益的知识解释下列情况：

a. 一个著名的网球明星在一个 30 秒钟的电视商业片中得到 20 万美元酬金。那个扮演他的替身的演员只得到 500 美元。

b. 为了让一个经营不善的储蓄贷款机构的总裁放弃最后两年的合同，付给他钱。

c. 一架载客 400 人的大型喷气式客机比载客 250 人的客机定价高，即使两种飞机的制造成本相同。

4. 如果对下列生产要素的需求增加了，对相关消费品的需求会如何变化？如果对消费品的需求保持不变，对这些生产要素的引致需求的增加有哪些可能解释？

a. 计算机内存；

b. 客机用航空燃料；

c. 新闻用纸；

d. 饮料罐用的铝。

5. 假设有两组工人，加入工会的和未加入工会的。国会通过了一项法律，要求所有工人加入工会。你预期以前没有加入工会的工人和原来已加入工会的工人的工资率会出现什么变化？你是如何假设工会的行为的？

6. 假定厂商的生产函数是 $Q=12L-L^2$，$L=0\sim6$，其中 L 是每天的劳动投入，Q 是每天的产出。如果产品在竞争性市场上以 10 美元出售，推导并画出厂商的劳动需求曲线。当工资率为每天 30 美元时，厂商将雇用多少工人？工资率为每天 60 美元呢？（提示：劳动的边际产出
549 是 $12-2L$。）

7. 在美国，士兵的唯一合法雇主是联邦政府。如果政府利用自己的买方垄断者的地位，在估计征募多少士兵时，将会制定什么标准？如果实行义务兵役制又会怎样？

8. 一行业对劳动的需求由曲线 $L=1\,200-10w$ 给出，其中 L 是每天的劳动需求，w 是工资率。供给曲线由 $L=20w$ 给出。均衡工资率和雇用的劳动数量是多少？工人得到的经济租是多少？

9. 利用第 8 题的信息。现在假设唯一可得的劳动由一个垄断性工会控制，它希望使工会成员得到的经济租最大化。被雇用的劳动数量和工资率将是多少？你的答案如何与第 8 题的答案进行比较？请讨论。（提示：工会的边际收益曲线由 $\mathrm{MR}=120-0.2L$ 给定。）

*10. 一个企业以劳动作为单一投入，产出为 q，生产函数为 $q=8\sqrt{L}$。商品售价是 150 美元/单位，工资率是 75 美元/小时。

a. 找出利润最大化时的 L 数量。

b. 找出利润最大化时的 q 数量。

c. 最大利润是多少？

d. 假设现在每单位产出要征税 30 美元，而每小时劳动能得到 15 美元的补贴，并且假设企业是价格接受者，产品价格保持 150 美元不变。找出新的利润最大化的 L 和 q 的水平和利润。

e. 现在假设企业要为利润支付 20％的税收。找出新的利润最大化的 L 和 q 的水平和利润。

15 投资、时间与资本市场

在第 14 章，我们看到，在竞争性市场中，厂商通过把每种要素的边际生产收益与要素成本进行比较，来决定每个月的购买数量。所有厂商的决策决定了对每种要素的市场需求，而市场价格就是需求等于供给时的价格。对于像劳动和原料之类的要素投入，这样的描述已经合理而完整，但是对资本却不行。原因在于资本是耐用品——它在购买后能够持续多年为生产做出贡献。

厂商有时像雇用工人那样租用资本。例如，厂商可能以月租费租用办公场所，就像它以月工资雇用工人一样。但更普遍地，资本支出涉及的是对厂房和设备的购买，而这些厂房和设备都是预期使用多年的。这就引入了时间因素。当一个厂商就建造工厂或购买机器进行决策时，它一定要把现在必须付出的费用与新资本未来会产生的额外利润进行比较。要进行这样的比较，厂商必须提出下面的问题：未来的利润在今天值多少？这个问题在雇用工人或购买原料时不会出现。要做出那些选择，厂商只需将要素的当前支出，例如工资或钢材的价格，与要素的当前边际生产收益进行比较。

在这一章，我们将学习如何计算未来货币流的现值。这是我们研究厂商投资决策的基础。大多数这样的决策都涉及今天的支出与未来会得到的利润之间的比较。我们将讨论，厂商是怎样进行这种比较并确定支出是否得到补偿的。资本投资带来的未来利润常常可能高于或低于预期的利润。我们将考察厂商是如何把这种不确定性考虑在内的。

个人也会进行涉及发生在不同时点的成本和收益的决策，而相同的原理也适用。比如，我们将看到，一个消费者如何从经济意义上考虑而购买价格较高但在未来节省电费的节能空调。我们同样会考察人力资本的投资。比如，去上大学或者读研究生比直接工作从而获得一份收入是否更有经济意义？

我们也将考察厂商有时面临的其他跨时决策。例如，现在生产诸如天然气或石油这些可耗竭资源，意味着将来可供生产的就少了。生产者应当如何 552
把这一点考虑在内？木材公司应当让树木生长多久才砍伐它们做木材呢？

对这些投资和生产决策的回答，部分地取决于人们在借入或贷出货币时所支付或得到的利率。我们将讨论决定利率的因素，以及为什么政府债

本章要点

案例列表

券、公司债券以及储蓄账户的利率不同。

15.1 存量与流量

在讨论上述问题之前，我们必须清楚如何衡量厂商购买的资本和其他投入要素。资本是以存量，即厂商拥有的工厂和设备的数量来衡量的。例如，如果一个厂商拥有价值 1 000 万美元的电动机厂，我们就说它有值 1 000 万美元的资本存量。另外，劳动投入和原料，就像厂商的产出一样，是以流量衡量的。例如，同一个厂商可能每月投入 20 000 人·时的劳动和 20 000 磅的铜来生产 8 000 台电动机。（对于时间长度的选择是任意的。我们同样可以用每周或每年来表示这些数量，例如，每年 240 000 人·时的劳动和 240 000 磅的铜，以及生产 96 000 台电动机。）

让我们更详细地考察这个电动机生产商。可变成本和产出率都是流量。假定工资率是每小时 15 美元，铜的价格是每磅 2 美元。这样，可变成本就是每月（20 000×15 美元）+（20 000×2 美元）=340 000 美元。另外，平均可变成本是每单位成本：

$$\frac{340\ 000\text{ 美元/月}}{8\ 000\text{ 单位/月}}=42.50\text{（美元/单位）}$$

假设厂商每台电动机售 52.50 美元，那么每单位的平均利润是 52.50 美元－42.50 美元=10.00 美元，每月的总利润是 8 万美元。（注意这些也是流量。）然而，要生产和销售这些电动机，厂商还需要资本——它用 1 000 万美元建造的工厂。因而，厂商 1 000 万美元的资本存量使它每月能够获得 8 万美元的利润流量。

花 1 000 万美元投资这个工厂是不是一个合理的决策？要回答这个问题，我们需要把每月 8 万美元的利润流量转换成能够与 1 000 万美元的建厂成本相比较的数量。假设这个工厂预期维持 20 年。这样，简单地说，问题就是：今后 20 年每月 8 万美元的流量在今天的价值是多少？如果该值大于 1 000 万美元，投资就是值得的。

每月 8 万美元的利润在 20 年里就是 8 万美元×20×12=1 920 万美元。这使工厂看上去像是一项极好的投资。但是，5 年或 20 年以后的 8 万美元也值现在的 8 万美元吗？不，因为今天的钱可以投资于银行账户、债券或其他生息资产从而使将来产生更多的钱。其结果是，在以后 20 年里得到的 1 920 万美元的价值少于今天的 1 920 万美元。

15.2 贴现值

利率 人们借贷货币的费率。

我们将在本章第 15.4 节回到有关 1 000 万美元的电动机工厂的讨论，不过现在我们必
553 须先提出一个基本问题：未来支付的 1 美元现在值多少？答案依赖于**利率**（interest rate），即人们借贷货币的费率。

假设年利率是 R（不用担心这个利率实际上是哪个；后面我们将讨论各种类型的利率），则今天的 1 美元投资，可以在一年后得到（$1+R$）美元。因此，$1+R$ 美元是今天 1 美元的将来价值。那么，一年后 1 美元的现在价值或者说**贴现值**（present discounted value，PDV）是多少呢？一旦我们明白一年后的 $1+R$ 美元值今天的（$1+R$）/（$1+R$）=1 美

元，回答就很容易。因此，一年后的 1 美元值今天的 $1/(1+R)$ 美元。如果以利率 R 进行投资，这是一年后会产生 1 美元的当前的货币量。

贴现值
预期未来现金流的现值。

两年后 1 美元的现值是多少？如果今天以利率 R 投资 1 美元，它在一年以后就值 $1+R$ 美元，并在两年后值 $(1+R)(1+R)=(1+R)^2$ 美元。因为两年后 $(1+R)^2$ 美元等于今天的 1 美元，所以两年后的 1 美元就值今天的 $1/(1+R)^2$ 美元。同样，三年后的 1 美元就值今天的 $1/(1+R)^3$ 美元，而 n 年后的 1 美元值今天的 $1/(1+R)^n$ 美元。①

我们可以概括如下：

$$1\text{ 年后 1 美元的贴现值}=\frac{1}{(1+R)}\text{ 美元}$$

$$2\text{ 年后 1 美元的贴现值}=\frac{1}{(1+R)^2}\text{ 美元}$$

$$3\text{ 年后 1 美元的贴现值}=\frac{1}{(1+R)^3}\text{ 美元}$$

$$\vdots$$

$$n\text{ 年后 1 美元的贴现值}=\frac{1}{(1+R)^n}\text{ 美元}$$

表 15.1 显示了，在不同的利率下，1 年、2 年、5 年、10 年、20 年和 30 年后的 1 美元的现值。注意，对于高于 6%或 7%的利率，20 年或 30 年后的 1 美元在今天就不值多少钱了；但是对低利率却非如此。例如，如果 R 是 3%，20 年后的 1 美元的贴现值大约是 55 美分。换句话说，如果 55 美分现在以 3%的利率投资，它在 20 年后将得到大约 1 美元。

表 15.1　未来的 1 美元的贴现值

	贴现值（美元）					
利率	1 年	2 年	5 年	10 年	20 年	30 年
0.01	0.990	0.980	0.951	0.905	0.820	0.742
0.02	0.980	0.961	0.906	0.820	0.673	0.552
0.03	0.971	0.943	0.863	0.744	0.554	0.412
0.04	0.962	0.925	0.822	0.676	0.456	0.308
0.05	0.952	0.907	0.784	0.614	0.377	0.231
0.06	0.943	0.890	0.747	0.558	0.312	0.174
0.07	0.935	0.873	0.713	0.508	0.258	0.131
0.08	0.926	0.857	0.681	0.463	0.215	0.099
0.09	0.917	0.842	0.650	0.422	0.178	0.075
0.10	0.909	0.826	0.621	0.386	0.149	0.057
0.15	0.870	0.756	0.497	0.247	0.061	0.015
0.20	0.833	0.694	0.402	0.162	0.026	0.004

为支付流定值

现在，我们可以确定一段时期内支付流的现值了。例如，考虑表 15.2 中的两种支付流 554

① 我们假设利率 R 的年率每年都不变。假定利率预期会变，R_1 是第一年的利率，R_2 是第二年的利率，等等。两年以后，今天投资的 1 美元就会值 $(1+R_1)(1+R_2)$ 美元，从而使两年后得到的 1 美元的贴现值为 $1/[(1+R_1)(1+R_2)]$ 美元。同样，n 年后得到的 1 美元的贴现值就是 $1/[(1+R_1)(1+R_2)(1+R_3)\cdots(1+R_n)]$ 美元。

量。流量 A 有 200 美元：现在支付 100 美元，一年后再支付 100 美元。流量 B 有 220 美元：现在支付 20 美元，一年后支付 100 美元，两年后再支付 100 美元。在这两种支付流中，你愿意选择哪一种？答案取决于利率水平。

表 15.2　两种支付流量
单位：美元

	现在	1 年后	2 年后
支付流量 A	100	100	0
支付流量 B	20	100	100

要计算这两种流量的贴现值，我们算出每年支付额的现值并把它们相加：

$$\text{流量 A 的贴现值}=100+\frac{100}{1+R}\text{（美元）}$$

$$\text{流量 B 的贴现值}=20+\frac{100}{1+R}+\frac{100}{(1+R)^2}\text{（美元）}$$

表 15.3 描述了在利率为 5%、10%、15%和 20%时两种流量的现值。如表所示，选择哪一种流量取决于利率。对于 10%或以下的利率，流量 B 的贴现值较高；对于 15%或以上的利率，流量 A 的贴现值较高。为什么？原因是虽然流量 A 支付得较少，但它支付得快。

表 15.2 和表 15.3 中的简单例子说明了一个重要的原理。支付流的现值取决于以下三个因素：（1）每次支付的数额；（2）支付的时间；（3）未来用于贴现的利率。正如我们将看到的，这一原理适用于一系列广泛的问题。

表 15.3　支付流量的贴现值
单位：美元

	$R=0.05$	$R=0.10$	$R=0.15$	$R=0.20$
流量 A 的贴现值	195.24	190.91	186.96	183.33
流量 B 的贴现值	205.94	193.55	182.57	172.78

例 15.1　失去的收入的价值

555 在涉及交通事故的法律案件中，受害人或他们的继承人（如果受害人已死亡）起诉致害方（或保险公司）以得到赔偿。除了对痛苦和损失的补偿外，赔偿还包括：如果事故没有发生，受伤者或死者会挣到的收入。为了弄清这些失去的收入的现值是如何计算的，让我们来考察一个 2016 年的真实事故。（为了保护当事人的隐私，姓名和某些资料做了改变。）

哈罗德·詹宁斯于 2016 年 1 月 1 日在一次汽车交通事故中死亡，享年 53 岁。他的家属起诉另一辆车的驾驶员因行为疏忽造成了事故。他们要求赔偿的主要部分是：如果事故没有发生，詹宁斯先生作为一个航空公司飞行员所能得到的收入的现值。现值的计算在这种案例中是很有代表性的。

如果詹宁斯先生在 2016 年继续工作，他的年工资收入是 85 000 美元，而航空公司飞行员的正常退休年龄是 60 岁。为了计算詹宁斯先生失去的收入的现值，我们需要把几件事情考虑在内。第一，在以后几年中，詹宁斯先生的工资可能增加；第二，我们不能确信，如果事故没有发生，他就一定能活到退休，他可能由于其他原因而死亡。因此，到 2023 年年底退休时，他失去的收入的贴现值就是：

$$\text{PDV}=W_0+\frac{W_0(1+g)(1-m_1)}{(1+R)}+\frac{W_0(1+g)^2(1-m_2)}{(1+R)^2}+\cdots+\frac{W_0(1+g)^7(1-m_7)}{(1+R)^7}$$

其中，W_0是他2016年的工资；g是他的工资可能增长的年百分率［因此$W_0(1+g)$将是他2017年的工资；$W_0(1+g)^2$将是他2018年的工资；依此类推］；而m_1，m_2，…，m_7是他的死亡率，即他在2017年，2018年，…，2023年由于其他原因而死亡的可能性。

要计算这一贴现值，我们需要知道死亡率m_1，m_2，…，m_7，预计的詹宁斯先生工资的增长率g，以及利率R。死亡率资料可以从提供相同年龄和种族的男性死亡率保险表中得到。[①] 至于g的值，我们可以用8%，这是航空公司飞行员工资的平均增长率。最后，对于利率，我们可以用政府债券的利率，大约是5%。（我们将在本章第15.4节和第15.5节对如何选择正确的利率来贴现将来的现金流做更多的讨论。）表15.4显示了现值计算的详细结果。 556

把最后一栏加总，我们得到742 517美元的贴现值。如果詹宁斯的家属成功地证明是被告的过错，并且没有其他损害问题涉及此案，他们就能得到这一补偿额。[②]

表15.4 计算失去的工资

单位：美元

年份	$W_0(1+g)^t$（美元）	$(1-m_t)$	$1/(1+R)^t$	$W_0(1+g)^t(1-m_t)/(1+R)^t$（美元）
2016	85 000	0.991	1.000	84 235
2017	91 800	0.990	0.952	86 554
2018	99 144	0.989	0.907	88 937
2019	107 076	0.988	0.864	91 386
2020	115 642	0.987	0.823	93 902
2021	124 893	0.986	0.784	96 487
2022	134 884	0.985	0.746	99 143
2023	145 675	0.984	0.711	101 872

15.3 债券的价值

债券
一种合约，其中借款人同意向债券持有人（出借人）支付一连串货币。

债券（bond）是一种合约，其中借款人同意向债券持有人（贷款人）支付一连串货币。例如，一种公司债券（由公司发行的债券）可能在未来10年里每年支付100美元的债息，并在10年后支付1 000美元的本金。[③] 你愿意花多少钱买入这种债券？要想知道该债券值多少，我们只要计算支付流量的现值：

$$PDV=\frac{100}{(1+R)}+\frac{100}{(1+R)^2}+\cdots+\frac{100}{(1+R)^{10}}+\frac{1\,000}{(1+R)^{10}}\text{（美元）}\qquad(15.1)$$

这里现值仍然依赖于利率。图15.1描述了对于利率直到20%的债券价值，即支付流的现值。注意，利率越高，债券价值越低。当利率为5%时，债券值1 386美元，但当利率为15%时，它只值749美元。 557

① 死亡率数据可以从Statistical Abstract of the United States（2011版，表105）中找到。

② 事实上，这一数额应当再减去詹宁斯工资中会用于他自己的消费从而不会使其妻子或孩子受益的部分。

③ 在美国，大部分公司债券的债息是半年一次分期支付的。为了使计算简单，我们将假设是每年支付一次的。

图 15.1 债券现金流的贴现值

说明：因为大多数债券的支付发生在将来，所以贴现值随着利率的提高而下降。例如，当利率为 5% 时，一种本金为 1 000 美元、每年支付 100 美元的 10 年期债券的贴现值就是 1 386 美元。如果利率为 15%，其他条件不变，贴现值此时为 749 美元。

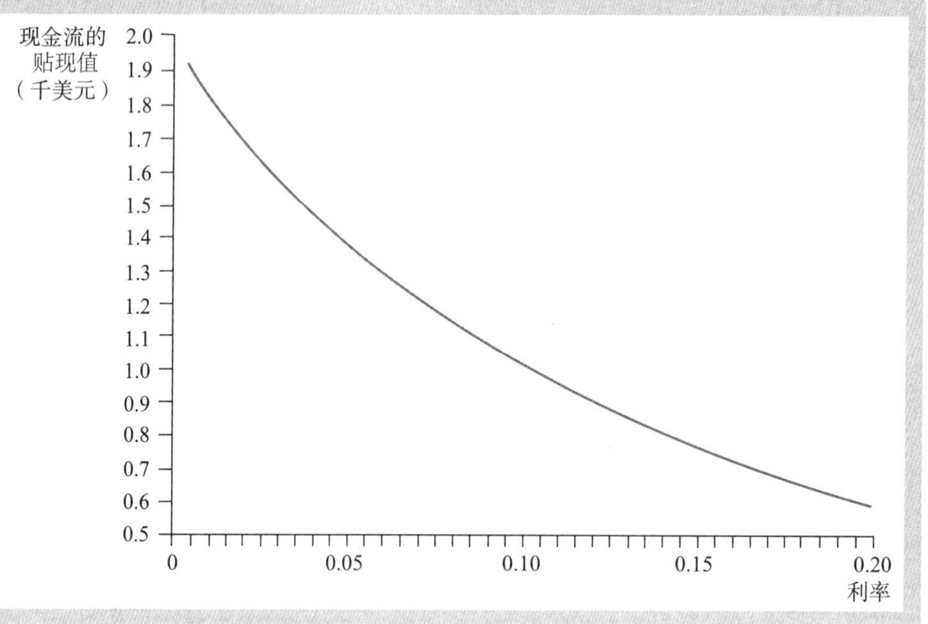

永久债券

永久债券（perpetuity）是每年支付固定金额并且永远支付的债券。每年支付 100 美元的永久债券值多少？支付流的现值由无穷和给出：

> **永久债券** 每年支付固定金额并且永远支付的债券。

$$\text{PDV}=\frac{100}{(1+R)}+\frac{100}{(1+R)^{2}}+\frac{100}{(1+R)^{3}}+\frac{100}{(1+R)^{4}}+\cdots(\text{美元})$$

幸运的是，没有必要把所有项加起来计算，以得到永久债券的值。可以用一个简单的公式来求和①：

$$\text{PDV}=100/\text{R}(\text{美元}) \tag{15.2}$$

因此，如果利率是 5%，永久债券就值 100/0.05=2 000 美元，但如果利率是 20%，永
558 久债券就只值 500 美元。

债券的有效收益率

许多公司债券和政府债券在债券市场上交易。一种可交易债券的价值可以直接由其市场价格——买卖双方商定的价值来确定。② 因此，我们通常知道一个债券的价格，但是为了把债券与其他投资机会进行比较，我们要确定与该价格相一致的利率。

有效收益 式（15.1）和式（15.2）显示了两种不同债券的价格是如何取决于用于贴现未来支付的利率的。这两个等式可以"反过来"把利率与债券价格联系起来。这对于永久债券特别容易做到。假定永久债券的市场价格——从而它的价值——为 P，那么从式

---

① 令 x 为永久债券每年 1 美元的贴现值，则 $x=1/(1+R)+1/(1+R)^2+\cdots$。这样 $x(1+R)=1+1/(1+R)+1/(1+R)^2+\cdots$，因此，$x(1+R)=1+x$，$xR=1$，$x=1/R$。

② 交易活跃的公司债券和美国政府债券的价格在金融市场的网站上可以查到，如 www.yahoo.com、www.bloomberg.com 和 www.schwab.com。

（15.2）可以得到 $P=100/R$ 以及 $R=100/P$。因此，如果永久债券的价格是 1 000 美元，我们知道利率是 $R=$100 美元/1 000 美元$=0.10$，或者 10%。这个利率叫作**有效收益率（或有效回报率）**（effective yield or effective rate of return）。这是投资永久债券得到的百分比回报。

有效收益率（或有效回报率） 投资债券得到的百分比回报。

对于式（15.1）中的 10 年期有息债券，计算有效收益率稍微复杂些。如果债券的价格为 P，我们把式（15.1）写为：

$$P=\frac{100}{(1+R)}+\frac{100}{(1+R)^{2}}+\frac{100}{(1+R)^{3}}+\cdots+\frac{100}{(1+R)^{10}}+\frac{1000}{(1+R)^{10}}\text{（美元）}$$

给定价格 P，这一等式必能解出 R。虽然在这种情况下没有用 P 表达 R 的简单公式，但是有用数值计算 R 的方法（有时可以用计算器或表格程序如 Excel 进行）。图 15.2 绘制了与图 15.1 一样的曲线，它显示了对这种债券，R 是如何取决于 P 的。注意，如果债券的价格是 1 000 美元，有效收益率是 10%。如果价格上升到 1 300 美元，该图显示有效收益率下降到 6%。如果价格下跌到 700 美元，有效收益率上升到 16.2%。

不同债券的收益率可以有很大的差别。公司债券的收益率一般比政府债券高，如例 15.2 所示，有些公司的债券收益率比另一些公司的债券收益率高得多。这里最重要的原因之一是，不同的债券有不同程度的风险。美国政府对其债券违约（不支付利息或本金）的可能性比私人公司低。有些公司财务较好，因此其债券违约的可能性比另一些公司低。就如我们在第 5 章中所看到的，一项投资的风险越大，投资者要求的报酬也越高。结果，风险较大的债券有较高的收益率。 559

图 15.2 债券的有效收益率

说明：有效收益率是债券支付流的现值等于债券市场价格时的利率。本图显示，支付流的现值是利率的函数，因此，有效收益率可以通过在债券的价格水平处画一条水平线得到。例如，如果债券的价格是 1 000美元，则它的有效收益率就大约是 10%。如果价格是1 300美元，有效收益率大约是 6%。而如果价格是 700 美元，有效收益率将是 16.2%。

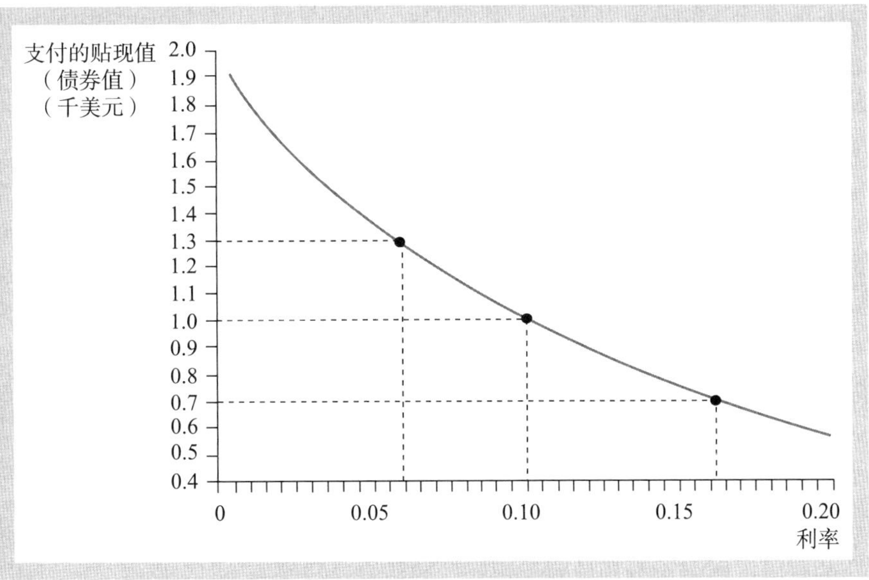

❖例 15.2 公司债券的收益率

为了弄清楚公司债券收益率是如何计算的，以及不同公司的债券收益率为何不同，让我们考察两只有息债券的收益率——一只由微软发行，另一只由博彩连锁企业恺撒娱乐（Caesars Entertainment）发行。每种债券的面值都是 100 美元，它意味着，当债券到期后，持有人得到 100 美元的本金。每种债券每六个月支付一次“债息”（即利息）。[1]

560 我们用 2016 年 5 月 26 日的收盘价来计算债券的收益率。下表总结了两只债券的信息：

	微软	恺撒娱乐
价格*（美元）	123.50	95.88
债息（美元）	5.300	11.000
到期日	2041 年 2 月 8 日	2021 年 10 月 1 日
到期收益率（%）	3.821	12.062
当前收益率（%）	4.291	11.473
评级	AAA	CCC−

*2016 年 5 月 26 日的价格。

资料来源：FINRA. 版权所有。FINRA 是 Financial Industry Regulatory Authority. Inc. 的注册商标。使用已得到 FINRA 的授权。

这些数字意味着什么呢？对于微软，123.50 美元的价格是基于 100 美元的债券面值得到的 2016 年 5 月 26 日的收盘价。5.30 美元的债息意味着每六个月支付给债券拥有人 2.65 美元。到期日是债券约定期满且债券持有人收回 100 美元面值的日期。3.821%的到期收益率是债券的有效收益率（即回报率），下面会详细讨论。当前的收益率简单地用债息除以当前价格可得，即 5.300/123.50＝4.29%。（当前收益率关系不大，因为它没告诉我们债券的实际回报率。）最后，微软的债券评级为 AAA，它是公司债券的最高评级，意味着违约风险非常低。

如何确定这一债券的有效收益率（即回报率或到期收益率）？为了简单起见，我们假设利息是年付，而不是每六个月支付的（这导致的误差很小）。因为微软的债券在 2041 年到期，因此利息支付将持续 2041—2016＝25 年。这样，收益率就由下列方程给出：

$$123.50=\frac{5.3}{(1+R)}+\frac{5.3}{(1+R)^2}+\frac{5.3}{(1+R)^3}+\cdots+\frac{5.3}{(1+R)^{24}}+\frac{5.3}{(1+R)^{25}}$$

为了得到有效收益率，方程必须解出 R。[2] 你可以检验一下（通过 $R^*=0.038\,21$ 并看看等式是否满足），它的解大概是 $R^*=3.821\%$。

恺撒娱乐债券的收益率可以用同样的方法得到。它的债券价格是 95.88 美元，每年的债息是 11.00 美元，2021—2016＝5 年到期，从而收益率的方程就是：

$$95.88=\frac{11}{(1+R)}+\frac{11}{(1+R)^2}+\frac{11}{(1+R)^3}+\frac{11}{(1+R)^4}+\frac{11}{(1+R)^5}$$

方程的解大概是 $R^*=12.062\%$。

为什么恺撒娱乐债券的收益率比微软债券的大得多？因为恺撒娱乐债券的风险较大。2013—2016
561 年，恺撒娱乐除某一个季度之外，都没有盈利。经济下滑导致的可支配收入下降与在线博彩游戏在年轻消费者中的流行导致了恺撒生意的快速下滑。2015 年 1 月 15 日，恺撒娱乐通过重组以避免破产。随着重组的完成，公司的债务上升了。与此一致，恺撒娱乐的债券被评为 CCC－级（最低评级）。因为投资者知道恺撒娱乐在债券支付上违约的可能性较大，他们仅在期望回报率高到足够补偿风险时才打算购买恺撒娱乐的债券。[3]

---

① 这些债券实际上的面值是 1 000 美元而不是 100 美元。价格和债息都按 100 美元列出，以节省版面。要得到实际的价格和支付，只要把报纸上或金融网站上的数字乘以 10 就可以了。

② 求解 R 的方程，可以用 Excel 的规划求解器（Solver）。

③ 资料来源：http：//www.ceocrestructuring.com/，http：//www.forbes.com/sites/greatspeculations/2015/01/07/trends-in-the-casino-industry-a-shift-from-the-las-vegas-strip-to-east-asia/# 139551696e3c，https：//www.zacks.com/stock/news/215836/what-awaits-caesars-entertainment-czr-in-q1-earnings.

15.4 资本投资决策的净现值标准

厂商所做的最普通、最重要的决定之一就是投资于新资本。数百万美元可能被投资于厂房或设备，这些厂房或设备可能会持续多年地影响厂商的利润。投资将会产生的未来现金流常常是不确定的，并且一旦厂房被建造起来，厂商通常不能通过拆除而出售以补偿投资——它变成了沉没成本。

净现值标准
如果一项投资预期的未来现金流的现值大于投资的成本，就应当投资的准则。

厂商应当如何确定一项特定的资本投资是否值得呢？它应当计算预期从投资中得到的未来现金流的现值，并与投资的成本进行比较。这就是**净现值标准**（net present value criterion，简称 NPV 标准）。

> NPV 标准：如果一项投资预期的未来现金流的现值大于投资的成本，就应该进行投资。

假定一项资本投资的成本为 C，它预期在未来的 10 年内产生数量为 π_1，π_2，…，π_{10} 的利润。

$$NPV = -C + \frac{\pi_1}{(1+R)} + \frac{\pi_2}{(1+R)^2} + \cdots + \frac{\pi_{10}}{(1+R)^{10}} \tag{15.3}$$

贴现率
用以确定未来得到的 1 美元在今天的价值的比率。

其中，R 是贴现未来利润流的**贴现率**（discount rate）。（R 可能是市场利率，也可能是某种其他利率，我们将很快讨论如何选择它。）式（15.3）描述了厂商从投资得到的净收益。厂商应当只有在净收益为正，即仅当 NPV>0 时，才进行投资。

资本的机会成本
投资于相似风险的其他项目所能实现的回报率。

贴现率的选择 厂商应当使用哪个贴现率？答案依赖于厂商能够使用货币的不同途径。 562
例如，厂商不进行这项投资，而可能投资于另一项带来不同利润流的资本。或者它可能投资于产生不同收益率的债券。结果，我们可以把 R 看作厂商**资本的机会成本**（opportunity cost of capital）。厂商如果不投资于这个项目，它可以通过投资于其他项目而得到回报。因此，正确的 R 值是厂商能够从一项相似的投资中实现的回报率。

所谓“相似的投资”，是指具有相似风险的投资。正如我们在第 5 章所看到的，一项投资的风险越大，人们预期得到的投资回报就越高。因此，投资此项目的机会成本，是投资具有相似风险的另一项目或资产可以得到的回报。

我们将在下一节考虑如何评价一项投资的风险。至于现在，让我们假设这个项目是没有风险的（即厂商确信，未来的利润流是 π_1，π_2，等等）。这样，投资的机会成本就是无风险资产的回报，例如人们投资于政府债券可得到的回报。如果该项目预期持续 10 年，厂商可以像式（15.3）那样，利用 10 年期政府债券的年利率来计算该项目的净现值。[1] 如果净现值是零，该投资的收益正好等于机会成本，因此，厂商对投资与否应当是无差异的。如果净现值大于零，就是收益大于机会成本，应当进行投资。[2]

电动机厂

在第 15.1 节，我们讨论了将 1 000 万美元投资于一个生产电动机的工厂的决策。这个

---

① 这是一个近似值。要获得精确值，厂商应当利用一年期债券的利率来贴现 π_1，用两年期债券的利率来贴现 π_2，等等。

② 当投资是不可逆的、受不确定性的约束而且可以被推迟时，净现值法则是不正确的。关于不可逆投资的处理，请参见 Avinash Dixit and Robert Pindyck，*Investment under Uncertainty*（Princeton，NJ：Princeton University Press，1994）。

工厂能够在 20 年中以每台 42.50 美元的成本，每个月生产 8 000 台电动机。电动机可以以每台 52.50 美元的价格出售，获得每台 10 美元，或每月 80 000 美元的利润。我们假设 20 年以后工厂将废弃不用，但它的废旧设备可卖 100 万美元。这是不是一项好的投资？要找出答案，我们必须计算其净现值。

我们现在假设每台 42.50 美元的生产成本和电动机出售的每台 52.50 美元的价格是确定的，因此厂商肯定它将得到每月 80 000 美元，或每年 960 000 美元的利润。我们还假设工厂 100 万美元废旧设备的价值是确定的。因此厂商就应当利用无风险利率来贴现将来的利润。以百万美元为单位来表达现金流，净现值就是：

$$\text{NPV}=-10+\frac{0.96}{(1+R)}+\frac{0.96}{(1+R)^2}+\frac{0.96}{(1+R)^3}+\cdots+\frac{0.96}{(1+R)^{20}}+\frac{1}{(1+R)^{20}} \tag{15.4}$$

563 图 15.3 描述了作为贴现率 R 的函数的净现值。注意当贴现率为 R^*，即大约 7.5%时，净现值为零（R^* 有时被称为投资的内部收益率）。在贴现率低于 7.5%时，净现值为正，因此厂商应当对工厂进行投资。在贴现率高于 7.5%时，净现值为负，因此厂商不应当进行投资。

图 15.3　一个工厂的净现值

说明：一个工厂的净现值是关于建造和运营它的所有现金流的贴现值。在这里，它就是将来的利润流减去当前建设成本的贴现值。净现值随着贴现率的提高而下降。在贴现率为 R^* 时，净现值为零。

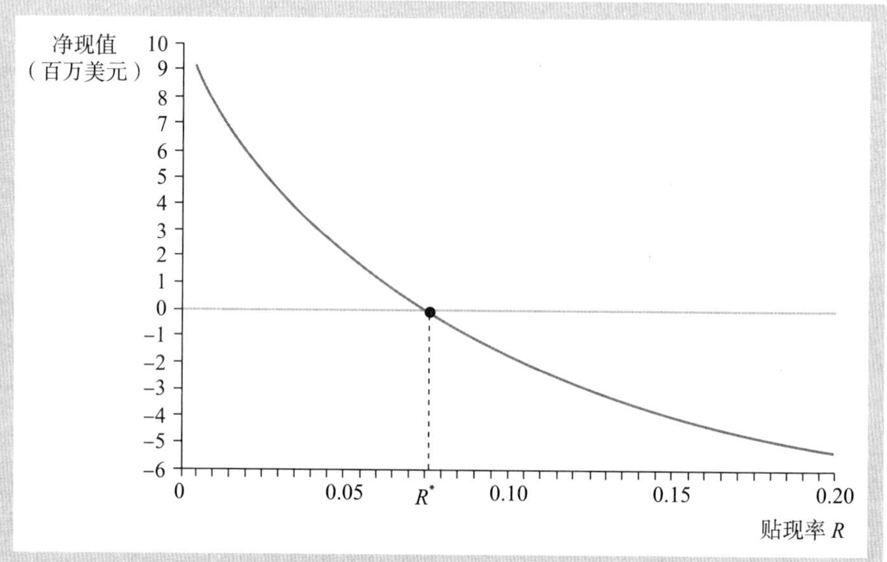

实际贴现率与名义贴现率

在上面的例子中，我们假设将来的现金流是确定的，因此贴现率 R 应当是无风险利率，类似美国政府债券的利率。假设该利率恰好是 9%，这是否意味着净现值是负的，厂商不应当进行投资呢？

要回答这个问题，我们必须区分实际贴现率和名义贴现率。让我们从现金流开始。在第 1 章，我们讨论了实际价格与名义价格，并且我们把实际价格解释为减去通货膨胀的价格，而名义价格则包括通货膨胀。在我们的例子中，我们假设工厂生产的电动机在未来 20 年里能以每台 52.50 美元的价格出售，但是我们没有说任何关于通货膨胀的效应。每台 52.50 美元是减去通货膨胀的实际价格，还是把通货膨胀包括在内了？就如我们将要看到的，对这个问题的回答很关键。

让我们假设 52.50 美元的价格以及 42.50 美元的成本是实际值。这意味着，如果我们预计年通货膨胀率为 5%，电动机的价格在第一年会从 52.50 美元上升到第二年的 55.13(=1.05×52.50) 美元，由第二年再上升到第三年的 57.88(=1.05×55.13) 美元，如此等等。因此，我们每年 960 000 美元的利润也是实际值。

现在让我们转向贴现率。如果现金流是实际值，贴现率必然也是实际值，理由是贴现率是 564
投资的机会成本。如果通货膨胀没有包括在现金流中，它也不应当包括在机会成本中。在我们的例子中，贴现率就应当是政府债券的实际利率。名义利率（9%）是我们在报纸上看到的利率，它包括通货膨胀。实际利率等于名义利率减去预期的通货膨胀率。[①] 如果我们预期通货膨胀率是平均每年 5%，实际利率就是 9%−5%=4%。这是计算对电动机厂进行投资的净现值时应当使用的贴现率。从图 15.3 中可以看到，在这个贴现率，净现值显然是正的，因此投资应当进行。

在利用净现值法则评估投资时，计算中的数字可以是实际值，也可以是名义值，只要它们一致就行。如果现金流是实际值，贴现率也应当是实际值。如果使用了名义贴现率，未来通货膨胀的效应也必须包括在现金流中。

负的未来现金流

厂房和其他生产设备需要花几年时间来建造和安装，因而，投资的成本也要分布在这几年里，而不是只发生在初始时期。此外，有些投资在开始几年预期会产生损失，而不是利润。（例如，在消费者了解产品之前，需求可能很低，或者成本一开始时可能很高，只有在管理人员和工人沿着学习曲线移动时，成本才会降下来。）负的未来现金流并不会对净现值法则产生影响，它们可以像正的现金流一样被贴现。

例如，假设我们的电动机厂需要一年时间建造：500 万美元立即支付，另外 500 万美元第二年支付。再假设工厂预期在投产第一年损失 100 万美元，第二年损失 50 万美元。以后它将每年赚取 96 万美元，直到第 20 年，那时，它像前面所说的，将以 100 万美元处理掉（所有这些现金流都是实际的）。现在，净现值就是：

$$\mathrm{NPV}=-5-\frac{5}{(1+R)}-\frac{1}{(1+R)^2}-\frac{0.5}{(1+R)^3}+\frac{0.96}{(1+R)^4}+\frac{0.96}{(1+R)^5}+\cdots+\frac{0.96}{(1+R)^{20}}+\frac{1}{(1+R)^{20}} \tag{15.5}$$

假设实际利率是 4%。厂商应当建造这个工厂吗？你可以证实净现值是负的，因此这个项目不是个好项目。

例 15.3　纽约市出租车特许执照的价值

我们在例 9.5 中发现，在 2011 年，纽约出租车特许执照的数量与 1937 年大致相同，因此一张特 565
许执照的价格为 880 000 美元。（回顾一下，特许执照是出租车载客的特许授权。）出租车公司掌握着这些特许执照，并且它们成功地施压市政府限制特许执照的数量，因此可以保证特许执照的高价格——代价是市民打车很困难。

① 人们对将来的通货膨胀会有不同的看法，因此可能对实际利率有不同的估计。

一张出租车特许执照可以保证其所有者租车给司机，并通过出租车的运营而得到利润。这个利润足够高到令一张特许执照可以价值 880 000 美元吗？我们来计算一下出租车公司通过租借特许执照给出租车司机得到的收入流。

出租车公司对出租车司机特许执照的使用收取固定费率，不过这个费率由政府设定上限。在 2011 年，此费率为每 12 个小时一班、每班 110 美元，或者每天 220 美元。假设司机每周开 7 天车，每年开 50 周，则出租车公司可以从特许执照上赚到每年 7×50×220＝77 000 美元的收入。其中的风险很小（因为出租车是短缺的，所以可以很容易找到希望租用特许执照的司机），而且租用的费率是随着通货膨胀而上升的。因此，一个 5%的贴现率可能对于贴现未来收入流是合理的。假设一个 20 年的时限，收入流的现值为：

$$PV=\frac{70\ 000}{1.05}+\frac{70\ 000}{(1.05)^2}+\frac{70\ 000}{(1.05)^3}+\cdots+\frac{70\ 000}{(1.05)^{20}}=872\ 355(\text{美元})$$

因此，880 000 美元的特许执照价格确实与 2011 年特许执照带给出租车公司的收入流一致。

不过，正如我们在例 9.5 中所见，2011 年之后特许执照的价值飞速下滑。这是因为 Uber、Lyft 和其他共享乘车服务的出现。（你可以通过智能手机上的 APP 实现约车，司机会载你到达目的地。）到 2016 年，纽约市出租车特许执照只能卖 500 000 美元了。有人可能会认为，在 2011 年出租车公司应该已经预期到 Uber 和 Lyft 的进入会带来什么，但是大多数出租车公司并没有预期到。

15.5 对风险的调整

我们已经看到，无风险利率是确定未来现金流量的合适贴现率。然而，对大多数项目而言，未来现金流远不是确定的。例如，对我们的电动机厂，我们将预期未来的铜价是不确定的，未来的需求从而电动机的价格是不确定的，甚至将来的工资率也是不确定的。因而，厂商无法知道，未来 20 年它从工厂得到的利润是多少。它对利润的最好预计可能是每年960 000美元，但实际利润可能高于或低于这个数目。厂商在计算项目的净现值时，应当怎样把这种不确定性考虑在内呢？

风险溢价 风险厌恶者为规避风险而愿意付出的最大货币额。

566 一般的做法是在无风险利率上加一个**风险溢价**（risk premium），提高贴现率。这一思想认为厂商的所有者是风险规避者，这就使风险的未来现金流比确定的未来现金流的现值要低。提高贴现率从而降低未来现金流的现值，就把这一点考虑在内了。不过，风险溢价应当多大呢？就如我们将会看到的，答案取决于风险的性质。

可分散风险与不可分散风险

可分散风险 能够通过投资于许多项目或持有许多公司的股票而消除的风险。

把风险溢价加到贴现率上必须小心。如果厂商的经理从股东利益出发进行操作，他们必须区分两种风险——可分散风险和不可分散风险。① **可分散风险**（diversifiable risk）能够通过投资于许多项目或持有许多公司的股票而消除。**不可分散风险**（nondiversifiable risk）不能以这种办法消除。只有不可分散风险影响资本的机会成本，从而应当纳入风险溢价。

可分散风险 要理解这一点，回顾第 5 章，分散化可以消除许多风险。例如，我不知

① 可分散风险也称作非系统风险，而不可分散风险也称作系统风险。在贴现率上简单加一个溢价并不总是处理风险的正确方法。参见 Richard Brealey and Stewart Myers，*Principles of Corporate Finance*（New York：McGraw-Hill，2011）。

道抛硬币的结果是正面还是反面朝上，但是可以合理地相信，抛 1 000 次硬币，大约有一半是正面朝上。同样，向我出售人寿保险的保险公司并不知道我能活多久，但是，通过向千千万万个个人出售人寿保险，它能够合理地相信，这些人中间每年有多大比例将会去世。

不可分散风险 无法通过投资于许多项目或持有许多公司的股票而消除的风险。

资本投资决策在很大程度上也一样。虽然从单个投资中得到利润流是要冒很大风险的，但是如果厂商投资于几十个项目（就如大多数大厂商所做的那样），它的总风险将会低得多。进一步说，即使公司只投资于一个项目，它的股东也能很容易地通过持有十几个不同公司的股票，或者通过持有投资于许多股票的共同基金来分散风险。因此，股东，即厂商的所有者，能够消除可分散风险。

由于投资者能够消除可分散风险，因此他们不能期望因承担风险而得到高于无风险利率的回报率（没有人会因为你承担了无须承担的风险而付给你钱）。而且确实，只有可分散风险的资产平均得到的回报率接近于无风险利率。现在记住，一个项目的贴现率是投资于该项目的机会成本，而不是投资于其他具有类似风险特征的项目或资产的机会成本。因此，如果项目的唯一风险是可分散的，机会成本就是无风险利率，在贴现率上就不必再加任何风险溢价。

不可分散风险　关于不可分散风险又怎样呢？首先，让我们弄清楚它是怎样出现的。对于人寿保险公司来说，发生重大战争的可能性形成了不可分散风险。战争会迅速提高死亡率，而公司无论有多少顾客，都不能预期其顾客每年的死亡会有一个“平均”数。结果，大多数保险单，无论是人寿、健康还是财产保险，都不赔偿战争行为导致的损失。

对于资本投资，不可分散风险会出现，是因为厂商的利润有赖于整个经济。一方面，当经济增长强劲时，公司利润会较高（就我们的电动机厂来说，对电动机的需求会趋于上 567
升，因此利润会增加）。另一方面，在衰退时利润会趋于下降。因为将来的经济增长是不确定的，所以分散化不能消除所有风险。投资者应当（并且确实也能够）通过承担这一风险获得较高的回报率。

只要一个项目有不可分散风险，投资该项目的机会成本就高于无风险利率，风险溢价就必须包括在贴现率中。让我们来看看风险溢价的大小如何确定。

资本资产定价模型

资本资产定价模型（capital asset pricing model，CAPM）通过比较一项资本投资的回报率与投资于整个股票市场的回报率来衡量该投资的风险溢价。要理解这个模型，假设首先你投资于整个股票市场（比如通过共同基金）。这样，你的投资就完全分散化了，你就不用承担任何可分散风险。然而，你将承担不可分散风险，因为股票市场趋于与整个经济一起变动。（股票市场反映预期的未来利润，而未来利润又部分地取决于整个经济。）结果，预期的股票市场回报率就高于无风险利率。令股票市场的预期回报率为 r_m，无风险利率为 r_f，市场的风险溢价就是 $r_m - r_f$。这是额外的预期回报，它是人们由于承担了与股票市场相关的不可分散风险而预期能够得到的。

资本资产定价模型 一项资本投资的风险溢价取决于该项目的收益和整个股票市场的收益之间的关系的模型。

现在考虑一种与类似公司股票等的资产相关的不可分散风险。我们可以用该资产的回报与整个股票市场的回报的相关（向同一方向移动的）程度来衡量这一风险。例如，一个公司的股票可能与整个市场几乎没有相关性。总的来说，该股票的价格的变动独立于市场的变化，因此，它就没有或很少有不可分散风险。该股票的回报率就应当大致与无风险利率一样。然而，另一种股票可能与市场高度相关，其价格的变化甚至可能放大整个市场的变动。该股票将会有大量的不可分散风险，可能比整个市场还多，这时其回报率平均来说将会超过市场回报率 r_m。

资本资产定价模型用下列方程归纳了预期回报率与风险溢价的关系：

$$r_i - r_f = \beta(r_m - r_f) \tag{15.6}$$

资产贝塔
衡量资产的回报率对市场变动敏感度的常数，也就是衡量该资产的不可分散风险的常数值。

其中，r_i 是一项资产的预期回报率。该式表明，该资产的风险溢价（其预期回报率减去无风险利率）是与市场的风险溢价成比例的。比例的常数 β 称作**资产贝塔**（asset beta）。它度量了资产的回报率对市场变动的敏感性，因此度量了该资产的不可分散风险。如果市场价格提高 1%会使资产的价格提高 2%，β 就是 2。如果市场价格提高 1%会使资产的价格提高
568 1%，β 就是 1。如果市场价格提高 1%不会导致该资产价格的变动，β 就是零。就如式(15.6)所示，β 越大，该资产的预期回报率就越高。为什么？因为该资产的不可分散风险也越大。

风险调整的贴现率　给定 β，我们就能确定计算一种资产净现值的正确贴现率了。这一贴现率是该资产或另一有相同风险资产的预期回报率。因此它是无风险利率加上反映不可分散风险的风险溢价：

$$贴现率 = r_f + \beta(r_m - r_f) \tag{15.7}$$

在过去的 60 年里，股票市场的风险溢价（$r_m - r_f$）平均大约为 8%。如果实际无风险利率是 4%，并且 β 是 0.6，正确的贴现率就将是 0.04+0.6×0.08=0.09，或者说 9%。

公司的资本成本
公司股票的预期回报率和公司偿付债务的利率的加权平均值。

如果该资产是股票，其 β 通常可以用统计数据估算出来。[①] 然而，当资产是一个新工厂时，确定 β 就比较困难了。许多公司因此利用公司的资本成本作为（名义的）贴现率。**公司的资本成本**（company cost of capital）是公司股票的预期回报率（它取决于该股票的 β）和它偿付债务的利率的加权平均数。只要有关的资本投资对整个公司来说是有代表性的，这一方法就是正确的。然而，如果资本投资的不可分散风险比整个公司的大得多或小得多，它就会产生误导。在这种情况下，最好还是对投资的收入在多大程度上取决于整个经济做出合理的猜测。

❖例 15.4　一次性纸尿裤产业的资本投资

在例 13.6 中，我们讨论了一次性纸尿裤产业，它由宝洁公司以及金佰利-克拉克公司控制。我们解释说，它们持续的研究与开发（R&D）支出使这些厂商具有阻止进入的成本优势。现在我们考察一个潜在进入者的资本投资决策。

假设你正在考虑进入该行业。要利用生产以及广告和销售两方面的规模经济，你需要建造三个每
569 个成本为 6 000 万美元的工厂；当这些工厂全面投产后，将每年生产 25 亿片纸尿裤。这些纸尿裤大约以每片 16 美分的批发价出售，每年带来约 4 亿美元的收入。你可以预计你的可变生产成本大约是每年 2.9 亿美元，因此净收入是每年 1.1 亿美元。

然而，你还有其他支出。用宝洁公司和金佰利-克拉克公司的经验为基准，你预计在开始设计有效率的生产程序前，要用 6 000 万美元进行研究与开发，并在每年的生产中再用 2 000 万美元的研究与开发来维持和改进这一程序。最后，一旦你全面投产后，你预计还要在销售人员、广告和推销上支出

---

① 我们可以对股票的回报率与市场的超额回报率 $r_m - r_f$ 进行线性回归，估算出 β。我们也可以浏览如雅虎等财经网站来找出 β 的值。例如，我们通过浏览雅虎网站会发现，2011 年 8 月，英特尔公司的 β 大约是 1.07，伊斯曼-柯达公司的 β 大约是 1.46。

5 000万美元，得到 4 000 万美元的净经营利润。工厂将维持 15 年，然后废弃。

这一投资是个好主意吗？为了找出答案，让我们计算它的净现值。表 15.5 显示了有关的数字。我们假设生产从厂房建造完成的 2015 年开始，该年达到生产能力的 33%，两年后全面投产，并一直生产到 2030 年。若净现金流给定，则净现值计算如下：

$$\text{NPV}=-120-\frac{93.4}{(1+R)}-\frac{56.6}{(1+R)^2}+\frac{40}{(1+R)^3}+\frac{40}{(1+R)^4}+\cdots+\frac{40}{(1+R)^{15}}$$

表 15.5 给出了贴现率分别为 5%、10%和 15%的净现值。

表 15.5 净现值计算数据

单位：百万美元

	2015 年以前	2015 年	2016 年	2017 年	…	2030 年
销售		133.3	266.7	400.0	…	400.0
减去						
可变成本		96.7	193.3	290.0	…	290.0
持续的研究与开发		20.0	20.0	20.0	…	20.0
销售人员、广告和推销		50.0	50.0	50.0	…	50.0
经营利润		−33.4	3.4	40.0	…	40.0
减去						
建设成本	60.0	60.0	60.0			
初始的研究与开发	60.0					
净现金流	−120.0	−93.4	−56.6	40.0	…	40.0
贴现率		0.05	0.10	0.15		
净现值		80.5	−16.9	−75.1		

注意在贴现率为 5%时净现值为正，但是当贴现率为 10%或 15%时，它就为负。什么是正确的贴 570
现率？首先，我们忽略了通货膨胀，因此贴现率应当是实际值。其次，现金流是有风险的——我们不知道我们的工厂能多有效率，不知道我们的广告和推销将有多少效果，甚至不知道将来对一次性纸尿裤的需求会怎样。某些风险是不可分散的。为了计算风险溢价，我们将取 β 为 1，这是这类消费品生产商有代表性的数字。利用 4%的实际无风险利率和 8%的股票市场风险溢价，我们的贴现率就应当是：

$$R=0.04+1\times 0.08=0.12$$

根据这一贴现率，净现值显然是负的，因此投资没有意义。我们将不会进入该产业，宝洁公司和金佰利-克拉克公司能松一口气了。然而，你不应当对这些公司能赚钱而我们不能感到惊讶。宝洁公司和金佰利-克拉克公司的经验、早些年的研究与开发（它们在建新厂之前不需要在研究与开发上再支出 6 000 万美元）以及品牌的认可度都使它们有竞争优势，这是新进入者会发现难以逾越的优势。

15.6 消费者的投资决策

我们已经看到，厂商是如何评价未来现金流，从而决定是否投资于长期资本的。消费者在购买耐用品，像汽车或大件家用电器时，也面临类似的决策。与购买食品、娱乐或服装不同，购买耐用品涉及未来收益流与当前购买成本的比较。

假设你正在做是否购买一辆新车的决定。如果你保有这辆车 6～7 年，大部分收益（和运行成本）都将发生在未来。因此你必须把拥有这辆车带来的未来净收益流（有了交通工具的收益减去保险、维修以及汽油的成本）与购买的价格进行比较。同样，当你决定是否购买新的空调时，你必须把它的价格与净收益流（房间凉爽的收益减去运转空调的电费）的现值进行比较。

这些问题与厂商的问题相似，厂商在做资本投资决策时，必须把未来利润流与厂房和设备的当前成本进行比较，因此，我们能够像分析厂商的投资问题一样分析这些问题。让我们来分析一个消费者购买汽车的决策。

拥有一辆汽车的主要收益是它提供了交通服务流。这些服务的价值在消费者之间是不同的。假设消费者认为该服务每年值 S 美元。让我们再假设总的开支（保险、维修和汽油）
571 为每年 E 美元；汽车的价格为 20 000 美元；六年后再卖出的价值为 4 000 美元。购买汽车的决策就可以在净现值框架下做出：

$$\text{NPV} = -20\ 000 + (S-E) + \frac{S-E}{(1+R)} + \frac{S-E}{(1+R)^2} + \cdots + \frac{S-E}{(1+R)^6} + \frac{4\ 000}{(1+R)^6} \tag{15.8}$$

消费者应当用什么贴现率 R 呢？消费者应当用与厂商相同的原则——贴现率是货币的机会成本。如果消费者已经有 20 000 美元，因而不需要贷款，正确的贴现率就是这笔钱投资于另一种资产——比如说储蓄账户或政府债券——能够得到的回报率。另外，如果消费者使用借款，贴现率就是他支付的借款利率。这一利率可能比债券或储蓄账户的利率高很多，因此投资的净现值就比较小。

消费者同样要在当前支付和未来支付之间权衡。有关决策的一个例子是购买还是租用一辆车。假设你能以 15 000 美元的价格购买一辆新的丰田卡罗拉（Toyota Corolla），而且六年之后出售，仍可得 6 000 美元。另一个方案是，你可以以每月 300 美元的租金租用三年，到期将车退还。哪种方式更好——购买还是租用？答案依赖于利率。如果利率非常低，未来租金的现值将会很高，那么购买比较合适；如果利率很高，未来租金的现值将相对较低，那么租用比较合适。

∴例 15.5 选择空调与汽车

购买一台新的空调涉及权衡问题。有些空调较便宜，但能效较低——相对于制冷能力来说，它们耗电较多。另一些空调较贵，但能效较高。你应该购买一台低能效空调，使现在支出较低但将来的运转成本较高，还是购买一台高能效空调，使现在支出较多但将来的运转成本较低呢？

让我们假设你正在比较具有相同制冷能力的空调，因此它们会产生同样的收益流。这样我们就能比较它们成本的贴现值。假设有 8 年的使用期，并且不能再出售，购买和使用空调 i 的成本的贴现值就是：

$$\text{PDV} = C_i + OC_i + \frac{OC_i}{(1+R)} + \frac{OC_i}{(1+R)^2} + \cdots + \frac{OC_i}{(1+R)^8}$$

其中，C_i 是空调 i 的购买价格；OC_i 是它的平均年运转成本。

572 哪种空调好取决于你的贴现率。如果你没有什么自由现金而必须借款，你应当用一个高贴现率。这会使将来运转成本的现值较小，因此你可能会选择价格较低且相对能效也较低的空调。如果你有充足的自由现金，使货币的机会成本（从而贴现率）较低，你可能会购买较贵的空调。

一项对家庭购买空调的计量研究显示，消费者正倾向于使用这种方法，在资本成本和预期的未来运转成本之间做出权衡，虽然人们使用的贴现率较高——就整个人口来说大约是20%。[①]（美国消费者似乎都毫无远见地过度贴现将来储蓄。）该研究还显示，消费者的贴现率与他们的收入变动方向相反。例如，那些位于平均收入以上的人，所用的贴现率为9%，而那些位于整个收入分布中最低的1/4的人，使用39%或更高的贴现率。我们可以预期到这一点，因为高收入的人会有较多的自由现金，从而货币的机会成本较低。

购买一辆新车要做出相似的权衡。一辆车可能比另一辆车更便宜，但是油耗高并且保养和修护费用较高，因此预期未来使用成本较高。如同空调，消费者可以通过计算和比较购买价格以及预期的年均使用成本的贴现值来对不同的车型做出比较。一项对汽车的计量分析发现，消费者确实在购买价格和预期使用成本的贴现值之间做如此的权衡。[②] 分析同样发现，对所有消费者而言，平均的贴现率在11%～17%的幅度内变动。这些估计的贴现率低于空调的贴现率，可能反映了汽车贷款的广泛可得性。

15.7 人力资本投资

迄今，我们已经讨论了厂商和消费者如何对物质资本进行投资决策——有关厂商的建筑和设备，以及有关消费者的诸如汽车、大件家用电器等耐用消费品。我们已经看到了如何用净现值法则来处理这些决策：当投资所得的现值超过成本的现值时，进行投资。

一些非常重要的投资涉及人力资本，而不仅仅是物质资本。假定你现在正在读本书，那么在这个时点或许你正在对自己进行人力资本投资。[③] 也许作为本科生或者研究生计划的一部分，通过学习《微观经济学》你得到了非常有价值的知识和技能，从而使你在未来生产能力更高。

人力资本
那些有助于个人在一生中生产能力更高从而能得到更高收入的知识、技能和经验。

人力资本（human capital）是那些有助于个人在一生中生产力更高从而能得到更高收入的知识、技能和经验。如果你去上大学或者读研究生，或者参加一个专门的职业培训 573
项目，你就是在进行人力资本投资。最有可能的是，你在构建自己的人力资本时所投入的时间、金钱和努力，最终会以获得更多报酬或者更高工资的工作机会的方式获得回报。

个人该如何决定是否进行人力资本投资呢？要回答这个问题，我们同样可以运用物质资本投资时所采用的净现值法则。

例如，假设完成高中学习后你在决定是进入大学学习四年还是不上大学而直接工作。为了使分析更简单，我们把对这个决策的分析限制在财务方面的考虑，从而忽略进入大学后的愉悦享受（以晚会、足球赛等形式）或者艰难困苦（以考试、写论文等形式）。我们将计算获得学士学位的成本和收益的净现值。

大学教育的净现值 大学教育主要有两项成本。首先，因为你是选择学习而不是工作，你将面对错失一份工作所可能带来的工资收入这样的机会成本。对于美国的典型的高中毕

① Jerry A. Hausman, "Individual Discount Rates and the Purchase and Utilization of Energy-Using Durables," *Bell Journal of Economics* 10 (Spring 1979): 33 - 54.

② Mark K. Dreyfus and W. Kip Viscusi, "Rates of Time Preference and Consumer Valuations of Automobile Safety and Fuel Efficiency," *Journal of Law and Economics* 38 (April 1995): 79 - 105.

③ 另外，发现本书比一本好的小说更令人愉悦，你可能仅仅为快乐而阅读。

业生，一个合理的工作工资估计为2万美元/年。第二项主要的成本是学费、住宿费、膳食费以及相关支出（比如书费）。学费和食宿费的差异很大，依赖于个人选择的是公立学校还是私立学校，住在家里还是住在学校，以及是否得到了奖学金。我们用2万美元作为一个粗略的平均数。（大多数公立大学相对便宜，但是很多私立大学和院校的费用很高。）因此，四年大学，我们采用的总经济成本是每年4万美元。

大学教育的一个重要收益在于你以后工作期间能得到更高工资的能力。在美国，一个大学毕业生比高中毕业生每年多挣2万美元。在现实中，大学毕业后的5～10年是工资差距最大的时候，以后差距开始变小。然而，为了简单起见，我们假设这2万美元的工资差距会存在20年。如此，大学教育的投资净现值（以千美元表示）是

$$\text{NPV}=-40-\frac{40}{(1+R)}-\frac{40}{(1+R)^2}-\frac{40}{(1+R)^3}+\frac{20}{(1+R)^4}+\cdots+\frac{20}{(1+R)^{23}}$$

该如何选择贴现率 R 来计算净现值？因为我们已经把成本和收益随时间固定了，也就隐含着忽略了通货膨胀，因此我们应该采用实际的贴现率。这样，一个合理的实际贴现率将在5%左右。这个数值反映了很多家庭在使用金钱时的机会成本——投资于人力资本之外的资产时可能得到的回报。你可以算得这个净现值大约为6.6万美元。对于5%的贴现率，投资于大学教育是一个好的想法，至少从纯粹的财务方面考虑是这样。

尽管大学教育的净现值是正数，但它并不是很大。为什么进入大学的财务回报不是很高？因为在美国，对于大多数高中毕业生而言，进入大学是很容易的。[①] 换句话说，大学
574 教育基本上是自由进入的投资。正如我们在第8章所看到的，在自由进入的市场，我们应该期望得到零经济利润。当然，一个低的经济回报并不意味着你不该完成你的大学学业——除了未来的收入增加，大学教育还提供了很多其他的益处。

❖例 15.6 你应该去读商学院吗？

本书的很多读者正在打算申请进入商学院并获得一个 MBA 学位，或已经被 MBA 项目录取了。正在考虑（或者已经加入）商学院的你，可能会权衡 MBA 学位是否为有价值的投资。让我们看看能否对你所关心的问题有所帮助。

对大多数人而言，获得 MBA 学位意味着收入增加——很有可能是大幅度的增加。表15.6显示了31所商学院的 MBA 之前和 MBA 之后的平均薪水估计，包括23所美国大学和8所其他国家的大学。[②] 正如你所见，薪水的增加幅度非常大。不过记住，并不是所有 MBA 项目都包括在表15.6中。事实上，因为所列的是顶尖的 MBA 项目——并且薪水数据是自己上报的——很有可能过高估计了所有 MBA 毕业生的平均薪水。对美国整体而言，一个粗略的估计是，那些申请 MBA 项目学习的学生的平均薪水每年在4.5万美元左右，而获得 MBA 学位后平均薪水每年可增加3万美元。对于我们的简单分析，我们假设这个每年3万美元的所得将持续20年。

---

① 这并不是说所有高中毕业生都能进入想进的大学。一些大学是选拔性的并且要求很高的学习成绩和入学测试分数，但是美国众多的院校和大学为大多数高中毕业生提供了接受本科教育的机会。

② 这些数据是那些在2011年获得 MBA 学位的学生在2016年的平均薪水，来自 *Financial Times*，前100位商学院排名（http://rankings.ft.com/businessschoolrankings/global-mba-rankings-2016）。

表 15.6 进入商学院之前和之后的薪水

单位：美元

资料来源：Financial Times，Ltd.，Global MBA Ranking 2016 (http://rankings.ft.com/businessschoolrankings/global-mba-ranking-2016).

大学	读 MBA 之前的薪水	MBA 毕业三年后的平均薪水
斯坦福大学商学院研究生院	99 433	185 939
宾夕法尼亚大学（沃顿）	96 672	177 877
哈佛商学院	88 918	172 501
哥伦比亚商学院	85 360	169 866
西北大学（凯洛格）	84 416	162 923
麻省理工学院（斯隆）	84 163	159 909
芝加哥大学（布斯）	76 454	158 259
达特茅斯学院（塔克）	80 334	156 652
耶鲁大学	73 188	152 232
纽约大学（斯特恩）	76 401	150 510
弗吉尼亚大学（达顿）	70 385	147 104
密歇根大学（罗斯）	70 029	144 961
杜克大学（富科）	74 461	144 455
康奈尔大学（约翰逊）	70 675	142 764
加州大学洛杉矶分校（安德森）	74 110	140 067
卡内基-梅隆大学（泰珀）	65 863	136 996
得州大学奥斯汀分校（麦克库姆）	69 957	134 317
乔治敦大学（麦克多诺）	67 154	130 950
南加州大学（马歇尔）	68 867	128 782
范德堡大学（欧文）	62 170	121 231
印第安纳大学（凯利）	59 099	119 970
罗切斯特大学（西蒙）	54 335	109 756
宾夕法尼亚州立大学（斯米尔）	51 513	105 601
国际商学院		
印度管理学院艾哈迈达巴德分校（印度）	88 915	174 274
欧洲工商管理学院（法国/新加坡）	84 954	166 510
瑞士洛桑国际管理学院（IMD）（瑞士）	86 032	157 439
剑桥大学（贾吉，英国）	80 166	156 323
伦敦商学院	77 075	154 150
香港科技大学商学院（中国）	67 431	144 303
巴黎高等商学院（法国）	64 567	134 299
Incae 商学院（哥斯达黎加）	36 695	89 902

典型的美国 MBA 项目为期两年，学费和其他费用大致为每年 4.5 万美元（很少有 MBA 学生能得到奖学金）。除了学费和其他费用外，把 MBA 期间的薪水这个机会成本包括进来很重要，比如，另外的每年 4.5 万美元。因此，获得 MBA 学位的总经济成本是每年 9 万美元。这项投资的净现值是

$$NPV=-90-\frac{90}{(1+R)}+\frac{30}{(1+R)^2}+\cdots+\frac{30}{(1+R)^{21}}$$

你可以用 5%的贴现率计算一下，净现值的结果是 18 万美元。

为什么像表 15.6 所列的那样，商学院的 MBA 项目比一般的四年本科学位能有更高的收益？因为 576
一些 MBA 项目（尤其像表 15.6 所列的）是选拔性的并且很难进入（如法律、医学等专业性项目也有相似的情形）。因为申请 MBA 的人远远多于能够进入 MBA 项目的人，这个学位的报酬也相对较高。

你应该去读商学院吗？如我们以上所见，财务上的决策很容易：尽管成本较高，但投资回报也相当高。当然，还有其他因素可能影响你的决策。比如，一些学生发现他们在商学院的课程（尤其是经济学）非常有趣；其他一些学生则发现这样的经历非常乏味无趣。另外一个问题是你的本科成绩和测试分数是否达到你申请这项人力资本投资的条件。最后，也是最重要的，你可能发现另一个职业选择有更高的回报，而无论是否会实现更高的利润。我们把在艺术、法律或者教育本身（教学）等的人力资本投资回报留给你自己来计算。

*15.8　跨时生产决策：可耗竭资源

生产决策经常有跨时的特征——今天的生产影响未来的销售或成本。我们在第 7 章讨论的学习曲线就是一个例子。通过今天的生产，厂商获得了经验，降低了未来的成本。在这种情况下，今天的生产部分地是对未来降低成本的投资，因此，在比较成本和收益时，这种价值必须考虑在内。另一个例子是生产可耗竭资源。一个油井的所有者今天开采石油，未来可供开采的石油就少了。在决定生产多少时，这一点必须予以考虑。

类似这种情况的生产决策涉及今天的成本和收益与未来的成本和收益之间的比较。我们可以用贴现值的概念进行这些比较。我们将详细讨论可耗竭资源的情形，虽然同样的原则也适用于其他跨时的生产决策。

个体资源生产者的生产决策

假定你的富翁叔叔给了你一口油井。该油井可开采 1 000 桶石油，它能以每桶 10 美元的不变平均成本和边际成本进行开采。你应当现在就把它全部开采出来，还是应当储存到将来开采？[①]

你可能觉得，答案取决于你把石油从地下开采出来后你能获得的利润。不管怎么说，如果石油的价格大于开采石油的成本，为什么不把它开采出来呢？不过，这样思考就忽略了今天用完石油的机会成本，即将来没有石油可用了。

577 因而，正确的答案不是取决于当前的利润水平，而是取决于你预计石油的价格上涨得有多快。地下的石油就像银行里的钱，只有在它得到的回报率至少与市场利率一样高时，你才应当把它保存在地下。因此，如果你预期石油的价格将保持不变，或非常缓慢地上涨，你现在就应该把它全部开采出来并卖掉，再把收入进行投资，这会使你的境况变得更好。但是如果你预期石油价格上涨很迅速，你应当把它储存在地下。

价格必须上升多快才会使你把石油储存在地下？你的油井中每桶石油的价值等于石油的价格减去 10 美元的开采成本（这是你开采和销售一桶石油能够得到的利润）。这一价值必须至少与使你把石油储存在地下的利率上升得一样快。因此，你的生产决策原则是：如果你预期石油价格减去开采成本上升得快于利率，就保留所有的石油。如果你预期石油价格减去开采成本上升得慢于利率，就开采并销售所有的石油。如果你预期价格减去成本上升得正好与

① 对于大多数实际油井来说，边际成本和平均成本不是不变的，并且在短时间内把全部石油抽出的成本是极高的。我们将忽略这一复杂情况。

利率一样快，怎么办呢？这时，你对开采石油和把它留在地下是无差异的。令 P_t 为今年的石油价格，P_{t+1} 为明年的石油价格，c 为开采成本，我们可以把这一生产规则写成：

- 如果 $(P_{t+1}-c)>(1+R)(P_t-c)$，把石油储存在地下。
- 如果 $(P_{t+1}-c)<(1+R)(P_t-c)$，现在出售石油。
- 如果 $(P_{t+1}-c)=(1+R)(P_t-c)$，没有差别。

给定我们预期的石油价格上涨率，我们就能利用这一规则决定生产。但是我们应当预期石油的市场价格上升多快呢？

市场价格的行为

假定不存在石油输出国组织卡特尔，并且石油市场由许多竞争性生产者构成，他们拥有像我们一样的油井。这样，我们就能通过考虑其他生产者的生产决策来确定石油价格可能会上涨得多快。如果其他生产者想要得到最高的可能回报率，他们将会遵循我们上面所述的生产原则。这意味着，价格减去边际成本必须上升得与利率一样快。① 要理解这一点，假设价格减去成本上升得快于利率。这时，没有人会销售任何石油。这不可避免地会促使石油的当前价格上升。另外，如果价格减去成本上升的速度慢于利率，每个人都会试图立即出售所有石油，而这会促使当前价格下降。

图 15.4 表明了市场价格如何必然上升。开采的边际成本为 c，价格和总的生产数量一开始时分别是 P_0 和 Q_0。图 15.4（a）显示，净价格 $P-c$ 以与利率相同的速度上升。图 15.4（b）显示，随着价格的上涨，需求的数量下降。这样一直持续到时间 T，这时所有石油都被用完，而价格 P_T 正好是需求为零的价格。

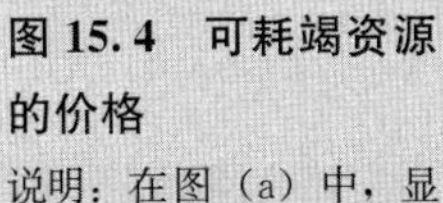

图 15.4 可耗竭资源的价格

说明：在图（a）中，显示的价格随时间的推移而上升。在地下的一种资源的单位数必须获得与其他资产相当的回报。因此，在一个竞争性市场上，价格减去边际生产成本将以与利率同样的速度上升。图（b）显示，随着价格的上升，在需求曲线上需求的向上移动。

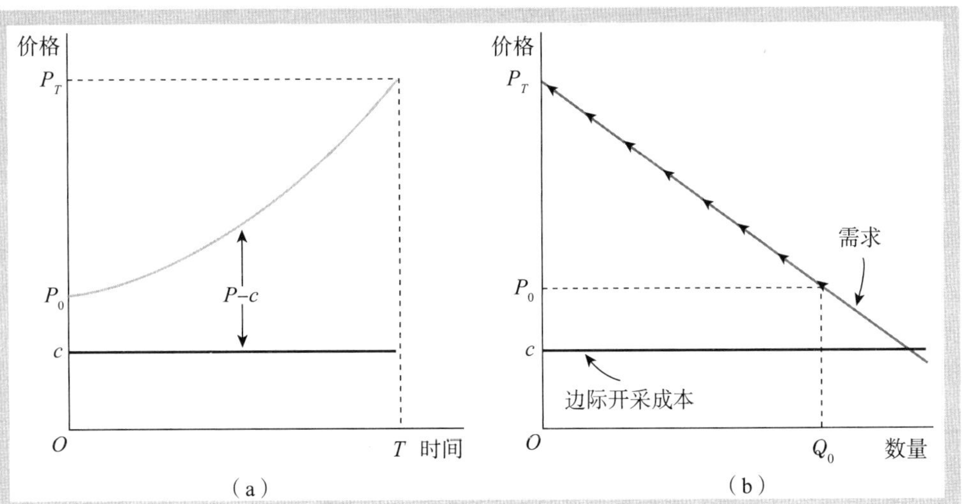

使用者成本

我们在第 8 章看到，一个竞争性厂商总是生产到价格等于边际成本那一点为止。然而，

① 这一结果被称作霍特林准则，因为它首先是由哈罗德·霍特林（Harold Hotelling）证明的，参见“The Economics of Exhaustible Resources，” *Journal of Political Economy* 39（April 1931）：137－175。

在竞争性可耗竭资源市场上，价格超过边际成本（并且价格与边际成本的差额随着时间的推移而扩大）。这与我们在第 8 章所学的矛盾吗？

578 一旦我们承认，生产可耗竭资源的总边际成本大于把它从地下开采出来的边际成本，这就不矛盾了。这里有额外的机会成本，因为今天生产和销售一单位会使将来生产和销售减少一单位。我们把这一机会成本叫作**生产的使用者成本**（user cost of production）。在图 15.4 中，使用者成本是价格与边际生产成本之间的差额。它随时间的推移而上升，因为随着留在地下的资源变得更稀少，消耗另一单位的机会成本变大了。

生产的使用者成本
今天生产和销售一单位会使将来生产和销售减少一单位的机会成本。

垄断者的资源生产

如果资源是由一个垄断者而不是竞争性行业生产的，那么会怎样呢？价格减去边际成本还应当上升得与利率一样快吗？

假定一个垄断者正在考虑，是把一单位增量资源留在地下，还是把它生产和销售出去。该单位资源的价值是边际收益减去边际成本。如果该单位资源的价值预期上升得快于利率，它就应当被留在地下；如果该单位资源的价值预期上升得慢于利率，它就应当被生产和销售出去。由于垄断者控制了总产出，它将这样生产，使得边际收益减去边际成本（即一单位增量资源的价值）上升得正好与利率一样快，即：

$$MR_{t+1}-c=(1+R)(MR_t-c)$$

注意这一规则对竞争性厂商也成立，但是对竞争性厂商来说，边际收益等于市场价格 P。

579 对于一个面对向下倾斜的需求曲线的垄断者来说，价格高于边际收益。因此，如果边际收益减去边际成本上升得与利率一样快，价格减去边际成本将会上升得比利率慢。我们因而得到一个有趣的结论：垄断者比竞争性行业更加保护资源。在行使垄断势力时，垄断者一开始时就索取较高的价格，从而使资源消耗得较慢。

❖例 15.7　可耗竭资源有多容易耗竭？

像石油、天然气、煤、铀、铜、铁、铅、锌、镍和氦这些资源都是可耗竭的——在地壳内它们每一种的数量都是有限的，因此最终每一种资源的生产和消费都会停止。然而，有些资源比其他一些资源更容易耗竭。

对于石油、天然气和氦，已知的和潜在可发现的地下储量等于 50～100 年的当前消费量。对于这些资源，生产的使用者成本会是市场价格的一个重要组成部分。其他资源，像煤和铁，已知的和潜在的储量等于几百年甚至几千年的当前消费量。对于这些资源，使用者成本是很小的。

从有关现存的和潜在可发现的储量的地质信息，并且从关于需求曲线和需求曲线可能随经济增长在长时期内向外移动的速度的知识，可以估计出资源的使用者成本。或者，如果市场是竞争性的，使用者成本就可以根据保有资源的土地所有者的经济租确定。

表 15.7 描述了对原油、天然气、铀、铜、矾土、镍、铁矿石和金的使用者成本占竞争性价格比重的估计。[①]

---

① 这些数字基于 Michael J. Mueller, “Scarcity and Ricardian Rents for Crude Oil,” *Economic Inquiry* 23 (1985)：703 - 724；Kenneth R. Stollery, “Mineral Depletion with Cost as the Extraction Limit：A Model Applied to the Behavior of Prices in the Nickel Industry,” *Journal of Environmental Economics and Management* 10 (1983)：151 - 165；Robert S. Pindyck, “On Monopoly Power in Extractive Resource Markets,” *Journal of Environmental Economics and Management* 14 (1987)：128 - 142；Martin L. Weitzman, “Pricing the Limits to Growth from Mineral Depletion,” *Quarterly Journal of Economics* 114 (May 1999)：691 - 706；Gregory M. Ellis and Robert Halvorsen, “Estimation of Market Power in a Nonrenewable Resource Industry,” *Journal of Political Economy* 110 (2002)：883 - 899。

注意，只有对原油和天然气，使用者成本才是价格的重要组成部分。对于其他资源，使用者成本很小，并在有些情况下几乎是微不足道的。而且，尽管大多数这类资源都经历过急剧的价格波动，但使用者成本与这些波动几乎无关。例如，石油价格的波动是因为石油输出国组织的操纵和波斯湾的政治动荡，天然气价格的波动是因为政府的价格控制，铀和矾土价格的波动是因为 20 世纪 70 年代的卡特尔化，铜价格的波动是因为需求的重大变化。

表 15.7 使用者成本在竞争性价格中的比重

资源	使用者成本/竞争性价格
原油	0.4～0.5
天然气	0.4～0.5
铀	0.1～0.2
铜	0.2～0.3
矾土	0.05～0.2
镍	0.1～0.3
铁矿石	0.1～0.2
金	0.05～0.1

因而，在过去的几十年里，资源耗竭在决定资源价格方面没有变得非常重要。更重要的是市场结构和市场需求的变动，但是耗竭的作用不应当被忽略。从长期来看，它将是资源价格的最终决定因素。

15.9 利率是如何决定的？

我们已经看到，市场利率是怎样被用来帮助做出资本投资和跨时生产决策的。但是什么因素决定了利率将有多高，以及为什么它们在长时间内会波动？要回答这些问题，记住利率是借款人付给贷款人的使用他们资金的价格。像任何市场价格一样，利率是由供给与需求决定的——在这种情况下是可贷资金的供给与需求。 580

可贷资金的供给来自家庭，这些家庭希望储蓄一部分收入以便在将来消费更多（或者给它们的继承人留下遗产）。例如，有些家庭现在有高收入，但预期将来退休后收入会减少。储蓄使它们把消费在长时期内更平均地分布。而且，它们因储蓄而得到利息，能够因现在的少消费而在将来多消费。结果是利率越高，储蓄的刺激越强。因此，可贷资金的供给是一条向上倾斜的曲线，在图 15.5 中以 S 标出。

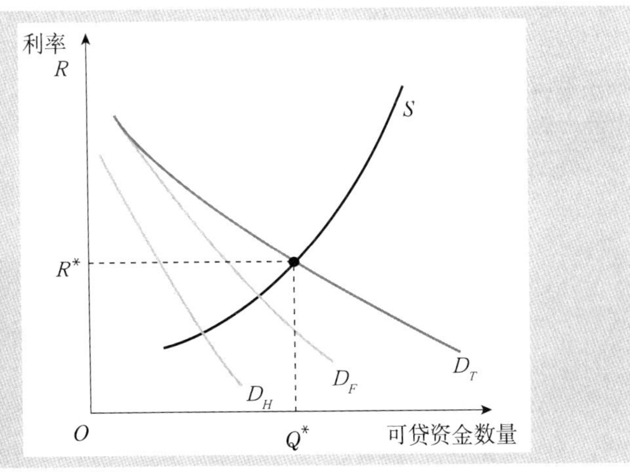

图 15.5 可贷资金的供给和需求

说明：市场利率由可贷资金的需求和供给决定。家庭供给资金是为了储蓄以便将来消费；利率越高，它们供给得越多。家庭和厂商都需要资金，但是利率越高，它们的需求越少。需求或供给的变动导致利率的变化。

对可贷资金的需求有两个组成部分。第一，有些家庭想要消费的比它们的当前收入多，这或者因为它们的当前收入低而预期将增加，或者因为它们想要进行大笔购买（例如房子），而这种购买不得不用将来收入来支付。这些家庭愿意支付利息，从而可以不必等待以后再消费。然而，利率越高，消费而不等待的成本就越高，从而这些家庭借钱的意愿就越低。因此，家庭对可贷资金的需求是利率的减函数。在图 15.5 中，它是标有 D_H 的曲线。

对可贷资金需求的第二个来源是想进行资本投资的厂商。记住厂商将投资于那些净现值为正的项目，因为正的净现值意味着，项目的预期回报率超过资金的机会成本。这个机
581 会成本——用来计算净现值的贴现率——就是利率，但可能是经过风险调整的。厂商经常借钱投资，因为投资的利润流要在将来得到，而投资的成本通常必须现在支付。因而，厂商的投资意愿是可贷资金需求的一个重要来源。

然而，就如我们前面所看到的，利率越高，项目的净现值就越低。如果利率上升，某些以前有正净现值的项目现在将有负的净现值，因而将被取消。总之，由于在利率上升时，厂商的投资意愿下降，它们对可贷资金的需求也下降。厂商对可贷资金的需求因而是一条向右下方倾斜的曲线，在图 15.5 中，它是标有 D_F 的曲线。

对可贷资金的总需求是家庭需求和厂商需求的加总。在图 15.5 中，它就是标有 D_T 的曲线。这一总需求曲线与供给曲线一起决定了均衡利率。在图 15.5 中，这个利率就是 R^* 。

图 15.5 还能帮助我们理解利率为什么变动。假定经济进入衰退，这时厂商就会预期较低的销售量和新投资资本的较低未来回报。项目的净现值将下跌，厂商的投资意愿将降低，它们对可贷资金的需求也随之减少。D_F，从而 D_T 会向左移动，均衡利率将因此下降。或者假定联邦政府支出的钱比它从税收中得到的多得多，即它有严重赤字。它将不得不借钱来为这些赤字融资，使得对可贷资金的总需求 D_T 向右移动，从而使 R 上升。美联储的货币政策是利率的另一个重要决定因素。美联储可以创造货币，使可贷资金的供给向右移动，从而降低 R。

各种利率

图 15.5 像只有一个市场利率那样把个别的需求和供给加总。事实上，家庭、厂商和政府是在不同的条款和条件下借贷的。其结果是，存在着一系列“市场”利率。这里，我们简要地描述某些较重要的利率，它们经常被报纸引用，有时还用于资本投资决策。

- **国库券利率** 国库券是由美国政府发行的短期（1 年或以下）债券。它是一种纯粹的贴现债券，即它不支付债息，但它的出售价格低于到期的偿还值。例如，三个月期国库券可能以 98 美元出售。三个月后，它能以 100 美元赎回；它因而具有大约 2%的三个月有效收益率，或 8%的年有效收益率。[①] 国库券利率可以看作是短期无风险利率。
- **长期国债利率** 长期国债是由美国政府发行的长期债券（1 年以上，并且一般为 10～30年）。利率的大小取决于债券的期限。

582 • **贴现率** 商业银行有时向联邦储备系统短期借款。这些贷款叫作贴现，而联邦储备系统索取的利率就是贴现率。

① 精确计算，三个月的收益率为 (100/98)−1=0.020 4，年收益率为 $(100/98)^4-1=0.084\ 2$ 或 8.42%。

● **联邦基金利率** 该利率是银行之间隔夜（overnight）拆借联邦基金的利率。联邦基金包括流通货币加上联邦储备银行的存款。商业银行将基金存入联邦储备银行，以此满足储备要求。有过度储备的商业银行可以将这些基金以联邦基金利率拆借给其他储备不足的银行。这个联邦基金利率是联邦储备系统的一个关键的货币工具。

● **商业票据利率** 商业票据指高质量借款公司发行的短期（6 个月或以下）贴现债券。由于商业票据只比国库券风险稍大，因此商业票据利率通常比国库券利率高不到 1%。

● **基准利率（优惠利率）** 这一利率（有时叫作参考利率）是大银行公布的、给它们最大的借款公司短期贷款的参照点。就如我们在例 12.4 中所看到的，这一利率并不像其他利率那样逐日波动。

● **公司债券利率** 报纸和政府出版物报告不同风险类别（例如，高等级债券和中等级债券等）、长期（一般为 20 年）公司债券的平均年收益率。这些平均收益率指出了公司为长期债务支付了多少。然而，就如我们在例 15.2 中所看到的，公司债券的收益率可以有相当大的差别，这取决于公司的金融实力和债券到期的时间。

小　结

1. 一个厂商对资本的持有是以存量衡量的，但劳动和原料的投入却以流量衡量。资本能使厂商在长时期内赚到利润流。

2. 当厂商进行资本投资时，它现在支付货币，以便在将来能够赚取利润。要决定投资是否值得，厂商必须用贴现将来利润的方法确定它们的现值。

3. 一年后支付的 1 美元的贴现值是 $1/(1+R)$ 美元，其中 R 是利率。n 年后支付的 1 美元的贴现值是 $1/(1+R)^n$。

4. 债券是借款人同意向债券持有人支付货币流的合约。债券的价值是该货币流的贴现值。债券的有效收益率是使该债券的价值等于市场价格的利率。债券收益率的不同是由于风险和到期时间的不同。

5. 厂商能够应用净现值（NPV）标准来决定是否进行一项资本投资：如果一项投资的预期未来现金流的现值大于投资的成本，就进行投资。

6. 厂商用来计算一项投资净现值的贴现率应是资本的机会成本，即厂商在类似投资中能够得到的回报。

7. 在计算净现值时，如果现金流是名义值（即包括通货膨胀），贴现率也应是名义值；但是如果现金流是实际值（即剔除了通货膨胀），就应当使用实际贴现率。

8. 对风险进行调整，可以在贴现率上加一个风险溢价。不过，贴现率应当只反映不可分散的风险。利用资本资产定价模型（CAPM），风险溢价是 β 值乘上整个股票市场的风险溢价。β 衡量资产的回报率对市场变动的敏感性。

9. 消费者也面临投资决策，它需要进行与厂商决策同样的分析。在做出是否购买像汽车或大件家电等耐用品决策时，消费者必须考虑未来运行成本的现值。

10. 人力资本投资——那些有助于个人在一生中生产能力更强而能得到更高收入的知识、技能和经验——能够以与其他投资相同的方式被评价。比如，对高等教育的投资具有这样一种经济意义：预期未来收入增加的贴现值超过投资教育成本的贴现值。

11. 地下的可耗竭资源就像银行里的钱，它必须得到类似的回报率。因此，如果市场是竞争性的，其价格减去边际开采成本将以与利率相同的速度上升。价格与边际成本的差额叫作使用者成本——它是消耗一单位资源的机会成本。

12. 市场利率由可贷资金的需求与供给决定。家庭之所以供给资金，是因为它们能够通过放弃现在的消费而在将来更多地消费。家庭、厂商和政府需求资金。需求或供给的变动导致利率的变动。

复习题

1. 一个厂商用布和劳动作为投入要素生产衬衫，工厂是用 1 000 万美元买来的。这些要素中哪些是以流量衡量的？哪些是以存量衡量的？如果该厂商不是购买而是租赁该工厂，你的回答会如何变化？它的产出以流量还是存量衡量？它的利润呢？

2. 投资者如何计算一种债券的净现值？如果利率是 5%，每年支付 1 000 美元的永久债券的现值是多少？

3. 债券的有效收益率是什么？如何计算它？为什么有些公司债券的有效收益率比另一些公司债券高？

4. 投资决策的净现值标准是什么？如何计算投资项目的净现值？如果该项目的所有现金流量都是确定的，应当用什么样的贴现率来计算净现值？

5. 你退休了并且有两种选择：一是可以从公司拿到
583 一次性支付；二是接受在你有生之年每年都会支付给你数额较小的年金。哪种决策将是最优的？你需要什么信息？

6. 你注意到了过去几个月里债券价格的上升。这意味着利率发生了怎样的变化？试解释。

7. 实际贴现率与名义贴现率之间的区别是什么？什么时候应当用实际贴现率来计算净现值？什么时候应当用名义贴现率？

8. 风险溢价是如何用来补偿净现值计算中的风险的？可分散风险与不可分散风险有什么不同？为什么只有不可分散风险应当包括在风险溢价内？

9. 资本资产定价模型（CAPM）中的“市场回报率”是什么意思？为什么该市场回报率高于无风险利率？资本资产定价模型中一项资产的 β 值衡量什么？为什么高 β 值资产的预期回报率应比低 β 值资产的高？

10. 假定你正在决定是否将 1 亿美元投资于一个钢厂。你知道该项目的预期现金流量，但它们是有风险的——钢的价格在将来会上涨或下跌。资本资产定价模型将怎样帮助你在计算净现值时选择贴现率？

11. 消费者在选择空调或其他大件家电时如何平衡当前成本与未来成本？净现值的计算如何有助于这种选择？

12. 生产可耗竭资源的“使用者成本”是什么意思？为什么在一个竞争性可耗竭资源市场上，其价格减去开采成本以与利率相同的速度上升？

13. 可贷资金的供给和需求由什么决定？哪些因素可能会导致可贷资金的供给移动或需求移动？这将会如何影响利率？

练习题

1. 假设利率是 10%。如果今天以这个利率投资 100 美元，一年之后它将值多少？两年之后呢？五年之后呢？一年之后支付的 100 美元，今天值多少？两年之后支付的 100 美元，今天值多少？五年之后支付的 100 美元，今天值多少？

2. 你可以在两种支付流中选择其一：(a) 一年后支付 150 美元，两年后再支付 150 美元；(b) 一年后支付 130 美元，两年后再支付 160 美元。如果利率是 5%，你会选择哪种支付流？如果利率是 15%呢？

3. 假定利率是 10%。一种有息债券在未来五年内每年支付 80 美元，并在第六年偿还 1 000 美元本金，它的价值是多少？若利率是 15%，它的价值是多少？

4. 一种债券期限为两年。它在一年后支付 100 美元
584 的债息，并在两年后支付 100 美元的债息和 1 000 美元的本金。债券以 966 美元出售。它的有效收益率是多少？

5. 式 (15.5) 显示了对一个电动机厂投资的净现值，其中 1 000 万美元成本的一半在一开始时就支付，另一半在一年后支付。工厂预期在最初运营的两年里将会赔钱。如果贴现率是 4%，净现值是多少？投资是否值得？

6. 市场利率是 5%，并预期会维持在这个水平上。消费者能以这个利率借入和贷出所有他们想要借贷的金额。在下列每种情况下，解释你的选择：

a. 你是要今天的 500 美元礼金，还是要一年后的 540 美元礼金？

b. 你是要现在的 100 美元礼金，还是要 500 美元四年期的无息贷款？

c. 你在购买一辆 8 000 美元的汽车时，是愿意直接降价 350 美元，还是以零利率贷款一年全价支付？

d. 假定你赢得了“百万美元彩票”。你将在未来的 20 年里每年得到 50 000 美元。这在今天对你来说值多少？

e. 你赢得了“诚实的百万”头奖。你可以今天拿 100 万美元，也可以每年拿 60 000 美元，永远拿下去（这一

权利可以传给你的继承人)。你选择哪一种?

f. 过去,一个成年孩子若想从她的父母那里得到超过 10 000 美元的遗产,就必须缴税,但是父母可以向他们的孩子贷款而不收利息。为什么某些人认为这样做不公平?这一规则对谁不公平?

7. 拉尔夫正试图决定是否去读研究生。如果他花两年时间读研究生,每年支付 15 000 美元的学费,他可以在以后的工作时间里得到每年 60 000 美元薪水的工作。如果他不去读研究生,他将立即参加工作。他将在最初三年里每年得到 30 000 美元薪水,在随后的三年里每年得到 45 000 美元薪水,并在此后每年得到 60 000 美元薪水。如果利率是 10%,读研究生是不是一项好的金融投资?

8. 假定你的叔叔给了你一口像第 15.8 节中所描述的油井。(边际生产成本是不变的 50 美元。)当前的石油价格是 80 美元,但它受到一个卡特尔的控制,该卡特尔占了总产出的一个很大的比重。你应当现在生产和销售你的石油,还是等待以后再生产?解释你的答案。

9. 你计划投资于优质葡萄酒。每箱成本为 100 美元,而你根据经验知道,每箱葡萄酒保存 t 年后的价值为 $100t^{1/2}$。现有 100 箱酒可销售,并且利率是 10%。

a. 你应当买多少箱?应等待多久再出售它们?你在出售它们时能够得到多少钱?

b. 假定在购买时有人立即开价每箱 130 美元。你应当接受这个价格吗?

c. 如果利率只有 5%,你的回答有什么变化?

10. 从现存厂商的角度再考察一次性纸尿裤产业中的资本投资(例 15.4)。如果宝洁公司或金佰利-克拉克公司通过再建三个新工厂来扩大生产能力,它们在开工之前不必再在研究与开发上花费 6 000 万美元。这将如何影响表 15.5 中净现值的计算?在贴现率为 12%时,这一投资是有利可图的吗?

11. 假设你可以以 2 万美元购买一辆新的丰田卡罗拉,并且六年后出售,仍可得到 1.2 万美元。另一个方案是,你可以以每月 300 美元的价格租用三年,到期将车退还。为了简单起见,假设租金是以年支付而不是以月支付——比如,三年中每年都支付 3 600 美元。

a. 如果利率 r 是 4%,是否租用比购买好?

b. 如果利率 r 是 12%,哪种方式更好?

c. 当利率为多少时,在购买和租用之间无差异?

12. 一个消费者面对如下决策:她可以以 1 000 美元购买一台计算机并且在接下来的三年中每月支付 10 美元的网费;或者接受 400 美元的折扣(因此购买成本是 600 美元)但在接下来的三年中每月支付 25 美元的网费。为简化起见,假设消费者是以年支付网费(就是说,10 美元/月=120 美元/年)。

a. 如果利率是 3%,消费者该如何决策?

b. 如果利率是 17%呢?

c. 当利率为多少时,消费者对两种选择是无差异的?

第4篇

信息、市场失灵与政府的角色

585 第 4 篇将证明市场有时为何会失灵，并解释政府干预怎样可以用于达成经济效率。

本书前三篇的大部分内容都集中于实证问题——消费者和厂商如何决策，以及这些决策如何影响不同的市场结构。第 4 篇将更多地关注规范分析。我们将描述经济效率的目标，讨论什么时候市场会产生有效率的结果，并解释什么时候市场会失灵从而需要政府的干预。

第 16 章将讨论一般均衡分析，将相关市场的相互作用考虑在内。这一章还将分析经济效率所需要的条件，并证明何时以及为什么完全竞争市场是有效率的。第 17 章将考察市场失灵的一个重要原因——不完全信息。我们将证明，当一些经济参与人比另一些参与人拥有更多信息时，市场就可能无法有效地配置资源，甚至市场可能不会存在。我们还将发现，销售者如何通过给予潜在的消费者有关产品质量的信号来避免不对称信息的问题。第 18 章将讨论另外两个市场失灵的原因：外部性和公共物品。我们将指出，有时这些失灵能够通过私人之间的讨价还价加以解决，有时这些失灵需要政府的干预。我们还将讨论弥补这些市场失灵的具体方法，诸如污染税和可转让排污许可证等。

最后，第 19 章将介绍行为经济学。我们深入探讨只能从人类决策行为的心理角度来解释的消费者行为问题。

16 一般均衡与经济效率

在前面的大部分篇幅里，我们孤立地研究各个市场，但市场常常是相互依存的——由于一种商品是生产另一种商品的投入品，或者两种商品是替代品或互补品，某一市场的条件会影响另一些市场的商品价格和产出。在这一章中，我们会讨论如何利用一般均衡分析来考虑这些相互依存的关系。

我们还要扩展在第 9 章引入的经济效率的概念，并讨论竞争性市场经济的益处。为了做到这一点，我们先分析经济效率，并从人与人之间或国家与国家之间的商品交换开始。接着，我们利用对交换的分析来讨论一个经济所产生的结果是否公平。如果这些结果被认为是不公平的，那么政府就应该通过政策对收入进行再分配。

之后，我们将描述一个经济有效率地生产和分配商品所必须满足的条件。我们将说明为什么一个完全竞争的市场经济体制满足这些条件。我们还将说明，为什么自由的国际贸易能扩大一国的生产可能性边界，并使其消费者的境况得到改善。然而，大多数市场都不是完全竞争的，并且许多市场还与这种理想状况偏离很远。在本章的最后一节（作为对第 17 章和第 18 章将详细讨论的市场失灵的铺垫），我们会讨论为什么市场不能有效率地运行。

本章要点

案例列表

局部均衡分析
某一市场的均衡价格和数量的决定不受其他市场影响的过程。

16.1 一般均衡分析

迄今为止，我们对市场行为的讨论主要建立在**局部均衡分析**（partial equilibrium analysis）的基础上。在决定一个市场的均衡价格和均衡数量时，我们假定一个市场的活动对其他市场很少有影响或者没有影响。例如，在第 2 章和第 9 章，我们假设小麦市场基本上是独立于像玉米、大豆这些相关产品市场的。

这种局部均衡分析通常足以使人们理解市场行为。然而，市场的相互
关系有时很重要。例如，在第 2 章我们看到，如果商品是互补品或替代品， *588*
一种商品价格的变化会影响另一种商品的需求；而在第 8 章我们看到，一
个厂商对要素需求的增加会导致要素价格和产成品价格都上涨。

一般均衡分析 考虑到相关市场之间的反馈效应，所有相关市场的价格和数量都同步决定的一种分析方法。

与局部均衡分析不同，**一般均衡分析**（general equilibrium analysis）同时决定所有市场的价格和数量，实际上它明确地把反馈效应考虑在内了。反馈效应（feedback effect）是指某个市场的价格和数量调整所导致的相关市场的价格或数量调整。例如，美国政府对石油进口征税，这会立即促使石油供给曲线向左移动（因为外国石油变得更昂贵了），并提高石油的价格。但是征税的效应并不仅限于此，较高的石油价格会提高对天然气的需求，并使其价格上涨，而较高的天然气价格反过来又会导致对石油的需求增加（需求曲线向右移动），并使石油价格进一步上涨。石油和天然气市场会一直相互作用，直到最后实现均衡，两个市场上的需求量和供给量都分别相等为止。

实际上，完全的一般均衡分析，即估计一个市场的变动对所有其他市场的影响，是不可行的。为此，我们将只限于两到三个紧密相关的市场。例如，在考虑对石油征税时，我们可能还要考虑天然气、煤和电等市场。

两个相互依赖的市场：向一般均衡移动

为了研究市场的相互依赖性，让我们考察 DVD 租赁和电影票这两个竞争性市场。这两个市场有着紧密的联系，因为 DVD 放映机的普遍拥有使大多数消费者可以选择在家看电影，而不用再去电影院了。影响其中一个市场的价格政策也会影响另一个市场，而被触发变动的市场反过来又会对初始的那个市场产生反馈效应。

图 16.1 显示了 DVD 和电影的供求曲线。在图（a）中，电影票的价格一开始时是 6.00 美元，市场在 D_M和 S_M的交点处达到均衡。在图（b）中，DVD 市场在价格等于 3.00 美元时达到均衡。

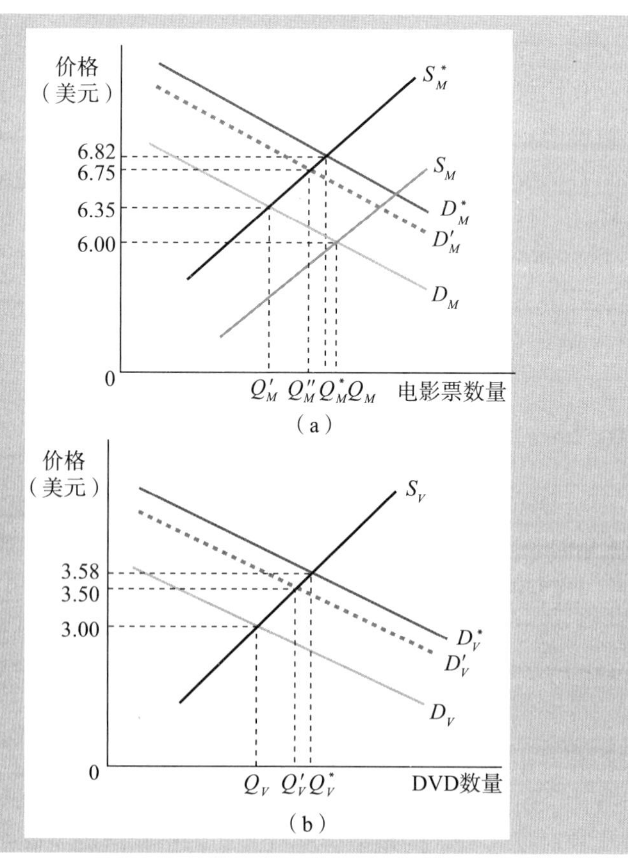

图 16.1 相互依赖的两个市场：（a）电影票和（b）DVD 租赁

说明：当市场是相互依赖的时，所有产品的价格必须同时决定。这里，对电影票征税使图(a) 中电影的供给从 S_M上移到 S_M^*。较高的电影票价格（6.35 美元而不是 6.00 美元）一开始使图（b）中的 DVD 需求上移（从 D_V 移到 D'_V），这导致 DVD 价格上升（从 3.00 美元上升到 3.50 美元）。较高的 DVD 价格反馈到电影票市场，导致需求从 D_M移到 D'_M，电影的价格从 6.35 美元提高到 6.75 美元。这会一直持续到一般均衡的实现，在图（a）中就是 D_M^* 和 S_M^* 的交点处，这时的电影票价格为 6.82 美元；在图（b）中就是 D_V^* 和 S_V 的交点处，这时的 DVD 价格为 3.58 美元。

现在，假设政府对每一张电影票征收 1 美元的税。这一税收的局部均衡效应就是使电影的供给曲线向上移动 1 美元，即图 16.1（a）中供给曲线从 S_M 移动到 S_M^*。一开始，这使得电影的价格上升到 6.35 美元，并使售出的电影票从 Q_M 下降到 Q'_M。这是局部均衡分析所能告诉我们的事情。但是我们可以用一般均衡分析来进一步考察以下两个问题：（1）对电影票征税对 DVD 市场的影响；（2）DVD 市场对电影市场是否有反馈效应。

对电影票征税会影响 DVD 市场，因为电影和 DVD 是替代品。电影价格的提高使得图 16.1（b）中 DVD 的需求曲线从 D_V 移动到 D'_V，这就导致 DVD 的租赁价格从 3.00 美元上升到 3.50 美元。注意，对一种产品征税会影响到其他产品的价格和销售——这是决策者在设计税收政策时需要记住的。

那么电影市场会怎样呢？原先我们考虑电影需求曲线时假定 DVD 的价格不变，为 589
3.00 美元。然而，现在 DVD 的价格已经是 3.50 美元了，因此电影的需求曲线就会上移，在图 16.1（a）中就是从 D_M 提高到 D'_M。新的电影票均衡价格（在 S_M^* 和 D'_M 的交点处）现在是 6.75 美元而不是 6.35 美元，售出的电影票数量也从 Q'_M 上升到 Q''_M。因而，局部均衡分析低估了税收对电影票价格的影响。DVD 市场是非常密切地与电影市场联系在一起的，因此要确定税收的全部效应，我们就需要一般均衡分析。

一般均衡的实现

关于 DVD 和电影的分析还没有结束。电影市场价格的变动又会对 DVD 的价格产生反馈效应，而 DVD 价格的变动反过来又会影响电影票的价格，等等。这就要求我们必须同时决定电影和 DVD 两者的均衡价格和均衡数量。在图 16.1（a）中，电影票的均衡价格 6.82 美元是由电影票的均衡供给曲线和均衡需求曲线（S_M^* 和 D_M^*）的交点给出的，而图 16.1（b）中 DVD 的均衡价格 3.58 美元则由 DVD 的均衡供给曲线和均衡需求曲线（S_V 和 D_V^*）的交点决定。这些就是正确的一般均衡价格，因为 DVD 市场的供给曲
线和需求曲线是在电影票的价格为 6.82 美元的假定下画出的，同样地，电影票的曲线 590
是在 DVD 价格为 3.58 美元的假定下画出的。换句话说，两组曲线都与相关市场的价格相一致，我们没有理由期望其中一个市场的供给曲线和需求曲线会进一步移动。事实上，要找出均衡价格（和均衡数量），我们就必须找出使所有相关市场所需求的数量和所供给的数量相等的两个价格。对于我们的两个市场，这就意味着要找出四个方程（电影票的供给、电影票的需求、DVD 租赁的供给，以及 DVD 租赁的需求），求解出四个未知数。

注意，即使我们只关心电影市场，在确定对电影票征税的影响时考虑 DVD 租赁市场也是很重要的。局部均衡分析会低估税收的效应，使我们得出税收会使电影票的价格从 6.00 美元提高到 6.35 美元的结论。然而，一般均衡分析表明，税收对电影票价格的影响要更大——价格会上涨到 6.82 美元。

电影和 DVD 是替代品。通过作与图 16.1 相似的图，你可以发现，如果有关的商品是互补品，局部均衡分析会高估税收的效应。比如，考虑汽油和汽车，对汽油征税会导致其价格上涨，但这会降低对汽车的需求，从而反过来又会降低对汽油的需求，导致其价格有所下降。

❖例 16.1　　乙醇汽油的国际市场

过高的原油价格、污染排放以及对国外石油供给的过度依赖，加快了开发替代能源的步伐，如乙醇汽油。这是一种从可再生资源如甘蔗和玉米中提取的，并且含有高浓度辛烷和洁净燃烧的能源。乙醇汽油也被认为能够减少汽车尾气的排放，以及由此产生的全球变暖问题。巴西乙醇汽油的生产（用甘蔗）和销售与美国（用玉米）高度相关，我们将可以看到美国对乙醇汽油市场的管制将显著影响巴西的市场，并对美国市场产生一个反馈效应。虽然这种相互依赖性给美国的生产商带来了好处，但是也给美国消费者、巴西生产商带来了负面影响，甚至可能影响巴西的消费者。

巴西和美国是世界乙醇汽油市场的主要生产商，在 2005 年的世界总产出中，它们占据了超过 80%的市场份额。[①] 其实乙醇汽油并不是最近才出现的，巴西政府在 20 世纪 70 年代中期就开始推广乙醇汽油，用来应对不断上升的原油价格和不断下降的糖的价格，而这个项目获得了成功。到 2015 年，约 50%的巴西汽车使用乙醇汽油，这是对能够使用混合能源的汽车的需求快速增长的结果，这种汽车能够使用乙醇和汽油之间的任意搭配。美国乙醇汽油的生产最早是由 1978 年的《能源税收法案》促进的，该法案对乙醇和汽油的混合使用免税。后来，2005 年的《能源政策法案》要求美国的能源生产每年要含有最低量的可再生能源，这要求必须生产一定的乙醇汽油。到 2010 年年底，美国出售的 90%的汽油含有超过 10%的乙醇。

591 美国和巴西的乙醇汽油市场彼此高度相关。这样，美国对国内市场的管制将显著影响到巴西的市场，这种全球相互依赖在 1979 年的《能源安全法案》之后更加明显，该法案对每加仑的乙醇汽油给予 0.51 美元的税收优惠，以此来促进它对汽油的替代。进一步地，为了防止国外的乙醇汽油生产商从该法案获益，美国政府对进口的乙醇征收每加仑 0.54 美元的进口税，该政策起到了作用：美国将越来越多的玉米投入乙醇的生产，同时从巴西的进口下降了。在给玉米的生产商创造收益的同时，该政策也给消费者带来了损失。随着汇率的变化，乙醇的进口比例也在发生变化。据估计，巴西出口的乙醇成本比艾奥瓦州的玉米乙醇生产成本低约 15%。[②] 因而，如果美国政府取消税收和补贴，从巴西进口的利用更便宜的甘蔗生产的乙醇汽油将会增加，这会使得美国消费者获益。

图 16.2 描述的是假如 2012 年美国取消关税将给乙醇汽油市场带来的预期影响。在图 16.2 (a) 中，上面那条浅色的线是在没有关税时巴西出口的估计量，下面深色的线是在有关税时的出口量。图 16.2 (b) 显示的是在美国有无关税时的乙醇汽油的价格。正如你所看到的，如果没有关税，巴西的出
592 口量将会显著增加，同时美国的消费者也会获益，这对巴西的生产商和消费者也是有益的。

美国关税所产生的负面激励并没有完全说尽乙醇汽油与其相关市场间的全部故事。1984 年，美国议会通过了《加勒比海盆地草案》(Caribbean Basin Initiative，CBI)，该草案的目的是促进加勒比国家的经济发展。草案规定这些国家每年生产的 6 000 万加仑以下乙醇汽油是免税的，结果是巴西在加勒比建立了几个乙醇脱水工厂，以便不用支付 54 美分的关税而将乙醇汽油出口到美国。

美国还在继续实施对乙醇汽油的进口关税，尽管这已经造成了经济效率的损失。而且，美国国会还通过税额减免来增加对美国玉米生产者的补贴。到 2011 年年底，当已有的美国税收抵免和关税被最终取消时（对使用乙醇混合汽油的立法仍保留），这些补贴已花费了纳税人约 200 亿美元。为什么要对美国的

---

① 该例出自 Amani Elobeid and Simla Tokgoz，"Removing Distortions in the U. S. Ethanol Market：What Does It Imply for the United States and Brazil?" *American Journal of Agricultural Economics* 90 (4)，November 2008：918 - 932。

② Christine L. Crago et al.，"Competitiveness of Brazilian Sugarcane Ethanol Compared to U. S. Corn Ethanol，" *Energy Policy* 38 (11)，June 2010：7404 - 7415.

玉米生产商这么慷慨？因为这些主要集中于艾奥瓦州的玉米生产商通过竞选献金和密集游说来维护自己的利益。到2014年，美国玉米类作物的40%被用于乙醇生产。这些政策使得美国成为世界上最大的乙醇汽油供给者，尽管美国的纳税人和消费者承担了巨大的成本，而且巴西的生产成本大大低于美国。

图16.2 取消乙醇汽油关税对巴西出口量的影响

说明：如果美国对国外生产的乙醇汽油取消关税，巴西将出口更多的乙醇汽油到美国，取代美国国内更加昂贵的用玉米生产的乙醇汽油。最终，美国的乙醇汽油价格将下降，使得美国消费者获益。

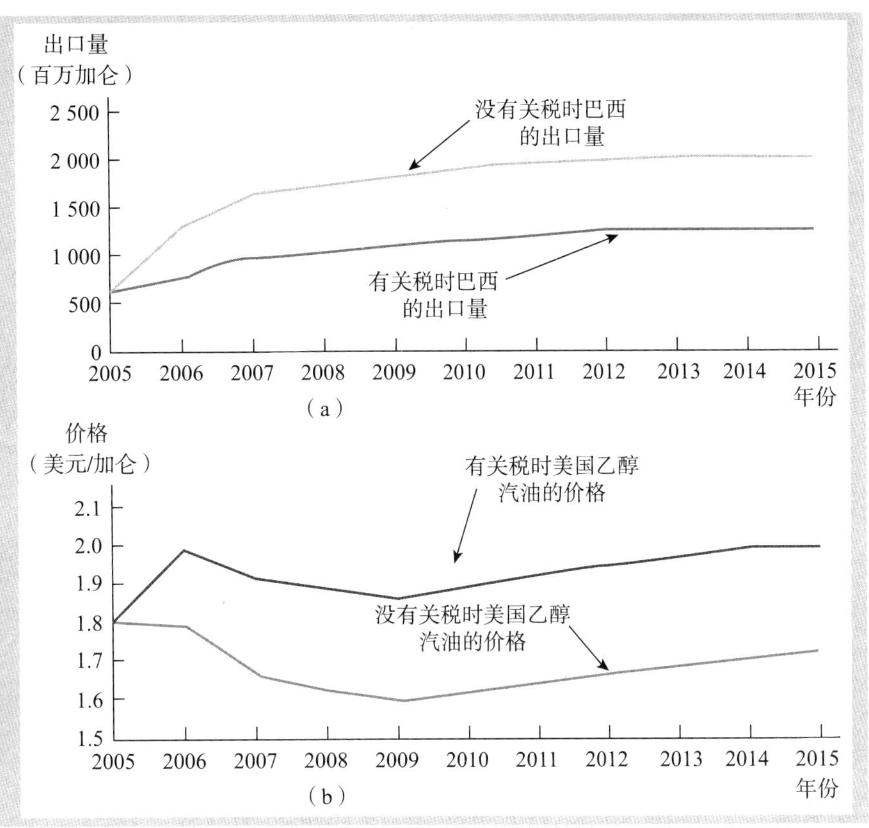

❖例16.2 全球股票市场的“传导”

全球的股票市场倾向于同时变动，这一现象被称为“传导”。例如，2008年金融危机导致了美国股市的暴跌，继而也带来了欧洲、拉丁美洲和亚洲股市的下跌。全球股市的共同运动趋势描述于图16.3中，其中包括世界三大股指——美国的标准普尔500指数（S&P500）、英国的富时指数（FTSE）以及德国的德国综合指数（DAX）。S&P500包括纽约证券交易所和纳斯达克中市值最高的500个美国企业。FTSE包括伦敦证券交易所中100个最大的英国企业。DAX包括法兰克福证券交易所中最大的30个德国企业。（每个股票市场指数都以1984年为100。）你可以看到股票价格变动的整体模式在所有三个国家都是一样的。为什么股票市场倾向于同时变动呢？

存在三个基本原因，其中两个都是一般均衡的表现。第一，全球的股票（以及债券）市场已经高度融合。例如，美国的某个人可以很容易地买卖伦敦、法兰克福或世界其他地方交易的股票。类似地，欧洲和亚洲的人们也可以买卖世界任何地方的股票。结果是，如果美国股价暴跌，与欧洲和亚洲相比更加便宜，欧洲和亚洲的投资者就会卖掉一些自己手中的股票来购入美国的股票，这会拉低欧洲和亚洲的股票价格。因此，任何影响一国股价的外部冲击对于其他国家股价的影响都是同向的。

第二，整个世界的经济条件越来越相关，而经济条件是决定股票价格的重要因素。（在衰退时期，企业利润下降会导致股票价格下降。）假设美国的经济陷入萧条（正如2008年的情形）。美国人的消费下降，从而进口下降。不过，美国的进口就是其他国家的出口，因此那些出口下降国家的产出和就业就下降了。因此，美国的衰退会导致欧洲的衰退，反之亦然。这就是一般均衡导致全球股市传导的另一个效应。

593

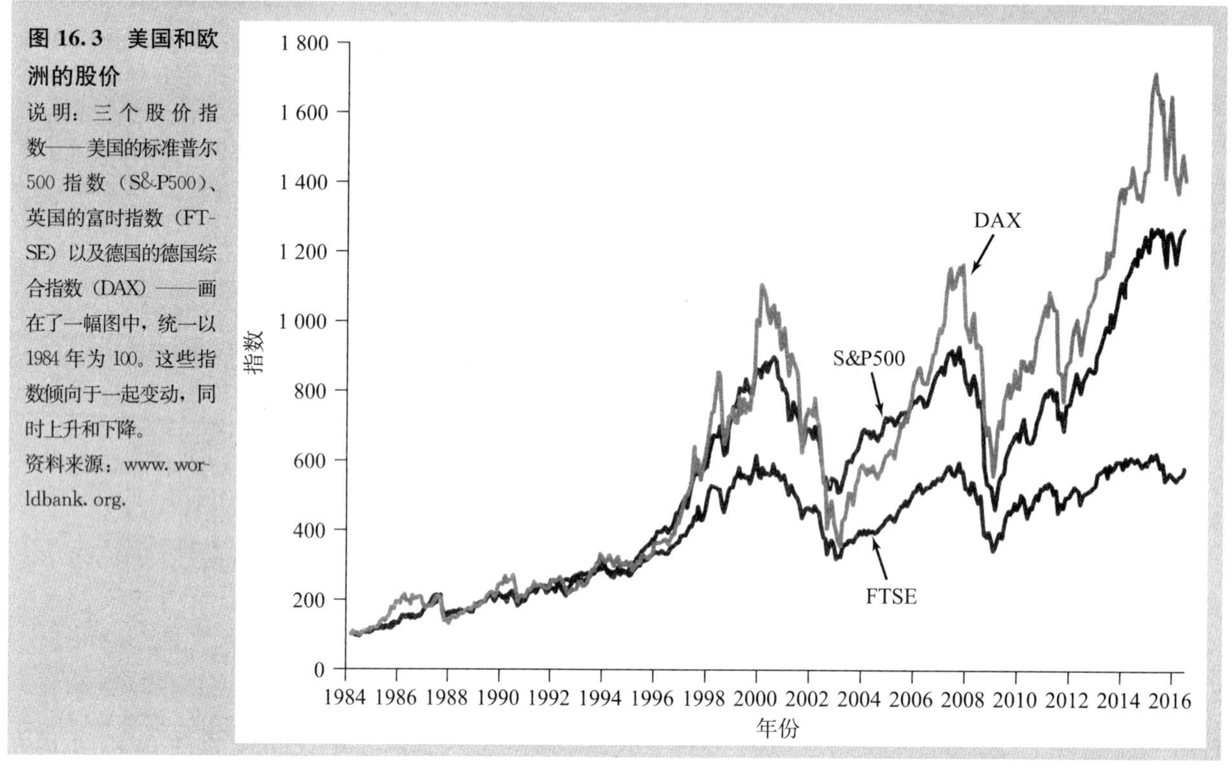

图 16.3　美国和欧洲的股价

说明：三个股价指数——美国的标准普尔500指数（S&P500）、英国的富时指数（FTSE）以及德国的德国综合指数（DAX）——画在了一幅图中，统一以1984年为100。这些指数倾向于一起变动，同时上升和下降。

资料来源：www.worldbank.org.

经济效率

在第9章我们看到，一个竞争性市场是有效率的，因为它使消费者和生产者的剩余达到最大。当我们使用经济效率这个术语时，通常就是指这个意思。但是，这个重要的经济效率概念适用于市场间互动的情形吗，无论是自由贸易还是贸易限制、市场导向还是计划经济、高度管制还是自由放任？幸运的是，我们还有一个经济效率的概念可以适用于即使根本没有市场的情形，只要人们简单地相互交易即可。本章的后续内容就是讨论关于经济效率的这些方面，并讨论其政策含义。

下面的分析比之前的研究可能要复杂一些；现在我们要集中讨论由许多相互竞争或相
594 互交易的主体形成的多个市场间的互动问题。而且，在一般均衡中竞争性市场的运行具有重要的公平含义，我们需要考虑这些有关公平的议题。为了避免读者失去继续学习的兴趣，我们的策略是慢慢地、一步一步地进行理论分析。

我们将集中讨论两个国家（每个国家用一个消费者或生产者来表示）、两种商品的情形，而不是多个国家、多种商品的情形。而且，我们将在第16.2节以一个没有生产的纯交换模型开始我们的讨论。（之后，我们会引入生产者。）我们首先假设两个个人（代表两国）有一些商品（如食品和衣服）作为禀赋，他们将用这些商品进行交换。这些交易通过讨价还价来完成，而不是竞争性市场的结果，交易的发生是因为交易对于双方都有好处。我们将定义一个新的效率概念，这一概念特别适用于分析这类交换问题。之后（在第 16.4 节）我们会引入生产，并重新定义一个效率概念——技术效率。你可能还记得，我们在第 6 章介绍生产函数时曾经讨论过生产效率的概念。最后，我们会转移到竞争性市场运行机制的分析（第 16.6 节）。在此过程中，我们会专门停留一下，讨论关于公平的重要问题（第 16.3 节）以及国际贸易问题（第 16.5 节）。当然，我们提供的模型可能看起来太过简化，不同于我们在现实世界的经历，但是就算这些模型不能一般化为现实情形，模型的含义也已非常广泛和深远了。

16.2 交换的效率

让我们从一个纯**交换经济**（exchange economy）开始，分析两个消费者相互交易两种商品的行为（这一分析也适用于两个国家之间的交易）。假定两种商品初始的配置状况是能够使两个消费者通过相互交换而全都得益。这意味着商品的初始配置是经济上低效率的。

> **交换经济** 两个或多个消费者之间交换两种商品的市场。

在商品的**帕累托有效配置**（Pareto efficient allocation）下，没有人能够在不使其他人受损的情况下使自己得益。这个帕累托有效的概念是为纪念意大利经济学家维尔弗雷多·帕累托（Vilfredo Pareto）而命名的，帕累托首先提出了交换效率的概念。不过注意，帕累托有效不同于我们在第 9 章所定义的经济效率概念。按照帕累托有效的定义，我们知道在帕累托有效下，不存在增进两人福利的可能（如果我们增进一个人的福利，一定是以另一个人的福利减少为代价）。不过，我们并不能保证达到帕累托有效的配置能够使得两人相加的福利最大化。

> **帕累托有效配置** 一种商品配置，一个人的境况无法在其他人的境况不变坏的情况下变好。

注意，帕累托有效涉及了公平的含义。可能存在某种可能的方法对商品进行创新的配置，它能够令两个人的总福利增加，但是其中一人的境况变坏。如果我们通过重新配置商品，使得其中一人的境况略微变坏，而另一人的境况显著变好，虽然这么做会违反帕累托有效的原则，但这难道不是一件更好的事吗？对此问题无法做出简单的回答。一些读者可能会说："那很好啊，就是件好事。"但是另一些会说："不！那不公平！"对此问题的答案取决于你是怎样看待公平这件事的。

贸易的好处

一般来说，两个人或两个国家之间自愿的贸易总是互利的。[①] 要了解贸易是如何使人 595
们得益的，让我们来详细地看一下两人的交换，假设交易本身是没有成本的。

假设詹姆斯和凯伦共有 10 单位的食品和 6 单位的衣服。表 16.1 显示，一开始詹姆斯有 7 单位食品和 1 单位衣服，而凯伦有 3 单位食品和 5 单位衣服。要确定詹姆斯和凯伦之间进行交换是否有利，我们需要知道他们对食品和衣服的偏好。假定凯伦由于有很多的衣服和很少的食品，她以衣服换食品的边际替代率（MRS）为 3（她愿意放弃 3 单位衣服来获得 1 单位食品）。而詹姆斯用衣服换食品的边际替代率只有 1/2：他只愿意放弃 1/2 单位

---

① 有几种贸易可能是没有好处的。首先，有限的信息可能会在贸易实际上不能改善境况时使人们相信贸易会使他们的境况得到改善；其次，人们可能由于受到实际的威胁或将来经济报复的威胁而被迫进行贸易；最后，就如我们在第 13 章所看到的，自由贸易的壁垒有时能为一个国家提供战略优势。

衣服来获得 1 单位食品。

表 16.1　贸易的好处

个人	初始配置	贸易	最终配置
詹姆斯	7F，1C	－1F，＋1C	6F，2C
凯伦	3F，5C	＋1F，－1C	4F，4C

这样，由于詹姆斯对衣服的估价比凯伦高，而凯伦对食品的估价比詹姆斯高，两人就有进行互惠贸易的余地了。为了得到另一单位食品，凯伦愿意用 3 单位衣服来进行贸易，但詹姆斯只愿意放弃 1 单位食品来得到 1/2 单位衣服。实际的贸易条件要看交易双方的讨价还价过程。可能的结果是：(詹姆斯的) 1 单位食品交换 (凯伦的) 1/2 单位到 3 单位之间任何数量的衣服。

假设凯伦向詹姆斯提出用 1 单位衣服换 1 单位食品，并且詹姆斯也同意，两人就会都得益。詹姆斯会得到更多的衣服，而他对衣服的估价比食品高；凯伦会得到更多的食品，她对食品的估价比衣服高。只要两个消费者的边际替代率不同，就有进行互惠贸易的余地，因为资源的配置是低效率的——贸易会使两个消费者都得益。反之，要获得经济效率，两个消费者的边际替代率必须相等。

在有许多商品和消费者时，这一重要结论仍然成立：只有当商品的分配使任何两种商品的边际替代率对于所有的消费者都相等时，商品的配置才是有效率的。

埃奇沃思盒状图　用来表示两种产品在两人之间的所有可能配置组合，或两种投入在两个生产过程中的所有投入组合的图形。

埃奇沃思盒状图

如果贸易是有利的，那么具体会发生哪一种贸易呢？哪一种贸易会在消费者中有效率地配置商品？他们又会因此得到多大的利益？我们可以利用**埃奇沃思盒状图** (Edgeworth box)，用两人、两商品的例子来回答这些问题。(埃奇沃思盒状图是以政治经济学家埃奇沃思的名字命名的。)

596 图 16.4 描绘了一个埃奇沃思盒状图，其中横轴表示食品的单位数目，纵轴表示衣服的单位数目。盒状图的底边长度为 10 单位食品，即全部可得食品的数量，而侧边高度为 6 单位衣服，即全部可得衣服的数量。

图 16.4　埃奇沃思盒状图中的交换

说明：埃奇沃思盒状图中的每一点都同时代表詹姆斯和凯伦的食品和衣服的商品组合。例如，在点 A，詹姆斯有 7 单位食品和 1 单位衣服，而凯伦有 3 单位食品和 5 单位衣服。

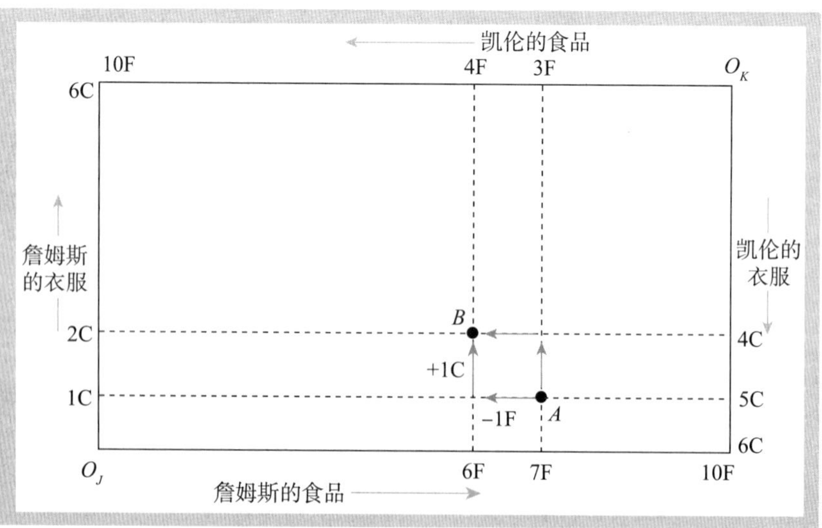

在埃奇沃思盒状图内，每一点都代表了两个消费者的商品组合。詹姆斯所持有的商品从原点 O_J 算起，而凯伦所持有的商品从原点 O_K 算起。例如，点 A 代表食品和衣服的初始配置。从左往右读盒状图底部的横轴，我们看到詹姆斯有 7 单位食品，从下往上读左边的纵轴，他有 1 单位衣服。因而，对詹姆斯来说，A 代表 7F 和 1C。这给凯伦留下了 3F 和 5C。凯伦的食品配置（3F）是在盒状图顶部的 O_K 处从右往左读的，而她的衣服配置（5C）是在图的右边从上往下读的。

我们还可以看到凯伦和詹姆斯之间交易的后果。詹姆斯放弃 1F 换回 1C，从点 A 移到点 B。凯伦放弃 1C 得到 1F，也从点 A 移到点 B。这样，点 B 就代表进行了互惠交易之后詹姆斯和凯伦两人的商品组合。

有效配置

从以上分析可以得知，从点 A 到点 B 的交易使凯伦和詹姆斯的境况都得到改善。但点 B 是不是一种有效率的配置呢？答案取决于詹姆斯的边际替代率和凯伦的边际替代率在点 B 是不是一致，而这又取决于他们的无差异曲线的形状。图 16.5 显示了几条詹姆斯和凯伦 597
的无差异曲线。詹姆斯的无差异曲线像通常一样画出，因为他的配置是以 O_J 为原点进行衡量的。但是对凯伦，我们把无差异曲线旋转了 180 度，使原点位于盒状图的右上角。与詹姆斯的一样，凯伦的无差异曲线也是凸的——我们只是从不同的角度去看它们罢了。

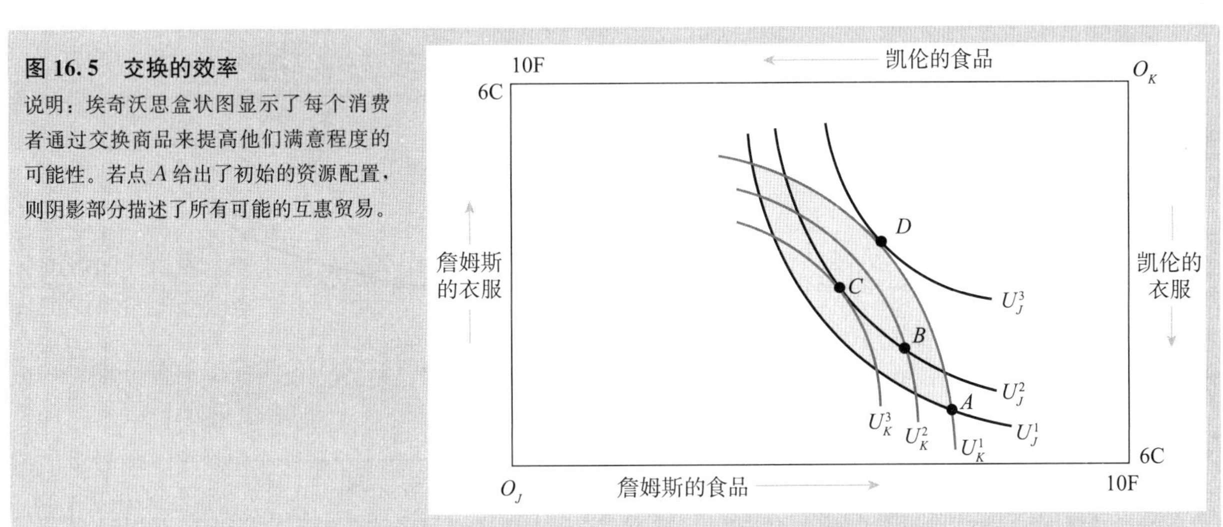

图 16.5　交换的效率
说明：埃奇沃思盒状图显示了每个消费者通过交换商品来提高他们满意程度的可能性。若点 A 给出了初始的资源配置，则阴影部分描述了所有可能的互惠贸易。

现在我们对两组无差异曲线都已经熟悉了，下面让我们来考察通过初始配置点 A、标有 U_J^1 和 U_K^1 的曲线。詹姆斯和凯伦的边际替代率给出了他们的无差异曲线在点 A 的斜率。詹姆斯的斜率是 1/2，凯伦的是 3。在两条无差异曲线之间的阴影部分代表使詹姆斯和凯伦的境况都比点 A 好的食品和衣服的所有可能配置。换句话说，它们代表了所有可能的互惠贸易。

从点 A 起，任何使商品的配置移向阴影区域外的贸易都会使两个消费者中的一个受损，因而这种情况不会发生。我们已经看到从点 A 移向点 B 是互利的。但在图 16.5 中，点 B 不是一个效率点，因为 U_J^2 和 U_K^2 是相交的。这意味着詹姆斯的边际替代率与凯伦的边际替代率还不相等，因而这时的配置还不是有效配置。这说明了一个重要的论点：即使从无效率配置开始进行的贸易使两人都得益，新的配置也不一定是有效配置。

假定从点 B 开始又进行了贸易，詹姆斯放弃另一单位的食品来获得另一单位的衣服，
598 凯伦放弃另一单位的衣服来获得另一单位的食品。图 16.5 中的点 C 给出了新的配置。在点 C，两人的边际替代率完全一致，这就是为什么无差异曲线在此处相切的原因。当无差异曲线相切时，边际替代率相等，此时，一个人不可能在不使另一个人受损的情况下得益。所以，点 C 就代表了一种有效率的配置。

当然，点 C 并不是詹姆斯和凯伦讨价还价后唯一可能的有效率的结果。如果詹姆斯是一个有力的议价者，贸易可能使商品的配置从点 A 移向点 D，这时无差异曲线 U_J^3 与无差异曲线 U_K^1 相切。这不会使凯伦的境况比她在点 A 糟，但却使詹姆斯的境况大大改善。并且由于没有进一步进行贸易的可能，所以 D 是有效率的配置。因此，尽管詹姆斯更喜欢 D 而不是 C，凯伦更喜欢 C 而不是 D，D 和 C 两者都是有效配置。一般来说，很难预测讨价还价后实现的配置，因为它取决于交易者之间的讨价还价能力。

契约曲线
两个消费者之间所有有效配置点所组成的曲线，或是两种商品生产之间的两种投入品的所有有效配置所组成的曲线。

契约曲线

我们已经看到，从初始的配置开始，通过互惠的贸易可以达到许多可能的有效配置。要找出凯伦和詹姆斯之间食品和衣服所有可能的有效配置，我们就要寻找他们之间无差异曲线的所有切点。图 16.6 显示了通过所有这些有效配置点的曲线，我们称之为**契约曲线**(contract curve)。

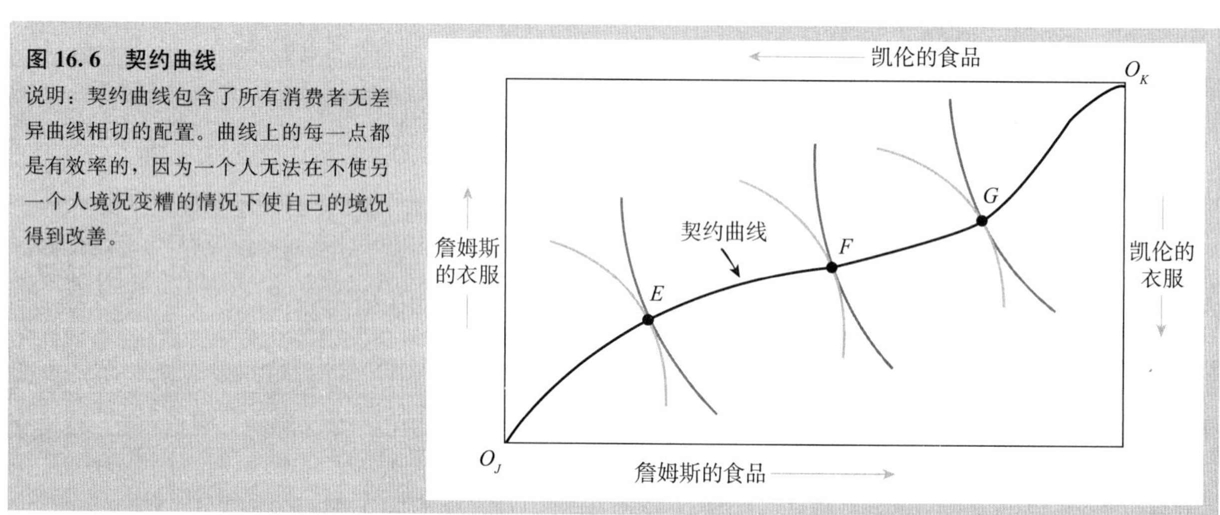

图 16.6 契约曲线
说明：契约曲线包含了所有消费者无差异曲线相切的配置。曲线上的每一点都是有效率的，因为一个人无法在不使另一个人境况变糟的情况下使自己的境况得到改善。

契约曲线显示了所有不可能再进行互惠贸易的配置点。这些配置是有效率的，因为在不
599 使另一些人境况变糟的情况下无法通过重新配置资源使某些人的境况改善。在图 16.6 中，以点 E、点 F、点 G 表示的三种配置，虽然每一种都显示了不同的食品和衣服的分配，但它们都是帕累托有效的，因为一个人无法在不使别人境况变糟的情况下使自己的境况得到改善。

契约曲线的几个性质可能有助于我们理解交换效率的概念。一旦契约曲线上的某一点，例如点 E 被选定，就不可能在不使一个人（在这个例子中是凯伦）受损的情况下移到契约曲线上的另一点，比如说点 F。在没有对詹姆斯和凯伦的偏好做进一步比较之前，我们无法比较点 E 和点 F 的配置——我们只知道两者都是有效率的。从这个意义上说，帕累托效率是一个相对较弱的目标：它给出了我们应当进行的所有互惠交换，但它没有说明哪些交

换更好。然而，帕累托效率可以是一个强有力的概念。如果一种交换能够提高效率，它对每一个人的自身利益显然都有利。

即使提出的交易在某一方面的变化可能使某些人受损，我们也通常总是能够提高效率。我们只需要加入交易中的第二个方面，使得两者结合起来的交换与以前相比使某些人境况改善，而没有人境况变糟就行了。例如，假定我们提议废除美国的钢铁进口配额，美国消费者就会因此而享受到较低的价格和较大的汽车选择范围，但这会使有些汽车工人失去工作。如果废除配额与对汽车工人的削减联邦税和工作变动补贴结合起来，将会使美国消费者得益（在扣除工作补贴的成本之后），并使汽车工人不受损，这样就会提高效率。

竞争性市场中的消费者均衡

在两人交换中，交易的结果会取决于双方的议价能力。然而，竞争性市场有许多买方和卖方，因此，如果人们不喜欢某个卖方所提出的交换条件，他们可以转向另一个提出较好条件的卖方。结果是每一个买方和卖方都把商品的价格看作固定的，并以此来确定买和卖的数量。我们可以通过用埃奇沃思盒状图来模仿竞争性市场，说明竞争性市场是如何导致有效交换的。例如，假定有许多个詹姆斯和凯伦。这使我们能够把每一个詹姆斯和凯伦都当作价格接受者，即使我们只在一个两人的盒状图中进行分析。

图 16.7 显示了初始的配置在点 A，并且食品和衣服的价格都等于 1 时的贸易机会。（实际价格无关紧要，重要的是相对于衣服价格的食品价格。）当食品和衣服的价格相等时，每单位食品可以交换到 1 单位衣服。结果，图中斜率为 −1 的价格线 PP' 描述了所有交换能够达到的可能配置。

图 16.7 竞争性均衡

说明：在一个竞争性市场中，两种商品的价格决定消费者交换的条件。如果点 A 是商品的初始配置点，价格线 PP' 代表价格比率，则竞争性市场会导致点 C 的均衡，该点是两条无差异曲线的切点。结果，竞争性均衡是有效率的。

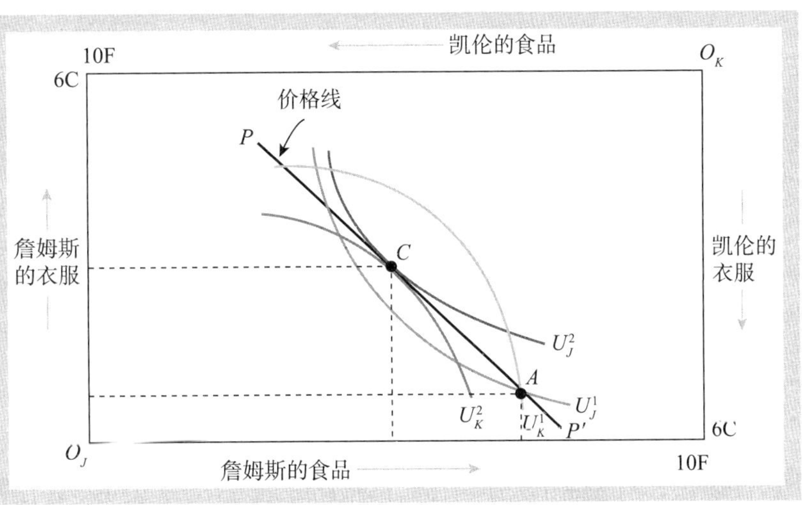

假定每个詹姆斯都决定购买 2 单位衣服，并且作为交换，出售 2 单位食品。这使他们每个人都从点 A 移向点 C，并使他们的满意程度从无差异曲线 U_J^1 提高到 U_J^2。同时，每个凯伦购买 2 单位食品并出售 2 单位衣服。这使她们每个人也从点 A 移向点 C，并使她们的满意程度从无差异曲线 U_K^1 提高到 U_K^2。

我们选定两种商品的价格，使得每个凯伦所需求的食品数量等于每个詹姆斯愿意出售的数量，并使每个詹姆斯所需求的衣服数量等于每个凯伦愿意出售的数量。结果，食品和

600 衣服市场都达到均衡。均衡是每个市场的需求数量等于供给数量时的一组价格。这也是竞争性市场均衡，因为所有供给者和需求者都是价格接受者。

并不是所有价格都与均衡一致。例如，如果食品的价格为 3，而衣服的价格为 1，衣服就必须在 3：1 的基础上与食品交换，即获得 1 单位食品就必须放弃 3 单位衣服。但是这样每个詹姆斯就不会愿意用任何食品来交换额外的衣服，因为他用食品换衣服的边际替代率只是 1/2，即他在获得 1 单位衣服时仅愿意放弃 1/2 单位食品。另外，每个凯伦会很高兴出售衣服以换回更多的食品，但是却没有人愿意与她进行贸易。因而市场是非均衡的，需求量与供给量不相等。

超额需求 需求量超过供给量的情况。

超额供给 供给量超过需求量的情况。

这种不均衡应当只是暂时的。在一个竞争性市场中，如果在某些市场中存在**超额需求**（excess demand，对一种商品的需求量超过供给量)，而在另一些市场中存在**超额供给**（excess supply，供给量超过需求量)，价格就会调整。在我们这个例子中，每个凯伦对食品的需求大于每个詹姆斯愿意出售的数量，而每个凯伦愿意用衣服进行贸易的数量又大于每个詹姆斯所
601 需求的数量，我们就可预期食品的价格相对于衣服的价格会上涨。而随着价格的变动，市场上所有人的需求也会变化。最终，价格会一直调整到均衡实现。在我们的例子中，食品和衣服的价格可能都为 2；我们从前面的分析中知道，当衣服的价格等于食品的价格时，市场处于竞争性均衡（回想一下，只有相对价格才重要，衣服和食品的价格为 2 与价格为 1 是一样的)。

注意两个人的交换与一个经济中许多人的交换之间的重要区别。当只涉及两个人时，讨价还价使最终的结果是不确定的。然而，当涉及许多人时，商品的价格就由商品的需求者和供给者的选择共同决定。

竞争性市场的经济效率

我们现在可以理解微观经济分析的一个基本结论了。从图 16.7 的点 C 可看到，竞争性均衡的配置是有效率的。其主要理由是：点 C 必须在两条无差异曲线的切点上，如果不在，其中一个人的满足就没有最大化；詹姆斯或凯伦就愿意进行贸易以达到更高的效用水平。

这一结论在一个交换框架内和在一个所有市场都是完全竞争的一般均衡框架内都成立。这是描述亚当·斯密的“看不见的手”的运行过程的最直接的方法，因为它告诉我们，经济可以自动有效率地配置资源，而不需要政府的管制。这是由于消费者和生产者在价格给定的情况下所进行的独立行动，使得市场能够以经济上有效率的方式运行。显然，这种“看不见的手”的结论通常是作为一种标准，使所有现实世界中的市场运作能够与之进行比较。对某些人来说，“看不见的手”支持较少政府干预的规范论点，其理由是市场是高度竞争的。对另一些人来说，“看不见的手”支持政府扮演更广泛的角色，其理由是需要政府干预来使市场变得更有竞争性。

福利经济学 对市场和经济政策的规范评价。

无论一个人对政府持什么观点，大多数经济学家认为这一“看不见的手”的结论是极为重要的。事实上，竞争性均衡在经济上有效率的结论通常被描述为**福利经济学**（welfare economics）第一定理，福利经济学涉及对市场和经济政策的规范评价。这个第一定理可以正式地表述为：

> 如果所有人都在竞争性市场上进行交易，则所有互利的交易都将得以完成，而其产生的均衡资源配置将是帕累托有效的。

让我们从消费者的角度来总结一下我们所知道的竞争性均衡：

（1）由于无差异曲线是相切的，消费者的所有边际替代率都相等。

（2）由于每条无差异曲线都与价格线相切，每个人用食品交换衣服的边际替代率都等于两种商品的价格比率。

为了使表述尽可能清晰，我们用 MRS_{FC} 表示食品对衣服的边际替代率。如果两种商品 602
的价格为 P_F 和 P_C，则：

$$\mathrm{MRS}_{FC}^{J}=P_F/P_C=\mathrm{MRS}_{FC}^{K} \tag{16.1}$$

当存在许多消费者（和许多生产者）时要实现有效配置并不容易。如果所有市场都是完全竞争的，它就能实现。但是有效率的结果也可以通过其他手段来达到，例如通过政府配置所有商品和服务的集权体制。竞争性的解决办法之所以被选用，是因为它只用最少的信息来配置资源。所有消费者只需知道他们自己的偏好和他们面对的价格，但是消费者不必知道什么东西正在生产，或者其他消费者的需求是怎样的。其他配置办法需要更多的信息，因而操作起来比较困难和麻烦。

16.3 公平与效率

我们已经说明了商品的不同有效配置是可能的，并且我们看到了一个完全竞争的经济是如何产生帕累托有效配置的。不过，在存在的许多帕累托有效配置中，有一些看起来似乎比其他的更公平。我们怎样判断哪个配置更公平（equitable）呢？这是一个难题——对于如何定义和量化公平，经济学家之间有很大分歧。任何有关这方面的看法都会涉及对效用的主观比较，并且理智的人们也会对如何进行这些比较产生分歧。在这一节，我们将讨论一些常见的观点，然后用一个特定例子来说明，没有任何理由相信与竞争性均衡相联系的配置会是公平的。

效用可能性边界

回想一下，在我们的两人交换经济中，契约曲线上的每一点都显示了詹姆斯和凯伦能达到的效用水平。在图 16.8 中，我们把埃奇沃思盒状图中的信息用另一种形式表达。詹姆斯的效用以横轴表示，凯伦的效用以纵轴表示。由于每一种配置都对两人产生效用，埃奇 603
沃思盒状图中的任何一点都与图 16.8 中的一点相对应，任何向右的移动都表示詹姆斯的效用增加，而任何向上的移动都表示凯伦的效用增加。

图 16.8 效用可能性边界

说明：效用可能性边界显示了两个人通过贸易达到契约曲线上的有效率结果时，每个人的效用水平。点 E、点 F 和点 G 对应于契约曲线上的点，因而是有效率的。点 H 是无效率的，因为任何在阴影区域内的贸易都会使两人中的一个或两个的境况得到改善。

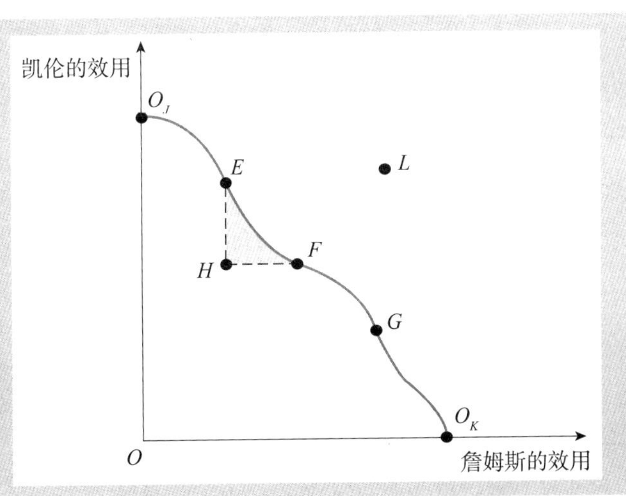

效用可能性边界 用两人的效用水平来衡量所有有效的资源配置的曲线。

效用可能性边界（utility possibilities frontier）代表所有帕累托有效的配置。它反映了两人同时处在契约曲线上时的满意程度。点 O_J 是一种极端情况，这时詹姆斯没有任何商品，从而效用为零；而点 O_K 是相反的极端情况，这时凯伦没有任何商品。所有其他在边界上的点，例如点 E、点 F 和点 G，都与契约曲线上的点相对应，因而一个人不可能在不使另一个人受损的情况下得益。然而，点 H 代表了一种无效率的配置，因为任何在阴影区域内进行的交易都使两人中的一个或者两个得益。在点 L，两人的境况都会更好，但它是不可能达到的，因为两种商品的数量不足以产生该点所代表的效用水平。

看来得出这样的结论似乎是合理的：一种配置要公平就必须是帕累托有效的。将点 H 与点 F 和点 E 进行比较。点 F 和点 E 都是帕累托有效的，并且（相对于点 H）每一点都使一个人得益而没有使另一个人受损。因此，我们或许会同意，相对于点 F 或点 E 来说，一个经济在点 H 进行资源配置，对詹姆斯或凯伦或对他们两人都是不公平的。

但是，假定点 H 和点 G 是唯一可能的配置。点 G 是否比点 H 更公平呢？不一定。与点 H 相比，点 G 给詹姆斯较多的效用，给凯伦较少的效用。有些人会觉得点 H 比点 G 更公平；而另一些人会有相反的感觉。因此，我们可以得出结论：一种无效率的帕累托资源配置可能比另一种有效率的帕累托资源配置更公平。

关键是如何定义公平配置。即使我们仅限于效用可能性边界上的所有点，哪一点是最公平的？答案取决于一个人对公平是如何定义的，因而取决于对效用的人际比较。

社会福利函数 以每个人的效用数为基础来衡量整个社会的福利水平。

社会福利函数 在经济学中，我们经常用**社会福利函数**（social welfare function）来描述以每个人的效用数为基础来衡量整个社会的福利水平。社会福利函数常常用于评价那些对不同人群产生不同影响的政策。

一种社会福利函数，称为功利主义的（utilitarian）社会福利函数，赋予每个人的效用相同的权数，并随之将社会所有成员的总效用最大化。每一种社会福利函数都与一种有关公平的特定观点相联系，但是某些观点并不显性地赋予个人效用以权重，因此不能用一个社会福利函数来表示。例如，一种市场主导的观点认为，竞争性市场的结果是公平的，因为它鼓励那些最有能力的和工作最努力的人。例如，如果点 E 是竞争性均衡配置，则点 E 就被认为比点 F 更公平，尽管在该点商品的配置没有点 F 那么平均。

当涉及两个以上的人时，公平一词的意思就更复杂了。罗尔斯主义的（Rawlsian）观点[①]认为，这是一个个人无法预知自己禀赋的世界。罗尔斯认为，面对一个你无法知晓自己“命运”的世界，你会希望有一个制度安排，能让境况最差的人得到起码的关照。确切地说，根据罗尔斯的观点，最公平的配置应该使得社会中境况最差的人的效用达到最大化。
604 罗尔斯主义有时可能是平均主义的（egalitarian）——商品在社会所有成员间的等量配置。不过，罗尔斯主义并不一定就是平均主义。假设对生产力较高的人比对生产力较低的人给予更高的奖励，我们就能使最有生产力的人更努力地工作。这能生产出更多的商品和服务，其中的一些可通过再分配使社会中最穷的人境况变好。

表 16.2 列出了四种关于公平的观点，它们大致是从最平均到最不平均排列的。平均主义的观点明确要求等量配置，而罗尔斯主义的观点给予平均较重的权数（否则，某些人可能会比别人境况糟得多）。功利主义的观点倾向于要求在社会境况最好和最糟的人之间有所区别。最后，市场主导的观点可能会导致商品和服务配置的极度不平均。

---

① John Rawls, *A Theory of Justice* (New York: Oxford University Press, 1971).

表 16.2 有关公平的四种观点

1. 平均主义——社会的所有成员都得到同等数量的商品
2. 罗尔斯主义——使境况最糟的人的效用最大化
3. 功利主义——使社会所有成员的总效用最大化
4. 市场主导——市场结果是最公平的

公平与完全竞争

一种导致帕累托有效配置的竞争性均衡可能是公平的，但也可能是不公平的。事实上，竞争性均衡可以在契约曲线上任何一点产生，它取决于初始配置。例如，假定初始配置把所有的食品和衣服都给了凯伦。这就是在图 16.8 中的点 O_J，这时凯伦没有理由进行贸易。点 O_J 就像点 O_K 以及契约曲线上所有中间的点一样，是竞争性均衡。

由于有效配置并不必然是公平的，社会就必须在某种程度上依靠政府在家庭之间进行收入或商品再分配以实现公平的目标。这些目标可以通过税收来实现——例如，累进税把收入从富人那里再分配给穷人。政府也可以为穷人提供公共服务，例如医疗帮助，或通过制定像食品券这样的计划来转移资金。

竞争性均衡能够在契约曲线上的每一点出现，这是微观经济学的一个基本结论。它之所以重要，是因为它为一个基本的规范问题提供了答案：公平与效率之间是否有一种权衡取舍？换句话说，一个想实现更为公平的资源配置的社会是否必然以一种帕累托有效的方式运行？由福利经济学第二定理给出的答案告诉我们，再分配并不必然与经济效率冲突。此第二定理可以表述如下：

> 如果个人的偏好是凸的，则每种帕累托有效配置（契约曲线上的每一点）都是在某些商品的初始配置下能够得到的竞争性均衡。

确切地说，这一定理告诉我们，任何一种被认为是公平的均衡都可以通过资源在个人
之间的适当配置来实现，而这样一种配置本身并不必然会产生低效率。遗憾的是，我们社 605
会中所有再分配收入政策都会带来经济成本。税收可能激励人们少工作，或使得厂商将资源用于避税而不是生产产品。因此，实际上，公平和效率之间的目标有非此即彼的矛盾，在两者之间必须做出困难的选择。建立在第一和第二定理上的福利经济学为涉及公平与效率的公共政策等规范问题提供了有用的分析框架。

16.4 生产的效率

在描述了两种商品交换中实现有效配置所要求的条件后，我们现在来考虑在生产过程中对投入的有效使用。我们假设生产同样两种商品（食品和衣服）所需要的两种投入（劳动和资本）的总供给是固定的。然而，我们现在假设不只是两个人，而是许多消费者都拥有生产要素（包括劳动），并通过出售它们来获得收入。这种收入反过来被用来购买两种商品。

这一框架把经济中各种各样的供给和需求因素联系在了一起。人们供给生产要素，而后将它带来的收入用于消费商品和服务。当一种投入价格提高后，那些供给较多这一投入的人收入增加，并对两种商品中的一种的消费增加。这反过来提高了对生产该商品所需要

的投入的需求，从而对这些投入的价格产生反馈效应。只有一般均衡分析能够发现使每个市场的供给和需求都相等的价格。

投入效率

技术上有效率 厂商尽可能节约地利用投入来生产给定的产出量时的情形。

要知道投入如何才能有效地组合起来，我们必须找出所有用来生产每种产出的各种各样的投入组合。在生产过程中，如果在不减少另一种商品产出的情况下，投入配置不能使一种商品的产出增加，这种配置就是**技术上有效率的**（technically efficient）。由于技术上有效率要求对投入的适当组合，我们也称它为投入上有效率。生产效率并不是一个新概念，在第 6 章我们看到，一个生产函数代表在投入给定的情况下能达到的最大产出。现在我们把这个概念扩大到两种商品的生产而不是一种商品的生产。

如果投入市场是竞争性的，有效率的生产点就能达到。让我们来看其中的原因。如果劳动和资本市场是完全竞争的，则工资率 w 在所有行业都相同。同样，资本的租赁价格 r 也会相同，而不论资本是用在食品行业还是服装行业。我们从第 7 章知道，如果食品和衣服生产者使得生产成本最小化，它们就会在利用劳动和资本的组合时使两种投入的边际产出之比等于投入的价格比率，即

$$MP_L/MP_K = w/r$$

不过，我们也证明了，两种投入的边际产出之比等于劳动对资本的边际技术替代率。结果是：

$$MRTS_{LK} = w/r \tag{16.2}$$

606 因为边际技术替代率是厂商等产量线的斜率，所以想令要素市场实现竞争性均衡，只有当每个生产者对劳动和资本的使用都能使得各等产量线的斜率相等，并使之等于两种投入的价格比率时。结果，竞争性均衡在生产上是有效率的。

生产可能性边界 在给定数量的投入下，表示两种产品的各种可能生产组合的曲线。

生产可能性边界

生产可能性边界（production possibilities frontier）显示了在技术不变的情况下，用给定的劳动和资本投入可以生产出来的各种食品和衣服的组合。图 16.9 中的边界是从生产契约曲线推导出来的。在契约曲线和生产可能性边界上的每一点都描述了食品和衣服的一种有效生产水平。

图 16.9　生产可能性边界

说明：生产可能性边界显示了所有有效率的产出组合。生产可能性边界是凹向原点的，因为其斜率（边际转换率）随着食品生产水平的提高而提高。

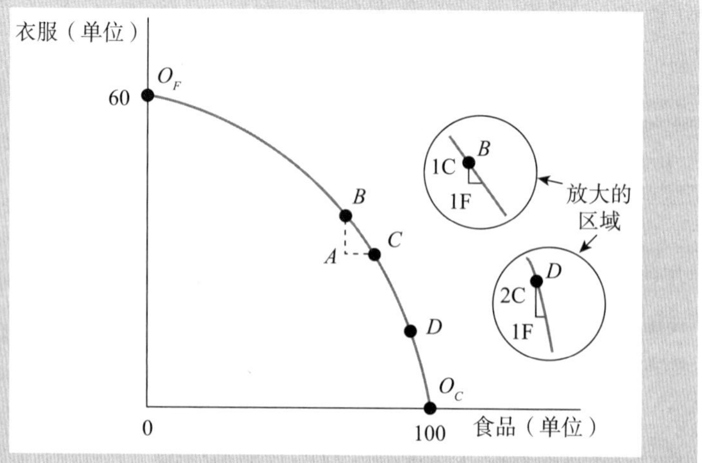

O_F代表一种极端，只有衣服被生产出来；而O_C代表另一种极端，只有食品被生产出来。点B、点C和点D表示食品和衣服都是有效产出的点。

点A处在生产可能性边界之内，它代表一种无效率的配置。在三角形ABC内的所有点都表明，在生产过程中劳动和资本全部被利用了。然而，劳动市场的扭曲，或者由于追求租金最大化的工会，导致经济作为一个整体处于生产的无效率状态。

我们最终处于生产可能性边界上的哪个位置取决于两种商品的消费者需求。例如，假设消费者倾向于偏好食品而不是衣服，一个可能的竞争性均衡在图16.9的点D产生。另外，如果消费者偏好衣服而不是食品，竞争性均衡将在生产可能性边界上更接近于O_F的那个点产生。

为什么生产可能性边界是向下倾斜的？因为要有效地生产更多的食品，就必须减少投入到衣服生产中的生产要素，而这又会降低衣服的产出水平。因为在边界内的点都是无效率的，所以它们都不在生产契约曲线上。

边际转换率 为了生产一单位某种商品所必须减少的另一种商品的生产数量。

边际转换率 生产可能性边界是凹的（向外弯曲的），即其斜率的大小随着食品的增加而提高。为了描述这一点，我们把衣服对食品的**边际转换率**（marginal rate of transformation，MRT）定义为生产可能性边界上每一点斜率的大小。边际转换率衡量额外增加1单位食品的生产要放弃多少单位衣服的生产。例如，图16.9中放大的区域显示了，在边界上的点B，边际转换率为1，因为要得到额外1单位食品就要放弃1单位衣服。而在点D，边际转换率是2，因为要得到额外1单位食品就必须放弃2单位衣服。 607

注意，当我们沿生产可能性边界增加食品的生产时，边际转换率增加。[①] 这种情况之所以会发生，是因为投入是用来更多地生产食品还是衣服，劳动和资本的生产率会有不同。假定我们从只生产衣服的O_F开始。现在我们把一些劳动和资本从边际产出较低的衣服生产中转移出来，并把它们投入到边际产出较高的食品生产中去。这时，要得到第一单位的食品，放弃的衣服生产很少（边际转换率大大小于1）。但是随着我们在边界上移动并生产越来越少的衣服，衣服生产中劳动和资本的生产率上升，而食品生产中劳动和资本的生产率下降。在点B，生产率相等，边际转换率为1。继续沿边界移动，我们发现衣服的投入的生产率进一步上升，而食品的生产率进一步下降，因此边际转换率大于1。

我们还可以用生产成本来描述生产可能性边界的形状。在O_F，因为增加1单位食品，衣服的产出受到的损失很小，生产食品的边际成本很低（用很少的投入生产很多的产出），而生产衣服的边际成本很高（需要用很多的两种投入来多生产1单位衣服），因此，在边际转换率低的时候，生产食品的边际成本MC_F与生产衣服的边际成本MC_C之比也较小。实际上，生产可能性边界的斜率度量了生产一种商品的边际成本与生产另一种商品的边际成本的比例。生产可能性边界的曲率直接来自下述事实：相对于生产衣服的边际成本来说，生产食品的边际成本是递增的。在边界上的每一点，下述条件成立：

$$\mathrm{MRT}=\mathrm{MC}_F/\mathrm{MC}_C \tag{16.3}$$

例如，在点B，边际转换率等于1。此时，当投入从衣服生产转移到食品生产上时，失去了1单位的产出，也得到了1单位的产出。如果生产任何一种商品的投入成本都是100

① 生产可能性边界并不必然要有一个连续递增的边际转换率。例如，假定食品生产具有强烈递减的规模报酬，则随着投入从衣服生产转移到食品生产，要多获得1单位食品所必须放弃的衣服就会减少。

美元，则边际成本之比就是 100 美元/100 美元，或者说 1。式（16.3）在点 D（以及边界上的其他每一点）也成立。假定多生产 1 单位食品的投入成本为 160 美元，则食品的边际成本就是 160 美元，但是衣服的边际成本只有 80 美元（=160 美元/2 单位衣服）。结果，边际转换率就等于边际成本的比率 2。

产出效率

一个经济要有效率，商品不仅必须以最低成本生产，而且生产的商品组合必须与人们购买的意愿相一致。要理解这一点，回想一下第 3 章，我们知道衣服对食品的边际替代率
608 (MRS) 是衡量消费者减少衣服消费来购买 1 单位额外食品的意愿。而边际转换率衡量减少衣服生产来增加 1 单位额外食品的成本。只有对每个消费者来说，边际替代率等于边际转换率，即：

$$\text{MRS}=\text{MRT} \tag{16.4}$$

一个经济才能有效率地生产。要理解为什么这个条件对效率是必需的，假定边际转换率等于 1，但边际替代率等于 2。这时消费者就愿意放弃 2 单位衣服来得到 1 单位食品，但是得到额外食品的成本只是 1 单位衣服的损失。显然，食品生产得太少。要实现效率，食品生产必须增加，从而使边际替代率下降，边际转换率提高，直到两者相等。只有在所有各对商品的 MRS=MRT 时，结果才是有效率的。

图 16.10 显示了这一重要的效率条件。这里，我们把一个消费者的无差异曲线添加到图 16.9 的生产可能性边界上。注意，点 C 是生产可能性边界上使消费者满足最大化的唯一一点。虽然生产可能性边界上的所有点都是技术上有效率的，但是从消费者的角度看，它们并不都是商品最有效率的生产点。在无差异曲线与生产可能性边界相切之点，边际替代率（无差异曲线的斜率）与边际转换率（生产可能性边界的斜率）相等。

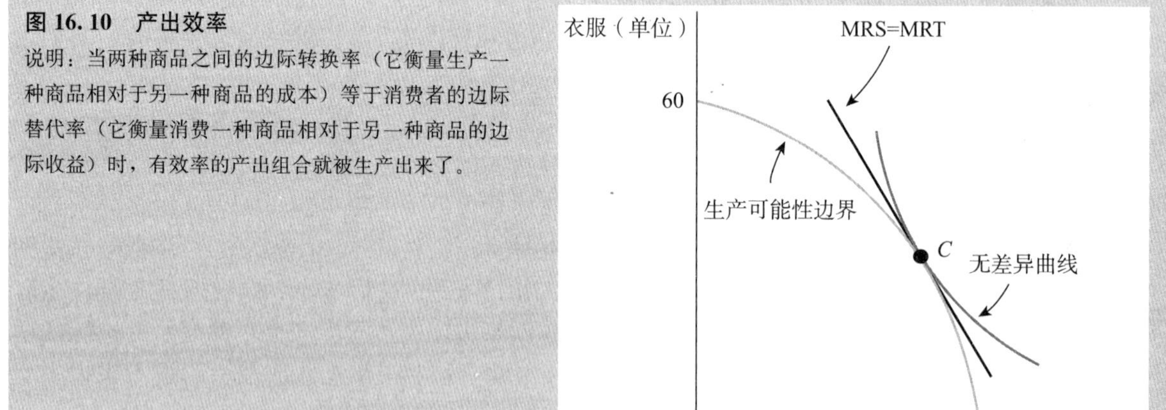

图 16.10　产出效率

说明：当两种商品之间的边际转换率（它衡量生产一种商品相对于另一种商品的成本）等于消费者的边际替代率（它衡量消费一种商品相对于另一种商品的边际收益）时，有效率的产出组合就被生产出来了。

如果你是负责管理一个经济的计划者，你会面对一个难题。要实现效率，你必须使边际转换率与消费者的边际替代率相等。但是如果不同的消费者对食品和衣服有不同的偏好，你如何决定食品和衣服的生产水平以及给每个消费者每种商品的数量，使所有消费者都有相同的边际替代率？这样做的信息成本和计算成本都是巨大的。这也是像苏联那样的中央

计划经济国家表现如此糟糕的原因之一。幸运的是，一个运行良好的竞争性市场体制能够以相对较低的代价达到同样的有效结果。

产出市场的效率

当产出市场是完全竞争的时，所有消费者对他们预算的配置都使他们的两种商品的边际替代率等于价格比率。对于我们的两种商品——食品和衣服来说有： 609

$$\mathrm{MRS}=P_F/P_C$$

同时，每个利润最大化的厂商都会将其生产调整到价格等于边际成本那一点。对我们的两种商品来说，即：

$$P_F=\mathrm{MC}_F$$

$$P_C=\mathrm{MC}_C$$

由于边际转换率等于边际生产成本之比，就有：

$$\mathrm{MRT}=\mathrm{MC}_F/\mathrm{MC}_C=P_F/P_C=\mathrm{MRS} \quad (16.5)$$

当产出和投入市场都是竞争性的时，由于边际转换率等于边际替代率，生产将是有效率的。这一条件只是第 4 章讨论的边际收益和边际成本规则的另一种说法。在第 4 章我们看到，消费者购买一种商品的额外单位，直到消费的边际收益与边际成本相等为止。这里，我们选择食品和衣服的生产，使消费另一单位食品的收益等于生产食品的边际成本，并且对衣服的消费和生产也一样。

图 16.11 显示，当生产和消费的选择是分离的时，有效竞争的产出市场得以实现。假设市场产生的价格比率为 P_F^1/P_C^1。如果生产者有效使用投入，他们会在点 A 生产食品和衣服，这时价格比率等于边际转换率，即生产可能性边界上的斜率。然而，在面对这一预算约束时，消费者会在点 B 消费，这时他们的满意水平（在无差异曲线 U_2 上）最大。由于生产者想要生产 F_1 单位食品，而消费者想要购买 F_2 单位食品，对食品就有超额需求。相应地，由于消费者希望购买 C_2 单位衣服，而生产者希望出售 C_1 单位衣服，对衣服就有超额供给。市场价格就会因此而调整——食品的价格会上升，衣服的价格会下降。随着价格比率 P_F/P_C 的提高，价格线会沿着生产可能性边界移动。 610

图 16.11　竞争和产出效率

说明：在一个竞争性产出市场上，人们在他们的边际替代率等于价格比率的那一点上消费。生产者选择的是边际转换率等于价格比率的产出。由于边际替代率等于边际转换率，竞争性产出市场是有效率的。任何其他价格比率都将导致对一种商品的超额需求和对另一种商品的超额供给。

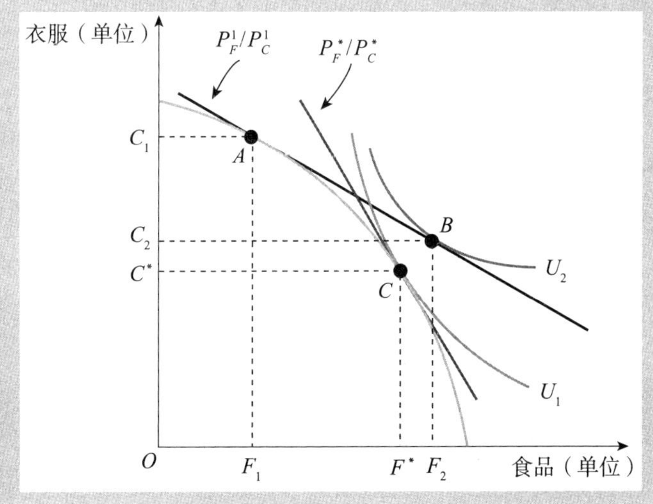

比较优势 国家 1 在生产某一商品上相对于国家 2 具有优势，因为对于国家 1，生产这种商品的成本与生产其他商品的成本之比低于国家 2。

当价格比率为 P_F^*/P_C^* 时，均衡在点 C 达到。在均衡状态下，无法使一消费者获益而不使另一消费者受损。因此，该均衡是帕累托有效的。这时，生产者想要出售 F^* 单位食品和 C^* 单位衣服，而消费者也想要购买同样的数量。在这一均衡状态下，边际转换率与边际替代率相等，因此，竞争性均衡是具有产出效率的。

16.5 自由贸易的好处

在纯交换经济中，进行国际贸易可以获益是明显的——我们已经看到两个人或两个国家通过交换达到契约曲线上的点而获益。然而，如果两个国家的经济有差异，一个国家在生产某种商品方面有比较优势，而另一个国家在生产另一种商品方面有比较优势，进行贸易仍然存在双边互惠的利益。

绝对优势 国家 1 生产某种商品的成本低于国家 2 生产同样商品的成本，这种情形就称国家 1 在生产该商品上相对于国家 2 具有绝对优势。

比较优势

如果国家 1 生产一种商品的成本相比于生产其他商品的成本比国家 2 低，国家 1 就在生产该商品方面比国家 2 具有**比较优势**（comparative advantage）。[①] 注意比较优势不同于绝对优势。一个国家如果生产所有商品的成本都比另一个国家低，它就具有**绝对优势**（absolute advantage）。相反，比较优势的意思是，一个国家生产一种商品的成本，相比于生产其他商品来说，比另一个国家低。

当两个国家各自都有比较优势时，它们就能通过生产它们最擅长的商品并购买其他商品而获益。为了理解这一点，假定荷兰在生产乳酪和葡萄酒两方面都具有绝对优势。那里一个工人能够 1 小时生产 1 磅乳酪，2 小时生产 1 加仑葡萄酒。而在意大利，一个工人要花 6 小时生产 1 磅乳酪，花 3 小时生产 1 加仑葡萄酒。表 16.3 概括了这种生产关系。[②]

表 16.3 生产乳酪和葡萄酒所需的小时数

	乳酪（1 磅）	葡萄酒（1 加仑）
荷兰	1	2
意大利	6	3

611 荷兰在生产乳酪上有比较优势。荷兰生产乳酪的成本（以使用的劳动小时计）是它生产葡萄酒的成本的一半，而意大利生产乳酪的成本则是它生产葡萄酒的两倍。同样，意大利在生产葡萄酒方面具有比较优势，因为其生产成本只是生产乳酪的一半。

国家间的贸易会导致什么？ 比较优势决定了两个国家开展贸易以后会发生什么。当贸易发生以后，结果取决于每种商品相对于另一种商品的价格。为了理解这一点，假定在荷兰和意大利，两国出售 1 加仑葡萄酒和 1 磅乳酪的价格都一样。另外还假定两个国家都处于充分就业状态，增加葡萄酒产量的唯一方法是把劳动从乳酪生产部门转移到制酒部门，

① 假设有两个国家 i 和 j 生产两种商品 x 和 y，如果 $\frac{a_x^i}{a_y^i}<\frac{a_x^j}{a_y^j}$（其中 a_x^i 是国家 i 生产商品 x 的成本），则我们说国家 i 在生产 x 上具有比较优势。

② 此例基于“World Trade：Jousting for Advantage，” *The Economist*（September 22，1990）：5－40。

反之亦然。

在没有贸易的时候，荷兰用24小时的劳动投入可以生产24磅乳酪或12加仑葡萄酒，或者两者的某种组合，比如18磅乳酪和3加仑葡萄酒。但是荷兰可以做得更好。荷兰每小时劳动可以生产1磅乳酪，而这1磅乳酪可以换到1加仑葡萄酒；但是如果葡萄酒在荷兰生产，需要2小时的劳动。因此荷兰专业化生产乳酪，并将它出口到意大利交换葡萄酒是有利的。例如，如果荷兰生产24磅乳酪并用6磅进行贸易，它就能消费18磅乳酪和6加仑葡萄酒，这相对于没有贸易时的18磅乳酪和3加仑葡萄酒来说绝对是一种福利改善。

意大利也可以通过贸易获益。注意在没有贸易时，用同样的24小时劳动投入，意大利能够生产4磅乳酪或8加仑葡萄酒，或者两者的某种组合，比如3磅乳酪和2加仑葡萄酒。另外，意大利用每小时的劳动可以生产1/3加仑葡萄酒，并用它换到1/3磅乳酪。如果它自己生产乳酪，就要使用加倍的时间，因此专业化生产葡萄酒对意大利是有利的。假定意大利生产8加仑葡萄酒并用6加仑进行贸易，它就能够消费6磅乳酪和2加仑葡萄酒，这相对于没有贸易时的3磅乳酪和2加仑葡萄酒来说也同样是一种福利改善。

生产可能性边界的扩张

当存在比较优势的时候，国际贸易具有使一个国家在其生产可能性边界之外消费的效应。这可以从图16.12中看到，该图显示了荷兰的生产可能性边界。假定一开始时荷兰由于保护主义的贸易壁垒而不能与意大利进行贸易。荷兰国内竞争的结果是生产处于无差异曲线U_1上的点A，这时的边际转换率和葡萄酒对乳酪的贸易前相对价格为2。如果荷兰能够进行贸易，它会想要出口2磅乳酪以换回1加仑葡萄酒。

图16.12　来自贸易的获益

说明：在没有贸易时，生产和消费都位于点A，与乳酪对葡萄酒2比1的相对价格相适应。在开展贸易后，相对价格为1单位乳酪对1单位葡萄酒，国内生产现在处在点B，而国内消费位于点D。自由贸易使效用从U_1提高到U_2。

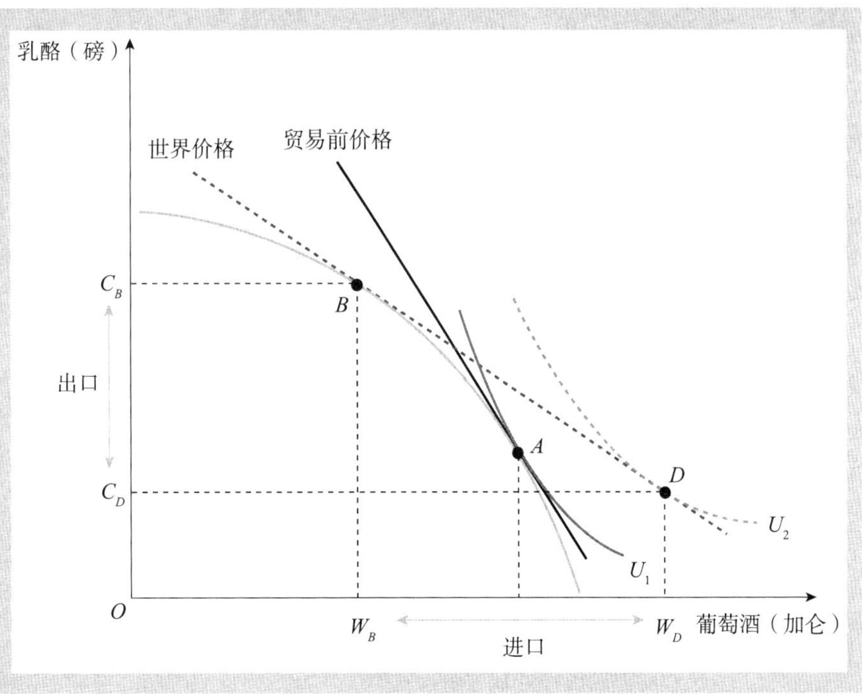

假定现在贸易壁垒消除了，荷兰和意大利都开放贸易；再假定由于两国需求和成本上的差异，贸易在一对一的基础上进行。荷兰会发现在点B进行生产是有利的，该点是1∶1 612

价格线与荷兰的生产可能性边界相切之点。

然而，故事还没有结束。点 B 代表荷兰的生产决策（一旦贸易壁垒消除，荷兰国内将生产较少的葡萄酒和较多的乳酪）。但是在开展贸易后，消费会在点 D 发生；在该点，较高的无差异曲线 U_2 与贸易价格线相切。因此，贸易具有使荷兰的消费选择扩大到超出其生产可能性边界的效应。荷兰会进口 W_D-W_B 单位的葡萄酒，出口 C_B-C_D 单位的乳酪。

在贸易往来中，每个国家都会经历一些重要的调整。荷兰随着葡萄酒的进口，国内葡萄酒的产出将下降，葡萄酒行业的就业也将下降。然而，乳酪的生产将会增加，该产业的工作人数也将增加。那些具有特定工作技能的工人会发现改变就业的性质很困难，因此并不是每个荷兰人都将因为贸易而获益。尽管消费者显然会获益，但是葡萄酒生产商和葡萄酒产业的工人很可能会受损，至少可能会暂时受损。

❖例 16.3　iPhone 的生产

613 许多人都认为对外贸易就是进口或者出口制成品，然而，贸易经常涉及将原料转换成产成品中间的许多步骤，在这中间的每一步，中间产品里面含有劳动和机器的贡献，并构成一部分甚至是全部的最终产品。比如，工人可能组装计算机的芯片和其他配件。因此，一个典型产品可能包含一系列任务。至于这些任务在哪里以及如何执行，则是有效生产和贸易的一个重要部分。

以苹果的 iPhone 6 为例，其背后写着“在加利福尼亚设计”，但也写着“由中国组装”。但这也仅仅是制造 iPhone 的一系列任务的开始和结束的部分。有两点值得注意。首先，iPhone 的生产是实实在在的全球分担，产品设计发生在一个地方，公司的管理发生在一个地方，而实际的组装则又发生在另一个地方。当我们查看 iPhone 的主要部件时，我们可以非常清楚地看出这一点。手机的处理器芯片部分主要由亚洲生产。以前，三星（韩国）供给了大部分 iPhone 的芯片，不过后来，在 iPhone 6 的生产过程中苹果转向了中国台湾的供应商 TSMC。至于屏幕，日本显示器公司（日本）和群创光电（中国台湾）是主要的供应商。对于存储设备，东芝（日本）和海力士（韩国）是主要供应商。这种“无束缚”的生产方式充分利用了各国在不同生产步骤中的比较优势，当然，这发生在先进的信息技术和较低的运输成本的前提下。设计方案和部件被运送到中国，因为中国有较低的劳动力成本和获得规模经济的能力，所以中国具有组装的比较优势。组装好的产品被运回美国，由美国的公司再进行分销和零售。

其次，注意 iPhone 的部件都是半成品，而不是原料，比如塑料或者硅。为了更有效地进行生产，将由专业化的公司来设计和生产大部分部件，当然，苹果完全可以建立自己的工厂来生产处理器、存储器以及显示器，但是通过贸易利用其他国家（或地区）的公司的生产技术将更有效。假设苹果将 iPhone 的生产带回美国。依据某数据来源（Tim Worstall，*Forbes*），这将花费苹果 42 亿美元。在当前的安排下，苹果的设计与开发、采购、库存和分销已经为美国创造了几万个就业机会。同时，iPhone 确实也对于韩国、中国和日本经济有所贡献。

最后，在美国之外生产的 iPhone 的物理部件只占 iPhone 零售价的不到一半。[①] 对于大多数这类产品而言，将最终产品交到消费者手中需要设计、开发和分销等大量不同服务。而由苹果及其他公司提供的这些服务占了 iPhone 售价的大部分。

① Jennifer Ribarsky, “Global Manufacturing and Measurement Issues Raised by the iPhone,” Bureau of Economic Analysis, U. S. Department of Commerce, May 6, 2011.

∵例 16.4 专门保护的成本与收益

从 20 世纪 80 年代一直到 90 年代，对保护主义政策的需求稳步增长。无论是 2016 年 TPP 争论中 614
对与各亚洲国家的贸易的关注，还是与北美自由贸易区（NAFTA）相关的议题，至今贸易保护主义都是存在争议的主题。保护主义可以有很多形式：它们包括我们在第 9 章分析过的关税和配额、管制性阻碍、对国内生产者的补贴以及对外汇使用的控制。表 16.4 体现了最近一项对美国实施的贸易限制的研究。①

由于保护主义的主要目的之一是保护特定产业的工作岗位，因此这些政策使生产者获益并不令人吃惊。然而，代价却包括消费者损失和经济效率的大幅降低。这些效率损失是国内过度的低效率生产导致的生产者剩余损失和国内高价格及低消费导致的消费者剩余损失的总和。

如表 16.4 所示，纺织品和服装业是最大的效率损失来源。虽然生产者有大量的获益，但是消费者的损失在每种情况下都更大。此外，由纺织品的超额（低效率）国内生产和进口纺织品国内消费的减少导致的效率损失也很大——估计为 98.9 亿美元。低效率的第二大来源是乳制品业，其损失达 27.9 615
亿美元。

表 16.4 贸易保护成本的数量化

单位：百万美元

说明：a. 关税条件下的生产者获益被定义为图 9.15 中的梯形面积 A。

b. 消费者损失是图 9.15 中区域 A、B、C 和 D 的面积之和。

c. 这些由图 9.15 中的三角形 B 和 C 的面积给出。

行业	生产者获益[a]	消费者损失[b]	效率损失[c]
出版	622	1 020	59
橙汁	796	1 071	265
纺织品和服装	44 883	55 084	9 895
碳钢	7 753	13 873	673
彩电	388	857	14
乳制品	10 201	11 221	2 795
肉	3 264	3 672	296
糖	1 431	2 882	614

最后，资助国内生产者的效率成本在不同的产业有相当大的差异。在纺织业，效率成本与生产者获益之比是 22%，在乳制品业是 27%，橙汁较高（33.3%）。而在彩电（3.7%）、碳钢（8.7%）和出版（9.5%）等产业都要低得多。

16.6 总结：竞争性市场的效率

我们关于一般均衡和经济效率的分析现在完成了。在这一过程中，我们得出了两个重要的结论。第一，对任何初始的资源配置，个人之间的竞争性交换过程，无论是通过交换、投入要素市场还是产出品市场，都将导致帕累托有效结果。福利经济学第一定理告诉我们，

① 这个例子基于 Cletus Coughlin，K. Alec Chrystal，and Geoffrey E. Wood，“Protectionist Trade Policies：A Survey of Theory，Evidence and Rationale，” *Federal Reserve Bank of St. Louis*（January/February 1988）：12－30。表中数据选自 Gary Clyde Hufbauer，Diane T. Berliner，and Kimberly Ann Elliott，“Trade Protection in the United States：31 Case Studies，” *Institute for International Economics*（1986）。数据已经用 CPI 转换成 2011 年美元价值。有关糖的数据来源于图 9.15。

一个建立在消费者和生产者自我利益目标以及市场价格向双方传递信息的能力上的竞争性制度，将实现资源的帕累托有效配置。

第二，我们已经证明，在消费者偏好是凸的情况下，任何一个有效率的资源配置都可以通过对资源进行适当再配置的竞争性均衡得到。福利经济学第二定理告诉我们，在确定的（公认理想的）条件下，公平和效率问题能够清楚地区别对待。如果我们想要将公平问题放在一边，我们就知道存在一个竞争性均衡，可以最大化消费者和生产者的剩余，即经济效率。

福利经济学的两个定理都极其依赖市场是竞争的假设。遗憾的是，当市场由于某种原因不再是竞争的时，这两个结论中没有一个必然成立。在下面两章中，我们将讨论市场失灵的方式，以及政府能够对此做些什么。不过，在进行讨论之前，回顾一下我们对于竞争性过程发挥作用的理解是很重要的。因此，我们列出交换中、要素市场中以及产品市场中实现经济效率所需要的条件。这些条件是重要的，对这三种情况中的每一种，你都应当复习这一章中对这些条件的解释，以及前几章支撑这些条件的基础。

（1）交换的效率。所有交换都必须位于交换契约曲线上，使每个消费者的食品对衣服的边际替代率都相等，即：

$$\mathrm{MRS}^{J}_{\mathrm{FC}}=\mathrm{MRS}^{K}_{\mathrm{FC}}$$

616 竞争性市场会实现这一有效率的结果，是因为对消费者来说，预算线与可得到的最高无差异曲线的相切确保了边际替代率相等，即：

$$\mathrm{MRS}^{J}_{\mathrm{FC}}=P_F/P_C=\mathrm{MRS}^{K}_{\mathrm{FC}}$$

（2）生产中要素使用的效率。所有投入组合都必须位于生产契约曲线上，使每个生产者的劳动对资本的边际技术替代率在两种商品的生产中都相等，即：

$$\mathrm{MRTS}^{F}_{\mathrm{LK}}=\mathrm{MRTS}^{C}_{\mathrm{LK}}$$

竞争性市场会实现这一有效率的结果，是因为每个生产者通过选择劳动和资本投入来使利润最大化，这使得投入的价格比率等于边际技术替代率，即：

$$\mathrm{MRTS}^{F}_{\mathrm{LK}}=w/r=\mathrm{MRTS}^{C}_{\mathrm{LK}}$$

（3）产品市场的效率。产品的组合必须这样来选择：它使产品之间的边际转换率等于消费者的边际替代率，即：

$\mathrm{MRT}_{\mathrm{FC}}=\mathrm{MRS}_{\mathrm{FC}}$（对所有消费者）

竞争性市场会实现这一有效率的结果，是因为利润最大化的生产者会把产出提高到边际成本与价格相等的那一点，即：

$$P_F=\mathrm{MC}_F，P_C=\mathrm{MC}_C$$

其结果是：

$$\mathrm{MRT}_{\mathrm{FC}}=\mathrm{MC}_F/\mathrm{MC}_C=P_F/P_C$$

不过，只有当

$P_F/P_C=\mathrm{MRS}_{\mathrm{FC}}$（对所有消费者）

时，消费者才能使他们在竞争性市场中的满足最大化。因此，我们有

$$\mathrm{MRS}_{\mathrm{FC}}=\mathrm{MRT}_{\mathrm{FC}}$$

并且产出效率条件得到满足。因而，效率要求商品以组合形式生产而且生产成本与人们的支付意愿相符。

16.7 市场为什么会失灵?

我们可以对效率所需要的条件做出两种不同的解释。第一种解释强调竞争性市场的作用。它告诉我们，应当确保竞争所需要的前提条件成立，从而使资源能够得到有效配置。第二种解释强调竞争的前提条件不一定能成立。它告诉我们，应当注重应对市场失灵的方法。到目前为止，我们集中在第一种解释上。在本书的其余部分，我们将集中在第二种解释上。

竞争性市场失灵有四个基本原因：市场势力、不完全信息、外部性以及公共物品。我们将逐个加以讨论。

市场势力

我们已经看到，当生产者或要素的供给者拥有市场势力时，无效率会产生。例如，假 617
设我们的埃奇沃思盒状图中的食品生产者拥有垄断势力。它因此选择边际收益（而不是价格）与边际成本相等的产出，并以比竞争性市场高的价格出售较低的产出。较低的产出意味着食品生产的边际成本较低。同时，多出来的生产要素将被配置到衣服的生产中，使衣服生产的边际成本上升。结果，边际转换率会下降，因为 $MRT_{FC}=MC_F/MC_C$。例如，我们可能最终位于图 16.9 中的生产可能性边界上的点 A。生产出太少的食品和太多的衣服是一种产出的无效率，因为具有市场势力的厂商在它们的产出决策中所使用的价格与消费者在他们的消费决策中所使用的价格不一致。

同样的论点也可适用于要素市场。假设工会对食品生产的劳动供给具有市场势力，为食品产业提供的劳动量就会过少，同时工资（w_F）过高；而为服装产业提供的劳动就会过多，同时工资（w_C）会过低。在服装产业，投入的效率条件得到满足，因为 $MRTS^C_{LK}=w_C/r$。但是在食品产业，支付的工资将高于服装产业，因此，$MRTS^F_{LK}=w_F/r>w_C/r=MRTS^C_{LK}$。结果就是投入无效率，因为效率要求在所有商品的生产中技术的边际替代率都相等。

不完全信息

如果消费者对市场价格或产品质量没有准确的信息，市场系统就不会有效率地运作。这种信息的不完全可能会给生产者一种刺激，使他们对某些产品生产得太多，而对另一些产品生产得太少。在另一些情况下，即使购买会带来得益，某些消费者也会不购买某种产品，而另一些消费者会购买那些使他们受损的产品。例如，消费者可能购买那些保证减肥的药物，结果发现药物没有任何药用价值。最后，信息缺乏可能阻止某些市场的发展。例如，可能会买不到某些保险，因为保险供给者缺乏关于哪些人可能会有风险的充分信息。

每一种这样的信息问题都可能导致竞争性市场的无效率。我们将在第 17 章详细描述信息无效率，并探讨政府是否能够消除它。

外部性

价格体系之所以能带来效率，是因为市场价格向生产者和消费者双方传递了信息。然而，有时市场价格并不反映生产者或消费者的活动。当一种消费或生产活动对其他消费或生产活动产生不反映在市场价格中的间接影响时，就存在外部性（externality）。正如我们在第 9.2 节所解释的，使用“外部性”一词是因为对其他消费或生产的影响（无论是收益还是成本）对市场来说是外部的。

例如，假设一个钢厂向河中排放废水，导致下游的娱乐场无法开展在河中游泳或钓鱼
618 项目。这时就存在外部性，因为钢厂并没有承担废水的真实成本，从而在其钢的生产中产生了过多的废水，这导致了投入的无效率。如果这种外部性在整个行业流行，钢的价格（等于生产的边际成本）就比生产成本包括废水成本时要低。结果，太多的钢生产出来了，这就导致了产出的无效率。

我们将在第 18 章讨论外部性及解决外部性的办法。

公共物品
非排他性和非竞争性的商品：增加一个额外消费者的边际成本为零，且无法排除其他人使用这件商品。

公共物品

当市场不能供给许多消费者认为有价值的商品时，就出现了市场失灵的最后一个来源。**公共物品**（public good）是这样一种商品，它能够便宜地向许多消费者提供，但是一旦该商品向一部分消费者提供，就很难阻止其他人也消费它。例如，一个厂商正在考虑是否要对一项它不能取得专利的新技术进行研究。一旦发明公之于众，其他厂商就能进行复制。只要排斥其他厂商销售该产品是很困难的，该研究就无利可图。

因而，市场对公共物品供给不足。我们将在第 18 章看到，政府通过自己生产公共物品或改变对私人厂商的生产激励，有时可以解决这一问题。

例 16.5 医疗保健系统的低效率

美国花费在医疗保健上的 GDP 比例比大多数国家都大。这是否意味着美国的医疗保健系统比其他国家更“低效”？这是一个重要的公共政策议题，我们可以利用本章的分析来讨论这一问题。这里有两个不同的效率概念。第一个是美国医疗保健系统生产上的技术效率。也就是说，能否对病床、医生、护士、药品等投入进行最优的组合以生产最好的健康产出？第二个效率是指美国在供给医疗保健方面的产出效率。也就是说，从额外支付一美元医疗保健上获得的收益是否高于假如供给其他商品和服务的机会成本？

我们在第 6 章讨论过技术效率的概念。正如我们在例 6.1 中所述，随着越来越多的医疗保健被生产出来，它们的报酬递减，即使我们处于生产可能性边界之上，得到健康产出（例如预期寿命）的些许增加也需要越来越多的资源。不过，我们看到，有理由相信我们的医疗保健产业处于生产可能性边界之下，因此，如果投入被更有效率地使用，很少或不用增加资源的投入就可以得到更好的健康产出。例如，在美国每 1 名医生就对应着 2.2 名行政工人。这高出英国 25%，高出荷兰 165%，高出德国 215%。似乎各保险公司用于复杂的证明提供、索赔报告、取证、账单要求等的时间和成本相对其他发达国家要高得多。而且，大量低成本、高效率的治疗方法在美国使用过少。例如，乙型阻断剂每剂成本只需几美分，可以有效降低心脏病死亡率 25%，但在美国的一些地方却极少被使用。

产出效率又怎样呢？有人认为，美国投入健康支出的越来越大的收入比例是低效率的证据。不过，
619 正如我们在例 3.4 中所见，这可能只是反映了美国人随着收入的普遍增加而对医疗保健更强的偏好。那个例子中的研究计算了健康和非健康相关商品间的边际替代率，发现随着消费的增加，对非健康相关商品的边际效用快速下降。正如我们所解释的，这不应令人惊奇；随着个人年龄和收入的增加，预

期寿命一年的增加比多一辆车或多一套住房的价值高得多。因此，收入中更大的比例被投入医疗保健中完全与产出效率一致。

小　结

1. 市场的局部均衡分析假设相关市场是不受所考察市场影响的。一般均衡分析同时考察所有的市场，并把其他市场对所分析市场的反馈效应也包括在内。

2. 当没有消费者能够在不使别人的境况变差的境况下通过交换使自己的境况变好时，这种配置就是有效率的。消费者在进行完所有的互惠交换后，其结果是帕累托有效的，最终的资源配置点位于契约曲线上。

3. 竞争性均衡描述了一组价格和数量，它使每个消费者选择了他们最偏好的配置之后，每一市场上的需求都等于供给。所有竞争性均衡配置都位于交换的契约曲线上，因而它们都是帕累托有效的。

4. 效用可能性边界衡量两个人拥有有效配置所能实现的效用水平。显然相对于无效率配置，两人都更愿意选择某些有效配置，但并不是每个有效配置对于两人来说都是合意的。一个无效率配置可能比一个有效配置更公平。

5. 由于一个竞争性均衡不一定公平，政府可能会通过再分配把财富从富人那里转移给穷人。因为这种再分配是有代价的，所以公平与效率之间总是存在着某种意义上的冲突。

6. 如果一种商品的产出在不使其他商品的产出减少的情况下就不能再增加，则生产投入的配置就是技术上有效率的。

7. 当各对投入之间的边际技术替代率等于投入的价格比率时，要素市场就达到了竞争性均衡。

8. 生产可能性边界给出了以既定要素组合生产的所有产出水平的有效配置。商品 1 对商品 2 的边际转换率随着商品 1 生产的增加和商品 2 生产的减少而提高。边际转换率等于生产商品 1 的边际成本与生产商品 2 的边际成本之比。

9. 只有当一种商品对另一种商品的边际替代率（它对每个消费者都相同）等于生产中一种商品对另一种商品的边际转换率时，对消费者来说商品的有效配置才得以实现。

10. 当要素市场和产品市场都是完全竞争的时，边际替代率（它等于商品的价格比率）将等于边际转换率（它等于生产商品的边际成本比率）。

11. 自由国际贸易使一国的生产可能性边界扩张。另外，消费者由于贸易而境况变好。

12. 竞争性市场由于以下四个原因而可能是无效率的。第一，厂商或消费者可能在要素市场或产出品市场上具有市场势力。第二，消费者和生产者可能具有不完全信息，因此可能在他们的消费和生产决策中犯错误。第三，可能存在外部性。第四，某些社会合意的公共物品可能没有被生产出来。

复习题

1. 为什么反馈效应使得一般均衡分析与局部均衡分析存在很大的不同？

2. 解释埃奇沃思盒状图中的一点是如何同时代表两个消费者所拥有的商品配置的。

3. 在埃奇沃思盒状图的交换分析中，解释为什么在契约曲线上的每一点，两个消费者的边际替代率都相等。

4. “因为契约曲线上的所有点都是有效率的，所以从社会的角度来看它们都是同样合意的。”你同意这种说法吗？请解释。

5. 效用的可能性边界是如何与契约曲线相联系的？

6. 在埃奇沃思生产盒状图中，要使配置处在契约曲线上必须具备什么样的条件？为什么竞争性均衡出现在契约曲线上？

7. 生产可能性边界是如何与生产契约曲线相联系的？ *620*

8. 什么是边际转换率（MRT）？为什么一种商品对另一种商品的边际转换率等于生产两种商品的边际成本之比？

9. 解释为什么当边际转换率不等于消费者的边际替代率时，商品在消费者中间就没有进行有效率的分配。

10. 为什么两个国家间的自由贸易使两国消费者的境况都得到了改善？

11. 如果国家 A 在生产两种商品上和国家 B 相比都具有绝对优势，那么国家 A 与国家 B 贸易就不符合国家 A 的利益。这种说法对吗？试解释。

12. 你是否同意下面的陈述？试解释。

a. 如果 3 磅奶酪可以交换 2 瓶葡萄酒，那么奶酪的价格是葡萄酒的价格的 2/3。

b. 只有当一个国家相对于它的贸易伙伴能在较低的绝对成本水平上生产时，它才能从贸易中获益。

c. 如果生产的边际成本和平均成本固定，那么对于这个国家来说，它应该完全专业化生产一些产品，而进口其余的产品。

d. 假设劳动力是唯一的投入，生产 1 码布的机会成本是 3 蒲式耳小麦，那么每单位小麦的生产需要 3 倍于 1 单位布所需要的劳动投入。

13. 市场失灵的四个主要来源是什么？请在每种情况下都简单解释为什么竞争性市场不能有效率地运作。

练习题

1. 假设金（G）和银（S）是替代品，因为它们都是有助于抵制通货膨胀的保值品。再假定两者的供给在短期内是固定的（$Q_G=75$，$Q_S=300$），而对金和银的需求由下列方程给定：

$$P_G=975-Q_G+0.5P_S$$

$$P_S=600-Q_S+0.5P_G$$

a. 金和银的均衡价格是多少？

b. 如果新发现的金矿使金的供给增加到 150，这一发现会如何影响金和银的价格？

2. 考虑到反馈效应，请对以下各种情形进行一般均衡分析：

a. 禽流感的暴发对于鸡肉市场和猪肉市场有什么影响？

b. 对机票征税的增加对加利福尼亚之类的主要旅游目的地以及那些旅游地的旅馆有什么影响？

3. 珍妮有 3 升软饮料和 9 个三明治。而鲍勃有 8 升软饮料和 4 个三明治。在这些初始禀赋下，珍妮以软饮料换三明治的边际替代率是 4，而鲍勃的边际替代率是 2。画出埃奇沃思盒状图，说明这一资源配置是不是有效率的。如果是，解释原因；如果不是，那么怎样的交换会使双方的境况都得到改善呢？

621

4. 詹妮弗和德鲁都消费橙汁和咖啡。詹妮弗以橙汁换咖啡的边际替代率等于 1，德鲁以橙汁换咖啡的边际替代率等于 3。如果橙汁的价格等于 2 美元，而咖啡的价格等于 3 美元，那么哪一个市场存在着超额需求？你认为这两种商品的价格会有什么变化？

5. 请补充以下表格中空缺的信息。对每一个表，请根据已有信息来确认可能的交易行为，然后确定最终的资源配置情况及相应的 MRS 值。（注意：正确答案并不唯一。）用埃奇沃思盒状图来解释你所给出的结果。

a. 诺曼以食品换衣服的 MRS 是 1，吉娜以食品换衣服的 MRS 是 4：

个人	初始配置	贸易	最终配置
诺曼	6F，2C		
吉娜	1F，8C		

b. 迈克尔以食品换衣服的 MRS 是 1/2，凯利以食品换衣服的 MRS 是 3：

个人	初始配置	贸易	最终配置
迈克尔	10F，3C		
凯利	5F，15C		

6. 在对两人之间交换的分析中，假定两个人的偏好完全相同，契约曲线会不会是一条直线？请解释。你能找出一个反例吗？

7. 举例说出生产可能性边界不是凹的条件。

8. 一个垄断买方以低于竞争性工资的价格购买劳动。这种垄断势力的使用会导致什么样的无效率？如果这个劳动市场上的垄断买方同时也是产出市场上的垄断卖方，你的回答将会有怎样的改变？

9. 埃克米公司分别生产 x 单位的商品 A 和 y 单位的商品 B。

a. 用生产可能性边界解释生产更多或更少 A 的意愿是怎样取决于 A 或 B 之间的边际转换率的。

b. 考虑两种极端的生产情况：（ⅰ）埃克米公司一开始时生产零单位的 A；（ⅱ）埃克米公司一开始时生产零单位的 B。如果埃克米公司总是在试图使其生产行为处在其生产可能性边界上，描述情况（ⅰ）和（ⅱ）的初始位置。当埃克米公司开始同时生产两种商品时会发生什么情况？

10. 在我们关于生产的埃奇沃思盒状图的分析中，假定一种新的发明改变了食品的生产特征，从原先的规模报酬不变的生产变为规模报酬急剧递增。请问这一变化如何影响生产契约曲线？

11. 假设A国和B国同时生产葡萄酒和奶酪。A国有800单位的劳动力，B国有600单位的劳动力。在交易之前，A国消费了40磅奶酪和8瓶葡萄酒，而B国消费了30磅奶酪和10瓶葡萄酒。

	A国	B国
每磅奶酪的劳动	10	10
每瓶葡萄酒的劳动	50	30

a. 哪一个国家在哪一种商品的生产上具有比较优势？试解释。

b. 请为每一个国家确定一条产出可能性曲线，用图形和代数的方法表示这条曲线。（标出交易之前的生产点 PT 和交易之后的点 P。）

c. 如果两国之间的贸易为36磅奶酪和9瓶葡萄酒，请标出该贸易行为之后的消费点 C。

d. 证明两个国家都从贸易中获益了。

e. 在贸易发生的那一点，价格线的斜率是多少？

12. 假设一个面包店有16名员工，分别作为面包师（B）和蛋糕师（C），因此 $B+C=16$。画出以下生产函数下的生产可能性边界（y 是面包产量，x 是蛋糕产量）：

a. $y=2B^{0.5}$，$x=C^{0.5}$；

b. $y=B$，$x=2C^{0.5}$。

17 信息不对称的市场

623 在本书的大部分篇幅里我们都假定，消费者和生产者对于他们面对的经济变量拥有完全的信息。现在我们将看到，当某些参与人比别人知道的信息更多，即当存在**不对称信息**（asymmetric information）时，将会发生什么。

不对称信息非常普遍。通常，销售者对于一个产品的质量比消费者知道得多。工人对于他们自己的技术和能力比他们的雇主知道得多。而经理对于企业的成本、竞争地位以及投资机会比企业的所有者知道得多。

不对称信息解释了社会中的许多制度性安排。它说明了为什么汽车公司为新车的零部件和服务提供质保；为什么厂商与雇员签订包括激励和奖惩措施的合同；以及为什么公司的股东需要监督经理的行为。

我们先看一种销售者对于产品的质量比消费者知道得多的情形。我们将会看到，这种不对称信息是如何导致市场失灵的。在第 17.2 节，我们将讨论，销售者如何通过给予潜在的购买者有关他们产品的信息，以避免一些与不对称信息相关的问题。产品质保提供了一种保险，它在购买者的信息比销售者少时是有帮助的。但是，正如第 17.3 节所述，当购买者的信息比销售者多时，保险购买本身就会蕴含着一些难题。

在第 17.4 节，我们指出，当私人企业的所有者监督经理行为的成本高昂时，经理可能追求不同于利润最大化的目标。换句话说，就是经理比所有者拥有的信息更多。我们将证明，即使在监督经理行为的成本高昂时，企业所有者也可以通过给予经理适当激励来实现利润最大化的目标。最后，我们还将说明，当雇员对其生产率的信息比雇主多时，劳动市场的运行可能会无效率。

本章要点

案例列表

不对称信息
在一项交易中，买方和卖方拥有不同信息的情形。

17.1 质量不确定性与“柠檬”市场

假定你以 20 000 美元购买了一辆新车并行驶了 100 英里，然后你决定
624 把它卖掉。轿车本身没有什么问题——它功能良好并满足你所有的期望。你只是觉得没有它也很好，并且把钱省下来做其他事情你的境况会得到改

善，因此你决定出售这辆车。你预计这辆车可以卖多少钱？或许不多于 16 000 美元——即使轿车只行驶了 100 英里，还是崭新的，并有一张可以转让给新车主的保单。不过，如果你恰好是那个买车人，你可能也不愿意花超过 16 000 美元吧。

为什么就因为这辆车是二手货，其价值就降低了那么多呢？要回答这个问题，想一下你自己作为未来买方所关心的问题。你会觉得奇怪，为什么这辆车要出售？车主真的是那样改变了他对车的想法了，还是车有什么问题？或许这辆车是一个“柠檬”[*]？

二手车之所以比新车售价低得多，是因为对它们的质量存在着不对称信息：旧车的卖方对车的了解要比潜在的买方多得多。买方可以雇一个技工来检查此车，但是出售者对车已有了使用经验，因而对它更加了解。而且出售汽车这一事实本身隐含着该车可能是一个“柠檬”——为什么要出售一辆可靠的车？结果，一辆旧车的潜在买方总是对它的质量有疑虑，这是很有道理的。

产品质量不对称信息的含义是由乔治·阿克洛夫（George Akerlof）在一篇经典论文中首先分析的[①]，其分析远远超出了二手车市场。保险、金融信贷甚至就业等市场都具有不对称信息的特征。为了理解不对称信息的内涵，我们先从二手车市场开始，然后看看同样的原则是如何适用于其他市场的。

旧车市场

假定有两种二手车——高质量车和低质量车。再假定卖方和买方都知道哪一种轿车是高质量的，哪一种是低质量的，这样就会像图 17.1 所显示的那样有两个市场。在图（a）中，S_H是高质量车的供给曲线，D_H是需求曲线。同样，图（b）中的 S_L和 D_L分别是低质量车的供给曲线和需求曲线。在任何给定的价格下，S_H均高于 S_L，这是因为高质量车的车主更不愿意卖他们的车，从而必须得到更高的价格才愿意卖。同样，D_H高于 D_L，这是因为买方愿意为得到一辆高质量车支付更多的钱。如图所示，高质量车的市场价格是 10 000 美元，低质量车是 5 000 美元，每种车出售的数量是 50 000 辆。

在实际生活中，旧车的卖方对车的质量比买方知道的多得多（买方只有在买了车并开了一段时间以后，才能发现其质量有问题）。那么我们来考虑，如果卖方知道了车的质量而买方不知道，会发生什么。起初，买方可能会想，他们买的旧车是高质量的可能性是 50%。为什么？因为如果卖方和买方都知道质量，每种车会出售 50 000 辆。因此，在购买时，买方会把所有车都看作中等质量的。也就是说，得到好车和差车的机会各占一半。（当 625
然，买了车以后，他们会知道真实质量。）在图 17.1 中，对中等质量车的需求用 D_M表示，它低于 D_H但高于 D_L。就如数字所显示的，现在将有较少的高质量车（25 000 辆）和较多的低质量车（75 000 辆）在出售。

当消费者开始明白，大多数售出的车（大约 3/4）都是低质量车时，他们的需求又移动了。如图 17.1 所示，新的需求曲线可能是 D_{LM}，它意味着，平均来说，旧车是中低质量的。结果，需求曲线进一步向左移动，使旧车的质量组合进一步转向低质量。这一移动会持续下去，直到市场中出售的都是低质量车为止。在这一点上，市场价格过低，没有高质

---

* 柠檬在美国俚语中的意思是“次品”或者“不中用的东西”。——译者注

① George A. Akerlof, “The Market for ‘Lemons’: Quality Uncertainty and the Market Mechanism,” *Quarterly Journal of Economics* (Aug. 1970): 488 - 500.

量车的车主愿意进入市场，因此消费者正确的假定应该是，在这里购买的任何旧车都是低质量的，而唯一的需求曲线将是 D_L。

图 17.1　旧车市场

说明：当产品的卖方对产品质量比买方有更多信息时，“柠檬”市场可能出现，使低质量商品驱逐高质量商品。在图（a）中，当买方对市场上轿车的平均质量预期降低时，对高质量轿车的需求曲线从 D_H 移到 D_M。同样，在图（b）中，对低质量车的需求曲线从 D_L 移到 D_M。结果，高质量车的销售量从 50 000 辆降低到 25 000 辆，而低质量车的销售量从 50 000辆提高到 75 000 辆。最终，售出的只有低质量车了。

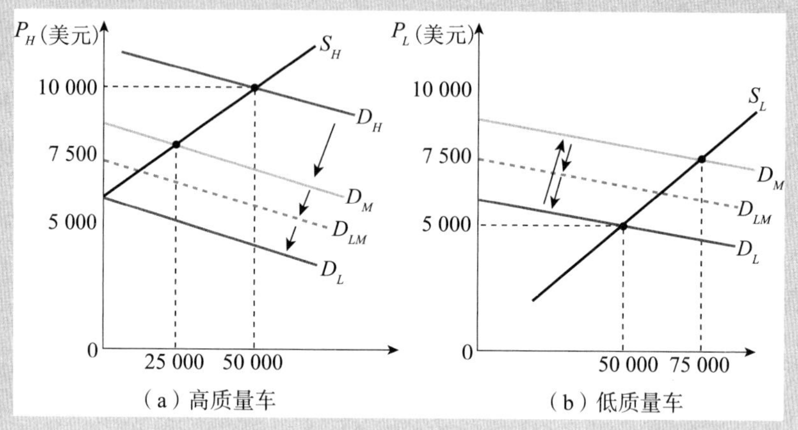

图 17.1 中的情形是极端的。市场会在至少有一些高质量车出售时的价格上达到均衡。但是，高质量车的比例会比消费者在购买前就知道质量的情况下低得多。这就是为什么我
626 要预期我那辆崭新的，并且我知道状况良好的车所能出售的价格要比我购买时低得多。由于信息不对称，低质量商品把高质量商品逐出市场。这种现象有时被称为“柠檬”问题，是产生市场失灵的重要原因之一。有必要在这里强调一下该问题：

“柠檬”问题：当存在信息不对称时，低质量商品会将高质量商品逐出市场。

不对称信息的含义

我们的二手车例子说明了不对称信息如何导致市场失灵。在一个市场完全发挥功能的理想世界里，消费者将能够在低质量车和高质量车之间进行选择。有些人会选择低质量车，因为价格较低，而另一些人愿意为高质量车支付较多的钱。遗憾的是，事实上消费者在购买以前不能容易地确定一辆旧车的质量，因此旧车的价格下跌，高质量车被逐出市场。

当存在定价低于潜在买主的高质量车的车主时，交易对双方都有好处。遗憾的是，买主缺少信息阻碍了这种互利交易的发生。

> **逆向选择**
> 市场失灵的一种形式。由于存在不对称信息，不同质量的产品以同一价格出售，结果导致市场上出现太多的低质量产品和较少的高质量产品。

逆向选择　旧车只是一个简单的例子，用来说明影响许多市场的一个重要问题——逆向选择问题。**逆向选择**（adverse selection）是指不同质量的产品以单一价格出售，因为商品的购买者或出售者在交易商品时不能确知有关商品质量的全部信息。结果，市场上就有太多的低质量产品和太少的高质量产品出售。现在让我们来看一看其他信息不对称和逆向选择的例子，然后讨论政府或私人厂商会如何对此做出反应。

保险市场　为什么超过 65 岁的人几乎难以以任何价格买到医疗保险？老年人得严重疾病的风险更高，但为什么保险的价格不上升以反映这一较高的风险呢？原因就在于信息的不对称。即使保险公司坚持要做体检，购买保险的人对他们总的健康状况也要比任何保险公司所希望知道的清楚得多。结果就像旧车市场那样，出现了逆向选择。由于不健康的人可能更需要保险，不健康的人在保险人总数中的比例上升了。这迫使保险的价格上升，而那些较健康的人，由于知道自己的低风险，因而会做出不投保的选择。这进一步提高了参保人员

中不健康的人的比例，而这又迫使保险价格上升，依此类推，直到几乎所有想买保险的人都是不健康的人。在这一点上，保险就变得非常昂贵，或者保险公司干脆就不卖保险了。

逆向选择还可能在其他方面使保险市场的运行出现问题。假设一个保险公司想为一种特定事件，例如导致财产损失的车祸，提供保险。它选择一个目标人群——比如说，25 岁以下的男性——来推销这种保单，并且估计了这一组别中发生事故的概率为 0.01。对于这些人中的某些人，发生事故的概率很低，大大低于 0.01；而对于另一些人，可能性又很高，大大高于 0.01。如果保险公司不能区分高风险男性和低风险男性，它会将保险费建立在所有男性的平均经历上，即事故概率为 0.01。由于人们的信息较多，某些人（那些事故 627
概率低的人）会选择不购买保险，而另一些人（那些事故概率高的人）会购买保险。这反过来会使投保人的事故发生率提高到 0.01 以上，从而迫使保险公司提高其保费。极端地说，只有那些很可能会遭受损失的人才会选择投保，使得出售保险不可行。

解决逆向选择问题的一个方法是风险组合池（pool risks）。对于健康保险而言，政府会发挥作用，制订医保计划。通过为所有 65 岁以上老年人提供保险，政府可以消除逆向选择问题。与此类似，保险公司可以通过向机构人员提供团体健康保险来规避或至少减少逆向选择问题。通过覆盖企业中的所有人员，不管是健康人员还是患病人员，保险公司可以分散风险，从而降低了大比例高风险个人购买保险的可能性。[1]

信贷市场 通过使用信用卡，我们中的许多人不提供任何抵押品就可借到钱。大多数信用卡都允许持卡人借入数千美元，而许多人都有几张信用卡。信用卡公司通过对借款余额收取利息来赚钱。但是信用卡公司或银行如何区分高质量借款人（那些偿还债务的人）和低质量借款人（那些不偿还债务的人）呢？显然，借款人对他们会不会偿还债务要比公司知道得多。“柠檬”问题又一次出现了。信用卡公司和银行必须对所有借款人收取同样的利率，这会吸引较多的低质量借款人，迫使利率上升，进一步增加低质量借款人的数量，并进一步迫使利率上升，如此循环。

事实上，信用卡公司和银行在一定程度上能够利用计算机化的信用记录来区分低质量借款人和高质量借款人，而这种计算机化的信用记录是它们之间经常分享的。许多人认为计算机化的信用记录是对隐私的侵犯。公司应当保存这些信用记录并与其他公司分享吗？我们不能替你回答这个问题，但是我们可以指出，信用记录起着重要的作用。它们消除或者大大削弱了不对称信息和逆向选择问题，否则，这一问题可能使得信贷市场无法运行。没有这些信用记录，即使是有信用的人也会发现借钱的代价极其高昂。

声誉与标准化的重要性

不对称信息在其他许多市场也存在。这里只举几个例子：

- **零售商店。**商店会保修或允许退货吗？商店对它的规定比你知道得多。
- **珍稀邮票、钱币、书籍和画的经纪人。**这些东西是真品还是赝品？经纪人对它们的真实性比你知道的多得多。 628
- **房屋修理工、管道工和电工。**当一个房屋修理工修理或翻新你的屋顶时，你是否爬

[1] 有些人认为，医保计划的主要意义不是分散风险。因为在 65 岁以前，人们的医疗历史已经建立，保险公司因此很容易区分高风险者和低风险者。医保计划的另外一个意义是分配，在 65 岁以后，即使相对健康的人也需要更多的医疗护理，因此在没有不对称信息时保费也较贵，很多老年人可能支付不起高昂的保费。

上去检查他的工作质量？

- **饭店。**你有多少次走进厨房去检查厨师是否使用新鲜的配料并遵守卫生法？

在所有这些情况下，销售者对产品质量的了解都比购买者多得多。除非销售者能够向购买者提供有关产品质量的信息，否则低质量产品和服务就会把高质量产品和服务驱逐出去，从而出现市场失灵。因此，高质量产品和服务的销售者就极想让消费者相信，他们的质量确实是高的。在上面这些例子中，这主要是由声誉决定的。你在一家特定的商店购物，是因为它在产品销售方面声誉很好；你雇一个固定的房屋修理工或管道工，是因为他干活的声誉很好；你上一家特定的饭店，是因为它具有使用新鲜配料的声誉，并且你所知道的人中间没有一个是在那里吃了之后生病的。

有时候，一项生意要做出声誉来是不可能的。例如，大多数公路旁餐车式饭店或汽车旅馆的消费者只是在旅行时去一次或几次，因此它们就没有机会做出声誉来。那么，这些饭店和旅馆如何应对"柠檬"问题呢？一个办法是通过标准化。在你的家乡，你可能不愿意经常光顾麦当劳，但是当你在公路上行驶并想停下来吃午餐时，麦当劳看上去就更有吸引力。原因就是麦当劳提供了一种标准化产品；在这个国家的任何地方，每一家麦当劳提供的配料和食品都是一样的。乔氏餐馆有可能会提供更好的食品，但是你不能确定，而你确切地知道你在麦当劳将买到什么。

⁘例 17.1 医保制度

近些年，医疗保健改革是美国以及世界范围内的一项热门政策议题。在美国，一个核心的问题是：是否每个人都应该拥有医疗保险，是否所有人都应该被强制加入某种形式的公共或私人保险计划。为了理解强制保险的争论，让我们看一下医保制度。

医保制度创立于 1965 年，作为一项公共政策，它要为所有超过 65 岁的老年人和不到 65 岁的特定残障人士提供健康保险。医疗保险通过工资税融资，由工人和雇主共同承担。2016 年，个人的缴费额度是工资额的 1.45%，而雇主需要为你缴纳相同的额度。医疗保险的核心特征是强制参与——几乎所有工人都是计划的一部分。实际上，是强制参与保证了医保制度的运行，这与其他政府或私人医疗保障计划相区别。

为了弄清为什么强制参与是计划的核心，试想有私人保险公司按照每年 5 000 美元的成本提供给老年人一个替代政策。记住存在不对称信息：人们对于自己的健康、生活方式以及他们对于未来可能的医疗服务需要比保险公司拥有更多的信息。现在，想一想谁会选择购买保险，谁会放弃 5 000 美元
629 的花费。与身体健康而预期医疗成本较低的老年人比，那些有慢性疾病或因为其他原因预期医疗成本高于 5 000 美元的老年人更有可能购买该商业保险。这导致了逆向选择问题：大部分愿意购买保险的人是病人，这意味着保险公司将损失很多钱，会使得价格上升，比如说 7 000 美元。不过，这并非一个稳定结果，因为只有那些预期医疗成本高于 7 000 美元的病人才会购买保险，而保险公司将再次陷入亏损。保险公司每次提高价格，一些剩余的健康顾客就会流失，直到最终只有非常严重的病人希望购买保险。（这正是 1965 年之前的大体状况。）而当一些未投保的人生病之后会怎样呢？一些人可能足够富有从而能够自己支付医疗成本。不过大多数人没那么富有，他们只能在当地医院的急救病房中结束生命，按照法律的要求，这些当地医院必须医治他们。结果是，对于大多数老年人，医疗保健的成本由社会整体来承担，部分通过急诊病人的补贴。

医保系统解决了这种逆向选择问题。所有超过 65 岁的人都参加医保——包括那些预期有低医疗支

出的人和那些预期有高医疗支出的人。当然，低支出的人正在补贴高支出的人。不过，因为逆向选择已经不是强制性计划的问题，医保的整体成本低于私人保险制度下的成本。实际上，医保制度在美国赢得了最成功、最有效率公共政策的美誉。

图 17.2 描述了从 1963 年（医保计划实施的 2 年前）到 2015 年（《平价医疗法案》颁布 5 年后）美国人没有医疗保险的人口比例。你可以发现，医保计划导致了无医保人口的迅速减少。更近一些，《平价医疗法案》要求强制保险的同时为低收入者提供补贴，从而导致无医保人数的迅速下降。医疗保障计划和《平价医疗法案》都是成功的，因为它们都是用于解决逆向选择的根本问题的。

图 17.2　没有医保的美国人比例，1963—2015 年

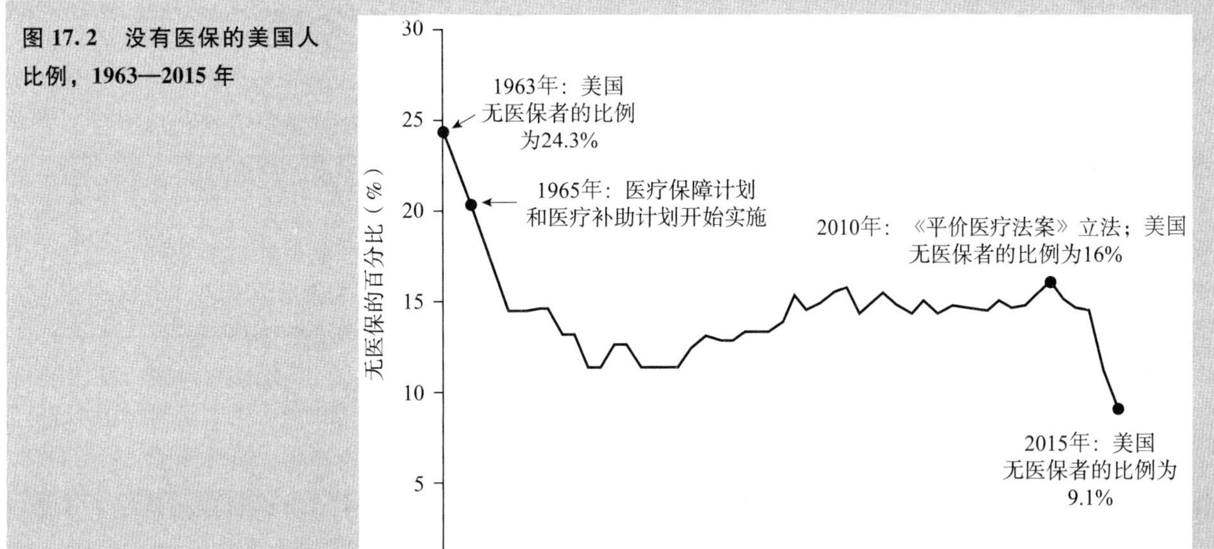

❖例 17.2　棒球联盟中的“柠檬”

我们怎样测试市场中是否存在“柠檬”呢？一个办法是把转售的产品与类似的但很少转卖的产品进行比较。在一个“柠檬”市场上，二手货的购买者只有有限的信息，而转售的产品的质量应当比很少在该市场出现的产品的质量差。若干年前，由于棒球联盟合同规则的改变，一个这样的“二手货”市场被创造出来了。[①] 630

在 1976 年以前，棒球联盟的球队有续签他们球员合同的排他权。在 1976 年的裁决宣布这个制度非法之后，一个新的合同制度产生了。在为棒球联盟服务 6 年之后，球员能够与他们原来的球队签订新合同，或成为自由球员，与新的球队签订合同。许多自由球员的存在使棒球球员中出现了一个二手货市场。

不对称信息在自由球员市场上很突出。一个潜在的买方，即球员原来的球队，对该球员的能力具有比其他球队更多的信息。如果我们是在看旧车，我们可以通过比较它们的修理记录来检验不对称信息的存在。对棒球球员，我们可以比较他们的伤病记录。如果球员努力工作，严格遵守规定的计划，

① 此例基于 Kenneth Lehn 对自由球员市场的研究，参见“Information Asymmetries in Baseball's Free-Agent Market，” *Economic Inquiry*（1984）：37-44。

我们可以预测他们受伤的可能性较低，并且如果受伤，他们继续打球的可能性也较高。换句话说，目的较明确的球员由于受伤而坐板凳的时间较少。如果“柠檬”市场存在，我们可以预料，自由球员的伤病率高于续约的球员。球员可能还有他们原来球队知道的、不适于成为再续合同候选人的先天身体条件。由于较多的这种球员会成为自由球员，自由球员出于健康原因会有较高的伤病率。

表 17.1 列出了所有签订多年合同的球员在签订了合同以后的表现，它表明了两点。第一，在签了合同以后，自由球员和续约球员的伤病率都提高了。每季的受伤天数从平均 4.73 天增加到了平均 12.55 天。第二，签约后续约球员和不续约球员的伤病率显著不同。平均来说，续约球员的受伤天数是 9.68 天，而自由球员是 17.23 天。

这个发现意味着，自由球员中间之所以存在“柠檬”市场，是因为棒球队比与其竞争的其他球队更了解它们自己的球员。

表 17.1　球员受伤情况

	每个赛季受伤的天数		百分比变化（%）
	签合同前	签合同后	
所有球员	4.73	12.55	165.4
续约球员	4.76	9.68	103.4
自由球员	4.67	17.23	268.9

17.2　市场的信号传递

631 我们已经看到不对称信息能够导致“柠檬”问题：由于卖方对一个商品的质量比买方知道得多，买方会假定该商品的质量较低，导致价格下降，只有低质量商品出售。我们还看到，政府干预（例如在健康保险市场）或声誉的形成（例如在服务业）如何能够减缓这一问题。现在我们来考察另一个重要机制——**市场信号传递**（market signaling）。通过这一机制，卖方和买方可以应对不对称信息的问题。市场信号传递的概念是由迈克尔·斯彭思（Michael Spence）首先提出的。他指出，在某些市场中，卖方会向买方发出传递产品质量信息的信号。

市场信号传递　卖方传递给买方关于产品质量信息的过程。

要弄明白市场信号传递是如何起作用的，让我们来看一下劳动市场，它是一个信息不对称的好例子。假设一个厂商正在考虑雇用一些新人，新工人（劳动的卖方）对他们能够提供的劳动的质量比厂商（劳动的买方）知道得要多。例如，他们知道他们的努力工作程度、他们的责任心以及他们的技术水平等。厂商只有在工人被雇用并工作了一段时间之后才会了解这些。在他们被雇用之时，厂商对他们以后的生产能力到底如何几乎不了解。

为什么厂商不是先雇用工人，看他们工作的努力程度，然后解雇那些生产率低的人呢？因为这样做往往成本很高。在许多国家，以及在美国的许多厂商，要解雇工作了几个月以上的人是很困难的（厂商可能不得不提出正当理由或支付解雇费）。而且，在许多工作岗位上，工人至少在六个月内不可能达到充分的生产力。在这之前，可能需要相当多的在岗训练，对此，厂商必须投入大量的资源。因而，厂商可能要过六个月到一年才能知道哪些工人工作能力强。因此，如果厂商在雇用潜在雇员之前就知道他们的生产能力，它们将会获益良多。

厂商在雇用工人之前能够考察哪些特征来获得有关生产率的信息呢？潜在的雇员能不能传递他们生产率的信息呢？在就业面试时穿着体面或许能传递某些信息，但即使是无生产能力的人有时也会为了得到一份工作而穿着体面，因而穿着体面是一个弱信号——它对区别高生产率的人和低生产率的人并不起作用。一个信号要成为强信号，就必须使高生产率的人比低生产率的人更容易给出，从而高生产率的人更愿意给出这个信号。

例如，受教育情况是劳动市场的一个强信号。一个人的教育水平能够通过几方面来衡量——受教育的年限、获得的学位、授予学位的大学或学院的声誉、这个人的平均成绩，等等。当然，教育能够通过提供对工作有益的信息、技能和一般知识来直接或间接提高一个人的生产率。但是，即使教育并不提高一个人的生产率，它仍旧能够成为生产率的有用信号，因为生产率较高的人会发现得到高水平的教育比较容易。生产率高的人一般较聪明、自主性较强、更有原则性、精力更旺盛、工作更努力——这些特征在学校也有用。因此，生产率较高的人更有可能得到高水平的教育，来向厂商发出他们生产率的信号，并由此获得工资较高的工作；而厂商把教育看作生产率的信号也是正确的。 632

一个劳动市场信号的简单模型

要理解信号是如何起作用的，讨论一个简单的模型是有益的。[①] 让我们假设只有低生产率的工人（甲组）和高生产率的工人（乙组），前者的平均产出和边际产出为 1，后者的平均产出和边际产出为 2。工人们将被竞争性厂商雇用，这些厂商生产的产品的销售价格为 10 000 美元，并且它们预期每个工人的平均工作年限为 10 年。我们再假设一半的工人在甲组，另一半在乙组，从而所有工人的平均生产率为 1.5。注意，预期从甲组工人得到的收益为 100 000 美元（=10 000 美元/年×10 年），而从乙组工人得到的收益为 200 000 美元（=20 000 美元/年×10 年）。

如果厂商能够识别人们的生产率，它们就会向工人提供与他们的边际生产收益相等的工资。甲组的人会得到每年 10 000 美元，乙组的人会得到每年 20 000 美元。另外，如果厂商在雇用工人之前不能识别工人的生产率，它们就会向所有工人支付等于他们平均生产率的年工资——15 000 美元。这样，甲组的人就会以乙组的人为代价挣得更多（甲组的人得到 15 000 美元而不是 10 000 美元，乙组的人得到 15 000 美元而不是 20 000 美元）。

现在让我们来考虑在有教育信号的情况下会发生什么。假定一种教育的所有特征（获得的学位、平均成绩等）都能概括在代表较高教育年限的指标 y 中。所有教育都有成本，教育水平 y 越高，成本也越高。这个成本包括学费和书费、放弃工资的机会成本，以及必须努力学习得到高分的心理成本。重要的是，低生产率组别的教育成本要比高生产率组别高。我们可以出于两个理由预期这一结果。第一，低生产率工人可能就是不那么勤奋学习。第二，低生产率工人通过他们报名参加的学位计划来取得进步可能较慢。假定甲组的人获得教育水平 y 的成本由下式给出：

$$C_{\mathrm{I}}(y)=40\ 000y$$

而乙组的成本是：

$$C_{\mathrm{II}}(y)=20\ 000y$$

① 该模型基于 Spence，*Market Signaling*。

现在假定（为了简单起见并强调信号的重要性）教育对提高一个人的生产率没有任何作用，它唯一的价值就是作为一个信号。让我们来看一下是否能找到一个市场均衡，这时不同的人得到不同的教育水平，而厂商把教育当作生产率的信号。

均衡　考虑下面可能的均衡。假定厂商使用这一决策规则：任何受教育水平达到或高
633 于 y^* 的人都作为乙组的人并给予 20 000 美元的工资；任何受教育水平低于 y^* 的人都作为甲组的人并给予 10 000 美元的工资。厂商所选的特定水平 y^* 是任意的，但是要使这一决策规则成为均衡的一部分，厂商必然能正确地进行识别，否则厂商就会改变规则。这一规则会起作用吗？

要回答这一点，我们必须确定，在厂商使用的这一决策规则下，每一组别的人会接受多少教育。要做到这一点，记住教育会使人们得到工资较高的工作。如图 17.3 所示，教育的收益 $B(y)$ 是工资的增加，它是与每一教育水平相关的。我们看到一开始时 $B(y)$ 是 0，它代表没有任何大学教育可以获得 10 年 100 000 美元的基本收入。但是当教育水平达到或高于 y^* 时，10 年的收入增加到 200 000 美元，$B(y)$ 增加到了 100 000 美元。

一个人应该接受多少教育？显然是在无大学教育（即 $y=0$）和教育水平为 y^* 两者之间选择。理由是任何教育水平低于 y^* 的人得到的都是一样的 100 000 美元的基本收入，因此接受高于 0 但低于 y^* 的教育没有收益。同样，接受高于 y^* 的教育水平也没有收益，因为 y^* 足以使人们享受较高的 200 000 美元的总收入。

图 17.3　信号传递

说明：如果高生产率组工人比低生产率组工人更容易获得教育，教育就能成为高生产率组工人的一个有用的信号。在图（a）中，低生产率组会选择 $y=0$ 的教育水平，因为教育的成本大于增加的收入。然而，在图（b）中，高生产率组将选择 $y^*=4$ 的教育水平，因为收入上的得益大于成本。

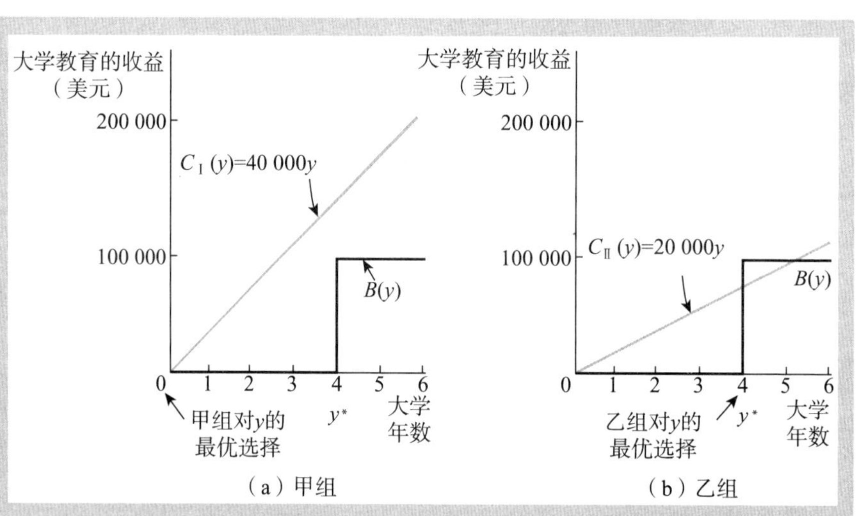

634 **成本-收益比较**　在决定接受多少教育时，人们把教育的收益与成本进行比较。每一组别的人都进行下列成本-收益计算：如果收益（即收入的增加）至少与这一教育的成本一样大，就接受教育水平 y^*。对于两个组来说，收益（收入的增加）都是 100 000 美元。然而，两组的成本不同。对于甲组，成本是 40 000y 美元，而对于乙组，成本只有 20 000y 美元，因此，甲组的人不接受教育，只要

100 000 美元 $<$ 40 000y^* 美元，或者 $y^*>2.5$

而乙组的人接受教育水平 y^*，只要

100 000 美元 $>$ 20 000y^* 美元，或者 $y^*<5$

只要 y^* 在 2.5 和 5 之间，这些结果就给了我们一个均衡。例如，假定 y^* 像图 17.3 中

那样为 4.0，那么甲组的人就会觉得接受教育并不值得，从而不会接受任何教育；而乙组的人会觉得接受教育值得，从而会接受教育水平 $y=4.0$。现在，当一个厂商面试没有接受大学教育的应聘者时，它正确地假定他们具有低生产率，从而向他们提供 10 000 美元的工资。同样，当厂商面试接受过四年大学教育的人时，它正确地假设他们的生产率高，从而他们的工资应当是 20 000 美元。我们因此得到了一个均衡：高生产率的人会用接受大学教育来发出他们生产率的信号，而厂商会读出这一信号并向他们提供较高的工资。

这是一个简单的模型，但它说明了重要的一点：教育是一个重要的信号，它使厂商能够根据生产率挑选工人。即使教育对提高工人生产率不起任何作用，某些工人（那些具有高生产率的工人）也将会获得大学教育。这些工人只是想要证明他们是高生产率的，因此他们通过接受教育来发出一个信号。

当然，在现实世界中，教育确实提供了有用的知识并提高了一个人最终的生产率。（如果我们不相信这一点，我们就不会写这本书了。）但是教育也起到了信号的功能。例如，许多厂商坚持要求一个未来的经理具有 MBA 学位。这里的一个理由是，MBA 学生学习过经济学、金融和其他有用的科目。但是还有第二个理由——完成 MBA 学习需要智力、自律和勤奋，而具有这些品质的人会有很高的生产率。

质量保证与保修单

我们强调了信号在劳动市场上的作用，但是信号还能够在其他许多具有不对称信息的市场上起重要的作用。考虑一下像电视机、音响、照相机和冰箱这样的耐用品市场。许多厂商都生产这些产品，但是某些牌子比其他牌子更可靠。如果消费者不知道哪些牌子更可靠，较好的牌子就不可能以较高的价格出售。因此，生产质量较高、较可靠的产品的厂商就会愿意让消费者意识到这一点，但是它们怎样才能以有说服力的方法做到这一点呢？回答是通过质量保证和保修单。

质量保证和保修单有效地发出了产品质量的信号，因为一项内容广泛的保修单对低质量产品的生产者来说要比高质量产品的生产者成本更高。在保修单下，低质量产品更需要修理服务，而这都将由生产者支付。结果，出于自身的利益考虑，低质量产品的生产者就不会提供内容广泛的保修单，消费者就能因此而把一项内容广泛的保修单看作高质量的信号，并为提供保修单的产品支付较多的钱。 635

❖例 17.3 加班至深夜

找到工作之后，工作市场的信号传递还没有结束。即便在工作了几年之后，雇员自己还是对自己的能力拥有更多的信息，在知识密集型行业尤其如此，比如工程、计算机编程、金融、法律、管理和咨询。比如，一个天才的计算机编程人员可能比他的合作者做得更好，而公司可能需要很多年才能认识到这一点。在信息不对称的情况下，雇主应该采取什么措施来决定晋升和加薪？那些更加聪明、工作更加出色的员工能否向雇主传递该信号，并且获得晋升和加薪？

员工通常能够通过更加努力的工作和加班传递拥有天才和高生产率的信号。由于更加出色、更具生产率的员工能够从工作中获得更大的满足，从而发送该信号的成本更低，因此，这是一个强信号：它能够传递信息，结果，雇主依靠该信号来决定晋升和加薪。

这个信号传递过程影响了很多人工作的方式。知识性员工的薪水构成通常是一周 35 小时或者 40

小时的固定工资，加班是没有工资的。不过，这些员工的工作时间越来越超出其工作计划。比如，美国劳工部的调查发现，一周工作达到或超过49小时的工人的比例从1976年的13%提高到了2011年的超过16%。[①] 很多年轻的律师、会计师、咨询人员、投资银行家和计算机编程人员经常加班至深夜，并且周末也在加班，每周工作时间达到60～70小时。这些人如此努力工作，是不是很奇怪？根本不奇怪，他们在传递能够影响到其职业生涯的信号。

快速的技术变化使得雇主很难评估员工的能力和生产率，因此，雇主越来越多地依赖员工的工作时间判断。比如，对施乐公司的软件工程师的调查显示，很多员工选择加班至深夜，因为害怕不这样做老板会认为他们偷懒，只会选择简单的任务。员工们的担心并非多余，正像老板所说的："我们不知道如何评估这些新技术领域内的知识性员工，所以我们用加班时间来判断。"

随着公司越来越不愿意提供终身职位，晋升竞争加剧了。员工们面临着越来越大的努力工作的压力。如果你自己每周工作60～70小时，那就想想正面的效果——你正在传递一个强信号。[②]

17.3 道德风险

636 当一方投了全额保险，而信息有限的保险公司又不能准确地监督他时，投保人可能会采取提高事故或受伤可能性的行动。举例来说，如果我的房子有全额防盗保险，我在离开的时候可能就不太注意关门，我也可能不会安装报警系统。一个人的行为在购买保险之后会改变的可能性就是所谓的**道德风险**（moral hazard）。

道德风险
当某一方的行为不能被观察到时，他就可以影响与该事件相联系的支付报酬的概率分布。

道德风险的概念应用广泛，既可应用于保险问题，也可应用于工人在雇主不能监督他们行为时不尽力工作（"偷懒"）的问题。一般来说，当一方的行为无法被观察到，从而影响支付的概率或大小时，道德风险就会产生。例如，如果我投了全额医疗保险，我就会比在赔额有限的情况下更多地去看医生。如果提供保险者能够监督其被保险人的行为，它就能对那些索赔较多的人收取较高的保费。但是，如果公司不能监督被保险人的行为，它就会发现它的赔偿比它预计的要大。在有道德风险的情况下，保险公司可能被迫提高保险费甚至干脆拒绝出售保险。

例如，让我们考虑一个值100 000美元的仓库所有者和他们的保险公司所面临的决策。假定在仓库所有者为他们的雇员实施一项50美元的防火计划时，发生火灾的概率是0.005。若没有这项计划，发生火灾的概率上升到0.01。了解了这一点后，如果保险公司无法检查是否存在这样一项防火计划，它就面临两难困境。保险公司提供的保险单不能包含这样的条款——只有有了防火计划，才能支付赔款。如果有这样的计划，保险公司就能以等于预计火灾损失的保险费来为仓库保险，保费就是500美元（$=0.005\times 100\ 000$美元）。然而，一旦购买了保险，所有者就不再有实施该计划的动力了。如果发生火灾，他们的资金损失就能完全得到补偿。因此，如果保险公司以500美元出售保险单，它就会遭受

① "At the Desk, Off the Clock and Below Statistical Radar," *New York Times*, July 18, 1999. 工作时间数据可以从Current Population Survey (CPS), Bureau of Labor (BLS) 获得，网址是http://www.bls.gov/cps/#charemp；其中从事农业和非农业劳动的人的时间单位是小时。

② 对"时间压力"的一个有趣研究参见Daniel Hamermesh and Jungmin Lee, "Stressed Out on Four Continents: Time Crunch or Yuppie Kvetch?" *Review of Econ. and Stat.*, May 2007, 89: 374-383。

损失，因为预计的火灾损失将是 1 000 美元（=0.01×100 000 美元）。

道德风险不仅仅是保险公司面对的问题。它也改变了市场有效配置资源的能力。例如，在图 17.4 中，*D* 给出了对汽车每周行驶里程的需求。需求曲线度量了开车的边际收益，其 637
向下倾斜是因为随着自驾成本的提高，有些人会改用其他交通工具。假定一开始时自驾成本包括保险成本，并且保险公司能够准确地衡量已行驶的英里数。在这种情况下，没有道德风险问题并且驾驶的边际成本由 MC 给出。驾驶员知道行驶得多就会增加他们的保险费，从而提高他们总的行驶成本（每英里的成本假设是不变的）。例如，如果行驶成本是每英里 1.50 美元（其中 50 美分是保险成本），驾驶员就会每周行驶 100 英里。

图 17.4　道德风险的效应

说明：道德风险改变了市场有效配置资源的能力。*D* 给出了汽车自驾的需求。在没有道德风险时，自驾成本是每英里 1.50 美元。驾驶员行驶 100 英里，这是有效率的行程。有了道德风险，驾驶员看到每英里成本为 1.00 美元，因此行驶 140 英里。

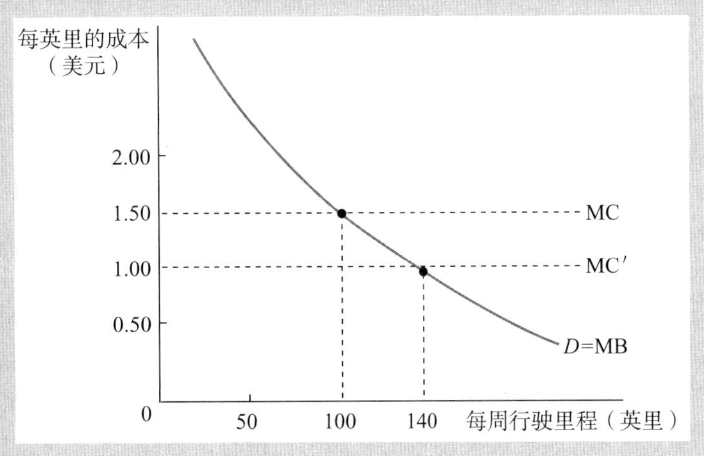

道德风险问题出现是因为保险公司难以检查个人的驾驶习惯，保险费并不取决于行驶的英里数。结果，驾驶员会认为他们支出的任何额外的事故成本都会分布在一个大群体中，每个个人支出的只是微不足道的很小一部分。由于他们的保险费并不随他们行驶的英里数而变化，额外一英里交通的成本将是 1.00 美元，就如边际成本曲线 MC′所显示的那样，而不是 1.50 美元。行驶的英里数就会从 100 增加到 140 的社会无效率水平。

道德风险不仅改变行为，而且导致经济无效率。无效率之所以产生，是因为参加保险以后，个人对活动的成本或收益的看法与真实的社会成本或收益不一样了。例如，在图 17.4 的驾驶例子中，有效率的驾驶水平由边际收益（MB）和边际成本（MC）的交点给出。然而，有了道德风险以后，个人所看到的边际成本（MC）就低于实际成本，从而每周的行驶里程（140 英里）就高于边际收益等于边际成本的有效率水平（100 英里）。

❖例 17.4　减少道德风险：牲畜健康保证书

对于牲畜的购买者来说，有关牲畜健康的信息是非常重要的。[①] 不健康的牲畜比健康的牲畜肉长得慢，而且繁殖也慢。由于牲畜市场上的不对称信息（卖方对牲畜的健康状况比买方知道得多），大多数州要求牲畜出售时有健康保证书。在这些法律要求下，卖方允诺（保证），他们的牲畜没有隐藏的疾病，并且承担有病牲畜引起的一切费用。

① 此例基于 Terence J. Centner and Michael E. Wetzstein, "Reducing Moral Hazard Associated with Implied Warranties of Animal Health," *American Journal of Agricultural Economics* 69 (1987): 143-150。

虽然健康保证书解决了卖方比买方信息更多的问题，但是却产生了一种道德风险。向买方保证赔偿所有与有病牲畜相关的费用意味着，保险率与买方或他们的代理人保护牲畜防止疾病的看护水平无关。由于这些健康保证书的缘故，牲畜的买方就会回避对有病牲畜的早期诊断，从而使损失增加。

638 为了应对道德风险问题，有一半的州修改了动物健康保证法，要求卖方在出售时告诉买方牲畜是否有病。有的州还要求卖方遵守州和联邦的动物健康法规，从而减少疾病。但是除此之外，必须向买方提供关于牲畜没有隐藏疾病的明确的书面或口头担保。随着2003年疯牛病的暴发，美国农业部引入了“国家动物监测系统”(NAIS)，作为进一步降低道德风险的方法。NAIS的设计目标是令整个供应链更透明，从而在疫情出现后可以跟踪到源头。

17.4　委托-代理问题

委托-代理问题　代理人（如企业的管理者）追求其自身的目标，而不是最大化委托人（如企业所有者）利润的问题。

如果监督工人的生产率是无成本的，那么企业主就能确保他们的经理和工人都有效地工作。然而，在大多数企业，企业主并不能监督雇员所做的一切——雇员的信息比企业主多。这种信息不对称产生了**委托-代理问题**（principal-agent problem）。

只要在一种制度中，一个人的福利依赖于另一个人的行为，代理关系就产生了。**代理人**（agent）是行动者，而**委托人**（principal）是受代理人行为影响的一方。在我们的例子中，经理和工人是代理人，而企业所有者是委托人。当经理追求自己的目标，甚至不惜以所有者获得较低利润为代价时，委托-代理问题就产生了。

代理人　受委托人雇用来完成委托人目标的个人。

委托人　雇用一个或多个代理人来完成其目标的人。

代理关系在我们的社会中广泛存在。例如，医生作为医院的代理人提供服务，这样一来，他就可能挑选病人，并根据个人的偏好而不一定是医院的目标看病。同样，物业经理可能并不照业主想要的那样去进行物业管理。有时被保险方可被看作代理人，而保险公司被看作委托人。

不完全信息和成本高昂的监督如何影响代理人的行为？什么样的机制可以使经理具有为所有者的利益工作的激励？这些问题是任何委托-代理分析的中心问题。在这一节，我们从几个方面研究委托-代理问题。首先，我们来看私人企业和上市公司中的所有者-经理人问题。其次，我们讨论所有者能够怎样利用与他们雇员的合同关系来解决委托-代理问题。

私人企业的委托-代理问题

大多数大企业由管理层控制。并非企业管理者的个体股民，通常拥有这些企业财产的微小部分，因此他们只有很小或根本没有能力去解雇经营业绩很差的经理人。实际上，对
639 于持股人，想知道经理人正在做什么以及他们真实的表现是很困难的事，甚至根本不可能。监督经理人的成本高昂，收集信息的代价很高。结果是，经理人通常可以追寻自身的目标，而不是集中于持股人的目标——企业价值最大化。[①]

不过，经理人的目标是什么呢？一种观点认为经理人更关心增长而不是利润本身；较快的增长和较大的市场份额提供了较多的现金流，这使经理人能够享受更多的额外津贴。另一种观点不强调增长的重要性，而是强调经理人从工作中得到的效用，这不仅来自利润，

① Merritt B. Fox, *Finance and Industrial Performance in a Dynamic Economy* (New York: Columbia University Press, 1987).

而且来自他们同僚的尊敬、他们控制企业的权力、他们得到的附加利益和额外津贴，以及他们工作的长期保障。

然而，经理人偏离所有者目标的能力是有重要限制的。首先，当股东们觉得经理人有不当行为时，他们可以大声抱怨，并在特殊情况下撤换当前的管理层（可能是在董事会的帮助下，而董事会的工作就是监督经理人的行为）。其次，一个企业控制的强有力的市场可以发挥作用。如果管理混乱使接管较可能出现，经理人就有强烈的追求最大利润的动力。最后，可以有一个高度成熟的经理人市场。如果对于利润最大化的经理人需求很大，他们就会得到高工资，这反过来又会成为其他经理人追求同样目标的动力。

遗憾的是，股东控制经理人行为的手段是有限的、不完善的。例如，企业接管可能是出于个人和经济势力的动机，而不是经济效率。由于高级经理人常常接近于退休并且有长期合同，经理人的劳动市场也可能不能完善地运作。有限的股东控制所产生的问题在首席执行官的薪酬方面表现得最明显，薪酬数量在过去的几十年中增长很快。更让人困惑的是，在由年薪最高的 CEO 领导的 10 个上市公司中，CEO 的薪酬与企业的表现居然是负相关的。

很明显，股东无法充分地控制经理人的行为。怎样才能解决这个问题？从理论上说，答案很简单：必须找到一种机制来使经理人和股东的利益更紧密地联系起来，而这在实际中却很难操作。最近由证券交易委员会（监管上市公司的机构）采纳并实施的一些建议中，普遍赋予外部独立董事更多的权力。其他的一些可能的措施则是将经理人的报酬与企业的长期表现联系起来。如果薪酬结构关注 5～10 年的盈利状况，则比关注短期盈利状况的薪酬结构更能产生有效激励。我们将在下一节中考虑解决该委托-代理问题的另外一些方法。

❖例 17.5　CEO 的薪水

华盛顿互助银行（基金），一个存贷企业的新贵，经历了 20 世纪 90 年代和 21 世纪初的飞速增长。房产行业曾如火如荼，而该银行在 CEO 凯利 • 奇林格（Kerry Killinger）的带领下，不断追寻新的抵押贷款。不过，到 2007 年，华盛顿互助银行陷入了麻烦。随着房地产市场的下滑和房价的下跌，华盛顿互助银行明显已处于次贷危机之中。到 2008 年秋，华盛顿互助银行已由联邦储蓄和保险公司（FDIC）监管，并以 19 亿美元的市价卖给了竞争对手摩根大通，成了美国历史上最大的银行失败案例。在此交易的不到三周前，华盛顿互助银行的董事会解雇了奇林格。不过，他还是得到了总额超过 1 530 万美元的离职补偿。[①] 奇林格的继任者艾伦 • 菲什曼（Alan Fishman）只领导了该银行 17 天，却得到了 1 160 万美元的离职补偿，还有 750 万美元的签约费。[②] 华盛顿互助银行的股东们在银行出售中受到了清洗。 640

奇林格和菲什曼不是仅有的无论经营状况如何都得到巨额离职费的银行家或 CEO。CEO 的薪酬在过去几十年里飞速上升。以 2014 年美元价格计算，美国产业工人的平均年收入（工资加工资外补贴）从 1965 年的 40 200 美元上升到 2014 年的 53 200 美元，上升了 32%。而同期，最好的 350 个企业的 CEO 的年均收入（包括补贴和股票期权）从 83.2 万美元上升到 1 631.6 万美元，增长了 1 800%。对于顶尖的美国企业中的 CEO 们，差异甚至更大。例如，2013 年迪士尼的 CEO 鲍勃 • 艾格（Bob Iger）的收入比普通工人的收入高 280 倍（12 112 603 美元相对于 60 300 美元）。

---

① http：//seattletimes. nwsource. com/html/businesstechnology/2011590001 _ wamuside13. html.

② http：//www. nytimes. com/2008/09/26/business/26wamu. html.

对于很多CEO来说，收入的大部分来自股票期权。当股票价值上升时，CEO的收入随之上升。[①] 当公司价值上升时，CEO的收入上升是合理的。委托人（股东）和代理人（CEO）分享成功（或失败）的结果。不过，从1965年至今，CEO收入上升的速度是标准普尔股票指数增速的大约两倍。

我们如何解释如此大的收入差异？是高级经理人生产率更高，还是只是CEO们更会压榨企业的经济租？答案在于委托-代理问题，这是CEO薪水的决定因素。股东对于CEO的薪水几乎没有控制力，甚至无论企业运营多糟糕，CEO依然未被辞退。而且，董事会也不能或不愿意限制CEO薪水的上涨。结果是，CEO通常可以压榨来自企业的租金，而无论他们的表现如何。

多年以来，很多经济学家相信，薪水反映了对智力的补偿。但是最近的证据表明，经理人对董事会的权力增加了，经理人会运用这些权力攫取超出其对企业的贡献的薪水。实际上，经理人攫取经济租的能力稳步提高。为什么会这样？

首先，大部分董事会没有足够的信息和独立性与经理人进行有效谈判。这些董事不能有效监督经理人的行为，从而不能有效地与经理人谈判那些与表现相关的薪酬。其次，董事会由内部董事和外部
641 董事组成，前者本身就是经理人或者代表了经理人的利益，而外部董事由经理人选定，与经理人关系密切。[②] 因而董事都有强烈的动机支持经理人，以求被再次提名或者获得一些回报。

研究表明，CEO薪酬的高水平与企业会计核算价值及盈利性负相关。[③] 换句话说，CEO的工资越高，企业的盈利性越差。而且得到不同寻常高工资的那些CEO，往往更有可能待在那个企业，即使企业表现很差。这些现象在那些董事会被胁迫和股东权利被限制的企业尤其严重。

"金降落伞"——慷慨的离职补偿金，近来也已处于批评的焦点。有人认为，这些保证金解放了CEO，使他们可以不顾董事会和股东的压力，无须专注于追求短期增长，而追求企业的长期成长。然而，事实证明，带着"金降落伞"的CEO更不关心企业的长期成长，而在与其他企业谈判出售企业时这些经理人更有可能同意收购条款而损害股东的利益。[④]

公共企业的委托-代理问题

委托-代理的框架还有助于我们理解公共组织的经理人的行为。这些经理人可能也关心他们的权力和额外津贴，而这两者都可以通过把他们的组织扩大到超过"有效率的"水平来获得。由于监督公共经理人的成本也很高，因此，没有什么能保证他们会生产有效率的产出。只要政府机构对其成本的信息比立法机关多，对政府机构的执法检查就不大可能有效。

虽然公共部门缺乏一些使私人经理人受约束的市场力量，政府机构仍旧能够受到有效监督。首先，政府机构的经理人并不仅仅关心他们机构的大小。确实，许多人选择工资较低的公共工作是因为他们关心"公共利益"。其次，公共部门的经理人在很大程度上与私人企业的经理人一样，也要经受经理人工作市场的严酷选择。如果公共部门经理人被察觉在

① Lawrence Mishel and Alyssa Davis, "Top CEOs Make 300 Times More Than Typical Workers," *Economic Policy Institute*, June 21, 2015.

② 奇林格就是华盛顿互助银行董事会的主席，直到银行倒闭前被赶出去。

③ 在2007年，同时担任华盛顿互助银行董事会主席的奇林格得到1 810万美元薪酬，成为上市公司中薪酬最高的CEO（http://www.equilar.com/NewsArticles/062407_pay.pdf）。这种现象特别真实，尤其是在CEO拿走了企业最高级的5位管理人员的总薪酬的绝大部分的情形下。更详细的讨论参见Lucian A. Bebchuk, Martjin Cremers, and Urs Peyer, "The CEO Pay Slice," *Journal of Financial Economics* (Spring 2012).

④ Lucian A. Bebchuk, Alma Cohen, and Charles C. Y. Wang, "Golden Parachutes and the Wealth of Shareholders," *Journal of Corporate Finance* 25 (2014): 140-154.

追求不适当的目标，他们在将来得到更高工资的能力将受到削弱。最后，立法机关和其他政府机构起到了监督的作用。例如，政府会计办公室（Accounting Office）以及管理和预算办公室（Office of Management and Budget）花费了很大精力来监督其他机构。

在地方而不是联邦的水平上，公共部门经理人受到更多的检查。例如，假定一个城市的公共交通机构将其公共汽车服务扩大到超过有效水平，这时，居民能够投票把公共交通机构的经理人赶下台，或者，如果其他办法都没用，就使用其他交通工具或者干脆步行。而且，机构之间的竞争能像私人厂商之间的竞争一样激烈，以抑制经理人的非利润最大化行为。

❖例 17.6 作为代理人的非营利医院的经理人

非营利组织的经理人是否具有与营利组织的经理人一样的目标呢？非营利组织是比营利组织效率 642
更高还是更低？我们可以通过考察医疗保健的供给来得到有关这些问题的一些启示。在一项对 14 家大型连锁医院中的 725 家医院进行的研究中，研究人员对非营利医院和营利医院的投资回报率和平均成本进行了比较，以确定它们是否有不同的表现。[①]

这一研究发现两种类型的医院的回报率确实不一样。在某一年，营利医院实现的回报率为 11.6%，而非营利医院只实现了 8.8%。几年之后，营利医院实现的回报率为 12.7%，而非营利医院只实现了 7.4%。然而，对这些医院的回报率和成本进行直接比较是不恰当的，因为这些医院起着不同的作用。例如，非营利医院中有 24%提供医疗实习计划，而营利医院中只有 6%提供。在提供特殊医疗方面也有类似的不同，非营利医院中有 10%拥有心脏手术科，而营利医院中只有 5%拥有该科室。此外，43%的非营利医院有早产婴儿科，而营利医院中只有 29%有这一科室。

在控制提供的服务类型的情况下，用统计回归分析方法可以确定服务的不同是否能解释较高的成本。该研究发现，在对服务类型进行调整以后，非营利医院中每个病人每天的成本比营利医院高 8%。这意味着医院的利润状况就如委托-代理理论所预测的那样影响着它的表现：在没有营利医院竞争的情况下，非营利医院的成本意识较差，因此作为代理人不大可能为委托人和广大社会提供适当的服务。

当然，非营利医院提供的服务很可能是社会愿意资助的，但是在决定非营利医院是否应当享受免税待遇时，应当考虑它的额外经营成本。

委托-代理框架中的激励

我们已经看到，在委托-代理框架内，为什么经理人和所有者的目标会不同。那么，所有者能够怎样设计奖励制度，使经理人和工人能够尽可能接近于实现所有者的目标呢？要回答这个问题，让我们来研究一个特定的问题。

一个小型制造商用劳动和机器生产手表。它的所有者想使利润最大化。他们必须依靠一个机器修理工，他的努力会影响到机器损坏的可能性，从而会影响厂商的利润水平。利润还取决于其他随机因素，诸如部件的质量和其他劳动的可靠性。由于监督成本很高，所有者既无法直接衡量修理工的努力程度，也不能确定同样的努力总会产生同样的利润水平。表 17.2 描述了这些情况。

---

① Regina E. Herzlinger and William S. Krasker, "Who Profits from Nonprofits?" *Harvard Business Review* 65 (Jan.-Feb. 1987): 93-106.

表 17.2　生产手表的利润
单位：美元

	坏运气	好运气
低努力（$\alpha=0$）	10 000	20 000
高努力（$\alpha=1$）	20 000	40 000

表 7.2 显示，修理工能够以低努力程度或高努力程度工作。低努力（$\alpha=0$）产生 10 000 美元或 20 000 美元的利润（概率相同），哪一种会出现取决于我们上面提到的随机
643 因素。我们把两种利润水平中较低的称作“坏运气”，把较高的称作“好运气”。当修理工付出高努力（$\alpha=1$）时，利润就是 20 000 美元（运气不好的时候）或者 40 000 美元（运气好的时候）。这些数字反映了不对称信息问题，因为所有者不知道当厂商的利润为 20 000 美元时修理工是做了低努力还是高努力。

假定修理工的目标是，他的工资减成本（以损失的闲暇和与他所做任何努力相关的不愉快的工作时间）最大化。为了简单起见，我们假定低努力的努力成本为 0，而高努力的努力成本为 10 000 美元（用公式表示为 $c=10\ 000\alpha$ 美元）。

现在我们可以从所有者的角度来说明委托-代理问题。在给定结果不确定以及修理工的行为无法监督的情况下，所有者的目标是使预期的利润最大化。所有者可以与修理工签订有关工资支付的合同，但是支付计划必须完全建立在生产过程中可衡量的产出（利润）而不是修理工的努力的基础上。为了表明这一关系，我们把支付计划描述为 $w(R)$，以强调支付计划只能取决于可衡量的利润。

最优的支付计划是什么？这样的计划能像建立在努力而不是产出基础上的计划一样有效吗？最好的计划取决于生产的性质、不确定性的程度以及所有者和经理人双方的目标。这样的制度不一定总能像与努力直接联系的理想计划一样有效。缺乏信息会降低经济效率，因为所有者的利润和修理工的报酬可能同时下降。

让我们来看一下，当修理工希望使他得到的报酬在减去所做努力的成本以后最大化时[①]，如何设计支付计划。假定起先所有者向修理工提供固定的工资报酬。任何工资都行，但是如果我们假设工资为 0，我们可以把问题看得最清楚。（这里，0 可以代表工资率不比其他相应工作低的一种工资。）面临 0 工资，修理工没有任何做出高水平努力的激励。理由很简单，修理工不能分享任何努力工作给所有者带来的收益。因此，固定工资会导致无效率的结果。当 $\alpha=0$ 以及 $w=0$ 时，所有者将得到 15 000 美元的利润，而修理工得到 0 的净工资。

如果修理工因他的努力工作而得到奖励，所有者和修理工都会得益。例如，假定所有者向修理工提供下列支付计划：

$$\begin{aligned}&\text{如果 } R=10\ 000 \text{ 美元或 } R=20\ 000 \text{ 美元，则 } w=0\\&\text{如果 } R=40\ 000 \text{ 美元，则 } w=24\ 000 \text{ 美元}\end{aligned}\tag{17.1}$$

644 在这样的奖金安排下，低努力就没有报酬。然而，高努力产生 12 000 美元的预期报酬，以及减去努力成本后的 2 000（$=12\ 000-10\ 000$）美元净报酬。现在，修理工愿意选择做出高水平的努力。这使所有者的境况比以前改善，因为他们得到 30 000 美元的预期利润和 18 000 美元的净利润。

然而，这并不是对所有者来说唯一有效的支付计划。假定他们与工人签订合同，让工

① 我们假设修理工是风险中性的，因此没有效率损失。然而如果修理工是风险规避的，就会有效率损失。

人参与下述利润分享安排，当利润大于 18 000 美元时，

$$w=R-18\ 000 \qquad (17.2)$$

（否则工资为零。）现在如果修理工的努力程度较低，他将得到预期 1 000 美元的报酬。但是如果他提高努力程度，他预期的报酬就是 12 000 美元，并且他减去努力成本的预期净报酬是 2 000 美元（所有者的利润像以前一样还是 18 000 美元）。

这样，在我们的例子中，利润分享制度得到与奖金支付制度一样的结果。在更复杂的情况下，两种制度的激励效应将会不同。但是这里表明的基本思想适用于所有委托-代理问题。当直接衡量努力程度不可能时，奖励高水平努力结果的激励结构能够使代理人追求所有者设定的目标。

*17.5 联合一体化企业的管理激励

我们已经看到，企业的所有者和经理人对于需求、成本和其他变量拥有不对称的信息。我们还看到，所有者能够如何设计激励结构来鼓励经理人做出适当的努力。现在我们把注意力集中到联合一体化的企业——由几个分部组成的企业，每个部门都有自己的经理人。有些企业是**横向联合**（horizontally integrated）的——几个工厂生产相同或相似的产品。另一些是**纵向联合**（vertically integrated）的——“上游”分部生产原料、部件和零件，供“下游”分部用来生产最终产品。一体化产生了组织问题。我们在第 11 章的附录中提到了其中的一些问题，并在那里讨论了纵向联合企业中的转移价格问题，即企业如何为上游分部向下游分部提供的零部件定价。这里我们要考虑不对称信息引起的问题。

横向联合
几个分部为公司生产相同或类似产品的一种组织形式。

纵向联合
一个公司有几个分部，这些分部提供零部件给公司来生产产成品的一种组织形式。

联合一体化企业里的不对称信息与激励设计

在一个联合一体化企业内，不同部门的经理对关于他们经营成本和生产潜力的信息比中央管理部门知道得多。这种不对称信息导致了两个问题。

（1）中央管理部门怎样才能从部门经理那里得到关于部门经营成本和生产潜力的准确信息？由于某些部门的投入可能是另一些部门的产出，且必须按时向消费者交货，以及不 645
掌握总体生产能力和成本就不能确定价格，因此这一点很重要。

（2）中央管理部门应当用什么样的奖励或激励结构来鼓励部门经理尽可能有效率地生产？部门经理应当按照他们生产的多少来拿奖金吗？如果是，结构应当是怎样的？

要弄明白这些问题，让我们考虑一个有几个工厂都生产相同产品的企业。每个工厂的经理对他们工厂生产能力的信息都比中央管理部门知道得多。企业的中央管理部门想要知道每个工厂能够生产多少，从而避免瓶颈并定出可靠的交货时间。它还想要每个工厂尽可能多地生产。让我们考察中央管理部门怎样才能获得它想要的信息并鼓励工厂经理尽可能有效率地经营工厂。

第一个办法是以工厂的总产出或经营利润为基础给工厂经理颁发奖金。虽然这会鼓励工厂经理使他们工厂的产出最大化，但是它也会惩罚那些本来成本就较高、生产能力较低的工厂的经理。即使这些工厂有效率地生产，它们的产出和经营利润，从而它们颁发的奖金，也会比那些具有较低成本和较高生产能力的工厂低。工厂经理也没有动力来获得和展现有关成本和生产能力的信息。

第二个办法是询问工厂经理有关他们的成本和生产能力的信息，然后根据他们的回答看他们干得有多好来颁发奖金。例如，每个经理都将被询问他管理的工厂每年能生产多少。然后在年终，经理根据工厂的产出与这一目标的距离获得奖金。例如，如果经理估计可行的生产水平为 Q_f，该年以美元计算的奖金 B 就可能是：

$$B=10\ 000-0.5(Q_f-Q) \tag{17.3}$$

其中，Q 是工厂的实际产出；10 000 是产出达到生产能力时的奖金；0.5 是 Q 低于 Q_f 时减少奖金的系数。

然而，在这一计划下，工厂经理就有低估他们工厂生产能力的激励。通过自报一个低于他们真实的生产能力的产量，即使他们没有有效率地经营，他们也能较容易地得到大笔奖金。例如，如果一个经理估计他的工厂的生产能力为 18 000 而不是 20 000，而实际生产只有 16 000，但他的奖金却从 8 000 美元增加到 9 000 美元。因而，这一计划没有能够得到有关生产能力的准确信息，并且不能保证工厂尽可能有效率地经营。

现在我们修改一下这一计划。我们仍旧询问工厂经理他们的工厂能够生产多少，并且把他们的奖金与这一估计联系在一起。然而，我们将用一个比式（17.3）稍微复杂一点的公式来计算奖金：

$$\begin{aligned}&\text{如果 } Q>Q_f\text{，则 } B=0.3Q_f+0.2(Q-Q_f)\\&\text{如果 } Q\leqslant Q_f\text{，则 } B=0.3Q_f-0.5(Q_f-Q)\end{aligned} \tag{17.4}$$

参数（0.2、0.3 和 0.5）是这样选择的：它们使每个工厂经理都具有透露真实可行生产水平的激励，并使工厂的实际产出 Q 尽可能大。

646 要明白这一计划如何发挥作用，看一下图 17.5。假设实际的生产极限是每年 $Q^*=$ 20 000单位。如果工厂经理说出的可行生产能力是实际生产极限，他的奖金就由 $Q_f=$ 20 000这条线给出。该线延续到产出超过 20 000 的地方，以说明奖金计划，但超过的部分用虚线表示，以表明这种生产是不可行的。注意当厂商的生产在其 20 000 单位的极限时，经理的奖金最大化，这时的奖金为 6 000 美元。

然而，假定经理报告的可行生产能力只是 10 000，则他得到的奖金由 $Q_f=10\ 000$ 的线给出。现在最高的奖金为 5 000 美元，这是产出为 20 000 时得到的。但是注意，这比经理正确地报告可行的生产能力 20 000 时得到的奖金少。

图 17.5　联合一体化厂商中的激励设计

说明：可以设计出一种奖金计划来激励经理准确地估计工厂的规模。如果经理报告的可行生产能力等于实际生产能力，为每年 20 000 单位，那么得到的奖金就最高（为 6 000 美元）。

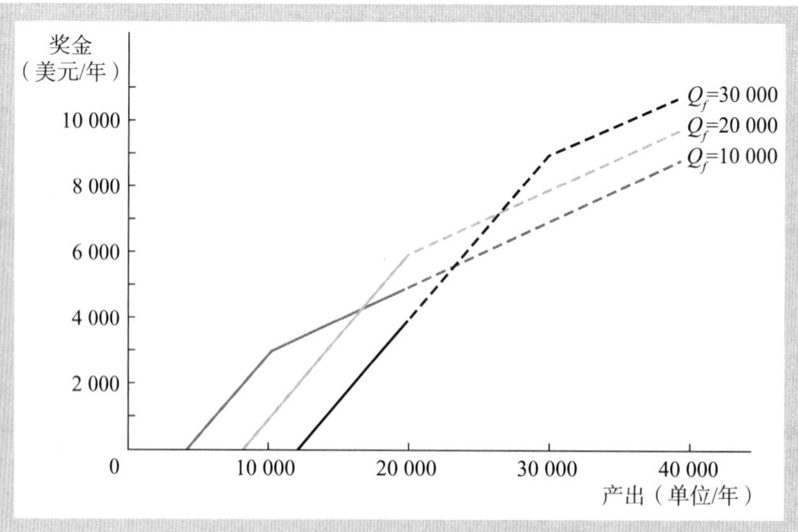

当经理夸大现行的生产能力时，同样的论证也适用。如果经理说可行的生产能力为每年 30 000 单位，奖金就由 $Q_f=30\ 000$ 的线给出。最高的奖金为 4 000 美元，这是在产出为 20 000时实现的，这比他正确地报告可行的生产能力时所能得到的奖金要少。[1]

应 用

这种信息不对称问题和激励设计在管理方面经常发生，因此像上面描述的激励计划在许多情况下都会出现。例如，如何鼓励销售员确定和透露实际的销售目标，然后尽可能努力地去实现这些目标？ 647

大多数销售员都有特定的区域。一个委派到城市人口稠密地区的销售员通常每月能够比委派到人口稀少地区的销售员多销产品。然而，企业想要平等地奖励所有的销售员，它还想给予他们激励，使他们能够尽可能努力地工作并报告实际销售目标，从而企业能够计划生产及规定交货时间。企业经常用奖金和佣金来奖励销售员，但是激励计划常常设计得很差。典型的情况是，销售员的佣金与他们的销售量成比例。这既不能引出有关可行销售目标的准确信息，也不能使他们的绩效最大化。

现在企业知道，像式（17.4）中给出的那种奖金计划会产生较好的结果。可以给销售员一个数字矩阵，显示奖金是销售目标（由销售员选择）和实际销售水平两者的函数。[数字可由式（17.4）或其他类似公式算出。] 销售员很快会算出，他们报告一个可行的销售目标，然后尽可能努力工作去实现这一目标，是他们的最佳选择。[2]

17.6 劳动市场的不对称信息：效率工资理论

效率工资理论 考虑到劳动生产率可能受工资水平的影响，对失业和工资差别所进行的解释。

当劳动市场是竞争性的时，所有愿意工作的人都会在工资等于他们的边际产出时找到工作。但是尽管许多人都在积极地寻找工作，大多数国家仍有大量失业。许多失业者可能愿意甚至以比现在就业的人更低的工资率工作。为什么我们看不到厂商削减工资，提高就业水平，从而提高它们的利润呢？我们的竞争性均衡模型能解释持续的失业吗？

在这一节，我们将说明，**效率工资理论**（efficiency wage theory）怎样解释失业的存在和工资歧视。[3] 到目前为止，我们是根据工人的能力和厂商对资本的投资来确定劳动生产率的。效率工资模型认为，劳动生产率还取决于支付的工资率水平。对于这种关系有各种各样的解释。经济学家指出，在发展中国家，工人的生产率取决于工资率是由于营养的原

---

① 对于以 $B=\beta Q_f+\alpha(Q-Q_f)$（当 $Q>Q_f$ 时）和 $B=\beta Q_f-\gamma(Q_f-Q)$（当 $Q\leqslant Q_f$ 时）表示的任何激励措施，在 $\gamma>\beta>\alpha>0$ 的情况下都会有效。参见 Martin L. Weitzman, "The New Soviet Incentive Model," *Bell Journal of Economics* 7 (Spring 1976): 251 - 256。这个计划有一个我们忽略的动态问题：经理必须在这一年因有好的表现而得到大笔奖金与将来被分派给更高的目标之间进行权衡。这个讨论参见 Martin Weitzman, "The 'Ratchet Principle' and Performance Incentives," *Bell Journal of Economics* 11 (Spring 1980): 302 -308。

② 参见 Jacob Gonik, "The Salesmen's Bonuses to Their Forecasts," *Harvard Business Review* (May-June 1978): 116 - 123。

③ 参见 Janet L. Yellen, "Efficiency Wage Models of Unemployment," *American Economic Review* 74 (May 1984): 200 - 205。也可参见 Joseph E. Stiglitz, "The Causes and Consequences of the Dependence of Quality on Price," *Journal of Economic Literature* 25 (March 1987): 1 - 48。

因：工资较高的工人能够购买更多更好的食品，因此就更健康并能更努力地工作。

偷懒模型
如果厂商付给工人市场出清工资，那么工人有足够的动机偷懒，因为被解雇的工人仍然可以在同样的工资水平下重新找到工作。

对于美国，**偷懒模型**（shirking model）做出了更好的解释。由于监督成本很高或者不可能，厂商对于工人的生产率具有不完全的信息，从而存在委托-代理问题。在最简单的形式中，偷懒模型假设市场是完全竞争的，因此所有的工人都有同样的生产率并得到同样的工资。一旦被雇用以后，工人就可能或者有效地生产，或者松松垮垮（偷懒）。但是由于关于他们表现的信息有限，工人可能不会因为偷懒而被解雇。

648 模型的分析如下。如果一个厂商向其工人支付市场出清的工资 w^*，他们就有偷懒的激励。即使他们被抓到并被解雇（他们也有可能不会被抓到并被解雇），他们也能够立即在其他地方以相同的工资就业。在这种情况下，解雇的威胁并不构成工人的成本，因此他们没有有效工作的激励。作为对不偷懒的激励，厂商必须向工人提供较高的工资。在这个工资上，由于偷懒而被解雇的工人，如果被另一个厂商以 w^* 雇用，就面临工资的降低。如果工资的差异足够大，工人就会有效地工作，这个厂商就解决了偷懒问题。这种不发生偷懒的工资就是**效率工资**（efficiency wage）。

效率工资
厂商付给员工较高的工资，以激励其不偷懒。

至此，我们只看了一个厂商。但是所有厂商都面临偷懒问题。这意味着所有厂商都将提供高于市场出清工资 w^* 的工资，比如说 w_e（效率工资）。这会由于工人被解雇后能以较高工资被其他厂商雇用而消除对工人不偷懒的刺激吗？不会。由于所有厂商都提供大于 w^* 的工资，对劳动的需求就小于市场出清的数量，从而就存在失业。这意味着由于偷懒而被解雇的工人在被另一个厂商以 w_e 的工资雇用之前会面临一段时间的失业。

图 17.6 显示了劳动市场的偷懒。劳动的需求曲线 D_L 出于传统的理由是向下倾斜的。如果没有偷懒，D_L 与劳动供给曲线（S_L）相交会使市场工资确定在 w^* 上，并导致充分就业（L^*）。然而，有了偷懒，各个厂商就不愿意支付 w^*。相反，对于劳动市场上的每一种失业水平，厂商都需要支付某种大于 w^* 的工资以诱使工人有效率地工作。这一工资由无偷懒约束曲线给出。这一曲线显示了，相对于每一种失业水平，工人为了不偷懒而需要得到的最低工资。注意，失业水平越高，效率工资与 w^* 之间的差距就越小。这是因为在失业水平高的时候，偷懒的人要冒长时间失业的风险，因此就不需要很大的诱惑来使他们有效率地工作。

图 17.6　偷懒模型中的失业

说明：当雇主不能准确监督工人时，失业可能在其他方面都是竞争性的劳动市场上出现。这里，无偷懒约束曲线所给的工资必须使工人在工作中不偷懒。厂商（以高于市场出清工资 w^* 的效率工资 w_e）雇用 L_e 的工人，产生 L^*-L_e 的失业人口。

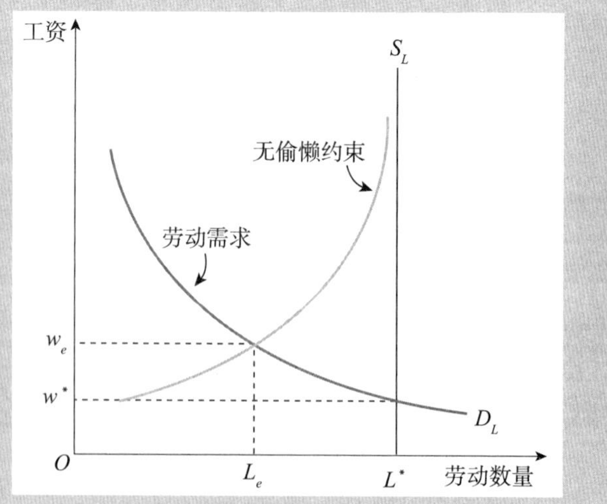

在图 17.6 中，均衡工资处在无偷懒约束曲线与 D_L 曲线的交点上，这时 L_e 的工人赚取 w_e 的工资。这是因为无偷懒约束曲线给出了厂商能够支付并能避免偷懒的最低工资。厂商 649 不需要支付大于这一数目的工资来得到它们所需要的工人数量，但也因为偷懒而不会支付小于这一数目的工资。注意无偷懒约束曲线从不与劳动供给曲线相交。这意味着在均衡时总有一些失业。

❖例 17.7　福特汽车公司的效率工资

支付效率工资的早期例子之一可以从福特汽车公司的历史中发现。在 1913 年以前，汽车生产严重地依赖于技术工人。但是装配线的引进急剧地改变了工厂的生产方式。现在该工作所需要的技术大大减少，生产依赖于装配线设备的维护。随着汽车工厂的改变，工人们越来越不抱幻想了。在 1913 年，福特汽车公司的人员变动为 380%。次年，上升到 1 000%，而利润却急剧下降。

福特汽车公司需要一个稳定的劳动大军，而亨利·福特及其商业伙伴詹姆斯·考森斯解决了这一问题。在 1914 年，当工业中流行的工资平均为每天 2～3 美元时，福特汽车公司为其工人推出了每天 5 美元的工资政策。这一政策的背后是改善劳动效率（不是慷慨），目标是吸引较好的工人稳定在工作岗位上，最终提高利润。

虽然亨利·福特为此受到攻击，但是这一政策成功了。劳动力确实变得更稳定了，而声誉也有助于福特汽车公司的销售。并且由于亨利·福特能够选择他的工人，他雇用到了平均生产率较高的工人。福特说工资增加确实提高了工人的忠诚度和个人效率，定量估计也支持他的这一说法。根据福特汽车公司的劳资关系负责人的计算，生产率提高了 51%。另一项研究发现，旷工减少了一半，由于各种原因导致的解雇人员也大大减少。因此，生产率的提高足以抵消工资的增加。结果，福特汽车公司的利润从 1914 年的 3 000 万美元提高到了 1916 年的 6 000 万美元。

小　结

1. 一个产品的卖方通常对其质量比买方有更多的信息。这种类型的不对称信息导致市场失灵，使坏产品把好产品逐出市场。如果卖方提供标准化产品、提供质量保证或保修单或者找出其他办法来为他们的产品维持一个好的声誉，这种市场失灵就能够被消除。

2. 保险市场常常存在信息不对称，因为被保险方对相关的风险比保险公司有更多的信息。这会导致逆向选择，即风险较大的人选择投保，而风险较小的人选择不投保。保险市场的另一个问题是道德风险，即被保险方在投保之后比以前采取更少措施来避免损失。

3. 卖方可以通过向买方发出有关其产品质量的信号来应对不对称信息问题。例如，工人可以通过得到高水平的教育来发出他们高生产率的信号。

4. 不对称信息可能使厂商的所有者（委托人）准确监督厂商经理人（代理人）的行为成本很高。尽管股东愿意使利润最大化，但是经理人可能为他们自己寻求较高的额外利益，或者追求销售最大化的目标。

5. 所有者可以通过设计出合理的劳动合同，激励代理人有效率地工作，以避免某些委托-代理问题。

6. 不对称信息可以解释为什么当有些工人在积极寻找工作的时候，劳动市场还有大量失业。根据效率工资理论，一个高于竞争性工资的工资（效率工资）能通过鼓励工人不在工作中偷懒而提高工人的生产率。

复习题

1. 当一个市场在其他方面都是完全竞争的时，为什么买方和卖方之间的不对称信息会导致市场失灵？

2. 假设旧车市场是一个“柠檬”市场。你预测售出的旧车的修理记录与没有售出的旧车的修理记录相比会怎样？

3. 解释保险市场上逆向选择与道德风险的区别。其中的一种能在另一种不存在的情况下存在吗？

4. 描述几种卖方能使买方相信他们的产品是高质量产品的方法。哪种办法适用于下列产品：梅泰洗衣机、汉堡王汉堡包、大钻石？

5. 为什么卖方会认为发出有关他们产品的信号是有利的？质量保证和保修单是如何成为市场信号的一种形式的？

6. 乔伊在大学四年的时间里平均成绩很高。这是能 650
反映乔伊的生产率高的强信号吗？为什么？

7. 为什么企业经理人或许会实现不同于企业股东利润最大化目标的目标？

8. 委托-代理模型如何被用来解释为什么像邮电局之类的公共企业可能追求的不是利润最大化的目标？

9. 为何奖金和利润分享支付计划可能解决委托-代理问题，而固定工资支付却不能？

10. 什么是效率工资？为什么工人对他们的生产率比厂商有更多的信息时，支付效率工资对厂商是有利的？

练习题

1. 许多消费者把著名品牌的商标看作质量的信号，并愿意为名牌产品多付钱（例如，拜耳阿司匹林而不是一般的阿司匹林，或者 Birds Eye 蔬菜而不是超级市场自己牌子的蔬菜）。品牌名称能否提供有用的质量信号？为什么？

2. 加里是毕业不久的大学生。在新的工作岗位上干了六个月之后，他最终存够了买他的第一辆车的钱。

a. 加里对样式和型号之间的区别知道的很少。他如何利用市场信号、声誉或标准化来进行比较？

b. 你是一家银行的贷款员。在选好了一辆车之后，加里到你这里来寻求贷款。由于他毕业不久，没有较长的信贷记录。尽管如此，该银行具有为新毕业生融资买车的悠久历史。这一信息在加里的例子中是否有用？如果答案为“是”，有什么用？

3. 一家重点大学禁止给学生成绩 D 或 F。它对自己的行为辩解说，学生在没有因不及格而退学的压力时，他们的表现会超过平均水平。该大学说，它希望所有学生都得到 A 和 B。如果目标是把总体成绩提高到 B 或以上的水平，这是不是一项好的政策？结合道德风险问题进行讨论。

4. 琼斯教授刚被一家重要大学的经济学系聘用。董事会主席刚刚声明，该大学要为本科生提供最高质量的教育。开学两个月后，琼斯教授还没有到教室讲课。看来他把所有时间都用于经济学研究而不是教学了。琼斯教授争辩说，他的研究会给系和大学带来更多的声誉。应当允许他继续只搞研究吗？结合委托-代理问题进行讨论。

5. 面对生产的轿车有修理记录很差的名声，一些美国汽车公司为买方提供广泛的保修服务（例如，对所有零部件和与机械问题有关的修理给予七年的保修）。

a. 根据你对“柠檬”市场的知识，为什么这是一项合理的政策？

b. 这一政策是否会产生道德风险问题？请解释。

6. 为了促进竞争和提高消费者的福利，联邦贸易委员会要求厂商真实地做广告。广告的真实性如何促进竞争？为什么如果厂商做欺骗性的广告，市场的竞争性会降低？

7. 一个保险公司在考虑推出三种火灾保险单：(a) 全额赔偿的保险；(b) 扣除 10 000 美元以后，超出部分全额赔偿；(c) 对于所有损失给予 90%的赔偿。哪一种保险单更可能产生道德风险问题？

8. 你已经看到，随着低质量产品把高质量产品逐出市场，不对称信息是如何降低市场上出售的产品的平均质量的。对于那些不对称信息盛行的市场，你是否同意下列每一种情况？试简要解释。

a. 政府应当对消费者投诉给予补贴。

b. 政府应当实施质量标准，例如，不应当允许厂商出售低质量产品。

c. 高质量产品的生产者可能想提供内容广泛的保 651
修单。

d. 政府应当要求所有厂商提供内容广泛的保修单。

9. 两家旧车行在一条大路旁并排竞争。第一家是哈里车行，它出售经过仔细检查并在必要时进行修理的高质量轿车。哈里平均要花 8 000 美元购买和修理它出售的每一辆车。第二家是刘氏车行，它出售低质量轿车。刘氏车行出售的车平均每辆的成本只有 5 000 美元。如果消费者知道他们所买轿车的质量，他们会很高兴地以平均每辆 10 000 美元的价格购买哈里车行出售的车，并仅以平均每辆 7 000 美元的价格购买刘氏车行出售的车。

如果没有更多的信息，消费者并不知道每家车行的轿车质量。在这两家车行购车的消费者估计，不管他们到哪一家车行去，他们买到一辆高质量车的机会都是相等的，因而他们愿意以平均每辆 8 500 美元的价格买车。

哈里车行有了一个主意——它将为所有它出售的轿车提供相应的保修单。它知道，一项期限为 γ 年的保修单会使它平均花费 500γ 美元，并且它还知道，如果刘氏车行也提供同样的保修单，会使刘氏车行平均花费 $1\,000\gamma$ 美元。

a. 假定哈里车行对所有它出售的轿车提供一年的保修。

ⅰ. 如果刘氏车行不提供一年保修，其利润是多少？如果刘氏车行也提供呢？

ⅱ. 如果刘氏车行不提供一年保修，哈里车行的利润是多少？如果刘氏车行也提供呢？

ⅲ. 刘氏车行会跟哈里车行一样提供一年的保修吗？

ⅳ. 哈里车行提供一年的保修，这是一个好主意吗？

b. 如果哈里车行对它的车提供两年保修会怎样呢？这会产生可信的质量信号吗？三年的保修又会怎样呢？

c. 如果你为哈里车行做广告，你会建议它提供多长时间的保修？解释原因。

*10. 作为 ASP 工业董事会的主席，你估计你的年度利润如下表所示。利润取决于市场需求和你新任的 CEO 的努力程度。每种需求情况发生的可能性也如下表所示。

市场需求	低需求	中等需求	高需求
概率	0.30	0.40	0.30
低努力	$\Pi=$ 500 万美元	$\Pi=$ 1 000 万美元	$\Pi=$ 1 500 万美元
高努力	$\Pi=$ 1 000 万美元	$\Pi=$ 1 500 万美元	$\Pi=$ 1 700 万美元

你必须设计出一个薪酬计划来最大化企业的预期利润。如果企业是风险中性的，CEO 是风险规避的，CEO 的效用函数为：

低努力水平时，效用$=W^{0.5}$

高努力水平时，效用$=W^{0.5}-100$

其中，W 是 CEO 的收入（-100 是 CEO 努力的效用成本）。你知道 CEO 的效用函数，并且你和 CEO 都知道上表所示的信息，但是你不知道 CEO 的努力程度或者准确的市场需求。当然，你知道企业的利润。

在以下三种薪酬制度下，你宁愿选择哪一种？为什么？

第一种：支付 CEO 固定工资每年 575 000 美元。

第二种：支付 CEO 每年企业利润的 6%作为工资。

第三种：支付 CEO 固定工资每年 500 000 美元，加上当企业利润超过 15 000 000 美元后超出部分的 50%。

11. 一个厂商的短期收益由 $R=10e-e^2$ 给出，其中 e 为一个代表性工人（所有工人都假设为是完全一样的）的努力水平。工人选择他的收入减去努力成本以后的净工资 $W-e$（努力的单位成本假设为 1）最大化的努力水平。根据下列每种工资安排，确定努力水平和利润水平（收入减去支付的工资）。解释为什么这些不同的委托-代理关系会产生不同的结果。

a. 对于 $e\geqslant 1$，$w=2$；否则 $w=0$。

b. $w=R/2$。

c. $w=R-12.5$。

12. 全球储贷银行有 1 000 美元可以贷出。无风险的贷款在未来一年会得到 4%的利率。有 20%违约风险（收不回来）和 80%履约可能的贷款利率为 30%。

a. 该贷款机构预期可以赚多少钱？证明无论进行有风险放贷还是进行无风险放贷，预期回报均相同。

b. 现在，假设该贷款机构知道政府将为机构做担保人，如果违约就补偿给它 1 000 美元的本金。贷款机构会如何选择？政府的预期成本是多少？

c. 假设该贷款机构不确知是否有政府担保，但知道有政府担保的概率为 P。在 P 为多少时，该贷款机构会选择风险性贷款？

18 外部性与公共物品

在这一章，我们研究外部性（externalities）（并不直接反映在市场中
653 的生产和消费活动的影响）和公共物品（public goods）（使所有消费者都得益而市场供给不足或根本不供给的物品）。外部性和公共物品是市场失灵的重要来源，并会导致严重的公共政策问题。例如，如果可以，应当允许厂商向河流中排放多少废水？汽车废气的排放标准应当规定得多严格？政府应当在国防、教育、基础研究和公共电视上花多少钱？

当存在外部性时，一种商品的价格不一定反映它的社会价值，结果厂商可能生产得太多或太少，从而使市场结果低效率。我们先描述外部性，并且严密地证明外部性是如何产生市场无效率的。之后，我们会评价一些补救办法；有些补救办法涉及政府管制，而另一些则主要依靠个人之间的讨价还价，或依靠那些受害者起诉外部性的法定权利。

接着，我们将分析公共物品。向一名额外消费者提供公共物品的边际成本为零，而想要排除人们对其的消费是不可能的。我们把那些私人难以供给的物品与市场能够供给的物品区分开来。我们最后会描述，政策制定者在试图决定一种公共物品的供给数量时面对的问题。

本章要点

案例列表

18.1 外部性

外部性可以在生产者之间、消费者之间或消费者与生产者之间产生。当一方的行动导致另一方付出成本时，外部性可以是负的；当一方的行动使另一方受益时，外部性也可以是正的。

例如，在河的下游，渔民们每天靠河中捕鱼为生，当一个钢厂向河中排放废水时，负的外部性就产生了。钢厂向河中排放的废水越多，河中存活的鱼就越少。然而，厂商在做出生产决策时没有激励去考虑它给渔民造成的外部成本。而且，并不存在一个使得这些外部成本能够反映在钢铁的
654 价格上的市场。当一个房主重新油漆她的房子并种植一个惹人喜爱的花园时，就产生了正的外部性。所有邻居都因这一活动而受益，然而房主做出重新油漆和美化的决定时可能并不会把这些收益考虑在内。

负的外部性与无效率

由于外部性并不反映在市场价格中，因此它们会成为经济无效率的一个来源。当厂商没有将与负外部性伴随的成本纳入考虑时，结果就是过多的生产和不必要的社会成本。要弄明白为什么，让我们来看钢厂向河中排放废水的例子。图 18.1（a）显示了钢厂在竞争性市场中的生产决策，图 18.2（b）给出了假设所有钢厂都产生相似外部性时的市场需求曲线和供给曲线。我们假设该厂商的生产函数是固定比例的，因此它不能改变它的投入比例（如果没有这个假设，厂商便可以在产出和污染排放的一系列组合中进行选择）；要减少废水只有降低产出。我们将分两步来分析外部性的性质：首先是只有一个钢厂产生污染，然后是所有钢厂都以同样的方式产生污染。

边际外部成本 厂商增加一单位产出给其他个人或群体带来的成本增加。

钢的价格为 P_1，即图 18.1（b）中供给曲线和需求曲线的交点。图（a）的 MC 曲线给出了一个典型的钢厂的边际生产成本。该厂商在生产的产出为 q_1 时利润最大化，这时边际 655
成本等于价格（它又等于边际收益，因为厂商把价格作为给定的）。然而，随着厂商的产出改变，下游渔民付出的外部成本也会改变。这一外部成本由图（a）中的**边际外部成本**（marginal external cost，MEC）曲线给出。总的外部成本随着产出的增加而增加，因为污染更多了，这在直觉上易于理解。然而，我们关注的重点是边际的外部成本，该成本度量的是当增加一单位产出时带来的外部成本增加。对大多数形式的污染来说，这一曲线是向上倾斜的，因为随着厂商产出的增加以及向河中排放的废水的增加，它对渔业的增量危害也增加了。

边际社会成本 边际生产成本和边际外部成本之和。

从社会的角度看，该厂商生产的产出太多了。有效产出水平应当是价格等于生产的**边际社会成本**（marginal social cost，MSC）——边际生产成本加上排放废水的边际外部成本。在图 18.1（a）中，边际社会成本曲线是用每一产出水平上的边际成本加上边际外部成本得到的（即 MSC＝MC＋MEC）。边际社会成本曲线 MSC 与价格线在产出为 q^* 处相交。由于这时只有一个工厂向河中排放废水，生产的市场价格不变。但是，厂商生产的产出太多了（q_1 而不是 q^*），并产生了太多的废水。

图 18.1　外部成本

说明：当存在负的外部性时，边际社会成本（MSC）大于边际私人成本（MC）。差额就是边际外部成本（MEC）。在图（a）中，利润最大化的产量为 q_1，价格等于 MC。有效产出是 q^*，价格等于 MSC。在图（b）中，行业的竞争性产出是 Q_1，由行业的供给 MC_I 和需求 D 的交点决定。然而，有效产出 Q^* 要比它低，由需求和边际社会成本 MSC_I 的交点决定。

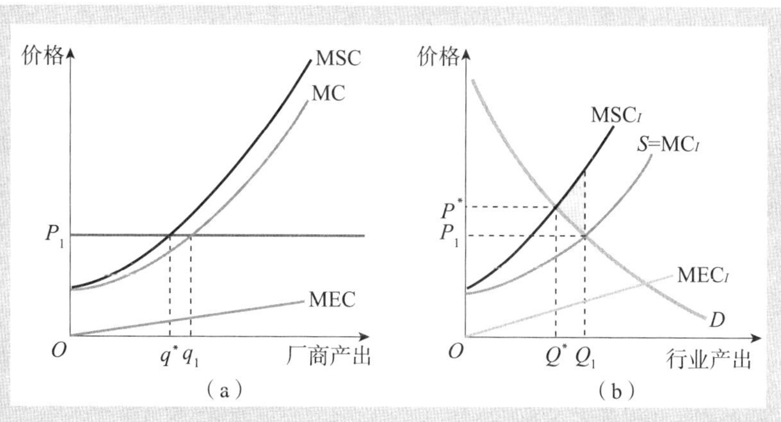

现在考虑所有钢厂都把废水排入河中会发生什么。在图 18.1（b）中，MC^I 曲线是该行业的供给曲线。与行业的产出相关的边际外部成本 MEC_I 是把每个人在每种产出水平下受损的边际成本相加得到的。MSC_I 曲线代表所有钢厂边际生产成本和边际外部成本的总和。其结果是，$MSC_I = MC_I + MEC_I$。

当存在外部性时，行业的产出是不是有效率的？如图 18.1（b）所示，有效的行业产出水平是一单位额外产出的边际收益等于边际社会成本的产出水平。由于需求曲线衡量消费者的边际收益，有效产出为 Q^*，为边际社会成本曲线 MSC_I 与需求曲线 D 的交点。然而，行业的竞争性产出位于 Q_1，为需求曲线和供给曲线 MC_I 的交点。显然，行业的产出过高了。

在我们的例子中，每一单位产出都导致一些污染，因此，无论我们是看一个厂商的污染还是整个行业的污染，经济的无效率都显示生产过多，并且导致太多的废水排入河中。无效率的来源是产品不能正确地定价。图 18.1（b）中的价格 P_1 太低了——它只反映了厂商的私人边际成本，而不是社会边际成本。只有在较高的价格 P^* 处，钢厂生产的产出水平才是有效率的。

这种无效率对社会来说，损失是什么呢？对于每一单位 Q^* 以上的产出，社会损失由边际社会成本与边际收益（需求曲线）的差额给出。结果，社会总损失就是图 18.1（b）中 MSC_I、D 和产出 Q_1 之间的阴影三角形。当我们将产出从利润最大化移到社会有效产出时，厂商的情况由于利润减少会变得更糟，同样，钢的购买者的情况也会变得更糟，因为价格上升了，但是，这些损失也比将废水直接排放到河里带来的损失要小。

外部性导致了短期和长期的无效率。在第 8 章我们看到，当产品的价格高于生产的平均成本时，厂商就进入一个竞争性行业，而当价格低于平均成本时，厂商就退出。在长期均衡中，价格等于（长期）平均成本。当存在负的外部性时，平均私人生产成本低于平均
656 社会成本。结果，即使在某些厂商离开行业才有效率时，这些厂商也还是留在行业内，因而，负的外部性鼓励太多的厂商留在行业内。

正的外部性与无效率

边际外部收益 厂商增加一单位产出给其他个人或群体带来的收益增加。

边际社会收益 边际私人收益和边际外部收益之和。

就如房屋修理和美化的例子所述，外部性可能会导致产出过少。在图 18.2 中，横轴（以美元）衡量房屋主人对房屋进行修理和美化的投资。房屋修理的边际成本曲线显示了随着修理工作的增加所需的额外修理成本：它是水平的，因为这一成本不受修理量的影响。需求曲线 D 衡量房屋修理对房主的边际私人收益。房主将选择在她的需求曲线与边际成本曲线交点处投资 q_1 于房屋修理。但是，就如**边际外部收益**（marginal external benefit，MEB）曲线所示，修理给邻居带来了外部收益。在这个例子中，这一曲线是向下倾斜的，因为在修理量小的时候边际收益大，但随着修理工作量的扩大，边际收益下降。

边际社会收益（marginal social benefit，MSB）曲线是通过把每个产出水平上的边际私人收益和边际外部收益相加得到的。简言之，MSB＝D＋MEB。有效产出水平 q^* 位于 MSB 曲线和 MC 曲线的交点，此时，增加修理的边际社会收益等于边际成本。由于房主没
657 有得到她对修理和美化投资的所有收益，就出现了无效率。结果价格 P_1 太高，不能鼓励她对房屋修理的投资达到社会理想的水平。要鼓励达到有效率的供给水平 q^*，就需要较低的价格 P^*。

另一个正的外部性例子就是厂商在研究与开发（R&D）上所花费的钱。研究与开发带来的创新常常难以受到保护而被别的厂商得到。例如，假定一个厂商设计了一种新的产品。如果该设计能够申请专利，厂商可能通过生产和销售新产品而获得大量利润。但是如果该新设计能够被其他厂商很接近地模仿出来，那些厂商就能够通过竞争分享一部分开发厂商的利润。这样，进行研究与开发就没有什么回报，市场对此提供的资金就不足。

图 18.2 外部收益

说明：当存在正的外部性时，边际社会收益（MSB）大于边际收益 D。差额就是边际外部收益（MEB）。一个利己的房屋主人投资 q_1 进行修理，该点由边际收益曲线 D 和边际成本曲线（MC）的交点决定。有效率的修理水平 q^* 比它高，由边际社会收益曲线和边际成本曲线的交点决定。

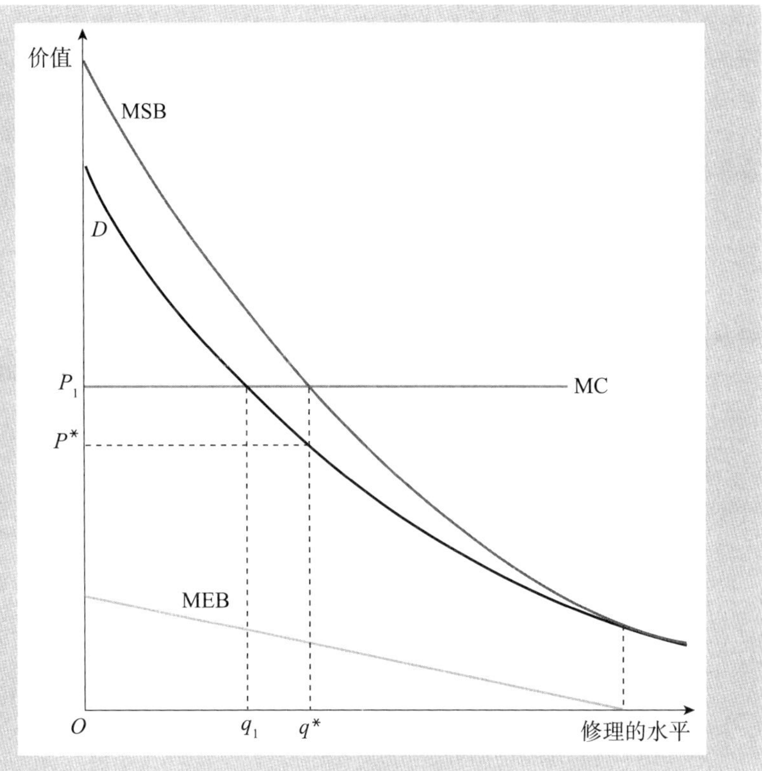

外部性并不是一个新的概念，在第 4 章讨论需求时，我们曾经讨论过当一个消费者对于某商品的需求随着其他消费者的购买行为而增加或者减少时，则会产生正的和负的网络外部性，网络外部性同样会导致市场失灵。比如，假定有些人更喜欢在人多的滑雪场滑雪，而结果就是产生拥挤效应，特别是对那些更喜欢人少的滑雪者而言，这会使他们更加不愉快。

❖例 18.1　减少二氧化硫排放的成本与收益

虽然二氧化硫可能由火山喷发产生，但是在美国，几乎三分之二的二氧化硫来自燃烧煤和石油发电的过程。政策制定者长期以来一直关注二氧化硫污染所带来的影响，20 世纪 90 年代出现的酸雨使得这些关注达到前所未有的高度（对《清洁空气法案》的一系列修改）。当二氧化硫和氧化氮在大气中产生反应后，便会产生各种酸性的混合物，即酸雨，酸雨在美国的中西部和西北部对财产和健康都产生了影响。①

酸雨可以对人的健康产生直接的影响，要么通过大气，要么通过土壤影响粮食的生产。研究发现，酸雨对人的心脏和肺有影响，比如哮喘和支气管炎，酸雨也与成年人和小孩的过早死亡有关。据一项估计，如果二氧化硫的排放能够减少为 20 世纪 80 年代的历史最高排放水平的一半，每年将能够避免 17 000人死亡。

酸雨除了会对人体健康产生影响外，还会对水、森林和人造建筑产生影响。根据一项研究，将 20 世纪 80 年代的二氧化硫排放水平减少一半，将会使得每年的可再生鱼资源增加 2 400 万美元，木材增

① 更多关于二氧化硫和酸雨的信息可以浏览 http：//www. epa. gov。

加8亿美元，以及粮食产出增加7亿美元。[1] 二氧化硫的排放也会腐蚀油漆、钢铁、石灰石、大理石。酸雨对人造材料的损害难以估计。虽然现在的汽车制造商都会对新生产的汽车提供可防酸雨的油漆，但每辆车的成本将增加5美元，全美国的新汽车和卡车的成本将一共增加6 100万美元。

658 那么减少二氧化硫排放的成本是什么？为了减少排放，厂商必须安装可以控制排放的设备，一开始时减少一定量的排放的成本或许很低，但是进一步的降低则要求对新的设备进行大量投资。

图18.3给出了一个降低二氧化硫排放的成本和收益的例子，这是基于对费城的污染消除的一项研究。[2] 从右往左看这幅图会更加清晰，因为我们想看的是将排放量从目前的每百万0.08单位降到多少才是社会合意的，边际消除成本曲线是递增的（从右往左），但是在每次需要增加资本投资来生产可以改善能源效率的设备时，该成本曲线会向上跳跃一次。

图18.3　二氧化硫排放的降低

说明：有效的二氧化硫浓度是当边际消除成本和边际外部成本相等时的量，这里的边际消除成本曲线是多阶的，每一阶都代表了不同的消除技术。

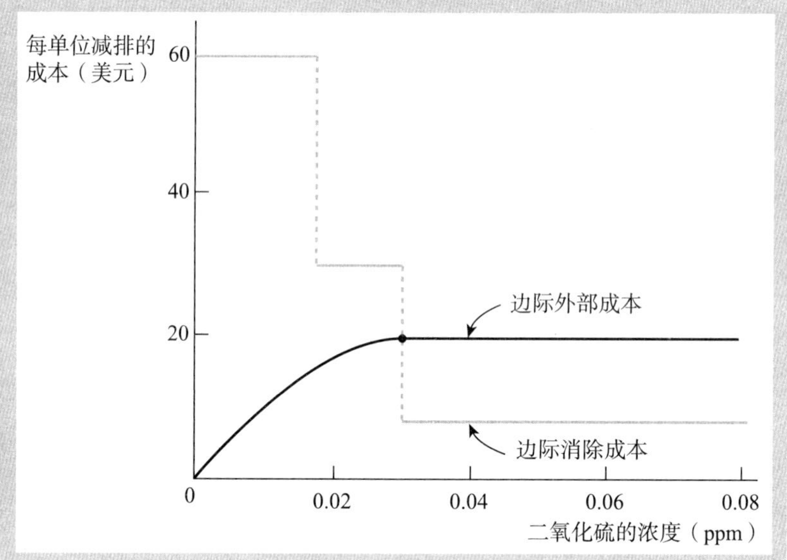

边际外部成本曲线（从右往左）反映酸雨导致的危害的增量的减少。对于中等的酸雨浓度，关于呼吸系统疾病、材料腐蚀和景观的消失的研究认为边际社会成本是很高的，并且是相对固定的。然而，对于较低的酸雨浓度，边际外部成本是下降的，这样最终对于健康、材料和景观的影响将是很小的。

二氧化硫有效率的减少量（以ppm单位计）出现在减排的边际成本和边际外部成本相交之处，我们可以在图18.3中看出这个水平大概是0.027 5ppm。

总之，降低二氧化硫排放的收益是巨大的。什么样的政策可以最有效地达到这样的减排？我们将在第18.2节中考虑外部性的应对措施时再回到这个政策的选择问题上来。

18.2　纠正市场失灵的办法

659 外部性导致的无效率如何才能得到纠正？如果产生外部性的厂商具有固定比例的生产

① Spencer Banzhaf et al.，"Valuation of Natural Resource Improvements in the Adirondacks"（Washington：Resources for the Future，September 2004）.

② Thomas R. Irvin，"A Cost Benefit Analysis of Sulfur Dioxide Abatement Regulations in Philadelphia，" *Business Economics*，September 1977：12－20.

技术，外部性只有通过鼓励厂商少生产来减少。正如我们在第 8 章所述，这可以通过对产出征税来实现。幸运的是，大多数厂商能够通过改变技术来对生产过程中的投入品进行替代。例如，制造商可以在烟囱中加一个除尘器来减少烟雾排放。

我们考虑一个在竞争性市场中出售产品的厂商。该厂商排放的污染物破坏了邻近地区的空气质量。该厂商能够减少其废气，但必然带来成本。图 18.4 显示了这种权衡，横轴代表工厂的排放水平，纵轴代表每单位排放的成本。为简单起见，我们假设该厂商的产出决定和排放决定是独立的，并且该厂商已经选择了利润最大化的产出水平。因此，它正准备选择其偏好的排放水平。标有 MEC 的曲线代表排放的边际外部成本，这种社会成本代表了与排放有关的损害的递增。在接下来的讨论中，我们将互换地使用边际外部成本和边际社会成本两个概念。（回忆一下，我们曾假定厂商的产出是固定的，因而与污染消除相对应的生产的私人成本是不变的。）MEC 曲线向上倾斜是因为外部性越广泛，外部性的边际成本就越高。（对空气和水污染影响的研究得到的证据显示，低水平的污染没有多少损害，然而，随着污染水平的提高，损害急剧增加。）

图 18.4 排放的有效水平

说明：工厂排放的有效水平出现在排放的边际外部成本（MEC）与减少排放的成本（MCA）相等的地方。有效水平是 12 单位，位于点 E^*。

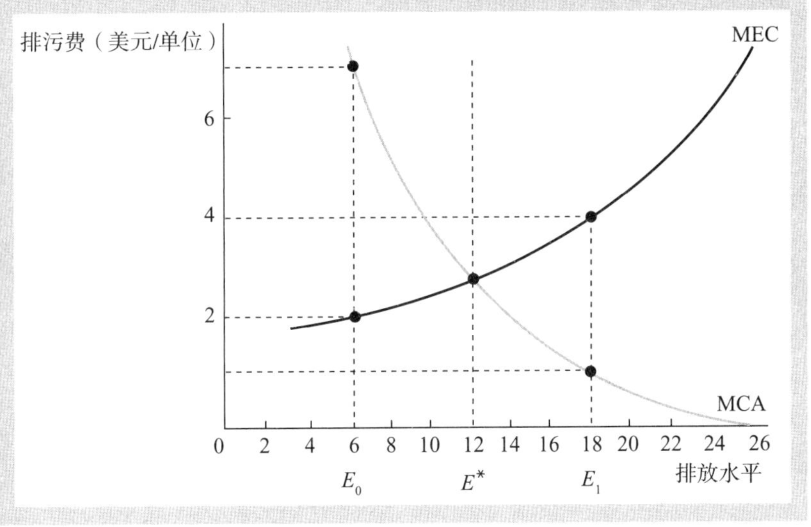

因为我们关注的重点是在现有的水平上减排，我们看到，从图的右边往左边看 MEC 曲线是比较好理解的。从这个角度我们看到，与 MEC 伴随的是，排放量从 26 单位稍稍降低了，这反映了减排的累计收益大于每单位 6 美元。然而，随着排放量降低得越来越多，边际社会成本降低到每单位 2 美元以下。在一些点上，减排的新增收益每单位小于 2 美元。

标有 MCA 的曲线是降低排放的边际成本。它衡量厂商安装污染控制设备的附加成本。MCA 曲线是向下倾斜的，因为在减少的废气较少时，减少废气的边际成本低，而在大量减少时，边际成本就高。（少量减排的边际成本不高——厂商可以重新安排生产，使最大量的排放发生在很少有人在外面的晚上，但是大量减排要求厂商对生产过程进行代价昂贵的改造。）与
MEC 曲线一样，从右往左来看 MCA 将更直观，减少排放的边际成本随着减排的增加而增加。 660

当没有进行减少排放的努力时，厂商利润最大化的排放水平是 26，在这一水平上，厂商减少排放的边际成本为零。有效排放水平为 12 单位，位于点 E^*，此时排放的边际社会成本为 3 美元，它等于减少排放的边际成本。注意，如果排放水平低于点 E^*，比如在点 E_0，减少排放的边际成本为 7 美元，大于边际社会成本 2 美元，因此相对于社会最优而言排放太少。

然而，如果排放水平为点 E_1，边际社会成本为 4 美元，大于边际收益 1 美元，因此排放太多。

我们可以用排污标准、排污费以及可转让排污许可证这三种方法鼓励厂商把废气降低到点 E^*。我们先讨论排污标准和排污费，并比较两者之间的优势与劣势，接着再讨论可转让排污许可证。

排污标准
对厂商可以排放的污染物数量的法定限制。

排污标准

排污标准（emissions standard）是对厂商可以排放的污染物数量的法定限制。如果厂商超过限制，它就会面临经济惩罚甚至刑事惩罚。在图 18.5 中，有效排污标准是在点 E^* 处的 12 单位。厂商的排放量如果大于此数就将受到严重惩罚。

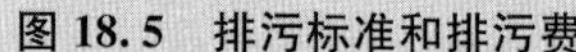

图 18.5 排污标准和排污费

说明：点 E^* 的有效排放水平可以通过排污费或者排污标准来实现。当面临每单位排污费为 3 美元时，厂商减少排放直至排污费等于边际收益那一点。同样水平的排污削减也可以通过用排污标准将排污限制在 12 单位来实现。

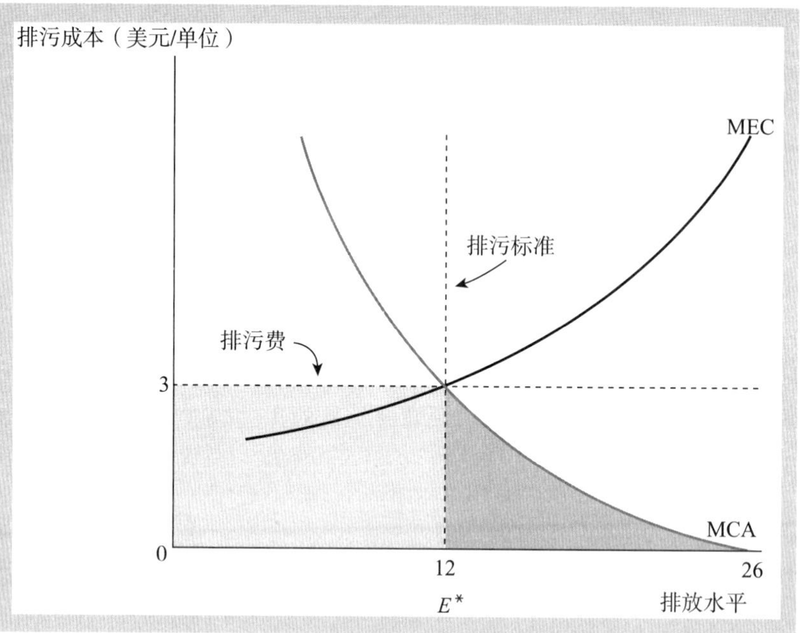

该标准保证了厂商有效率地生产。厂商通过安装减少污染的设备来达到这一标准。增加的减污开支会导致厂商的平均成本曲线上移（幅度为平均减污成本）。厂商将发现，只有产品的价格高于平均生产成本加上减污费用——使该产业有效率的条件——进入该产业才有利可图。①

排污费

排污费
厂商对单位排污的收费。

排污费（emissions fee）是对厂商每单位排污的收费。如图 18.5 所示，对于厂商，3 美元的排污费将产生有效率的行为。收费后，厂商通过把废气从 26 单位减少到 12 单位使成本最小化，要明白为什么，注意第一单位废气的减少（从 26 单位到 25 单位）成本非常低（额外减排的边际成本几乎为零）。因此，用很小的成本，厂商就能避免支付每单位 3 美元的费用。事实上，对于所有高于 12 单位的排放水平，减排的边际成本都低于排污费，因
661 此值得投资来减少排放。然而低于 12 单位时，减排的边际成本大于排污费，因此厂商将选择支付排污费而不愿进一步减少排放。厂商将因此支付总量为浅色阴影长方形表示的排污

① 这里假设排污的社会成本不随时间推移而变化。如果它们改变，则有效排污标准也将改变。

费，并将承担总量为 MCA 曲线以下到 $E^*=12$ 右侧的深色三角形表示的减污成本。这一成本低于厂商如果一点也不减排而要支付的费用。

排污标准与排污费的比较

美国在历史上依靠制定标准来管制排放。然而，其他国家，例如德国，成功地利用了排污费。哪种办法更好呢？

当政策制定者的信息不完全，并且管制厂商的排放代价很高时，排污标准和排污费之间有重要的区别。为了理解这些不同，让我们假设由于管理成本上的原因，管制排放的机构必须对所有厂商都收取同样的排污费或制定同样的排污标准。

排污费的情形 首先，让我们考察收费的情形。我们考虑这样两个厂商，它们所在的位置使得无论哪一个厂商减少排放，排放的社会边际成本都相同。然而，由于厂商减污的成本不一样，它们减污的边际成本曲线不同。图 18.6 显示了，为什么在这种情况下排污费比排污标准要好。MCA_1 和 MCA_2 代表两个厂商减污的边际成本曲线。每个厂商一开始时都产生 14 662
单位废气。假定我们要使总排放减少 14 单位。图 18.6 显示，要这样做的最便宜的方法就是让厂商 1 减少 6 单位废气，让厂商 2 减少 8 单位废气。这样减少之后，两个厂商减污的边际成本都为 3 美元。但是如果管制机构要求两个厂商都减少 7 单位的排放物，我们来看会发生什么。这时，厂商 1 减污的边际成本从 3 美元增加到 3.75 美元，厂商 2 减污的边际成本从 3 美元减少到 2.50 美元。这不可能是成本最小化的，因为第二个厂商能够比第一个厂商更便宜地减少排放物。只有两个厂商减污的边际成本相等，减少 14 单位排放物的成本才最小。

现在我们可以看到为什么收取排污费（3 美元）可能比制定排污标准（7 单位）更好。在征收 3 美元的排污费时，厂商 1 会减少 6 单位的排放物，厂商 2 会减少 8 单位，这是有效率的结果。相反，在排污标准下，厂商 1 承担额外的减污成本。它由 7 单位和 8 单位废气之间的深色阴影区域表示。但是厂商 2 享受减少的减污成本，由 6 单位和 7 单位废气之间的浅色阴影区域表示。显然，厂商 1 增加的减污成本大于厂商 2 减少的成本。因而排污费在实现同样排污水平的同时，比对每个厂商都制定一样的排污标准的成本低。

图 18.6 收取排污费的例子

说明：在信息有限时，决策可能面临对所有厂商或者单用排污费，或者单用排污标准的选择。以收取 3 美元排污费方式实现 14 单位排污水平比以每个厂商 7 单位排污标准方式要便宜得多。在使用排污费时，减污成本曲线较低的厂商（厂商 2）比减污成本曲线较高的厂商（厂商 1）所减少的排放要多。

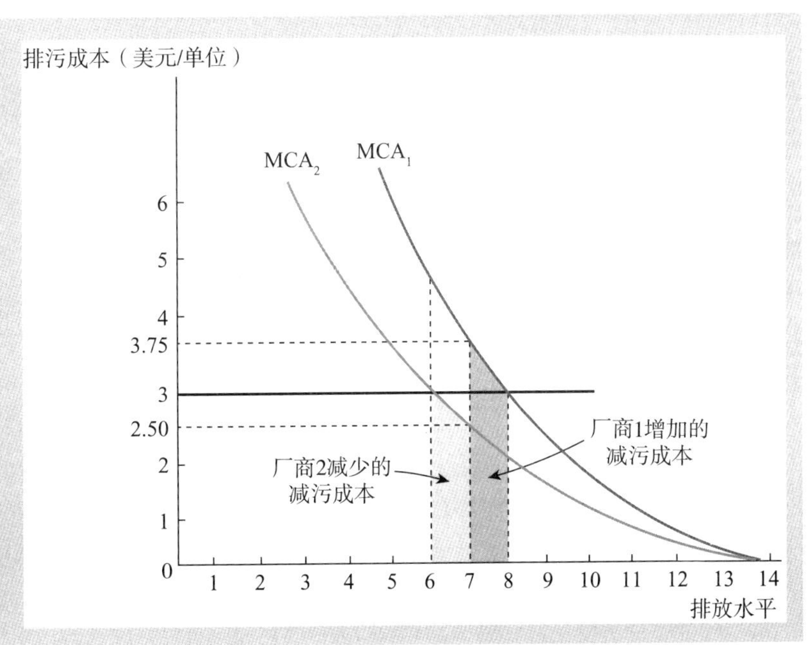

总之，收取排污费优于制定排污标准有几个理由。第一，当制定的标准必须对所有厂商都相同时，排污费能以较低的成本实现同样的排污削减。第二，排污费给了厂商强烈的安装新设备的激励，而这些新设备有助于它进一步削减排放。假定标准要求每个厂商把废气从 14 单位减少到 8 单位，减少 6 单位。厂商 1 会考虑安装新的排污装置，使其边际减污成本从 MCA_1 降低到 MCA_2。如果这一设备相对便宜，厂商就会安装它，因为这一设备降低了达到标准的成本。然而 3 美元的排污费会对厂商减少排放提供更强的激励。在收费的情况下，不仅厂商削减前 6 单位废气的减污成本较低，而且再减少 2 单位废气也较便宜，因为当排污水平在 6 和 8 之间时，排污费大于边际减污成本。

663 **排污标准的情形** 现在我们通过图 18.7 来考察支持制定排污标准的情形。边际外部成本（MEC）曲线很陡峭，而边际减污成本（MCA）曲线比较平坦。有效率的排污费是 8 美元。但是假定由于信息有限而征收了 7 美元的较低费用（这相当于减少 1/8 或 12.5%）。由于 MCA 曲线较平坦，厂商的排放就会从 8 单位增加到 11 单位。这使厂商的减污成本降低了一些，但是由于 MEC 曲线较陡峭，社会成本就会增加很多。社会成本的增加减去减污成本的节约，由整个阴影三角形 *ABC* 表示。

如果在确定标准时犯了同样的错误会发生什么呢？有效率的排污标准是 8 单位。但是假定排污标准放松了 12.5%，从 8 单位放松到 9 单位。这会像前面一样导致社会成本的增加和减污成本的减少。但是由深色阴影三角形 *ADE* 表示的社会成本的净增加大大小于三角形 *ABC*。

图 18.7　设立排污标准的例子

说明：当政府对减少污染的成本和收益的信息有限时，排污标准或者排污费都是可选择的。当边际外部成本曲线较陡峭，而边际减污成本曲线较平坦时，选择排污标准较好。这里，设立排污标准时有 12.5% 的误差，导致的额外社会成本为三角形 *ADE*。在设定排污费时同样比例的误差将导致更大的成本，为三角形 *ABC*。

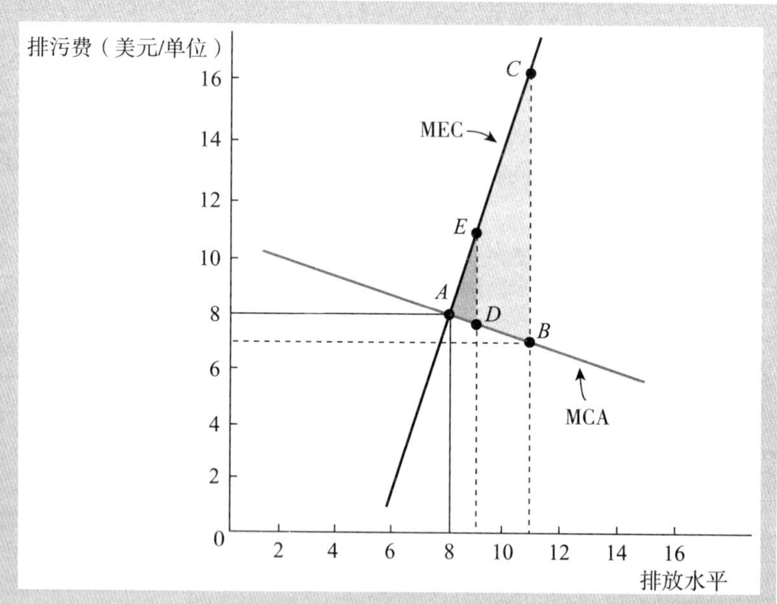

这一例子显示了制定排污标准和收取排污费的区别。当 MEC 曲线较陡峭而 MCA 曲线较平坦时，不减少排放的成本是很高的，这时制定标准优于收取费用。在信息不完全时，
664 一方面，排污标准使排污水平比较确定而使减污成本不太确定。另一方面，收取排污费使减污成本比较确定而使排污水平的降低不确定。因此，哪一种政策更好取决于不确定性的

性质和各成本曲线的形状。[①]

可转让排污许可证

如果我们知道减排的成本和收益，并且所有厂商的减排成本都相同，我们可以使用排污标准；相应地，如果厂商的减排成本不同，并且我们无法得知成本和收益，则排污标准和排污费都无法达到有效的水平。

可转让排污许可证
在厂商间分配的可交易的排污许可证，规定了能够排放的污染物的上限。

此时，我们可以通过利用**可转让排污许可证**（tradable emissions permits）来实现有效减排的目标。在这一制度下，每个厂商都必须有许可证才能排放。每张许可证都明确规定了厂商可以排放的数量。任何厂商排放排污许可证不允许的污染时都将受到大额罚款。许可证在厂商中间分配，所选择许可证总数旨在使排放达到最理想的水平。许可证是可销售的——它们可以买卖。

在可转让排污许可证制度下，购买许可证的厂商是最没有能力减少排放的厂商。因而，假定在图 18.6 中的两个厂商得到最多排放 7 单位的许可证。厂商 1 由于面临相对较高的边际减污成本，会愿意为每一单位排放的许可证支付多达 3.75 美元，而该许可证对厂商 2 来说只值 2.50 美元，因此厂商 2 就会以 2.50～3.75 美元的一个价格向厂商 1 出售许可证。

如果有足够多的厂商和许可证，一个竞争性的许可证市场就会发展起来。在市场均衡时，许可证的价格等于所有厂商减污的边际成本。否则，一个厂商就会发现购买更多的许可证是有利的。政府选择的排放水平会以最低成本实现。那些边际减污成本相对较低的厂商会最多地减少排放，而那些边际减污成本相对较高的厂商会购买较多的许可证，并最少地减少排放。

可转让排污许可证产生了一个外部性的市场。因为这一市场方法把标准制度下的某些优点和收费制度下的成本优点结合了起来，所以很有吸引力。管理这一制度的机构决定总的许可证数目，从而决定总的排放量，这就像标准制度所做的那样。但是许可证的可转让性使得污染的减少以最低成本实现，这又像收费制度所做的那样。[②]

∵例 18.2　排污权交易与清洁空气

在 20 世纪 80 年代和 90 年代，控制空气污染的成本大约是每年 180 亿美元，到 2000 年，这一成 *665*
本上升到每年约 200 亿美元。一个有效的排污权交易制度能在未来几十年大大减少这些成本。环境保护署（EPA）的“泡沫”（bubble）和“抵消”（offset）计划为利用交易制度降低减污成本进行了尝试。[③]

---

① 我们假定排污费是按照固定费率对每单位排污征收的。如果由于信息有限，费率太低，厂商就将过多地排污。但是，假定用递增的费率代替固定费率，如果收费的起点太低，递增的费率将限制厂商排污。总的来说，如果收费起点的设计与厂商排污对环境造成的损害符合，可变费率比排污标准更好。在这种情况下，厂商知道它们支出的费用几乎等于对环境造成的损害，因此在做决策时将内部化这种损害。参见 Louis Kaplow and Steven Shavell，“On the Superiority of Corrective Taxes to Quantity Regulation，” *American Law and Economic Review* 4（Spring 2002）：1－17。

② 在信息有限并且监督成本很高时，可转让排污许可证制度并不总是理想的。例如，如果总的许可证数目没有选对，并且某些厂商减污的边际成本急剧上升，许可证制度会由于使这些厂商蒙受高额减污成本而把它们驱逐出该行业（收费也有这一问题）。

③ Robert W. Hahn and Gordon L. Hester，“The Market for Bads：EPA's Experience with Emissions Trading，” *Regulation* (1987)：48－53；Brian J. McKean，“Evolution of Marketable Permits：The U. S. Experience with Sulfur-Dioxide Allowance Trading，” Environmental Protection Agency，December 1996.

"泡沫"计划允许单个厂商调整其对各个污染源的控制，只要该厂商不超过总的污染限制。从理论上说，"泡沫"计划能被用来为许多厂商或者整个地区确定污染限制。然而，在实践中，它被用于单个厂商。事实上，结果是"许可证"在厂商内部交易——如果厂商的某一部门能够减少排放，另一部门就会允许多排放。EPA 的 42 个泡沫计划大约节省了 3 亿美元的减污成本。

在"抵消"计划下，新的排放源可以处在空气质量标准没有达到的地区，但是只有它们的排放物被现存排放物同量的减少所抵消才行。抵消可以通过内部交易实现，但是厂商之间的外部交易也是允许的。自 1976 年以来，已经发生了 2 000 多个抵消交易。

由于它们的有限性，"泡沫"计划和"抵消"计划大大低估了一个有广泛基础的排污权交易制度的收益。一项研究对让美国所有杜邦工厂的烃排放成本减少 85%的三种方法做出了估计：(1) 每个工厂的每个排放源都必须减少 85%；(2) 每个工厂必须将其总的排放减少 85%，只允许内部交易；(3) 所有工厂的总排放减少 85%，允许内部交易和外部交易。[①] 在不允许内部交易时，减少排放的成本是 10 570 万美元。内部交易使成本降到 4 260 万美元。允许外部交易和内部交易使成本进一步降到 1 460 万美元。

显然，一项有效的可转让排污计划带来的潜在的成本节约是很大的。这可以解释，为什么在 1990 年《清洁空气法案》中，美国国会强调把可转让许可证作为对付"酸雨"的办法。酸雨是在二氧化硫和一氧化氮污染穿过大气，变为硫酸和硝酸回到大地时产生的。这些酸对人、动物、植物和建筑物都是极其有害的。美国政府已批准了一项许可证制度，使得到 2000 年，二氧化硫减少了 1 000 万吨，一氧化氮减少了 250 万吨。

2005 年，这一计划通过《清洁空气州际规划》得到了修改；新的法案对 25 个州规定了一个"排放上限"，而且依然允许排污许可证交易——因此被称为"排放上限与交易"计划。在这一计划下，每一张可转让许可证将允许最多向空气中排放一吨二氧化硫。电厂和其他排放污染实体将以它们目前的排放水平按比例分配许可证。公司可以进行必要的资本投资来降低排污量，出售它们多余的许可证，也可以通过购买许可证来避免进行这种代价高昂的减污投资。

在 20 世纪 90 年代初期，经济学家预计每张排污许可证的价格约为 300 美元。事实上，如图 18.8 所示，在 1993—2003 年，价格在 100 美元和 200 美元之间波动。为什么？这似乎表明减少二氧化硫排放的成本比预想中的要低（采掘低硫煤的成本降低了），很多电力企业利用这一进展来减少排放。而在 2005—
666 2006 年，许可证的价格急剧上升，在 2005 年 12 月达到 1 600 美元。这是因为低硫煤的价格上升了，更重要的是，由于越来越多的电力企业被要求达到更高的排污标准，因而对许可证的需求也增加了。[②]

不过，价格从 2007 年开始下落，部分原因是 EPA 在一个公共事业的群体诉讼中败诉。法院判处 EPA 通过将二氧化硫许可证市场扩张到初始范围之外而超越了职权。法院认为许可证市场可以扩张，不过 EPA 得重订规则，以符合现有《清洁空气法案》的规定。排污许可证的价格随后迅速下滑，市场在 2010 年最终触底，此时 EPA 签发了一项新规，要求大多数排放减少要来自个体厂商，也就是限制了许可证的使用。到 2011 年，你可以以 2 美元的价格买到一张排污许可证，甚至是把它当作小礼物送给好朋友。

到 2012 年，可转让许可证市场已经完全萎缩，市场价格低于 1 美元。这最终带来了一个坏消息和一个好消息。坏消息是各州对特殊污染源实施特殊管制的强制性规定的施行、对清洁设备的规定以及燃煤

① M. T. Maloney and Bruce Yandle, "Bubbles and Efficiency: Cleaner Air at Lower Cost," *Regulation* (May/June 1980): 49 - 52.

② 我们感谢 Elizabeth Bailey-Denny Ellerman 和 Paul Joskow 提供排污许可证数据和有益的评论。对于许可证价格更进一步的讨论，参见 A. D. Ellerman, P. L. Joskow, R. Schmalensee, J. P. Montero, and E. M. Bailey, *Markets for Clean Air: The U. S. Acid Rain Program* (Boston: MIT Center for Energy and Environmental Policy Research, 1999)。有关可转让排污许可证的更多资料，可以登录 EPA 的网站 www.epa.gov。

图 18.8　可转让排污许可证的价格

说明：1993—2003年，排污许可证的价格在100美元和200美元之间波动，接着由于对许可证需求的增加，价格在2005—2006年急剧上升。之后的几年，价格基本在400美元和500美元之间波动，直到2008年EPA被迫更改排污许可证政策后市场开始崩溃。到2012年，排污许可证的价格接近于0美元，许可证市场实际上已经崩溃。

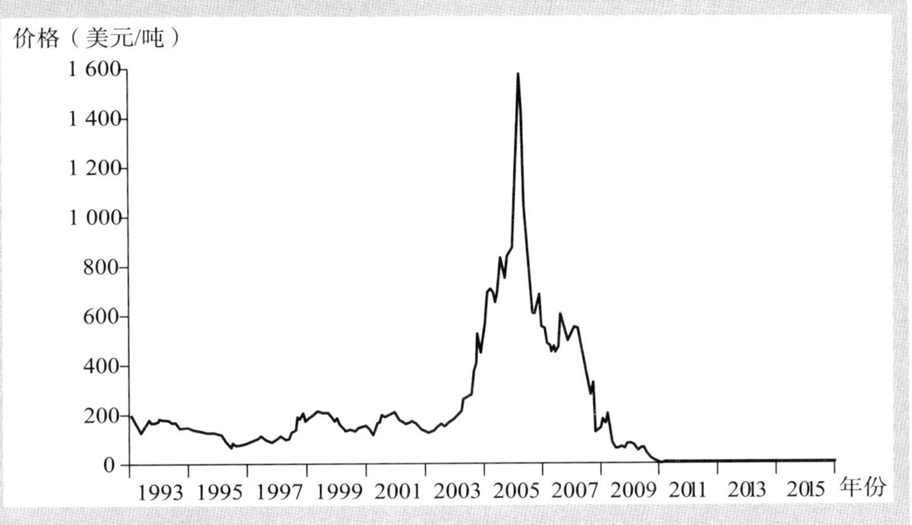

工厂的关停极大地降低了对许可证的需求。好消息是铁路系统具备了以低价运输低硫煤炭的能力，这极大地降低了减排成本。①

还有个好消息：自2005年以来，美国煤发电量下降，大量被天然气发电代替，如图18.9所示。为什么这是个好消息？因为天然气燃烧排放的二氧化碳比煤炭低一半以上。因此，从煤转向天然气是减少二氧化碳排放和减缓全球变暖的重要步骤。 667

图 18.9 美国发电燃料组成

说明：直到最近，煤炭依然是发电的主要燃料，20世纪80年代和90年代煤电占比超过50%。不过大约从2000年开始，煤炭加速被天然气取代。

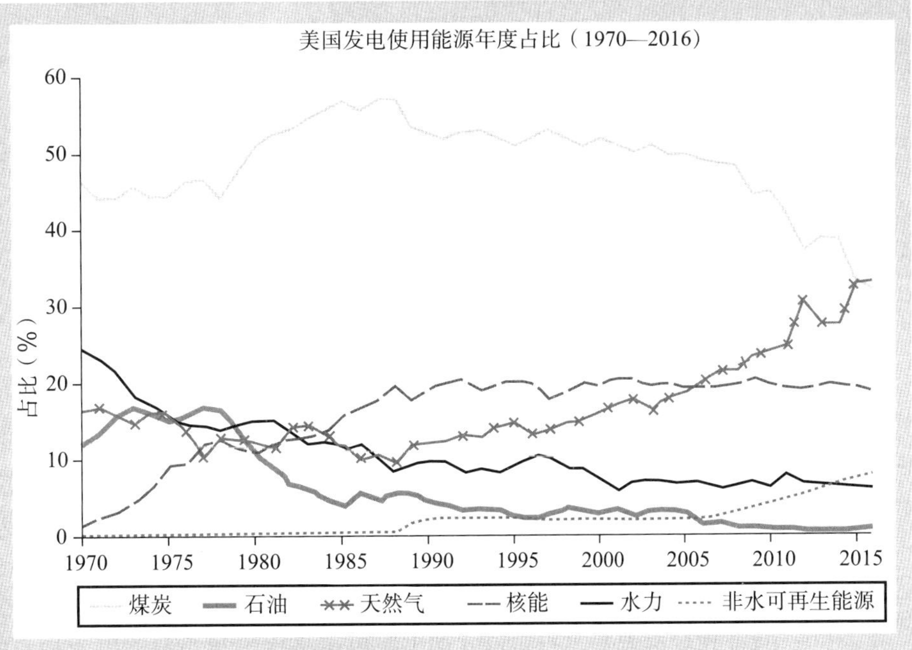

① 更深入地探讨可转让许可证的政治经济学可以参见 Richard Schmalensee and Robert N. Stavins，"The SO2 Allowance Trading System：The Ironic History of a Grand Policy Experiment" MIT Center for Energy and Enviromental Policy Research，August 2012.

回　收

只要废物的处理对消费者和生产者都没有成本，社会就会产生太多的废物。对原始材料的过度利用以及对回收材料的利用不足将导致市场失灵，它可能需要政府的干预。幸运的是，只要对回收产品给予适当的激励，这一市场失灵就可以被纠正。[①]

要弄明白回收激励能够怎样发挥作用，让我们考虑一个典型家庭处理玻璃容器的决策。在许多社区，对家庭每年收取固定的垃圾处理费。结果，这些家庭就能够以非常低的成本
668 处理玻璃和其他垃圾——只需要时间和把废物扔进垃圾箱的精力就够了。

较低的处理成本使私人处理成本和社会处理成本之间产生了差异。私人边际处理成本就是家庭扔掉玻璃的成本，它在处理水平为低到中等的时候倾向于不变（独立于处理量），然后在处理水平高时会上升，因为它涉及装运和倾倒的额外费用。与之相对照的是，处理的社会成本包括尖锐玻璃物品导致的损伤，以及乱丢废物对环境造成的损害。边际社会成本倾向于上升，部分是因为私人成本上升，部分是因为乱丢垃圾的环境和美观成本会随着处理量的增加急剧上升。

图 18.10 显示了这两条成本曲线。在图中，横轴从左到右衡量家庭处理的废弃物 m，最高为每星期 12 磅。这样，回收的量可以从右到左来看。随着废弃物处理量的增加，边际私人成本（MC）上升，但它比边际社会成本（MSC）上升的速度要慢得多。

图 18.10　有效的回收数量

说明：废弃物回收利用的有效数量是处理废弃物的边际社会成本（MSC）与回收的边际成本（MCR）相等时的数量。处理的废弃物数量 m^* 少于私人市场上会出现的数量 m_1。

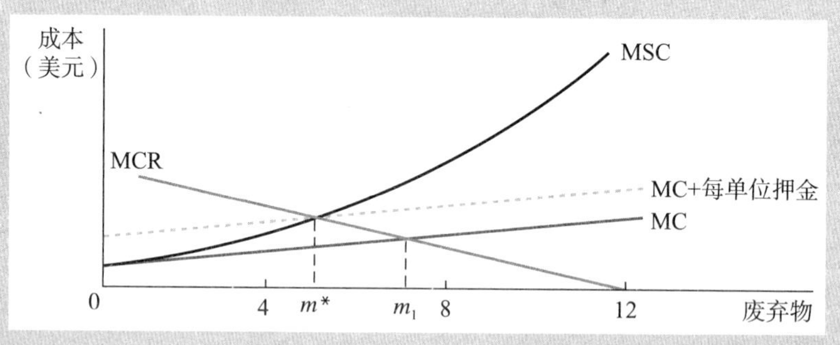

容器的回收可由市政府或私人厂商通过对材料的收集、汇总和加工来实现。回收的边际成本会随着回收数量的增长而增加。其部分原因是收集、分类、净化成本以递增的速度增加。图 18.10 中的回收边际成本（MCR）曲线最好从右向左看。这样，在有 12 磅废弃物需处理时，就没有回收，边际成本为零。随着处理的废弃物的减少，回收的数量增加，回收的边际成本也增加。

有效的回收数量在回收的边际成本曲线与处理的边际社会成本曲线相等处产生。如图 18.10 所示，处理的废弃物的有效数量 m^* 少于私人市场会产生的数量 m_1。

为什么不利用处理费、处理标准甚至可转让排污许可证来解决这一外部性呢？理论上，
669 这些政策中的任何一种都有用，但是它们很难付诸实施，因此很少用。例如，处理费很难实施，是因为一个社区要对垃圾分类，把玻璃材料分离出来，然后收集起来，成本很高。对处理的废弃物进行定价并列出账单也是代价很高的，因为材料的重量和构成会影响废弃物的社会成本，从而影响要收取的适当价格。

---

① 即使没有市场干预，如果原始材料的价格足够高，某些回收利用也会发生。例如，回想一下第 2 章，当铜的价格高时，废铜的回收利用就多起来了。

押金 一种曾经被利用并取得一定成功的鼓励回收的政策办法就是押金（refundable deposit）。[①] 在押金制度下，当玻璃容器产品被购买时，就向店主支付押金。当容器被退回到商店或者回收中心时，押金被退回。押金产生了一种理想的激励：可选择对每单位收取押金，以便家庭（或厂商）循环利用更多的材料。

从个人的角度来看，押金带来了额外的处理废料的私人成本——没拿回押金的机会成本。如图 18.10 所示，当处理的成本较高时，个人会减少处理、增加回收，直到达到最优社会水平 m^* 。

同样的分析也适用于行业水平。图 18.11 显示了一条向下倾斜的对玻璃容器的市场需求曲线 D。原始玻璃容器的供给由 S_v 给出，回收玻璃的供给由 S_r 给出。市场供给 S 是这两种供给的水平相加。结果，玻璃的市场价格为 P，回收玻璃的均衡供给为 M_1。

图 18.11 押金

说明：原始玻璃容器的供给由 S_v 给出，回收玻璃的供给由 S_r 给出。市场供给 S 是这两种供给的水平相加。一开始，玻璃容器市场的均衡价格为 P，回收玻璃的供给为 M_1。通过提高处理的相对成本和鼓励回收利用，押金使回收玻璃的供给从 S_r 增加到 S_r'，使总的玻璃供给从 S 增加到 S'。这样，玻璃的价格就降低到 P'。回收玻璃的数量就增加到 M^*，而处理的玻璃数量减少了。

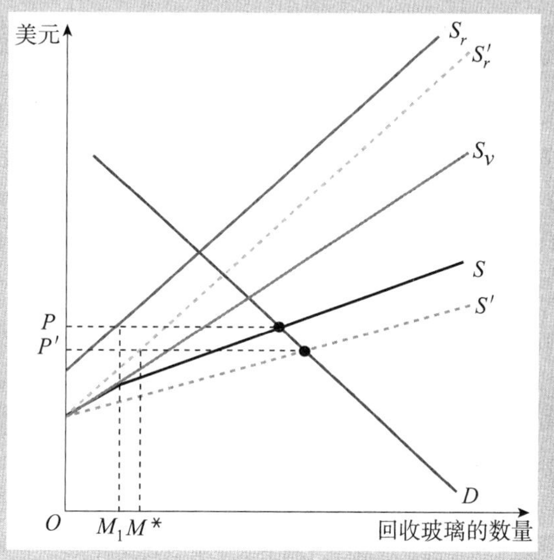

通过提高处理的相对成本和鼓励回收利用，押金使回收玻璃的供给从 S_r 增加到 S_r'，使总供给从 S 增加到 S'，并使玻璃的价格下降到 P'。结果，回收玻璃的数量提高到 M^* 。这意味着处理的玻璃数量减少了 。

押金计划还有另外一个优点——一个回收产品的市场被创造出来了。在许多社区，公 670
共或私人厂商以及个人都专门进行回收材料的收集和回收。随着这一市场的扩大和效率的提高，对回收材料而不是原始材料的需求增加，从而增加了对环境的益处。

∵例 18.3 管制城市固体垃圾

在 2009 年，美国居民平均每人每天产生 4.34 磅固体垃圾，高于东京、巴黎、香港和罗马。[②] 产生这一差距的部分原因是消费水平的差异，但大部分原因是其他国家激励回收的努力。在美国，2012 年

---

① 对回收的更一般的讨论参见 Frank Ackerman，*Why Do We Recycle：Markets，Values，and Public Policy*（Washington：Island Press，1997）。

② 此例基于 Peter S. Menell，“Beyond the Throwaway Society：An Incentive Approach to Regulating Municipal Solid Waste，” *Ecology Law Quarterly*（1990）：655－739。还可参见 Marie Lynn Miranda et al.，“Unit Pricing for Residential Municipal Solid Waste：An Assessment of the Literature，” U. S. Environmental Protection Agency，March 1996。

只有大约 34.5%的固体垃圾回收率。今天，大约 25%的铝和纸得到回收，而玻璃的回收率要低得多。图 18.12 描述了 2013 年不同种类物品的回收率。

在美国，已提出了一些政策建议来鼓励回收利用。首先是上面描述的押金制度。第二项政策是路边收费（curbside charge）制度，它是指社区对个人的垃圾处理以垃圾的重量（或体积）按比例收费。为了鼓励回收材料的分类，对所有玻璃材料的收集都不收费。路边收费鼓励回收利用，但是没能抑制对可能需要回收的产品的消费。

第三种办法要求对玻璃之类的可回收材料实行强制分类。要使这种制度有效，需要进行随机现场查看，并对违反者给予严厉惩罚。强制性分类可能是三种办法中最不理想的，这不仅因为它很难实施，而且因为如果分类的成本很高，它可能鼓励个人转向塑料等其他容器，而这些容器对环境有害，并且不容易回收利用。

一项对玻璃和塑料的混合研究显示了这三种办法的潜在效果。它假定消费者有不同的偏好，他们对于在价格、数量和质量等其他方面都完全一样的产品，一半选择玻璃容器，一半选择塑料容器。在没有任何回收利用的激励时，结果就是玻璃容器使用量和塑料容器使用量各占 50%。然而，从社会的角度看，应选择多利用可回收的玻璃。

在这种情况下，强制分类不能作为一种政策——分类的成本很高，使得被购买的玻璃容器占比下降到 40%。路边收费的效果要好得多——它导致对可回收玻璃的利用达到 72.5%。最后，押金制度的效果最好，78.9%的消费者购买可回收玻璃容器。

最近在宾夕法尼亚珀卡西的一个例子说明，回收计划确实有效。在实施一个将前述三种经济刺激结合起来的计划之前，未分类固体垃圾的总量是每年 2 573 吨。在计划实施后，这一数量下降到 1 038 吨，减少了 59.7%。结果，该镇每年节约了 90 000 美元的处理成本。

在过去的十年回收的努力已经增加了很多。到 2009 年，50.7%的铝、74.2%的办公用纸以及
671 31.1%的玻璃容器得到回收。到 2013 年，美国人每人每天制造的固体垃圾为 4.40 磅，而其中 1.51 磅或者被回收，或者被制成了肥料。

图 18.12　2013 年美国不同物品的回收率

说明：2013 年，美国人制造了大约 2.54 亿吨垃圾，回收和堆肥使用约 0.87 亿吨，占比 34.3%。也就是每个人每天制造的 4.40 磅垃圾中的 1.51 磅。

资料来源：http://www.epa.gov/smm/advancing-sustainable-materials-management-facts-and-figures.

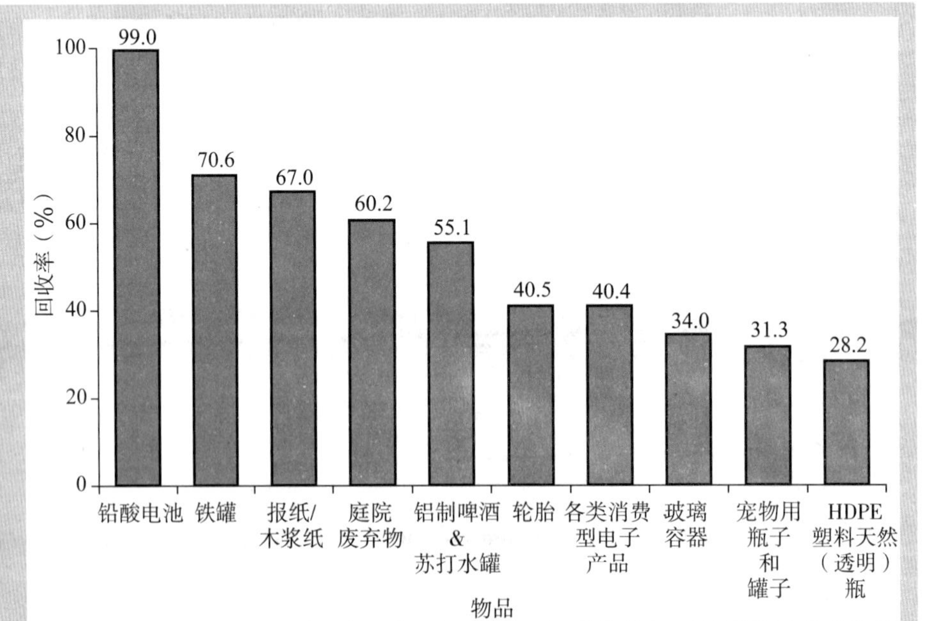

18.3 存量外部性

我们已经考察了有害污染流量导致的负外部性，比如，我们看到能源企业排放的二氧化硫会恶化人们呼吸的空气，因而政府介入实行排污费或者排污标准政策是必要的，我们曾比较了降低排污流量的边际成本和边际收益，以决定社会最优的排放量。

但是，有时对社会造成损害的直接来源并不是排污的流量，而是污染的累计存量。一 672
个很好的例子是全球变暖，全球变暖被认为是由大气中二氧化碳和其他温室气体的积累带来的（随着温室气体浓度的增加，阳光被吸收到大气中，而不是反射出去，因而导致了平均气温的上升），温室气体的排放并不会像二氧化硫那样产生直接的危害，而是大气中温室气体的存量最终导致了危害。累计的温室气体的消散率（dissipation rate）是非常低的，一旦温室气体的浓度急剧上升后，即使之后的排放为 0，浓度也会在很多年内维持一个较高的水平。这也是为何现在开始关注温室气体的排放，而不是等到 50 年或者更多年后当浓度累计到一定水平的时候（温度也开始上升）。

存量外部性（stock externalities）（类似于流量外部性）也可能是正的。一个例子是随着研发中的投资增加，知识存量也开始累积增长。从长期来说，研发会给整个社会带来更多新的创意、新的产品、更有效的生产技术，以及其他创新，这不仅使得那些投入研发的人获益，而且产生了正的外部性，因而有一种建议是政府要补贴研发。需要注意的是，并不是导致存量增长的流量，而是知识和创新的存量使得整个社会获益。

> **存量外部性** 由生产者和消费者的行为带来的累积结果，这些结果虽然不能反映在市场价格中，但影响其他生产者和消费者。

我们曾在第 15 章区分过流量和存量这两个概念。正如我们在第 15.1 节中讨论的那样，一个厂商拥有的资本叫存量，比如其所拥有的生产线和设备的量。厂商可以通过购买更多的生产线和设备来增加资本存量，可以通过投资来产生流量。（回忆一下，劳动和原料的投入也被算作流量，厂商的产出也是如此。）我们看到这种区分是重要的，因为这有利于企业决定是否要投资一个新的工厂、设备或者其他资本。通过比较投资产生的利润的贴现值与投资成本，比如计算投资的净现值，厂商可以决定新增一项投资是不是经济的。

当我们想分析政府如何应对存量外部性时，就可以应用净现值的概念。以污染为例，我们需要弄清楚的是当前多少的排放会导致污染存量的增长，接着再考虑这种更高的污染存量导致了哪些危害，这样我们就可以比较每年减排成本的现值和因此导致未来污染存量减少带来的经济收益的现值的大小。

存量积累及其影响

我们把关注点放在污染上，来看看污染存量如何随时间推移而变化。随着排放的继续，存量会累积增多，但是每年存量中的一部分（δ）会消散。因此，假定存量从 0 开始，在第一年，污染的存量（S）即为第一年的排放量（E）：

$$S_1 = E_1$$

在第二年，污染的存量等于当年的排放加上第一年未消散的存量： 673

$$S_2 = E_2 + (1-\delta)S_1$$

一般来说，t 年的存量等于当年的排放加上以前年份未消散的存量：

$$S_t = E_t + (1-\delta)S_{t-1}$$

如果排放以一个固定的速度 E 增加，则 N 年之后，污染的存量为[①]：

$$S_N = E[1+(1-\delta)+(1-\delta)^2+\cdots+(1-\delta)^{N-1}]$$

当 N 趋向无穷大时，存量将接近长期均衡水平 E/δ。

污染的影响来自累积的存量，当存量很小时，所产生的经济影响很小，但影响会随着存量的增加而增大。以全球变暖为例，更高的温室气体浓度导致了更高的温度，因而如果当前的温室气体排放以一个固定的速度增加，则大气中的温室气体存量最终将会变得足够大，大到会导致温度上升，并最终给天气、农业和生活条件带来不利影响。考虑到减少温室气体排放的成本和避免温度上升的收益，政府采取一些政策来降低现在的排放是有道理的，而不是等到大气中的温室气体浓度变得太大。

数值例证 我们可以用一个简单的例子来具体说明这个概念。假定在没有政府干预时，在接下来的100年中，每年有100单位的污染物被排放到大气中，存量的消散率 δ 为2%，初始的污染存量为0。表18.1显示的是随着时间的推移累积的存量。注意到100年后，存
674 量将达到4 337单位。(如果这种排放水平永远持续下去，存量最终将达到 $E/\delta=100/0.02=$ 5 000单位。)

表 18.1 污染存量的累积

年份	E	S_t	损失（10亿美元）	$E=0$ 时的成本（10亿美元）	净收益（10亿美元）
2010	100	100	0.100	1.5	−1.400
2011	100	198	0.198	1.5	−1.302
2012	100	296	0.296	1.5	−1.204
…	…	…	…	…	…
2110	100	4 337	4.337	1.5	2.837
…	…	…	…	…	…
∞	100	5 000	5.000	1.5	3.500

假定污染存量造成的经济损失（健康成本、生产率降低等）为每单位100万美元，如果污染的总存量为1 000单位，则造成的经济损失为10亿美元。假定每年每单位减排的成本为1 500万美元，则将排放从每年100单位减少到0需要花费100×1 500万=15亿美元。在这个例子中，将排放立即减少到0是否合理?

为了回答这个问题，我们需要比较每年花费的15亿美元的现值与因减少污染存量导致的收益的现值的大小。当然，如果立即将排放减少到0，则整个100年中的污染存量都维持在0，这样，该政策的收益就等于与污染存量增长相关的社会成本的节省。表18.1给出了将排放从100单位减少到0每年需要的成本、避免损害带来的收益以及每年的净收益（年收益减去减排的成本）。正如你所预期的那样，由于初始年份污染存量很低，年净收益是负的，但随着污染存量的增加，净收益在之后开始变为正的。

为了看出零排放的政策是否合理，我们需要计算该政策的净现值（NPV），这里即是表18.1中年净收益的现值，R 为贴现率，NPV为：

---

① 为了看明白这一点，注意在第一年，污染的存量为 $S_1=E$，第二年的存量为 $S_2=E+(1-\delta)S_1=E+(1-\delta)E$，第3年的存量为 $S_3=E+(1-\delta)S_2=E+(1-\delta)E+(1-\delta)^2E$，等等。当 N 变得无穷大时，存量接近于 E/δ。

$$NPV=(-1.5+0.1)+\frac{(-1.5+0.198)}{1+R}+\frac{(-1.5+0.296)}{(1+R)^2}+\cdots+\frac{(-1.5+4.337)}{(1+R)^{99}}$$

NPV是正还是负？答案取决于贴现率 R，表18.2显示NPV是贴现率的函数。（表18.2中间一行的消散率为2%，与表18.1相对应。表18.2同样给出了消散率为1%和4%时的NPV。）当贴现率为4%或者更小时，NPV是显著为正的，但是当贴现率变大时，NPV会为负。

表18.2也表明，零排放政策的NPV依赖于消散率 δ。当 δ 很小时，累计的污染存量将达到一个很高的水平，并产生很大的经济损失，这样减排的未来收益会更大。注意，表 675
18.2中同样给出了，对于特定的贴现率，当 $\delta=0.01$ 时减排的NPV会很大，而当 $\delta=0.04$ 时则会变得很小。正如我们将看到的，之所以如此关注全球变暖，是因为温室气体存量消散得太慢，δ 只有0.005。

表18.2 零排放政策的NPV

说明：表中的NPV是以10亿美元计算的，与表18.1中的净收益的值相对应。

		贴现率（R）				
		0.01	0.02	0.04	0.06	0.08
消散率（δ）	0.01	108.81	54.07	12.20	−0.03	−4.08
	0.02	65.93	31.20	4.49	−3.25	−5.69
	0.04	15.48	3.26	−5.70	−7.82	−8.11

当存量外部性存在时，要制定环境政策则需要引入另外一个因素：需要什么样的贴现率？因为政策的收益和成本涉及整个社会，贴现率就应该反映为获取未来收益而不是今天的收益而对社会造成的机会成本。这种机会成本叫**社会贴现率**（social rate of discount），应该被计算到政府项目的NPV中，但是正如例18.4所示，经济学家并没有在什么样的社会贴现率是合适的这个问题上达成共识。

社会贴现率 反映为获取未来经济收益而不是今天经济收益而对社会造成的机会成本。

一般来说，社会贴现率取决于三个因素：(1) 预期的真实经济增长率；(2) 社会整体的风险规避程度；(3) 社会整体的纯时间偏好率。当经济增长迅速时，将来一代比现在一代拥有更高的收入，当他们收入的边际效用递减时（比如他们都是风险规避者），则他们从额外一美元收入中获得的效用将低于当今一代从中获得的效用，这也是为何未来收益只能产生较少效用并需要进行贴现的原因。进一步，即使我们没有预期到经济增长，人们也更加倾向于在今天而不是未来获益（因为时间偏好）。依据个人对于未来真实经济增长、社会整体的风险规避程度和纯时间偏好率的看法，我们可以认为社会的贴现率高达6%，或是低到1%，这样就产生了难题。当贴现率为6%时将很难判别任何政策是不是好的，因为政策在今天增加的成本要50年或100年后才能获益（比如，处理全球变暖的政策），但是当贴现率仅为1%或2%时，则不是这样。[①] 因而对于涉及长期的问题，政策争论的焦点就变为正确的贴现率是多少。

例18.4 全球变暖

20世纪的经济增长使用了大量化石燃料，这些燃料产生了大量二氧化碳和其他温室气体，接着导

① 例如，当贴现率为6%时，100年后的100美元在今天只值0.29美元；当贴现率为1%时，同样的100美元在今天值36.97美元，后者是前者的127倍。

致了大气中温室气体浓度的提高。即使今后世界的温室气体排放维持在今天的水平，大气中温室气体浓度也会在下个世纪一直增长。由于阻止了太阳光反射出去，如此高浓度的温室气体将在接下来的50年中造成气温的显著上升，并因此造成严重的环境问题，比如由于两极冰川的融化导致海平面上升，
676 低海拔的地方将会被洪水淹没，出现更多极端恶劣的天气，生态系统被破坏，农业减产。温室气体的排放可以在目前水平上减少，比如，政府可以对汽油和其他化石燃料征收一定的税，但这个办法的成本很大。问题还在于成本在今天发生，而减排的收益要到50年或者更多年之后才能实现。当今世界上的工业化国家应该同意采取政策来大力削减温室气体的排放吗？这些政策可能收益的贴现值太小了吗？

物理学家和经济学家对温室气体浓度的积累做了很多研究，结果发现如果不对目前的排放进行处理，全球气温将会上升。虽然对于气温升高造成的经济影响存在争论，但大家都同意这种影响将是显著的，因而减少今天的排放可能使未来获益。[①] 减排（或者阻止目前的水平继续上升）的成本也是可以估计的，不过对于具体的数目是有争论的。

表18.3给出了从2020年开始两种模式下温室气体排放和全球平均气温的变化。第一种是继续现
677 有的商业模式，在该模式下温室气体浓度将在下个世纪扩大两倍，温室气体的平均浓度上升，到2120年平均气温将在目前的水平上提高4摄氏度，由此每年导致世界GDP减少1.5个百分点。世界GDP假定从2016年的74万亿美元以2.5%的速度增长，这样，到2120年将达到965万亿美元。因此，到2120年，温室气体排放的增加带来的损失每年将达0.015×4×965=57.9万亿美元。

在第二种模式下，温室气体的浓度稳定到仅使得温度在2070年上升2摄氏度。为了达到这个目标，温室气体的排放需要从2010年开始每年降低1个百分点，每年这种减排的成本估计是世界GDP的1%。[②]（因为世界GDP被假定每年都会增长，因而这种政策的成本也会上升。）表18.3给出了该政策每年的净收益，净收益等于第一种模式下的损失减去减排的损失以及减排本身的成本。

表18.3 减少温室气体的排放

说明：E_t是以10亿公吨计的二氧化碳的等价物，S_t计算的是大气中二氧化碳等价物的ppm，气温变化ΔT_t以摄氏度衡量，成本、损失和净收益以2007年的万亿美元计算，减排的成本估计为每年GDP的1%，世界GDP在2016年的74万亿美元基础上以2.5%的实际速度增长，气温每上升1摄氏度，变暖的损失估计为每年GDP的1.5%。按照英国标准单位，温度每年预计上升0.04摄氏度。

	维持以往的商业模式				每年减排1%					
年份	E_t	S_t	ΔT_t	损失	E_t	S_t	ΔT_t	损失	成本	净收益
2020	55	460	0	0	45	460	0	0	0.82	−0.82
2030	62	490	0.4	0.63	41	485	0.4	0.63	1.05	−1.05
2040	73	520	0.8	1.61	37	510	0.8	1.61	1.34	−1.34
2050	85	550	1.2	3.08	33	530	1.2	3.08	1.71	−1.71
2060	90	580	1.6	5.26	30	550	1.6	5.26	2.19	−2.19
2070	95	610	2	8.42	27	550	2	8.42	2.81	−2.81
2080	100	640	2.4	12.94	25	550	2	10.78	3.59	−1.44
2090	105	670	2.8	19.32	22	550	2	13.80	4.60	0.92
2100	110	700	3.2	28.27	20	550	2	17.67	5.89	4.71
2110	115	730	3.6	40.71	18	550	2	22.61	7.54	10.55
2120	120	760	4	57.90	16	550	2	28.95	9.65	19.30

① 参见2007 *Assessment Report of the Intergovernmental Panel on Climate Change*, Cambridge University Press，或者访问网站http://www.ipcc.ch。

② 该政策是受英国政府委托的《斯特恩报告》(Stern Review) 建议的，可浏览网站http://www.hm-treasury.gov.uk/stern_review_report.htm。成本估计（占GDP的1%）来自《斯特恩报告》，更高气温带来的损害的估计值（每上升1摄氏度，损失GDP的1.3%）分别来自《斯特恩报告》和IPCC的报告。

这种减排政策是否合理？为了回答这个问题，我们需要计算净收益流的现值，这取决于贴现率的大小。一项由英国所做的研究建议社会贴现率为1.3%，这样，该政策的NPV为11.41万亿美元，很明显，该政策在经济上是可行的。不过，当贴现率为2%时，NPV就会下降为－12.19万亿美元；当贴现率为3%时，NPV则为－23.68万亿美元。

我们考察了温室气体排放这样一个具体而又迫切的例子，该政策或者其他政策是否可行，依然取决于我们用来对未来成本和收益进行贴现的比率。注意，经济学家对贴现率的大小是有争议的，因而对全球变暖如何处理也是有争议的。[①]

18.4 外部性与产权

我们已经看到，政府管制能够如何对付来自外部性的无效率。排污费和可转让排污许可证之所以起作用，是因为它们改变了对厂商的激励——促使厂商考虑生产的外部成本，但是政府管制不是对付外部性的唯一办法。我们在这一节可以看到，在某些情形下，可以通过受外部性影响的各方私下的谈判，或者通过起诉补偿受损一方损失的方式，来消除无效率。

产权
规定个人或厂商可以对他们的财产行使权利的法律规则。

产　权

产权（property rights）是描述人们或厂商可以对其财产进行的处置的法律规则。例如，当人们对土地拥有产权时，他们可以在上面建筑房屋或者出售它，并得到不受他人干扰的保护。

要明白为什么产权是重要的，让我们回到关于厂商向河中排放废水的例子。我们假定厂商对使用该河处理废水拥有产权，而渔民对无废水河水并没有产权。结果，厂商就没有 678
动因把废水成本包括进生产成本。换句话说，厂商把废水产生的成本外部化了。假定渔民拥有该河，即对清洁水有产权，那么他们可以要求厂商向他们付钱以获得排放废水的权利。厂商或者停止生产，或者支付与排放废水相关的成本。这些成本就会内部化，资源的有效配置就会实现。

谈判与经济效率

当外部性影响的群体相对较少并且产权已明确界定时，经济效率可以在没有政府干预的情况下实现。要弄明白这是如何发生的，让我们来考虑一个关于废水处理的例子。假定钢厂的废水减少了渔民的利润。如表18.4所示，该钢厂可以安装一个过滤系统来减少废水，或者渔民可以为废水处理厂安装设备付钱。[②]

---

① 对于贴现率及其在评估减排政策中的重要性的争论，参见Martin Weitzman，"The Stern Review of the Economics of Climate Change，" *Journal of Economic Literature*（September 2007）。对于未来气温升高的幅度以及其社会和经济影响还有很多不确定性，这些不确定性对政策是有启示性的，但是这个例子没有涉及。可参见R. S. Pindyck，"Uncertainty in Environmental Economics，" *Journal of Environmental Economics and Policy*（Winter 2007）；R. S. Pindyck，"Uncertain Outcomes and Climate Change Policy，" *Journal of Environmental Economics and Management*，2012。

② 关于此例的扩展性讨论，参见Robert Cooter and Thomas Ulen，*Law and Economics*（Prentice Hall，2012），Chap. 4。

表 18.4　每天不同排污选择下的利润

单位：美元

	工厂利润	渔民利润	总利润
无过滤设备，无处理厂	500	100	600
有过滤设备，无处理厂	300	500	800
无过滤设备，有处理厂	500	200	700
有过滤设备，有处理厂	300	300	600

有效的解决办法是使工厂和渔民的共同利润最大化。这在工厂安装过滤设备而渔民不为它建造处理厂时产生。让我们来看不同的产权如何导致双方谈判达成不同的解决办法。

假定工厂有向河中排放废水的产权。一开始，渔民的利润是 100 美元，而工厂的利润是 500 美元。通过安装一个处理厂，渔民的利润增加到 200 美元，因此，不合作情况下的共同利润是 700 美元（＝500 美元＋200 美元）。不仅如此，渔民还愿意为工厂支付最多 300 美元来安装过滤设备（300 美元是有过滤设备时的 500 美元利润与不合作时的 200 美元利润之差）。由于工厂安装过滤设备只损失 200 美元利润，因此只要它得到的补偿有余，它就会愿意安装。在这种情况下，双方合作的收益是 100 美元（渔民的 300 美元收益减去 200 美元的过滤设备成本）。

假定工厂和渔民同意平等分享这一收益，让渔民向工厂支付 250 美元安装过滤设备。如表 18.5 所示，这一讨价还价的解决办法达到了有效率的结果。在“排放权”这一栏我们看到，在没有合作时，渔民获得 200 美元的利润，工厂获得 500 美元；在合作后，双方的利润都增加 50 美元。

表 18.5　不同产权下的讨价还价

	排放权（美元）	清洁水权（美元）
不合作		
工厂利润	500	300
渔民利润	200	500
合作		
工厂利润	550	300
渔民利润	250	500

679

科斯定理
当各方能够无成本地谈判相互的利益时，无论产权是如何界定的，最终结果都将是有效率的。

现在假定渔民对清洁水有产权，它要求工厂安装过滤设备。工厂获得 300 美元的利润，渔民得到 500 美元。由于没有任何一方可以通过谈判使境况变好，最初的结果就是有效率的。

这一分析适用于产权明确界定的情况。当各方能够无成本地谈判促进各方的利益时，无论产权如何界定，最终结果都将是有效率的。这就是**科斯定理**（Coase theorem），用以纪念为这一理论的发展做出许多贡献的罗纳德·科斯（Ronald Coase）。[①]

成本高昂的谈判：策略行为的作用

谈判是很耗费时间且成本高昂的，在产权没有明确界定的时候尤其如此。这时，没有一方确切知道，要付出多大努力才能使对方同意一项解决办法。在我们的例子中，双方知道，谈判必须达成 200～300 美元的支付额才算成功。然而，如果双方对产权不清楚，渔民

① Ronald Coase, "The Problem of Social Cost," *Journal of Law and Economics* 3 (1960): 1-44.

就可能只愿意支付 100 美元，谈判就会破裂。

即使在交流和监督都无成本时，如果双方都相信他们能够得到更多的收益，谈判仍会破裂。一方提出大额补偿要求，并且由于不正确地假定对方最终会让步而拒绝还价。当牵涉到多方时，则产生了另外一个问题，比如工厂的排放影响下游成千上万的居民家庭，在这种情况下，谈判的成本将使得很难最终达成一个一致的结果。

法律解决途径：有关损害的诉讼

在许多涉及外部性的情形中，受到损害的一方（受害者）有起诉的法定权利。如果胜诉，受害者可以得到与他受到的损害相等的货币补偿。有关损害的诉讼与排污费不同，因为得到支付的是受害者而不是政府。

要明白潜在的法律诉讼怎样能导致有效率的结果，让我们再来看看我们的渔民和工厂的例子。首先假定渔民对清洁河水有产权。这意味着如果工厂不安装过滤设备，它将要对 680
给渔民造成的伤害负责。在这个例子中，对渔民的损害是 400 美元。这是没有废水时渔民得到的利润 500 美元与有废水时渔民得到的利润 100 美元的差额。工厂有如下选择：

（1）不安装过滤设备，支付损失：利润＝500－400＝100 美元。

（2）安装过滤设备，避免损失：利润＝500－200＝300 美元。

工厂将会发现安装过滤设备有利，它比支付损失便宜很多，因此有效率的结果就会实现。

如果工厂有排放废水的产权，有效率的结果（不同的利润分布）也能实现。根据法律，渔民有法定权利要求工厂安装过滤设备，但他们必须支付工厂因此而损失的 200 美元利润（不是过滤设备的成本）。这使渔民有三种选择：

（1）建立一个处理厂：利润＝200 美元。

（2）让工厂安装过滤设备，但支付损失：利润＝500－200＝300 美元。

（3）不建立处理厂或不要求过滤设备：利润＝100 美元。

渔民如果做出第二种选择，他们得到的利润最多，他们会要求工厂安装过滤设备并补偿工厂的 200 美元利润损失。就如渔民对清洁河水有产权时一样，这一结果也是有效率的，因为安装了过滤设备。然而要注意，300 美元利润比渔民对清洁河水有产权时得到的 500 美元利润低了许多。

这一例子显示，有关损害的诉讼消除了谈判的必要，因为它确定了各方必须做出选择的后果。给予受到伤害一方权利，使他们从造成伤害一方得到损失补偿，这确保了有效率的结果。

✣例 18.5　科斯定理的应用

科斯定理既适用于个体，也适用于政府，就像 1987 年纽约市与新泽西达成的合作协议所显示的那样。

在许多年里，从纽约港水上垃圾收集处溢出的垃圾对新泽西海岸产生了不利影响，并且有时污染了海滩。最糟糕的事件之一发生在 1987 年 8 月，那时，200 多吨垃圾在新泽西海岸外形成了一条 50 英里长的漂浮带。

在这种情况下，新泽西有权得到清洁海滩，并且能起诉纽约市，要求补偿由于垃圾溢出而受到的损害。新泽西还能要求法庭发出禁令，要求纽约市在问题解决之前停止使用水上垃圾收集处。

但是新泽西想要的是清洁的海滩，而不仅仅是对损害的补偿，而纽约市想要的是能够操作其水上垃圾收集设备。结果，就有互利交换的余地。经过两个星期的谈判，纽约市和新泽西达成了一个协议。新泽西同意不起诉纽约市；纽约市同意利用一艘特殊的船和其他浮动装置来装载可能来自斯塔腾岛和布鲁克林的溢出物。它还同意成立一支监察队来观察所有水上垃圾收集处，并关闭那些不服从命令的水上垃圾收集处。同时，新泽西的官员可以无限制地进入纽约市的水上垃圾收集处，监督计划的有效性。

18.5 共有资源

681

共有资源 任何人都可以免费使用的资源。

有时，当资源可以无须付钱就能使用时，外部性也会产生。**共有资源**（common property resources）是那些任何人都可以免费使用的资源。结果，它们可能被过度利用。空气和水是两种这类资源中最常见的例子。其他例子包括鱼、动物、矿物的勘探和开采。让我们来看一下，当资源是共同财产而不是由私人拥有时，可能发生的某些无效率情况。

我们来看一个有鲑鱼的大湖，渔民可以无限制地进入该湖。每个渔民都会捕鱼，直到他的边际收益（或者边际价值，如果捕鱼是为了运动而不是利润的话）等于边际成本。但是湖是共有资源，因此没有渔民会考虑他的捕鱼行为会如何影响其他人的机会。结果，渔民的私人成本低估了对社会的成本。因为较多的捕鱼减少了鱼的存量，使其他人可得到的鱼减少了。这导致了无效率——捕获的鱼太多了。

图 18.13 说明了这一点。假定相对于需求来说，捕鱼量充分小，因而渔民们把鱼的价格看作给定的。再假定有人可以控制进入湖的渔民数。每个月鱼的有效水平 F^* 由捕鱼的边际收益等于边际社会成本那一点决定。边际收益是从需求曲线得到的价格水平。图中显示的边际社会成本不仅包括私人成本，而且包括耗竭鱼的存量的社会成本。

现在将此有效率的结果与湖是共有财产时会发生的情形进行比较。这时，边际外部成本就不会得到考虑，而每个渔民都会捕到没有任何利润为止。当只有 F^* 的鱼被捕获时，捕鱼的收益大于成本，捕更多的鱼就可以得到利润。更多的人就会进入捕鱼业，直到价格等于边际成本，即图 18.13 中的 F_C。但是在 F_C处，将有太多的鱼被捕获。

图 18.13 共有资源

说明：当一种共有资源，例如鱼，是任何人都可以得到的时，该资源就会被利用直到点 F_C，这时私人成本等于所产生的额外收益。这一利用超过了有效水平 F^*，它是利用资源的边际社会成本等于边际收益（由需求曲线给出）时的点。

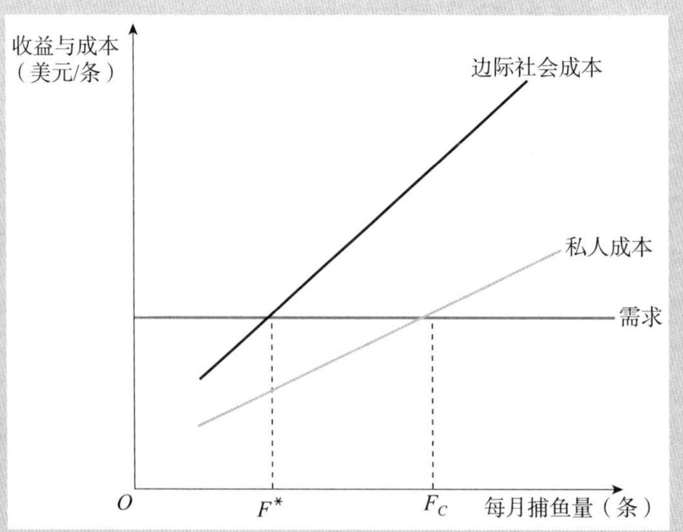

对共有资源问题有一个相对简单的解决办法——让一个所有者管理资源。该所有者将确定使用该资源的费用，它等于耗竭鱼的存量的边际成本。当渔民要支付这一费用时，他们总体上就会发现，捕获量超过 F^* 不再有利可图。遗憾的是，大多数共有资源都很庞大，单个所有权可能不可行。在过去的几十年中，政府已经提供了解决这一问题的部分方法。在美国的许多捕鱼区，政府确定每年总的捕鱼上限，然后把这些指标按照配额通过拍卖或其他方式分配给渔民。[①] 682

∵例 18.6 路易斯安那的龙虾捕捞

近年来，龙虾成了餐馆的一道名菜。例如，在 1950 年，每年在路易斯安那阿查法拉亚流域捕获的龙虾不过刚刚超过 100 万磅。而到 1995 年，它增加到将近 3 000 万磅。由于大多数龙虾生长在渔民可以无限制进入的水域，因此就出现了共有资源问题——捕捞的龙虾太多，使得龙虾的总数下降到大大低于有效水平。[②]

这一问题有多严重？更具体地说，渔民无限制地进入的社会成本是多少？我们可以通过估计捕捞龙虾的私人成本、边际社会成本和对龙虾的需求来找到答案。图 18.14 显示了各有关的曲线。私人成本是向上倾斜的，因为随着捕捞量的增加，得到龙虾的努力也必须增加。需求曲线是向下倾斜而有弹性的，因为其他水生贝壳类动物是龙虾的近似替代品。

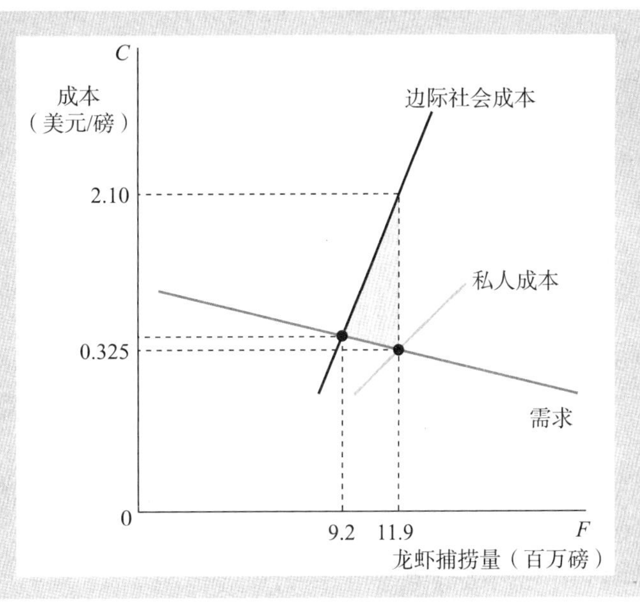

图 18.14 作为共有资源的龙虾

说明：由于龙虾是生长在池塘里的，而渔民们可以无限制地进入池塘，因此它们是共有资源。捕捞的有效水平在边际收益等于边际社会成本时产生。然而，实际的捕捞水平在龙虾的价格等于私人捕捞成本时产生。阴影区域代表共有资源的社会成本。

我们可以用图表或代数方法来得出龙虾的有效捕捞量。为了做到这一点，令 F 代表每年龙虾捕捞量（单位：百万磅；以横轴表示），令 C 代表每磅的美元成本（以纵轴表示）。图中的三条曲线如下：

需求：$C=0.401-0.0064F$

① 更详细的讨论，参见 Enviromental Defense Fund report，“Sustaining America's Fisheries and Fishing Communities：An Evaluation of Incentive-Based Management，” Lawrence J. White (2007)。

② 此例基于 Frederick W. Bell，“Mitigating the Tragedy of the Commons，” *Southern Economic Journal* 52 (1986)：653－664。

边际社会成本：$C=-5.645+0.650\,9F$

私人成本：$C=-0.357+0.057\,3F$

在各条曲线相交的地方，有效的龙虾捕捞量为 920 万磅，它位于需求与边际社会成本相等处，即这两条曲线的交点处。实际的捕捞量为 1 190 万磅，它由需求与私人成本相等，即这两条曲线的交点显示。图中的阴影部分衡量自由进入的社会成本。它代表有效水平（即需求与边际社会成本相等处）与实际水平（即需求与私人成本相等处）之间捕捞的社会成本超过私人收益的总和。在这个例子中，社会成本大约是底为 270（=1 190−920）万磅、高为 1.775（=2.10−0.325）美元的三角形面积，或者说 239.6 万美元。通过进行管制，限制进入或限制捕捞量，这一社会成本可以避免。

18.6 公共物品

683 我们已经看到，外部性，包括共有资源，产生了市场无效率，为政府的管制提供了根据。如果有必要，政府应当何时取代私人厂商，成为商品和服务的生产者呢？在这一节，我们描述一组条件，在这些条件下，私人市场或者可能根本无法提供一种商品，或者可能在商品存在的时候不能正确地定价。

公共物品 非排他性和非竞争性的商品：增加一个额外消费者的边际成本为零，且无法排除其他人使用这件商品。

非竞争性商品 正如我们在第 16 章所看到的，**公共物品**（public goods）有两个特征：**非竞争性**（nonrival）和**非排他性**（nonexclusive）。如果在一种商品给定的生产水平下，向一个额外消费者提供商品的边际成本为零，则该商品是非竞争性的。对于私人提供的大多数商品来说，生产更多商品的边际成本是正的。但对有些商品来说，额外的消费者并不增加额外的成本。我们来看交通流量较低时对公路的使用。由于公路已经存在并且没有拥堵，在上面多一辆车行驶的额外成本为零。或者我们来看船对灯塔的使用。一旦灯塔建好并起作用，多一艘船对它的使用不会增加任何运行成本。最后我们来看公共电视，很显然，多一个观众的成本为零。

非竞争性商品 增加一个消费者的边际成本为零的商品。

大多数商品在消费时是竞争性的。例如，当你购买家具时，你排除了其他人购买它的可能性。竞争性商品必须在个体中配置。非竞争性商品使每个人都能够得到，而不影响任何个人消费它们的可能性。

非排他性商品 如果人们不能被排除在消费一种商品之外，这种商品就是非排他性的。

684 其结果是，很难或者不可能对人们使用非排他性商品收费——这些商品能够在不直接付钱的情况下被享用。一个非排他性商品的例子是国防。一旦一个国家提供了国防，所有公民都能享受到它的好处。灯塔和公共电视也是非排他性商品的例子。

非排他性商品 不能排除人们消费，所以难以向人们的使用收取相应费用的商品。

非排他性商品在性质上并不一定非得是全国性的。如果一个州或城市彻底消灭了一种农业害虫，所有的农场主和消费者都将受益。它事实上不可能排除任何一个特定的农场主从该计划受益。汽车是排他性的（也是竞争性的）。如果一个商人向一个消费者出售一辆新车，那么该商人排除了其他人购买该车。

有些商品是排他性的，但是非竞争性的。例如，在交通不拥挤的时候，在桥上通行是非竞争性的，因为桥上增加一辆车并不降低其他车的速度。但是桥的通行是排他性的，因为桥的管理部门可以不让人使用它。电视信号是另一个例子。一旦信号被发射，使另一个使用者收到信号的边际成本为零，因此该商品是非竞争性的。但是信号能够通过加密而变为排他性的，而后对密码收费后给予解密。

有些商品是非排他性的，但是竞争性的。海洋或湖泊是非排他性的，但是捕鱼是竞争性的，因为它使别人付出代价——捕的鱼越多，其他人可得到的就越少。空气是非排他性的，但是如果一个厂商排放的气体对空气质量及其他人享受空气的能力产生不利影响，空气就可以是竞争性的。

具有非竞争性和非排他性的公共物品以零边际成本向人们提供收益，而且没有人会被排除在外。公共物品的经典例子是国防。就如我们已经看到的，公共物品是非排他性的，但它也是非竞争性的，因为向一个额外的人提供防务的边际成本为零。前面提到的灯塔也是公共物品，因为它是非竞争性的和非排他性的，即对船只从灯塔得到的好处是很难收费的。①

公共物品的种类要比政府提供的物品的种类少得多。许多由公共机构提供的物品在消费中要么是竞争的，要么是排他的，或者两者都是。例如，中学教育在消费时是竞争的。对多一个孩子提供教育的边际成本是正的，因为随着班级的扩大，孩子们得到的关注下降了。同样，收学费会剥夺某些孩子受教育的机会。公共教育由地方政府提供是因为它产生了正的外部性，而不是因为它是一种公共物品。

最后，我们看国家公园的管理。通过收门票和野营费，一部分公众就会被排除在外，不能使用公园。公园的使用也是竞争性的——由于在产生拥挤的条件下，公园里多进入一辆车，就会减少其他人的收益。

效率与公共物品

私人物品供给的有效水平是通过比较增加一单位的边际收益与生产该单位商品的边际成本来确定的。效率在边际收益与边际成本相等时实现。同样的原则也适用于公共物品，但是分析不同。对私人物品，边际收益由消费者得到的收益衡量。对公共物品，我们必须问每个人对增加一单位产出的估价是多少。把所有享受该物品的人所估的价值加总，才可 685
得到边际收益。然后，要决定供给公共物品的有效水平，我们必须使这些加总的边际收益与生产的边际成本相等。

图 18.15 显示了生产一种公共物品的有效水平。D_1代表第一个消费者对该公共物品的需求，D_2代表第二个消费者对该公共物品的需求。每条需求曲线告诉我们该消费者消费每一水平产出得到的边际收益。例如，当有 2 单位公共物品时，第一个消费者愿意支付 1.5 美元来得到该商品，1.5 美元就是边际收益。同样，第二个消费者的边际收益是 4 美元。

要计算两个人的边际收益总和，我们必须将两条需求曲线垂直相加。例如，当产出为 2 单位时，我们把 1.5 美元的边际收益与 4 美元的边际收益相加，得到 5.5 美元的边际社会收益。对每一公共物品的产出水平都进行了计算之后，我们得到对该公共物品的总需求曲线 D。

① 灯塔不一定要由政府提供。罗纳德·科斯在《经济学中的灯塔》["The Lighthouse in Economics," *Journal of Law and Economics* 17 (1974): 357-376] 一文中，对在 19 世纪英国灯塔是如何由私人提供的做了描述。

图 18.15　公共物品的有效供给

说明：当一种商品是非竞争性的时，由需求曲线 D 给出的消费的社会边际收益，由个人对该商品的需求曲线 D_1 和 D_2 的垂直相加决定。在有效率的产出水平处，需求曲线和边际成本曲线相交。

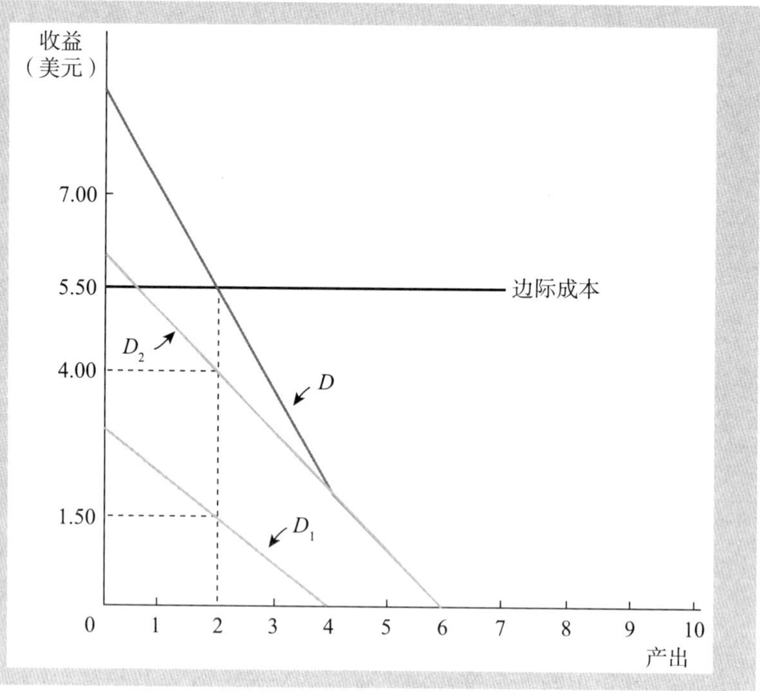

有效的产出量是社会的边际收益与边际成本相等时的产出。这发生在需求曲线与边际成本曲线的交点处。在我们的例子中，生产的边际成本是 5.5 美元，因此 2 单位是有效产出水平。

要明白为什么 2 单位是有效率的，我们来看如果只有 1 单位产出，供给会发生什么：边际成本仍为 5.5 美元，但边际收益大约是 7 美元。由于边际收益大于边际成本，生产的公共物品太少了。同样，假定生产的公共物品为 3 单位。现在边际收益大约是 4 美元，低于 5.5 美元的边际成本，供给的公共物品太多了。只有在边际社会收益与边际成本相等时，
686 提供的公共物品数量才是有效率的。①

公共物品与市场失灵

假定你在为你的社区考虑一个灭蚊计划。你知道该计划对社区的价值大于它将花费的 50 000 美元成本。你能够通过私人提供该计划而获得利润吗？如果你对社区的 10 000 个家庭每个收取 5 美元，你将实现收支平衡，但是你不能强迫它们支付此费用，更不用说设计一种制度来使对灭蚊计划估价最高的家庭支付最高的费用了。

免费搭车者
消费者和生产者使用非排他性商品但并没有支付费用，因为他们期望其余的人会支付相应的费用。

问题在于灭蚊是非排他性的——没有一种提供该服务又不使每个人都受益的办法。结果，家庭就没有动力来为这个计划付钱，而这个计划对它们实际上是很值得的。知道该计划价值的人们会成为**免费搭车者**（free riders），他们能够享受它的好处而不用为它付钱。

对于公共物品，免费搭车者的存在使得市场很难或者不可能有效地提供商品。或许如果涉及的人很少，计划又相对便宜，所有家庭会自愿同意分摊成本。然而，当涉及的家庭很多，自愿的私人制度常常是无效率的，公共物品如果想有效率地生产就必须由政府补助或者由政府提供。

① 我们已经表明，非排他性、非竞争性商品是无效率提供的。同样的论点也适用于非竞争但排他的商品。

❖例 18.7　对清洁空气的需求

在例 4.6 中，我们用对清洁空气的需求曲线来计算一个较清洁环境的收益。现在让我们来考察清洁空气的公共物品性质。许多因素，包括气候、汽车尾气和工业排出的气体，决定了一个地区的空气质量。任何清洁空气的努力一般都会使整个地区的空气质量得到改善。结果，清洁空气是非排他性的——很难阻止任何一个人享用它。清洁空气还是非竞争性的——我的享用并不阻止你享用。

由于清洁空气是一种公共物品，因此没有市场，也没有可观察到的价格，即没有一种人们愿意据以用清洁空气交换其他商品的价格。幸运的是，我们可以从住宅市场来推断人们为清洁空气付钱的意愿——家庭为一个处于空气质量好的地区的住所所愿意支付的钱，大于为一个处于空气质量差的地区而其他方面都一样的住所所支付的钱。

让我们来看一下一项对清洁空气需求的估计，它是从对波士顿大都会地区住宅资料的统计分析中得到的。[①] 该分析解释了住宅价格与空气质量、住宅的其他特点以及邻近地区的相关性。图 18.16 显示了三条需求曲线，其对清洁空气的估计取决于氮氧化物含量和收入水平。横轴衡量空气污染的水平，即空气中氮氧化物的含量，纵轴衡量每个家庭为氮氧化物水平每减少 1pphm 所愿意支付的钱。 687

需求曲线向上倾斜，因为我们在横轴上衡量污染而不是衡量清洁空气。就如我们所预期的，空气越清洁，人们为该商品付钱的意愿就越低。这些为清洁空气付钱的意愿差别变化很大。例如，在波士顿，氮氧化物水平为 3pphm～9pphm。当氮氧化物水平为 3pphm 时，一个中等收入家庭会愿意支付 800 美元来减少 1pphm 的氮氧化物，但当氮氧化物水平为 9pphm 时，这一数字大幅增至 2 200 美元。

注意对于空气质量的微小改善，收入较高的家庭比收入较低的家庭愿意支付更多的钱。在低氮氧化物水平（3pphm）时，低收入家庭与中等收入家庭愿意为减少 1pphm 所支付的费用的差额是 200 美元，而在高水平（9pphm）时，这一差额扩大到大约 700 美元。

图 18.16　对清洁空气的需求

说明：三条曲线描述了三类不同家庭（低收入家庭、中等收入家庭和高收入家庭）为得到清洁空气（减少氮氧化物水平）而付钱的意愿。总的来说，收入较高的家庭对清洁空气的需求比收入较低的家庭大。而且，随着空气质量水平的提高，每个家庭为清洁空气付钱的意愿都降低了。

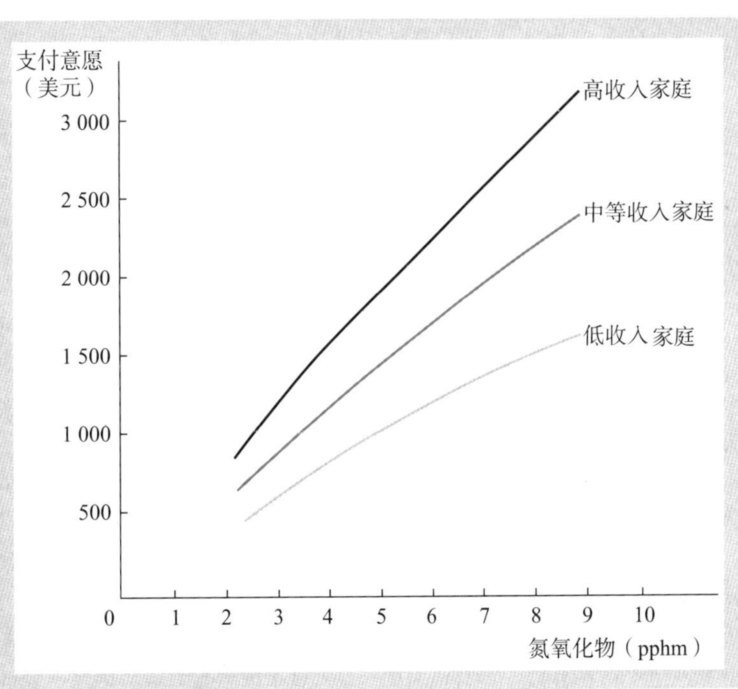

① David Harrison, Jr., and Daniel L. Rubinfeld, "Hedonic Housing Prices and the Demand for Clean Air," *Journal of Environmental Economics and Management* 5 (1978): 81 - 102.

有了对清洁空气的需求数量信息，以及对改善空气质量的成本的不同估计，我们就可以确定环境管制的收益是否超过成本。美国国家科学院关于对汽车尾气排放管制的一项研究正是这样做的。该研究发现，对汽车尾气排放的管制会使诸如氮氧化物之类的污染水平降低10%。这一10%的空气质量改善对所有美国居民的收益估计大约是20亿美元。该研究还估计，在汽车中安装尾气处理装置来达到汽车尾气排放标准的成本稍稍低于20亿美元。因此，该研究得出结论：管制的收益确实大于成本。

小　结

1. 当一个生产者或消费者以不能直接在市场中反映出来的方式影响其他人的生产或消费活动时，就出现了外部性。外部性导致市场无效率，因为它们阻止了市场价格传递关于生产多少和购买多少的准确信号的能力。

2. 污染是外部性导致市场失灵的常见例子。它可以通过制定排污标准、收取排污费、发放可转让
688 排污许可证，或者通过鼓励回收利用得到纠正。在成本和收益都存在不确定性时，这些机制中的任何一种都可选择，这取决于边际社会成本曲线和边际收益曲线的形状。

3. 有时候，是污染的存量而不是当期的排放水平带来了危害。一个存量外部性的例子是温室气体的累积导致了全球变暖。

4. 市场失灵导致的无效率可以通过受影响各方关于补偿的私下谈判得到消除。根据科斯定理，在产权明确界定、交易成本为零以及没有策略行为时，谈判的解决办法是有效率的。但是谈判不大可能产生有效率的结果，因为各方经常采取策略行为。

5. 共有资源不是由个人控制的，并且可以不付费就使用。由于自由使用的原因，外部性就产生了，当前对资源的过度使用损害了那些可能在未来使用它的人。

6. 私人市场不大可能有效率地生产的商品要么是非竞争性的，要么是非排他性的。公共物品具有以上两种特性。如果对于任何给定的生产水平，向一个额外消费者提供一商品的边际成本为零，该商品就是非竞争性的。而若不让人们消费这一商品的代价很高或者根本不可能，该商品就是非排他性的。

7. 如果个人对公共物品需求的垂直相加与生产它的边际成本相等，该公共物品就是有效提供的。

复习题

1. 下列哪种情形描述了外部性，哪种没有？解释它们的区别。

a. 巴西限制咖啡出口的政策导致美国咖啡的价格上升，它反过来又导致茶叶的价格上升。

b. 一则广告传单使一个驾驶汽车的人分心，然后他撞上了一根电线杆。

2. 在减污的成本和收益不确定时，比较和对照下列三种对付污染外部性的机制：(a) 排污费；(b) 排污标准；(c) 可转让排污许可证制度。

3. 什么时候外部性需要政府的干预？什么时候这种干预没有必要？

4. 考虑一个厂商有垄断势力的市场，同时假定厂商的生产有正的或负的外部性。外部性必然导致资源配置的更大扭曲吗？

5. 外部性的产生只是因为个人没有意识到其行动的结果。你是否同意这种观点？请解释。

6. 为了鼓励一个行业生产社会最优的产量，政府应该对产出征收等于边际生产成本的单位税。这种观点是否正确？请解释。

7. 乔治和斯坦是邻居。乔治喜欢在他的花园里种花，但每次他一种花，斯坦的狗就过来把花弄坏。斯坦的狗导致了损失。为了达到经济效率，斯坦必须付费沿着他的院子建起一道篱笆以防止狗去打扰乔治的花园。你是否同意这种观点？请解释。

8. 排污费是付给政府的，而被起诉并应受罚的厂商直接向受到外部性伤害的一方支付赔偿。在这两种制度

下，你预计受害者的行为会出现哪些不同？

9. 为什么对一种共有资源的自由获取会产生无效率的结果？

10. 公共物品既是非竞争性的，又是非排他性的。解释这两个概念并说明它们之间的区别。

11. 一个村庄位于面积为 1 000 英亩的牧场附近。村庄拥有这片牧场，并且允许所有居民自由放牧，村庄的一些人指出牧场被过度放牧了。这可能是真的吗？这些人还建议村庄要么要求放牧者购买年度许可证，要么将牧场卖给放牧者。这些建议是否合适？

12. 即使任何有电视机的人都会免费观看电视，公共电视也仍有一部分是由私人缴费资助的。你能根据免费搭车者问题解释这一现象吗？

13. 在用多数原则投票制决定公共支出水平时，解释为什么中间投票人结果不一定是有效率的。

14. 你认为维基百科是一种公共物品吗？它提供了正的外部性还是负的外部性？

15. 区分下列商品是否具有竞争性和排他性，并解释。

a. 衣服。

b. 有线电视。

c. 拥挤的非收费公路。

d. 国防。

练习题

1. 在居民住宅占据了一个城镇的东部后，有几个厂商定址在西部。每个厂商生产相同的产品，并在生产中排放有害气体，对社区的居民产生不利的影响。

a. 为什么存在厂商产生的外部性？

b. 你认为私下的谈判能够解决这一外部性问题吗？请解释。

c. 社区可能会怎样决定空气质量的有效水平？

2. 一个计算机编程人员游说反对对软件进行版权保护。他的论点是，每个人都应当从为个人计算机编写的创新程序中获益，与各种各样计算机程序的接触甚至会鼓舞年轻的编程人员编写出更多的创新程序。考虑到由于他的建议而可能得到的边际社会收益，你同意该编程人员的主张吗？

3. 假定科学研究让你知道了二氧化硫排放的收益与成本：

减少排放的收益：$MB=500-20A$

减少排放的成本：$MC=200+5A$

A 是减少排放的数量，单位是百万吨。收益和成本的单位是美元/吨。

a. 社会有效减污量是多少？

b. 在社会有效减污量处，减污的边际收益和边际成本是多少？

c. 如果减污量超过社会有效减污量 100 万吨，社会净收益会如何变化？减少 100 万吨呢？

d. 为什么当边际收益等于边际成本而不是总收益等于总成本时排放量会达到社会有效水平？

4. 位于不同地点的四个厂商向一条河中排放不同数量的废水。废水对住在河下游的房屋主人的游泳质量产生了不利影响。这些人可以建造游泳池来避免到河中游泳，而厂商可以购买过滤设备，消除向河中排放的物质中的有害化学成分。作为一个地区计划组织的政策顾问， 689
你将如何比较和对照下列对付废水有害影响的选择？

a. 对位于河边的厂商收取同样费率的废水排放费。

b. 对每个厂商可以排放的废水量规定同样的标准。

c. 实行可转让废水排放许可证制度，它确定废水的总水平并给所有厂商同样数量的许可证。

5. 在医学研究表明二手烟对健康有负外部效应后，最近社会显示出对公共场所吸烟行为越来越不能容忍的倾向。许多人指出了二手烟对人类健康的负效应。如果你是个吸烟者，并且你希望继续吸烟，将越来越严厉的反吸烟法规放在一边，描述下列立法建议对你的行为的影响。从这些计划的结果看，你作为一个吸烟者是否受益？社会作为一个整体是否受益？

a. 一项议案要求降低所有香烟中的焦油和尼古丁含量。

b. 对每包香烟征税。

c. 对出售的每包香烟征税。

d. 要求吸烟者在所有时候都携带吸烟许可证，这些许可证由政府签发。

6. 美国某一地区的纸品市场的需求曲线和供给曲线如下：

$$Q_D=160\ 000-2\ 000P$$

$$Q_S=40\ 000+2\ 000P$$

其中，Q_D 是需求数量，Q_S 是供给数量，单位是百磅；P 表示每百磅的价格。目前尚没有任何管制造纸厂向河中排放废水的措施，结果造成了大量的废水排放。生产纸张的边际外部成本（MEC）由曲线 $MEC=0.000\ 6Q_S$ 给出。

a. 在没有任何规制措施时，竞争性产出和价格是多少？

b. 计算社会有效产量和价格。

c. 解释为什么 a 部分和 b 部分的答案会不同。

7. 在干洗市场中，逆市场需求曲线为 $P=100-Q$，总体（私人）边际社会成本 $MC=10+Q$。最后，干洗过程产生的污染导致的边际外部成本 $MEC=Q$。

a. 计算在没有管制情况下的竞争性产出和价格。

b. 计算社会有效产出和价格。

c. 计算使得市场竞争产量等于社会有效产量的税收水平。

d. 计算在没有管制时，垄断厂商的产出和价格。

e. 计算使得垄断厂商的产量等于社会有效产量的税收水平。

690 f. 若没有管制的打算，哪一种市场结构的社会福利更高？试讨论。

8. 回忆例 18.4 中的全球变暖问题，表 18.3 显示了每年减少 1%温室气体排放所带来的净收益。什么样的贴现率能够刚好使得 NPV 等于 0？

9. 一个养蜂人住在一个苹果园旁边。果园主人由于蜜蜂而受益，因为每箱蜜蜂大约能为一英亩果树授粉。然而，果园主人并不为这一服务支付任何费用，因为蜜蜂并不需要他做任何事就会到果园来。蜜蜂并不足以使全部果园都授到粉，因此果园主人必须以每英亩果树 10 美元的成本，用人工来完成授粉。养蜂人的边际成本为 $MC=10+5Q$，其中 Q 是蜂箱数目。每箱产生价值 40 美元的蜂蜜。

a. 养蜂人将会持有多少箱蜜蜂？

b. 这是不是经济上有效率的蜂箱数目？

c. 什么样的变动可以导致更有效率的运作？

10. 在一个社区内有三个集团。它们对公共电视节目小时数 T 的需求曲线分别是：

$$W_1=200-T$$

$$W_2=240-2T$$

$$W_3=320-2T$$

假定公共电视是一种纯粹的公共物品，它能以每小时 200 美元的不变边际成本生产出来。

a. 公共电视有效率的小时数是多少？

b. 一个竞争性的私人市场会提供多少公共电视？

11. 重新考虑例 18.6 中的共有资源问题。假设龙虾的受欢迎程度继续提高，需求曲线从 $C=0.401-0.0064F$ 变为 $C=0.5-0.0064F$。这一需求的转变会如何影响龙虾的实际捕捞量和有效率的捕捞量，以及共同进入的社会成本？（提示：利用例子中给出的边际社会成本曲线和边际私人成本曲线。）

12. 乔治斯海滩是新英格兰海岸外鱼的高产地区，但根据鱼的总数可分为两个区域。1 区每平方英里鱼的总数较高，但它对捕鱼努力来说是报酬严重递减的。1 区每天的捕捞量（以吨计算）是：

$$F_1=200X_1-2(X_1)^2$$

其中，X_1 是在那里捕鱼的船只数目。2 区每平方英里的鱼少一些，但也大一些，并且报酬递减也不太严重。它每天的捕捞量是：

$$F_2=100X_2-(X_2)^2$$

其中，X_2 是在 2 区捕鱼的船只数目。各区的边际捕捞量 MFC 由下式给出：

$$MFC_1=200-4X_1$$

$$MFC_2=100-2X_2$$

现在有 100 条船得到美国政府许可在这两个区域捕鱼。鱼以每吨 100 美元出售。每条船的总成本（资本和运作）为每天不变的 1 000 美元。就这一情况回答下列问题：

a. 如果船都能在渔民想去的地方捕鱼，政府不加限制，每个区域将有多少条捕鱼船？捕捞的总值将是多少？

b. 如果美国政府能够限制船只，每个区域应当配置多少条船？捕捞的总值将是多少？假定船的总数仍为 100。

c. 如果其他渔民想购买船只，加入捕鱼队伍，一个希望捕鱼净值最大化的政府是否应当发给他们许可证，让他们捕鱼？为什么？

13. 香烟的需求为 $P=500-0.2Q$。香烟生产的边际成本固定不变，为 50，并在竞争性市场上出售。

a. 市场均衡时香烟的交易量为多少？

b. 如果香烟产生边际外部成本 $MEC=0.1Q$，社会最优的香烟水平为多少？

c. 画出私人和社会边际成本曲线。指出私人市场交易量、社会最优交易量以及社会福利成本。

19 行为经济学

迄今为止，我们对于消费者和厂商行为的描述相当简单。我们假设，消费者具有价格的全部知识，选择商品组合以实现预算约束下的满足最大化。类似地，厂商有其生产技术、商品需求和要素价格的所有知识，通过选择资本、劳动和其他要素的数量实现给定产量下的成本最小化。基于这些假设，我们可以给出消费者需求曲线和厂商成本曲线的推导过程。

不过，如果消费者和厂商不总是遵循这些“理性”经济行为模型而行动，怎么办？如果消费者没有关于价格的完备知识，或者无法解决有约束的最大化问题（这是消费者选择理论的核心），怎么办？如果厂商没有关于生产技术的完备知识，或因为其他原因无法做出成本最小化的资本和劳动选择，怎么办？消费者和厂商会如何决策呢？本章将讨论人类决策的心理方面——涉及消费者如何决定购买、厂商如何决定生产和定价。

回顾一下基本的消费者理论，需求依赖于三个假设：（1）消费者对于各类商品组合有确切的偏好；（2）消费者面对预算约束；（3）给定偏好、有限的收入以及不同商品的价格，消费者选择最大化其满足（或效用）的商品组合。不过，这些假设并非总是符合现实：偏好并非总是确切的，也可能随着决策环境的变化而变化，而消费者的选择也并不总是效用最大化的。

也许引入更符合现实、更丰富的假设，能够加深我们对消费者需求（以及厂商决策）的理解。这正是近来成果丰硕的新兴学科——行为经济学的目标，行为经济学已经扩展和丰富了微观经济学的研究。[①] 我们通过 692
一些效用最大化基本假设难以解释的消费者行为的例子引入这一主题：

- 刚下了一场暴风雪，于是你停在一家五金店门口，打算买一把雪铲。你希望花 20 美元购买雪铲，这也是通常情况下这家商店的雪铲价格。可是，你发现商店把价格提高到了 40 美元。尽管你已经预期到雪铲的价格会

本章要点 691

19.1 参照点与消费者偏好
19.2 公　平
19.3 经验法则与决策中的偏见
19.4 泡　沫
19.5 行为经济学与公共政策

案例列表

19.1 出售住房
19.2 纽约的出租车司机
19.3 信用卡贷款
19.4 为不去健身房付钱
19.5 房价泡沫（I）
19.6 房价泡沫（II）

---

① 关于本部分更多细节的讨论，参见 Stefano Della Vigna，“Psychology and Economics：Evidence from the Field，” *Journal of Economic Literature* 47（2），2009：315－372；Colin Camerer and George Loewenstein，“Behavioral Economics：Past，Present，Future，” in Colin Camerer，George Loewenstein，and Matthew Rabin（eds.），*Advances in Behavioral Economics*，Princeton University Press，2003。

因暴风雪而上涨，但你还是觉得价格翻了一番不公平，商店是想占你的便宜。于是你没有购买那把铲子。[①]

- 这场暴风雪使你在家里特别无聊，所以你决定到乡村里休假几天。路上，你在一家高速公路餐馆停车用午餐。尽管你不可能再回到这家餐馆，但是你认为，对于得到的优质服务，付出15%的小费是比较公平合理的。
- 你从网上书店购买这本教科书，因为其价格低于附近书店的价格。不过，你在进行价格比较时忽略了运输成本。

上述例子描述了第3章和第4章中的基本消费者模型所无法解释的一些似是而非的行为。事实上，我们需要引入心理学和社会学的思想来完善我们关于消费者行为的基本假设。这些思想能够帮助我们理解更复杂的消费者偏好、决策中简单法则的运用，以及人们理解概率法则时面对的困难。

对标准消费者偏好模型的修正分为三个方面：对商品和服务价值的评价依赖于一个人所处的情景；关心经济交易中的公平；用简单的经验法则处理复杂的经济决策。下面我们依次解释这些方面。

19.1 参照点与消费者偏好

消费者行为的标准模型假设消费者对购买的商品和服务赋予唯一的价值。不过，心理学家和市场研究已经发现，人们对商品和服务的评价部分地依赖于购买决策发生的环境。环境创造了偏好所可能依赖的**参照点**（reference point）。

参照点
消费者做出消费决策的出发点。

参照点指人们进行消费决策时的某一点，它强烈地影响着消费决策。比如，考虑一下匹兹堡和圣弗朗西斯科的公寓价格。在匹兹堡，2006年一套两房公寓的月租金的中位数大约为650美元，而在圣弗朗西斯科，类似公寓的月租金大约为2 125美元。一方面，对于一些已经习惯了圣弗朗西斯科的住房价格的人来说，在匹兹堡租房也许显得很划算。
693 但另一方面，从匹兹堡搬到圣弗朗西斯科的一些人也许觉得“上当受骗”了——认为住房多花这么多钱不公平。[②] 在该例中，对于匹兹堡和圣弗朗西斯科的长期居民来说，参照点截然不同。

禀赋效应
对于某一物品，人们在拥有时常常比没有时估价更高的效应。

参照点来自许多原因：我们过去的消费情况、我们在某个市场的经历、我们对于商品价格的预期，甚至我们消费一种商品时面对的环境。参照点可能严重影响着人们的经济决策。下面我们讨论参照点的几个例子以及它们影响消费者行为的方式。

禀赋效应　有关参照点的一个著名例子是**禀赋效应**（endowment effect）——对于某一物品，人们在拥有它时常常比没有时更看重它。理解这一效应的一个方法是，考察一个人为了获得某一商品愿意支付的价格和他愿意将该商品出售给其他人而收取的价格之间的差额。我们有关消费者行为的基本理论认为这两个价格应该一样，不过很多实验表明事实并

---

① 该例基于 Daniel Kahneman，Jack Knetsch，and Richard Thaler，“Fairness as a Constraint on Profit Seeking：Entitlements in the Market，” *American Economic Review* 76 (September 1986)：728－741。

② 该例基于 Uri Simonsohn and George Loewenstein，“Mistake # 37：The Effects of Previously Encountered Prices on Current Housing Demand，” *The Economic Journal* 116 (January 2006)：175－199。

非如此。[①]

在一次课堂实验中，一半的学生随机分到了一个免费的咖啡杯，其市场价值为 5 美元；另一半则什么也没有分到。[②] 拥有咖啡杯的学生被询问愿意以什么价格将杯子回售给教授；没有咖啡杯的学生则被询问他们可以接受最低多少钱来得到这个咖啡杯。这两组学生面对的决策问题类似，但是面对的参照点不同。对于第一组学生，参照点为拥有一个咖啡杯，他们愿意卖的平均价格为 7.00 美元。对于第二组学生，他们手中没有咖啡杯，为换取杯子愿意支付的平均价格为 3.50 美元。价格差说明，那些拥有咖啡杯的人放弃其拥有的咖啡杯带来的“损失”值超过了那些没有咖啡杯的人获得咖啡杯带来的“收益”值。这就是禀赋效应——咖啡杯对于拥有者的价值更高。

> **损失厌恶**
> 指相对于获得收益，人们倾向于避免损失。

损失厌恶 以上描述的咖啡杯实验的结果也是**损失厌恶**（loss aversion）的例子。损失厌恶指相对于获得收益，人们倾向于避免损失。拥有杯子的学生相信其市场价值实际高于 5 美元，所以拒绝以低于 5 美元的价格出售，因为这样出售会造成损失，而他们免费得到杯子从而获得的好处却不再那么重要。

有关损失厌恶的另一个例子是，人们有时候对于在亏损时要不要卖掉股票犹豫不决，即使可以将卖掉股票的钱投资在他们认为更好的其他股票上。为什么呢？因为原有股票的最初买入价格——考虑到市场的现实情况来看是过高了——是参照点，而且人们对损失是 694
厌恶的（一笔 1 000 美元的投资损失带来的伤害超过 1 000 美元的收益带来的满足）。尽管存在禀赋效应的情况有很多，但我们现在知道这些效应在消费者获得相关经历后将倾向于消失。我们别指望看到股票经纪人或其他专业投资人士表现出上述损失厌恶。[③]

> **框架效应**
> 一个人的决策依赖于决策环境的描述。

框架效应 偏好也受到**框架效应**（framing）的影响。框架效应是参照点的另一种表现，指人的决策依赖于所描述的选择背景的影响。选择如何被描述——选择的名称、选择所在的背景、选择的表象——都会影响人们的选择。你是更可能去买一瓶包装上写着“放慢年龄的脚步”的面霜，还是“让你感觉更年轻”的面霜？这些产品可能除了包装都是一样的。不过，在现实世界中，信息有时很有限，许多人宁愿去买那些强调年轻的商品。

> **凸显性**
> 对商品或服务的感知到的重要性。

凸显性 一种商品或服务的**凸显性**（salience）指对其一种或多种特征感知到的重要性。比如，名牌产品经常具有的凸显特征是提供给消费者更出色或更潮流的商品。相反，一幅斑马和角马在塞伦盖蒂游荡的图片可能描述了坦桑尼亚旅游观光套餐的一个凸显特征（迁徙）。一个背光式宽屏幕可能是高清电视的凸显特征。凸显性与框架效应联系紧密——强调商品或服务的一个特征是构成消费者选择中的框架效应的一种方式。

行为经济学认为，凸显性有助于人们做出更好的选择。凸显性可用来创造有关商品或服务价值的可信信号，对于消费者对商品或服务的购买有正面影响。例如，长期和全面的质保对消费者来说是车辆质量高度可靠的信号。在该例中，质量可靠是一个凸显特征。理解凸显性的心理意义有助于厂商设计有效的营销策略，也可以辅助政策当局设计合理的公

---

① 实验工作对于行为经济学的发展具有重要意义。正是由于这个原因，2002 年的诺贝尔经济学奖由实验经济学家弗农·史密斯一起分享，他在运用实验来检验经济理论方面做了很多开拓性的工作。

② Daniel Kahneman，Jack L. Knetsch，and Richard H. Thaler，“Experimental Tests of the Endowment Effect and the Coase Theorem，” *Journal of Political Economy* 98（December 1990）：1925－1948.

③ John A. List，“Does Market Experience Eliminate Market Anomalies?” *Quarterly Journal of Economics* 118（January 2003）：41－71.

共政策。

理解凸显性的最好方式是借助一个于 2013 年在荷兰进行的关于治安执法的自然实验（自然实验要与实验室实验相区别）。[①] 设想一个人正在考虑要不要违法犯罪。在此情境中凸显性就是个人对其会否被抓的可能性以及如果被抓他将面对的惩处的认识。如果他对于
695 以上两个重要问题没有清晰的认识，那么他就可能不会被阻止违法或较难被阻止。[②]

该实验重点研究家庭乱扔垃圾和非法处置垃圾的行为。在荷兰的一个城市，两个官员被授权去 56 个最混乱的区域监督和处罚违反当地垃圾处置法规的家庭。每个区域都有大垃圾箱，必须交一欧元才能打开投入垃圾。在实验之前，许多人将垃圾袋丢到地上，大量丢弃物位于垃圾桶周围，当然这样就避免了付费。在实验之前的一年内，乱丢垃圾被抓住的概率大约是 5%，而一旦被抓将被罚款 90 欧元。这一风险可转换为期望罚款额 4.5 欧元——也就是每次违法大约 6 美元。尽管罚款额较大，绝大部分家庭还是违反了地方法规。

实验的方案是让一些区域的官员凸显其行动，在违法处置的垃圾袋上贴上明亮的橘黄色标签，标示警告已违法并被罚款 90 欧元。这些警示放在此处持续几天时间。与其他不做警示的垃圾投放点做比较，研究者发现，凸显的警示导致了违法处置垃圾的行为下降超过 50%。对于违法停车罚单，研究发现遏制违法的效果非常依赖于执法行为的凸显性以及被抓概率和惩罚的凸显性。

类似于其他行为经济学的主要思想，对凸显性的关注在许多方面丰富了基本的微观经济理论。首先，可以通过强调重要特征增加个体对可得性选择的信念的准确性。其次，可以增加个体关于选择的成本与收益的知识。

❖例 19.1　出售房产

业主有时出售房子，因为他们必须换新工作，搬到离工作城市近（或远）一点的地方，或者想搬到一个更大的或更小的房子里。所以，他们把房子投入市场中。但是怎么定价呢？房主通常通过观察类似房子的出售价格以及与房产经纪交流来获得全面的认识。不过，房主经常倾向于定一个高于房子实际出售价格的高价。结果是，房子可能在市场上滞销几个月，直到房主不情愿地降价。这段时间，房主不得不继续维护房子、支付税收、在房屋设施和保险上继续花费。为什么不定一个接近市场价格的价格呢？

是禀赋效应在发挥作用。房主认为他们的房子是特别的；房屋的所有权给了他们对房屋价值的特殊评价——高于任何市场可承受的价格。

如果房价已经下跌，损失厌恶也可能发挥作用。实际上，美国和欧洲的房价从大约 2008 年开始下跌，泡沫破裂。结果是，一些房主受到损失厌恶的影响，特别是若他们以接近泡沫顶点的价格购进住房。出售住房就将纸面损失转化为实际损失。避免这种实际损失的倾向可以解释房主为什么最后不愿售出房子。因此，与经济处于上升期相比，在经济处于下滑期时房子挂在市场上更长时间就不足为奇了。

---

① Robert Dur and Ben Vollaard, “Salience of Law Enforcement: A Field Experiment,” draft June, 2016.

② 在对遏制违法的一个早期研究中，一些学者发现把大张颜色鲜艳的停车罚单置于挡风玻璃雨刷器下会鼓励人们支付违法停车费。参见 Christine Jolls, Cass R. Sunstein, and Richard Thaler, “A Behavioral Approach to Law and Economics,” *Stanford Law Review*, 50 (1998): 1471-1476。

19.2 公　平

有时候，人们做某件事的原因是他们觉得那样做是合适或公平的，尽管没有带来财务 696
或其他方面的物质利益。这方面的例子包括慈善捐助、志愿工作或者餐厅小费。公平也会影响我们的例子中消费者对于雪铲的购买行为。

初看起来，我们的基本消费者理论没有考虑公平。不过，我们可以通过引入消费者行为中对于公平的考虑对模型加以修正。为了说明如何完成这一工作，让我们再次回到雪铲的例子。在该例中，雪铲的市场价格为 20 美元，但就在一场暴风雪（导致需求的移动）后，五金店将价格提高到 40 美元。而一些消费者觉得被不公平地敲诈了，因而拒绝购买。

这可以用图 19.1 来描述。需求曲线 D_1 是正常天气下的需求。商店要求 20 美元的价格（因为消费者预测可能会有雪），每个月售出雪铲 Q_1。实际上，一些人是愿意支付更高的价钱的（需求曲线的上半部分），但是他们不必这样做，因为市场价格是 20 美元。然后，暴风雪来袭，需求曲线右移。如果价格保持不变，销售量将变为 Q_2。但是注意新的需求曲线（D_2）的形状与原来的需求曲线并不相似。许多消费者觉得价格上升到 25 美元比较公道，而高于这个价钱就是被不公平地勒索了。因此，新的需求曲线在 25 美元以上的部分变得非常富有弹性，一旦价格高于 30 美元，就没有人购买雪铲了。

注意在这里公平是怎样发挥作用的。在正常天气下，一些消费者愿意支付超过 30 美元甚至 40 美元。但是，他们知道价格总是 20 美元，而在暴风雪后，他们认为价格的上升是一种不公平的敲诈，因而拒绝购买。也要注意，我们可以通过修改标准的需求曲线来解释消费者对公平的态度。

图 19.1　对雪铲的需求

说明：需求曲线 D_1 是正常天气下的需求。商店要求 20 美元的价格，每个月售出 Q_1 的雪铲。当暴风雪来袭，需求曲线右移。如果价格保持不变，销售量将变为 Q_2。但是注意新的需求曲线（D_2）并不像原来的需求曲线的形状。许多消费者觉得价格上升到 25 美元比较公道，而高于这个价钱就是被不公平地勒索了。因此，新的需求曲线在 25 美元以上的部分变得非常富有弹性，一旦价格高于 30 美元，就没有人购买雪铲了。

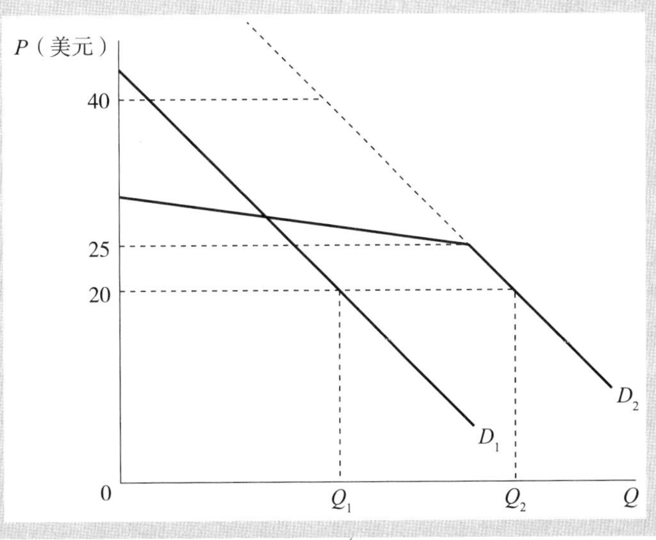

公平的另一个例子出现在最后通牒博弈（ultimatum game）中。设想，在下述规则下， 697
你有机会在你和一个再也不会遇到的陌生人之间分配 100 张面值为 1 美元的钞票：你先来提出你和陌生人之间的分配方案，该陌生人将选择接受或拒绝你的建议；如果他接受，你

们俩各自拿到你所建议的份额；如果他拒绝，你们俩将什么也拿不到。你会怎么办？

因为更多的钱意味着更多的效用，我们的基本消费者理论给出了该问题的明确答案。你应该建议自己拿 99 美元而另外一个人只拿 1 美元。而且，另外一个人应该愿意接受这一提议，因为这 1 美元比他最初以及拒绝你的方案时的 0 美元好。这项协议互利。

然而，大多数人都会犹豫是否提这样的方案，因为他们觉得这样做不公平，而且许多陌生人会拒绝这一方案。为什么？陌生人也许认为，因为是你们俩一起得到了分配这 100 美元的机会，一个简单并且公平的分配方案应该是 50/50，或相近的方案。也许陌生人拒绝获得 1 美元的机会的目的是想教育你，贪婪是不合适的行为。事实上，如果你认为别人这样想，提高分配给他的比重对你来说就是理性的。实际上，对该博弈进行的实验表明，通常的分配方案介于 67/33～50/50 之间，这样的分配方案通常都被接受了。

最后通牒博弈说明了对公平的考虑怎样影响经济决策。意料之中的是，对公平的考虑同样也影响了厂商和其雇员的谈判。厂商可能会给工人相对较高的工资，因为该厂商的经理认为员工应该拥有舒适的生活，或者他们想创造令人愉快的工作氛围。而且，如果员工拿到的工资低于他们认为公平的水平，他们也许就不那么努力工作了。[1]（在第 17.6 节，我们看到支付给员工高于市场价格的工资也可以用劳动市场的效率工资理论来解释，而对公平的考虑并不适用于效率工资。）公平也会影响厂商的定价行为，它可以用来解释为什么相对于需求的增长，作为对成本提高的反应，厂商可以更容易地提高价格。[2]

幸运的是，对公平的考虑可以被纳入消费者行为的基本模型。如果那些搬到圣弗朗西斯科的人认为那么高的公寓租金是不公平的，那么他们愿意支付的租金的最大值将会降低。如果这样想的个体的数量足够多，那么带来的需求的减少将会导致租金价格的降低。类似地，如果有足够的工人认为其工资水平不公平，那么劳动力的供给将会减少，工资水平将会上升。

19.3　经验法则与决策中的偏见

698

锚定效应
人们在制定决策时，常常过度依赖一些预先的（建议的）信息片段。

很多（日常）经济决策是较为复杂的，特别是那些涉及对我们几乎没有经验的一些事情的抉择。此时，人们常常诉诸经验法则或其他的心理捷径来帮助进行决策。在给小费的例子里，当你决定给 15%的小费时，你就采取了心理捷径。不过，这些经验法则的应用可能会带给我们经济决策过程中的偏见——与我们的基本模型相矛盾的东西。[3]

锚定　我们在决策中运用的心理规则通常依赖于这些决策所处的环境以及可得的信息。例如，想象一下你刚收到从本地一家新的慈善机构寄来的捐款请求信。该慈善机构不是要求随意金额的捐助，而是让你来选择：20 美元、50 美元、100 美元、250 美元或其他。这些捐助建议的目的是锚定你的最终捐助。**锚定效应**（anchoring）指一些建议的信息片段（也许是不相关的）对你的最终决策可能具有的影响。人们往往不是试图精确地决定捐多

---

① 对行为经济学以及工资与就业理论的一个一般性的讨论，参见 George Akerlof，"Behavioral Macroeconomics and Macroeconomic Behavior，" *American Economic Review* 92（June 2002）：411－433。

② 相关例子参见 Julio J. Rotemberg，"Fair Pricing，" *Journal of the European Economic Association* 9（2011）：952－981。

③ 有关这一问题的介绍，参见 Amos Tversky and Daniel Kahneman，"Judgment under Uncertainty：Heuristics and Biases，" *Science* 185（September 1974）：1124－1131。

少——比如说 44.52 美元——同时也不想表现得吝啬，可能就会简单地给出下一个层级的捐助——50 美元。那些打算只捐助 10 美元的人则可能选择上面所列的最低金额——20 美元。在这两种情况下，锚定使得个人的选择偏向于更高的捐助额。类似地，那么多商品标价的尾数为 95 和 99 其实并非巧合。市场人员知道，消费者总是过高地强调价格的第一个数字，把价格思考为“不到 20 美元”或者“超过 20 美元”。因此，对于不仔细思考的消费者来说，19.95 美元比 20.01 美元便宜多了。

经验法则 决策过程中的一种较为普遍的节省努力的方法是忽略似乎不太重要的信息片段。例如，网上购物常常涉及运输成本。虽然很小，但是在消费决策中，这些成本应该纳入商品的最终价格。不过，最近的一项研究显示，消费者在在线购物的决策过程中常常忽视了运输成本，他们的决策具有偏见，这些商品在消费者心目中的价格要低于其实际价格。[①]

决策过程中依据经验法则（rules of thumb）会带来偏见，但是理解这些法则具有一定的用途，这一点很重要。经常运用经验法则能够节省时间和精力，带来的偏差也较小。因此，它也不能被一概否定。

消费者在决策时经常面对不确定性，缺少进行最优决策所需的概率。（例如，考虑计算期望效用的困难。）消费者经常运用经验法则进行决策，不过有时经验法则会带来强烈的偏见。

> **小数定律**
> 当获得的有关特定事件的信息相对少时，人们往往倾向于夸大这些特定事件发生的概率。

小数定律 人们有时候倾向于受所谓的**“小数定律”**（law of small number）的偏见影响：当他们从过去的经验中获得的有关特定事件的信息相对少时，他们往往倾向于夸大这些特定事件发生的概率。例如，人们常常会过于夸大他们自己或者认识的某个人在一次飞机坠毁中遇难或者赢得某次抽奖的可能性。回忆一下那位玩轮盘赌的人在看到压红色的连续赢了三次之后，把赌注压在了黑色上：他忽略了概率法则。

研究显示，股票市场上的投资者常常被小数定律带来的偏见所误导，认为在过去几年 699
的高收益之后，在接下来的几年中可能会有更高的收益——从而导致了我们在前文讨论过的“羊群效应”。此时，投资者通过观察短期内的市场来评估投资的可能收益。实际上，为了精确地估计股票投资的期望收益，人们应该研究数十年来股票市场的投资收益。类似地，如果人们基于几年的数据来评估住房价格将会上涨的可能性，带来的错误判断会导致住房价格泡沫。[②]

尽管人们对于真实概率（比如抛硬币）有一些理解，但当概率是未知的时，复杂程度就上升了。例如，几乎没有人知道他们自己或朋友将会发生车祸或空难的概率。在这种情况下，我们对此类事件形成主观概率的估计。我们对主观概率的估计也许接近真实概率，但在多数情况下并非如此。

形成主观概率往往不是件容易的事，人们在形成主观概率的过程中常常受偏见的影响。举例来说，当评价一个事件的可能性时，所处的环境可能非常重要。如果某类悲剧（例如空难）最近刚刚发生，那么许多人将倾向于高估此类事件发生在他们身上的可能性。同样地，如果某个特定事件发生的可能性非常非常小，许多人在其决策过程中就会简单地忽略它。

---

① Tanjim Hossain and John Morgan, "…Plus Shipping and Handling: Revenue (Non) Equivalence in Field Experiments on eBay," *Advances in Economic Analysis & Policy* 6: 2 (2006).

② Charles Himmelberg, Christopher Mayer, and Todd Sinai, "Assessing High House Prices: Bubbles, Fundamentals and Misperceptions," *Journal of Economic Perspectives* 19 (Fall 2005): 67 - 92.

❖例 19.2　纽约的出租车司机

大多数出租车司机以固定的日租费从出租车公司那里租车，之后他们便可以在12个小时内随心所欲地开这辆车了。与很多其他服务行业一样，出租车司机的业务量每天大不相同，取决于天气状况、地铁是否发生故障、这一天是否为节日等。出租车司机是如何应对这些变化（其中的大多数基本上是不可预测的）的呢？

在很多城市，出租车的费率是以规章制度固定下来的，不会天天变。不过，在生意好的日子里，司机能赚取更高的收入，因为他们无须花费很多的时间寻找顾客。传统的经济学理论预测，与生意清淡的日子比较，出租车司机在生意繁忙的日子里会花更多的时间跑生意；生意繁忙时额外一个小时能带来20美元，而生意清淡时额外一个小时也许只能产生10美元的收入。传统理论是否解释了出租车司机的实际行为呢？

一项有趣的研究分析了从纽约出租车和豪华轿车委员会那里获得的1994年春季的出租车实际行程
700 记录。[1] 那时出租车的日租金为76美元，每天的汽油成本大约为15美元。令人惊讶的是，研究人员发现大多数司机在生意清淡时出车时间更多，而在生意繁忙时出车时间相对较少。换句话说，有效小时收入与每天工作的小时数之间存在负相关；小时收入越高，这一天出租车司机歇工的时间就越早。行为经济学可以解释这一结果。假定大多数出租车司机每天都有一个收入目标，这一目标实际上起着参照点的作用。从行为经济学的视角来看，每天的收入目标是有意义的。收入目标为出租车司机制定了一个简单的决策规则，因为他们只需要记住当天的成本。制定每天的目标同样有助于出租车司机处理潜在的自我控制问题；假如没有目标，某个出租车司机可能会在很多时候，仅仅为了避免工作的麻烦，就早早地歇工了。在1994年的研究中，这一目标大约为每天150美元。

不过，仍然有其他的研究对这一行为经济学的解释提出了质疑。有一项不同的研究也以纽约那些承租了运营车辆的出租车司机为研究对象，结论是传统的经济学模型确确实实能够对这些出租车司机的行为提供重要见解。[2] 该研究认为每天的收入对出租车司机这一天何时停止工作的影响很小。停止工作的决定看起来是基于这一天已经工作的累计小时数，而不是达到一个具体收入目标。

这个很快以"伟大的纽约出租车司机论争"闻名的争论到此并没有结束。一个最近的研究寻求解释这两个互相矛盾的结论。通过重新分析相同的出租车行驶记录，作者们发现传统经济学模型对于解释出租车司机的大部分工作时间的行为很有帮助，但以参照点和制定目标（收入或时间）为基础的行为经济学模型可以做得更好。[3]

过度自信
高估前景或自己的能力。

过度自信　我们之前解释了人们经常倾向于受到小数定律偏见的影响，他们会依赖于非常少的信息做出预测或行动计划。例如，看到前一两年股市大涨，他们会假设股市还会继续上涨，因此低估投资的风险。实际上过去几年股市的表现对于未来的可能行为几乎没有多少预测价值。以这种方式低估风险的投资者可能比谨慎的投资者承担了更多的风险，投资业绩会更差。这类投资者承受了**过度自信**（overconfidence）的后果：在决策时他们高估了前景或自己的能力。

过度自信是人类决策中非常重要和常见的一种偏见。过度自信有时表现为**过度乐观**

① Colin Camerer, Linda Babcock, George Loewenstein, and Richard Thaler, "Labor Supply of New York City Cabdrivers: One Day at a Time," *Quarterly Journal of Economics* (May 1997): 404-441. 也可参见 Henry S. Farber, "Reference-Dependent Preferences and Labor Supply: The Case of New York City Taxi Drivers," *American Economic Review* 98 (2008): 1069-1082。

② Henry S. Farber, "Is Tomorrow Another Day? The Labor Supply of New York City Cabdrivers," *Journal of Political Economy* 113 (2005): 46-82.

③ Vincent P. Crawford and Juanjuan Meng, "New York City Cab Drivers' Labor Supply Revisited: Reference-Dependent Preferences with Rational-Expectations Targets for Hours and Income," *American Economic Review* 101 (August 2011): 1912-1934.

(over-optimism)的形式，即对于事情向好发展的不切实际的信念。过度乐观的例子包括一个人认为自己的投资会比平均水平表现更好，工人确信自己会比同僚们更快得到晋升，以及消费者确信自己能比实际更快地归还信用卡借款（从而避免高利息）。其他例子有 CEO 们总是（不切实际地）认为其企业正在开发的产品将会获得巨大的市场成功。还有其他例子如人类倾向于低估灾难性医疗事件的概率，甚至是早产儿死亡的概率，结果是不会购买足够的医疗保险和人寿保险。

> **过度乐观**
> 对于事情向好发展的不切实际的信念。

> **过度精确**
> 指不切实际地确信一个人可以精确地预测出结果。

过度自信也可以表现为**过度精确**（over-precision），指不切实际地确信一个人可以精确地预测出结果（因而也是小数定律偏见的表现）。一个过度精确的例子是消费者经常基于错误的 701
信念而选择手机移动数据流量计划（套餐），因为他们认为自己可以精确地预测每个月下载的数据流量。（回忆一下我们在例 11.4 中对手机数据套餐的讨论。）不能购买足够的医疗保险也可能是过度精确的后果，因为人们经常错误地相信他们可以预测未来几年自己的健康状况。

消费者、投资者和公司 CEO 们经常过度自信的现实并不意味着贯穿本书的主要微观经济理论必须被淘汰。实际上，这些理论有助于我们理解过度自信的内涵。为了说明这一点，我们转向本书第 5.4 节介绍过的风险资产需求理论。特别是，我们再回到投资者投资组合选择问题，投资者必须选择配置资金于无风险国库券（安全而较低的利率 R_f）和有较高预期回报 R_m、较高风险的股票市场（因为实际回报并不确定而导致的标准差 σ_m）。正如我们在图 5.6 中所描述的，效用最大化的投资组合是投资者无差异曲线（风险与回报的各种组合，给投资者带来相同的满足）与预算线［风险的市场价格，斜率为 $(R_m-R_f)/\sigma_m$］的切点。

在图 19.2 中，我们复制图 5.6 给出的投资者选择问题的最优解。效用最大化投资组合位于无差异曲线 U_1 与实际预算线的切点。这个投资组合点对应的预期收益是 R^*，标准差是 σ^*。不过，投资者是过度自信的，认为自己可以比大多数其他投资者做得更好。她认为的市场风 702
险比实际风险要低，所以她设想的预算线会从实际预算线出发向上转动。［回忆一下预算线的斜率 $(R_m-R_f)/\sigma_m$，因此如果她认为的 σ_m 比实际小，那么设想的预算线就会比实际更陡峭。］现在，她会选择无差异曲线 U_2 与设想的预算线的切点作为投资组合点，从而其投资组合中的股票比例比原来的最优水平高。因此，她的投资组合具有了更高的预期回报（R'，而不是 R^*）。然而，她会认为自己的投资组合的风险比实际水平低。（她会认为其投资组合的标准差只有 σ'，而实际上却是 σ^{**}。）这种对风险的错误认知就是导致她更多地投资于股票的原因。因为过度自信，我们的投资者承担了比他们应该承担的更多的风险。

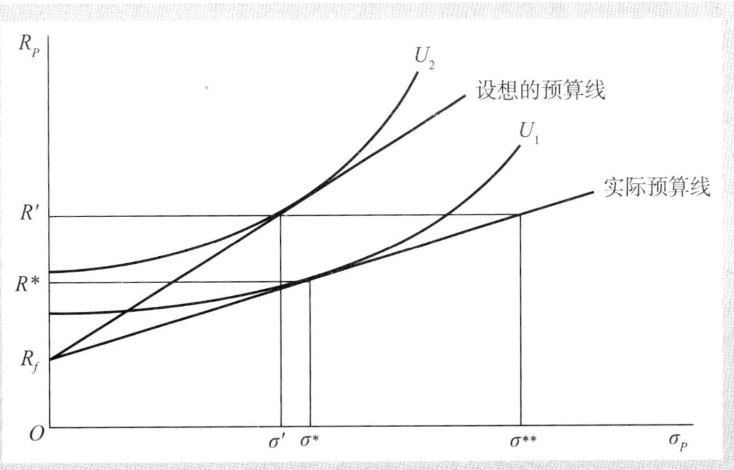

图 19.2

说明：投资者将资金配置于两种资产：无风险的国库券和股票。预算线描述了预期回报和用回报标准差计算的风险间的权衡。效用最大化的投资组合位于投资者无差异曲线 U_1 与预算线的切点。不过，投资者是过度自信的；她认为的股票风险比实际要低，所以她设想的预算线更加陡峭。她会选择无差异曲线 U_2 与设想的预算线的切点作为投资组合点，从而其投资组合中的股票比例比原来的最优水平要高。

∵例 19.3　信用卡贷款

我们大部分人都有信用卡，并用它支付日常消费。很多人——大约一半的信用卡持有者——每个月足额还款，从而避免产生财务费用。但还有一半人不能每月按时足额还款，从而带来利息费用。很奇怪的是，持卡人支付的利息非常之高——远高于住房抵押贷款、汽车贷款和其他类型贷款的利息。

图 19.3 显示了（2013 年）持卡人支付的年化利率（APR），数据来源于美联储调查的消费者样本。一些消费者努力获得了 APR 低于 10%的信用卡，但是平均的 APR 大约是 17%，许多消费者支付的 APR 更高。为什么消费者要持有 17%或更高利率的信用卡贷款呢？

答案是许多消费者（不切实际地）认为他们可以控制信用卡消费，从而避免产生利息费用。他们受到过度自信的影响。尤其是，他们通常是过度乐观的，认为他们月末的信用卡还款问题比实际情况要小得多。而且，一些持卡人难以理解 17%的利率到底意味着什么。发卡机构知道这些行为缺陷并且加以利用，通过收取高利率而获得收益。[①]

图 19.3　信用卡支付的利率

说明：这幅图描述了（2013 年）持卡人支付的 APR，数据来源于美联储。一些消费者努力获得了 APR 低于 10%的信用卡，但是平均的 APR 大约是 17%，许多消费者支付的 APR 更高。

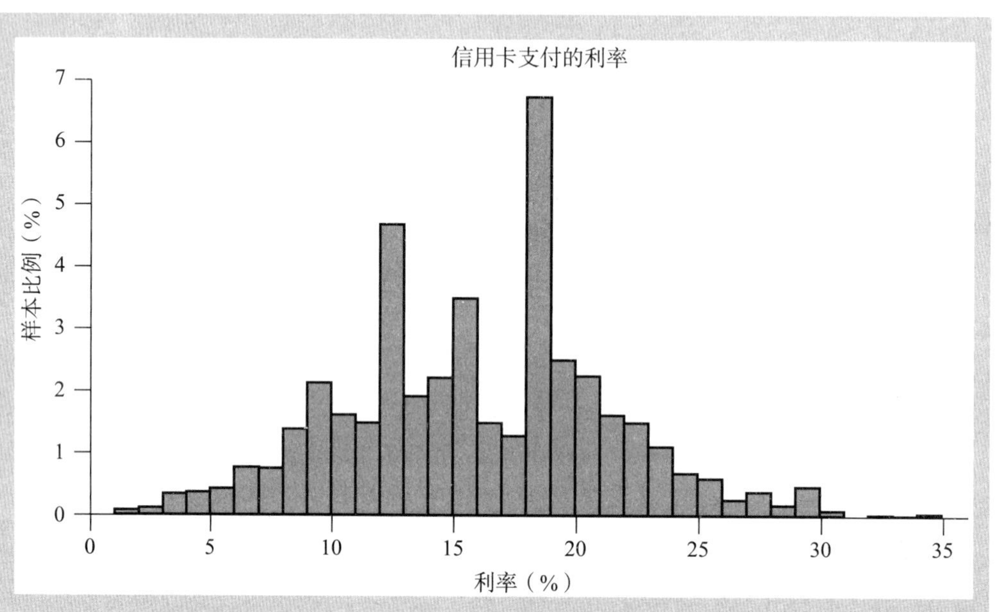

∵例 19.4　为不去健身房付钱

703 美国有成千上万的会员制运动场所，包括数百万的会员。大多数健身房有两种或更多种会员选项：包月卡、包年卡或按次收费。给定大多数消费者难以预测其未来每周健身的频率，他们对会员选项的选择会是完全理性和效用最大化的吗？根据一个对健身俱乐部会员进行的消费者选择的令人信服的研究来看，答案是否定的。[②] 该研究集中于提供三种会员合约的波士顿健身俱乐部：（1）包月卡，每月 70 美元，

① 对于这类消费者过度自信，而企业利用消费者过度自信问题的讨论可以参见 Michael D. Grubb, "Overconfident Consumers in the Marketplace," *Journal of Economic Perspectives* 29（Fall 2015）：9-36。

② Stefano Della Vigna and Ulrike Malmendier, "Paying Not to Go to the Gym," *American Economic Review* 96：3（2006）：694-719.

无限使用；(2) 包年卡，每年 700 美元，无限使用；(3) 按次收费，12 美元 1 次或 100 美元 10 次。

在分析了超过 7 000 名消费者的实际选择后，作者发现了一些奇怪的结果：消费者对于他们每周会锻炼的频率的估计过度乐观。例如，那些选择 70 美元包月卡的消费者后来每月大约去健身俱乐部 4.3 次，也就是平均每次需要花 17 美元。不过，他们其实可以选择 10 次卡或每次支付 12 美元，那么他们一个月的花费只需 40 美元到 50 美元就够了。为什么他们还要选择 70 美元的包月卡呢？可能的解释就是人们对于未来自己的自控能力过度自信了——健身俱乐部会员一直都高估了他们去健身的可 704
能性。

类似的发现适用于那些选择 700 美元包年卡的人们。他们也当然不会频繁地健身来充分使用年卡。他们平均每次的摊销费用大约是 15 美元，同样高于按次支付的 12 美元（而对那些偶尔去健身的会员，购买一系列 10 次卡花费低得多）。

我们描述的过度自信会一直持续下去，还是消费者最终会意识到去健身俱乐部的次数比他们预想的少呢？答案是月度会员和年度会员确实意识到他们去健身的频次，并做出相应的调整——有一些人改变了会员方式，其他人放弃了会员资格。[①]

19.4 泡 沫

1995—2000 年间，许多互联网公司的股价急剧上升。这种现象背后的原因是什么？有人可能认为，这些价格上升是基本面的正确反映。这种观点在那段时间内存在于股票分析师、投资顾问和普通投资者中。许多人认为互联网的潜力是无限的，特别是当高速互联网接入变得越来越普遍时。毕竟越来越多的商品和服务正通过如 Amazon. com、Craigslist. ory、Ticketmaster. com 和 Fandango. com 等互联网公司在线销售。而且，越来越多的人开始阅读在线新闻，而不再购买纸质的报刊，而越来越多的信息也通过像 Google、Bing、Wikipedia 和 WebMD 等网站传播。结果是，企业开始将越来越多的广告从传统报刊和电视转移到互联网络。

泡沫
一种商品的价格上升并非以需求或价值为基础，而是依赖于价格会继续上涨的信念。

的确，互联网已经改变了我们大多数人的生活。（实际上，可能有些人正在阅读本书的电子版，希望你是从培生的网站上下载并且已经付过费了！）但是，这是否意味着只要是结尾加个“. com”的公司就会有未来的高盈利？或许不是。而且，许多投资者（或许用“投机者”更好）以非常高的价格购进互联网公司的股票，而这些价格非常难以依据基本面来判断，也就是说，根本脱离了对未来盈利性的理性预测。结果就是互联网**泡沫**（bubble），互联网股价的上升并非以企业盈利性的基本面为基础，而是以相信价格会继续上涨的信念为基础。当人们开始认识到这些企业的盈利性并非确定的、价格有可能上升也有可能下降时，泡沫就破裂了。

泡沫经常是非理性行为的结果。人们不再正常思考。他们购买一种商品，是因为这种商品的价格一直在上升，他们相信（或许受其朋友鼓励）这种商品的价格会继续上升，所以赚钱是肯定的。如果你问他们价格会在某一点下跌吗，他们通常会回答：“会呀，不过我

① 本书的两位作者是怎么选择的呢？我们中的一个——你能猜出是谁吗——选择了包月卡，但是他实际上每年健身的次数远低于他预期的次数。另一位作者在家健身。

705 会在那一点之前卖掉。”而如果你继续追问他们怎么知道那一点在哪里，他们或许会说：“我就是知道。”当然，在大多数情况下他们不会知道；他们会在那一点之后出售，并至少损失部分投资。（不过，可能存在一个正面后果——或许他们会从这个经验中学到一些经济学知识。）

泡沫通常无害，当人们损失一些钱后，并不会对整体经济产生持续影响。不过，事实通常并非如此。美国经历了 2008 年持续房产价格泡沫的破裂，导致了那些给购房者提供抵押贷款的大银行的财务损失，其实那些购房者根本无力支付月供（不过他们认为房价会持续上升）。一些银行得到了大额政府救助，保证它们不破产，但是许多业主就没有那么幸运了，他们断贷并失去了房子。到 2008 年年底，美国经济进入了自 20 世纪 30 年代大萧条以来最严重的衰退。房价泡沫被认为是导致这次衰退的部分原因，所以它远非无害的。

∴例 19.5　　房价泡沫（Ⅰ）

大约从 1998 年开始，美国房价迅速上升。图 19.4 描述了标准普尔/凯斯-席勒（S&P/Case-Shiller）房价指数的全国水平。[①] 从 1987 年（该房价指数发布的第一年）到 1998 年，房价指数名义值平均每年上升约 3%。（扣除通货膨胀的影响，实际年上涨率约为 0.5%。）房价指数的名义增长率大致与人口增长、收入增长和通货膨胀同步。不过，之后房价开始迅速上升，房价指数的年增长率大约为 10%，直到 2006 年达到峰值 190。在 1998—2006 年的 8 年间，许多人相信房产是必火的投资、价格只会上涨的神话。许多银行也相信了这一神话，把钱抵押给那些收入从长期来看不可能供得起月供的购房者。对房产的需求迅速上升，一些人买入四五套房子，认为一年内就可以出手并赚上一笔。这种投机性需求将房价推得更高。

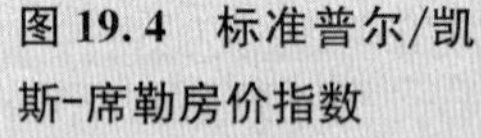
图 19.4　标准普尔/凯斯-席勒房价指数

说明：该指数描述了美国全国平均房价水平。注意从 1987 年到 2006 年房价的上涨以及之后的迅速下跌。

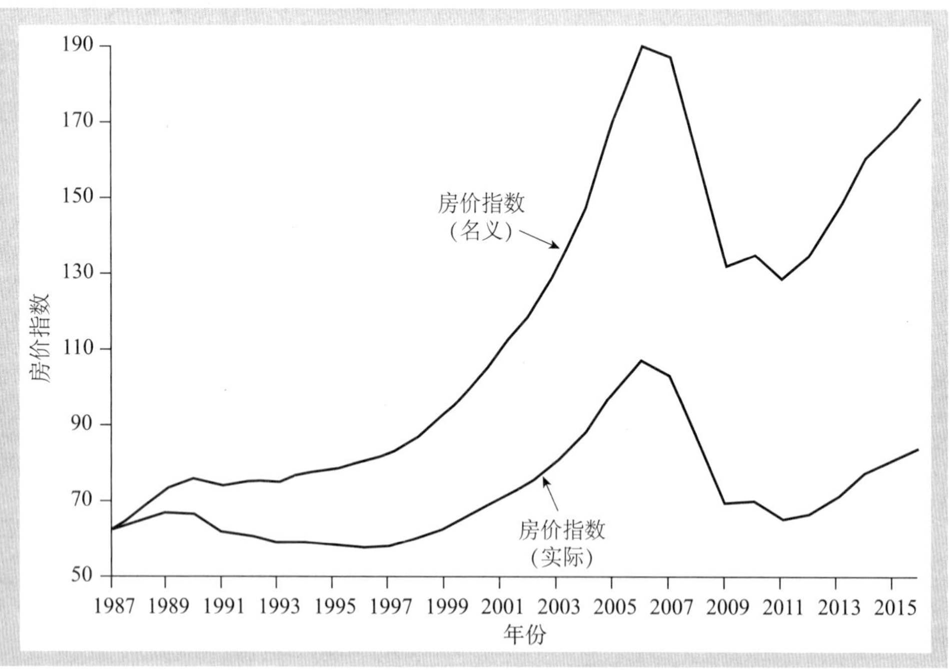

① 标准普尔/凯斯-席勒房价指数度量了房价变化，它是通过追踪全国 20 个城市独立屋的重新出售价格得出的。该指数可以控制其他可能影响指数变化的因素（如房屋面积、地点、风格等）。

不过，2006 年发生了一件可笑的事。房价停止了上升。实际上，2006 年一年房价略微下降了（名义量为 2%）。之后，2007 年房价迅速下降，到 2008 年，已经可以肯定巨大的房产膨胀只是一个泡沫。从峰顶的 2006 年初到 2011 年，房价的名义水平下降了 33%（实际水平下降了 40%）。而这个数据是全美国的平均量。一些州，如佛罗里达、亚利桑那、内华达等，泡沫更为严重，房价下降超过 50%。

美国并非唯一经历过房价泡沫的国家。类似的事情也发生在欧洲。比如在爱尔兰，经济扩张和外国投资的上升，伴随着广泛的投机行为，推动房价从 1995 年到 2007 年上升了 305%（1987—2007 年上升了 641%，都是名义量）。经过这轮上涨之后，泡沫破裂。到 2010 年，房价已经从 2007 年的峰值 706
下降了超过 28%。西班牙和其他欧洲国家也遭遇了同样的命运，导致了世界范围的债务危机。其他明显的泡沫还未破裂。许多中国城市，包括上海和北京，经历了迅速的房价和地价的上涨，据报道有些公寓在仅仅几个月内价格就翻了一番。[①]

信息流

设想你在考虑投资于 Ajax 公司的股票，市场交易价格为每股 20 美元。Ajax 是一个生物科技企业，致力于研究用于治疗习惯性无聊（经常影响经济学学习的病）的一种激进新疗法。你发现很难评估该公司的前景，但是 20 美元的股价好像比较合理。不过现在，你发现价格正在上升——21 美元、22 美元，然后跳到 25 美元。现在，价格达到了 30 美元。其他投资者一定知道点什么。或许他们咨询过生物学家，能更好地预测公司的前景。因此， 707
你决定在 30 美元处买入。你确信是正面信息导致了其他投资者的行为，你也要跟随。

以 30 美元的价格买入 Ajax 的股票是一种理性决策吗？你不是仅仅买入了一个泡沫吧？可能确实是理性决策。毕竟，如果你预计其他投资者正在尽可能地努力评估这个公司的价值，而且他们的分析可能比你的有更多的信息且更深入透彻，这种预测就是合理的。因此，其他投资者的行动可能更具备信息基础，并且这也导致了你理性地调整了自己对该公司价值的评估。

注意在此例中，你的投资决策并非依赖于你所掌握的基本信息（比如，关于 Ajax 公司 R&D 项目成功与否的估计），而是依赖于其他人的投资决策。而且请注意，你隐含地做出了以下假设：其他人的投资决策依赖于他们所掌握的基本信息；或者其他人的投资决策依赖于其他人的投资决策，而后者的决策依赖于他们所掌握的基本信息；或者其他人的决策依赖于其他人的决策，后者的决策也依赖于其他人的决策，而最后提到的这些人的决策依赖于他们所掌握的信息；或者依此类推。你明白了。或许整个链条的最后一个“其他人”的投资决策所依赖的基本信息还比不上你开始关注 Ajax 公司时多。或者说，你自己的投资决策可能是一种**“信息流”**（informational cascade）的结果。信息流理论是指行动依赖于行动，后一个行动依赖于前一个行动，依此类推，只是以很有限的信息为基础。

信息流
一种投资机会依赖于其他人的决策，而这些人的决策又依赖于其他人的决策。

信息流所导致的泡沫其实在一定意义上是理性的，因为相信投资于泡沫会产生正回报是有基础的。这是因为如果投资者在链条的早期获知了正面信息，并依赖于这个信息做出了投资决策，链条下方的投资者的期望回报就是正的。[②] 不过，相关的风险也要考虑，似

① 因为担心突然崩盘，中国政府已经在逐步控制房价、紧缩信贷并要求消费者存钱。参见 http://www.businessinsider.com/the-chinese-real-estate-bubble-is-the-most-obvious-bubble-ever-2010-1#prices-are-way-out-of-whack-compared-to-global-standards-3。

② 说明这一点（并有有趣讨论）的相当简单的例子，参见 S. Bikhchandani，D. Hirschleifer，and I. Welch，“Learning from the Behavior of Others：Conformity，Fads，and Informational Cascades，” *Journal of Economic Perspectives* 12（Summer 1998）：151－170。

乎至少一些投资者会低估这些风险。

❖例 19.6　房价泡沫（Ⅱ）

信息流有助于解释发生在美国和其他国家的房价泡沫。例如，1999—2006 年，迈阿密的房价几乎翻了三倍。那么，2006 年在迈阿密买房子一定是疯了。在 2006 年之前，一些专家预测，迈阿密和佛罗里达州其他地方的房子的需求会高增长，部分原因是越来越多的退休者想搬到比较暖和的地方居住，部分原因是许多携家带口的移民的涌入。如果其他投资者相信这些专家的话，投资可能是理性的。

信息流也可以解释发生在美国其他地方，如亚利桑那、内华达和加利福尼亚的房价泡沫（参见图 19.5）。也有一些专家预测了这些地方的高需求增长。另外，很少有专家预测像克利夫兰这样的城市会
708 有高需求增长（也没有退休潮），而实际上这些城市并未陷于泡沫潮中。

2006 年购买房地产是理性的吗？无论理性与否，投资者都应该意识到在那里（或佛罗里达的其他地方、亚利桑那、内华达和加利福尼亚）购买房地产存在着相当大的风险。回溯这一事件，我们知道这些投资者大部分丧失了全部财产（更不要说房子了）。

图 19.5　五城市的标准普尔/凯斯－席勒房价指数

说明：指数显示了五个城市中每个城市的平均房价（名义）。某些城市的泡沫比其他城市严重。洛杉矶、迈阿密和拉斯维加斯的房价经历了剧烈的上涨，并从 2007 年开始狂跌。另外，克利夫兰在很大程度上躲避了泡沫，价格的上涨和下跌都比较温和。

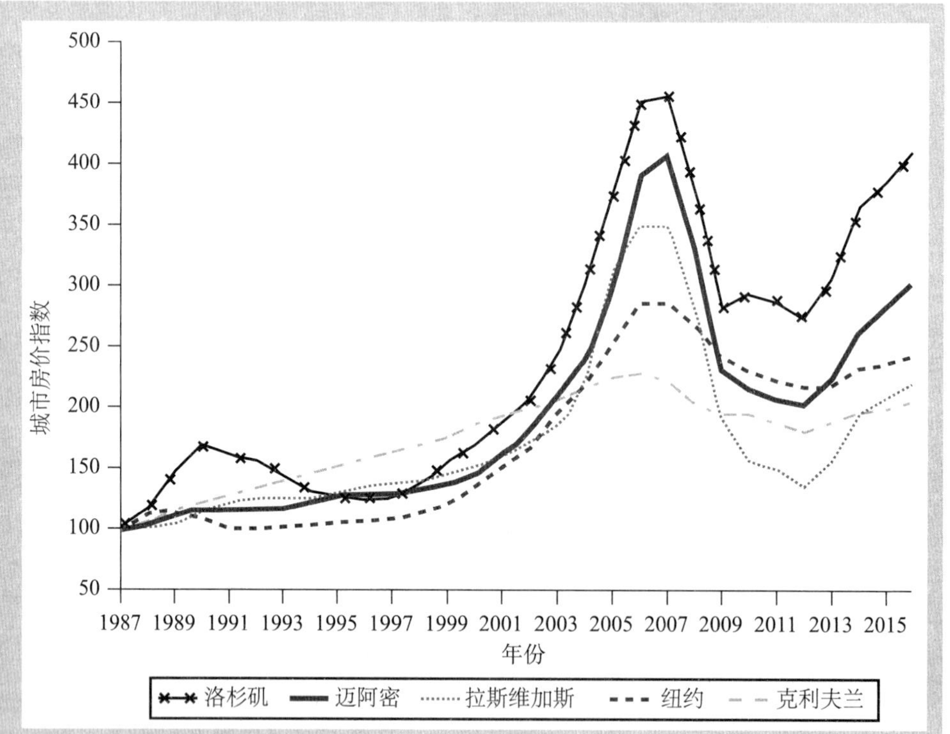

19.5　行为经济学与公共政策

709 当经济学家设计公共政策时，他们经常假设受政策影响的消费者和厂商是完全理性和拥有完全信息的。一个例子是利用税收降低或消除负的外部性，如污染等。回到前一章的

图 18.1。图 18.1（b）描述了一个行业，其中厂商的污染排放量与产量同比例变化。结果是，边际外部成本（MEC）随着行业产量的扩大而上升。因此行业产出的边际外部成本（MEC）高于边际私人成本（MC），即高于行业供给曲线。如果没有管制，行业产出 Q_1 就会高于社会最优产出 Q^*。按照第 18 章的解释，公共政策方案是通过对产出征税，使得边际私人成本等于边际社会成本，从而令产出降低到社会最优水平 Q^*。

但是，解决污染问题可能有其他方法。假设此时的污染是二氧化碳，会导致全球变暖和气候改变，从而产生外部成本。（回顾一下我们在案例 18.4 中对全球变暖的分析。）政策分析的典型应对方案是通过碳税提高化石燃料燃烧的边际私人成本，从而减少二氧化碳排放量。不过，这需要假设厂商和消费者对他们使用化石燃料带来的私人边际成本具有完全信息。而这一假设可能并不正确。

很可能如果厂商和消费者正确地获悉各自的私人边际成本，那么他们自己就会减少化石燃料的使用，而不需要税收的激励。为什么呢？考虑一下更高能效的 LED 灯泡对白炽灯泡的取代。（例如，一个 12 瓦的 LED 灯泡的亮度与一个 100 瓦的白炽灯泡相当。）虽然 LED 灯泡比白炽灯泡贵得多，但 LED 灯泡的使用带来的电能节约足以在 1 到 2 年内抵消更高的购买成本，从而节约了钱。因此，几乎不用费力，也不需要或只需很少成本，消费者（和厂商）就会降低能源消费（通过使用电力设备降低二氧化碳排放）。他们只是需要得到正确的信息，从而得到激励去改变灯泡类型。类似地，如果消费者更清楚地了解更好的绝缘材料、"智能"控温器和其他设备，那么他们就会降低能源消费。

这就是行为经济学在公共政策设计中的意义。如果政策目标是降低能源消费，那么我们就需要理解人们的行为如何影响他们的能源决策。如果消费者是完全理性和效用最大化的，那么他们自己会努力学到 LED 节约成本的知识，并改变灯泡购买。不过，那对于消费者要求太高了。相反，公共政策的一个要素就是向消费者普及 LED 灯泡的知识，或许通过广告，或许通过在中学和大学里开设"家庭经济和财务"课程。

公共政策的行为方法如图 19.6 所示，该图由图 18.1 改编而来。① 在图 19.6 中，一个
行业排放的污染物就是行业生产的边际外部成本，由曲线 MEC 表示。行业的外部社会成 710
本（MSC）是边际私人成本（MC）和外部边际成本（MEC）之和。因此，行业的产出过高：并非社会最优水平 Q_2，而是 Q_1。方法之一是实施税收 t，令边际社会成本等于边际私人成本。但是，假设做一点教育工作，消费者和厂商就能认识到他们可以通过降低污染排放节约成本。他们会降低边际外部成本曲线（从图 19.6 中的 MEC 到 MEC′），类似地降低边际社会成本曲线（到 MSC′）。产出仍然可能太多（图 19.6 中的 Q_3，而不是 Q_2），我们需要一个更低的税收（t^*）来解决这一问题。

在二氧化碳排放和气候变化案例中，有其他方法引导消费者和厂商减少能源消费。一个例子是道德劝说。如果消费者觉得自己有保护能源的道德义务（即使这样做并不方便且要付出代价），那么他们可能就会实实在在地降低能源消费。你可能会说，如果他们这么做了，那就说明他们没有按照第 3 章和第 4 章所说的那样在预算约束下实现效用最大化。不过，这么

① 一个非常相似而更细致的例子是关于正外部性（疫苗接种）的公共政策行为研究，来源于 Brigitte C. Madrian，"Applying Insights from Behavioral Economics to Policy Design，" *Annual Review of Economics* 6（2014）：663－688。图 19.6 是以该文的图 1 为基础的。也可参见 Allison Demeritt and Karla Hoff，"Small Miracles-Behavioral Insights to Improve Development Policy，" Policy Research Working Paper 7197，World Bank，2015。

看就目光短浅了。道德义务可以进入效用函数，从而降低能源消费实际上是有助于实现效用最大化的。

其他政策选择可能改变（而且有希望改善）个体决策的环境。例如，一种政策是改变消费者的默认选项。在灯泡的例子中，地方规定可以要求商店只有在顾客提出需求时才提
711 供白炽灯泡。另一种方法是让商店把 LED 灯泡放在显眼的位置，而让白炽灯泡不容易被发现。最后，商店也可以被要求清晰罗列出 LED 灯泡相对于白炽灯泡的优势，从而简化消费者的决策。所有这些政策方案都会改变消费者的决策环境。给消费者某一决策方向上一个“助推”使得他们做出完全信息下愿意做出的决策，这将有助于他们实现效用最大化。[①]

图 19.6 外部成本——行为分析

说明：伴随着污染排放，行业的边际社会成本高于边际私人成本，而产出高于社会最优水平。

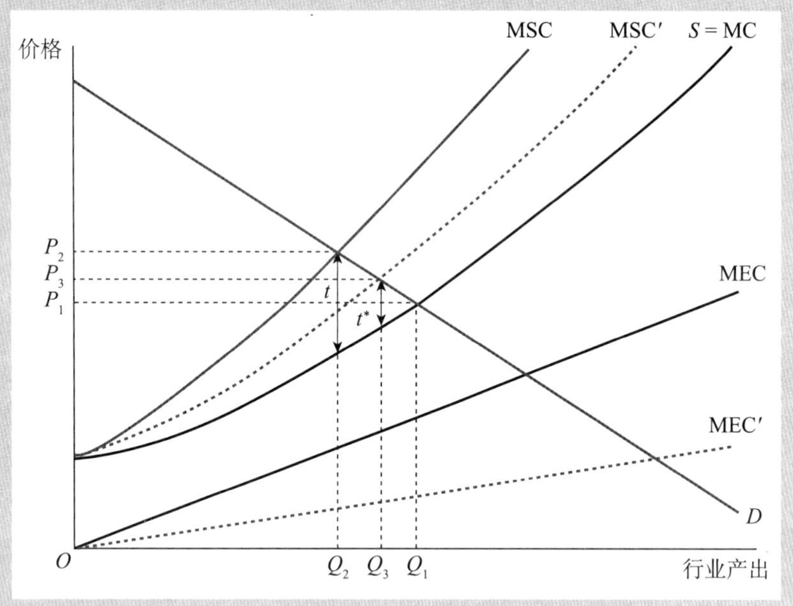

总　结

这对我们有什么意义呢？我们是否应该抛弃在第 3 章和第 4 章中探讨的传统消费理论？完全不必。事实上，到目前为止我们所学的基本理论有助于理解和评价消费者的需求，以及预测价格和收入的变动对需求所造成的影响。尽管它未能解释所有的消费者决策，但它确确实实能够解释其中的大多数。不断发展的行为经济学试图解释和说明那些用消费者基本模型无法很好解释的情况。

如果你继续学习经济学，你将会发现更多经济模型无法完全解释现实的情况。经济学家不得不逐步、仔细地确定哪些现实世界的特征应该被包含进来，怎样简化假设，令模型既不过于复杂，又不简单到影响其适用性。

小　结

1. 人们的行为有时看起来不可预测，甚至是非理性的，从而与蕴含在消费者选择基本模型中的假

① Cass R. Sunstein and Richard H. Thaler, *Nudge: Improving Decisions about Health, Wealth, and Happiness*, Yale University Press (2008).

定相矛盾。行为经济学的研究通过引入参照点、禀赋效应、锚定效应、公平考虑以及人们对概率法则的偏离，丰富了消费者理论。

2. 参照点——人们做出消费决策的出发点——会强烈地影响决策者进行经济决策的方式。参照点的一个例子是禀赋效应。

3. 其他用以解释参照点影响的心理学观点，包括损失厌恶（相对于获得收益，人们更倾向于避免损失）、框架效应（决策依赖于对决策环境的描述）以及凸显性（感知到的一个或多个特征的重要性）。

4. 消费者理论的模型可以通过引入公平而得到改进。例如，对一种商品定价是否公平的关注会导致在高价时需求曲线变为非常富有弹性的。

5. 在做决策时，人们经常求助于经验法则——心理捷径。不过，经验法则会导致决策中的偏差，例如小数定律——当从过去的经验中获得的有关特定事件的信息相对少时，人们倾向于夸大相关特定事件发生的概率。

6. 过度自信（高估前景或自己的能力）是人类决策中普遍存在的偏差。过度自信表现为过度精确——人们对于确切的预测结局有不切实际的自信。

7. 泡沫是一种商品的价格在没有基础需求的情形下的上涨。泡沫通常是对商品价格会持续上涨的非理性信念的结果。泡沫可能来源于信息流的冲击：一个人的行动依赖于其他人的行动，而其他人的行动又依赖于另一些人的行动，依此类推。

8. 对行为经济学的理解有助于经济学家制定合适的公共政策，例如旨在降低或消除外部性的税收政策。

复习题

1. 你走进本地杂货店，看到两包碎牛肉，两者除标签外都一样。一个标签上写着“80%的瘦肉”，另一个标签上写着“20%的肥肉”。你更可能买哪一包？这个例子说明了行为经济学中的什么概念？

2. 什么是禀赋效应？举例说明这一效应。

3. 什么是经验法则？饭馆小费的做法是其中一例吗？请解释。

4. 零售商店提出了一个营销计划，消费者可以试用某商品30天，之后如果不满意可以退货。该例隐含了行为经济学中的什么思想？请解释。

5. 你在一个博物馆看见一个牌子上写着“付多少门票钱您自己定”。结果，你决定付10美元，因为你觉得这个价格比较公道。不过，你到购票款台时，你看到另一个牌子上写着“建议票价25美元”。之后，你改变了想 712
法，决定支付25美元。解释此例中的行为经济学思想以及它如何影响你的决定。

6. 在本地超市购物时，你看见一个牌子上标注着Campbell浓汤，每罐0.79美元。后来，你注意到一个新的牌子上写着“每人限购5罐”。新的标牌会如何影响消费行为？其中蕴含着什么行为经济学原理？

7. 你正在搜寻并打算投资一只共同基金。你把搜索的范围限定在那些过去三年回报率高于平均回报率的基金经理，你的理论是连续三年成功意味着下一年成功的可能性非常大。这一逻辑错在什么地方？为什么？

8. 泡沫之下隐含着什么行为经济学思想？解释你的逻辑。

练习题

1. 在某一特定城市，平日对Uber的需求曲线为$Q=50-P$。平均打车成本为25美元。不过在周末的晚上，需求剧烈上升，新的需求曲线是$Q=100-P$。因此，Uber实施周末溢价，打车成本翻倍为平均50美元。

a. 画出需求曲线，按照题干中的价格确定平日和周末晚上的打车需求量。在图中标出价格和数量。

b. 现在，设想Uber乘客在高峰时段只愿意支付最多40美元，而不是50美元。解释消费者的此类行为背后的原因，画出周末晚上新的需求曲线。Uber还可以收50美元的价格吗？

c. 需求的这一变化影响Uber周末晚上的利润吗？如果影响，利润是增加还是下降？

2. 石油企业在海湾地区开采石油。钻井事故导致的泄漏对海湾地区居民产生了负外部性。运用你关于外部性和行为经济学的知识提出解决石油开采外部性及其伤害的两种方法。

3. 近年来，一些批评认为，法学院学费（以及法学院教育的感知价值）的上升是一种泡沫。你认同这种观点吗？为什么？

4. 假设有两类电子书消费者：100 名“标准”消费者，需求为 $Q=20-P$；100 名“经验法则”消费者，只有价格低于 10 美元时才会购买 10 本电子书。（他们的需求为：若 $P<10$，则 $Q=10$；若 $P\geqslant 10$，则 $Q=0$。）画出电子书的整体需求曲线。这种“经验法则”行为是如何影响对电子书的需求弹性的？

5. 厂商正在考虑提高工人产出的两种方案。第一种是提高工资从而激励工人更努力地工作。第二种是支付那些特别努力的工人超额奖金。从行为经济学的角度出发，哪种方法更有效？

6. 运用你所学的行为经济学知识解释，为什么许多人在对汽车投保时选择购买很低的免赔额。

7. 假设你正在向能源部推广通过家庭隔热降低能源消费的最好方式。安装额外的隔热设施可以得到税收抵免，但是税收抵免计划现在看来收效甚微。有人建议给予隔热设施生产企业补贴，减少阁楼清理费用。运用你的行为经济学和政策知识，分析阁楼清理计划的优点和缺点。

8. 在美国和许多其他国家，愿意在生命结束时捐赠器官的人需要“选择加入”，即授权同意成为器官捐献者。相反，另一些国家实行“选择退出”机制，即你必须明确声明你不希望成为器官捐献者，拒绝器官捐献选项。可以运用你的行为经济学知识解释器官捐献率在两种制度下的巨大差异吗？

附录 回归的基础知识

多元回归分析 在多个变量之间确定经济关系和假设检验的统计过程。

线性回归 计量模型一般假设因变量和几个自变量（解释变量）与误差项之间存在简单的线性关系。

本附录将解释**多元回归分析**（multiple regression analysis）的基础知识，并举例说明其在经济学中的应用。[①] 多元回归是量化经济关系并且检验这些关系的假设的一种统计 713
程序。

在**线性回归**（linear regression）中，一般的关系表示成如下形式：

$$Y=b_0+b_1X_1+b_2X_2+\cdots+b_kX_k+e \tag{A.1}$$

方程（A.1）将因变量 Y 与其他几个自变量（或者解释变量）X_1、X_2 等联系了起来，比如一个有两个自变量的方程，Y 可能是对某种商品的需求，X_1 是价格，X_2 是收入。该方程还包含一个误差项，代表的是忽略的变量对 Y 的总影响（比如，其他商品的价格、天气、消费者偏好中无法解释的变动等）。关于 Y 和 X 的数据是可得的，但是误差项被假定不可观察。

注意方程（A.1）对于参数必须是线性的，但是对自变量则不必。比如，如果方程（A.1）代表的是一个需求方程，Y 可能代表这一需求数量的对数（$\log Q$），X_1 代表价格的对数（$\log P$），X_2 代表收入的对数（$\log I$）：

$$\log Q=b_0+b_1\log P+b_2\log I+e \tag{A.2}$$

我们的目标是要估计出对数据拟合最好的参数 b_0，b_1，…，b_k，接下来我们解释如何估计。

一个例子

假设我们想解释和预测美国汽车的季度销售情况。我们先从一个简单的例子开始，销售额 S（10 亿美元）是被解释变量，唯一的解释变量是新车的价格 P（以新车的价格指数来衡量，2016 年＝100），我们可以将这个简单模型写为：

$$S=b_0+b_1P+e \tag{A.3}$$

在方程（A.3）中，b_0 和 b_1 是需要根据数据进行估计的参数，e 是随机误差项。参数 b_0 为截距，b_1 是斜率，用来度量新车价格指数的变化对汽车销售的影响。

① 有关应用计量经济学的教材，最好的是 R. S. Pindyck and D. L. Rubinfeld，*Econometric Models and Economic Forecasts*，4th ed.（New York：McGraw-Hill，1998）。

估 计

714 **最小二乘法** 决定回归方程系数的一种"最优"拟合准则，这种方法通常是最小化因变量的实际值和拟合值之间的残差平方和。

为了对参数进行回归估计，我们需要选定"最优拟合"的标准。最常用的标准是使实际的 Y 值和从方程（A.1）得到的 Y 的拟合值之间的残差平方和最小化，这被称为**最小二乘法**（least-squares criterion）。假如我们用 $\hat{b}_0$，$\hat{b}_1$，…，$\hat{b}_k$ 来表示从模型（A.1）估计的参数值，则 Y 的拟合值为：

$$\hat{Y}=\hat{b}_0+\hat{b}_1X_1+\cdots+\hat{b}_kX_k \tag{A.4}$$

图 A.1 说明了上面的例子，其中只有一个自变量，纵轴表示销售额，横轴表示价格，数据以散点图来表示。拟合的回归曲线从这些数据点中穿过，与任意价格 P_i 相对应的销售额的拟合值为 $\hat{S}_i=\hat{b}_0+\hat{b}_1P_i$（在点 B）。

对于每一个数据点，回归残差是因变量实际值和拟合值之间的差异。比如图中点 A 的残差为 $\hat{e}_i=S_i-\hat{S}_i$。参数的选择规则是：所有残差进行平方之后加总之和最小化。这样正的误差和负的误差都得到对称的处理，大的误差被赋予更高比例的权重。

我们将很快发现，这个规则有助于我们做一些简单的统计检验来解释回归。

图 A.1　最小二乘法

说明：回归线可被用来最小化残差平方和。与价格 P_i 相关的残差由 AB 线给出。

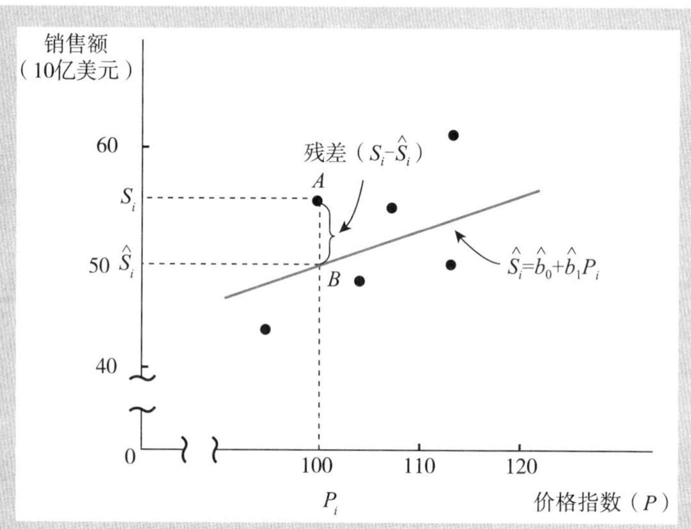

我们回到前面汽车销售模型这样一个两变量模型，最小二乘法拟合的结果为：

$$\hat{S}=-25.5+0.57P \tag{A.5}$$

在式（A.5）中，常数项 -25.5 意味着当价格指数为 0 时，销售额为 -25.5 十亿美元。斜率表明，新车价格指数每增加 1 单位将导致销售额增加 5.7 亿美元，这是一个令人
715 意外的结果，需求曲线是向上倾斜的，这与经济理论不符，导致我们怀疑该模型的正确性。

我们可以将模型扩展到另外两个变量所带来的影响：个人收入 I（10 亿美元）和利率 R（三月期国债的利率）。当有三个解释变量时，估计的回归方程为：

$$\hat{S}=51.1-0.42P+0.046I-0.84R \tag{A.6}$$

当加入收入和利率变量后，估计结果有了显著改变，这也说明了在模型中应尽可能考虑所有相关变量的重要性。注意变量 P 的系数发生了很大的改变，从 0.57 变为 -0.42，参数 -0.42 表示当利率和收入的影响都保持不变时，价格变化对销售额的影响，负的价格系

数与需求曲线向下倾斜是一致的。很明显，如果忽视利率和收入，将会得出价格和销售额正相关的错误结论。

收入的系数 0.046 表示美国个人收入每增加 10 亿美元，汽车销售额就可能增加 4 600 万美元。利率的系数表示利率每上升 1 个百分点，汽车销售额可能下降 8.4 亿美元。很明显，汽车销售额对借贷成本非常敏感。

统计检验

对参数的真实值（但是未知的）的估计依赖于所拥有的观察值，即我们的**样本**（sample）。如果样本不同，得到的估计值也可能不同。[①] 如果我们继续收集更多的样本，得到更多的估计值，估计的参数将遵循一定的概率分布。这种分布可以用均值，以及对均值的离散程度，即我们所称的系数标准差来表示。

样本
从较大范围中选取的可供研究的观察值集合。

最小二乘法有几个合意的特性。首先是无偏性。直觉上，如果我们能够利用不同样本进行回归，多次估计的均值将等于真实值。其次，最小二乘法具有一致性。换句话说，当我们的样本足够大时，我们可以得到足够接近真实值的估计值。

在计量经济学中，我们一般假定误差项是正态分布的，进而假定估计的系数也是正态分布的。正态分布的性质是在 1.96 个标准差的范围内，变量以 95%的概率落在均值周围。接下来我们可以问：我们是否可以在 $\hat{b}$ 的周围构造一个区间，使得真实参数值有 95%的概率落在这一区间？答案是肯定的，95%的置信区间为：

$$\hat{b} \pm 1.96 \times (\hat{b}\text{ 的标准差}) \tag{A.7}$$

所以，在研究回归估计的方程时，我们不仅需要看点估计，还需要检查系数的标准差，以决定真实参数的取值范围。[②] 716

如果 95%的置信区间包含 0，则真实的参数 b 有可能为 0（即使估计值不为 0），这说明相应的自变量并不对因变量产生影响，即使我们主观上认为有影响。我们可以通过 t 检验来验证真实参数是否为 0，即：

$$t=\frac{\hat{b}}{\hat{b}\text{ 的标准差}} \tag{A.8}$$

如果 t 检验的值小于 1.96，则 $\hat{b}$ 的 95%的置信区间包含 0，这意味着我们不能拒绝真实参数 $b=0$ 的原假设，因而我们说该估计是统计不显著的。相反，如果 t 的绝对值大于 1.96，我们拒绝 $b=0$ 的原假设，称该估计是统计显著的。

式（A.9）列出了对汽车销售模型（式 A.6）多元回归的标准差和 t 统计量：

$$\begin{aligned} \hat{S} &= 51.1 - 0.42P + 0.046I - 0.84R \\ & \quad (9.4) \quad (0.13) \quad (0.006) \quad (0.32) \\ t &= 5.44 \quad -3.23 \quad 7.67 \quad -2.63 \end{aligned} \tag{A.9}$$

括号中给出的是每一个估计参数的标准差，最后一行是 t 统计量。

我们从考察价格变量开始，标准差 0.13 相对于系数 −0.42 较小，实际上，我们有 95%的把握认为价格的系数在 −0.42 加减 1.96 个标准差的区间内（即 $-0.42\pm1.96\times0.13=-0.42\pm0.25$），这样，系数的真实值的取值范围为 −0.67～−0.17。因为这一区间

① 最小二乘公式产生的估计被称为最小二乘估计，其值的大小随着样本的变化而变化。

② 当样本小于 100 时，我们将标准差乘以一个略大于 1.96 的数。

并没有包含 0，价格的效应就是显著异于 0 并且是负的。我们也可以从 t 统计量得到同样的结论。式（A.9）中价格变量的 t 统计量为 -3.23，等于 -0.42 除以 0.13，因为该 t 统计量的绝对值大于 1.96，我们得出结论：价格对汽车销售有显著影响。

注意到收入和利率变量也同样显著异于 0，回归结果告诉我们：收入增加对汽车销售有显著的正效应，而利率的增加则对汽车销售具有显著的负效应。

拟合优度

回归结果包含的信息通常告诉了我们回归对数据的拟合程度。其中一个统计指标，**回归标准误**（standard error of the regression，SER）就是对回归误差项 e 的标准差的估计
717 值。当所有的数据都在回归线上时，SER 就为 0。当其他条件都不变时，SER 越大，回归线对于数据的拟合程度就越差。为了决定 SER 是大还是小，我们将其与因变量的均值进行对比，这种比值给出了 SER 的相对值，它是比绝对值更加有意义的统计量。

> **回归标准误**
> 对回归误差的标准差的估计值。

$\boldsymbol{R^2}$（R-squared）表示的是因变量的变动可由自变量所解释的部分，用来度量多元回归方程的总体拟合优度①，该值的取值范围为 0～1。R^2 为 0 表示自变量不能解释因变量的任何变动，R^2 为 1 表示自变量很好地解释了因变量的变动。式（A.9）中的 R^2 为 0.94，这表明三个自变量解释了 94%的销售额的变动。

> $\boldsymbol{R^2}$
> 因变量的变动可由自变量所解释的部分，用来度量多元回归方程的总体拟合优度。

注意 R^2 很大并不能说明包含在模型中的变量就是理想的。首先，R^2 随使用的数据类型的变化而变化，时间序列数据一般有向上的增长趋势，因而能够产生比截面数据更高的 R^2 值。其次，背后的经济学原理提供了重要的检验。如果一个关于小麦价格对汽车销售额的回归出现一个很高的 R^2 值，我们就要怀疑模型的可靠性。为什么呢？因为我们的理论告诉我们，小麦价格的变化对汽车销售额只有很小的影响或者根本没有影响。

回归结果的可靠性也依赖于模型的表达形式。当研究一个回归方程时，我们需要考虑哪些因素可能使报告的结果不可信。首先，有没有变量应该出现在模型中，但是却被遗漏了？其次，函数形式是否正确？再次，自变量（比如 X）和因变量 Y 是否还存在其他关系？若有，X 和 Y 就是双重决定，我们就需要用两个方程而不是一个方程来处理。最后，增减一个或两个数据点，估计的结果是否有明显的变化，即模型是不是稳健的？如果不是，我们需要对它的可信度小心处理，不要过分依赖统计结果。

经济预测

预测是给定解释变量的信息时，对因变量的值进行估计。通常，我们使用事前预测，即采用模型已经使用过的时段以后的数据来预测因变量。如果我们知道自变量的值，那么预测是无条件的，如果自变量的值也需要预测，对因变量的预测就是有条件的。有时也采用事后预测，即假设自变量的值改变，观察因变量的值会发生什么变化。在事后预测中，所有的自变量和因变量的值都是已知的。事后预测可以用已有数据来检验，并且提供了一种评价模型的直接方法。

718 例如，考虑上面讨论的汽车销售模型。一般来说，汽车销售的估计值表示为：

$$\hat{S}=\hat{b}_0+\hat{b}_1P+\hat{b}_2I+\hat{b}_3R+\hat{e} \tag{A.10}$$

① Y 的变化是 Y 背离其均值的离差的平方和，R^2 和 SER 提供了关于拟合优度的相似信息，因为 $R^2=1-\text{SER}^2/\text{Var}(Y)$。

其中，$\hat{e}$ 是误差项的估计值，在没有其他信息的情况下，我们通常认为 $\hat{e}$ 等于 0。

接着，我们利用估计的销售方程来计算预测值：

$$\hat{S}=51.1-0.42P+0.046I-0.84R \tag{A.11}$$

当 $P=100$、$I=1\ 000$ 十亿美元、$R=8\%$时，我们可以利用方程（A.11）来预测销售额，即

$$\hat{S}=51.1-0.42\times100+0.046\times1\ 000-0.84\times8=48.4\text{（十亿美元）}$$

注意 484 亿美元是在 $P=100$、$I=1\ 000$ 十亿美元、$R=8\%$时的一个事后预测。

为了确定事先预测和事后预测的可靠性，我们采用预测标准误（SEF）。它度量的是样本中所有解释变量都已知时预测误差的标准差。SEF 有两个潜在的来源：一是误差项自身，因为在预测时间段内 $\hat{e}$ 可能不等于 0；二是回归模型中估计的参数值有可能不完全等于真实的参数值。

一个应用是，考虑式（A.11）中 70 亿美元的预测标准误。如果样本量足够大，将有 95%的概率使得估计的销售额在预测值的 1.96 个标准误的区间内。95%的置信区间为 484 亿美元±140 亿美元，即 344 亿美元～624 亿美元。

现在假定我们想预测未来某一年的汽车销售额，例如 2020 年。这种预测就必须是有条件的，因为我们需要先计算自变量的值。比如，假定我们估计的这些值如下：$\hat{P}=200$，$\hat{I}=5\ 000$ 十亿美元，$\hat{R}=10\%$，那么预测值 $\hat{S}=51.1-0.42\times200+0.046\times5\ 000-0.84\times10=188.7$ 十亿美元。这里的 188.7 十亿美元就是一种事先的条件预测。

因为我们在预测未来，并且在我们研究的阶段自变量与其均值并不接近，SEF 的值为 82 亿美元，这比前面计算的要稍大一点。[①] 我们预测的 95%的置信区间为 1 723 亿美元～2 051亿美元。

例 A.1　对煤的需求

假定我们要估计烟煤的需求（以每年的销售吨数表示，记作 COAL），并运用相关关系来预测未来的煤的销售量。我们预期需求数量依赖于煤的价格（以煤的生产者价格指数 PCOAL 衡量）和煤的相近替代品的价格（以天然气的生产者价格指数 PGAS 衡量）。因为煤用来炼钢和发电，因而我们预期钢 719
产量（以美联储的钢铁指数 FIS 衡量）和电力产量（以美联储的电力指数 FEU 衡量）都是决定需求的重要变量。

烟煤的需求模型如下：

$$\text{COAL}=b_0+b_1\text{PCOAL}+b_2\text{PGAS}+b_3\text{FIS}+b_4\text{FEU}+e$$

从理论上讲，我们预期 b_1 为负，因为煤的需求曲线是向下倾斜的；b_2 为正，因为天然气的高价格能够诱使消费者使用煤来替代天然气。最后，我们预期 b_3 和 b_4 均为正，因为钢和电力生产得越多，对煤的需求就越大。

利用 8 年的月度时间序列数据对模型进行估计，结果为（括号中为 t 统计量）：

$$\underset{(3.51)}{\text{COAL}=12\ 262}+\underset{(6.46)}{92.34\text{FIS}}+\underset{(7.14)}{118.57\text{FEU}}-\underset{(-3.82)}{48.90\text{PCOAL}}+\underset{(3.18)}{118.91\text{PGAS}}$$

$$R^2=0.692\quad \text{SER}=120\ 000$$

---

① 关于预测标准误的更多信息，参见 Pindyck and Rubinfeld，*Econometric Models and Economic Forecasts*，ch. 8。

所有估计的系数的符号都与经济理论预测相一致，每个系数的 t 统计量的绝对值都大于 1.96，系数在统计上都显著异于 0。R^2 为 0.692 说明模型解释了煤销售量变化的 $\frac{2}{3}$ 强。SER 等于 120 000 吨煤。因为煤产量的均值为 390 万吨，SER 代表了因变量均值的 3%。这表明这是一个较好的拟合估计。

现在，假设我们想用估计的需求方程来预测下一年的煤的销售量，我们需要将下面 12 个月的所有自变量的值代入估计方程。我们还对 SER（估计为 17 万吨）进行了估计，并用其计算了煤需求的预测值的 95%的置信区间。表 A.1 给出了代表性的预测值和置信区间。

表 A.1　预测煤的需求

单位：百万吨

	预测值	置信区间
1 个月的预测	5.2	4.9～5.5
6 个月的预测	4.7	4.4～5.0
12 个月的预测	5.0	4.7～5.3

小　结

720 1. 多元回归是量化经济关系并检验相关假设的一种统计程序。

2. 线性回归模型将一个因变量与一个或多个自变量联系起来，通过使得因变量的真实值和预测值之间的残差平方和最小化的方法求得截距和斜率，得到相应的估计方程。

3. 在多元回归中，每个斜率系数度量了在其他自变量不变时，该自变量的变化对因变量变化的影响。

4. t 检验能够用来检验特定的斜率系数非零的假设。

5. 回归方程的总体拟合优度可以用回归标准误（该值越接近 0，表示拟合得越好）和 R^2（该值越接近 1，表明拟合得越好）来衡量。

6. 回归模型可以用来对因变量进行预测，预测标准误（SEF）用来度量预测的精确性。

术语表

A

绝对优势（absolute advantage） 国家1生产某种商品的成本低于国家2生产同样商品的成本，这种情形就称国家1在生产该商品上相对于国家2具有绝对优势。

会计成本（accounting cost） 实际支出加上资本设备的折旧。

现实回报率（actual return） 资产产生的真实回报率。

精算公平（actuarially fair） 保费等于期望支出时的情形。

逆向选择（adverse selection） 市场失灵的一种形式。由于存在不对称信息，不同质量的产品以同一价格出售，结果导致市场上出现太多的低质量产品和较少的高质量产品。

需求的广告弹性（advertising elasticity of demand） 广告支出增加1%所引起的需求量的百分比变化。

广告销售比（advertising-to-sales ratio） 企业的广告支出与其销售额之比。

代理人（agent） 受委托人雇用来完成委托人目标的个人。

摊销（amortization） 把一次性支出在几年内分摊的成本处理方法。

锚定效应（anchoring） 人们在制定决策时，常常过度依赖一些预先的（建议的）信息片段。

反托拉斯法（antitrust laws） 禁止那些限制竞争或者可能会限制竞争的行为的法律或规则。

套利（arbitrage） 在一个地方低价买进，然后在另一个地方高价卖出的行为。

需求的弧弹性（arc elasticity of demand） 在某个价格区间上计算的价格弹性。

资产（asset） 能给所有者带来收入流或服务流的物质。

资产贝塔（asset beta） 衡量资产的回报率对市场变动敏感度的常数，也就是衡量该资产的不可分散风险的常数值。

不对称信息（asymmetric information） 在一项交易中，买方和卖方拥有不同信息的情形。

拍卖市场（auction markets） 通过正式竞标过程实现商品买卖的市场。

平均支出曲线（average expenditure curve） 表示厂商为每单位产品支付的价格的供给曲线。

平均支出（average expenditure） 买者所付的单位价格。

平均固定成本（average fixed cost，AFC） 固定成本除以产出水平。

平均产出（average product） 每一单位某特定投入的产出。

平均总成本（average total cost，ATC） 厂商的总成本除以产出水平。

平均可变成本（average variable cost，AVC） 可变成本除以产出水平。

B

厌恶品（bad） 越少越好而不是越多越好的商品。

攀比效应（bandwagon effect） 一种正网络外部性，在这种情况下，消费者愿意购买一种商品部分是因为其他人也购买了该种商品。

进入壁垒（barrier to entry） 阻止新竞争者进入某一市场的条件。

伯特兰模型（Bertrand model） 一种寡头垄断模型，每个厂商生产同质产品，各厂商都把其余竞争者的价格视为给定的，并且所有厂商同时决定价格。

双边垄断（bilateral monopoly） 只有一个买方和一个卖方的市场。

分段定价（block pricing） 对商品的不同数量或不同区段索取不同价格的行为。

债券（bond） 一种合约，其中借款人同意向债券持有人（贷款人）支付一连串货币。

泡沫（bubble） 一种商品的价格上升并非以需求或价值为基础，而是依赖于价格会继续上涨的信念。

预算约束（budget constraints） 消费者由于收入有限而面临的购买力约束。

预算线（budge line） 花完个人的全部收入所能购买的所有商品组合。

捆绑销售（bundling） 把两件或更多件商品捆绑在一起销售的行为。

C

资本资产定价模型（capital asset pricing model，CAPM） 一项资本投资的风险溢价取决于该项目的收益和整个股票市场的收益之间的关系的模型。

基数效用函数（cardinal utility function） 描述一个市场篮子在多大程度上比另一个更受偏好的效用函数。

卡特尔（cartel） 在这个市场中，某些或所有厂商公开共谋，它们在价格和产出水平方面合作以使共同利润最大化。

连锁权重价格指数（chain-weighted price index） 考虑到商品和服务消费数量变化的生活成本指数。

科斯定理（Coase theorem） 当各方能够无成本地谈判相互的利益时，无论产权是如何界定的，最终结果都将是有效率的。

柯布-道格拉斯生产函数（Cobb-Douglas production function） 柯布-道格拉斯生产函数的形式为 $q=AK^{\alpha}L^{\beta}$，其中，q 是产出水平，K 是资本投入量，L 是劳动投入量，A、α 和 β 都是正的常数。

柯布-道格拉斯效用函数（Cobb-Douglas utility function） 效用函数 $U(X, Y)=X^{a}Y^{1-a}$，其中 X 和 Y 是两种商品，而 a 是一个常数。

共有资源（common property resource） 任何人都可以免费使用的资源。

共同价值拍卖（common-value auction） 竞标物对于所有拍卖者来说有相同的价值，但是拍卖者无法准确地知道这个价值是多少，因此在拍卖过程中，各个拍卖者对此的估计各不相同。

公司的资本成本（company cost of capital） 公司股票的预期回报率和公司偿付债务的利率的加权平均值。

比较优势（comparative advantage） 国家 1 在生产某一商品上相对于国家 2 具有优势，因为对于国家 1，生产这种商品的成本与生产其他商品的成本之比低于国家 2。

互补品（complements） 一种商品的价格上升会导致另一种商品的需求量下降的两种商品。

完全无弹性的需求（completely inelastic demand） 不管商品的价格是多少，消费者都将购买固定数量的商品。

共管制（condominium） 个人拥有住宅单位，而公共设施为共有，并要共同付钱来维护和管理那些公共设施。

规模报酬不变（constant returns to scale） 当投入增加一倍时，产出也增加一倍。

成本不变行业（constant-cost industry） 具有水平的长期供给曲线的行业。

消费者价格指数（consumer price index） 衡量总体价格水平的指标。

消费者剩余（consumer surplus） 消费者为某一商品愿意支付的数额与实际支付的数额之间的差额。

契约曲线（contract curve） 两个消费者之间所有有效配置点所组成的曲线，或是两种商品生产之间的两种投入品的所有有效配置所组成的曲线。

合作社（cooperative） 一些厂商或个人共同拥有的社团，由成员为了共同利益运营。

合作博弈（cooperative game） 博弈双方能够谈判并且制定具有约束力的共同策略行为的合约的博弈。

角点解（corner solution） 在被选择的市场篮子中，某件商品的边际替代率并不等于预算线的斜率的情形。

成本函数（cost function） 将生产成本和产出水平及其他厂商可控制的变量联系在一起的函数。

生活成本指数（cost-of-living index） 商品和服务的典型消费组合在当期的成本与基期的成本之比。

古诺均衡（Cournot equilibrium） 古诺模型中的均衡，其中每个厂商准确地预计到它的对手会生产多少并为自己设定相应的产量水平。

古诺模型（Cournot model） 一种寡头垄断模型，其中厂商生产同质商品，各厂商将其竞争者的产出当作给定的，所有厂商同时决定各自的产量。

需求的交叉价格弹性（cross-price elasticity of demand） 某种商品价格提高 1%所导致的另一种商品需求量的百分比变化。

周期性行业（cyclical industries） 销售量波动会放大国内生产总值（GDP）与国民收入的周期性变化的行业。

D

无谓损失（deadweight loss） 总（消费者和生产者）剩余的净损失。

规模报酬递减（decreasing returns to scale） 当投入增加一倍时，产出的增加低于一倍。

成本递减行业（decreasing-cost industry） 长期供给曲线向下倾斜的行业。

范围经济的程度（degree of economies of scope，SC） 当两种（或更多）产品被联合生产而不是各自独立生产时所导致的成本节约的百分比。

需求曲线（demand curve） 消费者愿意购买的商品数量和该商品价格之间的关系。

引致需求（derived demand） 投入品的需求依赖于或者说派生于厂商的产出水平和投入成本。

离差（deviation） 期望支付与实际支付之间的差额。

边际效用递减（diminishing marginal utility） 随着某种商品消费量的增多，多消费一单位商品所带来的效用的增量下降。

贴现率（discount rate） 用以确定未来得到的1美元在今天的价值的比率。

规模不经济（diseconomies of scale） 双倍的产出需要双倍以上的投入时的情形。

范围不经济（diseconomies of scope） 当一个厂商生产两种产品的产出低于两个独立的专业化厂商所能生产的总产量时的情形。

可分散风险（diversifiable risk） 能够通过投资于许多项目或持有许多公司的股票而消除的风险。

分散化（diversification） 通过把资源分配在结果不是密切相关的一系列活动上来降低风险。

主导厂商（dominant firm） 拥有很大市场份额的厂商，考虑到小厂商的供给反应，主导厂商设定一个价格以最大化其利润。

占优策略（dominant strategy） 无论竞争者如何行动，该策略都是最优的策略。

双重边际化（double marginalization） 当垂直链条中的每个厂商都进行边际成本的加成定价时，最终产品的价格会提高。

对偶（duality） 看待消费者效用最大化选择的替代方法：消费者不是在给定预算约束的条件下选择最高的无差异曲线，而是在给定无差异曲线的条件下选择与既定的无差异曲线相切的最低的预算约束线。

双寡头垄断（duopoly） 有两个厂商互相竞争的市场。

荷兰式拍卖（Dutch auction） 卖方提出一个相对较高的物品价格，然后逐步降低，直到物品售出为止的一种拍卖形式。

E

经济成本（economic cost） 企业在生产中所使用的各种经济资源的成本。

经济效率（economic efficiency） 消费者剩余和生产者剩余之和的最大化。

经济租（economic rent） 对某生产要素的意愿支付与为购买该生产要素必须支付的最低金额之差。

规模经济（economies of scale） 厂商可以以低于双倍的成本获得双倍的产出时的情形。

范围经济（economies of scope） 一个厂商生产两种产品的产出超过两个厂商各生产一种产品的总产出时的情形。

埃奇沃思盒状图（Edgeworth box） 用来表示两种产品在两人之间的所有可能配置组合，或两种投入在两个生产过程中的所有投入组合的图形。

有效收益率（或有效回报率）（effective yield, effective rate of return） 投资债券得到的百分比回报。

效率工资（efficiency wage） 厂商付给员工较高的工资，以激励其不偷懒。

效率工资理论（efficiency wage theory） 考虑到劳动生产率可能受工资水平的影响，对失业和工资差别所进行的解释。

弹性（elasticity） 某一变量变动1%所引起的另一变量的百分比变化。

排污费（emissions fee） 对厂商每单位排污的收费。

排污标准（emissions standard） 对厂商可以排放的污染物数量的法定限制。

禀赋效应（endowment effect） 对于某一物品，人们在拥有时常常比没有时估价更高的效应。

恩格尔曲线（Engel curve） 表示食品消费和收入之间关系的曲线。

英国式（或口头式）拍卖（English auction, oral auction） 卖方让潜在的买方竞相报高价的一种拍卖形式。

边际相等原则（equal marginal principle） 为了最大化效用，消费者应该使得花在每一种商品上的最后一美元所带来的边际效用相等。

均衡或市场出清价格（equilibrium or market-clearing price） 供给和需求相等时的价格。

占优策略均衡（equilibrium in dominant strategies） 不管竞争对手的策略如何，每个厂商的行为总是最优的，这样一个博弈的结果称为占优策略均衡。

超额需求（excess demand） 需求量超过供给量的情况。

超额供给（excess supply） 供给量超过需求量的情况。

交换经济（exchange economy） 两个或多个消费者之间交换两种商品的市场。

扩张路径（expansion path） 经过所有的等产量线和等成本线切点的曲线。

期望回报率（expected return） 资产的平均回报率。

期望效用（expected utility） 所有可能的效用乘以达到该效用的概率，也就是所有可能效用的加权平均。

期望值（expected value） 与所有可能结果相对应的收入概率的加权平均。

博弈的扩展形（extensive form of a game） 在一个博弈中以决策树的形式来表示参与人的可能行动。

市场范围（extent of a market） 市场的边界，既包括地理的边界，又包括就产品范围而言的边界。

外部性（externality） 对其他生产者或消费者造成影响的某一生产者或消费者的行为，但是这个行为并没有反映在市场价格中。

F

生产要素（factors of production） 生产过程中的投入品（比如劳动、资本、原料）。

一级价格歧视（first-degree price discrimination） 向每个顾客都索取其保留价格的行为。

一级密封价格拍卖（first-price auction） 销售价格等于最高报价的一种拍卖形式。

固定成本（fixed cost，FC） 不随产量水平变化的成本；只有厂商退出市场才会消除。

固定投入（fixed input） 不可变的生产要素。

固定比例生产函数（fixed-proportions production function） 具有L形等产量线的生产函数，每一个产出水平对应唯一的劳动和资本的组合。

固定权重指数（fixed-weight index） 商品和服务数量保持不变的生活成本指数。

框架效应（framing） 一个人的决策依赖于决策环境的描述。

自由进入/自由退出（free entry/free exit） 不存在任何特别的成本使厂商难以进入（退出）某个行业的情形。

免费搭车者（free rider） 消费者和生产者使用非排他性商品但并没有支付费用，因为他们期望其余的人会支付相应的费用。

G

博弈（game） 参与人（参加者）考虑到了每个其他参与人的行动和反应后做出策略性决策的情形。

一般均衡分析（general equilibrium analysis） 考虑到相关市场之间的反馈效应，所有相关市场的价格和数量都同步决定的一种分析方法。

吉芬商品（Giffen good） 由于收入效应（负）大于替代效应，需求曲线向上倾斜的商品。

H

希克斯替代效应（Hicksian substitution effect） 不借助无差异曲线分解价格变动效应的斯卢茨基方程的替代方法。

横向联合（horizontal integration） 几个分部为公司生产相同或类似产品的一种组织形式。

人力资本（human capital） 那些有助于个人在一生中生产能力更高从而能得到更高收入的知识、技能和经验。

I

理想生活成本指数（ideal cost-of-living index） 以当前价格达到一个给定效用水平所花成本相对于以基期价格达到相同效用水平所花成本的比值。

进口配额（import quota） 对某种进口商品的数量限制。

收入效应（income effect） 当商品价格保持不变时，由于购买力的增加而导致的对一种商品消费量的增加。

需求的收入弹性（income elasticity of demand） 由于收入上升1%而导致的对某一商品需求量的百分比变化。

收入-消费曲线（income-consumption curve） 与每一收入水平相关的效用最大化的商品组合曲线。

规模报酬递增（increasing returns to scale） 当投入增加一倍时，产出的增加高于一倍。

成本递增行业（increasing-cost industry） 长期供给曲线向上倾斜的行业。

无差异曲线（indifference curve） 代表能提供相同满足程度的所有市场篮子的曲线。

无差异曲线簇（indifference map） 一组描述消费者在不同商品组合之间偏好的无差异曲线的集合。

个人需求曲线（individual demand curve） 将单个消费者将会购买的商品数量和该商品的价格联系起来的曲线。

劣等品（inferior good） 收入效应为负的商品。

完全弹性的需求（infinitely elastic demand） 在某个价格水平下，消费者将会购买无穷多的某种商品，但只要价格稍高一点，该商品的需求量马上降为零，价格只要稍低一点，需求量马上趋于无穷大。

信息流（informational cascade） 一种投资机会依赖于其他人的决策，而这些人的决策又依赖于其他人的决策。

利率（interest rate） 人们借贷货币的费率。

跨期价格歧视（intertemporal price discrimination） 利用不同的需求函数把消费者分为不同组别，在不同时点对消费者索取不同价格的行为。

等成本线（isocost line） 给定总成本条件下购买的资本和劳动的所有可能组合。

不变弹性需求曲线（isoelastic demand curve） 需求价格弹性不变的需求曲线。

等产量线（isoquant） 由生产出同一产量的所有可能的投入要素组合形成的曲线。

等产量线簇（isoquant map） 等产量线的集合，用来描述生产函数。

K

折弯的需求曲线（kinked demand curve） 各厂商面对一条在当前价格下折弯的需求曲线的寡头垄断模型：在高的价格，需求价格非常有弹性；而在低的价格，需求无弹性。

L

劳动生产率（labor productivity） 某个行业或整个经济

的劳动的平均产出。

拉格朗日函数（Lagrangian） 需要最大化或者最小化的函数，加上一个与约束条件相乘的变量（拉格朗日乘子）。

拉氏价格指数（Laspeyres price index） 以当期价格购买一个基期选定的商品与服务组合所需的货币数除以以基期价格购买同一组合所需的货币数之比。

边际报酬递减规律（law of diminishing marginal returns） 增加某一投入的使用而其他投入固定不变，结果，产出增量最终会减少。

小数定律（law of small numbers） 当获得的有关特定事件的信息相对少时，人们往往倾向于夸大这些特定事件发生的概率。

学习曲线（learning curve） 描绘生产一单位产出所需的投入品数量与厂商的累积产出之间关系的图形。

最小二乘法（least-squares criterion） 决定回归方程系数的一种“最优拟合”准则，这种方法通常是最小化因变量的实际值和拟合值之间的残差平方和。

垄断势力的勒纳指数（Lerner index of monopoly power） 垄断势力的一种度量，由价格超出边际成本的部分与价格之比计算而得。

线性需求曲线（linear demand curve） 为一条直线的需求曲线。

线性回归（linear regression） 计量模型一般假设因变量和几个自变量（解释变量）与误差项之间存在简单的线性关系。

长期（long run） 使得所有投入要素均可变所需的时间段。

长期平均成本曲线（long-run average cost curve，LAC） 当所有投入包括资本都可变时，表示生产的平均成本和产出之间关系的曲线。

长期竞争性均衡（long-run competitive equilibrium） 当一个行业中所有厂商都实现了利润最大化时，没有任何厂商希望进入或退出该行业，此时的价格使得市场上的需求等于供给。

长期边际成本曲线（long-run marginal cost curve，LMC） 产出增加一单位所导致的长期总成本的变化。

损失厌恶（loss aversion） 指相对于获得收益，人们倾向于避免损失。

M

宏观经济学（macroeconomics） 经济学的分支，主要研究经济总量，诸如国民产出的水平和增长率、利率、失业以及通货膨胀。

边际收益（marginal benefit） 消费增加一单位时收益的变化。

边际成本（marginal cost） 生产增加一单位时成本的变化。

边际支出（marginal expenditure） 购买额外一单位商品带来的成本增加。

边际支出曲线（marginal expenditure curve） 用于描述为购买额外一单位产品（投入品）所带来的成本增加的曲线。

边际外部收益（marginal external benefit） 厂商增加一单位产出给其他个人或群体带来的收益增加。

边际外部成本（marginal external cost） 厂商增加一单位产出给其他个人或群体带来的成本增加。

边际产出（marginal product） 增加一单位投入所带来的产出增加量。

边际替代率（marginal rate of substitution，MRS） 消费者为获得额外 1 单位某商品而愿意放弃的另一种商品的最大数量。

边际技术替代率（marginal rate of technical substitution，MRTS） 在保持产出不变的前提下，一种投入要素增加一单位，另一种要素需要减少的量。

边际转换率（marginal rate of transformation） 为了生产一单位某种商品所必须减少的另一种商品的生产数量。

边际收益（marginal revenue） 产出增加一单位时收益的变化。

边际生产收益（marginal revenue product） 增加一单位某种投入所增加的产出带来的收益。

边际社会收益（marginal social benefit） 边际私人收益和边际外部收益之和。

边际社会成本（marginal social cost） 边际生产成本和边际外部成本之和。

边际效用（marginal utility，MU） 从消费额外一单位某种商品中获得的额外的满足。

边际价值（marginal value） 购买额外一单位商品带来的额外收益。

市场（market） 买者和卖者的集合，通过他们实际或潜在的互动来决定一种或一系列商品的价格。

市场篮子/商品束（market basket/bundle） 一种商品或多种商品组成的一系列组合。

市场界定（market definition） 确定一个特定的市场应包括哪些买者、卖者以及产品范围。

市场需求曲线（market demand curve） 将市场中所有消费者所购买的商品数量与该商品的价格联系起来的曲线。

市场失灵（market failure） 在某些情况下，不受管制的竞争性市场是无效率的，因为价格无法向消费者和生产者传达正确的信号。

市场机制（market mechanism） 自由市场中价格不断变动直到市场出清的趋势。

市场势力（market power） 买方或卖方影响商品价格的能力。

市场价格（market price） 竞争性市场中通行的价格。

市场信号传递（market signaling） 卖方传递给买方关于产品质量信息的过程。

极大化极小策略（maximin strategy） 一种选择所有最小收益中的最大值的策略。

拉格朗日乘数法（method of Lagrange multipliers） 在一个或者多个约束条件下用来最大化或者最小化目标函数的方法。

微观经济学（microeconomics） 经济学的分支，主要研究个体经济单位——消费者、厂商、工人和投资者的行为——以及由这些个体组成的市场本身的行为。

混合捆绑销售（mixed bundling） 既把两件或更多件产品成套销售，又对每件产品单独销售。

混合策略（mixed strategy） 参与人根据一组选定的概率，在两种或两种以上可能的行动中随机选择的策略。

垄断竞争（monopolistic competition） 在一个自由进出的市场中，厂商销售既有差异性又有高度替代性的产品。

垄断（monopoly） 只有一个卖方的市场。

买方垄断（monopsony） 只有一个买方的市场。

买方垄断势力（monopsony power） 买方影响商品价格的能力。

道德风险（moral hazard） 当某一方的行为不能被观察到时，他就可以影响与该事件相联系的支付报酬的概率分布。

多元回归分析（multiple regression analysis） 在多个变量之间确定经济关系和假设检验的统计过程。

共同基金（mutual fund） 一种汇集了许多个人投资者的资金以购买大量不同的股票或者其他金融资产的组织。

N

纳什均衡（Nash equilibrium） 给定竞争者的行动，各个厂商的行动都是最优的策略或行动组合。

自然垄断（natural monopoly） 一个厂商能以低于存在许多厂商时的生产成本生产整个市场全部产量的情形。

负相关变量（negatively correlated variables） 变动方向相反的变量。

净现值标准［net present value（NPV）criterion］ 如果一项投资预期的未来现金流的现值大于投资的成本，就应当投资的准则。

网络外部性（network externality） 个人的需求取决于其他人的购买量的情况。

名义价格（nominal price） 未经通货膨胀调整的绝对价格。

非合作博弈（noncooperative game） 博弈方之间不能相互协商且不能达成具有约束力的合约的博弈。

不可分散风险（nondiversifiable risk） 无法通过投资于许多项目或持有许多公司的股票而消除的风险。

非排他性商品（nonexclusive good） 不能排除人们消费，所以难以向人们的使用收取相应费用的商品。

非竞争性商品（nonrival good） 增加一个消费者的边际成本为零的商品。

规范分析（normative analysis） 解释“应该如何”一类问题的分析。

O

寡头垄断（oligopoly） 只有少数几个厂商相互竞争，且新厂商的进入受到阻碍的市场。

买方寡占（oligopsony） 只有几个买方的市场。

机会成本（opportunity cost） 与厂商未将资源用于其他可供选择的最佳用途而放弃的机会相联系的一种成本。

资本的机会成本（opportunity cost of capital） 投资于相似风险的其他项目所能实现的回报率。

最优策略（optimal strategy） 能够最大化参与人的期望支付的策略。

序数效用函数（ordinal utility function） 用于描述一系列从最受偏好到最不受偏好的商品束的排序的效用函数。

过度自信（overconfidence） 高估前景或自己的能力。

过度乐观（over-optimism） 对于事情向好发展的不切实际的信念。

过度精确（over-precision） 指不切实际地确信一个人可以精确地预测出结果。

P

帕氏指数（Paasche index） 以当期价格购买一个当期选定的商品和服务组合的购买成本与以基期价格购买同一组合的购买成本之比。

帕累托有效配置（Pareto efficient allocation） 一种商品配置，一个人的境况无法在其他人的境况不变坏的情况下变好。

平行行动（parallel conduct） 一种隐性共谋的形式，其中一个厂商会跟随其他厂商行动而达成一致。

局部均衡分析（partial equilibrium analysis） 某一市场的均衡价格和数量的决定不受到其他市场影响的过程。

支付（payoff） 与某一可能结果对应的价值。

支付矩阵（payoff matrix） 列出给定各厂商和其竞争者的决策下，各厂商的利润（或得益）的表格。

高峰负荷定价（peak-load pricing） 当负荷能力限制造成边际成本很高时，在高峰时期索取更高的价格的行为。

完全互补品（perfect complements） 边际替代率为零或无穷大，并且无差异曲线的形状为直角形的两种商品。

完全替代品（perfect substitutes） 边际替代率为常数的两种商品。

完全竞争市场（perfectly competitive market） 有许多买者和卖者的市场，没有任何买者或卖者能够影响价格。

永久债券（perpetuity） 每年支付固定金额并且永远支付的债券。

需求的点弹性（point elasticity of demand） 需求曲线上某个特定点处的需求的价格弹性值。

实证分析（positive analysis） 描述因果关系的分析。

正相关变量（positively correlated variables） 变动方向相同的变量。

掠夺性定价（predatory pricing） 迫使当前竞争者退出经营并制止潜在竞争者进入市场以获取未来高额利润的定价行为。

贴现值（present discounted value，PDV） 预期未来现金流的现值。

价格歧视（price discrimination） 对相似商品向不同的消费者索取不同价格的行为。

需求的价格弹性（price elasticity of demand） 商品价格上升1%所导致的需求量的百分比变化。

供给的价格弹性（price elasticity of supply） 商品价格上升1%所导致的供给量的百分比变化。

价格领导（price leadership） 市场上的一个厂商定期宣布价格变化，其他厂商跟随这一价格的一种定价类型。

风险价格（price of risk） 投资者为了实现更高的期望回报率必须承担的额外风险。

价格刚性（price rigidity） 寡头垄断市场的特征，即使厂商面临的成本或需求改变了，厂商仍然不愿改变价格。

价格信号（price signaling） 隐性共谋的一种形式，其中一个厂商宣布提高价格并同时希望其他厂商也会随之提高价格。

价格支持（price support） 政府制定的高于自由市场价格水平的价格，同时政府通过购买过量供给来维持这一价格。

价格接受者（price taker） 对市场价格没有影响，因而只能接受给定价格的厂商。

价格-消费曲线（price-consumption curve） 当一种商品的价格变动时，两种商品效用最大化组合的变动轨迹。

委托人（principal） 雇用一个或多个代理人来完成其目标的人。

委托-代理问题（principal-agent problem） 代理人（如企业的管理者）追求其自身的目标，而不是最大化委托人（如企业所有者）利润的问题。

囚徒困境（prisoners' dilemma） 博弈论中两个囚徒必须各自决定是否坦白的博弈。如果其中一个囚徒坦白，他会受到较轻的惩罚，而他的同伴会受到较重的惩罚；假如两人都不坦白，他们受到的惩罚要小于两人都坦白情况下的惩罚。

私人价值拍卖（private-value auction） 每个投标者都知道自己对物品的估价或者保留价格，并且不同的投标者的估价不同的一种拍卖形式。

概率（probability） 某一给定结果出现的可能性。

生产者价格指数（producer price index） 衡量中间产品和批发品的总体价格水平的指标。

生产者剩余（producer surplus） 所有产品的边际生产成本和产品市场价格之间差额的总和。

产品转换曲线（product transformation curve） 在给定投入集合的情况下，描述所有可能的两种不同的产出（产品）组合的曲线。

生产函数（production function） 表示对于每一特定投入组合，一个厂商能够生产的最大产出的函数。

生产可能性边界（production possibilities frontier） 在给定数量的投入下，表示两种产品的各种可能生产组合的曲线。

利润（profit） 总收益减去总成本的差额。

产权（property right） 规定个人或厂商可以对他们的财产行使权利的法律规则。

公共物品（public good） 非排他性和非竞争性的商品：增加一个额外消费者的边际成本为零，且无法排除其他人使用这件商品。

纯捆绑销售（pure bundling） 仅以成套搭配的方式销售产品。

纯策略（pure strategy） 博弈方做出某个具体的选择或者采取某个具体的行动的策略。

Q

数量强制（quantity forcing） 用销售配额或其他激励措施来令下游企业尽可能多生产。

R

回报率管制（rate-of-return regulation） 管理机构基于厂商将获得的（期望）回报率而允许该厂商制定的最高价格。

反应曲线（reaction curve） 厂商的利润最大化产出与它认为竞争对手将生产的数量之间的关系。

实际价格（real price） 一种按照总体价格指标衡量的

价格，就是经过通货膨胀调整后的价格。

实际回报率（real return） 账面（或者名义）回报率减去通货膨胀率之后的回报率。

参照点（reference point） 消费者做出消费决策的出发点。

寻租（rent seeking） 花费大量金钱在社会非生产性努力上以获取、维持或运用其垄断势力。

租金率（rental rate） 为了租借一单位资本而每年付出的成本。

重复博弈（repeated game） 不断做出行动，同时不断得到相应支付的博弈。

保留价格（reservation price） 消费者为商品愿意支付的最高价格。

回报率（return） 资产带来的总货币流与它的价格的比值。

规模报酬（returns to scale） 当投入同比例增加时，产出增加的比率。

风险厌恶（risk averse） 对于期望值相同的确定性收入和风险性收入而言，更偏好确定性收入。

风险喜好（risk loving） 对于期望值相同的确定性收入和风险性收入而言，更偏好风险性收入。

风险中性（risk neutral） 对于具有相同期望值的不确定性收入与确定性收入是无差异的。

风险溢价（risk premium） 风险厌恶者为规避风险而愿意付出的最大货币额。

无风险资产（riskless asset，risk-free asset） 能产生确定货币流或者服务流的资产。

风险资产（risky asset） 给所有者带来的货币流或者服务流具有不确定性的资产。

R^2（*R*-squared） 因变量的变动可由自变量所解释的部分，用来度量多元回归方程的总体拟合优度。

S

凸显性（salience） 对商品或服务的感知到的重要性。

样本（sample） 从较大范围中选取的可供研究的观察值集合。

密封投标拍卖（sealed-bid auction） 将所有报价同时封存于信封中，报价最高的人将赢得拍卖的一种拍卖形式。

二级价格歧视（second-degree price discrimination） 对同一商品或服务的不同购买量索取不同价格的行为。

二级密封价格拍卖（second-price auction） 销售价格等于第二高报价的一种拍卖形式。

序贯博弈（sequential game） 参与人根据对手的行动和反应依次行动的博弈。

偷懒模型（shirking model） 如果厂商付给工人市场出清工资，那么工人有足够的动机偷懒，因为被解雇的工人仍然可以在同样的工资水平下重新找到工作。

短期（short run） 一种或更多种生产要素的数量不可变的时间段。

短期平均成本曲线（short-run average cost curve，SAC） 当资本投入水平固定时，表示生产的平均成本和产出之间关系的曲线。

短缺（shortage） 需求量大于供给量的情形。

斯卢茨基方程（Slutsky equation） 将价格变动对需求变动的效应分解为替代效应和收入效应的方程。

虚荣效应（snob effect） 一种负网络外部性，在这种情况下，消费者希望拥有的商品是独一无二的或者专有的。

社会贴现率（social rate of discount） 反映为获取未来经济收益而不是今天经济收益而对社会造成的机会成本。

社会福利函数（social welfare function） 以每个人的效用数为基础来衡量整个社会的福利水平。

从量税（specific tax） 按每销售一单位计征的一定货币金额的税收。

投机性需求（speculative demand） 并非由拥有或消费一种商品而带来的利益所驱动，而是由预期未来价格会上升所驱动的一种需求。

斯塔克伯格模型（Stackelberg model） 一种寡头垄断模型，其中一个厂商比另一个厂商先决定产出。

标准差（standard deviation） 各个结果相对应的支付与它们的期望值的离差的平方和，再加权平均后所得方差的算术平方根。

回归标准误（standard error of the regression） 对回归误差的标准差的估计值。

资本存量（stock of capital） 可用于生产的资本总量。

存量外部性（stock externality） 由生产者和消费者的行为带来的累积结果，这些结果虽然不能反映在市场价格中，但影响其他生产者和消费者。

策略（strategy） 博弈者在博弈中遵循的行动规则或者计划。

补贴（subsidy） 使得买者付出的价格低于卖者得到的价格的一笔支付，即负的税收。

替代品（substitutes） 一种商品的价格上升会导致另一种商品的需求量增加的两种商品。

替代效应（substitution effect） 当效用水平保持不变时，由于商品价格变动而导致的对该商品消费数量的变化。

沉没成本（sunk cost） 已经发生且无法收回的支出。

供给曲线（supply curve） 描绘生产者愿意出售的商品数量与该商品价格之间关系的曲线。

过剩（surplus） 供给量大于需求量的情形。

T

关税（tariff） 对进口商品征收的税。

技术上有效率（technical efficiency） 厂商尽可能节约地利用投入来生产给定的产出量时的情形。

技术进步（technological change） 新技术的开发使生产要素的使用效率更高。

消费者行为理论（theory of consumer behavior） 说明消费者如何在不同的商品和服务之间分配收入以最大化其效用水平的理论。

厂商理论（theory of the firm） 有关厂商如何做出成本最小化的生产决策，以及成本如何随产出而变化的理论。

三级价格歧视（third-degree price discrimination） 根据不同的需求曲线将消费者分成两个或更多个群体并对每个群体索取不同价格的行为。

以牙还牙策略（tit-for-tat strategy） 在一个重复博弈中，博弈一方以前一轮对手所选行动进行回应的一种策略。他将与合作的对手保持合作，而报复不合作者。

总成本（total cost，TC） 包括固定成本和可变成本在内的生产总经济成本。

转移价格（transfer prices） 厂商内上游部门的零部件在“卖”给下游部门时的内部价格。

可转让排污许可证（tradeable emissions permits） 在厂商间分配的可交易的排污许可证，规定了能够排放的污染物的上限。

两部收费制（two-part tariff） 消费者需要同时支付入场费和使用费的一种定价形式。

搭售（tying） 要求某一产品的购买者同时购买同一企业的另一种产品的行为。

U

资本的使用者成本（user cost of capital） 拥有并使用一项资本的年成本等于资本的经济折旧加上放弃的利息。

生产的使用者成本（user cost of production） 今天生产和销售一单位会使将来生产和销售减少一单位的机会成本。

效用（utility） 对消费者从一个给定市场篮子中得到的满足程度的数值表示。

效用函数（utility function） 赋予每个市场篮子以一定效用水平的方程。

效用可能性边界（utility possibilities frontier） 用两人的效用水平来衡量所有有效的资源配置的曲线。

V

完全信息的价值（value of complete information） 信息完全时做出选择的期望值与信息不完全时做出选择的期望值之差。

可变性（variability） 在不确定情形下各种可能结果彼此差异的程度。

可变成本（variable cost，VC） 随产量变化而变化的成本。

可变利润（variable profit） 厂商生产的每一新增单位的利润之和，即忽略固定成本的利润。

纵向联合（vertical integration） 一个公司有几个分部，这些分部提供零部件给公司来生产产成品的一种组织形式。

W

福利经济学（welfare economics） 对市场和经济政策的规范评价。

福利效应（welfare effects） 消费者和生产者的得益和损失。

赢者的诅咒（winner’s curse） 一种共同价值拍卖的赢者往往比那些失败者境况更差的情形，这是由于竞标者过高估计物品价值从而出价过高超过真实价值的结果。

Z

零经济利润（zero economic profit） 厂商通过投资获得正常回报，也就是说，厂商将其资金用于购买资本和投到其他用途是一样好的。

部分练习题答案

第1章

1. a. 错。美国各个地区之间没有替代性，或者只有一点替代性。比如，洛杉矶的消费者不会仅仅因为休斯敦、亚特兰大或者纽约的汉堡价格较低而赶到这些城市去就餐。同理，纽约的麦当劳或者汉堡王是不可能在洛杉矶地区供应汉堡的，即使洛杉矶的汉堡价格相应较高。也就是说，纽约快餐食品价格的升高既不会影响洛杉矶或其他地区的需求量，也不会影响它们的供给量。

b. 错。虽然消费者不大可能为了买一件衣服而千里迢迢跑去另一个城市，但是衣服的供给者却可以轻易地把衣服从这个地区移到另一个地区。所以，如果亚特兰大的衣服价格比洛杉矶高很多，衣服供应商会把部分供给移到亚特兰大；而供给的转移会降低亚特兰大的衣服价格。

c. 错。当然，有一些消费者是可口可乐或者百事可乐坚定的拥护者，实际上，我们可以看到很多消费者会基于价格差别用其中的一种来替代另一种。因而，存在着可乐的单一市场。

第2章

2. a. 价格每增加20美元，需求量增加2。因而，$(\Delta Q_D/\Delta P)=-2/20=-0.1$。在$P=80$处，需求量等于20，$E_D=(80/20)\times(-0.1)=-0.40$。同样地，在$P=100$处，需求量等于18，并且$E_D=(100/18)\times(-0.1)=-0.56$。

b. 价格每增加20美元，供给量增加2。因而，$(\Delta Q_S/\Delta P)=2/20=0.1$。在$P=80$处，供给量等于16，而$E_S=(80/16)\times0.1=0.5$。同样地，在$P=100$处，供给量等于18，$E_S=(100/18)\times0.1=0.56$。

c. 均衡价格和均衡数量在需求量等于供给量时达到。据表可得，$P^*=100$美元，$Q^*=1\ 800$万。

d. 在最高限价为80美元的情况下，消费者的需求量为2 000万，但是厂商的供给量只有1 600万，所以市场存在短缺400万。

3. 如果巴西和印度尼西亚使得美国的小麦需求增加了200百万蒲式耳，新的需求方程为：$Q+200$，或$Q_D=(3\ 244-283P)+200=3\ 444-283P$。

使得供给和新的需求相等以找到新的均衡价格。$1\ 944+207P=3\ 444-283P$，或$490P=1\ 500$，因此$P=3.06$美元/蒲式耳。为了找到均衡数量，将价格代入供给方程或需求方程。我们利用需求方程可得$Q_D=3\ 444-283\times3.06=2\ 578$百万蒲式耳。

5. a. 总需求是$Q=3\ 244-283P$；国内需求是$Q_D=1\ 700-107P$；总需求减去国内需求等于出口需求，$Q_E=1\ 544-176P$。初始的市场均衡价格（例中）为$P^*=2.65$美元/蒲式耳。出口需求下降40%，总需求变为$Q=Q_D+0.6Q_E=1\ 700-107P+0.6\times(1\ 544-176P)=2\ 626.4-212.6P$。需求等于供给。因而

$$2\ 626.4-212.6P=1\ 944+207P$$
$$682.4=419.6P$$

所以$P=682.4/419.6=1.626$美元/蒲式耳或者1.63美元/蒲式耳。在该价格处，$Q=2\ 281$。是的，农民应该会担心。随着价格和数量的减少，收入从6 609百万美元降至3 718百万美元。

b. 如果美国政府维持3.50美元/蒲式耳的价格，市场就无法处于均衡状态。在该价格水平上，需求等于$2\ 626.4-212.6\times3.5=1\ 882.3$，供给为$1\ 944+207\times3.5=2\ 668.5$。这时存在超额供给（$2\ 668.5-1\ 882.3=786.2$），这是政府所购买的量，总共花费$3.50\times786.2=2\ 751.7$百万美元。

8. a. 为了得到新的需求曲线，我们遵从第2.6节中的同样步骤。我们知道$E_D=-b\ (P^*/Q^*)$；代入$E_D=-0.75$，$P^*=3$美元，$Q^*=18$，得：$-0.75=-b\ (3/18)$，所以$b=4.5$。把该值代入线性需求曲线的方程

$Q_D=a-bP$，我们有 $18=a-4.5\times3$，所以 $a=31.5$。新的需求曲线为 $Q_D=31.5-4.5P$。

b. 为了确定铜需求下降 55% 的影响，我们注意到需求数量是每个价格下需求未下降时需求数量的 45%。用 0.45 乘以需求曲线的右边，$Q_D=0.45\times(31.5-4.5P)=14.18-2.03P$。供给曲线仍然是 $Q_S=-9+9P$ 且需求等于供给。解出 $P^*=2.10$ 美元/磅。因此，需求下降 45% 导致价格下降 90 美分/磅，或 30%。

10. a. 先考虑非欧佩克供给：$S_C=Q^*=23$。在 $E_S=0.05$、$P^*=50$ 美元时，由 $E_S=d(P^*/Q^*)$，得 $d=0.012$。把 d、$S_C=23$ 和 $P=50$ 代入供给方程中，得 $c=21.85$，因此供给曲线为 $S_C=21.85+0.023P$。同样，因为 $Q_D=35$，$E_D=-b(P^*/Q^*)=-0.05$，$b=0.035$。把 b、$Q_D=35$ 和 $P=50$ 代入需求方程中，可得 $35=a-0.035\times50$，所以 $a=36.75$，从而 $Q_D=36.75-0.035P$。

b. 长期弹性为：$E_S=0.30$，$E_D=-0.30$。如上所述，$E_S=d(P^*/Q^*)$，$E_D=-b(P^*/Q^*)$，即 $0.30=d(50/23)$，$-0.30=-b(50/35)$。所以 $d=0.138$，$b=0.210$。然后求 c 和 a：$Q_S=c+dP$，$Q_D=a-bP$，即 $23=c+0.138\times50$，$35=a-0.210\times50$。所以 $c=16.1$，$a=45.5$。

c. 新油田的发现将增加欧佩克的供给 2 十亿桶/年，所以 $S_C=23$，$S_O=14$ 且 $D=37$。新的短期总供给曲线为 $S_T=35.85+0.023P$。需求不变：$D=36.75-0.035P$。因为供给等于需求，所以 $35.85+0.023P=36.75-0.035P$。解得 $P=15.52$ 美元/桶。欧佩克供给的增加带来了短期价格下降，下降了 34.48 美元或 69%。

为了分析长期，使用新的长期供给曲线，$S_T=30.1+0.138P$。令它等于长期需求，得到：$45.5-0.210P=30.1+0.138P$，所以 $P=44.25$ 美元/桶，仅比初始的长期价格低 5.75 美元/桶（或低 12%）。

第 3 章

3. 不一定正确。假定她的偏好为凸的（边际替代率递减），同时有很多的电影票。尽管她会放弃一些电影票以获得另外一张篮球赛门票，但她不一定更喜欢篮球。

6. a. 见图 3（a），其中 R 为摇滚音乐会的数量，H 为曲棍球赛的数量。

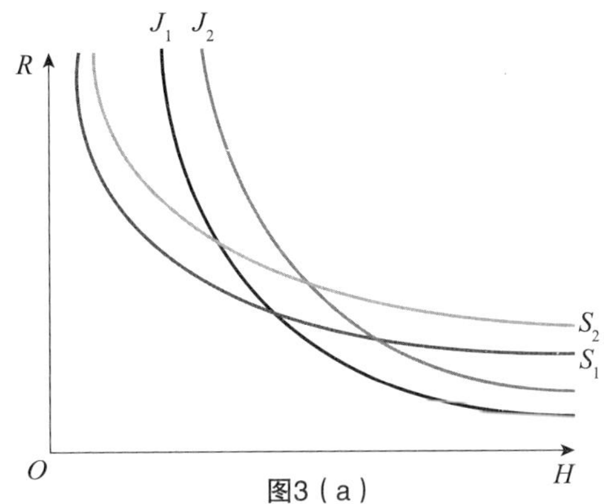

图3（a）

b. 对于 R 和 H 的任意组合，与史密斯相比，琼斯为获得 H 而愿意放弃的 R 较多。所以，与史密斯相比，琼斯 R 对 H 的 MRS 要大一点。对于图上的任意一点，琼斯的无差异曲线要比史密斯的陡峭一些。

8. 在图 3（b）中，我们绘出了飞行的里程数 M 和所有其他的服务 G。预算线的斜率为 $-P_M/P_G$。因为当飞行的里程数变化时，每英里的价格也随之改变，所以预算线于 25 000 与 50 000 英里处折弯。假定当里程数小于等于 25 000 英里时，P_M 为 1 美元/英里，在 25 000～50 000英里之间时，P_M 为 0.75 美元/英里，而当 M 大于 50 000 英里时，P_M 为 =0.50 美元/英里。令 $P_G=1$ 美元，那么第一段预算线的斜率为 −1，第二段的斜率为 −0.75，最后一段的斜率为 −0.5。

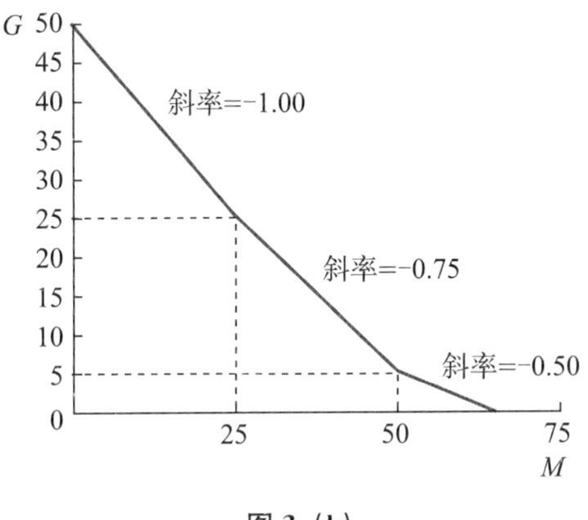

图 3（b）

第 4 章

9. a. 对于计算机芯片，$E_P=-2$，所以 $-2=\%\Delta Q/10$，因此 $\%\Delta Q=-20$。而对于磁盘驱动器，$E_P=-1$，所以价格提高 10% 会使销量减少 10%。令 $TR_1=P_1Q_1$ 为价格变动之前的收益，$TR_2=P_2Q_2$ 为价格变动之后的收益，于是 $\Delta TR=P_2Q_2-P_1Q_1$。对于计算机芯片，$\Delta TR=(1.1P_1)(0.8Q_1)-P_1Q_1=-0.12P_1Q_1$，或下降 12%。而对于磁盘驱动器，由于其需求弹性为 −1，所以收益不变。

b. 虽然我们知道需求对价格变动的反应，但是要确定总的销售收益我们需要知道该产品的价格和数量。

11. a. 对于价格的微小变化，点弹性公式是合适的。不过在这里，价格从 2 美元上升至 2.50 美元，所以我们将用弧弹性：$E_P=(\Delta Q/\Delta P)(\bar{P}/\bar{Q})$。我们知道 $E_P=-1$，$P=2$，$\Delta P=0.50$，以及 $Q=5\ 000$。于是，如果收入不变，我们便可以来求 ΔQ：$-1=(\Delta Q/0.50)[((2+0.50)/2)/(5\ 000+\Delta Q/2)]=(\Delta Q\times 2.50)/(10\ 000+\Delta Q)$。我们求出 $\Delta Q=-1\ 000$：她对食品的消费量从5 000单位降到了4 000单位。

b. 2 500美元的税收返还意味着2 500美元的收入增加。为了计算需求对这一税收返还的反应，我们利用弧收入弹性的定义：$E_I=(\Delta Q/\Delta I)(\bar{I}/\bar{Q})$。我们知道 $E_I=0.5$，$I=25\ 000$，$\Delta I=2\ 500$，以及 $Q=4\ 000$。我们来求 ΔQ：$0.50=(\Delta Q/2\ 500)[((25\ 000+27\ 500)/2)/(4\ 000+\Delta Q/2)]$。由于 $\Delta Q=195$，所以她对食品的消费量从4 000单位上升至4 195单位。

c. 在税收返还后，费利西亚的境况得到了改善。税收返还的钱使她能够购买初始食品消费束和其他产品。记住，她最初只能消费5 000单位食品。当价格上升50美分后，她需要额外2 500美元（=5 000×0.5美元）来在不减少其他产品消费量的情况下支付得起最初数量的食品。而2 500美元恰好等于退税额。然而，她并没有选择购买最初的消费束，因此，我们推断她选择了一个能给她带来更高效用的更好的消费束。

13. a. 需求曲线为一条直线，其纵轴截距为 $P=15$，横轴截距为 $Q=30$。

b. 如果不收费，那么价格 P 为0，从而 $Q=30$。

c. 如果费率为5美元，那么 $Q=20$。消费者剩余损失为 $P=0$ 和 $P=5$ 之间的消费者剩余差额，也就是125美元。

16. a. 消费者将选择消费2单位牛排，成本为20美元；消费20单位土豆，成本为10美元。

b. 为了将土豆消费增加到20单位，消费者必须减少对牛排的消费，只消费1单位。

c. 对牛排的消费为0单位。30美元被用来购买24单位土豆。

d. 土豆是吉芬商品。

e. 任何高于1.25美元的价格，均会导致消费者减少对该商品的购买。因此，需求曲线是向后弯曲的，如图4所示。

第4章附录

1. 第一个效用函数可以用一系列直线表示；第二个可以用在第一象限的一系列双曲线表示；第三个则为一系列L形曲线。只有第二个效用函数满足严格凸性的定义。

3. 斯卢茨基方程为 $\mathrm{d}X/\mathrm{d}P_X=\partial X/\partial P^*|_{U=U^*}-X(\Delta X/\Delta I)$，其中第一项表示替代效应，第二项表示收入效应。因为具有这种效用函数的消费者在价格变化时没有用一种商品替代另一种商品，所以替代效应为零。

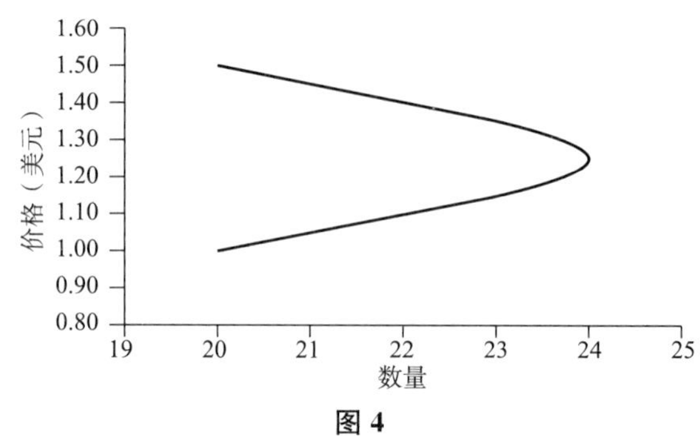

图4

第5章

2. 这四种相互独立的情形如表5所示。

表5

	国会通过了关税议案	国会没有通过关税议案
低经济增长率	情形1：	情形2：
	有关税的低速经济增长	无关税的低速经济增长
高经济增长率	情形3：	情形4：
	有关税的高速经济增长	无关税的高速经济增长

4. 期望值为 $EV=0.4\times100+0.3\times30+0.3\times(-30)=40$ 美元。方差为 $\sigma^2=0.4\times(100-40)^2+0.3\times(30-40)^2+0.3\times(-30-40)^2=2\ 940$。

8. 最初，总财富为450 000美元。我们计算三个选项下的预期财富。在无风险选项下，$E(U)=(450\ 000+1.05\times200\ 000)^{0.5}=678$。在种植夏季玉米时，$E(U)=0.7\times(250\ 000+500\ 000)^{0.5}+0.3\times(250\ 000+50\ 000)^{0.5}=770$。在种植抗干旱玉米时，$E(U)=0.7\times(250\ 000+450\ 000)^{0.5}+0.3\times(250\ 000+350\ 000)^{0.5}=818$。有最高期望效用的选择是种植抗干旱玉米。

第6章

2. a. 劳动的平均产出AP等于 Q/L，劳动的边际产出MP等于 $\Delta Q/\Delta L$。下表给出了相关的计算结果：

L	Q	AP	MP
0	0	—	—
1	10	10	10
2	18	9	8
3	24	8	6
4	28	7	4
5	30	6	2
6	28	4.7	−2
7	25	3.6	−3

b. 这个生产过程呈现出劳动的边际报酬递减，这是所有单个投入品固定不变的生产函数的特征。每增加一单位的劳动比前一单位的劳动带来的产量增加越来越少。

c. 劳动的负边际产出可归咎于椅子制造商的拥挤现象。随着越来越多的劳动使用一个不变数量的资本，它们彼此相互干扰，从而减少产出。

6. 不能。如果投入是完全替代品，等产量线应该是线性的。但是，要计算等产量线的斜率和边际技术替代率，我们需要知道一种投入代替另一种的比率。没有每单位投入的边际产出，就不能计算出边际技术替代率。

9. a. 令 Q_1 为 DISK 公司的产出，Q_2 为 FLOPPY 公司的产出，X 为两个公司同等数量的资本和劳动。这样，$Q_1 = 10X^{0.5}X^{0.5} = 10X^{(0.5+0.5)} = 10X$，而 $Q_2 = 10X^{0.6}X^{0.4} = 10X^{(0.6+0.4)} = 10X$。因为 $Q_1 = Q_2$，因此它们用等量的投入生产了等量的产出。

b. 由于资本固定在 9 个机器小时，生产函数因此变成 $Q_1 = 30L^{0.5}$，$Q_2 = 37.37L^{0.4}$。见下表：

	Q	MP	Q	MP
L	厂商 1	厂商 1	厂商 2	厂商 2
0	0	—	0	—
1	30.00	30.00	37.37	37.37
2	42.43	12.43	49.31	11.94
3	51.96	9.53	57.99	8.69
4	60.00	8.04	65.07	7.07

对于 1 单位以上的每单位劳动，DISK 公司的劳动边际产出更大。

第 7 章

4. a. 总成本（TC）等于固定成本（FC）加上可变成本（VC）。由于年金税（FF）是一个固定的总数，厂商的固定成本将因此增加。这样，平均成本[(FC+VC)/Q]以及平均固定成本（FC/Q）将因为平均年金税（FF/Q）而增加。平均可变成本和边际成本均不受这一费用的影响。

b. 当开征一税款 t 时，可变成本会增加 tQ，平均可变成本和平均（总）成本会增加 t（固定成本是常数），因为每增加一单位产品，总成本会增加 t，所以边际成本也增加 t。

5. 它是指会计利润，这是厂商在做财务报表时使用的标准概念。在这种情况下，该文章指的是会计利润与经济利润的实质差别。它宣称，在现有劳动合同下，汽车制造商即使不开工，也要向很多工人支付工资。这意味着工人的工资是合同规定的沉没成本。会计利润要减去工资的支出；经济利润则不减，因为这是沉没成本。因此，汽车制造商在现有销售水平下，即使账面亏损，仍有可能获得经济利润。

10. 如果厂商既可以使用 4 小时的劳动，也可以使用 4 小时的机器设备或二者的某个组合来生产一把椅子，那么等产量线将是一条斜率为 -1 的直线，截距 $K=4$，$L=4$。等成本线 $TC=30L+15K$ 的斜率为 -2，截距 $K=TC/15$，$L=TC/30$。成本最小点是个角点解，在那里 $L=0$，$K=4$，$TC=60$。

15. Viner 是错误的。长期平均成本曲线是短期平均成本曲线的包络线（参见图 7）。因为长期存在规模经济与不经济，最小厂房和最大厂房下的最低平均成本点并不在长期平均成本曲线之上。例如，一个较小规模的厂房下的最低平均成本水平并不是有效的，因为一个更大一点的厂房可以利用递增的规模报酬，实现更低的平均成本。

16. a. 厂商并没有最小化成本，因为 $\frac{MP_L}{P_L} = \frac{4}{12} > \frac{MP_C}{P_C} = 50/4\ 000$。

b. 因为花费在劳动上的 1 美元比花费在水泥上的 1 美元生产率更高，厂商将用更多的劳动、更少的水泥以实现成本最小化。

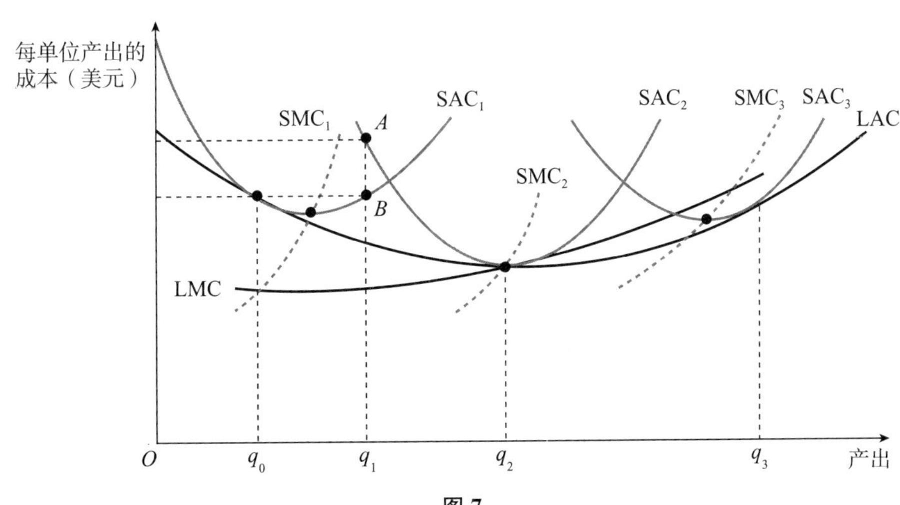

图 7

第7章附录

1. a. 规模报酬是指产出与同比例增加投入品之间的关系。如果 $F(\lambda L, \lambda K) > \lambda F(L, K)$，则意味着规模报酬递增；如果 $F(\lambda L, \lambda K) = \lambda F(L, K)$，则意味着规模报酬不变；如果 $F(\lambda L, \lambda K) < \lambda F(L, K)$，则意味着规模报酬递减。用这一定义来分析一下 $F(L, K) = K^2 L$ 的规模报酬问题。$F(\lambda L, \lambda K) = (\lambda K)^2 (\lambda L) = \lambda^3 K^2 L = \lambda^3 F(L, K) > \lambda F(L, K)$，所以，这个生产函数呈规模报酬递增。

b. $F(\lambda L, \lambda K) = 10\lambda K + 5\lambda L = \lambda F(L, K)$，这个生产函数呈规模报酬不变。

c. $F(\lambda L, \lambda K) = (\lambda K \lambda L)^{0.5} = (\lambda^2)^{0.5} (KL)^{0.5} = \lambda (KL)^{0.5} = \lambda F(L, K)$，这个生产函数呈规模报酬不变。

2. 劳动的边际产出为 $100K$，资本的边际产出为 $100L$。边际技术替代率为 K/L。令它等于工资率与资本租金率之比：$K/L = 30/120$ 或 $L = 4K$。然后在生产函数中消去 L，解出能够生产出 1 000 单位的 K：$1\ 000 = 100K \times 4K$。所以 $K = 2.5^{0.5}$，$L = 4 \times 2.5^{0.5}$，总成本等于 379.20 美元。

5. a. $TP_L = 600L^2 - L^3$。

b. $AP_L = (600L^2 - L^3)/L = 600L - L^2$。

c. $MP_L = dTP_L/dL = 1\ 200L - 3L^2$。

d. 为了找到报酬递减的点，令边际产出的导数等于 0，即 $\frac{dMP_L}{dP_L} = 1\ 200 - 6L = 0$；$L = 200$。边际报酬递减之处为 $L > 200$。

第8章

4. a. 当边际成本（MC）等于边际收益（MR）时利润达到最大。这里 MR＝100 美元，令 MC＝100 美元，就可以得到一个利润最大化的数量 25。

b. 利润等于总收益（PQ）减去总成本，即利润＝$PQ - 200 - 2Q^2$。当 $P = 100$、$Q = 25$ 时，利润等于 1 050 美元。

c. 在短期，当收益大于可变成本时，厂商将开工生产。厂商的短期供给曲线是最低 AVC 之上的边际成本曲线。这里，AVC 等于可变成本 $2Q^2$ 除以产量 Q，所以 $AVC = 2Q$。同样，$MC = 4Q$。所以，MC 在产量大于 0 时大于 AVC。这意味着只要价格是正的，厂商就会在短期进行生产。

11. 厂商应该在边际成本（MC）等于价格的产量水平上生产：$P = 115 = 15 + 4q = MC$，即 $q = 25$。利润等于 800 美元。生产者剩余等于利润加固定成本，即 1 250 美元。

14. a. 由于对单个厂商征收 1 美元的税，它的全部成本曲线都上移 1 美元。

b. 因为厂商是价格接受者，只对单个厂商征税并不改变市场价格。由于短期供给曲线是边际成本曲线（高于平均可变成本），而且边际成本曲线上移了（或内移了），因此对于每个价格，厂商向市场供给的产品减少了。

c. 如果向单个厂商征税，厂商将被迫关闭，除非它能在税前赢得一个正的经济利润。

第9章

1. a. 在自由市场均衡时，$L_S = L_D$，所以 $w = 4$ 美元，$L_S = L_D = 40$。如果最低工资是 5 美元，那么 $L_S = 50$，$L_D = 30$。被雇用的人员由劳动需求给出，所以雇主雇用 3 000万名雇员。

b. 由于补贴，厂商只支付了 $w - 1$。劳动的需求变成 $L^{D*} = 80 - 10(w - 1)$。所以 $w = 4.50$ 美元，$L = 45$。

4. a. 令需求等于供给，$28 - 2P = 4 + 4P$，$P^* = 4$，$Q^* = 20$。

b. 新的实物支付计划要求减少 25％产量意味着农民生产 150 亿蒲式耳。要鼓励农民不去耕种土地，政府必须给他们 50 亿蒲式耳让他们在市场上出售。由于市场的总供给仍然是 200 亿蒲式耳，市场价格依然维持在每蒲式耳 4 美元的价位上。农民获益，因为对于从政府获取的 50 亿蒲式耳小麦无须承担任何成本。这一成本节约等于供给曲线上 150 亿蒲式耳和 200 亿蒲式耳之间的区域。当 $Q = 150$亿蒲式耳时，$P = 2.75$ 美元，当 $Q = 200$ 亿蒲式耳时，$P = 4.00$ 美元。生产最后 50 亿蒲式耳小麦的成本因此为底为 200－150＝50 亿、高为（2.75＋4.00）÷2＝3.375 的梯形的面积。面积为 50×3.375＝168.75 亿美元。

c. 纳税人获益，因为政府不必为储藏小麦一年并将小麦运到不发达国家支付费用。小麦能保存多久，PIK 计划就能维持多久。但是 PIK 计划的前提是，当储备粮食被消耗殆尽以后，闲置的土地能恢复生产。如果做不到这一点，消费者到最后就要为小麦制品多花钱了。最后，农民发了一笔意外之财，因为他们并没有生产成本。

10. a. 为了得到石油价格为 60 美元/桶时天然气的价格，令天然气的需求数量等于供给数量，并解 P_G。相关的方程是：$Q_S = 15.90 + 0.72P_G + 0.05P_O$，$Q_D = 0.02 - 1.8P_G + 0.69P_O$。由于 $P_O = 60$ 美元，我们得到 $Q_S = 15.90 + 0.72P_G + 0.05 \times 60$，$Q_D = 0.02 - 1.8P_G + 0.69 \times 60$，所以天然气的价格 $P_G = 8.94$ 美元。代入供给曲线或需求曲线得出一个自由市场数量 25.34 万亿立方英尺。如果天然气的最高价格被设定为 3 美元/千立方英尺，供给将为 21.06 万亿立方英尺且需求数量将为 36.02 万亿立方英尺。为了计算无谓损失，我们度量 B 和 C（见图 9.4）。为了求出 B 的面积，我们必须先确定数量为 21.1 时的价格。由需求方程可得，$21.1=41.42-1.8P_G$，因此，$P_G=11.29$美元。B 的面积为：$0.5\times(25.3-21.1)\times(11.29-8.94)=4.9$ 十亿美元。C 的面积为：$0.5\times(25.3-21.1)\times(8.94-3)=12.5$ 十亿美元。无谓损失是 $4.9+12.5=17.4$ 十亿美元。

b. 为了得到使天然气自由市场价格为 3 美元/千立方英尺的石油价格，我们令需求量等于供给量，利用 $P_G=3$，求解 P_O。因此，$Q_S=15.90+0.72\times3+0.05P_O=0.02-1.8\times3+0.69P_O=Q_D$，或 $18.06+0.05P_O=5.38+0.69P_O$，所以 $0.64P_O=23.44$，$P_O=36.63$ 美元。这就得出天然气的自由市场价格 3 美元/千立方英尺。

11. a. 为了找到新的国内价格，我们令需求的数量减去供给的数量等于 10。这样，$Q_D-Q_S=(31.20-0.27P)-(-8.95+0.99P)=10$。$1.26P=30.15$，这意味着 $P=23.93$美分。如果进口扩大到 100 亿磅，美国的价格会下降 3.07 美分。

b. 把新价格 23.93 美分代入供给和需求方程，我们发现美国食糖产量将减少到 147.4 亿磅，而需求增加到 247.4 亿磅，增加了 100 亿磅的进口供给。为了找到消费者剩余和生产者剩余的变化，需要重新画图，如图 9（a）所示。生产者得到区域 A：A 的面积$=0.5\times(23.93-17)\times(14.7+7.9)=783$ 百万美元，比进口被限制在 61 亿磅时低 510 百万美元。

为了找到消费者的收益，我们必须找到消费者剩余的损失，由 A、B、C 和 D 给出。我们已经计算了 A 的面积。三角形 B 的面积为：$B=0.5\ (23.93-17)\times(14.7-7.9)=236$ 百万美元。三角形 C 的面积：$C=0.5\times\ (23.93-17)\times(26.6-24.7)=66$ 百万美元。矩形 D 的面积$=(23.93-17)\times(24.7-14.7)=693$ 百万美元。A、B、C、D 之和为 18 亿美元。当进口被限制为 61 亿磅时，消费者剩余的损失为 25 亿美元，这意味着当进口上升到 100 亿磅时消费者得到约 700 百万美元。

c. 无谓损失为三角形 B 和 C 之和：$B+C=236+66=302$ 百万美元。为了从例 9.6 中得到无谓损失，我们用最初的无谓损失 631 百万美元减去这个值。$631-302=329$ 百万美元。换句话说，将进口配额提高到 100 亿磅将降低无谓损失 329 百万美元。

对于外国生产者，收益为 D 的面积。当进口被限制为 61 亿磅时，$D=610$ 百万美元；当进口扩大到 100 亿磅时，$D=693$ 百万美元。因为美国的糖价上升了，外国生产者可以得到更高的利润——确切地说，大约为 83 百万美元。

12. 首先，令需求等于供给可以得到均衡产量：$50+Q=200-2Q$，或 $Q_{EQ}=50$ 百万磅。将均衡产量代入需求方程或者供给方程均可得到均衡价格 $P_S=P_D=100$。因此，均衡价格 $P=1$ 美元/磅（即 100 美分/磅）。然而，世界市场价格为 60 美分/磅，在此价格下国内供给量为：$60=50-Q_S$，或 $Q_S=10$；国内需求为：$60=200-2Q_D$，或 $Q_D=70$。进口量等于国内需求减去国内供给，即 60 百万磅。如果议会决定征收 40 美分/磅关税，则进口的实际价格变为 1 美元/磅，在此价格下国内生产商就可以完全满足国内需求，进口下降为零。

如图 9（b）所示，征收关税以前的消费者剩余为 a、b、c 三部分面积之和，即 $0.5\times(200-60)\times70=4\ 900$ 百万美分或 49 百万美元。在征收关税以后，价格上升为 1 美元/磅，消费者剩余仅仅为 a 部分面积，即 $0.5\times(200-100)\times50=25$ 百万美元，损失了 24 百万美元。生产者剩余增加为 b 部分面积，即 $(100-60)\times10+0.5\times(100-60)\times(50-10)=12$ 百万美元。最终，由于价格为 1 美元时的国内需求等于国内供给，政府关税收入为零。消费者剩余损失量与生产者剩余增加量之差即为无谓损失，为 12 百万美元。

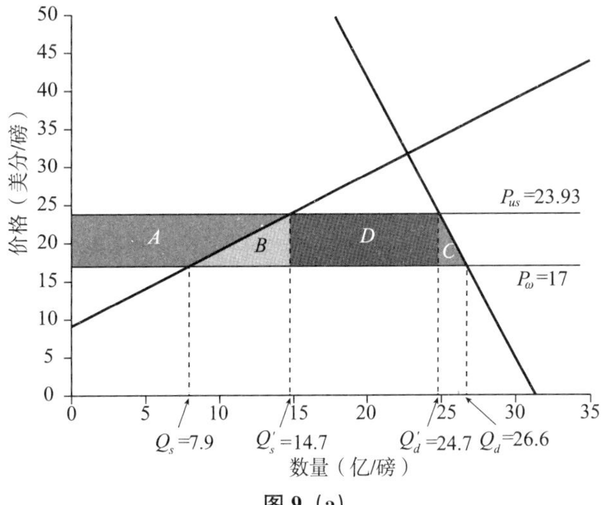

图 9（a）

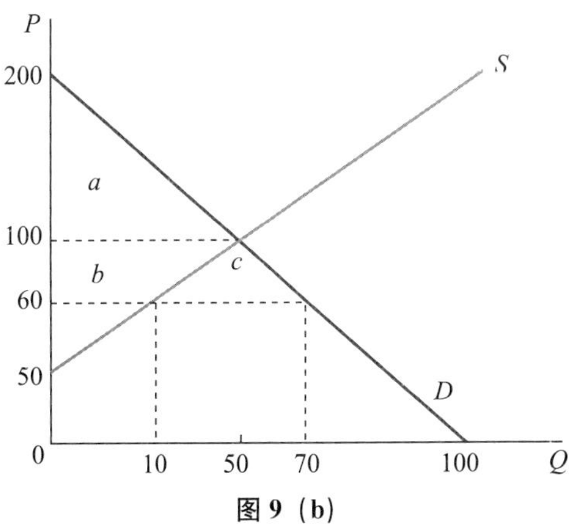

图 9（b）

13. 不，不会。最明显的情况是劳动市场为竞争性的。无论设计什么税，供给与需求之和必须为工资的12.4%，无论是全部向工人征税（有效供给曲线向上移动12.4%），还是全部向雇主征税（将需求曲线下移12.4%）都一样。无论双方承担的百分比为多少，只要加起来为12.4%，结果都一样。

第10章

2. 有三个重要的因素：(1) 卡特彼勒的竞争者供应的产品的相似程度如何？如果它们是很接近的替代品，那么价格只要稍微提高就会促使客户转向竞争者。(2) 现有拖拉机已经使用的年数？如果现有拖拉机普遍已使用了多年，则价格提高5%只会引起需求较小的下降。(3) 作为在农业生产中的资本投入，农业部门的预期盈利能力如何？如果农场的预期收入在下降，拖拉机价格提高会造成比根据以往的销售和价格估计的更大的需求下降。

4. a. 最优产量通过令边际收益等于边际成本求出。如果需求函数是线性的，$P=a-bQ$（这里 $a=120$，$b=0.02$），则 $MR=a-2bQ=100-2\times0.02Q$。

总成本$=25\ 000+60Q$，所以 $MC=60$。令 $MR=MC$，即 $120-0.04Q=60$，得 $Q=1\ 500$。代入需求函数，$P=120-0.02\times1\ 500=90$ 美分。总利润为 $90\times1\ 500-60\times1\ 500-25\ 000$，或200美元/周。

b. 假设最初消费者必须付税。由于消费者愿意支付的价格（含税）保持不变，需求函数可以写成 $P+t=120-0.02Q-t$。因为税收提高了每单位的价格，垄断者的总收益增加了 t，所以 $MR=120-0.04Q-t$，此处 $t=14$ 美分。为了确定有税收时的利润最大化产量，令边际收益与边际成本相等：$120-0.04Q-14=60$，得 $Q=1\ 150$单位。

根据需求函数，平均收益$=120-0.02\times1\ 150-14=83$ 美分。总利润为每周1 450美分或14.5美元。

7. a. 垄断者的定价法则是：$(P-MC)/P=-1/E_D$，把弹性为-2、价格为40代入方程，解得 $MC=20$。

b. 以百分比的形式，由于边际成本为价格的50%，因此加成为50%。

c. 总收益为价格乘以数量，或 $40\times800=32\ 000$ 美元。总成本等于平均成本乘以数量，或 $15\times800=12\ 000$ 美元，所以利润是20 000美元。生产者剩余是利润加上固定成本，或22 000美元。

10. a. 有利论证：虽然美国铝业公司控制了美国原铝生产的约90%，但再生铝占铝的总供给的30%，再生铝占铝总供给大得多的比例也是可能的，因而，对美国铝业公司原铝需求的价格弹性比我们预期的要高得多。其他金属，如铜和钢，在许多方面也是铝的可行的替代品。这样，美国铝业公司面临的需求弹性可能要比我们期望的低。

b. 反对论证：潜在供给的总量很有限，因而美国铝业公司可以通过保持稳定的高价获取垄断利润。更进一步，由于美国铝业公司原来也生产再生金属，因此在它的产量决策中应该已经考虑进了废金属再生利用对将来价格的影响，因此，它确实对再生金属供给能进行有效的垄断控制。

c. 美国铝业公司并没有被责令出售任何它在美国的生产设施，只是 (1) 被禁止收购美国政府在第二次世界大战期间建造的两个原铝厂；(2) 被责令放弃它的加拿大子公司，即后来的Alcan。

13. 不，你不应该这么做。在一个竞争性市场中，一个厂商将价格看作水平的和等于平均收益的，而平均收益又等于边际收益。如果康涅狄格州的边际成本上升，价格将仍然等于马萨诸塞州的边际成本、总边际成本以及边际收益。只是康涅狄格州的产量要被降低（这反过来会降低总产量），如图10 (a) 所示。

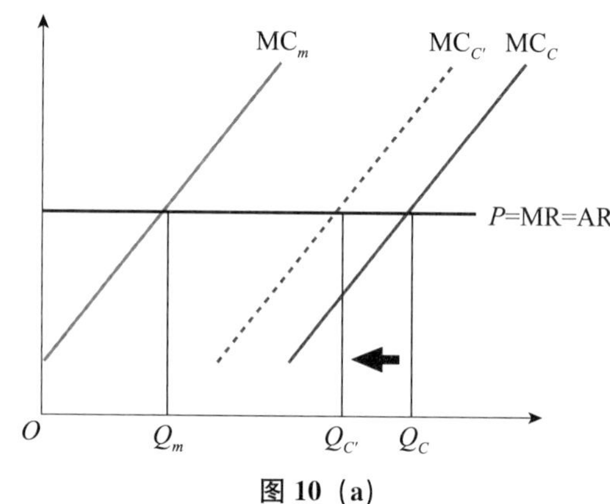

图10 (a)

19. a. 为了最大化利润，边际收益必须等于边际成本。对于平日，$MR=50-2Q$，$MC=0$。令 $MR=MC$，求解得到 $Q=25$。求解平日的利润最大化价格，将 $Q=25$ 代入需求函数，得到 $P=50-25=25$ 美元。相同的过程可以用于求解节假日利润最大化的价格，$P=50$ 美元。

b. 再次，为了最大化利润，令边际收益等于边际成本。对于平日，$MR=50-2Q$ 而 $MC=10$。令 $MR=MC$ 求解得 $Q=20$。为确定平日的利润最大化价格，将$Q=20$代入需求函数中，得到 $P=50-20=30$ 美元。相同的过程可以用于求解节假日利润最大化价格，$P=55$ 美元。

c. 图形如图10 (b) 所示，为了找到利润，计算总收益和成本。总收益$=55\times45=2\ 475$ 美元，总成本等于平均成本乘以数量，即总成本$=10\times45=450$ 美元。利润$=$总收益$-$

总成本＝2 025 美元。无谓损失＝0.5×45×45＝1 012.5 美元。

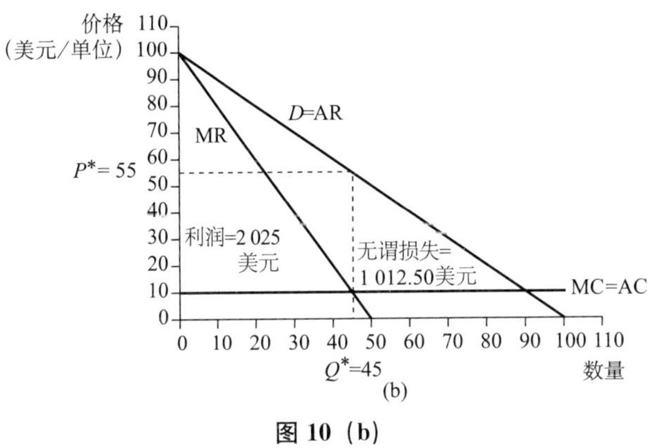

图 10（b）

第 11 章

1. a. 周六晚上不能在家过夜的要求把那些希望周末回家的商务旅客与那些在周末旅行的旅游者分离开来了。

b. 通过根据购买者的住址定价的办法，就可以根据地段来进行分类。这样价格就可以反映运输费用，不管是送货上门还是在水泥厂提货顾客都必须支付该运输费用。

c. 食品加工机的回扣将顾客分成两个群体：(1) 对价格不敏感（有较低的需求弹性）、不要求回扣的顾客；(2) 对价格较敏感（有较高的需求弹性）、要求回扣的顾客。

d. 对卫生纸的临时削价是跨期价格歧视的一种形式。对价格敏感的消费者在削价期间会比不削价时买得多，而对价格不敏感的消费者则购买相同的数量。

e. 整形外科手术师可以通过谈判区分高收入的病人和低收入的病人。套利是不可能的，因为整形手术不能从低收入的病人转移给高收入的病人。

8. a. 一个拥有两个市场的垄断者应该选择使两个市场的边际收益相等且等于边际成本的销往各市场的数量。边际成本是总成本曲线的切线斜率，即 40。为了确定各市场的边际收益，我们将价格解作为数量的一个函数，然后我们将该式代入总收益公式中的价格。$P_{NY}=240-4Q_{NY}$，而 $P_{LA}=200-2Q_{LA}$。那么总收益为 $TR_{NY}=Q_{NY}P_{NY}=Q_{NY}(240-4Q_{NY})$，而 $TR_{LA}=Q_{LA}P_{LA}=Q_{LA}(200-2Q_{LA})$。边际收益是总收益曲线的切线斜率：$MR_{NY}=240-8Q_{NY}$，$MR_{LA}=200-4Q_{LA}$。接着我们令各个边际收益等于边际成本（＝40），得 $Q_{NY}=25$，$Q_{LA}=40$。根据这两个数量，我们解出各个市场的价格：$P_{NY}=240-4\times25=140$ 美元，$P_{LA}=200-2\times40=120$ 美元。

b. 有了新的卫星，Sal 无法再将两个市场分开。总需求函数是两个市场需求的水平相加。价格在 200 美元以上时，总需求就是纽约的需求函数，价格低于 200 美元时，我们将两个需求相加：$Q_T=60-0.25P+100-0.5P=160-0.75P$。Sal 通过选择使 MR＝MC 的数量使利润最大化。边际收益为 $213.33-2.67Q$。令该边际收益与边际成本相等可得利润最大化的数量是 65，价格是 126.67 美元。在纽约市场，数量等于 $60-0.25\times126.67=28.3$，而在洛杉矶市场，数量等于 $100-0.5\times126.67=36.7$。合在一起即以价格 126.67 美元卖出 65 单位。

c. 在 a 部分的市场条件下，利润等于各市场的收益之和减去生产两个市场所需数量的成本：$\pi=Q_{NY}P_{NY}+Q_{LA}P_{LA}-1\,000-40\times(Q_{NY}+Q_{LA})=4\,700$ 美元。在 b 部分的市场条件下，利润等于总收益减去生产两个市场所需数量的成本：$\pi=Q_TP-(1\,000-40Q_T)=4\,633.33$。所以当两个市场分开时 Sal 赚到更多的钱。

在 a 部分的市场条件下，纽约市场的消费者剩余为 $CS_{NY}=0.5\times25\times(240-140)=1\,250$ 美元，洛杉矶市场的消费者剩余为 $CS_{LA}=0.5\times40\times(200-120)=1\,600$ 美元。在 b 部分的市场条件下，纽约市场的消费者剩余为 $CS_{NY}=0.5\times28.3\times(240-126.67)=1\,603.67$ 美元，而洛杉矶市场的消费者剩余为 $CS_{LA}=0.5\times36.7\times(200-126.67)=1\,345.67$ 美元。纽约人喜欢 b 部分，因为均衡价格是 126.67 美元而不是 140 美元，他们的消费者剩余较高。但洛杉矶的消费者喜欢 a 部分，因为在 a 部分均衡价格是 120 美元，而在 b 部分均衡价格为 126.67 美元。

10. a. 当个人需求为 $Q_1=10-P$ 时，单个消费者的消费者剩余等于每周 50 美元或每年 2 600 美元。由于边际成本等于零，因此即使不收场地费，2 600 美元的会员费就将消费者剩余全部攫取。周利润等于“网球发烧友”的数目 1 000 乘以周会员费 50 美元，再减去固定成本 10 000美元，即每周 40 000 美元。

b. 当有两类顾客时，俱乐部的拥有者通过将场地费定在高于边际成本处和通过将会员费定在等于需求较小的消费者（“散客”球手）的剩下的消费者剩余处使利润最大化。会员费 T 等于去掉场地费以后的消费者剩余：$T=(Q_2-0)\times(16-P)\times(1/2)$，其中 $Q_2=4-(1/4)P$，故 $T=(1/2)\times[4-(1/4)P]\times(16-P)=32-4P+P^2/8$。所有网球手的总会员费是 $2\,000\times(32-4P+P^2/8)$。场地费收益等于 $P(Q_1+Q_2)=P[(10-P)\times1\,000+(4-P/4)\times1\,000]=14\,000P-1\,250P^2$。总收益＝TR＝$64\,000-6\,000P-1\,000P^2$。边际成本为零，边际收益由总收益曲线的切线斜率给出：$\Delta TR/\Delta P=6\,000-2\,000P$。令边际收益与边际成本相等，则得价格为每小时 3 美元。总收益等于 73 000 美元。总成本等于固定成本 10 000 美元。所以利润为每周 63 000 美元，这大于只有“网球发烧友”成为会员时的每周 40 000 美元。

c. 每周 50 美元的会员费只能吸引“网球发烧友”。有 3 000个“网球发烧友”，总收益将是每周 150 000 美元，而利润则是每周 140 000 美元。既有“网球发烧友”也有“散客”球手时，会员费等于 4 000 乘“散客”球手的消费者剩余：$T=4\ 000\times(32-4P+P^2/8)$，场地费为 $P\times[(10-P)\times3\ 000+(4-P/4)\times1\ 000]=34\ 000P-3\ 250P^2$。此时 $TR=128\ 000+18\ 000P-2\ 750P^2$。边际成本为零，令 $\Delta TR/\Delta P=18\ 000-5\ 500P=0$ 意味着价格为每小时 3.27 美元。总收益等于每周 157 455 美元，高于仅有“网球发烧友”时的每周 150 000美元。俱乐部拥有者会将年会员费定在 1 053 美元，索取每场 3.27 美元并赚到每年 767 万美元的利润。

11. 当需求只有一定程度的负相关和（或）边际生产成本较大时，混合捆绑销售常常是理想的策略。下表给出了三个消费者的保留价格和三种策略的利润，利润最大化的策略就是各种货物混合捆绑销售。

保留价格　　单位：美元

	对 1	对 2	总
消费者 A	3.25	6.00	9.25
消费者 B	8.25	3.25	11.50
消费者 C	10.00	10.00	20.00

	价格 1	价格 2	捆绑销售	利润
分开销售	8.25	6.00	—	28.50
纯捆绑销售	—	—	9.25	27.75
混合捆绑销售	10.00	6.00	11.50	29.00

15. a. 对各种策略，最优价格和利润为：

单位：美元

	价格 1	价格 2	捆绑销售	利润
分开销售	80.00	80.00	—	320.00
纯捆绑销售	—	—	120.00	480.00
混合捆绑销售	94.95	94.95	120.00	429.00

因为边际成本为零，没有理由不让所有顾客都购买两种产品，故纯捆绑销售优于混合捆绑销售。

b. 当边际成本为 30 美元时，最优价格和利润为：

单位：美元

	价格 1	价格 2	捆绑销售	利润
分开销售	80.00	80.00	—	200.00
纯捆绑销售	—	—	120.00	240.00
混合捆绑销售	94.95	94.95	120.00	249.90

混合捆绑销售优于其他所有策略。

第 11 章附录

2. 我们先探讨各种情况，然后比较利润。

a. 没有发动机外部市场时的最优产量和价格分别为：$Q_E=Q_A=2\ 000$，$P_E=8\ 000$ 美元，$P_A=18\ 000$ 美元。对发动机生产分部来说，$TR=2\ 000\times8\ 000$ 美元$=1\ 600$ 万美元，$TC=2\times2\ 000^2=800$ 万美元，而 $\pi_E=800$ 万美元。对汽车装配分部来说，$TR=2\ 000\times18\ 000$ 美元$=3\ 600$ 万美元，$TC=2\ 000\times8\ 000+1\ 600$ 万$=3\ 200$ 万美元，而 $\pi_A=400$ 万美元。总利润为 1 200 万美元。

b. 有发动机外部市场时的最优产量和价格分别为 $Q_E=1\ 500$，$Q_A=3\ 000$，$P_E=6\ 000$ 美元，$P_A=17\ 000$ 美元。对发动机生产分部来说，$TR=1\ 500\times6\ 000$ 美元$=900$ 万美元，$TC=2\times1\ 500^2=450$ 万美元，而 $\pi_E=450$ 万美元。对汽车装配分部来说，$TR=3\ 000\times17\ 000$ 美元$=5\ 100$ 万美元，$TC=(8\ 000+6\ 000)\times3\ 000=4\ 200$ 万美元，而 $\pi_A=900$ 万美元。总利润为 1 350 万美元。

c. 有一个垄断性发动机市场时的最优产量和价格分别为：$Q_E=2\ 200$，$Q_A=1\ 600$，$P_E=8\ 800$ 美元，$P_A=18\ 400$ 美元，还有 600 台发动机以每台 9 400 美元的价格卖到垄断市场。对发动机生产分部来说，$TR=1\ 600\times8\ 800+600\times9\ 400=1\ 972$ 万美元，$TC=2\times2\ 200^2=968$ 万美元，而 $\pi=1\ 004$万美元。对汽车装配分部来说，$TR=1\ 600\times18\ 400=2\ 944$万美元，$TC=(8\ 000+8\ 800)\times1\ 600=2\ 688$ 万美元，而 $\pi=256$ 万美元。总利润为 1 260 万美元。

当具有在发动机方面的垄断时，生产发动机的上游分部赚到大多数利润。当有一个竞争性的发动机市场时，制造汽车的下游分部赚到大多数利润。给定发动机的高成本，当发动机是在一个有外部竞争性的发动机市场以最低成本生产时，厂商的结果最好。

第 12 章

1. 各厂商通过将它的品牌区别于所有其他品牌而赚到经济利润。如果这些竞争者合并成一个厂商，所形成的垄断者不会生产像合并前那么多的品牌。但是，生产不同价格和特点的几个品牌是将市场分为具有不同价格弹性的几组顾客的一种方法。

3. a. 为了使利润 $P=53Q-Q^2-5Q$ 最大化，我们导出 $\Delta P/\Delta Q=-2Q+48=0$。$Q=24$，故 $P=29$，利润等于 576。

b. $P=53-Q_1-Q_2$，$P_1=PQ_1-C(Q)=53Q_1-Q_1^2-Q_1Q_2-5Q_1$ 和 $P^2=PQ_2-C(Q_2)=53Q_2-Q_1Q_2-Q_2^2-5Q_2$。

c. 给定厂商 2 不会对厂商 1 的产量决策做出反应来改变自己的产量，厂商 1 面临的问题是使利润最大化。因而，厂商 1 将选择产量以使上述 π_1 最大化。对应于 Q_1 的变动，π_1的变动为$53-2Q_1-Q_2-5=0$，整理得$Q_1=24-Q_2/2$。由于问题是对称的，故厂商2的反应曲线是$Q_2=24-Q_1/2$。

d. 解出同时满足两条反应曲线的Q_1和Q_2：$Q_1=24-(1/2)\times(24-Q_1/2)$，得$Q_1=16$，同样，$Q_2=16$。价格为$P=53-Q_1-Q_2=21$，利润为$\pi_1=\pi_2=P\cdot Q_i-C(Q_i)=256$。该行业的总利润为$\pi_1+\pi_2=512$。

5. 正确。厂商2的反应曲线将是$Q_2=7.5-1/2Q_1$，而厂商1的反应曲线将是$Q_1=15-1/2Q_2$。代入得$Q_2=0$和$Q_1=15$。价格为15，就是垄断价格。

7. a. (1) 在厂商A的边际成本增加的古诺均衡中，它的反应曲线内移。厂商A生产的数量将减少，厂商B生产的数量将增加。总产量将减少，价格将上升。(2) 在共谋均衡中，两个厂商像垄断者那样作为。当厂商A的边际成本增加时，厂商A减少产出至零，因为厂商B能以更低的边际成本生产。因为厂商B能够以边际成本50美元生产整个行业产出，产量和价格不变，但厂商间必须就厂商B赚取的利润如何分配达成协议。(3) 由于商品是同质的，两个厂商都生产价格等于边际成本的数量。厂商A增加价格至80美元，厂商B将价格提高至79.99美元。假设厂商B能生产足够的产量，它将供应全部市场。

b. (1) 两个厂商边际成本的增加会使反应曲线向内移动。两个厂商减少产出，价格将上升。(2) 当边际成本增加时，两个厂商将生产更少，价格将上升，如垄断情形时。(3) 价格将上升，产量将下降。

c. (1) 两条反应曲线都向外移动，两个厂商生产更多。价格将上升。(2) 两个厂商都将增加产出，价格也将上升。(3) 两个厂商都将生产更多，由于边际成本不变，价格也将不变。

11. a. 为了确定纳什均衡，我们先计算各厂商的反应曲线，然后同时解出价格。假设边际成本为0，厂商1的利润为$P_1Q_1=P_1(20-P_1+P_2)=20P_1-P_1^2+P_2P_1$，$MR_1=20-2P_1+P_2$。在利润最大化的价格处，$MR_1=0$，所以$P_1=(20+P_2)/2$。由于厂商2与厂商1对称，故它的利润最大化价格$P_2=(20+P_1)/2$。我们将厂商2的反应曲线代入厂商1的反应曲线：$P_1=[20+(20+P_1)/2]/2=15+P_1/4$，故$P_1=20$。根据对称性，$P_2=20$。而$Q_1=20$，对称地，$Q_2=20$。厂商1的利润为$P_1Q_1=400$，厂商2的利润也是400。

b. 如果厂商1先定它的价格，它会考虑进厂商2的反应曲线。厂商1的利润为$\pi_1=P_1[20-P_1+(20+P_1)/2]$。此时，$d\pi_1/dP_1=20-2P_1+10+P_1$，令该式等于零，得$P_1=30$。我们将$P_1$代入厂商2的反应曲线，得$P_2=25$。在这两个价格下，$Q_1=20-30+25=15$，而$Q_2=20+30-25=25$。利润为$\pi_1=30\times15=450$，而$\pi_2=25\times25=625$。

c. 你的第一选择应该是(3)，而你的第二选择应该是(2)。当随后有斯塔克伯格策略时，将价格定在古诺均衡值之上对两个厂商都是最优的。根据反应曲线，我们知道价格领导会引起追随者的价格提高。但追随者的价格提高小于价格领导者的，因此相当于削价跟领导者竞争。双方都能享受到增加的利润，但追随者的好处更多，双方都比在古诺均衡中处境要好一些。

第13章

1. 如果博弈无限重复进行而且所有博弈方都了解全部支付情况，理性的行为将会导致明显是共谋的结果。但是，有时其他厂商的支付只能通过做一些泛泛的信息交换得到。

也许保持共谋结果的最大问题是需求方面的外部变化和投入品价格的变化。当新的信息不能同时被所有博弈方得到时，一个厂商的合理反应可能被解释为对另一个厂商的威胁。

2. 在很容易进入和生产差别化产品的行业中会存在过剩生产能力问题。因为对各厂商的向下倾斜的需求曲线会导致产出的平均成本高于最低平均成本，因此产出的增加会引起平均成本的增加。在实际产出和最低长期平均成本产出之间的差距就是过剩能力，它是用来阻碍新厂商进入的。

4. a. 有两个纳什均衡：(100，800) 和 (900，600)。

b. 两个厂商的经营者都会采用高端策略，导致的均衡将是(50，50)，双方都只能得到较少的利润。

c. 合作的结果 (900，600) 使两个厂商的联合利润最大化。

d. 厂商1从合作中获益最大。相比于次优策略，此时厂商1的获益为$900-100=800$，而厂商2的损失为$800-600=200$，所以厂商1必须至少补偿厂商2的损失200。

6. a. 是的。存在两种：(1) 给定厂商2选择A，厂商1会选择C；给定厂商1选择C，厂商2会选择A。(2) 给定厂商2选择C，厂商1会选择A；给定厂商1选择A，厂商2会选择C。

b. 如果两个厂商都采用极大化极小策略，厂商1将选择A，而厂商2也将选择A，结果是都得到-10的支付。

c. 厂商2将选择产品C，以便在(10，20)实现最大化支付。

12. 尽管古董拍卖经常是有私人价值因素的，但因为交易商的缘故，一般而言这些拍卖是共同价值拍卖。我们的古董商在邻近小镇公开拍卖上感到失望，是因为这些古董价值的估计变化很大，并且她因赢者的诅咒而受苦。在家乡，能掌握确凿信息的投标者更少，因此赢者的诅咒不会成为问题。

第 14 章

2. 在这一新计划下，当工人没有工作时，政府的 5 000美元补助使得预算线上移，并且工人享有最大限度的休闲时间。随着工作时间的增加（即休闲时间的减少），预算线的斜率变为初始预算线的一半，因为工资收入被征收 50%的税收。当税后收入为 10 000 美元时，新预算线和初始预算线重合。结果是，如果工人的初始收入超过 10 000 美元，新计划对工人没有任何影响，但如果工人的初始收入少于 10 000 美元，新计划可能会减少工人的工作时间（即闲暇时间增加）。

6. 对劳动的需求由劳动的边际生产收益 $MRP_L=MR\cdot MP_L$ 给出。在一个竞争性市场上，价格等于边际收益，因此 MR=10。劳动的边际产出等于生产函数 $Q=12L-L^2$ 的斜率。这一斜率等于 $12-2L$。厂商的利润最大化劳动数量在 $MRP_L=w$，即工资率处确定。如果 $w=30$，解 L 得到每天 4.5 小时。同样，如果 $w=60$，解 L 得到每天 3 小时。

8. 均衡工资是劳动供给数量等于劳动需求数量时的工资，或者 $20w=1\ 200-10w$。解得 $w=40$ 美元。代入劳动供给的等式，比如，均衡的劳动数量是 20×40=800。经济租是均衡工资和由劳动供给决定的工资之间的差额。这里，也就是劳动供给曲线之上直到 $L=800$，以及均衡工资之下的区域。这个区域是 0.5×800×40=16 000 美元。

第 15 章

3. 一年后第一笔支付的 80 美元的贴现值是 $PDV=80/(1+0.10)^1=72.73$ 美元。这一债券所支付的所有价值可以用同样的方法得到：$PDV=80\times[1/(1.10)^1+1/(1.10)^2+1/(1.10)^3+1/(1.10)^4+1/(1.10)^5]=303.26$ 美元。第六年最后支付的 1 000 美元的现值是 $1\ 000/1.1^6=564.47$ 美元。因此这一债券的现值就是 303.26 美元+564.47 美元=867.73 美元。当利率为 15%时，PDV=700.49 美元。

5. 如果 $R=0.04$，将适当值代入式（15.5），我们可得 NPV=−5−4.808−0.925−0.445+0.821+0.789+0.759+0.730+0.701+0.674+0.649+0.624+0.600+0.577+0.554+0.533+0.513+0.493+0.474+0.456+0.438+0.456=−0.338。投资损失了 338 000 美元，因而这一投资是不值得的。然而，如果贴现率为 3%，NPV=866 000 美元，投资就是值得的。

9. a. 如果我们购买一箱酒并在 t 年以后出售，我们现在支付 100 美元，并在 t 年后出售时得到 $100t^{0.5}$。这一投资的净现值就是 $NPV=-100+e^{-rt}100t^{0.5}=-100+e^{-0.1t}100t^{0.5}$。

如果我们确实购买了一箱，我们就要选择 t 来使 NPV 最大化。必要条件是 $dNPV/dt=e^{-0.1t}(50-t^{-0.5})-0.1e^{-0.1t}100t^{0.5}=0$。解得 $t=5$。如果我们把这箱酒保存 5 年，净现值就是 $-100+e^{-0.1\times5}100\times5^{0.5}=35.62$。由于每箱都是一项好的投资，我们应当购买所有 100 箱。

b. 你现在以 130 美元转售将立即获得 30 美元利润，但会损失 5 年后出售得到的净现值为 35.62 美元的利润。因此，立即转售后净现值为 30−35.62=−5.62 美元，因此，你不应当出售。

c. 如果利率从 10%变为 5%，净现值的计算就变为：$NPV=-100+e^{-0.05t}\times100t^{0.5}$。如果我们把这箱酒保存 10 年，最大的净现值就是 $-100+e^{-0.05\times10}\times100\times10^{0.5}=91.80$ 美元。

11. a. 比较购买和租用，其中 $r=0.04$。购买成本的净现值是 $-20\ 000+12\ 000/(1+0.04)^6=-10\ 516.22$。租用成本的净现值是 $-3\ 600-3\ 600/(1+0.04)^1-3\ 600/(1+0.04)^2=-10\ 389.94$。如果利率是 4%，你租用汽车更合算。

b. 同样，比较购买和租用。购买时，$-20\ 000+12\ 000/(1+0.12)^6=-13\ 920.43$。租用时，$-3\ 600-3\ 600/(1+0.12)^1-3\ 600/(1+0.12)^2=-9\ 684.18$。如果利率是 12%，你租用汽车更合算。

c. 当购买并最后出售的总成本的现值等于租用成本的现值时，消费者是无差异的：$-20\ 000+12\ 000/(1+r)^6=-3\ 600-3\ 600/(1+r)^1-3\ 600/(1+r)^2$。当 $r=3.8\%$ 时，等式成立。你可以使用计算器或者计算机程序来得出这个值，或者使用试错法。

第 16 章

6. 即使偏好完全一样，契约曲线仍然可能不是一条直线。这可以用图很容易地显示出来。例如，当两个人的效用函数都是 $U=x^2y$ 时，边际替代率由 $2y/x$ 给定。不难表明，对于契约曲线 $y=(Y/X)x$（其中 X 和 Y 分别是两种商品的总量）上的所有点，两人的边际替代率都相等。契约曲线不是一条直线的一个例子是，两人具有不同的收入，并且有一种商品是劣等品。

7. 边际转换率等于生产两种商品的边际成本的比例。大多数生产可能性边界是向外弯成弓形的。然而，如果两种商品是由规模报酬不变的生产函数生产的，生产可能性边界就是一条直线。

10. 从规模报酬不变的生产变为规模报酬急剧递增的生产并不意味着等产量线形状的改变。我们只需重新定义与等产量线相关的数量，使得投入增加的比例大于产出增加的比例。在这一假定下，边际技术替代率将不会改变，因此生产契约曲线也不会改变。

第17章

5. a. 在过去的几年里，美国汽车对消费者来说质量下降了。为了扭转这一趋势，美国汽车公司投资于质量控制，以改善它们的产品的潜在修理记录。它们通过完善保证书来发出改进它们产品质量的信号。

b. 当被保险方（一辆具有广泛保修服务的美国汽车的所有者）能够影响导致支付事件（汽车的修理）发生的可能性或严重性时，道德风险就产生了。当质保单包括了所有的部件及与机械问题相关的劳动时，保养汽车的激励就降低了。因此，广泛的保修服务导致了道德风险问题。

7. 当被保险方能够影响火灾发生的概率时，火灾保险就会导致道德风险问题。财产所有者能够通过监测和更换电线、建立警报系统等措施来减少火灾发生的概率及其损害。在购买了完全保险以后，被保险人就没有激励去防止火灾发生和减少损失，因此，道德风险问题可能很严重。为了比较10 000美元免赔额与90%覆盖率保险的区别，我们需要知道潜在损失的价值。两种保单都能减少完全保险导致的道德风险问题。但是，如果财产价值少于100 000美元，则90%覆盖率保险下的损失就更小。若财产价值大于100 000美元，则投保人在90%覆盖率保险下会更加努力地防止火灾发生。

第18章

4. 我们需要知道房屋主人在河中游泳的价值，以及减污的边际成本。政策工具的选择将取决于减污的边际收益和边际成本。如果对厂商收取同样费率的排污费，厂商将会减少排污直到减污的边际成本等于排污费那一点。如果这一污染减少还不足以使人在河中游泳，排污费还可以提高。

只有在决策者对减污的边际收益和边际成本具有完全的信息时，确定排污标准才会是有效率的。而且，在新的过滤技术出现后，排污标准不会鼓励厂商进一步降低废水排放量。可转让排污许可证制度仍要求决策者确定有效的废水标准。一旦许可证被分配给厂商，市场就会产生，具有较高减污成本的厂商将会从减污成本较低的厂商那里购买许可证。然而，除非一开始时许可证就是由厂商购买的，否则政府将不会有收入。

9. a. 利润在边际收益等于边际成本时最大化。在不变的边际收益为40美元、边际成本为$10+5Q$时，$Q=6$。

b. 如果蜜蜂不来，果园主人必须每英亩支付10美元来进行人工授粉。由于果园主人愿意为额外一箱蜜蜂向养蜂人支付最高10美元，每一箱的边际社会收益就是50美元，它大于40美元的边际私人收益。使边际社会收益与边际成本相等，得$Q=80$。

c. 导致更有效运作的最激进变动就是让果园的业务与养蜂的业务合并。这一合并将使蜜蜂授粉的外部正效应内部化。若没有合并，果园主人和养蜂人应当为授粉服务签订一项合同。

13. a. 因为$P=500-0.2Q$而$\mathrm{MC}=50$，因而均衡在$500-0.2Q=50$处实现。因此，$Q=2\ 250$。

b. 增加$\mathrm{MEC}=0.1Q$，使得社会$\mathrm{MC}=50+0.1Q$。为了求解社会最优水平，令需求＝SMC：$500-0.2Q=50+0.1Q$。则$450=3/10Q$，因而$Q=4\ 500/3=1\ 500$；参见图18。

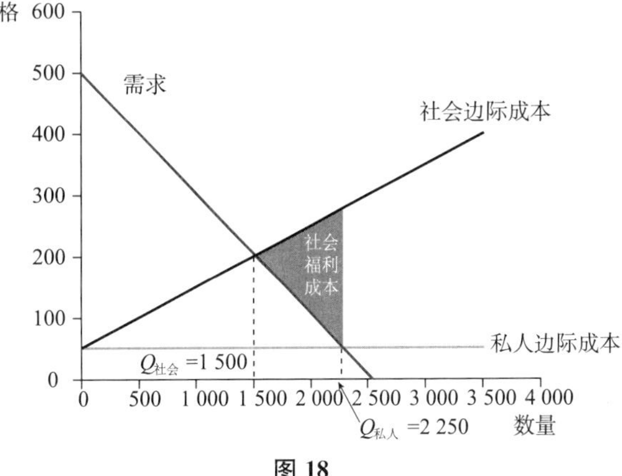

图18

第19章

2. 一种方法是运用税收，使得边际私人成本等于边际社会成本，使得产出降低到社会最优产出水平。不过，还有其他的方法，使得石油企业被诱致降低产量，例如道德劝说。如果企业被说服它们对于降低石油开采是有道德责任的（即使减少开采并不简单，也可能带来一定成本），它们也可能真的降低开采量。

5. 奖金计划可能被看作比事前的工资提升更公平，因为这意味着事后只有那些努力工作的人可以得到回报。这已经被一些实验证实。参见Ernst Fehr，Alexander Klein，and Klaus M. Schmidt，"Fairness and Contract Design，" *Econometrica* 75（January 2007）：121－154。

索 引*

* 索引中各词条后所标页码为英文原书页码，即本书边码。

M

译后记

平狄克教授和鲁宾费尔德教授的《微观经济学》一直以来都是国际流行的中级微观经济学教科书。在本人所任职的大学，该教科书的几个版本都顺次作为所有经济管理类本科教学的教材。在教学过程中，我和同事们深深地体会到精良的翻译对于教与学的重要性。在很多时候，中文版配合英文版的双语教学成为一种成本较高的替代选择。

当中国人民大学出版社的崔惠玲编审联系我翻译本书第八版时，我立即想到这一工作的重要意义和重大责任。我总是记得高鸿业先生曾叮嘱我的一句话："做点对社会有意义的东西。"我想这个工作肯定对社会有益，至少在当前阶段的中国经济学教育上是如此。也许若干年之后，中国人学习正统的经济学已不再需要从中文版起步，那时翻译自然失去了意义。

鉴于第七版的高质量和本人有限的学识与能力，我提议仍然由张军教授负责审校，而我负责在第七版的基础上翻译所有变化后的内容，并将第七版所有文字重新译校，统一、完善全文的术语和论述过程。我认为这样可以用最低的成本生产出最高质量的中文版本，而这一想法也得到了张军教授的认同。

因此，《微观经济学》（第八版）的中文译稿是本人在前一中文版（第七版）译稿基础上经过重新校对、修正和翻译而成，所有第七版的译者仍然在第八版的贡献者之列，而张军教授负责全文的审校。在此，要特别感谢张军教授对译稿第八版的认真审定，感谢第七版所有译者的杰出工作。

《微观经济学》（第九版）距离第八版的出版又过去了 6 年多，弹指一挥间，希望这一版本能够继续改进我们的翻译质量。第九版由本人在第八版的基础上修正和翻译完成，感谢中国人民大学出版社相关同志的文字校对和其他帮助。当然，译稿中的各种疏漏和瑕疵都应由本人负责。

李　彬

中央财经大学沙河校区 2019 年 9 月

经济科学译丛						
序号	书名	作者	Author	单价	出版年份	ISBN
1	微观经济学(第九版)	罗伯特·S. 平狄克等	Robert S. Pindyck	93.00	2020	978-7-300-26640-4
2	宏观经济学(第十版)	N. 格里高利·曼昆	N. Gregory Mankiw	79.00	2020	978-7-300-27631-1
3	宏观经济学(第九版)	安德鲁·B. 亚伯等	Andrew B. Abel	95.00	2020	978-7-300-27382-2
4	商务经济学(第二版)	克里斯·马尔赫恩等	Chris Mulhearn	56.00	2019	978-7-300-24491-4
5	管理经济学:基于战略的视角(第二版)	蒂莫西·费希尔等	Timothy Fisher	58.00	2019	978-7-300-23886-9
6	投入产出分析:基础与扩展(第二版)	罗纳德·E. 米勒等	Ronald E. Miller	98.00	2019	978-7-300-26845-3
7	宏观经济学:政策与实践(第二版)	弗雷德里克·S. 米什金	Frederic S. Mishkin	89.00	2019	978-7-300-26809-5
8	国际商务:亚洲视角	查尔斯·W. L. 希尔等	Charles W. L. Hill	108.00	2019	978-7-300-26791-3
9	统计学:在经济和管理中的应用(第10版)	杰拉德·凯勒	Gerald Keller	158.00	2019	978-7-300-26771-5
10	经济学精要(第五版)	R. 格伦·哈伯德等	R. Glenn Hubbard	99.00	2019	978-7-300-26561-2
11	环境经济学(第七版)	埃班·古德斯坦等	Eban Goodstein	78.00	2019	978-7-300-23867-8
12	管理者微观经济学	戴维·M. 克雷普斯	David M. Kreps	88.00	2019	978-7-300-22914-0
13	税收与企业经营战略:筹划方法(第五版)	迈伦·S. 斯科尔斯等	Myron S. Scholes	78.00	2018	978-7-300-25999-4
14	美国经济史(第12版)	加里·M. 沃尔顿等	Gary M. Walton	98.00	2018	978-7-300-26473-8
15	组织经济学:经济学分析方法在组织管理上的应用(第五版)	塞特斯·杜玛等	Sytse Douma	62.00	2018	978-7-300-25545-3
16	经济理论的回顾(第五版)	马克·布劳格	Mark Blaug	88.00	2018	978-7-300-26252-9
17	实地实验:设计、分析与解释	艾伦·伯格等	Alan S. Gerber	69.80	2018	978-7-300-26319-9
18	金融学(第二版)	兹维·博迪等	Zvi Bodie	75.00	2018	978-7-300-26134-8
19	空间数据分析:模型、方法与技术	曼弗雷德·M. 费希尔等	Manfred M. Fischer	36.00	2018	978-7-300-25304-6
20	《宏观经济学》(第十二版)学习指导书	鲁迪格·多恩布什等	Rudiger Dornbusch	38.00	2018	978-7-300-26063-1
21	宏观经济学(第四版)	保罗·克鲁格曼等	Paul Krugman	68.00	2018	978-7-300-26068-6
22	计量经济学导论:现代观点(第六版)	杰弗里·M. 伍德里奇	Jeffrey M. Wooldridge	109.00	2018	978-7-300-25914-7
23	经济思想史:伦敦经济学院讲演录	莱昂内尔·罗宾斯	Lionel Robbins	59.80	2018	978-7-300-25258-2
24	空间计量经济学入门——在R中的应用	朱塞佩·阿尔比亚	Giuseppe Arbia	45.00	2018	978-7-300-25458-6
25	克鲁格曼经济学原理(第四版)	保罗·克鲁格曼等	Paul Krugman	88.00	2018	978-7-300-25639-9
26	发展经济学(第七版)	德怀特·H. 波金斯等	Dwight H. Perkins	98.00	2018	978-7-300-25506-4
27	线性与非线性规划(第四版)	戴维·G. 卢恩伯格等	David G. Luenberger	79.80	2018	978-7-300-25391-6
28	产业组织理论	让·梯若尔	Jean Tirole	110.00	2018	978-7-300-25170-7
29	经济学精要(第六版)	巴德,帕金	Bade,Parkin	89.00	2018	978-7-300-24749-6
30	空间计量经济学——空间数据的分位数回归	丹尼尔·P. 麦克米伦	Daniel P. McMillen	30.00	2018	978-7-300-23949-1
31	高级宏观经济学基础(第二版)	本·J. 海德拉	Ben J. Heijdra	88.00	2018	978-7-300-25147-9
32	税收经济学(第二版)	伯纳德·萨拉尼耶	Bernard Salanié	42.00	2018	978-7-300-23866-1
33	国际贸易(第三版)	罗伯特·C. 芬斯特拉	Robert C. Feenstra	73.00	2017	978-7-300-25327-5
34	国际宏观经济学(第三版)	罗伯特·C. 芬斯特拉	Robert C. Feenstra	79.00	2017	978-7-300-25326-8
35	公司治理(第五版)	罗伯特·A.G. 蒙克斯	Robert A. G. Monks	69.80	2017	978-7-300-24972-8
36	国际经济学(第15版)	罗伯特·J. 凯伯	Robert J. Carbaugh	78.00	2017	978-7-300-24844-8
37	经济理论和方法史(第五版)	小罗伯特·B. 埃克伦德等	Robert B. Ekelund. Jr.	88.00	2017	978-7-300-22497-8
38	经济地理学	威廉·P. 安德森	William P. Anderson	59.80	2017	978-7-300-24544-7
39	博弈与信息:博弈论概论(第四版)	艾里克·拉斯穆森	Eric Rasmusen	79.80	2017	978-7-300-24546-1
40	MBA宏观经济学	莫里斯·A. 戴维斯	Morris A. Davis	38.00	2017	978-7-300-24268-2
41	经济学基础(第十六版)	弗兰克·V. 马斯切纳	Frank V. Mastrianna	42.00	2017	978-7-300-22607-1
42	高级微观经济学:选择与竞争性市场	戴维·M. 克雷普斯	David M. Kreps	79.80	2017	978-7-300-23674-2
43	博弈论与机制设计	Y. 内拉哈里	Y. Narahari	69.80	2017	978-7-300-24209-5
44	宏观经济学精要:理解新闻中的经济学(第三版)	彼得·肯尼迪	Peter Kennedy	45.00	2017	978-7-300-21617-1
45	宏观经济学(第十二版)	鲁迪格·多恩布什等	Rudiger Dornbusch	69.00	2017	978-7-300-23772-5
46	国际金融与开放宏观经济学:理论、历史与政策	亨德里克·范登伯格	Hendrik Van den Berg	68.00	2016	978-7-300-23380-2
47	经济学(微观部分)	达龙·阿西莫格鲁等	Daron Acemoglu	59.00	2016	978-7-300-21786-4
48	经济学(宏观部分)	达龙·阿西莫格鲁等	Daron Acemoglu	45.00	2016	978-7-300-21886-1
49	发展经济学	热若尔·罗兰	Gérard Roland	79.00	2016	978-7-300-23379-6
50	中级微观经济学——直觉思维与数理方法(上下册)	托马斯·J·内契巴	Thomas J. Nechyba	128.00	2016	978-7-300-22363-6
51	环境与自然资源经济学(第十版)	汤姆·蒂坦伯格等	Tom Tietenberg	72.00	2016	978-7-300-22900-3
52	劳动经济学基础(第二版)	托马斯·海克拉克等	Thomas Hyclak	65.00	2016	978-7-300-23146-4
53	货币金融学(第十一版)	弗雷德里克·S·米什金	Frederic S. Mishkin	85.00	2016	978-7-300-23001-6
54	动态优化——经济学和管理学中的变分法和最优控制(第二版)	莫顿·I·凯曼等	Morton I. Kamien	48.00	2016	978-7-300-23167-9

经济科学译丛						
序号	书名	作者	Author	单价	出版年份	ISBN
55	用Excel学习中级微观经济学	温贝托·巴雷托	Humberto Barreto	65.00	2016	978-7-300-21628-7
56	国际经济学:理论与政策(第十版)	保罗·R·克鲁格曼等	Paul R. Krugman	89.00	2016	978-7-300-22710-8
57	国际金融(第十版)	保罗·R·克鲁格曼等	Paul R. Krugman	55.00	2016	978-7-300-22089-5
58	国际贸易(第十版)	保罗·R·克鲁格曼等	Paul R. Krugman	42.00	2016	978-7-300-22088-8
59	经济学精要(第3版)	斯坦利·L·布鲁伊等	Stanley L. Brue	58.00	2016	978-7-300-22301-8
60	经济分析史(第七版)	英格里德·H·里马	Ingrid H. Rima	72.00	2016	978-7-300-22294-3
61	投资学精要(第九版)	兹维·博迪等	Zvi Bodie	108.00	2016	978-7-300-22236-3
62	环境经济学(第二版)	查尔斯·D·科尔斯塔德	Charles D. Kolstad	68.00	2016	978-7-300-22255-4
63	MWG《微观经济理论》习题解答	原千晶等	Chiaki Hara	75.00	2016	978-7-300-22306-3
64	现代战略分析(第七版)	罗伯特·M·格兰特	Robert M. Grant	68.00	2016	978-7-300-17123-4
65	横截面与面板数据的计量经济分析(第二版)	杰弗里·M·伍德里奇	Jeffrey M. Wooldridge	128.00	2016	978-7-300-21938-7
66	宏观经济学(第十二版)	罗伯特·J·戈登	Robert J. Gordon	75.00	2016	978-7-300-21978-3
67	动态最优化基础	蒋中一	Alpha C. Chiang	42.00	2015	978-7-300-22068-0
68	城市经济学	布伦丹·奥弗莱厄蒂	Brendan O'Flaherty	69.80	2015	978-7-300-22067-3
69	管理经济学:理论、应用与案例(第八版)	布鲁斯·艾伦等	Bruce Allen	79.80	2015	978-7-300-21991-2
70	经济政策:理论与实践	阿格尼丝·贝纳西-奎里等	Agnès Bénassy-Quéré	79.80	2015	978-7-300-21921-9
71	微观经济分析(第三版)	哈尔·R·范里安	Hal R. Varian	68.00	2015	978-7-300-21536-5
72	财政学(第十版)	哈维·S·罗森等	Harvey S. Rosen	68.00	2015	978-7-300-21754-3
73	经济数学(第三版)	迈克尔·霍伊等	Michael Hoy	88.00	2015	978-7-300-21674-4
74	发展经济学(第九版)	A.P.瑟尔沃	A. P. Thirlwall	69.80	2015	978-7-300-21193-0
75	宏观经济学(第五版)	斯蒂芬·D·威廉森	Stephen D. Williamson	69.00	2015	978-7-300-21169-5
76	资源经济学(第三版)	约翰·C·伯格斯特罗姆等	John C. Bergstrom	58.00	2015	978-7-300-20742-1
77	应用中级宏观经济学	凯文·D·胡佛	Kevin D. Hoover	78.00	2015	978-7-300-21000-1
78	现代时间序列分析导论(第二版)	约根·沃特斯等	Jürgen Wolters	39.80	2015	978-7-300-20625-7
79	空间计量经济学——从横截面数据到空间面板	J·保罗·埃尔霍斯特	J. Paul Elhorst	32.00	2015	978-7-300-21024-7
80	国际经济学原理	肯尼思·A·赖纳特	Kenneth A. Reinert	58.00	2015	978-7-300-20830-5
81	经济写作(第二版)	迪尔德丽·N·麦克洛斯基	Deirdre N. McCloskey	39.80	2015	978-7-300-20914-2
82	计量经济学方法与应用(第五版)	巴蒂·H·巴尔塔基	Badi H. Baltagi	58.00	2015	978-7-300-20584-7
83	战略经济学(第五版)	戴维·贝赞可等	David Besanko	78.00	2015	978-7-300-20679-0
84	博弈论导论	史蒂文·泰迪里斯	Steven Tadelis	58.00	2015	978-7-300-19993-1
85	社会问题经济学(第二十版)	安塞尔·M·夏普等	Ansel M. Sharp	49.00	2015	978-7-300-20279-2
86	博弈论:矛盾冲突分析	罗杰·B·迈尔森	Roger B. Myerson	58.00	2015	978-7-300-20212-9
87	时间序列分析	詹姆斯·D·汉密尔顿	James D. Hamilton	118.00	2015	978-7-300-20213-6
88	经济问题与政策(第五版)	杰奎琳·默里·布鲁克斯	Jacqueline Murray Brux	58.00	2014	978-7-300-17799-1
89	微观经济理论	安德鲁·马斯-克莱尔等	Andreu Mas-Collel	148.00	2014	978-7-300-19986-3
90	产业组织:理论与实践(第四版)	唐·E·瓦尔德曼等	Don E. Waldman	75.00	2014	978-7-300-19722-7
91	公司金融理论	让·梯若尔	Jean Tirole	128.00	2014	978-7-300-20178-8
92	公共部门经济学	理查德·W·特里西	Richard W. Tresch	49.00	2014	978-7-300-18442-5
93	计量经济学原理(第六版)	彼得·肯尼迪	Peter Kennedy	69.80	2014	978-7-300-19342-7
94	统计学:在经济中的应用	玛格丽特·刘易斯	Margaret Lewis	45.00	2014	978-7-300-19082-2
95	产业组织:现代理论与实践(第四版)	林恩·佩波尔等	Lynne Pepall	88.00	2014	978-7-300-19166-9
96	计量经济学导论(第三版)	詹姆斯·H·斯托克等	James H. Stock	69.00	2014	978-7-300-18467-8
97	发展经济学导论(第四版)	秋山裕	秋山裕	39.80	2014	978-7-300-19127-0
98	中级微观经济学(第六版)	杰弗里·M·佩罗夫	Jeffrey M. Perloff	89.00	2014	978-7-300-18441-8
99	平狄克《微观经济学》(第八版)学习指导	乔纳森·汉密尔顿等	Jonathan Hamilton	32.00	2014	978-7-300-18970-3
100	微观经济学(第八版)	罗伯特·S·平狄克等	Robert S. Pindyck	79.00	2013	978-7-300-17133-3
101	微观银行经济学(第二版)	哈维尔·弗雷克斯等	Xavier Freixas	48.00	2014	978-7-300-18940-6
102	施米托夫论出口贸易——国际贸易法律与实务(第11版)	克利夫·M·施米托夫等	Clive M. Schmitthoff	168.00	2014	978-7-300-18425-8
103	微观经济学思维	玛莎·L·奥尔尼	Martha L. Olney	29.80	2013	978-7-300-17280-4
104	宏观经济学思维	玛莎·L·奥尔尼	Martha L. Olney	39.80	2013	978-7-300-17279-8
105	计量经济学原理与实践	达摩达尔·N·古扎拉蒂	Damodar N. Gujarati	49.80	2013	978-7-300-18169-1
106	现代战略分析案例集	罗伯特·M·格兰特	Robert M. Grant	48.00	2013	978-7-300-16038-2
107	高级国际贸易:理论与实证	罗伯特·C·芬斯特拉	Robert C. Feenstra	59.00	2013	978-7-300-17157-9
108	经济学简史——处理沉闷科学的巧妙方法(第二版)	E·雷·坎特伯里	E. Ray Canterbery	58.00	2013	978-7-300-17571-3

经济科学译丛

序号	书名	作者	Author	单价	出版年份	ISBN
109	微观经济学原理(第五版)	巴德、帕金	Bade, Parkin	65.00	2013	978-7-300-16930-9
110	宏观经济学原理(第五版)	巴德、帕金	Bade, Parkin	63.00	2013	978-7-300-16929-3
111	环境经济学	彼得·伯克等	Peter Berck	55.00	2013	978-7-300-16538-7
112	高级微观经济理论	杰弗里·杰里	Geoffrey A. Jehle	69.00	2012	978-7-300-16613-1
113	高级宏观经济学导论:增长与经济周期(第二版)	彼得·伯奇·索伦森等	Peter Birch Sørensen	95.00	2012	978-7-300-15871-6
114	微观经济学(第二版)	保罗·克鲁格曼	Paul Krugman	69.80	2012	978-7-300-14835-9
115	克鲁格曼《微观经济学(第二版)》学习手册	伊丽莎白·索耶·凯利	Elizabeth Sawyer Kelly	58.00	2013	978-7-300-17002-2
116	克鲁格曼《宏观经济学(第二版)》学习手册	伊丽莎白·索耶·凯利	Elizabeth Sawyer Kelly	36.00	2013	978-7-300-17024-4
117	微观经济学(第十一版)	埃德温·曼斯费尔德	Edwin Mansfield	88.00	2012	978-7-300-15050-5
118	卫生经济学(第六版)	舍曼·富兰德等	Sherman Folland	79.00	2011	978-7-300-14645-4
119	现代劳动经济学:理论与公共政策(第十版)	罗纳德·G·伊兰伯格等	Ronald G. Ehrenberg	69.00	2011	978-7-300-14482-5
120	宏观经济学:理论与政策(第九版)	理查德·T·弗罗恩	Richard T. Froyen	55.00	2011	978-7-300-14108-4
121	经济学原理(第四版)	威廉·博伊斯等	William Boyes	59.00	2011	978-7-300-13518-2
122	计量经济学基础(第五版)(上下册)	达摩达尔·N·古扎拉蒂	Damodar N. Gujarati	99.00	2011	978-7-300-13693-6
123	《计量经济学基础》(第五版)学生习题解答手册	达摩达尔·N·古扎拉蒂等	Damodar N. Gujarati	23.00	2012	978-7-300-15080-8
124	计量经济分析(第六版)(上下册)	威廉·H·格林	William H. Greene	128.00	2011	978-7-300-12779-8
125	国际贸易	罗伯特·C·芬斯特拉等	Robert C. Feenstra	49.00	2011	978-7-300-13704-9

金融学译丛

序号	书名	作者	Author	单价	出版年份	ISBN
1	金融几何学	阿尔文·库鲁克	Alvin Kuruc	58.00	2020	978-7-300-14104-6
2	银行风险管理(第四版)	若埃尔·贝西	Joël Bessis	56.00	2019	978-7-300-26496-7
3	金融学原理(第八版)	阿瑟·J. 基翁等	Arthur J. Keown	79.00	2018	978-7-300-25638-2
4	财务管理基础(第七版)	劳伦斯·J. 吉特曼等	Lawrence J. Gitman	89.00	2018	978-7-300-25339-8
5	利率互换及其他衍生品	霍华德·科伯	Howard Corb	69.00	2018	978-7-300-25294-0
6	固定收益证券手册(第八版)	弗兰克·J. 法博齐	Frank J. Fabozzi	228.00	2017	978-7-300-24227-9
7	金融市场与金融机构(第8版)	弗雷德里克·S. 米什金等	Frederic S. Mishkin	86.00	2017	978-7-300-24731-1
8	兼并、收购和公司重组(第六版)	帕特里克·A. 高根	Patrick A. Gaughan	89.00	2017	978-7-300-24231-6
9	债券市场:分析与策略(第九版)	弗兰克·J·法博齐	Frank J. Fabozzi	98.00	2016	978-7-300-23495-3
10	财务报表分析(第四版)	马丁·弗里德森	Martin Fridson	46.00	2016	978-7-300-23037-5
11	国际金融学	约瑟夫·P·丹尼尔斯等	Joseph P. Daniels	65.00	2016	978-7-300-23037-1
12	国际金融	阿德里安·巴克利	Adrian Buckley	88.00	2016	978-7-300-22668-2
13	个人理财(第六版)	阿瑟·J·基翁	Arthur J. Keown	85.00	2016	978-7-300-22711-5
14	投资学基础(第三版)	戈登·J·亚历山大等	Gordon J. Alexander	79.00	2015	978-7-300-20274-7
15	金融风险管理(第二版)	彼德·F·克里斯托弗森	Peter F. Christoffersen	46.00	2015	978-7-300-21210-4
16	风险管理与保险管理(第十二版)	乔治·E·瑞达等	George E. Rejda	95.00	2015	978-7-300-21486-3
17	个人理财(第五版)	杰夫·马杜拉	Jeff Madura	69.00	2015	978-7-300-20583-0
18	企业价值评估	罗伯特·A·G·蒙克斯等	Robert A. G. Monks	58.00	2015	978-7-300-20582-3
19	基于Excel的金融学原理(第二版)	西蒙·本尼卡	Simon Benninga	79.00	2014	978-7-300-18899-7
20	金融工程学原理(第二版)	萨利赫·N·内夫特奇	Salih N. Neftci	88.00	2014	978-7-300-19348-9
21	投资学导论(第十版)	赫伯特·B·梅奥	Herbert B. Mayo	69.00	2014	978-7-300-18971-0
22	国际金融市场导论(第六版)	斯蒂芬·瓦尔德斯等	Stephen Valdez	59.80	2014	978-7-300-18896-6
23	金融数学:金融工程引论(第二版)	马雷克·凯宾斯基等	Marek Capinski	42.00	2014	978-7-300-17650-5
24	财务管理(第二版)	雷蒙德·布鲁克斯	Raymond Brooks	69.00	2014	978-7-300-19085-3
25	期货与期权市场导论(第七版)	约翰·C·赫尔	John C. Hull	69.00	2014	978-7-300-18994-2
26	国际金融:理论与实务	皮特·塞尔居	Piet Sercu	88.00	2014	978-7-300-18413-5
27	货币、银行和金融体系	R·格伦·哈伯德等	R. Glenn Hubbard	75.00	2013	978-7-300-17856-1
28	并购创造价值(第二版)	萨德·苏达斯纳	Sudi Sudarsanam	89.00	2013	978-7-300-17473-0
29	个人理财——理财技能培养方法(第三版)	杰克·R·卡普尔等	Jack R. Kapoor	66.00	2013	978-7-300-16687-2
30	国际财务管理	吉尔特·贝克特	Geert Bekaert	95.00	2012	978-7-300-16031-3
31	应用公司财务(第三版)	阿斯沃思·达摩达兰	Aswath Damodaran	88.00	2012	978-7-300-16034-4
32	资本市场:机构与工具(第四版)	弗兰克·J·法博齐	Frank J. Fabozzi	85.00	2011	978-7-300-13828-2
33	衍生品市场(第二版)	罗伯特·L·麦克唐纳	Robert L. McDonald	98.00	2011	978-7-300-13130-6
34	跨国金融原理(第三版)	迈克尔·H·莫菲特等	Michael H. Moffett	78.00	2011	978-7-300-12781-1

尊敬的老师：

为了确保您及时有效地获得培生整体教学资源，请您务必完整填写如下表格，加盖学院的公章后以电子扫描件等形式发给我们，我们将会在2~3个工作日内为您处理。

请填写所需教辅的信息：

采用教材			□中文版 □英文版 □双语版
作　者		出版社	
版　次		**ISBN**	
课程时间	始于　年　月　日	学生人数	
	止于　年　月　日	学生年级	□专 科　□本科 1/2 年级 □研究生　□本科 3/4 年级

请填写您的个人信息：

学　校			
院系/专业			
姓　名		职　称	□助教 □讲师 □副教授 □教授
通信地址/邮编			
手　机		电　话	
传　真			
official email(必填) (eg:XXX@ruc.edu.cn)		**email (eg:XXX@163.com)**	
是否愿意接受我们定期的新书讯息通知：　□是　□否			

系 / 院主任：__________（签字）

（系 / 院办公室章）

___年___月___日

资源介绍：

--教材、常规教辅（PPT、教师手册、题库等）资源：请访问 www.pearson.com/us/higher-education （免费）

--MyLabs/Mastering 系列在线平台：适合教师和学生共同使用；访问需要 Access Code；（付费）

地址：中国北京市东城区北三环东路 36 号环球贸易中心 D 座 1208 室 100013

Please send this form to：copub.hed@pearson.com
Website: www.pearson.com